Fritz Forkel 1980

Die Kinder-Enzyklopädie des schwäbischen Pädagogen Jacob Eberhard Gailer ist die bedeutendste Neubearbeitung des „Orbis sensualium pictus" von Comenius (Die bibliophilen Taschenbücher Nr. 30). Ihre Bilder und 320 Kapitel spiegeln den Geist des 19. Jahrhunderts.
„Komm her, Knabe, lerne verständig seyn!", beginnt Gailer seine Neufassung, während es in der barocken Vorlage geheißen hatte: „Komm her, Knab! lerne Weißheit!" Damit ist die veränderte Zielsetzung ausgedrückt: Gailer liegt an der „Aufhellung des Verstandes"; außerdem stellt er „die Fortschritte" in Naturwissenschaft und angewandter Technik heraus und nimmt die modernen Fremdsprachen auf. So fehlen Eisenbahn, Dampfwagen und Elektrisiermaschine ebensowenig wie die neue graphische Technik der Lithographie, in der auch die – mit 322 Abbildungen auf 162 Tafeln – ungewöhnlich zahlreichen Illustrationen des Werkes selbst hergestellt sind.
Die Dünndruckausgabe folgt der erstmals viersprachigen Auflage von 1835. Originalformat 12,7 × 20,6 cm. Herausgegeben und mit Nachwort von Hubert Göbels.

Titelansicht.

Lies oft im Buche der Natur!
Es zeiget dir der Gottheit Spur;
Und was die Welt dir beut zur Schau,
Betrachte prüfend und genau!

Neuer

ORBIS PICTUS

für die Jugend

oder

Schauplatz der Natur, der Kunst und des Menschenlebens

in

322 lithographirten Abbildungen

mit genauer Erklärung

in

deutscher, lateinischer, französischer und englischer Sprache

nach der früheren Anlage des

COMENIUS

bearbeitet und dem jetzigen Zeitbedürfnisse gemäß eingerichtet

von

J. E. Gailer,

Lehrer an dem Lyceum in Tübingen.

Dritte mit völlig umgearbeiteter französischer Uebersetzung versehene und mit der Uebertragung in das Englische vermehrte Auflage.

Reutlingen,

Verlag der lithographischen Anstalt und Verlagsbuchhandlung

von

Johann Conrad Mäcken jun.

1835.

Die Sammlung Alte Kinderbücher innerhalb der Reihe „Die bibliophilen Taschenbücher“ wird herausgegeben von Hubert Göbels.

Für die Wiedergabe wurden – mit Rücksicht auf den Erhaltungszustand – zwei Exemplare der Auflage von 1835 benutzt. Die Wiedergabe des Textes erfolgte nach dem Exemplar der Universitätsbibliothek Düsseldorf (Signatur VLB Ia 8), die Wiedergabe der Bilder nach dem Exemplar aus der Kinderbuchsammlung des Herausgebers.

Die bibliophilen Taschenbücher

Gesamtherstellung: Ebner, Ulm
Printed in Germany

Vorrede
zur
ersten Auflage.

Wie viel Verdienst Johann Amos Comenius, gebürtig aus Mähren und gestorben in Amsterdam im Jahr 1672, um die Jugend seiner Zeit durch Verbesserung des Schulwesens gehabt habe, ist allgemein bekannt.

Durch seine vielen Schriften, worunter die Janua linguarum reserata seinen Ruhm am meisten begründete, hat er sich offenbar den ganz verdienten Namen eines Schul-Reformators erworben, und wie geachtet er fast in ganz Europa gewesen sey, mag man daraus ersehen, daß mehrere Fürsten ihn beriefen, um in ihren Ländern eine völlige Organisation der Schulen vorzunehmen, und daß seine Schriften in gar viele andere Sprachen übersetzt wurden.

Er war der Erste, der die Schüler durch Anschauung zur Erkenntniß zu führen suchte und die Sprachen als Schlüssel zu nützlichen Sachkenntnissen benützte, während vor ihm für Aufhellung des Verstandes höchst wenig geschah, sondern nur das Gedächtniß mit großentheils unnützem Kram angefüllt wurde, statt daß darauf hingearbeitet worden wäre, die Denkkraft der jungen Leute gehörig auszubilden und sie mit Allem, was sie zunächst umgiebt und in ihrem Kreise liegt, bekannt zu machen.

Daß er auch auf die Ausbildung der deutschen Sprache wesentlich hingewirkt habe, kann Jeder leicht beurtheilen, der andere Schriften damaliger Zeit mit der seinigen vergleicht.

Wenn Basedow, Salzmann, Campe und Andere später mehr thaten, so ist wohl zu bedenken, welchen Bildungsgang ihre Jugend nahm, was für Mittel diesen zu Gebote standen, und welche bedeutende Vorarbeiten sie benützen konnten, während jener fast Alles aus sich selbst schöpfen mußte.

Unter den vielen Schriften, welche er herausgegeben hat, nimmt nach dem oben genannten Werke sein Orbis Sensualium

Pictus die nächste Stelle ein und hat sich sehr lange erhalten. Als noch nicht, wie jetzt, eine solche Masse von Jugendschriften vorhanden war, fand man dieses Buch fast in jedem Hause, wo auf Bildung und Belehrung der Jugend besonders Bedacht genommen wurde.

Mag auch Manches darin, namentlich in Beziehung auf das Technische, als zu flüchtig gearbeitet erscheinen, so stoßen wir dagegen wieder auf Vieles, was den denkenden Jugenderzieher verräth und vortrefflich zu nennen ist. Besonders zeigt er auch eine außerordentliche Gewandtheit, solche Wörter, für welche sich in Classikern keine Bedeutung vorfindet, weil sie neueren Ursprungs sind, in's Latein zu übertragen, woraus seine ungemeine Fertigkeit und Gewandtheit im Ausdrucke und sein großer Sprachreichthum ersichtlich ist.

Da nun aber seit jener Zeit (er lebte während der Unruhen des dreißigjährigen Krieges in Mähren, Polen, Schweden, England und Holland, und hatte neben der größten Auszeichnung, die ihm von so vielen Orten zu Theil wurde, auch mit manchen widrigen Schicksalen zu kämpfen) in Beziehung auf das Naturgeschichtliche und auf die Gewerbe große Fortschritte gemacht worden sind, und vorzüglich die deutsche und französische Sprache während dieser Zeit wesentliche Veränderungen erlitten und bedeutende Verbesserungen erfahren haben, so ist das alte Werk nimmer genießbar.

In dankbarer Erinnerung daher an das viele Vergnügen, das mir in meiner Jugend dieses Buch verschaffte, und an den vielseitigen Nutzen, den ich daraus schöpfte, habe ich es unternommen, das ganze Buch nach dem Bedürfnisse der jetzigen Zeit so umzuarbeiten, daß der größte Theil als etwas ganz Neues erscheint, was bei einer nur flüchtigen Durchsicht dem Leser klar werden wird.

Indessen ist die Anlage des alten Orbis Pictus, als ganz geeignet, von mir befolgt worden, weil auf diese Weise mehrere Zwecke zugleich erreicht werden. Die Jugend wird in die Kenntniß

der Natur, der Gewerbe und Künste und alles dessen, was im täglichen Leben vorkommt, eingeführt, und ihr zugleich ein gutes Hilfsmittel an die Hand gegeben, in der lateinischen Sprache, welche auch nur wegen ihres formellen Nutzens immer entschiedenen Vorzug verdient, und im Französischen, welches überall verbreitet ist und daher von jedem gebildeten Menschen verlangt wird, sich zu vervollkommnen. - Ein jeder Vater ist im Stande, mittelst dieses Buches seine Söhne auch zu Hause, wenn es nöthig ist, selbst auf eine nützliche Art zu beschäftigen, ohne fürchten zu müssen, daß ihnen etwas Falsches beigebracht werde.

Was nun die Bearbeitung selbst betrifft, so ist in Beziehung auf die Naturgeschichte ein ziemlich wissenschaftlicher Gang befolgt und darauf Rücksicht genommen worden, daß von Allem das Wissenswürdigste vorkommt. Das Letztere ist auch bei der Beschreibung der Gewerbe der Fall; nur ist zu bemerken, daß immer die geeignete Kürze beobachtet werden mußte, weil, bei der Mannigfaltigkeit der Gegenstände, das Buch durch die weitere Ausdehnung einen zu großen Umfang bekommen hätte.

In Hinsicht auf das Lateinische habe ich mir Mühe gegeben, Alles zu vermeiden, was ein an gutes Latein gewöhntes Ohr beleidigen könnte, obgleich für solche Dinge, welche die Römer gar nicht kannten, viele neulateinische Wörter gewählt werden mußten. Sehr viele mußte ich selbst machen, weil sie nirgends in den Wörterbüchern kommen, wie Steingut, Fayence, Whist, Flötzgebirge 2c. Ob ich solche gut übertragen habe, überlasse ich der Beurtheilung billiger Richter.

Was das Französische anlangt, so wurde ich von Herrn **Mauclerc**, Professor an der hiesigen Universität, gebürtig aus Langres, und von Herrn Sprachlehrer **Eifert** dahier kräftig unterstützt, da ich zwar das Französische verstehe, aber mit den Eigenthümlichkeiten der Sprache nicht völlig vertraut bin.

Dieses Buch möchte besonders auch für Solche, welche die **Hamilton**'sche Methode vorziehen, die immer mehr Freunde findet, eine erfreuliche Erscheinung seyn, da es in mancher Hinsicht den

Grundsätzen derselben entgegenkommt; und bei der gegenwärtigen Richtung der Ansichten in Beziehung auf den Unterricht überhaupt, wornach die Realien in ihr Recht eingesetzt werden, gebe ich mich der Hoffnung hin, daß diese mühsame Arbeit, die auf die Erfüllung beider Zwecke gerichtet ist, die erwünschte Anerkennung finden werde.

In Beziehung auf die Bilder ist zu bemerken, daß namentlich die Pflanzen mit einer solchen Vollständigkeit und Deutlichkeit gearbeitet sind, wie es in wenigen Naturgeschichten gefunden wird.

Daß ich hiebei verschiedene Materialien zur Hand nehmen mußte, ist leicht zu erachten; besonders leisteten mir außer dem alten Werk des **Comenius**, Hofrath **Poppe's** Technologie, Schauplatz der Natur und der Kunst (Wien 1770), **Funke's** und **Rebau's** Naturgeschichte, und **Bertuch's** Bilderbuch vortreffliche Dienste.

Außer diesen Büchern habe ich noch Mehreres, was über Naturgeschichte und Gewerbe geschrieben wurde, benützt, jedoch aber immer den Hauptzweck „Einführung in fremde Sprachen auf eine angenehme und zweckgemäße Art“ vor Augen gehabt.

Ich schmeichle mir, Alles gethan zu haben, um eine Arbeit zu liefern, woraus die Jugend einen reichen Gewinn an Wort- und Sachkenntniß ziehen kann, und daß es auch der Verleger an trefflicher Ausstattung des Ganzen nicht habe fehlen lassen, liegt vor Augen.

Möchte nur dieses Werk den bezweckten Nutzen auch wirklich bringen! denn hierin wird der Verfasser die schönste Belohnung für seine gewiß nicht geringe Mühe finden.

Du aber, liebe Jugend, nimm von mir wiederholt die Versicherung hin, daß ich mit Freuden an die Zeit zurückdenke, wo ich, auf wenige Hilfsmittel zum Lernen beschränkt, dieses Buch in seiner alten Gestalt nächst der Bibel am liebsten zur Hand nahm, und daß es mir nicht nur mannigfachen Nutzen, sondern auch vieles Vergnügen verschaffte.

Tübingen, im Juli 1832.

Der Herausgeber.

Vorrede
zur
zweiten Auflage.

Der schnelle Absatz der ersten Auflage des **Orbis Pictus** hat mir die erfreuliche Ueberzeugung verschafft, daß meine Idee, ein früher allgemein verbreitetes Buch in neuer Gestalt, mit sorgfältiger Berücksichtigung der Anforderungen unserer Zeit, in die Jugendwelt wieder einzuführen, ganz am Orte war. Die neue Auflage hat, was sich bei einer nur kurzen Vergleichung Jedem zeigen wird, bedeutende Verbesserungen und Zusätze erhalten; ich weise in dieser Beziehung nur auf die Numern: der Weinbau, die Jagd, der Goldarbeiter — hin. Außerdem ist auf strenge Correktheit Rücksicht genommen worden, so daß ich nicht anstehen darf, das Buch auch zum Gebrauch bei dem öffentlichen Unterrichte, nicht blos zur Unterhaltung zu Hause zu empfehlen. Denn wenn es auch, wie man wohl äußern dürfte, kein eigentliches Schulbuch ist, so ist es doch gewiß ein Buch für Schüler. In Betreff der auf Religion Bezug habenden Gegenstände ist solche Vorsicht angewendet worden, daß das Werk für die Jugend aller Confessionen taugt, und die Manier der Darstellung ist von der Art, daß jedes Alter sich befriedigt finden kann. Ich habe nämlich, da ich als Lehrer wohl weiß, was die Schultern zu tragen vermögen, sämmtliche Gegenstände so faßlich und deutlich, als es nur seyn konnte, bearbeitet, auf der andern Seite aber den in manchen Jugendschriften sich findenden kindisch-süßlichen Ton, der nie zu kräftiger Bildung führt, überall vermieden, so daß auch Erwachsene das Buch ohne Mißbehagen lesen können. Außer den berührten Verbesserungen sind noch vier neue Numern hinzugekommen: der Compaß, die Windmühle, die Luftpumpe und

die Elektrisirmaschine, welche Artikel Mehrere ungern vermißten. Auch mein Verleger hat Alles gethan, der neuen Auflage eine geneigte Aufnahme zu verschaffen, indem 60 Bilder völlig umgearbeitet wurden, ohne daß der Preis deßwegen erhöht worden wäre. Mögen sich auch schon Urtheile haben vernehmen lassen, daß lieber das Lateinische ganz wegbliebe, und statt desselben etwa der englische Text gegeben würde, so konnte ich bei meiner Vorliebe für die lateinische Sprache, als formellem Bildungsmittel, nicht darauf Rücksicht nehmen, abgesehen davon, daß es immer noch weit Mehrere giebt, die das Lateinische, als solche, die das Englische erlernen. Ueberdieß wird bei uns die Erlernung des Englischen gewöhnlich erst in einem Alter angefangen, wo ein solches doch der Hauptsache nach mehr für die frühere Jugend geeignete Buch weniger passend seyn würde. Den Freunden des Ersteren aber wird es gewiß angenehm seyn, zu finden, wie oft Gegenstände, für welche die Römer keine Ausdrücke hatten, weil sie die Sache selbst nicht kannten, auf eine Art lateinisch gegeben werden können, ohne daß die Eigenthümlichkeit der Sprache dadurch beleidigt wird. Ich schließe mit dem Wunsche, daß wenigstens mein guter Wille, in meinem Kreise, was ich vermag, zur zweckgemäßen Bildung der Jugend beizutragen, anerkannt und dem mühsam zusammengetragenen Werke der bisher zu Theil gewordene Beifall erhalten werden möge!

Tübingen, im August 1833.

Der Herausgeber.

Vorrede
zur
dritten Auflage.

Mit dankbarer Anerkennung der geneigten Gesinnung, womit diese Jugendschrift bisher in der Nähe und Ferne aufgenommen wurde, übergeben ich und mein Herr Verleger nunmehr der jungen Welt die dritte Auflage, obgleich in einem ganz anderen Kleide, das jedoch nicht die Mode, sondern ein wirkliches Bedürfniß herbeigeführt hat. Von mehreren sachkundigen Männern kam mir die Erinnerung zu, daß, was das Französische betreffe, trotz aller bei der Bearbeitung beobachteten Sorgfalt doch noch deutsch-französische und theilweise alte Ausdrücke und Redensarten sich in dem Buche vorfinden; auch sey Manches nicht wörtlich genug gegeben, beides Umstände, welche die Anwendung desselben bei dem Unterrichte rücksichtlich dieser Sprache erschweren.

Ob ich gleich das Bewußtseyn in mir trage, Alles geleistet zu haben, was in meinen Kräften stand, und alle mir zu Gebote stehenden Mittel anwandte, um etwas Gediegenes zu geben, so mußte ich doch, da ich gerade in dieser Beziehung fremder Hilfe bedarf, solche gültige Stimmen berücksichtigen, und entschloß mich daher, vom dreizehnten Bogen an, wo die Sätze nicht mehr so einfach sind, wie dieses bei dem naturgeschichtlichen Theile des Werkes der Fall ist, das Französische ganz umarbeiten zu lassen. Ich war so glücklich, einen Gelehrten aus Dijon, der sich etwa ein Jahr lang aus Veranlassung einer literarischen Arbeit hier aufhielt, für die Sache zu gewinnen, und Solche, denen ein Urtheil darüber zukommt, werden durch Vergleichung finden, daß er besonders die zweckgemäße Bearbeitung zum Behufe des Unterrichts vor Augen gehabt habe, indem er immer das Lateinische und Deutsche genau mit einander verglich, und nach diesem den französischen Text zwar schön, aber ganz einfach gab.

Besonders aber unterscheidet sich die neue Ausgabe durch die nun auch hinzugetretene englische Uebersetzung. So sehr ich anfangs dagegen war, weil das Lateinische wegbleiben sollte, was nach meiner auf erweislichen Gründen beruhenden Vorliebe für diese Sprache nicht geschehen durfte, so gieng ich um so bereitwilliger in den Plan ein, als mein Herr Verleger sich dahin erklärte, das Lateinische solle in der Art beibehalten werden, daß die drei neuen Sprachen neben einander gestellt, das Lateinische aber den Schluß bilden solle, so daß nun Beider Wünsche erfüllt sind. Ein geborner junger Engländer, Herr **Framport** aus London, der sich bei einem Geistlichen unseres Landes, Herrn Pfarrer **Zeller** in Nellingen bei Eßlingen, befindet, um sich in der deutschen Sprache und einigen wissenschaftlichen Fächern zu vervollkommnen, hat es auf meine dringende Bitte übernommen, unter Mitwirkung des obigen Gelehrten die Uebertragung in jene Sprache zu besorgen. Kenner erklären sie für sehr gelungen, und somit darf dieser Theil des Werkes als eine wahre Bereicherung desselben angesehen werden. Auch in Betreff der Bilder ist Alles gethan worden, um dem Buche die volle Zufriedenheit der Abnehmer zu verschaffen, indem mit der ganzen Reihe derselben eine Musterung vorgenommen wurde, so wie gewiß auch die übrige schöne Ausstattung nicht zu verkennen ist.

Billig Denkende werden den erhöhten Preis immer noch sehr niedrig finden, da die angebrachten Verbesserungen und Bereicherungen meinem Herrn Verleger bedeutende Auslagen verursacht haben, wofür er nur durch einen sehr günstigen Absatz dieser Auflage entschädigt werden kann.

Indem ich für das freundliche Entgegenkommen und das schonende Urtheil des Publikums meinen herzlichen Dank ausdrücke, füge ich den Wunsch bei, daß die Anwendung desselben von gesegneten Folgen für die Jugend seyn möge, was mir die genügendste Belohnung für meine gewiß mit Sorgfalt durchgeführte Bearbeitung seyn wird.

Tübingen, im Juli 1835.

Der Herausgeber.

Einladung.

Invitation.		*Invitation.*
M. Come here, boy, learn to be wise.	1 L. Komm her, Knabe, lerne verständig seyn!	Le Maître. Venez ici, mon enfant, et apprenez à être sage!
Scho. What is the meaning of this, to be wise?	2 Sch. Was heißt das: verständig seyn?	L'Ecolier. Qu'entendez vous par être sage?
M. To comprehend rightly, to perform correctly, and to speak accurately every thing, that is necessary.	3 L. Alles, was nöthig ist, recht begreifen, recht thun und recht aussprechen.	Le M. C'est bien comprendre, bien faire et bien parler tout ce qu'il faut.
Sch. Who will teach me this?	4 Sch. Wer wird mich das lehren?	L'E. Qui m'enseignera cela?
M. I will, with God's help.	5 L. Ich, mit Gottes Hilfe.	Le M. Ce sera moi avec la grace de Dieu.
Sch. In what manner?	6 Sch. Auf welche Weise?	L'E. Par quel moyen?
M. I will conduct you thro, all things, I will shew you every, thing that is round about us, I will name all.	7 L. Ich will dich führen durch alle Dinge; ich will dir Alles zeigen, was um uns her ist; ich will dir Alles benennen.	Le M. Je vous menerai par tout; je vous montrerai tout ce qu'il y a autour de nous, je m'en vais vous nommer tout par ordre.
Sch. Oh! what pleasure will that afford me!	8 Sch. Ey, welches Vergnügen wird mir dieses gewähren!	L'E. Ah! que cela me fera plaisir!

M. You have already learned the simple sounds, of which the human voice is composed, which thy tongue can imitate and thy hand paint. We will now go into the world, attentively contemplate Nature, and there learn the arts and works of man.

Sch. Here am I. Conduct me, wherever you please. — Do you go before, and I will cheerfully follow.

9 L. Schon hast du die einfachen Töne gelernt, aus welchen die menschliche Rede besteht, — welche deine Zunge nachzuahmen weiß und deine Hand malen kann. — Nun aber wollen wir in die Welt gehen, die Natur aufmerksam beschauen und hernach die Künste und Verrichtungen der Menschen kennen lernen.

10 Sch. Hier bin ich! Führen Sie mich, wohin es Ihnen gefällt. — Gehen Sie nur voran! ich werde fröhlich folgen.

Le M. Déjà, vous connaissez les tons simples, qui forment la voix humaine, que votre langue sait imiter, et que votre main peut dessiner. — Mais à présent, entrons dans le monde, contemplons attentivement la nature, apprenons ensuite à connaître les arts et les oeuvres des hommes.

L'E. Me voilà prêt, monsieur! Conduisez moi, où il vous plaira. Allez devant, je vous suivrai avec plaisir.

Invitatio.

1 Mag. Veni, puer! disce sapĕre.

2 P. Quid hoc est: sapĕre?

3 M. Omnia, quae opus sunt, recte intelligĕre, recte agĕre, recte elŏqui.

4 P. Quis me illud docebit?

5 M. Ego, Deo adjuvante.

6 P. Qua ratione?

7 M. Ducam te per omnia; ostendam tibi, quidquid circa nos est; nominabo tibi cuncta.

8 P. Ah, quantam hoc mihi affĕret voluptatem!

9 M. Jam didicisti sonos simplices, quibus vox humana constat, — quos lingua tua imitari scit et manus tua pingĕre potest. — Nunc vero in mundum exibimus, naturam attente spectabimus et deinde artes atque opera hominum cognoscemus.

10 P. En, adsum! Duc me, quocunque tibi placet! I prae! ego sequar laeto animo.

1.

Die Welt.

The World. *Le Monde.*

God, that most perfect, most holy, and most blessed Being, whose power, Wisdom, Goodness and Righteousness is without eud, formed this immense world, which consists of two parts, the heaven and the earth.

In the heaven we view during the day the radiant Sun, and during the night, the clear moon, and innumerable stars.

In the air the clouds are suspended.

The earth is possessed of Mountains and forests, hills and valleys; meadows, fields and fruits, seas, lakes rivers, and brooks, animals and men.

But, under all living creatures, man takes the first place.

God created him after his own image, and gave him reason, freewill and speech, which the other animals are deprived of, since they are alone governed by the Instinct of Nature.

[1] Gott, jenes vollkommenste, heiligste und seligste Wesen, dessen Macht, Weisheit, Güte und Gerechtigkeit unendlich ist, hat einst dieses erstaunlich große Weltgebäude erschaffen, welches aus zwei Theilen besteht, aus Himmel und Erde.

[2] An jenem erblicken wir bei Tage die glänzende Sonne, bei Nacht den hellen Mond und unzählige Sterne.

[3] In der Luft schweben die Wolken.

[4] Die Erde hat Berge und Wälder, Hügel und Thäler, Wiesen, Aecker und Früchte, Meere, Seen, Flüsse und Bäche, Thiere und Menschen.

[5] Unter allen lebendigen Geschöpfen aber nimmt der Mensch die erste Stufe ein.

[6] Gott hat ihn nach seinem Bilde geschaffen und ihm Vernunft, freien Willen und Sprache gegeben, was die Thiere entbehren, da sie bloß durch den Naturtrieb geleitet werden.

Dieu, l'être le plus parfait, le plus saint, le plus heureux, dont la puissance, la sagesse, la bonté et la justice sont infinies, a créé jadis, cet univers immense, qui consiste en deux parties, savoir, le ciel et la terre.

Au ciel nous voyons pendant le jour le soleil brillant, et pendant la nuit, la lune claire et des étoiles innombrables.

Les nues planent dans l'air.

Sur la terre se trouvent des montagnes et des forêts, des collines et des vallées, des prés, des champs, et des fruits, des mers, des lacs, des fleuves, des ruisseaux, des animaux et des hommes.

Mais, entre toutes les créatures vivantes, c'est l'homme qui tient le premier rang.

Dieu l'a créé à son image, et lui a donné la raison, la volonté libre et le langage, qui manquent aux animaux, qui ne sont guidés que par l'instinct.

He made him the Lord of the whole earth, and permitted him to convert beasts, and plants to his use.

Nature affords him the highest pleasure and delights, and his immortal Spirit penetrates to the abode of him, who was from all eternity, and who has so ordered his work, that the whole shall be kept in invariable order.

[7] Er hat ihn zum Herrn der Erde gemacht; Thiere und Pflanzen darf er zu seinem Nutzen verwenden.

[8] Ihm gewährt die Natur die höchsten Freuden und Genüsse, und sein unsterblicher Geist dringt zu dem Wohnsitze dessen, der von Ewigkeit war, und sein Werk so eingerichtet hat, daß das Ganze in beständiger Ordnung fortdauert.

Il l'a fait maître de la terre, et lui a permis d'employer les animaux et les plantes à son usage.

La nature lui offre les plaisirs et les jouissances les plus sublimes, et son esprit immortel pénètre jusqu'au trône de celui qui a été de toute éternité, et qui a arrangé son ouvrage de manière que l'univers se conserve dans un ordre continuel.

Mundus.

[1] Deus, numen illud perfectissimum, sanctissimum et beatissimum, cujus potentia, sapientia, benignitas et justitia infinita est, olim mundum hunc ingentem condidit, qui duabus partibus constat, coelo et terra.

[2] In illo interdiu solem splendidum conspicimus, noctu vero lunam claram et stellas innumeras.

[3] In aëre nubes pendent.

[4] Terra habet montes et silvas, colles et valles, prata, agros et fruges, maria, lacus, flumina et rivos, animalia et homines.

[5] Omnium animantium autem homo primum obtinet locum.

[6] Deus eum ad sui imaginem creavit eumque ratione, libera agendi voluntate et oratione instruxit, quibus animalia carent, cum solo naturae impetu quodam regantur.

[7] Idem eum dominum terrae fecit; et pecudes et plantas licet ei in usum suum convertere.

[8] Illi natura summa gaudia praebet atque oblectamenta, et animus ejus immortalis ad sedem ejus penetrat, qui ab aeterno fuit et opus suum ita instituit, ut universum continuo ordine conservetur.

1.

2.

2.

Der Himmel.

The Heaven. *Le Ciel.*

The golden Sun, which we in calm weather behold in the heaven, enlightens and warms the earth, which moves itself round it.

Wherever it may be, it shines with perpetual light (altho the clouds sometimes robs us of its presence), and forms those rays of light, which form our day.

It resembles a globe of fire of incredible magnitude, and as it rises, dispels the darkness of night, and fills every thing with its light.

Before its rise, we perceive the morning twilight, and the morning red; at its setling succeeds the evening red and the night.

In the degree that it is removed, either further from, or nearer to the earth, it makes the four Seasons: Spring, Summer, Autumn, Winter.

By night shine the stars and the moon, which receives its light

[1] Die goldene Sonne, welche wir bei heiterer Witterung am hohen Himmelsgewölbe sehen, erleuchtet und erwärmt die Erde, welche sich um die Sonne bewegt.

[2] Sie scheint, wo sie auch seyn mag, beständig, obgleich das Gewölke sie uns oft raubt, und macht mit ihren Strahlen das Licht, das Licht aber den Tag.

[3] Sie ist gleichsam eine feurige Kugel von unglaublicher Größe, welche, wenn sie aufgeht, die Finsterniß der Nacht vertreibt und Alles mit ihrem Lichte erfüllt.

[4] Vor dem Aufgang derselben bemerken wir die Morgendämmerung und die Morgenröthe, auf ihren Untergang folgt die Abenddämmerung und die Nacht.

[5] Je nachdem sie der Erde näher oder weiter von ihr entfernt ist, macht sie die vier Jahrszeiten: Frühling, Sommer, Herbst und Winter.

[6] Bei Nacht leuchten die Sterne und der Mond, der sein Licht

Le soleil doré, que nous voyons au firmament, quand le ciel est serein, éclaire et échauffe la terre qui tourne autour du soleil.

Il luit constamment, quel que soit le lieu où il puisse se trouver, et quoiqu'il nous soit souvent caché par les nuages: par ses rayons il nous donne la lumière qui à son tour nous donne le jour.

Il semble être un globe de feu d'une grandeur incroyable qui, en se levant, chasse l'obscurité de la nuit, et remplit tout de sa lumière.

Avant son lever nous remarquons le crépuscule du matin et l'aurore; après son coucher suit le crépuscule du soir et la nuit.

A mesure qu'il se trouve plus près ou plus éloigné de la terre, il fait les quatre saisons: le printemps, l'été, l'automne et l'hiver.

Dans la nuit, luisent les étoiles et la lune, qui elle-même

likewise from the Sun.

ebenfalls von der Sonne erhält.

reçoit également sa lumière du soleil.

Coelum.

[1] Sol aureus, quem serena tempestate in coelo alto videmus, terram illustrat et calefăcit, quae circa solem movetur.

[2] Ubicunque sit, tamen perpetuo lucet, quamvis nubila eum nobis saepe eripiant, et radiis suis lucem facit, lux autem diem.

[3] Globus est quasi igneus incredibili magnitudine, qui, cum oritur, tenebras noctis pellit et omnia luce sua implet.

[4] Ante ortum ejus diluculum et auroram animadvertimus; cum occĭdit, crepusculum et nox sequitur.

[6] Prout terrae propior aut longius ab ea remotus est, quatuor anni tempora facit: ver, aestatem, auctumnum et hiemem.

[5] Noctu stellae lucent et luna, quae et ipsa lucem a sole accipit.

3.

Das Feuer.

Fire. — *Le Feu.*

The four original parts of bodies, are Fire, earth, air and water, which are called Elements.

The fire the cause of light and warmth, enlightens, warms, burns and consumes, prepares our victuals, and melts metals.

The Savages produce fire, by rubbing two pieces of wood together, the one soft and the other hard; by means of a burning glass also, the rays of light can be contracted into one focus.

[1] Die vier Urbestandtheile der Körper sind: Feuer, Erde, Luft und Wasser, welche man Elemente nennt.

[2] Das Feuer, die Ursache des Lichts und der Wärme, erleuchtet, erwärmt, brennt und verbrennt, kocht die Speisen und schmelzt die Metalle.

[3] Die Wilden bringen Feuer zu Stande, indem sie zwei Hölzer, ein weiches und ein hartes, anhaltend an einander reiben; auch können durch ein Brennglas die Sonnenstrahlen aufgefangen werden.

Les quatre parties primitives des corps sont: le feu, la terre, l'air et l'eau; on les appelle éléments.

Le feu cause la lumière et la chaleur, éclaire, échauffe, allume et brûle, cuit les mets et fond les métaux.

Les sauvages tirent le feu de deux morceaux de bois, l'un mou, et l'autre dur, en les frottant continuellement l'un contre l'autre; on peut aussi recueillir les rayons du soleil par un verre ardent.

With the help of the Steel and flint in common use sparks may be emitted, and with the tinder be received in the tinder box.

To this a match is held, with which a candle, or the wood in the stove is lighted.

From this the smoke ascends, and is either dispersed, or remains hanging to the chimney, and is turned into soot.

What remains of the burnt wood, is ashes or embers

The burning coal produces a dead coal.

Without air the fire cannot burn.

When a fire breaks out, it consumes not unfrequently houses, and even whole towns and villages.

4 Gemeiniglich aber werden mit Hilfe des Stahls aus dem Feuerstein Funken hervorgelockt und mit dem Zunder in dem Feuerzeug aufgefangen.

5 Hierauf wird ein Schwefelholz hingehalten, womit nachher ein Licht oder das Holz in dem Ofen angezündet wird.

6 Aus diesem steigt der Rauch auf, welcher sich entweder zertheilt, oder am Schornstein hängen bleibt und zu Ruß wird.

7 Was vom verbrannten Holz übrig bleibt, ist Asche und Loderasche.

8 Aus der Glutkohle wird eine verloschene Kohle.

9 Ohne Luft kann das Feuer nicht brennen.

10 Wenn eine Feuersbrunst entsteht, so verzehrt das Feuer nicht selten einzelne Häuser, ja ganze Städte und Dörfer.

Mais ordinairement on tire des étincelles de la pierre à fusil à l'aide du briquet, lesquelles on reçoit avec l'amadou ou dans la mêche.

Après cela on y tient une allumette, avec laquelle on allume ensuite une chandelle ou le bois au poile.

De là monte la fumée, qui se dissipe ou s'attache à la cheminée et forme la suie.

Ce qui reste du bois brûlé est de la cendre et de la fleur de cendre.

Le charbon ardent produit le charbon éteint.

Sans air, le feu ne peut pas brûler.

Lorsqu'il s'élève un incendie, souvent le feu consume non seulement des maisons, mais des villes et des villages entiers.

Ignis.

1 Quatuor prima corporum stamina sunt: ignis, terra, aër et aqua, quae elementa vocantur.

2 Ignis, causa lucis et caloris, lucet, calefăcit, urit et combūrit, coquit cibos et liquefăcit metalla.

3 Feri homines ignem excitant, duo ligna, alterum mollius, alterum durius continuo conterentes; solis quoque radii vitro caustico excĭpi possunt.

4 Plerumque autem chalybis ope e pyrīte scintillae eliciuntur et fomite in pyrothēca excipiuntur.

5 Tum sulphuratum admovetur, quo deinde candēla aut lignum in fornace accenditur.

6 Ex hac fumus adscendit, qui aut dilabitur, aut camīno adhaeret et fulīgo fit.

7 Quod e ligno combusto remănet, cinis est et favilla.

8 E carbone pruna fit.

[9] Sine aëre ignis ardere non potest.

[10] Orto incendio flamma haud raro singulas domus, quin adeo intĕgras urbes et pagos consūmit.

4.

Die Luft.

Air.

The whole earth is surrounded on all sides with air, without which neither animals could live nor plants grow.

The lower and thicker air is called atmosphere; the upper, which is thinner, purer, and colder, Aether.

The air is a fluid, transparent, and elastic. It is capable of being compressed, but when the pressure is taken away, it regains its former shape.

By the cold it is condensed, and the heat expanded.

At one time it is rainy, at another clear; in Summer it is warm and sultry, in Winter cold, in Spring temperate, in Autumn damp.

The purer it is, the healthier, and the sound the clearer.

[1] Die ganze Erde ist allenthalben von Luft umgeben, ohne welche weder die Thiere leben, noch die Pflanzen wachsen können.

[2] Die untere und dickere Luft wird Dunstkreis, die obere, welche dünner, reiner und kälter ist, Aether genannt.

[3] Die Luft ist flüssig, durchsichtig und elastisch; sie läßt sich nämlich zusammendrücken, aber wenn sie vom Druck befreit ist, nimmt sie die vorige Gestalt wieder an.

[4] Durch die Kälte wird sie verdickt, durch die Wärme ausgedehnt.

[5] Bald ist sie regnerisch, bald heiter, im Sommer warm und schwül, im Winter kalt, im Frühling gemäßigt, im Herbst feucht.

[6] Je reiner sie ist, desto gesünder ist sie und um so heller ist der Schall.

L'air.

Toute la terre est entièrement entourée d'air, sans lequel les animaux ne peuvent vivre, ni les plantes croître.

L'air inférieur et plus épais est appelé l'atmosphère, l'air supérieur, moins épais, plus pur et plus froid, est nommé l'éther.

L'air est fluide, transparent et élastique; il se laisse comprimer, mais, à peine délivré de la compression, il reprend sa première place.

Le froid le condense, et la chaleur l'étend.

Tantôt il est pluvieux, tantôt serein, en été chaud et étouffant, en hiver froid, au printemps tempéré, en automne humide.

Plus il est pur, plus il est sain, et plus le son est clair.

3

4

The breezes wave softly, and the winds blow violently.	[7] Das Lüftchen weht sanft, der Wind hingegen heftig.	Le zéphyre souffle doucement. et le vent violemment.
There are four cardinal winds; the North, East, South, and West-winds.	[8] Es giebt vier Hauptwinde: der Nordwind, der Ostwind, der Südwind und der Westwind.	Il y a quatre vents cardinaux: le vent du Nord, le vent d'Est, le vent du Sud et le vent d'Ouest.
The wind purifies the air from hurtful vapours, quickly drys the earth, and drives the mills and Ships.	[9] Der Wind reinigt die Luft von ungesunden Dünsten, trocknet die Erde schnell und treibt Mühlen und Schiffe.	Le vent purifie l'air des vapeurs malsaines; il sèche promptement la terre, et fait aller des moulins et des vaisseaux.
It is oftentimes injurious.	[10] Bisweilen schadet er.	Quelquefois il nuit.
The storms of wind tears up trees by their roots, overthrows houses, and wrecks ships.	[11] Der Sturmwind reißt Bäume mit der Wurzel aus, zerstört Häuser und richtet Schiffe zu Grunde.	Le vent orageux déracine des arbres, renverse des maisons et coule à fond des vaisseaux.
Whirlwinds drive objects opposing them in a circle.	[12] Der Wirbelwind treibt die ihm vorkommenden Gegenstände im Kreise herum.	Le tourbillon fait tourner les objets qu'il rencontre.
Subterraneous winds raises an earth-quake, which overthrows whole towns.	[13] Der unterirdische Wind erregt ein Erdbeben, welches ganze Städte zerstört.	Le vent souterrain excite un tremblement de terre, qui ruine des villes entières.
The Echo is nothing else, than a repetition of the sound, which is caused by its reverberation.	[14] Das Echo oder der Wiederschall ist nichts Anderes, als eine Wiederholung des Schalls, welche durch das Zurückprallen desselben geschieht.	L'Echo n'est autre chose, que la répétition du son causée par sa répercussion.

Aër.

[1] Universa terra undique aëre circumdătur, sine quo nec animalia vivere, nec plantae crescere possunt.

[2] Aër inferior et densior atmosphaera vocatur; superior, qui tenuior, purior et frigidior est, aether dicitur.

[3] Aër fluidus est, pellucidus et elasticus; nimirum comprĭmi potest, sed compressu liberatus pristinam induit speciem.

[4] Frigore condensatur, calore extenditur.

[5] Modo pluvius est, modo serēnus, aestate calidus et aestuosus, hieme frigidus, vere temperatus, auctumno humidus.

[6] Quo purior est, eo salubrior est et eo clarior est sonus.

[7] Aura leniter, ventus acriter spirat.

[8] Sunt quatuor venti cardinales: boreas, eurus, auster et favonius seu zephyrus.

[9] Ventus purgat aërem vaporibus noxiis, terram celeriter siccat et molas ac naves agit.

[10] Interdum nocet.

[11] Procella arbores eradīcat, domus evertit et naves perdit.

[12] Turbo res obvias in gyrum agit.

[13] Ventus subterraneus terrae motum excitat, qui integras urbes subvertit.

[14] Echo nil aliud est, quam repetitio soni facta repercussione ejus.

5.

Das Wasser.

Water. *L'Eau.*

In the mountains are springs, from which the waters gush forth, which flow at first in small, afterwards in greater streams.

Several brooks flowing together, form a river; and several small rivers, a stream, which emptys itself either in the sea or Ocean.

The water affords us a wholesome beverage, nourishes all plants, and drives mills and machines.

With water we cook our victuals, and wash and cleanse ourselves, and every thing else.

It is a fluid, and transparent, and can serve as a looking

[1] In den Bergen sind Quellen, aus denen das Wasser hervorquillt, welches zuerst in kleinen, hernach in größeren Bächen fließt.

[2] Mehrere zusammenfließende Bäche machen einen Fluß und mehrere kleinere Flüsse einen Strom, der sich in's Meer oder in den Ocean ergießt.

[3] Das Wasser gewährt uns einen gesunden Trank, nährt alle Pflanzen und treibt Mühlen und Maschinen.

[4] Mit Wasser kochen wir die Speisen und reinigen damit uns und alles Andere.

[5] Es ist flüssig und durchsichtig und kann als Spiegel dienen,

Dans les montagnes, il y a des sources, d'où sourd l'eau, qui d'abord s'écoule en ruisseaux, ensuite en rivières.

Plusieurs ruisseaux forment ensemble une rivière, et plusieurs petites rivières un fleuve qui se jète dans la mer ou dans l'océan.

L'eau nous présente une boisson salubre, nourrit toutes les plantes et fait aller des moulins et des machines.

Avec l'eau, nous cuisons les aliments, et elle sert à nous laver et à blanchir toutes sortes d'objets.

Elle est liquide et transparente, et peut servir de miroir, par-

glass, as it represents, the form of man and things.

The pure water has neither smell or colour.

It becomes ice, when deprived of heat: Very often the bloating of the ice, has caused great damage.

We can clearly perceive, when air is in the water, by the small bubbles, which arise to the surface.

The springs send forth either warm or cold, sweet or bitter water, which is used as excellent remedies against many deseases of Man.

There are also salt springs, in which as in the Sea particles of salt are contained.

Stagnant water, is called, lakes, fishponds, ponds, and Marshes.

The river has a bank; The Sea, shores, promontories, islands, peninsulas, quicksands, and rocks; It forms also, straits, isthmus, and bays.

A Whirlpool is dangerous for a swimmer.

The sea rises and falls twice in the space of 24 hours, which

weil es die Bilder der Menschen und der Dinge darstellt.

6 Das reine Wasser hat weder Geruch, noch Farbe.

7 Wenn es der Wärme beraubt wird, so wird es zu Eis. Oft hat der Eisgang großen Schaden angerichtet.

8 Daß Luft in dem Wasser sey, beweisen die darin aufsteigenden Bläschen deutlich.

9 Die Quellen bringen kalte oder warme, saure oder bittere Wasser hervor, welche vortreffliche Heilmittel gegen viele Krankheiten der Menschen abgeben.

10 Es giebt auch Salzquellen, welche, wie das Meer, Salz mit sich führen.

11 Stehende Wasser heißen Seen, Weiher, Teiche und Sümpfe.

12 Der Fluß hat Ufer, das Meer Gestade, Vorgebirge, Inseln, Halbinseln, Sandbänke und Klippen; auch bildet es Meerengen, Erdengen und Meerbusen.

13 Der Wirbel ist für Schwimmer gefährlich.

14 Das Meer nimmt in einer Zeit von 24 Stunden zweimal zu und zweimal ab, was

cequ'elle représente les images des hommes et de toutes les choses.

L'eau pure n'a ni odeur ni couleur.

Quand elle est privée de chaleur, elle devient de la glace, dont la débâcle a souvent causé beaucoup de dommages.

L'eau contient de l'air; les bulles qui s'élèvent à sa surface le prouvent assez.

Les sources produisent des eaux froides ou chaudes, acides ou amères, qui donnent les meilleurs remèdes contre beaucoup de maladies.

Il y a aussi des sources salées, qui, comme la mer, entraînent du sel avec elles.

Les eaux stagnantes sont appelées des lacs, des viviers, des étangs et des marais.

Le fleuve a des bords, la mer des côtes, des promontoires, des îles, des presqu'îles, des bancs de sable et des écueils; aussi elle forme des isthmes, des détroits et des golfes.

Le tournant d'eau est dangereux aux nageurs.

La mer croît et décroît deux fois dans vingt-quatre heures, ce qu'on nomme le

are called flood, and ebb.	man Fluth und Ebbe nennt.	flux et le reflux de la mer, ou la haute et la basse marée.

Aqua.

[1] In montibus fontes sunt, e quibus aqua scatūrit, quae primum rivulis, deinde rivis fluit.

[2] Plures rivi confluentes fluvium efficiunt, et plures minores fluvii flumen, quod in mare seu oceanum effunditur.

[3] Aqua praebet nobis potum salubrem, nutrit omnes plantas et molas agit ac machĭnas.

[4] Aqua cibos coquimus et nos aliaque omnia ea lavamus et purgamus.

[5] Liquida est et pellucida, et pro speculo esse potest, quod imagines hominum ac rerum repraesentat.

[6] Pura aqua nec odorem habet, nec colorem.

[7] Calore privata glacies fit, quae subito soluta saepe multum facit detrimenti.

[8] Aërem aquae inesse, bullulae in ea adscendentes satis declārant.

[9] Scaturigines frigi-das aut calidas, acidas aut amaras aquas promunt, quae optima praebent remedia adversum multos hominum morbos.

[10] Sunt etiam salsi fontes, qui, ut mare, salem (sal) secum ferunt.

[11] Stantes aquae vocantur lacus, piscīnae, stagna et palūdes.

[12] Fluvius habet ripas, mare, litora, promontoria, insulas, peninsulas, cyrtes et scopulos: idem facit isthmos, freta et sinus.

[13] Vortex natantibus periculosus est.

[14] Mare viginti horarum spatio bis crescit et decrescit, quod fluxus et refluxus maris vocatur.

6.

Die Wolke.

The Clouds.		*La Nue.*
From the earth, and the water continually arises, vapours, which ultimately form the clouds, and when these are to heavy, they descend on the earth, and produce, rain, showers, snow and hail.	[1] Aus der Erde und dem Wasser steigen beständig Dünste auf und bilden endlich die Wolken, welche, wenn sie zu schwer sind, auf die Erde herabfallen und Regen, Platzregen, Schnee und Hagel machen.	Il s'élève de la terre et de l'eau continuellement des vapeurs, qui forment ensuite les nues qui, si elles sont trop pesantes, tombent sur la terre et font la pluie, l'ondée, la neige et la grêle.

5.

6.

If the vapours approach near the earth, they are called fogs, which are particularly visible in Autumn.	2 Wenn die Dünste nahe an der Erde sind, so werden sie Nebel genannt, welcher besonders im Herbst sichtbar ist.	Quand les vapeurs sont près de la terre, on les appelle brouillards qui paraissent surtout en automne.
If they fall on the earth, and disperse, it is clear weather; if on the contrary they rise, it generally rains.	3 Wenn er herabfällt und zerfließt, so ist heiteres Wetter, steigt er aber in die Höhe, so pflegt es zu regnen.	S'ils tombent et se liquefient, le temps est serein, mais s'ils montent, il pleut ordinairement.
If the watery vapours freeze in the air, it becomes snow, if they congeal in drops of rain, hail.	4 Wenn die wässrigen Dünste in der Luft gefrieren, so entsteht Schnee, wenn dieses bei den Regentropfen geschicht, Hagel.	Si les vapeurs aqueuses se congèlent, elles forment la neige; mais si les gouttes de pluie se congèlent, il fait de la grêle.
The avalanches are very dangerous.	5 Die Schneelauwinen sind sehr gefährlich.	Les avalanches sont fort dangereuses.
Dew consists of small drops, which hang upon the plants in the morning and evening.	6 Der Thau besteht aus Tropfen, die sich des Morgens und Abends an die Pflanzen anhängen.	La rosée consiste en gouttes qui s'attachent matin et soir aux plantes.
The frozen dew is called hoar-frost, which occurs in autumn.	7 Gefrorner Thau wird Reif genannt, welcher im Herbst erblickt wird.	La rosée gelée s'appelle frimas que l'on voit en automne.
The lightening, which breaks from the clouds, originates from sulphurous and nitrous vapours, and is connected with the thunder, a dreadful cracking, which shakes, and fertilises the earth.	8 Der Blitz, welcher aus den Wolken hervorbricht, entsteht aus schweflichten und salpetrigen Dünsten, und ist mit dem Donner, einem fürchterlichen Krachen, verbunden, welcher die Erde erschüttert und fruchtbar macht.	La foudre tombant des nues provient de vapeurs sulfureuses et nitreuses, et se joint au tonnerre, fracas terrible. qui ébranle et féconde la terre.
If the thunder is not heard, we call it sheet-lightening.	9 Wird der Donner nicht gehört, so nennt man es Wetterleuchten.	Quand on n'entend pas le tonnerre, on l'appelle des éclairs.
Sometimes the lightning strikes on the earth, splits a tree, sets a house on fire, or kills a man.	10 Bisweilen schlägt der Blitz ein, spaltet einen Baum, oder entzündet ein Haus, oder tödtet einen Menschen.	Quelquefois la foudre tombe sur la terre, fend un arbre, ou incendie une maison, ou tue un homme.
The rain-bow, which is composed of seven	11 Der Regenbogen, der mit sieben Farben	L'arc-en-ciel brillant de sept couleurs,

colours, produces a very pleasing spectacle.

It is seen in a raincloud, when the sun shines immediately opposite it.

prangt, gewährt ein sehr angenehmes Schauspiel.

[12] Er erscheint in einer Regenwolke, welche sich der Sonne gegenüber befindet.

donne un spectacle très-agréable.

Il se forme, lorsqu'il pleut, et que la soleil luit du côté opposé.

Nubes.

[1] E terra et ex aqua perpetuo vapores adscendunt et tandem nubes efficiunt, quae, si graviores sunt, in terram decidunt et pluviam, imbrem, nivem ac grandinem efficiunt.

[2] Si vapores prope terram sunt, nebula vocantur, quae inprimis autumno conspicua est.

[3] Si delabitur et diffluit, serena est tempestas, si vero assurgit, pluere solet.

[4] Si aquei vapores in aëre congelascunt, nix, sin pluviae guttae, grando oritur.

[5] A nivibus de monte revulsis magnum imminet periculum.

[6] Ros e guttis constat, quae mane ac vesperi plantis adhaerent.

[7] Ros congelatus pruīna vocatur, quae autumno conspicitur.

[8] Fulmen, ex nubibus erumpens, e vaporibus sulphureis ac nitratis oritur, et cum tonitru, fragore terribili, conjunctum est, quod terram concutit et foecundat.

[9] Tonitru si non auditur, fulgetrum vocant.

[10] Interdum fulmen in terram defertur, arborem findit, aut domum incendit, aut hominem interfĭcit.

[11] Iris, septem coloribus splendens, spectaculum jucundissimum praebet.

[12] Appāret in nube pluviosa soli opposita.

7.

Die Erde.

The Earth. — *La Terre.*

The earth, whose inhabitants are the men, is a planet or a star, which has no light of its own, but receives it from the sun, round which body it moves itself.

[1] Die Erde, deren Bewohner die Menschen sind, ist ein Planet oder ein Stern, der kein eigenes Licht hat, sondern dasselbe von der Sonne erhält und sich um dieselbe herumbewegt.

La terre, dont les habitants sont les hommes, est une planète ou une étoile, qui n'a pas de lumière en propre, mais qui la reçoit du soleil, autour duquel elle tourne.

The sun however is reckoned one of the fixed stars, which always retains the same place.

The earth has the form of a ball, on which account it is also called, the sphere of the earth.

It's motion is of two kinds; it turns itself on its own axis, and round the sun, at the same time.

By the one the day and night, by the other the year and the seasons, Spring, Summer, Autumn, Winter, are determined.

The surface of the earth consists of Land and water; the water occupies two parts, the dry land the remaining.

Its circumference comprehends 5,400 miles.

It is divided into five zones or belts, of which two are frigid, two temperate, and one torrid.

The five divisions of the earth, are Europe (the smallest of all) Asia and Africa, which are called the Old World, America, and Australia, which are called the New.

2 Die Sonne aber wird zu den Fixsternen gezählt, welche immer die nämliche Stelle einnehmen.

3 Die Erde hat die Gestalt einer Kugel, weßwegen sie auch Erdkreis genannt wird.

4 Ihre Bewegung ist doppelt; sie dreht sich nämlich um ihre Axe und um die Sonne zugleich.

5 Durch jene werden Tag und Nacht, durch diese das Jahr und die Jahrszeiten: Frühling, Sommer, Herbst und Winter, bestimmt.

6 Die Oberfläche der Erde besteht aus Land und Wasser; zwei Theile nimmt das Wasser ein, der dritte ist festes Land.

7 Ihr Umfang begreift 5,400 Meilen.

8 Sie wird in fünf Zonen oder Erdgürtel eingetheilt, von denen zwei kalt sind, zwei gemäßigt und eine heiß.

9 Die fünf Erdtheile sind: Europa (der kleinste unter allen), Asien und Afrika, welche die alte Welt, und Aiaerika und Südindien, welche die neue Welt ausmachen.

Mais le soleil est compté parmi les étoiles fixes qui tiennent toujours la même place.

La terre a la forme d'un globe, c'est pour cela qu'on l'appelle aussi l'orbe terrestre.

Son mouvement est double; car elle tourne sur son axe, et de même autour du soleil.

Le premier détermine le jour et la nuit, et l'autre, l'année et les saisons: le printemps, l'été, l'automne et l'hiver.

La superficie de la terre consiste en eau et en terre; l'eau en contient deux parties, le continent la troisième.

Sa circonférence est de cinq mille quatre cent milles géographiques.

Elle est divisée en cinq zônes, dont deux sont glaciales, deux tempérées, et une torride.

Les cinq parties du monde sont: l'Europe, (la plus petite de toutes), l'Asie et l'Afrique qui comprennent l'ancien monde, et l'Amérique et les terres australes, qui comprennent le nouveau monde.

Terra.

[1] Terra, cujus incŏlae homines sunt, planeta est seu stella, quae per se lucem non habet, sed eam a sole accĭpit et circa eum movetur.

[2] Sol autem stellis fixis adnumeratur, quae eundem semper locum obtĭnent.

[3] Terra globi formam habet, quare etiam terrarum orbis vocatur.

[4] Motus ejus duplex est; ea scilicet circa axem suum et solem simul torquetur.

[5] Illo noctes atque dies, hoc vero annus et anni tempora constituuntur: ver, aestas, auctumnus et hiems.

[6] Superficies terrae aqua et humo constat; duas partes aqua tenet, tertia est terra continens.

[7] Ambitus ejus quinque millia et quadringenta milliaria complectitur.

[8] Ea in quinque zonas dividitur, quarum duae frigidae sunt, duae sunt temperatae, et una torrida.

[9] Quinque terrae partes sunt: Europa (minima omnium), Asia et Africa, quae antiquum, et America atque India australis, quae novum orbem efficiunt.

8.

Die Erdoberfläche.

The earths surface. — *La surface de la terre.*

The surface of the earth presents high and low tracts of land; in no place is it wholly level.

Small raised spots, are called hills, and eminences; but the higher ones mountains, which, if they are connected in a long row, are called a range of mountains.

A promontory stretches itself into the sea.

There are also volcano's.

[1] Die Oberfläche der Erde bietet hohe und tiefe Gegenden dar und ist nirgends ganz eben.

[2] Etwas erhabene Plätze heißen Hügel und Anhöhen, die höheren aber Berge, welche, wenn sie in einer langen Reihe zusammenhängen, Gebirge genannt werden.

[3] Ein Vorgebirg erstreckt sich in das Meer hinaus.

[4] Es giebt auch feuerspeiende Berge.

La surface de la terre présente des objets élevés et profonds, et nulle part elle n'est plane.

Les lieux un peu élevés s'appellent collines et hauteurs, et les lieux plus hauts des monts, qui, lorsqu'ils forment une longue chaîne, s'appellent montagnes.

Un promontoire s'étend dans la mer.

Il y a aussi des volcans.

7.

8.

The highest mountains are met with in Asia, and America; The Alps in Switzerland stand next in rank after these.

The advantage of the mountains is of various kinds.

They pour forth the water, which the rivers and lakes use; they enclose metals and various kinds of precious stones; they protect the level tracts against the violent winds, afford a charming prospect, and are covered with shady woods; many of them are planted with vinegards.

On the level are fields and meadows, gardens and forests, sandy tracts, wastes, and heaths.

The fields yield corn and other fruits, the gardens fruit, and vegetables, the meadows, grass and herbs, and the forests trees of various kinds producing useful timber.

Mountains, which are always covered with snow and ice, are called glaciers.

Deep places are: the valleys, defiles, passes, caves, and hollow ways.

[5] Die höchsten Berge werden in Asien und Amerika angetroffen: nach diesen stehen die Alpen in der Schweiz oben an.

[6] Der Nutzen der Berge ist vielfach.

[7] Sie ergießen das Wasser, das die Flüsse und die Seen brauchen, sie schließen die Metalle und allerhand kostbare Steinarten in sich, sie schützen ebene Gegenden gegen heftige Winde, gewähren eine reizende Aussicht und sind mit schattigen Wäldern bedeckt; viele werden auch mit Weinbergen bepflanzt.

[8] Auf der Ebene werden Aecker, Wiesen, Gärten, Waldungen, Sandflächen, Haiden und Steppen angetroffen.

[9] Die Aecker bringen Getreide und andere Früchte hervor, die Gärten Obst und Küchengewächse, die Wiesen Gras und Kräuter, und die Wälder allerhand Bäume, welche nützliches Holz geben.

[10] Berge, welche mit ewigem Schnee und Eis bedeckt sind, heißen Gletscher.

[11] Tiefe Orte sind: die Thäler, die Schluchten, die Pässe, die Klüfte, die Hohlwege.

Les plus hautes montagnes se trouvent en Asie et en Amérique; les Alpes en Suisse tiennent après elles le premier rang.

L'utilité des montagnes est infinie.

Elles versent l'eau, qui est nécessaire aux fleuves et aux lacs, elles renferment les métaux et différentes sortes de pierres précieuses; elles mettent les plaines à l'abri de vents véhéments, offrent des vues très-agréables et sont couvertes de forêts, ombragées; plusieurs aussi sont plantées de vignes.

Dans la plaine, se trouvent des champs, des prairies, des jardins, des forêts, des contrées sablonneuses, incultes et désertes.

Les champs produisent du bled et d'autres fruits, les jardins, des fruits d'arbres et des légumes, les prés, de l'herbe, et les forêts, toutes sortes d'arbres qui donnent du bois utile.

Les montagnes, qui sont toujours couvertes de neige et de glace s'appellent des glaciers.

Les endroits profonds sont: les vallées, les précipices, les défilés, les goufres, les chemins creux.

Hollow places which are hewn out of rocks, are called grotto's.

There are three kinds of mountains; the original or granite mountains; mountains formed in horrizontal strata's, and the dry land.

[12] Künstlich in Felsen gehauene Höhlen nennt man Grotten.

[13] Die Art der Gebirge ist dreierlei: das Urgebirge, besonders der Granit, das Flötzgebirge und das aufgeschwemmte Land.

Les cavernes creusées artificiellement dans les rochers s'appellent des grottes.

Il y a trois espèces de rochers primitifs, particulièrement le granit, les secondaires et les terres rapportées.

Superficies terrae.

[1] Superficies terrae loca alta et profunda offert, nec usquam prorsus plana est.

[2] Loca paulum elevatiora colles et clivi vocantur, altiores vero montes, qui, si longa serie cohaerent, montana dicuntur.

[3] Promontorium in mare portenditur.

[4] Sunt etiam montes ignivŏmi.

[5] Altissimi montes in Asia et America reperiuntur; secundum eos Alpes in Helvetia primo loco ponendae sunt.

[6] Utilitas montium multiplex est.

[7] Effundunt aquam, quae fluviis et lacubus opus est, metalla includunt et varia pretiosa lapidum genera; regiones planas tuentur adversum ventos vehementes, prospectum praebent jucundissimum et silvis umbrosis teguntur; multi etiam vitibus conseruntur.

[8] In planitie agri, prata, horti, saltus et loca arenosa, inculta ac deserta reperiuntur.

[9] Agri frumenta aliosque fructus proferunt, horti poma et olera, prata gramen et herbas, et silvae varias arbores, lignum utile praebentes.

[10] Montes perenni nive ac glacie rigentes montes glaciales vocamus.

[11] Loca depressiora sunt: valles, fauces, angustiae, speluncae, viae cavae.

[12] Specus per rupes arte facti antra vocantur.

[13] Montium genus triplex est: montana primigenia seu granītes, montes per strata facti et tellus undis advecta.

9.

Die Mineralien.

The Minerals. — *Les Minéraux.*

We divide the natural bodies into three kingdoms.

[1] Alle natürlichen Körper theilen wir in drei Reiche.

Nous divisons tous les corps physiques en trois règnes.

The first comprehends, the animal, the second the vegetable, and the third the mineral kingdom.	2 Das erste begreift die Thiere, das zweite die Pflanzen, das dritte die Mineralien.	Le premier comprend les animaux, le second, les plantes, le troisième, les minéraux.
These are again divided into four divisious, earth and stones, salts, combustible minerals, and metals.	3 Diese werden in vier Classen eingetheilt, und zwar in Erden und Steine, Salze, brennbare Mineralien und Metalle.	Ceux-ci sont divisés en quatre classes, en terres et en pierres, en sels, en minéraux inflammables et en métaux.
Sand and gravel, are only broken stones.	4 Der Sand und Kies sind zerriebene Steine.	Le sable et le gravier sont des pierres triturées.
A stone is a piece of rock.	5 Ein Stein ist ein Stück eines Felsen.	La pierre est une partie de rocher.
From loam, bricks, and from clay, vessels, are made.	6 Aus Lehm werden Ziegel, aus dem fetten Thon Gefässe bereitet.	Avec de la terre glaise on fait des tuiles, avec l'argile, des vases.
The builder cannot do without chalk, granite, sandstone, and tophus.	7 Den Kalk kann der Baumeister nicht entbehren, so wie auch den Granit, den Sandstein und den Tufstein.	L'architecte ne peut pas se passer de chaux, ni de granit, ni de grès, ni de tuf.
From the plasterstone various kinds of images are manufactured; the rooms also are whitewashed with it.	8 Aus Gyps werden allerlei Figuren gebildet; auch werden die Zimmer damit überweißt.	Avec le plâtre on fait différentes figures; on en blanchit aussi les appartements.
The Basalt, and filtering stone, or stalactites, form whole caverns.	9 Der Basalt und der Tropfstein bilden ganze Höhlen.	Le basalte et le stalactite forment des cavernes entières.
The chalk, which in latin bears the name of Creta, from the island of the same name, is used for writing.	10 Die Kreide, welche den Namen von der Insel Kreta hat, dient zum Schreiben.	La craie, qui a tiré son nom de l'île de Crète, sert à dessiner.
The quary is used in the preparation of glass.	11 Den Kiesel oder Quarz gebrauchen wir zur Bereitung des Glases.	On emploie le caillou et le quartz à préparer le verre.
From the slate are prepared, tiles, writing tablets, pencils, slabs.	12 Aus dem Schiefer werden Dachziegel, Schreibtafeln, Griffel und Tischplatten verfertigt.	Avec l'ardoise, on fabrique des tuiles, des tablettes, des touches et des dessus de table.

The pummice stone is used for polishing wood.	[13] Der löcherige Bimsstein ist zum Glätten des Holzes tauglich.	La pierre-ponce poreuse sert à polir le bois.
In Siberia there is a kind of mica, which is used instead of wind ows.	[14] In Sibirien giebt es eine Gattung des Glimmers, welche man statt der Fenster gebraucht.	En Sibérie il y a une sorte de mica qui sert de vitre.
The use of the flint is well known.	[15] Der Gebrauch des Feuersteins ist bekannt.	L'usage de la pierre à feu est connu.
The whets tone is used for sharpening blunt instruments.	[16] Mit dem Wetzstein werden stumpfe Sachen geschliffen.	Avec la pierre à aiguiser on repasse les objets émoussés.
The load-stone attracts the iron.	[17] Der Magnet zieht das Eisen an sich.	L'aimant attire le fer.
Crystal is clear, and very hard.	[18] Der Crystall ist hell und sehr hart.	Le cristal est clair et très-dur.
The finest gems, are, the white diamond, the blue Sapphire, the green emerald, the red ruby, the purple jacinth, the yellow topaz, the violet-coloured amethyst, the red sardonix, the pale-green chrysolite, the milk-blue opāl, the red garnet, and the flesh-coloured onyx.	[19] Die schönsten Edelsteine sind: der weiße Diamant, der blaue Saphir, der grüne Smaragd, der rothe Rubin, der braunrothe Hyacinth, der citrongelbe Topas, der veilchenblaue Amethyst, der rothe Carniol, der blaßgrüne Chrysolith, der milchblaue Opal, der rothe Granat, der fleischfarbige Onyx.	Les pierres précieuses les plus belles sont : le diamant blanc, le saphir bleu, l'émeraude verte, le rubis rouge, l'hyacinthe rouge-brune, le topaze jaune de citron, l'améthyste violette, le carniol rouge, la chrysolithe verte pâle, l'opale couleur de lait, le grenat rouge, l'onyx couleur de chair.
The jasper also of various colours was much sought after by the ancients.	[20] Auch der Jaspis von verschiedenen Farben war bei den Alten sehr gesucht.	Le jaspis de diverses couleurs était aussi fort recherché des anciens.
The agate is a mixt kind of gem, and is of little value.	[21] Der Achat ist eine gemischte Art der Edelsteine und von geringerem Werth.	L'agate est un composé de plusieurs pierres précieuses et de peu de valeur.
The white agate with red streaks is the most common.	[22] Die weißen mit röthlichen Wellen sind am häufigsten.	La blanche rougeâtre est la plus commune.

Fossilia.

[1] Omnia genuina corpora in tria dividimus regna.

[2] Primum continet animalia, secundum plantas, tertium fossilia.

9.

10.

[3] Haec quidem in quatuor classes distribuuntur, in terrae genera et lapides, salia, fossilia flammam concipientia et metalla.
[4] Arena et glarea lapides sunt comminuti.
[5] Saxum pars est petrae.
[6] E luto (n) lateres, ex argilla pingui vasa parantur.
[7] Calce (f) architectus carēre non potest, ut etiam granīte, lapide arenaceo et topho (m).
[8] E gypso (n) variae figurae finguntur; conclavia quoque eo dealbantur.
[9] Basaltes et stalactītes integras cavernas efficiunt.
[10] Creta, quae nomen gerit a Creta insula, scribendo inservit.
[11] Silice ad vitrum parandum utimur.
[12] E schisto tegulae, tabulae scriptoriae, stili seu graphia et mensarum tabulae conficiuntur.
[13] Pumex cavernosus ligno poliendo idoneus est.
[14] In Sibiria genus est micae, quo fenestrarum loco utuntur.
[15] Pyrītae (m) usus notus est.
[16] Super cote (cos, f) res obtusae acuuntur.
[17] Magnes (ētis) ferrum attrăhit.
[18] Crystallus (c) liquidus ac durissimus est.
[19] Gemmae pulcherrimae sunt: adămas (antis) clarus, sapphirus caerulea, smaragdus (m) viridis, rubinus ruber, hyacinthus purpureus, topasius citreus, amethystus violacea, sardōnix rubicundus, chrysolīthus pallide viridis, opālus lacteus, granates ruber, onyx rubicundo candicans.
[20] Etiam jaspis diverso colore apud veteres in magno erat pretio.
[21] Achates gemmarum genus est mixtum minoris notae.
[22] Albi rubro varii creberrime inveniuntur.

10.

Die Mineralien.
(Fortsetzung.)

The Minerals. (Continuation.)		*Les Minéraux.* (Continuation.)
Salt is dissolved by water.	[1] Die Salze werden durch das Wasser aufgelöst.	Les sels se dissolvent dans l'eau.
The common salt is very necessary for the cooking of the victuals, and is either dug out of the mountains or extracted from the Sea	[2] Das gemeine Salz ist zum Kochen der Speisen sehr nothwendig und wird entweder aus den Bergen gegraben, oder aus Meer-	Le sel commun est très-nécessaire à la coction des mets, et on le tire des montagnes, ou on l'extrait de l'eau de mer, ou

water, or prepared from brine.	wasser gesotten, oder aus der Sohle bereitet.	de l'eau salée par évaporation.
The other salts are, the salpetre, vitriol, alum, and potash.	3 Andere Salze sind: der Salpeter, der Vitriol, der Alaun und die Potasche.	Les autres espèces de sel sont: le salpêtre, le vitriol, l'alun et la potasse.
Under the combustible minerals are reckoned; Sulphur petroleum, fossil-coal, peat, blacklead, and amber, which last was esteemed by the ancients of great value.	4 Zu den brennbaren Mineralien werden gerechnet: der Schwefel, das Bergöl, die Steinkohle, der Torf, das Reißblei und der Bernstein, welchen die Alten hoch schätzten.	On compte parmi les minéraux inflammables le souffre, le pétrole, la houille, la tourbe, le graphite, le succin fort estimé des anciens.
The metals are capable of being melted, and of being extended with the hammer, and are dug out of the mountains.	5 Die Metalle können geschmolzen und mit dem Hammer ausgedehnt werden, und werden aus den Bergen gegraben.	Les métaux peuvent être fondus et étendus sous le marteau, et sont tirés des montagnes.
They are either precious or common.	6 Sie sind entweder edel oder unedel.	Ils sont parfaits ou imparfaits.
The precious are, gold, silver and platina, the common, iron (the most useful of any) copper, lead and tin.	7 Edel sind: das Gold, das Silber und die Platina; unedel: das Eisen, das nützlichste unter allen, das Kupfer, das Blei und das Zinn.	Les parfaits sont l'or, l'argent et le platine, les imparfaits: le fer, le plus utile de tous, le cuivre, le plomb, l'étain.
The hardest kind of iron, is steel, which is peculiarly prepared.	8 Die härteste Art des Eisens heißt Stahl, der eigenthümlich bereitet wird.	L'espèce de fer le plus dur s'appelle l'acier, qui est préparé d'une manière particulière.
The brass, pinchbeck, prince's metal, and semilor are made from copper and zink: each in certain proportions.	9 Das Messing, der Tomback, das Prinzmetall und das Semilor werden, jedes nach einem gewissen Verhältniß, aus Kupfer und Zink gemacht.	Le laiton, le tombac, le métal de prince et le sémilor sont un composé de cuivre et de zinc, chacu d'après une certaine proportion.
Bronze is a mixture of copper and brass.	10 Die Bronze (Brohns) ist eine Mischung von Kupfer und Messing.	Le bronze est une composition de cuivre et de laiton.
From gold and silver, costly vases and	11 Aus Gold u. Silber werden Münzen, kost-	Avec l'or et l'argent on fait des mon-

ornaments are made: from copper cauldrons; from tin all kinds of vessels, and from iron, the most useful instruments.

Gold, the heaviest of all metals, of a yellow colour, is found pure, in the mountains, and oftentimes in the sand in the rivers, and is capable of being beaten out in an astonishing degree.

The silver, of a white, and the copper of a reddish colour, emit a clear sound.

The iron, on being placed in water, and on being exposed to the air, is covered with rust; the copper with verdigrease.

The best tin is imported from England.

From lead, which is soft and heavy, white lead is prepared.

The platina, which is found in America and Russia, appears like polished steel.

The half metals, such as bismuth, cobalt, antimony zink, and nickel, are mixed with the other metals.

Here also belongs the quicksilver, the use of which, will be shewn in another place.

bare Gefässe und Zierrathen, aus Kupfer besonders Kessel, aus Zinn allerhand Gefässe, und aus Eisen die nützlichsten Werkzeuge verfertigt.

12 Das Gold, welches das schwerste Metall und von gelber Farbe ist, wird in den Bergen immer gediegen und oft auch in dem Sand der Flüsse gefunden und läßt sich ausserordentlich ausdehnen.

13 Das Silber von weißer, und das Kupfer von röthlicher Farbe, geben einen hellen Klang von sich.

14 Das Eisen bekommt im Wasser, und wenn es der freien Luft ausgesetzt ist, Rost, das Kupfer aber setzt Grünspan an.

15 Das beste Zinn kommt aus England.

16 Aus dem Blei, welches sehr weich und schwer ist, wird das Bleiweiß bereitet.

17 Die Platina, welche in Amerika und Rußland gefunden wird, sieht wie polirter Stahl aus.

18 Die Halbmetalle, wie der Wismuth, der Kobalt, das Spießglas, der Zink und der Nickel werden mit den übrigen gemischt.

19 Hieher gehört das Quecksilber, dessen Gebrauch unten gezeigt werden wird.

naies, des vases précieux et des ornements; avec du cuivre principalement des chaudrons; avec de l'étain différents vases; et avec du fer les outils les plus utiles.

L'or, le métal le plus pesant, d'une couleur jaune, se trouve toujours vierge dans les montagnes, et souvent aussi dans le sable des fleuves, et se laisse étendre extrêmement.

L'argent blanc et le cuivre rougeâtre rendent un son bien clair.

Le fer étant dans l'eau, ou exposé à l'air libre se rouille, mais le cuivre se couvre de vert de gris.

Le meilleur étain nous vient d'Angleterre.

On prépare la céruse avec du plomb qui est fort mou et pesant.

Le platine que l'on trouve dans l'Amérique et la Russie, ressemble à l'acier poli.

On allie les demi-métaux tels que le bismuth, le cobalt, l'antimoine, le zinc et le nikel avec les autres.

C'est ici qu'on doit mettre le mercure dont nous enseignerons l'usage plus tard.

Arsenick is one of the strongest poisons.	20 Das Arsenik ist eines der stärksten Gifte.	L'arsénique est un des poisons les plus violents.
Ochre, verdigrease white lead, and vermillion, are well-known colours.	21 Der Ocker, der Grünspan, das Bleiweiß und der Zinnober sind bekannte Farben.	L'ocre, le vert de gris, la céruse et le zinnobre sont des couleurs bien connues.
Pieces of animals, or vegetables, which are converted into stone, are called petrefactions.	22 Versteinerungen nennt man Stücke von Pflanzen und Thieren, welche in Stein verwandelt worden sind.	On nomme pétrifications les fragments des végétaux et des animaux qui se sont convertis en terre ou en pierre.

Fossilia. (Continuatio.)

1 Salia aqua solvuntur.

2 Sal commune cibis coquendis maxime necessarium est, et vel e montibus effodĭtur, vel ex aqua marina coquitur, vel ex aqua salsa paratur.

3 Alia salis genera sunt: nitrum, chalcanthum, alūmen et cinis clavellatus.

4 Fossilibus iis, quae ardēre possunt, adnumerantur: sulphur, (n) petrolĕum, carbōnes fossĭles, (lithantrax), terra bituminosa (turfa), plumbago et succĭnum (electrum), quod prisci magni aestimabant.

5 Metalla liquefieri et malleo extendi possunt, atque e montibus effodiuntur.

6 Ea aut nobilia sunt, aut ignobilia.

7 Nobilia sunt: aurum, argentum et platīna; ignobilia: ferrum, omnium utilissimum, cuprum, plumbum et stannum.

8 Durissimum ferri genus chalybs est, qui proprie paratur.

9 Orichalcum, metallum tombacĭnum, met. principale et semiaurum, singula ratione quadam habita, e cupro et cadmia fiunt.

10 Aes Corinthium e cupro et orichalco conflatur.

11 Ex auro et argento monetae, pretiosa vasa et ornamenta, e cupro inprimis ahēna, e stanno varia vasa et e ferro instrumenta utilissima conficiuntur.

12 Aurum, metallum gravissimum flavo colore, semper sincērum in montibus, saepe quoque in arena fluviorum invenītur, et mirum quantum extendi potest.

13 Argentum albo et cuprum rubicundo colore clarum edunt sonitum.

14 Ferrum in aqua et aëri libero obnoxium rubiginem, cuprum vero aeruginem ducit.

15 Stannum optimae notae Anglia mittit.

16 E plumbo, quod mollissimum est et gravissimum, cerussa paratur.

17 Platina, quae in America Russia reperitur, speciem praebet chalybis politi.

18 Semimetella, ut bismuthum, cobalt, antimonium, cadmia, niccŏlum ceteris admiscentur.

19 Huc pertinet argentum vivum, cujus usus infra docebitur.

[20] Arsenicum venenis adnumeratur acerrimis.

[21] Ochra, aerugo, cerussa et cinnabăris nota sunt pigmenta.

[22] Fragmina vegetabilium et animalium in lapides conversa, petrefacta vocantur.

11.

Die Blume und ihre Theile.

Flowers, and their parts. — *La fleur et ses parties.*

The vegetable Kingdom forms the second division in natural history.

It is worthy of the deepest admiration, on account of its great variety.

The science, which treats of the knowledge of it, is called after a greek word, Botany.

Linnaeus, the celebrated Naturalist, divided the plants into 24 classes, according to the stamina of the flower.

If we look at a tulip ..ly, we see six thin stalks, or stamina, on the top of which the anther, with the flower-dust is placed.

If we take the sta-

[1] Die Pflanzen machen das zweite Naturreich aus.

[2] Ihre Mannigfaltigkeit ist so groß, daß sie der größten Bewunderung würdig sind.

[3] Diejenige Wissenschaft, welche sich mit der Kenntniß derselben abgiebt, wird Botanik genannt, von einem griechischen Worte.

[4] Linné, ein berühmter Naturforscher, hat alle Pflanzen in 24 Classen eingetheilt, und zwar nach den Staubfäden der Blüthen.

[5] Wenn wir eine Tulpe oder Lilie betrachten, so sehen wir sechs dünne Stengel, die Staubfäden, an welchen oben die Staubbeutel mit dem Blumenstaub sind.

[6] Nimmt man die

Les plantes forment le second règne de la nature.

Leur variété est telle, qu'elles sont dignes de la plus grande admiration.

La science qui traite de leur connaissance se nomme botanique, mot grec.

Linné, naturaliste très-célèbre, a divisé toutes les plantes en vingt-quatre classes, et cela d'après les étamines des fleurs.

Si nous considérons une tulipe ou un lis, nous remarquons six tiges menues, les filaments, dans lesquels se trouvent les sommets des étamines avec la poussière séminale.

Mais si l'on en

mina away, the pistil remains in the middle of the flower.

According as the flower has more or less, longer or shorter stamina, or the stamina, or the anther has grown together with the pistil, or the two sexes more or less separated, or the organs of fructification have become incapable of being distinguished, according to these signs, the plant is placed into a certain class.

The flower of the plant has a crown, which consists commonly of several leaves; many of them have a cup.

Not only the roots but the leaves also of the plants receive the sap necessary for their nourishment, which is distributed thro' vessels thro' the whole plant, as the blood thro' the veins in a human body.

The leaves are of different shapes, either oval-shaped, lancet-shaped, heart-shaped, or arrow-shaped; etc.

Staubfäden heraus, so bleibt in der Mitte der Staubweg oder Stempel stehen.

7 Je nachdem nun mehrere oder wenigere Staubfäden in einer Blume sich befinden, und sie von gleicher oder ungleicher Länge, oder entweder die Staubfäden oder die Staubbeutel mit dem Staubweg verwachsen, oder die beiden Geschlechter mehr oder weniger getrennt, oder die Befruchtungswerkzeuge unkenntlich sind, wird jede Pflanze in eine gewisse Classe gebracht.

8 Die Blumen haben eine Krone, welche gemeiniglich aus mehreren Blumenblättern besteht; viele haben auch einen Kelch.

9 Nicht nur die Wurzeln der Pflanzen, sondern auch die Blätter nehmen Nahrungssaft zu sich, welcher durch eigene Gefäße, wie das Blut durch die Adern, in die ganze Pflanze geleitet wird.

10 Die Blätter sind von verschiedener Gestalt: sie sind entweder eiförmig, oder lanzettförmig, oder herzförmig, oder pfeilförmig u. s. w.

ôte les étamines, il ne reste au milieu que le pistil.

Selon qu'il y a plus ou moins de filaments dans une fleur, ou qu'ils soient plus ou moins longs, ou que les filaments ou les sommets des étamines se ferment avec les pistils, ou que les deux sexes soient plus ou moins séparés, ou que les organes de fécondité soient méconnaissables, on range chaque plante dans une certaine classe.

Les fleurs ont une couronne qui consiste ordinairement en plusieurs feuilles; beaucoup en ont aussi un calice.

Non seulement les racines, mais aussi les feuilles des plantes prennent des sucs nourrissants, qui sont conduits dans toute la plante par des canaux particuliers, comme le sang par les veines.

Les feuilles ont différentes formes: elles sont ou ovales, ou lancéolées, ou cordiformes, ou réniformes, ou sagittées, etc.

Flos et partes ejus.

1 Plantae secundum naturae regnum efficiunt.

2 Varietas earum tanta est, ut maxima admiratione dignae sint.

11.

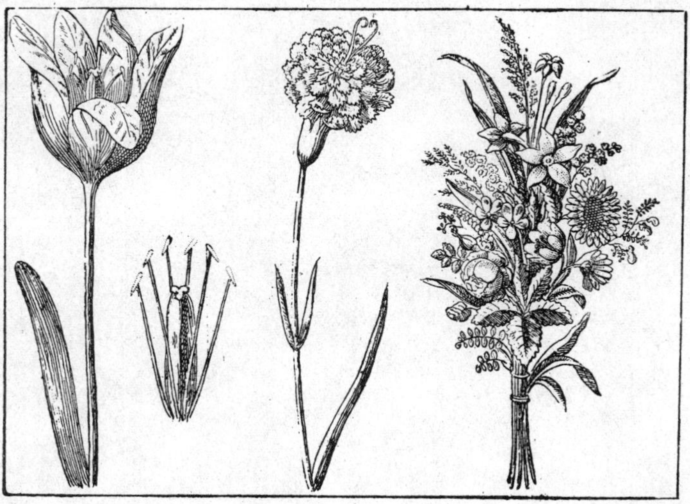

12.

[3] Ea scientia, quae in cognitione earum versatur, a graeca voce botanice seu ars herbaria vocatur.

[4] Linnaeus, celeberrimus naturae indagator, omnes plantas in viginti quatuor classes divisit secundum florum stamina.

[5] Si scilicet tulipam aut lilium consideramus, sex stilos tenues videmus, filamenta seu stamina, in quorum superiori parte anthĕrae sunt cum polline.

[6] Quae stamina si eximuntur, medio in flore pistillum restat.

[7] Prout igitur plura aut pauciora filamenta in flore aliquo cernuntur, eaque pari aut impari longitudine sunt, prout aut filamenta, aut antherae pistillo implicata, aut duo sexus magis vel minus separati, aut fecundationis instrumenta obscuriora sunt, quaevis planta certae cuidam classi adnumeratur.

[8] Flores coronam habent, quae plerumque e pluribus petălis constat; multis quoque calyx est.

[9] Non radīces tantum, sed folia quoque plantarum succum nutricium imbibunt, qui per vascula peculiaria, quemadmodum sanguis per venas, in totam plantam ducitur.

[10] Folia plantae varia sunt forma; sunt etenim aut ovata, aut lanceolata, aut cordata, aut reniformia, sagittata etc.

12.

Der Baum und seine Theile.

The tree, and its parts.		*L'arbre et ses parties.*
The tree is the largest of all the plants.	[1] Die größten aller Pflanzen sind die Bäume.	Les plus grandes de toutes les plantes sont les arbres.
The tree is divided into roots, trunk, and branches, which spring out from the trunk.	[2] Der Baum wird in die Wurzeln, den Stamm und die Aeste eingetheilt, welche von dem Stamm ausgehen.	L'arbre est divisé en racines, en tronc et en branches qui sortent du tronc.
Besides these, we remark buds, twigs, leaves, blossoms, fruit, and seed.	[3] Ausserdem bemerken wir an ihm die Knospen, die Zweige, die Blätter, die Blüthen, die Früchte und den Saamen.	Outre cela nous y remarquons les bourgeons, les rameaux, les fleurs, les fruits et la semence.
The roots suck the moisture from the earth,	[4] Die Wurzeln saugen die Feuchtigkeit aus der	Les racines sucent l'humidité de la terre,

which gives the plant its nourishment.

All the branches with the leaves, is called the crown.

The parts of a tree, are not of the same solidity, and consist of various fibres, differently put together.

On the outside is the fine outer-bark, then comes the rind or bark, the bass, and the sap, which is produced from the vessels containing the sap becoming hard.

At last the wood appears, which encloses the innermost part, or pith, and which also by degrees becomes hard.

Some trees have a particularly hard wood, as the oak and beech; others a soft, as the lime-tree, and willow.

The trunks of the greatest trees, are either sawn into boards, or hewn into beams.

Trees are propagated, either by grasting the scions, or inoculation, by the roots or the seed.

The buds, which produce the leaf are pointed, but the eyes, or flower-buds, round.

Erde ein, welche den Pflanzen Nahrung giebt.

5 Alle Aeste mit ihren Blättern heißen auch seine Krone.

6 Die Theile eines Baumes sind nicht gleich fest und bestehen aus vielen Fasern, die verschieden zusammengesetzt sind.

7 Aussen ist die feine Oberhaut, hernach folgt die Rinde, der Bast und der Splint, der aus den verhärteten Saftgefässen gebildet wird.

8 Endlich erscheint das Holz, welches den innersten Theil, das Mark, einschließt, das ebenfalls nach und nach ganz hart wird.

9 Einige Bäume haben ein sehr hartes Holz, wie die Eiche und die Buche, andere ein weiches, wie die Linde und die Weide.

10 Die Stämme der größten Bäume werden zu Brettern geschnitten, oder zu Balken gehauen.

11 Die Bäume werden fortgepflanzt entweder durch Pfropfreiser und Augen, oder durch die Wurzeln, oder durch den Saamen.

12 Diejenigen Knospen, welche die Blätter hervorbringen, sind spizig, die Augen aber oder Blüthenknospen etwas rund.

qui nourrit les plantes.

Toutes les branches avec leurs feuilles se nomment aussi sa couronne.

Toutes les parties de l'arbre ne sont pas également fermes, et consistent en beaucoup de fibres différemment composées.

Au dehors est l'épiderme, après suit l'écorce, la seconde écorce et l'aubier, qui est formé de vaisseaux endurcis.

A la fin paraît le bois qui renferme la partie la plus intérieure, la moëlle, qui de même s'endurcit peu-à-peu entièrement.

Quelques arbres ont un bois très-dur comme le chêne et le hêtre, d'autres ont un bois tendre comme le tilleul et le saule.

Les troncs des plus grands arbres sont sciés en planches, ou coupés en poutres.

Les arbres sont propagés par les greffes (entes) et les écussons, ou par les racines, ou par la semence.

Les boutons qui produisent les feuilles sont pointus, mais les yeux ou les boutons des fleurs sont un peu ronds.

The parts of a trunk when hewn into pieces are called logs.

13 Ein abgehauener Stamm heißt Klotz.

Un tronc abattu se nomme bloc.

Arbor et partes ejus.

1 Maximae omnium plantarum arbores sunt.

2 Arbor in radīces, truncum et ramos dividitur, e trunco surgentes.

3 Praeterea cernimus in ea gemmas, frondes, folia, flores, fructus et semina.

4 Radices humorem e terra sugunt, qui plantis alimentum praebet.

5 Omnes rami cum foliis etiam coma arboris vocantur.

6 Non omnes arboris partes pariter firmae sunt, et multis fibris constant varie compositis.

7 Extrinsecus est epidermis tenuis, deinde sequitur cortex, liber et alburnum, quod ex induratis succi vasculis efficitur.

8 Tandem lignum appāret, quod intimam partem, medullam, includit, quae et ipsa paulatim prorsus indurescit.

9 Aliae arbores durissimum habent lignum, ut quercus et fagus, aliae mollius, ut tilia et salix.

10 Trunci maximarum arborum in asses secantur, aut in trabes exasciantur.

11 Arbores propagantur aut surculis gemmisve, aut radicibus, aut seminibus.

12 Eae gemmae, quae folia proferunt, acuminatae, florum gemmae seu oculi vero rotundiores sunt.

13 Stipes, (itis) desectus caudex vocatur.

13.

Die Fruchtbäume.

The fruit-trees.

Les arbres fruitiers.

Of all the trees, the fruit-tree is the most useful; which is planted in gardens and orchards.

Altho' there are wild apple and pear trees, yet it is well ascertained, that of the many

1 Unter allen Bäumen sind uns die Obstbäume am nützlichsten, welche in den Gärten und Obstgärten gepflanzt werden.

2 Ob es gleich auch wilde Aepfel- und Birnbäume giebt, so ist es doch ausgemacht, daß

De tous les arbres, les fruitiers que l'on plante dans les jardins et les vergers sont pour nous les plus utiles.

Quoiqu'il y ait aussi des prommiers et des poiriers sauvages, il est cependant cer-

kinds of fruit trees which we have, the greater number of them originally came from Asia, from whence they were first introduced into Europe, about the time of the Crusade.

von den vielen Obstarten, welche wir haben, die meisten aus Asien stammen, von wo sie besonders zur Zeit der Kreuzzüge zu uns gebracht worden sind.

tain que de tant de sortes de fruits que nous avons la plupart nous viennent de l'Asie, d'où elles nous ont été apportées particulièrement au temps des croisades.

The most distinguished are: the pear-tree which produces a long and sweet fruit; the apple-tree which bears a round, and mostly, rather a sour fruit; the quince-tree; the plum-tree, particularly the damascene, the cherry-tree, whose fruit hangs on a long stalk, the walnut-tree, the chesnut-tree (the difference between this and the wild tree is easily observed, on account of the different kind of leaf) the peach-and apricot-tree, the almond and cornelian cherry.

3 Die vorzüglichsten sind: der Birnbaum 1), welcher längliche und süße, und der Apfelbaum 2), welcher runde und meistens etwas säuerliche Früchte trägt, der Quittenbaum, der Pflaumenbaum 3), besonders der Zwetschgenbaum, der Kirschbaum 4), dessen Früchte an einem langen Stiel hängen; der Wallnußbaum, der Kastanienbaum, von dem der wilde Kastanienbaum wohl zu unterscheiden ist, der ganz andere Blätter hat, der Pfirsich- und der Aprikosenbaum, der Mandelbaum, der Cornelkirschen- oder Dürlitzenbaum.

Les meilleurs sont: le poirier, qui porte des fruits oblongs et doux, et le pommier, qui le plus souvent en porte de ronds et d'aigrelets, le cognassier, le prunier, principalement le prunier de Damas, le cérisier, dont les fruits pendent à une longue tige; le noyer, qui porte des noix avec des amandes, le châtaignier, qu'on doit distinguer du châtaignier sauvage qui a tout à fait d'autres feuilles; le pêcher et l'abricotier, l'amandier, le cornouiller.

The apple and pear, are called seed-fruit, the damascene, peach, apricot, and cherry, stone-fruit.

4 Die Aepfel- und Birnen heißen Kernobst, die Zwetschgen, Pfirsiche, Aprikosen und Kirschen Steinobst.

Les pommes et les poires se nomment fruits à pepins, les prunes, les pêches, les abricots et les cérises s'appellent fruits à noyaux.

Wine and cider is made from the apple and pear.

5 Aus den Aepfeln und Birnen wird ein Wein oder Cider gepreßt.

On fait du vin ou du cidre de pommes et de poires.

They are, as the damascene, either eaten raw or dried.

6 Auch werden sie, wie die Zwetschgen, entweder roh gegessen oder gedörrt.

On les mange aussi crues, comme les prunes, ou bien on les sèche.

The cherry is pickled, and from the damascene and cherry a strong drink is prepared.

From the wood of all these trees different sorts of utensils are made; the wood from the nut-tree in particular is used for the finer work.

The mulberry-tree produces a pleasant fruit, and from its leaves the silkworm lives.

The ripe fruit is either picked or shaken from the tree.

[7] Die Kirschen werden auch eingemacht, und aus den Zwetschgen und Kirschen wird ein starkes Getränke bereitet.

[8] Aus dem Holz aller dieser Bäume werden verschiedene Geräthschaften verfertigt; besonders wird das Nußbaumholz zu feineren Arbeiten gebraucht.

[9] Der Maulbeerbaum hat angenehme Früchte und von seinen Blättern leben die Seidenraupen.

[10] Das reife Obst wird gebrochen oder heruntergeschüttelt.

Les cérises sont aussi confites, et les prunes et les cerises fournissent une liqueur forte.

Avec le bois de tous ces arbres on fait différents meubles, particulièrement l'on se sert du bois de noyer pour les ouvrages fins.

Le mûrier a des fruits doux, et les vers à soie se nourrissent de ses feuilles.

Les fruits mûrs sont cueillis ou secoués.

Arbores fructiferae.

[1] Omnium arborum pomifĕrae nobis utilissimae sunt, quae in hortis et pomariis seruntur.

[2] Etsi etiam mali et piri silvestres inveniuntur, tamen inter omnes constat, e tam multis pomorum generibus, quae possidemus, plerăque ex Asia originem ducere, unde, inprimis cum fierent expeditiones illae sacrae, ad nos translata sunt.

[3] Praestantissimae sunt: pirus, quae oblongos et dulces, et malus, quae rotundos et plerumque acidŭlos fructus fert, malus et pirus cydonia, prunus, inprimis prunus Damascēna, cerăsus, cujus fructus a longo petiŏlo pendent; juglans regia, (nux) quae nuces fert cum nucleo, castanea, a quo aesculus hippocastănum probe discernatur necesse est, cujus folia longe alia specie sunt; malus persica et armeniaca, amygdălus, cornus mascula.

[4] Mala et pira granifera, pruna Damascena, mala persica et armeniaca, nec non cerasa, ossuosa poma dicuntur.

[5] E malis et piris vini genus, cydrus, exprimitur.

[6] Eadem, ut pruna Damascena, aut cruda comeduntur, aut torrentur.

[7] Cerasa quoque condiuntur, et ex prunis ac cerasis potus fortior paratur.

[8] E ligno omnium harum arborum varia utensilia conficiuntur; nucis inprimis ligno ad elegantiora opera utuntur.

[9] Morus dulces habet fructus, ejusque foliis bombyces vescuntur.

[10] Poma matura decerpuntur, aut decutiuntur.

14.

Die Laubhölzer.

The broad-leafed trees.

Les arbres à feuilles larges.

The forest trees are divided into the broad-leafed, and needlelike foliage.

To these belong the oak, as well the common oak as the evergreen, which produces a very hard wood, and is used for all sorts of work, particularly for building in the water.

The acorns afford food for swine, and the bark affords tan for the preparation of leather.

The beech from the fruit of which, called the beech-nut, an oil is extracted, and the birch, which is easily known by its white bark, afford us excellent charcoal, and fire-wood.

Besides these we must here add: the alder, which grows in moist places, and whose wood becomes harder by remaining in the water: the ash, which has the leaves covered with a downy sub-

[1] Die unfruchtbaren oder Waldbäume werden in Laub- und Nadelhölzer eingetheilt.

[2] Zu jenen gehören die Eiche 1), sowohl die Stiel-, als auch die Steineiche, welche ein sehr hartes Holz liefern, das zu allen Arbeiten, besonders auch zum Wasser-Bauwesen benützt wird.

[3] Die Eicheln geben ein Futter für die Schweine, und die Rinde giebt Loh zum Garmachen der Häute.

[4] Die Buche 2), aus deren Früchten, welche Buchnüsse heißen, ein Oel bereitet wird, und die Birke, welche sich durch die weiße Rinde ankündigt, geben uns vorzügliche Kohlen und vortreffliches Brennholz.

[5] Ausserdem sind noch anzuführen: die Erle, welche an feuchten Orten wächst, und deren Holz im Wasser immer härter wird, die Edelesche, welche gefiederte Blätter hat, der Ahorn und der Maßholder,

Les arbres qui croissent dans les forêts se divisent en arbres à feuilles larges et en arbres à feuilles acéreuses.

On compte parmi ceux-là : le chêne à grappes ainsi que le chêne vert, qui donnent un bois très-dur, propre à tous les ouvrages, particulièrement aux machines hydrauliques.

Les glands servent de nourriture aux cochons, et l'écorce donne le tan à tanner les peaux.

Le hêtre dont les fruits, appelés faines nous donnent de l'huile, et le bouleau qui s'annonce par une écorce blanche, nous donnent un excellent charbon, et un très-bon bois à brûler.

Outre cela il y a encore à remarquer: l'aune qui croît dans des endroits humides et dont le bois se rendurcit de plus en plus dans l'eau; le frêne noble qui a des feuilles empennées, l'orme

13.

14.

stance, the common, and the wild maple which affords us a white and very tough wood, the lime, as well the summer, as the winter tree, whose blossoms the bees are very fond of; the lofty poplar, the aspen whose leaves quiver with a light wind; the plane-tree with broad, and the acacia with small leaves covered with a downy substance.

The last two, as well as the poplar, the lime, the willow and the wild chesnut, are planted in avenues.

From the twigs of the willow-tree, which, with the exception of the sallow-willow, have lancet-shaped leaves, baskets are woven, particularly from the osier-willow.

The branches of the weeping willow hang downwards.

The wood of the elm is very hard.

The leaf of the yoke-tree is folded.

The mountain-ash has leaves with a downy substance on them, and red berries.

welche uns weißes und sehr zähes Holz geben, die Linde 3), sowohl die Sommer-, als auch die Winterlinde, deren Blüthen den Bienen erwünscht sind, die Pappel 4) von hohem Wuchse, die Espe, deren Blätter ein sanftes Lüftchen bewegt, die Platane, welche breite, und die Akazie, welche schmale, gefiederte Blätter hat.

6 Die beiden letzteren, so wie die Pappel, die Linde, die Weide 5) und der wilde Kastanienbaum werden in Alleen gepflanzt.

7 Aus den Zweigen der Weiden, welche, die Sahlweide ausgenommen, lanzettförmige Blätter haben, werden Körbe geflochten, besonders aus der Bandweide.

8 Die Zweige der Trauerweide sind herabhängend.

9 Das Holz der Ulme oder Rüster ist sehr hart.

10 Die Blätter der Hagenbuche oder Hainbuche sind faltig.

11 Der Vogelbeerbaum hat gefiederte Blätter und rothe Beeren.

et l'érable qui nous donnent un bois blanc et tenace, le tilleul tant à grandes qu'à petites feuilles, dont les fleurs sont aimées des abeilles, le peuplier de haute crue, le tremble, dont les feuilles sont agitées même par le moindre vent, le platane aux feuilles larges, et l'acacie aux feuilles étroites et empennées.

Les deux derniers ainsi que le peuplier, le tilleul, le saule et le châtaignier sauvage sont plantés en allées.

Avec les rameaux de saule qui, excepté le marseau, ont des feuilles lancéolées, surtout avec de l'osier, on fait, en les entrelaçant, des corbeilles.

Les rameaux du saule parasol sont pendants.

Le bois d'ormeau est très-dur.

Les feuilles du fouteau sont plissées.

Le cornier a des feuilles empennées et des grains rouges.

Arbores latifoliae.

1 Arbores steriles sive silvestres in arbores latifolias et arbores foliis acuminatis distribuuntur.

2 Illis adnumerantur: quercus, et quercus pedunculata, et quercus robur, quae lignum praebent durissimum, quo ad quodcunque operum genus, inprimis etiam ad

moles in aquis exstruendas utuntur.

[3] Glandes pastus sunt suum, et cortex coriis subigendis aptus est.

[4] Fagus, e cujus fructibus, qui glandes fagĭnae vocantur, oleum paratur, et betula, quae albo cortice se indicat, carbones praestantes et lignum comburendo utilissimum nobis praebent.

[5] Praeterea huc adjicienda sunt: alnus, in locis humidis crescens, cujus lignum in aqua magis magisque indurescit, fraxinus excelsior, quae pennata habet folia, acer commune et campestre, e quibus lignum nobis venit album ac tenacissimum, tilia, et grandifolia, et parvifolia, cujus flores apibus exoptati sunt, populus procēra, populus tremula, cujus folia aura mollior ciet, platănus, quae lata, et robinia pseudoacacia, quae folia angusta habet et pennata.

[6] Duae posteriores, aeque ac populus, tilia, salix et aesculus hippocastănum circa ambulationes seruntur.

[7] E frondibus salĭcum, quae, excepta salice caprea, lanceolata habent folia, corbes plectuntur, inprimis e salice viminali.

[8] Frondes salicis babylonicae pendulae sunt.

[9] Lignum ulmi campestris est durissimum.

[10] Folia carpīni betuli plicata sunt.

[11] Sorbus aucuparia folia pennata habet et baccas rubras.

15.

Die Nadelhölzer.

The needle-foliaged-trees. — *Les arbres à feuilles acéreuses.*

All the trees of this genus, have pointed leaves, which they retain, with the exception of the larch, during the winter.

The white-fir has erect cones, and its needles stand comb-like.

The timber is used for building, and all kinds of utensils, the

[1] Alle Bäume dieser Gattung haben spitzige Blätter, welche sie, den Lerchen-Baum ausgenommen, auch den Winter über behalten.

[2] Die Edeltanne oder Weißtanne 1) hat aufrechte Zapfen und ihre Nadeln stehen kammartig.

[3] Das Holz gebraucht man zum Bauen und zu allerhand Geräthen; auch werden die ho-

Tous les arbres de cette espèce ont des feuilles pointues qu'ils gardent aussi en hiver, excepté le mélèze.

Le sapin blanc à feuilles d'if a des cônes droits et leurs aiguilles ont la forme de peigne.

Le bois sert à bâtir et à confectionner toutes sortes de meubles; aussi l'on prend les

most is formed from the trunck of this tree.

The red-fir, or pine, has short pointed leaves, which grow round about the branch, the cones hang downwards, and the bark of the trunck, and the branches are somewhat red.

The timber is of the same usefulness, and from the bark flows the resin, from which pitch is prepared.

The currier uses the bark.

The scotch or wild fir, has long needles, which spring up in pairs in one sheath.

The foliage of the larch, which hang in a bunch, fall in the autumn.

The yew has small leaves, and is cultivated for ornament, its red berries are injurious.

The low juniper tree is useful to us in different ways.

We use the berries in the medicine and as spices in cooking, and when dried they serve with the odoriferous wood, for fumigating.

A wholesome juice also, and oil is prepared from them.

hen Mastbäume von den Stämmen dieses Baums genommen.

4 Die Rothtanne oder Fichte 2) hat kurze und spitzige Nadeln, welche rund um den Zweig herum stehen; die Zapfen hängen herab und die Rinde des Stamms und der Aeste ist röthlich.

5 Das Holz gewährt die gleichen Vortheile, und aus der Rinde fließt das Harz, wovon Pech bereitet wird.

6 Die Rinde gebraucht der Gerber.

7 Die Föhre, Forche oder Kiefer hat längere Nadeln, von denen je zwei aus einer Scheide hervorkommen.

8 Die Nadeln des Lerchenbaums, welche büschelweise stehen, fallen im Herbst ab.

9 Der Taxus oder Eibenbaum hat schmale Blätter, und wird zur Zierde gebaut; seine rothen Beeren sind schädlich.

10 Der niedrige Wachholderstrauch nützt uns auf verschiedene Art.

11 Die Beeren gebrauchen wir in der Arznei und als Gewürz an Speisen, und getrocknet dienen sie nebst dem wohlriechenden Holz zum Räuchern.

12 Auch wird daraus ein gesunder Saft und ein Oel bereitet.

troncs de ces arbres pour en faire des mâts.

Le sapin rouge ou le pin a des aiguilles courtes et pointues, qui sont placées tout autour du rameau; les cônes sont pendants et l'écorce du tronc et des branches est rougeâtre.

Le bois offre les mêmes avantages, et de l'écorce coule la résine dont on prépare la poix.

Le tanneur en emploie l'écorce.

Le pinastre a des aiguilles plus longues, qui deux à deux sortent de l'envelopppe.

Les aiguilles du mélèze, en forme de bouquets, tombent en automne.

L'if, qui rarement se trouve chez nous, a des feuilles étroites et il est planté pour l'ornement; ses grains rouges sont nuisibles.

Le genièvre peu élevé nous est utile de différente manière.

On se sert des grains dans la médecine et comme épice dans les mets, et secs, ils servent, comme aussi le bois odoriférant, à parfumer.

Aussi l'on en fait un suc sain et de l'huile.

The blackbirds are particularly fond of them.

The cedar is found in the mountains of Asia, and is the highest, and thickest of any of this genus.

The cypress has small leaves, and is planted in the gardens for ornament.

13 Die Krammetsvögel fressen sie besonders gerne.

14 Die Ceder wird auf den Gebirgen Asiens gefunden und ist der höchste und dickste Baum dieser Gattung.

15 Die Cypresse hat schmale Blätter und wird in den Gärten zur Zierde gebaut.

Les grives les aiment particulièrement.

Le cèdre se trouve sur les montagnes de l'Asie, et c'est l'arbre le plus haut et le plus épais de cette espèce.

Le cyprès a des feuilles étroites et est planté dans les jardins pour l'ornement.

Arbores foliis acuminatis.

1 Omnes hujus generis arbores acuminata habent folia, quae, excepta larice, per hiemem quoque servant.

2 Pinus picea strobĭlos habet erectos et folia ejus pectinis instar posita sunt.

3 Ligno utimur ad aedificandum variaque utensilia; alti quoque navium mali e truncis arboris hujus fiunt.

4 Pinus abies brevia et acuta habet folia, circa frondem posita, strobili penduli sunt et cortex trunci ac ramorum rutilus est.

5 Lignum eadem praebet commoda, et e cortice resīna fluit, e qua pix paratur.

6 Cortice coriarius utitur.

7 Pinus sylvestris longiora habet folia, quae bina e vagīna procrescunt.

8 Folia larĭcis, fasciculatim posita, autumno decĭdunt.

9 Taxus folia habet angusta et decŏris causa plantatur; baccae ejus rubrae noxiae sunt.

10 Juniperus humilis haud uno modo prodest.

11 Baccis in medicina et aromătis loco ad cibos condiendos utimur, et arefactae cum ligno odorifero suffiendo inserviunt.

12 Succus quoque salūber et oleum quoddam ex iis paratur.

13 Turdi iis maxime delectantur.

14 Cedrus in Asiae montibus invenitur, et tam altitudine, quam amplitudine omnes arbores hujus generis relinquit.

15 Cupressus, folia habens angusta, in hortis decŏris gratia plantatur.

16.

Die Palmen.

The Palms. *Les palmiers.*

Those trees are called palms, which have

1 Palmen nennt man diejenigen Bäume, wel-

On nomme palmiers ces arbres qui

15.

16.

no branches, very long leaves, and not a solid wood.

Their stem rises high in the air, and the sap, the leaves, and the bark provides food, and clothing for the inhabitants of the Southern parts.

The cocoa-palm, which rises to a height of 80 feet, bears great nuts, which contain a delightful milk, and a sweet kernel: Its sap affords an excellent wine.

The date-palm grows to a height of 150 feet.

It produces about 200 reddish yellow fruits, which contain a hard kernel enclosed in a sweet pulp.

The sap is considered as a delicacy, and the young leaves are dressed as vegetables.

The sweet sap which flows from the stem is called palm-wine.

The trunk of the sago-palm is filled with a white, mealy, juice, from which bread is made.

The nuts of the Areca are wrapped in the leaf of some other plant, and presented to the guest to chew.

The banian produces

che keine Aeste, sehr lange Blätter und kein festes Holz haben.

[2] Ihr Stamm steigt hoch in die Luft auf, und das Mark, die Blätter und die Rinde derselben nähren und kleiden die Bewohner der südlichen Länder.

[3] Die Kokospalme 1), die eine Höhe von achtzig Fuß erreicht, trägt große Nüsse, welche eine schmackhafte Milch und einen süßen Kern enthalten; ihr Saft giebt einen vortrefflichen Wein.

[4] Die Dattelpalme 2) wird bei 150 Fuß hoch.

[5] Sie bringt bei 200 rothgelbe Früchte hervor, welche in einem süßen Fleische einen harten Kern haben.

[6] Das Mark gilt für einen Leckerbissen und die jungen Blätter geben ein Gemüße.

[7] Der aus dem Stamm fließende süße Saft wird Palmwein genannt.

[8] Der Stamm der Sagopalme ist mit einem weißen, mehligen Mark angefüllt, aus welchem Brod bereitet wird.

[9] Die Nüsse der Arekapalme werden, in die Blätter einer gewissen anderen Pflanze gewickelt, den Gästen zum Kauen vorgesetzt.

[10] Der Pisang hat sehr

n'ont pas des branches, mais de très-longues feuilles et du bois mou.

Leur tronc s'élève très-haut dans l'air, et leur moëlle, fruits, feuilles et écorce nourrissent et habillent les habitants des contrées méridionales.

Le cocotier, qui croît jusqu'a quatre-vingt pieds de hauteur, porte de grandes noix qui contiennent un lait savoureux et une amande douce; son suc donne un vin excellent.

Le dattier croît jusqu'à cent cinquante pieds de hauteur.

Il produit près de deux cents fruits roux qui renferment une amande dure dans une chair douce.

La moëlle passe pour une friandise, et les jeunes feuilles donnent un légume.

Le suc doux qui coule du tronc est appelé vin de palmier.

Le tronc du palmier à sagou est rempli d'une moëlle blanche et farineuse dont on fait du pain.

On enveloppe les noix de l'arec dans les feuilles d'une certaine autre plante, et on les offre à mâcher aux conviés.

Le bananier a des

very long and broad leaves and a sweet fruit, resembling the gherkin, filled with delicious juice.

The leaves of a certain other kind of palm extend thenselves in the shape of a fan.

lange und breite Blätter, und süße, mit einem lieblichen Saft angefüllte Früchte, den Gurken ähnlich.

[11] Die Blätter einer gewissen andern Palme breiten sich wie ein Fächer aus.

feuilles très-longues et larges, et des fruits doux remplis d'un suc suave et semblables aux concombres.

Les feuilles d'un autre palmier s'étendent comme un éventail.

Palmae.

[1] Palmae vocantur eae arbores, quae ramis carent, et longa quidem folia, nec vero solidum lignum habent.

[2] Truncus earum alte in aërem surgit, et medulla, fructus, folia et cortex nutriunt ac vestiunt incolas regionum meridionalium.

[3] Cocos nucifera, ad octoginta pedum altitudinem assurgens, magnas fert nuces, quae lac quoddam sapidum et nucleum dulcem continent; succus ejus praestans vini genus praebet.

[4] Phoenix dactilifera ad centum et quinquaginta pedum altitudinem accedit.

[5] Ea ad ducentos fructus flavos rubro mixtos profert, qui in carne dulci nucleum durissimum includunt.

[6] Medulla est in deliciis, et folia recentia pro olĕre sunt.

[7] Succus dulcis e trunco fluens vinum palmeum vocatur.

[8] Truncus Cycae (as) circinalis medulla alba ac farinosa est repletus, e qua panis paratur.

[9] Nuces Arecae, foliis plantae cujusdam alius involutae, hospitibus mandendae apponuntur.

[10] Musa paradisiaca folia habet longa et lata, et fructus ejus cucumeribus similes succo suavissimo repleti sunt.

[11] Folia palmae cujusdam alīus flabelli instar explicantur.

17.

Stauden und Sträucher.

Shrubs and bushes. — *Les arbrisseaux.*

The bushes shoot forth several hranches from the trunck.

The wild jessamine has white sweet-smelling blossoms.

[1] Die Sträucher treiben vom Stock aus mehrere Aeste.

[2] Der wilde Jasmin 1) oder Pfeifen-Strauch hat weiße, wohlriechende Blüthen.

Les arbrisseaux poussent plusieurs branches du tronc.

Le jasmin sauvage a des fleurs blanches et odoriférantes.

The common lilac or turkish-elder, produces in May white or blue blossoms, which has a pleasant smell.

The hundred-leafed rose is esteemed on account of its beauty, and pleasant smell, the finest of all flowers.

The greatest of all the roses is the damask, and a much smaller but a sweet kind, is the monthly rose, which is planted in pots.

The rose holds the same place among the flowers, as the vine among the fruits.

The vine was undoubtedly introduced into Germany by the Romans.

From the juice of its berry an excellent wine is prepared.

The holly, which thrives particularly in the Black-forest, has thick leaves pointed at the edge, and a very hard and tough wood, and produces red berries.

The red privet, or dog wood, produces when old, red twigs and bears black berries.

3 Der spanische Flieder oder türkische Hollunder 2) bringt im Mai blaue oder weiße Blumen, welche angenehm duften.

4 Die hundertblättrige Rose 3) wird wegen ihrer Schönheit und um des angenehmen Geruchs willen für die vorzüglichste unter allen Blumen gehalten.

5 Die größte aller Rosen ist die Damascenerrose, und eine viel kleinere, aber liebliche Rosenart, die Monatrose, wird in Töpfen gezogen.

6 Was die Rose unter den Blumen ist, das ist die Weintraube unter den Früchten.

7 Der Weinstock 4) ist ohne Zweifel durch die Römer nach Deutschland gebracht worden.

8 Aus dem Saft seiner Beeren wird der herrliche Wein bereitet.

9 Die Stechpalme, welche sich besonders auf dem Schwarzwalde findet, hat dicke, am Rand gestachelte Blätter und ein sehr hartes und zähes Holz, und bringt rothe Beeren hervor.

10 Der rothe Hartriegel oder Hunds-Beeren-Strauch bekommt, wenn er alt ist, ganz rothe Zweige und trägt schwarze Beeren.

Le lilas ou le sureau de Turquie porte au mois de Mai des fleurs bleues ou blanches d'une odeur agréable.

La rose à cent feuilles est regardée comme la plus belle de toutes les fleurs à cause de sa beauté et de son odeur agréable.

La plus grande de toutes les roses est celle de Damas, et une beaucoup plus petite, mais d'une agréable espèce c'est la rose de tous les mois; elle est plantée dans des pots.

Ce que la rose est parmi les fleurs, le raisin l'est parmi les fruits.

La vigne a été sans doute apportée en Allemagne par les Romains.

Du suc de ses grains est apprêté le vin excellent.

Le houx qui se trouve particulièrement dans la forêt noire, a des feuilles épaisses et épineuses au bord; son bois est très-dur et très-compacte, et produit des grains rouges.

Le troëne rouge ou le frésillon se revêt de rameaux tout rouges quand il vieillit, et porte des grains noirs.

The black berries of the rhamn, or buckthorn, which has thorns at the ends of the twigs, are used in medicine.

The privet, also called prime-print, white withy wind or withwind, has leaves in the shape of a lancet, and white flowers; the black berries form a cluster.

[11] Die schwarzen Beeren des Kreuzdorns, der am Ende der Zweige Dornen hat, werden in der Medicin gebraucht.

[12] Der Ligußter 5), der auch Beinholz, Rheinweide und Dintenbeere heißt, hat lanzettförmige Blätter und weiße Blüthen; die schwarzen Beeren bilden Trauben.

Les grains noirs du nerprun qui a des épines au bout des rameaux sont employés dans la médecine.

Le bois de Ste Lucie a des feuilles lancéolées et des fleurs blanches; ses grains noirs forment des grappes

Frutices.

[1] Frutices e stirpe plures agunt ramos.

[2] Philadelphus coronarius flores habet albos bene olentes.

[3] Syringa vulgaris Majo caeruleos vel albos flores fert, qui jucundum odorem exhālant.

[4] Rosa centifolia tum ob pulchritudinem, tum suavissimi odoris causa praestantissima omnium florum habetur.

[5] Maxima rosarum est rosa damascena et longe minus, sed maxime suave genus, rosa sempervirens, in vasis educitur.

[6] Quem locum rosa inter flores, eum uva inter fructus obtinet.

[7] Vitis haud dubie a Romanis in Germaniam translata est.

[8] E succo acinorum ejus vinum generosum paratur.

[9] Ilex aquifolium, praecipue in Nigra Silva crescens, folia habet crassa, in margine aculeata et lignum durissimum ac tenacissimum, et rubras baccas profert.

[10] Cornus sanguinea, cum annosa est, frondes prorsus rubras induit et nigras fert baccas.

[11] Nigrae baccae rhamni, in extremis frondibus aculeos gerentis, medicinae inserviunt.

[12] Ligustrum vulgare folia habet lanceolata et flores albos; baccae nigrae uvas efficiunt.

18.

Stauden und Sträucher.

(Fortsetzung.)

Shrubs and bushes
(Continuation.)

Les arbrisseaux.
(Continuation.)

The spindle-tree has square red seed-cap-

[1] Der Spindelbaum hat viereckige rothe

Le fusain a des capsules carrées et rou-

17.

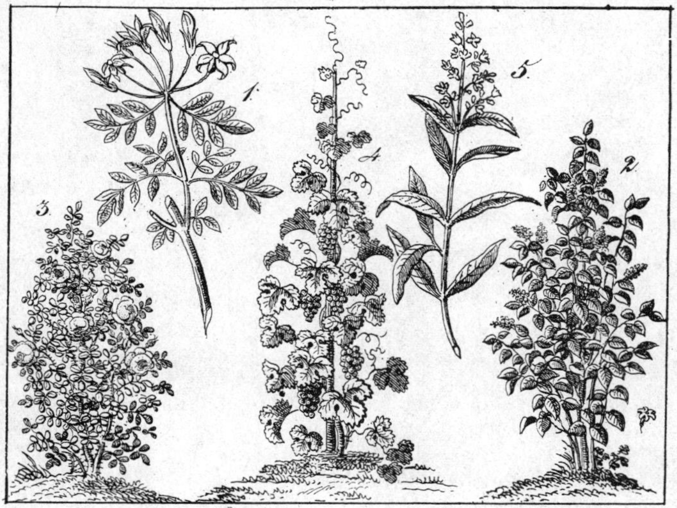

18.

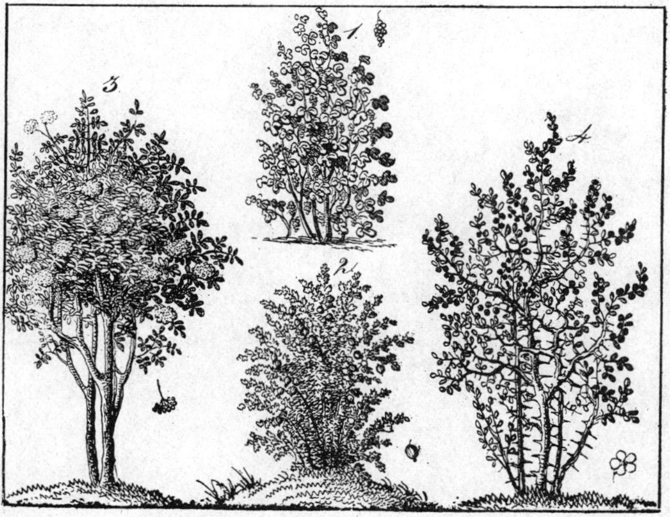

sules, which are commonly called parsons-hat from their likeness to a Cardinals hat.

From the wood of this bush different things are formed.

The currant-bush affords us a white or red berry, which hang down as the grape, and are very wholesome.

The goose berry-tree, has twigs covered with thorns, and green, yellow, and red berries; whose stalks are very short.

The ivy presents to us evergreen leaves, like the leaves of the vine, and climbs often the walls and trees in such a manner, that they are almost entirely covered with it.

The honey-suckle has sweet-smelling blossoms, which are divided into five uneven flaps, and end in a long tube.

The elder-tree is known to every person.

The white blossoms afford an excellent tea, exciting perspiration, and an electuary is prepared from the blood-purifying berries.

The barberry-bush,

Saamenkapseln, welche man insgemein Pfaffenhütchen nennt, weil sie mit einem Cardinalshut verglichen werden.

[2]Aus dem Holz dieses Strauchs werden verschiedene Dinge gedrechselt.

[3]Der Johannisbeer-Strauch giebt uns rothe Beeren, welche wie Trauben herabhängen und sehr gesund sind.

[4]Der Stachelbeerstrauch 2) hat mit Stacheln besetzte Zweige und grüne, gelbe und röthliche Beeren, deren Stiele sehr kurz sind.

[5]Der Epheu zeigt uns immergrüne Blätter, welche den Weinblättern ähnlich sind, und rankt sich oft an Mauern und Bäumen so in die Höhe, daß sie fast ganz von ihm überzogen werden.

[6]Das Geisblatt hat wohlriechende Blüthen, welche sich in fünf ungleiche Lappen theilen und in eine lange Röhre endigen.

[7]Der Hollunderstrauch 3) oder schwarze Holder ist Jedermann bekannt.

[8]Die weißen Blüthen geben einen vortrefflichen schweißtreibenden Thee, und aus den blutreinigenden Beeren wird eine Latwerge bereitet.

[9]Der Berberizenstrauch

ges, que l'on appelle ordinairement bonnets de prêtres, parcequ'elles ressemblent à un chapeau de cardinal.

Avec le bois de cet arbrisseau on fait différents ouvrages au tour.

Le grosseiller nous donne des grains rouges, qui pendent en forme de grappes, et qui sont très-sains.

Le grosseiller épineux a des rameaux garnis d'aiguillons, et de grains verts, jaunes et rougeâtres, dont les tiges sont très-courtes.

Le lierre nous offre des feuilles toujours vertes, qui ressemblent à celles de la vigne et grimpent souvent sur les murailles et les arbres si haut qu'ils en sont presqu'entièrement couverts.

Le chèvre-feuille a des fleurs odoriférantes, qui se divisent en cinq parties inégales, et se terminent par un long tuyau.

Le sureau est connu de tout le monde.

Les fleurs blanches donnent un thé excellent et sudorifique; avec les grains dépuratoires on fait une décoction.

L'épine vinette croît

grows in shrubberies and hedges, has yellow blossoms, as also a very useful yellow wood, and the red berries contain a pleasant sour.

The leaves are eaten in Holland as salad.

The sloe-tree, or blackthorn, is covered in spring with white blossoms, which afford a wholesome tea.

The almost black berries ripen in October, and are eaten, as they at first are very sour, when they have been made soft by the frost.

wächst in Gesträuchen und Hecken, hat gelbe Blumen und auch ein sehr nützliches gelbes Holz, und die rothen Beeren enthalten eine angenehme Säure.

10 Die Blätter werden in Holland als Salat gegessen.

11 Der Schlehdorn 4) oder Schwarzdorn ist im Frühjahr mit seinen weißen Blüthen ganz überdeckt, welche einen gesunden Thee geben.

12 Die beinahe schwarzen Beeren reifen im Oktober und werden, da sie anfangs sehr herb sind, erst nachdem sie vom Frost erweicht worden sind, gegessen.

dans les broussailles et les buissons, a des fleurs jaunes, aussi un bois jaune et très-utile: les baies rouges renferment un acide agréable.

On en mange en Hollande les feuilles en guise de salade.

Le prunellier est au printemps tout couvert de fleurs blanches, qui donnent un thé salubre.

Les grains d'un bleu presque noir murissent en Octobre et comme ils sont, acerbes d'abord on ne les mange qu'après qu'ils sont amollis par le froid.

Frutices. (Continuatio.)

1 Evonymus europaeus pericarpia habet quadrata, quae satyria vocantur, quod cum Cardinalis tiāra comparantur.

2 E ligno hujus fruticis variae res tornantur.

3 Ribes rubrum baccas rubras nobis praebet, quae uvarum instar dependent et saluberrimae sunt.

4 Ribes Grossularia frondes habet aculeis munītas et baccas virides, flavas et rutilas, quarum petiŏli brevissimi sunt.

5 Hedera helix folia nobis ostendit sempervirentia et pampĭnis similia, et saepe in muros atque arbores ita se insinuat, ut fere penĭtus ea obducantur.

6 Lonicēra flores habet odorifĕros, qui in quinque lobos impăres dividuntur et in longam fistulam abeunt.

7 Sambūcus nigra omnibus nota est.

8 E floribus albis thea egregia sudorem excitans, et e baccis sanguinem purgantibus electuarium paratur.

9 Berbĕris vulgaris in fruticetis et dumetis crescit, flores habet flavos et lignum quoque utilissimum flavo colore, et baccae rubrae acorem jucundum continent.

10 Folia in Batavia acetarii loco eduntur.

11 Prunus spinosa vere flosculis albis paene tota obtegitur, qui theam salubrem suppeditant.

12 Baccae caeruleae propemŏdum nigrae Octobri maturescunt, et, cum primo acerbissimae sint, demum gelu mollitae comeduntur.

19.

Stauden und Sträucher.

(Fortsetzung.)

Shrubs and bushes. (Continuation.)		*Les arbrisseaux.* (Continuation.)
The Pyrus torminalis, belongs to the class of pear-trees, and produces brown fruit specked with white, which is eaten when fresh, preserved in sugar.	[1] Der Elzebeerbaum gehört unter das Geschlecht des Birnbaums und hat braune, weißpunktirte Früchte, welche frisch und in Zucker eingemacht gegessen werden.	L'alisier est du genre du poirier et a des fruits bruns´ et marqués de points blancs que l'on mange frais et confits.
The medlar-tree produces small fruit, similar to the pear, which has a pleasant taste.	[2] Der Mispelstrauch hat kleine, einer Birne ähnliche Früchte, die von angenehmem Geschmack sind.	Le nèflier a de petits fruits ressemblants à une poire et d'un goût agréable.
The wild or hedge-rose, is provided with thorns and bears, a red fruit, which is called hep, and may be eaten.	[3] Der wilde Rosenstrauch oder die Heckenrose ist mit Stacheln versehen und trägt rothe Früchte, welche Hagebutten heißen und gegessen werden können.	Le rosier sauvage est garni d'épines et porte des fruits rouges qui se nomment gratte-culs, et sont bons à manger.
The hawthorn, or white thorn has thorny branches, sweet smelling blossoms, and red berries which serve as nourishment to the birds during the winter.	[4] Der Hagedorn oder Weißdorn hat dornige Aeste, wohlriechende Blüthen und rothe Beeren, welche den Winter über den Vögeln zur Nahrung dienen.	L'églantier a des branches épineuses, des fleurs odoriférantes et des grains rouges qui pendant l'hiver servent de nourriture aux oiseaux.
The wood of the guelder rose, which is called snowball tree in the gardens, is very hard, and produces white blossoms which form the runbel.	[5] Das Holz des Wasserhollunders, der in den Gärten Schneeballenbaum 1) genannt wird, ist sehr hart und hat weiße Blüthen, welche runde Dolden bilden.	Le bois de l'aubier qui dans les jardins est nommé rosier de Gueldres, est très-dur et a des fleurs blanches qui forment des ombelles rondes.
The blackberry-bush is allied to the rose-	[6] Der Brombeerstrauch 2) ist mit dem Rosen-	La ronce est parente du rosier, mais a un

bush, but produces quite a different fruit, for instance, a berry composed of much smaller ones.

The raspberry produces red fruit of a very pleasant savour, from which a vinegar is prepared.

The hazel-nut-tree blossoms in march, and its nuts are well liked by the boys.

The male-flowers form cylindrical-shaped catkins.

The slender twigs are used particularly to bind the sheaves.

The clematis frutex is a climbing shrub whose downy seed give a pleasant appearance until the autumn.

strauch verwandt, hat aber eine ganz andere Frucht, nämlich eine aus vielen kleinern Beeren zusammengesetzte Beere.

7 Der Himbeerstrauch 3) trägt rothe Früchte von sehr angenehmem Geschmack, aus denen auch ein Essig bereitet wird.

8 Der Haselstrauch 4) blüht schon im März und seine Nüsse sind bei den Knaben sehr beliebt.

9 Die männlichen Blüthen bilden walzenförmige Kätzchen.

10 Die schlanken Ruthen werden besonders zum Garbenbinden gebraucht.

11 Die Waldrebe ist ein kletternder Strauch, dessen besiederte Saamen diesem Gewächs bis in den Herbst ein schönes Aussehen geben.

tout autre fruit, une baie composée de plusieurs petits grains.

Le framboisier porte des fruits rouges d'un goût très-agréable, dont on fait aussi du vinaigre.

Le noisetier fleurit déjà au mois de mars et ses noix sont très-recherchées par les enfants.

Les fleurs mâles forment des châtons cylindriques.

Les verges déliées sont surtout employées à lier des gerbes.

La clématite est un buisson grimpant dont la semence empennée donne à ce végétal un bel aspect jusqu'en automne.

Frutices. (Continuatio.)

1 Pyrus torminalis fuscos fructus gerit albo colore distinctos, qui recentes et sacchăro condīti comeduntur.

2 Mespĭlus fructus parvos profert piro similes et jucundo sapore.

3 Rosa canina aculeis munita est et rubros fructus fert, baccas scilicet, quae comedi possunt.

4 Crataegus ramos habet spinosos, flores odoriferos et baccas rubras, quae per hiemem avibus nutrimento sunt.

5 Lignum viburni (n,) cujus genus quoddam in hortis crescit, durissimum est et flores albos habet, umbellas rotundas efficientes.

6 Rubus fruticosus rosae propinquus est, sed longe alium fructum gerit, baccam nimirum e multis minoribus baccis compositam.

7 Rubus idaeus rubros fert fructus jucundissimo sapore, e quibus aceti genus paratur.

8 Corylus jam Martio floret et nucibus ejus pueri valde delectantur.

9 Flores masculi iulos cylindriformes faciunt.

10 Virgae graciles inprimis mergitibus colligandis inserviunt.

19.

20.

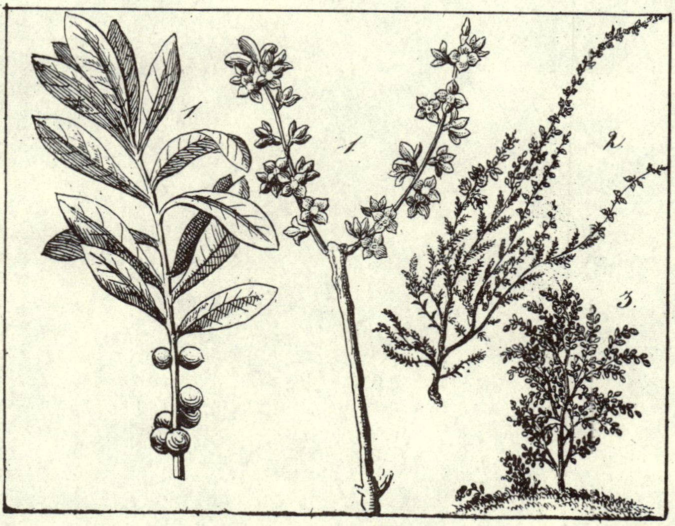

[11] Clematis frutex est repens, cujus semina pennata ad auctumnum usque plantae huic speciem pulchram praebent.

20.

Sträucher und Halbsträucher.
(Fortsetzung.)

Bushes and demi-shrubs.
(Continuation.)

Les arbrisseaux et les demi-arbrisseaux.
(Continuation.)

The broom produces yellow blossoms, from which the bees procure much wax and honey, and the herbaceous part, and the flowers serve for making the yellow colour.

The prickly cammock, is frequently found on dry hills, and in the roads. It has plain sharp thorns, and purple coloured blossoms, which have a disagreeable smell.

The yellow and erect blossoms of the slender willow adorn the woods during the summer months.

The common mezereon, or spurge-laurel, which developes its sweet-smelling flower in our woods in March and April, even before the leaves appear, is reckoned in the class

[1] Der Färbeginster hat gelbe Blumen, aus denen die Bienen viel Wachs und Honig holen, und das Kraut und die Blumen dienen zum Gelbfärben.

[2] Die dornige Hauhechel ist auf trockenen Hügeln und an den Wegen sehr häufig; sie hat einfache spitzige Dornen und purpurfarbige Blumen, welche übel riechen.

[3] Die gelben und aufrechten Blüthen des Geißklees zieren in den Sommer-Monaten die Wälder.

[4] Der gemeine Kellerhals oder Seidelbast 1), der schon im März und April, ehe er Blätter bekommt, seine wohlriechenden, rosenfarbenen Blüthen in unsern Wäldern entwi-

Le genêt des teinturiers a des fleurs jaunes dont les abeilles tirent beaucoup de cire et de miel, et son herbe et ses fleurs servent à teindre en jaune.

La bugrane se trouve en quantité sur des collines sèches et sur les chemins; elle a des épines simples et aigues, et des fleurs pourprées qui sentent mauvais.

Les fleurs jaunes et droites du cytise ornent les forêts dans les mois d'été.

Le bois gentil, avant de pousser des feuilles, déploie dans nos forêts ses fleurs odoriférantes et couleur de rose déjà aux mois de mars et d'avril; il est compté au nombre des plantes

of poisonous plants, and bears red berries.

The bark is used for raising blisters.

The common heath flourishes in almost all our sandy and stony forests, as well as in uncultivated tracts.

In North-Germany there are tracts of land of many miles extent, which are almost entirely covered with this small shrub.

The blossoms are of rosy-red, and afford a delightful nourishment to the bees. The heath in many parts serve as fodder for the sheep.

Several kinds of birds derive their nourishment from its seed.

The whortle-berry bears blue berries, which have a pleasant taste and are very healthy.

The bilberry has evergreen leaves, and red berries, which are pickled in vinegar and sugar.

The cistus has yellow blossoms.

The common thyme has an agreeable smell, and red-coloured flowers.

The mistletoe grows

ckelt, wird zu den Giftpflanzen gerechnet und trägt rothe Beeren.

[5] Man braucht seine Rinde zum Blasenziehen.

[6] Fast überall in sandigen und steinigen Wäldern, so wie auf unfruchtbaren Haiden wächst bei uns das gemeine Haidekraut 2).

[7] In Norddeutschland giebt es Gegenden von vielen Meilen, welche fast ganz mit diesem kleinen Strauche bewachsen sind.

[8] Die Blüthen sind rosenroth und geben den Bienen liebliche Nahrung; auch dient das Haidekraut in manchen Gegenden zum Futter für die Schafe.

[9] Mehrere Vögel nähren sich von seinem Saamen.

[10] Die gemeine Heidelbeere 3) trägt blaue Beeren, welche angenehm schmecken und sehr gesund sind.

[11] Die Preußelbeere hat immergrüne Blätter und rothe Beeren, welche mit Essig und Zucker eingemacht werden.

[12] Das Ciströslein hat gelbe Blumen.

[13] Der Thymian oder Quendel 4) ist sehr wohlriechend und hat rosenfarbene Blüthen.

[14] Die Mistel wächst auf alten Bäumen und

vénéneuses, et il porte des grains rouges.

On se sert de son écorce pour l'application des vésicatoires.

La bruyère commune croît chez nous presque partout dans des forêts pierreuses et sablonneuses, de même que dans des landes stériles.

Dans le nord de l'Allemagne il y a des contrées de plusieurs milles qui sont presque toutes couvertes de ce petit arbuste.

Les fleurs sont couleur de rose, et donnent aux abeilles une nourriture suave; aussi la bruyère sert-elle dans plusieurs contrées à nourrir les brebis.

Beaucoup d'oiseaux se nourrissent de sa graine.

La bruyère commune porte des grains bleus d'un goût agréable et salubre.

L'airelle rouge a des feuilles toujours vertes et des grains rouges que l'on fait confire dans le vinaigre et le sucre.

Le ciste a des fleurs jaunes.

Le thym est très-odoriférant et a des fleurs couleur de rose.

Le gui croît sur les

on old trees, and propuces white berries.	bringt weiße Beeren hervor.	vieux arbres et a des grains blancs.

Frutices et suffrutices. (Continuatio.)

[1] Genista tinctoria flavos habet flores, e quibus apes multum cerae ac mellis petunt; tum herba, tum flores pannis flavo colore inficiendis inserviunt.

[2] Onōnis spinosa in siccis collibus et juxta vias creberrima est; ea simplices spinas acutas et flores purpureos gerit male olentes.

[3] Flores flavi et erecti cytĭsi aestivis mensibus sylvas ornant.

[4] Daphne Mezereum, jam Martio et Aprili, antequam folia agit, roseos flores odorifĕros in silvis nostris explĭcans, plantis venenatis adnumeratur et baccas rubras profert.

[5] Cortex ejus ad pustulas excitandas adhiberi solet.

[6] Ubique fere in silvis arenosis et petrosis, nec non in locis incultis apud nos erīca vulgaris crescit.

[7] In Germania septentrionali regiones sunt multorum milliariorum longitudine, totae fere hoc parvo frutice consitae.

[8] Flosculi rosei sunt et apibus nutrimentum praebent suavissimum; erica quoque multis in regionibus pastus est ovium.

[9] Plures aves nutriuntur semine ejus.

[10] Vaccinium Myrtillus caeruleas baccas profert jucundo sapore ac saluberrimas.

[11] Vaccinii vitis Idaeae folia semper virent, et baccae ejus rubrae aceto saccharoque condiuntur.

[12] Cistus floribus flavis splendet.

[13] Thymus odoratissimus est et flosculos gerit roseos.

[14] Viscum in vetustis arboribus crescit et baccas albas gignit.

21.

Fremde Gewächse.

Exotic plants.		*Plantes étrangères.*
The lemon tree grows chiefly in Italy and Spain.	[1] Der Citronenbaum 1) wächst besonders in Italien und Spanien.	Le citronier croît en Italie et en Espagne.
Its fruit supplys a very wholesome juice, which is used in various ways in cooking and in the medicine.	[2] Seine Früchte liefern einen sehr gesunden Saft, welcher zu den Speisen und in der Medicin vielfach gebraucht wird.	Ses fruits donnent un suc très-sain dont on se sert beaucoup dans les mets et dans la médecine.
The orange tree has	[3] Der Pomeranzen-	L'oranger est d'une

a prettier appearance, than the lemon tree.	baum 2) ist ansehnlicher als jener.	plus belle apparence que celui-là.
The round fruit is called orange, its use is of various kinds.	4 Die runden Früchte heißen Orangen; ihr Gebrauch ist verschieden.	Ses fruits ronds s'appellent oranges; leur emploi est différent.
Another kind is the chinese-orange.	5 Eine Abart der Orangen sind die Apfelsinen.	L'orange dégénérée est la pomme de Chine.
The fig-tree is a native of the southern parts of Europe, and of Asia, and its fleshy and wholesome fruit is either eaten raw or dried.	6 Der Feigenbaum 3) ist in den südlichen Gegenden von Europa und in Asien einheimisch, und seine fleischigen Früchte, die sehr gesund sind, werden frisch und getrocknet gegessen.	Le figuier est indigène dans les contrées méridionales de l'Europe et de l'Asie, et ses fruits charnus et très-salubres sont mangés frais et secs.
The olive-tree, which has small leaves, grows chiefly in the South of France, and Italy.	7 Der Oelbaum 4), der schmale Blätter hat, wächst besonders im südlichen Frankreich und Italien.	L'olivier qui a des feuilles menues croît particulièrement dans la France méridionale et dans l'Italie.
The olive, which resembles a longer cherry, is pickled, and supplys an excellent oil.	8 Die Oliven, welche einer länglichen Kirsche gleichen, werden eingemacht gegessen und liefern ein vortreffliches Oel.	Les olives ressemblent à des cerises longues; on les mange confites et elles donnent une excellente huile.
The wood of the olive-tree is much esteemed.	9 Auch das Holz der Oelbäume ist gesucht.	Le bois des oliviers est aussi recherché.
The pomegranate bears large and handsome fruit of a pleasant taste.	10 Der Granat-Baum trägt schöne und große Aepfel von angenehmem Geschmack.	Le grenadier porte de grosses et de belles pommes d'un goût agréable.
The laurel produces evergreen leaves, which are used in cooking.	11 Der Lorbeer-Baum hat immergrüne Blätter, welche an die Speisen gethan werden.	Le laurier a des feuilles toujours vertes qui sont employées dans les mets.
Heroes and poets were formerly crowned with the leaves of this tree sacred to Apollo.	12 Mit dem Laub dieses dem Apollo geweihten Baums wurden ehemals die Helden und Dichter gekrönt.	Autrefois les héros et les poètes ont éte couronnés avec les feuilles de cet arbre consacré à Apollon.
The coffee-tree grows in Arabia as well as	13 In Arabien, so wie in Ost- und West-In-	Le cafier croît en Arabie et aussi aux

21.

22.

in the East and West Indies.

Its blossoms are white, and the fruit a small cherry, which encloses two kernels, which are generally called coffee-berries.

dien wächst der Kaffeebaum

[14] Seine Blüthen sind weiß, und die Frucht eine kleine Kirsche, welche zwei Kerne einschließt, die insgemein Kaffeebohnen genannt werden.

Indes orientales et occidentales.

Ses fleurs sont blanches, et ses fruits semblables à de petites cerises, renferment deux amandes que l'on appelle communément des baies de café.

Peregrinae plantae.

[1] Citrus medica inprimis in Italia crescit et Hispania.

[2] Fructus ejus, citrea, succum saluberrimum suppeditant, quo ad cibos et in medicina multis modis utuntur.

[3] Citrus aurantium speciosior est illa.

[4] Fructus rotundi poma aurantia vocantur; usus eorum varius est.

[5] Varietas quaedam citri aurantii est citrus aurantium sinensis.

[6] Ficus regionibus meridionalibus Europae et Asiae propria est, et fructus ejus carnosi, qui saluberrimi sunt, recentes ac tosti comeduntur.

[7] Olea, folia habens angusta, inprimis in Francogallia et in Italia crescit.

[8] Olivae, ceraso oblongo similes, condiuntur et oleum praeclarum praebent.

[9] Lignum quoque olearum magni aestimatur.

[10] Malus punica mala fert pulchra ac magna jucundissimo sapore.

[11] Laurus folia gerit semper virentia, quae cibis adduntur.

[12] Frondibus arboris hujus Apollini sacrae olim viri fortes et poëtae coronabantur.

[13] In Arabia, nec non in India orientali et occidentali Coffea arabica crescit.

[14] Flores ejus albi sunt, et fructus cerasum est parvum, duo grana includens, quae vulgo fabae arabicae vocantur.

22.

Fremde Gewächse.

(Fortsetzung.)

Exotics.

(Continuation.)

Plantes étrangères.

(Continuation.)

The black pepper grows upon a shrub in the East-Indies,

[1] Der schwarze Pfeffer wächst auf einem Strauch 1) in Ostin-

Le poivre noir croît sur un buisson dans les Indes orientales:

and is a spice known to every one.

The red fruit hang in the form of grapes, and become at last black.

The pepper deprived of the husk is called white pepper.

From the fruit of the cocoa, which resembles a melon, chocolate is prepared.

We receive the green tea from the leaves of a shrub growing in China.

The leaves when first gathered are called imperial tea, which is very dear.

The blossom of the clove-tree when not full blown supply an excellent spice.

The nutmeg-tree flourishes on the island Molucca and we use its nuts as spice, as well as the mace which grows on the husk of it.

The cinnamon tree grows on the island Ceylon, and its bark produces likewise an excellent spice.

The root of the ginger is turned also to the same use.

The sugar cane, a species of reed, which

dien und ist ein Allen bekanntes Gewürze.

2 Die rothen Früchte hängen traubenförmig und werden zuletzt schwarz.

3 Der von der Schale befreite Pfeffer heißt weißer Pfeffer.

4 Aus den Früchten des Kakaobaums, die einer Melone gleichen, wird Chokolade bereitet.

5 Den grünen Thee erhalten wir aus den Blättern eines Strauchs, welcher in China wächst.

6 Die zuerst gesammelten Blätter heißen Kaiserthee, der außerordentlich theuer ist.

7 Die noch nicht geöffneten Blüthen des Gewürznelken-Baums liefern ein herrliches Gewürz.

8 Der Muskatennuß-Baum 2) wächst auf den Molukken, und seine Nüsse, sowie die an der Schale der Nuß sitzende Muskatblüthe gebrauchen wir als Gewürz.

9 Der Zimmt-Baum, dessen Rinde ebenfalls ein vortreffliches Gewürz liefert, wächst besonders auf der Insel Ceylon.

10 Auch die Wurzel des Ingwers wird zu diesem Gebrauch verwendet.

11 Das Zuckerrohr 3), eine Schilfgattung,

c'est une épice connue de tout le monde.

Les fruits rouges pendent en grappes, et noircissent à la fin.

Le poivre dégagé de sa coque s'appelle poivre blanc.

Avec les fruits du cacaoyer, ressemblant à un melon, on prépare le chocolat.

Nous recevons le thé vert des feuilles d'un arbrisseau qui croît en Chine.

Les feuilles premièrement recueillies s'appellent thé impérial qui est extrêmement cher.

Les fleurs non écloses du giroflier donnent une excellente épice.

Le muscadier croît aux îles Moluques, et ses noix ainsi que les fleurs de la coque de la noix nous servent d'épice.

Le candier, dont l'écorce donne de même une excellente épice, croît dans l'île de Ceylan.

La racine du gingembre est aussi employée à cet usage.

La canne à sucre, espèce de roseau, qui

is cultivated in the East and West Indies, is filled with a sweet sap which is pressed out by means of rollers, boiled and refined.

The rice tree, with flowers in the form of a bunch, flourishes in the marshy ground of the torrid region, and bears a very pleasant grain.

The capsules of the cotton-plant, contain a kind of cotton from which various kinds of textures are prepared.

The cotton tree grows in the East-Indies: the cotton shrub is more frequently cultivated.

welche besonders in Ost- und West-Indien gebaut wird, ist mit einem süßen Mark angefüllt, das mit Walzen ausgepreßt, eingesotten und raffinirt wird.

[12] Der Reiß 4), dessen Blüthe ein Büschel bildet, wächst an sumpfigen Plätzen der heißen Länder und trägt sehr schmackhafte Körner.

[13] Die Kapseln der Baumwollenpflanze 5) enthalten eine Art Wolle, woraus allerlei Gewebe verfertigt werden.

[14] Die baumartige Baumwolle wächst in Ostindien; die krautartige Baumwolle wird häufiger gepflanzt.

est particulièrement cultivé dans les Indes orientales et occidentales, est remplie d'une moëlle douce que l'on presse au moyen des cylindres; on la fait bouillir, et après cela, on la raffine.

Le ris dont les fleurs forment un faisceau, croît dans les endroits marécageux des pays chauds, et porte des grains très-savoureux.

Les capsules du cotonnier contiennent une espèce de laine dont on fait différents tissus.

Le cotonnier en arbre se trouve aux Indes orientales, mais celui en herbe est plus commun.

Peregrinae plantae. (Continuatio.)

[1] Piper nigrum in frutice crescit in India orientali et arōma est omnibus notum.

[2] Fructus rubri uvarum instar dependent et postremo nigrescunt.

[3] Piper cortice privatum piper album vocatur.

[4] E fructibus Theobromatis Cacao pepŏni similibus calda cacaotica paratur.

[5] Theam viridem accipimus e foliis fruticis cujusdam in Sina crescentis.

[6] Folia primo collecta thea caesarĕa vocantur, quae plurimi constat.

[7] Flores necdum aperti Eugeniae caryophyllatae arōma egregium praebent.

[8] Arbor moschata in insulis Moluccensibus crescit, et nucibus ejus aeque ac flore cortici nucis adhaerente aromătis loco utimur.

[9] Laurus Cinnamomum, cujus cortex et ipse praestans aroma praebet, inprimis in Ceylone insula crescit.

[10] Etiam radix Zingiberis eundem in usum convertitur.

[11] Saccharum, arundinum genus, quod praecipue in India orientali et occidentali colitur, medulla dulci repletum est, quae cylindris exprimitur, decoquitur et purior redditur.

[12] Oryza, cujus flos fasciculum facit, in locis palustribus regio-

num torridarum crescit et grana profert sapidissima.

[13] Capsulae Gossypii lanae genus continent, e qua variae telae conficiuntur.

[14] Gossypium arboreum in India orientali crescit: Gossypium herbaceum crebrius plantatur.

23.

Fremde Gewächse.

(Fortsetzung.)

Exotics.

(Continuation.)

The bamboo-cane, with a trunck resembling a tree, growing to the height of 50 feet, and whose diameter is 2 feet, is round and hollow, and is furnished with knots.

We use the bamboo-cane made from this stem, as walking sticks.

The pine-apple is cultivated by us in the hothouses but originally came from the Brazils.

This small plant produces leaves, long, small and covered with prickles.

A thick stalk, 2 feet high, of a fleshy, *substance springs from* the middle, and on the top of this stalk, a knotty knob is produced.

From each knot a

[1] Das Bambus-Rohr 1), ein baumähnlicher Stamm, der 50 Fuß hoch ist, und dessen Durchmesser zwei Fuß beträgt, ist rund und hohl und hat Knoten.

[2] Wir gebrauchen die Bambusröhren, welche daraus verfertigt werden, zu Spazierstöcken.

[3] Die Ananas 2) wird bei uns in den Gewächshäusern gezogen und ist ursprünglich in Brasilien zu Hause.

[4] Das kurze Gewächs treibt lange, schmale und mit Stacheln versehene Blätter.

[5] Ein dicker, fleischiger, zwei Fuß hoher Stengel steigt aus der Mitte derselben hervor, und an seinem Gipfel bildet sich ein warziger Knollen.

[6] Aus jeder Warze

Plantes étrangères.

(Continuation.)

Le bambou, dont le tronc ressemble à celui d'un arbre, a cinquante pieds de hauteur et deux pieds de diamètre; il est rond et creux et a des noeuds.

Nous employons les bambous dont nous prênons les roseaux, à faire des cannes.

L'on plante chez nous l'ananas dans les serres; il est indigène du Brésil.

Le végétal peu élevé pousse des feuilles longues, étroites et garnis d'épines.

Une tige grosse, charnue, haute de deux pieds, s'élève du milieu, et à son sommet il se forme une petite masse en forme de verrues.

De chaque verrue

small blue flower springs up and on the top a bunch of leaves is formed.

The knot is changed into a longish round, scaly fruit of a yellow colour, which is considered as the finest of all the fruits.

The american Agave with splendid blossoms, rises to the height of six feet, the leaves are stiff and covered with prickles, from which a cloth is made.

The opuntia or Indian fig, a kind of cactus, the greatest number of whose sort produces a splendid flower, has thick, fleshy jointed leaves growing one out of the other.

The camphor is a transparent resin, which we receive from the camphor tree.

The aloe has long, thick, and broad leaves, and contains a bitter sap, which is used for medicinal purposes.

The sweet smelling balsam is a certain liquid resin, which flows from several trees.

tritt ein blaues Blümchen hervor, und die Spitze endigt sich in einen Blätterbusch.

[7] Der Knollen geht in eine länglich runde und schuppige Frucht über, von gelber Farbe, welche für die vorzüglichste von allen Früchten gehalten wird.

[8] Die amerikanische Agave mit prachtvoller Blüthe hat sechs Fuß hohe, steife und mit Stacheln versehene Blätter, aus denen ein Gewebe bereitet wird.

[9] Die Nopalpflanze 3), indianische Feige oder gemeine Opuntia, eine Art Fackeldistel, deren meiste Arten prachtvolle Blumen haben, hat dicke, fleischige, durch Gelenke verbundene Blätter, deren eines aus dem andern hervorwächst.

[10] Der Kampher ist ein durchsichtiges Harz, das wir von dem Kampherbaum erhalten.

[11] Die Aloe 4) hat lange, dicke und breite Blätter, und treibt einen bittern Saft, den man in der Arzneikunst gebraucht.

[12] Der wohlriechende Balsam ist ein gewisses flüssiges Harz, das aus mehreren Bäumen fließt.

il pousse une petite fleur bleue, et son extrémité se termine par une touffe de feuilles.

La petite masse se change en un fruit oblong, rond et écaillé de couleur jaune que l'on regarde comme le meilleur de tous les fruits.

L'agave d'Amérique à fleur magnifique a des feuilles de six pieds de hauteur, fermes et garnies d'épines; on en fait un tissu.

La plante de nopal, la figue d'Inde, ou l'opuntie commune, espèce de cactier, dont le plus grand nombre porte des fleurs magnifiques, a des feuilles épaisses, charnues, et unies par des articulations; elles poussent l'une de l'autre.

Le camphre est une résine transparente que nous tirons du camphrier.

L'aloë a des feuilles longues, épaisses et larges, et produit un suc amer, dont on se sert dans la médecine.

Le baume odoriférant est une certaine résine liquide qui découle de plusieurs arbres.

Peregrinae plantae. (Continuatio.)

[1] Bambūsa arundinacea, stirps arbori similis, quinquaginta pedes alta, cujus diamĕtrus duos pedes efficit, rotunda et cava est et nodos habet.

[2] Nos arundinibus, quae inde conficiuntur, pro baculis in eundo utimur.

[3] Bromelia Ananas apud nos in plantarum hibernaculis educitur et in Brasilia genuina est.

[4] Brevis planta folia agit longa, angusta et aculeis munita.

[5] Caulis crassus, carnosus ac duo pedes altus mediis ex illis surgit, et in summo ejus tuber verrucosum éfficitur.

[6] E quavis verrūca flosculus caeruleus procrescit, et cacumen foliorum est fásciculus.

[7] Tuber in fructum terĕtem et squamosum transit colore flavo, qui praestantissimus omnium fructuum habetur.

[8] Agave Americana flore speciosissimo folia habet séx pedes alta, rigida et aculeata, e quibus tela conficitur.

[9] Opuntia, Cacti genus, cujus plurimae species splendidissimos flores gerunt, folia crassa, carnosa et articulis juncta habet, quorum aliud ex alio procrescit.

[10] Camphŏra resīna pellucida est, quam e lauri quodam genere accipimus.

[11] Aloë folia habet longa, crassa et lata, et succum praebet amarum, quo in medicina utuntur.

[12] Balsămum odōrum est resīna, quaedam liquida e pluribus arboribus emānans.

24.

Fremde Gewächse.

(Fortsetzung.)

Exotics. (Continuation.)		*Plantes étrangères.* (Continuation.)
The fly catcher has leaves, which if an insect touches them closes together, and keeps it so enclosed until it is dead.	[1] Die Fliegenfalle 1) hat Blätter, welche, wenn ein Insekt sie berührt, sich zusammenfalten und dasselbe nicht eher fahren lassen, bis es todt ist.	L'attrape-mouche a des feuilles qui se replient aussitôt qu'un insecte y touche, et qui ne le lâchent que quand il est mort.
The tragacanth is a gum which oozes out from a small bush.	[2] Der Traganth ist ein Gummi, das aus einem kleinen Strauch hervordringt.	L'adragant est une gomme, qui sort d'un petit arbrisseau.
The myrtle-tree has small leaves which are used for bridal crowns.	[3] Der Myrthenbaum 2) hat kleine Blätter, welche zu Brautkränzen geflochten werden.	Le myrthe a de petites feuilles, qui sont dressées en couronnes nuptiales.

23.

24.

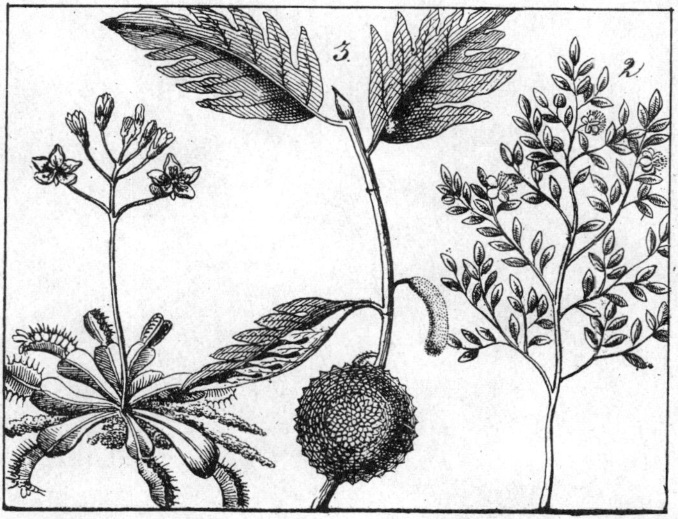

The ancients considered this plant as the emblem of love.

We receive a spice from the pepper myrtle which grows in the West-Indies, and is known under the name of the English spice.

The Arabian gum is produced from the Egyptian mimosa.

The leaves of the sensitive, and modest mimosa contract themselves together wheneven lightly touched.

The leaves of the Senna-tree produce a well known medecine.

The manna-ash produces a sap flowing from the bark, which when congealed is called manna.

The bark of the Cindhona tree, or peruvian bark, which grows in America, and bears its name from a lady, called Cinchon, is an excellent remedy against the ague.

The fruit of the bread-tree resembling a melon, is eaten instead of bread.

The Elastic gum, or Caoutchoue is produced from the bark of a tall tree, and afterwards becomes hard.

[4] Den Alten war diese Pflanze das Sinnbild der Liebe.

[5] Von der pfefferartigen Myrthe, welche in Westindien wächst, bekommen wir ein Gewürz, welches unter dem Namen englisches oder Modegewürz bekannt ist.

[6] Das arabische Gummi kommt von der ägyptischen Mimose oder Sinnpflanze her.

[7] Die Blätter der empfindlichen und verschämten Mimose ziehen sich zusammen, wenn sie nur sanft berührt werden.

[8] Die Blätter des Sennesstrauches liefern ein bekanntes Arzneimittel.

[9] Die Mannaesche liefert einen aus der Rinde fließenden Saft, der, wenn er verdickt ist, Manna heißt.

[10] Die Rinde des Chinabaums, welcher in Amerika wächst, und den Namen von einer Dame hat, welche Cinchon hieß, ist ein vortreffliches Mittel gegen das kalte Fieber.

[11] Die den Melonen ähnlichen Früchte des Brodbaums *) werden statt des Brods gegessen.

[12] Das Federharz soll aus der Rinde eines hohen Baumes fließen und sich nachher verdicken.

Cette plante était chez les anciens l'emblême de l'amour.

Nous recevons d'une espèce de myrthe semblable au poirier qui se trouve dans les Indes occidentales une épice connue sous le nom d'amomi ou piment.

La gomme arabique vient de la mimose d'Egypte ou de l'eschynomène.

Les feuilles de la mimose sensible ou pudique se resserrent au moindre toucher.

Les feuilles du séné donnent un remède connu.

L'écorce du frêne à manne donne un suc qui s'appelle manne quand il est condensé.

L'écorce du quinquina qui croît en Amérique, et qui tire son nom d'une dame nommée Cinchon, est un excellent remède contre la fièvre.

Les fruits de l'arbre à pain semblables aux melons se mangent au lieu de pain.

Le cacutchouc, dit-on, coule de l'écorce d'un arbre élevé, et s'épaissit ensuite.

Peregrinae plantae. (Continuatio.)

[1] Dyonaea muscipula folia agit, quae, si quidem insectum aliquod ea tangit, complicantur et illud non dimittunt, donec mortuum sit.

[2] Tragacanthum gummi quoddam est e parvo frutice emānans.

[3] Myrtus communis parva habet folia, e quibus serta sponsalia nectuntur.

[4] Priscis haec planta symbŏlum erat amoris.

[5] E myrto pimenta, quae in India occidentali crescit, arōma accipimus, quod vulgo aroma anglicum seu probatissimum vocatur.

[6] Gummi arabicum e Mimosa Nilotica nascitur.

[7] Folia Mimosae sensitivae et pudīcae, vel leviter tantum tacta, contrahuntur.

[8] Folia Cassiae Sennae medicamentum satis notum praebent.

[9] Fraxinus rotundifolia succum suppeditat e cortice manantem, qui condensatus manna vocatur.

[10] Cortex Cinchonae, (cortex peruvianus) quae in America crescit et nomen a matrōna quadam duxit, cui nomen fuit Cinchon, egregium est remedium adversus febrem frigidam.

[11] Fructus peponibus similes artocarpi pro pane eduntur.

[12] Gummi elasticum e cortice arboris cujusdam effluere et postea condensari dicitur.

25.

Fremde Gewächse.

(Fortsetzung.)

Exotic plants. (Continuation.)

Plantes étrangères. (Continuation.)

The Brazilian wood-tree, produces leaves resembling those of the box-tree, and a hard red wood, which, receives its name Fernambuk in Germany from a town of the same name in the Brazils, in England it is called log-wood, and is used in dying, as also the campeche-wood.

[1] Der Brasilienholzbaum hat Blätter, denen des Buchsbaums ähnlich, und ein rothes hartes Holz, das von einer Stadt in Brasilien auch den Namen Fernambuk hat und zum Färben dient, wie das Campeche- oder Blauholz.

L'arbre qui fournit le bois de Brésil a des feuilles semblables à celles du buis et un bois rouge et dur qui a aussi le nom de Fernambuque d'une ville du Brésil; il sert à teindre, ainsi que le bois de Campêche.

The box-tree, which is planted round the

[2] Der Buchsbaum 1), den wir um die Beete

Le buis que nous voyons comme buis

garden-beds as a dwarf-tree, is in warmer climates a high tree, and produces a hard yellow wood, from which flutes and other musical instruments are made.

The mahogany grows on the rocks in South-America, and produces a fine reddish-brown wood, used in ship-building and in the manufacturing costly articles.

The tree which bears the ebony wood grows in Africa.

The cabinet maker uses it for inlaying.

The rose-wood is of a whitish-yellow colour.

The dragon's-blood, a kind of resin, is produced from a certain tree.

The Orlean tree flourishes in America.

Its fruit contains many kernels, and the thick, red, rind encircling these kernels, produces the well-known red colour.

From the stem of the Rotang reed, a tube-like Palm, the canes are made.

The carob-tree produces pods, containing a

der Gärten herum als Zwergbuchs sehen, ist in wärmeren Ländern ein hoher Baum, der ein gelbes, sehr hartes Holz giebt, woraus Flöten und andere musikalische Instrumente verfertigt werden.

3 Der Mahagonibaum 2) wächst in Südamerika auf Felsen, und hat ein feines, braunrothes Holz, welches zum Schiffbau und zu kostbaren Möbeln verarbeitet wird.

4 Der Baum, welcher das schwarze Ebenholz liefert, wächst in Afrika.

5 Die Kunsttischler gebrauchen es zu eingelegter Arbeit.

6 Das Rosen-Holz ist weißgelblich.

7 Das Drachen-Blut, eine Art Harz, kommt auch von einem gewissen Baum.

8 Der Orleans-Baum wächst in Amerika.

9 In seiner Frucht liegen viele Kerne, und die dicke, rothe Haut, welche diese Kerne umgiebt, giebt die bekannte rothe Farbe.

10 Aus dem Stamme des Rotangkalmus 3), einer rohrartigen Palme, werden die sogenannten spanischen Röhre gemacht.

11 Der Johannisbrodbaum bringt Schoten,

nain autour des carreaux des jardins, est un arbre élevé dans les pays chauds; il donne un bois jaune et très-dur, dont on fait des flûtes et d'autres instruments de musique.

L'acajou croît dans l'Amérique méridionale sur les rochers et a un bois fin et rouge-brun, que l'on emploie à la construction des vaisseaux et des meubles précieux.

L'arbre qui donne le bois d'ébène croît en Afrique.

Les ébénistes s'en servent pour la marqueterie.

Le bois de Rhodes est d'un blanc jaunâtre.

Le sang de dragon, espèce de résine, vient aussi d'un certain arbre.

Le roucou croît en Amérique.

Son fruit renferme beaucoup de grains et sa peau épaisse et rouge qui entoure ces grains donne la couleur rouge connue sous ce nom.

Avec le tronc de l'acorus-rotang, espèce de palmier roseau, l'on fait les cannes dites d'Espagne.

Le caroubier porte des cosses dont la

brown sweet-savoury flesh. | deren braunes Fleisch süß und sehr schmackhaft ist. | chair est douce et très-savoureuse.

Peregrinae plantae. (Continuatio.)

[1] Caesalpinia brasiliensis folia edit buxo similes et lignum habet rubrum ac durissimum, quod etiam a Fernambuca, urbe Brasiliae, appellatur et pannis tingendis idoneum est, aeque ac lignum Campechianum.

[2] Buxus, quam circa areolas hortorum nostrorum tam humili specie cernimus, in terris calidioribus arbor est alta, lignum flavum ac durum praebens, e quo tibiae aliaque instrumenta musica conficiuntur.

[3] Switenia Mahagony in America australi in rupibus crescit, et lignum elegans habet rubicundo colore, ex quo naves et utensilia pretiosa fiunt.

[4] Arbor illa, quae ebĕnum nigrum offert, in Africa crescit.

[5] Scriniarii primi ordinis eo ad opus tessellatum utuntur.

[6] Lignum Rhodiense album est flavo mixtum.

[7] Gummi draconis, resīnae genus, etiam ex arbore quadam petitur.

[8] Bixa in America crescit.

[9] Fructui ejus multa grana insunt, et cutis densa ac rubra, grana haec includens, notum illum colorem rubrum exhibet.

[10] E trunco Calami Rotang, palmae cujusdam arundinaceae, arundines, quas vocant hispanicas, fiunt.

[11] Ceratonia siliquas profert, quarum caro fusca dulcis est ac sapidissima.

26.

Gartengewächse.

Garden-plants. — *Des herbes potagères.*

Those plants are more particularly cultivated in the garden, from which a savoury food is prepared in the kitchen, as, the different kinds of cales, particularly the head cabbage from which the sauer-kraut is pre-

[1] In den Gärten werden besonders solche Gewächse gepflanzt, aus denen in der Küche schmackhafte Speisen zubereitet werden, wie die verschiedenen Arten des Kohls, besonders der weiße Kopfkohl 1), welcher das Sauerkraut

Dans les jardins on plante particulièrement des herbes dont on prépare dans la cuisine des mets savoureux, comme les différentes espèces de choux, particulièrement le choux pommé blanc, qui donne la

25.

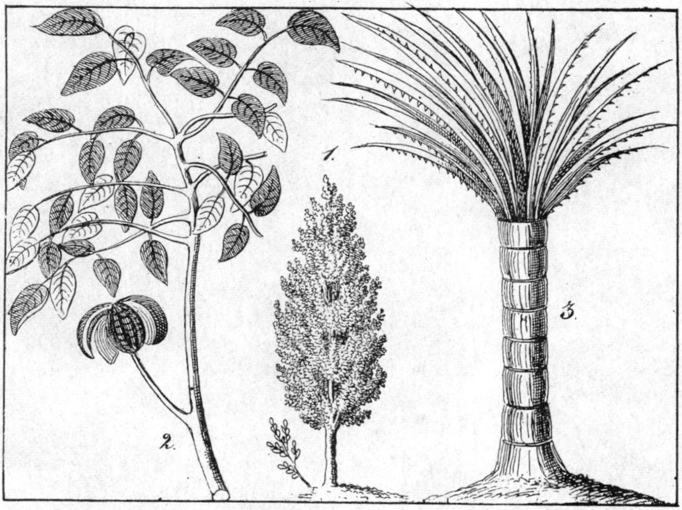

26.

pared, the winter-cale, the savoy, which has crinkled leaves, the cauliflower, whose stalk and flowers are cooked, the brown cale, the turnip rooted cale, which is either covered with, or remains out of the earth, and many other kinds.

giebt, der Winterkohl, der Wirsing oder Savoyerkohl, welcher krause Blätter hat, der Blumenkohl oder Karviol 2), dessen Stengel und Blüthen gekocht werden, der Schnittkohl, die Kohlrübe 3) über und unter der Erde, und andere Arten.

choucroûte, le choux frisé qui a des feuilles crépues, le choux-fleur dont on cuit les tiges et les fleurs, le brocoli, le chou-rave, le navet, et d'autres espèces.

Further may be observed in the gardens: the spinage red-beet, asparagus, the common lettuce, and the head lettuce, the endive, cress, wild salad, borrago parsley, and chervil.

[2] Ferner wird in den Gärten erblickt: der Spinat, der Mangold, die Spargel 4), der gemeine Lattich, der Kopfsalat 5), die Endivie, die Kresse, der Ackersalat, der Borretsch, die Petersilie, der Kerbel.

De plus l'on remarque dans les jardins les épinards, la bette, l'asperge, la laitue commune, la laitue pommée, l'endive, le cresson, la madre, la bourrache, le persil, le cerfeuil.

The eatable roots, are the red-beet, which is pickled, the mangel-wurzel, the turnip, the carrot, the parsnip, the radish, the cellery, scorzonera, the chicory and horse-radish.

[3] Eßbare Wurzeln liefern: die rothe Rübe, welche eingemacht wird, die Runkelrübe, die weiße Rübe 6), die gelbe Rübe 7) oder Möhre, der Pastinak, der Rettig 8), besonders das Radieschen, der Sellerie, die Skorzonere oder Schwarzwurzel, die Eichorie, der Meerrettig.

Les racines mangeables proviennent de betterave que l'on confit, de la poirée, de la rave, de la carotte, du panais, du raifort, principalement du radis, du célérie, de la scorzonère, de la chicorée, du raifort sauvage.

The potatoes were brought from America.

[4] Die Kartoffeln 9) sind aus Amerika zu uns gekommen.

Les pommes de terre nous sont venues de l'Amérique.

To the bulbous plants belong, the onion, leek, and garlick.

[5] Zu den Zwiebel-Gewächsen gehören: die Zwiebel 10), der Lauch, der Knoblauch.

On compte parmi les plantes bulbeuses: les oignons, le porreau, l'ail.

The leguminous plants are, the bean, the pea, the sugar pea, the lentil.

[6] Hülsengewächse sind: die Bohnen 11), die Erbsen 12), die Zuckererbsen, die Linsen 13).

Les plantes légumineuses sont: les haricots, les pois, les pois goulus, les lentilles.

The gourd, the melon: and the cucumber, produce their seed within the plant.

[7] Der Kürbis 14), die Melone 15), und die Gurke 16) haben inwendig Kerne.

La citrouille, le melon et le concombre ont des pepins en dedans.

The head of the artichoke is also eaten.

The savoury strawberry is particularly relished by the boys.

The water-cress grows in springs, and brooks.

[8] Auch die Köpfe der Artischocke 17) werden gegessen.

[9] Die schmackhaften Erdbeeren 18) sind den Knaben besonders angenehm.

[10] Die Brunnenkresse wächst an Quellen und in kleinen Bächen.

On mange aussi les têtes d'artichaut.

Les fraises savoureuses sont très-aimées des enfants.

Le cresson de fontaine croît dans les sources et les ruisseaux.

Olera.

[1] In hortis inprimis eae plantae seruntur, e quibus in culīna cibi sapidi parantur, ut varia brassicae genera, inprimis brassica oleracea capitata, quae sale condiri solet et acidum saporem inducit, brassica hyemalis, brass. oler. sabauda, quae crispa habet folia, brass. oler. botrytis, cujus caules ac flores coquuntur, brass. oler. viridis, brass. oler. caulorapa et napobrassica aliaque genera.

[2] Porro in hortis conspiciuntur spinacia oleracea, beta nigra, asparăgus, lactūca communis, lactuca capitata, cichorium endivia, lepidium, Valeriana olitoria, borrago, apium petroselīnum, scandix.

[3] Radīces esculentas praebent beta vulgaris, quae condītur, beta burgundica, brassica rapa, Daucus Carota, pastinaca sativa, raphănus, praesertim radiculae, apium graveolens, scorzonera hispanica, cichorium sativum, cochlearia armoracea.

[4] Fructus solani tuberosi (n) ex America ad nos venerunt.

[5] Bulbosis plantis adnumerantur: cepa, allium, allium sativum.

[6] Legumĭna sunt: fabae, pisa, pisa saccharina, lentes.

[7] Cucurbita, melo (pepo) et cucumis (m) intus grana habent.

[8] Capita quoque Cynărae comeduntur.

[9] Fraga (fragariae) sapida pueris gratissima sunt.

[10] Nasturtium juxta fontes et in rivulis crescit.

27.

Getreide, Gras und Futterkräuter.

Corn, Grass, and herbage.

Des graminées.

The larger grasses are called corn.

[1] Die größeren Grasarten werden Getreide genannt.

La plus grande des graminées est appelée bled.

The knotty and hollow halm produces ears, consisting of grains, which supplys us with bread.

Many of the ears have beards.

All the different kinds of corn come to perfection in Germany, namely, rye, which grows also in colder countries, wheat, tho this may be added, the speltwheat, (the corn of the Romans) one grained wheat, two grained wheat, barley, particularly the summer barley, from which malt and barley-groats are prepared, oats, which the horses like very much, maize called also Indian-corn and Turkish - wheat, and millet with pannicles filled with many grains.

A meal is also prepared from the triangular seeds of the buck-wheat, and the common field or broad bean, whose white blossoms are specked with black.

The common grasses afford an excellent fodder for cattle.

The most known kinds are the sweet scented vernal grass, Cotton grass, Bent-grass, Fox-tailedgrass, Melic grass, Sheer-grass, Quaking grass,

[2]Die knotigen und hohlen Halme tragen Aehren, welche aus Körnern bestehen, die uns Brod geben.

[3]Viele Aehren haben Grannen.

[4]In Deutschland wachsen alle Getreidearten, nämlich der Roggen 1), welcher auch in kältern Ländern fortkommt, der Waizen 2), zu dem auch der Dinkel 3) (das Korn der Römer), das Einkorn und der Emmer gerechnet werden, die Gerste 4) besonders die Sommergerste, aus welcher Malz und Gerstengrütze bereitet wird, der Hafer 5), der den Pferden sehr angenehm ist, der Mays, auch Welschkorn 6) und türkischer Waizen genannt, die Hirse 7), deren Rispen viele Körner enthalten.

[5]Auch aus dem dreieckigen Saamen des Buchwaizens oder Heidekorns 8), und aus der Saubohne oder Puffbohne, deren weiße Blüthen schwarzgefleckt sind, wird ein Mehl bereitet.

[6]Die eigentlichen Gräser sind ein gutes Futter für das Vieh.

[7]Die bekanntesten Arten sind: das Ruchgras, das Wollgras 10), das Straußgras, die Schmeele oder der Windhalm, der Wiesenfuchsschwanz 11),

Les tuyaux noueux et creux portent des épis composés de grains qui nous donnent le pain.

Beaucoup d'épis ont des barbes.

En Allemagne croissent toutes les espèces de blés, savoir le seigle qui pousse aussi dans les pays froids, le froment parmi lequel on compte aussi l'épautre (blé des Romains), le petit épautre et une pareille espèce, l'orge, principalement l'orge à deux rangs, dont on fait le malt, et le gruau d'orge, l'avoine très-agréable aux chevaux, le maïs ou blé de Turquie, le millet dont les épis (panicules) contiennent beaucoup de grains.

Avec la semence triangulaire du sarrassin et de la fève, dont les fleurs blanches sont tachetées de noir, l'on fait aussi de la farine.

Les herbes proprement dites sont une bonne pâture pour le bétail.

Les espèces les plus connues sont: la flouve, la linaigrette, la canche, l'agrostis, le vulpin des prés, la mélique, la laiche, la brise, le fléau, le pa-

Cats tail grass, finger-grass, Meadow grass, Fescue-grass, Soft-grass, Cyperon-grass, Bullrush grass, reed-grass, Brome-grass, rush-grass.

das Perlgras, das Riedgras, das Zittergras 12), das Lieschgras, das Fingergras, das Rispengras 13), das Schwingelgras, das Raygras 14), das Cypergras, das Binsengras, das Rohrgras, die Trespe, die Simse.

nic, la graminée à panicule, la fétuque, le paturin bulbeux, le buchet, le jonc à tige articulée, le roseau plumé, le bromos, le jonc.

Besides these the cattle are fed with different kinds of grasses as the vetch, with the leaves of the colewort, and clover; to which also are reckoned the Lucern, the Trefoil, and the esparcet.

8 Ausserdem wird das Vieh auch mit verschiedenen Kräutern gefüttert, wie mit der Wicke, mit den Blättern des Kohls und mit Klee, wozu auch die Luzerne (Schnecken- oder ewiger Klee) und die Esparsette gerechnet werden.

Outre cela on nourrit aussi les bestiaux avec différentes sortes d'herbes, savoir de la vesce, des feuilles de choux et du trèfle parmi lequel on compte aussi la luzerne ou le trèfle vivace, et l'esparsette.

The camel feeds mostly upon thistles.

9 Das Kameel lebt besonders von Disteln.

Le chameau vit particulièrement de chardons.

The typha or fools-club, grows in marshy places.

10 Die Narren-Kolbe wächst in Sümpfen.

La massette croît dans les marais.

Frumenta, gramen et herbae pabulares.

1 Majora graminum genera frumenta seu fruges vocantur.

2 Calămi nodosi et cavi spicas ferunt, quarum grana panem nobis praebent.

3 Multae spicae aristis munitae sunt.

4 In Germania omne frumenti genus crescit, scilicet secale cereale, quod in frigidioribus quoque terris provĕnit, triticum, cui etiam triticum spelta (far Romanorum), triticum monococcum et dicoccum adnumerantur, hordeum, inprimis hordeum distichon, e quo polenta et pisāna hordeacea fit, avena equis gratissima, zea Mays, quam etiam triticum turcicum vocant, milium seu panĭcum, cujus paniculae multa grana continent.

5 Etiam e seminibus triangulis polygŏni fagopyri et e vicia faba, cujus flores albi nigris maculis distincti sunt, farīna paratur.

6 Quae vere gramina dicuntur, egregius pastus pecudum sunt.

7 Notissima genera sunt: anthoxanthum odoratum, eriophŏrum, 10) agrostis, alopecūrus, 11) melica, carex, briza, 12) phleum, digitaria, poa, 13) festūca, holcus, 14) cyperus, scirpus, arundo, bromus, juncus.

8 Praeterea pecudes etiam variis herbis aluntur, ut vicia, foliis crambes et trifolio, cui etiam medicago et hedysărum adnumerantur.

9 Camelus inprimis carduis vescitur.

10 Typha in paludibus crescit.

27.

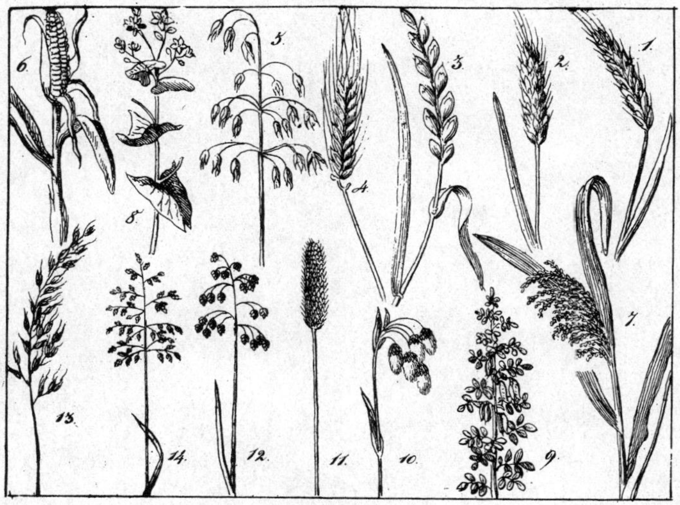

28.

28.

Arzneipflanzen.

Medicinal-plants.

Many plants perform excellent service in the medical science.

Those plants which are serviceable with their roots are, the Rhubarb, the Hellebore, the Arnica montana, the elecampane, the clot-bur, the dandelion, the angelica, the marsh-mallow, the valerian the orchis mascula, and the ragwort.

The liquorice-wood is frequently cultivated in gardens and fields on account of its inward yellow roots, which produces the liquorice.

The leaves, stalk, blossoms, and seeds also of many plants afford a wholesome medecine.

To these belong the genuine camomile, mother-wort, rue, peppermint, balm, lavender, centaury, gentian, speedwell, vervain, colts foot, aristolochy (corrupted birthwort), bugloss, hounds-tongue, lung-wort, scabiosa, soap-

[1] Viele Pflanzen leisten in der Arzneikunst vortreffliche Dienste.

[2] Diejenigen, welche mit der Wurzel nützen, sind ungefähr diese: die Rhabarber, die Nießwurz, der Wohlverlei, der Alant, die Klette, der Löwenzahn 1), die Engelwurz, der Eibisch, der Baldrian, das große Knabenkraut, der Aron.

[3] Das Süßholz wird häufig in Feldern und Gärten gebaut, wegen seiner inwendig gelben Wurzel, welche den Liquiritien- oder Süßholzsaft giebt.

[4] Auch die Blätter, Stängel, Blüthen und Saamen mancher Pflanzen geben heilsame Arzneimittel.

[5] Hieher gehören: die ächte Kamille 2), der Beifuß, die Raute, die Pfeffermünze, die Melisse, der Lavendel, das Tausendguldenkraut, 3) der Enzian 4), der Ehrenpreis 5), das Eisenkraut, der Huflattich 6), die Osterluzei, die Ochsenzunge, die

Plantes officinales.

Beaucoup de plantes rendent des services importants dans la médecine.

Celles qui sont utiles par leurs racines sont à peu près les suivantes: la rhubarbe, l'ellébore, l'arnique, l'aunée, le glouteron, la dent de lion, l'angélique, la guimauve, la valériane, l'orchis, l'arum.

L'on plante fréquemment la reglisse dans les champs et les jardins, à cause de sa racine jaune dans l'intérieur, qui donne le jus de reglisse.

Les feuilles, les tiges, les fleurs et les semences de plusieurs plantes donnent aussi des remèdes salutaires.

On y compte la camomille, la vulgaire et la romaine, l'ormoise, la rue, la menthe poivrée, la mélisse, la lavende, la petite centaurée, la gentiane, la véronique, la verveine, le tussilage, l'aristoloche, la buglose, la

wort, feverfew, liverwort, celadine, snapdragon, spoon-wort, worm-wood, cowslip, black-elder, common yarrow, and capsicum or spanish pepper.

A wholesome tea is prepared from many of them.

We receive the wholesome saffron from the pistil of the saffron-plant.

The house-leek or wall pepper also is much esteemed.

Hundszunge, das Lungenblümchen, die Skabiose, das Seifenkraut, der Fieberklee, das Schöllkraut, das Leberblümchen 7), das Löwenmaul, das Löffelkraut, der Wermuth, die Schlüsselblume, 8) der schwarze Hollunder, die Schafgarbe, der spanische Pfeffer.

6 Aus vielen derselben wird ein gesunder Thee bereitet.

7 Den heilsamen Saffran bekommen wir von dem Staubweg der Saffranpflanze.

8 Auch die Hauswurz wird hoch geschätzt.

cynoglosse, la gentiane d'automne, la scabieuse, la savonnière, la ménianthe, la chelidoine, l'hépatique, le muflier, la petite cuillerée, l'absinthe, la primevère, le sureau, la millefeuille, le piment.

On prépare un thé salubre de beaucoup de ces plantes.

Nous recevons le safran salutaire du pistil de sa plante.

Aussi la joubarbe est très-estimée.

Plantae medicinae inservientes.

1 Multae plantae in medicina egregium praestant usum.

2 Eae, quae radice prosunt, hae fere sunt: Rheum palmatum, Hellebŏrus, Arnīca montana, Inula, Arctium lappa, Leontŏdon taraxacum, Angelica, Althaea officinalis, Valeriana, Orchis mascula, Arum.

3 Glycirrhiza glabra crebro in agris et hortis plantatur ob radicem intus flavam, succum liquiritiae praebentem.

4 Folia quoque, caules, semina ac flores multarum plantarum salutaria suppeditant medicamenta.

5 Huc pertinent: Matricaria chamomilla, Anthĕmis nobilis, Artemisia, Ruta, Mentha piperita, Melissa, Lavendula, Chironia centaureum, Gentiana, Veronica, Verbena, Tussilago, Aristolochia, Anchusa, Cynoglossum, Pulmonaria officinalis, Scabiosa, Saponaria, Menyanthes, Chelidonium, Anemone hepatica, Antirrhinum, Cochlearia, Absynthium, Primula veris odorata, Sambucus nigra, Achillēa millefolium, Capsicum annuum.

6 E multis earum thea salubris paratur.

7 Crocum salutare e pistillo croci officinalis accipimus.

8 Sedum quoque magni aestimatur.

29.

Färbekräuter, Gewürz=, Handels= und andere Pflanzen.

The plants used in dying, aromaticks, commercial, and other plants.

The Indigo plant, which is generally cultivated in the West-Indies, affords us the finest blue colour.

Before the plant, (which rises four feet high) has produced its reddish flowers, the leaves are gathered, from which as well as the stem this colour is prepared.

A red colour is extracted from the roots of the Rubia or madder, where with the turkish garn is dyed.

A blue colour is extracted from the leaves of the woad, and a yellow, from its roots, as well as from the broom, safflow, betony, or saw-wort, and several others.

The aromatick plants growing in our country, are, the caraway, dill, fennel, coriander,

[1] Die schönste blaue Farbe giebt uns die Indigopflanze 1), welche besonders in Westindien angebaut wird.

[2] Noch ehe die vier Fuß hohe Pflanze ihre röthlichen Blüthen treibt, werden die Blätter abgeschnitten, aus denen, wie aus dem Stengel, jene Farbe bereitet wird.

[3] Aus den Wurzeln des Krapps oder der Färberröthe 2) wird eine rothe Farbe ausgezogen, womit auch das türkische Garn gefärbt werden soll.

[4] Aus den Blättern des Waus wird eine blaue Farbe gewonnen, und mit den Wurzeln des Waus, wie auch mit dem Färbeginster, mit dem Saflor, mit der Färberscharte, und einigen andern Pflanzen wird gelb gefärbt.

[5] Gewürzpflanzen, die in unseren Gegenden wachsen, sind: der Kümmel 3), der Dill, der Fen-

Herbes pour teindre, plantes d'épice, de commerce et d'autres.

La plus belle couleur bleue nous est donnée par l'indigo qui est cultivé principalement dans les Indes occidentales.

Avant que cette plante, haute de quatre pieds, ait poussé ses fleurs rougeâtres, on coupe les feuilles, desquelles ainsi que de la tige, on prépare cette couleur.

On tire des racines de garence une couleur rouge dont on teint aussi, dit-on, le fil de Turquie.

On reçoit des feuilles du pastel une couleur bleue, et avec les racines de la gaude, du genêt, du carthame, de la sarette, et d'autres plantes on teint en jaune.

Les plantes d'épices qui croissent dans nos contrées sont: le cumin, l'anet, le fe-

mustard, the seeds of which we use; further, the anise, thyme, marjoram, lavender, sage, rosmary and others.

chel, der Coriander, der Senf 4), deren Saamen wir gebrauchen; ferner Anis, Thymian, Majoran, Lavendel, Salbei, Rosmarin 5) und andere.

nouil, le coriandre, le sénevé dont nous employons les semences; de plus l'anis, le thym, la marjolaine, la lavande, la sauge, le romarin et d'autres.

Linen-cloth is made from the stalks of the hemp and flax.

6 Aus dem Stengel des Flachses 6) und des Hanfes 7) wird Leinwand bereitet.

On prépare la toile de la tige du lin et du chanvre.

The hop ix mixed with beer; the poppy, rape, and sun-flower provides us the oil, which is extracted from their seeds.

7 Der Hopfen 8) wird dem Bier beigemischt, und der Mohn 9) und Reps oder Rübsaamen, 10) auch die Sonnenblume nützen uns durch das Oel, das aus ihren Saamen gewonnen wird.

Le houblon est employé à la préparation de la bière, et le pavot, la navette, et le tournesol nous sont utiles par leur huile qui est exprimée de leur semence.

The tobacco, used for smoking, and snuffing, was brought to us by a Frenchman named Nicod; it is indigenous to America.

8 Der Taback 1), welcher geraucht und geschnupft wird, ist von einem Franzosen Nikot zu uns gebracht worden; sein wahres Vaterland ist Amerika.

Le tabac que l'on fume et prise nous a été apporté par un Français, nommé Nicot; il est indigène en Amérique.

A texture is made from a kind of stinging nettle: and a salt is extracted from the sheep-and common sorrel.

9 Aus einer Gattung der Brennnessel wird ein Gewebe verfertigt, und aus dem Sauerklee und Sauerampfer wird ein Salz gewonnen.

On fabrique aussi une espèce de toile avec une sorte d'orties, et on tire du sel du trèfle aigre et de l'oseille.

The teasel is used by the cloth-maker.

10 Die Weberkarde gebraucht der Tuchmacher

Le chardon à carder sert au drapier.

Tinctoriae, aromaticae, mercatoriae aliaeque plantae.

1 Pulcherrimum caeruleum colorem nobis Indigoféra tinctoria praebet, quae praecipue in India occidentali colitur.

2 Jam priusquam planta quatuor pedes alta flores rutilos agit, folia desecantur, e quibus, quemadmodum ex caule, color ille fit.

3 E radicibus Rubiae tinctorum ruber color extrahitur, quo etiam fila turcica infici dicuntur.

4 E foliis Isatĭdis tinctoriae color caeruleus paratur, et radicibus Resedae tinctoriae, nec non Genista tinctoria, Carthămo tinctorio, Serratula tinctoria et nonnullis aliis plantis panni flavo colore inficiuntur.

29.

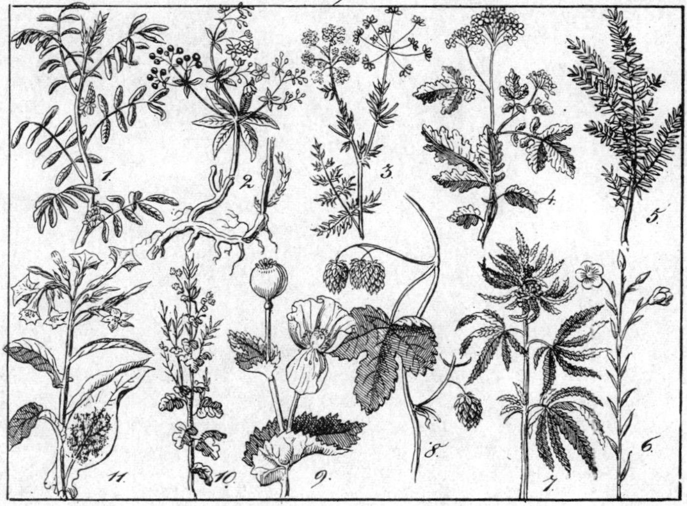

30.

[5] Aromaticae plantae, in nostra regione crescentes, hae fere sunt: Cuminum seu Carum Carvi, Anethum graveolens, An. Foeniculum, Coriandrum, Sināpis, quorum seminibus utimur; porro Pimpinella, Anīsum, Thymus Serpyllum et Thymus vulgaris, Origănum vulgare, Lavendula, Salvia, Rosmarinus et aliae.

[6] E caule lini (n) et cannabis (f) linteum paratur.

[7] Humulus lupulus cerevisiae admiscetur, et papāver somniferum ac Brassica Napus, etiam Helianthus annuus oleo nobis prosunt, quod e seminibus eorum accipitur.

[8] Herba Nicotiana, cujus folia tabaci nomine tum fumo inde sugendo inserviunt, tum pulverem praebent, qui per nares ducitur, a Nicotio Francogallo ad nos translata est; vera hujus plantae patria est America.

[9] E genere quodam Ŭrtīcae tela conficitur, et ex Oxali Acetosella atque e Rumice acetosa sal quoddam paratur.

[10] Dipsaco fullonum pannifex utitur.

30.

Giftpflanzen.

Poisonous plants.

Prudent children eat no fruit which is unknown to them, as there are poisonous plants, by which many incautious people have met their death.

The thorn-apple tree produces a handsome white blossom, and a fruit-capsule covered with prickles, the four divisions of which are filled with black grains.

The deadly nightshade has reddish blossoms, and very bright

[1] Kluge Knaben essen keine Frucht, die sie nicht kennen, da es auch giftige Pflanzen giebt, durch welche viele Unvorsichtige sich den Tod zugezogen haben.

[2] Der Stechapfel hat eine schöne weiße Blüthe und eine mit Stacheln versehene Fruchtkapsel, deren vier Fächer mit schwarzen Körnern angefüllt sind.

[3] Die Tollkirsche hat röthliche Blüthen und schwarze, sehr glänzen-

Des plantes vénéneuses.

Les garçons sages ne mangent pas des fruits qu'ils ne connaissent pas, parce-qu'il y a aussi des plantes vénéneuses, par lesquelles beaucoup d'imprudents se sont attiré la mort.

La pomme épineuse a une belle fleur blanche et une capsule à fruit garnie d'épines, dont les quatre tablettes sont remplies de grains noirs.

La belle dame a des fleurs rougeâtres et des grains noirs très-

black berries, which contain a deadly poison.

The henbane has yellowish blossoms, and a disagreeable smell: the seeds as well as the other parts of this plant have a deadly power.

The true-love is found in shady forests, produces a black or blue berry resembling the sloe, and is very dangerous.

Four small leaves hang under the fruit.

Altho' the blue monks-heod contains the most deadly poison, nevertheless it is used like the foxglove, for medicinal purposes.

The meadow-saffron, which adorns our fields in autumn, is likewise to be avoided, as the bulbous root, the seed, and leaves contain a noxious poison.

The corn-cockle is a poisonous grass.

The berries of the black-night shade cause insanity.

All kinds of hemlock particularly the spotted, are poisonous, the white juice likewise of the wolfs-milk, which has small leaves.

de Beeren, die ein tödtliches Gift enthalten.

4 Das Bilsenkraut hat eine gelbliche Blüthe und riecht häßlich; sowohl der Saamen, als alle übrigen Theile dieser Pflanze haben eine tödtende Kraft.

5 Die Einbeere 4), die sich in schattigen Wäldern findet, hat eine schwarze oder blaue Beere, die einer Schlehe gleicht und sehr gefährlich ist.

6 Unter der Frucht hängen vier Blättchen.

7 Obgleich der blaue Eisenhut 5) unter die schädlichsten Gifte gehört, so dient er doch auch zur Arznei, eben so wie der rothe Fingerhut 6).

8 Die Herbstzeitlose 7), deren Blume im Herbst die Wiesen ziert, ist ebenfalls zu meiden, da die Zwiebel, die Saamen und Blätter ein scharfes Gift enthalten.

9 Der Lolch 8) ist eine giftige Grasart.

10 Die Beeren des schwarzen Nachtschattens erregen Wahnsinn.

11 Auch alle Theile des Schierlings 9), besonders des gefleckten, sind giftig, deßgleichen der weiße Saft der Wolfsmilch 10), welche schmale Blätter hat.

reluisants, qui contiennent un venin mortel.

La jusquiame a une fleur jaunâtre, et sent très-mauvais; la semence ainsi que toutes les autres parties de cette plante produisent un effet mortel.

La parisette qui se trouve dans les forêts ombragées a un grain noir ou bleu ressemblant à une prunelle; il est très-dangereux.

Sous le fruit pendent quatre petites feuilles.

Quoique l'aconit bleu soit compté parmi les poisons les plus nuisibles, il sert pourtant aussi en médecine aussi bien que l'aconit rouge.

Le colchique dont la fleur pare les prés en automne, est aussi à éviter, parceque les oignons, les semences et les feuilles contiennent un poison violent.

L'ivraie est une sorte d'herbe vénéneuse.

Les grains de la morelle noire font naitre la manie.

Toutes les parties de la cigüe particulièrement de la tachetée sont aussi vénéneuses de même que le suc blanc de la petite ésule qui a des feuilles étroites.

Plantae venenatae.

[1] Pueri prudentes non edunt fructum, quem minus noverunt, cum venenatae quoque plantae inveniantur, quibus multi incauti homines mortem sibi paraverunt.

[2] Datura Stramonium pulchrum florem habet candidum et pericarpium aculeis munitum, cujus quatuor loculi nigris granis repleti sunt.

[3] Atrŏpa Belladonna flores habet rutilos et nigras baccas valde nitentes, quae virus lethifĕrum continent.

[4] Hyoscyamus niger flore est subflavo et male olet; tum semen, tum omnes ceterae plantae hujus partes vim exserunt lethiferam.

[5] Paris quadrifolia, quae in silvis umbrosis occurrit, baccam nigram aut caeruleam habet pruni spinosae fructui similem et valde periculosam.

[6] Infra fructum quatuor parva folia pendent.

[7] Etsi aconītum venenis maxime noxiis adnumerandum est, tamen etiam medicamen offert, aeque ac Digitalis purpurea.

[8] Colchicum autumnale, cujus flos autumno prata ornat, et ipsum fugiendum est, cum bulbus, semina et folia acre virus contineant.

[9] Lolium graminum genus est venenatum.

[10] Baccae Solani nigri insaniam excitant.

[11] Omnes quoque partes Cicūtae, praesertim Conii maculati, venenatae sunt, nec non succus albus Euphorbiae, quae folia angusta habet.

31.

Blumen.

Flowers.

The flowers as well in the fields as in the gardens have a pleasant appearance.

In the gardens we see, the tulip, hyacinth, white and yellow narcissus, daffodil, jonquil, snow-drop, crocus, white violet, white and red lilly, turks-head, sword-lilly, the different kinds of ranunculus, the stock-gilliflower, wall-flo-

[1] Die Blumen, sowohl die im Felde, als die in den Gärten, ergötzen unsere Augen.

[2] In den Gärten begegnen uns: die Tulpe, die Hyacinthe, die weiße Narcisse, die gelbe Narcisse, die Tazette, die Jonquille, das Schneetröpfchen, das Frühlingsweiß, der Frühlingssafran, die weiße Lilie, die Feuerlilie, der Türkenbund, die

Des fleurs.

Les fleurs, celles des champs aussi bien que celles du jardin charment nos yeux.

Dans les jardins nous rencontrons: la tulipe, la jacinthe, le narcisse blanc, le narcisse jaune, la tazette, la jonquille, la printanière, la giroflée blanche, le safran printanier, le lis blanc, le lis rouge, le martagon, le lis gladié, les

wer, dames violet, sea-gilliflower, mallow, marigold, dahlia, geranium, hortensia, spanisch vetch, auricula, lupine peony, hundred-leafed rose the ornament of the gardens, the white, damask, and monthly roses, anemone, larkspur, clove, carthusian pink, common pink, carnation, capers, dock, alcea rosea, balsam and the kinds of aster.	Schwertlilie, die verschiedenen Arten der Ranunkeln, die Levcoje, der Goldlak, die Nachtviole, die Frauen-Nachtviole oder das Pfingstveilchen, die Malve, die Ringelblume, die Dahleen, die Geranien, die Hortensie, die spanische Wicke, die Aurikel, die Feigbohne, die Gichtrose, die hundertblättrige Rose, die Zierde der Gärten; die weiße Rose, die Damascenerrose, das Monatröschen, die Anemone, der Rittersporn, die Gartennelke, die Karthäusernelke, die Pfingstnelke, die Buschnelke, die Kapuzinerblume, die Reseda, das Gretchen im Busche, die Rosenpappel oder Herbstrose, die Balsamine und die Asterarten.	différentes sortes de renoncules, la giroflée, le bâton d'or, l'orchis à deux feuilles, la julienne, la mauve, le souci, les dahlées, les géranions, l'hortensia, la vesse de Tanger, l'oreille d'ours, le lupin, la givoine, la rose à cent feuilles, l'ornement des jardins; la rose blanche, la rose de Damas, la rose de tous les mois, l'anémone, le pied d'alouette, l'oeillet des jardins, l'oeillet barbe, la mignarde, l'oeillet de buissons, la capucine, le réséda, la rose d'outre mer, la mauve alcée, la balsamine, toutes les espèces d'astres.
Those growing in the fields are, the daisy, chrysan-themum, succory or wild endive, the blue-bottle, common red poppy, sweet smelling violet, dog-violet, three coloured violet, convolvulus, bell-flower, the forget-me-not, common, and great cowslip, the buttercup, Solomon's seal, calfs' snout, columbine, liverwort, dodder, crow-foot, trollins, wild larkspur, cardamine,	[3] Auf dem Felde wachsen: das Maßliebchen, die Wucherblume, die Wegwarte, die Kornblume, die Klatschrose, das wohlriechende Veilchen, das Hundsveilchen, die Dreifaltigkeitsblume, die Winde, die Glocke, das Vergißmeinnicht, die gemeine Schlüsselblume, die große Schlüsselblume, das Mayblümchen, die Weißwurz, die Lichtnelke, die Akeley, das Leberblümchen, die Dotter- oder Schmalzblume, der Hahnenfuß, die	Dans les champs croissent: la marguerite, le chrysanthème, la chicorée, le bluet, le coquelicot, la violette de mars, la violette canine, la pensée, le liseron, la campanule, le gremillet, la prime-vère commune, la grande prime-vère, le muguet, le genouillet, le lychnis; la colombine, l'hépatique, le souci d'eau, la renoncule, le trolle globuleux, le pied d'alouette sauvage, le cresson

32.

3.

1.

2.

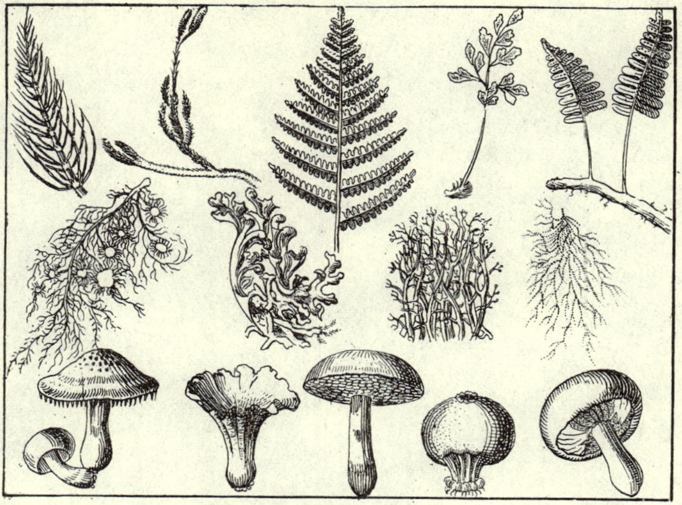

31.

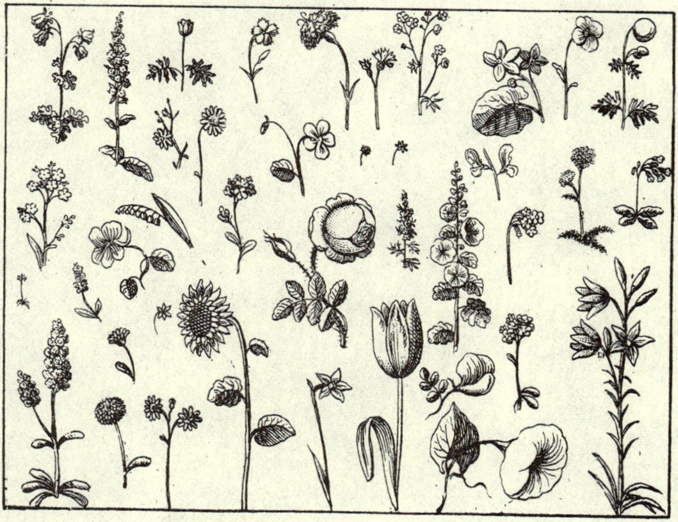

orchis plantain, and many others.	Trollblume, der Feldrittersporn, das Schaumkraut, das Knabenkraut, der Wegetritt und gar viele andere.	des prés, l'orchis, la renouée vulgaire et beaucoup d'autres.
The black hellebore blossoms in december.	[4] Die schwarze Nießwurz blüht im December.	L'ellébore noir fleurit au mois de Décembre.

Flores.

[1] Flores, et pratenses, et hortenses delectant oculos nostros.

[2] In hortis occurrunt nobis: Tulipa, Hyacinthus, Narcissus poëticus, Pseudo-Narcissus, N. Tazetta et Jonquilla, galanthus nivalis, leucojum vernum, crocus vernus, lilium album, lilium purpureo-croceum, lilium Martăgon, Iris germanica, varia ranunculorum genera, cheiranthus incanus, cheiranthus cheiri, hespĕris tristis, hespĕris matronalis, malva, calendula, dahleae, gerania, hydrangĕa hortensis, lathyrus, primula Auricula, lupīnus, paeonia, Centifolia, decus hortorum; rosa alba, rosa damascena, rosa sempervirens, anemōne, delphinium Ajăcis, dianthus caryophyllus, d. Carthusianorum, d. barbatus, d. superbus, tropaeŏlum, reseda, nigella Damascena, alcēa rosea, balsamina et astri genera.

[3] In campo crescunt: bellis perennis, chrysanthĕmum, cichorium intybus, centaurea cyănus, papāver Rhoeas, viŏla odorata, viola canīna, viola tricolor, convolvulus, campanula, myosōtis, primula veris, primula elatior, convallaria, polygonatum, lychnis, aquilegia, anemōne hepatica, caltha palustris, ranunculus acris, trollius europaeus, delphinium consolida, cardamīne, orchis, plantāgo et quam plurima alia.

[4] Hellebŏrus niger Decembri floret.

32.

Moose, Schwämme und Farrenkräuter.

Moss, fungus, and ferns.	*Les mousses, les champignons, les fougéres.*

The moss flourishes in moist and shady places, and is for the	[1] Die Moose 1) kommen an feuchten und schattigen Orten fort	Les mousses viennent dans les endroits humides et ombragés,

most part of a green colour.	und sind meistens von grüner Farbe.	et sont pour la plupart de couleur verte.
There are leafy mosses, and fountain liverwort.	[2]Es giebt Laub- und Lebermoose.	Il y a la mousse foliacée et la mousse hépatique de fontaines.
Both kinds have capsules containing the finest seeds.	[3]Beide haben Kapseln, welche äusserst feine Saamen enthalten.	Toutes les deux ont des capsules, qui contiennent une semence extrêmement fine.
The lichens produce neither blossoms or proper seeds, and have also no real leaves.	[4]Die Flechten bringen weder Blüthen, noch eigentliche Saamen hervor, und haben auch keine wahren Blätter.	Les lichens ne produisent ni fleurs ni semences propres, et n'ont pas de véritables feuilles.
The Iceland moss affords a wholesome drink to consumptive people, or to those effected with a breast complaint.	[5]Die Isländische Kappenflechte oder das Isländische Moos giebt denen, welche an der Schwindsucht oder an einer Brustkrankheit leiden, einen gesunden Trank.	Le lichen d'Islande procure une boisson salutaire à ceux qui ont la phthisie ou une maladie de poitrine.
The rein-deer-moss affords an excellent nourishment to the rein deer.	[6]Die Rennthierflechte ist ein vorzügliches Nahrungsmittel der Rennthiere.	Le lichen de rennes est un aliment excellent pour les rennes.
The stalk of the sea-weed may be eaten.	[7]Die Stengel des Seetangs werden gegessen.	On mange les tiges de zostère.
Several fungus' are eatable, others poisonous.	[8]Einige Schwämme 2) sind eßbar, andere giftig.	Quelques champignons sont bons à manger, d'autres sont vénéneux.
They grow upon or under the ground, or upon other bodies.	[9]Sie wachsen auf oder unter der Erde, oder an andern Körpern.	Ils croissent sur ou sous la terre, ou sur d'autres corps.
The champignon, the yellow mushroom toadstool and the morel are eaten.	[10]Der Champignon, der gelbe Löcherpilz, der Pfifferling und die Morchel werden gegessen.	Le champignon proprement dit, le bolet jaune, l'amanite poivrée, la morille sont bons à manger.
The truffles,growing under the ground are sought after by dogs.	[11]Die Trüffeln, welche unter der Erde wachsen, werden von Hunden aufgesucht.	Les truffes qui croissent sous la terre sont découvertes par des chiens.
The toad-stool, the handsomest of the fungus', is very poiso-	[12]Der Fliegenschwamm gehört zwar zu den schönsten	L'agaric est mis au nombre des plus beaux champignons,

nous; it kills the insects very quickly.

Schwämmen, ist aber sehr giftig; er tödtet die Fliegen schnell.

mais il est très-vénéneux; il tue promptement les mouches.

The polyporus, or fire-boletus grows on trees.

[13] Der Zunder oder Feuerschwamm wächst an den Bäumen.

L'amadou croit sur les arbres.

There are many kinds of ferns, which are very great and formed from different small pieces, and produce also a stalk.

[14] Es giebt mehrere Arten von Farrenkräutern 3), welche meistens sehr groß und aus verschiedenen kleinen Abschnitten zusammengesetzt sind, und einen Schaft haben.

Il y a plusieurs sortes de fougères, qui pour la plupart sont très-grandes et composées de différentes petites parties, et ont une hampe.

The horse-tail is used for cleansing tin vessels, and the winter horse-tail is used by the cabinet-maker for polishing the wood.

[15] Das Zinnkraut oder Schaftheu dient zum Reinigen des Zinngeschirrs, und das Winterschaftheu oder den Schachtelhalm gebrauchen die Tischler zum Poliren des Holzes.

La queue de cheval sert à nettoyer les vaisselles d'étain, et la prêle d'hiver est employée par les ébénistes à polir le bois.

The mould is also reckoned among the plants.

[16] Auch der Schimmel wird zu den Pflanzen gerechnet.

Aussi le moisi est compté parmi les plantes.

Musci, fungi et filices.

[1] Musci in humidis atque umbrosis locis proveniunt et plerumque viridi sunt colore.

[2] Sunt musci frondosi et hepatici.

[3] Utrique pericarpium habent tenuissima semina continens.

[4] Lichēnis (m) genera nec flores, nec vera semina gignunt, neque vera habent folia.

[5] Lobaria islandica seu lichen islandicus iis, qui tabe absumuntur, aut e pectore laborant, saluberrimum praebet potum.

[6] Cladonia rangiferina praecipuum nutrimentum est tarandorum.

[7] Caules algae eduntur.

[8] Alii fungi esculenti sunt, alii venenati.

[9] Crescunt aut super, aut sub terra, aut in aliis corporibus.

[10] Agarĭcus campestris, bolētus luteus, cantharellus cibarius et phallus esculentus comedi solent.

[11] Tubera cibaria, quae sub terra gignuntur, a canibus investigantur.

[12] Agaricus muscarius pulcherrimus quidem fungus est, at venenatus; muscas cito necat.

[13] Polypŏrus igniarius et fomentarius in arboribus crescit.

[14] Plura sunt genera filĭcum, quae plerumque maxima et e variis particulis composita sunt, et scapum (m) habent.

[15] Equisetum arvense purgandis vasis stanneis inservit, et equiseto hyemali scriniarii ad lignum poliendum utuntur.

[16] Et mucēdo plantis adnumeratur.

33.

Würmer. Eingeweidewürmer, Schleimwürmer und stachelhäutige Würmer.

Worms; Intestine, Gelatinous, and crust-worms.

Des vers intestinaux, des mollusques et des vers à peau épineuse.

Worms are without feet, but have, as the other insects, a white glutinous sap instead of the blood, and are furnished with two feelers or antennae.

Their bodies are without bones, soft and bare, and many of them are covered with a hard shell.

The ascaris lumbricoides live in the intestines of the men, as the gourdworm, which grows 60 yards long, and produces dangerous diseases.

The brain-worm lives in the brain of sheep and produces the disease called the staggers.

The measle-worm is found in the flesh of swine.

The common earth-worm, or deww, lives under the earth, but appears above, when it rains.

[1] Die Würmer sind ohne Füße, haben, wie die Insekten, einen weißen zähen Saft statt des Blutes, und sind mit zwei Fühlfäden versehen.

[2] Ihr Körper ohne Knochen ist nackt und weich, und viele von ihnen sind mit einer harten Schale bedeckt.

[3] Die Spulwürmer halten sich in den Eingeweiden der Menschen auf, eben so wie der Bandwurm 1), welcher bei sechzig Ellen lang wird, und gefährliche Krankheiten erzeugt.

[4] Der Hirnblasenwurm 2) sitzt im Gehirn der Schafe und erregt jene Krankheit, die man den Dreher nennt.

[5] Die Finne findet sich im Schweinefleisch.

[6] Der Regenwurm 3) wohnt unter der Erde, kriecht aber hervor, wenn es regnet.

Les vers sont sans pieds; ils ont au lieu de sang un suc blanc et tenace, comme les insectes, et sont pourvus de deux antennes.

Leur corps sans os est nu et mou, et plusieurs sont couverts d'une écaille dure.

Les ascarides se trouvent dans les intestins humains, ainsi que le ver solitaire qui a souvent soixante aunes de longueur, et cause des maladies dangereuses.

L'hydatide cérébrale se trouve dans le cerveau des moutons, et occasionne la maladie appelée tournement.

Les grains de ladrerie se trouvent dans la chair des cochons.

Le ver de terre vit sous la terre, mais il rampe en dehors, quand il pleut.

The medical-leech is used for extracting the blood.

The common snail lives upon tender grass, and vegetables.

The cuttle-worm, about 2 feet long, has eight short arms, and large eyes of a fire red colour.

It lives in the sea, and produces that black colour, well known to the painters.

The sepia gigas or great polype is said to seize hold of ships and men, and draw them under into his rocky cavern.

The variegated nereid, a very tender animal lives in the German and Baltic oceans.

The sea hedge-hog is covered with a thin shell, and has prickles over the whole body, like the sea-sun, which has frequently a mouth with five teeth.

The Medusa swims about the sea.

[7] Den medicinischen Blutigel gebrauchen wir zum Aussaugen des Bluts.

[8] Die Wegschnecke 4) lebt von zartem Gras und Gartengewächsen.

[9] Der bei zwei Fuß lange Tintenwurm 5) hat acht kurze Arme und große Augen von feuerrother Farbe.

[10] Er hält sich im Meer auf und liefert den Malern die Sepie, eine bekannte schwarze Farbe.

[11] Der Riesenpolyp soll Schiffe und Menschen angreifen und diese in seine Felsenhöhlen hineinziehen.

[12] Die bunte Nereide, ein sehr zartes Thierchen, lebt in der Nord- und Ostsee.

[13] Der Seeigel ist mit einer dünnen Schale bedeckt und hat am ganzen Körper Stacheln, eben so wie der Seestern, der oft auch einen Mund mit fünf Zähnen hat.

[14] Die Quallen schwimmen im Meer herum.

La sang-sue médicinale sert à sucer le sang.

La limace se nourrit d'herbes tendres et potagères.

Le calmar de deux pieds de longueur a huit bras courts et de grands yeux d'une couleur rouge comme le feu.

Il habite la mer et donne aux peintres la sépie, couleur noire connue.

Le polype, à ce qu'on dit, attaque les vaisseaux et les hommes, et les entraine dans des antres sous les rochers.

La néréide de diverses couleurs, petit animal très-tendre, se trouve dans les mers du nord-est et d'est.

Le hérisson de mer est couvert d'une écaille mince et d'épines sur tout le corps, ainsi que l'étoile de mer qui souvent a aussi la bouche garnie de cinq dents.

Les méduses nagent dans la mer.

Vermes, Intestina, mollusca, crustacea.

[1] Vermes pedibus carent et pro sanguine, velut insecta, succum album ac tenacem habent, nec non duobus tentaculis praediti sunt.

[2] Corpus eorum sine ossibus nudum est et molle et multi eorum dura testa teguntur.

[3] Ascarĭdes in hominum intestīnis vivunt, pariter ac taenia, quae saepe sexaginta ulnarum longitudinem assequitur et morbos gignit periculosissimos.

[4] Coenurus cerebro ovium insi-

det et morbum illum excitat, quem orbicularem vocant.

[5] Hydatigĕna in carne suilla invenitur.

[6] Lumbrīcus sub terra habitat, prorēpit autem, cum pluit.

[7] Hirundine medicinali ad sanguinem exsugendum utimur.

[8] Limax tenero gramine et oleribus vescitur.

[9] Sepia ad duo pedes longa octo brachia habet brevia et magnos oculos igneo colore.

[10] In mari habitat et pictoribus notum illum colorem nigrum praebet.

[11] Sepia gigas naves et homines adoriri eosque in rupium cavernas secum trahere dicitur.

[12] Nerĕis versicolor, animalculum tenerrimum, in mari Germanico et Baltico vivit.

[13] Echĭnus crusta tenui tegitur et in toto corpore aculeos habet, sicut asterias, saepe os habens cum quinque dentibus.

[14] Medūsa in mari circumnătat.

34.

Schalthiere, Corallen und Thierpflanzen.

Shell worms, Corals, and plant-worms. — *Des testacées, des coraux et des zoophytes.*

The covering of the shell-worms, is either simple, and then they are called snails, or they have two or more shells and are called muscles, which live in the water.	[1] Die Schale der Conchylien ist entweder einfach, und dann werden sie Schnecken genannt, oder sie haben zwei und mehrere Schalen und heißen Muscheln, welche sich nur im Wasser aufhalten.	La coquille des testacées est simple et appelée alors escargot, ou elles ont deux ou plusieurs coquilles et s'appellent coquillages qui ne se trouvent que dans l'eau.
The greatest of all is the Chama gigas, whose flesh may be eaten.	[2] Die größte von allen ist die Riesenmuschel 1), deren Fleisch gegessen wird.	La plus grande de toutes est le grand bénitier dont la chair est mangeable.
In this place belongs the Oyster which the dainty people are very fond of.	[3] Hieher gehört die Auster 2), welche die Leckermäuler sehr gerne essen.	L'on peut compter ici l'huitre très-recherchée des friands.
The mya pictorum is	[4] Die Klaffmuschel 3), welche auch Malermu-	La belline béante appelée aussi moule

33.

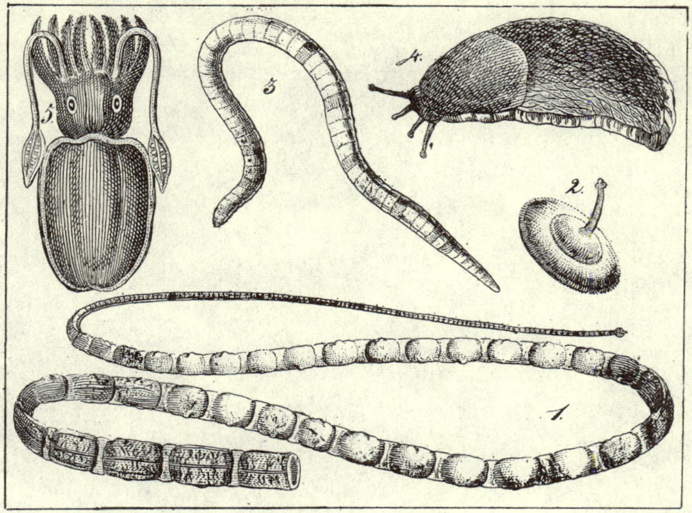

34.

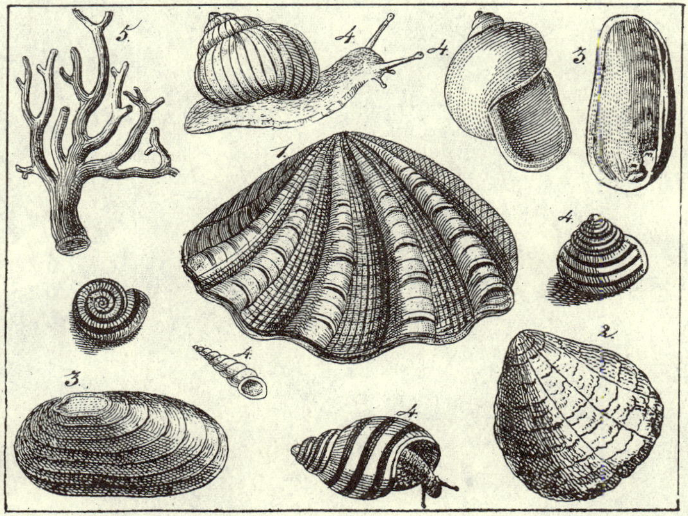

found in our brooks, and rivers.	schel heißt, wird in unsern Bächen und Flüssen gefunden.	des peintres, se trouve dans nos ruisseaux et nos rivières.
The pearl shell is found only in a few rivers in Germany.	[5] In wenigen Flüssen Deutschlands trifft man auch die Flußperlenmuschel an.	Dans quelques rivières 'd'Allemagne' se trouve aussi la mère-perle.
The mother of pearl muscle is sought for in the East and West Indies, and in the Persian gulf; the larger shells afford the known mother of pearl.	[6] Die Perlenmuttermuschel wird bei beiden Indien und im Persischen Meerbusen aufgesucht; die größeren Schalen geben die bekannte Perlenmutter.	On cherche la coquille de nacre dans les deux Indes et au golfe Persique; les plus grandes coquilles donnent la nacre connue.
The pearls are brought up with great danger from the bottom of the sea, and are of great value.	[7] Die Perlen werden mit großer Gefahr aus dem Meere geholt und hochgeschätzt.	Les perles sont pêchées dans les mers avec bien du péril et bien estimées.
The nautilus dwells in a beautiful shell, composed of several compartments.	[8] Das Schiffsboot lebt in einer schönen Schale, welche aus vielen Kammern besteht.	Le nautile vit dans une belle coquille qui consiste en beaucoup de compartiments.
The murex ramosus produces a red juice, with which formerly the purple was dyed, and is found in the mediterranean sea.	[9] Die Purpurschnecke giebt einen rothen Saft von sich, mit dem ehemals der Purpur gefärbt wurde, und wird im Mittelländischen Meere gefunden.	La pourpre donne un suc rouge dont on teignait autrefois en pourpre, et se trouve dans la méditerranée.
The vineyard snail is eatable.	[10] Die Weinbergsschnecke 4) ist eßbar.	La pomacie est mangeable.
The coral-worms live in small stone like trees.	[11] Die Korallen bewohnen steinartige Bäumchen.	Les coraux habitent des arbrisseaux pierreux.
Many artificial things are made from the blood-coral.	[12] Aus der rothen Staudenkoralle 5) werden verschiedene künstliche Dinge verfertigt.	Avec de l'isis rouge on fait différentes choses artificielles.
The polype is between plant and animal.	[13] Die Polypen halten das Mittel zwischen Pflanzen und Thieren.	Les polypes tiennent le milieu entre les plantes et les animaux.
The animalcule can only be perceived by the help of a microscope.	[14] Die Infusionsthierchen können nur durch Vergrößerungs-Gläser erkannt werden.	On n'apperçoit les animalcules d'infusion que par des microscopes.

Conchylia, corallia et zoophyta.

[1]Testa conchyliorum aut simplex est, et tum cochleae vocantur, aut duas et plures habent testas et conchae dicuntur, quae in aqua tantum versantur.

[2]Maxima omnium est Chama gigas, cujus caro editur.

[3]Huc pertinet ostrea, qua delicati homines praecipue delectantur.

[4]Mya, quae etiam mya pictorum nominatur, in rivis nostris ac fluviis invenitur.

[5]In paucis tantum Germaniae fluviis etiam mya margaritifĕra reperitur.

[6]Mytilus margaritifĕra seu Concha margaritae prope utramque Indiam et in sinu Persico conquiritur; majores testae notam matrīcem margaritarum suppeditant.

[7]Uniones (margaritae) summo discrimine e mari petuntur et magni aestimantur.

[8]Nautilus in testa pulchra vivit, quae e multis loculis constat.

[9]Murex rubrum succum edit, quo olim purpurea tela inficiebatur, et in mari meridionali réperitur.

[10]Helix pomatia esculenta est.

[11]Corallia arbusculas quasi saxeas inhabitant.

[12]Ex Iside nobili seu Corallio rubro variae res artificiosae conficiuntur.

[13]Hydrae seu Polypŏdes medium tenent plantas inter et animalia.

[14]Infusoria non nisi microscopiis cerni possunt.

35.

Insekten: Käfer.

Insects. Beetles. — *Des insectes. Escarbots.*

Insects have notches on their bodies, two antennae, and at least six legs; many of them transform themselves three times.

[1]Die Insekten haben Kerbe an dem Körper, zwei Fühlhörner und wenigstens sechs Füße, und die meisten von ihnen verwandeln sich dreimal.

Les insectes ont des coches au corps, deux antennes, et au moins six pieds, et la plupart prennent trois différentes formes.

The beetles have horny coverings for the wings.

[2]Die Käfer haben hornartige Flügeldecken.

Les escarbots ont des élytres cornés.

The Rhinoceros-beetle is of a dark brown colour and has on the head a horn bent-backwards.

[3]Der Nashornkäfer 1) ist von dunkelbrauner Farbe und hat auf dem Kopf ein zurückgebogenes Horn.

Le scarabé nasicorne est de couleur brune obscure, et a une corne recourbée sur la tête.

The Horse-beetle lives in horse-dung.	4 Der Roßkäfer lebt im Pferdemist.	Le fouille-mèrde vit dans la fiente de cheval.
The may-beetle, which has red brown coverings for the wings, is often very hurtful to the trees, after that his grub has lived three or four years under ground, and committed a great deal of damage.	5 Der Maikäfer 2), welcher rothbraune Flügeldecken hat, fügt den Bäumen oft vielen Schaden zu, nachdem seine Larve, der Engerling, drei bis vier Jahre unter der Erde gelebt und viel geschadet hat.	Le hanneton qui a des élytres rouges brunes, fait souvent beaucoup de dommage aux arbres; après que sa larve, le ver de hanneton, a vécu trois ou quatre ans sous terre et causé pareillement beaucoup de dommage.
The June-beetle is smaller.	6 Der Brachkäfer ist kleiner.	Le mélolonthe est plus petit.
The noble gold-beetle is often seen in the roses, adorned with gold and green colours.	7 Der Goldkäfer 3), goldglänzend und grün, wird oft in den Rosen erblickt.	L'escarbot doré et vert se voit souvent dans les roses.
The stag-beetle of a blackish colour, has two nippers similar to the horns of a stag, and lives on the leaves of the oak.	8 Der Hirschschröter 4) von schwärzlicher Farbe hat zwei Kneipzangen, welche den Hirschgeweihen ähnlich sind, und lebt auf den Eichenblättern.	Le cerf-volant d'une couleur noirâtre a deux pinces semblables au bois de cerf, et vit sur les feuilles du chêne.
The pine-crab commits great damage in the pine-forests.	9 Der Borkenkäfer richtet in Forchenwäldern großen Schaden an.	Le typographe cause beaucoup de dommage dans les forêts de pins.
The death-watch is falsely considered as the forerunner of death.	10 Die Todtenuhr wird fälschlich für einen Vorboten des Todes gehalten.	Le pou des bois est faussement regardé comme un signe de mort.
The grave-digger hides the carrion under the ground in order to lay his eggs in it.	11 Der Todtengräber vergräbt das Aas unter die Erde, um seine Eier hineinzulegen.	Le bouclier enfouit les cadavres dans la terre pour y pondre ses oeufs.
The cochineal has seven black dots on the red covering of the wing.	12 Der Sonnenkäfer 5) hat sieben schwarze Punkte auf den rothen Flügeldecken.	Le scarabé hémisphérique a sept points noirs sur son élytre rouge.
The lightworm shines during the night.	13 Das Johanniswürmchen leuchtet bei Nacht.	Le ver luisant reluit pendant la nuit.

The earth-flea destroys the vegetables; and the corn-worm is very destructive to the fruit in the granaries.

The spring beetle can bound with elastic force into the air, when turned on its back.

The Cavabus crepitans lives in the forests.

The ear-wig is found frequently under the bark of trees.

The spanish fly or cantharis is used for raising blisters.

The grub of the flour-beetle is found in the meal, and is called meal-worm.

14 Die Erdflöhe schaden den Gartengewächsen, und die Kornwürmer werden auf den Kornböden den Früchten sehr verderblich.

15 Der Springkäfer kann sich, wenn er auf dem Rücken liegt, wieder in die Höhe schnellen.

16 Der schwarze Bombardierkäfer lebt in Wäldern.

17 Der Ohrwurm oder Zangenkäfer hält sich häufig unter der Baumrinde auf.

18 Die spanische Fliege dient zum Blasenziehen.

19 Die Larve des Mehlkäfers wird im Mehl gefunden und heißt Mehlwurm.

Les mordelles nuisent aux herbes potagères, et les charançons sont très-pernicieux aux bleds sur les greniers.

Le taupin peut se lancer en l'air quand il est sur le dos.

Le bombardier noir vit dans les forêts.

Le perce-oreille se trouve souvent sous l'écorce des arbres.

La cantharide est employée pour la vésication.

La larve de la manestière se trouve dans la farine et s'appelle ver de farine.

Coleoptera seu scarabaei.

1 Insecta crenas in corpore habent, duas antennas et minime sex pedes; plerăque etiam ter transfigurantur.

2 Scarabaei cornea habent alarum tegmina.

3 Scarabaeus nasicornis fusco est colore et in capite cornu habet reflexum.

4 Scar. stercorarius in equorum fimo vivit.

5 Melolontha vulgaris, cujus alarum tegmina rubido colore sunt, arboribus multum damni infert, postquam larva ejus, scarabaeus ovarius, tres vel quatuor annos sub terra vixit et multum nocuit.

6 Melolontha solstitialis minor est.

7 Cetonia aurata, auro et viridi colore resplendens, saepe in rosis conspicitur.

8 Lucanus cervus duos habet forcipes, cervi cornibus similes, et in quercuum foliis vivit.

9 Bostrichus typogrăphus in silvis pineis magnum facit detrimentum.

10 Termes pulsatorius falso mortis praenuntius habetur.

11 Necrophŏrus vespillo cadavera sub terram recondit, quibus ova sua imponat.

12 Coccinella in rubris elythris septem punctis distincta est.

13 Cicindēla seu lampyris noctu splendet.

14 Chrysomēlae seu pulīces terrestres oleribus nocent et curculiones in granariis frugibus magno sunt detrimento.

35.

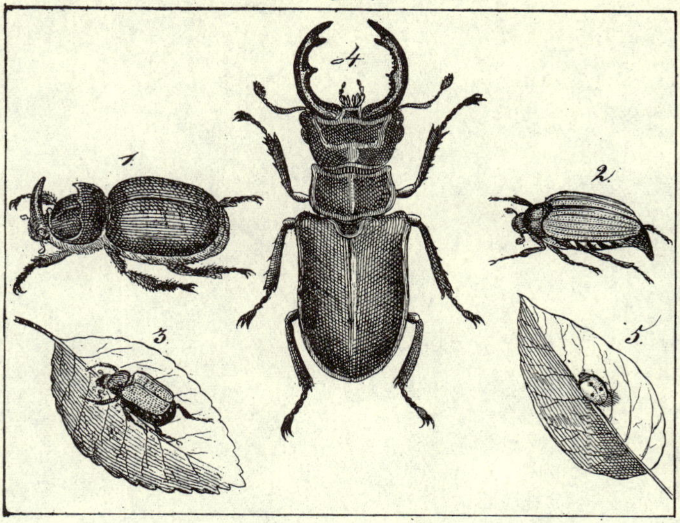

36.

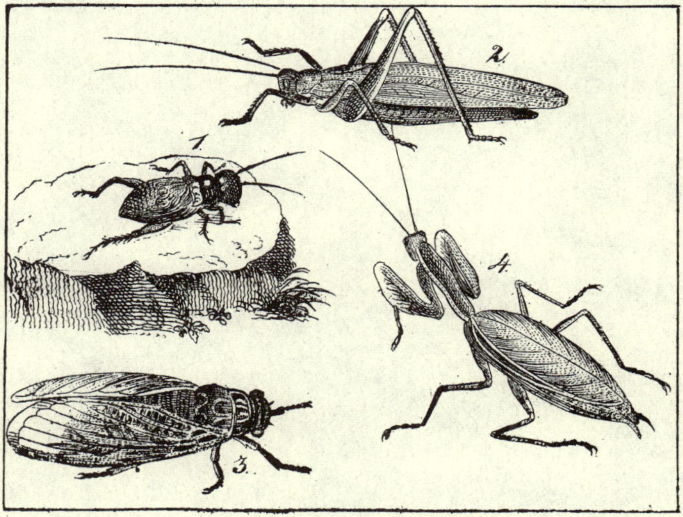

[15] Elāter, si resupīnus jacet, sursum se attollere potest.

[16] Brachīnus crepitans in silvis vivit.

[17] Forficularia auricula saepe sub arborum cortice vivit.

[18] Lytta vesicatoria seu Canthăris pustulis excitandis inservit.

[19] Larva tenebrionis in farīna invenitur et vermis farinae vocatur.

36.

Insekten. Halbflügler.

Insects. Locusts.

Des insectes. Des hémiptères.

Here belongs the moth, which destroys eatables, leather and utensils.

The Gryllus gryllotalpa a kind of cricket, is of a black colour, the forefeet broad with which it digs holes in the earth.

It is very destructive to the garden.

The Gryllus domesticus or common house cricket, sends forth a clear sound, while lightly touching its wings with its feet.

The sound of the gryllus campestris or field cricket, is most piercing.

The brown grasshopper of a green colour lives generally in bushes, and springs very far.

[1] Hieher gehört die braune Schabe, welche Eßwaaren, Leder und das Hausgeräthe zerfrißt.

[2] Die Maulwurfsgrille oder Werre ist von schwarzer Farbe und hat breite Vorderfüße, womit sie Löcher in die Erde gräbt.

[3] Sie ist den Gärten sehr schädlich.

[4] Die Hausgrille oder das Heimchen bringt einen hellen Ton hervor, indem sie mit den Füßen an den Flügeln streift.

[5] Der Ton der Feldgrille 1) ist durchdringend.

[6] Der Baumhüpfer 2) von grüner Farbe lebt meistens auf Gebüschen und springt sehr weit.

Ici l'on peut placer la teigne brune qui ronge les comestibles, les cuirs et les meubles.

La coursillière est d'une couleur noire, et a les pieds de devant larges avec lesquels elle fait des trous dans la terre.

Elle est très-nuisible aux jardins.

Le grillon domestique produit un ton clair, en frottant les pieds contre ses ailes.

Le son du grillon des champs est perçant.

La cigale, de couleur vert vit ordinairement dans les bosquets, et saute très-loin.

The hayhorse, bites very hard, and fights bravely.	7 Das braungefleckte Heupferd beißt stark und kämpft muthig.	La sauterelle tachée de brun mord fort et se bat avec courage.
The wanderer is very voracious, often covering the field in large swarms, and eating every thing before them.	8 Sehr gefräßig ist die Wanderheuschrecke, die oft in großen Schwärmen die Felder überdeckt und Alles wegfrißt.	La sauterelle géante est très-vorace; elle couvre souvent les champs en masse, et dévore tout.
The lanthorn carrier is found in Australia has a shining bladder on the head, which gives so clear a light, that this insect is used for a lanthorn.	9 Der Laternträger in Südamerika hat eine leuchtende Blase am Kopfe, welche einen so hellen Schein giebt, daß man sich dieses Thieres als Laterne bedient.	Le porte-lanterne de l'Amérique méridionale a une vessie reluisante à la tête qui donne une lumière si claire que l'on se sert de cet insecte comme de lanterne.
The Italian cicada produces a pleasant sound with its feet and wings.	10 Die Singcicade 3) in Italien giebt mit den Schenkeln und Flügeln angenehme Töne von sich.	La cigale chanteuse d'Italie produit de sons agréables avec ses jambes et ses ailes.
The bug is very troublesome to us.	11 Die Wanzen sind uns sehr lästig.	Les punaises nous sont très-importunes.
The vinefretter or leaflouse of a green colour commits great damage to the plants.	12 Die Blattläuse von grüner Farbe fügen den Pflanzen großen Schaden zu.	Les pucerons de couleur verte nuisent beaucoup aux plantes.
The Cochineal in America, of the size of a bug is a kind of shield louse.	13 Aus dem Geschlecht der Schildläuse ist die Cochenille in Amerika, die die Größe einer Wanze hat.	La cochenille d'Amérique de la grandeur d'une punaise est du genre des coccus.
It lives on the banian tree, a kind of Cactus opuntina, and produces the finest red colour, wherewith purple and scarlet is dyed.	14 Sie lebt auf dem Indianischen Feigenbaum, einer Art Fackeldistel, und giebt die schönste rothe Farbe, womit man Purpur und Scharlach färbt.	Elle vit sur une espèce de cactier ou figuier d'Inde, et elle donne la plus belle couleur rouge avec laquelle on teint en pourpre et en écarlate.
The religious mantis bears the head, furnished with immense eyes, and the breast erect.	15 Die Fangheuschrecke 4) trägt den Kopf mit den ungeheuer großen Augen und die Brust aufrecht.	La mante ou feuille ambulante porte la tête et la poitrine élevées; elle a des yeux énormement grands.

Insecta. Hemiptera.

[1] Huc pertinet blatta orientalis, quae edulenta, corium atque utensilia corrōdit.

[2] Gryllotalpa nigro est colore et latos habet pedes anteriores, quibus foramina sub terram agit.

[3] Ea hortis maxime noxia est.

[4] Gryllus domesticus clarum edit sonum, pedibus alas stringens.

[5] Achetae campestris sonus acutissimus est.

[6] Locusta viridissima plerumque in fruticibus vivit et longissime salit.

[7] Locusta verrucivŏra acriter mordet et fortiter pugnat.

[8] Voracissima sunt acrydia migratoria, quorum saepe magnae catervae agros obtĕgunt et cuncta devŏrant.

[9] Laternarius fulgurans, in America australi vivens, vesīcam fulgentem in capite gerit tam lucĭdam, ut hoc animali tanquam lucerna utantur.

[10] Cicāda plebeja in Italia femŏrum atque alarum ope suaves edit sonos.

[11] Acanthiae lectulariae nobis molestissimae sunt.

[12] Aphĭdes viridi colore plantis maximum damnum inferunt.

[13] E coccorum (m) genere cochenilla est, magnitudinem acanthiae habens.

[14] Ea in Cacto Opuntia vivit et pulcherrimum rubrum colorem praebet, quo purpŭra et coccum inficiuntur.

[15] Mantis religiosa caput cum ingentibus oculis ac pectus erectum gerit.

37.

Insekten. Schmetterlinge.

Insects. Butterflies. — *Insectes. Papillons.*

The butterflies have four-wings covered with a fine down, the greater number of them glitter with shining colours.

The butterfly is at first an ugly, and destructive caterpillar, feeding on the leaves and buds of the trees.

It is then transformed into a chrysalis,

[1] Die Schmetterlinge haben vier mit einem feinen Staub bedeckte Flügel, die meistens mit prächtigen Farben prangen.

[2] Der Schmetterling ist zuerst eine häßliche und sehr schädliche Raupe, da sie von den Blättern und Knospen der Bäume lebt.

[3] Hierauf wird sie eine Puppe, nachdem

Les papillons ont quatre ailes couvertes d'une poudre fine, qui pour la plupart brillent de superbes couleurs.

D'abord c'est une chenille laide et très-malfaisante, puisqu'elle vit des feuilles et des boutons des arbres.

Alors elle devient nymphe ou chrysalide

after having spun its shroud, or arranged its coffin.	sie ihr Sterbekleid gesponnen, oder ihren Sarg zurecht gemacht hat.	après avoir filé son drap de mort, ou arrangé son cercueil.
At last the coffin breaks in two, and a party-coloured butterfly is produced, sucking with its small tongue the dew, or honey from the flowers.	[4]Endlich springt der Sarg entzwei und ein bunter Schmetterling kommt hervor, der mit seiner niedlichen Zunge den Thau oder auch den Honig aus den Blumen saugt.	A la fin le cercueil crève, et il en sort un papillon bigarré qui suce avec sa langue mignonne la rosée ou le miel des fleurs.
The ancients considered the transformations of the butterfly as an image of the immortality of the soul.	[5]Schon die Alten haben den Schmetterling und seine Verwandlung als ein Bild der Unsterblichkeit der Seele betrachtet.	Les anciens déjà ont regardé le papillon et sa transformation comme l'image de l'immortalité de l'ame.
The butterflies are divided into, Butterflies, hawk-moths, and moths.	[6]Die Schmetterlinge werden in Tagvögel, Abendvögel und Nachtvögel eingetheilt.	Les papillons se divisent en papillons de jour, en sphinx et en phalènes.
The butterflies have their wings erect while at rest, the moths have theirs hanging down.	[7]Die Tagfalter richten im Sitzen die Flügel in die Höhe, die Dämmerungs- und Nachtfalter lassen sie hängen.	Les papillons de jour soulèvent les ailes en se posant, les sphinx et les phalènes les baissent.
They are furnished with a spiral-formed piercing proboscis, six feet, and six antennae.	[8]Sie haben einen spiralförmig gewundenen Saugrüssel, sechs Füße und sechs ausgezeichnete Fühlhörner.	Ils ont le suçoir en spiral, six pieds, et les antennes très-marquantes.
The caterpillars are either smooth, prickly, or hairy.	[9]Die Raupen sind entweder glatt, oder stachlicht, oder haarig.	Les chenilles sont plates, ou hérissées ou velues.
The most useful is the silkworm, or silk-caterpillar, which feeds on the leaves of the mulberry tree.	[10]Am nützlichsten ist der Seidenwurm oder die Seidenraupe, welche von den Blättern des Maulbeerbaums lebt.	La plus utile est le ver à soie qui vit des feuilles du mûrier.
From a glutinous substance they spin, when they are transforming into a chrysalis, silk threads to the length of 500 yards, in which they are entirely wrapt.	[11]Aus einem zähen Saft spinnt sie, wenn sie in eine Puppe übergeht, bei 500 Ellen lange seidene Fäden, in welche sie sich ganz einhüllt.	En se transformant en nymphe, il tire d'un suc tenace des fils de soie de près de cinq cents aunes de longueur, dont il s'enveloppe entièrement.

After the silk is wound of from this case, which is called cocon, they are soon turned into a butterfly, which lays about 500 eggs, from which silk-worms are again produced.

[12] Nachdem die Fäden von jener Hülle, welche Cocon heißt, abgenommen sind, kommt bald darauf ein Schmetterling hervor, welcher gegen 500 Eier legt, woraus wieder Seidenwürmer entstehen.

Les fils ayant été enlevés de cette enveloppe, qui s'appelle cocon, il en sort peu après un papillon, qui pond environ cinq cents oeufs, dont naissent de nouveau des vers à soie.

Insecta. Papiliones.

[1] Papiliones quatuor alas habent tenui pulvere conspersas, quae plerumque splendidis coloribus fulgent.

[2] Papilio primum erūca est deformis et valde noxia, cum foliis et gemmis arborum vescatur.

[3] Deinde folliculus fit, postquam vestem suam funeream ipsa nevit, seu loculum suum composuit.

[4] Tandem loculus dissilit et papilio versicŏlor prodit, qui lingua sua angusta rorem, aut etiam mel e floribus sugit.

[5] Jam veteres papilionem ejusque mutationem imaginem immortalitatis animi habuerunt.

[6] Papiliones in Papiliones vere sic dictos, Sphinges et Phalaenas dividuntur.

[7] **Diurni sedentes alas erigunt, vespertini et nocturni vero eas demittunt.**

[8] **Rostrum habent sugendo inserviens et in spirae formam deductum, sex pedes et antennas admodum insignes.**

[9] **Erūcae aut glabrae sunt, aut aculeatae, aut pilis munitae.**

[10] **Utilissimus est bombyx, mori foliis vescens.**

[11] **E succo tenaci, cum in folliculum transit, fila serica ducit ad quingentas ulnas longa, quibus se totum involvit.**

[12] **Postquam fila ab involucro illo, quod Cocon vocatur, deducta sunt, brevi post papilio prodit, qui ad quingenta ova ponit, e quibus rursum bombyces nascuntur.**

38.

Insekten. Schmetterlinge.

(Fortsetzung.)

Insects. Butterflies. (Continuation.)		*Des insectes. Des papillons.* (Continuation.)
To the butterflies belong:	Zu den Tagfaltern gehören:	On compte parmi les papillons de jour:
1) The Apollo	1) der rothe Augenspiegel,	1) l'Apollon, (le pap. des Alpes.)
2) The Mourning-cloak	2) der Trauermantel,	2) le manteau bigarré,
3) The Papilio Machaon	3) der Schwalbenschwanz,	3) le grand pap. de fenouil,
4) The Sailbird	4) der Segelvogel,	4) le Flambé,
5) The Iris	5) der Schillervogel,	5) le Changeant,
6) The great Fox	6) der große Fuchs, (Nesselfalter)	6) la grande Tortue,
7) The little Fox	7) der kleine Fuchs,	7) la petite Tortue,
8) The Jo	8) das Tagpfauenauge,	8) le Pan du jour,
9) The P. Priamus	9) der Priamus,	9) le Priame,
10) The P. Heliconius	10) der Heckenweißling,	10 le Papillon Héliconien de l'Alisier,
11) The P. Danaus	11) der Kohlweißling,	11) le Pap. Danaïde des choux.
12) The P. Cardamines	12) der Aurorafalter,	12) l'Aurore,
13) The P. Rhamni	13) der Citronenfalter,	13) le Citron,
14) The Draughtboard	14) das Brettspiel,	14) le Demi-deuil,
15) The Thistle-bird	15) der Distelvogel,	15) la belle Donne,
16) The Pa. Populi	16) der große Eisvogel,	16) l'Alcyon grand,
17) The P. Sibylla	17) der kleine Eisvogel,	17) l'Alcyon petit,
18) The Admiral	18) der Admiral,	18) le vulcain (l'amiral),
19) The C. Album	19) der C Vogel,	19) le Pap. C. blanc,
20) The Silverstroke	20) der Silberstrich,	20) le Tabac d'Espagne,
21) The great mother of pearl	21) der Perlenmutterfalter,	21 le grand Nacré,
22) The Corn-bird	22) der Kronwickenfalter,	22) le Souci,

37.

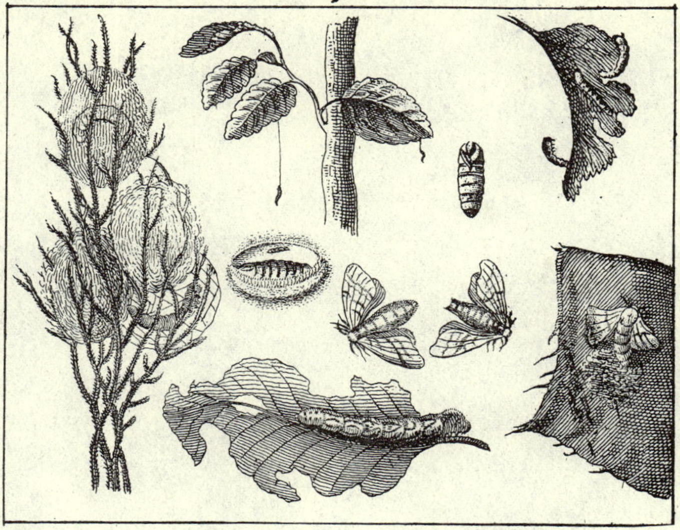

38.

23) The P. Populi	23) der Pappelfalter,	23) le pap. du tremble,
24) The P. Quercus	24) der Eichfalter, Blauschiller,	24) le Porte-queue bleu à lame blanche,
25) The Silveredge	25) der Silberpunkt.	25) l'Argus bleu.
	Abendfalter sind:	Les Sphinx sont:
1) The Glance eye	1) das Abendpfauenauge,	1) le demi Paon,
2) The Sphinx Euphorbiae	2) der Wolfsmilchvogel,	2) le sph. de l'euphorbe,
3) The Deathshead	3) der Todtenkopf,	3) le sph. à tête de mort,
4) The Crossmoth	4) der Pappelschwärmer (Schnorrbock),	4) le sph. du peuplier,
5) The Sphinx Tiliae	5) der Lindenschwärmer,	5) le sph. du tilleul,
6) The — Convolvuli	6) der Windenschwärmer,	6) le sph. du liseron,
7) The — Ligustri	7) der Ligusterschwärmer,	7) le sph. du troëne,
8) — Nerii	8) der Oleandervogel,	8) le sph. de l'oléandre,
9) — Elpenor	9) der große Weinvogel.	9) le sph. des vignes.
The moths are:	Nachtfalter sind:	Les Phalènes sont:
1) The Night peacock eye	1) das Nachtpfauenauge,	1) le Paon de nuit,
2) The Nailspot	2) der Steindecker,	2) la hachette du soissonnois,
3) The Blue English garter	3) das blaue Ordensband,	3) le Cordon bleu,
4) The Phal noctua pacta	4) das rothe Ordensband, (auf Weiden,)	4) le Cordon rouge, (la Mariée),
5) The red oak owl	5) das rothe Ordensband (auf Eichen),	5) le Cordon rouge, (la Fiancée),
6) The Phal noctua pronuba	6) die Sauerampfereule, (das gelbe Ordensband),	6) la grande Phalène hibou,
7) The Nun	7) die Nonne,	7) la Nonnette,
8) The Harlequin	8) der Harlekin,	8) l'Arlequin,
9) The Bombyx processionea	9) die Processionsraupe,	9) la processionnaire du chêne,
10) The Brown-bear	10) der gemeine Bär,	10) l'hérisonne, (la marte),
11) The Venus-owl	11) das Fräulein,	11) la demoiselle,
12) The Phalaena Hera	12 der Beinwellspinner (der russ. Bär),	12) l'Ours roux,

13) The Phal noctua Matronula	13) die Dame,	13) la petite Matrone,
14) The Currant-owl	14) der Meierkrautspinner,	14) la phal. pourprine,
15) The Phal noctua Jacobaea	15) der Jakobskrautspinner,	15) la ph. carmin du senneçon,
16) The Phalaena Syringaria	16) der Fliederspanner.	16) la phal' du sureau.
To this place belongs the common moth, which is so destructive to the garments, and furs.	Hieher gehören auch die Motten, welche Kleider und Pelze zerfressen.	On compte aussi au nombre de celles-ci les teignes qui rongent les habits et les fourrures.

Insecta. Papiliones. (Continuatio.)

Papilionibus vere sic dictis adnumerantur:

1) P. Apollo,
2) P. Antiŏpa,
3) P. Machăon,
4) P. Podalirius,
5) P. Iris,
6) P. Polychlŏros,
7) P. Urtīcae,
8) P. Jo,
9) P. Priamus,
10) P. Heliconius crataegi,
11) P. Danaus brassīcae,
12) P. cardamīnes,
13) P. rhamni,
14) P. Galathēa,
15) P. cardui,
16) P. Proserpīna,
17) P. Sĭbylla,
18) P. Atalanta,
19) P. C album,
20) P. Paphia,
21) P. Aglaja,
22) P. Hyăle,
23) P. popŭli,
24) P. quercus,
25) P. Argus.

Sphinges sunt:

1) Sphinx ocellata,
2) S. euphorbiae,
3) S. Atrŏpos,
4) S. popŭli,
5) S. tiliae,
6) S. convolvuli,
7) S. ligustri,
8) S. Nerii,
9) S. Elpĕnor,

Phalaenae sunt:

1) Bombyx pavonia,
2) B. Tau,
3) Noctua fraxini,
4) N. Nupta,
5) N. Sponsa,
6) N. Pronŭba,
7) B. Monăcha,
8) Geomĕtra grossulariata,
9) B. processionĕa,
10) B. Caja,
11) B. Dominula,
12) B. Hera,
13) B. Matronula,
14) B. purpurea,
15) B. Jacobaea,
16) G. Syringaria.

Huc pertinent etiam tineae, quae vestes ac pelles corrōdunt.

39.

Insekten. Netz- und Hautflügler.

Insects: Net-winged, and Waspkind.

The net-winged Insects have four fine netted wings which vary in different colours.

Those in a caterpillar, and chrysalis state live generally in the water.

The long wings of the great dragon fly resemble gawze.

The day flies swarm in innumerable numbers on a summers evening on lakes and rivers, and dye after a few hours.

The plant-lice-eaters with their green tender wings, are of great use, as their grubs destroy the injurious leaf louse.

The Lion ant digs himself a hole, in which he catches ants.

In this order belong also the scorpion, and Schoveing-flies which have long necks.

[1] Die Netzflügler haben vier zarte gegitterte Flügel, die in verschiedenen Farben schillern.

[2] Ihre Larven und Puppen leben meistens im Wasser.

[3] Die langen Flügel der Wasserjungfern 1) sind einem Flor ähnlich.

[4] Die Eintagsfliegen schwärmen an Sommerabenden in zahlloser Menge an Seen und Flüssen und sterben nach wenigen Stunden.

[5] Die Florfliegen 3), deren grüne Flügel ganz zart sind, bringen großen Nutzen, weil ihre Larven die schädlichen Blattläuse aufzehren.

[6] Der Ameisenlöwe, die Larve der Ameisenjungfer 4), gräbt sich eine Grube, in welcher er Ameisen fängt.

[7] In diese Ordnung gehören auch die Scorpionfliege und die Kameelfliege 2), welche einen langen Hals hat.

Des insectes. Des névroptères et des hyménoptères.

Les névroptères ont quatre ailes tendres et treillissées, bigarrées de différentes couleurs.

Leurs larves et nymphes vivent ordinairement dans l'eau.

Les longues ailes des demoiselles ressemblent à un crêpe.

Les éphémères voltigent pendant les soirées d'été en quantité innombrable sur les lacs et les rivières, et meurent peu d'heures après.

Les hémérobes dont les ailes vertes sont très-tendres, sont d'une grande utilité parce que leurs larves dévorent les pucerons nuisibles.

Le fourmillon se creuse une fosse dans laquelle il prend des fourmis.

Dans cette classe on compte aussi la panorpe et la raphidie qui a le cou long.

The wasps, and bees have membranous vein-streaked wings and large eyes on the side, some of them in front.

The Gall-flies pierce the leaves of the oak, with their borer and produce the gall-apple.

The saw-fly commits damage in the gardens and forests.

The common wasps live in swarms, and build themselves very skillful hives.

They are particularly fond of fruit, flesh, and honey.

The hornet is much larger, stings very vehemently and builds its nest in hollow trees.

The bees live either in the forests, or are kept in hives.

Each hive contains a queen-bee, about 800 male-bees or drones, and from 10 to 16,000 workers, which are furnished, as the queen-bee, with a sting, while the drones are without one.

If the queen goes out of the hive, they all follow her.

8 Die Wespen und Bienen haben häutige geaderte Flügel und große Augen an der Seite, auch einige an der Stirne.

9 Die Gallwespe 5) durchbohrt mit ihrem Stachel die Blätter der Eiche und erzeugt dadurch die Galläpfel.

10 Die Blattwespe schadet den Gärten und Wäldern.

11 Die gemeinen Wespen 6) leben gemeinschaftlich und bauen sich sehr künstliche Nester.

12 Sie lieben besonders Obst, Fleisch und Honig.

13 Weit größer ist die Hornisse 7), die sehr heftig sticht, und ihr Nest in hohle Bäume macht.

14 Die Bienen 8) leben entweder in den Wäldern, oder werden sie in Stöcken und Körben gezogen.

15 Jeder Stock enthält eine Königin, etwa 800 männliche Bienen oder Drohnen und 10 bis 16,000 Arbeitsbienen, welche gleich der Königin einen Stachel haben, da die Drohnen ihn entbehren.

16 Wenn die Königin aus dem Korb herausgeht, so folgen alle übrigen nach.

Les guêpes et les abeilles ont les ailes membraneuses et veineuses, et de grands yeux au côté, quelques-unes aussi au front.

La mouche à noix de galle perce avec son aiguillon les feuilles du chêne, et produit par ce moyen les noix de galle.

La mouche à scie nuit aux jardins et aux forêts.

Les guêpes communes vivent en société, et se construisent des nids très-artificiels.

Elles aiment particulièrement les fruits, la chair et le miel.

Bien plus grand est le frelon qui pique bien fort et fait son nid dans les arbres creux.

Les abeilles vivent dans les forêts ou elles sont élevées dans des ruches de bois ou de paille.

Chaque ruche a sa reine, environ huit cents abeilles mâles ou fauxbourdons, et dix à seize mille abeilles ouvrières qui ont un aiguillon de même que la reine, tandis que les fauxbourdons en manquent.

Lorsque la reine sort de la ruche, toutes les autres la suivent.

From the sap of the flowers, they make honey, from the pollen, wax.

The bumble-bee builds its nest under the earth.

The laborious Ant, (many of them can fly) live together in large swarms.

The eggs are very small, and the grub is generally taken for the egg.

The African termes, a kind of ant, is very destructive.

[17] Aus dem Saft der Blumen machen sie Honig, aus dem Blumenstaub Wachs.

[18] Die Hummel nistet unter der Erde.

[19] Die emsigen Ameisen, deren viele beflügelt sind, leben in großen Haufen.

[20] Die Eier sind sehr klein, und gewöhnlich werden ihre Puppen für Eier gehalten.

[21] Sehr schädlich ist die Termite in Afrika, eine Gattung Ameisen.

Elles tirent le miel du suc des fleurs, et la cire de la poussière séminale.

Le bourdon niche sous la terre.

La fourmi laborieuse dont plusieurs sont ailées vit en grandes troupes.

Leurs oeufs sont très-petits, et communément leurs nymphes sont prises pour leurs oeufs.

Le termès dans l'Afrique, sorte de fourmi, est très-nuisible.

Insecta. Neuroptera et hymenoptera.

[1] Neuroptera quatuor teneras alas habent reticulatas, quae variis coloribus splendent per gradus inter se mixtis.

[2] Larvae eorum et folliculi maximam partem in aquis vivunt.

[3] Longae alae libellularum velo tenuiori similes sunt.

[4] Ephemērae aestivo tempore innumerae catervae juxta lacus ac fluvios circumvŏlant et post paucas horas pereunt.

[5] Hemerobii, quorum alae virides tenerrimae sunt, magnam affĕrunt utilitatem, cum larvae eorum aphides noxias devŏrent.

[6] Myrmelĕon formicarius foveam sibi fodit, in qua formicas capiat.

[7] Huic ordini adjiciendae sunt panorpa et raphidia, cui longum est collum.

[8] Vespae et apes alas habent membranaceas venis distinctas et magnos oculos in latere, nonnullos etiam in fronte.

[9] Cynips aculeo folia quercus transfīgit eoque gallas gignit.

[10] Tenthrēdo hortis et silvis nocet.

[11] Vespae vulgares sociae vivunt et nidos artificiosissimos sibi construunt.

[12] Pomis, carne et melle quam maxime delectantur.

[13] Longe major est crabro, acerrime pungens et in cavis arboribus nidulans.

[14] Apes aut in silvis vivunt, aut in alvearibus educuntur.

[15] Quodvis alveare reginam continet, circiter octingentas apes masculas seu fucos, et decem vel sedecim millia apum operariarum, quae, ut regina, aculeum habent, cum fuci eo careant.

[16] Cum regina alveari excedit, omnes ceterae sequuntur.

[17] E succo florum mel faciunt, e pollĭne ceram.

[18] Bombus sub terra nidulatur.

[19] Formīcae sedulae, quarum multae alatae sunt, magno numero eodem loco vivunt.

[20] Ova eorum admodum parva

sunt et plerumque folliculi eva esse putantur.

[21] Maxime noxius est termes fatalis, genus queddam fermicarum, in Africa vivens.

40.

Insekten. Zweiflügler und ungeflügelte.

Insects: two winged, and wingless Insects.

Des insectes. Des diptères et des aptères.

The flies have only two wings, one sucking sting and one flexible proboscis.

[1] Die Fliegen 1) haben nur zwei Flügel, einen Saugestachel, einen biegsamen Rüssel, und hinter den Flügeln zwei Flügelkölbchen.

Les mouches n'ont que deux ailes, un aiguillon à sucer, une trompe souple, et derrière leurs ailes deux balanciers.

The gadfly sucks the blood of the cattle in Summer.

[2] Die Viehbremse 2) saugt dem Vieh im Sommer das Blut aus.

Le taon suce en été le sang des animaux.

The common gadfly, similar to a bee, lays its eggs on the nose and mouth of the cattle.

[3] Die eigentliche Bremse, welche einer Biene ähnlich ist, legt ihre Eier an die Nase und das Maul des Viehes.

L'oestre semblable à une abeille pond ses oeufs au nez ou à la bouche des animaux.

The stingfly stings very sharply.

[4] Die Stechfliege sticht empfindlich.

La mouche piqueuse pique sensiblement.

There are 400 kinds of troublesome flies, as the common fly, the musca vomitoria, and the musca carnaria, or blow fly.

[5] Von der beschwerlichen Fliege giebt es bei 400 Arten, wie die Stubenfliege, die Schmeißfliege, die Fleischfliege.

Il y a près de quatre cents espèces de mouches importunes, comme la mouche domestique, la mouche dorée commune, la mouche de viande.

The flies which are found very frequently on the water, and swarms of which we often see in the air, are not less troublesome.

[6] Eben so beschwerlich sind die Mücken 3), welche sich häufig am Wasser aufhalten, und von denen wir oft große Schwärme in der Luft sehen.

Aussi importuns sont les cousins qui se tiennent auprès de l'eau, et dont nous apercevons souvent de grands essaims dans les airs.

39.

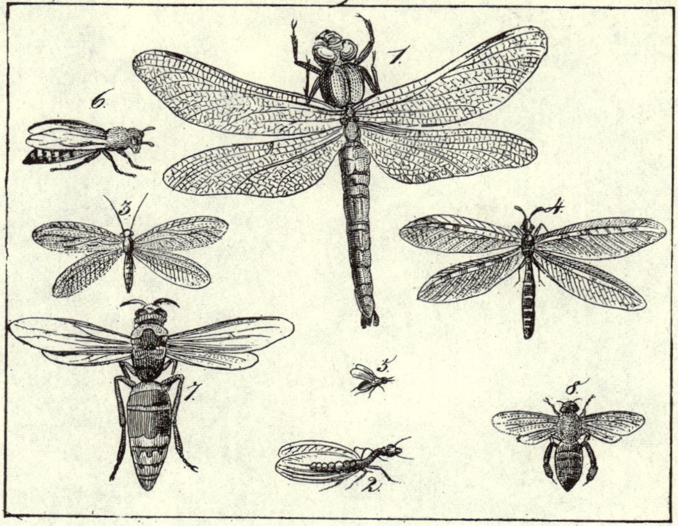

40.

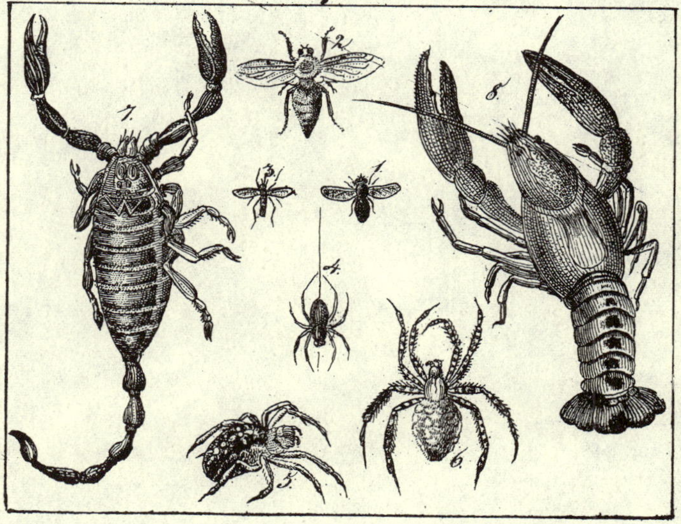

The knats have long feet.	7 Die Schnacken haben lange Füße.	Les tipules ont les pieds longs.
The muskito in America is a true country calamity.	8 Die Muskitos in Amerika sind eine wahre Landplage.	Les mosquites en Amérique sont un vrai fléau public.
The spider belongs to the insects without wings, which weaves a skillful web, lives a solitary, and shews the changes of the weather.	9 Zu den Insekten, welche keine Flügel haben, gehört die Spinne 4), welche ein künstliches Gewebe verfertigt, einsam lebt und die Veränderung des Wetters anzeigt.	On compte parmi les insectes sans aile l'araignée qui fait une toile artificielle, vit solitairement, et indique les changements du temps.
It spins in the corners of the walls, and windows.	10 Sie nistet in den Ecken der Wände und Fenster.	Elle niche dans les coins des murs et des fenêtres.
The aranea Diadema has eight eyes.	11 Die Kreuzspinne 5) hat acht Augen.	L'araignée portecroix a huit yeux.
The greatest of all is the aranea spithamea living in the East-Indies, and the aranea avicularia in the West-Indies which catches the humming birds, and sucks their eggs.	12 Die größte unter allen ist die Faustspinne in Ostindien, und in Westindien die Buschspinne, welche Colibris fängt, und ihre Eier aussaugt.	La plus grande de toutes les araignées est la spithamée dans les Indes orientales, et dans les Indes occidentales l'araignée aviculaire qui prend les colibris et suce leurs oeufs.
The Tarantula in Italy produces great pain by its bite.	13 Die Tarantel 6) in Italien erregt durch ihren Biß heftige Schmerzen.	La tarantule en Italie cause par sa morsure des douleurs aiguës.
The scorpion stings sharply, and can by the poisonous matter which he injects easily become dangerous.	14 Der Scorpion 7) sticht heftig und kann durch den giftigen Saft, den er hineingießt, leicht gefährlich werden.	Le scorpion mord avec force et peut devenir dangereux par le suc empoisonné qu'il introduit.
The crab, the only insect that we eat, has eight feet, and two pincers.	15 Der Krebs 8), das einzige Insekt, das wir genießen, hat acht Füße und zwei Scheeren.	L'écrevisse, seul insecte que nous pouvons manger, a huit pieds et deux pinces.
It casts its shell every year.	16 Er wirft alljährlich seine Schaale ab.	Elle jète annuellement son écaille.
The cellar-worm has 14, the scolopendra 70 feet on each side.	17 Der Kelleresel hat 14, der Skopolender auf jeder Seite 70 Füße.	Le cloporte ordinaire a 14 pieds; la scolopendre en a soixante-dix de chaque côté.

The louse, the flea, and the mite, are very troublesome.	[18] Sehr lästig sind die Laus, der Floh und die Milbe.	Les poux, la puce et les mites sont bien importuns.

Insecta. Diptera et aptera.

[1] Muscae modo duas alas habent, aculeum sugendo inservientem, rostrum flexĭle et pone alas duos alarum trunculos.

[2] Tabānus aestate pecŭdum sanguinem exsūgit.

[3] Oestrus, api similis, ova ad nares et ora pecŭdum ponit.

[4] Conops acerrime pungit.

[5] Muscae molestae ad quadringenta sunt genera, ut m. domestica, m. vomitoria, m. carnaria.

[6] Haud minus molesti sunt culĭces, qui crebro juxta aquas versantur, et quorum saepe magna agmina in aëre videmus.

[7] Culices oleracei longos habent pedes.

[8] In America est genus culĭcum, vere publica calamitas vocandum.

[9] Iis insectis, quae alis carent, aranea adnumeranda est, quae telam artificiosam conficit, solitaria vivit et tempestatis mutationes indicat.

[10] Nidulatur in angulis pariĕtum et fenestarum.

[11] Aranea Diadēma octo habet oculos.

[12] Omnium maximae sunt A. spithamĕa in India orientali, et in India occidentali A. avicularia, quae mellisūgas capit earumque ova exsūgit.

[13] A. Tarantula in Italia morsu vehementes excitat dolores.

[14] Scorpius acriter pungit et succo, quem vulnere infundit, venenato facile periculum inferre potest.

[15] Cancer, quod unicum insectum edimus, octo habet pedes et duas chelas.

[16] Quotannis crustam exuit.

[17] Oniscus quatuordecim, scolopendra utrimque septuaginta pedes habet.

[18] Molestissimi sunt pediculus, pulex et acărus.

41.

Knorpelfische.

Cartilaginous fishes. — *Des poissons cartilagineux.*

The cartilaginous fishes have neither ribs nor spine, and seldom an air bladder, and not often such scales as	[1] Die Knorpelfische haben weder Rippen, noch Knochengräten, auch selten eine Schwimmblase, und nicht häufig solche	Les poissons cartilagineux n'ont ni côtes ni arêtes osseuses, et rarement une vessie propre à nager, et guères d'écailles

we see by the other fishes.

The lesser lamprey or seveneyes, is a foot long, is found in lakes and rivers and is caught in winter.

The lamprey of two feet long is even more savoury.

The Ray, which is reckoned among the rapacious fishes has its mouth placed under the head, and a broad flat body, in the form of a rhomboid; its flesh is not particularly good.

The electric Ray is a remarkable fish, whose stroke has an electric force.

It lives in the Mediterranean Sea.

The shark the most voracious of all the fishes, has several rows of sharp teeth, and follows the ships.

The most dreadful is the white shark, which lives at the bottom of the sea, and rises only to plunder.

Not unfrequently it bites an arm or a leg from a bather, seaman,

Schuppen, wie wir sie bei den andern Fischen finden.

[2] Das Neunauge oder die Prike ist einen Fuß lang, findet sich in Seen und Flüssen und wird im Winter gefangen.

[3] Noch schmackhafter ist die zwei Fuß lange Lamprete 1).

[4] Der Roche 2), der zu den Raubfischen gezählt wird, hat sein Maul unten am Kopfe, und einen breiten, platten Körper, der meistens ein verschobenes Viereck bildet; sein Fleisch ist nicht besonders schmackhaft.

[5] Merkwürdig ist der Zitterroche 3), dessen Schlag eine elektrische Wirkung hat.

[6] Er lebt im Mittelländischen Meere.

[7] Der Haifisch 4), der gefräßigste unter allen Fischen, hat mehre Reihen scharfer Zähne und folgt den Schiffen nach.

[8] Am furchtbarsten ist der Riesenhay, Menschenfresser oder Jonasfisch, der in der Tiefe des Meeres lebt und nur zum Rauben in die Höhe steigt.

[9] Nicht selten beißt er den Badenden, den Matrosen oder Tauchern einen Arm oder ein Bein ab, oder

comme nous les trouvons dans les autres poissons.

La petite lamproie d'eau douce a un pied de long, se trouve dans les lacs et les rivières, et est pêchée en hiver.

La lamproie de mer, longue de deux pieds, est encore plus savoureuse.

La raie que l'on compte parmi les poissons voraces a la bouche au bas de la tête, et le corps large et plat pour la plupart formé en losange; sa chair n'est pas trop savoureuse.

Ce qu'il y a de bien remarquable, c'est la torpille dont le contact cause un effet électrique.

Elle vit dans la Méditerranée.

Le squale, le plus vorace de tous les poissons a plusieurs rangs de dents aiguës, et suit les vaisseaux.

Le plus terrible est le requin qui vit dans le sein de la mer, et il ne s'élève que pour ravir sa proie.

Il coupe souvent un bras ou une jambe aux baigneurs, aux matelots et aux plon-

or diver, or swallows them whole.

It is caught with large iron hooks.

The Balance-fish has the eyes placed on both sides of the head, which has the form of a hammer; and the Saw-fish is provided with a protruding snout, and saw-like teeth.

The common Sturgeon is 20 feet long, and covered with a prickly shield.

Its eggs afford the caviar, which is also prepared from the Huso.

The use of the isinglass for clarifying the wine is well known.

The caviar Sturgeon has a very tender flesh.

verschlingt sie auch ganz.

10 Man fängt ihn mit großen eisernen Haken.

11 Der Hammerfisch 5) hat die Augen auf beiden Seiten des Kopfes, der die Gestalt eines Hammers hat, und der Sägefisch 6) ist mit einer verlängerten Schnauze und mit sägeartigen Zähnen versehen.

12 Der Stör 7) ist 20 Fuß lang und mit stachlichten Schildern bedeckt.

13 Seine Eier geben den Caviar, welchen auch der Hausen 8) liefert, dessen Fleisch gut schmeckt.

14 Der Gebrauch der Hausenblase zum Klarmachen des Weins ist bekannt.

15 Der Sterlet hat ein sehr zartes Fleisch.

geurs, ou bien il les dévore entièrement.

On le prend avec de grands crocs de fer.

Le pantouflier a les yeux de chaque côté de la tête qui a la forme d'un marteau, et la scie est pourvue d'un museau alongé et de dents en forme de scie.

L'esturgeon a vingt pieds de longueur, et est couvert d'écailles épineuses.

Ses oeufs donnent le caviar que nous livre aussi le grand esturgeon, dont la chair a un bon goût.

L'usage de la colle de poisson à éclaircir les vins est connu.

Le sterlet a la chair très-tendre.

Pisces cartilaginei.

1 Pisces cartilaginei nec costas habent, nec spinas osseas, rarissime quoque vesīcam natatoriam, et haud crebro tales squamas, quales in ceteris piscibus reperīmus.

2 Petromyzon fluvialis unum pedem longus est, in lacubus et fluviis invenitur et hieme capitur.

3 Sapidior etiam est P. maximus, duos pedes longus.

4 Raja, quae piscibus rapacibus adnumeratur, os in inferiori capitis parte habet, et corpus latum ac planum, quod plerumque rhombum effĭcit; caro ejus non admodum sapida est.

5 Memorabilis est Raja torpēdo, cujus ictus vim electricam exsĕrit.

6 Vivit in mari mediterraneo.

7 Squalus, voracĭssimus omnium piscium, plures series habet dentium acutorum et naves subsequitur.

8 Maxime terribilis est Sq. Carcharias, in imo mari vivens et nonnisi ad praedam capiendam assurgens.

9 Haud raro lavantibus, nautis aut urinatoribus brachium aut pedem praemordet, aut etiam integros devŏrat.

10 Magnis uncis ferreis capitur.

41.

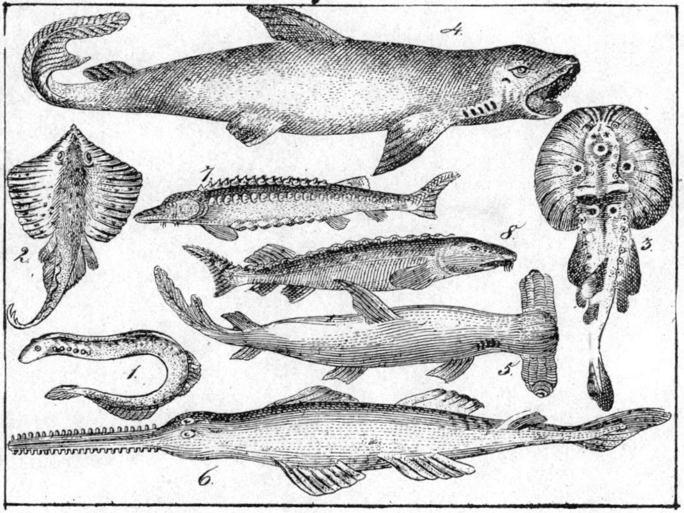

42.

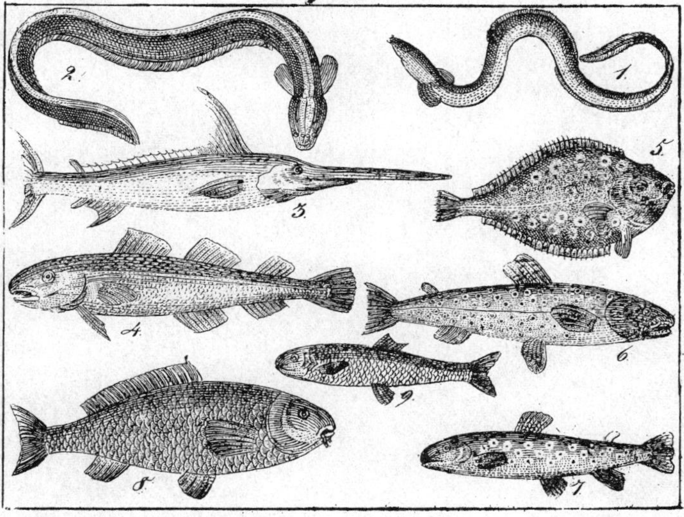

[11] Sq. Zygaena oculos in utraque capitis parte habet, speciem mallei praebentis, et Sq. pristis rostro prolongato et dentibus serratis praeditus est.

[12] Sturio acipenser, viginti pedes longus, testis aculeatis tegitur.

[13] Ova ejus sale condiuntur, quem usum etiam St. Huso praebet, cujus caro bene sapit.

[14] Usus ichthyocollae ad vinum liquandum notus est.

[15] St. ruthenus tenerrimam habet carnem.

42.

Grätenfische.

Apodel-Fishes. | *Poissons à arêtes.*

The apodel Fishes have ribs, aud scales laying one upon the other, as tiles of a house, and an air bladder,	[1] Die Grätenfische haben Rippen, Schuppen, die wie Dachziegel übereinander liegen, und eine Schwimmblase.	Les poissons à arêtes ont des côtes, des écailles qui sont les unes sur les autres comme des tuiles, et une vessie.
The fat flesh of the Eel which resembles a snake, is considered as a delicacy.	[2] Das fette Fleisch des Aals 1), der einer Schlange ähnlich ist, wird für eine Delikatesse gehalten.	La chair grasse de l'anguille qui ressemble à un serpent est regardée comme une délicatesse.
The flesh of the murena has also a good flavour.	[3] Auch das Fleisch der bunten Muräne ist wohlschmeckend.	Aussi la chair de la murène de différentes couleurs est savoureuse.
The electrical Eel possesses electric power.	[4] Der Zitteraal 2) besitzt eine elektrische Kraft.	L'anguille tremblante a une vertu électrique.
The sword fish, whose upper jaw-bone is lengthened as a sword, lives in the Mediterranean Sea.	[5] Der Schwerdtfisch 3), dessen obere Kinnlade wie ein Schwerdt verlängert ist, lebt im Mittelländischen Meere.	L'espadon, dont la mâchoire supérieure est alongée comme un glaive, vit dans la Méditerranée.
Its flesh is eaten.	[6] Sein Fleisch wird gegessen.	On en mange la chair.
The Codfish is sent from far without a	[7] Der Kabliau 4) wird entweder getrocknet als Stockfisch, oder	Le cabillaud est transporté au loin séparé de sa tête, com-

head, either dried or salted.	eingesalzen als Laberdan weit hin ohne Kopf versendet.	me morue sèche ou salée.
The Bull-head is found in clear brooks.	8 Der Kaulkopf oder die Groppe hält sich in klaren Bächen auf.	Le chabot habite les ruisseaux clairs.
The Plaise-Flounder has both eyes on one side of the head.	9 Die Scholle 5) oder Butte hat beide Augen auf einer Seite des Kopfes.	La plie a les deux yeux d'un côté de la tête.
The common Mackrel, the Tunny Mackrel, and the common Pike are rapacious fishes.	10 Die Makrele, der Thunfisch und der Hecht sind Raubfische.	Le maquereau, le thon et le brochet sont des poissons voraces.
The common Salmon lives in the Sea.	11 Der Lachs 6) lebt im Meere.	Le saumon vit dans la mer.
Here belongs the Sea-trout and Grayling Salmon.	12 Hieher gehört die Lachsforelle und die Aesche.	On y compte aussi la truite saumonée et l'ombre.
The common River-trout Salmon with a body adorned with red spots, delights in clear water, while on the contrary, the Carp whose body is very compressed, lives in disturbed water.	13 Die gemeine Forelle 7) ist mit rothen Flecken geziert und liebt klares Wasser, da hingegen der Karpfen 8), dessen Körper stark eingedrückt ist, im trüben Wasser lebt.	La truite commune est ornée de taches rouges et se plaît dans l'eau claire, mais la carpe dont le corps est bien compact se plaît dans les eaux troubles.
The Golden Carp is kept for pleasure.	14 Der Goldkarpfen wird zum Vergnügen gehalten.	La carpe dorée est nourrie pour le plaisir des yeux.
The Bleak-Fish of a shining white colour, has many scales.	15 Der Weißfisch, von glänzender Weiße, hat viele Gräten.	L'able d'une blancheur reluisante a beaucoup d'arêtes.
The Barbel Cyprine has reddish fins.	16 Die Barbe hat röthliche Floßfedern.	Le barbeau a des nageoires rougeâtres.
The common Perch lives on small fishes.	17 Der Barsch lebt von kleineren Fischen.	La perche se nourrit de petits poissons.
The bearded Loche is found in brooks and rivers.	18 Die kleine Schmerle oder Grundel findet sich in Bächen und Flüssen.	La franche barbotte se trouve dans les ruisseaux et les rivières.
The thick sheat-Fish, is of a blackish green on the back, has six long feelers and is above eight yards long.	19 Der dicke Wels ist auf dem Rücken schwarzgrün, hat sechs lange Bartfasern und ist über acht Ellen lang.	La silure est d'un vert obscur sur le dos, a six barbillons longs et plus de huit aunes de longueur.

Many millions of Herrings are caught every year.

The smallest kind is the Anchovy herring.

The Barbel Cyprine, and the mullet afford an excellent food.

[20] Von den Häringen 9) werden jährlich viele Millionen gefangen.

[21] Die kleinste Art sind die Sardellen.

[22] Die Barbe und der Rothbart liefern eine gute Speise.

On prend annuellement plusieurs millions de harengs.

La plus petite espèce de harengs sont les sardines.

Le barbot et le rouget donnent une bonne nourriture.

Pisces spinosi.

[1] Pisces spinosi costis et squamis, tegularum instar superimpositis, nec non vesīca natatoria instructi sunt.

[2] Caro pinguis anguillae, quae serpenti similis est, in deliciis habetur.

[3] Etiam caro muraenae sapida est.

[4] Gymnoto vis inest electrica.

[5] Xiphius, cujus superior maxilla in gladii formam prolongata est, in mari mediterraneo vivit.

[6] Caro ejus editur.

[7] Asellus aut arefactus, aut sale condītus, capite dempto, in longinquas terras transmittitur.

[8] Cottus in rivis limpidis vivit.

[9] Pleuronectes ambos oculos in altero capitis latere habet.

[10] Scomber, thynnus et lucius pisces rapaces sunt.

[11] Salmo in mari habitat.

[12] Huc pertinent salmo trutta et salmō thymallus.

[13] Salmo fario maculis rubris distinctus est et aqua limpida gaudet, cum cyprīnus carpio, qui corpore est depressiori, in turbida vivat aqua.

[14] Cyprīnus auratus oblectationis causa alitur.

[15] Cyprinus albus, nitido candore, multas habet spinas.

[16] Cyprinus Barbus rutilas habet pinnas.

[17] Perca minoribus piscibus vescitur.

[18] Cobītis barbatula in rivis et fluviis invenitur.

[19] Silūrus crassus, saepe supra octo ulnas longus in tergo nigricante ex viridi est colore, et ex ore ejus sex longiora fila barbae instar eminent.

[20] Halēcum quotannis multa millena millia capiuntur.

[21] Minimum eorum genus est pelămys seu sarda.

[22] Cyprīnus barbus et mullus bonum cibum suppeditant.

43.

Amphibien.

1. Mit vier Füßen.

Amphibious reptiles. (with four feet.)

Des amphibies. 1. Ceux à quatre pieds.

The amphibious animals, have as the fish, red cold blood, and most of them lay eggs.	[1] Die Amphibien oder beidlebige Thiere haben, wie die Fische, rothes, kaltes Blut, und die meisten von ihnen legen Eier.	Les amphibies vivent sur la terre et dans l'eau, ont comme les poissons le sang rouge et froid, et la plupart en pond des oeufs.
Those without feet drag the belly by crawling along the ground.	[2] Diejenigen ohne Füße schleppen beim Kriechen den Bauch.	Ceux qui n'ont pas de pieds traînent le ventre en rampant.
The Tortoises which are covered with a hard shell, and only the head, feet and tail are stretched out, have a very tenacious life.	[3] Die Schildkröten, die mit einer festen Schaale bedeckt sind und nur den Kopf, die Füße und den Schwanz herausstrecken, haben ein sehr zähes Leben.	Les tortues qui sont couvertes d'une écaille dure, et qui ne présentent que la tête, les pieds et la queue ont la vie très-dure.
Their pace is slow, the eggs and flesh are very savoury.	[4] Ihr Gang ist langsam; die Eier und das Fleisch sind wohlschmeckend.	Leur marche est lente, les oeufs et la chair en sont savoureux.
They are divided into land and water Tortoises, the latter live either in the Sea or rivers.	[5] Sie werden in Land- und Wasserschildkröten eingetheilt; diese halten sich entweder im Meere, oder in Flüssen auf.	On les divise en tortues de terre, de mer et de rivières.
The esculent Sea turtle, a harmless animal nine feet long, is with levers turned on the back.	[6] Die Riesenschildkröte 1), ein unschädliches Thier, neun Schuh lang, wird mit Hebeln auf den Rücken gewendet.	La tortue franche, animal innocent de neuf pieds de longueur est tournée sur le dos avec des leviers.
The hawksbill turtle produces the tortoise shell, from which combs and other things are made.	[7] Die Karetschildkröte 2) liefert das Schildpad, woraus Kämme und andere Dinge verfertigt werden.	Le caret donne l'écaille dont on fait des peignes et d'autres choses.

The flesh of the river turtle is very wholesome, even so wholesome as the esculent sea turtle.

Frogs and toads have a bare body, and no tail.

The esculate or green water frog lives in lakes and marshes and croaks in the evenings of spring; its thighs are eaten.

The common frog is seen very often after a rain.

The tree frog indicates the changes of the weather by a shrill croaking.

The disgusting toads have thick bodies, and short legs.

The laughing toad, the house (or stinking) toad, and the Bombina rana, live in stagnant water, and marshes.

The hollow and mournful croaking of the last named, are well known.

The Surinam toad hatches its eggs on the back.

[8] Das Fleisch der Flußschildkröte 3) ist sehr gesund, eben so wie das der Riesenschildkröte.

[9] Die Frösche 4) und Kröten 5) haben einen nackten Körper und keinen Schwanz.

[10] Der grüne Wasserfrosch hält sich in Teichen und Sümpfen auf und quackt im Frühjahr des Abends; seine Schenkel werden gegessen.

[11] Der braune Grasfrosch zeigt sich nach einem Regen häufig.

[12] Der grüne Laubfrosch zeigt die Veränderung des Wetters durch ein lautes Geschrei an.

[13] Die häßlichen Kröten haben einen dicken Leib und kurze Füße.

[14] Die Feuerkröte, die Lachkröte und die Unke halten sich in stehenden Gewässern und in Sümpfen auf.

[15] Die dumpfen und traurigen Töne der letzteren sind bekannt.

[16] Die Pipa brütet ihre Eier auf dem Rücken aus.

La chair de la tortue de rivière est très-saine ainsi que celle de la tortue franche.

Les grenouilles et les crapauds ont le corps nu et manquent de queue.

La grenouille verte se trouve dans des étangs et des marais et coasse pendant les soirées du printemps; on en mange les cuisses.

La grenouille brune terrestre se montre en grand nombre après la pluie.

La grenouille d'arbre indique les changements du temps par un grand cri.

Les crapauds hideux ont le corps gros et les pieds courts.

Le crapaud flamboyant, le crapaud rieur, et la grenouille monstreuse se tiennent dans les eaux dormantes et dans les marais.

On connaît les sons sourds et tristes de la dernière.

La pipa couve ses oeufs sur son dos.

Amphibia. 1. Reptiles.

[1] Amphibia, velut pisces, rubrum ac frigidum habent sanguinem, et plurima eorum ova ponunt.

[2] Ea, quae pedibus carent, sinuantia ventrem trahunt.

[3] Testudines, quae solida crusta teguntur et caput tantum, pedes et caudam exsĕrunt, vitae quam tenacissimae sunt.

[4] Incessus earum tardus est; ova et caro sapidissima sunt.

[5] Dividuntur et in terrestres et aquatiles; hae aut in mari, aut in fluviis degunt.

[6] Testudo Mydas, animal innoxium novem pedum longitudine, vectibus in tergum vertitur.

[7] Testudinis imbricatae testis superioribus ad pectines aliasque res conficiendas utimur.

[8] Caro testudinis fluviatilis saluberrima est, aeque ac testudinis Mydae.

[9] Ranae et bufones nudo sunt corpore et cauda destituuntur.

[10] Rana esculenta in lacunis et paludibus versatur et verno tempore vesperi coaxat; crura ejus eduntur.

[11] Rana temporaria post pluviam crebro cernitur.

[12] Rana arborea claro clamore tempestatis mutationem indicat.

[13] Bufones foedi crasso sunt corpore et breves habent pedes.

[14] Rana rubeta, rana bombina et rana portentosa in stagnis et paludibus versantur.

[15] Soni hujus pressi et tristes noti sunt.

[16] Pipa ova in tergo excludit.

44.

Amphibien mit vier Füßen.

(Fortsetzung.)

Amphibious Reptiles, with four feet.

(Continuation.)

The Lizards have a long extended body, and four, or at least two feet.

To this kind the Crocodile is reckoned which lives in the larger rivers of Asia and Africa, particularly in the Nile; a dreadful animal, 20 or 30 feet long, and its back of a brown colour.

It has many strong teeth in its frightful

[1] Die Eidechsen 1) haben einen langgestreckten Leib und vier, oder doch zwei Füße.

[2] Zu diesem Geschlecht wird auch das Krokodil 2) gerechnet, welches in den größeren Flüssen von Asien und Afrika, besonders im Nil lebt; ein fürchterliches Thier, 20 bis 30 Fuß lang, oben von brauner Farbe.

[3] Es hat viele starke Zähne in dem fürchterlichen Rachen und einen

Des amphibies à quatre pieds.

(Continuation.)

Les lézards ont le corps bien découplé et quatre ou au moins deux pieds.

Le crocodile qui vit dans les grandes rivières de l'Asie et de l'Afrique, particulièrement dans le Nil, est aussi rangé dans cette classe; c'est un animal terrible de trente à quarante pieds de longueur, de couleur brune au-dessus.

Sa gueule redoutable est armée de plusieurs dents très-du-

43.

44.

jaws; and a very long and strong tail.

It lives not alone on fishes, and other animals, but seizes also men.

Its eggs are sought after by the Ichneumon.

It is said to live 100 years.

On account of its body being covered with strong shields, it is unable to turn itself round quickly.

A somewhat smaller Crocodile, called Alligator is found in the lakes and larger rivers of America.

It also seizes men and animals, and bellows like a cow.

The Iguana Lizard is furnished on the back, with a row of sharp points resembling a comb.

The chameleon, a foot long, has large eyes, and can change its colour several times.

The Cockatrice Lizard lives on trees, and is not poisonous as is generally supposed.

The Salamander also is harmless, it was formerly supposed that this animal could live in the fire.

sehr langen Schwanz, worin es eine große Stärke besitzt.

4 Es lebt nicht nur von Fischen und anderen Thieren, sondern greift auch Menschen an.

5 Seinen Eiern stellt das Ichneumon nach.

6 Es soll bei 100 Jahre leben.

7 Da sein Leib mit festen Schildern bedeckt ist, so kann es sich nicht schnell umwenden.

8 Ein etwas kleineres Krokodil, der Kaiman oder Alligator 3), wird in den Seen und großen Strömen Amerika's gefunden.

9 Es greift ebenfalls Menschen und Thiere an und brüllt wie eine Kuh.

10 Die Kammeidechse 4) hat auf dem Rücken eine Reihe scharfer Spitzen, einem Kamme ähnlich.

11 Das Chamäleon, einen Fuß lang, hat große Augen und kann seine Farbe mehrmals ändern.

12 Der Basilisk lebt auf Bäumen und ist nicht giftig, wie man gemeiniglich glaubt.

13 Auch der Salamander oder Molch 5) ist unschädlich, von dem man ehemals glaubte, er könne im Feuer leben.

res, et il a une queue très-longue dans laquelle il a une force prodigieuse.

Il vit non seulement de poissons et d'autres animaux, mais encore il attaque les hommes.

Ses oeufs sont recherchés par l'ichneumon.

On croit qu'il vit cent ans.

Comme son corps est couvert d'écailles dures, il ne peut aisément se tourner.

Un crocodile un peu plus petit savoir le caïman ou l'alligator se trouve dans les mers et les grands fleuves de l'Amérique.

Il attaque de même les hommes et les animaux, et mugit comme une vache.

L'iguane a sur le dos une rangée de pointes aiguës ressemblantes à celles d'un peigne.

Le caméléon d'un pied de longueur a les yeux grands, et peut changer plusieurs fois de couleur.

Le basilic vit sur les arbres, et n'est pas venimeux comme on le croit communément.

Aussi la salamandre ou le mouron que l'on croyait autrefois pouvoir vivre dans le feu, n'est pas malfaisant.

There are also flying Lizards, which are furnished with a membrane adapted for flying.

The common Lizards of a green or grey colour are useful, as they live on Insects.

[14] Es giebt auch fliegende Eidechsen, welche eine Flughaut haben.

[15] Die eigentlichen Eidechsen von grüner oder grauer Farbe sind nützlich, da sie von Insekten leben.

Il y a aussi des lézards volants qui ont des membranes propres à voler.

Les lézards proprement dits de couleur verte ou grise sont utiles en ce qu'ils vivent d'insectes.

Amphibia reptilia. (Continuatio.)

[1] Lacertae corpore sunt porrecto et quatuor, aut certe duos pedes habent.

[2] Huic generi crocodīlus quoque adnumeratur, in majoribus Asiae et Africae fluviis, in Nilo praesertim, vivens, animal horribile, viginti vel triginta pedes longum, superne fusco colore.

[3] Rictus ejus terribilis robustis dentibus munītur, et caudā longissima plurimum valet.

[4] Non piscibus tantum aliisque animalibus vivit, sed homines quoque adorītur.

[5] Ova ejus viverra Ichneumon investīgat.

[6] Ad centum annos vivere dicitur.

[7] Cum corpus ejus solidis testis tegatur, aegre se convertit.

[8] Genus quoddam crocodili paulo minus, Lacerta Alligator, in lacubus magnisque fluminibus Americae reperitur.

[9] Haec bestia et ipsa tum homines, tum animalia adorītur et vaccae instar mugit.

[10] Lac. Iguana in tergo serie acutarum cuspidum munita est, pectini similium.

[11] Lac. Chamaeleon, unius pedis longitudine, magnos habet oculos, et colorem identidem mutat.

[12] Basiliscus super arboribus vivit, neque venenatus est, quod vulgo creditur.

[13] Lac. salamandra quoque innoxia est, quae olim in igne vivere posse putabatur.

[14] Dracones volantes membrana quadam instructi sunt ad volandum apta.

[15] Lacertae vulgares, viridi aut cinereo colore, utiles sunt, cum insectis vescantur.

45.

Amphibien.

2. Schlangen.

Amphibious Reptiles. Snakes.		*Des amphibies.* 2. Des serpents.
The snakes writhe their bodies, and crawl.	1 Die Schlangen krümmen ihren Körper und schleichen.	Les serpents courbent leur corps et rampent.
Most of them are very dangerous.	2 Die meisten von ihnen sind sehr gefährlich.	La plupart d'entr'eux sont très-dangereux.
Some devour animals and men; others are so poisonous that their bite quickly produces death.	3 Einige verschlingen Thiere und Menschen, andere sind so giftig, daß ihr Biß schnell tödtet.	Quelques-uns avalent des animaux et des hommes; d'autres sont si venimeux, que leur morsure tue rapidement.
The poison is concealed in small bladders at the bottom of several teeth, from which it is pressed out by the bite.	4 Das Gift befindet sich in Bläschen hinter einigen hohlen Zähnen, aus denen es bei dem Beißen dringt.	Le venin se trouve dans des vésicules derrière quelques dents creuses d'où il sort par la morsure.
Those without poison are distinguished by many colours.	5 Die, welche kein Gift haben, sind mit mancherlei Farben gezeichnet.	Ceux qui n'ont pas de venin sont marqués de différentes couleurs.
They derive their nourishment from animals and plants, and were formerly considered in the East as the emblems of prudence and cunning.	6 Sie nähren sich von Thieren und Pflanzen, und wurden ehemals im Morgenlande für ein Sinnbild der Klugheit und List gehalten.	Ils se nourrissent d'animaux et de plantes, et étaient autréfois regardés dans l'Orient comme le symbole de la prudence et de la ruse.
The most deadly kind of vipers, with small scales on the back, and large broad one on the belly, live in the beautiful Palm-land, where	7 Von den Nattern, die am Rücken kleine, am Bauch größere breite Schuppen haben, leben die giftigsten in den schönen Palmenländern, wo sie unter Gras und	Entre les couleuvres qui ont de petites écailles au dos et de plus grandes au ventre, il y a des espèces fort venimeuses qui vivent dans les belles contrées des

they are found under the grass and flowers.

Blumen gefunden werden.

palmiers, où on les trouve sous les herbes et les fleurs.

The adder, of an iron grey, and the Viper, of a brown colour are very poisonous, and are most frequently met with in Egypt.

[8] Die Otter 1) von eisengrauer und die Viper 2) von brauner Farbe sind sehr giftig und werden besonders in Aegypten angetroffen.

La vipère de couleur de fer et la vipère brune sont très-venimeuses, et se trouvent particulièrement dans l'Egypte.

The Italian Viper streaked on the back with zigzag stripes, is found sometimes with us, yet more frequently in Italy.

[9] Die Europäische Natter 3), auf dem Rücken mit einem Zickzackstreifen geziert, findet sich zuweilen auch bei uns, doch weit häufiger in Italien.

La vipère européenne, décorée au dos d'une losange, se trouve quelquefois aussi chez nous, mais plus communément dans l'Italie.

Its bite occasions inflamations and swellings.

[10] Ihr Biß verursacht Entzündungen und Geschwulst.

Sa morsure cause de l'inflammation et de l'enflure.

The cross-Adder of a brown colour is likewise poisonous, but not the Ring Adder of a dark colour, and covered with white spots, which frequently change into yellow on the neck, resembling a ring.

[11] Auch die Kreuzotter von brauner Farbe ist giftig, nicht aber die Ringelnatter 4), welche stahlfarben ist und weiße Flecken hat, die am Halse oft ins Gelbe übergehen und einem Halsband gleichen.

La vipère chersea de couleur brune est aussi venimeuse, tandis que la couleuvre à collier ne l'est pas; elle est de couleur d'acier, avec des taches blanches en forme de collier au cou qui tirent quelquefois sur le jaune.

This animal is quite harmless, as well as the blind worm, which is of a brown colour; It lives under haselnut bushes, and easily breaks into pieces.

[12] Dieses Thier ist ganz unschädlich, eben so wie die Blindschleiche 5), welche von brauner Farbe ist; sie lebt unter Haselgesträuch und bricht leicht in Stücken.

Cet animal n'est aucunement malfaisant, ainsi que l'orvet de couleur brune, qui vit dans les coudraies et qui se rompt aisement.

The dangerous Spectacle Snake whose bite kills in a second, has a mark on the neck like a pair of spectacles.

[13] Die gefährliche Brillenschlange, deren Biß im Augenblick tödtlich ist, hat am Hals die Zeichnung einer Brille.

Le dangereux serpent à lunettes dont la morsure tue à l'instant même, a au cou le dessin d'une paire de lunettes.

Amphibia. 2. Serpentes.

[1] Angues sinuando corpus serpunt.

[2] Plurimi eorum valde periculosi sunt.

40.

45.

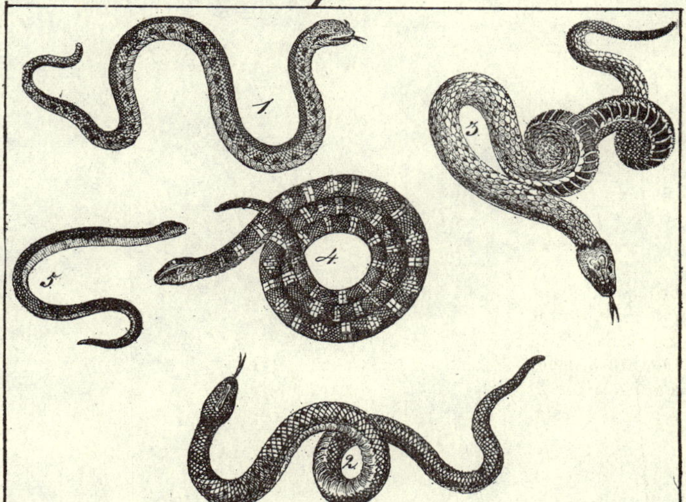

[3] Alii et animalia et homines devorant, alii tam venenati sunt, ut morsus eorum cito necet.
[4] Venenum quidem pustulis inest post dentes aliquot cavos collocatis, e quibus mordendo emānat.
[5] Qui non habent venenum, variis coloribus distincti sunt.
[6] Nutriuntur animalibus et plantis, et olim in Oriente symbŏlum prudentiae et calliditatis habebantur.
[7] Colubrorum, qui in tergo minoribus, in ventre majoribus squamis obducuntur, plurima genera venenata in pulcherrimis illis terris palmas gignentibus vivunt, ubi sub gramine et floribus inveniuntur.
[8] Aspis ferrugineo et Vipera fusco colore maxime venenatae sunt et potissimum in Aegypto reperiuntur.

[9] Colŭber Berus, in tergo taenia flexuosa distinctus, interdum apud nos quoque reperitur, frequentior tamen est in Italia.
[10] Morsus ejus inflammationem et tumorem gignit.
[11] Coluber chersea etiam virus habet, nec vero Coluber Natrix molochino colore et albis maculis distinctus, quae in collo saepe in flavum colorem transeunt et monīle produnt.
[12] Animal hoc prorsus innoxium est, aeque atque anguis fragilis, qui fusco est colore; is in corylēto vivit et facile diffringitur.
[13] Coluber Naja periculosissima, quippe cujus morsus confestim necet, in cervīce maculas habet conspicilli bipartiti figuram exhibentes.

46.

Schlangen.

(Fortsetzung.)

Snakes.

(Continuation.)

The American Rattle Snake which lies concealed in bushes near lakes and rivers, is six feet long and of a grey colour, and is furnished on the end of the tail with several horny joints, with which it makes a rattling noise,

[1] Die Klapperschlange 1) in Amerika, die sich in der Nähe von Seen und Flüssen in Gebüschen aufhält, und sechs Fuß lang ist, hat eine graue Farbe und am Ende des Schwanzes mehrere hornartige Gelenke, mit denen sie, nur

Des serpents.

(Continuation.)

Le serpent à sonnette en Amérique qui se trouve près des lacs et des fleuves dans les buissons et qui a six pieds de longueur, est de couleur grise, et a au bout de la queue plusieurs jointures cornées au

so that people are able to avoid it; but it rattles not in wet weather.

Its eyes shine during the night like burning coals, and the weak, split tongue is moved continually backwards and forwards.

Its bite is fatal in a few minutes.

It lives on mice, squirrels, rabbits, frogs, and birds, which, it is said, it draws by its look nearer to him.

The Boa Constrictor, or Buffalo snake, shines with beautiful colours, and is from 40 to 50 feet long.

Altho' it is not poisonous, it is nevertheless dangerous, as it not only attacks buffalo's and Tigers, but also men.

When it is satisfied, it is not able to move about, and it is then killed by the Negro's and Indians, who strip it of its skin, (which is sold very dear), and eat its flesh.

In many parts divine honours are paid to it.

nicht bei nassem Wetter, ein Gerassel macht, so daß man ihr entfliehen kann.

[2] Ihre Augen leuchten bei Nacht wie glühende Kohlen, und die schwache, gespaltene Zunge bewegt sich immer hin und her.

[3] Ihr Biß tödtet in wenigen Minuten.

[4] Sie lebt von Mäusen, Eichhörnchen, Kaninchen, Fröschen und Vögeln, welche sie, sobald sie sie erblickt hat, durch den Anblick näher zu sich hinziehen soll.

[5] Die Riesenschlange, Abgotts- oder Königsschlange 2), prangt mit sehr schönen Farben und wird 40 bis 50 Fuß lang.

[6] Ob sie gleich kein Gift hat, so ist sie doch sehr gefährlich, da sie nicht nur Büffel und Tiger, sondern auch Menschen anfällt.

[7] Wenn sie gesättigt ist, kann sie sich gar nicht fortbewegen, worauf sie von den Negern und Indianern getödtet wird, welche ihr die Haut abziehen, die sehr theuer verkauft wird, und ihr Fleisch essen.

[8] In manchen Gegenden erweist man ihr göttliche Ehre.

moyen desquelles elle produit une espèce de cliquetis, mais non dans un temps pluvieux, de manière qu'on peut le fuir.

Ses yeux brillent de nuit comme des charbons ardents, et sa langue noire et fendue se meut toujours de côté et d'autre.

Sa morsure tue en peu de minutes.

Il vit de souris, d'écureils, de lapins, de grenouilles, qu'il attire, dit-on, par ses regards, aussitôt qu'il les apperçoit.

Le boa, devin ou serpent impérial, brille de très-belles couleurs, et parvient à 40 et à 50 pieds de longueur.

Quoiqu'il n'ait pas de venin, il est pourtant très-dangereux, vu qu'il attaque non seulement des buffles et des tigres, mais aussi des hommes.

Lorsqu'il est rassasié, il ne peut nullement se remuer, de manière qu'il est tué par les Nègres et les Indiens qui lui ôtent la peau, qu'ils vendent très-cher, et en mangent la chair.

Dans plusieurs contrées on lui rend des honneurs divins.

Serpentes. (Continuatio.)

[1]Crotălus in America, prope lacus et flumina in fruticeto vivens et sex pedes longus, glauco est colore et sub finem caudae pluribus articulis corneis munitur, quibus, modŏne humida tempestate, crepitum movet, ita ut eum effugere possis.

[2]Oculi ejus noctu prunarum instar fulgent, et lingua nigra ac fissa perpetuo ultro citroque movetur.

[3]Morsus ejus paucis sexagesimis necat.

[4]Vescitur muribus, sciuris, cuniculis, ranis et avibus, quas, ut primum eas conspexit, ipso adspectu propius ad se trahere dicitur.

[5]Boa Constrictor pulcherrimis splendet coloribus et ad quadraginta vel quinquaginta pedum longitudinem accedit.

[6]Quamvis virus non habeat, tamen periculosissima est, cum non bubălos tantum et tigrides, sed homines quoque invadat.

[7]Satiata corpus longius promovere nequit, quo facto a Nigritanis et Indis interficitur, qui pellem ei detrahunt, quae magno pretio venditur, ejusque carnem edunt.

[8]In multis regionibus divino afficitur honore.

47.

Raubvögel.

Birds of Prey.

Birds are distinguished from the other animals, particularly by the beak, feathers, two feet, and voice.

Birds of Prey are furnished with a strong hooked bill, and sharp claws. The male-birds are smaller and weaker than the females, which is the contrary with the other birds.

[1]Die Vögel unterscheiden sich von den andern Thieren besonders durch den Schnabel, die Federn, zwei Füße und die Stimme.

[2]Die Raubvögel sind mit einem starken gebogenen Schnabel und mit scharfen Klauen versehen; auch sind die Männchen kleiner und schwächer als die Weibchen, was bei den übrigen Vögeln umgekehrt ist.

Des oiseaux de proie.

Les oiseaux se distinguent des autres animaux particulièrement par le bec, les plumes, leurs deux pattes et la voix.

Les oiseaux de proie sont pourvus d'un gros bec courbé et de griffes aiguës; les mâles sont aussi plus petits et plus faibles que les femelles; ce qui n'est pas le cas chez les autres oiseaux.

To this place belong, the Vultures, Eagles, Falcons, Shrikes, the smallest of the birds of Prey, and the owls which fly during the night.

The greatest of the Vultures, is the Condur or Griffin-vulture of a black and white colour, with a longish bill crooked at the end, the greater part of the neck bare, and a ruffle round the neck.

It devours calfs, lambs, sheep etc. and is found on the rocks in South-America, where the king of the Vultures also lives, which is distinguished by its long, white, red, yellow and black feathers.

The lamb-or beardul Vulture is found particularly in the Tyrol, and in Switzerland, and often steals children.

The carrion Vulture is very useful, by its devouring the carrion in hot climates, particularly in Egypt.

The common Vulture of a grey colour, is sometimes seen in Germany.

The greatest of the Eagles, which are of the Falcon kind, with

[3] Hieher gehören: die Geier, die Adler und Falken, die Würger, die kleinsten unter den Raubvögeln, und die Eulen, welche bei Nacht ausfliegen.

[4] Der größte unter den Geiern, welche einen ziemlich langen, erst am Ende gekrümmten Schnabel, einen größtentheils kahlen Hals und einen Federkragen haben, ist der Condor oder Greifgeier 1) von schwarzer und weißer Farbe.

[5] Er frißt Kälber, Schafe, Ziegen u. s. w. und hält sich in Südamerika auf Felsen auf, wo auch der Geierkönig 2) lebt, der sich durch die langen, weißen, rothen, gelben und schwarzen Federn auszeichnet.

[6] Der Lämmergeier hält sich besonders in Tyrol und in der Schweiz auf und raubt oft kleine Kinder.

[7] Der Aasgeier ist den heißen Gegenden, besonders Aegypten, durch das Aufzehren des Aases sehr nützlich.

[8] Der gemeine Geier von grauer Farbe läßt sich zuweilen auch in Deutschland sehen.

[9] Der größte unter den Adlern 3), welche aus dem Geschlecht der Fal-

On y compte les vautours, les aigles et les faucons, les laniers, les plus petits parmi les oiseaux de proie, et les hiboux, qui volent pendant la nuit.

Le plus grand des vautours dont le bec assez long n'est arqué qu'à l'extrémité, qui ont le cou presqu'entièrement chauve et un collier de plumes, est le condor de couleur noire et blanche.

Il mange des veaux, des moutons, des chevreuils etc., et habite l'Amérique méridionale sur les rochers, ainsi que le roi des vautours qui se distingue par ses plumes longues, blanches, rouges, jaunes et noires.

Le vautour des agneaux se trouve principalement dans le Tirol et la Suisse et ravit souvent de petits enfants.

Le vautour pérénoptère se rend très-utile aux pays chauds, surtout à l'Egypte, parce qu'il dévore la charogne.

Le vautour commun de couleur grise se montre quelquefois aussi en Allemagne.

Le plus grand des aigles qui sont de la race des faucons et

a strong crooked bill, and a dislike to carrion, is the Golden-Falcon, whose pupil is surrounded with a golden-coloured ring.

It builds its eyry on rocks and is of great strength, and boldness, as becomes the king of birds.

Its body is of a darkbrown colour, and is covered with a golden-lustre.

The common Eagle is almost always entirely black.

The Goshawk, which way lays the pigeons, and the Sparrowhawk are of a brown colour.

The kite flys as swiftly as possible.

The Noble or Gentil-Falcon of a brown colour, flies very swiftly and high in the air, and the Falconers use it to hunt the other birds.

The Eared-Owl has large, round, and fiery eyes, and feathered ears.

They live in Towers, ruins, and hollow trees.

Other kinds are: the night Owl, the brown-Owl, and the strix passerina, whose

ken sind, einen stark gebogenen Schnabel haben und das Aas verabscheuen, ist der Goldadler, dessen Augensterne mit einem goldgelben Rina umgeben sind.

10 Er nistet auf Felsen und ist von großer Stärke und Kühnheit, wie es dem Könige der Vögel geziemt.

11 Sein Körper ist dunkelbraun, und mit einem Goldglanz überzogen.

12 Der gemeine Adler ist gewöhnlich fast ganz schwarz.

13 Der Habicht, der den Tauben nachstellt, und der Sperber sind von brauner Farbe.

14 Der Weihe fliegt so leise als möglich.

15 Der Edelfalke 4), von brauner Farbe, fliegt sehr schnell und hoch, und die Jäger gebrauchen ihn zum Jagen anderer Vögel.

16 Die Ohreule 5) hat große, runde und feurige Augen, und Federohren.

17 Sie wohnt auf Thürmen, hohen Burgen und in hohlen Bäumen.

18 Andere Arten sind: die Nachteule 6), die Steineule und das Käuzchen, dessen Stim-

détestent la charogne, et dont le bec est très-arqué, est l'aigle royal dont les prunelles sont entourées d'un cercle jaune doré.

Il niche sur les rochers, et il possède une grande force et beaucoup de courage comme il convient au roi des oiseaux.

Son corps est d'un brun foncé reluisant d'or.

L'aigle commun est ordinairement presque tout noir.

L'autour qui fait la chasse aux pigeons, et l'épervier, sont de couleur brune.

Le milan vole aussi doucement que possible.

Le faucon de couleur brune vole très-vite et haut, et les chasseurs s'en servent pour chasser les autres oiseaux.

Le moyen-duc a de grands yeux ronds et ardents et les oreilles emplumées.

Il vit sur les tours sur des châteaux élevés et dans les creux des arbres.

Les autres espèces sont: le chat-huant, la grande chouette et la petite chouette dont

voice is considered by the superstitious as the forerunner of death.

me abergläubische Menschen für einen Vorboten des Todes halten.

le cris est regardé par les hommes superstitieux pour un signe de mort.

Aves rapaces.

[1] Aves a ceteris animalibus inprimis rostro, pennis, binis pedibus et voce discernuntur.

[2] Aves rapaces rostro durissimo et adunco, nec non unguibus acutis instructae sunt; mares quoque minores et minus validi sunt femellis, cum in ceteris avibus contrarium cernatur.

[3] Huc pertinent: vultures, aquilae et falcōnes, lanii, minimi avium rapacium, et ululae seu striges, noctu tantum evolantes.

[4] Vulturum, qui rostrum habent longius et demum sub finem aduncum, quorumque collum maximam partem nudum torque plumeo distinguitur, vultur gryphus maximus est, nigro et albo colore.

[5] Vescitur vitulis, ovibus, capreis etc. et in America meridionali in rupibus habitat, ubi et vultur papa vivit, pennis longioribus albis, rubris, flavis ac nigris maxime insignis.

[6] Vultur barbatus inprimis in Tiroli et Helvetia reperitur et saepe parvulos rapit.

[7] Vulturum genus quoddam in regionibus calidioribus, praesertim Aegypto vivens, cadavera devorando utilissimum est.

[8] Vultur cinereus interdum in Germania quoque conspicitur.

[9] Maxima aquilarum, quae e genere falconum sunt, rostrum habent maxime aduncum et cadavera aversantur, Falco est Chrysaëtos, cujus pupillae flavo orbe, seu annulo, circumdantur.

[10] Nidulatur in rupibus et magno est robore atque audacia, ut regem avium decet.

[11] Corpus ejus fusco est colore, et aureo splendore quasi obducitur.

[12] Falco Aquila plerumque fere prorsus niger est.

[13] Accipiter, columbis insidians, et nisus fusco sunt colore.

[14] Milvius quam minimo cum strepitu volat.

[15] Falco Gentīlis fusco colore celerrime et altissime evolat, et venatores eo ad venandas alias aves utuntur.

[16] Bubo oculos habet magnos et rotundos ignea specie et aures plumeas.

[17] Habitat in turribus, excelsis arcibus et cavis arboribus.

[18] Aliae species sunt: Strix Aluco, Str. Ulula, et Str. passerina, cujus vocem homines superstitiosi mortis indicium habent.

47.

48.

48.

Leichtschnäbler.

Easy beakers.		*Des oiseaux à becs minces.*
These birds have very large, but mostly hollow, and light bills, and short legs.	[1] Diese Vögel haben sehr große, aber meistens hohle und leichte Schnäbel und kurze Füße.	Ces oiseaux ont le bec très-grand mais pour la plupart creux et mince, et les pieds courts.
The class of Parrots, of which the greater number are green, is very numerous.	[2] Das Geschlecht der Papageien, von denen die meisten grün sind, ist sehr zahlreich.	Le genre des perroquets dont la plupart sont verts est très-nombreux.
They imitate the voice of the men, and can easily learn with their broad fleshy tongue, to pronounce single words.	[3] Sie ahmen die Stimme der Menschen nach und lernen mit ihrer breiten, fleischigen Zunge leicht einzelne Worte aussprechen.	Ils contrefont la voix des hommes et avec leur langue large et charnue ils apprennent facilement à prononcer des mots détachés.
They sigh, laugh, sneeze, yawn, and clear the throat, as the men.	[4] Sie seufzen, lachen, nießen, gähnen und räuspern sich wie Menschen.	Ils soupirent, rient, éternuent, baillent et font des efforts pour cracher comme les hommes.
The greatest of them resembles a cock; others again are not much larger than a sparrow.	[5] Die größten von ihnen kommen einem Hahn gleich; andere erreichen die Größe eines Sperlings.	Les plus grands ont la grandeur des coqs, d'autres n'atteignent que celle d'un moineau.
In America the woods swarm with them, on account of their living very long.	[6] In Amerika wimmeln die Wälder von ihnen, da sie sehr lange leben.	En Amérique les forêts fourmillent de ces oiseaux, puisqu'ils vivent très-long-temps.
They feed on the seeds of different plants.	[7] Sie nähren sich von den Saamen verschiedener Gewächse.	Ils se nourrissent de la semence de différentes plantes.
Their flesh, it is true, is eaten, but has not a very good flavour.	[8] Ihr Fleisch wird zwar gegessen, schmeckt aber nicht sehr gut.	Cependant leur viande est mangeable, mais n'est pas savoureuse.
A beautiful kind, is	[9] Eine vorzügliche Art	Une des plus belles

the East Indian Cockatoo, which has a white plumage, and a handsome plume on the top of the head, consisting of many yellow feathers.

The red and blue Macon (so it distinctly crys) or Indian crow is the finest and most beautiful of all; for its plumage glitters with purple, gold, and azure.

It has a proud appearance, but is easily tamed; and lives on the fruit of the Palm.

The ash-coloured Parrot is the most easily taught of any.

Other kinds are; the Lory of a red colour, the green parrot, and the Amazon of green, red, and yellow colours.

The red-headed-Parroquet, or Inseparable, the smallest of this species, lives in Africa and the East Indies.

The two sexes have an extraordinary affection for one another.

The yellow crested Toucan has a large bill, but so soft, that it cannot even eat a cherry with it.

The horn-bill Rhinoceros has an horny excrescence on the bill.

der Papageien ist der Kakadu 1) in Ostindien, der ein weißes Gefieder und einen schönen Busch auf dem Kopfe hat, der aus vielen gelben Federn besteht.

10 Der Aras 2) (so ruft er beständig), oder der Indianische Rabe, ist unter allen der größte und schönste; denn sein prächtiges Gefieder glänzt von Purpur, Gold und Azur.

11 Er hat ein stolzes Aussehen, läßt sich aber leicht zähmen, und lebt von Palmfrüchten.

12 Der aschgraue Papagei ist der gelehrigste unter allen.

13 Andere Arten sind: der Lori von rother Farbe, der grüne Papagei, und die Amazone von grüner, rother und gelber Farbe.

14 Die Unzertrennlichen, die kleinste Gattung davon, leben in Afrika und Ostindien.

15 Die beiden Geschlechter lieben sich außerordentlich.

16 Der Pfefferfresser 3) hat einen großen Schnabel, der aber so weich ist, daß er nicht einmal eine Kirsche damit zerbeißen kann.

17 Der Nashornvogel 4) hat einen hornartigen Auswuchs über dem Schnabel.

espèces de perroquets est le cacadou des Indes orientales, qui a le plumage blanc et une touffe de plumes sur la tête, consistant en beaucoup de plumes jaunes.

L'aras (c'est ainsi qu'il crie constamment) ou le corbeau indien, est le plus beau de tous; car son superbe plumage brille de pourpre, d'or et d'azur.

Il a l'air fier, mais il se laisse facilement apprivoiser, et se nourrit de fruits de palmier.

Le perroquet gris est le plus ingénieux de tous.

D'autres espèces sont le lori rouge, le perroquet vert ou de la Chine, et l'amazone verte, rouge et jaune.

La plus petite espèce, les inséparables vivent en Afrique et dans les Indes orientales.

Les deux sexes s'aiment extrêmement.

Le cotinga a le bec gros, mais si mou qu'il ne peut même pas déchirer une cerise.

Le rhinoceros-oiseau a une excroissance cornée sur le bec.

Aves levirostres.

[1] Hujus generis aves rostra habent permagna, sed maximam partem cava ac levia et breves pedes.

[2] Psittacorum genus, quorum plurimi viridi sunt colore, numerosissimum est.

[3] Vocem hominum imitantur et linguae latae ac carnosae ope facile singula verba elŏqui discunt.

[4] Gemunt, cachinantur, sternūtant, oscitant et screant, ut homines.

[5] Maximi eorum gallum gallinaceum aequant; alii vix passeris magnitudinem assequuntur.

[6] In Americae silvis quam copiosissimi sunt, cum diutissime vivant.

[7] Vescuntur semine variarum plantarum.

[8] Caro eorum quidem editur, nec vero admodum bene sapit.

[9] Praecipuum psittacorum genus est Ps. cristatus in India orientali, pennis candidis ornatus et cristam in capite gerens, e multis flavis pennis constantem.

[10] Ps. Macao seu corvus Indicus, cujus clamor: Ara, Ara, identidem auditur, omnium maximus est et pulcherrimus, quippe cujus pennae speciosae purpureo, auro et caeruleo fulgeant colore.

[11] Superba est specie, sed facile domari potest et palmarum fructibus vescitur.

[12] Ps. cinereus docilissimus est omnium.

[13] Aliae species sunt ps. Lory rubro colore, ps. sinensis viridis seu Alexandri, et ps. ochrocephălus.

[14] Psittăcus pullarius. minimum genus, in Africa et India Orientali vivit.

[15] Uterque sexus maximo se invicem amore prosequitur.

[16] Ramphastos Tucanus magno rostro praeditus est, at tam molli, ut ne cerasum quidem eo confringere possit.

[17] Bucĕros rhinoceros super rostro gibbum habet corneum.

49.

Specht= und krähenartige Vögel.

Pies, and Crow kind.

While the other kinds of birds have three claws before and one behind, the pies are for the most part

Des oiseaux de la race des pics et des corneilles.

[1] Während die übrigen Vögel vorn drei und hinten eine Zehe haben, sind die Spechte größtentheils vorn und hinten

Tandis que les autres oiseaux ont par devant trois et par derrière un doigt, les pics sont pour la plu-

furnished both before and behind, with two, in order that they may so much the easier climb the trees.

mit zwei Zehen versehen, damit sie desto bequemer an den Bäumen hinaufklettern können.

part pourvus par devant et par derrière de deux doigts, pour pouvoir plus facilement grimper le long des arbres.

They live chiefly on worms, which they seize with their long tongue from under the bark.

[2]Sie leben besonders von Würmern, die sie mit ihrer langen Zunge unter der Rinde hervorholen.

Ils se nourrissent principalement de vers qu'ils cherchent sous l'écorce avec leur longue langue.

To this class belong the black and green Woodpeckers, the small and great spotted Woodpeckers.

[3]Dazu gehören der Schwarzspecht 1), der Grünspecht 2), der große und der kleine Bunt- oder Rothspecht 3).

De ce nombre est le pic noir, le pic vert, le pic bigarré et le pic grièche.

The common tree creeper is of great service, by searching for the eggs and grubs of Insects.

[4]Der Baumläufer ist sehr nützlich, weil er die Eier und Puppen der Insekten aufsucht.

Le grimpereau est très-utile en ce qu'il attrape les oeufs et les nymphes des insectes.

The Wryneck can turn its head on all sides.

[5]Der Wendehals kann den Hals nach allen Seiten drehen.

Le torcol peut tourner le cou de tous les côtés.

The common Kingfisher of blue, green, and yellow colours lives by the side of rivers and ponds.

[6]Der Eisvogel von blauer, grüner und gelber Farbe wohnt an den Flüssen und Teichen.

L'alcyon de couleur bleue, verte et jaune habite les bords des fleuves et des étangs.

The common Beeeater, which is seldom found in Germany, is taken with hooks, on which bees, wasps, or locusts are placed.

[7]Der Bienenfresser oder Immenwolf, der sehr selten in Deutschland gefunden wird, wird mit Angeln gefangen, an welche Bienen, Wespen oder Heuschrecken angeheftet werden.

Le clairon apivore que l'on trouve très-rarement en Allemagne, est pris à l'hameçon auquel on attache des abeilles, des guêpes ou des sauterelles.

The dirty hoopoe is furnished with a reddish and yellow plumage, spotted with brown, and bears a plume on the top of the head.

[8]Der sehr unreinliche Wiedhopf 4) hat ein röthliches und gelbes Gefieder, das mit braunen Flecken geziert ist, und trägt einen Federbusch auf dem Kopfe.

La huppe mal-propre a le plumage rougeâtre et jaune orné de taches brunes, et porte une huppe sur la tête.

The Humming bird is the smallest of any, lives in South America,

[9]Der Kolibri 5), der kleinste unter allen Vögeln, lebt in Südame-

Le colibri, le plus petit de tous les oiseaux, se trouve dans

and glitters with the finest colours.

It lives on the honey of the flowers.

The crowkind have a strong, semewhat raised beak.

They live partly on grains and seeds, and partly on Insects and carrion.

The raven of a black colour lives principally on carrion, and is said to live above a hundred years.

The crows eat grubs and worms.

The Jackdaw builds its nest in towers and steals glittering things.

The wings of the nut-cracker are adorned with blue feathers.

The chattering mag pie of a black and white colour, builds its nest on high trees near the houses.

The garrulous Roller is of a blue colour.

rika und prangt mit den schönsten Farben.

10 Er lebt von dem Honig der Blumen.

11 Die krähenartigen Vögel haben einen ziemlich starken, etwas erhabenen Schnabel.

12 Sie leben theils von Getreide und Saamen, theils von Insekten und vom Aas.

13 Der Rabe 6), welcher von schwarzer Farbe ist, nährt sich besonders vom Aas und soll über 100 Jahre alt werden.

14 Die Krähe 7) lebt von Raupen und Würmern.

15 Die Dohle 8) nistet an Thürmen und stiehlt glänzende Sachen.

16 Die Flügel des Nußhehers 9) sind mit blauen Federn geziert.

17 Die geschwätzige Elster 10), von schwarzer und weißer Farbe, baut ihr Nest auf hohe Bäume nahe an den Häusern.

18 Die Mandelkrähe ist von blauer Farbe.

l'Amérique méridionale et brille des plus belles couleurs.

Il se nourrit du miel des fleurs.

Les oiseaux de l'espèce des corneilles ont le bec assez fort et un peu élevé.

Ils se nourrissent partie de blé et de grains, partie d'insectes et de cadavres.

Le corbeau de couleur noire se nourrit principalement de cadavres et parvient, dit-on, jusqu'à l'âge de cent ans.

La corneille vit de chenilles et de vers.

Le choucas niche sur les clochers, et dérobe les objets qui reluisent.

Les ailes du cassenoix sont ornées de plumes bleues.

La pie babillarde de couleur noire et blanche fait son nid sur de hauts arbres près des maisons.

Le collier est de couleur bleue.

Pici et coraces.

1 Cum in ceteris avibus e quatuor unguibus tres antrorsum porrigantur, unus retrorsum, pici maximam partem et ante et post duobus unguibus praediti sunt, quo facilius in arbores eniti possint.

2 Vescuntur inprimis vermibus, quos lingua longiori sub cortice deprōmunt.

3 Adnumerantur his Picus martius, P. viridis, P. major et minor.

4 Certhia familiaris utilissimus est, quod insectorum ova ac folliculos investīgat.

5 Jynx collum torquet, quocunque ipsi placet.

6 Alcēdo, caeruleo, viridi et fla-

vo colore, ad fluvios et stagna habitat.

[7]Merops, rarissime in Germania occurrens, hamis capitur, quibus apes, vespas aut locustas affīgunt.

[8]Upŭpa (epops) valde immunda pennas habet rutilas et flavas, fuscis maculis ornatas, et cristam in capite gerit.

[9]Trochĭlus, minimus omnium avium, in America australi vivit et pulcherrimis splendet coloribus.

[10]Florum melle vescitur.

[11]Corăces rostrum habent validius atque elatius..

[12]Eae partim frumentorum granis et seminibus, partim insectis et cadavere vivunt.

[13]Corvus nigro colore inprimis cadavere vescitur et supra centum annos vivere dicitur.

[14]Cornix erūcas et vermes devŏrat.

[15]Monedula in turribus nidulatur et res nitidas furatur.

[16]Alae picae nucifrăgae pennis caeruleis ornatae sunt.

[17]Pica garrula, nigro et albo colore, in altis arboribus nidulatur prope domus.

[18]Coracias garrula caeruleo est colore.

50.

Fortsetzung der krähenartigen Vögel. Singvögel.

Continuation of the crow kind: Singing birds.

Continuation des oiseaux de l'espèce des corneilles, et des oiseaux de chant.

The beautiful bird of Paradise lives chiefly in the Islands of Molucca.

In size it resembles the Starling.

On the head and neck it is covered with gold coloured feathers, the back and wings are brown.

Particularly beautiful are the long, extremely fine, white yellow and brown fea-

[1]Der prächtige Paradiesvogel 1) lebt besonders auf den Molukkischen Inseln.

[2]An Größe kommt er einem Staar gleich.

[3]Auf dem Kopfe und Nacken hat er goldgelbe Federn; der Rücken und die Flügel sind braun.

[4]Besonders schön aber sind die sehr langen und äußerst feinen Federn von weißer, gelber und

Le superbe oiseau du paradis vit particulièrement aux îles moluques.

Il est de la grandeur du sansonnet.

Il a des plumes jaunes dorées sur la tête et au cou; le dos et les ailes sont bruns.

Mais les plumes très-longues et extrêmement fines de couleur blanche, jaune et

49.

50.

thers, which adorn the outer part of its body.

The golden Oriole is of a gold' colour; the hen bird has the colour of a siskin.

The cuckow, whose voice the boys are very fond of imitating lays its eggs in the nest of the hedge sparrow.

The singing birds are generally small, have a conical beak, and short legs.

They live on the seeds of plants, and Insects, and afford for the most part a savoury flesh.

The lark is found in the fields, meadows, mountains and woods throughout the whole of Germany, and delight our ears by its sweet singing.

Its flesh is eaten, and in the Autumn great numbers of them are caught.

The starling whose black colour passes into green, imitates the human voice.

To the kind of thrushes belong; the fieldfare, a bird of passage, the flesh of which is well flavoured, the mistle thrush, singing

braunner Farbe, welche den äußersten Theil seines Körpers zieren.

5 Der Pirol oder die Goldamsel 2) sieht goldgelb aus; das Weibchen hat die Farbe des Zeisigs.

6 Der Kukuk 3), dessen Stimme die Knaben gar gern nachahmen, legt seine Eier in das Nest der Grasmücke.

7 Die Singvögel sind meistens klein, und haben einen kegelförmigen Schnabel und kurze Füße.

8 Sie leben von Pflanzensaamen und Insekten, und geben größtentheils ein schmackhaftes Fleisch.

9 Die Lerche 4) findet sich in ganz Deutschland auf Aeckern, Wiesen, Bergen und in Wäldern, und ergötzt unsere Ohren durch ihren lieblichen Gesang.

10 Ihr Fleisch wird gegessen und im Herbst werden große Schaaren von ihnen gefangen.

11 Der Staar 5) dessen schwarze Farbe in's Grüne übergeht, ahmt die menschliche Stimme nach.

12 Zu dem Geschlecht der Drosseln gehört der Krammetsvogel 6), ein Zugvogel, dessen Fleisch gut schmeckt, die Misteldrossel oder Schnarre,

brune qui ornent l'extérieur de son corps, sont principalement fort belles.

Le pirol ou merle doré est de couleur jaune doré; la femelle a les couleurs du serin.

Le coucou dont les enfants aiment bien à imiter la voix, pond ses oeufs dans le nid des fauvettes.

Les oiseaux de chant sont pour la plupart petits, ont le bec conique et les pieds courts.

Ils vivent de la semence des plantes et d'insectes, et donnent pour la plupart une viande savoureuse.

L'alouette se trouve dans toute l'Allemagne, dans les champs, les prés, les montagnes et les forêts, et charme nos oreilles par son chant agréable.

Sa chair est mangeable et en automne on en prend une grande quantité.

Le sansonnet dont la couleur noire est nuancée de vert, imite la voix de l'homme.

La grive, oiseau de passage, dont la viande est de bon goût, la grande grive du gui, la petite grive, et le merle proprement dit

thrush and blackbird, which has black feathers, and a yellow beak, and announces the approaching spring by its simple song.

The beak of the cross bill is of this kind, that the upper and lower parts lay cross ways; It lives on the seeds of the fir, and yew trees.

The haw finch bites the stone of the cherry in two, and throws the flesh away.

The Bull-finch learns to repeat different airs.

The class of Buntings is very numerous.

The flesh of the Ortolan and yellow hammer is good-tasting.

die Singdrossel und die Amsel 7), welche schwarze Federn und einen gelben Schnabel hat, und den kommenden Frühling durch einfachen Gesang verkündigt.

[13] Der Schnabel des Kreuzschnabels 8) ist von der Art, daß der obere und untere Theil desselben kreuzweise liegen; er lebt von den Saamen der Tannen und Fichten.

[14] Der Kernbeißer beißt die Kirschkerne entzwei und wirft das Fleisch weg.

[15] Der Dompfaff, Goll, Gimpel, lernt allerhand Melodien nachpfeifen.

[16] Das Geschlecht der Ammern ist zahlreich.

[17] Das Fleisch des Ortolans und der Goldammer schmeckt gut.

qui a le plumage noir et le bec jaune et qui annonce l'arrivée du printemps par son chant simple, appartiennent à la même espèce de merles.

Le bec du bec-croisé est formé de manière que la partie supérieure et inférieure sont en forme de croix; il se nourrit de la semence des pins et des sapins.

Le gros-bec casse les noyaux des cerises et en jète la chair.

Le pivoir apprend à sifler toutes sortes de mélodies.

L'espèce des embérizes est nombreuse.

La viande de l'ortolan et du loriot est de bon goût.

Continuatio coracium et aves canorae.

[1] Paradisea superba inprimis in insulis Moluccensibus vivit.

[2] Magnitudine sturnum aequat.

[3] In capite et cervīce flavas gerit pennas; tergum et alae fuscae sunt.

[4] Inprimis pulchrae vero sunt pennae longissimae et mollissimae albo, flavo et fusco colore, quae extremam corporis partem ornant.

[5] Oriŏlus galbula flavo est colore; femella speciem viridem spini prae se fert.

[6] Cucŭlus, cujus vocem pueri libentissime imitantur, ova in currūcae nido ponit.

[7] Aves canorae seu passeres maximam partem parvae sunt et rostrum habent cuneiforme ac breves pedes.

[8] Vescuntur plantarum semine atque insectis, et plurimae earum sapidam praebent carnem.

[9] Alauda in tota Germania in agris, pratis, in montibus ac silvis reperitur et aures nostras suavissimo cantu delectat.

[10] Caro earum editur et autumno magnae earum catervae capiuntur.

[11] Sturnus, cujus niger color in viridem transit, vocem humanam imitatur.

[12] Turdorum generi adnumerantur T. pilaris, avis gregaria, cujus

caro bene sapit, T. viscivŏrus, T. musicus et T. Merula, quae nigras habet pennas et rostrum flavum, cantuque simplici ver adventans nuntiat.

[13] Rostrum loxiae curvirostris ejusmodi est, ut inferior et superior pars ejus mutuo se secent; vescitur semine abiĕtum et pinuum.

[14] Loxia vulgaris nucleos cerasĭnos rostro diffringit et carnem abjicit.

[15] Loxia pyrrhŭla varios modos canendo imitari discit.

[16] Emberĭzarum genus numerosum est.

[17] Caro E. hortulanae et E. citrinellae bene sapit.

51.

Singvögel.

(Fortsetzung.)

Singing birds.

(Continuation.)

The class of Finches is great.

The Mountain Finch is of a black colour, and its dark wing feathers are adorned with small white spots.

The chaffinch is found over all Europe, the wings and tail are black with white spots.

The gold-or thistle finch whose front part of the head and throat is red, but the wings in many places yellow, is very fond of the seeds of the thistle, sings prettily, and can be taught various tricks.

[1] Das Geschlecht der Finken ist groß.

[2] Der Bergfink oder Tannenfink ist schwarz und seine schwärzlichen Schwungfedern sind mit kleinen weißen Flecken geziert.

[3] Der Buchfink wird in ganz Europa angetroffen; die Flügel und der Schwanz sind schwarz mit weißen Flecken.

[4] Der Stieglitz oder Distelfink 1), dessen Stirne und Kehle roth, die Flügel aber an mehreren Orten gelb sind, frißt gern Distelsaamen, singt ziemlich schön und kann zu allerlei Künsten abgerichtet werden.

Des oiseaux de chant.

(Continuation.)

Le genre des pinçons est nombreux.

Le pinçon de montagne est noir et les pennes de son aile noirâtre sont ornées de taches blanches.

Le pinçon proprement dit se trouve dans toute l'Europe; les ailes et la queue sont noires et ornées de taches blanches.

Le chardonneret dont le front et le gosier sont rouges et les ailes jaunes en divers endroits, aime bien la semence des chardons, chante assez agréablement et apprend différents arts.

The note of the greater Red-pole is pleasanter.

The Siskin, of a yellow and green colour, is likewise an elegant singing bird, and builds its nest on Firs and Yews.

The twittering sparrow eats grains and seeds, but also grubs, worms, and Insects.

The Canary bird is kept in cages partly on account of its fine song, and partly for its yellow plumage.

The nightingale surpasses all birds in the richness of its song, and has different changes of airs.

It is of a reddish grey colour.

The bluethroated and redbreasted Warblers sing very beautifully.

The Wren, and golden-crested wren, are the smallest of all the European birds.

The active and sprightly Warblers of a white and yellow colour, feed on flies and knats.

The Titmouse is of great use in destroying the numerous insects.

The great Titmouse is cruel and very voracious.

5 Angenehmer ist der Gesang des Hänflings.

6 Der Zeisig 2) von gelber und grüner Farbe ist ebenfalls ein niedlicher Singvogel und baut sein Nest auf Tannen und Fichten.

7 Der zwitschernde Sperling frißt zwar Körner und Saamen, aber auch Raupen, Würmer und andere Insekten.

8 Der Kanarienvogel 3) wird theils wegen des schönen Gesangs, theils wegen der schönen gelben Federn in Käfigen gehalten.

9 Die Nachtigall 4) übertrifft alle Vögel an Schönheit des Gesangs und hat verschiedene Abwechslungen der Melodien.

10 Sie ist von röthlich grauer Farbe.

11 Auch das Schwarz- und das Rothkehlchen singen sehr schön.

12 Der Zaunkönig und das Goldhähnchen sind die kleinsten unter allen Vögeln Europa's.

13 Die immer beweglichen und munteren Bachstelzen, von weißer, oder gelber Farbe, nähren sich von Fliegen und Mücken.

14 Die Meisen 5) sind sehr nützlich, da sie viele Insekten verzehren.

15 Die Kohlmeise ist grausam und sehr gefräßig.

Le chant du linon est plus agréable.

Le serin de couleur jaune et verte est de même un fort joli oiseau de chant, et fait son nid sur des pins et des sapins.

Le moineau chuchetant mange à la vérité des grains et des semences, mais aussi des chenilles, des vers et des insectes.

Le canari est élevé dans des cages tant à cause de son beau chant que de son beau plumage jaune.

Le rossignol surpasse tous les oiseaux par la beauté de son chant qu'il varie de différentes manières.

Il est de couleur grise rougeâtre.

Aussi le rougequeue et le rougegorge, chantent très-bien.

Le roitelet et le roitelet huppé sont les plus petits oiseaux de l'Europe.

Les hoche-queues toujours mobiles et gaies, de couleur blanche ou jaune, se nourrissent de mouches et de cousins.

Les mésanges sont très-utiles, vu qu'elles consument beaucoup d'insectes.

La charbonnière est cruelle et très-vorace.

The small Titmouse is of a black and grey colour.

The blue Titmouse we consider by right under the handsomest of birds.

The Marsh Titmouse is of a grey, white and black colour.

The swallows catch the Insects while flying, and migrate in Autumn into warmer climates.

The nest of the Indian swallow is eaten.

The Sand martin, or shore Swallow builds its nest on the shores of rivers and lakes.

The notes also of the Babbling-Warbler, of the grey, black, and black headed Warbler are very pleasant.

[16] Die Tannenmeise ist von schwarzer und grauer Farbe.

[17] Die Blaumeise rechnen wir billig unter die schönsten Vögel.

[18] Die Sumpfmeise ist von grauer, weißer und schwarzer Farbe.

[19] Die Schwalben 6) fangen die Insekten fliegend und ziehen im Herbst in wärmere Gegenden.

[20] Das Nest der Indianischen Schwalbe wird gegessen.

[21] Die Uferschwalbe nistet an den Ufern der Flüsse und Seen.

[22] Sehr angenehm ist auch der Gesang der gemeinen Grasmücke, 7) der grauen Grasmücke, der geschwätzigen Grasmücke und des Mönchs oder der schwarzköpfigen Grasmücke.

La petite charbonnière est de couleur noire et grise.

La mésange bleue peut être comptée parmi les plus beaux oiseaux.

La mésange des marais est de couleur grise, blanche et noire.

Les hirondelles prennent des mouches en volant et partent en automne pour des contrées plus chaudes.

On mange le nid de la salangane.

L'hirondelle de rivage fait son nid sur les rivages des fleuves et des lacs.

Le chant de la fauvette commune, de la fauvette grise, de la fauvette babillarde et du moine ou de la fauvette à tête noire est très-agréable.

Aves canorae. (Continuatio.)

[1] Fringillarum genus magnum est.

[2] Montifringilla nigra est et pennae firmiores ejus subnigrae albis maculis distinctae sunt.

[3] Fringilla caelebs in universa Europa invenitur; alae et cauda nigrae sunt et maculis albis ornatae.

[4] Fr. Carduelis, cujus frons et guttur rubra, alae vero pluribus locis flavae sunt, carduorum seminibus gaudet, suaviorem edit cantum et varias artes doceri potest.

[5] Suavior etiam est cantus Fr. cannabinae.

[6] Fr. spinus seu linaria viridis, flavo et viridi colore, et ipsa oscen est festivus, et nidulatur in abietibus ac pinis.

[7] Passer fritinniens granis quidem vescitur et frugum seminibus, at vermibus quoque, erūcis atque insectis.

[8] Fringilla canaria partim ob cantum dulcem, partim ob pennas flavas pulcherrimas in caveis alitur.

[9] Luscinia omnibus avibus cantus

suavitate antecellit et varias modorum vices habet.

[10] Color rutilus ejus glauco mixtus est.

[11] Etiam Motacilla rubecula et M. Phoenicūrus suavissime cantant.

[12] M. troglodytes et M. regulus omnium Europae avium minimae sunt.

[13] Motacillae alacres et perpetuo mobiles, albo, aut flavo colore, nutriuntur muscis et culicibus.

[14] Pari utilissimi sunt, cum multa insecta devŏrent.

[15] Parus major crudelis est et voracissimus.

[16] P. ater nigro et cinereo est colore.

[17] P. caeruleum jure pulcherrimis adnumeramus avibus.

[18] P. palustris glauco, albo et nigro est colore.

[19] Hirundines insecta volando eapiunt et autumno in calidiores regiones migrant.

[20] Nidus hirundinis indicae éditur.

[21] Hirundo riparia in ripis fluviorum et lacuum nidulatur.

[22] Jucundissimus est etiam cantus Motacillae sylviae, M. hortensis, M. currūcae et M. atricapillae.

52.

Hühnerartige Vögel.

Of the Fowl kind.		*Des oiseaux gallinacés.*
The beaks of these birds are covered at the roots with a fleshy skin.	[1] Der Schnabel dieser Vögel ist an der Wurzel mit einer fleischigen Haut überzogen.	Le bec de ces oiseaux est couvert d'une peau charnue à la racine.
The domestic Cock is furnished with a fleshy comb on the top of the head.	[2] Das Haushuhn 1) hat einen fleischernen Kamm auf der Stirne.	Le coq domestique a une crête sur la tête.
The domestic Hen lays many eggs, the use of which is well known.	[3] Die Henne 2) legt viele Eier, deren Nutzen bekannt ist.	La poule pond beaucoup d'oeufs dont on connait l'utilité.
The male of the Hen is called Cock, which far surpasses the female in the beauty of its plumage.	[4] Das Männchen der Hennen heißt Hahn, der an Schönheit die Weibchen weit übertrifft.	Le mâle de la poule s'appèle coq; il surpasse beaucoup les femelles en beauté.
It bears a large comb, its feet are furnished	[5] Er trägt einen großen Kamm, seine Füße	Il porte une plus grande crête, ses pieds

51.

52.

with spurs, and the feathers are of various colours.

Its walk is proud, and it erects the sickle-formed-tail in the air.

It indicates the approaching day by its crowing.

The cockfights in England are well known.

The Pigeons, of which there are many kinds, have different colours and afford a very tender and wholesome flesh.

The Wood pigeon is met with in the Woods.

From these our tame pigeons derive their origin which are very timid, and are distinguished by their cleanliness.

The Ringdove lives in the pine-forests.

The Turtle dove also lives in the woods, and the white laughing dove is frequently kept in rooms.

A certain kind of pigeon, the carrier pigeon is taught to carry letters.

The partridge, resembling a quail, only much larger affords an excellent flesh, like the quail, which on account

sind mit Sporen versehen und die Federn sind vielfarbig.

6 Sein Gang ist stolz und den sichelförmigen Schwanz richtet er in die Höhe.

7 Durch sein Krähen zeigt er den kommenden Tag an.

8 Die Hahnenkämpfe in England sind bekannt.

9 Die Tauben 3), von denen es viele Arten giebt, sind von verschiedener Farbe, und geben ein sehr zartes und gesundes Fleisch.

10 Die Holztaube trifft man in den Wäldern an.

11 Von ihr stammt unsere Haustaube ab, die sehr furchtsam ist und sich durch Reinlichkeit auszeichnet.

12 Die Ringeltaube hält sich in Nadelhölzern auf.

13 Auch die Turteltaube 4) lebt in den Wäldern, und die weiße Lachtaube 5) wird häufig in den Stuben gehalten.

14 Eine gewisse Gattung von Tauben, die Brieftaube, wird zum Brieftragen abgerichtet.

15 Das Rebhuhn 6) oder Feldhuhn, einer Wachtel ähnlich, nur viel größer, liefert ein vortreffliches Fleisch,

sont pourvus d'éperons, et ses plumes sont de plusieurs couleurs.

Sa marche est fière et il dresse en haut sa queue falciforme.

Par son chant il annonce l'arrivée du jour.

Les combats des coqs en Angleterre sont bien connus.

Les pigeons dont il y a beaucoup d'espèces sont de différentes couleurs et donnent une viande très-tendre et saine.

Le pigeon sauvage se trouve dans les forêts.

C'est de lui que vient notre pigeon domestique qui est très-craintif et se distingue par sa propreté.

Le pigeon à collier reste dans les forêts d'arbres à feuilles acéreuses.

La tourterelle vit aussi dans les forêts, et la tourterelle à collier est souvent élevée dans les chambres.

Une certaine espèce de pigeons, le pigeon messager, est dressé à porter des lettres.

La perdrix, semblable à une caille, mais plus grande, fournit un excellent mets de même que la caille qui

of its singular note is kept in cages.

To this place belong: Hasel Grous, larger than a partridge, the Starmigan Grous, the Black-cock, and the Wood-Grous, which is as large as an American Turkey, and of a black colour.

eben so die Wachtel 7), welche wegen des sonderbaren Schlags in den Käfigen gehalten wird.

[16] Hieher gehören: das Haselhuhn 8) größer als ein Rebhuhn, das Schneehuhn, das Birkhuhn und der Auerhahn 9), der die Größe eines Truthahns und schwarze Federn hat.

est gardée dans des cages à cause de son chant singulier.

On peut ranger ici la gelinotte des bois plus grande que la perdrix, la poule de neige, la poule des bois et le coq de bruyère qui a la grandeur d'un coq d'Inde et des plumes noires.

Gallinae.

[1] Hae aves rostrum habent, cujus radix carnea cute obducitur.

[2] Gallinarum genus cristam carneam in fronte gerit.

[3] Gallīna multa ova ponit, quorum utilitas nota est.

[4] Mas gallinarum gallus gallinaceus vocatur, pulchritudine femellas longe superans.

[5] Majorem gerit cristam, pedes ejus calcaribus instructi et pennae versicolores sunt.

[6] Incessus ejus est superbus et caudam falcatam erigit.

[7] Cantu diem venturam indicat.

[8] Satis nota sunt gallorum certamina, quae in Anglia fiunt.

[9] Columbae, quarum multa sunt genera, vario sunt colore et carnem tenerrimam ac saluberrimam praebent.

[10] Columba Oenas in silvis reperitur.

[11] Ab ea columba nostra domestica genus ducit, quae timidissima est et munditie excellit.

[12] C. palumbes in silvis pineis et abiegnis commoratur.

[13] Etiam turtur in silvis vivit, et columba risoria albo colore crebro in hypocaustis alitur.

[14] Genus quoddam columbarum, columbam tabellariam, epistolas transferre condocefaciunt.

[15] Perdix, coturnīci similis, at longe major, carnem egregiam suppeditat, pariter et coturnix, quae ob cantum singularem in caveis alitur.

[16] Huc pertinent Tetrao bonasia, perdīce major, T. lagōpus, T. Tetrix et T. Urogallus, magnitudine gallum Indicum aequans et nigras pennas habens

53.

Hühnerartige Vögel.

(Fortsetzung.)

Of the Fowl kind. (Continuation.)		*Des oiseaux gallinacés.* (Continuation.)
The Guinea Pintando is adorned with white spots, resembling pearls.	[1] Das schwarze Perlhuhn 1) ist mit weißen Flecken geziert, welche Perlen gleichen.	La pintade de couleur noire est ornée de taches blanches qui ressemblent à des perles.
The common pheasant is of a brown, yellow, and red colour: the head and neck are of a dark-blue and change into green.	[2] Der gemeine Fasan 2) ist von brauner, gelber und röthlicher Farbe; Kopf und Hals sind dunkelblau und schillern in's Grüne.	Le faisan commun est de couleur brune, jaune et rougeâtre; la tête et le cou sont d'un bleu foncé, et tirent sur le vert.
On account of the well flavoured flesh, and eggs, it is kept in particular preserves.	[3] Des wohlschmeckenden Fleisches und der Eier wegen wird er in eigenen Gehegen gehalten.	On le garde dans des enclos à cause de sa viande savoureuse et de ses oeufs.
The handsomest are the Aseatic gold and silver pheasants.	[4] Am schönsten sind der Gold= 3) und der Silberfasan 4) in Asien.	Les plus beaux sont le faisan doré et argenté d'Asie.
The domestic Turkey which came to us from America affords an excellent flesh.	[5] Der Truthahn 5) oder wälsche Hahn, der aus Amerika zu uns gekommen ist, giebt ein vortreffliches Fleisch.	Le dindon qui nous est venu de l'Amérique donne une excellente viande.
Under the neck it has a red beard, and also above the head a lappet of flesh.	[6] Unter dem Hals hat er einen rothen Bart und auch über dem Kopf einen Fleischlappen.	Il a sous le cou une barbe rouge, et sur la tête un lambeau de chair.
It can expand its tail as a fan.	[7] Den Schwanz kann er wie einen Fächer ausbreiten.	Il peut développer sa queue comme un éventail.
It is well known that it cannot bear red colour.	[8] Daß er die rothe Farbe nicht leiden kann, ist bekannt.	Il est connu qu'il ne saurait souffrir la couleur rouge.
The turkey hen is	[9] Die wälsche Henne	La dinde est beau-

much smaller, and is different also in voice, for the cock crows, according to his manner, and the hen clucks.

The peacock is found wild in the East Indies, has very splendid feathers, the colours of which, gold, blue, purple red, green and black, which are mixed together in divers proportions like the tuft on the head, make him the handsomest of all the birds.

Pure white peacocks are also found.

Its voice is rough, disagreeable, and mournful, the feet ugly, and the flesh of the old birds tough.

It has a proud gait, and erects its tail, like the Turkey cock, in the form of a wheel.

The great Bustard is without doubt the largest bird in Germany; for it weighs about 30 pounds.

On account of its heavy body, it cannot fly high.

ist weit kleiner und unterscheidet sich auch durch die Stimme; denn der Hahn kautert nach seiner Art, die Henne piept nur.

[10] Der Pfau 6), der in Ostindien wild gefunden wird, hat außerordentlich prächtige Federn, deren Farben golden, blau, purpurroth, grün und schwarz, die in Abstufungen mit einander gemischt sind, so wie der Federbusch auf dem Kopfe, ihn zum schönsten unter allen Vögeln machen.

[11] Man findet auch ganz weiße Pfauen.

[12] Seine Stimme ist rauh, widerlich und kläglich, die Füße häßlich und das Fleisch der alten hart.

[13] Er hat einen stolzen Gang und schlägt mit dem Schwanz, wie der Truthahn, ein Rad.

[14] Der Trappe 7) ist ohne Zweifel der größte Vogel in Deutschland; denn er wiegt gegen 30 Pfund.

[15] Wegen des schweren Körpers kann er nicht hoch fliegen.

coup plus petite et se distingue aussi par la voix, car le dindon glouglotte à sa manière, et la dinde ne fait que piauler.

Le paon que l'on trouve sauvage dans les Indes orientales a des plumes très-magnifiques dont les couleurs d'or, bleues, pourprées, vertes et noires qui sont mêlées ensemble par nuances, ainsi que la huppe sur sa tête, le rendent le plus beau de tous les oiseaux.

On trouve aussi des paons tout blancs.

Sa voix est rauque, désagréable et plaintive, ses pieds laids, et la chair des vieux est dure.

Il a la démarche fière et fait la roue avec la queue comme le dindon.

L'outarde est sans doute le plus grand oiseau de l'Allemagne, car il pèse près de trente livres.

Il ne peut pas voler haut à cause de la pesanteur de son corps.

Gallinae. (Continuatio.)

[1] Numīda meleagris nigro est colore et albae maculae, quibus ornatur, margarītis similes sunt.

[2] Phasianus Colchicus fusco, flavo et rutilo est colore; caput et cervix cyanea sunt, perlucente viridi colore.

[3] Sapidae carnis et ovorum causa in septis alitur.

[4] Pulcherrimi sunt Phasianus pictus et Ph. nycthemērus.

[5] Gallopavo meleāgris seu gallus Indicus, ex America ad nos translatus, carnem praebet sapidissimam.

[6] Sub collo paleam rubram et super capite quoque carunculam habet.

53.

54.

7 Caudam flabelli instar expandere potest.

8 Rubrum colorem eum odisse, notum est.

9 Gallina Indica longe minor est et voce quoque discernitur; gallus enim suo more cucūrit, gallina pipat.

10 Pavo, qui in India orientali ferus invenitur, splendidissimas habet pennas, quarum colores, aureus, caeruleus, purpureus, viridis et niger, per gradus inter se mixti, sicut crista in capite, eum omnium avium pulcherrimam reddunt.

11 Pavones quoque prorsus albi reperiuntur.

12 Vox ejus rauca est, ingrata et flebilis, pedes turpes sunt, et caro annosorum dura est.

13 Incessus ejus est superbus et caudam, sicut gallus Indicus, rotat.

14 Otis Tarda haud dubie maxima avis Germaniae est; habet enim pondus triginta librarum.

15 Ob corporis gravitatem alte volare non potest.

54.

Laufvögel.

Of the Ostrich kind. | *Oiseaux coureurs.*

These birds have short wings, and cannot raise themselves high above the earth.

The black Ostrich the largest of all the birds is found in Africa, and Arabia and is 4 feet high from the foot to the head.

It lives on the fruit of trees, grains, grass, and herbs.

Its feathers are chiefly black, the feathers of the wing and

1 Diese Vögel haben kurze Flügel und können sich nicht hoch über die Erde erheben.

2 Der Strauß 1), der größte unter allen Vögeln, wird in Afrika und Arabien gefunden, und ist vom Fuß bis zum Kopf vier Ellen hoch.

3 Er lebt von Baumfrüchten, Körnern, Gras und Kräutern.

4 Seine Federn sind größtentheils von schwarzer Farbe; nur

Ces oiseaux ont les ailes courtes et ne peuvent point s'élever bien haut de dessus la terre.

L'autruche, le plus grand de tous les oiseaux, se trouve en Afrique et en Arabie, et a quatre aunes de hauteur des pieds jusqu'à la tête.

Il se nourrit de fruits d'arbres, de grains, d'herbes et de plantes.

Ses plumes sont presque toutes de couleur noire; seulement

tail are alone white, and are sold very dearly.

The long neck is almost bare, and the feet have only two toes.

It lays 20 eggs every year, each of which weighs 2 to 3 pounds, and the greater number of them are hatched by the heat of the sun.

The voice of the Ostrich consists of mournful tones, or a loud cry.

They can run so quickly, that the fleetest horse is unable to overtake them.

When they cannot avoid a huntsman, they are said to hide the head in a bush.

The Arabians kill them with cudgels, in order that the blood may not soil the splendour of the feathers.

The feathers serve for plumes; and all kinds of vessels are made from the eggs, and leather is prepared from the skin.

The geleated Cassowary, which lives in the East Indies, is five feet high.

Its legs and neck are shorter.

On the crown of the head it has a horny helm, three inches high.

die Federn der Flügel und des Schwanzes sind weiß und werden theuer verkauft.

5 Der lange Hals ist beinahe nackt und die Füße haben nur zwei Zehen.

6 Er legt jährlich 20 Eier, welche 2 bis 3 Pfund wiegen, und meistens von der Sonnenhitze ausgebrütet werden.

7 Die Stimme der Straußen besteht aus kläglichen Tönen, oder einem starken Geschrei.

8 Sie können so schnell laufen, daß das geschwindeste Pferd sie nicht einholen kann.

9 Wenn sie einem Jäger nicht entrinnen können, sollen sie den Kopf in ein Gesträuch verbergen.

10 Die Araber schlagen sie mit Prügeln todt, daß das Blut nicht den Glanz der Federn besudelt.

11 Die Federn dienen zu Federbüschen, aus den Eiern werden allerlei Gefäße, und aus der Haut Leder verfertigt.

12 Der Casuar 2), der in Ostindien lebt, ist fünf Fuß hoch.

13 Seine Beine und sein Hals sind kürzer.

14 Auf dem Scheitel hat er einen hornartigen Helm, der drei Zoll hoch ist.

les plumes des ailes et de la queue sont blanches et se vendent très-cher.

Son cou long est presque nud, et ses pieds n'ont que deux doigts.

Il pond annuellement vingt oeufs de la pesanteur de deux à trois livres, qui sont pour la plupart fécondés par le soleil.

La voix de l'autruche consiste en tons plaintifs ou en un grand cri.

Elles courent si vite que le meilleur coursier ne peut point les atteindre.

Lorsqu'elles ne peuvent pas échapper aux chasseurs, elles cachent, dit-on, leur tête dans les broussailles.

Les Arabes les tuent à coups de bâton pour que le sang ne souille point l'éclat des plumes.

Les plumes servent de panaches, avec ses oeufs on fait des vases, et avec la peau du cuir.

Le casoar qui vit dans les Indes orientales a cinq pieds de hauteur.

Ses jambes et son cou sont plus courts.

Au sommet de la tête il a un casque de corne de trois pouces de hauteur.

Its black and brown feathers resemble wool.

The wings are even smaller than those of the Ostrich.

Its flesh and eggs are eaten, and from the shell of the egg drinking vessels are made.

It is very passionate, and its voice so disagreeable, that people imagine they hear that of a grunting swine.

15 Seine schwarzen und braunen Federn sind der Wolle ähnlich.

16 Die Flügel sind noch kleiner, als die des Straußes.

17 Sein Fleisch und seine Eier werden gegessen, und aus den Schalen der Eier werden Trinkgefässe bereitet.

18 Er ist jähzornig und seine Stimme so unangenehm, daß man ein grunzendes Schwein zu hören glaubt.

Ses plumes noires et brunes ressemblent à la laine.

Ses ailes sont encore plus petites que celles de l'autruche.

Sa chair et ses oeufs se mangent, et l'on prépare des vaisseaux à boire avec la coque de ses oeufs.

Il est fougueux et sa voix si désagréable que l'on croit entendre grogner un cochon.

Struthiones.

1 Hae aves, brevibus pennis instructae, non alte supra terram evolare possunt.

2 Struthiocamēlus, omnium avium maximus, in Africa et Arabia reperitur et a pede ad verticem quatuor ulnas altus est.

3 Arborum fructibus, granis, gramine et herbis vescitur.

4 Pennae ejus maximam partem nigro sunt colore; alarum tantum et caudae pennae sunt albae et magno pretio venduntur.

5 Collum longum fere nudum est et pedes modo duos ungues habent.

6 Quotannis viginti ova ponit, quae duarum vel trium librarum pondus habent et maximam partem solis calore excluduntur.

7 Vox struthionum flebilibus sonis constat, aut alto clamore.

8 Ii tam velociter currunt, ut celerrimus equus eos assequi non possit.

9 Si venatorem evadere non possunt, caput frutice occultare dicuntur.

10 Arăbes fustibus eos concīdunt, ne sanguis pennarum candorem contaminet.

11 Pennae cristis inserviunt, ex ovis varia vasa, et e pelle corium fit.

12 Casuarius, in India orientali vivens, quinque pedes altus est.

13 Crura et collum breviora sunt.

14 In vertice galeam gerit corneam, tres pollices altam.

15 Pennae ejus nigrae et fuscae lanae similes sunt.

16 Alae minores etiam sunt, quam struthionis.

17 Caro ejus et ova eduntur, et ex ovorum testis vasa potatoria parantur.

18 Iracundus est et vox ejus tam insuavis, ut porcum grunnientem audire putes.

55.

Sumpfvögel oder Stelzenläufer.

Moor-birds.

The Moor-birds have long legs, and neck, and feed on serpents, fishes, insects and worms.

The red Flamingo lives near the sea in warmer climates, in Spain it is also frequently found.

The Spoonbill builds its nest on high trees, and its flesh is good flavoured.

The common Crane, bigger than a stork, of an ash grey colour commits great damage on the crops, and is a bird of passage.

They fly during the night, and have a loud cry.

The white stork, with black wing feathers, a red beak, with which he clatters, and red legs is well known to us.

When we see him in his nest, which is frequently built on Church-towers, and town halls, we know that spring is near; he leaves us in Autumn,

[1] Die Sumpfvögel haben lange Beine und einen langen Hals und nähren sich von Schlangen, Fischen, Insekten und Würmern.

[2] Der Flamingo von rother Farbe lebt in der Nähe des Meeres in wärmeren Ländern; auch in Spanien wird er häufig gefunden.

[3] Die Löffelgans 1), nistet auf hohen Bäumen und hat ein sehr wohlschmeckendes Fleisch.

[4] Der Kranich 2), größer als der Storch, von aschgrauer Farbe, schadet der Saat sehr und ist ein Zugvogel.

[5] Sie fliegen bei Nacht und haben ein starkes Geschrei.

[6] Den weißen Storch 3), der schwarze Schwungfedern, einen rothen Schnabel, mit dem er klappert, und rothe Beine hat, kennen wir gar wohl.

[7] Wenn wir ihn in seinem Nest erblicken, das sich häufig auf Kirchthürmen und Rathhäusern zeigt, so wissen wir, daß der Frühling nahe ist; denn im Herbst ver-

Oiseaux de marais ou échassiers.

Les oiseaux de marais ont les pieds et le cou longs, et se nourrissent de serpents, de poissons, d'insectes et de vers.

Le flamant de couleur rouge vit dans le voisinage de la mer dans des pays chauds; on le trouve aussi communément en Espagne.

La palette niche sur de hautes arbres et a une viande très-savoureuse.

La grue plus grande que la cicogne, de couleur grise cendrée nuit beaucoup aux semences et est un oiseau de passage.

Elles volent pendant la nuit et poussent de grands cris.

Nous connaissons bien la cicogne blanche qui a des pennes noires; elle craquète avec son bec rouge, et ses pieds sont rouges aussi.

Quand nous l'apercevons dans son nid qui se trouve souvent sur des clochers et sur des maisons de ville, nous savons que le printemps est proche;

and migrates to Africa and other warm climates.	lassen die Störche unsere Gegenden und ziehen nach Afrika und in andere wärmere Länder.	car en automne les cigognes quittent nos contrées et se rendent en Afrique et dans d'autres pays chauds.
They are very useful to us, on account of their destroying frogs and serpents; but they on the other hand injure us by pursuing different kinds of birds, and even the bees also.	8 Sie verschaffen uns großen Nutzen, weil sie Frösche und Schlangen verzehren; aber sie schaden uns dadurch, daß sie mehreren Vögelarten, und selbst den Bienen nachstellen.	Elles nous sont d'une grande utilité parce qu'elles mangent les grenouilles et les serpents; mais elles nuisent en ce qu'elles poursuivent plusieurs espèces d'oiseaux, et même les abeilles.
The grey crowned Heron damages the ponds and rivers by living on fishes.	9 Der graue Reiher 4) ist den Teichen und Flüssen gefährlich, weil er von Fischen lebt.	Le héron cendré nuit aux étangs et aux rivières parce qu'il se nourrit de poissons.
Divine honours were paid by the Egyptians to te Ibis.	10 Der Ibis 5) wurde von den alten Aegyptiern göttlich verehrt.	L'ibis recevait les honneurs divins des anciens Egyptiens.
The snipes, particularly the Woodcock are very valuable on account of their flesh, on this account the sportsmen eagerly pursue it.	11 Die Schnepfen, besonders die Heerschnepfe, sind wegen ihres Fleisches sehr geschätzt, weswegen ihnen die Jäger begierig nachstellen.	Les bécasses, particulièrement les bécassines, sont très-estimées à cause de leur chair; c'est pourquoi les chasseurs les poursuivent avec chaleur.
The bittern heron lives in rushes, and sends forth very singular notes.	12 Die Rohrdommel lebt im Rohr, und bringt sonderbare Töne hervor.	Le butor vit dans les roseaux et pousse des sons singuliers.
The Water hen lives on Insects and Worms.	13 Das Wasserhuhn lebt von Insekten und Würmern.	La poule d'eau vit d'insectes et de vers.
The Ruff Sand piper is very pugnacious, and the Pewet is adorned with a green tuft.	14 Der Kampfhahn ist sehr streitsüchtig, und der Kiebitz ist mit einem grünen Busche geziert.	Le glaréole combattant est très-querelleur, et le vanneau est orné d'une huppe verte.
The Land-rail, produces in Autumn a fat and very good flesh.	15 Der Wachtelkönig oder die Wiesenschnarre liefert im Herbst ein fettes, sehr schmackhaftes Fleisch.	Le roi des cailles ou le râle de terre donne en automne une viande grasse et savoureuse.

Aves palustres seu grallae.

[1] Aves palustres longos pedes et longum collum habent, et serpentibus, piscibus, insectis ac vermibus vescuntur.

[2] Phoenicoptĕrus rubro colore prope mare in terris calidioribus vivit; in Hispania quoque crebro reperitur.

[3] Platalĕa in altis arboribus nidulatur et caro ejus sapidissima est.

[4] Grus, major ciconia, cinereo colore, segetibus multum damni infert et avis est gregaria.

[5] Noctu volare solent et magnum clamorem tollunt.

[6] Ciconiam albam, quae rostrum rubrum, quo crepĭtat, et rubros quoque pedes habet, et cujus pennae firmiores nigro sunt colore, probe novimus.

[7] Si in nido eam conspicimus, qui non raro in aedium sacrarum turribus et curiis cernitur, scimus, ver adventare; autumno enim ciconiae nostras regiones relinquunt et in Africam aut alias regiones calidiores migrant.

[8] Magnum nobis afferunt usum, cum ranas et serpentes devŏrent; sed eo nobis nocent, quod plura avium genera, quin apes ipsas insequuntur.

[9] Ardĕa cinerea stagnis et fluviis periculosa est, quod piscibus vivit.

[10] Tantălus Ibis a priscis Aegyptiis divino honore afficiebatur.

[11] Scolopāces, inprimis Scolŏpax Gallinago, carnis causa magni aestimantur, quare venatores cupidissime eos insectantur.

[12] Ardĕa stellaris in arundine vivit et singulares sonos edit.

[13] Fulĭca insectis et vermibus vescitur.

[14] Tringa pugnax pugnacissima est, et Tringo vanellus viridi crista ornatur.

[15] Rallus rex autumno carnem pinguem et sapidissimam praebet.

56.

Schwimmvögel.

Water-birds.		*Oiseaux aquatiques.*
The Water birds have a web between the toes, and are useful to us in their feathers eggs and flesh.	[1] Die Schwimmvögel haben zwischen den Zehen eine Schwimmhaut und sind uns durch Federn, Eier und Fleisch sehr nützlich.	Les oiseaux aquatiques ont entre les doigts une membrane qui leur sert de nageoires et ils nous sont très-utiles par leurs plumes, leurs oeufs et leur chair.
The sea-gull lives on the sea, and affords	[2] Die Möven 1) wohnen am Meer und lie-	Les mouettes habitent le bord de la

55.

56.

us eggs, and feathers which are softer and handsomer than those of the goose.

They fly very quickly, and are particularly met with in Holland.

The stormy Petrel of the size of a swallow, and with black feathers, approaches the ship, when a storm is near.

The Noddy is found towards the North.

The Albatross attains the size of a swan, and sends forth disagreeable notes.

The Diver lives in ponds and lakes towards the North; and feeds on fishes.

The Pinguin has no feathers, but wings resembling fins.

The Pelican has on the under-bill a large skin in the form of a bag, in which he procures food and drink for his young ones.

The man-of-war bird, has large wings, and flys very swiftly.

The swan, whose white feathers, and neck is a very handsome object, feeds on frogs, small fishes, and

fern uns Eier und Federn, die weicher und schöner sind, als die der Gänse.

[3]Sie fliegen sehr schnell und werden besonders in Holland angetroffen.

[4]Der Sturmvogel 2), der die Größe einer Schwalbe und schwarze Federn hat, fliegt, wenn ein Sturm bevorsteht, auf die Schiffe zu.

[5]Die Seeschwalbe wird gegen Norden angetroffen.

[6]Der Albatros erreicht die Größe eines Schwans, und giebt häßliche Töne von sich.

[7]Der Taucher 3) wohnt in den Teichen und Seen nördlicher Gegenden und nährt sich von Fischen.

[8]Der Pinguin oder die Fettgans 4) hat keine Federn, sondern Flügel, die den Flossen ähnlich sind.

[9]Der Pelikan oder die Kropfgans 5) hat am Unterschnabel eine große sackförmige Haut, in welcher er seinen Jungen Speise und Trank darreicht.

[10]Die Fregatte hat große Flügel und fliegt sehr schnell.

[11]Der Schwan 6), dessen weiße Federn und Hals ein sehr schönes Ansehen gewähren, nährt sich von Fröschen, kleinen Fischen und In-

mer et nous fournissent des oeufs et des plumes qui sont plus fines et plus belles que celles des oies.

Elles volent très-vite et se trouvent principalement en Hollande.

Le pétrel qui a la grandeur d'une hirondelle et des plumes noires vole sur les vaisseaux à l'approche d'un orage.

L'hirondelle de mer se rencontre vers le nord.

L'albatros atteint la grandeur d'un cygne et fait entendre des tons effrayants.

Le plongeon habite les étangs et les lacs des contrées du nord et se nourrit de poissons.

Le pingouin n'a point de plumes mais des ailes semblables à des nageoires.

Le pélican ou grand gosier a à la partie inférieure du bec une grande peau en forme de sac dans laquelle il apporte à ses petits à boire et à manger.

La fregate a de grandes ailes et vole très-vite.

Le cygne dont les plumes blanches et le cou long et très-flexible offrent un bel aspect, se nourrit de grenouilles, de petits poissons

insects and is said, to live 100 years.

The black swan lives in South India.

The wild goose of a grey colour is smaller than the tame, and is reckoned a bird of passage.

The geese are useful to us in their flesh, eggs and feathers.

We use the larger feathers for writing, the down for soft beds.

The Eider-duck affords the softest feathers.

The inhabitants of the northern countries collect them with great danger of life.

There are many kinds of ducks.

Their flesh is more savoury than that of the goose.

The head and neck of the wild duck are green.

sekten und soll 100 Jahre leben können.

[12] Der schwarze Schwan lebt in Südindien.

[13] Die wilden Gänse von grauer Farbe sind kleiner als die zahmen, und werden zu den Zugvögeln gerechnet.

[14] Die Gänse 7) nützen uns durch ihr Fleisch, durch die Eier und Federn.

[15] Die größeren Kiele gebrauchen wir zum Schreiben, die Flaumfedern zu den weichen Betten.

[16] Die weichsten Federn giebt die Eidergans.

[17] Die Bewohner der nördlichen Gegenden sammeln sie mit Lebensgefahr.

[18] Von der Ente 8) giebt es viele Arten.

[19] Ihr Fleisch ist noch wohlschmeckender, als das der Gänse.

[20] Der Kopf und der Hals der wilden Ente sind grün.

et d'insectes et atteint, dit-on, l'âge de cent ans.

Le cygne noir vit dans les terres australes.

Les oies sauvages de couleur grise sont plus petites que les apprivoisées et mises au nombre des oiseaux de passage.

Les oies nous sont utiles par leur chair, leurs oeufs et leurs plumes.

Les plus grands tuyaux servent à écrire, leur duvet sert à faire des lits.

L'oie du nord donne les plumes les plus molles.

Les habitants des pays septentrionaux les recueillent au péril de leur vie.

Il y a plusieurs sortes de canards.

Leur viande est plus savoureuse que celle des oies.

La tête et le cou du canard sauvage sont verts.

Anseres.

[1] Aves natantes inter digitos membrana natatoria praeditae sunt, et pennis, ovis ac carne maxime nobis prosunt.

[2] Lari prope mare habitant et ova ac pennas nobis suppeditant molliores et pulchriores, quam anserum.

[3] Volant celerrime et inprimis in Batavia reperiuntur.

[4] Procellaria, magnitudine passerem aequans et nigras habens pennas, procella imminente, naves petit.

[5] Sterna hirundo septentrionem versus reperitur.

[6] Diomedea exulans ad cygni magnitudinem accedit et insuaves edit sonos.

[7] Colymbus in stagnis et lacubus

regionum septentrionalium habitat et piscibus vescitur.

[8] Plautus pinguis pennas non habet, sed alas pinnis piscium similes.

[9] Pelecani rostro inferiori sacci instar cutis adhaeret, in qua pullis cibum ac potum porrĭgit.

[10] Pelecanus aquilus magnas habet alas et celerrime volat.

[11] Olor seu cygnus, cujus pennae albae et collum longissimum ac flexile pulcherrima sunt specie, ranis, pisciculis et insectis vescitur et centum annos vivere dicitur.

[12] Anas plutonia nigro colore in India australi vivit.

[13] Feri anseres cinereo colore minores sunt, quam cicūres, et avibus gregariis adnumerantur.

[14] Anseres carne, ovis ac pennis nobis prosunt.

[15] Majoribus calămis ad scribendum, plumis ad lectos molles utimur.

[16] Mollissimas pennas anas Danica praebet.

[17] Incolae regionum septentrionalium magno vitae discrimine eas colligunt.

[18] Anătis multa sunt genera.

[19] Caro earum sapidior etiam est anserina.

[20] Caput et collum anătis ferae viridia sunt.

57.

Wallfischartige Säugethiere.

Of the whale kind. *Mammifères cétacés.*

These animals are indeed as to the outward form like fishes, but the rest of the structure of the body places them in the class of land animals.

They have proper flesh and bones, red and warm blood, breath air through the lungs, and suckle their young.

The Narwal has on the upper jaw, a straight, serew-like, tooth, which is often 18 foot long, and has the whiteness of Ivory.

[1] Diese Thiere kommen zwar der äußeren Gestalt nach den Fischen gleich, aber ihr übriger Körperbau macht sie den Landthieren ähnlich.

[2] Sie haben eigentliches Fleisch und wahre Knochen, rothes und warmes Blut, schöpfen Luft durch die Lunge und säugen ihre Jungen.

[3] Der Narwal oder das Seeeinhorn 1) hat im Oberkiefer einen geraden, gewundenen Zahn, welcher oft achtzehn Schuh lang ist und die Weiße des Elfenbeins hat.

Ces animaux ressemblent à la vérité par leur extérieur aux poissons; mais par le reste de leur corps ils ressemblent aux animaux terrestres.

Ils ont de la chair et des os, du sang rouge et chaud, respirent l'air par les poumons, et allaitent leurs petits.

Le narval ou le nasicorne de mer a dans la mâchoire supérieure une dent droite et torse qui a souvent dix-huit pieds de longueur et la blancheur de l'ivoire.

The common Whale, the greatest of all animals, has in the under jaw-bone bones instead of teeth, and from which the whale bone is prepared.

It has a very great head, small eyes, and a very broad gullet, but so narrow a throat, that it can scarcely swallow a herring.

Its tongue weighs a thousand pounds.

In the middle of the head, two air holes are placed, with which he fetches breath, and spouts out the water.

With his broad tail, with which he moves and defends himself, he can overthrow a ship.

It lives in the frozen Ocean, and is from 60 to 100 feet long.

Its skin is smooth, and of a black colour.

It is, on account of its blubber, from which train oil is prepared, killed with harpunes, (a kind of dart.)

The Chachalot has teeth in the under Jawbone, and produces good train-oil.

In its head is the white spermaceti, resembling oil, from which candles are made, and in its intestines the ambergris, an agreeable-smelling resin.

4 Der Wallfisch 2), das größte aller Thiere, hat in der untern Kinnlade statt der Zähne Knochen, welche Barten heißen, aus denen das Fischbein bereitet wird.

5 Er hat einen sehr großen Kopf, kleine Augen und einen sehr weiten Rachen, aber eine so enge Kehle, daß er kaum Häringe verschlingen kann.

6 Seine Zunge wiegt tausend Pfund.

7 Mitten auf dem Kopfe befinden sich zwei Luftröhren, mit denen er Athem holt, und das Wasser ausspritzt.

8 Mit dem breiten Schwanz, womit er sich bewegt und vertheidigt, kann er ein Fahrzeug umwerfen.

9 Er wohnt in dem Eismeer und wird 60 bis 100 Schuh lang.

10 Seine glatte Haut ist von schwarzer Farbe.

11 Er wird wegen des Specks, aus welchem Thran gesotten wird, mit Harpunen (einer Art Wurfspieß) getödtet.

12 Der Pottfisch oder Kaschelot 3) hat in der untern Kinnlade Zähne und liefert guten Thran.

13 In seinem Kopf ist der weiße, dem Oel ähnliche Wallrath, aus dem Lichter verfertigt werden, und in seinen Eingeweiden der Ambra, ein wohlriechendes Harz.

La baleine, le plus grand animal, a dans la mâchoire inférieure des os au lieu de dents, que l'on appelle fanons dont on prépare les côtes de baleine.

Elle a la tête énormément grande, les yeux petits et la gueule très-large, mais le gosier si étroit qu'il peut à peine avaler des harengs.

Sa langue pèse mille livres.

Au milieu de la tête se trouvent deux trachées-artères par lesquelles il respire et rejète l'eau.

Avec sa queue large par le moyen de laquelle il se remue et se défend, il peut renverser un navire.

Il habite la mer glaciale et atteint soixante jusqu'à cent pieds de longueur.

Sa peau lisse est de couleur noire.

On le tue avec des harpons (espèce de javelots) à cause de son lard dont on fait l'huile de baleine.

Le cachelot a des dents dans la mâchoire inférieure et donne une bonne huile.

Dans sa tête se trouve le blanc de baleine ressemblant à l'huile, et dont on fait des chandelles, et dans ses entrailles on trouve l'ambre, résine odoriférante.

57.

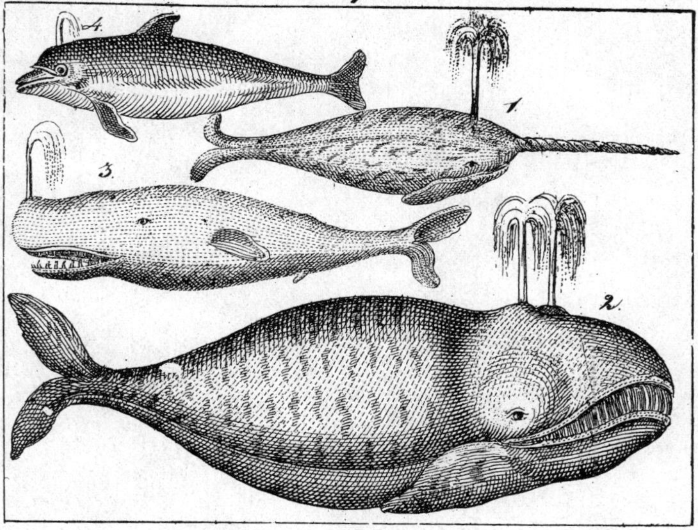

58.

The Dolphins which are very swift, accompany the ships in great numbers, and are said to be fond of musick.

[14] Der Delphin 4), welcher sehr geschwind ist, begleitet oft in großer Anzahl die Schiffe und soll die Musik lieben.

Le dauphin très-agile suit souvent en foule les vaisseaux, et aime, à ce que l'on dit, la musique.

Cetacea.

[1] Haec animalia externa quidem specie piscibus similia sunt, sed reliquo corporis habitu ad terrestria animalia accedunt.

[2] Ea veram carnem et vera ossa, et sanguinem rubrum ac calidum habent, aërem pulmonibus hauriunt, et pullos nutriunt.

[3] Monŏdon in maxilla superiori dentem habet rectum ac flexuosum, saepe duodeviginti pedes longum et ebŏris candorem éxhibentem.

[4] Balaena seu cetus, omnium animalium maxima, in maxilla inferiori pro dentibus ossa habet, e quibus os, quod vocant, cetaceum paratur.

[5] Permagno capite, parvis oculis et rictu amplissimo, sed gula tam angusta instructa est, ut vix halēces devorare possit.

[6] Lingua ejus pondus habet mille librarum.

[7] Medio in capite duo sunt spiracula, quibus spiritum ducit et aquam ejaculatur.

[8] Caudā lata, qua se movet ac defendit, navigium evertere valet.

[9] Habitat in mari glaciali et sexaginta vel centum pedes longa est.

[10] Cutis ejus laevis nigro est colore.

[11] Lardi causa, e quo unguentum illud cetaceum paratur, harpagonibus interficitur.

[12] Physēter in inferiori maxilla dentes habet et praestans praebet unguentum.

[13] Capiti ejus inest oleum illud, quod vulgo sperma ceti vocant, e quo candēlae conficiuntur, et in intestinis ejus ambra, resīnae genus odorifĕrum, reperitur.

[14] Delphini velocissimi magno saepe numero naves comitantur et musicae amantes esse dicuntur.

58.

Säugethiere mit Schwimmfüſsen.

Web footed Quadrupeds.

Mammifères aux pieds en forme de nageoires.

The common Beaver, that ingenious architect, is of the size of a common dog.

[1] Der Biber, jener geschickte Baumeister, ist von der Größe des gemeinen Hundes.

Le castor, cet architecte adroit, est de la grandeur d'un chien moyen.

It has web feet for the purpose of swimming, a scaly tail, and a very costly fur of a brown colour, from the hair of which the finest hats are prepared.

He uses the forefeet, furnished with sharp nails, as a hand, and the hinder feet, the toes of which are covered with a swimming skin, as well as the tail for swimming.

With the sharp teeth he fells trees for his house, which he builds on rivers and lakes.

It is particularly met with in North America.

The Fish otter, has short feet, dwells in holes on the banks of lakes and rivers, and feeds on frogs, crabs, and fishes.

Its brown fur is highly valued.

The fur of the sea otter is of black colour.

The Sea-calf has strong teeth, and large eyes, is covered with skin, and hair, and the back feet changes into a tail.

All the toes are

[2] Er hat Gänsefüße zum Schwimmen, einen schuppigen Schwanz, und ein sehr kostbares Fell von brauner Farbe, aus dessen Haaren die feinsten Hüte verfertigt werden.

[3] Die mit scharfen Nägeln versehenen Vorderfüße gebraucht er wie eine Hand, und die Hinterfüße, deren Zehen mit Schwimmhäuten verbunden sind, so wie der Schwanz, dienen ihm zum Schwimmen.

[4] Mit den scharfen Zähnen fällt er die Bäume zu seiner Wohnung, welche er an den Flüssen und Seen errichtet.

[5] Er wird besonders in Nordamerika gefunden.

[6] Die Fischotter 2) hat kurze Füße, wohnt in Höhlen an den Ufern der Seen und Flüsse, und nährt sich von Fröschen, Krebsen und Fischen.

[7] Ihr braunes Fell wird hochgeschätzt.

[8] Das Fell der Meerotter ist von schwarzer Farbe.

[9] Der Seehund 3), die Robbe oder das Seekalb, hat starke Zähne und große Augen, ist mit Haut und Haaren bedeckt, und die Hinterfüße laufen in den Schwanz aus.

[10] Die sämmtlichen

Il a des pattes d'oie propre à la natation, une queue écailleuse, et une peau précieuse de couleur brune, des poils de laquelle on fait les chapeaux les plus fins.

Les pattes de devant pourvues d'ongles aiguës lui servent de mains, et les pattes de derrière dont les doigts sont pourvus de membranes ainsi que la queue, lui servent à nager.

Avec ses dents tranchantes il coupe les arbres pour construire sa demeure qu'il érige dans les rivières et les lacs.

On le trouve principalement dans l'Amérique septentrionale.

Le loutre de lac a les pieds courts, demeure dans des cavernes au bord des lacs et des rivières et se nourrit de grenouilles, d'écrevisses et de poissons.

Sa peau brune est bien estimée.

Le peau des loutres de mer est de couleur noire.

Le phoque ou le veau marin a des dents fortes et de grands yeux; il est couvert de peau et de poil, et les pieds de derrière se terminent vers la queue.

Tous les doigts

bound with a leather-kind of web.	Zehen ſind mit einer lederartigen Schwimmhaut verbunden.	sont joints par une membrane coriacée.
They live on fishes, particularly on herrings, and are caught on account of the fat, and fur.	11 Sie leben von Fiſchen, beſonders von Häringen, und werden des Fettes und Fells wegen gefangen.	Ils se nourrissent de poissons et principalement de harengs, et on les pêche à cause de leur graisse et de leur peau.
The inhabitants of the northern countries use every part of it, some parts for nourishment, others for clothing.	12 Die Bewohner der nördlichen Länder benutzen alle Theile deſſelben, theils zur Nahrung, theils zur Kleidung.	Les habitants des pays septentrionaux profitent de toutes les parties de leurs corps tant pour leur nourriture que pour leur habillement.
From the fur, sportsman pouches, boots, horse cloths and other things are made; trunks also are covered with it.	13 Aus dem Fell werden Jagdtaſchen, Stiefel, Pferdedecken und andere Dinge verfertigt, und auch Koffer werden damit überzogen.	On fait des gibecières, des bottes, des caparaçons et d'autres choses de leur peau, et l'on en couvre aussi des coffres.
The sea-bear, and the smooth and the shaggy Sea lions are greater.	14 Größer ſind der Seebär und der zottige und glatte Seelöwe.	L'ours marin et le lion marin velu et à peau lisse sont plus grands.
The Sea-horse has two prominent teeth, which surpasses the ivory in whiteness.	15 Das Wallroß 4) hat zwei hervorragende Zähne, welche das Elfenbein an Weiße übertreffen.	Le morse a deux dents avancées qui surpassent l'ivoire en blancheur.
It neighs as a horse, and bellows as an Ox.	16 Es wiehert wie ein Pferd und brüllt wie ein Ochs.	Il hennit comme un cheval et mugit comme un boeuf.
Its weight amounts to about 2000 pounds.	17 Sein Gewicht beträgt bei 2000 Pfund.	Il pèse près de deux mille livres.

Palmata.

1 Castor (fiber), architectus ille peritissimus, canem familiarem magnitudine aequat.

2 Pedes anserīnos habet ad natandum, caudam squameam et pellem pretiosissimam fusco colore, e cujus pilis mollissimi pilei conficiuntur.

3 Pedibus anterioribus, acutis unguibus instructis, tanquam manu utitur, et posteriores pedes, quorum ungues membranis natatoriis junguntur, nec non cauda, natando ei inserviunt.

4 Dentibus acutis arbores caedit ad domicilium suum, quod juxta flumina et lacus sibi construit.

5 Reperitur inprimis in America septentrionali.

6 Lutra breves habet pedes, in

cavernis ad ripas lacuum et fluviorum habitat et ranis, cancris ac piscibus nutritur.

[7] Pellis ejus fusca magni aestimatur.

[8] Pellis lutrae marinae nigro est colore.

[9] Phoca vitulīna robustos habet dentes magnosque oculos, pelle ac pilis tegitur, et pedes posteriores in caudam abeunt.

[10] Universi digiti membrana natatoria corio simili junguntur.

[11] Piscibus, praesertim halecibus, vescuntur et adipis atque pellis causa capiuntur.

[12] Incolae regionum septentrionalium omnibus ejus partibus tum ad victum, tum ad vestitum utuntur.

[13] E pelle ejus perae venatoriae, ocreae, strata equorum aliaeque res conficiuntur, et risci quoque eo obducuntur.

[14] Majores sunt Phoca ursina et Phoca cristata ac jubata.

[15] Trichechus Rosmarus duo dentes habet prominentes, qui ebori candore antecellunt.

[16] Hinnit, ut equus, et mugit bovis instar.

[17] Pondus habet duorum millium librarum.

59.

Plumpe Säugethiere.

Plump Quadrupeds.		*Mammifères lourds.*
The Elephant the largest of the land quadrupeds, attains the height of 15 feet.	[1] Der Elephant 1), das größte unter den Landthieren, erreicht die Größe von 15 Fuß.	L'éléphant, le plus grand des animaux terrestres, parvient à quinze pieds de hauteur.
It is prudent, and docile.	[2] Er ist klug und gelehrig.	Il est prudent et docile.
Its skin is thick and of a grey colour.	[3] Seine Haut ist dick und von grauer Farbe.	Sa peau est épaisse et de couleur grise.
The head and eyes are small, but the ears very large.	[4] Kopf und Augen sind klein, aber die Ohren sehr groß.	La tête et les yeux sont petits, mais les oreilles très-grandes.
His trunk three yards long, which he uses as a hand is very remarkable.	[5] Besonders merkwürdig ist sein drei Ellen langer Rüßel, den er wie eine Hand gebraucht.	Sa trompe de trois aunes de longueur dont il se sert comme d'une main est très-remarquable.
The two tusks, growing from the upper	[6] Die zwei großen Zähne, welche aus der	Les deux grosses dents qui sortent de la

jaw-bone, afford us the well-known ivory.

It lives on leaves of trees and grass, particularly on rice, and the tobacco-plant.

Formerly the elephants carried small towers in battle, which were filled with men.

They live from 100 to 200 years.

They are particularly fond of wine and spirits, and have a great pleasure in musick and flowers.

The hippopotamus or River horse, has a large head, an immense gullet, a very thick skin, short feet and large teeth, which are preferable to the Ivory.

It lives in the Nile and other rivers of Africa, eats sugar, rice and other kinds of grass, also fish.

There are two kinds of Rhinoceros' one living in Africa the other in Asia; the former has two horns on the nose, and a smooth skin, the latter one horn, with a thick skin, which is laid in many folds.

The head of both kinds resembles a swine's.

They delight in marshy places.

obern Kinnlade hervorragen, geben das bekannte Elfenbein.

[7] Er lebt von Baumblättern und Gräsern, vorzüglich von Reiß und Tabakspflanzen.

[8] Ehemals trugen die Elephanten im Kriege kleine Thürmchen, in welchen sich Soldaten befanden.

[9] Sie leben 100 bis 200 Jahre.

[10] Sie lieben besonders Wein und Branntwein, und haben an der Musik und an Blumen eine große Freude.

[11] Das Flußpferd 2) hat einen großen Kopf, einen ungeheuern Rachen, eine sehr dicke Haut, kurze Füße und große Zähne, welche dem Elfenbein vorgezogen werden.

[12] Es lebt im Nil und andern Flüssen Afrikas und frißt Zucker, Reiß und andere Grasarten, auch Fische.

[13] Es giebt zwei Arten des Nashorns 3): die eine wohnt in Afrika, die andere in Asien; jene hat auf der Nase zwei Hörner und eine glatte Haut, diese nur ein Horn, und ihre dicke Haut macht viele Falten.

[14] Der Kopf beider Arten ist einem Schweinsrüßel ähnlich.

[15] Sie lieben sumpfige Gegenden.

mâchoire supérieure, donnent l'ivoire connu.

Il vit de feuilles d'arbres et d'herbes, particulièrement de riz et de plantes de tabac.

Autrefois les éléphants portaient à la guerre, des tourelles, où se trouvaient des soldats.

Ils vivent cent jusqu'à deux cents ans.

Ils aiment particulièrement le vin et l'eau-de-vie; la musique et les fleurs leur font un grand plaisir.

L'hippopotame a une grosse tête, une gueule énorme, une peau très-épaisse, les pieds courts et de grandes dents, que l'on préfère à l'ivoire.

Il vit dans le Nil et dans les autres fleuves de l'Afrique et mange du sucre, du ris et d'autres espèces d'herbes, et aussi des poissons.

Il y a deux sortes de rhinocéros: l'une habite l'Afrique et l'autre l'Asie; celle-là a deux cornes sur le nez et une peau lisse, celle-ci n'a qu'une corne et sa peau épaisse a beaucoup de plis.

La tête des deux espèces ressemble au groin d'un cochon.

Ils aiment les contrées marécageuses.

The Tapir has a longish snout, and lives in South America.

It is serviceable in its flesh, which has the flavour of swine's, and in its skin.

The aethiopian pig is disgusting and very wild.

The Babirussa pig is found in some of the islands of Asia, and the Tajassu pig lives in America.

[16] Der Tapir oder das Wasserschwein 4) hat einen ziemlich langen Rüssel, und wohnt in Südamerika.

[17] Er nützt durch das Fleisch, das den Geschmack des Schweinefleisches hat, und durch die Haut.

[18] Das aethiopische Schwein ist häßlich und sehr wild.

[19] Der Hirscheber wohnt auf einigen Inseln Asiens und das Bisamschwein in Amerika.

Le tapir ou la vache montagnarde a une trompe assez longue, et habite l'Amérique méridionale.

Il est utile par sa viande qui a le goût de celle du porc, et par sa peau.

Le cochon d'Ethiopie est laid et très-féroce.

Le porceau-cerf habite quelques îles de l'Asie, et le cochon musqué, l'Amérique.

Multungula.

[1] Elephantus, maximus omnium animalium terrestrium, ad magnitudinem quindecim pedum accedit.

[2] Prudens est ac docilis.

[3] Pellis ejus crassa cinereo est colore.

[4] Caput et oculi parva, sed aures maximae sunt.

[5] Inprimis memorabilis est proboscis ejus tres ulnas longa, qua tanquam manu utitur.

[6] Duo dentes magni e superiori maxilla eminentes notum ebur praebent.

[7] Vescitur arborum foliis et graminibus, inprimis oryza et herbae Nicotianae foliis.

[8] Olim elephanti quoque in bello turriculas ferebant, militibus repletas.

[9] Centum vel ducentos annos vivunt.

[10] Vino et vino adusto inprimis delectantur, et musica ac floribus maxime gaudent.

[11] Hippopotămus magno capite, rictu vasto, pelle crassissima et magnis dentibus instructus est, qui vel ebori praeferuntur.

[12] In Nilo vivit aliisque Africae fluminibus et sacchăro, oryza aliisque graminibus, piscibus quoque vescitur.

[13] Rhinocerotis duo sunt genera, alterum in Africa, alterum in Asia vivens; illud duo habet cornua in naso et pellem laevem, hoc vero unum tantum cornu gerit et pellis crassa multas plicas facit.

[14] Caput utriusque generis rostro suillo simile est.

[15] Gaudent locis palustribus.

[16] Tapir Americanus, rostro longiori instructus, in America australi habitat.

[17] Prodest pelle ac carne, quae eodem sapore est, quo caro suilla.

[18] Sus Aethiopicus foedus et ferocissimus est.

[19] Sus Babirussa in insulis quibusdam Asiae, et sus Tajassu in America vivit.

59.

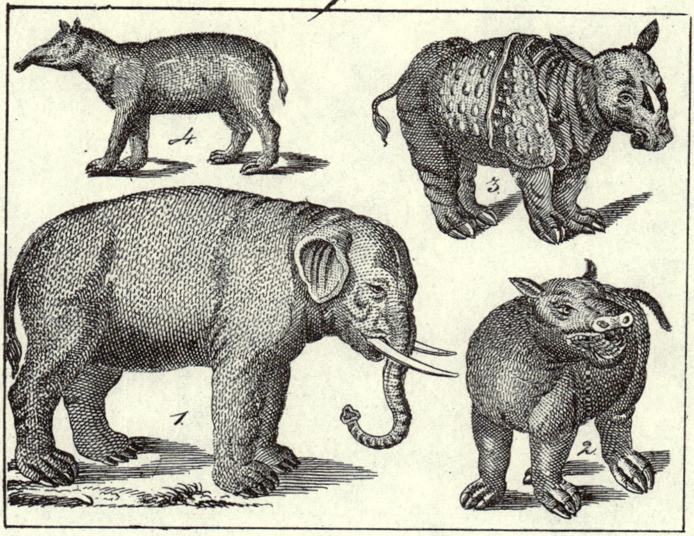

60.

60.

Zweihufige Säugethiere.

Two hoofed Quadrupeds.

Mammifères bisulques.

The animals of this class have cleft hoofs, eat grass and herbs and chew the cud.

Their stomach consists of four parts.

The Camel, which is very serviceable to people in the East, has a long neck, and on the back either one or two humps, the former is called a Dromedary, the latter a Camel.

It carries great burdens, runs swiftly at the sound of the flute, can endure thirst a long while, which in those sandy deserts is of great importance and lives on thistles and thorny plants.

In one of its four stomachs it can retain the water a long time.

The Arabians, on account of its carrying such heavy burdens, call it the Ship of the Desert.

It is larger than the horse and of a brown and ash grey colour.

1 Die Thiere dieser Ordnung haben gespaltene Klauen, fressen Gras und Kräuter, und wiederkäuen.

2 Ihr Magen besteht nämlich aus vier Theilen.

3 Das Kameel 1), welches den Völkern des Morgenlandes sehr nützlich ist, hat einen langen Hals und auf dem Rücken einen oder zwei Höcker; jenes heißt Dromedar, dieses Trampelthier.

4 Es trägt große Lasten, läuft sehr schnell nach der Musik der Flöte, kann den Durst lange ertragen, was in jenen sandigen Gegenden von größter Wichtigkeit ist, und lebt von Disteln und Dornengewächsen.

5 In einem der vier Magen kann es lange Wasser aufbewahren.

6 Die Araber nennen es, da es sehr schwere Lasten trägt, das Schiff der Wüste.

7 Es ist größer als das Pferd, und von brauner oder aschgrauer Farbe.

Les animaux de cette classe ont les pieds fourchus, mangent de l'herbe et des plantes et ruminent.

C'est-à-dire, leur estomac consiste en quatre parties.

Le chameau, très-utile aux nations de l'Orient a le cou long et sur le dos une ou deux bosses; celui-là s'appelle dromadaire, celui-ci chameau proprement dit.

Il porte de lourds fardeaux, court très-vite aux sons de la flûte, peut long-temps supporter la soif, ce qui est très-important dans ces contrées sablonneuses, et vit de chardons et de ronces.

Dans l'un de ces quatre estomacs il peut long-temps conserver l'eau.

Les Arabes le nomment le vaisseau du désert parce qu'il porte de très-lourds fardeaux.

Il est plus grand que le cheval et de couleur brune ou grise cendrée.

It lives fifty years.	8 Es lebt fünfzig Jahre.	Il vit cinquante ans.
The flesh is savoury, and cloth is made from the hair.	9 Das Fleisch ist wohlschmeckend und aus den Haaren werden Zeuge verfertigt.	Sa chair est savoureuse et de ses poils on fait des étoffes.
The Lama, found in America, carries heavy burdens, and its flesh is very wholesome.	10 Die Kameelziege oder das Lama 2), welches in Amerika lebt, trägt schwere Lasten und sein Fleisch ist sehr gesund.	Le chameau du Pérou ou le lama qui vit en Amérique, porte de lourds fardeaux et sa viande est très-saine.
The sheep-camel, very much resembling a goat, and found in South-America, affords a very fine wool.	11 Das Vicogne oder Schaafkameel 3), das einer Ziege sehr ähnlich ist und sich auch in Südamerika findet, giebt eine sehr feine Wolle.	La vigogne très-semblable à une chèvre, et qui se trouve aussi dans l'Amérique méridionale, donne une laine très-fine.
The chamois Antelope, which is met with particularly on the Alps in Switzerland, is very swift, and is serviceable in its flesh and fur.	12 Die Gemse 4), welche besonders auf den Alpen in der Schweiz angetroffen wird, ist sehr schnell und nützt durch ihr Fleisch und durch das Fell.	Le chamois que l'on rencontre principalement sur les Alpes en Suisse court très-vite; sa chair et sa peau sont fort utiles.
The mountain goat is distinguished by its long turnbacked horns.	13 Der Steinbock 5) unterscheidet sich durch seine langen, rückwärts gebogenen Hörner.	Le bouquetin se distingue par ses cornes longues et recourbées.
It leaps from one rock to another, and turns itself not unfrequently upon the pursuing huntsman.	14 Er springt von einem Felsen zum andern und stürzt sich nicht selten auf den ihn verfolgenden Jäger.	Il saute d'un rocher sur l'autre et s'élance assez souvent sur le chasseur qui le poursuit.
It is seldom found in the Tyrole, or Switzerland.	15 Er wird nur selten in Tirol und in der Schweiz erblickt.	On ne le voit que rarement au Tyrol et en Suisse.
The handsome and graceful Gazelle, of which there are several kinds, lives on the high mountains of Asia and Africa.	16 Die schöne und schlanke Gazelle 6), von der es mehrere Arten giebt, lebt auf den hohen Bergen Asiens und Afrika's.	La belle gazelle déliée dont il y a plusieurs espèces vit sur les hautes montagnes de l'Asie et de l'Afrique.
The Giraffe, living in Africa, has a very long neck, is 18 feet high, and feeds on the leaves of trees.	17 Die Giraffe, welche in Afrika lebt, hat einen langen Hals, ist 18 Fuß hoch und lebt von Baumblättern.	La giraffe qui vit en Afrique a le cou très-long, dix-huit pieds de hauteur, et se nourrit de feuilles d'arbres.

Bisulca.

[1] Animalia hujus generis, fissis ungulis instructa, gramina et herbas comēdunt et rumĭnant.

[2] Ventriculus eorum scilicet quatuor partibus constat.

[3] Camelus, orientis gentibus utilissimus, longum habet collum et in tergo unum vel duo tubera; ille C. dromedarius, hic C. Bactrianus vocatur.

[4] Magna portat onera, celerrime currit ad tibiae sonos, sitim diu ferre potest, quod in regionibus illis arenosis maximi est momenti, et carduis ac spinis vescitur.

[5] In uno e quatuor illis ventriculis aquam diu servare potest.

[6] Arăbes navem deserti eum vocant, cum gravissima ferat onera.

[7] Major est equo, et fusco aut cinereo colore.

[8] Vivit quinquaginta annos.

[9] Caro ejus sapida est et e pilis panni conficiuntur.

[10] Camelus Lama, in America vivens, gravia fert onera et caro ejus saluberrima est.

[11] Camelus Vicunna, caprae similis et pariter in America meridionali degens, tenuissimam praebet lanam.

[12] Antilōpe rupicapra, quae potissimum in Alpibus Helvetiae reperitur, celerrima est et carne ac pelle prodest.

[13] Ibex cornibus longis et retro flexis insignis est.

[14] Ex alia rupe ad aliam transĭlit et haud raro in venatorem persequentem irruit.

[15] Rarissime tantum in Tiroli et Helvetia conspicitur.

[16] Antilōpe Dorcas pulcherrima, et gracili corporis forma praedita, cujus plura sunt genera, in altioribus Asiae et Africae montibus vivit.

[17] Camelopardălus, in Africa habitans, longissimum habet collum, septendecim pedes altus est et arborum foliis vescitur.

61.

Zweihufige Säugethiere.

(Fortsetzung.)

Two hoofed Quadrupeds.

(Continuation.)

Mammifères bisulques.

(Continuation.)

The common Sheep, a very mild animal, which cannot live without the protection of man, bears wool, from

[1] Das Schaf 1), ein sehr sanftes Thier, das den Schutz der Menschen nicht entbehren kann, trägt Wolle, aus wel-

La brebis, animal très-doux, qui ne peut pas se passer de la protection de l'homme, porte de la laine dont

which different kinds of cloth are prepared.	cher verschiedene Arten von Tüchern verfertigt werden.	on fait différentes sortes de drap.
Besides this we enjoy its flesh, and from its milk, butter and cheese is made.	2 Außerdem genießen wir sein Fleisch, und aus seiner Milch werden auch Butter und Käse bereitet.	Outre cela nous mangeons sa viande, et l'on fait aussi du beurre et du fromage de son lait.
From the skins leather and parchment, and from the gut, strings are made.	3 Aus der Haut wird Leder und Pergament, und aus den Därmen Saiten gemacht.	On prépare du cuir et du parchemin de sa peau, et des cordes de ses boyaux.
The male of the sheep is called ram, bearing crumpled horns.	4 Das Männchen des Schaafs heißt Widder, der gewundene Hörner trägt.	Le mâle de la brebis s'appelle bélier; il porte des cornes torses.
The wether and lamb have savoury flesh.	5 Der Hammel und das Lamm haben ein schmackhaftes Fleisch.	Le mouton et l'agneau ont une chair savoureuse.
The Spanish sheep afford the finest, and the English sheep the longest wool.	6 Die spanischen Schaafe geben die feinste, und die englischen die längste Wolle.	Les moutons d'Espagne donnent la laine la plue fine, et ceux d'Angleterre la plus longue.
The sheep-genus have hollow and rough horns, and in the lower jaw eight foretheet, like the black-cattle.	7 Das Schaafgeschlecht hat hohle und rauhe Hörner und in der unteren Kinnlade acht Vorderzähne, wie das Rindvieh.	La race des moutons a des cornes creuses et rudes et huit dents de devant dans la mâchoire inférieure comme le gros bétail.
The lascivious goat, which is allied to the sheep, delights in the dry and herby pasture of the plain.	8 Die muthwillige Ziege 2), welche mit dem Schaaf verwandt ist, hat eine Freude an Hügeln und Bergen, da das Schaaf die trockenen und kräuterreichen Weiden der Ebene liebt.	La chèvre légère approchante du mouton aime les collines et les montagnes, tandis que le mouton aime les pâturages secs et riches en herbe dans la plaine.
We use its flesh, the milk and skin, from which the Spanish and Morocco leather is prepared.	9 Man benützt von ihr das Fleisch, die Milch und die Haut, aus welcher Corduan und Saffian verfertigt wird.	On profite de sa viande, de son lait et de sa peau dont on prépare du maroquin et du corduan.
The buck and kid are more sportive than the She-goat, and smell disagreeably.	10 Der Bock und das Böckchen sind muthwilliger, als die Ziege, und riechen nicht sehr angenehm.	Le bouc et le petit bouc sont plus vifs que la chèvre et ont une odeur désagréable.

They are derived from the Bezoar-goat, which is found on the Caucasian Mountains and the Black Sea.

The Angora goat, found in the country about Angora, a town in Asia Minor, has very long and fine hair of a white colour.

The hair also of the Tibet sheep is so fine, that the most costly shawls are made from it, which are worn by the nobler ladies.

Our sheep is said to spring from the Mouflon sheep, which is found in Asia.

The Arabian sheep has a very thick and fat tail.

11 Sie stammt von der Bezoarziege ab, welche auf dem Kaukasus und am schwarzen Meere lebt.

12 Die Angorische oder Kämelziege 3), welche in der Gegend von Angora, einer Stadt in Kleinasien, weidet, hat ein sehr langes und feines Haar von weißer Farbe.

13 Auch die Haare der Tibetanischen Ziege sind so fein, daß die kostbarsten Shawls daraus verfertigt werden, welche die vornehmen Damen tragen.

14 Von dem Mufflon oder Argali, welches in Asien gefunden wird, soll unser Schaaf abstammen.

15 Die arabischen Schaafe haben sehr dicke und fette Schwänze.

Celle-ci descend de la gazelle des Indes qui vit sur le Caucase et près de la mer noire.

La chèvre d'Angora qui paît dans les contrées d'Angora, ville de l'Asie mineure, a le poil très-long et très-fin de couleur blanche.

Mais le poil de la chèvre du Tibet est si fin, qu'on en fait les schâles les plus précieux que portent les dames distinguées.

Notre brebis descend, dit-on, du mouflon ou argali qui se trouve en Asie.

Les moutons arabes ont la queue très-épaisse et très-grasse.

Bisulca. (Continuatio.)

1 Ovis, mitissimum animal, quae tutela hominum minime carere potest, lanam gestat, e qua varia pannorum genera conficiuntur.

2 Praeterea carne ejus fruimur, et e lacte ejus butyrum et casei parantur.

3 E pelle corium et membranae, et ex intestinis chordae fiunt.

4 Mas ovium aries vocatur, cornua habens flexuosa.

5 Vervēcis et agni caro sapidissima est.

6 Hispanicae oves mollissimam, et Anglicae longissimam lanam praebent.

7 Ovium genus cornua cava et aspera, et in maxilla inferiori, boum instar, octo dentes anteriores habet.

8 Capra lascīva, ovi propinqua, collibus gaudet et montibus, cum ovis pascua arīda atque herbida planitiei praeoptet.

9 Utimur carne ejus, lacte ac pelle, e qua corium Hispanicum et Turnicum conficitur.

10 Caper seu hircus cum haedo petulantior est capra, et male olet.

11 Genus ducit ab Aegăgro, in Caucăso monte et prope Pontum Euxīnum vivente.

12 Capra Angorensis, circa Angoram, urbem Asiae minoris, pascens, pilos habet longissimos ac mollissimos albo colore.

13 Pili quoque caprae Tibetanae tam molles sunt, ut suppări illi pretiosi inde conficiantur, quibus matronae nobiles utuntur.

14 Ovis nostra a' capra Ammon genus ducere dicitur.

15 Ovium arabicarum caudae admodum crassae sunt et pingues.

62.

Zweihufige Säugethiere.

(Fortsetzung.)

Two hoofed Quadrupeds.

(Continuation.)

The bull and the cow, together with the calf are of great use to the men.

Their flesh is goodtasting and very wholesome, and butter and cheese is made from the milk of the Cow.

Besides these, the Ox is harnessed to the waggon and plough.

From the skin leather, and from the suet, soap and candles are prepared.

The hollow and smooth horns, and dung, are also very serviceable.

The Urus or wild bull, from which our Black cattle spring, is very strong and cannot endure red colour.

The Bison has a hunch on its back, and a very long and white mane.

1 Der Stier 1) oder Ochse und die Kuh 2) nebst dem Kalb 3) bringen dem Menschen sehr großen Nutzen.

2 Ihr Fleisch ist wohlschmeckend und sehr gesund, und aus der Milch der Kuh werden Butter und Käse verfertigt.

3 Außerdem werden die Ochsen vor den Wagen und Pflug gespannt.

4 Aus der Haut wird Leder, und aus dem Talg Seife und Lichter bereitet.

5 Auch die hohlen und glatten Hörner und der Dünger sind sehr nützlich.

6 Der Auerochse 4), von dem unser Rindvieh abstammt, ist sehr stark und kann die rothe Farbe nicht ertragen.

7 Der Bison 5) oder Buckelochse hat einen Höcker und eine sehr lange weiße Mähne.

Mammifères bisulques.

(Continuation.)

Le taureau ou boeuf et la vache avec le veau sont très-utiles à l'homme.

Leur viande est très-savoureuse et très-saine, et du lait de la vache on prépare le beurre et le fromage.

Outre cela les boeufs sont attelés aux chariots et aux charrues.

On fait du cuir de sa peau, du savon et des chandelles de sa graisse.

Ses cornes creuses et lisses et le fumier sont aussi fort utiles.

L'ure dont notre gros bétail tire son origine est très-fort et ne peut pas supporter la couleur rouge.

Le bison a une bosse et la crinière très-longue et blanche.

61.

62.

In North-America great herds of them are found.

The Buffalo, which is found in Asia, Africa, and also in Italy and Hungary, has black horns, and generally, a black thick skin.

It is stronger than the common Ox, passionate and treacherous, and is governed by an iron ring placed thro' the nose.

The grunting swine, which is sometimes reckoned among the plump quadrupeds, and whose flesh the Jews, and Turks are not allowed to eat, is an unclean animal, but is esteemed on account of its flesh and lard.

It is furnished with a snout, and bristles.

Leather and parchment is made from the skin, and the use of the hams and sausages is well-known.

The wild-swine, whose flesh is called black-game, is of a blackish grey colour, and has large tnoks.

Its flesh is much wholesomer, on account of its eating plants and acorns.

The male of the swine is called boar, and the farrow, young pigs and Shoats.

8 In Nordamerika werden große Heerden derselben gefunden.

9 Der Büffel 6), der in Asien und Afrika, auch in Italien und Ungarn sich findet, hat schwarze Hörner und meistens auch ein schwarzes, dickes Fell.

10 Er ist stärker als der gemeine Ochse, zornsüchtig und falsch und wird durch einen eisernen Ring regiert, den man durch die Nase zieht.

11 Das grunzende Schwein 7), welches oft auch zu den plumpen Säugethieren gerechnet wird, und dessen Fleisch die Juden und Türken nicht essen dürfen, ist ein unreines Thier, wird aber des Fleisches und Speckes wegen gehalten.

12 Es hat einen Rüssel und Borsten.

13 Aus der Haut macht man Leder und Pergament, und der Nutzen der Schinken und Würste ist bekannt.

14 Das wilde Schwein 8), dessen Fleisch Schwarzwildpret heißt, ist von schwarzgrauer Farbe und hat größere Zähne.

15 Sein Fleisch ist weit gesünder, da es nur Pflanzen und Eicheln frißt.

16 Das Männchen der Schweine heißt Eber, die Jungen Ferkel und Frischlinge.

Dans l'Amérique septentrionale on en trouve de grands troupeaux.

Le buffle qui se trouve en Asie et en Afrique, aussi en Italie et dans la Hongrie, a les cornes noires et en grande partie aussi la peau noire et épaisse.

Il est plus fort que le boeuf ordinaire, colérique et faux, et on le conduit par un anneau de fer qu'on lui passe par le nez.

Le cochon grognant que l'on compte souvent aussi parmi les mammifères lourds, et dont la viande est défendue aux Juifs et aux Turcs, est un animal immonde, mais on le nourrit à cause de sa viande et de son lard.

Il a un groin et des soies.

On fait du cuir et du parchemin de sa peau, et l'utilité des jambons et des andouilles est connue.

Le sanglier dont la viande est appelée gibier noir est de couleur gris-obscure et a les dents plus grandes.

Sa viande est beaucoup plus saine vu qu'il ne mange que des plantes et des glands.

Le mâle des cochons s'appelle verrat, les petits, cochons de lait et marcassins.

Bisulca. (Continuatio.)

[1] Taurus et vacca. cum vitulo hominibus maximas adferunt utilitates.

[2] Caro eorum sapida et saluberrima est, et e lacte vaccae butyrum atque casei parantur.

[3] Praeterea boves currui et aratro junguntur.

[4] E pelle corium, ex sebo candelae et sapo conficiuntur.

[5] Cornua quoque cava et laevia, nec non fimus magnae sunt utilitati.

[6] Urus, a quo boves nostri genus ducunt, robustissimus et rubri coloris impatiens est.

[7] Bos Bison gibbum et jubam atram habet longissimam.

[8] In America septentrionali magni eorum greges reperiuntur.

[9] Bubălus, qui in Asia et Africa, etiam in Italia et Hungaria invenitur, nigra cornua et plerumque pellem nigram et crassissimam habet.

[10] Validior est vulgari bove, iracundus et perfidus, et orbe ferreo regitur, per nares ducto.

[11] Sus grunniens, quem saepe etiam Multungulis adnumerant, et cujus carnem Judaeis ac Turcis edere non licet, immundum est animal, sed carnis et lardi causa alitur.

[12] Rostro et setis instructus est.

[13] E pelle corium et membranae fiunt, et pernarum ac farciminum utilitas nota est.

[14] Aper, cujus caro aprugna dicitur, nigro fere est colore et majores habet dentes.

[15] Caro ejus longe salubrior est, cum nonnisi plantis et glandibus vescatur.

[16] Mas porcorum et aprorum verres vocatur, pulli vero porcelli et apri teneriores.

63.

Zweihufige Säugethiere.

(Fortsetzung.)

Two hoofed Quadrupeds.
(Continuation.)

Mammifères bisulques.
(Continuation.)

The slender stag, of a brown red colour has antlers or two branched horns, which he drops in spring, and exchanges for new ones.

[1] Der schlanke Hirsch 1), von braunrother Farbe, hat ein Geweih oder zwei ästige Hörner, welche er im Frühling abwirft und mit neuen vertauscht.

Le cerf d'une taille svelte de couleur rouge-brun a une ramure ou des cornes rameuses qu'il change au printemps contre de nouvelles.

The hind has no horns.

The flesh of the deer, which, as well as that of the roe and hare, is called game, is either eaten boiled or roasted, from the skin breeches are made, and from the antlers an excellent medecine is extracted.

The fallow-deer lives generally in Fir forests, and its brown fur, is specked with white.

Its antlers are broad, and its flesh more tender than that of the stag, it is also more gentle and can more easily be made tame.

The Roe, this slender, swift and lively animal lives rather, in smaller woods, and has a soft hair of a reddish brown colour.

The Roebuck drops his short antlers in Autumn.

Its flesh is better than that of the fallow-deer, and the skin is used for different purposes.

The Elk, the largest of the deer kind, was formerly found in Germany, and is eight feet long, and seven high.

It feeds on grass,

2 Die Hirschkuh hat keine Hörner.

3 Das Hirschfleisch, welches, wie das der Rehe und Hasen, Rothwildpret heißt, wird gesotten oder gebraten gegessen, aus den Fellen werden besonders Beinkleider verfertigt, und aus dem Geweih wird ein vortreffliches Arzneimittel bereitet.

4 Der Damhirsch oder Tannhirsch 2) wohnt besonders in Tannenwäldern und sein braunes Fell hat weiße Flecken.

5 Sein Geweih ist breit und sein Fleisch zarter, als das des Edelhirsches; auch ist er sanfter und kann leichter zahm gemacht werden.

6 Das Reh 3), dieses schlanke, schnelle und lebhafte Thier, lebt mehr in kleinerem Gehölze und hat ein weiches Haar von rothbrauner Farbe.

7 Der Rehbock wirft das kurze Geweih im Herbst ab.

8 Sein Fleisch ist vorzüglicher, als das des Hirsches, und die Haut dient zu verschiedenem Nutzen.

9 Das Elenthier 4), das größte vom ganzen Hirsch-Geschlecht, das sich ehemals auch in Deutschland aufhielt, ist acht Fuß lang und sieben hoch.

10 Es lebt von Gras,

La biche n'a point de cornes.

La viande du cerf qui s'appelle gibier rouge, comme celle des chevreuils et des lièvres se mange bouillie ou rôtie; avec les peaux on fait surtout des culottes, et avec la ramure l'on prépare un excellent remède.

Le daim habite principalement les forêts de sapins et sa peau brune a des taches blanches.

Sa ramure est large et sa viande est plus tendre que celle du cerf, aussi est-il plus doux et peut être plus facilement apprivoisé.

Le chevreuil, cet animal délié, léger et vif se plaît le plus dans les petits bois; il a le poil tendre de couleur rouge-brun.

Le chevreuil mâle perd sa ramure courte en automne.

Sa viande est préférable à celle du cerf, et sa peau sert à différents objets.

L'élan le plus grand du genre des cerfs lequel se trouvait autrefois aussi en Allemagne a huit pieds de longueur et sept de hauteur.

Il vit de feuilles,

leaves, buds, young twigs, and the bark of trees.

Laub, Knospen, jungen Zweigen und Baumrinden.

d'herbes, de boutons, de petits rameaux et d'écorces d'arbres.

The Rein-deer is peculiar to Lapland.

11 Das Rennthier 5) ist Lappland eigen.

La renne est indigène de la Lapponie.

The Laplanders use every part of it.

12 Die Lappländer gebrauchen alle Theile desselben.

Le Lappon utilise toutes les parties de cet animal.

It lives on Moss, and is harnessed to sledges.

13 Es lebt von Moos und wird an die Schlitten gespannt.

Il se nourrit de mousse et on l'attèle aux traîneaux.

Its antlers has broad branches.

14 Sein Geweih hat breite Schaufeln.

Sa ramure a des paumures larges.

It carries the head not erect.

15 Den Kopf trägt es nicht aufrecht.

Il ne porte pas droite la tête.

The Musk, affords the musk, a very strong smelling and wholesome medecine.

16 Das Bisamthier giebt den Moschus, ein sehr stark riechendes und heilsames Arzneimittel.

Le musque donne le musc, remède très-odoriférant et très-salutaire.

Bisulca. (Continuatio.)

1 Cervus gracilis, fusco et rutilo colore, duo ramosa habet cornua, quae vere abjicit et novis commūtat.

2 Cerva caret cornibus.

3 Caro cervīna, cui, aeque ac caprearum et lepŏrīnae carni a rufo harum ferarum colore ferīnae rufae nomen dari solet, cocta aut assata editur, e pellibus inprimis femoralia conficiuntur, et e cornibus praestans medicamentum paratur.

4 Cervus Dama inprimis in silvis abiegnis habitat et pellis ejus fusca albis maculis ornatur.

5 Cornua ejus lata sunt et caro tenerior est, quam cervi Elăphi; est quoque mitior et facilius mansuefit.

6 Capreŏlus cum caprea, animal hoc gracile, velox et alacre, minoribus silvulis gaudet et molles pilos fusco ac rutilo colore gerit.

7 Capreŏlus cornua sua brevia autumno dejicit.

8 Caro ejus praestantior est, quam cervi, et pellis vario est usui.

9 Cervus Alces, maximus omnium Cervorum, qui olim in Germania quoque reperiebatur, octo pedes longus et septem altus est.

10 Vescitur gramine, foliis, gemmis, teneris frondibus et arborum cortice.

11 Tarandus Lapponiae proprius est.

12 Lappones omnibus ejus partibus utuntur.

13 Musco vivit et trahis jungitur.

14 Cornua ejus ramos habent latiores.

15 Caput non erectum gerit.

16 Moschus moschifer medicamentum praebet odoriferum et saluberrimum.

63.

64.

64.

Einhufige Säugethiere.

ne hoofed Quadrupeds.

The horse, distinguished for his form, size, strength, swiftness, boldness, docility, fidelity and prudence, came to us from Asia.

The wild horses are smaller, and less showy.

They are serviceable as well in the field, as riding, travelling, and war; they are moreover used to set mills and other machines in motion.

Their hoofs are shod with iron-shoes.

They defend themselves with the hinder feet, like the Ox with the horns.

The Arabian horses are distinguished by their swiftness, the Persian by their fine shape.

The Spanish and English are the best of the European horses.

Many Aseatic people eat the flesh and drink milk of the horse.

[1] Das Pferd 1), welches sich durch seine Gestalt, Größe, Stärke, Schnelligkeit, Kühnheit, Gelehrigkeit, Treue und Klugheit auszeichnet, ist aus Asien zu uns gekommen.

[2] Die wilden Pferde sind kleiner und nicht so ansehnlich.

[3] Sie sind sowohl zum Ackerbau, als auch zum Reiten, Fahren und zum Kriegswesen tauglich, ja sie werden sogar gebraucht, um Mühlen und andere Maschinen in Bewegung zu setzen.

[4] Ihre Hufe werden mit Eisen beschlagen.

[5] Sie vertheidigen sich mit den Hinterfüßen, wie der Ochse mit den Hörnern.

[6] Die arabischen Pferde sind durch Schnelligkeit, die persischen durch den schönen Bau ausgezeichnet.

[7] Von denen in Europa sind die spanischen und die englischen die vorzüglichsten.

[8] Mehrere Völker in Asien genießen das Fleisch und die Milch der Pferde.

Solipèdes.

Le cheval qui se distingue par sa figure, sa grandeur, sa force, sa vitesse, sa hardiesse, sa docilité, sa fidélité et sa prudence, nous est venu d'Asie.

Les chevaux sauvages sont plus petits, et ont moins d'apparence.

Ils sont propres à l'agriculture aussi bien qu'à la monture, qu'à l'attelage et à la guerre; on s'en sert même à faire aller des moulins et d'autres machines.

Leurs cornes sont ferrées.

Ils se défendent avec leurs pieds de derrière, de même que le boeuf avec ses cornes.

Les chevaux arabes sont distingués par leur célérité, ceux de Perse par leur belle structure.

Ceux d'Espagne et d'Angleterre sont les meilleurs de l'Europe.

Plusieurs peuples de l'Asie mangent la chair des chevaux et boivent leur lait.

Leather, particularly the shagreen, is prepared from the skin, and the hair on account of its elasticity is used for bolsters, and mattresses.

The Ass lives on inferiour food, on leaves, straw, and thistles, and is serviceable in carrying burdens.

The asses' milk is very wholesome for consumptive people; parchment is made from the skin.

The wild asses are more spirited and swifter.

From the horse and ass the mule springs, which is met with particularly in Spain, Italy and the East.

The white fur of the Zebra living in Africa, is streaked with brown.

[9] Aus der Haut wird Leder, besonders auch Chagrin bereitet, und die Haare dienen zu Polstern und Matrazen, weil sie sehr elastisch sind.

[10] Der Esel 2) lebt von geringem Futter, von Blättern, Stroh und Disteln, und ist zum Lasttragen nützlich.

[11] Die Eselsmilch ist schwindsüchtigen Personen sehr gesund, und aus der Haut wird Pergament verfertigt.

[12] Die wilden Esel sind muthiger und schneller.

[13] Von dem Pferd und Esel stammt das Maulthier und der Maulesel 3) ab, welche besonders in Spanien, Italien und im Morgenland angetroffen werden.

[14] Das weiße Fell des Zebra 4), welches in Afrika lebt, hat braune Streifen.

Leur peau sert à la préparation du cuir particulièrement à celle du chagrin, et leur poil à faire des coussins et des matelas parcequ'il est très élastique.

L'âne se contente d'une mauvaise nourriture, savoir de feuilles, de paille et de chardons; on l'emploie utilement à porter des fardeaux.

Le lait d'ânesse est très-salutaire aux personnes phthisiques, et avec sa peau l'on fait, du parchemin.

Les ânes sauvages sont plus courageux et plus agiles.

Du cheval et de l'âne proviennent le grand et le petit mulet que l'on rencontre principalement en Espagne, en Italie et dans l'Orient.

La peau blanche du zèbre qui vit en Afrique est ornée de raies brunes.

Solidungula.

[1] Equus, forma, statura, robore, celeritate, audacia, docilitate, fide ac prudentia excellens, ex Asia ad nos pervēnit.

[2] Feri equi minores et minus speciosi sunt.

[3] Equi tum ad agros colendos, tum ad cursuram et vecturam, nec non ad rem militarem idonei sunt, quin adeo ad movendas molas aliasque machĭnas adhibentur.

[4] Ungulis eorum soleae ferreae inducuntur.

[5] Defendunt se pedibus posterioribus, ut taurus cornibus.

[6] Equi arabici velocitate, persici structura praestanti insignes sunt.

[7] Ex iis, quos Europa gignit, equi hispanici et anglici praestantissimi sunt.

[8] Plures Asiae gentes carne et lacte equorum fruuntur.

[9] E pelle corium, inprimis etiam corium Persicum crassius et punctillis sparsum paratur, et pili to-

ris atque stragulis inserviunt, quod vim habent maxime elasticam.

[10] Asinus vili pabulo vivit, foliis, stramine et carduis, et oneribus ferendis utilissimus est.

[11] Lac asininum tabidis hominibus saluberrimum est, et e pelle membranae conficiuntur.

[12] Feri asini fortiores sunt et celeriores.

[13] Ex equa et asino mulus, ex asina et equo hinnus nascitur, qui praecipue in Hispania, Italia et in Oriente reperiuntur.

[14] Pellis alba zebrae, in Africa viventis, fuscis virgis ornatur.

65.

Raubthiere.

Beasts of Prey.		*Animaux voraces.*
The Lion, the king of the four footed animals, is found in Asia and Africa.	[1] Der Löwe 1), der König der vierfüßigen Thiere, wird in Asien und Afrika angetroffen.	Le lion, le roi des quadrupèdes, se rencontre en Asie et en Afrique.
Its neck is adorned with a long mane, which the lioness is without.	[2] Seinen Hals ziert eine lange Mähne, welche die Löwin nicht hat.	Son cou est orné d'une longue crinière que n'a pas la lionne.
Its body is of a brownish yellow colour, its tail so thick, that it can throw a man to the ground with it.	[3] Sein Körper ist von braungelber Farbe und sein Schwanz so dick, daß er einen Menschen damit zu Boden werfen kann.	Son corps est de couleur fauve et sa queue si épaisse qu'il peut jeter un homme par terre.
It is nine feet long, and five high.	[4] Er ist neun Fuß lang und fünf Fuß hoch.	Il a neuf pieds de longueur et cinq de hauteur.
Its gait betrays pride, and seriousness, and its roar is horrible.	[5] Sein Gang verräth Stolz und Ernst und seine Stimme ist schrecklich.	Sa marche annonce la fierté et la gravité et sa voix est terrible.
It never pursues after smaller animals.	[6] Kleinere Thiere verfolgt er nicht.	Il ne poursuit pas de petits animaux.
It flys away from the fire.	[7] Er flieht das Feuer.	Il fuit le feu.
The Negroes eat its flesh.	[8] Sein Fleisch essen die Neger.	Les Nègres mangent sa chair.
The Tiger, found chiefly in the East-In-	[9] Der Tiger 2), der besonders in Ostindien	Le tigre que l'on trouve principalement

dies, is much more cruel.

Its yellow brown skin is adorned with brown streaks.

He kills Buffaloes, and horses at one blow and attacks without distinction men and animals.

Its skin is highly valued.

The gold-coloured fur of the Leopard, adorned with black spots is sold very dearly.

The Panther which lives likewise in Africa, is not so handsome an animal, because the spots here and there run one within another.

The Lynx has sharp eyes, and darts itself on its prey from the trees.

All these animals are of the cat-kind, which is distinguished by its round head, and silent gait.

The cat is coaxing and treacherous, but of great use, because it clears the house of mice.

Its eyes are so formed, that it can see in the dark.

It accostoms itself to the house, but not like the dog, to its master.

Its hair has an electric power.

gefunden wird, ist weit grausamer.

10 Sein gelbbraunes Fell ist mit braunen Streifen geziert.

11 Pferde und Büffel tödtet er mit einem Schlag und greift ohne Unterschied Menschen und Thiere an.

12 Seine Haut wird hoch geschätzt.

13 Das goldgelbe Fell des Leopards 3), welches schwarze Flecken zieren, wird theuer verkauft.

14 Nicht so schön ist das Fell des Panthers 4), der ebenfalls in Afrika lebt, weil die Flecken hie und da zusammenfließen.

15 Der Luchs 5) hat scharfe Augen und stürzt sich von den Bäumen aus auf seine Beute.

16 Alle diese Thiere sind aus dem Katzen-Geschlechte, welches sich durch den runden Kopf und den leisen Gang auszeichnet.

17 Die Katze 6) ist schmeichelhaft und falsch, aber sehr nützlich, weil sie das Haus von den Mäusen reinigt.

18 Ihre Augen sind so beschaffen, daß sie auch bei Nacht sieht.

19 Sie gewöhnt sich an das Haus, aber nicht, wie der Hund, an den Herrn.

20 Ihre Haare haben eine elektrische Kraft.

dans les Indes orientales est beaucoup plus cruel.

Sa peau d'un brun obscur fauve est ornée de raies brunes.

Il tue d'un seul coup des chevaux ou des bufles et attaque sans distinction les hommes et les animaux.

Sa peau est fort estimée.

La peau du léopard d'un jaune doré ornée de taches noires, se vend très-cher.

La peau de la panthère qui vit en Afrique n'est pas si belle parce que les taches se confondent ça et là.

Le lynx a les yeux noirs et s'élance du haut des arbres sur sa proie.

Tous ces animaux sont du genre du chat qui se distingue par sa tête ronde et sa marche posée.

Le chat est flatteur et faux, mais très-utile, parce qu'il nettoie la maison des souris.

Ses yeux sont faits de manière qu'il voit de nuit.

Il s'accoutume à la maison, mais non comme le chien à son maître.

Ses poils ont la vertu électrique.

65.

66.

The wild cats inhabit the woods, and hunt the young hares, and birds.	[21] Die wilden Katzen 7) leben in den Wäldern und machen auf junge Hasen und Vögel Jagd.	Les chats sauvages vivent dans les forêts et font la chasse aux jeunes lièvres et aux oiseaux.

Ferae.

[1] Leo, rex quadrupĕdum, in Asia et Africa reperitur.

[2] Collum ejus longa juba ornat, qua leaena caret.

[3] Corpus leonis fulvo est colore et cauda tam crassa, ut hominem ea prosternere valeat.

[4] Novem pedes longus et quinque pedes altus est.

[5] Incessus ejus superbiam prodit et gravitatem, et vox ejus horribilis est.

[6] Minora animalia non persequitur.

[7] Ignem fugit.

[8] Carnem ejus Nigritani edunt.

[9] Tigris, quae inprimis in India orientali invenitur, longe crudelior est.

[10] Pellis ejus fulva fuscis virgis distincta est.

[11] Equos et bubălos uno ictu occīdit et sine discrimine homines et animalia adorītur.

[12] Pellis ejus magni aestimatur.

[13] Pellis flava leopardi, quam nigrae maculae ornant, magno pretio venditur.

[14] Minus pulchra est pellis pardi seu panthērae, qui et ipse in Africa vivit, quod maculae passim confluunt.

[15] Lynx acerrimos habet oculos, et de arboribus in praedam suam irruit.

[16] Omnia haec animalia e felium genere sunt, capite rotundo et tacito incessu insigni.

[17] Felis blanda est et perfĭda, sed utilissima, quod domum muribus purgat.

[18] Oculi ejus ita facti sunt, ut noctu quoque cernat.

[19] Domui adsuescit, nec vero, ut canis, domino.

[20] Pilis ejus vis inest electrica.

[21] Ferae feles in silvis vivunt et lepusculos atque aves venantur.

66.

Raubthiere.

(Fortsetzung.)

Beasts of Prey. (Continuation.)	***Animaux voraces.*** (Continuation.)

The wolf, that cruel and thiefish animal re-	[1] Der Wolf 1), dieses grausame und räuberi-	Le loup, cet animal cruel et ravissant, est

sembles e dog, altho it has a great dislike to it.	sche Thier, ist dem Hund sehr ähnlich, ob er ihn gleich sehr haßt.	fort semblablc au chien quoiqu'il le haïsse fortement.
It is found chiefly in Poland, Russia, and France.	2 Man findet ihn besonders in Polen, Rußland und Frankreich.	On le trouve surtout dans la Pologne, la Russie et la France.
During the night, it howls in a dreadful manner.	3 Bei Nacht heult er auf eine schreckliche Weise.	Pendant la nuit on l'entend hurler d'une manière terrible.
It pursues particularly the sheep.	4 Er stellt besonders den Schafen nach.	Il poursuit principalement les brebis.
It seizes the horse from before, the Ox from behind.	5 Die Pferde greift er von vorn, die Ochsen von hinten an.	Il attaque les chevaux de front et les taureaux par derrière.
In winter large herds of them attack the carriages and sledges.	6 Im Winter gehen große Schaaren von ihnen auf Wägen und Schlitten los.	Pendant l'hiver souvent de grandes troupes de loups se jètent sur les voitures et les traîneaux.
They are afraid of the fire and the rattling of chains.	7 Sie fürchten das Feuer und das Geräusch der Ketten.	Ils craignent le feu et le bruit des chaînes.
Their skins afford a warm fur, their flesh however is not eaten.	8 Ihr Balg giebt ein warmes Pelzwerk, ihr Fleisch aber wird nicht gegessen.	Leur peau donne une fourrure bien chaude, mais on n'en mange pas la chair.
The jackal is as rapacious, but smaller, of a gold-colour and is found in the East.	9 Eben so räuberisch, aber kleiner, ist der Schakal oder Goldwolf von goldgelber Farbe, der im Morgenlande gefunden wird.	Le chacal ou le loup doré d'une couleur jaune dorée, qui se trouve dans l'Orient est aussi rapace mais plus petit.
The crafty fox is of a red colour, and lives in holes.	10 Der listige Fuchs ist von rother Farbe und wohnt in Höhlen.	Le renard rusé est d'une couleur rouge et demeure dans des cavernes.
He is very fond of the flesh of the fowl, partridge, and young hares, but he is also satisfied, with mice, eggs, honey, cheese, apples, and grapes.	11 Er frißt das Fleisch der Hühner, Rebhühner und jungen Hasen sehr gerne, aber er begnügt sich auch mit Mäusen, Eiern, Honig, Käse, Obst und Weintrauben.	Il aime surtout la chair des poules, des perdrix et de jeunes lièvres, mais il se contente aussi de souris, d'oeufs, de miel, de fromage, de pommes et de raisins.
Its skin and tail are of great value; but the skin of the black fox is much more esteemed.	12 Sein Pelz und der Schwanz sind sehr geschätzt; aber noch weit kostbarer ist der Pelz des schwarzen Fuchses.	Sa peau et sa queue sont bien estimées, mais la peau du renard noir est encore plus précieuse.

The Hyaena, reckoned also among the canine species, lives in Africa, and dwells in holes.

It is so cruel and voracious that it attacks man, and even opens the graves.

The common dog, the most faithful of all animals brings blind puppies into the world.

It guards the house, and the flocks, and is very serviceable in hunting.

There are different kinds of them: as the English mastif, the Bulldog, the pug dog, the cur, the hound, the setter, the greyhound, the turnspit, the liondog.

13 Die Hyäne oder der Grabwolf 4), der auch zum Hundegeschlecht gezählt wird, lebt in Afrika und wohnt in Höhlen.

14 Sie ist so grausam und gefräßig, daß sie Menschen anfällt und sogar die Gräber aufscharrt.

15 Der gemeine Hund 5), das treueste unter allen Thieren, bringt blinde Junge zur Welt.

16 Er bewacht das Haus und die Heerden und ist zum Jagen sehr nützlich.

17 Es giebt verschiedene Arten desselben: die englische Dogge, der Bullenbeißer, der Mops, der Pudel, der Spitzhund, der Jagdhund, der Hühnerhund, der Windhund, der Dachshund, das Löwenhündchen.

L'hiène qu'on range aussi dans la famille des chiens vit en Afrique et habite des cavernes.

Elle est si cruelle et si vorace qu'elle attaque même les hommes et qu'elle fouille les tombeaux.

Le chien familier est le plus fidèle de tous les animaux; ses petits viennent au monde les yeux fermés.

Il garde la maison et les troupeaux, et il est bien utile pour la chasse.

Il y en a diverses races, savoir: le dogue, le gros chien gardien, le doguin ou le mopse, le barbet, le chien loup ou le roquet, le mâtin, le chien de berger, le chien de chasse, le chien couchant, le levrier, le basset, le bichon.

Ferae. (Continuatio.)

1 Lupus, animal hoc crudele et rapax, cani simillimus est, etsi eum maxime odit.

2 Invenitur praecipue in Polonia, Russia et Francogallia.

3 Noctu horrendum in modum ululat.

4 Ovibus inprimis insidias struit.

5 Equos a fronte, boves a tergo adorītur.

6 Hieme magni greges eorum currus et trahas petunt.

7 Ignem timent et strepitum catenarum.

8 Pellis eorum corpus quam maxime a frigore munit, caro vero non editur.

9 Haud secus rapax, sed minor est canis aureus, flavo colore, qui in Oriente reperitur.

10 Vulpes callida rutilo est colore et in cavernis habitat.

11 Carne gallinarum, perdīcum et lepusculorum maxime delectatur, sed muribus quoque, ovis, melle, caseo, pomis et uvis contentus est.

12 Pellis et cauda maxime aestimantur; sed longe pretiosior est pellis nigrae vulpis.

13 Hyaena, quae et ipsa canum

generi adnumeratur, in Africa vivit et in cavernis habitat.

[14] Ea tam crudelis est et vorax, ut homines adoriatur, quin adeo sepulchra aperiat.

[15] Canis familiaris, fidelissimus et docilissimus omnium bestiarum, caecos pullos parit.

[16] Domum et greges custodit et venando utilissimus est.

[17] Diversae sunt ejus species: Canis mastivus, C. molossus, C. fricator, C. aquaticus, C. lupinus, C. domesticus, C. pastoralis, canis venaticus, C. maculatus, C. leporarius, C. vertăgus, catellus leoninus.

67.

Bärengeschlecht.

Bears.		*Les ours.*
The bears, reckoned also among the beasts of prey, are distinguished particularly by their treading on the whole paw.	[1] Die Bären, welche auch zu den Raubthieren gerechnet werden, unterscheiden sich besonders dadurch, daß sie mit der ganzen Tatze auftreten.	Les ours qui sont aussi de la famille des animaux voraces, se distinguent surtout en marchant sur toute la superficie de la patte.
They are of a plump make, with a thick head, and are found chiefly in Poland and Russia.	[2] Sie sind von plumper Statur, haben einen dicken Kopf und werden besonders in Polen und Rußland angetroffen.	Ils ont la taille lourde, la tête grosse, et on les trouve surtout dans la Pologne et la Russie.
Their sense of hearing, seeing, and smelling is very acute.	[3] Sie sehen, hören und riechen sehr scharf.	Ils ont les sens de la vue, de l'oïe et de l'odorat fort fins.
On account of their being able to stand on their hind-feet, the tame ones are often taught to dance.	[4] Da sie auf den Hinterfüßen stehen können, so lernen die gezähmten auch tanzen.	Comme ils peuvent se tenir debout sur les pieds de derrière, ceux qu'on a domptés apprennent à danser.
The brown bear lives chiefly on animals, the black bear, which is less wild, on fruit and honey.	[5] Der braune Bär 1) lebt vorzüglich von Thieren, der schwarze Bär 2), der weniger wild ist, von Früchten und Honig.	L'ours brun vit principalement de la chair des animaux, mais l'ours noir qui est moins féroce, de fruits et de miel.
The flesh of the bear	[6] Das Fleisch der Bä-	La chair de l'ours

is savoury, particularly the paws tongue and head.

A particular species of bear is the wash-bear, which washes its prey.

It lives in North America.

The ancient Germans were accostomed to sleep on the skins of bears.

The Polar bears, living on the shores of the frozen Ocean, are larger than the other kinds, and live on fish seals, and whales.

The Polar bear attacks also men, and the cattle in the stall is not secure from him.

He is a good swimmer, and his flesh is eaten.

The badger lives in holes, and sleeps during the winter.

It has short legs, and shaggy hair.

It lives on roots fruits of trees, and small animals.

Its fat and skin are of use.

The glutton, living in the northern countries, overpowers, altho not larger, than a dog, cattle and horses

ren ist schmackhaft, besonders die Tatzen, die Zunge und der Kopf.

[7] Eine besondere Gattung ist der Waschbär, der seinen Raub zu waschen pflegt.

[8] Er wohnt in Nord-Amerika.

[9] Auf den Fellen der Bären pflegten die alten Deutschen zu schlafen.

[10] Die Eisbären 3), welche am Ufer des Eismeeres wohnen, sind größer, als die übrigen, und leben von Fischen, Seehunden und Wallfischen.

[11] Der Eisbär greift auch Menschen an, und das Vieh im Stalle ist nicht sicher vor ihm.

[12] Er kann gut schwimmen und sein Fleisch wird gegessen.

[13] Der Dachs 4) wohnt in Höhlen und schläft den Winter hindurch.

[14] Er hat kurze Beine und ein zottiges Haar.

[15] Er lebt von Wurzeln, Baumfrüchten und kleineren Thieren.

[16] Sein Fett und Fell sind nützlich.

[17] Der Vielfraß 5), der in nördlichen Ländern lebt, überwältigt, ob er gleich nicht größer ist, als ein Hund, Rennthiere und Pferde, indem er ihnen von den Bäu-

est bien savoureuse, surtout celle des pattes, de la langue et de la tête.

Une espèce singulière de l'ours est le raton qui lave ordinairement sa proie.

Il se trouve dans l'Amérique septentrionale.

Les anciens Germains étaient accoutumés de coucher sur des peaux d'ours.

Les ours blancs qui habitent les côtes de la mer glaciale sont plus grands que les autres et vivent de poissons, de chiens marins et de baleines.

L'ours blanc attaque aussi les hommes; et le bétail dans l'étable n'est point en sûreté contre ses atteintes.

Il sait bien nager et l'on mange sa chair.

Le blaireau se tient dans des creux, et dort pendant l'hiver.

Il a les pieds courts et le poil bien long.

Il vit de racines, de fruits d'arbres et de petits animaux.

Sa graisse et sa peau sont utiles.

Le goulu qui se trouve dans les pays du nord, quoiqu'il ne soit pas plus grand qu'un chien, surmonte pourtant les rennes et les chevaux en se je-

by springing on their back from a tree.

men herab auf den Rücken springt.

tant du haut des arbres sur leur dos.

Ursi.

[1] Ursi, quos bestiis rapacibus adnumerant, eo potissimum distinguuntur, quod tota solea incedunt.

[2] Incondita sunt statura, caput crassum habent et praecipue in Polonia ac Russia reperiuntur.

[3] Acerrimo visu, auditu et odoratu praediti sunt.

[4] Cum pedibus posterioribus insistere possint, mansuefacti etiam saltare discunt.

[5] Ursus fuscus praecipue bestiis vescitur, at niger ursus, minus ferus, fructibus ac melle vivit.

[6] Caro ursorum sapida est, inprimis pedes, lingua et caput.

[7] Singulare genus est ursus Lotor, praedam abluĕre solens.

[8] Habitat in America septentrionali.

[9] Super ursorum pellibus prisci Germani dormire solebant.

[10] Ursi maritimi, ad littus maris glacialis habitantes, majores sunt ceteris, et piscibus, phocis ac balaenis vivunt.

[11] Ursus maritimus homines quoque adorĭtur, nec pecudes in stabulo ab eo tutae sunt.

[12] Natandi peritus est et caro ejus editur.

[13] Meles in cavernis habitat et per hiemem dormit.

[14] Breves ei sunt pedes et pili villosi.

[15] Vescitur radicibus, arborum fructibus et minoribus bestiis.

[16] Adeps ejus ac pellis utilissimae sunt.

[17] Ursus Gulo, in regionibus septentrionalibus degens, quamvis non major cane, tarandos et equos opprĭmit, ex arboribus in tergum eorum insiliens.

68.

Nagethiere.

Gnawing Quadrupeds.

Animaux rongeurs.

The gnawing quadrupeds have two very sharp front teeth in the upper jaw-bone.

The squirrel a lively and pretty animal, is of a reddish, often also of

[1] Die Nagethiere haben in der obern Kinnlade zwei sehr scharfe Vorderzähne.

[2] Das Eichhörnchen 1), ein munteres und artiges Thier, ist von röthlicher, oft auch von

Les animaux rongeurs ont les deux dents de devant fort aiguës dans la mâchoire supérieure.

L'écureuil, animal vif et joli, est d'une couleur rouge, souvent aussi noire; le

67.

68.

a black colour, and has a bushy tail.

It hops in the wood from branch to branch, eats nuts, beech-nuts, buds of trees, and kernels of fruit.

In Siberia there is a squirrel of a grey colour.

There are also flying squirrels.

The dormouse, the larger kind the Romans considered as a délicacy, lives on roots, and sleeps 7 months.

The smallest animal of this species resembles a small squirrel.

The marmot lives on the Alps, but particularly in Savoy.

It has a thick head and short ears, and sleeps during the winter in holes.

The young are taught to dance, and other arts.

The voracious hamster, has immense jaws, and is very injurious in some parts of Germany, particularly in Saxony, as it lives on corn, of which he carries large stores into his hole.

The timid mouse, and disgusting rat, unwel-

schwarzer Farbe, und hat einen langhaarigen Schwanz.

3 Es hüpft im Walde von Ast zu Ast und frißt Nüsse, Buchkerne, Baumknospen und Obstkerne.

4 In Sibirien wird ein Eichhorn von grauer Farbe gefunden.

5 Es giebt auch ein fliegendes Eichhorn.

6 Der Siebenschläfer oder die Haselmaus, deren größere Arten die Römer für einen Leckerbissen hielten, nährt sich von Wurzeln und schläft sieben Monate lang.

7 Das kleinste Thierchen dieses Geschlechts ist einem Eichhörnchen ähnlich.

8 Das Murmelthier 3) wohnt auf den Alpen und besonders in Savoyen.

9 Es hat einen dicken Kopf und kurze Ohren, und schläft den Winter hindurch in Höhlen.

10 Die Jungen lernen tanzen und andere Künste.

11 Der gefräßige Hamster hat große Backentaschen und ist einigen Gegenden von Deutschland, besonders von Sachsen, sehr schädlich, da er vom Getreide lebt, wovon er einen großen Vorrath in seine Höhle trägt.

12 Die furchtsamen Mäuse 5) und die häß-

poil de sa queue est long.

Il saute dans la forêt de branche en branche, et mange des noix, des faines, des boutons d'arbres et des pepins.

Dans la Sibérie se trouve un écureuil qui est gris de couleur.

Il y a aussi un écureuil volant.

Le loir dont les plus grandes espèces fournissaient un mets délicat aux Romains, se nourrit de racines et dort sept mois de suite.

Le plus petit animal de ce genre ressemble à l'écureuil.

La marmotte habite les Alpes et surtout la Savoye.

Elle a la tête grosse et les oreilles courtes et elle dort durant l'hiver dans des creux.

Les jeunes apprennent à danser et d'autres tours.

Le mulot vorace a des abatjoues bien grandes, et il est fort pernicieux dans plusieurs endroits de l'Allemagne, surtout dans la Saxe, parce qu'il vit de bled dont il recueille une grande quantité dans son trou.

Les souris timides et les rats laids, con-

come guests, commit great damage to the men by gnawing the victuals.

The mole with a very tender and soft skin digs in the fields, gardens, and meadows, and lives on worms.

lichen Ratten, äusserst lästige Gäste, sind den Menschen sehr schädlich, da sie die Speisen zernagen.

13 Der Maulwurf 7), der ein sehr zartes und weiches Fell hat, gräbt Aecker, Gärten und Wiesen auf und lebt von Regenwürmern.

vives très-importuns sont fort nuisibles aux hommes puisqu'ils rongent les aliments.

La taupe qui a la peau très-tendre et molle fouille les champs, les jardins et les prairies, et vit de vers de terre.

Glires.

1 **Animalia, quae huic generi adnumerantur, in superiori maxilla acutissimos habent dentes adversos.**

2 **Sciurus, animal alacre et festivum, rutilo, saepe etiam nigro est colore et villosam caudam habet.**

3 **In silva de alio ramo ad alium transilit, et nucibus, fagorum glandibus, gemmis et pomorum nucleis vescitur.**

4 **In Sibiria sciurus glauco colore reperitur.**

5 **Sunt etiam sciuri volantes.**

6 **Myoxus esculentus, cujus majora genera prisci Romani in deliciis habebant, radicibus vescitur et septem menses dormit.**

7 **Minima bestiola hujus generis sciuro simillima est.**

8 **Mus montanus seu Marmota alpina in Alpibus vivit et potissimum in Sabaudia.**

9 **Crassius habet caput ac breves aures, et per hiemem in cavernis dormit.**

10 **Pulli saltare aliasque artes discunt.**

11 **Marmota cricētus, majoribus receptaculis maxillaribus instructa et nonnullis regionibus Germaniae, praesertim Saxoniae, maxime noxia est, quum frumentis vescatur, quorum magnam copiam in cavernam suam recondit.**

12 **Mures timidi et foedi glires, molestissimi hospites, hominibus maximum afferunt damnum, cum cibos corrōdant.**

13 **Talpa, cujus pellis tenerrima est ac mollissima, agros, hortos et prata defodit et lumbrīcis vescitur.**

69.

Nagethiere.

(Fortsetzung.)

Gnawing Quadrupeds. (Continuation.)		*Animaux rongeurs.* (Continuation.)
The opossum has a bag in the belly, in which he carries his young.	[1] Das Beutelthier 1) hat am Bauch einen Beutel, in dem es seine Jungen trägt.	Le didelphe ou le sarigue a sur le ventre une bourse dans laquelle il porte ses petits.
The Brazilian rat carries them on his back, when danger approaches.	[2] Der Aeneas oder die Buschratte 2) nimmt sie auf den Rücken, wenn eine Gefahr bevorsteht.	Le rat du Brésil ou le philandre les met sur le dos, quand il y a du danger.
The Kangaroo, living in Australia, is of the size of a sheep, and has very long back-feet, with which he springs very wide.	[3] Das Känguruh 3), welches in Australien lebt, hat die Größe eines Schafs und sehr lange Hinterfüße, mit denen es weit springt.	Le grand didelphe ou le kengourou qui vit dans l'Inde méridionale, a la grandeur d'une brebis et les pieds de derrière fort longs, au moyen desquels il fait de grands sauts.
He uses the forefeet to dig in the ground.	[4] Die Vorderfüße gebraucht es zum Graben.	Les pieds de devant lui servent pour creuser.
It feeds on grass, a d its flesh is eaten.	[5] Es nährt sich von Gras und sein Fleisch wird gegessen.	Il se nourrit d'herbes, et l'on en mange la chair.
The Jerboa is much smaller.	[6] Der Springhase ist weit kleiner.	Le jerboi est beaucoup plus petit.
The hare a very timid animal has long ears, and hinder feet longer than the fore-feet.	[7] Der Hase 4), ein sehr furchtsames Thier, hat lange Ohren und Hinterfüße, welche länger sind, als die Vorderfüße.	Le lièvre, animal très-timide, a les oreilles bien longues et les pieds de derrière sont plus longs que ceux de devant.
It sleeps with open eyes and its swiftness is known to all.	[8] Er schläft mit offenen Augen und seine Geschwindigkeit ist Allen bekannt.	Il dort les yeux ouverts, et sa vitesse est connue de tout le monde.

Its flesh is savoury and the skin and hair is of great service.	[9] Sein Fleisch ist schmackhaft und auch das Fell und die Haare sind von großem Nutzen.	Sa chair est savoureuse et la peau et le poil sont aussi d'une fort grande utilité.
The rabbit is bolder than the hare.	[10] Das Kaninchen 5) ist muthiger, als der Hase.	Le lapin est plus courageux que le lièvre.
The hair of the silk rabbit is very fine.	[11] Die Haare des Seidenhasen sind sehr fein.	Le poil du lapin soyeux est très-fin.
The ferret of the species of marten is the most dangerous enemy to the rabbit, which breeds very fast.	[12] Der gefährlichste Feind der Kaninchen, welche sich sehr stark vermehren, ist das Frettchen, aus dem Mardergeschlecht.	Le furet de la famille des martres est l'ennemi le plus dangereux des lapins, qui se multiplient beaucoup.
The skin of the guinea pig is yellow, and marked with black and white spots.	[13] Das Fell des Meerschweinchens 6) ist gelb und mit weißen und schwarzen Flecken gezeichnet.	La peau du lapin des Indes est d'une couleur jaune et ornée de taches blanches et noires.
It came to us from the Brazils.	[14] Es ist aus Brasilien zu uns gekommen.	Il est venu chez nous du Brésil.
The house marten, field marten, polecat, weasel, (which pursue the feathered tribe), as well as the sable, and the Ermine, have a long extended body.	[15] Der Hausmarder 7), der Feldmarder 8), der Iltis, das Wiesel 9), welche dem Federvieh nachstellen, so wie der Zobel 10) und das Hermelin oder große Wiesel 11) haben einen langgestreckten Leib.	La fouine, la martre de bois, le putois, la belette, qui dressent des embûches à la volaille, comme la zibeline et l'hermine ont le corps bien allongé.
The ermine is white in winter, and has a very fine skin-but the sable has a more valuable one almost of a black colour.	[16] Das Hermelin wird im Winter weiß und hat einen feinen Pelz, einen noch kostbareren aber der Zobel von beinahe schwarzer Farbe.	L'hermine est perdant l'hiver blanc et a la peau fi mais celle de la zibeline est encore plus fine et d'une couleur presque noire.
These are particularly found in the north of Russia.	[17] Dieser wird besonders im nördlichen Rußland gefangen.	On la chasse surtout dans la Russie septentrionale.
The civet cat produces a moist substance, which serves in medecine, and the Jchnewmon eats the eggs of the Crocodile.	[18] Die Zibetkatze giebt eine Feuchtigkeit, welche zur Arznei dient, und das Ichneumon frißt die Eier des Krokodils.	La civette nous donne une matière humide dont on se sert dans la médicine, et le mangouste dévore les oeufs du crocodile.

69.

70.

Glires. (Continuatio.)

[1] Didelphis in ventre marsupium habet, in quo pullos gestat.

[2] Didelphis dorsigĕra tergo eos imponit, periculo imminente.

[3] Didelphis gigantea, in India australi vivens, magnitudine ovem aequat et longiores pedes posteriores habet, quibus longe salit.

[4] Pedibus anterioribus ad fodiendum utitur.

[5] Gramine vescitur et caro ejus editur.

[6] Jaculus Jerboa longe minor est.

[7] Lepus, animal timidissimum, longas habet aures et pedes posteriores anterioribus longiores.

[8] Apertis dormit oculis et celeritas ejus omnibus nota est.

[9] Caro ejus sapida est et pellis quoque ac pili magna sunt utilitate.

[10] Cuniculus fortior est lepore.

[11] Pilos cuniculi villosi mollissimos esse, satis constat.

[12] Hostis infestissimus cuniculorum, qui quam plurimos pullos edunt, mustela Furo est e martium genere.

[13] Pellis caviae, flavo colore, albis nigrisque maculis distinguitur.

[14] Eădem e Brasilia ad nos venit.

[15] Mustela Foina, M. Martes, M. putorius, M. vulgaris, avibus domesticis insidiantes, nec non M. Zibellina et M. erminia porrectiori corpore instructae sunt.

[16] M. erminea hieme albescit et pretiosam habet pellem, sed pretiosiorem etiam M. Zibellina colore fere nigro.

[17] Haec inprimis in Russia septentrionali capitur.

[18] Viverra Zibetha humorem edit medicinae inservientem et V. Ichneumon crocodili ova devŏrat.

70.

Thiere von eigenthümlicher Körper=Beschaffenheit.

Quadrupeds with bodies peculiarly formed.

Animaux d'une conformation singulière du corps.

The sloths, one kind of which is called Ai, have a slow walk.	[1] Die Faulthiere 1), deren eine Gattung Ai heißt, haben einen langsamen Gang.	Les paresseux, dont une espèce se nomme Ai, marchent fort lentement.
They are of the size of a fox, and live on the leaves of trees.	[2] Sie haben die Größe eines Fuchses und leben von Baumblättern.	Ils ont la grandeur du renard, et ils vivent de feuilles d'arbres.

They are distinguished by their not drinking.

The four clawed sloth lives on ants.

It has indeed no teeth, but a very long tongue, and long claws on the feet.

With the latter he scratches up the nest, with the former he takes up the ants.

The armadillo is not larger than a squirrel, and has no teeth.

Its body is covered with sharp scales like the cone of a fir tree.

It likewise lives on ants.

The three-banded manis living like the four clawed sloth, in South America, dwells in holes under the earth, and is covered with scales (almost like the tortoise) which are fast bound with a girdle.

It lives on ants apples, and fish.

The hedge-hog is furnished with prickles instead of hair, and can roll himself up like a bullet, or ball, when he perceives an enemy.

3 Sie zeichnen sich auch dadurch aus, daß sie nicht saufen.

4 Der Ameisenfresser 2) lebt von Ameisen.

5 Er hat zwar keine Zähne, aber eine sehr lange Zunge und lange Krallen an den Füßen.

6 Mit diesen scharrt er die Haufen auf, mit jener langt er die Ameisen hervor.

7 Das Schuppenthier 3) ist nicht größer als ein Eichhörnchen und hat keine Zähne.

8 Sein Leib ist mit scharfen Schuppen, wie die Tannzapfen, bedeckt.

9 Es nährt sich ebenfalls von Ameisen.

10 Das Panzerthier, Gürtelthier 4) oder Armadill, das, wie der Ameisenfresser, im südlichen Amerika wohnt, lebt unter der Erde in Höhlen, und ist mit Schaalen, fast wie die Schildkröten, bedeckt, welche mit mehreren Gürteln verbunden sind.

11 Es frißt Ameisen, Obst und Fische.

12 Der Igel 5) hat Stacheln statt der Haare und kann sich in Gestalt einer Kugel oder eines Balls zusammenrollen, wenn er einen Feind wittert.

Ils se distinguent aussi des autres animaux par ce qu'ils ne boivent pas.

Le fourmilier se nourrit de fourmis.

Il manque à la vérité de dents, mais il a la langue bien longue et ses pieds sont munis de longues griffes.

Au moyen de celles-ci il déterre en grattant les fourmilières, avec celle-là il en tire les fourmis.

Le lézard écailleux n'est pas plus grand que l'écureuil, et il manque de dents.

Son corps est couvert d'écailles aiguës à la manière des pommes de pin.

Il se nourrit pareillement de fourmis.

L'armadille qui, comme le fourmilier, habite l'Amérique méridionale, vit dans des cavernes sous la terre, et est couverte d'écailles, presque comme la tortue, et qui sont jointes par plusieurs anneaux.

Elle mange des fourmis, des pommes et des poissons.

Le hérisson est muni d'aiguillons au lieu de poil, et quand il sent un ennemi, il se roule en forme de boule ou de balle.

It pursues mice, toads, insects, snails, and eats also roots, and fruit, which it fixes on its prickles, and carries home.	13 Er stellt Mäusen, Kröten, Insekten und Schnecken nach, und frißt auch Wurzeln und Obst, welches er an die Stacheln anheftet, und nach Hause trägt.	Il poursuit les souris, les crapauds, les insectes et les limaçons, et il mange aussi des racines et des pommes qu'il saisit par les aiguillons et qu'il porte dans son trou.
The porcupine has very long, thick, hard, and pointed quills.	14 Das Stachelschwein 6) hat sehr lange, dicke, harte und spitzige Stacheln.	Le porc-épic a des aiguillons bien longs, durs et pointus.
Its flesh is eaten in Italy.	15 Sein Fleisch wird in Italien gegessen.	On en mange la chair en Italie.

Bestiae singulari corporis forma.

1 Bradypŏdes, quorum genus quoddam Ai vocatur, lente incedunt.

2 Magnitudine ad vulpem accedunt et arborum foliis vescuntur.

3 Eo quoque insignes sunt, quod non bibunt.

4 Myrmecophăga formicis vescitur.

5 Nullos quidem dentes, sed linguam longissimam habet et pedes ejus longis unguibus instructi sunt.

6 His acervos eruit, illa vero formicas promit.

7 Manis non major est sciuro et dentibus caret.

8 Corpus ejus squamis acutioribus, strobilorum instar, tegitur.

9 Hoc animal et ipsum formicis vescitur.

10 Dasypus, aeque ac myrmecophăga, in America australi habitans, sub terra in cavernis vivit et testis fere in testudinis modum tegitur, quae pluribus cingulis junguntur.

11 Vescitur formicis, pomis ac piscibus.

12 Herinaceus aculeos pro pilis habet et in globi aut pilae formam corpus convolvere potest, cum hostem sentit.

13 Muribus, bufonibus, insectis et cochleis insidiatur et radicibus quoque ac pomis vescitur, quae aculeis affīgit et domum fert.

14 Hystrix aculeis longissimis, crassis durisque instructa est.

15 Caro ejus in Italia editur.

71.

Affenarten.

Apes. *Espèces de singes.*

Apes are called fourhanded animals, on account of their feet looking like hands.

They have incisors, dog teeth, and grinders.

Many kinds of them are more like a man, than any other animal, but their face is covered with hair, their chin depressed, and their forehead and nose flat.

Their voice is a disgusting cry.

Altho' they can walk upright yet their knees are bent forwards, by some of them also the thumb has only one joint.

Nevertheless, the ape, on account of his readiness and manner in imitating the man, and other natural qualities, takes the next place after the men.

In regard also to their inclinations, passions, and desires, the apes are very like the men.

Linnaeus even considered them as a certain species of man.

[1] Vierhändig nennt man die Affen deßwegen, weil ihre Füße wie Hände aussehen.

[2] Sie haben Schneide-, Eck- und Backenzähne.

[3] Mehrere Arten derselben sind der Gestalt des Menschen ähnlicher, als irgend ein anderes Thier; allein das Gesicht ist behaart, ihr Kinn eingedrückt und die Stirne u. Nase platt.

[4] Ihre Stimme ist ein häßliches Geschrei.

[5] Ob sie gleich aufrecht gehen können, so sind doch ihre Kniee vorwärts gestreckt; auch hat bei einigen Arten der Daumen nur ein Gelenk.

[6] Dessen ungeachtet nimmt der Affe wegen der Fähigkeit und Weise, den Menschen nachzuahmen, und wegen anderer vorzüglicher Eigenschaften den ersten Platz nach dem Menschen ein.

[7] Auch was ihre Neigungen, Leidenschaften und Begierden betrifft, sind die Affen den Menschen sehr ähnlich.

[8] Linné sogar glaubte, sie seyen eine gewisse Gattung von Menschen.

On nomme les singes quadrumanes, parce que leurs pieds ont la forme de mains.

Ils ont des dents incisives, des coins et des dents mâchelières.

Plusieurs espèces ressemblent plus à la figure de l'homme, qu'aucun autre animal; mais leur visage a des poils, le menton est écrasé, et le front et le nez sont plats.

Leur voix est un cri affreux.

Quoiqu'ils puissent marcher debout, leurs genoux pourtant penchent en avant, et le pouce de plusieurs espèces n'a qu'une seule jointure.

Cependant à cause de leur habileté et de leur manière d'imiter les hommes, et à cause d'autres excellentes qualités le singe obtient la première place après l'homme.

Aussi quant à leurs inclinations, passions et désirs, les singes sont fort ressemblants aux hommes.

Le célèbre Linnée même croyait qu'ils sont une certaine espèce d'hommes.

The ape alone of all the animals, defends himself with weapons, as with clubs, boughs of trees, and stones.	[9] Der Affe allein unter allen Thieren vertheidigt sich mit fremden Waffen, wie mit Prügeln, Aesten und Steinen.	Le singe seul parmi tous les animaux se défend au moyen d'armes étrangères, savoir avec de gros bâtons, des branches, des rameaux et des pierres.
They drink water from the hollow of the hand.	[10] Das Wasser schöpfen sie mit der hohlen Hand.	Ils puisent l'eau dans le creux de la main.
They are found in Asia, Africa, and America, and eat all kinds of fruits, leaves, plants, and corn, particularly rice.	[11] Sie werden in Asien, Afrika und Amerika gefunden und fressen allerlei Früchte, Blätter, Pflanzen und Getreide, besonders Reiß.	On les trouve dans l'Asie, dans l'Afrique et dans l'Amérique, et ils mangent divers fruits, des plantes et du bled, surtout du ris.
They are so very fond of their young ones, that they often press them to death; the love of the apes has become on this account a proverb.	[12] Ihre Jungen lieben sie so sehr, daß sie sie oft beim Umarmen erdrücken, weßwegen die Affenliebe zum Sprichwort geworden ist.	Ils aiment tellement leurs petits qu'ils les étouffent souvent en les embrassant, c'est pourquoi l'amour du singe a passé en proverbe.

Simiae.

[1] Quadrumana animalia simiae idcirco vocantur, quod pedes earum manuum speciem praebent.

[2] Sunt iis dentes incisores, canini et maxillares.

[3] Plura earum genera hominis figurae similiora sunt, quam ullum aliud animal; sed facies pilosa, mentum depressum et frons ac nasus plana sunt.

[4] Vox earum foedus est clamor.

[5] Quamvis erectae incedere possunt, tamen genua earum prona sunt, et pollex quorundam generum uno tantum articulo constat.

[6] Ceterum tamen simia a facultate et modo, homines imitandi, et propter alias virtutes naturae ejus insitas secundum ab homine locum obtinet.

[7] Etiam quod studia, impetus et cupiditates attinet, simiae hominibus simillimae sunt.

[8] Linnaeus adeo censebat, genus quoddam eas esse hominum.

[9] Simia sola ex omnibus bestiis alienis armis se defendit, ut fustibus, ramis, frondibus et lapidibus.

[10] Aquam cava manu hauriunt.

[11] Reperiuntur in Asia, Africa et America et variis fructibus, foliis, plantis ac frugibus, inprimis oryza vescuntur.

[12] Catulos adeo diligunt, ut saepe amplectendo eos necent, quare simiarum amor in proverbium abiit.

72.

Affenarten.

(Fortsetzung.)

Apes.

(Continuation.)

Espèces de singes.

(Continuation.)

There are three kinds of Apes.

Some have a long, others a short, and again others no tail.

To the last kind belong the Jocko ape, the Orang-Outang, the long armed Ape, and the common or turkish ape.

The Jocko ape living in the interiour of Africa, is of the size of a boy eight years old, is extremely cunning, and walks erect, by supporting himself, on the branch of a tree.

On account of their docility, they are used in Sierra Leone, for all kinds of work.

The Orang-Outang, or Asiatic woodman, is five feet high, and is found chiefly on the island of Borneo.

This kind of Ape is most like a man.

It is a dark brown, and lives mostly on fruits.

[1] Es gibt dreierlei Arten von Affen.

[2] Einige haben lange, andere kurze, andere gar keine Schwänze.

[3] Zu der letzten Art gehören: der Schimpanse 1), der Orangutang 2), der Gibbon oder langarmige Affe 3) und der gemeine oder türkische Affe 4).

[4] Der Schimpanse, der im Innern von Afrika lebt und die Größe eines achtjährigen Knaben hat, ist äußerst schlau und geht aufrecht, indem er sich auf einen Baumzweig stützt.

[5] Da sie sehr gelehrig sind, so gebraucht man sie in Sierra Leona zu allerhand Geschäften.

[6] Der Orangutang oder asiatische Waldmensch ist fünf Fuß hoch und wird besonders auf der Insel Borneo angetroffen.

[7] Diese Art Affen ist dem Menschen am ähnlichsten.

[8] Er ist dunkelbraun und lebt besonders von Früchten.

Il y a trois espèces de singes.

Les uns ont la queue longue, d'autres courte, et d'autres n'en ont point du tout.

Le Jocko, l'Orang-outang, le Gibbon et le singe turc (ordinaire) appartiennent à la dernière classe.

Le Jocko qui vit dans l'intérieur de l'Afrique et qui a la grandeur d'un garçon de huit ans, est fort rusé et marche debout, en s'appuyant sur un rameau d'arbres.

Comme ces singes sont très-dociles, on s'en sert dans la Sierra-Leona pour beaucoup d'ouvrages.

L'orang-outang a cinq pieds de hauteur, et on le trouve principalement dans l'île Borneo.

Cette espèce de singes ressemble le plus à l'homme.

Il est d'une couleur brun-obscure, et il vit pour la plupart de fruits.

71.

72.

They cast stones at their enemies, and the trees are their resting places.

The long armed ape is very mild and soft, the Magot very wild and mischievous.

The common ape is lively and gay, and can be easily tamed.

When he is angry he chatters with the teeth.

He has an excellent memory, and imitates all the actions of men.

The short tailed apes are called Baboons.

The African black ape is distinguished by its sagacity.

The large Baboon is wild and has a dreadful appearance.

The Mandril, likewise living in Africa has blue cheeks.

The Mormon has a red nose, which passes into blue on the side.

Those apes with long tails are called long tailed monkies.

If the howling baboon ape roars out, the whole herd join with him.

Here belong also the Coaita, and Jacchis.

9 Nach ihren Feinden werfen sie mit Steinen, und die Bäume sind ihre Ruheplätze.

10 Der Gibbon oder langarmige Affe ist sehr sanft und zärtlich, der Magot sehr wild und boshaftig.

11 Der gemeine oder türkische Affe ist munter und fröhlich und läßt sich leicht zähmen.

12 Wenn er zornig ist, klappert er mit den Zähnen.

13 Er hat ein vortreffliches Gedächtniß und ahmt alle Handlungen der Menschen nach.

14 Die kurzgeschwänzten Affen werden Paviane 5) genannt.

15 Der schwarze Affe in Afrika zeichnet sich durch seinen Scharfsinn aus.

16 Der große Pavian ist wild und hat ein fürchterliches Aussehen.

17 Der Mandril, ebenfalls in Afrika, hat blaue Backen.

18 Der Choras hat eine rothe Nase, welche auf den Seiten in's Blaue übergeht.

19 Diejenigen Affen, welche lange Schwänze haben, werden Meerkatzen genannt.

20 Wenn der schwarze Brüllaffe zu brüllen angefangen hat, so stimmt der ganze Haufen mit ein.

21 Hieher gehört auch der Quato und der Uistiti.

Ils jètent des pierres à leurs ennemis et se reposent sur les arbres.

Le Gibbon est fort doux et sensible, mais le Magot est très-féroce et malicieux.

Le singe turc est alerte et gai, et on le dompte facilement.

Quand il se met en colère, il claque des dents.

Il a la mémoire excellente, et imite toutes les actions des hommes.

On nomme babouins les singes qui ont les queues courtes.

Les papions en Afrique se distinguent par leur sagacité.

Le babouin Sphinx est farouche et a l'air terrible.

Le Mandril en Afrique a les joues bleues.

Le Mormon a le nez rouge qui devient bleu sur les côtés.

On appelle marmots ceux qui ont la queue longue.

Quand un certain singe noir commence à crier, toute la troupe mêle sa voix avec la sienne.

On met aussi dans cette classe le Quaita et le Jacche.

Simiae. (Continuatio.)

[1] Simiarum genus triplex est.
[2] Aliae longas, aliae breves habent caudas, etiam aliae iis carent.
[3] Huic generi adnumerantur: Simia Troglodytes, S. Satyrus, S. longimăna et S. Sylvanus.
[4] Simia Troglodytes, in interiori Africa vivens et magnitudine puerum octo annorum aequans, callidissima est, et erecta incedit, arboris frondi innisa.
[5] Cum maxime dociles sint, in Sierra Leona ad varia opera iis utuntur.
[6] Simia Satyrus quinque pedes alta est et praesertim in Borneo insula reperitur.
[7] Hoc quidem simiarum genus homini simillimum est.
[8] Fusco est colore et inprimis fructibus vivit.
[9] In hostes lapides jaciunt, et arbores iis gratam sedem praebent.
[10] Simia longimăna mitissima est et mollissima; feritas vero et malignitas simiae Magot magna est.
[11] Simia Silvanus alacris ac laeta est et facile domari potest.
[12] Irata dentes collīdit.
[13] Praestanti gaudet memoria et omnes hominum actiones imitatur.
[14] Quae breves habent caudas, simiae, papiones vocantur.
[15] Papio Aethiops, in Africa vivens, sagacitate excellit.
[16] Simia Sphinx fera est et horrenda adspectu.
[17] Papio Maimon, et ipse in Africa vivens, malas habet caeruleas.
[18] Papio Mormon naso est miniato, ad latera caerulescente.
[19] Eae, quibus longiores caudae sunt, simiae, cercopitheci audiunt.
[20] Quando simia Beelzebub rugire coepit, tota caterva concĭnit.
[21] Huc pertinet etiam simia Coaita et simia Jacchus.

73.

Der Mensch.

Man.		*L'homme.*
God created Adam, the first man, on the sixth day of the creation, after his own likeness.	[1] Gott hat Adam, den ersten Menschen, am sechsten Tag der Schöpfung nach seinem Bilde geschaffen.	Le sixième jour de la Création Dieu créa Adam, le premier homme, à sa ressemblance.
Eve, the first woman, was formed from a rib of the man.	[2] Eva, die erste Frau, wurde aus einer Rippe des Manns gebildet.	Eve, de même la première femme, fut formée de Dieu d'une côte de l'homme.
These two first parents, were condemned	[3] Diese beiden Menschen wurden mit aller	Ils furent tous deux condamnés à une in-

with all their posterity to misery and death, and thrust forth from Paradise, because they had eaten of the fruit of the forbidden tree.

The soul of man is adorned with two chief faculties, Reason, and free will; and by the help of speech, he can express his thoughts.

The intellect, with the help of the senses collects single ideas from things, which the memory preserves and the imagination together with the recollection renews.

By the composition of ideas, arise propositions, and sentences.

The soul deduces also a third from the two propositions, or it forms a conclusion.

In this the Reason most expresses itself which is engaged in distinguishing between the true and false, the good and the bad.

The will makes use of the freedom, to choose the good.

Hope and fear, desires, and disinclinations, love and joy, anger and pain are passions.

ihrer Nachkommenschaft zum Elend und zum Tod verurtheilt, und aus dem Paradies verstoßen, weil sie von der Frucht des verbotenen Baumes gegessen hatten.

4 Die Seele des Menschen ist mit zwei Hauptkräften geziert, mit der Vernunft und dem freien Willen, und durch die Sprache drückt er seine Gedanken aus.

5 Der Verstand sammelt mit Hilfe der Sinne einzelne Begriffe von Sachen, welche das Gedächtniß verwahrt und die Einbildungskraft nebst der Erinnerung erneuert.

6 Durch Zusammensetzung der Begriffe entstehen Urtheile und Sätze.

7 Die Seele leitet aber auch aus zwei Urtheilen ein drittes her, oder sie macht einen Schluß.

8 Hierin äußert sich die Vernunft am meisten, welche sich damit beschäftigt, das Wahre und Falsche, das Gute und Böse zu unterscheiden.

9 Der Wille macht Gebrauch von der Freiheit, das Gute zu wählen.

10 Hoffnung und Furcht, Begierde und Abneigung, Liebe, Freude, Zorn und Schmerz sind Leidenschaften.

finité de misères et à la mort même avec toute leur postérité, pour avoir mangé du fruit de l'arbre défendu, et ils furent bannis du paradis.

Il y a deux facultés principales dont l'ame de l'homme est ornée, savoir la raison et la libre volonté, et par le moyen de la langue il exprime ses pensées.

L'esprit réunit par le moyen des sens les simples idées des choses que la mémoire conserve soigneusement et que l'imagination, à l'aide de la reminiscence, reproduit successivement.

C'est de la combinaison des idées que naissent les jugemens et les propositions.

C'est aussi à l'esprit de tirer de deux jugements un autre et c'est ce que l'on nomme un raisonnement.

C'est en cela surtout que se montre l'usage de la raison qui s'occupe à distinguer le vrai et le faux, le bien et le mal.

La volonté fait usage de la liberté de choisir le bien.

L'espérance et la crainte, le desir et l'aversion, l'amour et la joie, la colère et la douleur sont des passions.

The man has five outward senses; sight, hearing, taste, smell, and feeling.	[11] Der Mensch hat fünf äußere Sinne: das Gesicht, das Gehör, den Geschmack, den Geruch und das Gefühl.	Les sens extérieurs de l'homme sont au nombre de cinq: la vue, l'ouïe, le goût, l'odorat et le toucher.
The eye perceives the colours, and distinguishes between white and black, green and blue, red and yellow.	[12] Das Angesicht sieht die Farben und unterscheidet das Weiße vom Schwarzen, das Grüne vom Blauen, das Rothe vom Gelben.	L'oeil connait les couleurs, et distingue le blanc du noir, le verd du bleu, le rouge d'avec le jaune.
The ear hears the sounds, that is the voices, the words, and harmony.	[13] Das Ohr hört die Töne, das heißt: die Stimmen, die Worte und Accorde.	L'oreille entend les sons, savoir les voix, les paroles et les accords.
The nose smells agreeable and disagreeable things.	[14] Die Nase riecht gute und unangenehme Gerüche.	Le nez sent les bonnes et les mauvaises odeurs.
The tongue with the palate, tastes, what is bitter, or sweet sharp or sour.	[15] Die Zunge mit dem Gaumen schmeckt, was süß oder bitter, scharf oder sauer ist.	La langue avec le palais goûte ce qui est doux ou amer, aigre ou piquant.
The nerves of the hand feel what is warm or cold moist or dry, hard or soft, smooth or rough, heavy or light.	[16] Die Nerven der Hand fühlen, was warm oder kalt, feucht oder trocken, hart oder weich, glatt oder rauh, schwer oder leicht ist.	Les nerfs de la main font sentir ce qui est chaud ou froid, humide ou sec, dur ou mou (tendre), lisse ou rude, pesant ou léger.
Sleep is the rest of the senses.	[17] Der Schlaf ist die Ruhe der Sinne.	Le sommeil est le repos des sens.

Homo sapiens.

[1] Adamus, primus homo, sexta creationis die a Deo ad ipsius imaginem creatus est.

[2] Eva, prima mulier, e costa viri formata fuit.

[3] Hi primi parentes cum omni sua posteritate ad miseriam mortemque damnati, et ipsi e paradiso ejecti sunt, quod de fructu arboris vetĭtae comedĕrant.

[4] Animus hominis duabus facultatibus ornatus est: ratione et libera voluntate, et orationis ope, quae cogitat, verbis exprimere valet.

[5] Ingenium sensuum adjumento singulas rerum notiones colligit, quas memoria diligenter servat et imaginatio cum recordatione subinde renŏvat.

[6] Ex idearum compositione judicia oriuntur et propositiones.

[7] Animus vero etiam e duobus judiciis tertium deducit, quod ratiocinatio vocatur.

[8] Quippe hic rationis usus maxime se exsĕrit, quae in discernendo bono et malo, vero et falso versatur.

73.

74.

[9] Voluntas libertatem exercet, quae bona sunt, eligendi.

[10] Spes et timor, cupīdo et aversatio, amor, gaudium, ira et dolor animi affectus sunt.

[11] Hominis externi sensus sunt quinque: visus, auditus, gustus, odoratus et tactus.

[12] Oculus colores videt et discernit, quid album vel atrum, viride vel caeruleum, rubrum vel luteum sit.

[13] Auris audit sonos sive voces, verba et sonos musicos.

[14] Nasus olfăcit odores et foetores.

[15] Lingua cum palato gustat, quid dulce aut amarum, acre vel acidum sit.

[16] Nervi manus sentiunt, quid calidum et frigidum, humidum aut siccum, durum aut molle, laeve aut asperum, grave aut leve sit.

[17] Somnus quies est sensuum.

74.

Der Vorzug des Menschen und die sieben Alter des Menschen.

The qualifications, and seven ages of Man.

L'excellence de l'homme et les sept âges de l'homme.

The end of the whole creation is the advantage and pleasure of man.

On his account it is, that the surface of the earth is painted with a thousand colours, that the vegetable kingdom increases, that the minerals are dug from the bowels of the earth, and that the thousand ships laden with gold plough the surface of the great deep.

Do not the elements of the world appear to

[1] Die ganze Schöpfung hat den Nutzen und das Vergnügen des Menschen zum Zweck.

[2] Um seinetwillen geschieht es, daß die Erdoberfläche mit tausend Farben bemalt ist, daß sich das Pflanzenreich entwickelt, daß die Mineralien aus dem Eingeweide der Erde hervorgehen, und daß tausend mit Gold beladene Schiffe die Ebenen des großen Weltmeers pflügen.

[3] Scheinen nicht alle Elemente in der Welt

Toute la création a des rapports avec l'utilité de l'homme et son agrément.

C'est pour cela que la surface de la terre se nuance de mille couleurs, que le monde végétal se développe, que le règne minéral sort des entrailles de la terre, que mille vaisseaux chargés d'or fendent les ondes de l'océan.

Enfin tous les éléments ne semblent-ils

contend for his pleasure, not only to produce for him the necessaries, but also the pleasures, and abundances of life.

What other being besides him can contemplate with wonder the innumerable host of suns, which glitter in the immeasurable expanse of the firmament.

Man alone embraces the end, which God proposed to himself in the creation of the world.

Should he dare to be silent in his praise?

The air which he breathes, the light which enlightens him, the plants and fruits which give him nourishment, the springs, from which he can drink in full draughts health and life, the flowers whose appearance delight, and whose smell refreshes him, all impose a duty on him to the love and praise of God.

Man is at first, a child, then a boy, or a little girl, afterwards a youth, or maid, then a young man, or woman; then a man, or wife, then an old man, or woman, and last of

um das Vergnügen zu streiten, ihm nicht nur das Nothwendige, sondern auch das Angenehme und das Ueberflüssige zu verschaffen?

4 Was für ein anderes Wesen außer ihm bewundert die unzählige Menge der Sonnen, welche in den unermeßlichen Räumen des Firmaments schimmern?

5 Der Mensch allein umfaßt das Ziel, das sich Gott bei der Schöpfung der Welt vorgesetzt hat.

6 Sollte er es wagen, von seinem Lobe zu schweigen?

7 Die Luft, die er athmet, das Licht, das ihn erleuchtet, diese Früchte und Pflanzen, de ihn ernähren, diese Quellen, aus denen er die Gesundheit und das Leben in vollen Zügen trinkt, die Blumen, deren Anblick ihn ergötzt und deren Geruch ihn erquickt, verpflichten ihn zur Liebe und zum Dank.

8 Der Mensch ist zuerst ein Kind, darauf ein Knabe oder ein kleines Mädchen, ferner ein Jüngling oder ein Mädchen, (Jungfrau), darauf ein junger Mann oder eine junge Frau, weiter ein Mann oder eine Frau (ein Weib), alsdann

pas se disputer le plaisir de lui procurer, je ne dis pas le nécessaire, mais aussi l'agréable et le superflu?

Quel autre que lui peut admirer la multitude innombrable des soleils qui luisent dans les espaces illimités du firmament?

L'homme seul remplit la fin que Dieu s'est proposée dans la création du monde.

Oserait-il garder le silence sur les louanges de Dieu?

Cet air qu'il respire, cette lumière qui l'éclaire, ces fruits et ces plantes qui le nourrissent, ces sources où il boit à pleins coups la santé et la vie; ces fleurs dont la vue le réjouit, dont l'odeur le recrée, l'engagent à payer un tribut d'amour et de reconnaissance à ce bienfaiteur suprême.

L'homme naît d'abord enfant, puis il devient garçon ou jeune fille, ensuite adolescent ou fille (vierge), après cela jeune homme ou jeune femme, ensuite homme parfait ou femme (matrone), en peu d'années homme âgé ou femme

all a grey haired man, or decrepid old woman.

ein alter Mann oder eine alte Frau, endlich ein Greis oder ein abgelebtes Mütterchen.

âgée, à la fin, le voilà vieillard ou vieille.

Very large men are called giants, very small ones dwarfs.

[9] Außerordentlich große Menschen nennt man Riesen, ganz kleine Zwerge.

On nomme géants les hommes d'une grandeur extraordinaire et les plus petits sont appelés nains.

Praestantia hominis et septem ejus aetates.

[1] Universum creationis opus ad hominis utilitatem refertur et voluptatem.

[2] Propter illum telluris superficies mille pingitur coloribus, regnum se explicat vegetabile, et minerale egredĭtur terrae visceribus, et mille puppes auro onustae oceani sulcant aequor.

[3] Nonne omnia elementa mutuo contendĕre videntur, non tantum, ut ei, quidquid est necessarium, sed jucunda quoque et superflua exhibeant?

[4] Quis praeter illum admirans contemplari potest soles tot innumeros per immensa coeli spatia coruscantes?

[5] Homo solus finem illum complectitur, quem Deus, cum crearet mundum, sibi proposuit.

[6] Num ausit, de laudibus ejus silēre?

[7] Aër, quem recipit, lux, qua illuminatur, fructus et plantae, quibus alitur, fontes, e quibus pleno ore salutem ac vitam trahit, flores, qui visum ejus oblectant eumque odore suavi recreant, ad amorem et gratum in Deum animum eum obstringunt.

[8] Homo primum infans est, deinde puer aut puella, tum adolescens aut virgo, inde juvenis, deinde vir aut mulier (femina, matrōna), dehinc senex aut vetula, tandem senex decrepitus aut anus decrepĭta.

[9] Homines corporis magnitudine insignes gigantes vocantur, pusilli autem pumiliones.

75.

Die äusserlichen Theile und Glieder des menschlichen Körpers.

The external parts and members of the human body.		*Parties extérieures et membres du corps humain.*
The human body is commonly divided into head, trunck, and members.	[1] Man theilt insgemein den menschlichen Leib in Kopf, Rumpf und Glieder ein.	On divise généralement le corps humain en trois parties, savoir: la tête, le tronc et les membres.
The head takes the highest place, whose parts are, the hair, the two ears, temples, and the countenance, which takes in the forehead, the two eyes, the nose, the cheeks, the mouth and the chin.	[2] Die oberste Stelle nimmt der Kopf ein, dessen Theile sind: die Haare, die beiden Ohren, die Schläfe und das Angesicht, welches die Stirne, die zwei Augen, die Nase, die Wangen oder Backen, den Mund und das Kinn in sich begreift.	La partie principale est la tête; ses parties sont les cheveux, deux oreilles, les tempes et le visage, qui comprend le front, les deux yeux, le nez, les joues, la bouche et le menton.
The crown, and the back part of the head, are covered with hair.	[3] Der Scheitel und der Hinterkopf sind mit Haaren bekleidet.	Le sommet et le derrière de la tête sont revêtus de cheveux.
In the eye is to be observed, the eyebrows, eyelids, eyelashes, the pupil and the white of the eye.	[4] Bei den Augen verdienen die Augenbraunen, die Augenlieder, die Augenwimpern, der Augapfel und das Weiße im Auge bemerkt zu werden.	Aux yeux on remarque les sourcils, les paupières garnies de poils, la prunelle et le blanc de l'oeil.
The mouth is open and shut with the assistance of the lips and jawbone.	[5] Den Mund öffnen und schließen wir vermittelst der Lippen und Kinnbacken,	Nous ouvrons et fermons la bouche au moyen des lèvres et des mâchoires.
The tongue lying in the palate, is incircled with thirty two teeth.	[6] In dem Gaumen liegt die Zunge, welche mit zwei und dreißig Zähnen eingefaßt ist.	La langue est dans le palais: elle est entourée de trente-deux dents.
The chin of a man is furnished with a beard.	[7] Das männliche Kinn ist mit einem Bart geziert.	Au menton de l'homme il croît ordinairement de la barbe.

The front part of the neck is called the throat, the back the nape.

In front is the breast, behind the back.

Below the breast is the belly.

On the shoulders hang the arms, on these again, the elbows and hands, the right and left.

After the shoulders follow the loins and hips.

Each hand has five fingers, which are furnished with nails; for instance: the thumb, the forefinger, the middlefinger, the ring finger, and the little finger.

An attentive observation moreover will remark the thighs, the knees, the shine bone, the calf, the ankle, the foot, the heel, the sole of the foot, the toes with the great toes.

Other parts of the body are the navel, the posterior with the buttocks, the privities; and with the other sex the paps.

The fat lies under the skin.

8 Der Vordertheil des Halses heißt Kehle, der Hintertheil desselben Nacken.

9 Die Brust ist vorn, hinten der Rücken.

10 Unter der Brust ist der Bauch.

11 An den Schultern hängen die Arme, an denen die Ellbogen und die Hände sind, die rechte und die linke.

12 Auf die Schultern folgen die Lenden mit den Hüften.

13 Jede Hand hat fünf Finger, die mit Nägeln versehen sind, nämlich: den Daumen, den Zeigefinger, den Mittelfinger, den Goldfinger und den kleinen Finger.

14 Eine aufmerksame Betrachtung verdienen ferner die Schenkel, das Knie, das Schienbein, die Waden, die Knöchel, der eigentliche Fuß, die Ferse, die Fußsohlen, die Zehen mit den großen Zehen.

15 Andere Theile sind: der Nabel, der Hintere mit den Hinterbacken, die Schamtheile und bei dem andern Geschlechte die Brüste.

16 Unter der Haut liegt das Fett.

La partie de devant du cou se nomme la gorge, celle de derrière s'appelle chignon.

La poitrine est par devant, le dos par derrière.

Au-dessous de la poitrine est le ventre.

Aux épaules pendent les bras avec les coudes et les mains; la main droite et la gauche.

Après les épaules viennent les reins avec les hanches.

Chaque main a cinq doigts garnis d'ongles, ce sont le pouce, l'index, le doigt du milieu, le doigt annulaire et le petit doigt.

Les cuisses, le genou, l'os de la jambe, le gras de la jambe, les chevilles du pied, le pied proprement dit, le talon, la plante du pied, les doigts de pied méritent aussi une considération particulière.

Les autres parties sont le nombril, le derrière avec les fesses, les parties honteuses et les mammelles dans le beau sexe.

Sous la peau on trouve la graisse.

Externae partes ac membra corporis humani.

1 Plerumque corpus humanum in tres dividitur partes: caput, truncum et artus.

2 Supremum locum caput obtinet, cujus partes sunt: capilli, binae aures, tempora et facies, in qua cernuntur: frons, bini oculi, nasus, malae seu genae, os et mentum.

[3] Vertex et aversa capitis pars pilis vestiuntur.

[4] Circa oculos consideramus supercilia, palpĕbras et cilia, pupillam et albuginem.

[5] Os labiorum maxillarumque ope aperītur ac clauditur.

[6] In palatŏ collocata est lingua, triginta duobus dentibus septa.

[7] Mentum virile barba vestitur.

[8] Pars anterior colli est jugulum, posterior cervix.

[9] Pectus ante, dorsum retro cernitur.

[10] Infra pectus venter est.

[11] Ab humeris brachia pendent cum cubitis et manibus, altera dextra, altera sinistra.

[12] Humeros excipiunt lumbi cum coxis.

[13] Cuilibet manui quinque sunt digiti unguibus muniti, et vocantur pollex, index, medius, annularis, auricularis.

[14] Porro femora, genu, tibia, surae, tali, qui proprie dicitur, pes, calx, plantae pedis, pedisque digiti cum hallo digna sunt, quae attentius observemus.

[15] Aliae partes sunt: umbilīcus, podex cum natibus, pudenda et in sexu sequiori ubera.

[16] Cuti adeps subjacet.

76.

Die inneren Theile des menschlichen Körpers.

The internal parts of the human frame.

Parties intérieures du corps humain.

With whatever beauty the outward part of man is formed the inward parts are no less deserving of praise.

The most remarkable, are the bones, of which there are about 250 counted.

They are firm, hollow for the most part within, and filled with marrow or other saps.

They give to the body solidity, and su-

[1] So schön der Mensch von außen gebildet ist, so herrlich erscheint er auch, wenn man ihn nach seinen innern Theilen betrachtet.

[2] Die vornehmsten sind die Knochen, deren man beinahe zweihundert fünfzig zählt.

[3] Sie sind feste Theile, inwendig größtentheils hohl, mit Mark und andern Säften angefüllt.

[4] Sie geben dem Körper Festigkeit und un-

Quoique la forme extérieure de l'homme soit très-belle, sa structure intérieure ne paraît moins magnifique lorsqu'on en considère les parties.

Les principales sont les os, dont on compte environ deux cent cinquante.

Les os sont des parties solides pour la plupart creuses intérieurement, remplies de moëlle et d'autres sucs.

Ils donnent au corps sa solidité et ils sou-

75.

76.

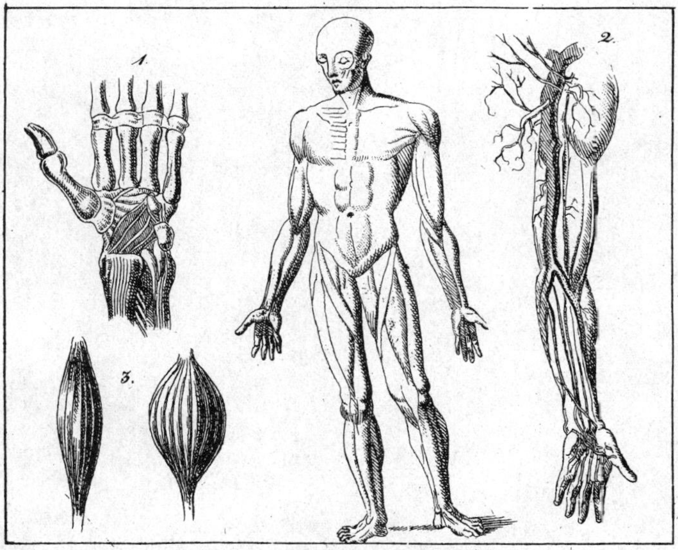

1. Verbindung der Knochen durch Bänder. 2. Die Adern des Arms.
3. Muskeln.

stain and bear the whole machine.

terstützen und tragen die ganze Maschine.

tiennent et portent toute la machine.

Each bone is furnished over and under with its cartilage, by which with the help of the sinews it is bound with other bones.

[5]Jeder Knochen hat oben und unten seinen Knorpel, durch welchen er vermittelst der Sehnen mit andern Knochen verbunden ist.

Chaque os a en haut et en bas son cartilage par lequel il est lié avec des nerfs à d'autres os.

The muscles are bundles of flexible fibres, which taken together, make the flesh.

[6]Die Muskeln sind Bündel von biegsamen Fasern, welche zusammen das Fleisch ausmachen.

Les muscles sont des pelotons de fibres flexibles qui forment ensemble la chair.

The nerves, fine fibres, proceed from the brain, and spinal marrow; they spread themselves over the whole body, and set the muscles in motion.

[7]Die Nerven, feine Fäden, gehen vom Gehirn und Rückenmark aus; sie verbreiten sich durch alle Theile des Körpers und setzen die Muskeln in Bewegung.

Les nerfs, filets subtils, sortent de la cervelle et de la moëlle du dos; ils s'étendent par toutes les parties du corps et ils servent à produire le mouvement des muscles.

The veins, which are pipes, in which the blood is confined, are, partly arteries, partly veins.

[8]Die Adern, welche Röhren sind, in denen sich das Blut befindet, sind theils Puls- oder Schlagadern, theils Blutadern.

Les canaux par lesquels le sang coule, sont en partie des artères et en partie des veines.

The former carry the blood from the left cavity of the heart into every part of the body, the latter carry it back again to the heart.

[9]Jene führen das Blut aus der linken Herzkammer in alle Theile des Leibes, diese aber bringen dasselbe wieder zu dem Herzen zurück.

Les artères conduisent le sang hors du ventricule gauche dans toutes les parties du corps, et les veines le ramènent dans le coeur.

In this manner the uninterrupted circular movement of the blood, by the two kinds of veins, is effected.

[10]Auf diese Art wird der beständige Kreislauf des Bluts durch beide Gattungen der Adern hervorgebracht.

La circulation continuelle se fait de cette manière par ces deux èspèces de veines.

Interiores corporis humani partes.

[1]Venustissimae hominis formae externae respondet ejusdem structura interna, quae et ipsa suis, iisque praeclaris, gaudet praerogativis.

[2]Praecipuas partes constituunt ossa, quorum ducenta paene et quinquaginta numerantur.

[3]Firma sunt, maximam partem

cava, et medulla aliisque succis plena.

[4] Corpus iis munitur, omnesque ejus partes sustinentur.

[5] Singula ossa, et supra, et infra, cartilagine, qua tendinum ope invicem inter se cohaerent, instructa sunt.

[6] Musculi fasciculi sunt fibrarum flexibilium, quae universae carnem efficiunt.

[7] Nervi, fila tenuia, a cerĕbro et dorsi medulla proficiscuntur; ii per omnes corporis partes distributi sunt et musculos movent.

[8] Canales, intra quos sanguis movetur, sunt vel arteriae, vel venae.

[9] Illae e sinistro cordis ventriculo in omnes corporis partes sanguinem propellunt, hae vero eundem ad cor denuo reducunt.

[10] Quae quum ita sint, sanguinis continuam circulationem conjunctim efficiunt venae cum arteriis.

77.

Die inneren Theile des menschlichen Körpers.

(Fortsetzung.)

The internal structure of the human frame.

(Continuation.)

The diaphragm divides the trunck, in which the intestines are situated, into two parts, the upper and lower part of the body.

In the upper part is situated the lungs and the heart, surrounded by the pericardium.

The latter is so constructed that it receives the blood on the one side, and lets it out again on the other, being at one time dilated, at another contracted.

[1] Den Rumpf, in welchem die Eingeweide sind, theilt das Zwerchfell in zwei Höhlen, in den Oberleib und den Unterleib.

[2] In dem Oberleibe liegen das Herz 1), umgeben von dem Herzbändel, und die Lunge 2).

[3] Jenes ist so beschaffen, daß es das Blut auf der einen Seite aufnimmt und auf der andern wieder ausstößt, indem es sich abwechselnd ausdehnt und zusammenzieht.

Parties intérieures du corps humain.

(Continuation.)

Le tronc, dans lequel on trouve les intestins, est partagé par le diaphragme en deux cavités, qui forment la partie supérieure du corps et le bas-ventre.

Dans la partie supérieure sont le coeur, enveloppé du péricarde, et le poumon.

Le coeur reçoit le sang d'un côté et le pousse dehors de l'autre côté en s'étendant et se retrécissant continuellement.

The lungs are situated on both sides of the heart, and fills out the whole breast.

We draw our breath thro' their means, and the help of the wind pipe, and breathe it out again, by which we retain our life.

The throat is the passage of the food and drink into the stomach.

In the belly or under part, are situated, the stomach, intestines, liver, milt, both the kidneys, and the mesentery.

The stomach digests our food, and gives us new strength.

The liver separates the gall from the blood.

The milt renders the blood thinner and more liquid.

The two kidneys, situated under the stomach, purify the blood from the salt matter, and carry it into the bladder from whence it is sent forth.

The mesentery, and the caul hinder the intestines from being injured, and provides that they always receive the necessary warmth and moisture.

The rectum casts out the excrements.

4 Die Lunge liegt auf beiden Seiten des Herzens und füllt die ganze Brust aus.

5 Durch sie holen wir mittelst der Luftröhre Athem und hauchen ihn wieder aus, wodurch wir vornehmlich unser Leben erhalten.

6 Die Kehle ist die Straße der Speise und des Tranks in den Magen.

7 Im Bauch oder Unterleibe liegen der Magen 3), die Gedärme 4), die Leber 5), die Milz 6), die beiden Nieren 7) und das Gekröse.

8 Der Magen verdaut die Speisen und giebt uns neue Kräfte.

9 Die Leber dient zur Absonderung der Galle aus dem Geblüte.

10 Die Milz macht das Blut dünner und flüssiger.

11 Die beiden Nieren liegen unter dem Magen, reinigen das Blut von den salzigen Feuchtigkeiten, und führen diese in die Blase, von wo sie fortgeschafft werden.

12 Das Gekröse und das Netz verhindern, daß die Gedärme nicht beschädigt werden und machen, daß sie immer in der nöthigen Wärme und Feuchtigkeit liegen.

13 Der Mastdarm wirft die Unreinigkeiten aus.

Le poumon est situé aux deux côtés du coeur et remplit toute la poitrine.

Nous respirons et aspirons par le poumon et la trachée artère, et nous conservons notre vie principalement par ce moyen.

Le gosier sert à faire passer la viande et le breuvage, et l'envoie dans l'estomac.

L'estomac, les boyaux, le foie, la rate, les deux rognons et les tripes sont placés dans le ventre.

L'estomac digère les viandes et nous donne des forces.

Le foie sert à séparer la bile d'avec le sang.

La rate rend le sang plus clair et plus fluide.

Les deux rognons sont posés sous l'estomac: ils purifient le sang des humeurs salées et les conduisent dans une vessie d'où elles sont ensuite poussées hors du corps.

Les tripes et la peau qui enveloppe les intestins, empêchent que les boyaux ne soient endommagés et font qu'ils sont toujours dans une chaleur et une humidité nécessaires.

Le gros boyau cûlier jète dehors les excréments.

Interiores corporis humani partes. (Continuatio.)

[1] Truncum, qui inclusa tenet intestina, diaphragma in binas dividit cavitates, in summum scilicet et infimum ventrem.

[2] In supremo ventre videre licet cor, pericardio inclusum, et pulmones.

[3] Illius ratio haec est, ut ab altera parte sanguinem recipiat, ab altera vero repellat, perpetuo dilātans se et contrăhens.

[4] Pulmones cor utrimque cingunt totamque thorācis cavitatem explent.

[5] Horum, nec non arteriae asperae ope spiritus accipitur et redditur, vitaque ipsa hac re maxime conservatur.

[6] Gula cibum ac potum in ventriculum ducit.

[7] In infimo ventre sita sunt ventriculus, intestīna, lien, bini renes atque mesenterium.

[8] Ventriculus cibos concŏquit et vires refīcit.

[9] Hepar seu jecur bili a sanguine separandae inservit.

[10] Lien rariorem aeque ac fluidiorem sanguinem reddit.

[11] Uterque ren sub ventriculo est collocatus, sanguinem salsis, quae ei insunt, humoribus purgat eosque in vesīcam defert, unde reddita urīna ejiciuntur.

[12] Mesenterium, ut et omentum intestinorum securitatem tuentur foventque eo, quo opus est, calore ac humiditate.

[13] Per intestinum rectum excrementa ejiciuntur.

78.

Die Knochen.

The Bones. — *Les os.*

The bones of the head consist in part of the brainpan or scull, partly in the upper and lower jaw-bone.

The upper jaw-bone is immoveable; the lower on the contrary is moveable.

There are 32 teeth in the jaw; for instance 8 incisors 4 eye teeth, and 20 back or double teeth.

The bones of the

[1] Die Knochen des Kopfes bestehen theils in der Hirnschale, theils in dem Ober- und Unterkiefer.

[2] Die obere Kinnlade ist unbeweglich, die untere hingegen läßt sich bewegen.

[3] In den Kinnladen sind 32 Zähne, nämlich acht Schneidezähne, vier Hundszähne und 20 Backenzähne.

[4] Die Knochen des

Les os de la tête sont le crâne et les os des mâchoires supérieures et inférieures.

La mâchoire de dessus est immobile, celle de dessous au contraire est mobile.

Dans les mâchoires sont trente-deux dents savoir: huit tranchantes, quatre canines et vingt mâchelières.

Aux os du trone ap-

77.

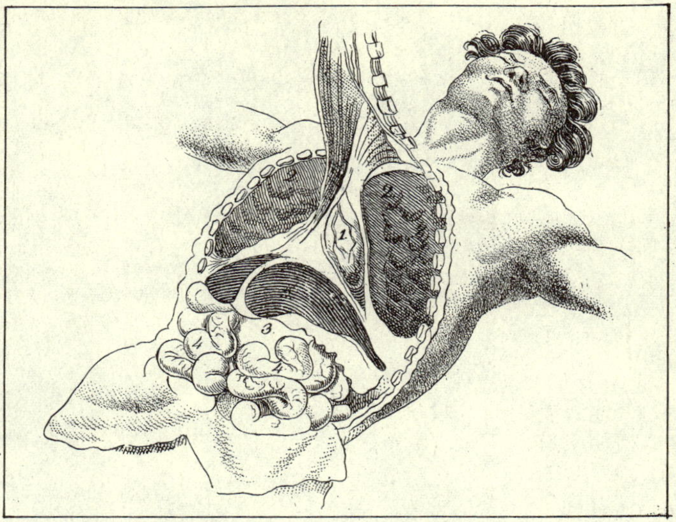

1.) Das Herz. 2.) Die Lunge. 3.) Der Magen. 4.) Die Gedärme. 5.) Die Leber.

78.

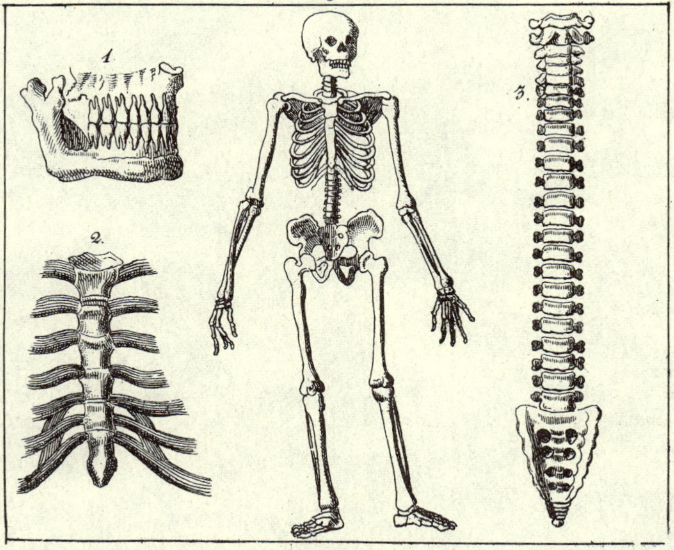

1.) Ober und Unterkiefer. 2.) Das Brustbein. 3.) Die Rükenwirbel.

trunk are; the spine, on which are 24 vertebrae, seven of which are placed on the neck, 12 on the back, and five on the loins; further, the breast-bone, the 24 ribs, 12 on each side, of which the seven upper ones are called true, the five lower false ones, the two collar bones, two shoulder blades, the pelvis bone, the os sacrum, and os coccygis.

To the bones of the limbs, belong the shoulder-bone, the elbow, the wrist, the metacarpus, and the five fingers.

The thumb has two, the remaining fingers 3 joints and 3 knuckles.

The bones of the leg, are, the thigh bone, the knee pan, the shinebone, and the calfbone, the foot, and the five toes, which have like the fingers nails at the end of them.

It is well known that in childhood we change our teeth.

Rumpfes sind: der Rückgrat, an welchem man 24 Wirbel zählt; sieben sind am Halse, zwölf am Rücken und fünf an den Lenden; ferner das Brustbein, die 24 Rippen, auf jeder Seite 12, von denen die sieben oberen ächte, die fünf unteren aber falsche heißen, zwei Schlüsselbeine, zwei Schulterblätter, die Lendenwirbelbeine, das Kreuzbein und das Steißbein.

[5] Zu den Knochen der Gliedmaßen gehören das Achselbein, der Ellbogen, die Vorderhand, die Mittelhand und fünf Finger.

[6] Der Daumen hat zwei, die übrigen Finger drei Gelenke und drei Knöchel.

[7] Die Beine jedes Fußes sind: das Schenkelbein, die Kniescheibe, das Schienbein und die Schienbeinröhre, der eigentliche Fuß und die fünf Zehen, welche, wie die Finger, an den Spitzen Nägel haben.

[8] Es ist bekannt, daß man in der Kindheit die Zähne wechselt.

partiennent l'épine du dos, où l'on compte vingt-quatre vertèbres, sept au cou, douze au dos et cinq aux reins; l'os de la poitrine, les vingt-quatre côtes, savoir douze de chaque côté, dont les sept d'en haut s'appèlent vraies, les cinq du bas sont fausses; deux clavicules, deux omoplates, les os de la hanche, l'os sacrè et le coccyx.

Aux os des jointures appartiennent les os de l'épaule, le coude, le carpe, le métacarpe et les os des cinq doigts.

Le pouce a deux jointures et les autres doigts en ont trois, et autant de noeuds.

A chaque pied on trouve l'os de la jambe, la rotule du genou, la grève et le tuyau de la grève, la jointure du pied et cinq doigts, qui, comme ceux des mains, portent des ongles.

Il est connu que dans l'enfance on fait de nouvelles dents.

Ossa.

[1] Capitis ossa partim referuntur ad cranium, partim ad utramque maxillam.

[2] Superior maxilla moveri nescia est; at inferior facile movetur.

[3] In maxillis triginta duo dentes sunt, scilicet octo incisorii, quatuor canini et viginti maxillares.

[4] Ossa trunci sunt spina dorsi, in qua viginti quatuor vertebrae numerantur; septem in collo videre licet, duodecim in dorso, et quinque

in lumbis; porro sternum et viginti quatuor costae, quarum septem superiores verae, quinque inferiores vero spuriae vocantur, binae claviculae, totidem scapulae, vertebrae lumbulares, os sacrum et os coccygis.

[5] Quod ad artuum ossa attinet, primo offendimus os humeri, quod excipit cubitus, carpus, metacarpus et quinque digiti.

[6] Pollex duos, ceteri vero digiti tres articulos habent, et tres condylos.

[7] Uterque pes gaudet osse femoris, patella genu, tibia ejusque fibula, pede, qui strictiore dicitur sensu, et quinque digitis, qui aeque ac manuum digiti, in extrema parte unguibus instructi sunt.

[8] Pueritiam dentium vicissitudinem experiri, satis constat.

79.

Der Kopf.

The head. — *La tête.*

The head is with justice considered as the workshop of the internal and external senses.

The forepart of it shews the smooth face, the back part of it on the contrary is everywhere covered with hair.

The hair consists of thin supple threads, which vary in every person in colour, form, and length, and grow from a root out of the skin.

The parts which are contained in the head itself, consist of the brain, and the organs of the outward senses.

[1] Der Kopf wird mit Recht für die Werkstätte der äußerlichen und innerlichen Sinne gehalten.

[2] Der Vordertheil desselben zeigt das glatte Gesicht, der Hintertheil hingegen ist allenthalben mit Haaren bewachsen.

[3] Die Haare bestehen eigentlich aus dünnen, geschmeidigen Fäden, die in Farbe, Gestalt und Länge unterschieden sind und durch eine Wurzel aus der Haut wachsen.

[4] Die Theile, die im Haupte selbst enthalten sind, bestehen aus dem Gehirn und den Werkzeugen der äußerlichen Sinne.

La tête de l'homme passe avec raison pour le laboratoire de tous les sens intérieurs et extérieurs.

Le devant en présente le visage, le derrière en est au contraire tout couvert de cheveux.

Les cheveux sont proprement dit, des fils très-subtils et maniables, et bien différents pour la couleur, la figure et la longueur, et ils naissent d'une racine, qui est sous l'épiderme.

Les parties contenues dans la tête même, sont le cerveau et les instruments des sens extérieurs.

The brain consists of round soft matter which fills up the whole scull.

It is divided into two demiglobes, the one is called the proper brain, the other the small brain.

The eyes are the organs of sight.

God has provided for their security, by placing them in sockets, which are placed in the upper part of the face.

The neighbouring parts of the eye are the upper and lower eyelid, with the corners of the eye.

On the edge of the eyelids, the eyelashes are placed.

Above the sockets, but below the forehead, the eyebrows, two arcs covered with hair, are seen.

Between the eyelids, is the pupil of the eye, which consists of the muscles the nerves, and the covering, which is again divided into the horny covering, the iris, the pupil, and the retina.

[5] Das Gehirn besteht aus einem runden, weichen Wesen, welches die ganze Hirnschale ausfüllt.

[6] Es ist in zwei Halbkugeln getheilt, welche das eigentliche Gehirn und das kleine Gehirn heißen.

[7] Die Augen sind die Werkzeuge des Sehens.

[8] Für ihre Sicherheit hat Gott durch die Augenhöhlen gesorgt, welche erhaben angebracht sind.

[9] Die benachbarten Theile der Augen sind das obere und untere Augenlied mit den Augenwinkeln.

[10] Am Rande der Augenlieder erblickt man die Augenwimpern.

[11] Ueber der Augenhöhle unten an der Stirne sieht man die Augenbraunen, zwei mit Haaren besetzte Bogen.

[12] Zwischen den Augenliedern ist der Augapfel, welcher die Muskeln, den Gesichtsnerv und die Häute enthält, nämlich die Hornhaut, die Regenbogenhaut, den Stern und die Netzhaut.

La cervelle est composée d'une matière ronde et tendre, dont le crâne est rempli.

Elle est partagée en long par deux demiglobes qui s'appellent la cervelle proprement dite et le cervelet.

Les yeux sont les organes de la vue.

Dieu a pourvu à leur sûreté par des orbites qui sont élevés.

Les parties près de l'oeil sont la paupière supérieure et inférieure avec les angles.

Aux bords des paupières il y a les cils.

Au-dessus de l'orbite dans la partie inférieure du front il y a les sourcils qui sont deux arcs couverts de poil.

Entre les deux paupières est située la prunelle, qui contient les parties suivantes: les muscles, le nerf optique et les membranes, savoir: la transparente, l'iris, la pupille et la rétine.

Caput.

[1] Caput jure meritoque internorum et externorum sensuum officina habetur.

[2] In adversa ejus parte facies cernitur; aversa vero capillorum molli velamento vestitur.

[3] Capilli, si dicamus, quod res est, fila quaedam sunt subtiliora

et tractabilia, cum colore, tum figura et longitudine a se invicem diversa, radicisque ope e cute nata.

[4] Quae capite continentur, partes, sunt cerebrum, nec non sensuum externorum instrumenta.

Cerebrum est materia illa rotunda molliorque, omne, quam late patet, cranium implens.

[6] In bina illud dividitur hemisphaeria, alterum cerebrum sensu proprio dictum, alterum cerebellum.

[7] Oculi sunt instrumenta visus.

[8] Orbitae oculorum, quibus tuendos oculos Deus tradidit, excelso collocatae sunt loco.

[9] Vicinae illorum partes sunt palpĕbra superior et inferior cum angulis seu canthis.

[10] In palpebrarum margine sunt cilia.

[11] Supra oculorum orbitam in inferiori frontis parte conspicere licet supercilia, binis, qui pilis vestiuntur, arcubus simillima.

[12] Palpebrae utrique interjectus est oculi bulbus (pupilla), sequentes partes continens: musculos, nervum opticum et oculorum tunĭcas, corneam, irĭdem, pupillam et retīnam.

80.

Der Kopf.

(Fortsetzung.)

The head.

(Continuation.)

La tête.

(Continuation.)

The ears are the organs of hearing.

The ear has two parts, the outward and inner ear.

The outward part consists of a cartilage; to this belongs the wing, and the lappets.

The inner part contains the auditory passage, which is composed partly of cartilage, partly of bones, and s full of turnings.

[1] Die Ohren sind die Werkzeuge des Gehörs.

[2] Das Ohr hat zwei Theile, das äußere und das innere Ohr.

[3] Der äußere Theil besteht aus einem Knorpel; dazu gehören der Flügel und das Ohrläppchen.

[4] Der innere Theil enthält den Gehörgang, welcher theils knorpelig, theils knöchern und voller Krümmungen ist.

Les oreilles sont les deux organes de l'ouïe.

Les parties de l'oreille sont de deux sortes, savoir: la partie intérieure et extérieure.

La partie extérieure est composée d'un cartilage; l'aile et le tendron de l'oreille en font partie.

La partie intérieure contient le conduit de l'ouïe, qui est en partie cartilagineux, en partie osseux, et tout tortueux.

79.

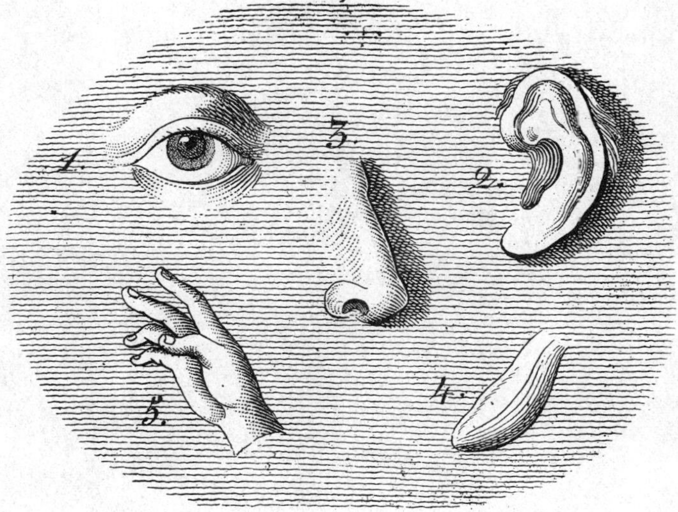

80.

The tympanum consists of a small thin skin, and the four auditory bones includes, the hammer, the anvil, the stirrup, and the small lentilshaped bone.

5 Die Trommel besteht aus einem dünnen Häutchen, welches Trommelfell genannt wird, und die vier Gehörknochen einschließt, den Hammer, den Ambos, den Steigbügel und das linsenförmige Beinchen.

La tymbale consiste en une membrane subtile, qui renferme les quatre os de l'ouïe, savoir le marteau, l'enclume, l'étrier et l'os orbiculaire.

The labyrinth with the vestibule, three pipes in the form of a bow, and a spiral passage, is well known.

6 Das Labyrinth mit dem Vorhof, drei bogenförmigen Röhren und einem schneckenförmig gewundenen Kanal ist bekannt.

Le labyrinthe avec son vestibule, les trois conduits semicirculaires et la coquille, sont assez connus.

The principal parts of the mouth, are the lips, the upper and lower.

7 Die vorzüglichsten Theile des Mundes sind die Lippen, die Ober- und die Unterlippe.

Les parties principales de la bouche sont les lèvres: la supérieure et l'inférieure.

The gums, which contain many small veins, surround the jaw, and the teeth.

8 Das Zahnfleisch, das viele kleine Adern hat, umgiebt die Kinnladen und die Zähne.

La gencive qui a beaucoup de petites veines environne les mâchoires et les dents.

The palate has every where small glands, particularly the palate glands; the two kernels of the throat, and the uvula, are particularly to be remarked.

9 Der Gaumen hat allenthalben viele Drüsen, vorzüglich die Gaumendrüsen; auch die beiden Mandeln und das Zäpflein sind besonders merkwürdig.

Le palais est partout recouvert de petites glandes parmi lesquelles méritent d'être remarquées les glandes de la bouche, les amygdales et la luette.

The saliva serves chiefly for the solution of the food.

10 Der Speichel dient vorzüglich zur Auflösung der Speisen.

La salive sert surtout à dissoudre les alimens.

The tongue is a large moveable piece of flesh in the mouth under the palate, and the principal organ of taste and speech.

11 Die Zunge ist ein großes bewegliches Stück Fleisch im Munde unterhalb dem Gaumen, und das vornehmste Werkzeug des Geschmacks und der Rede.

La langue est un grand morceau de chair mobile, situé dans la bouche, sous le palais, et c'est le principal instrument du goût et de la parole.

We are aware that the food and drink contain various kinds of salts; these titillate while eating and drin-

12 Wir wissen, daß in den Speisen und Getränken vielerlei Salze enthalten sind; diese kitzeln unter dem Ge-

Les alimens et les boissons contiennent beaucoup de sels qui, quand nous mangeons et buvons, chatouillent

king, the pimples of the tongue, and the ends of the nerves of the palate.

With the help of the nose, which contains two nostrils, we can distinguish the different smells, speak distinctly, and breathe agreeably.

nuſſe die Warzen der Zunge und die Enden des Geſchmacknervs.

[13] Mittelſt der Naſe, welche zwei Naſenlöcher hat, können wir die verſchiedenen Gerüche unterſcheiden, deutlich ſprechen und bequem Athem holen.

les verrues de la langue et l'extrémité des nerfs du goût.

Le nez sert à distinguer les odeurs, à articuler et prononcer clairement les mots, et facilite la respiration.

Caput. (Continuatio.)

[1] Aures praecipua auditus instrumenta sunt.

[2] Auris integrae partes duplicis sunt generis, exterior et interior.

[3] Exterior cartilagine constat; ad eandem refertur ala et lobulus.

[4] Interior pars meatum auditorium continet, qui partim cartilagineus est, partim osseus, totus autem flexuosus.

[5] Tympănum membrana tenui constat, et quatuor auditus ossa includit, scilicet malleum, incūdem, stapĕdem et os orbiculare.

[6] Labyrinthus cum vestibulo, tribus canalibus arcuatis et cochlea, satis notus est.

[7] Praecipuae oris partes sunt labia, superius et inferius.

[8] Gingīva, multis minoribus venis instructa, alveŏlos ac dentes sepit.

[9] Palatum ubique glandulis abundat, palati inprimis proprie dictis; amygdălae quoque et uvula praesertim memoratu dignae sunt.

[10] Salīva inprimis cibis solvendis inservit.

[11] Lingua est majus quoddam carnis frustum, quod moveri potest, in ore situm infra palatum, et praecipuum gustus vocisque instrumentum.

[12] Scimus, cibis potuque plura salia mixta esse; haec quidem inter edendum ac bibendum nerveas linguae papillas cum extremis gustus nervis titillant.

[13] Nasi auxilio, qui duabus naribus constat, varios odores discernere, articulate et clare loqui, commodeque spirare possumus.

81.

Der Frühling.

Spring. *Le printemps.*

We yearly experience in our quarter of

[1] Wir erfahren jährlich viermal ſehr wich-

Nous autres Européens qui habitons

the globe, four very important changes, as the seasons, which are, called Spring, Summer, Autumn, Winter, following one another in succession.

tige Veränderungen auf unserer Erdhälfte, da die vier Jahrszeiten, welche Frühling, Sommer, Herbst und Winter heißen, abwechselnd auf einander folgen.

l'hémisphère septentrional, nous éprouvons, chaque année, quatre variations très-importantes: les quatre saisons de l'année se succèdent les unes aux autres; le printemps, l'été, l'automne et l'hiver.

When the sun, at the end of winter, is seen in the Aequator, and proceeds into the sign of the ram, (which occurs about the 20th March) the beginning of Spring smiles upon us.

[2] Wenn die Sonne nach geendigtem Winter in dem Aequator gesehen wird und in das Zeichen des Widders tritt, was gegen den zwanzigsten März geschieht, so nimmt der Frühling seinen Anfang.

Quand à la fin de l'hiver, on voit le soleil à l'équateur, et qu'il se trouve au signe du bélier, ce qui arrive ordinairement le vingt Mars, le printemps commence chez nous.

The rays of the sun, altho' even yet falling obliquely, but becoming by degrees more perpendicular, still they warm our region, melt the snow and ice, loosen the soil, to which also the natural warmth, and other causes contribute their share.

[3] Die obgleich noch schräg auffallenden, aber immer mehr senkrecht werdenden Strahlen der Sonne erwärmen unsere Gegenden, schmelzen den Schnee und das Eis, und machen das Erdreich locker, wozu auch die natürliche Wärme und andere Ursachen das Ihrige beitragen.

Les rayons du soleil, qui tombent encore obliquement, mais qui deviennent chaque jour plus perpendiculaires, échauffent nos contrées, fondent la neige et les glaces, et rendent la terre friable; à quoi contribuent encore sa chaleur naturelle et d'autres causes.

The whole face of nature is changed, every thing which in winter appeared dead, receives new life.

[4] Die ganze Natur verjüngt sich, und Alles, was im Winter erstorben zu seyn schien, bekommt neues Leben.

Alors toute la nature rajeunit, et tout ce qui paraissait mort durant l'hiver, prend une nouvelle vie.

Now the toils of the countryman begin anew, who prepares the field for sowing, for the cultivation of the spring corn.

[5] Nun fangen die Geschäfte der Ackersleute von Neuem an, welche die Felder zur Saat für den Sommerbau vorbereiten.

Alors les laboureurs recommencent leurs travaux, et préparent les champs pour les semailles d'été.

The vine dresser and gardener are busied about the vineyards and gardens.

[6] Die Winzer und Gärtner besorgen nun Weinberge und Gärten.

Les vignerons et les jardiniers cultivent les vignes et les jardins.

But particularly the

[7] Insbesondere prangt

Le printemps s'a-

spring glitters with the various flowers in the gardens and meadows, and with the blossoms of the trees, which are so pleasing to the senses, and the soul, and give us also a promise of a future harvest.

All nature is smiling; now is the delightful time.

der Frühling mit den mannigfaltigsten Blumen in Gärten und auf Wiesen, und mit den Blüthen der Bäume, die für Sinn und Gemüth so reizend sind und uns auch Hoffnung geben zur künftigen Erndte.

8 Alles lacht uns jetzt an: jetzt ist die wonnige Jahrszeit!

vance étalant toutes sortes de fleurs dans les jardins et les prés; aux arbres, il attache des fleurs qui charment nos sens et notre coeur, en nous annonçant la prochaine récolte.

Tout nous sourit; c'est alors la plus belle des saisons!

Ver.

1 Nos in hemisphaerio nostro quotannis quaternisque vicibus maximi momenti mutationes experīmur, cum quatuor anni tempora, ver scilicet, aestas, auctumnus et hiems per vices sibi succedant.

2 Cum sol superata hieme in aequatore conspicitur et arietis signum ingredĭtur, quod sub vicesimum Martii diem fieri solet, veris initium nobis arrīdet.

3 Radii solis, utut primum obliqui, in dies autem magis perpendiculares, regiones nostras calefaciunt, nives et glaciem solvunt et tellurem ipsam emolliunt; nativus autem terrae calor aliaeque causae plures apprime quoque huc faciunt.

4 Tota naturae facies immutatur, et quidquid hiemis inertia enecatum videbatur, vires denuo acquirit et renovato vigore gaudet.

5 Jam agricolarum opera denuo incipiunt, qui agros serendis aestivis frumentis praepărant.

6 Vinitores et olitores curam agunt vinearum hortorumque.

7 Inprimis autem vernum tempus diversissimis tum hortorum et pratorum, tum arborum floribus exornatur, qui sensus animumque permulcent voluptate, et spem nobis praebent futurae messis.

8 Omnia nunc rident, nunc formosissimus annus!

82.

Der Sommer.

Summer. *L'été.*

The sun, after its entrance into the sign of the ram, brings the spring, and rises daily

1 So wie die Sonne nach ihrem Eintritt in das Zeichen des Widders den Frühling

De même qu'en entrant dans le signe du bélier, le soleil ouvre le printemps, il s'é-

81.

Voltz inv.

82.

Voltz inv.

higher, that is, it recedes daily from the Aequator towards the northpole.

The days become longer, the warmth greater, and the sun's highest degree makes then the longest day, and at the same time the beginning of summer, which happens on the 22nd of June.

The sun goes now into the sign of the crab.

Besides, that the rays of the sun fall more perpendicular, the following circumstance contributes much to the increased heat, that this part of the earth is warmed by the last days of spring, and, that not so much warmth is lost during the short summer nights, as in winter; besides which, that, whatever heat is lost during the night, is soon replaced and augmented by the rising sun.

In this season, the sweat flows from the brow of the countryman, because the hay harvest, the harvest, and the rowing or after-grass cause him much trouble.

macht, so steigt sie auch täglich höher, das ist, sie entfernt sich Tag für Tag gegen den Nordpol zu mehr von dem Aequator.

2 Die Tage werden länger, die Wärme wird größer, und ihr höchster Stand macht alsdann den längsten Tag, und zugleich den Anfang des Sommers, welches um den 22sten Junius geschieht.

3 Die Sonne tritt nun in das Zeichen des Krebses.

4 Außerdem daß die Strahlen der Sonne immer senkrechter auf die Erde fallen, trägt auch das zu der vermehrten Wärme viel bei, daß dieser Theil der Erde durch die letztern Tage des Frühlings erwärmt worden ist, und daß in den kurzen Sommernächten nicht so viel Wärme verloren geht, als im Winter; abgesehen davon, daß das, was von Wärme in der Nacht verloren geht, durch die aufgehende Sonne bald ersetzt und vermehrt wird.

5 In dieser Jahrszeit fließt der Schweiß von der Stirne des Landmanns, weil die Heuerndte, die Erndte und die Grummeterndte ihm viele Mühe machen.

lève de jour en jour, c'est-à-dire, il s'avance plus en plus de l'équateur vers le pol arctique.

Les jours deviennent plus longs, la chaleur augmente; parvenu à sa plus grande distance de l'équateur, le soleil nous donne le plus long jour et en même temps le commencement de l'été; ce qui arrive ordinairement vers le 22 Juin.

Alors le soleil entre dans le signe de l'écrevisse.

Outre que ses rayons tombent toujours plus perpendiculairement sur la terre; ce qui augmente encore beaucoup la chaleur, c'est que cette partie de la terre a été échauffée pendant les derniers jours du printemps, et qu'il ne se perd pas autant de chaleur dans les courtes nuits de l'été que pendant l'hiver, et que ce qui s'en perd pendant la nuit est bientôt reparé au lever du soleil.

Dans cette saison, la sueur coule du front du cultivateur; la fenaison, la moisson et les regains lui donnent beaucoup d'ouvrage.

In the summer months we obtain all kinds of early fruits, as the plum, and the cherry, and towards the end of it, the grapes pleasing to the taste, and cooling the heat.

[6] In den Monaten des Sommers bekommt man auch schon allerhand frühere Baumfrüchte, wie Pflaumen und Kirschen, und gegen das Ende desselben auch Weintrauben, die den Geschmack ergötzen und die Hitze kühlen.

Dans les mois de l'été, les arbres portent déjà toutes sortes de fruits précoces, tels que les prunes et les cerises; et sur la fin de l'été, des grappes de raisin, charment le goût et rafraîchissent durant les chaleurs.

Aestas.

[1] Solis in arietis signum ingressus ver efficit; inde autem consequitur, ut in dies sol altius assurgat, id est, singulis diebus magis ab aequatore polum arcticum versus recēdat.

[2] Dies longiores fiunt, calor augetur, maximaque solis ab aequatore distantia longissimum diem simulque aestatis initium constituit, quod circa vicesimum secundum Junii diem fieri solet.

[3] Jam sol coeleste, quod cancri nomine venit, signum ingreditur.

[4] Praeterquam quod solis radii magis magisque ad perpendiculum in terram immittuntur, id quoque ad calorem crescentem multum facit, quod haecce terrae pars postremis veris diebus incaluit, tantum vero caloris, quantum hieme, jam non depĕrit, brevioribus nimirum aestatis noctibus; praeterea, quidquid caloris nocte perierit, sole oriente brevi compensatur, quin imo augetur.

[5] Hac anni tempestate sudor de agricolae fronte defluit, quod foenisecium primum ac secundum, maxime vero messis, summopere eum occupant.

[6] Aestatis menses varia quoque eaque praematura subministrant poma, velut pruna, cerăsa aliaque; vertente vero aestate etiam uvarum copia fit, quae eximio sapore commendantur immodicumque aestum temperant.

83.

Der Herbst.

Autumn. — *L'automne.*

When the sun has attained its utmost height, it approaches again the aequator, and by its entrance into the sign of the scales, which

[1] Wenn die Sonne ihren höchsten Stand erreicht hat, so nähert sie sich dem Aequator wieder, und durch ihren Eintritt in das Zei-

Du moment que le soleil est parvenu à son plus haut période il se rapproche de nouveau de l'équateur, et dès qu'il entre dans

happens in September, Autumn begins, and we experience the autumnal equality of the day and night, that is, that we have then as in spring 12 hours day, and 12 night.

The rays of the sun fall more obliquely on the northern hemisphere, the heat and the day decreases but the night increases.

In this season we obtain considerable harvests which are made by gathering in the produce of the field.

To these belong the gathering in of fruit, which comprehends the many kinds of apples and pears.

Some are dried, others are preserved in the cellars, as winter fruit.

Many are pressed and bruised, placed in the press, and wine, must, or cider prepared from them.

From some kinds, as the damascene, a brandy, from others an oil, is extracted.

Various kinds of turnips, cabbages, and potatoes, are taken out

chen der Wage, was im September geschieht, bekommen wir den Anfang des Herbstes und die herbstliche Tag- und Nachtgleiche, das ist, wir haben alsdann, wie im Frühling, zwölf Stunden Tag und zwölf Stunden Nacht.

[2] Die Sonnenstrahlen fallen nun mehr und mehr schief auf die nördliche Halbkugel; die Hitze und die Tage nehmen ab, die Nächte aber verlängern sich.

[3] In dieser Jahrszeit hat man beträchtliche Erndten, die mit den Feldfrüchten vorgenommen werden.

[4] Hieher gehört besonders die Einsammlung des Obstes, welches vielerlei Arten der Aepfel und Birnen begreift.

[5] Einiges wird gedörrt, anderes bewahrt man in den Kellern als Lagerobst auf.

[6] Manches wird auch gedrückt und zerstoßen, auf die Presse gethan, und Most, Wein oder Cider daraus bereitet.

[7] Aus einigen Gattungen, wie aus den Zwetschgen, wird Branntwein gebrannt, aus andern ein Oel gepreßt.

[8] Viele Arten von Rüben, Kraut, Kartoffeln werden aus der

le signe de la balance, ce qui arrive au mois de Septembre, nous avons le commencement de l'automne, c'est-à dire, le soleil est, comme au printemps, visible et invisible pendant douze heures.

Les rayons du soleil tombent alors toujours plus obliquement sur l'hémisphère septentrional; la chaleur et le jour diminuent et la longueur des nuits augmente.

Dans cette saison, on récolte en abondance les fruits de la terre.

On cueille surtout les fruits des arbres, dont entre autres plusieurs sortes de pommes et de poires.

On sèche les uns, on garde les autres dans les caves.

On en broie une grande quantité sous le pressoir, pour en distiller de l'eau de vie; on en extrait aussi du cidre et du poirée.

De quelques sortes comme des prunes, on distille de l'eau-de vie, d'autres. on extrait de l'huile.

La terre produit plusieurs sortes de navets, de choux, de

of the ground, and preserved in dry places for the sustenance of man and beast.

But the greatest pleasure, which accompanies the Autumn, is the vintage, which we will after-wards treat of.

In the beginning of Autumn, those fields, which are destined for the winter corn, are ploughed, manured, and sown.

Erde herausgenommen und an trockenen Orten zur Nahrung der Menschen und des Viehs aufgehoben.

9 Das größte Vergnügen aber, das der Herbst mit sich bringt, ist die Weinlese, welche wir später abhandeln wollen.

10 Im Anfange des Herbstes werden die Aecker, die zur Wintersaat bestimmt sind, umgeackert, gedüngt und besäet.

carottes, de pommes de terre, et on les garde dans des endroits secs pour la nourriture des hommes et du bétail.

Mais le plus grand plaisir que l'automne apporte avec lui, ce sont les vendanges, dont nous parlerons plus tard.

Au commencement de l'automne on laboure, on fume et l'on ensemence les champs qui sont destinés aux semailles d'hiver.

Auctumnus.

1 Quando sol longissime ab aequatore recessit, ad eundem denuo accedit, et simulac signum librae ingressus est, quod Septembri mense evĕnit, initium hiemis adest, cumque eo simul aequinoctium auctumnale, cujus eadem, quae vernalis, ratio est: duodecim enim per horas sol in conspectum nostrum venit, totidem vero horas oculis nostris subtrahitur.

2 Solis radii magis magisque obliqui in arcticum telluris hemisphaerium immittuntur; necesse est igitur, calorem minui, dies decurtari, noctes vero prolongari.

3 Hoc anni tempus messibus, quae citra maturos fructus oleraque instituuntur, abundat.

4 Huc inprimis spectat pomorum collectio, quae varia malorum pirorumque genera complectuntur.

5 Alia torrentur, alia in cellis hiemata usui verno servantur.

6 Alia machina quadam tudiculisque comminuuntur, torculari ingeruntur, et succus prelis inde expressus in vinum seu cidrum abit.

7 Multa quoque poma, v. c. pruna damascena, vini spiritui extrahendo inserviunt; sunt et fructus, e quibus oleum exprimitur.

8 Varia raparum, olĕrum solanique tuberosi genera radicitus evulsa aridisque locis inclusa hominum pecudumque victui adservantur.

9 Maximum vero, quod auctumnus parit, oblectamentum, in vindemia est positum, de qua infra dicemus.

10 Ineunte statim auctumno agri, hibernis frugibus destinati, arando et stercorando subiguntur, ut semina iis mandari possint.

83.

Volz inv.

84.

Volz inv.

84.

Der Winter.

Winter. *L'hiver.*

As soon as the sun enters the sign of the scales, he passes thro' by degrees, not only this, but also other signs, and sinks deeper under the Aequator; the cold increases.

The days decrease more and more, and the nights are lengthened, until the sun has attained the lowest degree towards the South pole, and then we experience, with the shortest day, on the 22nd December, the beginning of winter.

The sun is then in the sign of the Capricorn, but approaches continually nearer the Aequator, until the return of spring, with the vernal equality of day and night.

Some countries experience winter, when we are enjoying summer, and reversed, others have night when it is day with us; others again rejoice during a half year on an uninterrupted succession of daylight, and have then during the other half, even so long nights.

[1] Sobald die Sonne in die Wage getreten ist, so durchläuft sie allmählig nicht nur diese, sondern auch andere Zeichen, und neigt sich immer tiefer unter den Aequator; die Kälte nimmt zu.

[2] Die Tage nehmen noch mehr ab und die Nächte werden länger, bis sie den tiefsten Stand gegen den Südpol erreicht, und dann haben wir mit dem kürzesten Tage um den 21sten December den Anfang des Winters.

[3] Dann steht die Sonne im Zeichen des Steinbocks, nähert sich aber immer wieder mehr dem Aequator, bis wir mit der Frühlings-Tag- und Nachtgleiche wieder Frühling haben.

[4] Einige Gegenden haben Winter, wenn wir Sommer haben, und umgekehrt; andere haben Nacht, wenn es bei uns Tag ist, noch andere erfreuen sich fast ein halbes Jahr ununterbrochen fort des Tageslichtes, und haben dann eben so lang Nacht.

Dès que le soleil est entré dans la balance, il parcourt successivement, non seulement ce signe, mais encore d'autres, et il s'abaisse toujours plus sous l'équateur: le froid augmente.

Les jours décroissent de plus en plus et les nuits deviennent plus longues, jusqu'à ce que le soleil soit parvenu au solstice d'hiver; alors, au 21 Décembre, nous avons le jour le plus court et en même temps le commencement de l'hiver.

Le soleil est alors au capricorne, et il se rapproche de l'équateur, jusqu'à ce que, avec l'équinoxe, il nous ramène le printemps.

Quelques contrées ont l'hiver, lorsque nous avons l'été; d'autres ont la nuit lorsque nous avons le jour: d'autres encore jouissent du jour durant presque six mois, et la nuit a la même longueur chez eux.

Winter has also its pleasures and occupations.

The game, whose flesh affords us a pleasant food, and whose fur defends us against the cold, is hunted upon set-hunting days.

The housed corn is thrashed out with flails, the straw is tied up in trasses, and the thrashed corn is used for making bread, for all kinds of foods, and for distilling beer and brandy.

The trees are felled at this season of the year for more than one cause; in as much as it is not only more easily dried for the burning in the kitchens, and stoves, but also more durable for building, and other purposes.

In winter the making of snow-balls, the going in sledges, the sliding, and skating on the ice, are great amusements for the boys.

5 Auch der Winter hat seine Freuden und Beschäftigungen.

6 Das Wild, dessen Fleisch uns eine angenehme Speise giebt, und dessen Felle uns zum Schutz gegen die Kälte dienen, wird auf angestellten Jagden erlegt.

7 Die eingesammelten Getreidearten werden mit Dreschflegeln gedroschen; das Stroh wird in Büschel gebunden, und das gedroschene Getreide wird zum Brodbacken, zu allerhand Speisen, zur Bier- und Branntwein-Brennerei gebraucht.

8 Aus mehr als einer Ursache werden auch in dieser Jahrszeit die Bäume gefällt, weil nämlich das Holz nicht nur zum Verbrennen in der Küche und im Ofen leichter trocken, sondern auch zum Bauen und zu anderem Gebrauche dauerhafter wird.

9 Den Knaben macht es ein großes Vergnügen, im Winter Schneeballen zu machen, Schlitten zu fahren, zu schleifen und auf Schlittschuhen über das Eis zu laufen.

L'hiver nous procure aussi des divertissements et des occupations.

Dans les chasses on tue le gibier, dont la chair nous donne des mets délicieux, et dont la peau nous défend contre le froid.

On bat, avec le fléau, toutes sortes de grains; on lie la paille en gerbes, et avec le grain on fait du pain, de la bière et de l'eau-de-vie.

Pour plus d'une raison on coupe le bois pendant l'hiver; car alors, se sêchant plus facilement, il brule mieux dans le poële et la cuisine; puis il dure plus long temps dans les batimens et employé à d'autres usages.

Cette saison, c'est un grand divertissement pour les garçons de faire des pelotes de neige, d'aller en traîneau, de glisser et de patiner sur la glace.

Hiems.

1 Quum sol librae signum ingressus est, paulatim non hoc tantum, sed plura quoque alia signa emetītur et in dies magis magisque infra aequatorem deprimitur; frigus augetur.

2 Dies decrescunt, noctes vero longiores evadunt, usque dum

imam ab aequatore polum antarcticum versus distantiam experiatur; jam brevissima dies, et cum ea hiemis initium efficitur, quod vicesimo primo Decembri evĕnit.

[3]Sol jam in capricorni signo constitutus est, vestigia autem inde ab hoc tempore aequatorem versus relĕgit et sensim ad aequatorem recēdit, donec crescente dierum longitudine cum aequinoctio verno ver ipsum redeat.

[4]Aliae terrae plagae hiemis frigore premuntur, quum nos calore, aestatem comitante, calemus, et vice versa; aliae, quum dies nobis illuxit, noctis tenebris obducuntur; aliae semestri eaque haud interrupta die gaudent, semestrique dein noctis caligine obscurantur.

[5]Varia certe sunt, quibus homines per hiemem occupantur seque delectant.

[6]Feras, quarum sapidis carnibus vescimur, quarumque pelles a frigoris violentia nos tuentur, hoc inprimis anni tempore venari solemus.

[7]Jam diversa frumentorum genera trituratione spicis ac stramine liberantur; stramenta in manipulos colliguntur et frumenta ipsa coquendo pani et parandis aliis cibis, quin et coquendae cerevisiae ac vini spiritui extrahendo inserviunt.

[8]Multae praeterea, eaeque graves causae suadent, ut hoc anni tempore arbores sternamus, quippe ligna inde collecta, quorum usus in culinis et in fornacibus calefaciendis, nec non in aedificiis exstruendis aliisque rebus parandis desideratur, ocius arescunt et solidoria evadunt.

[9]Pueros hieme maxime juvat, pilas e nive efficere, trahis vehi, et solearum, saepe ferratarum, ope super glaciem currere.

85.

Das Dorf.

The village. — *Le village.*

A village is a place consisting of few houses, unencompassed with walls, and enjoys no rights or privileges of a town.

The inhabitants of a village are called rustics, and are employed particularly in the cultivation of the

[1]Ein Dorf ist ein Ort, welcher aus nicht sehr vielen Häusern besteht, nicht mit Mauern umgeben ist und auch keine Stadtrechte genießt.

[2]Die Einwohner desselben heißen Bauern und beschäftigen sich besonders mit dem Ackerbau und mit der Vieh-

Un village est un endroit où il n'y a pas beaucoup de maisons, qui n'est pas entouré de murailles et ne possède point le droit de cité.

Ses habitants s'appellent paysans; ils s'occupent principalement de l'agriculture, du bétail, ainsi que

fields, the breeding of cattle, and in every thing belonging to husbandry.

zucht, sowie mit Allem, was zur Landwirthschaft gehört.

de tout ce qui appartient à l'économie rurale.

In many villages the cottages of the rustics stand alone, and are covered with straw; In many parts there are no villages, but only single farms.

3 In vielen Dörfern stehen die Häuser der Bauern einzeln und sind mit Stroh gedeckt; in manchen Gegenden sieht man fast gar keine Dörfer, sondern einzeln stehende Bauernhöfe.

Dans bien des villages, les maisons sont isolées, et couvertes de chaume; dans quelques pays on ne voit pas même de villages, mais seulement des métairies isolées.

A church, is the distinctive mark of a village, while those wilhout a clergyman of their own, and without a Church, are called hamlets and filials.

4 In jedem Dorfe muß sich eine Kirche befinden, und diejenigen Orte, welche keinen eigenen Pfarrer und keine Kirche haben, heißen Weiler und Filiale.

Dans chaque village, il doit se trouver une église: les endroits qui n'en ont point, sont appellés hameaux et filiales.

Every village possesses certain boundaries, which are called land-marks.

5 Jedes Dorf besitzt gewiße liegende Gründe, welche die Markung desselben heißen.

Chaque village possède dans son voisinage un territoire de terre que l'on appelle biens communaux.

Hague in Holland is considered the handsomest village in the world.

6 Haag in Holland wird für das schönste Dorf in der Welt gehalten.

On regarde la Haie en Hollande comme le plus beau village du monde.

A country life has been at all times subject of great praise by all nations.

7 Das Landleben hat von jeher bei allen Völkern große Lobsprüche erhalten.

De tout temps toutes les nations ont fait le plus bel éloge de la vie champêtre.

The purity of the air, nature beheld in its almost daily changes, the quiet stillness contrasted with the noise and bustle of a town, and the more free mode of life of the husbandmen, has always enticed many into the country.

8 Die reinere Luft, die fast täglich abwechselnden Auftritte in der Natur, die gegen das Geräusch der Städte so sehr abstechende Stille, und die freiere Lebensart der Landleute hat immer Viele auf das Land gelockt.

L'air plus pur, les nouvelles formes que la nature prend tous les jours, la tranquillité si différente du tumulte des villes, la vie simple et ingénue des campagnards a toujours attiré beaucoup de monde à la campagne.

The husbandman cultivates level tracts, mountains, hills, and valleys, partly for mea-

9 Die Landleute benutzen Ebenen, Berge, Hügel und Thäler, theils zu Wiesen, zu

Les habitants des campagnes mettent tout à profit; les prairies leur donnent du foin;

85.

86.

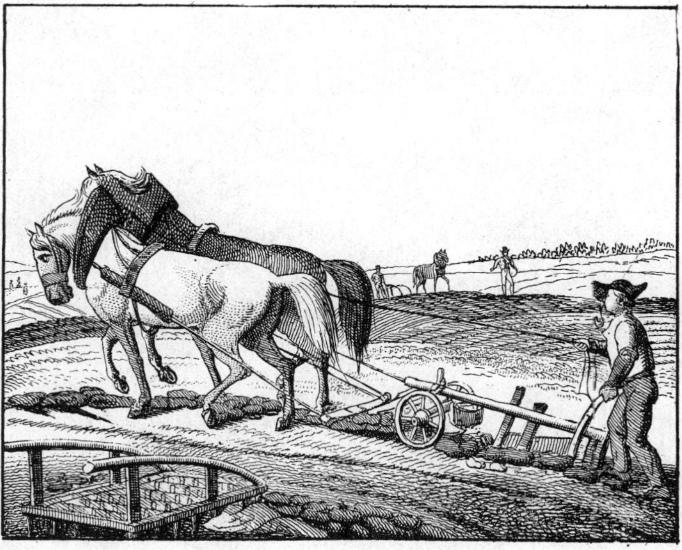

dows, gardens and orchards, partly for the cultivation of corn, hops and flax, partly for vineyards.

The cultivation of silk, the fish ponds, and the care of bees are considered as parts of agriculture.

Gemüß- und Baumgärten, theils zum Getreide-, Hopfen- und Flachsbau, theils auch zu Weinbergen.

[10] Als Theile der Landwirthschaft sind auch anzusehen der Seidenbau, die Fischteiche und die Bienenzucht.

les jardins des légumes, et des fruits; ici, ils sèment du blé, du houblon, du lin; là, ils plantent la vigne.

Les vers à soie, les viviers, les abeilles sont également du ressort de l'économie rurale.

Pagus s. vicus.

[1] Pagi nomine ejusmodi venit locus, qui paucioribus domibus constat, nec moenibus cinctus, nec urbium juribus gaudens.

[2] Qui vicos incolunt, rustici vocantur, agrorum inprimis culturam, rem pecuariam et quidquid ad rem rusticam pertinet, exercentes.

[3] Pluribus in vicis rusticorum domicilia singula, multum a se distantia, eaque maximam partem stramine contecta offenduntur, multae vero regiones, vicis paene vacuae, praediis abundant.

[4] Ceterum aedes sacra pro certa nota pagi habetur, quippe alia loca, et templo et parŏcho destituta, villarum nomine, itemque filiarum ecclesiarum sunt nota.

[5] Singulis vicis sunt fundi quidam, quos agrum eorum vocant.

[6] Haga Comitum in Batavia pagorum princeps isque venustissimus habetur.

[7] Omnes gentes inde ab antiquissimis temporibus vitam rusticam maximis laudibus ornaverunt.

[8] Purius caelum, naturae quotidie fere se immutantis spectacula, tranquillitas quam maxime abhorrens ab urbium tumultu, liberaliorque agricolarum vivendi ratio semper multos oppidanos in agros evocarunt.

[9] Agricolae emolumenta quaerunt in planitie et in montibus, in collibus vallibusque; ibi enim prata et hortos, unde olera, gramina fructusque colliguntur, instituunt; alia conserunt frumento, lupulo, lino vineisque.

[10] Ad rem rusticam spectant quoque bombycum cura, piscīnae et apes.

86.

Der Feldbau.

Tillage.

L'agriculture.

We have considered man; we will now proceed to his maintai-

[1] Den Menschen haben wir betrachtet; nun wollen wir fortschreiten

Nous venons d'envisager l'homme; passons maintenant à sa

nance, to the arts, and mechanics.

Agriculture was held in the highest respect during the more prosperous times of the Greeks and Romans, and many celebrated men among the latter (who had conquered so many nations), left the plough for the command of an army; But after the vanquishing of the foe, laid the sword aside and resumed again the rustic implements.

It is to be considered as a band, which connects all enlightened nations; and upon which is founded the prosperity of states.

The ploughs which were formerly used, were not so convenient as those used in the present days.

Wheat and spelt are famous plants, the ears of which contain the meal, from which the finest bread is prepared.

Various other kinds of corn also, as the Rye, and barley, afford us a good tasted bread.

The fields are partly sown in Autumn, partly

zur Nahrungsweise des Menschen und zu den Künsten und Handwerken.

[2] Der Ackerbau war zu jener glücklichen Zeit der Römer und Griechen im höchsten Ansehen, und bei den Römern, die so viele Völker besiegten, verließen viele angesehene Männer den Pflug, um sich an die Spitze der Armeen zu stellen; aber nach Besiegung der Feinde legten sie das Schwerdt wieder bei Seite und griffen wieder nach dem Ackergeräthe.

[3] Er ist für ein Band zu halten, das alle gebildete Nationen verbindet, und auf ihn gründet sich der Wohlstand der Staaten.

[4] Die Pflüge, welche man anfangs gebrauchte, waren nicht so bequem, als die, deren man sich heut zu Tage bedient.

[5] Waizen und Dinkel sind die herrlichen Pflanzen, deren Aehren den Mehlstoff enthalten, aus dem das schönste Brod bereitet wird.

[6] Auch verschiedene andere Getreidearten, wie der Roggen, die Gerste, liefern uns ein schmackhaftes Brod.

[7] Die Aecker werden theils im Herbste, theils

nourriture, aux arts et aux métiers.

L'agriculture était fort honorée dans les beaux jours de la Grèce et de Rome, et parmi les Romains, vainqueurs de tant de peuples plusieurs hommes illustres, quittèrent la charrue pour se mettre à la tête des armées; mais sitôt qu'ils avaient triomphé des ennemis de la patrie, ils déposaient le glaive pour ressaisir les instruments aratoires.

Elle peut être considérée comme le lien qui unit entre elles les nations policées, et c'est sur elle que repose la prosperité des états.

Les instruments dont on se servait au commencement n'étaient point aussi commodes que ceux qu'on emploie aujourd'hui.

Le froment et l'épautre sont les plantes les plus précieuses: leurs riches épis contiennent une matière farineuse, dont on fait le pain le plus blanc.

Differentes autres espèces de céréales, telles que le seigle, l'orge, servent aussi à faire de bon pain.

On ensemence les terres, ou avant l'hiver,

in spring, one part is left fallow.

The implement, with which the countrymen labour in the field, is the plough, to which horses or oxen are harnessed; In Italy the Buffalo, is used; In Sicily the ass.

After the necessary preparations, the rustic harnesses the ox to the plough, and, holding the plough-tail with the left, and with the right the hoe, with which he clears the clods of earth from the plough, he ploughs the earth with the ploughshare and coulter, (after it has been manured) and makes furrows.

He then sows the seed, and harrows the ground with the harrow.

im Frühling besäet; einen Theil läßt man brach liegen.

[8] Das Werkzeug, wodurch die Ackersleute die Aecker bearbeiten, ist der Pflug, an welchen Pferde oder Ochsen gespannt werden; in Italien bedient man sich dazu der Büffel, in Sicilien der Esel.

[9] Nach den nöthigen Vorarbeiten spannt der Landmann die Ochsen an den Pflug, und mit der Linken die Pflugsterze, mit der Rechten die Reute haltend, womit er die Erdschollen bei Seite schafft, pflügt er die Erde mit der Pflugschaar und mit dem Pflugeisen, nachdem sie zuvor mit Mist gedüngt worden ist, und macht Furchen.

[10] Alsdann säet er den Saamen und eggt ihn mit der Egge ein.

ou au printemps; la troisième partie reste en jachère.

L'instrument dont on se sert pour labourer les champs est la charrue, à laquelle on attèle des chevaux ou des boeufs; en Italie on se sert de buffles, en Sicilie, d'ânes.

La terre ayant reçu les préparations nécessaires, le laboureur attèle les boeufs à la charrue, et tenant le manche de la main gauche, et de la droite le curon, avec lequel il casse les mottes, il fend la terre, qu'il a auparavantamandée de fumier; avec le soc et avec le coûtre, et il y fait des sillons.

Ensuite il la sème, puis il la herse.

Agricultura.

[1] Hominem consideravimus; jam pergamus ad victum hominis et ad artes mechanicas atque opificia.

[2] Agricultura felici illo aevo Romanorum et Graecorum in maximo honore fuit, et apud Romanos, qui tot vicere gentes, multi viri illustres relicto aratro exercitibus praefuerunt, sed hostibus victis gladium deponebant et instrumenta rustica recipiebant.

[3] Illa vinculum habendum est, omnes nationes cultas jungens, et opes civitatum ea nituntur.

[4] Aratra vero, quibus prima aetate utebantur, minus commoda fuerunt, quam quae hodie adhibent.

[5] Triticum et far (triticum spelta) plantae sunt illae praestantissimae, quarum spicae farinam continent, e qua panis siligineus fit.

[6] Etiam variae aliae fruges, ut secale, hordeum, panem nobis praebent sapidum.

[7] Agri partim auctumno, partim vere conseruntur; pars quoque quieti datur.

[8] Instrumentum, quo agricolae agros percŏlunt, aratrum est, cui

equi aut boves junguntur; in Italia bubălis, in Sicilia asinis utuntur.

[9] Postquam terra satis praeparata est, arator jungit boves aratro, et laeva stivam, dextra rallam tenens, qua glebas amŏvet, terram vomere et dentali scindit, antea fimo stercoratam, et sulcos facit.

[10] Tum semina spargit, quae occa terrae ingĕrit.

87.

Die Viehzucht.

The breeding of Cattle.

Nourriture du bétail.

As the first men received a preference before the other living creatures in their spiritual qualifications and endowed with the power to make a proper use of them, they employed them in the subjection of different kinds of animals.

[1] Da die ersten Menschen durch ihre geistigen Anlagen vor den übrigen lebendigen Geschöpfen einen Vorzug hatten und mit der Fähigkeit ausgerüstet waren, von diesem Vorzug den rechten Gebrauch zu machen, so brachten sie es dahin, sich verschiedene Arten der Thiere zu unterwerfen.

Les premiers hommes, habiles à profiter des avantages que leur facultés intellectuelles leur donnaient sur les autres créatures vivantes, parvinrent à dompter et à réduire sous leur obéissance diverses espèces d'animaux.

As they wished to encrease their numher, and to improve every species of them, they undertook the care, which their breeding demanded.

[2] Da sie nun ihre Zahl vermehren, und jede Art davon veredeln wollten, so übernahmen sie auch die Sorge, welche ihre Zucht verlangt.

Alors voulant en augmenter de nombre et en perfectionner les races, ils s'adonnèrent aux soins qu'exigeait leur éducation.

The first men pursued a pastoral life, and were nourished on the flesh and milk of their herds.

[3] Die ersten Menschen führten ein Hirtenleben und nährten sich von dem Fleisch und der Milch ihrer Heerden.

Les premiers peuples étaient pasteurs, et ils ne vivaient que de lait et de la chair de leurs troupeaux.

The cow-herd called his herd forth from their stall with the blowing of the horn, and led them to pasture.

[4] Der Kuhhirte bläst mit dem Horn das Vieh aus den Ställen und führt es auf die Weide.

Le vacher, appelle avec son cornet, le bétail hors des etables; puis il le conduit dans les paturages.

The shepherd feeds his flock, diverting himself from time to time on his pipe.

He is furnished with his pouch and crook, and is accompanied with his dog, which is provided with a prickly collar against the wolf.

The swine are chiefly fed out of the trough of the sty with acorns and beech-nuts.

The country-girl milks at the stall the udders of the cows into the milk-pail; and makes butter in the churn from the cream, and cheese, from the congealed milk.

The fattening the oxen is of importance.

The wool is shorn from the sheep, from which all kinds of garments are prepared.

In order to produce a good breed of horses, there are private studs instituted in many countries.

In many places at the present time instead of driving the cattle out to feed, the giving the fodder in the stall is used.

5 Der Schäfer weidet seine Heerde, indem er sich von Zeit zu Zeit mit seiner Hirtenflöte ergötzt.

6 Er ist mit der Hirtentasche und mit dem Hirtenstab versehen und hat den Rüden oder Schafhund bei sich, welcher mit dem stachlichten Halsband gegen die Wölfe verwahrt ist.

7 Die Schweine werden besonders mit Eicheln und Bücheln aus dem Trog des Schweinstalls gemästet.

8 Die Bäurin melkt die Euter der Kuh an der Krippe über dem Melkfaß, und macht im Butterfaß aus dem Milchrahm Butter, und aus der gelaabten Milch Käse.

9 Die Mästung der Ochsen ist von Bedeutung.

10 Den Schafen wird die Wolle weggeschoren, aus welcher allerhand Kleider gemacht werden.

11 Um Pferde guter Art zu erzeugen, sind in vielen Ländern eigene Stutereien angelegt.

12 Jetzt ist an mehreren Orten statt des Austreibens auf die Weide die Stallfütterung eingeführt.

Le berger fait paître son troupeau, se divertissant de temps en temps avec sa flûte.

Il porte sa panetière et sa houlette; il a près de lui le mâtin armé d'un collier de pointes contre les loups.

On engraisse les cochons à l'étable, principalement avec des glands et de la faine.

La fermière, auprès de la crèche, reçoit le lait du pis de la vache dans le baquet à traire; elle fait du beurre dans la baratte avec la crême; et du fromage, avec le lait caillé.

Le fumier des boeufs a une grande valeur.

On tond la laine des brebis, dont on fait différentes sortes de vêtemens.

Pour se procurer de bonnes races de chevaux on a établi, dans plusieurs pays, des haras particuliers.

Maintenant, dans plusieurs endroits, au lieu de chasser le bétail dans paturages, on le nourrit à l'écurie.

Res pecuaria.

[1] Cum primi homines, quippe magnis ingenii viribus donati, ceteris animantibus excellerent et facultate instructi essent, hac ipsa praestantia scite utendi, eo rem perduxerunt, ut varia animalium genera, quae pecŭdes vocamus, subigerent.

[2] Cum igitur numerum eorum augere et quodcunque genus in melius excolere vellent, curam quoque susceperunt, quam educatio eorum desiderat.

[3] Primae gentes vitam agebant pastoralem, seque sustentabant lacte et carne gregum suorum.

[4] Bubulcus pecŭdes e bovilibus aut stabulis cornu pastorali evŏcat et pastum ducit.

[5] Opilio gregem pascit, fistula subinde se oblectans.

[6] Pera et pedo instructus est et molossum secum habet adversum lupos collari munitum aculeato.

[7] Sues ex aqualiculo harae inprimis glandibus quercus et fagi nucibus saginantur.

[8] Villica mulget ubera vaccae ad praesepe super mulctra, et in vase butyraceo e flore lactis butyrum, et ex lacte coagulato caseos facit.

[9] Boum saginatio magni est momenti.

[10] Ovibus lana detondetur, e qua variae vestes conficiuntur.

[11] Ut equi melioris notae gignantur, quibusdam in terris peculiares equariae institutae sunt.

[12] Nunc pluribus locis mos est, ut pecudes, cum hucusque in publica pascua educerentur, in stabulis alantur.

88.

Die Schafzucht.

The breeding of Sheep.

Entretien de brebis.

Even in the oldest times, the breeding of sheep was looked upon as a very necessary and useful employment, of the husbandman.

The wool of these animals affords garments, suited both for summer and winter; we eat their flesh, and often drink also their

[1] Schon in den ältesten Zeiten hat man die Schafzucht als eine sehr nothwendige und nützliche Beschäftigung des Landwirths angesehen.

[2] Die Wolle dieser Thiere dient zu passenden Kleidern für Sommer und Winter; wir essen ihr Fleisch, und oft auch ihre Milch,

Déjà, dans les anciens temps, on a regardé l'entretien des brebis comme une occupation utile et nécessaire de l'économie rurale.

La laine de ces animaux nous donne des vêtemens commodes pour l'été et pour l'hiver; nous nous nourrissons de leur viande et

87.

88.

milk; their skins are prepared by the leather manufacturer; and their manure serves in the cultivation of the field.

ihre Häute werden von den Gerbern verarbeitet, und ihr Mist dient zum Feldbau.

même souvent de leur lait; les tanneurs préparent leurs peaux, et leur fumier est très-utile pour l'agriculture.

The sheep have different names; as the ram, the male of the species, the ewe, the wether, and the lamb.

3 Die Schafe haben verschiedene Namen, als: der Widder, das Männchen derselben, das Mutterschaf, der Hammel oder Schöps und das Lamm.

Les brebis ont différents noms, tels que bélier, brebis, mouton, agneau.

The profit is greater to the husbandman by feeding them in the stall.

4 Der Nutzen ist für die Landleute größer, wenn man sie im Stalle füttert.

Il y a beaucoup de profit pour les paysans à les nourrir à l'étable.

In summer fresh and odoriferous herbs are given to them; in winter, hay, after-grass, and a mixture of pease- and lentil halm, and other kinds of straws.

5 Im Sommer giebt man ihnen frische, gewürzhafte Kräuter, im Winter aber Heu, Grummet oder Oehmd und eine Mischung von Erbsen- und Linsenstroh und andern Stroharten.

En été, on leur donne des herbes fraîches aromatiques, mais en hiver on leur donne du regain ou de la paille de pois, de lentilles mêlée à d'autres espèces.

But above all, kitchen salt must be frequently spread before them, and care must be taken, to keep them from drinking much.

6 Vor Allem muß man ihnen oft Kochsalz vorstreuen und sie vom vielen Trinken abhalten.

Il faut surtout leur donner souvent du sel, et les empêcher de trop boire.

The smallest kind of sheep is found on the Lunebourg heath.

7 Die kleinsten Schafe findet man auf der Lüneburger Heide.

Les plus petites brebis ses trouvent dans les landes du Lunebourg.

The shepherd generally carries a staff furnished at the end with a small shovel, a pouch, a pipe, and a dog.

8 Der Schäfer führt gemeiniglich einen Schäferstab, der am Ende mit einer Schaufel versehen ist, eine Tasche, eine Schalmei und einen Schafhund bei sich.

Le berger a ordinairement avec lui une houlette munie à un bout d'une petite pelle; puis un havresac, un chalumeau etun chien.

A good shepherd rises early, in order to lead his sheep in the fresh air.

9 Ein guter Schäfer steht frühe auf, um seine Schafe in die frische Luft zu führen.

Le bon berger se lève de bon matin pour mener conduire le troupeau à l'air frais.

He ought to know the good pastures, to understand the deseases of sheep, and sometimes to cleanse the fold.

He chooses dry places, when he leads the sheep to pasture, exposed to the fresh air, and planted with sweet smelling herbs.

Before he shears his sheep, which happens in May, they must be washed.

Numa had a sheep engraven on his coins.

10 Er muß die guten Weiden kennen, sich auf die Krankheiten der Schafe verstehen und den Stall einigemal reinigen.

11 Er wählt, wenn er die Schafe auf die Weide führt, trockene Oerter, die der frischen Luft ausgesetzt und mit wohlriechenden Kräutern bewachsen sind.

12 Ehe man den Schafen die Wolle abscheert, was im Mai geschieht, muß man sie waschen.

13 Numa ließ ein Schaf auf seine Münzen prägen.

Il doit connaître les bons endroits, s'entendre aux maladies des brebis, et nettoyer la bergerie de temps en temps.

Quand le temps de les mener aux pâturages est arrivé, il choisit les lieux secs, exposés a l'air, et où il y a beaucoup de plantes odoriférantes.

Avant de tondre la laine des brebis, ce qui se pratique au mois de Mai, il faut les laver proprement.

Numa fit graver une brebis sur l'argent-monnoie.

Ovilli pecoris cura.

1 Inde ab antiquissima aetate ovilli pecoris cura ceu res maxime necessaria, nec non utilissima penes agricolas fuit.

2 Ovium lana vestibus inservit tum aestati, tum hiemi aptis; vescimur carne, et saepe lacte earum, pelles coriariis varii operis materiam praebent, fimoque earum agri stercorantur.

3 Varie ovillum pecus cognominatur; mas gregis dicitur aries, mater vero ovis; sequuntur vervex et agnus.

4 Majus ad agricolas redundat emolumentum, si domi in caula oves aluntur.

5 Aestivo tempore pascuntur herbis odoriferis iisque recens enatis, brumali vero foeno, foeno secundo varioque, quod e leguminibus fit, stramento.

6 Sal praesertim saepe iis administrandum est, a bibenda autem nimia aqua sedulo sunt arcendae.

7 Minutissimae oves in deserto Lunaeburgico inveniuntur.

8 Ornatus est pastor plerumque pedo, sub finem pala instructo, pera ac fistula, et molosso comitatus.

9 Diligens opilio primo mane evigilat, ut oves in liberum aërem educat.

10 Loca, pabulationi maxime congrua, cognoscere eum oportet et morbos ovium intelligere; nec non ovīle aliquoties purget, necesse est.

11 Ubi oves in pascua ducit, loca eligit sicca, aëri pervia, et quae odoratis plantis abundent.

12 Antequam oves tonsurae subjiciantur, quod Majo mense fieri solet, lavandae sunt.

13 Numa monetis, quarum auctor fuerat, ovis figuram incidendam curavit.

89.

Die Gärtnerei.

Gardening. | *L'horticulture.*

The fruits of the earth were the first and oldest sustenance of man, on which account Adam first turned himself to the cultivation of the garden.

The gardener digs thro' the soil of the garden either with a hoe, or spade, and makes borders and beds in which he sets the seed, and plants.

The fruiterer plants trees in the orchard and grafts the scions on the trunck.

Industry surrounds the garden either with a wall, loam-wall, rails, fences, or hedges, or Nature sets it with quickset hedges, and thorn-bushes.

The garden is also adorned with walks, summer-houses, or arbours, and fountains.

The plants are watered with the help of the watering pot.

The business of the gardener in relation to

1 Die erste und älteste Nahrung des Menschen waren die Erdfrüchte, weswegen sich auch Adam zuerst dem Gartenbau widmete.

2 Der Gärtner durchgräbt den Boden des Pflanzgartens mit der Hacke, (Haue) oder mit dem Spaten (Grabscheit oder Schaufel) und macht Rabatten und Beete, in welche er die Saamen und Pflanzen hineinlegt.

3 Der Baumgärtner pflanzt im Baumgarten Bäume und impft die Pfropfreiser auf die Stämme.

4 Den Garten umgiebt entweder der Fleiß mit einer Mauer oder Lehmwand, oder mit Staketen, oder mit einem Zaun, oder die Natur mit Hecken und Dornsträuchern.

5 Der Garten wird auch mit Spaziergängen, mit Sommerlauben oder Gartenhäusern und mit Springbrunnen geziert.

6 Man begießt die Pflanzen mit Hilfe der Sprengkanne.

7 Das Geschäft des Gärtners in Bezie-

La première nourriture de l'homme furent les fruits de la terre; aussi Adam s'adonna-t-il d'abord à la culture des jardins.

Avec le hoyau, ou la bêche, le jardinier fouit le sol du verger; il y fait des plates-bandes et des couches où il dépose toutes sortes de semences et de plantes.

Le pépiniériste plante des arbres dans le verger, et il ente des greffes sur les troncs.

Ou la main des hommes entoure le jardin d'un mur, d'une pallisade de planche ou d'une barre; ou bien la nature l'environne d'une haie d'épines et de broussailles.

On embellit aussi le jardin d'allées, de berceaux de verdure, de pavillons et de jets d'eau.

On arrose les plantes avec l'arrosoir.

Les travaux du jardinier consistent, sous

the vegetables, is the planting of vegetables, and fruits.

This unites every thing, which nature, aided by the talent of man, can offer for the pleasure, taste, feeling, and smell.

hung auf die Nahrungsmittel ist der Anbau der Gemüße und der Früchte.

[8] Diese vereinigen Alles, was die Natur, unterstützt vom Talent des Menschen, für den Geschmack, das Gefühl und den Geruch Angenehmes darbieten kann.

le rapport de nos aliments, dans la culture des légumes et des fruits.

Les fruits réunissent tout ce que la nature, secondée par l'art, peut offrir de plus agréable au goût, à la vue et à l'odorat.

Hortorum cultura.

[1] Primus et antiquissimus hominum cibus terrae fruges erant, quare etiam Adamus primum hortorum culturae operam dabat.

[2] Hortulanus solum viridarii ligone aut pala perfŏdit et pulvīnos facit atque areŏlas, quibus semina et plantas infert.

[3] Pomarii custos plantat arbores et surculos stirpibus teneris insĕrit.

[4] Hortum vel cura hominum muro cingit, aut macerie, aut vacerris, aut plancis, aut sepe e sudibus, aut natura ipsa dumis ac vepribus.

[5] Hortus etiam ambulationibus, scenis hortensibus aut pergulis et fontibus salientibus ornatur.

[6] Plantae rigantur gutti ope.

[7] Hortulanus, quod ad alimenta attinet, leguminibus et fructibus colendis maxime vacat.

[8] Cum his omnia nobis praebentur, quae natura, hominum ingenio adjuta, palato, oculis et naribus oblectandis offerre potest.

90.

Die Fischerei.

Fishery. — *La pêche.*

The fisherman catches the fish in different ways in rivers, brooks, lakes, ponds, and on the sea-coast.

He binds a long line on the fishing rod, at the end of which line is fastened a hook.

[1] Der Fischer fangt die Fische in Flüssen, Bächen, Seen, Teichen und an der Meeresküste auf verschiedene Weise.

[2] An die Angelruthe bindet er eine lange Schnur, woran die Angel befestigt ist.

Le pêcheur prend le poisson dans les rivières, les ruisseaux, les lacs, les étangs et sur les côtes de la mer.

A la gaule, il attache une longue ficelle au bout de laquelle est fixé l'hameçon.

89.

90.

He places on this either a worm, a small piece of meat, or bread, or any other kind of bait, and throws the hook and line into the water.

A little above the fishing hook, a float, or a piece of cork is suspended, which prevents the upper part of the line from sinking in the water, and shews at the same time when a fish is caught.

The hoop-net is let down into the water, and the fish driven towards it, and then drawn up.

The fisherman casts the fishing or draught net into the water, and spreads it out in a straight line.

The weights draw it under the water, and light pieces of wood or cork prevent it from wholly sinking.

The fishermen drag this net thro' the water, and then draw it up with the fish which have entered into it.

The weels which are sunk during the night, are so formed, that the fish cannot again go out, when once in.

3 An diese steckt er einen Wurm, ein kleines Stückchen Fleisch, oder Brod, oder eine andere Lockspeise und wirft die Schnur mit der Angel in's Wasser.

4 Etwas über der Angel hängt an der Schnur ein Federkiel, oder ein Stück Kork, welches verhindert, daß nicht der obere Theil der Schnur unter das Wasser geht, und zugleich anzeigt, daß ein Fisch gefangen sey.

5 Der Hamen wird in's Wasser herabgelassen, und die Fische werden gegen ihn hingetrieben und herausgezogen.

6 Das Fischergarn oder Zugnetz werfen die Fischer in's Wasser und spannen es gerade aus.

7 Die Gewichte ziehen es in die Tiefe und leichte Klötzchen von Holz oder Baumrinde verhindern, daß es nicht ganz untersinkt.

8 Mit diesem Garn fahren die Fischer durch das Wasser und ziehen es hernach mit den Fischen, die hineingeschwommen sind, heraus.

9 Die Reusen, welche bei Nacht versenkt werden, sind so beschaffen, daß die Fische, wenn sie durch die Mündung hineingeschwommen sind, nicht wieder herauskommen können.

A cet hameçon, il met un ver, un petit morceau de viande, du pain ou un autre appat; puis il jette à l'eau la ficelle avec l'hameçon.

Un peu au-dessus de l'hameçon, il y a un tuyau de plume ou un morceau de liège, qui surnage lorsqu'on jette la ligne, et fait voir en même temps quand le poisson est pris.

On laisse descendre la truble dans l'eau, puis on chasse les poissons de ce côté, et ensuite on la retire.

On jette le filet ou l'épervier dans l'eau, et on l'étend dans toute sa longueur.

Des poids l'entraînent au fond. de petits morceaux de bois ou de liège empêchent qu'il ne submerge entièrement.

On fait avancer ce filet dans l'eau, et ensuite on le retire avec les poissons qui y sont entrés.

L'ouverture des nasses, qu'on plonge de nuit, est construite de façon que le poisson qui y est entré n'en peut plus sortir.

The herring fishery is so considerable, that in a short time many thousand barrels are filled with fish.

The boys, who often catch fish with a hook and line, should recollect the proverb; „that many young fellows are ruined by fishing and bird catching."

10 Die Häringsfischerei ist so beträchtlich, daß in kurzer Zeit viele tausend Tonnen mit gefangenen Fischen angefüllt werden können.

11 Knaben, welche oft mit Angeln Fische fangen, sollen sich an das Sprichwort erinnern: durch Fischfangen und Vogelstellen verderben manche Junggesellen!

La pêche des harengs est si considérable, qu'en peu de temps on en peut remplir plusieurs milliers de tonneaux.

Les garçons qui pêchent souvent à la ligne, doivent se souvenir du proverbe: plusieurs jeunes gens ont péri par la pêche et l'oiselerie.

Piscatio.

1 Piscator pisces vel in fluviis, vel in rivis, vel in lacubus, vel in stagnis, vel ad littus maris haud uno modo capit.

2 Arundini piscatoriae filum longius allĭgat, cui hamus affixus est.

3 Huic vermiculum, aut carnem, aut panem, aut aliam escam affīgit, atque ita funiculum cum hamo in aquam projicit.

4 Paulo supra hamum calămus anserinus, aut cortex suberis adhaeret, qui impedit, quo minus superior fili pars aquis immergatur, simulque indicat, captum esse piscem.

5 Funda piscatoria in aquam demittitur, supra quam agitati pisces extrahuntur.

6 Verriculum seu fundam piscatores in aquam immittunt et recta extendunt.

7 Pondera illud in profundum trahunt, superne vero vel leviores ligni partes vel cortices efficiunt, ne plane demergatur.

8 Trahunt illud piscatores per aquam et cum piscibus, quotquot intrarunt, extrăhunt.

9 Nassae, quae noctu deprimuntur, ita factae sunt, ut pisces, ostium ingressi, regrĕdi nequeant.

10 Halecum captura tanti est momenti, ut brevi multa millia doliorum piscibus captis impleri queant.

11 Pueri, qui saepe in piscibus hamo capiendis versantur, proverbii meminerint: per pisces et aves multi periere scholares!

91.

Die Jagd.

The Chase. — *La chasse.*

The chase, the origin of which is very old, is undertaken not only for the means of sustenance, but enjoined by necessity, to defend themselves against the attacks of wild animals.

At first he invented various kinds of nets, by means of which he overpowered animals stronger and fleeter than himself; he then armed himself with the dart to pierce those near him; and sharpened the arrows to reach those far from him.

He has taught the dog also to assist him, and broke in the horse on which he follows his prey.

At last, after the invention of powder, the gun was invented, which kills the animals quick as lightening.

The chase is a source of great amusement, to some.

The huntsman armed with his gun and

[1] Die Jagd, deren Ursprung sehr alt ist, wurde von dem Menschen nicht nur der Nahrung wegen unternommen, sondern auch von der Nothwendigkeit geboten, sich gegen die wilden Thiere zu schützen.

[2] Zuerst erfand er allerlei Schlingen, durch deren Hilfe es ihm gelang, Thiere, die stärker und flinker waren, als er, unter seine Gewalt zu bringen; darauf bewaffnete er sich mit dem Wurfspieß, um sie in der Nähe zu durchbohren, und schärfte den Pfeil, um andere von der Ferne zu erreichen.

[3] Er gewöhnte den Hund daran, ihn zu unterstützen, und richtete das Pferd ab, auf welchem er seine Beute verfolgte.

[4] Endlich, nach Erfindung des Schießpulvers, erfand man die Feuergewehre, welche in Blitzesschnelle die Thiere tödten.

[5] Die Jagd ist für viele Personen ein großes Vergnügen.

[6] Der Jäger, mit der Flinte und dem Hirsch-

L'origine de la chasse est très-ancienne. Les premiers hommes s'en occupèrent non seulement pour pourvoir à leur nourriture, mais encore pour se défendre les bêtes féroces.

D'abord ils inventèrent des pièges de toutes espèce à l'aide desquels ils parvinrent à se soumettre des animaux beaucoup plus forts et beaucoup plus agiles que l'homme; ensuite ils s'armèrent du dard pour les percer de près, et ils aiguisèrent la flèche pour les atteindre deloin.

Bientôt l'homme accoutuma le chien à le seconder; il dressa le cheval et courut à la poursuite de sa proie.

Enfin, apres la découverte de la poudre à canon, il inventa les armes à feu qui frappent les animaux avec la rapidité de l'éclair.

L'exercice de la chasse est un grand plaisir pour beaucoup de personnes.

Le chasseur, armé du fusil et du couteau,

hanger, pursues the game, having surrounded the wood with a net.	fänger bewaffnet, jagt das Wild, indem er den Wald mit den Jägernetzen und Tüchern umgiebt.	chasse aux bêtes sauvages, environnant les forêts de ses filets et panneaux.
The blood-hound follows their track, or finds them out by the scent, and forces them to leave their form; the greyhound pursues them.	7 Der Spürhund verfolgt die Spur desselben oder er späht es mit dem Geruch auf und macht, daß es sein Lager verläßt; der Windhund verfolgt es.	Le limier les suit à la trace, ou bien il les épie en flairant, et les fait lever; le levrier les poursuit.
The huntsman proceeds to his stand in the mornings and evenings, in order to kill the game singly.	8 Des Morgens und Abends geht der Jäger auf den Anstand, um das Wild einzeln zu erlegen.	Le matin et le soir, le chasseur va à l'affût pour tirer le gibier pièce à pièce.
When a driving-hunt takes place, people are appointed who surround in a circle, and drive the animals with clubs and sticks.	9 Bei einem Treibjagen werden Leute angestellt, welche einen Kreis schließen und mit Prügeln und Stöcken die Thiere aufjagen.	Quand on fait une battue, on place des gens qui forment un cercle, et font lever le gibier avec des gourdins et des bâtons.
The following the game on horseback is to the honour of mankind almost entirely given up.	10 Die Parforcejagd ist zur Ehre der Menschheit fast ganz abgekommen.	Pour l'honneur de l'humanité, la chasse à courre est presque entièrement hors d'usage.
At a hunt announced by the Prince, a hunting screen is erected from whence the game is killed.	11 Bei einem Jagen, das der Fürst anstellt, wird ein Jagdschirm errichtet, von wo aus die Thiere erlegt werden.	Dans une chasse commandée par le Prince, on dresse une tente de chasse d'où l'on tire le gibier.
The hunt is the business particularly of the Ranger to whom also the superintendance of the forests, and the cultivation of the forest trees is intrusted.	12 Die Jagd ist besonders das Geschäft des Försters, dem die Aufsicht über den Wald und die Fortpflanzung der Waldbäume anvertraut ist.	La chasse est principalement l'occupation du forestier à qui l'inspection et la culture des forêts sont confiées.
The hunt is divided into the higher and lower.	13 Man theilt die Jagd in die niedere und in die höhere Jagd ein.	On distingue la chasse du gros gibier et celle du menu gibier.
The fleet stag is caught in the toils; the	14 Der fliehende Hirsch fällt in's Netz, der Eber	Le cerf dans sa fuite tombe dans le filet, le

wild boar is killed with the hunting spear.

Many animals escape, but the most often the hare and fox.

The falconer uses the falcons in order to catch other birds.

wird mit dem Jägerspieß getödtet.

15 Viele entkommen, am öftesten der Hase und der Fuchs.

16 Der Falkenier bedient sich der Falken, um andere Vögel zu fangen.

sanglier est percé par l'épieu des chasseurs.

Plusieurs pièces de gibier, mais surtout le lièvre et le renard, échappent souvent au chasseur.

Le fauconnier se sert des faucons, pour prendre d'autres oiseaux.

Venatio.

1 Venationem, cujus origo ab antiquissimis temporibus repetenda est, primi homines non tantum alimenti causa suscipiebant, sed eam quoque ob causam, ut a feris se defenderent.

2 Primum varios laqueos invenērunt, quorum ope iis contigit, ut bestias validiores et celeriores subigerent; deinde jaculis se armabant, quibus cominus quasdam trajicerent, et sagittas acuebant, ut alias eminus assequerentur.

3 Canes docebant ipsos adjuvare, et equos fingebant, quibus insidentes praedam persequerentur.

4 Tandem, invento pulvere pyrio, tela ignifera inventa sunt, quorum ictus, fulminis instar, animalia necat.

5 Venatio multis magnam praebet voluptatem.

6 Venator, pyrobŏlo et cultro venatorio armatus, feras venatur, silvam cassibus et linteis venatoriis cingens.

7 Canis sagax vestigium ferarum sequitur, aut indāgat eas odoratu easque exagitat; vertăgus persequitur eas.

8 Mane et vesperi venator in stationem exit, quo singulas feras telo petat.

9 Quum venatio fit actuaria, homines quidam subornantur, qui per orbem dispositi fustibus atque baculis feras exagitant.

10 Venatio cursoria in laudem generis humani fere prorsus in desuetudinem abiit.

11 In venatione publica, quam princeps parat, casa venatoria construi solet, unde ferae occiduntur.

12 Venatio praesertim ad saltuarii provinciam pertinet, cui cura silvae ejusque cultura demandata est.

13 Venatio in majorem ac leviorem dividi solet.

14 Cervus fugiens incidit in plagas, aper venabulo transfigitur.

15 Multae bestiae evadunt, saepissime autem lepus ac vulpes.

16 Accipitrarius falcōnes adhibet capiendis aliis avibus.

92.

Der Vogelfang.

Fowling. — *Oiselerie.*

Fowling is indeed to be considered as a part of the chase; it is for the most part undertaken by fowlers.

The main-point consists, in the bird catcher's choosing an eligible place for the fowling-floor, to which the birds can from all sides freely fly to, without seeing him in the hut.

He then spreads out his net, casts the food or bait on the decoy-floor, employs himself about the decoy-birds, which are either imprisoned in a cage, or walk about on the floor; he by this means entices the birds, and lets his net fall upon them, while devouring the bait.

He makes frequently nooses of horse hair, which he fastens in the willow-bows; and lays on the bait so artfully, that the birds seldom make their escape, but mostly suspend and hang themselves.

He catches many also by means of a

[1] Der Vogelfang ist zwar als ein Theil der Jägerei anzusehen; er wird aber größtentheils von Vogelstellern getrieben.

[2] Die Hauptsache besteht darin, daß sich der Vogelsteller einen tauglichen Platz zum Vogelherd aussucht, auf welchen sich die Vögel von allen Seiten frei werfen können, ohne ihn in der Hütte zu sehen.

[3] Dann spannt er das Vogelgarn aus, wirft das Futter oder die Atz auf den Lockherd und bedient sich der Lockvögel, die entweder in einen Käfig eingesperrt sind, oder auf dem Herd herumlaufen; so lockt er die Vögel an, und überfällt sie mit seinem Garn, indem sie auf die Atz fallen.

[4] Oft macht er auch Schlingen von Pferdehaaren, die er in Weidenzweige befestigt, und legt die Atz so künstlich ein, daß die Vögel nur selten entkommen, und sich größtentheils selbst erwürgen und erhenken.

[5] Er fängt auch viele Vögel mit Leimruthen,

L'oiselerie est, à la vérité, une partie de la chasse; mais elle fait le plus souvent l'occupation de l'oiseleur.

La chose principale c'est que l'oiseleur choisisse une place favorable à son aire; afin que les oiseaux puissent s'y jeter de tous côtés, sans le voir dans sa hute.

Alors il tend son filet, jette à manger sur son aire, et se sert d'appeaux qui sont ou enfermés dans une cage ou qui voltigent sur l'aire; de cette manière, il attire les oiseaux et les enveloppe dans ses rets, lorsqu'ils se jettent sur l'appat.

Souvent il fait aussi des lacets de crin de cheval qu'il fixe à des branches de saule; et il met l'appat avec tant d'adresse, que les oiseaux s'échappent rarement, se prennent et s'étranglent eux-mêmes.

Il en attrape aussi beaucoup avec des ba-

91.

92.

twig smeared with bird lime, on which, when the birds have perched, remain adhering by their feathers, or are entangled so, that they are not able to fly, but fall to the ground, where they become an easy prey by the hand.

By a very comfortable, but tedious way, birds are caught by a cleft stick, or a bird trap.

To catch larger birds particularly the heron, falcons are trained.

welche er mit Vogelleim bestreicht, wo dann die Vögel, wenn sie sich darauf setzen, mit den Federn kleben bleiben, oder sich so verwickeln, daß sie nicht davon fliegen können, sondern zur Erde fallen, wo man sie leicht mit der Hand fangen kann.

[6]Auf eine bequeme, aber langweilige Art, fangt man auch die Vögel mit dem Kloben oder mit dem Meisenschlag.

[7]Zum Fangen größerer Vögel, besonders der Reiher, werden die Falken abgerichtet.

guettes enduites de glu; quand ils s'y perchent, leurs plumes se colent tellement, qu'ils ne peuvent s'envoler; mais ils tombent à terre où on peut les prendre facilement avec la main.

Une manière commode, mais ennuyeuse, de prendre les oiseaux, c'est la perche et le trébuchet.

On se sert des faucons pour prendre les grands oiseaux, principalement les hérons.

Aucupium.

[1]Aucupium quidem ad res venaticas pertinet; plerumque vero ab aucupibus exercetur.

[2]Haud dubie aucupi id praecipue spectandum est, ut locum aptissimum eligat areae, ad quam aves undique libere advolare, nec tamen accupem in tugurio latitantem conspicere possint.

[3]Quo facto rete aucupatorium exstruit, escaque in aream projecta ilices adhibentur, nunc caveis inclusae, nunc in area obambulantes, atque ita allĭcit aves et reti obruit in escam sese demittentes.

[4]Saepe quoque tendiculas conficit e setis equīnis, quas in salicum ramis firmat, tantāque arte escam immittit, ut aves vix avolare possint, seque potius ipsae suspendant et suffōcent.

[5]Multas quoque aves calămis capit terrae infixis viscoque illĭtis, quibus quum aves insident, adhaerescunt et plumis sic impediuntur ac implicantur, ut avolare non possint, sed in terram delabantur, et manu facili negotio capiantur.

[6]Commode, at lente, aves quoque pertĭcae vel decipulae ope capiuntur.

[7]Ad capiendas majores aves, ardeas praecipue, falconibus utuntur.

93.

Butter- und Käsebereitung.

Butter and cheese making.

Butter and cheese is made from milk.

After having milked, and strained it thro' a cloth; it is poured into pots, or broad pans, which are placed in a cool place.

The fat part, or cream, which is collected at the top, is beaten or pounded with the churn-staff, until all the richness of the cream is compounded together, and becomes butter.

The watery part is poured off, and is called buttermilk.

Butter prepared over the fire is called lard.

The milk, from which the cream has been taken, is placed in a larger milk-pan; from this, it is afterwards placed into a copper vessel, and made warm over the fire; the runnet is then poured into it, by which means the milk is turned sour.

[1] Butter und Käse werden aus der Milch zubereitet.

[2] Nachdem man sie gemolken und durch ein Tuch geseiht hat, wird sie in Töpfe gegossen oder in breite Mulden, welche man an kühle Orte hinsetzt.

[3] Die fetten Theile, der Rahm oder die Sahne, welche sich oben sammelt, wird mit dem Butterstößel geschlagen oder gestoßen, bis sich alles Fett der Sahne zusammensetzt und zu Butter wird.

[4] Der wässerige Theil wird davon abgegossen und heißt Buttermilch.

[5] Ausgelassene Butter wird Schmalzbutter (Schmalz) genannt.

[6] Die Milch, von welcher die Sahne abgenommen worden ist, wird in eine größere Milchbutte gethan, aus diesem wird sie hernach in einen kupfernen Kessel geschüttet und über dem Feuer warm gemacht, alsdann wird ein saurer Saft, die Laab, darein gegossen, wodurch die saure Milch gerinnt.

Préparation du beurre et du fromage.

C'est avec le lait qu'on fait le beurre et le fromage.

Après l'avoir trait et coulé à travers un linge, on le verse dans des pots ou dans de larges bàquets, que l'on place dans un lieu frais.

Les parties grasses, la crême qui surnage à la surface, est recueillie dans la baratte ou on la bat jusqu'à ce que la graisse se soit rassemblée et transmuée en beurre.

On verse ensuite les parties sereuses qu'on appelle le babeurre.

Souvent aussi on fond le beurre.

Le lait dont on a pris la crême, est versé dans un baquet plus grand, et ensuite dans une chaudière de cuivre que l'on chauffe sur le feu; puis on y mêle la présure qui fait prendre et coagule le lait.

It is then skimmed with the skimmer, and broken and stirred up in the vessel with the cheese-breaker.

The curdled is by this process separated from the watery or whey.

This is then collected in the cheese-pan, and so placed that the whey may run more and more from it.

From this it is after some time taken out, and laid on the hurdle, and loaded and pressed down with stones, in order that it may become cheese.

A very savoury cheese is made in Switzerland, Holland and England: In Switzerland also a green cheese is made with the addition of herbs.

7 Hierauf wird sie mit der Schaumkelle abgeschäumt, und mit dem Käsebrecher, einem zackigen Stocke, in dem Kessel gebrochen und umgerührt.

8 Dadurch scheidet sich das Geronnene von dem Wässerigen oder von den Molken.

9 Jenes wird in der Käsemulde gesammelt und so hingesetzt, daß das Wässerige immer mehr abläuft.

10 Von da wird es hernach herausgenommen, auf eine Bank gelegt und mit Steinen beschwert und gepreßt, damit es Käse wird.

11 In der Schweiz, in Holland und England wird sehr schmackhafter Käse verfertigt, in der Schweiz auch durch Zusatz von Kräutern der grüne Käse.

On l'écume avec l'écumoire; on le tranche et on l'agite avec un baton qui a encore une partie de ses branches.

Par ce procédé, le caillé se sépare de la partie séreuse qui se nomme le petit lait.

On met le caillé dans une forme ou dans un clayon, que l'on place de manière à faire égouter peu à peu la partie séreuse.

Ensuite on place la forme sur un banc et on la charge de pierres ou d'autres poids, pour faire le fromage.

En Suisse, en Hollande et en Angleterre, on fait du fromage plein de saveur; dans la Suisse on fait aussi du fromage verd, en y mélant des herbes.

Res butyracea et casearia.

1 Butyrum et caseus e lacte parantur.

2 Lac recens emulsum et per linteum percolatum in ollis vel alveolis frigidiori loco reponitur.

3 Pingue, cremor lactis, in superficie natans, in vase butyraceo colligitur, et tudicula tam diu verberatur ac tunditur, donec omnis pinguedo in butyrum abeat.

4 Liquor vero serosus, cui oxygălae nomen est, defunditur.

5 Saepe butyrum etiam eliquatur.

6 Lac, quod superest, ablata pinguedine, in majus infunditur labrum, ex hoc autem in ahenum, cui ignis subjicitur, ut lac calefiat; calido deinde admiscetur liquor acidus, coagulum, cujus ope lac coit et spissatur.

7 Tum cochleari despumatur et baculo dentibus instructo frangitur et agitatur.

8 Hoc modo coagulatum ab aquoso seu sero lactis separatur.

9 Illud in alveo caseario ita collocatur, ut serum sensim possit defluere.

[10] Inde postea exemtum scamno imponitur et lapidibus oneratur ac premitur, ut fiat caseus.

[11] In Helvetia, in Batavia et Anglia caseus sapidissimus paratur; in Helvetia quoque additis herbis caseus viridis.

94.

Honiggewinnung.

The working of honey.

Préparation du miel.

When a young swarm of bees with a new queen has been hatched in a hive, they depart from the hive on a fine summers day, under the guidance of the queen; this migration is called the swarming of the bees.

[1] Wenn in einem Bienenkorbe ein junger Schwarm mit einer neuen Königin ausgebrütet worden ist, so zieht dieses junge Volk an einem heißen Sommertage unter Anführung der Königin aus dem Korbe, welchen Auszug man das Schwärmen der Bienen nennt.

Lorsqu'un nouvel essaim avec une nouvelle reine est éclos; par un beau jour d'été, on voit sortir ce jeune peuple sous la conduite de sa reine; c'est ce qu'on appelle essaimer.

The whole swarm follow the queen in a crowded train.

[2] Der ganze Schwarm folgt der Königin in gedrängtem Zuge nach.

Tout l'essaim suit la reine se pressant sur ses pas.

She generally settles herself on the bough of a tree, and all the bees collect themselves round her, in the form of a bunch of grapes.

[3] Diese setzt sich gewöhnlich an den Ast eines Baumes, und alle Bienen setzen sich, wie in einer Traube, um sie herum.

Ordinairement elle s'arrête à quelque branche d'arbre, et toutes les abeilles se groupent autour d'elle en forme de grappe de raisin.

The bee-master, his face and hands completely covered, collects the whole swarm in a new hive, and places it in the bee-house.

[4] Der Bienenwärter, der das Gesicht und die Hände verhüllt hat, sammelt den ganzen Schwarm in einen neuen Korb und setzt ihn auf das Bienengerüste.

Celui qui a soin des ruches, après s'être couvert le visage et les mains, rassemble tout l'essaim dans une nouvelle ruche, qu'il place sur le rucher.

93.

94.

When they wish to collect the honey and wax, the bees are killed by the smoke of burning sulphur, and fall out of the hive, from which afterwards the honey-comb is taken.	5 Wenn man den Honig und das Wachs sammeln will, so werden die Bienen durch den Geruch des brennenden Schwefels getödtet, und fallen aus dem Korbe, aus welchem hernach die Honigkuchen herausgenommen werden.	Lorsqu'on veut recueillir la cire et le miel, on commence par brûler du souffre pour tuer les abeilles, qui tombent alors de la ruche; puis on prend les rayons de miel.
The cells, made by the bees from wax, are hexagonal.	6 Die Zellen, welche die Bienen aus Wachs bauen, sind sechseckig.	Les cellules que les abeilles construisent avec de la cire, sont hexagones.
They fill the greater number of them with honey; in the others the queen lays her eggs.	7 Den größten Theil derselben füllen sie mit Honig an, in die andern legt die Königin ihre Eier.	Elles en remplissent la plupart de miel; la reine dépose ses oeufs dans les autres.
The use of the honey is well known.	8 Der Gebrauch des Honigs ist bekannt.	L'usage du miel est assez connu.
Mead is prepared from honey and water.	9 Aus Honig und Wasser wird Meth bereitet.	C'est avec de l'eau et du miel que l'on prépare l'hydromel.
Lights, tapers, wax candles torches, and sealing wax is made from the wax.	10 Aus Wachs werden Lichter, Wachskerzen, Wachsstöcke, Fackeln und Siegelwachs verfertigt.	Avec la cire on fait des chandelles, des bougies, des flambeaux et de la cire à sceller.
The finer sealing wax is made from gum, vermillion and terpentine.	11 Das Siegellack macht man aus Gummilack, Zinnober und Terpentin.	La cire d'Espagne est faite avec de la laque gommeuse, avec du cinobre et de la térébenthine.

Mellificium.

1 Postquam in alveari novum examen cum nova regina procreatum est, recens hic popellus calido die aestivo duce regina ex alveari ad novas sedes migrat; quod dum fit, alvei examinare dicuntur.

2 Totum examen, circa reginam stipatum, illam sequitur.

3 Haec plerumque in ramo arboris considet et reliquae apes instar uvae dependentis eam cingunt.

4 Apiarius capite et manibus obvolutis totum examen in novum alveare infert et in statione collocat.

5 Cum mella et cerae colliguntur, apes ardentis sulphuris odore prius sunt necandae, ut ex alveo decidant, quo facto favi eximuntur.

[6]E cera apes sexangulas sibi struunt cellas.
[7]Plurimas earum melle implent, in reliquis regina ova ponit.
[8]Mellis usus satis notus est.
[9]Ex melle et aqua mulsum paratur.

[10]E cera candelae, cerei, ceroli, faces et cera sigillaris conficiuntur.
[11]Lacca signatoria e lacca cocci, cinnabări et resīna terebinthi paratur.

95.

Die Erndte.

Harvest. *La moisson.*

The corn blossoms about the end of June and ripens a month afterwards.

[1]Das Getreide blüht gegen das Ende des Junius und kommt in einem Monat zur Zeitigung.

Le blé fleurit vers la fin de Juin, et murit ensuite dans l'espace d'un mois.

The part of the stalk nearest the ear, then becomes yellow, and the grains hard.

[2]Alsdann nimmt der äußerste Theil des Halms in der Nähe der Aehre eine gelbe Farbe an und die Körner werden hart.

Alors l'extrémité de la tige qui approche de l'épi, prend une couleur jaune; et le grain acquiert de la dureté.

When they think that it is time to cut it, the reapers proceed to the field intended to be cut.

[3]Wenn man glaubt, daß es Zeit sey, es abzuschneiden, so gehen die Schnitter auf das Feld, welches man schneiden will.

Lorsqu'on croit qu'il est temps de le couper, les moissonneurs entrent dans le champ qu'on veut moissonner.

The reaper, furnished with a sickle, a crooked instrument with a wooden handle, takes a hand ful of the halms, on which are the ears, with the left hand, cuts it, lays it behind him, and at last binds the small heaps in bundles.

[4]Mit einer Sichel, einem krummen Werkzeuge mit einem hölzernen Handgriff versehen, nimmt der Schnitter in die Linke eine Hand voll Halmen, auf denen die Aehren sich befinden, schneidet sie mit der Sichel ab, legt sie hinter sich, und bindet endlich aus den kleinen Häufchen Garben.

Armé d'une faucille, instrument recourbé et pourvu d'un manche en bois il saisit de la main gauche une poignée d'épis, il les coupe avec la faucille et les couche derrière lui; enfin il les met en javelles et les ramasse en gerbes.

95.

96.

There are also countries where they cut the corn down with a sithe; this instrument consists of a long blade crooked at the end, and fastened at the end of a long hole.

After binding the corn into sheaves, they load the waggons with it, in order to take it to the barn, where it remains until it is threshed.

[5] Es giebt auch Länder, wo man das Getreide mit einer Sense abschneidet; diese besteht aus einem langen Blatt, das an der Spitze gekrümmt und an einem langen Stiel befestigt ist.

[6] Nachdem das Korn in Garben gebunden ist, ladet man diese auf Wagen, um sie in die Scheune zu führen, wo es so lange aufbewahrt bleibt, bis es gedroschen werden soll.

Il y a aussi des pays où l'on coupe les blés avec la faux, qui est une lame longue, recourbée par la pointe et fixée a un long manche.

Lorsque le blé a été lié en gerbe, on le charge sur des voitures pour le conduire à la grange où on le garde jusqu'au moment de le battre.

Messis.

[1] Frumentum sub finem Junii floret et intra mensis spatium ad maturitatem pervĕnit.

[2] Tum extrema calămi pars haud procul a spica colorem flavum induit et grana indurescunt.

[3] Si justum tempus esse judicatur demetendi ejus, messorum turba in agros exit, cujus fruges colligere placet.

[4] Falce messoria, instrumento curvo, ansa lignea intructo, armatus, messor sinistra manipulum culmorum comprehendit, qui spicas gerunt, falce eos demetit, singulos manipulos post se deponit et tandem ex iis mergites collĭgat.

[5] Sunt quoque regiones, in quibus frumenta falce foenaria demetuntur, quae lamina longiori constat, in extrema parte acuminata et longo manubrio affixa.

[6] Frumentum in mergites collectum curribus imponitur atque in horrea convehitur, ubi asservari solet, quoad grana ejus flagello excutere libet.

96.

Die Heuerndte.

Hay-harvest. — *La fenaison.*

The excessive heat of the summer which we experience under the temperate zone,

[1] Die steigende Wärme des Sommers, die wir unter dem gemäßigten Himmelsstrich gemei-

La chaleur excessive de l'été, que nous ressentons dans nos climas tempérés,

proceeds principally from the rays of the sun, which fall more and more perpendicular on this part of the hemisphere.

This season of the year unites the pleasant with the useful, and produces great joy to all who are friends of a country life; But it also imposes, as every other season does, particular business on the countryman, on account of the harvests first beginning in it.

The hay making comes first.

The mowers mow the grass from the field with the sithe, rake it together, make hay-cocks of it with the fork, and carry it away on wagons to the barn, and preserve it in the hay loft to feed the cattle during the winter.

After the corn harvest, which we have already treated of, the after-grass or rowing follows, which is in fact the second hay-harvest, and consists of the grass which has grown again, after the hay is made.

niglich empfinden, rührt hauptsächlich von den Sonnenstrahlen her, die nun immer senkrechter auf diese Gegenden der Erdkugel fallen.

2 Diese Jahrszeit verbindet das Angenehme mit dem Nützlichen, und schenkt Allen, welche Freunde des Landlebens sind, große Freuden; sie legt aber auch, wie jede andere, den Landleuten besondere Geschäfte auf, weil in derselben die Erndten ihren Anfang nehmen.

3 Zuerst kommt die Heuerndte.

4 Der Mähder haut auf der Wiese das Gras mit der Sense ab, recht es mit dem Rechen zusammen, macht Schober mit der Heugabel und führt das Heu auf Wagen in die Scheunen, wo man es auf dem Heuboden aufbewahrt, um das Vieh den Winter über damit zu füttern.

5 Nach der Getreideerndte, welche wir schon abgehandelt haben, kommt die Grummet- oder Oehmd-Erndte, welches eigentlich die zweite Heuerndte ist und aus dem Grase besteht, das, nachdem das Heu abgemäht war, nachgewachsen ist.

provient, principalement, des rayons du soleil qui tombent toujours plus verticalement sur notre hémisphère.

Cette saison réunit l'agréable à l'utile, et procure de grandes juissances à tous ceux qui aiment la vie champêtre; mais elle impose aussi, comme toutes les autres, des travaux particuliers aux paysans; car alors les récoltes commencent.

C'est la fenaison qui vient la première.

Le faucheur coupe le foin dans les prairies avec la faux, il le ratelle avec le rateau, le met en monceaux avec la fourche; il le conduit sur des chariots à la grange, où on le garde pour nourrir le bétail durant l'hiver.

Quand la moisson des grains dont nous avons déjà parlé est finie; vient encore le regain qui est proprement la seconde fenaison, et consiste dans l'herbe qui est recrue après que le foin a été fauché.

Foenificium.

[1]Vehementior, quem nos Europaei, qui temperatam zonam accolimus, maximam partem percipimus, aestatis calor praecipuam sui originem debet solis radiis, qui magis magisque ad perpendiculi instar in has terrae regiones immittuntur.

[2]Hoc anni tempus jucundo miscet utile, omnibusque, qui gaudent vita rustica, magnas offert jucunditates; nec vero huic quoque opera desunt, quibus ruris coloni defungantur; hoc enim tempore messes ordiuntur.

[3]Agmen ducit foenisecium.

[4]Foenisĕca in prato gramen falcè desĕcat, secta rastro corradit, furca componit acervos et foenum plaustris impositum in horrea convĕhit, ubi in foenili asservatur, ut pecora per hiemem eo vescantur.

[5]Finitam frumentorum messem, de qua supra diximus, foenisecium alterum excipit, quae messis citra gramen, quod priori succrevit, instituitur; id quidem foenum secundum vocant.

97.

Der Weinbau.

The cultivation of the Vine.

La culture des vignes.

The cultivation of the Vine affords much labour, but it is also very profitable.

The Vine was without doubt, like most of the other field and garden fruits, brought from Asia into Europe, and cultivated with success in the countries of a moderate climate.

If they wish to choose a piece of land for the cultivation of the vine, they fix on a sloping place laying towards the south; or

[1]Der Weinbau erfordert viele Mühe, aber er ist auch sehr einträglich.

[2]Der Weinstock, ist ohne allen Zweifel, wie die meisten andern Feld- und Gartenfrüchte, aus Asien nach Europa gebracht und mit Erfolg in den Ländern von gemäßigtem Klima angebaut worden.

[3]Wenn ein Stück Feld zu einem Weinberg angebaut werden soll, so wählt man einen abhängigen, gegen Mittag gelegenen Ort, oder

La culture des vignes exige beaucoup de travail, mais aussi elle est très-lucrative.

On sait que la vigne ainsi que la plupart des fruits des champs et des jardins, a été apportée d'Asie en Europe, et plantée avec succès dans les pays d'un climat tempéré.

Quand on veut planter la vigne dans un champ, on choisit un endroit tourné vers le midi ou du moins éclairé par le soleil

a place exposed the whole day to the sun, which is then treated in the following manner; It is at first ploughed, or hacked up deeply.

Holes are then dug, and the young vine-shoots are laid in, and covered with earth.

It is then suffered to grow, until it projects from the earth with leaves, they then hack it again very lightly in order that the earth round it may be kept loose.

In a few years it has attained the height, that it can be bound to a stake, and grapes gathered from it.

The vineyards already laid out, are treated in quite a different way.

Every place where the vine is cultivated has several situations for vineyards.

The best kind of grapes are:

The white and red rhasselas, the white, ced, and black muscadel, the sweet water, the black Burgundy, the black-cluster, the Tokay, from a town in Hungary of the same name, the red Italian, the Rulender, from a

doch einen solchen, der den Tag über lange von der Sonne beschienen werden kann, und verfährt auf folgende Weise: Zuerst wird das Feld umgepflügt oder tief gehackt.

4 Dann werden Gräben gemacht und die Fechser oder junge Rebhölzer eingelegt und mit Erde zugedeckt.

5 Hierauf läßt man sie wachsen, bis sie mit dem Laub aus der Erde hervorragen, und behackt sie wieder ganz sachte, damit der Erdboden um sie herum stets locker erhalten wird.

6 In etlichen Jahren erlangen sie eine Größe, daß man sie an Pfähle anbinden und Weintrauben von ihnen lesen kann.

7 Ganz anders verfährt man mit Weinbergen, die schon ordentlich angelegt sind.

8 Jeder Ort, in dem man Wein baut, hat mehrere Lagen von Weinbergen.

9 Die vornehmsten Traubensorten sind:

10 Der weiße Gutedel, der rothe Gutedel, der weiße Muskateller, der rothe Muskateller, der schwarze Muskateller, der Elbling, der schwarze Burgunder, der Clävner (von Chiavena oder Cläven in Ober-Italien), der Tokayer (von

durant une grande partie du jour; puis on procède de cette manière: En premier lieu, on laboure le champ avec la charrue, ou bien on le bèche profondément.

Après cela, on fait des fossés dans lesquels on plante les provins et on les couvre de terre.

Ensuite on les laisse croître jusqu'à ce qu'ils poussent des feuilles hors de la terre; et on les houe encore avec précaution, afin d'entretenir la terre toujours molle.

En quelques années, ils parviennent à une telle grandeur, qu'on peut les lier à des échalas et en cueillir des grappes de raisins.

On suit un tout autre procédé pour une vigne qui est plantée déja depuis long-temps.

Les endroits où l'on cultive la vigne, s'appellent vignobles.

Les meilleurs espèces de raisin sont:

Le Chasselas blanc, le Chasselas rouge, le Muscat blanc, (Muscata bianca, Ital.) le Muscat rouge, le Muscat noire, l'Allemand, le Bourguignon ou Auvernas noir, l'Auvernas noir rouge, le raisin de Tokei, le

merchant of that name known in Spyer, the Velteline, from a country between Italy and the Tyrol, the Silvane, the Tramine from a village in the Tyrol, the Rissling, the St. Urban, the Miller's Burgundy, and the Lacrymae Christi.

The black Damascus and the Corinthian are likewise grapes, which are imported dried.

einem Dorfe in Ungarn) (bei uns Putzscheeren, Elender), der Rothwälsche (Trollinger oder Kreuzertraube), der Ruländer (von einem Kaufmann in Speier benannt), der Välteliner (von einer Landschaft zwischen Tyrol und Italien), der Sylvaner, der Traminer (von einem Dorfe in Tyrol), der Rißling, der Rothurben, die Müllertraube, der Thränenwein.

[11] Die Cibeben und Corinthen sind auch Weintrauben, welche getrocknet und versendet werden.

raisin d'Italie (le gros noir), le Gris commun, le raisin de la Valteline, le raisin de Silvane, le Gris rouge, le Rissling, l'Urbain rouge, le Meunier, Lacrymae Christi, ou bien le raisin de Naples.

On sèche les raisins confits et les raisins de Corinthe, et on les livre ainsi dans le commerce.

Vinearum cultura.

[1] Vinearum cultura multum operae desiderat, sed reditus quoque earum uberrimus est.

[2] Liquet autem, vites cum maxima frugum olerumque parte ex Asia in Europam allatas et cum prospero successu in terris temperatae zonae propagatas esse.

[3] Campus vitibus conserendus declivis tutissime eligitur, qui spectet meridiem, solisque radiis maximam diei partem collustretur, idque hoc potissimum fit modo: ager primum vomĕre scinditur vel imum solum rastro exercetur.

[4] Deinde effossā terra propagmina inserta humo obteguntur.

[5] Sinunt haec coloni tantisper crescere, dum e terra frondes emineant, ac deinde nova, nec non cauta pastinatione indigent, ut resolutum circa ista conservetur solum.

[6] Intra aliquot annos in tantam accrescunt longitudinem, ut palis alligari uvaeque ab iis colligi possint.

[7] At longa alia vinearum, dudum cultarum, est ratio.

[8] Loca vitibus consita plures offerunt regiones.

[9] Praecipua uvarum genera sunt:

[10] Uva eugenia alba, uva eugenia rubra, uva apiana alba, uva apiana rubra, uva apiana nigra, visula, uva Burgundica, uva chiavenensis, uva pannonica, uva italica rubra, uva Rulandi, uva vallis Telinae, uva sylvatica, uva helvŭla, uva praestantior, uva St. Urbani, uva pulverĕa, Lacrymae Christi.

[11] Cubebae et uvae Corinthiacae siccatae transmittuntur.

98.

Der Weinbau und die Weinlese.

(Fortsetzung.)

The cultivation of the vine, and the Vintage.

(Continuation.)

La culture de la vigne et la vendange.

(Continuation.)

In the spring they raise up the vine, which had been laid down the autumn before, and covered with earth, dig round the roots, as well as over the whole vineyard, and throw manure and dung upon it.

Soon afterwards they are pruned, that is the small and useless shoots and sprouts are cut away.

Upon this they drive stakes in the ground, and bind the vine to it, and when the blossom is gone off, they hack up the ground again lightly, bind the high-grown shoots once more to the stake, and allow it to grow until the vintage which is in many parts a true feast.

At the time of Vintage the vine-dresser cuts the ripe grapes off with a pruning

1 Im Frühling zieht man die Weinstöcke, wenn sie im vorhergehenden Herbst mit Erde überschüttet worden waren, hervor, behackt sie rings um die Wurzel, so wie den ganzen Weinberg, und beschüttet sie mit Dünger und Erde.

2 Bald darauf werden sie geschnitten, d. h. man schneidet die kleinen und überflüssigen Ranken und Sprößlinge weg.

3 Darauf schlägt man Pfähle ein und bindet die Weinstöcke daran, und nach geschehener Blüthe behackt man den ganzen Weinberg wieder, jedoch nicht tief; man bindet die höher gewachsenen Weinstöcke nochmals oben an die Pfähle an und läßt sie fortwachsen bis zur Weinlese, welche in manchen Gegenden ein wahres Fest ist.

4 Zur Zeit der Weinlese schneiden die Winzer die reifen Weintrauben mit Hippen oder

Au printemps, on découvre les ceps quand on les a enfoui dans la terre l'automne précédant; on bèche autour de leurs racines, et on y met de la terre et du fumier.

Bientôt après on les taille, c'est-à-dire, on coupe les sarments et les rejetons inutiles.

Alors on fiche des échalas dans la terre, et on y lie les ceps. Après la fleuraison, on bèche toute la vigne de nouveau, mais légèrement; on attache encore, aux échalas, les ceps qui ont crû plus haut; et on les laisse croître jusqu'à la vendange, qui est une véritable fête dans plusieurs endroits.

Quand le temps de la vendange est venu; les vignerons coupent avec la serpette les

97.

98.

hook, or crooked knife, carries them in tubs and pails into the tub, where they are trodden out with the feet, or pressed with a wooden pestle.

krummen Messern (Hapen) ab, tragen sie mit Gelten und Butten zusammen, und schütten sie in die Weinkufe, wo sie mit den Füßen getreten, oder mit einem hölzernen Stempel gestoßen werden.

grappes de raisin, les portent avec des baquets et des hottes dans la cuve, les foulent aux pieds, ou bien ils les pilent avec un pilon de bois.

They are then carried home, and cast into the wine-press, where the juice is pressed out, which is called must.

5 Hierauf fahren sie nach Hause und schütten sie auf die Kelter, wo der Saft ausgepreßt wird, welchen man Most nennt.

Après cela, ils les conduisent à la maison et les jettent sous le pressoir où ils en extraient la liqueur qu'on appelle moût.

After it is received in the must-tub, it is drawn off into wine-casks, where it becomes wine after the fermentation has subsided.

6 Nachdem er von der Mostkufe aufgefangen worden ist, faßt man ihn in Weinfässer, wo er nach überstandener Gährung zu Wein wird.

Après que le moût a coulé dans le cuveau, on le met dans des tonneaux; et sa fermentation étant passée, il devient vin.

It is then drawn off from the cask into the cellar, with the siphon, or with a pipe with a cock to it.

7 Man zieht ihn in dem Keller aus dem Faß mit dem Heber (Weinzieher) oder mit der Faßröhre, die einen Hahn hat.

On tire le vin du tonneau par le moyen du siphon ou bien par la broche où est fixé le robinet.

After the vintage is over, the stakes are taken out.

8 Nach geendigter Weinlese reißt man die Pfähle heraus.

La vendange étant finie, on arrache les échalas.

Vinearum cultura et vindemia. (Continuatio.)

1 Vere redeunte vites, ubi auctumno praecedenti fuerint humo obrŭtae, ex eādem eruuntur, cumque tota vinea pastinatione subactae, stercore cumulantur et terra recenti.

2 Haud ita multo post praeciduntur, hoc est, minuti nulliusque usus surculi amputantur.

3 Pali deinde, quibus vites alligentur, adiguntur in terram; finito autem flore, universa vinea, at levius, repastinatur, et tunc vites denuo ad palorum fastigium religantur viminibus, et dein ad vindemiam usque coeli temperiei permittuntur, quae multis in regionibus festi loco celebratur.

4 Vindemiae tempore vinitores uvas, quae maturuerunt, falce vinitoria a vitibus abscindunt, comportant eas labris et trimodiis, easque in lacum seu cupam conjiciunt, ubi aut pedibus calcantur, aut ligneo pilo tunduntur.

5 Deinde domum comportatae torculari injiciuntur, ubi succus, quem mustum vocant, exprimitur.

6 Is orca exceptus doliis recon-

ditur, et primam fermentationem passus in vinum abit.

[7] Vinum in cella e dolio promitur siphōne aut tubulo, in quo est epistomium.

[8] Vindemia exacta sudes extrahuntur.

99.

Der Obstgarten.

The Orchard. — *Le verger.*

The fruit-gardener plants different kinds of trees from the seeds of the more generous sort in his nursery: as for instance, apple, pear, plum, nut, peech, apricot, and other trees, and understands also the enoculating and grafting.

[1] Der Baumgärtner pflanzt in der Baumschule verschiedene Arten der Bäume aus den Kernen edler Obstsorten, nämlich Aepfel-, Birn-, Pflaumen-, Nuß-, Pfirsich-, Aprikosen- und andere Bäume, und versteht das Pfropfen und Okuliren.

A l'aide de pepins, le jardinier-planteur plante, dans la pepinière, différentes espèces d'arbres des meilleures sortes; savoir, des pommiers, des poiriers, des pruniers, des noyers, des pêchers, des abricotiers, et d'autres arbres; il sait aussi greffer et enter les arbres.

He clips the quickset hedge surrounding his orchard and cuts off the water-shoots from the apple and pear trees, which have encreased their wood too much.

[2] Er beschneidet den lebendigen Zaun, der den Garten umgiebt, und schneidet die Wasserreiser an den Aepfel- und Birnbäumen, die zu sehr ins Holz getrieben haben, ab.

Il taille la haie vive qui entoure le verger, il coupe les branches parasites des pommiers et des poiriers qui ont jetté du bois.

He binds the bush and dwarf trees and espaliers to the walls, and supports the standing trees with props.

[3] Die Staudengewächse, Zwergbäume und Spaliere bindet er an die Mauer, und versieht freistehende Obstbäume mit Pfählen.

Il palisse les arbustes, les arbres nains et les espaliers, et met des tuteurs à quelques arbres fruitiers de haut vent.

There are two kinds of fruit trees, seed and kernel.

[4] Man hat Kern- und Steinobst.

Il y a des fruits à pepins et à noyaux.

To the seed fruit, belong apple and pear, to the stone fruit, peach, apricot, cherry, and plum.

The shell-fruit-trees are the chessnut, and almond trees, the wallnut, and hazel-nut trees.

The most valuable sorts of apples are; the Calville rouge, and the white Calville, the many kinds of Reinette, particularly the golden Reinette, and the Reinette gris, the pomme rose, the bake apple, the Borsdörfer, the Stettin, the pointed apple, the stern apfel, the pound apple, the Rambour gros, the royale d'Angleterre, the strode-house pippin, the fleiner, (from a village of the same name in Würtemberg), the Luiken, and the quince apple.

The most valuable kinds of pears, are the Bergamot, the Honey-pear, the Herrn-birne, the sucrè Vert, the Imperial pear, the Royal pear, the Palatine pear, the Muscat, the Gaishirteln, the muscat de Nancy, the Calebasse, the long-stalked pear, the pomme Chrétien, the summer bon Chrétien, the Beurré, the Winter-thorn, the

5 Unter das Kernobst gehören die Aepfel und Birnen, unter das Steinobst: die Pfirsiche, die Aprikosen, die Kirschen und die Pflaumen.

6 Schalenobst tragen: der Kastanienbaum, der Mandelbaum, der Wallnußbaum, die Haselnußstaude.

7 Die vorzüglichsten Arten der Aepfel sind: der rothe und der weiße Kalvil, die vielen Arten der Reinette, besonders die Goldreinette und die graue Reinette, der Rosenapfel, der Backapfel, der Borsdorferapfel, der Stettinerapfel, der Spitzapfel, der Sternapfel, der Pfundapfel, der Königsapfel, der Pepping, der Streifling, der Fleiner, (von einem Dorf Flein in Würtemberg), der Luikenapfel, die Apfelquitte.

8 Die vorzüglichsten Birngattungen sind: die Bergamotte, die Honigbirne, die Herrnbirne, die Zuckerbirne, die Kaiserbirne, die Königsbirne, die Pfalzgrafenbirne, die Muskatellerbirne, das Gaishirtle, die Goldbirne, die Flaschenkürbisbirne, die Langstieler, die Christbirne, die Sommerbirne, die Butterbirne, die Winterbirne,

Parmi les fruits à pepins, on compte les pommes et les poires; et parmi les fruits à noyau, les pêches, les abricots, les cerises et les prunes.

Le châtaignier, l'amandier, le noyer et le noisettier portent des fruits à coque.

Les principales sortes de pommes sont: la calville rouge et la calville blanche, les nombreuses espèces de la reinette, entre autres, la reinette d'or et la reinette grise, la pomme rose, le Costard Apple, la reinette de Borsdorf, la pomme de Stettin, la pomme pointue, la pomme d'étoile, le Rambour gros, la Royale d'Angleterre, le pepin, la pomme Flein, la pomme Luyke, la cognasse mâle.

Voici les principales sortes de poires: la bergamotte, la blanquette, le cerceau d'été, le sucré vert, l'impériale, la royale, la poire palatine, le muscat, le rousselet de Stoutgart, l'aurate, la callebasse, la poire à queue longue, le bon chrétien, la poire d'été, le beurré, la verte d'hiver, la p. la plus longue, la poire frite,

long-pear, the Bratbirne, the Most birne, the green pear, the poire de Palme, the Madame de France, the egg pear, the Wasser-birne, the Virgouleuse, the knaus pear, the Blanquette petite, the amadotte, the deux-Têtes, the pound pear, and the quince pear.	die Wadel- oder Langbirne, die Bratbirne, die Mostbirne, die Grunbirne, die Palmischbirne, die Franz-Madam, die Eierbirne, die Saft- oder Wasserbirne, die Paradiesbirne, die Knaus- oder Weinbirne, die Schnabelsbirne, die Reichenecker, die Zweibutzern, die Pfundbirne, die Birnquitte.	la p. à cidre, la p. verte, la p. de palme. Madame de France, l'Eyerpaer ou poire d'oeuf, la mouillebouche, la virgouleuse, la poire Knaus ou au vin, la petite blanquette, l'Amadotte, la p. à deux têtes, la p. de livre, la cognasse femelle.

Pomarium.

[1] Pomarii cultor in pomario varia arborum genera plantat e nucleis pomorum generosorum, scilicet malos, piros, prunos, nuces, amygdalos Persicas, prunos armeniacas aliasque arbores, et artis surculos inserendi gemmasque immittendi peritissimus est.

[2] Putat sepem vivam, qua hortus circumdătur, et sarmenta inutilia malorum ac pirorum, nimium in materiam effusa, resĕcat.

[3] Frutices et arbores nanas, partim adminiculis munitas, ad maceriam alligat, et arbores pomifĕras, vento obnoxias, fulcris firmat.

[4] Poma aut granifĕra sunt, aut ossuosa.

[5] Pomis graniferis adnumerantur mala et pira, pomis ossuosis mala Persica et Armeniaca, cerăsa et pruna.

[6] Fructus corticatos ferunt: castanĕa, amygdălus, nux juglans, corylus avellana.

[7] Praecipua malorùm genera sunt: Calvilus seu malum odoriferum angulatum, et rubrum et album, malum vinosum, malum roseum, malum tostīle, malum Borsdorfianum seu Tenedium, malum Stettinense, malum turbinatum, malum pentagŏnum, malum librale, malum regium, malum aromaticum, malum striatum, malum Flinianum, pomum Batavicum, malum Cydonium.

[8] Praecipua pirorum genera sunt: pirum Bergamium, p. melleum, p. herīle, p. saccharatum, p. rosatum seu caesareum, p. regium, p. palatinum, p. muscatum, p. Stuttgardianum, pirum finaureum, pirum lagenarium, p. pediculatum, pirum pompejum, p. aestivum, p. butyratum, p. hiemale, pirum longissimum, pirum maculatum seu tostile, p. musteum, p. viride, p. rubiginosum, p. francogallicum, p. mollissimum, p. aquosum, p. paradisiacum, p. succosum seu vinosum, pirum melleum minus, p. Bergamium fuscum, pirum anceps, p. librāle, p. cydonium.

99

100.

100.

Der Kunstgärtner.

The professed Gardener.

The professed gardener divides the garden into beds and sets the plants, according to their classes, order genus, and species.

He is acquainted not only with the names of the trees, herbs, and flowers, but he can also tell the form of the blossoms, and leaves, and understands how every plant ought to be treated.

In large pleasure gardens where various kinds of exotic flowers and plants are planted, which cannot bear being exposed to the cold air, hot houses are built in which such plants are reared in pots and tubes.

This hot house is long and narrow, and furnished with windows placed obliquely towards the South, so that the rays of the Sun strike perpendicularly on it.

Inside the exotics are set on banks placed one above the other.

[1] Der Kunstgärtner theilt den Garten in Beete ein und ordnet die Pflanzen nach Classen, Ordnungen, Geschlechtern und Arten.

[2] Er weiß nicht nur die Namen der Bäume, Kräuter und Blumen, sondern er kann auch die Gestalt der Blüthen und der Blätter angeben und versteht es, wie jede Pflanze zu behandeln ist.

[3] In großen Lustgärten, wo man allerhand ausländische Blumen und Gewächse hat, welche keine kalte Luft ertragen können, hat man Glashäuser, in welchen solche Gewächse in Töpfen und Kästen verwahrt werden.

[4] Ein solches Gebäude ist lang und schmal und gegen Mittag mit Fenstern versehen, welche schief liegen, so daß die Strahlen der Sonne fast senkrecht darauf fallen.

[5] Inwendig stehen die ausländischen Gewächse auf Bänken, deren eine über der andern steht.

Le jardinier.

Le jardinier instruit, ayant divisé le jardin en carreaux, dispose les plantes selon leurs classes et leurs espèces.

Non seulement il sait le nom des arbres, des herbes et des fleurs; mais encore il peut décrire la forme des fleurs et des feuilles, et connait la manière de cultiver toutes sortes de plantes.

Dans les jardins de plaisance on entretient des fleurs, et des plantes étrangères, qui ne peuvent supporter la rigueur de nos climats; on a des serres où on les conserve dans des pots et dans des caisses.

La serre est un bâtiment long et étroit, qui a des vitraux, tournés vers le midi et placés obliquement, afin que les rayons du soleil y tombent la serre presqu'à plomb.

Dans l'intérieur, des végétaux étrangers sont posés sur des planches placées les sur les autres.

There are also flues, in order to warm the house in winter.

In the summer many plants, which are not able to bear the winter and the keen winds of spring, are taken out, and placed in the open air; as for instance the lemon and orange trees, the aloe, and others.

In the garden itself we behold beautiful trees with their fruit, an extraordinary variety of herbs and flowers, charming avenues, fountains, summer houses, and arbours.

[6] Es sind auch Oefen vorhanden, daß das Gebäude im Winter geheizt werden kann.

[7] Viele Pflanzen, welche nur den Winter und die rauhe Frühlingsluft nicht ertragen können, werden zur Sommerszeit herausgenommen und in die freie Luft gesetzt, wie die Citronen- und Pomeranzenbäume, die Aloë und andere.

[8] Im Garten selbst erblicken wir schöne Bäume mit ihren Früchten, eine außerordentliche Mannigfaltigkeit der Kräuter und Blumen, liebliche Alleen, Springbrunnen, Gartenhäuser und Lauben.

Il y a aussi plusieurs poiles pour chauffer le batiment pendant l'hiver.

Beaucoup de plantes qui n'ont à craindre que le froid de l'hiver et la fraîcheur du printemps, sortent de la serre en été et se mettent en plein air; ainsi les citronniers et les orangers, l'aloé et d'autres.

Dans le jardin même, nous voyons des arbres avec leurs beaux fruits, toutes sortes d'herbes et de fleurs, des allées charmantes, des fontaines, des pavillons et des berceaux de verdure.

Topiarius

[1] Topiarius hortum in areŏlas divídit et plantas secundum classes, ordines, genera et species disponit.

[2] Is non tantum nomina herbarum ac florum novit, sed speciem quoque florum et foliorum exponere potest et scit, quomodo singulae plantae sint tractandae.

[3] In viridariis majoribus, ubi plantae floresque exotici coluntur, quibus aëris frigiditas nocet, plantarum hibernacula sunt, in quibus ejusmodi plantae in ollis ac cistis servantur.

[4] Istud aedificium longum est atque angustum, et meridiem versus fenestras habet, oblique positas, ita ut radii solis fere ad perpendiculum in eas incidant.

[5] Intus plantae exoticae in scamnis, gradatim dispositis, collocantur.

[6] Adsunt quoque fornāces, quibus conclavia hieme calefieri possint.

[7] Multae plantae, quibus hiems tantum et frigidior veris aër obest, aestivo tempore eximuntur et libero aëri exponuntur, ut citri et mali aurantiae, aloë aliaeque.

[8] In horto ipso conspicimus pulchras arbores cum fructibus suis, miram herbarum florumque varietatem, ambulationes amoenissimas, fontes salientes, diaetas et scenas.

101.

Der Hopfenbau.

The culture of Hops.

As the hops are very important in the brewing of beer, it is therefore to be considered as a considerable article of commerce.

A moist, loose, and fruitful ground with a black and rich soil is necessary for the cultivation of hops.

If a man intends to cultivate hops for the first time on a piece of ground, it ought the autumn before to be dug and ploughed up; but if it has already been planted with hops, it is only necessary to dig it up once in spring.

He then makes the furrows, and places the shoots in them.

As soon as they shoot up, poles ought immediately to be driven in, on which the shoots are bound with straw, in order that they may climb up them.

At the bottom the poles are placed near the stem, but higher up the stems are bound

[1] Weil der Hopfen bei der Bierbrauerei ſehr wichtig iſt, ſo iſt er auch als ein bedeutender Gegenſtand des Handels zu betrachten.

[2] Zur Pflanzung des Hopfens iſt ein feuchter, lockerer und fruchtbarer Boden nöthig, der ein ſchwarzes, fettes Erdreich hat.

[3] Wenn man das erſtemal Hopfen auf ein Feld bauen will, ſo muß der Neubruch im Herbſt vorher umgehackt und geackert werden; iſt es aber ſchon zum Hopfenbau gebraucht worden, ſo wird es im Frühling nur einmal umgeackert.

[4] Hierauf macht man die Furchen, und legt die jungen Fechſer hinein.

[5] Sobald dieſe ausſchlagen, müſſen ſogleich Stangen dazu geſteckt werden, an welche man die Sprößlinge mit Stroh anbindet, damit die Reben in die Höhe ſteigen können.

[6] Unten ſtellt man die Stangen nahe zum Stock, oben aber weiter aus einander, und bin-

La culture du houblon.

Comme le houblon sert à faire la bière, il faut le regarder comme un objet de commerce considérable

Il faut planter le houblon dans un sol humide où il y a beaucoup de terre noire et grasse.

Quand on veut planter, pour la première fois, du houblon dans un champ, il faut le labourer et le bêcher l'automne précédent; mais si ce champ a déjà servi à la culture du houblon, on le laboure seulement une fois au printemps.

On fait ensuite des fosses, et l'on y met les jeunes plantes.

Lorsqu'elles commencent à pousser; on attache les rejetons à des perches avec de la paille, afin que les branches puissent s'élever.

On met la perche près du pied de la plante, mais en haut on l'éloigne davantage,

further from the pole, and on each of them several tendrils are bound.

The ground round the hops must be then three times hacked up, and the weeds carefully plucked out.

The strong smell announces the time of picking, which generally occurs about the end of August.

The female blossoms are then collected together, and are spread out on an airy floor, until they are dried.

The hops are either preserved for use in bags, or in a dry room, or in barrels.

det an jede mehrere Ranken zusammen.

[7] Hierauf muß der Hopfen dreimal umgehackt, und das Unkraut sorgfältig weggenommen werden.

[8] Der starke Geruch des Hopfens verräth seine Zeitigung, die gewöhnlich zu Ende des Augusts erfolgt.

[9] Nun werden die weiblichen Blüthenzapfen gesammelt und auf einen luftigen Boden geschüttet, bis sie getrocknet sind.

[10] Der Hopfen wird entweder in Säcken, oder in trockenen Kammern, oder in Fässern zum Gebrauch aufbewahrt.

et on attache plusieurs branches à la même perche.

Il faut ensuite donner trois labours au houblon, et le sarcler avec soin.

La forte odeur du houblon annonce sa maturité, qu'il acquiert ordinairement à la fin du mois d'Août.

Alors on recueille les fleurs femelles, et on les met sur un plancher bien airé, jusqu'à ce qu'elles soient sèches.

On conserve le houblon dans des sacs, dans des chambres bien sèches ou dans des tonneaux.

Humuli lupuli cultura.

[1] Cum lupulus cerevisiae coquendae inserviat, commercium cum eo instituitur haud spernendum.

[2] Lupuli plantatio solum humidum, solutum ac fertile desiderat, cujus humus atra sit et pinguis.

[3] Solum, in quo lupuli cultura instituitur, ubi recens fuerit instructum, auctumnali tempore pastinatione et aratione est subigendum; ubi vero jam antea lupulus creverit, semel tantum verno tempore aratro discinditur.

[4] Jam sulci fiunt, in quos viviradīces ingerantur.

[5] Simul atque viviradices effrondescunt, adpositis ad eas pertĭcis surculi straminis hordacĕi ope alligantur, ut sarmenta commodius possint assurgere.

[6] Ad imum perticae ipsis caudicibus junguntur, in summo autem distractis plura alligantur sarmenta.

[7] Quo facto lupulus ternis vicibus pastinandus, et lolium diligenter evellendum est.

[8] Fragantissimus, quem lupulus spirat, odor maturitatem ejus indicat, quae sub Augusti plerumque finem consequitur.

[9] Jam flores feminei colliguntur et siccandi in tabulato, ubi aër commeare facile possit, sparguntur.

[10] Humulus lupulus aut in saccis, aut in cameris aridis, aut in doliis usui futuro adservatur.

101.

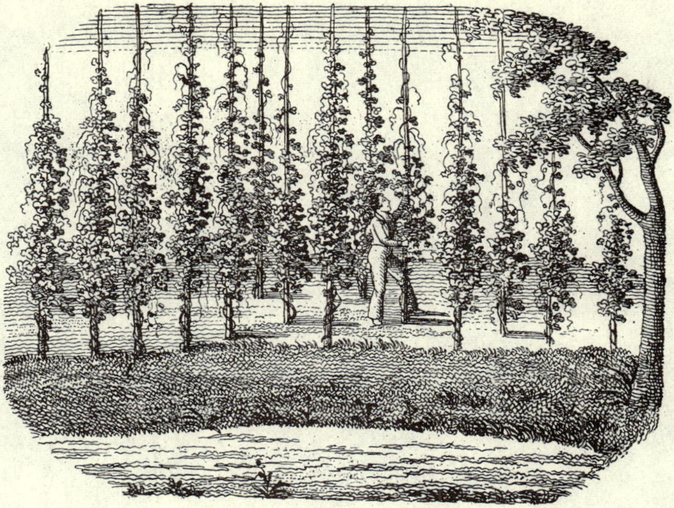

102.

102.

Die Bierbrauerei.

The Brewery. — *Fabrication de la bière.*

Beer is made from malt and hops.

[1] Man braut das Bier aus Malz und Hopfen.

On brasse la bière avec le malt et le houblon.

This last gives it a pleasant flavour, and enables it to be longer preserved.

[2] Dieser giebt ihm einen angenehmen Geschmack, und macht, daß man es länger aufbewahren kann.

Celui-ci lui donne un goût plus agréable, et fait qu'on peut la conserver plus longtemps.

In order to prepare the malt, very ripe barley is chosen, which is soaked in vessels proper for the purpose, until the husks spring asunder.

[3] Um Malz zu machen, wählt man ganz reife Gerste, welche in eigenen Gefäßen eingeweicht wird, bis die Hülsen aufspringen.

Pour faire le malt, on choisit de l'orge bien mûr que l'on humecte dans des vaisseaux particuliers, jusqu'à ce que la cosse se fend.

It is then spread out in the malt loft, where it is turned over several times, in order to make it shoot.

[4] Nun wird sie zum Keimen auf den Malzboden geschüttet, wo sie einigemal umgewendet werden muß.

Ensuite on la porte au grenier où on la retourne plusieurs fois.

It then becomes heated, and sweats, the shoots sprout out longer and longer: and the farinaceous part is quickly turned into a sugary substance.

[5] Darauf erhitzt sie sich und kommt in ein Schwitzen, die hervorgetretenen Fasern werden immer länger, und bald sind die Mehltheile in Zuckerstoff verwandelt.

Alors elle s'échauffe et vient tout en sueur; les germes qui sont sortis, deviennent toujours plus grands, et bientôt les parties farineuses sont converties en une substance sucrée.

The malt is then either dried in the kiln, or in the open air.

[6] Jetzt wird das Malz entweder auf der Darre, oder an freier Luft gedörrt.

On fait ensuite sécher le malt au four ou à l'air libre.

For the white beer the malt dried in the open air is used, for the brown, that dried in the kiln.

[7] Zum weißen Bier wird Luftmalz, zum braunen Darrmalz angewendet.

Pour faire la bière blanche, on se sert du malt séché à lair, mais pour faire la bière brune, on prend le malt séché au four.

The dried malt is then broken in a mill; and afterwards brought into the mash-tub, in order to extract the wort by a concoction of hot water, and stirring it about.

This is then poured out from the vat, into which it had flowed, into a copper, and is boiled with the hops.

If brown beer is intended to be made from it, it is allowed to simmer 24 hours; but if white, it is then only allowed to boil up.

Upon this it is placed in the coolers, which are great, but not very deep, and allowed to cool.

After the fermentation has passed off, which is hastened by means of yest, the beer is put into barrels.

Beer kept some time in the cellar is strong, and the bottled beer froths up pleasantly.

[8] Das gedörrte Malz wird sodann in der Mühle zerrissen, und darauf in den Maischbottig gebracht, um durch Zugießung von heißem Wasser und Umrühren die Würze auszuziehen.

[9] Diese wird aus dem Behälter, in den sie geflossen ist, in einen Kessel geschöpft und mit Hopfen gesotten.

[10] Soll braunes Bier daraus werden, so läßt man es 24 Stunden sieden, soll es aber weißes werden, so darf es bloß aufwallen.

[11] Hierauf schüttet man es in die Kühlcisternen, welche sehr groß, aber nicht tief sind, und läßt es erkalten.

[12] Nachdem die Gährung, welche durch Hefe beschleunigt wird, geschehen ist, wird das Bier in Fässer gefaßt.

[13] Das Lagerbier ist stark, und das Flaschenbier schäumt angenehm.

Ensuite on écrase le malt au moulin; et après on le porte dans une cuve pour en extraire le moût, en y versant de l'eau chaude et en le remuant.

Du reservoir, on fait passer le moût dans une chaudière où on la fait bouillir avec le houblon.

Quand on veut faire de la bière brune on laisse bouillir le tout durant 24 heures; pour faire la bière blanche, il suffit qu'elle commence à bouillir.

Après cela, on la verse dans de larges cuves, mais peu profondes, où on la laisse se refroidir.

Après la fermentation que l'on accélère avec la levure, on entonne la bière.

La bière de garde est forte, la bière en bouteilles donne une écume agréable.

Cerevisiae coctio.

[1] Cerevisia ex hordeo tosto fit atque humulo lupulo.

[2] Hic ei saporem addit jucundiorem et id efficit, ut diutius possit servari.

[3] Quo polenta tosta fiat, hordeum eligitur quam maxime maturum, quod in peculiaribus vasis mollitur, donec glumae pandantur.

[4] Jam in polentarium ingeritur, ubi aliquoties versandum est.

[5] Tum aestuans sudorem emittit, fibrae, quae prodierunt, magis magisque prolongantur, et brevi partes farinosae in materiam saccharinam abierunt.

[6] Jam polenta aut in exsiccatorio, aut aëre liberiore torretur.

[7]Conficiendae cerevisiae albae polenta aëre, fuscae autem polenta in exsiccatorio tosta adhibetur.

[8] Polenta tosta tum in mola disrumpitur, unde in lacum immittitur, ut fervidam aquam affundendo et circumagendo liquor dulcis inde extrahatur.

[9]Hic e receptaculo, in quod effluxit, aheno infunditur et lupulo adjecto coquitur.

[10] Ut fusca cerevisia possit obtineri, viginti quatuor horas bulliat, necesse est; ut vero alba sit, sufficit, si solum bullire incipiat.

[11] Jam in alveos refrigeratorios ingeritur latiores, nec vero profundos, atque refrigerationi datur.

[12] Facta fermentatione, quae faece maturari solet, cerevisia doliis reconditur.

[13] Cerevisia conditicia fortior est, et cerevisia lagenis recondita suaves spumas agit.

103.

Der Flachs- und Hanfbau.

The cultivation of flax and hemp.

Flax or line, and hemp are two plants of the highest importance in the life of man; it affords us thread, cord, linen, string, ropes and cables, and at last also paper, but their seeds, oil.

The common flax is cultivated by us in our fields with great care; Its blossoms are blue.

The fine skin or bass of the woody stem, which is separated from this by being dried by the heat, yields the common flax.

[1] Der Flachs oder Lein und der Hanf sind für das menschliche Leben zwei höchstwichtige Pflanzen, weil sie uns Zwirn, Faden, Leinwand, Bindfaden, Stricke und Seile, und endlich auch Papier, ihre Saamenkörner aber Oel geben.

[2] Der gemeine Flachs wird bei uns sorgfältig auf dem Acker gebaut und blüht blau.

[3] Die feine Haut oder der Bast des holzigen Stengels, welche sich durch das Rösten von diesem ablöst, giebt eigentlich den Flachs.

La culture du lin et du chanvre.

Le lin et le chanvre sont deux végétaux très-utiles à l'homme; ils nous fournissent du linge, du fil, du fil doublé, de la ficelle, des cordages, et enfin du papier; leurs graines nous donnent de l'huile.

Chez nous, le lin est cultivé dans les champs, et ses fleurs sont bleues.

La fine tunique ou l'écorce qui se sépare de la tige ligneuse, quand on rouit le lin, donne la filasse proprement dite.

The country peculiar to the hemp is Persia, it attains generally the height of 8 or 9 feet.

As soon as the male plant, which is smaller and better, has scattered its pollen, it dies off, and is pulled up; the female plants containing the seeds, become ripe 3 or 4 weeks later.

After the hemp and flax is soaked in water, and again become dry, it is broken in the machine, where the locks fall away; it is then swingled, drawn thro' the heckle, and separated from the tow.

After being heckled, the flax is placed on the distaff, and is either wound on the spinning wheel, or spun into garn and thread with the spindle.

The spinner spins the thread with the left, and turns the spindle on which the twirl is, with the right hand.

The threads are now drawn on the spool, and when this is full, it is drawn on the reel, and wound into balls or small bundles.

[4] Das eigentliche Vaterland des Hanfs ist Persien; er treibt gewöhnlich acht bis neun Fuß hohe Stengel.

[5] Sobald der männliche Hanf oder Fimmel, welcher kleiner und besser ist, seinen Saamenstaub verstreut hat, stirbt er ab und wird ausgerauft, die weibliche Pflanze, welche die Saamenkörner bringt, reift vier bis fünf Wochen später.

[6] Nachdem der Flachs und der Hanf im Wasser geröstet und wieder getrocknet worden ist, wird er mit der Breche gebrochen, wo dann die Flocken hinwegfallen; alsdann schwingt man ihn, zieht ihn durch die Hechel, und sondert ihn von dem Werg ab.

[7] Nach dem Hecheln wird der Flachs an den Roggen gelegt, und entweder auf dem Spinnrade, oder mit der Spindel zu Garn und Zwirn gesponnen.

[8] Die Spinnerin spinnt mit der Linken den Faden, und mit der Rechten dreht sie die Spindel, woran der Wirtel ist.

[9] Nun kommen die Fäden auf die Spule, und wenn diese voll ist, werden sie auf die Weife (Haspel) gehaspelt und zu Knäueln oder Strehnen (Schnellern) gewunden.

La véritable patrie du chanvre est la Perse; il y pousse une tige de la hauteur de 8 à 9 pieds.

Quand le chanvre mâle, qui est plus petit et meilleur, a perdu sa poussière; il commence a se faner et alors il faut l'arracher; le chanvre femelle ne mûrit qu'un mois ou six semaines plus tard.

Après que le lin et le chanvre ont été rouis et séchés, on les brise avec la maque pour faire tomber les parties ligneuses; ensuite on le secoue, puis on le fait passer au séran, pour séparer les étoupes.

La filasse ainsi préparée est mise sur la quenouille, et filée au rouet ou au fuseau.

La fileuse tire le fil de la main gauche; et, de la droite, elle fait tourner le fuseau auquel est un peson.

Le fil se roule sur la bobine; et, quand elle est remplie, on dévide sur le dévidoire, et on en fait des pelotons ou des échevaux.

103

104.

Lini et cannabis cultura.

[1] Linum et cannabis maximas utilitates afferunt in vita hominum, quod nobis fila, fila duplicata, linteum, funiculos, restes ac funes, et tandem chartam quoque, semina vero oleum praebent.

[2] Linum sativum apud nos in agris summa cura colitur, et flore est caeruleo.

[3] Tunica tenuis seu liber caulis lignei, qui macerando ab hoc separatur, vere linum nobis praebet.

[4] Vera cannabis patria est Persia; ea plerumque caules agit octo vel novem pedes altos.

[5] Ut primum cannabis mascula, quae minor et melioris notae est, semina dispersit, sensim color flavescit et jam evellitur; cannabis feminina, grana ferens, post quatuor demum vel quinque hebdomădes maturescit.

[6] Linum et cannabis aquis macerata rursumque siccata, contunduntur frangibulo ligneo, ubi cortices decidunt; deinde quassantur et carmine ferreo depectuntur, ut stupa separetur.

[7] Linum ubi carminatum fuerit, colo alligatur, et nunc super rhombo, nunc super fuso in fila, saepe duplicata, diducitur.

[8] Nerix sinistra filum ducit, dextra fusum regens, verticillo instructum.

[9] Fila super volva congesta in alubrum deducuntur glomeranturque, unde glomi vel fasciculi fiunt.

104.

Die Leinwand.

The Linen. — *La toile.*

The Linen.	Die Leinwand.	La toile.
Linen is prepared by the linen weaver from the threads of the hemp and flax.	[1] Die Leinwand wird aus den Fäden des Flachses und des Hanfs von dem Leineweber bereitet.	Le tisserand fait la toile avec le fil de lin ou de chanvre.
But before the cloth is fit for sale, it must be bleached: upon this depends not only its whiteness, but also strength.	[2] Ehe aber die Leinwand verkauft werden kann, muß sie gebleicht werden; hierauf beruht nicht nur ihre Weiße, sondern auch ihre Stärke.	Avant de vendre les toiles, on les blanchit; et c'est de ce traitement qu'en dépend non seulement la blancheur, mais encore la force.
The discovery was made a shat time ago by the people in the warm	[3] Früher hat man in warmen Gegenden die Entdeckung gemacht,	On a remarqué de bonne heure, dans les climats chauds, que le

countries that the linencloth became white by exposure to the sun and dew, (or frequent moistening); This manner the oldest that is known, is followed even at this time in many parts.

daß die Sonne und der Thau, oder häufige Benetzung die Leinwand weiß machen könne; diese Art, die älteste, die man kennt, wird noch an vielen Orten befolgt.

soleil et la rosée, ou les humectations frequentes pouvaient blanchir la toile; cette méthode, la plus ancienne que l'on connaisse, est encore suivie en beaucoup d'endroits.

The linen is generally, after being often placed in lye, spread out on the grass, and exposed to the sun and air.

4 Gewöhnlich breitet man auf der Bleiche die Leinwand auf das Gras aus, nachdem sie mehrmals durch Lauge gezogen worden ist, und setzt sie der Luft und der Sonne aus.

Ordinairement on étend la toile sur l'herbe, après l'avoir lessivée plusieurs fois, et on l'y laisse exposée à l'air et au soleil.

The bleacher provides, that it is often moistened during the day, and prevents it from becoming dry.

5 Der Bleicher trägt dafür Sorge, sie öfters den Tag über zu benetzen, um zu verhindern, daß sie nicht trocken wird.

Pendant la journée, le blanchisseur a soin de l'arroser souvent pour l'empêcher de se sêcher.

It thus comes by turns from the lye to the grass, and from the grass to the lye.

6 So kommt sie abwechslungsweise aus der Lauge auf die Wiese, und von der Wiese in die Lauge.

C'est ainsi qu'on fait passer successivement la toile de la lessive à la prairie; et de la prairie, â la lessive.

An acid is at last often employed, in order entirely to bring out the yellowness.

7 Oft auch wendet man am Ende noch Säuren an, um das Gelbe ganz herauszubringen.

Sur la fin du traitement, on emploie aussi souvent des acides, pour faire disparaitre la couleur jaunâtre.

If the linen has become dirty, the washerwoman washes it with lye, or water, soaps, and starches it.

8 Wenn die Wäsche schmutzig geworden ist, so wascht sie die Wäscherin mit Wasser oder Lauge, seift sie ein und stärkt sie.

Quand le linge est sale, la blanchisseuse le lave ou le lessive, le savonne et l'empèse.

Linteum.

1 Linteum a textore linteario e filis lini et cannabis paratur.

2 Antequam vero linteum vendi possit, ad solem pandendum est, quo non candor tantum ejus, sed densitas quoque nititur.

3 Mature jam in calidioribus regionibus cognitum est, solem et rorem, aut crebram humectationem candorem linteis inducere posse; quam rationem, qua antiquiorem

non novimus, etiamnunc multis in locis sequuntur.

[4] Plerumque in solario linteario lintea, aliquoties per lixivium tracta, super gramine expanduntur, et aëri libero ac soli exponuntur.

[5] Insolatori linteario curae est, ea singulis diebus saepe irrigare, quo impediatur, ne siccentur.

[6] Sic per vices e lixivio in pratum et e prato in lixivium transeunt.

[7] Saepe quoque ad extremum flavedini prorsus delendae acores quidam adhibentur.

[8] Linteamenta cum sordida fuerint, a lotrīce rursum lavantur aqua aut lixivio, sapone perunguntur et amylo firmantur.

105.

Weibliche Beschäftigungen.

Female employments.		*Occupations des femmes.*
The female, as well as the male race, has its own peculiar business.	[1] Wie das männliche Geschlecht, so hat auch das weibliche seine gegenthümlichen Verrichtungen.	Comme le sexe masculin, le second sexe a aussi ses propres occupations.
It is expected from every woman, that she manages well the household affairs, that she can dress the victuals properly, that she understands spinning, knitting, and needlework.	[2] Von jedem Frauenzimmer wird gefordert, daß sie der Haushaltung gut vorstehen, daß sie die Speisen recht zubereiten, spinnen, stricken und nähen könne.	Chaque personne du sexe doit savoir gouverner le ménage, apprêter les mêts, filer, tricoter et coudre.
The semstress prepares from the linen cloth, shirts, pocket handkerchiefs, night caps, sheets, counterpanes, and pillow-cases.	[3] Die Nähterin verfertigt aus Leinwand Hemden, Nastücher, Nachtmützen, Leilaken, Ziechen, Ueberzüge.	Avec la toile, la couturière fait des chemises, des mouchoirs de poche, des bonnets de nuit, des draps de lit, des taies.
When the linen is dirty, it is washed by the washerwoman.	[4] Wenn die Leinwand schmutzig geworden ist, so wird sie von der Wäscherin gewaschen.	Quand le linge est sale, il est blanchi par la blanchisseuse.

The wash is soaked in water, placed in a boiler with boiling lye, and boiled.

It is then taken out, soaped very much, and laid on a washing bank, and scoured with a brush, or rubed with the hand in a tub, until the dirt is completely taken out.

While this cannot be effected the first time, the linen is placed again in clean water, and the washing and rubbing repeated as often as necessary.

It is then rung out, and hung upon a line in the open air to dry, or spread on the grass in the sun; it is often in bad weather dried on the floor.

After the linen is dry, the washerwoman collects it together, springles it with water, starches some part it, and irons it with the iron.

5 Die Wäsche wird in Wasser eingeweicht, in einen Kessel mit siedender Lauge gethan, und darin gekocht.

6 Hierauf wird sie herausgenommen, tüchtig eingeseift, und darauf auf einer Waschbank mit Bürsten, oder in einer Gelte mit den Händen so lange gerieben, bis die Unreinigkeit weggenommen ist.

7 Weil dieses aber nicht auf einmal geschehen kann, so wird die Wäsche wieder in klares Wasser gethan, und das Waschen und Reiben wird so lange wiederholt, als es nötig ist.

8 Hierauf windet man sie aus, und hängt sie zum Trocknen in freier Luft an einem Seile auf, oder man breitet sie auf einem Rasen zum Sonnen aus; oft wird sie auch, wenn die Witterung ungünstig ist, auf Böden getrocknet.

9 Nachdem die Wäsche trocken ist, legt die Wäscherin sie zusammen, benetzt sie mit Wasser, stärkt sie zum Theil und bügelt sie mit dem Bügeleisen.

On laisse tremper le linge dans l'eau; ensuite on le met dans une chaudière à lessive, et on le fait bouillir.

Quand on l'en a retiré, on le savonne, et on le frotte sur une table avec des vergettes, ou bien dans un cuvier avec les mains; jusqu'à ce que la malpropreté soit enlevée.

Mais comme cela ne peut se faire en une seule fois, on plonge le linge de nouveau dans l'eau claire, et on le lave et le frotte autant qu'il le faut.

Puis on le tord pour en exprimer l'eau; et, quand on le veut faire secher, on le suspend à des cordes en plein air, ou bien on l'étend sur le gazon lorsqu'il fait beau temps; dans le cas contraire, on le sèche au grenier.

Après que le linge est sèché, la blanchisseuse le plie, l'arrose légérement, l'empèse et le repasse avec un fer chaud.

Opera muliebria.

1 Ut sexui virili, ita etiam sequiori sexui sua sunt opera.

2 A quavis femina requiritur, ut rei domesticae bene praesit, ut cibos probe parare, nĕre, acu tĕxĕre et suĕre possit.

3 Netrix e linteo indusia conficit,

105

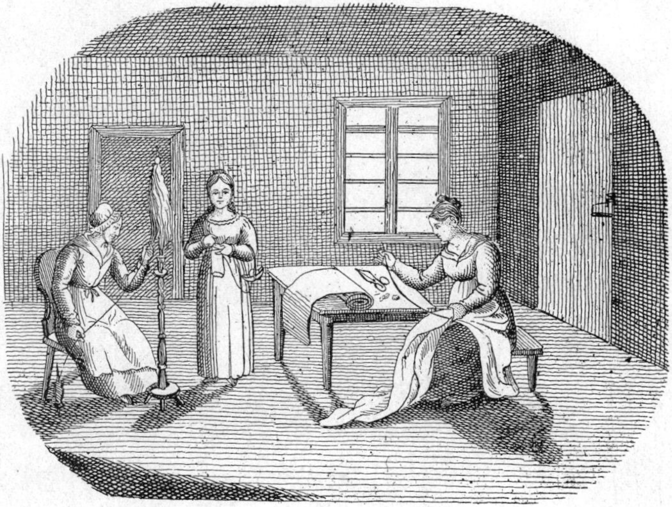

106.

sudariŏla, galēros nocturnos, lodīces et indumenta.

[4] Quum lintea sordida facta fuerint, a lotrīce lavantur.

[5] Lintea primum aqua macerantur; quo facto in ahēnum lixiviae fervidae plenum ingeruntur et coquuntur.

[6] Depromta inde sapone largiter subiguntur, tandemque super mensa quadam pectinum setaceorum ope, vel in labro manuum beneficio tantisper atteruntur, donec omnes eluantur sordes.

[7] Una vero vice quod hoc fieri nequit, linteamenta limpidae denuo immittuntur aquae, totiesque, quoties opus videbitur, frictionis et lotionis opera repetuntur.

[8] Posthac linteis aqua exprimitur, eaque, ut siccentur, in funibus suspenduntur, aut in aprīco, ut insolentur, humi reclinantur, aut coelo pluvio in contubulationibus siccantur.

[9] Linteamenta siccata complicat lotrix, eaque conspergit aqua, amylo firmat quaedam et laevigat tandem ferro laevigatorio.

106.

Der Holzhacker und der Drescher.

The wood-cleaver, and thresher.

Le bucheron et le batteur en grange.

The wood cutter, fells and hews the trees in the forest with the axe, where the brushwood remains, from which small bundles are made.

[1] Der Holzhacker fällt und behaut in dem Wald die Bäume mit der Holzart, wo denn die Reißhölzer (das Reißach) übrig bleiben, aus denen man Büscheln macht.

Le bucheron abbat et ébranche lès arbres avec la hache, et fait des fagots avec les ramilles.

He cleaves the knotty wood with the wedge, which he drives in with the mallet, and makes heaps of them.

[2] Das knotige Holz spaltet er mit dem Keil, welchen er mit dem Schlegel hineintreibt, und macht Holzhaufen.

Il fend le bois noueux en y enfonçant un coin à coups rédoublés, puis il en fait des monceaux.

The wood-cleaver goes on the market place with his axe, where the countryman who has brought wood, expects costomers.

[3] Der Holzspälter geht mit der Holzart auf den Markt, wo der Bauer, welcher Holz herbeigeführt hat, Käufer erwartet.

Le fendeur de bois, armé de sa cognée, s'en va au marché où le paysan qui a amené du bois, attend les acheteurs.

The cord-wood is measured by the wood measurer in the fathom-machine, upon which the cleaver splits and divides the wood.

A pile is made from the billets and the chips when collected together are preserved in the woodhouse.

The sheaves of corn were formerly spread out on a smooth hard floor, in order that the ears of corn might be trodden out by the oxen, which were suffered to pass over it several times.

With us three or four threshers thresh the corn with the flail on the threshing floor; they preserve a regular order, in order that no flail may fall on the other, or one of them strike the other on the head.

The threshed-out-corn is freed from the husks and other substances by the winnow, and sieve, placed in sacks, and preserved in the granary.

Trusses are made of the straw.

The chaff is used for several purposes.

4 Das erkaufte Fuder (Meß oder Klafter) Holz wird von dem Holzmesser in dem Holzmaß gemessen, worauf der Holzspälter das Holz zersägt und zerspaltet.

5 Von den gespaltenen Scheitern wird ein Holzstoß errichtet, und die aufgelesenen Späne werden in der Holzkammer aufbewahrt.

6 Vor Alters breitete man die Garben auf einen tüchtig geschlagenen Boden aus, um die Aehren durch Ochsen treten zu lassen, welche man mehreremal darüber hingehen ließ.

7 Bei uns dreschen drei oder vier Drescher das Getreide mit Dreschflegeln auf der Tenne aus, und halten einen gewissen Takt, damit kein Flegel auf den andern fällt, oder Einer den Andern auf den Kopf treffe.

8 Das ausgedroschene Korn wird mit der Wanne und dem Räder von den fremden Materien befreit, in Säcke gethan, und in dem Kornboden aufbewahrt.

9 Von dem Stroh werden Büscheln gemacht.

10 Die Spreu dient zu verschiedenem Gebrauche.

Lorsqu'il en a vendu une certaine quantité (une corde ou une toise), le mouleur le mesure; puis le fendeur de bois le scie et le fend.

On met les buches en tas, et on ramasse les copeaux dans le bucher.

Ci-devant on étendait les gerbes sur un terrain fortement battu, puis on les faisait fouler aux pieds par des boeufs, qui passaient par dessus à plusieurs reprises.

Chez nous, trois ou quatre hommes battent le blé dans l'aire avec le fléau; ils observent une certaine mesure, afin qu'ils ne s'embarassent ni ne s'atteignent.

Lorsqu'avec le van et le crible on a séparé le grain des matières étrangères, on le met dans des sacs et on le garde dans le grenier.

On lie la paille par bottes.

La bale sert à divers usages.

Lignarius et triturator.

1 Lignator in silva arbores securi lignaria caedit et asciat, ubi sarmenta restant, quae in fascias colliguntur.

2 Lignum nodosum cuneo findit, quem tudite adĭgit, et strues lignorum componit.

3 Lignarius cum securi in forum lignarium exit, ubi rusticus, qui ligna advexit, emtores exspectat.

4 Emtam ligni vehem mensor lignarius in modulo metītur, quo facto lignarius ligna serra dissĕcat et diffindit.

5 E multis segminibus lignea strues cumulatur, et collectae lignorum assulae in lignīli asservantur.

6 Olim mergites super pavimento expandere et spicas bubus pedibus excutiendas dare solebant, qui aliquoties per eas transibant.

7 Apud nos tres aut quatuor mercenarii in area frumenta flagellis extĕrunt, et numeros quōsdam moderantur, ne flagellum flagello impedimento sit, nec alter alterius caput feriat.

8 Semina excussa vanno et cribro materia aliena purgantur, in saccos reponuntur, et in granario asservantur.

9 E stramine fasciculi siligenei nectuntur.

10 Palea vario est usui.

107.

Der Weber.

The Weaver.

The weaver makes linen-cloth from the threads of the flax and hemp.

The thread intended for the woof, is wound with the assistance of a small wheel, on the spool, which is a small pipe, or piece of reed, and so made, that it can go into the shuttle.

The threads inten-

1 Der Weber macht aus den Fäden des Flachses und Hanfes Leinwand.

2 Das Garn, welches zum Eintrag bestimmt ist, wird mittelst eines kleinen Rads auf Spulen gebracht, welches kleine Röhren oder Stücke von Schilfrohr und so beschaffen sind, daß sie in das Schiffchen oder den Schützen hineingehen.

3 Das Garn zur Kette

Le tisserand.

Le tisserand fait la toile avec le fil de lin ou de chanvre.

Le fil de la trame, au moyen d'un petit rouet, est dévidé sur des bobines, qui sont de petits bouts de roseaux arrangés de manière à pouvoir entrer dans la navette.

A l'aide d'un grand

ded for the warp are wound on rollers with the assistance of a large wheel; the warp is then placed in order on the warp-frame.

After the weaver has warped the yarn, it is brought to the warp-beam, and smeared with size.

He binds one thread after the other on the remaining warp, and draws it thro' the slaie and combs, and the whole proceeds to the beam, around which the linen or cloth by degrees is turned.

While sitting at the loom, he treads alternately with the feet on the treadle, upon which the two shafts move alternately up and down.

He divides the yarn of the warp with the thread of the woof, and throws the shuttle thro' in which the spool is inclosed, upon which spool the thread intended for the woof is wound.

At every throw of the shuttle, he strikes the woof with the frame, in order to make the cloth stronger.

Almost in the same way the cloth-maker prepares the cloth, and

wird vermittelst eines großen Rads auf Rollen gespult, worauf die Kette auf dem Zettelrechen geschoren wird.

4 Nachdem der Weber die Kette gezettelt hat, bringt er sie auf den Garn- oder Kettenbaum, und bestreicht sie mit der Schlichte.

5 Er knüpft einen Faden nach dem andern an den Rest der Kette an, und läßt sie durch die Kämme und die Rieten durchgehen, und so lauft das Ganze bis zu dem Zeugbaum fort, um den sich nach und nach die Leinwand oder der Zeug wendet.

6 Indem er auf dem Webstuhl sitzt, tritt er abwechslungsweise mit den Füßen die Fußtritte, worauf die zwei Schäfte abwechselnd auf- und niedergehen.

7 Mit den Litzen theilt er das Garn der Kette, und wirft das Schiffchen hindurch, worin die Spule ist, auf der sich das zum Eintrag bestimmte Garn befindet.

8 Nach jedem Durchschusse schlägt er den Eintrag mit der Weberlade, um die Leinwand fester zu machen.

9 Fast auf gleiche Art bereitet der Tuchmacher das Tuch und

rouet, on dévide le fil de la chaine sur les bobines; ensuite on ourdit sur l'ourdissoir.

Après avoir ourdi la chaîne, le tisserand la monte sur l'ensuble, et la colle avec le chas.

Après avoir attaché, les uns après les autres, tous les fils à la chaine précédente qu'on a laissée exprès; il les fait passer par le peigne; et c'est ainsi que le tout s'étend jusqu'au rouleau, autour duquel se roule la toile.

Assis a son métier, il met tour à tour les pieds sur les marches; par quoi les deux tringles se lèvent et s'abaissent alternativement.

Par ce procédé, il partage la chaîne avec les fils de la trame, et y fait passer sa navette où se trouve la cannette chargée de fil.

A chaque jet, il frappe avec le battant pour rendre l'étoffe serrée.

C'est presque de la même façon que le drapier fabrique le

107.

108.

the stuff-manufacturer, the different kinds of woollen stuffs.

der Zeugmacher verschiedene wollene Zeuge.

drap; et le tisseur, diverses étoffes de laine.

Textor.

[1] Textor e filis lini et cannabis linteum fabricatur.

[2] Fila subtemini destinata rhombi ope in panos glomerantur, qui tubuli aut fragmenta arundinis sunt ita comparata, ut radius ea facile excipiat.

[3] Fila stamini destinata magnae cujusdam rotae ope scapis involvuntur, quo facto textor alīus machĭnae beneficio telum ordītur.

[4] Glomos in stamen diductos involvit jugo textorio et pulte quadam inungit.

[5] Liciis, quae supersunt, prioris telae, stamen innectit, nodosque per pectines et arundines trahens ad jugum inferius perducit, circa quod linteum aut pannus volvitur.

[6] Sic textrino insidens, alternis pedibus insilia deprimit, unde fit, ut duo scapi et ipsi alterna vice adscendant et descendant.

[7] Liciis diducit stamen et radium trajicit, in quo panus est, cui fila tramae destinata inducta sunt.

[8] Post quemlibet radii jactum pectinis arcula telam pellit eamque densat.

[9] Eādem fere ratione pannifex e lana pannum communem et varia pannorum tenuiorum genera conficit.

108.

Die Wollenweberei.

The Wooll-Weaving.

The wool of the sheep establishes in many states the prosperous success of the manufactories, and trades and no other natural production employs so many hands.

Under the different kinds of texture, the woollen cloth most uni-

[1] Die Wolle der Schafe begründet in vielen Staaten den glücklichen Fortgang der Manufakturen und des Handels, und kein anderes Naturerzeugniß beschäftigt so viele Arme.

[2] Unter den verschiedenen Geweben befriedigt das Tuch den all-

Le tisserage de la laine.

Dans beaucoup de pays, la laine est la cause principale de la prospérité des manufactures et du commerce, et aucune autre production de la nature n'occupe autant de mains.

Parmi les différents tissus, le drap est celui qui satisfait le

versally satisfies the general taste and wants of a nation.

But before the wool can be used at the loom, it must undergo different processes, and pass through many hands.

The sheep are generally washed and shorn in the month of June.

The Shepherd, who is occupied with sheep shearing, fixes on a fine day for this business; he then binds the four legs of the sheep together, places it on a large cloth, and cuts the fleece with the shears.

A person never obtains a good and fine cloth, if he neglects to cleanse the wooll from the fat.

For this purpose, after being sorted, it is lain in the tub filled with warm water, and washed with soap.

When the wooll is dry, it is often coloured, but this is often done after weaving.

It is then beaten with a stick on a hurdle of wood or iron, in order to loosen it, which process

gemeinen Geschmack und das Bedürfniß der Nationen am meisten.

3 Ehe aber die Wolle angewendet werden kann, wird sie verschieden bearbeitet und geht durch viele Hände.

4 Gewöhnlich werden die Schafe im Monat Junius gewaschen und geschoren.

5 Der Schäfer, welcher mit der Schafschur beschäftigt ist, wählt zu diesem Geschäft einen schönen Tag; alsdann bindet er sie an allen vier Füßen, breitet sie auf einem großen Tuch aus und schneidet das Vließ mit Scheeren weg.

6 Man würde aber nie ein gutes und schönes Tuch bekommen, wenn man es vernachläßigte, die Wolle von dem Fett zu reinigen.

7 Man legt sie deßwegen, nachdem sie sortirt worden ist, in Zuber, die mit warmem Wasser angefüllt sind, und wascht sie mit Seife.

8 Wenn die Wolle trocken ist, so färbt man sie oft; oft geschieht dieß erst nach dem Weben.

9 Hierauf schlägt man sie mit Stöcken auf einer Horde von Holz oder Seilen, um sie aufzulockern, was auch

plus le gout et les besoins des peuples.

Avant de pouvoir être employée, la laine est traitée de différentes manières; et passe par beaucoup de mains.

Ordinairement on lave et l'on tond les brebis dans le mois de Juin.

Le berger, chargé de la tonte des brebis; choisit pour cela un beau jour; alors il les attache par les quatre pieds, les couche sur un drap, et il coupe la laine avec des ciseaux.

Mais jamais on ne parviendrait à fabriquer un beau drap, si l'on négligeait de purger la laine de son suint.

Après l'avoir triée et assortie, on la met dans des cuves remplies d'eau chaude, où elle est lavée avec du savon.

La laine étant bien séchée, on la teint souvent de suite; d'autres fois cela se fait après l'avoir tissée.

Alors, pour la rendre souple, on la bat avec des baguettes sur des claies de bois ou de corde; ce qui

is also undergoes in a kind of wooden box with a roller furnished with iron hooks.

It is then smeared with oil, to make it soft and pliant, and the wool intended for cloth, is then carded with the carding-comb.

in dem Wolf geschieht, einem hölzernen Kasten, wo sich eine Walze mit eisernen Haken befindet.

10 Nun schmalzt man sie mit Oel ein, damit sie mild und geschmeidig wird, und darauf wird die, die man zu Tuch bestimmt hat, mit Kardetschen gekrämpelt.

se pratique aussi dans une caisse de bois, où se trouve un cylindre muni de crochets de fer.

Ensuite on la graisse avec de l'huile pour qu'elle devienne flexible et molle; et après, on carde celle qu'on a destinée pour le drap, avec de grandes cardes.

Lanae textura.

1 Ovium lanā in compluribus civitatibus prosper successus fabricarum et commercii nititur, neque ulla alia res, quam natura gignit, tot occupat homines.

2 Inter varia teli genera pannus communis apud omnes gentes maxime placet et necessitati earum satisfăcit.

3 Antequam vero lana telae adhiberi possit, varie subigitur et per multorum manus transit.

4 Oves plerumque Junio mense lavantur et tondentur.

5 Pastor, ovium tonsura occupatus, ad hoc opus diem serenum eligit; tum omnes iis pedes constringit, in majori linteo eas expandit et vellera forfice resĕcat.

6 Nunquam vero pannus firmus et elegans fieret, nisi lana pinguedine purgaretur.

7 Ea igitur, postquam selecta est, in lacus infertur aqua repletos et adhibito sapone lavatur.

8 Cum lana siccata fuerit, nonnunquam tingitur; saepe vero hoc post texturam demum fieri solet.

9 Tum super crate e ligno aut funibus facto bacillis contunditur, quo laxetur, quod etiam in arca quadam lignea fit, in qua cylindrus est, uncis ferreis munitus.

10 Jam oleo perfunditur, ut mollis et tenera fiat, quo facto lana panno densiori destinata carmine majori pectitur.

109.

Die Wollenweberei.

(Fortsetzung.)

The Wooll-Weaving.

(Continuation.)

The wooll used for cloth, is worked with a comb set with steel-teeth.

After it is carded, it is wound on the spinning wheel; that which is combed, affords various kinds of cloth, which is mostly ornamented.

After the cloth has been woven, women take out all the knots, straw, and other extraneous particles found in the cloth, with the iron used for that purpose.

At last in order to take away the oily spots from the cloth, and to make it thick and firm, it must be fulled.

The fulling of every kind of woollen cloth takes place in a water-mill, built for this purpose, and called a fulling-mill.

[1] Diejenige Wolle, deren man sich zu Zeugen bedient, wird mit Kämmen bearbeitet, die mit stählernen Zähnen besetzt sind.

[2] Nachdem die Wolle gekrämpelt worden ist, wird sie auf dem Wollrade gesponnen; die, welche gekämmt worden ist, giebt verschiedene Zeuge, welche größtentheils gebildet sind.

[3] Nachdem das Tuch gewoben ist, nehmen die Frauenzimmer mit dem Noppeisen alle Knötchen, Stroh und andere fremde Theile, die sich in dem Tuch befinden, weg.

[4] Um endlich von dem Tuch die öligten Theile wegzunehmen, und es dicht und fest zu machen, muß es gewalkt werden.

[5] Das Walken aller wollenen Stoffe geschieht in Wassermühlen, die man zu diesem Zwecke erbaut hat, und die den Namen Walkmühlen haben.

Le tisserage de la laine.

(Continuation.)

Quant à la laine dont on se sert pour diverses étoffes, on la travaille à l'aide de peignes munis de dents d'acier.

Aprés avoir cardé la laine, on la file au rouet; celle qu'on a peignée donne les plus fines étoffes, dont la plupart sont embellies de différentes manières.

Quand le drap est tissu, des ouvrières ôtent, avec des pincettes, les noeuds, les pailles et les parties étrangères qui se trouvent dans le drap.

Enfin, pour enlever l'huile, pour rendre le drap plus épais et plus solide, il faut le fouler.

Le foulage de toutes les étoffes de laine se fait dans des moulins à eau construits à cet effet, et qui sont appelés foulons.

The cloth is laid in the instrument for stamping, in which urine and fuller's earth is put; it is then hard stamped with the stamp which falls upon it.

6 Man legt das Tuch in die Stampfe, worein man besonders Harn und Walkererde bringt; alsdann wird es von Stämpeln, die darauf fallen, stark geschlagen.

Pour cela, on place le drap dans une auge, où l'on met de l'urine et une espèce de terre glaise; alors les pilons, en tombant, le battent fortement.

Fine cloth is stamped in hot water in which soap has been dissolved.

7 Feine Tücher walkt man in heißem Wasser, worin Seife aufgelöst worden ist.

On foule les draps fins dans l'eau chaude, où l'on a dissous du savon.

It is then rubbed and scratched with the teazel, and the shearing follows the rubbing; this is performed by the cloth-shearer.

8 Nun wird das Tuch mit Kardendisteln gerauht oder aufgekratzt, und auf das Rauhen folgt das Scheeren, was vom Tuchscheerer geschieht.

Alors on laine le drap en le cardant avec des chardons; et au l'ainage, succède la tonte qui se fait par le tondeur de drap.

When the cloth is finished, if it has not previously been dyed, it is sent to the dyer.

9 Wenn das Tuch so zubereitet ist, so kommt es in die Farbe, wenn die Wolle nicht vorher gefärbt worden ist.

Le drap étant ainsi préparé, on le met à la teinture; si toutefois la laine n'a pas été teinte préalablement.

It is then spread on the frame, in order to give it the same breadth and thickness thro' out.

10 Nun spannt man es auf die Rahme, um ihm überall die gleiche Breite und Dicke zu geben.

On le met ensuite sur la rame, pour lui donner partout la même largeur et la même épaisseur.

When it is sufficiently dry, it is taken from the frame, in order to brush it clean, and to give it a smoothness.

11 Nachdem es gehörig trocken ist, nimmt man es von der Rahme, um es rein auszukehren, und ihm den Strich zu geben.

Lorsqu'on l'a séché convenablement, on l'ôte de dessus la rame pour le brosser encore et pour le tuiler.

It is at last laid out under the press, after putting pasteboard between each layer, and a square board over the whole, upon which the spindle of the press by means of the lever, is turned down.

12 Endlich legt man es unter die Presse, indem man zwischen jede Lage einen Pappendeckel und über das Ganze ein viereckiges Brett legt, auf welches man die Schraube der Presse mittelst eines Hebels herabdreht.

Ensuite on le met sous la presse, en plaçant un carton dans chaque pli, et par dessus une planche carrée que l'on presse au moyen d'une vis.

The finest cloths are prepared in England,

13 In England, in den Niederlanden und in

C'est en Angleterre, dans les Pays-bas et

the Netherlands and Saxony.

The stuffs differ, chiefly from the common cloth, in this, that they are woven at looms resembling that of a linen-weavers, are mostly ornamented, and more durable stamped, be cause they are not sent to the fuller.

Stuffs of this sort, are, 1) etamine, 2) the serge, 3) the ras, 4) shaloon, 5) drap de dames, 6) crape, 7) camelot, 8) calmang, 9) baize, 10) gauze, 11) frieze, 12) flannel, 13) plush, 14) la toile à bluteau, 15) molton, 16) manchester, 17) bouracan, 18) kersey mere, and 19) kalmuc.

The preparation of the stuff by means of which they receive at last a good appearance, is of great importanc.

Sachsen werden die feinsten Tücher bereitet.

[14] Die Zeuge sind von dem gemeinen Tuch besonders dadurch unterschieden, daß sie auf Stühlen, denen der Leineweber ähnlich, gewoben werden, größtentheils faconirt oder gebildet sind, und dichter geschlagen werden, weil sie gewöhnlich nicht in die Walke kommen.

[15] Dergleichen Zeuge sind: 1) Etamin, 2) Serge, 3) Rasch, 4) Chalons (Schalong), 5) Drap de Dames (Dra de Dam), 6) Krepp, 7) Kamelot, 8) Kalmang, 9) Boi, 10) Floret, 11) Fries, 12) Flanell, 13) Plüsch, 14) Beuteltuch, 15) Molton, 16) Manchester, 17) Perkan, 18) Casimir, 19) Kalmuk oder Biber.

[16] Die Appretur der Zeuge, wodurch sie erst ein gutes Ansehen bekommen, ist von Wichtigkeit.

en Saxe, qu'on fabrique les plus fins draps.

Les étoffes se distinguent surtout du drap ordinaire, en ce qu'elles sont fabriquées sur des métiers semblables à ceux du tisserand, et qu'elles sont la plupart façonnées et chassées avec plus de force ce qui les rend plus épaisses; car on ne les foule pas ordinairement.

Les étoffes de ce genre sont: 1) l'étamine, 2) la serge, 3) le ras, 4) le Chalons, 5) le drap de dames, 6) le crêpe, 7) le camelot, 8) le calmang, 9) la boie, 10) le fleuret, 11) la frise, 12) la flanelle, 13) la peluche, 14) la toile à bluteau, 15) le molton, 16) le manchestre, 17) le bouracan, 18) le casimir, 19) le kalmuc.

La préparation des étoffes pour leur donner une bonne apparence, est très-importante.

Lanae textura. (Continuatio.)

[1] Quae lana pannis tenuioribus adhibetur, pectinibus subigi solet, dentibus chalybeis instructis.

[2] Lana carmine subacta super rhombo in fila deducitur; e lana pectinata varii panni tenuiores fiunt, maximam partem elegantiori facie ornati.

[3] Panno texto sequioris sexus homines forcipe quadam minore omnes nodos, stramen aliasque partes alienas, quae forte panno inhaerent, auferunt.

[4] Ut denique pannus oleo supervacuo purgetur et densior fir-

109

110.

miorque reddatur, fulloni tradendus est.

[5] Omnes panni lanei subiguntur in molis aquariis, eum ad finem exstructis, quae fulloniae dicuntur.

[6] Pannus in tudiculariam ingeritur, cui praesertim urina et terra fullonica immittuntur; tum pistillis in eum depressis graviter tunditur.

[7] Panni elegantioris speciei aqua fervida subiguntur, in qua sapo dilutus inest.

[8] Jam pannus dipsăco fullonum refricatur, et fricationem tonsura excipit, quod a panni tonsore fit.

[9] Pannus ita praeparatus colore inficitur, nisi ante lana tincta fuerit.

[10] Jam in jugamento extenditur, quo ubique eandem latitudinem et densitatem obtineat.

[11] Cum satis siccus est, amovetur de jugamento, ut penitus everri et laevigari possit.

[12] Tandem prelo subjicitur, ubi singulis stratis charta densata interponitur, superne autem assis quadratus, in quem cochlea preli vectis ope deprimitur.

[13] In Anglia, in Belgio atque Batavia, nec non in Saxonia elegantissima panni genera parantur.

[14] Panni tenuiores a panno communi eo praecipue differunt, quod super jugis textoriis machinis linteariis similibus texuntur, maximam partem elegantiori facie ornantur et pellendo magis densantur, quod plerumque fulloni non tradi solent subigendi.

[15] Panni ejusmodi sunt: 1) pannus stamineus, 2) pannus Arracinus, 3) pannus Atrebatensis, 4) pannus Cataulaunicus, 5) pannus matronalis, 6) pannus crispus, 7) pannus Cilicinus tenuior, 8) pannus Attalicus laneus, 9) tela lanea crispa, 10) pannus levior floribus distinctus, 11) pannus crassior ac villosior, 12) pannus pilosior, 13) sericum crispum sublaneum, 14) pannus cribrarius, 15) pannus tenuior, superne asperior, 16) holosericum xylinum Anglicum, 17) pannus Cilicinus, 18) pannus Persicus densior, 19) pannus Calmucensis.

[16] Modus excolendi pannos, quo denique facies eorum elegantior fiat, magni est momenti.

110.

Die Baumwollenweberei.

Cotton Weaving. — *Tissage des étoffes de coton.*

The cotton tree, which is found chiefly in the East Indies, and in the New World,

[1] Die Baumwollenpflanze, welche sich besonders in Ostindien und in der Neuen Welt

Le cotonnier se trouve surtout dans les Indes Orientales et dans le Nouveau

produces the cotton, from which the fine muslin, and other textures are prepared.

The Antilles in particular produce a great deal of cotton and a greater part of that brought to Europe comes from the United States.

The cotton-tree with yellow blossoms in the form of a bell, springs up from grains, which is sown as the corn, and produces two crops each year.

There are two kinds of it; the one grows to a tree and bush, and the other is known under the name of the common cotton-plant.

After the negroes have collected the pods which contain the cotton, they are lain several days exposed to the sun, the locks are then separated from the pod with the help of two rollers.

When this business is finished, they are packed in large sacks of strong canvass, which called cotton-bales.

findet, giebt uns die Baumwolle, aus welcher man die schönen Musseline und andere Zeuge verfertigt.

[2]Besonders erzeugen die Antillen viel Baumwolle, und ein großer Theil von derjenigen, die nach Europa gebracht wird, kommt von den vereinigten Staaten.

[3]Die Baumwollenpflanze, deren gelbe Blume die Gestalt einer Glocke hat, entsteht aus Körnern, die man, wie das Korn, säet, und alle Jahre bekommt man zwei Erndten.

[4]Es giebt zwei Arten derselben; die eine wächst bis zum Baum und Strauch empor, eine andere Art ist unter dem Namen der gemeinen Baumwollenpflanze bekannt.

[5]Nachdem die Neger die Kapseln, welche die Baumwolle enthalten, gesammelt haben, legen sie sie mehrere Tage an die Sonne; alsdann trennen sie die Flocken von der Schale mit Hilfe zweier Walzen.

[6]Ist dieses Geschäft beendigt, so legt man die Baumwolle in große Säcke von starker Leinwand, welche man Baumwollen-Ballen nennt.

Monde. Or, c'est cet arbre qui nous fournit le coton, dont on fabrique les belles mousselines et d'autres étoffes.

Les Antilles produisent beaucoup de coton; et une grande partie de celui qui passe en Europe vient des Etats-unis.

Le cotonnier, dont la fleur jaune a la forme d'une cloche, vient de graines que l'on sème comme le blé, et il donne deux récoltes chaque année.

Il y a deux espèces de cotonniers: les uns s'élèvent à la hauteur d'un arbre; les autres appartenant à la chasse des herbacées, s'appellent cotonnier commun.

Après avoir cueilli les capsules qui renferment le coton, les Nègres les exposent au soleil durant plusieurs jours; alors ils séparent la bourre de la coque entre deux cylindres.

Cette opération terminée, on met le coton dans de grands sacs de forte toile qui s'appellent balles de coton.

In this state it comes to us.

In order to clean it, for it as yet contains much dirt, it is spread out on hurdles and beaten with sticks.

It is then carded with the hand-carding-comb, which is covered with leather and a great many fine wire hooks, or, with a machine consisting of rollers.

The carded cotton is then spun either on the spindle, or on the Swiss-wheel, or on the spinning machine.

This consists of a large wheel set in motion by a handle.

This moves forwards a kind of balance furnished with a great many spools, upon these the cotton threads wind themselves.

These are then reeled off, and skeins are formed from it.

Upon looms, resembling those of the linen-Weaver, different sorts of stuffs are prepared; as Coton, Chintz, Nankeen, Mus-

7 In diesem Zustande kommt sie zu uns.

8 Um sie zu reinigen, weil sie auch jetzt noch viele Unreinigkeiten enthält, breitet man sie auf Horden aus und klopft sie mit Stöcken.

9 Hierauf krempelt man sie mit Handkrempeln, welche von Leder und mit vielen feinen Drathhäckchen bezogen sind, oder mit Maschinen, welche aus Walzen bestehen.

10 Die gekrempelte Baumwolle wird nun entweder mit der Spindel, oder auf dem Schweizerrade, oder mit Spinnmaschinen gesponnen.

11 Diese bestehen in einem großen Rad, das durch einen Handgriff in Bewegung gesetzt wird.

12 Dieses bewegt eine Art Wagen vorwärts, der eine Menge Spulen trägt, auf die sich die Baumwollenfäden rollen.

13 Man haspelt sie von den Spulen ab, und bildet Stränge daraus.

14 Auf Webstühlen, welche denen des Leinewebers gleichen, verfertigt man verschiedene Stoffe, wie Coton, Zitz, Nanking, Musse-

C'est en cet état qu'ils arrivent chez nous.

Comme il s'y trouve encore beaucoup de parties malpropres; pour le nettoyer, on l'étend sur des claies, et on le bat avec des baguettes.

Après cela, on le carde avec des cardes à main qui sont des morceaux de cuir hérissés de pointes de fer; ou bien on le passe dans des machines consistant en cylindres.

Alors on file le coton ou au fuseau, ou au rouet, ou à la filette, ou encore avec des machines à filer.

Ces machines ou métiers consistent en une grande roue mue par une manivelle.

Elle fait avancer une espèce de chariot, qui porte une infinité de bobines, sur lesquels se roulent les fils.

Ensuite on le dévide, et on le met en écheveaux.

Sur des métiers qui ressemblent à celui du tisserand, on fabrique différentes sortes d'etoffes; savoir la toile de coton, la perse, le

lin, piquet, cotton-velvet, and fustian.

lin, Piquet, Baumwollensammt, Barchent und andere.

nanquin, la mousseline, le piqué, le velours de coton, la futaine et d'autres.

Filorum xylinorum textus.

[1] Gossypium, quod inprimis in India orientali, et in Orbe, quem Novum vocant, invenitur, erioxylon nobis praebet, e quo byssĭna illa pulcherrima aliique panni conficiuntur.

[2] Antilles praesertim multum erioxyli gignunt, et magna pars illius, quod in Europam transfertur, e foederatis Americae septentrionalis civitatibus ad nos venit.

[3] Gossypium, cujus flores flavi formam campanulae habent, e granis nascitur, quae farris instar seruntur, et quotannis bis metitur.

[4] Duo sunt genera ejus; alterum in arborem et fruticem assurgit, alterum vero nomine satis cognito gossypii herbacei venit.

[5] Postquam Nigritani capsulas, quibus erioxylon inest, collegerunt, per plures dies soli eas exponunt; deinde floccos duobus cylindris cortice liberant.

[6] Quo opere facto, erioxylon majoribus saccis e linteo crassiori ingeritur, quos sarcinas erioxylinas vocant.

[7] Sic ad nos transfertur.

[8] Ut purgetur, quod ei etiamnunc multae sordes inhaerent, super cratibus expanditur et bacillis tunditur.

[9] Deinde carminatur carminibus manuariis, quae segmenta sunt coriacea quam plurimis uncinulis ferreis munita, aut machinis e cylindris compositis.

[10] Erioxylum carminatum aut fuso, aut rhombi Helvetici ope, aut machinis netoriis neri solet.

[11] Hae quidem rota majori constant, quae manubrio movetur.

[12] Ea currum quasi promovet, quam plurimas volvas gerentem, quibus fila erioxylĭna involvuntur.

[13] Jam fila de volvis deducuntur, et fasciculi inde fiunt.

[14] Super machinis textoriis, quae textoris lintearii machinae similes sunt, varii panni texuntur, ut textum xylĭnum commune, textum xylinum elegantius, textum xylĭnum sinense, byssinum erioxylinum, textum xylinum densius, holosericum xylinum, pannus linoxylinus aliique.

111.

Die Seidenweberei.

Silk Weaving.

Tissage de la soie.

The silk Weaver uses in his business

[1] Der Seidenweber bedient sich der von

L'ouvrier en soie se sert de la soie qu'on

the silk spun off from the cocoon, and, after it has been twisted together, colours it according to his taste.

When the silk is thus prepared, he makes the beginning to form the warp, and covers the frame with the warp; and if he intends to prepare figured silk, he adjusts it after a copy drawn on paper.

But before the weaving can proceed, a necessary quantity of silk for the woof, is brought from the great reel on spools by means of the spool wheel.

He then throws the shuttle thro', in which the spools wound with silk are placed, treads down onetreadle after the other, as appears good to him, and beats it with the frame.

As soon as he comes to the figures, a journeyman must beat down the threads hanging on the side of the loom, by which means the threads of the warp belonging to the figure, are raised above the rest; and run thro' with the shuttle.

He thus prepares, satins, taffetas, da-

den Kokons abgehaspelten Seide, und läßt sie, nachdem sie gezwirnt ist, nach seinem Belieben färben.

2 Ist die Seide so zubereitet, so macht er den Anfang damit, den Zettel zu machen und bezieht mit der Kette den Stuhl, und wenn er geblümte Seidenzeuge verfertigen will, so richtet er sie nach einem auf einem Papier gezeichneten Modell ein.

3 Ehe aber das Weben selbst angeht, läßt er die zum Einschlag nöthige Seide von dem Läufer mittelst des Spulrades auf die Bobinen oder Spulen bringen.

4 Nun schiebt er das Schiffchen, worin die mit Seide bezogene Spule befindlich ist, durch, tritt, wie es ihm gut dünkt, einen und den andern Tritt nieder und schlägt mit der Lade zu.

5 Sobald er aber an die Blumen kommt, muß ein Lehrjunge die Schnüre, welche auf der Seite des Stuhls herabhängen, niederschlagen, wodurch die zur Blume gehörigen Fäden zwischen der Kette von den übrigen aufgezogen und durchgeschifft werden.

6 So verfertigt er Atlas, Taffent, Da-

obtient du cocon; puis, après l'avoir doublée, il la fait teindre, comme il le juge à propos.

La soie étant ainsi préparée, il commence par ourdir la chaîne qu'il étend ensuite sur le métier; et, s'il veut fabriquer des étoffes à fleurs, il la dispose d'après un dessin tracé sur le papier.

Mais avant de commencer à tisser; de la molette, il fait passer sur les bobines la soie destinée à la trame, par le moyen du rouet.

Ensuite il passe la navette, où se trouve la bobine chargée de soie; il fait aller les marches, comme il lui semble bon, et il serre avec le battant.

Mais aussitot qu'il arrive aux fleurs, un apprenti fait descendre les cordons qui pendent à côté du métier; alors les fils qui doivent former les fleurs, s'élevent au dessus des autres et sont traversés par la navette.

C'est ainsi qu'il fait le satin, le taffetas, le

masks, and velvets, besides gawzes and crapes.

mast und Sammt, ferner netzartige Gewebe und Flor.

Damas, le velours, le gros de tour; les tissus cordonnés, comme le gaze et le crêpe.

Other threads are often mixed with the silk.

7 Oft werden mit Seide auch andere Fäden gemischt.

Souvent on mêle aussi d'autres fils à la soie.

Filorum sericorum textus.

1 Sericorum textor fila serica de folliculis deducta ad opificia adhibet eaque duplicata pro lubitu tingendá curat.

2 Ex filis ita paratis textor telam ordītur et machinam textoriam stamine intendit; sique pannos figuris distinctos conficere vult, exemplar in charta depictum imitatur.

3 Priusquam vero ad texendum se accingit, fila ad subtēmen destinata ex harpedōne rhombi ope in panos seu arundines glomerat.

4 Jam textor radio, cui fistula cum filis sericis inest, subtēmen stamini intersĕrit, et unum alterumque insīle quatit, prout ei videtur, arcaque telam pellit.

5 Simulac vero ad flores pervĕnit, tiro ad nutum magistri funiculos ad latus machinae textoriae dependentes deorsum trahit, ut nimirum fila, quibus flores componuntur, prae reliquis in stamine emineant, et radio percurri possint.

6 Ita ab eo conficiuntur: Pannus Attalicus, pannus sericus tenuior, textum Damascenum et holosericum sectum, porro telae reticulatae: ut pannus Cous et tela bombycina tenuissima.

7 Saepe filis sericis etiam alia admiscentur.

112.

Der Hutmacher.

The Hatter. — *Le chapelier.*

The workshop of the hatter affords us hats, those handsome ornaments for the head.

1 Die Werkstätte des Hutmachers liefert uns Hüte, diese schöne Kopfzierde.

La boutique du chapelier nous fournit ce bel ornement de tête qu'on appelle chapeau.

In order to make them, he uses short lambs wool, and the wool of the second shearing of the sheep.

2 Um sie zu verfertigen, braucht er kurze Lämmerwolle und die zweischürige Wolle der Schafe.

Il les fait avec la laine courte des agneaux et la seconde toute des brebis.

111.

112.

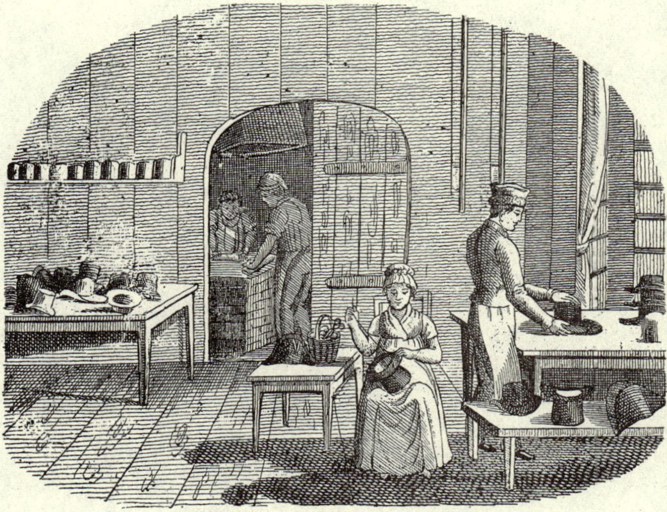

The first affords hats of a middle quality, the last rough felt.

The finest of all are made from the fur of the fish-otter and beaver.

Hares and rabbits skins are also made into hats, but they must be particularly prepared by an infusion, and mixed up together with care.

The Hatter has need of several implements.

After he has taken off and prepared the hair, he uses a pair of carding-combs, with which he cards the wool.

He cleans the wool, and spreads it out with a bow, and compresses it with the sieve, and bends it together in one mass on the copper felt-plates.

He allows the felt to boil, as long as he thinks necessary, in the fulling-copper, and fulls it on oak planks fastened round the boiler.

Besides the roller, hat-block, brush, and pieces of wood, the irons, and the scissors, is the dying copper,

[3] Erstere giebt mittelfeine Hüte, letztere aber grobe Filze.

[4] Die allerfeinsten werden aus Fischotter- und Biberhaaren gemacht.

[5] Auch Hasen- und Kaninchenhaare werden zu Hüten verarbeitet, müssen aber durch eine Beize besonders zubereitet und sorgfältig miteinander vermengt werden.

[6] Der Hutmacher hat mehrere Werkzeuge nöthig.

[7] Nachdem er die Haare abgenommen und zugerichtet hat, gebraucht er ein Paar Kardetschen, womit die Wolle gekratzt wird.

[8] Mit dem Fachbogen reinigt er die Wolle und streut sie auseinander, und mit dem Fachsieb wird sie niedergedrückt und auf der kupfernen Filzplatte zu einem Ganzen zusammengekrümmt.

[9] In dem Walkkessel läßt er die Filze, so lange es ihm nöthig scheint, sieden, und walkt sie auf eichenen Bohlen, die um den Kessel herum fest gemacht sind.

[10] Außer dem Rollstock, der Hutform, den Bürsten und Hölzern, dem Bügeleisen und Schneideisen ist der

La première donne les chapeaux de médiocre finesse; la seconde, les chapeaux de laine.

Mais les plus fins se font avec le poil de loutre et de castor.

Le poil de lièvre et de lapin sert aussi au même usage, mais il faut auparavant les macérer et les bien mêler.

Le chapelier a besoin de plusieurs instruments.

Après avoir tiré et préparé le poil, il lui faut d'abord une paire de cardes pour carder les laines.

Il décatit la laine avec l'arçon, puis il forme des capades qu'il plie dans la feutrière.

Alors on fait bouillir le feutre dans la chaudière aussi longtemps qu'on le juge à propos; on le foule et condense sur des planches de chêne placées autour du bassin.

Non seulement il faut au chapelier un cylindre, des formes, des brosses, des pièces de bois; mais encore

an indispensable article of the hatter, in which he lays the hats with the forms, and colours them.

Farbkessel ein unentbehrliches Stück des Hutmachers, in welchen die Hüte mit den Formen gelegt und gefärbt werden.

il a besoin d'un tranchet, d'un fer à polir et d'une chaudière où il teint les chapeaux placés sur une forme.

He thus makes all kinds of hats, as the fashion requires, round and pointed, beaver hats, travelling hats, caps, felt slippers, and hunting caps.

11 So macht er alle Hüte, wie es die Mode verlangt, runde und zugespitzte, Castorhüte, Reisehüte, Barette, Filzschuhe und Jagdhüte.

C'est ainsi qu'il fabrique toutes sortes de chapeaux: chapeaux ronds et pointus, selon la mode; chapeau de Castor, de voyage; bonnets, souliers de feutre, chapeaux de chasse.

There are also straw and silk hats.

12 Es giebt auch Stroh- und Seidenhüte.

Il y a aussi des chapeaux de paille et des chapeaux de soie.

The felt for the Turk's turbans is prepared in France, the Cardinals hats in England.

13 Die Filze zu den Turbanen der Türken werden in Frankreich verfertigt, die Cardinalshüte in England.

Les feutres pour les turbans des Turcs se font en France; et les chapeaux rouges des Cardinaux, en Angleterre.

Pileorum opifex.

1 Ex officina pilearii insignius aliquod capitis ornamentum prodit, pilei scilicet.

2 Quos ut conficiat, conquirit breviorem agnorum lanam, nec non lanam ovium altera vice detonsam.

3 Prior materiam suppeditat pileis mediae notae, haec vero pileis laneis.

4 Mollissimi pilei conficiuntur e lutrarum et castŏrum pilis.

5 Lepŏrum quoque et cuniculorum pili in pileos formandos convertuntur, ante vero macerationem subeant necesse est, et diligenter inter se invicem commisceantur.

6 Pileario pluribus instrumentis opus est.

7 Pileis demtis ac praeparatis par carminum adhibet, quibus lana raditur.

8 Ad purgandam lanam dissipandamque facit baculus lanarius, et cribro lanario deprimitur illa, inque orichalcea impilium lamina in unam contorquetur massam.

9 In aheno fullonico panni coactiles, quamdiu ei opus videtur, excoquuntur et in asseribus querneis circa abenum firmatis fullonum more subiguntur.

10 Praeter cylindrum, pileorum typum, scopulas et ligna, ferrum laevigatorium et cultrum incisorium pileorum confector inprimis eget aheno tinctorio, cui immissi pilei cum typis tinguntur.

11 Sic conficit, prout seculi mos et genius desiderat, cujusvis generis pileos, rotundos et acumina-

tos, pileos e pilis castoreis, petăsos, pileolos, capitia, calceos laneos et galeas venatorias.

[12] Sunt etiam straminei, nec non serici pilei.

[13] Coactilia ad tiāras Turcarum conficiendas in Francogallia conficiuntur, pilei Patrum purpuratorum in Anglia.

113.

Maschinen.

Machines.

A man with only his own strength is able to lift, to carry, and to move comparatively very small burdens.

This power can be encreased in an astonishing degree by certain instruments, which human ingenuity has invented, and by means of which astonishing effects are produced.

Implements of this kind are called machines and their science, mechanics, which marks the laws according to which the body is set in motion, and the machine set together.

The most simple are the rope, the lever, and the inclined plane.

The rope does not indeed encrease the

[1] Ein Mensch würde bloß mit seiner Kraft nur eine sehr geringe Last heben, tragen oder fortbewegen können.

[2] Diese Kräfte können aber durch gewisse Werkzeuge, die der menschliche Verstand erfunden hat, unendlich vermehrt, und dadurch bewundernswürdige Wirkungen hervorgebracht werden.

[3] Solche Werkzeuge nennt man Maschinen und die Wissenschaft davon Mechanik, welche die Gesetze angiebt, nach welchen die Körper bewegt und die Maschinen zusammengesetzt werden.

[4] Die einfachsten unter allen Maschinen sind das Seil, der Hebel und die schiefe Fläche.

[5] Das Seil vermehrt zwar nicht die Kraft

Machines.

Par sa seule force physique, l'homme ne pourrait soulever qu'un bien petit fardeau.

Mais il peut augmenter ses forces, indéfiniment, à l'aide d'instruments inventés par l'esprit humain, et obtenir des effets admirables.

Ces sortes d'instruments sont appelés machines, et on a donné le nom de Mechanique à la science qui détermine les loix du mouvement, et donne des règles pour la composition des machines.

La Corde, le Levier et le Plan incliné sont les machines les plus simples.

La corde n'augmente pas la force de

power of man, but it is used in almost all compound machines for a necessary connection, and a lighter application of the human power to remove burdens.

des Menschen, dient aber fast allen Maschinen zu einer nothwendigen Verbindung und zu leichterer Anwendung der Menschenkraft auf eine entferntere Last.

l'homme, mais elle lie les parties des machines composées, et facilite le moyen d'agir à distance sur un fardeau.

The greater part of all the other machines used in daily intercourse consist of levers.

6 Der größte Theil aller andern Maschinen, die wir im täglichen Leben gebrauchen, besteht aus Hebeln.

La plupart des autres machines que nous employons ordinairement, sont composées de leviers.

There are three essential parts belonging to every lever making a straight line, the point of strength the point of rest, and the point of weight.

7 Zu jedem Hebel, der eine gerade Linie macht, gehören drei Stücke, der Punkt der Kraft, der Punkt der Ruhe und der Punkt der Last.

Le levier forme une ligne droite, et consiste en trois choses: le point de puissance, le point d'appui et le point de résistance.

One man can drive in a wheelbarrow as much as two men can carry on a pole, or hand-barrow.

8 Soviel zwei Menschen an einer Stange oder auf der Tragbahre tragen können, soviel kann Einer auch auf dem Schubkarren vor sich herschieben.

Un seul homme peut conduire sur une brouette, autant que deux peuvent porter sur un brancard.

But he can effect more by rolling the burden placed on rollers with the lever.

9 Mehr aber vermag der, welcher die Last, die auf Walzen gelegt ist, mit dem Hebebaum fortwälzt.

Il aura encore beaucoup plus de force, s'il pose le fardeau sur des rouleaux et le fait avancer au moyen du levier.

The pulley, the wheel with the windlass, and the capstan, are machines formed alone of copes and levers.

10 Der Flaschenzug, das Rad mit dem Haspel und die Erdwinde sind bloß aus Hebeln und dem Seil zusammengesetzte Maschinen.

Le moufle, la roue et le cabestan, le treuil ne sont que des machines composées avec le levier et la corde.

With the windlass burdens are raised in the air.

11 Mit der Winde werden Lasten in die Höhe gehoben.

Au moyen du cric, on lève des fardeaux.

The erect axis is a small beam turned by walking round it.

12 Der Wellbaum ist eine kleine Säule, welche im Herumgehen gedreht wird.

Le tour à guinder est une petite colonne que l'on fait avancer en tournant.

The crane is a hollow wheel in which one man enters, and draws the burdens from, or lays them in the ship.

The ramblock is used to drive in stakes, or waterpiles. It is either drawn up with the rope passing over a block, or with the hand, if it has a handlever.

The screw, which if it is turned in the box can lift such astonishing weights, is nothing else than an inclined plane, which turns itself on the spindle, as round its axis.

13 Der Krahn ist ein hohles Rad, in welchem Einer geht und die Lasten aus dem Schiff hebt, oder in das Schiff legt.

14 Die Ramme wird gebraucht, um Pfähle oder Wasserpfähle einzuschlagen. Sie wird mit dem Seil gezogen, das über eine Rolle geht, oder mit den Händen, wenn sie Handheben hat.

15 Die Schraube, die, wenn sie in der Mutter geht, so erstaunliche Lasten heben kann, ist nichts Anderes, als eine schiefliegende Fläche, die sich um eine Spindel, als um ihre Achse, wendet.

La grue a une roue creuse, dans laquelle marche un homme; on s'en sert ordinairement pour charger et decharger les bateaux.

On employe le mouton pour enfoncer les pieux; on l'élève avec une corde qui passe sur une poulie; ou bien à force de bras, quand il a des anses.

La vis qui lève de si grands fardeaux quand on la tourne dans l'écrou; est une proéminence allant en spiral autour d'un cylindre comme autour de son axe.

Máchĭnae.

1 Homo pro viribus, quibus instructus est, exiguum modo onus tollere, gestare aut promovere posset.

2 Illae vero vires instrumentis quibusdam, quae hominis ingenium invenit, infinitum in modum augeri possunt, eoque mirum quantum effici potest.

3 Ejusmodi instrumenta machinae vocantur et scientia earum est ars mechanica, quae leges tradit, secundum quas corpora moventur et machinae componuntur.

4 Simplicissimae omnium machinarum sunt restis, vectis et planum inclīnans.

5 Restis seu funis quidem vires hominis non auget, sed eum praestat usum, ut omnium fere machinarum compositarum ea, qua opus est, conjunctio efficiatur, et hominum vis ad onera remotiora facilius transferri possit.

6 Maxima omnium aliarum, quibus in vita communi utimur, machinarum, pars e vectibus est composita.

7 Quivis vectis, lineam rectam efficiens, tribus constat: puncto virium, puncto quietis et puncto oneris.

8 Quantum duo homines phalanga aut super ferētro ferre possunt, tantum unus in pabone ante se trudere potest.

9 Plus vero ille valet, qui onus, cylindris impositum, vecte provolvit.

10 Opus trochleatum, rota cum sucŭla et ergăta (elatīne) nil nisi machĭnae sunt e vectibus et reste compositae.

[11] Trochleae ope onera attolluntur.

[12] Vectis erectus columella est, quae versatur circumeundo.

[13] Geranium tympăno instructus est, cui inambulans quis pondera navi extrăhit, aut in navem demittit.

[14] Fistūca adhibetur ad palos et sublīcas pangendas. Ea quidem fune attollitur, per trochleam tracto, vel manibus, si ansis fuerit instructa.

[15] Cochlea, quae, in matrice versata, quam maxima onera tollere valet, nil est aliud, quam planum inclīnans, quod circa cylindrum, ut axem suum, volvitur.

114.

Die Mühle.

The Mill.

In the mill one stone rolls upon another, by being set in motion by a wheel turning round, and grinds the corn thrown thro' the mill-hopper.

The bran falling in the box, is separated from the meal which falls into the bolter.

At first men had a hand mill, then the horse mill, and later the water and ship-mills; at last the wind mills with their sails, the tread-mill, and the steam-mill which is driven by a steam-engine.

In the middle of the cylinder the large crown wheel is fastened, which catches

[1] In der Mühle läuft ein Stein auf dem andern, indem er durch ein umlaufendes Rad in Bewegung gesetzt wird, und zermalmt die durch den Trichter aufgeschütteten Körner.

[2] Die Kleie, die in den Kasten fällt, wird von dem Mehl geschieden, das in den Beutel stäubt.

[3] Zuerst hatte man eine Handmühle, darnach die Roßmühle, ferner die Wasser- und Schiffmühle, endlich die Windmühle mit ihren Flügeln, die Tretmühle und die Dampfmühle, welche durch eine Dampfmaschine getrieben wird.

[4] Mitten an der Welle ist das große Kammrad befestigt, welches mit seinem Kamm in den

Le moulin.

Dans le moulin, le mouvement de la roue fait tourner deux pierres l'une sur l'autre, et écrase ainsi les grains, qu'on engrène par la trémie.

Le son tombe dans la huche, et se sépare de la farine qui passe au travers du bluteau.

Le premier moulin a été le moulin à bras, puis le moulin à chevaux, le moulin à eau et à bateau, le moulin à vent et enfin le moulin à vapeur qui est mis en mouvement par une machine à vapeur.

Au milieu de l'axe de la grande roue, est le rouet dont les dents entrent dans la lan-

113.

114.

hold of the trundle of the upright axis with its teeth, and turns it round.

The small axis is also turned round by the under trundle of the large axis, with the assistance of their wheels furnished with teeth.

Each one of the cog-wheels of these axis' seizes hold of two spring wheels, which turn round on the under stone the mill-iron with the mill-stone fastened to it, by which means the corn descending and falling from the wooden box between the two stones, is crushed and ground to flour.

Water-mills are of two kinds, over-and under shot.

The wheels of the former are furnished with boxes in which the water of a stream or small brook falls; wheels of the latter have paddles.

obern Trilling der gerade stehenden Welle eingreift und diese umdreht.

5 Durch den untern Trilling dieser Welle werden vermittelst der Stirnräder der kleineren Wellen auch diese umgedreht.

6 Jedes von den untern Stirnrädern dieser Wellen greift in zwei Getriebe ein, welche das Mühleisen mit dem daran befestigten obern Mühlstein oder Läufer auf dem untern oder dem Bodenstein umtreiben, wodurch das aufgeschüttete und von dem hölzernen Kasten zwischen die Steine fallende Getreide zermalmt und zu Mehl gemahlen wird.

7 Die Wassermühlen sind oberschlächtige und unterschlächtige.

8 Die Räder der oberschlächtigen Mühlen haben Kästen, worin sie das Wasser eines kleinen Flusses oder Baches auffangen; die Räder der unterschlächtigen Mühlen haben Schaufeln.

terne supérieure et font tourner l'arbre vertical.

Celui-ci a son tour, par le moyen de la lanterne inférieure, communique le mouvement à l'arbre de cette même lanterne.

Les roues inférieures de ces derniers arbres engrènent chacune dans deux lanternes, qui font mouvoir le fer à moulin, et avec lui, la meule courant sur la meule immobile; le grain tombant de la trémie entre les deux meules, est écrasé et réduit en farine.

Les moulins à eau sont ou à auge ou à volets.

Les roues des premiers ont des caisses qui reçoivent l'eau d'une petite rivière ou d'un ruisseau; celles des moulins à volets ont des ailerons.

Mola.

1 In mola lapis super lapide movetur, rota agitatus circumacta, et grana contĕrit per infundibulum immissa.

2 Furfur, in cistam cadens, a farina secernitur, in loculum decidente.

3 Primum utebantur mola manuaria, deinde equaria, tum aquaria et navali, tandem mola pneumatica cum alis suis, calcatoria et vaporaria, quae machina quadam vaporaria circumagitur.

4 Medio axi adjuncta est rota

pectinata magna, quae pectine suo rotam radiatam superiorem axis recti et simul axem ipsum circumagitat.

5 Rota radiata inferiori hujus axis, et ope rotarum stellatarum axium minorum, etiam hi versantur.

6 Unaquaeque e rotis stellatis inferioribus axium horum duo versat curricula, quae et ipsa virgam ferream ipsique adjectam metam super catino circumagunt, quo fit, ut frumentum per cistam ligneam inter lapides decidens comminuatur, farinaque ex illo conficiatur.

7 Molae aut aqua desuper cadente agitantur, aut rotae inferne impelluntur.

8 Rotae illarum cistis instructae sunt, quibus aquam minoris fluvii aut rivi excipiunt; harum rotae antliis munitae sunt.

115.

Die Sägmühle.

The Saw-mill. — *Scierie.*

The saw-mill cuts truncks of trees lengthways, in order to make, beams, boards, planks, and laths, according to the use which the cabinet maker, carpenter, wheel-wright, and turner makes of them.

At first the trunck brought to the mill, must be cut diagonally into blocks, on the surface of which are chalked each single cut, which the saw must effect.

A saw-mill can be either a water mill, a wind mill, or a tread mill.

1 In den Sägemühlen werden Baumstämme der Länge nach durchsägt, um Balken, Dielen oder Bohlen, Bretter und Latten zu geben, nach dem Gebrauch, den die Zimmerleute, Schreiner, Wagner und Drechsler davon machen.

2 Zuerst muß der Stamm, den man in die Mühle bringt, quer durch in Sägeblöcke zerschnitten werden, an deren Grundfläche man die einzelnen Schnitte, welche die Säge thun soll, mit Strichen bezeichnet.

3 Die Sägemühle kann eine Wassermühle, oder eine Windmühle, oder eine Tretmühle seyn.

Dans les scieries, les troncs des arbres sont sciés en long, pour en faire des poutres, des madriers, des planches et des lattes, selon l'usage que veulent en faire les charpentiers, les menuisiers, les charrons et les tourneurs.

Premièrement il faut couper transversalement les troncs d'arbres qu'on a conduits à la scierie, puis sur le bout l'on trace des lignes par où la scie doit entrer.

La scierie est mise en mouvement ou par un courant, ou par le vent, ou bien elle est un moulin à fouler.

It contains a mechanical contrivance by means of which the saws move up and downwards, in order to cut thro' the block.

The block is also pushed forwards at the same time of its being sawn.

The saw cuts only while descending, in the act of ascending, a kind of frame on which the block is placed, is pushed forwards by means of a pole.

This pole is set in motion by a horizontal beam moving backwards and forwards.

The greatest thickness of a board is 4 inches its greatest length 24 feet, its greatest breadth 24 inches.

The planks are 12, 16, and 18 feet long and almost an inch in thickness.

4 Sie enthält eine mechanische Einrichtung, wodurch die Säge auf- und niederbewegt wird, um den Stamm zu durchschneiden.

5 Zugleich wird ihr der Stamm, während sie das Holz durchschneidet, entgegengeschoben.

6 Die Säge schneidet nur bei dem Hinuntergehen; wenn sie hinaufgeht, schiebt die Stoßstange eine Art Wagen, auf dem sich der Klotz befindet, vorwärts.

7 Die Stoßstange erhält ihre Bewegung von einer horizontalen Welle, die sich hin- und herwiegt.

8 Die größte Dicke der Dielen ist 4 Zoll, ihre größte Länge 24 Fuß, die größte Breite 24 Zoll.

9 Die Bretter sind 12, 16 und 18 Schuh lang, und beinahe einen Zoll dick.

Elle contient un méchanisme qui fait monter et descendre la scie pour couper le bois.

A mesure que la scie avance, le tronc est poussé vers elle.

La scie ne coupe qu'en descendant; quand elle monte, une espèce de chariot, mue par une poutre, porte le tronc en avant.

Cette poutre est elle même mise en mouvement par un cylindre horizontal qui se meut incessamment.

La plus grande épaisseur des madriers est de quatre pouces, la plus grande longueur de vingt quatre pieds, la plus grande largeur de vingt quatre pouces.

Les planches ont douze, seize et dix huit pieds de longueur, et à peu près un pouce d'épaisseur.

Mola serratoria.

1 In molis serratoriis arborum trunci in longitudinem serra finduntur, unde trabes, tabulae crassiores, asses et asseres fiunt, prout fabri lignarii, scriniarii, carpentarii et tornatores iis uti volunt.

2 Primum trunci in molam serratoriam allati per transversum in caudices dissecandi sunt, in quorum basi lineis designatur, quibus locis serrae transeundum sit.

3 Mola serratoria aut mola aquaria esse potest, aut pneumatica, aut calcatoria.

[4] Structura ejus ita comparata est, ut serra sursum deorsum agitetur, quo truncus perscindatur.

[5] Simul caudex inter secandum ei objicitur.

[6] Serra descendens tantum vim suam exserit; cum surgit, pertica trusoria machinam trusatilem, cui caudex impositus est, protrudit.

[7] Perticam trusoriam cylindrus movet in plano positus, et huc illuc agitatus.

[8] Tabulae crassiores ad summum quatuor pollices crassae, viginti quatuor pedes longae, et duos pedes ac quatuor pollices latae sunt.

[9] Asses duodecim, sedecim aut duodeviginti pedes longi et paene unum pollicem crassi sunt.

116.

Die Oelgewinnung.

The preparation of oil.

The use of the oil is too well known, to require a circumstantial description of it.

It can be extracted out of almost every kind of seed, which is generally effected by pressing in the oil-mill.

Besides people are not ignorant that an oil is prepared from the fat of many animals.

From the vegetable kingdom the fruit of the olive tree is principally taken for the preparation of the oil, which is crushed in a stamping mill, and made into a thick substance.

[1] Der Gebrauch des Oels ist zu bekannt, als daß es einer weitläufigen Beschreibung davon bedürfte.

[2] Es kann fast aus allen Sämereien gewonnen werden, welches gemeiniglich durch Pressen in den Oelmühlen geschieht.

[3] Uebrigens weiß man, daß auch aus dem Fette vieler Thiere ein Oel zubereitet wird.

[4] Aus dem Pflanzenreiche nimmt man zur Gewinnung des Oels vorzüglich die Frucht des Olivenbaums, welche in einer Stampfmühle zerquetscht und zu einem Brei gemacht wird.

La préparation de l'huile.

L'usage de l'huile est si connu, qu'il serait inutile de nous y arrêter long-temps.

On fait de l'huile presque avec toutes les sortes de semences, en les soumettant à la pression dans l'huilerie.

Personne n'ignore non plus qu'on tire une sorte d'huile de la graisse de plusieurs animaux.

Parmi les végétaux, on obtient surtout d'excellente huile de l'olivier; d'abord on écrase les olives dans le moulin à pilon, et on en fait une sorte de pâte.

115.

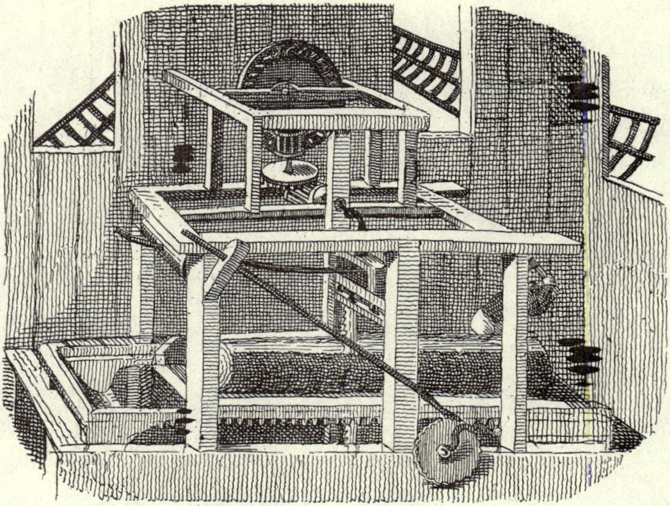

116.

This is then put into a fine sieve held over the steam of boiling water.

After it is sufficiently heated, it is packed into strong linen sacks laid between hot iron or tin plates, and gently and by degrees pressed.

The oil thus prepared, is the purest, finest, and best and is called virgin oil.

On account of the oil which flourishes in the East, in Greece, in Italy, and in the Provinces, not universally growing, recourse is had to other plants and seeds.

In this class belong the fruit of the beech the wallnut and hazelnut, the seed of the rape, hemp, and poppy.

Every kind of oil is used for different purposes.

The refuse in the preparation of oil, called oil-cake is used in the fattening of cattle.

[5] Diesen bringt man hierauf in ein zartes Sieb, welches über den Dampf eines siedenden Wassers gehalten wird.

[6] Nach der Erwärmung wird die Masse in starke leinene Säcke gefaßt, welche zwischen die erhitzten eisernen oder zinnernen Platten gelegt werden, worauf man gelinde und bloß nach und nach preßt.

[7] Das Oel, welches hiedurch gewonnen wird, ist das reinste, feinste und beste, und und heißt Jungfernöl.

[8] Weil aber der Oelbaum, der besonders im Morgenland, in Griechenland, in Italien und in der Provence wächst, nicht überall fortkommt, so hat man auch seine Zuflucht zu andern Pflanzen und Saamen genommen.

[9] Dahin gehören die Früchte der Buche, des Wallnußbaums und der Haselnußstaude, der Rübsaamen oder Reps, der Lein, der Mohn.

[10] Alle Oele gewähren verschiedenen Nutzen.

[11] Die Abgänge bei Verfertigung des Oels, welche Oelkuchen heißen, dienen zur Mästung des Rindviehes.

On expose ensuite cette pâte, sur des tamis, à la vapeur de l'eau bouillante.

Lorsqu'on a chauffé convenablement, on en remplit des sacs de grosse toile; ensuite on place ces sacs entre les plateaux du pressoir, lesquels sont de fer ou d'étain et qu'on echauffe auparavant.

L'huile obtenu de cette manière, est la plus pure, la plus fine et la meilleure; on l'appelle huile vierge.

Mais comme l'olivier qui croît principalement dans l'Orient, dans la Grèce, dans l'Italie et dans la Provence, ne réussit point sous tous les climats; on a eu recours à d'autres plantes et à d'autres semences.

Telle est la faine ou le fruit du hêtre, les fruits du noyer, du noisettier, les grains du navet, du lin vulgaire, du pavot.

Toutes les huiles sont employées à différens usages.

Avec les restes des matières dont on a extrait l'huile, on fait des espèces de gâteaux pour engraisser le gros bêtail.

Res olearia.

[1] De olei usu sic constat inter omnes, ut ampliori ejus descriptione supersedēre possimus.

[2] Ex omnibus fere seminibus exprimitur, quod maximam partem premendo in trapetis fieri solet.

[3] Ceterum nemo ignorat, e multarum bestiarum adipe quoque oleum parari.

[4] E vegetabili, quod vocant, regno ad producendum oleum praecipue olĕae fructus seu olivae seliguntur, qui in pistrino quodam comminuuntur et in pultem mutantur.

[5] Haec deinde tenello cuidam cribro ingeritur, quod ferventis aquae vapori superimponitur.

[6] Ubi sic satis fuerit calefacta, omnis massa inditur utribus fortioribus e linteo confectis, qui preli laminis calefactis interponuntur, sive sint hae ferreae, sive stanneae, quo facto leviter ac sensim exprimitur.

[7] Quod inde prodit oleum, omni numero habetur absolutum ac purissimum, et oleum vocatur virgineum.

[8] Quod autem olea, praesertim in Oriente, in Graecia, in Italia et in Provincia Francogallorum crescens, non ubique feliciter provĕnit, aliae quoque plantae ac semina oleo exprimendo adhibita sunt.

[9] Pertinent huc glandes fagĭnae, nuces juglandis et avellanae, semina napi, lini usitatissimi et papaveris.

[10] Olei genera ad unum omnia varium usum praestant.

[11] Reliquiae, expresso oleo, placentae oleaginae, faciunt ad saginanda armenta.

117.

Der Tabak.

Tobacco.		*Le tabac.*
The tobacco, which is sharp, biting and soporifick is become by the caprice of fashion, and habit, a largely cultivated plant, and a true pleasure to those who make use of it, either by snuf-	[1] Der Tabak, welcher scharf, beißend und einschläfernd ist, ist durch den Eigensinn der Mode und durch Gewohnheit eine häufig angebaute Pflanze und ein wahres Vergnügen derer geworden, welche Gebrauch davon machen, indem sie ihn entweder	Le tabac est une herbe âcre, caustique et narcotique. La bizarrerie de la mode et l'habitude ont fait que cette plante est cultivée en grande quantité et devenue une vraie délice; on en fait usage soit en la prisant en poudre,

fing, smoking in pipes or chewing.

John Nicot, ambassador at the court of Portugal first brought this plant to Paris, which had been known since the discovery of America by the Spaniards.

One is astonished that the smoke and dust of a poisonous plant should have become an almost general object of sensible feeling.

Custom, changed into a passion, very soon awakened the desire of profiting by it, and the tobacco has become on account of its universal taste, an article of great commercial interest between Europe and America.

The name tobacco is from a reed of that name, which the wild natives of India are accostomed to smoke.

Formerly, tobacco was applied by many physicians as a cure for internal and external complaints.

There are different kinds of tobacco; as the Virginian which is the finest of all,

als einen Staub schnupfen, oder aus Tabakspfeifen rauchen, oder kauen.

[2] Johann Nikot, Gesandter am portugiesischen Hofe, brachte diese Pflanze, welche man seit der Entdeckung von Amerika durch die Spanier kennt, zuerst nach Paris.

[3] Man muß erstaunen, daß der Rauch oder Staub einer giftigen Pflanze der fast allgemeine Gegenstand einer zärtlichen Empfindung geworden ist.

[4] Die in Leidenschaft verwandelte Gewohnheit weckte gar bald den Eifer des Vortheils, und der Tabak ist durch den allgemeinen Geschmack ein sehr großer Handelszweig von Europa und Amerika geworden.

[5] Der Name Tabak kommt von einem Rohr dieses Namens, dessen sich die wilden Indianer beim Rauchen bedienen.

[6] Ehemals wurde der Tabak auch von vielen Aerzten zur Heilung der Krankheiten, innerlich und äußerlich, angewendet.

[7] Es giebt verschiedene Arten von Tabak: z. B. der Virginische Tabak, welcher der beste

soit en en avalant la fumée avec la pipe, soit enfin en la mâchant.

Jean Nicot, ambassadeur de France près du Roi de Portugal, apporta le premier cette plante à Paris; bien que toutefois elle ait, déja été connue depuis la découverte de l'Amérique par les Espagnols.

On ne peut voir sans surprise que la poudre, ou la fumée d'une herbe vénéneuse soit devenue partout l'objet d'une sensation délicate.

L'habitude devenue passion éveilla bientôt l'amour du gain; et grace au goût général, le tabac devint une branche considérable de commerce entre les Européens et les Américains.

Le mot tabac vient d'une canne ayant le même nom et de laquelle se servent les Indiens pour fumer.

Plusieurs médecins l'ont employé comme remèdes pour guerir des maladies soit intérieures soit extérieures..

Il y a plusieurs sortes de tabac: celui de Virginie, qui est le meilleur et dont les

and whose blossoms are red, the countryman's tobacco, with yellow blossoms, the shag, and the virgin tobacco.

The Canaster receives its name from the Spanish word Canasta, from its being imported in canisters.

The roll-tobacco is ground to powder on the rappee, and affords the rappee snuff.

ist und roth blüht, der Bauerntabak, welcher gelb blüht, der Soldatentabak und der Jungferntabak.

[8] Der Kanaster hat seinen Namen von dem spanischen Wort Canasta, weil er in Körben zu uns kommt.

[9] Die Karotten, Rollen von Blättern, werden auf der Rape (Reibmaschine) zu Pulver zerrieben, und geben den Schnupftabak.

fleurs sont rouges; celui des paysans, qui fleurit jaune; celui des soldats et le tabac vierge.

Le canastre a reçu son nom du mot Espagnol canasta, parcequ'il arrive chez nous dans des corbeilles.

Les carottes sont des rouleaux de feuilles de tabac, qu'on rape en poudre sur la rape.

Tabacum.

[1] Herba Nicotiana acris, caustica et soporifĕra, pervicacia consuetudinis, nec non communi omnium usu planta evasit maxime culta, imo in delicias eorum transiit, qui ea uti consueverunt, vel pulverem naribus trahendo, vel fumum e fistula hauriendo, vel mandendo.

[2] Joannes Nicotius, legati munere functus apud Lusitaniae regem, hanc plantam, quam ex illo tempore novimus, quo Hispani Americam primi viderunt, Lutetiam Parisiorum transtulit.

[3] Mirandum sane, quod pulvis vel fumus herbae virulentae in omnium fere voluptatem ac mollitiem transierit.

[4] Orto igitur ex habitu singulari desiderio, utilitatis inde cupīdo provexit culturam, et Nicotiana communi plerorumque studio Americanos inter et Europaeos ingens commercii pars facta est.

[5] Tabaci nomen ab arundine quadam sic nominata ducitur, qua feri Indi, fumum e fistula haurientes, uti solent.

[6] Olim quoque tabācum a compluribus medicis sanandis morbis, tum externis, tum internis adhibebatur.

[7] Varia sunt hujus plantae genera, v. c. Nicotiana Tabacum rubro flore, in Virginia crescens, et primum locum obtinens. N. rustica, luteo flore, N. glutinosa et N. paniculata.

[8] Genus quoddam tabaci a voce hispanica, canasta, nomen duxit, cum in corbibus ad nos transferatur.

[9] Foliorum convolutorum cylindri radulae ope in pulverem conteruntur.

117.

118.

118.

Der Zucker.

Sugar. — *Le sucre.*

Sugar, is the sap of a reed cultivated in the East and West Indies, and is called sugar-cane.

It attains the height of nine or ten feet, has flat leaves, and a long round blossom.

When the sugar cane is ripe, it is cut down, and made into bundles, and brought to the mill, and the juice pressed out of it.

The sugar cane is crushed by the slaves between large rollers.

The sap when pressed out flows thro' a pipe into a large copper boiler, where the lime-water, and lye is mixed with it, and strongly boiled.

The juice is then passed into a smaller boiler, and after the lime-water and lye is added to it, it is allowed to boil, until it has considerably ef-

1 Der Zucker ist das Mark eines Rohrs, welches in beiden Indien gebaut wird, und Zuckerrohr heißt.

2 Es wird neun bis zehn Fuß hoch, hat flache Blätter und eine rispenförmige Blüthe.

3 Wenn die Zuckererndte da ist, so schneidet man die Pflanzen ab, macht Bündel daraus und bringt sie in die Mühle, um den Saft daraus zu pressen.

4 Von den Sklaven wird das Zuckerrohr zwischen großen Walzen zerquetscht.

5 Der ausgepreßte Saft fließt durch eine Röhre in einen großen kupfernen Kessel, wo man Kalkwasser und Lauge darunter mischt und ihn stark kocht.

6 Nun wird der Saft in einen kleineren Kessel gebracht, und nachdem man Kalkwasser und Lauge beigegeben hat, läßt man ihn sieden, bis er bedeutend

Le sucre est la moëlle d'un certain roseau, qu'on cultive aux Indes et qu'on nomme la canne à sucre.

Elle s'élève à neuf ou dix pieds de hauteur, porte des feuilles plates, et la fleur forme un panicule.

Lorsqu'on veut faire la récolte des cannes, on les coupe et on les met en faisceaux, puis on les porte au moulin pour en exprimer le jus.

Les esclaves brisent la canne à sucre entre de gros cylindres.

Le jus s'écoule par le tuyau dans une grande chaudière de cuivre; et, après y avoir mêlé une certaine quantité d'eau de chaux et de lessive, on fait cuire fortement.

On verse ensuite cette liqueur dans une chaudière moins grande, on met encore de l'eau et de la lessive; puis on fait bouillir à gros bouillons,

fervesced, and the froth which has appeared on the surface, is taken away.

After it has passed into six different boilers, where it has attained the consistency of syrup by boiling, skimming, and evaporation, and after it has turned by degrees into small grains or crystals moulds are filled with it, from which the watery part is allowed to flow, and it becomes raw Sugar.

This is then brought into the refining house, where it is purified from the fat substance.

It is then melted with pouring lime water, and oxes blood upon it, and boiled as before in several boilers.

When the sugar yields no more scum, and becomes thick like ice, it is poured into earthen cones, with the top downwards.

The sugar loaf distils itself, after the peg, which has stopped up the top of the cone, has been drawn out.

A preparation of

aufwallt, und nimmt den Schaum weg, der sich auf der Oberfläche zeigt.

7 Nachdem er so in sechs verschiedene Kessel gekommen ist, wo er durch Sieden, Abschaumen und Verdunsten die Festigkeit des Syrups erlangt hat, und nachdem er nach und nach in eine Menge kleiner Körner oder Krystalle verwandelt worden ist, füllt man Formen damit an, von denen man den nicht geronnenen Theil ablaufen läßt, und so bekommt man rohen Zucker.

8 Dieser wird in die Zuckersiederei gebracht, wo man ihn von dem fetten Theile reinigt.

9 Man löst ihn mit Zugießung von Kalkwasser und Ochsenblut auf, und siedet ihn, wie vorher, in mehreren Kesseln.

10 Wenn der Zucker keinen Schaum mehr giebt und sich wie Eis verdickt, so wird er in Kegel von gebrannter Erde gegossen, deren Spitze unten ist.

11 Der Zuckerhut entwässert sich durch das Herausziehen des Zapfens, der diese Spitze zustopfte.

12 Nun gießt man ei-

enlevant l'écume qui parait à la surface.

Après avoir fait passer la liqueur dans six chaudières différentes, où l'action du feu lui a donné plus de consistence; après l'avoir convertie peu à peu en une infinité de petits grains ou cristaux, on en remplit des formes; les parties non coagulées s'écoulent, et c'est ainsi qu'on obtient le sucre brut.

On porte le sucre brut à la raffinerie, où on le dégage de sa substance grasse.

On le dissout avec de l'eau de chaux et du sang de boeuf, et on lui donne plusieurs cuissons dans différentes chaudières.

Quand le sucre ne donne plus d'écume et s'épaissit comme une glace, on le verse dans des vases de terre en forme de cônes, lesquels vases on tourne la pointe en bas.

On ôte le bouchon de la pointe du cône, pour laisser écouler l'eau.

Alors on verse sur

argillaceous earth is sprinkled on the bottom of the loaf, which runs entirely thro' it, and completely carries off the small particles of syrup.

The loaf when dry, is wrapped up in blue paper, and packed in hogsheads.

nen Brei aus Thonerde auf den Boden des Zuckerhuts, der ihn ganz durchdringt und die Syruptheilchen vollends abtreibt.

[13] Hierauf umwickelt man die trockenen Zuckerhüte mit blauem Zuckerpapier und faßt sie in Tonnen.

le pain une bouillie composée d'argile et d'eau; cette bouillie passe à travers le pain de sucre et le purge de toutes les parties de sirop.

On enveloppe les pains secs d'un papier bleu, et on le met dans des tonneaux.

Saccharum.

[1] Saccharum medulla est arundinis cujusdam, quae in utraque India colitur et arundo saccharifĕra dicitur.

[2] Ea in altitudinem novem vel decem pedum surgit, folia habet lata et florem edit paniculatum.

[3] Ubi tempus sacchari demetendi adest, arundines demessae in manipulos colliguntur et in molam quandam feruntur, in qua succus exprimatur.

[4] A servis arundines inter crassiores cylindros conteruntur.

[5] Succus per canalem in majorem cacăbum cupreum defluit, quo facto aqua, calce diluta, et lixivio miscetur et probe percoquitur.

[6] Jam succus ille in minorem cacabum transfunditur, et additis aqua, calce diluta, et lixivio, tamdiu coquitur, donec graviter aestuet, et spuma aufertur in superficie orta.

[7] Cum succus hac ratione in sex cacabos diversae magnitudinis transiit, ubi coquendo, despumando et exhalando sirŭpi densitatem nactus est, et postquam sensim in quam plurima grana seu crystallos conversus est, moduli eo replentur, quo partes non coagulatae defluant, atque ita saccharum crudum fit.

[8] Jam in officinam saccharo decoquendo transfertur, ubi pinguioribus partibus destituitur.

[9] Affusa aqua calce diluta et addito boum cruore solvitur, et, quemadmodum antea, in pluribus ahenis coquitur.

[10] Quum saccharum spumare desinit et velut glacies indurescere incipit, in conos quosdam injicitur, e lateribus coctis formatos, quorum cuspis terram spectat.

[11] Tollendo epistomium, quod cuspidem obturabat, aqua inde extrahitur.

[12] Jam puls ex argilla facta imae sacchari metae infunditur, integram eam penetrans et syrŭpi particulas penitus depellens.

[13] Quo facto metae sacchari chartae emporeticae caeruleo colore involvuntur et in dolia reconduntur.

119.

Das Bergwerk.

The Mine. — *Les mines.*

The metals are very seldom found on the surface of the earth; but one must dig deep in order to reach them.

A pretty broad and deep shaft is sunk.

On account of the stones and rocks being often very hard, the pickaxe and wedge are not sufficient, but the rocks must be blasted with powder.

When they have reached the metals, several excavations in different sides of the mine, which are called pits, are made.

The miners, whose overseer is called Inspector, are let down in the shaft of the mine on a stick, or on a ladder, having a light with them, and hew the ore away with the pickaxe, which is drawn up with a rope attached to a windlas, after it has been packed in baskets.

1 Die Metalle finden sich nur sehr selten auf der Oberfläche der Erde; gewöhnlich muß man tief eingraben, um dazu zu gelangen.

2 Man gräbt also einen Schacht, der ziemlich breit und tief ist.

3 Weil aber oft die Steine oder Felsen sehr hart sind, so reichen die Spitzhaue und der Keil nicht hin, sondern man muß den Felsen mit Pulver sprengen.

4 Ist man zu dem Metall gekommen, so macht man mehrere Aushöhlungen nach verschiedenen Seiten, welche man Stollen nennt.

5 Die Bergleute (Bergknappen), deren Vorsteher Steiger heißt, lassen sich in den Schacht des Bergwerkes hinab auf dem Knebel, oder auf einer Leiter, indem sie das Licht halten, und hauen mit der Keilhaue das Erz los, welches man, nachdem man es in Körbe gefaßt hat, mit Hülfe des Haspels an einem Seil herauszieht.

Les métaux ne se trouvent que rarement à la surface de la terre; pour l'ordinaire il faut creuser assez profondément pour parvenir au minérai.

Alors on perce un puits dont la largeur et la profondeur sont très-grandes.

Comme souvent les pierres ou roches sont très-dures, alors le pic et le coin ne suffisent pas; on est obligé de faire sauter le rocher avec de la poudre.

Lorsqu'on est arrivé aux minérais, on fait, en sens différens, des excavations qu'on nomme des galeries.

Les mineurs, qui sont commandés par un maître-mineur, descendent avec des lampes dans le creux de la mine sur un garrot, ou bien par des échelles; ils font tomber la mine avec le pic; et après l'avoir mise dans des corbeilles, ils la tirent en haut à l'aide du guindeau.

The metal brought to light from the earth is seldom unmixed or pure; it must therefore, before it can be smelted, be cleared of the extraneous matter which is effected by the beating with a hammer, and by water.

It is then brought to the smelting furnace.

A fire is lighted which is blown with the bellows, and the ore is smelted so that the metal flows from it.

The dross is cast aside.

[6] Das aus der Erde zu Tag geförderte Metall ist selten rein oder gediegen; deßwegen muß es, ehe es geschmolzen werden kann, von den fremden Theilen befreit werden, was durch das Pochen mit einem Hammer und durch Waschen geschieht.

[7] Hierauf wird es in den Schmelzofen gebracht.

[8] Man zündet ein Feuer an, das man mit den Blasebälgen anbläst, und so schmelzt man das Erz, daß das Metall davonfließt.

[9] Die Schlacken werden auf die Seite geworfen.

Le métal extrait du sein de la terre est rarement pur; aussi, avant de le fondre, on le dégage des matières étrangères; ce qui se fait en le cassant avec le marteau et en le lavant.

Après cela, on le conduit au fourneau.

On élève la température du feu à l'aide de gros soufflets; le minerai se liquefie et alors le mineral découle.

La crasse est jetée de côté.

Metallorum fodínae.

[1] Metalla rarissime tantum in superficie terrae reperiuntur; plerumque altius effodienda est, quo ad illa perveniatur.

[2] Puteus inde efficitur latior ac profundior.

[3] Cum vero saxa vel rupes saepe duriores sint, rastrum dentatum et cuneus non sufficiunt, sed saxa pulvere pyrio findenda sunt.

[4] Quodsi ad metalla perventum est, quaquaversum canales fiunt.

[5] Metallici, quibus magister praeest, in puteum fodinarum se demittunt super bacillo, aut per scalarum gradus, lucernam ferentes, et ligone terram metallicam abscindunt, quae corbibus ingesta ope machinae tractoriae fune extrahitur.

[6] Metalla e montibus effossa raro pura sunt ac sincēra, ideoque, antequam fundantur, extraneis partibus purganda sunt, quod malleis tundendo et lavando fit.

[7] Deinde in ustrinam seu fornacem aerariam inferuntur.

[8] Ignis accensus follium ope inflatur et alitur, atque ita aes liquefit, quo metallum inde defluat.

[9] Scoriae seorsim abjiciuntur.

120.

Das Salzwerk.

The salt mine.

The chemical salt extracted from various plants, minerals and animal substances is not to be treated of here, but the common or rock salt, which is used for savouring the victuals.

In order to reach the salt, a depth of several feet is dug with the pickaxe; iron levers are brought to bear, and by pressing on them, very large pieces of rock salt are made loose.

It is then brought up out of the mine by being fastened to a strong rope winding round a roller; the small pieces are cast into vessels.

The sea salt is extracted by exposing the sea water to the sun and air, so that the water which contains the salt, is left behind after evaporation, which is done by means of large pits; this salt is particularly used for salting herrings and other fishes.

[1] Es handelt sich hier nicht vom chemischen Salz, welches aus allerhand Gewächsen, Mineralien und thierischen Theilen bereitet wird, sondern von dem gemeinen oder Kochsalz, das man zum Würzen der Speisen gebraucht.

[2] Um das Bergsalz zu bekommen, haut man mit der Spitzhaue mehrere Fuß tief ein: nun bringt man eiserne Hebel hinein, und indem man darauf drückt, machen sich ganze große Stücke von Bergsalz los.

[3] Man bringt sie von dem Bergwerk herauf, indem man sie an einem starken Seil befestigt, welches um eine Walze lauft; die kleinen Stücke wirft man in Fässer.

[4] Das Seesalz bekommt man, indem man das Meerwasser der Sonne und der Luft aussetzt, so daß das Wasser, indem es verdunstet, das Salz, welches es enthielt, zurückläßt, was in großen Gruben geschieht; dieses Salz ist besonders zum Einsalzen der Häringe und anderer Fische bestimmt.

La saline.

Il ne s'agit point ici du sel extrait de divers végétaux, des minéraux et de différentes parties des animaux; mais il est question du sel commun, dont on se sert pour assaisonner les mets.

Pour obtenir le sel gemme, on creuse, avec le pic, à quelques pieds de profondeur; puis on introduit des leviers de fer; et, en appuyant dessus, on détache les blocs.

On les enlève de la mine en les attachant à un fort cable, qui se roule sur un cylindre; on met les petits morceaux dans des tonneaux.

On obtient le sel marin, en exposant l'eau de mer au soleil et à l'air; de manière que l'eau, en s'évaporant, abandonne le sel qu'elle renfermait; ce qui se fait dans de grands réservoirs ou vasières. Or ce sel est surtout destiné à la salaison des harengs et d'autres poissons.

119.

120.

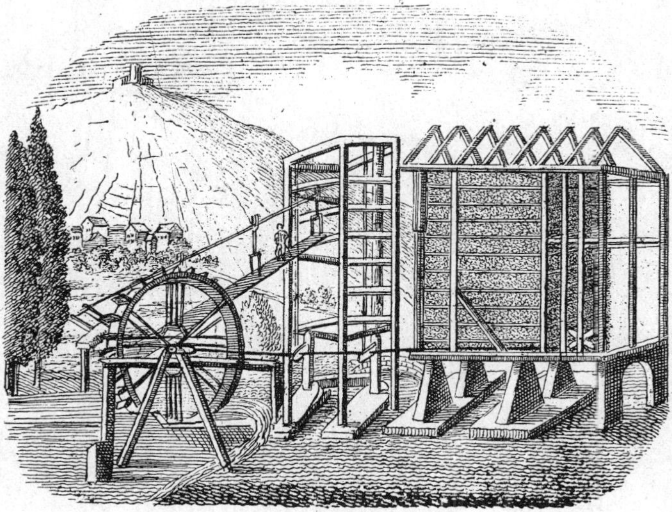

According to the degree of the salt ingredients, which is determined by the salt-gage, the brine is allowed to evaporate either immediately in the salt pans, or this process is first gone through after the salt ingredients have become thicker.

In the first case, a certain quantity of brine which flows thro' small tubes, is poured into a vessel, called a saltpan, and after lighting a large fire, it is allowed to boil, until the salt is formed into crystals, and settled at the bottom of the salt pan: It is after this brought into a magazine, in order to allow it to distil, and then in a dry room.

If the brine is not thick enough, the graduation-house is had recourse to, which is furnished with a great many banks, upon which a great many thorn bushes are spread.

The brine is then pumped into the

[5] Nach dem Grad der salzigen Bestandtheile, welchen man mit der Salzwage bestimmt, läßt man die Sohle oder das Salzwasser entweder geradezu in den Salzpfannen verdunsten, oder man nimmt diese Vorrichtung erst vor, nachdem eine engere Vereinigung der Salztheile Statt gefunden hat.

[6] In dem ersten Fall wirft man in einen Kessel, welchen man Salzpfanne nennt, ein gewisses Maaß von der Sohle, die man durch kleine Röhren dahin leitet, und nachdem man ein starkes Feuer angezündet hat, läßt man es sieden, bis das Salz als Crystall angeschossen ist, und sich auf den Grund der Salzpfanne gesetzt hat; nachher bringt man es in ein Magazin, um es abtropfen zu lassen, und darauf in die Trockenkammer.

[7] Ist die Sohle nicht gesättigt genug, so bedient man sich der Gradirhäuser, welche mit vielen Balken versehen sind, auf welche hin eine große Anzahl von Dornenwellen gelegt ist.

[8] Man pumpt nun die Sohle in die Tröge,

Suivant le degré de salure que l'on détermine avec le pèse-liqueur, on évapore de suite l'eau salée dans des chaudières, ou on ne fait cette opération qu'après une concentration antérieure.

Dans le premier cas, au moyen de petits canaux, on fait entrer dans une chaudière qu'on appelle poële, une certaine quantité d'eau salée; et, après avoir allumé un feu ardent, on fait bouillir jusqu'à ce que le sel soit cristallisé et déposé au fond de la poële; ensuite on le porte dans un magazin pour le faire égoutter, et après cela dans la chambre à sécher.

Lorsque l'eau ne renferme pas une assez grande quantité de sel, on se sert de bâtimens de graduation; ces constructions sont traversées par des poutres et des solives sur lesquelles on place un grand nombre de fagots.

On fait monter, au moyen de pompes, l'eau salée dans des réser-

troughs, which are placed above the roof.

The brine is then allowed to run over the thorn bushes, in order to expose it to the air and warmth; This is continued so long until the brine has attained a considerable degree of consistency, to enable it to evaporate in the salt pans to advantage.

welche oben angebracht sind.

[9] Hierauf läßt man das Salzwasser über die Dornenwellen laufen, um es der Luft und der Wärme auszusetzen, und setzt dieses Geschäft so lange fort, bis die Sohle einen beträchtlichen Grad von Salzigkeit erlangt hat, um sie mit Vortheil in den Salzpfannen verdunsten lassen zu können.

voirs qu'on a pratiqués sous le toit.

Ensuite on fait découler l'eau sur les fagots pour l'exposer à l'air et à la chaleur; on continue cette opération jusqu'à ce que l'eau ait acquis un degré de salure assez considérable, pour être évaporée avec avantage dans les chaudières.

Salinae.

[1] Hic non agitur de sale chemico, quod e variis vegetabilibus, mineralibus et animalium partibus paratur, sed de sale communi, quo utimur ad cibos condiendos.

[2] Quo sale fossĭli potiamur, rastro dentato incisio fit plurium pedum; jam vectes ferrei immittuntur, quibus graviter pressis majora fragmenta salis fossilis revelluntur.

[3] Ea extrahuntur e fodīnis, funi crassiori annexa, qui circa cylindrum volvitur; minora fragmenta in dolia conjiciuntur.

[4] Sal marinum tum acquiritur, cum aqua marina aëri et soli exponitur, ita ut, dum aqua exhalando emittitur, sal, quod ei inerat, remaneat, quod in foveis majoribus fieri solet; hoc autem sal praecipue condiendis halecibus aliisque piscibus adhibetur.

[5] Prout copia salsarum partium, quae aquae insunt, major est, aut minor, quod quidem araeometro exquiritur, aut statim in cacabum salarium immittitur, ut vaporibus prorsus liberetur, aut id tum demum fieri solet, cum salsae partes densiores factae fuerint.

[6] Quodsi illud fit, in ahenum, qui vocatur cacabus salarius, copia quaedam aquae salsae immittitur, per canales minores eo ducta, et, subjecto igne largiori, tamdiu coquitur, usque dum sal crystallo simile redditum fuerit et in fundo cacăbi considerit; tum in horreum quoddam ingeritur, quo aqua prorsus destillet, et deinde in tabulatum siccationi destinatum.

[7] Si aquae salsae minus densae sint, aedificiis liquatoriis utuntur, multis trabibus instructis, quibus multae sarmentorum fasces injiciuntur.

[8] Aquae salsae antliae haustu in receptacula sub tecto collocata infunduntur.

[9] Jam eae super sarmentorum fasces immittuntur, ut aëri et calori magis exponantur, idque opus continuatur, donec salsae aquarum partes eo condensatae fuerint, ut commode ad vapores prorsus removendos in cacabos salarios injici possint.

121.

Der Bäcker.

The Baker. — *Le boulanger.*

The baker has need in his business of wheat, rye, and spelt flour.

The sour-dough is generally used with the rye-flour: in order to make light, white, bread, yest is added.

The baker sifts the flour in the sieve, and puts it in the baking trough.

He then sprinkles water on it, makes a dough and kneads it with the hand, or kneading-beetle.

He then forms loaves of bread, cakes, rolls, cracknels, ring-cakes, and milk bread.

After this he lays them on the peel, and pushes them into the oven thro' the mouth.

But before this, he rakes out with the oven-rake the fire and coals, which he casts under the furnace.

Bread is in this manner baked, which has outside the crust, and inside the crumb.

1 Der Bäcker hat bei seinem Handwerk das Mehl von Weizen, Roggen und Dinkel nöthig.

2 Bei dem Roggenmehl wird insgemein der Sauerteig gebraucht; um weißes und mürbes Brod zu backen, bedient man sich der Hefe.

3 Der Bäcker beutelt das Mehl mit dem Mehlsieb und schüttet es in den Backtrog.

4 Alsdann gießt er Wasser zu, macht einen Teig und knetet ihn mit den Händen oder mit dem Knetscheite.

5 Darnach formt er Brodlaibe, Kuchen, Semmeln oder Wekken, Bretzeln, Ringe, Milchbrode.

6 Nach diesem legt er sie auf die Backschaufel und schießt sie in den Backofen durch das Ofenloch.

7 Zuvor aber scharrt er mit der Ofenkrücke das Feuer und die Kohlen heraus, die er unten zusammenwirft.

8 So wird Brod gebacken, welches außen die Rinde und innen die Brosam hat.

Pour exercer son métier, le boulanger a besoin de farine de froment, de seigle ou bled.

On se sert surtout du levain avec la farine de seigle; pour faire du pain blanc et tendre, on emploie de la levure.

Le boulanger passe la farine par le tamis, puis il la met dans la huche.

En versant de l'eau, il fait une pâte, qu'il pétrit ou avec les mains, ou avec une sorte de pelle.

Après cela il fait des miches, des gâteaux, de petits pains des craquelins, des brioches, des pains mollets.

Cela fait, il les met sur la pelle et les enfourne par l'embouchure du four.

Mais auparavant, il ramasse le feu avec le fourgon, et le jette sous le four.

C'est ainsi que l'on cuit le pain qui a la croute en dehors et la mie en dedans.

In villages the rich countrymen bake the bread themselves, and people now begin to establish common ovens in order to spare the wood.

In Turkey the fraud of a baker is severely punished.

[9] In den Dörfern backen die reichen Bauern ihr Brod selbst, und man fängt auch an, Gemeindebäcker zu halten, um Holz zu ersparen.

[10] In der Türkei wird die Betrügerei der Bäcker stark geahndet.

Dans les villages, tous les paysans riches font le pain dans leur maison; et, pour épargner le bois, ils prennent aussi un boulanger pour plusieurs.

Il n'y a aucun endroit, où les boulangers frauduleux soient punis avec autant de rigueur que chez les Turcs.

Pistor.

[1] Pistor, si quidem opificio suo satisfaciat, carere nequit farīna e tritico, secali et farre.

[2] Praecipuus est fermenti usus in farina secalina; coquendo pani sigilineo ac molliori faex adhibetur.

[3] Pistor cernit farinam cribro pollinario eamque immittit in mactram.

[4] Tunc affundit aquam, facit massam depsitque eam manibus, aut spathula.

[5] Deinde majores panes format, placentas, panes similagineos, spiras, orbes, panes molliores.

[6] Jam eos palaë pistrinae impositos in furnum ingerit per os fornacis.

[7] Antea vero rutabulo ignem et carbones eruit, quos infra conjicit.

[8] Ita panis pinsitur, qui extrinsecus corticem, intus micam habet.

[9] In pagis rustici ditiores ipsi panem coquunt, et jam passim publici pistores habentur, quo nimio ligno supersedeatur.

[10] Si quis pistorum in Turcia defraudaverit, graviter in eum animadvertitur.

122.

Der Fleischer.

The Butcher.

Le boucher.

The butcher buys the fattened cattle chiefly in the villages; as oxen, cows, calves, swine, sheep, rams,

[1] Der Fleischer oder Metzger kauft das Mastvieh, als Ochsen, Kühe, Kälber, Schweine, Schafe, Hämmel, Läm-

Le boucher parcourt principalement les villages et y achète le bétail gras, comme boeufs, vaches, veaux,

121.

122.

lambs, and goats; he drives them with dogs, or carries them in wagons into the town.

mer und Ziegen, vorzüglich auf den Dörfern, treibt es mit Hunden in die Stadt, oder führt es auf Wagen dahin.

cochons, brebis, moutons, agneaux et chèvres; il se sert de chiens pour les mener à la ville, ou il les y transporte sur des chariots.

He then slaughters them, strikes them with a club or hatchet, or sticks them with his knife, skins and cuts them up; upon which it is exposed for sale in the shambles, or butchers stall.

2 Alsdann schlachtet er es, schlägt es mit der Keule oder mit einem Beil, oder sticht es mit dem Schlachtmesser, zieht die Haut ab, und haut es aus, worauf es in der Fleischbank oder Metzig verkauft wird.

Alors il les tue avec son abatoir, ou les égorge avec son couteau de boucher; il les écorche, les découpe en pièces, et en expose la chair en vente sur des bancs où il la pend à des crochets.

The hair of the swine is either singed off with fire, or scalded with hot water.

3 Die Haare des Schweins sengt man mit Feuer, oder man brüht es mit heißem Wasser.

Il echaude le cochon ou bien il lui brule les soies.

He cuts the flesh into gammons, hams, or flitches, which is salted and smoked, besides various kinds of sausages as haggess, black pudding, liver and fryed sausages, pepper, brain, and the German sausages.

4 Darauf macht der Fleischer Vorderseiten, Schinken und Speckseiten, welche eingesalzen und geräuchert werden, außerdem allerlei Würste, Magen- oder Preßwürste, Blutwürste, Leberwürste, Bratwürste, Pfefferwürste, Hirnwürste und Knackwürste.

Il le tranche, et en fait des épaules, des jambons, et des bandes de lard, qu'on sale et que l'on fume; il en prépare encore toutes sortes de boudins, des andouilles, des boudins rouges et des blancs, des saucisses, des boudins poivrés, des cervelas et des mortadelles.

In the shambles is sold, veal, beef, mutton, particularly legs of mutton, pork, and kidneys.

5 In der Fleischbank verkauft man Kalbfleisch, Rindfleisch, Hammelfleisch, besonders Hammelschlägel, Schweinefleisch u. Nieren.

Sur l'étal se vend du veau, du boeuf, du mouton, principalement des gigots, du porc, et des rognons.

The Hambourgh salted meat, the Westphalia hams, and the

6 Bekannt sind das Hamburger Pöckelfleisch, die Westphäli-

La viande salée de Hambourg est bien connue; les jambons de Westphalie et les saucissons de Goettin-

sausages from Göttingen are well known.

schen Schinken und die Göttinger Würste.

gue sont également celèbres.

Lanius.

[1]Lanius pecudes altiles, ut boves, vaccas, vitulos, porcos, oves, agnos et capras praecipue in pagis emit easque canum ope in urbem pellit, aut curribus eo convehit.

[2]Deinde eas mactat, aut clava aut secūri prosternens, aut cultro laniario jugulans; tum excoriat dissecatque eas, quo facto carnes venum exponit in macello.

[3]Suis setae igne demuntur vel aqua fervida.

[4]Tum lanius conficit pernas, petasōnes et succidias, quae sale condiuntur et fumo durantur, praeterea vero varia farciminum genera, faliscos, apexabones, tomacula, botulos, farcimina piperata, hillas cerebello fartas et farcimina Lucanica.

[5]In macello venduntur caro vitulina, caro bubŭla, caro vervecina, inprimis coxae vervecinae, caro suilla et renes.

[6]Notissima sunt caro muriatica Hamburgensium, petasones Guestphalici et farcimina Gottingensia.

123.

Das Kochwerk.

Cooking. — *L'art du cuisinier.*

The cook takes the purchased eatables from the larder which she receives also often from the clerk of the kitchen, and prepares various kinds of victuals.

She at first plucks and draws the birds; the fish is scaled and cut open.

Some of the meat is spitted on the larding pin; the hares are skinned.

She then boils the meat on the fire in pots and vessels, and

[1]Die Köchin nimmt aus der Speisekammer die gekauften Eßwaaren, welche sie oft auch vom Speismeister erhält, und kocht mehrere Arten von Speisen.

[2]Die Vögel rupft sie zuerst und nimmt sie aus; die Fische schuppt und spaltet sie.

[3]Einiges von dem Fleisch spickt sie mit der Spicknadel und die Hasen streift sie ab.

[4]Darnach siedet sie die Speisen auf dem Herde in Töpfen und

La cuisinière prend du garde à manger les provisions de bouche, ou bien elle les reçoit du maître de cuisine. Elle apprête plusieurs sortes de mets.

Elle plume la volaille, la vide; écaille les poissons et les découpe.

Elle larde quelquefois la viande avec un lardoire, et dépouille les lièvres.

Après cela elle fait bouillir la viande au foyer dans des pots

takes the scum off with skimmer.

She seasons the boiled victuals with spices, which she pounds with the pestle in the mortar, or scrapes them on the grater.

Some kinds are roasted on the spit with the kitchen jack, or broiled over the grate, or fryed in the frying pan on the trivet.

There are besides these kitchen utensils, the cinder-raker, the coal-pan, the swill-tub, in which the deep and flat utensils are washed, the fire-tongs, the hatchet, the strainer, basket, and broom.

Kesseln und nimmt den Schaum mit dem Schaumlöffel weg.

5 Das Gesottene würzt sie mit dem Gewürze, welches sie mit dem Stempel im Mörser zerstößt, oder auf dem Reibeisen reibt.

6 Etliches wird am Bratspieß und am Bratenwender, oder über dem Rost gebraten, oder in der Pfanne über dem Dreifuß geröstet.

7 Küchengeräthe sind außerdem: die Ofenkrücke, die Glutpfanne, die Spülgelte, worin die tiefen und flachen Schüsseln gespült werden, die Feuerzange, das Hackmesser, der Durchschlag oder Seiher, die Körbe und der Besen.

ou des marmites, et l'écume avec l'écumoire.

Elle assaisonne le bouilli en y mettant des épices qu'elle pile avec le pilon dans le mortier, ou qu'elle râpe avec la râpe.

Elle prépare aussi la viande à la broche, sur les landiers, et au tourne-broche, elle les rotit aussi sur le gril, ou bien elle la fricasse, sur le trépied, dans une poële à frire.

Voici le reste de la batterie de cuisine: le fourgon à fer, le réchaud, le cuveau, où on lave les écuelles et les plats, les pincettes, le couperet, la passoire, les corbeilles et le balai.

Res coquinaria.

1 Coqua e cella penuaria emta obsonia profert, quae saepe quoque promus condus ei tradit, et plura coquit ciborum genera.

2 Aves deplūmat prius et exenterat; pisces desquamat et scindit.

3 Quasdam carnes lardo trajĭcit lardarii ope; lepores exuit.

4 Tum cibos lixat super foco in ollis et ahēnis, et ligula spumam demit.

5 Elixata condit aromatibus, quae pistillo in mortario comminuit, aut radula terit.

6 Quaedam assat verubus et autumăto, vel super craticula, vel frigit ea in sartagine super tripŏde.

7 Utensilia coquinaria sunt praeterea: rutabulum, foculus, trua, in qua eluuntur catĭni et patĭnae, pruniceps, culter incisorius, qualus, corbes et scopae.

124.

Die Mahlzeit.

The repast. — *Le repas.*

When strangers are invited to a repast, the table is covered by the servant with the cover and table cloth: and besides this, the plates, spoons, knives, and forks, the napkins, and the bread are laid out, and the salt-cellars set in their places.

[1] Wenn ein Gastmahl angestellt wird, so wird der Tisch von den Tafeldeckern mit Teppichen und dem Tischtuch gedeckt, welche außerdem noch die Teller, die Löffel, die Messer und Gabeln oder Bestecke, die Servietten und das Brod auflegen, und das Salzfaß an seinen Ort stellen.

Lorsqu'on apprête un festin, soit un souper ou un dîner, les valets qui ont soin de mettre le couvert, couvrent la table d'un tapis, par dessus deploient une rappe; ils posent pour chaque couvert, des assiettes, des cuillers, des couteaux avec leurs fourchettes, des serviettes et du pain; ils ne doivent pas oublier la salière.

Some of the victuals are served up in dishes, others in platters.

[2] Einige Gerüchte werden in Schüsseln, andere auf Platten aufgetragen.

On sert quelques mets dans des écuelles et d'autres dans des plats.

After the host has led the guests into the dining room, they take their places on chairs round the table.

[3] Nachdem der Wirth die Gäste in den Saal geführt hat, nehmen sie an der Tafel auf Sesseln Platz.

Le maître du logis, introduit ses convives dans la salle, chacun prend place à table sur des sièges.

The carver cuts the meat up with great readiness and presents it to the guests in the order of their row.

[4] Der Vorschneider zergliedert die Speisen mit vielem Geschick und wartet den Gästen nach der Reihe damit auf.

L'écuyer tranchant découpe avec grace les viandes servies et les présente suivant le rang que chacun occupe.

After the soup is taken away, the boiled beef is placed on the table with mustard, pickled cucumbers, red beet, etc.; after this, the vegetables with boiled and roast meats.

[5] Nach der Suppe trägt man Rindfleisch mit Senf, eingemachten Gurken, rothen Rüben und dergl. auf, hernach das Gemüse mit Fleisch und Rippchen.

Après la soupe (le potage) on sert le bouilli avec de la moutarde, des cornichons, des betteraves, etc. ensuite les légumes avec de la viande et des côtelettes.

123.

124.

Between the meats are placed sauces in small dishes, and various side dishes and salad.

Fish, game and pastry must not fail.

The desert consists of fruits, grapes, and various kinds of preserves.

When the glasses, and tumblers are empty, they are filled anew, and the guests drink the health of the hostess.

[6] Zwischen die Braten werden in Schüsselchen Tunken und verschiedene Beiessen und Salat gestellt.

[7] Fische, Wildpret, Torten und Pasteten dürfen nicht fehlen.

[8] Der Nachtisch besteht aus Früchten, Trauben und allerlei Confekt.

[9] Wenn die Gläser und Flaschen leer sind, werden sie von Neuem gefüllt, und die Gäste trinken auf die Gesundheit der Wirthin.

En servant le rôti, on offre de la sauce et divers ragoûts dans des saucières, aussi de la salade.

Les poissons, le gibier, les tourtes et les pâtés ne doivent pas manquer.

Le dessert est composé de fruits, de raisins et de confitures.

Quand les verres et les bouteilles sont vides, on les remplit de nouveau, et les convives boivent à la santé de la dame de la maison.

Coena.

[1] Cum apparatur convivium, mensa a triclinariis tapetibus et mappa tegitur, qui praeterea discos (orbes), cochlearia, cultros ac fuscinŭlas, mappulas et panem cum salīno apponunt.

[2] Quaedam fercula in patĭnis, quaedam in lance inferuntur.

[3] Convivae ab hospite introducti mensae assĭdent super sedilia (sellas).

[4] Structor scite dearticat dapes et distribuit eas ex ordine.

[5] Post jusculum caro bubula apponitur cum sinăpi, cucumeribus condītis, beta rubra aliisque, deinde olera addita carne et costis assatis.

[6] Asso in scutellis interponuntur varia embammăta et tucēti genera, nec non acetarium.

[7] Pisces, caro ferīna, clibanītae et artocreăta ne desint.

[8] Mensa secunda e fructibus arborum, ex uvis et opere dulciario constat.

[9] Vacuefacta pocula et lagēnae denuo implentur, et laeti convivae bibunt in salutem hospitae.

125.

Der Schneider.

The Tailor.

The tailor works up with the needle various kinds of silken, wollen, and also linen stuffs and cloths, in order to make the necessary articles of dress for the men and women.

The most important articles of dress for the man, consist of a coat, waistcoat, and trowsers.

Every article ought to be made according to the figure of the person, if intended to fit well.

He therefore takes the measure for the cloths and cuts them out with a large pair of shears.

The principal instruments of the tailor besides theshears, àre, the needle, the yard measure, and the goose.

He then gives over the cut-out pieces of cloth, to his journey men, who join them together in the work-

1 Der Schneider verarbeitet mit der Nadel alle Arten von seidenen, wollenen, auch leinenen Zeugen und Tüchern, um daraus die nöthigen Kleidungsstücke für Mannspersonen und Frauenzimmer zu machen.

2 Die wichtigsten Kleidungsstücke, welche für Mannspersonen verfertigt werden, bestehen in einem Rocke, einer Weste und den Beinkleidern.

3 Jedes Kleidungsstück aber muß nach dem Leibe gemacht werden, wenn es gut stehen soll.

4 Daher nimmt er das Maaß zu dem Kleide und schneidet es mit einer großen Scheere zu.

5 Außer der Scheere sind die vorzüglichsten Werkzeuge des Schneiders; die Nadel, das Ellenmaaß und das Bügeleisen.

6 Hierauf übergiebt er die zugeschnittenen Kleidungsstücke den Gesellen, welche sie auf der Werkstätte zusam-

Le tailleur.

Le tailleur avec l'aignille confectionne pour l'homme et les femmes des habits d'étoffe, de drap et de toile.

Les principaux habillements de l'homme sont le juste au corps, la veste et les culottes.

Aucun habit ne va bien s'il n'est fait à la taille de l'individu.

C'est pourquoi il faut que le tailleur prenne la mesure de l'habit, et alors il en taille toutes les pièces avec les grands ciseaux.

Indèpendemment de ces ciseaux le tailleur a pour principaux instruments l'aiguille, l'aune et le carreau.

Il donne les habits coupés aux garçons qui, assis dans sa boutique, doivent les coudre, les doubler et les

shop, line, and at last carefully iron out the seams.

All the cloths ought to be beaten, and sprinkled with water, in order that they may not decay.

He thus makes coats of various kinds; as great coats with cuffs, jackets with buttons, sleeves, pockets, and collars, frocks, cloaks, trowsers, sometimes also with ribbons, drawers, waistcoats, stays, bodices, morning and dress gowns for women with seams and borders, night gowns, shifts, and aprons.

In the later times the cloth has undergone a certain preparation by which means it has a gloss, and is less spoiled by the rain.

mennähen, füttern und die Nathen zuletzt sorgfältig ausbügeln.

7 Alle Tücher müssen eingeschlagen oder genetzt werden, daß sie nicht eingehen.

8 Also macht er Röcke verschiedener Art, Überröcke mit den Aufschlägen, Wämser mit Knöpfen, Ermeln, Taschen und Kragen, Fräcke, Mäntel, Hosen, zuweilen mit Bändern, Unterhosen, Westen, Schnürbrüste, Leibchen, Frauenzimmer-Oberröcke, leichtere Frauenzimmerröcke mit dem Saum und Gebräme, Schlafröcke, Unterröcke, Schürzen.

9 In neuerer Zeit werden die Tücher vorher decadirt, wodurch sie einen Glanz bekommen, und durch den Regen weniger verdorben werden.

applatir avec le carreau chaud.

Il faut que tous les draps soient imbibés, afin qu'ils ne se retrécissent point.

Le tailleur fait ainsi toutes sortes d'habits: des surtouts avec parements; des pourpoints avec boutons, des manches, des poches et un collet; des fracs, des manteaux, des culottes, garnies quelquefois de rubans, des caleçons, des vestes, des corps de jupe, des corsets, des robes, des jupes avec un ourlet et une bordure, des robes de chambre, des jupons et des tabliers.

Il y a peu de tems que l'on a commencé à décatir les draps, opération qui leur donne un certain poli propre à les proteger contre la pluie.

Sartor.

1 Sartor acu ex tela serica, ex pannis laneis cujuscunque generis, nec non e linteo utrique hominum sexui vestimenta conficit, quibus eis opus est.

2 E vestibus viro dignis primas sibi partes vindicant toga, subucula et femoralia.

3 Quaevis vero vestis ad corporis exemplar elaboranda est, ut bene sedere possit.

4 Itaque metītur formam vestis, et forfice majori singulas ejus partes ad formulam dissĕcat.

5 Praeter forficem praecipua sunt sartoris instrumenta: acus, ulna ferrumque laevigatorium.

6 Tunc, quas dissecuit, vestimentorum partes, famulis distribuit, quorum est, easdem, officinae sartoriae insidentes, consuere, planum pannum interius assuere, omnesque denique suturas ferro calefacto sollicite laevigare.

7 Unumquodque pannorum genus ante subigitur aqua, ne corrugetur.

8 Ita conficit vestes varii gene-

ris, togas ampliores cum limbis, vestes breviores cum globulis, manicis, fundis et limbo collari, togas leviores, pallia, braccas, interdum cum lemniscis, braccas interiores, tunicas, thoraces muliebres, subuculas, togas muliebres commodiores cum fimbria et limbis, amicula cubicularia, tunicas muliebres, subligacula.

[9] Novissime panni antea machina quadam laevigantur et adornantur, qua re splendor iis additur, et cavetur, ne pluvia noxam faciat.

126.

Der Schuster.

The Shoemaker. — *Le cordonnier.*

The principal articles prepared in the shoemakers shop, are shoes, boots, halfboots, slippers, which are made from leather: This consists in part of upper leather, in part soles, and lining.

For the soles, the skin of the oxen, cow and horse is used.

The English calvesskin is the best leather for the upper part of the shoe, because it can be fitted well to the foot.

The skin of sheep serves for the lining.

The most remarkable tool of the cobler is the pincer, by means of which he cuts out the leather.

[1] Die vorzüglichsten Arbeiten, die die Werkstätte des Schusters liefert, sind: Schuhe, Stiefel, Halbstiefel, Pantoffeln, welche aus Leder verfertigt werden. Dieses ist theils Oberleder, theils Sohl- und Futterleder.

[2] Zu dem Sohlenleder werden die Häute der Ochsen, Kühe und Pferde gebraucht.

[3] Unter dem Oberleder behauptet das englische Kalbleder den Vorzug, weil es sich sehr gut nach dem Fuße zieht.

[4] Zu dem Futter bedient er sich des Schafleders.

[5] Das vornehmste Werkzeug desselben ist die Kneipe, vermittelst deren er das Leder zuschneidet.

Nous tirons, de la boutique du cordonnier les souliers, les bottes, les bottines, ou brodequins, les pantoufles, qui se font de cuir, matière dont on se sert pour faire des empeignes, des semelles, et pour doubler les mêmes souliers.

Pour les semelles le cordonnier emploie le cuir de boeuf, de vache et de cheval.

Le cuir de veau d'Angleterre est fort bon pour les empeignes, et s'ajuste à toutes les formes du pied.

Le cuir de brebis est fort propre à doubler les souliers.

Le principal instrument du cordonnier est le tranchet, sorte de couteau, dont il se sert pour couper le cuir.

125.

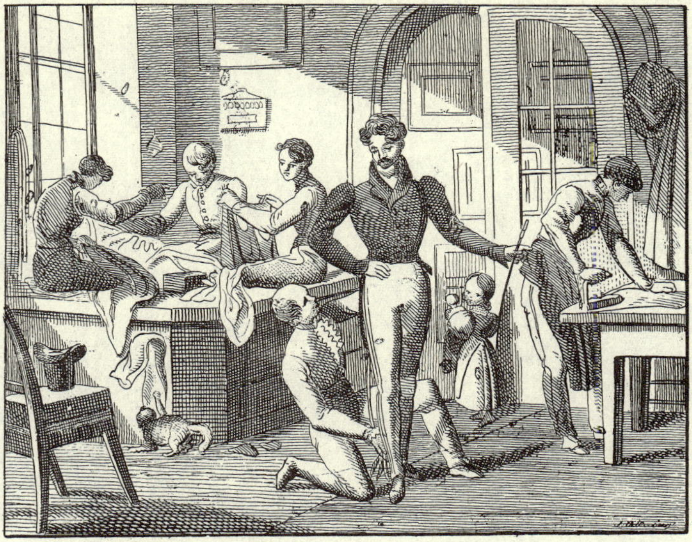

126.

The last is the form, according to which the shoe is to be prepared.

The awl for sewing is for him absolutely necessary, and the yarn which he uses is called thread.

He holds the last and the leather between the knees with the knee strap.

He uses in addition, hammer, pincers and nails.

Whatever work he undertakes, is cut out on a separate board, after having taken the measure for it.

[6] Der Leisten ist die Form, nach welcher die Schuhe ausgearbeitet werden.

[7] Zum Nähen ist die Ahle ihm unentbehrlich, und der Faden, den er braucht, heißt Nähdrath.

[8] Mit dem Knieriemen hält er den Leisten und das Leder zwischen den Knieen.

[9] Er braucht auch Hämmer, Zangen und Nägel.

[10] Alle Arbeiten, die er verfertigt, werden auf einem eigenen Tische zugeschnitten, nachdem er vorher das Maaß davon genommen hat.

Le modèle est la forme sur laquelle on travaille les souliers.

C'est avec l'alène qu'on coud le cuir, et le fil du cordonnier s'appelle ligneul.

Par le moyen de la courroie il tient la forme et le cuir entre les genoux.

Il a aussi besoin d'un marteau, de tenailles et des clous.

Chaque cordonnier a une planche pour y couper les cuirs conformément au modèle et à la forme qu'il a.

Sutor.

[1] Praecipua, quae ex officina opificis calcearii prodeunt, opera sunt: calcei, ocreae, caligae, sandalia seu crepidae, e corio confecta, quod partim superius est, partim soleis, partim duplicandis calceis adhibetur.

[2] Corium, quo ad soleas utitur sutor, paratur e boum, vaccarum equorumque pellibus.

[3] Corium vitulinum Anglicum primas ad superius tegumentum partes obtinet, quippe quod ad pedem se submittit.

[4] Ovillum corium calceamentis vestiendis utile est.

[5] Instrumentum, quo potissimum ei opus est, scalprum dicitur, cujus ope discinditur corium.

[6] Modulus dicitur calcei forma, ad quam calcei elaborantur.

[7] Subŭlae opera consuitur corium, filumque, quo utitur, vocatur picatum.

[8] Loro sutorio modulus ac corium a sutore intra genua continentur.

[9] Idem indiget malleo, forcipibus et clavis.

[10] Quaecunque opifex calcearius elaboranda sumit, in mensa huic fini destinata scinduntur, mensura eorum ante notata.

127.

Der Zimmermann.

The Carpenter.		*Le charpentier.*
At first mankind dwelt in caves, afterwards in huts, and also in tents, and at last in houses and palaces.	1 Anfangs wohnten die Menschen in Höhlen, darnach in Hütten, dann auch in Zelten, und endlich in Häusern und Pallästen.	Les hommes habitèrent d'abord les cavernes; ils demeurerent plus tard sous des cabanes, sous des tentes et finirent par resider dans des maisons, des hôtels et des palais.
The carpenter constructs whole buildings out of beams.	2 Der Zimmermann führt ganze Gebäude auf aus Balken.	Le charpentier, au moyen de poutres construit des bâtimens.
At first he hews the wood intended for the building with the axe on the four sides according to the straight lines, and smooths it with the broad hatchet.	3 Zuerst behaut er das Bauholz mit der Art auf vier Seiten nach geraden Strichen und macht es mit dem Breitbeile glatt.	Il commence par équarrir avec la hache le bois de construction, sur lequel il a d'abord tracé des lignes et il l'égalise avec la cognée.
He lays the timber with the help of the pulley on the cross-block, fastens it with the cramp iron, and measures it with the plumb line.	4 Das Zimmerholz legt er mit Hilfe der Winde auf die Böcke, befestigt es mit Klammern und mißt es mit der Richtschnur.	Au moyen de la poulie il monte la charpente sur le chevalet, la cramponne et la mesure au cordeau.
The wood when hewn serves either for large beams and treshholds, or, is sawn into several pieces, and is used for posts or pillars, crossbeams or buttresses, which the carpenter prepares according to the sketch of the Architect.	5 Die behauenen Hölzer dienen entweder ganz zu großen Balken und Schwellen, oder, mit der Säge in mehrere Stücke gesägt, geben sie Pfosten oder Säulen, Riegel und Strebepfeiler, welche der Zimmermann nach dem Riß des Baumeisters zuschneidet.	Les bois équarris servent à composer les grosses poutres et les sablières; ou sciés en plusieurs pièces, ils donnent des poteaux, des solives traversines et des contreboutants que le charpentier, coupe d'après le plan de l'architecte.
All these pieces are	6 Alle diese Stücke	On assujettit toutes

fastened together by spigots, for which the holes are made with the cross-axe, or are cut out with the chisel and mallet, and smoothed out with the twy-bill.

As soon as the several parts are ready, the carpenter fits together not only the walls but also the flooring on the ground, according to the level, plumb-line, and square; and marks each separate piece.

The building is then erected, and at the top the props of the roof are placed, which are put together with rafters, spars, and laths.

werden durch Zapfen in einander gefügt, wozu die Löcher mit der Querart eingehauen oder mit dem Stemmeisen vermittelst eines großen Hammers eingestemmt und mit der Stichart rein ausgeputzt werden.

7 Wenn alle Theile zugerichtet sind, so paßt der Zimmermann sowohl die Wände, als die Böden nach der Setzwage, der Richtschnur und dem Winkelhaken auf der Erde zusammen, und bezeichnet jedes Stück.

8 Hierauf wird das Gebäude aufgerichtet und zu oberst der Dachstuhl gesetzt, der aus Sparren, Kehlbalken und Rahmstücken zusammengesetzt ist.

ces pièces par des tenons ou des chevilles. La mortaille se creuse avec la besaiguë ou avec le ciseau et le maillet, et on l'évide avec le biseau de la besaiguë.

Les pièces étant préparées, le charpentier ajuste les parois, les pans de bois et les planches, et marque chaque morceau à l'équerre et à la corde.

Alors on élève la charpente sur un fonde maçonnerie; le comble occupe la partie supérieure et est composé de chevrons, de pannes, et d'emboîtures.

Faber tignarius.

1 Initio homines in cavernis habitabant, deinde in casis, tum etiam in tentoriis, et tandem in domibus et palatiis.

2 Faber tignarius aedificia integra exstruit ex trabibus.

3 Primum materiam dolābra caedit quadratam juxta lineas, illamque ascia laevĭgat.

4 Tignum trochleae ope canteriis imponit, affigit ansis et amussi lineat.

5 Ligna sic deasciata aut integra ad trabes et limina reservantur, aut, serra in plures partes divisa, postibus seu columnis, transtris et capreŏlis inserviunt, quae faber tignarius ad formam (descriptionem) architecti parat.

6 Omnes hae partes cardinibus invicem junguntur per foramina, quae ascia transversa inciduntur, aut caelo tuditis ope excavantur, et ascia acuta expoliuntur.

7 Partibus ita paratis, faber tignarius tum parietes, tum tabulata secundum libellam, perpendiculum et normam in solo coaptat, ubi quaevis pars notatur.

8 Post haec aedificium fundamento imponitur, et in fastigio tectum e canteriis, trabibus jugularibus et compagibus erigitur.

128.

Der Maurer und der Steinmetz.

The Bricklayer, and Stone mason.

Le maçon et le tailleur des pierres.

The Bricklayer after having added sand to the quick lime, dissolves it with water in the lime pit, stirs up continually the mass with the mattock in order to make the mortar, with which he either fastens the stones, which the stonehewer has broken from the stone pit, and the stone mason prepared according to the rule, or, the bricks which the brick-maker has formed from sand and loam, by mixing it up with water, and afterwards burning it.

1 Der Maurer löscht mit Wasser den frischen Kalk in der Kalkbank, indem er Sand hinzuthut, und die Masse beständig mit einer Krücke bearbeitet, um Mörtel zu bekommen, mit dem er die Steine verbindet, welche der Steinhauer in der Steingrube bricht, und der Steinmetz nach dem Richtscheit zubereitet, oder Backsteine, welche der Ziegler aus Sand und Lehm, mit Wasser angerührt, bildet und brennt.

Le maçon delaie dans un auge la chaux vive au moyen d'eau: il y ajoute du sable, et en remuant continuellement la masse avec un rabat, il en forme un mortier. Avec ce ciment il joint les pierres, que le carrier tire de la carrière, celles que le tailleur de pierres à taillées, ou bien les briques que le briquetier forme de sable et de terre grasse, détrempée dans l'eau, et qu'il cuit au feu à la tuillerie.

The stones form complete layers in the bosom of the earth, which are separated by small layers of clay.

2 Die Steine bilden in dem Schooß der Erde ganze Lagen, welche durch kleine Lagen von Thonerde getrennt sind.

Les pierres forment dans le sein de la terre des bancs très-étendus, entrecoupés de petites veines d'argile.

They must often be brought from mines and pits, they are found also often on the surface.

3 Oft müssen sie durch Schachten und Gänge herausgebracht werden, oft erscheinen sie auf der Oberfläche.

Quelquefois on est obligé de les extraire par des puits et des galeries souterraines; d'autres fois elles se présentent presque à la superficie du sol.

In the first case a pit is made in order to expose the layers free, and the blocks of stone are loosened

4 Man öffnet im ersten Fall einen Graben, um die Steinlage frei zu machen, und macht mit Hilfe von Pikeln,

Dans le premier cas on ouvre une tranchée pour mettre le banc de pierre à découvert: puis on en

127.

128.

with the pickaxe, levers, and wedges: gun powder is also often used for this purpose.

Lime is burnt in the kilns from limestone or calcareous earth.

The first business of the brick layer is to lay the foundation, upon which the walls themselves are erected.

In order that the stones should fit well together they are hewn with the hammer, or often cut in two with the saw.

The bricklayer has need of, besides his trowel, — the level, the bevel, the sprinkling-brush, and the hammer.

When the building is finished, the walls are both out and in plastered with lime, or covered over and white-washed.

Hebeln und Keilen die Blöcke los; oft bedient man sich auch dazu des Pulvers.

[5] Der Kalk wird aus Kalksteinen oder Kalkerde in dem Kalkofen gebrannt.

[6] Das erste Geschäft des Maurers ist, das Fundament zu legen, auf welches dann die Mauern selbst gesetzt werden.

[7] Daß die Steine gut auf einander passen, werden sie mit dem Hammer behauen, oder oft mit Sägen zerschnitten.

[8] Außer der Kelle hat der Maurer eine Setzwage, ein Richtscheit, einen Sprengpinsel und einen Maurerhammer nöthig.

[9] Die Mauern werden, wenn das ganze Gebäude fertig ist, aus- und inwendig mit Kalk überzogen oder übertüncht und geweißt.

détache des blocs au moyen de pics, de leviers, de coins; souvent aussi on se sert de poudre à canon.

La chaux se fait de certaines pierres ou terres calcaires qu'on calcine dans un four à chaux.

La première opération du maçon consiste à poser les fondements, ensuite on élève la muraille.

Pour que les pierres joignent parfaitement, on les taille au marteau ou on les scie.

Outre la truelle, le maçon a besoin du niveau, de la règle, de la brosse à humecter et d'un marteau.

Lorsque le bâtiment est achevé, on crepit les murs intérieurement et extérieurement; puis on les blanchit.

Faber murarius et lapicida.

[1] Faber murarius calcem vivam in alveo quodam aqua temperat, arenam adjiciens et totum rutro circumăgens, ut mortarium fiat, quo lapides jungit, quos lapidarius in lapicidīna eruit, et latōmus ad normam conquadrat, sive lateres, qui ex arena et luto, aqua intritis, a laterario formantur et igne excoquuntur.

[2] In terrae gremio aliud lapidum stratum super alio jacet, minoribus tantum argillae stratis separata.

[3] Saepe factis puteis et cuniculis inde eos extrahi oportet; nonnunquam in superficie apparent.

[4] Illud cum fit, fossa aperitur, ut lapidum strata expediantur, et rastris dentatis, vectibus ac cuneis integrae moles solvuntur; saepe ad id efficiendum pulvere quoque nitrato utuntur.

[5] Calx in fornace calcaria e lapidibus calcariis aut terra calcaria arte coquitur.

[6] Fabro murario id primum faciendum est, ut fundamentum ponat, super quo deinde muros ipsos exstruit.

[7] Quo lapides arctius jungantur, aut malleo praeciduntur, aut saepe etiam serris diffinduntur.

[8] Praeter trullam ei amussi, regula, aspergillo et malleo opus est.

[9] Aedificio perfecto, muri et ab exteriori et ab interiori parte calce obteguntur et dealbantur.

129.

Das Haus.

The House.		*La maison.*
The principal parts of the house consist of the foundation, the walls and roof.	[1] Die wesentlichen Theile eines Hauses bestehen aus dem Fundament, aus den Wänden und aus dem Dache.	Les parties essentielles d'une maison sont le fondement, les murs et le toit.
The apartments of the house are the saloon, the dining room, sitting room or parlour, and the bed room.	[2] Die Zimmer des Hauses sind Säle, Speisezimmer, Wohnzimmer oder Stuben und Schlafzimmer.	Les appartements de la maison sont les salles, les chambres à manger, les chambres à loger et les chambres à coucher.
Besides this every house has a kitchen and cellar.	[3] Außerdem hat jedes Haus eine Küche und einen Keller.	Outre cela chaque maison a une cuisine et la cave.
The entrance into the house and apartments is thro' gates, and doors; but one is obliged to up the staircase, to go from one floor to the other.	[4] Der Eingang in das Haus und in die Zimmer geschieht durch Thore und Thüren; aus einem Stockwerk in das andere aber kommt man auf den Treppen.	On entre dans la maison et dans les chambres par de grandes ou de petites portes; on monte d'un étage à l'autre par un escalier.
The windows are placed in the main wall, in order to let the necessary light into the house; but on	[5] In die Hauptwände kommen die Fenster, um das nöthige Licht in das Haus zu schaffen; des Feuers wegen	Pour se procurer la lumière dans les appartemens, on perce le mur de fenêtres, et pour le feu l'on con-

account of the fires a chimney and stove is erected.	aber baut man Schornſteine und Oefen.	struit des cheminées et des poêles.
A trellis work and balcony is often placed on the outside.	6 Außen ſieht man oft auch Gitter und Gallerien.	Souvent aussi, en dehors on voit des grilles et des galeries.
The under part of the house, the entrance-hall, is paved either with plaster, or flay stone, or bricks.	7 Der untere Theil des Hauſes, der Oehrn oder die Hausflur, iſt entweder mit einem Eſtrich (geſchlagenen Boden), oder mit Quaderſteinen, oder mit Backſteinen belegt.	Le sol du vestibule, partie inférieure de la maison, est simplement en terre foulée ou il est pavé en dales, en carreaux de pierre, ou bien en briques.
The doors have locks and bolts; the former is opened with a key.	8 Die Thüren haben Schlöſſer und Riegel; jene werden mit dem Schlüſſel geöffnet.	Les portes ont des serrures et des verroux; on ouvre ces serrures avec des clefs.
From the hall one descends into the cellar, in which wine, beer, potatoes, cabbages, fruit and other necessaries of life are preserved.	9 Von dem Oehrn aus geht man in den Keller hinab, in welchem Wein, Bier, Kartoffeln, Kraut, Obſt und andere Lebensmittel aufbewahrt werden.	Du vestibule on descend dans la cave, où l'on conserve du vin, de la bière, des pommes de terre, du choux et toutes sortes de fruits.
Near the kitchen which is furnished with a hothearth, is the store-room, and near the bed room is the necessary.	10 Neben der Küche, welche einen Herd hat, iſt die Speiſekammer, und neben dem Schlafzimmer das heimliche Gemach.	Auprès de la cuisine, où se trouve le foyer, est le garde-manger; et auprès de la chambre à coucher, le boudoir.
The upper part of the house is the roof, under which are a great many floors or lofts.	11 Der oberſte Theil des Hauſes iſt das Dach, unter welchem mehrere Böden oder Bühnen ſind.	La partie la plus elevée de la maison est le toit, au-dessous duquel il y a le grenier.
The gutter hangs on the roof.	12 Am Dach hängt die Rinne.	La gouttière est suspendue à l'extremité du toit.
The place without a roof is called balcony.	13 Der Ort ohne Dach wird Altan genannt.	On appelle plate-forme le lieu élevé d'une maison où il n'y a pas de toit.
Upon the roof, weather cocks, and lightening conductors are placed.	14 Auf dem Dache ſind Fahnen und Wetterableiter.	Au-dessus du toit, on voit des girouettes et des paratonnerres.

Many houses have bow-windows.	15 Viele Häuser haben Erker.	Beaucoup de maisons ont des cabinets en saillie.
Near the house is the stable, and the yard with the pump.	16 Neben dem Haus ist der Stall und der Hof mit dem Brunnen.	Auprès de la maison se trouve l'étable, la cour et le puits.

Domus.

1 Praecipuae domus partes fundamento, parietibus tectoque absolvuntur.

2 Conclavia domus sunt conclavia ampliora, coenacula, diaetae et cubicula.

3 Praeterea quaevis domus culīnam habet et cellas.

4 Introitus in domum et conclavia per portas et januas fit; ex alia contignatione in aliam vero adscenditur per scalas.

5 Primariis parietibus inseruntur fenestrae, quibus domus lucem accipit; ignis ergo camini et fornaces exstruuntur.

6 Extrinsecus saepe etiam clathri et pergulae conspiciuntur.

7 Inferior pars domus seu atrium aut pavimento, aut lapidibus quadratis, aut lateribus coctilibus sternitur.

8 Januae et portae seras (claustra) habent et repagula; illae clave aperiuntur.

9 Ex atrio descensus est in cellam, in qua vinum, cerevisia, fructus solani tuberosi, brassica, poma aliaque cibaria reconduntur.

10 Juxta culinam, quae focum habet, est cella penuaria et prope cubiculum secessus seu locus secretior.

11 Suprema aedium pars tectum est, sub quo plura sunt tabulata.

12 Tecto adhaeret stillicidium.

13 Locus sine tecto subdiale dicitur.

14 In tecto sunt coronīdes et apagŏgi.

15 Multae domus projecta habent.

16 Juxta domum est stabulum et area cum puteo.

130.

Theile des Hauses.

The parts of the house.	*Les parties de la maison.*

The room is adorned with ceiling and walls, which are sometimes wainscoated, sometimes plastered or covered with paper.	1 Das Zimmer ist mit der Decke und den Wänden geziert, welche theils getäfelt, theils gegypst, oder mit Tapeten überzogen sind.	La chambre est plafonnée. Les parois en sont lambrissées, platrées ou tapissées.

129.

130.

Those plastered or papered have a wainscoat, breast high.	[2]Die, welche man gypst und tapezirt, haben ein Brustgetäfel.	Les chambres qu'on enduit de plâtre et qu'on orne de tapisseries, ont le lambris à hauteur d'appui.
The windows are either round or square, and are hung with curtains.	[3]Die Fenster sind entweder rund, oder viereckig, und haben Vorhänge.	Les fenêtres sont en ceintre ou quarrées, et ornées de rideaux.
In order to ward off the wind and rain, and as a preservative against the attacks of thieves, they are furnished with shutters, which are often made in the form of a lattice.	[4]Um den Regen und Wind abzuhalten, und gegen die Angriffe der Diebe sind sie mit Läden, welche oft gegittert sind, versehen.	Pour les prémunir contre la pluie et le vent et pour arrêter aussi les atteintes des voleurs, on les munit de volets, de contrevents, souvent de jalousies.
The stair-case is provided with steps and balusters.	[5]Die Treppen haben Stufen und ein Geländer.	Les escaliers ont des degrés et une balustrade.
Adjoining the sitting room is generally the sleeping apartment, or alcove.	[6]Neben der Stube ist gemeiniglich eine Stubenkammer oder ein Alkoven.	L'alcove est ordinairement à côté de la chambre dont elle fait partie.
The furniture of the room is, the table, the stool, the chairs, the bench, the sofa, the couch, the writing table, the press, the escrutoire, the armchair, the looking glass, the small chest of drawers the wash-hand-basin, and the clock.	[7]Zimmergeräthe sind: der Tisch, der Stuhl, der Sessel, die Bank, der Sopha, der Canapee, der Schreibtisch, der Schrank, die Commode, der Armstuhl, der Spiegel, kleine Pfeiler-Commoden, die Uhr und das Waschbecken.	On a pour meubles la table, le siège, la chaise, le banc, le sopha, le canapé, le bureau, l'armoire, la commode, le fauteuil, le miroir, les petites commodes, l'horloge et le lavoir.
Pictures hang on the walls.	[8]An den Wänden hängen Gemälde.	Les murs des appartements sont décorés de tableaux.
In order to sleep the quieter a bed is placed in the sleeping apartment, which is placed on the bed-stead above the straw mattress, and covered with sheets, and counterpanes.	[9]Zur sanften Ruhe ist in der Kammer ein Bett, welches auf dem Bettgestelle über dem Strohsack liegt, mit Leilaken und Bettdecken.	Pour protéger le sommeil, l'on place, dans la chambre à coucher, un lit qui est composé d'une caisse ou bois de lit revêtu de matelats, recouverts eux mêmes de drap blanc et de couvertures.

The bolster is placed under the head.	10 Das Kissen liegt unter dem Haupt.	Le coussin se met sous la tête.
The bed is often surrounded with curtains.	11 Oft ist das Bett mit einem Vorhange verdeckt.	On entoure souvent le lit de rideaux.
The chamber pot is used for relieving oneself.	12 Das Nachtgeschirr dient zur Erleichterung.	Pour uriner on se sert d'un pot de chambre.

Partes domus.

1 Conclave laqueari ornatum est et parietibus, partim tabulatis, partim gypso, aut tapetibus obductis.

2 Ea conclavia, quae gypso dealbantur, aut tapetibus vestiuntur, minori tabulato instructa sunt.

3 Fenestrae sunt aut orbiculatae, aut quadratae, et velis ornantur.

4 Quo pluvia et ventus arceantur, simul adversus furum injurias valvis ligneis, saepe reticulatis, instructae sunt.

5 Scalae gradus habent et lorīcam.

6 Juxta conclave majus plerumque conclave minus seu cubiculum est.

7 Utensilia sunt: mensa, sella vulgaris, sella elegantior, scamnum, lectulus, bisellium, mensa scriptoria, scrinium, arca nitidior, sella honoratior, speculum, arculae juxta pilas positae, horologium et pelvis.

8 Parietes signis et picturis ornati sunt.

9 Ad molliter quiescendum in dormitorio lectus est, stratus in sponda super stramentum cum lodicibus et pannis superne jacentibus.

10 Cervīcal est sub capite.

11 Saepe lectus conopēo tegitur.

12 Matula est vesīcae levandae.

131.

Der Stallknecht.

The stable-man. — *Le valet d'écurie.*

Upon the choice of a riding horse attention must be paid to his age, his make, and action, his good qualities and blemishes.	1 Bei der Wahl eines Reitpferdes muß man auf sein Alter, auf den Bau und Gang, auf seine guten Eigenschaften und Fehler Rücksicht nehmen.	Quand on veut faire choix d'un cheval de selle, on doit attentivement examiner son âge, sa constitution, son allure, ses qualités et ses défauts.
Arabia, Persia, Spain	2 Arabien, Persien, Spanien und England	L'Arabie, la Perse, l'Espagne et l'Angle-

and England afford the best horses.

A good riding horse requires much care in the attendance, and cleaning.

Food is given to him five times a day, namely oats mixed with chaff in the manger, and hay in the rack.

The stable boy clears the dung from the stall with the besom and shovel.

The dust and dirt is taken from his skin by the curry-comb, and dry brush, they are then wisped down with a wet cloth.

The mane and tail are combed out wet.

The ears and mane are further adorned by cutting away the superabundant hair with the trimning scissors, and that he may remain sleek and clean, he is covered with a horse-cloth fastened with a belly band.

The horse must be led oftentimes to drink, and at night he must be bedded up with soft straw.

liefern uns die besten Pferde.

3 Ein schönes Reitpferd erfordert viel Sorgfalt in der Wartung und Reinigung.

4 Man giebt ihm fünfmal des Tags sein Futter, nämlich Haber mit geschnittenem Stroh vermengt, in der Krippe, und Heu in der Raufe.

5 Der Stallknecht schafft mit dem Besen und mit der Schaufel den Dünger aus dem Stall.

6 Der Staub und der Schmutz werden von seiner Haut mit dem Striegel und mit der trockenen Bürste weggeschafft, sodann werden sie auch mit einem feuchten Lappen abgewischt.

7 Die Mähne nebst dem Schweif werden noch naß ausgekämmt.

8 Die Ohren und die Mähne werden noch dadurch verschönert, daß man das Ueberflüssige der Haare mit der Scheere wegnimmt, und damit das Pferd glatt und rein bleibt, wird ihm eine Friesdecke mit dem Gurte fest aufgeschnallt.

9 Man muß das Pferd auch öfters zur Tränke führen und des Nachts muß es ein Lager von weichem Stroh haben.

terre nous fournissent les meilleurs chevaux.

Un beau cheval de selle demande beaucoup de soins et de propreté.

On lui donne sa ration cinq fois par jour. On met dans sa mangeoire de l'avoine mêlée avec de la paille coupée, et dans le ratelier on jette le foin.

Le valet d'écurie nettoie l'écurie avec le balai et la pelle, et en ôte le fumier.

Il enlève la poussière et l'ordure qui s'attache à la peau, avec l'étrille et la brosse; puis il le frotte avec un torchon mouillé.

On mouille la crinière et la queue pour les peigner.

Pour relever la beauté des oreilles et de la crinière, on coupe avec les ciseaux les poils superflus; et, pour entretenir le cheval lisse et propre, on le couvre d'une grosse ratine ou frise qu'on attache avec une sangle.

Il faut aussi avoir soin d'abreuver le cheval et de lui faire la litière pour la nuit.

It is often necessary to look to the hoofs, whether the shoe is loose, or whether the horse is well-shod.

[10] Auch ist es nöthig, daß die Hufen oft besichtigt werden, ob die Hufeisen nur schwach befestigt sind, oder ob das Pferd ganz gut beschlagen ist.

Il est aussi nécessaire de regarder au sabot, pour voir, si les fers branlent, ou si le cheval est bien ferré.

Stabularius.

[1] In eligendo equo ad equitandum idoneo spectanda sunt aetas, statura et incessus, virtutes et vitia.

[2] Arabia, Persia, Hispania et Anglia nobis praestantissimos equos suppeditant.

[3] Equus bonae notae non exiguam diligentiam postulat, ut probe curetur et mundetur.

[4] Quinquies per diem pabulum ei praebetur, scilicet avena stramento conciso mixta in praesepi, et foenum in clathro.

[5] Stabularius scopis et spatha fimum everrit.

[6] Pulvis et sordes ab ejus cute strigili et pectine setaceo abraduntur, nec non pannulo madefacto absterguntur.

[7] Juba et cauda madidae adhuc pectine purgantur.

[8] Auribus et jubae decus additur, pilos superfluos forfice demendo, et ut equus nitidus purusque maneat, dorsuale cingulo firmatum ei imponitur.

[9] Saepe quoque equus ad aquatum ducendus eique noctu stratum molle subjiciendum est.

[10] Pariter soleae diligenter inspiciendae sunt, utrum calcei ferrei leviter tantum, an firmis clavis haereant.

132.

Der Brunnen.

The well.

Wells are either sunk, or instruments for boring are erected.

In every town and village we meet with wells, from which the maid or man servant fetches water.

Le puits.

[1] Die Brunnen werden entweder gegraben, oder stellt man Bohrversuche an.

[2] In allen Städten und Dörfern treffen wir Brunnen an, aus welchen Knechte und Mägde Wasser holen.

On cherche les puits ou en creusant la terre ou en la perçant avec la sonde.

Dans toutes les villes et dans tous les villages, il y a des puits où les valets et les servantes vont quérir l'eau.

131.

132.

Most of them are surrounded with a paling in order that no one may fall in.

The water is drawn up from a draw-well by a bucket, which is either suspended on a long pole, a chain, or a rope.

The pole of the draw-well is fastened to the beam or lever, the chain runs on a whirl, but the rope winds itself on a roller, which is turned round, and at its end is furnished with a handle.

At last the water is drawn up with the hollow wheel, or pumped up with a pump.

In the towns are several wells from which the water is conducted in pipes.

The water is conducted into the well by pipes of wood, earth, or metal.

The Inspector of the water-works must look often to the resevoirs, and pipes, if the water fails to flow out.

There are parts where there are no wells, so that the inhabitants collect the rain-water in cisterns.

In the caves are fountains, where the

3 Die meisten sind mit einer Lehne umgeben, daß Niemand hineinfällt.

4 Aus den Schöpfbrunnen schöpft man das Wasser mit Eimern, die entweder an einer Stange, oder an einer Kette, oder an einem Seil hangen.

5 Die Stange des Schöpfbrunnens ist an dem Schwengel befestigt, die Kette lauft an einem Wirbel, das Seil aber wendet sich um eine Walze, die herumgedreht wird und zu diesem Ende einen Handgriff hat.

6 Endlich wird das Wasser auch mit dem hohlen Rade aufgefaßt, oder mit der Pumpe heraufgezogen.

7 In den Städten sind mehrere Röhrbrunnen.

8 Das Wasser wird durch Röhren aus Holz, Thon oder Metall in die Brunnen geleitet.

9 Der Brunnenmeister muß nach der Brunnenstube und nach den Teicheln sehen, wenn das Wasser aufhört, herauszufließen.

10 Es giebt Gegenden, wo kein Brunnen ist, so daß die Bewohner das Regenwasser in Cisternen sammeln.

11 In der Grotte sind Springbrunnen, wo

Ils sont pour la plupart entourés d'une margelle, de peur que personne n'y tombe.

On y puise l'eau avec le seau qui est pendu soit à une perche, soit à une chaîne, soit à une corde.

La perche est fixée à la bascule; la chaîne passe sur la poulie; et la corde se roule autour d'un cylindre qu'on tourne par une manivelle.

On fait aussi monter l'eau avec une roue creuse ou avec une pompe.

Dans les villes il y a plusieurs fontaines à tuyaux.

Des tuyaux de bois, d'argil ou de métal, conduisent l'eau dans les fontaines.

Quand l'eau cesse de couler, il faut que le fontainier visite le réservoir et les tuyaux.

Il y a des endroits où il ne se trouve pas de puits; alors les habitants recueillent l'eau de pluie dans des citernes.

Dans les grottes artificielles, il y a des

water forms often crowns of crystal.

The aqueducts of the Romans are well known.

das Wasser oft eine Krone von Krystall bildet.

[12]Die Wasserleitungen der Römer sind bekannt.

fontaines jaillissantes dont l'eau forme souvent une couronne crystalline.

Les aqueducs des anciens Romains sont assez connus.

Puteus.

[1]Putei aut fodiendo, aut terram perforando investigantur.

[2]In omnibus urbibus et pagis fontes invenimus, e quibus servi ac servae aquam petunt.

[3]Plerique eorum crepidine circumdantur, ne quis incidat.

[4]E puteis aqua situlis haurītur, quae pendent vel ex pertĭca, vel a catena, vel a fune.

[5]Pertica putei tollenōne jungitur, catena circa girgillum volvitur, funis vero circa cylindrum movetur, qui circumagitur et eundem ad finem manuario instructus est.

[6]Denique aqua etiam tympăno excipitur, aut antlia extrahitur.

[7]In urbibus plures putei fistulares sunt.

[8]Aqua per canaliculos e ligno, argilla aut metallo factis in puteos ducitur.

[9]Aquilĕgis est, si aqua effluere desinat, cratērem et canaliculos inspicere.

[10]Loca inveniuntur, quae carent puteis, unde fit, ut incolae aquam pluviatilem in cisternis colligant.

[11]In antro arte facto sunt fontes salientes, ubi aquae effusae saepe coronam crystallinam efficiunt.

[12]Romanorum aquaeductus noti sunt.

133.

Der Wandersmann.

The foot-traveller.

The traveller bears on his shoulders either a bundle or knapsack, in which he carries his articles of dress and other things, which his pocket or pouch cannot contain, — and is furnished with a passport, or travelling book.

[1]Der Wandersmann trägt auf dem Rücken ein Reisefell oder einen Ranzen, in welchem er Kleidungsstücke und andere Dinge trägt, die sein Schiebsack oder die Tasche nicht fassen kann, und ist mit einem Paß oder Wanderbuch versehen.

Le voyageur à pied.

Le voyageur porte sur ses épaules, dans une valise ou havresac, des habits et d'autres choses qui ne sauraient entrer dans ses poches; et il est pourvu d'un passeport ou d'un livret.

He is covered with a travelling cloak, and holds in his hand a stick to support himself with.

A provision for the journey is also necessary, and the escort of true and affable friends is particularly agreeable to him.

He must not leave the road for a foot-way, when it is not a beaten path.

The by-and cross-ways deceive and lead him to impassable ways; the same also as the paths across a field, and the by-paths.

Let him therefore enquire the way of those whom he meets, and guard himself against the foot pads as well on the road as in the inn, where he stays overnight.

2 Er ist mit dem Reisemantel bedeckt und in der Hand hält er einen Wanderstock, um sich darauf zu stützen.

3 Auch bedarf er einer Wegzehrung, und treue, gesprächige Begleiter sind ihm besonders angenehm.

4 Wegen des Fußsteigs, wenn es nicht ein gebahnter Pfad ist, muß er die Landstraße nicht verlassen.

5 Die Abwege und Scheidewege täuschen und führen an unwegsame Oerter, deßgleichen auch die Feldwege und Kreuzwege.

6 Er forsche also bei denen nach, die ihm begegnen, welchen Weg er gehen müsse, und hüte sich vor den Straßenräubern, wie auf der Straße, so auch auf der Herberge, wo er übernachtet.

Il est couvert d'une blouse, et tient un bâton à la main pour s'appuyer dessus.

Il lui faut aussi de l'argent, il aime surtout à trouver des compagnons de voyage, fidels et bons parleurs.

Qu'il ne quitte point le grand chemin, pour prendre le sentier, s'il n'est pas bien pratiqué.

Les chemins détournés et les chemins fourchus trompent bien souvent et conduisent à des endroits isolés; de même les sentiers à travers les champs et les chemins croisés.

Il doit donc demander à ceux qu'il rencontre quel chemin il doit prendre; il doit se tenir en garde contre les voleurs, aussi bien sur la route que dans l'auberge où il passe la nuit.

Viator.

1 Viator humeris in bulga aut pera vestimenta aliasque res portat, quas funda vel marsupium ejus capere nequit, et syngrăpha seu commeatu, aut libello itinerario instructus est.

2 Tegitur lacerna, manu tenens baculum, quo se fulciat.

3 Viatico quoque ei opus est, et amicis fidelibus ac comitibus facundis maxime gaudet.

4 Propter semitam, nisi tritus sit callis, ne deserat viam regiam.

5 Avia et bivia fallunt viatores eosque seducunt saepe in salĕbras, nec non tramites et compita.

6 Sciscitetur igitur obvios, qua sit eundum, et caveat praedōnes, ut in via, sic etiam in deversorio, ubi pernoctat.

134.

Der Reiter.

The horseman. *Le cavalier.*

When a person intends to go out for a ride, the horse-cloth is taken from the horse, in order to put on another which is called saddle cloth.

Upon the top of this the saddle is firmly buckled with the help of the broad girth.

The horse is then bridled with the snaffle and curb; the former is furnished with a thin, the latter with a stronger bit, and they serve to prevent the horse from becoming either too soft, or too hard mouthed.

After this the rider springs upon the horse, places the feet in the stirrups, and holds the reins of the bridle with the left hand, with which he turns the horse, and governs and restrains him, as he will.

Sometimes he excites him, gives him the spur, and drives him with the switch.

The cases, in which the pistols are placed hang on the pommel of the saddle.

[1] Wenn man ausreiten will, nimmt man dem Pferd die Friesdecke ab, um ihm eine andere von Tuch aufzulegen, welche man Schabracke nennt.

[2] Oben darauf schnallt man mit Hilfe des breiten Gurts den Sattel fest.

[3] Hierauf zäumt man das Pferd mit der Trense und mit dem Stangenzaume. Jene hat ein dünnes, dieser ein weit stärkeres Gebiß, und sie dienen dazu, zu verhindern, daß ein Pferd nicht zu weich- und auch nicht zu hartmäulig wird.

[4] Nach diesem schwingt sich der Reiter auf das Roß, setzt die Füße in die Bügel und faßt mit der Linken den Zügel des Gebisses, womit er mit dem Pferde umwendet und es leitet und anhält, wie er will.

[5] Zuweilen reizt er es, giebt ihm die Sporen und treibt es mit der Spießgerte an.

[6] Die Hulftern, worein die Pistolen gesteckt werden, hängen am Sattelknopf.

Lorsqu'on veut monter un cheval, on lui ôte la couverture de frise, pour lui en mettre une autre de drap, qu'on nomme la housse.

Par dessus, on attache la selle au moyen de la grande sangle.

On met au cheval la bride et le bridon; celui-ci a un mors beaucoup plus mince que l'autre; et leur effet est d'empêcher que le cheval n'ait la bouche ni trop tendre ni trop forte.

Ensuite le cavalier monte à cheval, en mettant les pieds dans l'étrier. Avec la bride qu'il prend de la main gauche, il fait retourner le cheval, le conduit et l'arrête comme il veut.

Quelquefois il le pique de l'éperon, le fait avancer avec la houssine.

Les fourreaux pour y mettre les pistolets sont pendus au pommeau de la selle.

133.

134.

The horseman is furnished with his ridingcoat, his cloak is bound at his back.

7 Der Reiter ist mit dem Reitrock bekleidet; sein Regenmantel ist hinten aufgebunden.

Le cavalier doit être revêtu d'une redingotte; son manteau pour le garantir de la pluie est attaché derrière lui.

The Postilion rides in a trot, or gallop.

8 Der Postillon reitet im Trab oder Galopp.

Le postillon court la poste au trot ou au galop.

Eques.

1 Si quis equo vehi vult, dorsuali demto tegmen e panno ei imponitur, quod stragulum equorum vocatur.

2 Deinde quoque insuper cinguli latioris ope ephippium firmatur.

3 Equus porro duplici fraeno regitur, altero tenuiori, altero (lupato) crassiori, eum in finem, ne equus nimis mollis vel durioris oris fiat.

4 Tandem eques in equum insilit, sive eum conscendit, indit pedes stapedibus, et sinistra lorum freni capessit, quo equum pro lubitu flectit, regit et retinet.

5 Interdum incitat eum, calcaria admŏvens, eumque virgula impellit.

6 Bulgae, quibus sclopi inseruntur, ex ephippii apice pendent.

7 Eques chlamyde induitur; lacerna a tergo revincītur.

8 Veredarius velociori, aut velocissimo cursu vehitur.

135.

Der Wagner.

The wheel-wright. *Le charron.*

The wheel-wright makes wheels and frames for carriages, and ought to be provided with a good stock, of elm, oak, birch, beech, pine and alder-wood, which kinds of timber he generally buys hewn in a rough state.

He has many tools in common with the

1 Der Wagner macht Räder und Gestelle der Wagen, und muß einen schönen Vorrath von Ulmen, Eichen, Birken, Buchen, Fichten und Erlen haben, Holzarten, welche er gemeiniglich schon aus dem Groben gehauen erkauft.

2 Er hat viele Werkzeuge mit dem Zim-

Le charron fait les roues et le train des voitures. Il doit avoir une bonne provision de bois d'ormeau, de chêne, de bouleau, de hêtre, de pin et d'aune. Ordinairement il n'achète ces bois qu'après qu'ils ont déja été ébauchés.

Il se sert à peu près des mêmes in-

carpenter and cabinet maker.

The most necessary of them are; many kinds of saws, the turningwheel, and the chipping blade.

The wheel-wright prepares wagons, heavy wagons, travelling and post-carriages, state-coaches, chaises, cabriolets, carts, sledges, wheel-barrows, and ploughs.

He must in particular exercise his skill in the building of a coach.

A coach is in fact a hanging wagon, and has therefore different names.

The wheels bear the body of the carriage in every vehicle, and in it the seats, the door, and the glasses are placed.

In front is the seat of the driver, or coach box, and behind is the rumble for the servants, or the boxes and packages.

Steps are placed on both sides for the purpose of getting in and out.

The journeymen of this business receive no alms.

mermann und Tischler gemein.

[3] Seine unentbehrlichsten sind mehrere Arten von Sägen, das Drehrad und das Schneidemesser.

[4] Der Wagner verfertigt Wagen, Lastwagen, Landkutschen, Postwagen, Carossen, Chaisen, Cabriolets, Karren, Schlitten, Schiebkarren, Pflüge.

[5] Seine Kunst muß er besonders bei Verfertigung der Kutschen sehen lassen.

[6] Eine Kutsche ist eigentlich ein hängender Wagen, und hat daher verschiedene Benennungen.

[7] Bei jeder Kutsche tragen die Räder den Kasten; an ihm sind die Sitze, die Schläge und die Fenster angebracht.

[8] Vorn ist der Kutschersitz oder der Bock, und hinten die Brücke für die Bedienten oder den Reisekasten und das Gepäcke.

[9] Auf beiden Seiten ist zum Ein- und Aussteigen ein Tritt vorhanden.

[10] Dieses Handwerk ist kein geschenktes.

strumens que le charpentier et le menuisier.

Les instrumens les plus nécessaires sont plusieurs sortes de scies, le tour et la doloire.

Le charron fait des voitures, des tombereaux, des calèches, des diligences, des carrosses, des chaises, des cabriolets, des charrettes, des traineaux, des brouettes, des charrues.

C'est surtout dans la confection des carosses, qu'il doit donner des preuves de son habileté.

Le carosse est une voiture suspendue et a différents noms.

La caisse est suspendue entre les roues et est composée de sièges, de deux portières et de glaces.

Sur le devant se trouve le siège du cocher; et le derrier où montent les laquais, sert aussi à porter le bagage.

Des deux côtés de la voiture, sont des marche-pieds pour monter et pour descendre.

Les compagnons carossiers ne reçoivent point d'argent de route.

135.

136.

Carpentarius.

1 Carpentarius occupatus est conficiendis rotis compagibusque varii generis curruum, eique opus est copia satis magna ulmorum, quercuum, betularum, fagorum, pinorum et alnorum, quae ligna maximam partem exasciata sibi compărat.

2 Plurima instrumenta cum fabro tignario et scriniario ei communia sunt.

3 Maxime ei necessaria sunt plura serrarum genera, rota versatilis et culter putatorius.

4 Carpentarius conficit currus, plaustra, rhedas publicas, vehicula meritoria publica, carpenta, cisia, essĕda, carros, trahas, pabones, aratra.

5 Artis suae specimina inprimis in conficiendis carpentis edere potest.

6 Carpentum dixeris currum pensĭlem, qui varia habet cognomina.

7 In singulis carpentis compago lignea rotis sustinetur, et collocatae sunt in ea sedes, valvae ac fenestrae.

8 Ab anteriori parte offendere licet sedīle rhedarii, et a posteriori ponticulum, pedissequos sustinentem aut impedimenta et cistam itinerariam recipientem.

9 Utrimque scandula est rhedaria, qua adjuti ascendimus carpentum descendimusque.

10 Hoc opificium caret xeniis.

136.

Das Fuhrwerk.

The carriage.

The driver harnesses the off-horse to the saddle horse, on the pole with the chains or straps hanging from the horse-collar.

He then seats himself on the saddle horse, and drives the leaders before him on the road with the whip, and guides them with the rein.

He smears the axle-trees with cart-grease,

1 Der Fuhrmann spannt das Handpferd zu dem Sattelpferd an die Deichsel mit den vom Kummt herabhangenden Ketten oder Riemen.

2 Darnach setzt er sich auf das Sattelpferd und jagt die Vorspann auf der Chaussee vor sich her mit der Peitsche, und leitet sie mit den Strängen.

3 Die Radachse schmiert er aus der

La voiture.

Le charretier attèle au timon le cheval timonier ou de main à celui de selle avec des chaînes ou courroies, qui pendent du collier des chevaux.

Ensuite il monte sur le cheval de selle, il touche ceux de devant, sur la chaussée, avec le fouet et les gouverne en lâchant ou tirant les rênes.

Il frotte l'essieu avec de la graisse,

and hangs the drag-chain or the stop on the wheel, when going down a steep hill, and in this manner keeps in the carriage-track.

Schmierbüchse mit Wagenschmiere und hängt bei jäher Abfahrt das Rad mit der Hemmkette ein, oder mit dem Radschuh, und so hält er sich in dem Wagengleise.

qu'il a dans une boite, et dans les descentes dangereuses il accroche la roue avec l'enrayure ou le chien, et de la sorte il se tient dans les ornières.

Gentlemen of property travel in a vehicle, which is called carriage, with six horses, other persons in the chaise with two horses, which can be thrown open when the weather is good.

4 Große Herren fahren mit sechs Pferden in dem Hängewagen, welcher Kutsche heißt, Andere in der Chaise, welche bei gutem Wetter zurückgeschlagen werden kann, mit zwei Pferden.

Les grands Seigneurs (personnes de qualité) se font traîner à six chevaux dans un char suspendu, qu'on appelle carrosse, d'autres à deux chevaux, dans des chaises que l'on peut mettre à découvert, quand il fait beau temps.

The sedan-chair is carried by two men.

5 Die Sänften werden von zwei Trägern getragen.

Les litières sont portées par deux porteurs.

Over impassable mountains the ass and pack-horse is used instead of a carriage.

6 Ueber unwegsame Gebirge bedient man sich statt der Wagen der Esel und der Saumrosse.

Pour traverser les montagnes, l'on se sert d'ânes ou de bêtes de somme au lieu de chariots.

Vectura.

1 Aurīga parippum sellario jungit ad temōnem catenis vel loris de helcio dependentibus.

2 Deinde insidet sellario et antecessores in via munita scutīca ante se agit flectitque funibus.

3 Axem ungit axungia e vase unguentario demta, et si praeceps descensus offertur, rotam inhibet remŏra aut sufflamine, et sic aurigatur per orbitas.

4 Magnates (viri nobiles) vehuntur sejugibus curru pensili, qui vocatur carpentum, alii bijugibus essĕdo aut cisio, quod coelo sereno retorqueri potest.

5 Lectīcae a duobus hominibus portantur.

6 Per invios montes loco curruum asinis seu jumentis clitellariis utimur.

137.

Die Ueberfahrt.

The passage by water.

Goods and merchandise are brought from one country to another in ships at a very small expense, the ship being either carried along by the current, or driven by the wind, or oars.

A raft is made out of a great many trunks of large trees strongly fastened together.

Rafts float on the water, and are managed by two or three men.

One is carried allso over the water in skiffs, boats, and barks which are pushed forwards by the oar, or boat-hook.

Horses and carriages are also carried across the river in ferry-boats which are broad and flat punts, and which are worked and pushed across the stream, when it is too rapid, by a towing line, and roller.

[1] Auf den Fahrzeugen werden die Waaren und Güter aus einem Lande mit sehr geringen Kosten in andere Länder ebracht, indem das Schiff entweder blos durch den Strom, oder durch den Wind, oder durch Ruder fortgetrieben wird.

[2] Ein Floß wird aus vielen mit einander verbundenen Stämmen großer Bäume zusammengesetzt.

[3] Die Flösse schwimmen auf dem Wasser, und zwei oder drei Männer regieren sie.

[4] Man fährt auch auf und über die Flüsse in Nachen, Böten und Barken, welche mit Rudern und Ruderstangen fortgestoßen werden.

[5] Pferde und Wagen werden in Fähren über den Fluß gesetzt, welches breite und flache Kähne sind, und die man, wenn der Strom zu schnell ist, mit dem Kabeltau vermittelst einer Rolle weiter schafft und übersetzt.

Le passage des eaux.

On transporte à peu de frais, d'un pays à l'autre, les marchandises sur les navires. Le vaisseau avance, entrainé ou par le cours de la rivière, ou au moyen des voiles et des rames.

Un radeau se fait d'arbres joints ensemble.

On le laisse flotter, et deux ou trois hommes le gouvernent.

On circule aussi sur les rivières et on les traverse à l'aide de canots, de nacelles, de jacques et de barques qu'on dirige avec la rame ou avec des avirons.

Pour faire passer une rivière à des chevaux ou à des voitures, on se sert de bacs, qui sont de grands bateaux plats, qui à l'aide d'une poulie circulant sur une corde permet au navire d'aborder d'une rive à l'autre, sans être entrainé par la force du courant.

There are bridges over every river for carriages, and narrow-bridges for foot-passengers; Over the former the heaviest wagons can pass.

There are also bridges made from boats, and copper bridges.

[6] Ueber alle Flüsse sind Brücken für das Fuhrwerk, und Stege für die Fußgänger; jene können die schwersten Wagen passiren.

[7] Man hat auch Schiffbrücken und kupferne Pontons erfunden, auf welchen große Armeen über einen Fluß setzen.

Toutes les rivières ont des ponts pour les voitures et pour les piétons. Les premiers servent aux chariots les plus pesants.

Dernièrement on a aussi inventé des ponts de bateaux et des pontons faits de cuivre, sur lesquels de grandés armées traversent les rivières ou les fleuves.

Transitus aquarum.

[1] In navigiis merces opesque exiguis plane impensis ex alia regione in alias transportantur, aut secundo flumine, aut vento, aut remigando promotis.

[2] Ratis ex conjunctis plurimis magnarum arborum truncis construitur.

[3] Natant rates in aquis et duo vel tres homines eas moderantur.

[4] Vehimur quoque in fluviis aut eos superamus cymbis, scaphis, lembis et naviculis, quas nautae remis contisque agunt et propellunt.

[5] Equi currusque pontonibus trans flumen feruntur. Hi quidem planae sunt cymbae ac latae, quae, si rapidus fuerit fluvius, remulco (rudente) ab alia ripa ad aliam extenso trahuntur et traducuntur.

[6] Omnes fluvii pontibus junguntur, quos vehicula transeant, et ponticuli peditibus apti; super illos plaustra maxime onusta transmittuntur.

[7] Recentiori aetate pontes quoque junctis navibus compositos, nec non pontes ex aëre conflatos invenerunt, quorum auxilio magni possunt exercitus flumen trajicere.

138.

Das Schiff.

The Ship. — *Le vaisseau.*

A ship is one of the most skilful, and

[1] Das Schiff ist eine der sinnreichsten und

Les vaisseaux peuvent être comptés par-

137.

138.

useful machines invented by human industry in the arts.

A hollow tree probably gave the first occasion to the invention, and at first there were, only punts, skiffs, boats, and barks.

Ships are formed together from beams, planks, iron, and cordage.

There are different sized, and formed ships, according to the difference of the water and use to which they are destined.

They are not generally large on rivers and canals, have a flat bottom, and are driven along less by sails, than by horses and oars.

The ships which sail across the Ocean are large and are provided with a keel for the foundation of their arched bottom, and sails, to be driven along by the wind, and anchors to enable them to be kept still while at sea.

The rowing boat has one, two, three or four banks of oars.

nützlichsten Maschinen, welche der menschliche Kunstfleiß erfand.

[2] Vermuthlich gab ein hohler Baum die erste Veranlassung dazu, und zuerst hatte man Kähne, Nachen, Boote und Barken.

[3] Die Schiffe sind aus Balken, Brettern, Eisen und Tauwerk zusammengesetzt.

[4] Es giebt Schiffe von sehr verschiedener Größe und Form nach Verschiedenheit der Gewässer und dem Gebrauche, wozu sie bestimmt sind.

[5] Auf Strömen und Kanälen sind sie gewöhnlich nicht groß, haben einen platten Boden, und werden weniger durch Segel, als durch Ziehen oder Rudern fortgebracht.

[6] Die Schiffe, welche über die See fahren, sind groß, haben einen Kiel zur Grundlage ihres gewölbten Bodens, Segel, um sie durch den Wind fortzutreiben, und Anker, um sie auf dem Meere festlegen zu können.

[7] Das Ruderschiff hat eine, auch zwei, drei und vier Ruderbänke.

mi les machines les plus ingénieuses et les plus utiles que l'industrie de l'homme ait jamais inventées.

Un arbre creux en a probablement donné la première idée. Les navires étaient dans l'origine de simples canots, des nacelles, de petits bateaux et des barques.

Les vaisseaux sont composés de poutres, de planches, de fer et de cordages.

La grandeur et les formes des vaisseaux sont diffèrentes, selon les ondes qu'ils doivent parcourir et les usages qu'ils doivent remplir.

Sur les rivières et sur les canaux, ils ne sont pas ordinairement grands, sont construits à fond plat, et avancent moins par le moyen des voiles que par la force des rames.

Au contraire les vaisseaux qui doivent traverser les mers, sont grands; on appelle quille la base de leur fond voûté; ils ont des voiles pour les faire avancer, et des ancres pour pouvoir les retenir fixes sur la mer.

Le navire à rames est à un, à deux, à trois ou à quatre rangs de rames.

The rowers sit on the bank and row, by striking the water with the oar.

The captain standing on the prow, and the helmsman at the stern, and who guides the rudder, manage the vessel.

[8] Die Ruderknechte sitzen auf den Ruderbänken und rudern, indem sie das Wasser mit den Rudern schlagen.

[9] Der Schiffsmann, der im Vordertheil steht, und der Steuermann, der im Hintertheil sitzt und das Steuerruder führt, regieren das Fahrzeug.

Les rameurs sont assis sur des bancs et fendent l'eau avec leurs rames.

Le capitaine du navire, qui est placé sur la proue, et le pilote qui est assis à la poupe et qui tient le gouvernail, dirigent la marche du vaisseau.

Navis.

[1] Navis subtilissimis et utilissimis machinis adnumeranda est, quas hominis arti et labori invenire contigit.

[2] Forsitan arbor cava primam causam subjecit conficiendae ejus, et primo cymbae, scaphae, lembi atque naviculae actuariae in usu erant.

[3] Naves e tignis, asseribus, ferro et rudentibus compositae sunt.

[4] Naves et magnitudine et forma valde inter se differunt, pro varietate aquarum, et prout iis uti libet.

[5] In fluminibus et canalibus plerumque minores sunt, plano alveo instructae, et minus velorum auxilio, quam trahendo aut remigando promoventur.

[6] Naves mare trajicientes majores sunt, alveus eorum sinuatus carinae innititur, vela ventum excipientia eas porro agunt, et anchorae detinendis eis in mari inserviunt.

[7] Navis actuaria vel uniremis est, vel birēmis, vel trirēmis, vel quadrirēmis.

[8] Remĭges per transtra sedent et remigant, aquam remis pellentes.

[9] Magister navis, in prora stans, et gubernator, in puppi sedens et clavum tegens, navigii cursum gubernant.

139.

Das Lastschiff.

The Merchant-vessel.

Le vaisseau marchand.

The sea-vessels are driven not by the oars, but alone by

[1] Auf dem Meere werden die Schiffe nicht durch Ruder, sondern

Les navires, sur mer ne se dirigent pas à la rame, mais avan-

the power of the wind.

One or more masts are erected in them, which are on every side fast bound with cordage or thick cables.

The sail-yards are fastened to the masts, and the sails to the sail-yards, which are spread out to the wind.

The sails in a ship are; the main-sail, the fore-sail, and the mizen-sail.

The beak of the ship is at the prow, the colours are spread out abaft.

On the main-mast is the scuttle, as it were the look-out of the ship, and at the mast-head, is the streamer to shew the direction of the wind and to what country she belongs.

With the fore anchor the ship is staid, with the plummet the depth of the water is sounded.

The passengers walk on the deck, the sailors remain in the hatches.

A merchant vessel

allein durch die Gewalt der Winde fortgetrieben.

[2] Man richtet in denselben einen oder mehrere Mastbäume auf, die allenthalben am Bord des Schiffs mit Tauen oder dicken Seilen befestigt sind.

[3] An den Masten werden die Segelstangen und an diesen die Segel befestigt, welche gegen den Wind ausgespannt werden.

[4] Die Segel sind das große Segel, das Vordersegel und das Hintersegel.

[5] Der Schiffschnabel ist am Vordertheile des Schiffes; auf dem Hintertheile desselben wird die Fahne aufgesteckt.

[6] Am großen Mastbaume ist der Mastkorb, gleichsam die Warte des Schiffs, und über der Krone die Flagge, um die Richtung des Windes anzuzeigen, und welchem Fürsten es gehöre.

[7] Mit dem Anker, der vorn ist, wird das Schiff angehalten, mit dem Senkblei wird die Tiefe erforscht.

[8] Die Schiffenden gehen auf dem Verdeck herum, die Bootsleute in den Schiffsgängen.

[9] Das Kauffahrtei-

cent à la faveur du vent.

L'on y élève un ou plusieurs mâts, affermis de tous côtés aux bords du navire par des câbles.

On attache à ces mâts les antennes, et à celles-ci les voiles, qu'on déploie au vent.

Les voiles d'un vaisseau sont l'artimon, voile principale; le trinquet et la voile de misaine.

L'éperon est à la proue, à la poupe se deploie le pavillon.

La hune, qui est sur le grand mât, est l'échauguette du navire, et au-dessus de la hune il y a le pavillon, qui fait connaître de quel côté vient le vent et à quel prince le vaisseau appartient.

On arrête le navire avec l'ancre, qui est à la proue; avec la sonde on cherche à connaître la profondeur de l'eau.

Les passagers se promènent sur le tillac, les matelots circulent par les coursies.

Le vaisseau mar-

is provided with a large space under the deck, in order to stow bales, packages, and barrels.

The fore-part is lower, than the aft, as is the case in all large vessels.

She carries generally three masts.

The cabin is destined for the Captain.

schiff hat unter dem Verdeck einen weiten Raum, damit es viele Ballen, Kisten u. Fässer (Tonnen) fassen kann.

[10]Sein Vordertheil ist, wie bei allen großen Schiffen, niedriger als das Hintertheil.

[11]Es führt gewöhnlich drei Masten.

[12]Die Kajüte ist für den Kapitain des Schiffes bestimmt.

chand a sous le pont la cale destinée à recevoir un grand nombre de ballots, de caisses et de barils.

La proue de ce vaisseau, comme celle de tous les gros navires, est plus basse que la poupe.

Il porte, à l'ordinaire, trois mâts.

La cajute est destinée au capitaine du bâtiment.

Navis oneraria.

[1]In mari navigia non remis, sed sola ventorum vi impelluntur.

[2]In eis eriguntur aut unus, aut plures mali, undique ad navis oras funibus (rudentibus) firmati.

[3]Malis annectuntur antennae, his vero vela, quae ad ventum expanduntur.

[4]Haec vela quidem sunt artĕmon, velum majus, dolon seu velum anterius, et epidrŏmus seu velum posterius.

[5]Rostrum in prora est, in puppi vexillum (signum) ponitur.

[6]In malo majori corbis est, navis quasi specula, et supra galeam aplustre, ventorum index, et cujus principis sit.

[7]Anchora, quae est ab anteriori parte, navis sistitur, bolide profunditas maris exploratur.

[8]Navigantes deambulant in tabulato, nautae cursitant per foros.

[9]Navis mercatoria ampliori fundo instructa est, quo multos fasces, cistas et cupas capere possit.

[10]Prora ejus, quemadmodum omnium majorum navium, humilior est puppi.

[11]Tres plerumque habet malos.

[12]Navis praefectus peculiari gaudet conclavi.

140.

Kriegsschiffe.

The man-of-war ships.

Les vaisseaux de guerre.

Ships of the line are battle ships of the

[1]Die Linienschiffe sind Kriegsschiffe von

Les vaisseaux de ligne sont des bâti-

139.

140.

first size, which compose the strength of the fleet, and ought to give the decision of battle.

They generally carry from 50 to 110 cannons and often 1000 marines, three masts, and ten sails.

The largest line-ships, are called three deckers, or vessels with three decks one above the other, on which the cannons are placed.

The masts and sails are fastened and bound by a great deal of tackle and cordage, by which the ship is turned towards the wind, and driven in its course.

On account of a ship of such a size sinking above thirty feet in water, and not being able to land on the flat coasts, it must always be provided with several boats.

The galley is a small war-ship with a flat bottom, and can be propelled along with sails and oars at the same time, and is particularly serviceable on the coasts of the Mediterranean Sea.

der ersten Größe, welche die Stärke der Kriegsflotten ausmachen und in Seeschlachten den Ausschlag geben müssen.

[2]Sie führen gewöhnlich von fünfzig bis zu hundert und zehn Kanonen und oft bis tausend Mann Soldaten, drei Masten und zehn Segel.

[3]Die größten Linienschiffe nennt man Dreidecker, oder Schiffe mit drei Verdecken über einander, auf welchen die Kanonen stehen.

[4]Die Masten und Segel sind mit einer Menge von Seilen und Tauwerk befestigt und verbunden, durch welche das Schiff nach dem Winde gedreht und in seinem Lauf gerichtet werden kann.

[5]Da ein solches Schiff etliche dreißig Fuß tief im Wasser geht, und also an flachen Ufern nicht landen kann, so muß es immer einige Boote bei sich haben.

[6]Die Galeere ist ein kleineres Kriegsschiff von niedrigem Boden, das durch Segel und Ruder zugleich fortgetrieben werden kann, und besonders an den Küsten des mittelländischen Meeres gebräuchlich ist.

ments de la plus grande dimension. Ils font la principale force des flottes et doivent décider de la victoire dans des batailles navales.

Ils portent ordinairement cinquante jusqu'à cent-dix canons, et souvent mille soldats; ils ont trois mâts et dix voiles.

On appelle les plus grands vaisseaux de ligne bâtiments à trois ponts. Les canons sont rangés sur trois lignes l'une au dessus de l'autre.

Les mâts et les voiles, au moyen desquels le vaisseau peut être tourné au vent et dirigé dans sa course, sont attachés et joints ensemble par une grande quantité de cordages.

Comme leur tirant d'eau monte quelquefois à trente pieds, et que par conséquent ils ne peuvent aborder à des rivages plats, ils doivent toujours être suivis de quelques Chaloupes.

La Galère est un vaisseau de guerre de moindre grandeur, et de bas bords, qui va en même temps à voiles et à rames, et dont on fait principalement usage sur les côtes de la Méditerranée.

In France and Italy prisoners convicted of different crimes are condemned to the oar on the galley, and are fastened with chains to the oar-bank.

The galley is generally very long, has two or three masts with sails, and on the prow a long beak.

She carries a row of cannons on both sides.

A sail-cloth is spread over the whole deck, and abaft is the captain's cabin.

[7] In Frankreich und Italien werden verschiedene Verbrecher auf die Galeeren zum Rudern verdammt und auf die Ruderbänke mit Ketten angeschmiedet.

[8] Die Galeere ist gewöhnlich sehr lang, hat zwei bis drei Masten mit Segeln und an ihrem Vordertheil einen langen Schnabel.

[9] Sie führt auf den Bordseiten eine Reihe Kanonen.

[10] Ueber das ganze Verdeck ist ein Zelt von Segeltuch ausgespannt, und in dem Hintertheil ist die Kajüte des Kapitains.

En France et en Italie les criminels sont condamnés aux galères. Ils travaillent aux rames, et leurs chaînes sont attachées aux bancs.

La galère est ordinairement très-longue, munie de deux ou trois mâts avec des voiles, et d'une longue poulaine à la proue.

Elle porte une rangée de canons le long des deux bords.

Elle est couverte d'une grosse toile qui est tendue par-dessus tout le tillac, la cajute du capitaine est à la poupe.

Naves bellicae.

[1] Naves primi ordinis sunt naves bellicae maximae formae, quae robur classium efficiunt et pugnarum navalium momentum faciunt.

[2] Eae plerumque quinquaginta ad centum usque et decem tormenta bellica gerunt, et saepe mille militibus armatae sunt, tres quoque malos habent et decem vela.

[3] Maximae sunt trium tabulatorum naves, et in his ipsis tabulatis tormenta bellica collocantur.

[4] Tum mali, tum vela quam plurimis funibus ac rudentibus muniuntur et junguntur, quibus navis ad venti regionem torqueri et cursus ejus dirigi possit.

[5] Cum ejusmodi navis triginta amplius pedes mari immergatur ideoque ad litora plana appellere minime possit, semper lembi aliquot praesto sint, necesse est.

[6] Triremis seu actuaria navis minoris est formae et orae depressioris, quae et velis et remis simul propellitur, et ad litora maris mediterranei maxime in usu est.

[7] In Francogallia et Italia malefici quidam ad remigandum in triremibus condemnantur et catenae eorum ad transtra accuduntur.

[8] Triremes, plerumque longiores, binis aut ternis malis cum velis, et ab anteriori parte longiore rostro instructae sunt.

[9] In utroque latere bellicorum tormentorum serie muniuntur.

[10] Per totum tabulatum tabernaculum e carbăso distenditur, et in posteriori parte diaeta occurrit praefecti navis.

141.

Schiffe.

(Fortsetzung.)

The man-of-war ships.

(Continuation.)

The frigate is likewise a small war-ship, but built lightly of wood, in order to sail the faster.

The frigate has generally only two decks, and from forty to fifty cannons, three masts, and many sails.

A fleet consists of ships of the line, and frigates, and these render the most important service in battle, and in the conduct of the merchant vessels.

The Cutter is the smallest and lightest-built war ship.

It is about the same in the English navy, as the corvette in the French, and the Brigg in the Spanish and Italian navies, for instance a light-built war-ship

1 Die Fregatte ist ebenfalls ein kleineres Kriegsschiff, jedoch leicht von Holz gebaut, damit es desto schnellern Lauf habe.

2 Die Fregatte hat gewöhnlich nur zwei Verdecke und vierzig bis fünfzig Kanonen, drei Masten und viele Segel.

3 Eine große Kriegsflotte besteht immer aus Linienschiffen und Fregatten, und diese thun bei Gefechten, sowie bei der Begleitung der Kauffahrtei-Flotten vortreffliche Dienste.

4 Der Cutter ist ein Kriegsschiff von der kleinsten und leichtesten Art.

5 Es ist bei der englischen Marine ungefähr eben das, was die Corvette bei den Franzosen und die Brigantine (Brigg) bei der spanischen und italienischen Marine ist,

Des vaisseaux.

(Continuation.)

La Frégatte est également un vaisseau de guerre de moindre grandeur; pour que son cours soit plus rapide, elle est construite très-légèrement en bois.

Elle n'a ordinairement que deux tillacs, quarante ou cinquante canons, trois mâts et beaucoup de voiles.

Une grande flotte de guerre consiste toujours en vaisseaux de ligne et en frégattes. Les dernières sont très utiles dans les combats et sont les meilleurs pour convoyer les vaisseaux marchands.

Le Cutter est également un vaisseau de guerre, mais plus petit et plus léger.

Dans la marine anglaise le cutter remplace à peu près la Corvette des Français et la Brigantine des Espagnols et des Ita-

bearing less than twenty cannons.

It is built almost the same as a galley, but shorter, has one mast, generally three sails and carries from eight to eighteen cannons.

The Corvette and Brigg have two masts.

The Yacht is a light-built vessel, with one deck one mast and sail, and one anchor, and is generally very handsomely built, because they are very frequently used to convey men of property on water-parties, and are therefore adorned with several small, handsome cabins.

The Sloop is a small vessel with oars, always accompanying a large ship, in order to land goods or passengers, and to fetch water.

The Gondola is a Venetian boat, in which people are carried on the canals of Venice instead of in carriages, because there are no streets in Venice.

They are long and flat and are provided in the middle with a room having doors and

nämlich ein leichtes Kriegsschiff, das unter zwanzig Kanonen führt.

[6] Es ist beinahe gebaut, wie eine Galeere, jedoch kürzer, hat einen Mast, gewöhnlich drei Segel, und führt von acht bis zu achtzehn Kanonen.

[7] Die Corvette und die Brigg haben zwei Masten.

[8] Die Jacht ist ein leichtes Fahrzeug mit einem Verdecke, einem Mast und Segel und einem Anker, und meistens sehr hübsch verziert, weil die Jachten oft zu Wasserreisen großer Herren gebraucht werden, und daher auch mit schönen kleinen Kammern oder Kajüten versehen sind.

[9] Die Schaluppe ist ein kleines Fahrzeug mit Rudern, welches große Schiffe immer mit sich führen, um Personen an's Land zu setzen, oder Waaren und frisches Wasser zu holen.

[10] Die Gondel ist ein Venetianisches Boot, in welchem man auf den Kanälen von Venedig, anstatt in Kutschen, fährt, weil Venedig keine Straßen hat.

[11] Sie sind flach und lang und haben in der Mitte einen mit Fenstern versehenen und mit Tuch

liens. Il porte moins de vingt canons.

A la longueur près, il ressemble à la galère; pour la construction, il a un mât, ordinairement trois voiles et huit à dix-huit canons.

La corvette et le brigantin ont deux mâts.

Le Yacht est un bâtiment léger, a un seul tillac, un mât, une voile, et une seule ancre; on a coutume de le décorer, et d'y établir de petites chambres ou cajuttes, élègamment meublées; parce que les princes et les grands seigneurs s'en servent quelquefois pour voyager sur mer.

La Chaloupe est une sorte de petit vaisseau à rames, qui accompagne les gros bâtiments. Elle sert à transporter à terre l'équipage, ou à chercher de l'eau et des provisions.

La Gondole est un petit bateau, particulièrement en usage à Venise; comme cette ville n'a point de rues, les gondoles servent pour naviguer sur les canaux.

Elles sont plates et fort longues. Au milieu est un cabinet, garni de portes, de

windows, and covered with a cloth, and in which the people sit.

They are painted black.

Another kind of vessels is the schooner.

bedeckten Kasten, worin man sitzt.

[12] Sie sind schwarz angestrichen.

[13] Eine andere Art von Schiffen ist der Schoner.

fenêtres, et de banquettes recouvertes de drap sur lesquelles on peut s'asseoir.

Elles sont peintes en noir.

Le Schooner est aussi une espèce de vaisseau.

Naves. (Continuatio.)

[1] Celox primi ordinis, quam Fregatte vocant, et ipsa minor est navis bellica, leviter tantum e ligno structa, quo celerior sit cursus ejus.

[2] Ea plerumque duobus tantum tabulatis et quadraginta vel quinquaginta tormentis, tribus malis ot multis velis instructa est.

[3] Major classis bellica semper navibus primi ordinis et celocibus constat, et harum quidem in pugna, et cum praesidii loco naves mercatorias comitantur, egregius est usus.

[4] Navigium minimi ac levissimi generis est navis bellica, quae nomen gerit Cutter.

[5] Hujus quidem navis bellicae minoris eadem fere conditio est, quae celocis Francogallorum, Corvettae nomine notae, nec non Hispanorum et Italorum celocis, quam Brigantinam vocant seu navem piraticam; est scilicet levior navis bellica, viginti minus tormentis bellicis instructa.

[6] Eādem fere est structura, qua trirēmis, at brevior, unum gerit malum, plerumque tria vela et octo ad duodeviginti tormenta.

[7] Corvetta et brigantina duobus malis instructae sunt.

[8] Celox elegantior leve est navigium uno tantum tabulato, uno malo ac velo et una anchora instructum, plerumque vero pulcherrime ornatum, quod id genus celōcibus saepe viri principes ad itinera maritima utuntur, quare etiam compluria habent conclavia seu diaetas.

[9] Scapha, vocant Chalupam, minus est navigium, remis exornatum, quod majores naves semper secum ducere solent, quo homines in terra exponere, aut merces et aquam advehere possint.

[10] Cum Venetiae platēis careant, incolae lembis quibusdam utuntur, qui rhedarum loco sunt.

[11] Ii quidem plani sunt ac longiores et in medio cavea januis atque fenestris instructa et panno tecta ornantur, cui insident navigantes.

[12] Nigro obducuntur colōre.

[13] Sunt etiam naves, quas vocant Schoner.

142.

Der Schiffbruch.

The Shipwreck. — *Le naufrage.*

The seamen are placed in the utmost extremity of need when suffering shipwreck.

This is generally the consequence of a storm at sea, of the raging of the wind, which throws the ship at one time here, at another there, rents the sails, breaks the sail-yards, and splits the mast, so that at last the parts of the ship are separated one from another, or the ship springs a leak, or is cast on the rocks, or is stranded, or falls into a quick-sand, or is wholly sunk.

As soon as the seamen fear a storm, they roll the sails together, in order to break the force of the wind.

They pump the water also up, (as long as it is possible) which the ship sucks in, and cast many things overboard.

They cast out the sheet-anchor also, to preserve the ship and the men in her.

1 Die Seefahrer werden in die größte Noth versetzt, wenn sie Schiffbruch leiden.

2 Dieser erfolgt gemeiniglich bei stürmischem Meere, bei dem Toben des Windes, der ein Schiff bald dahin, bald dorthin schleudert, die Segel zerreißt, die Segelstangen zerbricht, und den Mastbaum zerschmettert, so daß endlich die Theile sich von einander losmachen, oder das Schiff leck, oder an die Klippen geworfen wird, oder strandet, oder auf eine Sandbank geräth, oder ganz versinkt.

3 Sobald die Schiffleute einen Sturm befürchten, ziehen sie die Segel zusammen, um dadurch der Heftigkeit des Windes Einhalt zu thun.

4 Sie pumpen auch, so lange es möglich ist, das Wasser, welches in's Schiff dringt, aus, und werfen viele Waaren über Bord.

5 Auch werfen sie den Nothanker aus, um das Schiff und die darauf befindlichen Menschen zu retten.

Les navigateurs sont dans la plus grande détresse quand ils font naufrage.

Il est ordinairement la suite d'une tempête qui bouleverse la mer, qui agite et balotte le vaisseau, qui déchire les voiles, enlève les antennes, renverse les mâts, et brise le bâtiment qui s'ouvre, ou heurte contre quelque écueil, ou qui engagé sur des bancs de sable, finit par couler à fond.

Les matelots menacés de la tempête, baissent les voiles, pour se préserver de la violence des vents.

Si le navire fait eau, ils pompent autant qu'il est possible; on allège le vaisseau en jetant plusieurs marchandises à la mer.

Enfin pour sauver le bâtiment et l'équipage, on jète l'ancre de miséricorde.

141.

142.

When they cannot expel the danger, they endeavour to save themselves in the boat, they seize a plank or endeavour to preserve life by swimming.

Part of the goods, and the dead, are cast on the shore.

6 Wenn sie die Gefahr nicht abwenden können, so suchen sie sich auf einem Boot zu retten, oder sie ergreifen ein Brett, oder sie suchen sich durch bloßes Schwimmen bei dem Leben zu erhalten.

7 Ein Theil der Waaren nebst den Todten wird vom Meer an's Ufer geworfen.

Après avoir inutilement tenté tous les moyens de conserver le navire, on se sauve dans une chaloupe, on embrasse une planche, ou on se jète à la mer, pour chercher en nageant à sauver ses jours.

La mer jète sur le rivage une partie des marchandises et des corps noyés.

Naufragium.

1 Nautae in maximum vocantur discrimen, cum naufragium faciunt.

2 Hoc vero consequi solet mari turbulento, vento vehementissime flante, navem huc illuc agitante, vela discerpente, antennas frangente, et malum discutiente, ita ut navis denique frangatur, vel rimas agat, vel ad scopulos allidatur, vel in litus ejiciatur, vel in syrtes incidat, vel penitus demergatur.

3 Nautae, tempestatem metuentes, vela contrăhunt, ut procellae vim inhibeant.

4 Aquam in navem irrumpentem, quamdiu fieri potest, antlia exhauriunt, multasque merces e navi ejiciunt.

5 Ad sacram quoque anchŏram confugiunt, quo naves, et qui illi insunt, homines, serventur.

6 Quodsi vero periculum depellere nequeunt, nautae cymba salutem petunt, vel asserem complectuntur, vel nando vitam servare student.

7 Pars mercium una cum mortuis a mari ad litora defertur.

141.

Die Perlenfischerei.

Pearl fishery. — *La pêche des perles.*

The pearls are found in foreign countries; there are several fisheries in the east, particularly in the

1 Die Perlen kommen von auswärtigen Ländern, und es giebt mehrere Fischereien im Morgenlande, beson-

Les Perles viennent des pays étrangers. Il y a plusieurs pêcheries dans l'Orient, surtout dans le golfe

Persian gulf, on the coast of Arabia felix, and on the Island Ceylon.

Pearls are also found towards the West, in the gulf of Mexico, and in other places.

Pearl is nothing else than a stony-calcarious composition, found in a certain kind of muscle.

On account of the muscles being found at the bottom of the sea, and on rocks, particular people, accostomed to it from their youth, dive down to the bottom, in a basket, or tied to a rope, on which a heavy stone is fastened, and hold their breath for a long while: in the later times people descend in the diving bell which is much safer.

They losen the muscles from the rocks and cliffs with an iron instrument, and when the basket is full, they give a sign to their companions with the rope, upon which they are immediately drawn up.

When the muscles are drawn up from the water, they are

ders in dem Persischen Meerbusen, an den Küsten des glücklichen Arabiens und bei der Insel Ceylon.

2 Auch gegen Abend, in dem Mexikanischen Meerbusen und an andern Orten werden Perlen gefunden.

3 Die Perle ist nichts Anderes, als eine stein- und kalkartige Zusammensetzung, die in gewissen Muscheln angetroffen wird.

4 Da die Muscheln sich auf dem Grunde des Meers und an Felsen befinden, so werden besondere Leute, welche schon von Jugend auf daran gewöhnt sind, unterzutauchen und den Athem lange an sich zu halten, in einem Korbe, oder an einem Seil, woran ein schwerer Stein befestigt ist, in neuerer Zeit auch in einer Taucherglocke, welche weit sicherer ist, in's Meer hinuntergelassen.

5 Mit einem eisernen Werkzeuge machen sie die Muscheln von den Felsen und Klippen los, und wenn der Korb voll ist, so geben sie ihren Kameraden mit dem Seil ein Zeichen, worauf sie sogleich herausgezogen werden.

6 Sind die Muscheln aus dem Wasser herausgezogen, so setzt man

Persique, sur les côtes de l'Arabie heureuse et près de l'ile de Ceilan.

On trouve aussi des perles dans l'Occident, dans le golfe du Mexique et ailleurs.

La perle n'est qu'une composition pierreuse et calcinée, qui se trouve dans le corps de l'huitre.

Comme les huitres sont ordinairement au fond de la mer et attachées à des rochers, des pêcheurs accoutumés dès leur jeunesse à se plonger dans l'eau et à retenir long-temps leur haleine, s'y font descendre dans un panier ou par le moyen d'une corde, à laquelle est attachée une grosse pierre. On se sert aussi de nos jours de la cloche de plongeur qui offre beaucoup plus de sureté.

Ils détachent avec un instrument de fer, les huitres des pierres et des rochers et dès qu'ils ont rempli le panier, ils avertissent leurs compagnons en tirant la corde qui sert à les remonter.

Dès que les huitres sont tirées de la mer, on les expose au so-

143.

144.

laid in the sun, and attention is paid until they open of themselves, in order to take out the pearls without damage.

sie der Sonne aus und giebt Acht, bis sie sich von selbst öffnen, um die Perlen ohne Schaden herauszunehmen.

leil et on attend qu'elles s'ouvrent d'elles-mêmes pour en extraire les perles intactes de tout dommage.

Margaritarum conquisitio.

[1] Uniones seu margaritae ab exteris nationibus ad nos perferuntur, et in Oriente plures unionum piscatus sunt, inprimis in sinu Persico, in Arabiae felicis littoribus et ad Ceylonam insulam.

[2] Etiam occidentem versus, in sinu Mexicano et aliis locis uniones reperiuntur.

[3] Unio nil est aliud, nisi concretio lapidea et calcinosa, quae in conchis quibusdam invenitur.

[4] Cum hae conchae in imo mari jaceant et scopulis adhaereant, urinatores, qui sese aquis immergere et animam diu continere didicerunt, in corbe aut funis ope demittuntur, cui lapis grandior affixus est, quod idem nunc in campana urinatoria fieri solet, longe minus periculi exhibente.

[5] Instrumento deinde ferreo conchas a saxis et scopulis solvunt et impleto corbe sociis suis fune illo signum dant, quo facto statim ex aquis extrahuntur.

[6] Conchae mari exemtae continuo aprīcis exponuntur locis, quo ultro aperiantur, ut uniones integri queant exĭmi.

144.

Der Wallfischfang.

The whale-fishery. | *La pêche de la baleine.*

The whale is an immense animal, often a hundred feet long and of great service to those who catch him.

The fishery takes place in the northern part of the earth, where a great number of vessels are assembled for this purpose.

[1] Der Wallfisch ist ein ungeheures Thier, welches oft hundert Schuh lang und denen, die ihn fangen, sehr nützlich ist.

[2] Der Fang wird in den nördlichsten Gegenden der Erde vorgenommen, wo sich eine große Menge Schiffe deßwegen versammelt.

La baleine est un animal énorme, qui a souvent cent pieds de long, et qui est très-utile à ceux qui en font la pêche.

Cette pêche se fait vers la partie la plus nord de la terre, où se rassemble une multitude de barques destinées à cette capture.

As soon as the whale appears on the top of the water, the strongest and most skilful man darts a harpoon (a kind of javelin) at him, on which a rope of more than a hundred yards in length is fastened.

If the harpoon has pierced thro' flesh and fat, the animal plunges immediately to the bottom and the whalers allow him to draw the rope quickly after him.

When the whale has at last lost all his power and blood, he comes sometimes of himself to the surface, but if not, he is drawn in with the rope.

He is then completely killed, drawn on shore, and cut into pieces.

Train oil is made from the blubber, which is used in the preparation of leather, and bone, which is in the place of teeth, affords the whalebone.

[3] Sobald ein Wallfisch aus dem Wasser zum Vorschein kommt, so schießt der stärkste und kühnste Fischer eine Harpune (eine Art Wurfspieß) auf ihn, an welchem man ein Seil von mehr als hundert Klafter Länge befestigt.

[4] Hat er den Wurfspieß durch Speck und Fleisch geworfen, so fährt das Thier auf den Grund und die Fischer lassen ihr Seil ganz geschwind nachschießen.

[5] Hat endlich der Wallfisch seine Kräfte mit dem Blut verloren, so kommt er zuweilen von selbst wieder über das Wasser, wo nicht, so wird er mit dem Seil heraufgezogen.

[6] Hierauf wird er vollends getödtet, an das Ufer geschleppt und in Stücke zerhauen.

[7] Aus dem Speck brennt man Thran, der zur Bereitung des Leders gebraucht wird, und die Barten, welche die Stelle der Zähne vertreten, geben das Fischbein.

Lorsqu'une baleine paraît sur l'eau, le plus hardi et le plus vigoureux pêcheur prend un harpon, retenu par une corde de plus de cent brasses.

Quand il a pu percer le lard et la chair de la baleine, elle coule à fond, et les pêcheurs lâchent bien vite leur corde.

La baleine après avoir enfin perdu son sang, revient quelquefois sur l'eau, ou bien on la retire avec la corde.

On tâche alors de l'achever, on l'amène sur le rivage, et on la met en pièces.

On fait avec le lard une huile dont on se sert pour préparer certains cuirs, et les barbes qui tiennent lieu de dents, donnent ces lames qu'on vend sous le nom de baleines.

Balaenarum captura.

[1] Balaena monstrum est ingens, quod interdum ad centum pedum longitudinem accedit et maximum piscatoribus affert emolumentum.

[2] Piscatura ejus fit in partibus maxime ad septentrionem sitis, quo eum in finem magna navium copia convenire solet.

[3] Ut primum balaena aquae incipit supernatare, fortissimus atque audacissimus nautarum injicit in illam harpagōnem, cui af-

fixus est funis centum et amplius ulnas longus.

[4] Si piscator telo lardum et carnem transfixit, illa fundum illico petit et piscatores funem quam celerrime remittunt.

[5] Si tandem cetus cum sanguine vires quoque omnes amisit, interdum ultro denuo emergit, sin minus, fune illo protrahitur.

[6] Tum quisque conatur, eum penitus interficere, quo facto ad litus eum attrahunt et in partes secant.

[7] E lardo balaenae unguentum cetaceum excoquitur, quo ad corium parandum utuntur, et laminae corneae, quae dentium loco ori ejus insunt, os cetaceum praebent.

145.

Die Stadt.

The town. — *La ville.*

The town.	Die Stadt.	La ville.
A Town is a place, in which are not only many habitations but also fortified with walls, ramparts, dikes, and gates.	[1] Eine Stadt ist ein Ort, in dem sich nicht nur viele Wohnungen befinden, sondern welcher auch mit Mauern, Gräben, Wällen und Thoren befestigt ist.	La Ville est un lieu où il se trouve beaucoup de maisons et d'habitations, et qui est fortifié par des murailles, des fossés, des remparts et des portes.
The inhabitants are partly, citizens, partly tenants, guests, and strangers who are placed under particular magisterial orders, and have certain privileges.	[2] Die Einwohner sind theils Bürger, theils Schutzverwandte oder Beisitzer, Gäste, Fremde, welche unter einer besondern obrigkeitlichen Ordnung stehen und gewisse Gerechtigkeiten haben.	Les habitants sont ou bourgeois, ou associés à la bourgeoisie, ou étrangers; ils sont soumis à une magistrature et ont des droits, qui les distinguent des habitants des villages
The business transacted in a town ought to be manufactories, trade, the fine arts, and sciences; altho' in some, particularly in small towns, the breeding of cattle, and	[3] Die eigentlichen Geschäfte in Städten sollen Manufakturen und Fabriken, der Handel, die schönen Künste und Wissenschaften seyn; allein in vielen, besonders kleinen Städten,	Les manufactures, les fabriques, le négoce, les beaux arts et les sciences, sont ce qui occupe principalement les habitants des villes; cependant dans plusieurs et sur-

the cultivation of the field and vineyard, is carried on.	treibt man auch Viehzucht, Acker- und Weinbau.	tout dans les petites villes, on s'occupe aussi du bétail, du labourage et des vignes.
The chief town is the principal one of a country, and the residence-town, where the prince, and the court reside.	4 Eine Hauptstadt ist die vornehmste Stadt eines Landes; eine Residenzstadt, wo der Fürst und der Hof sich aufhält.	On appelle capitale la première et plus considérable ville d'un pays; on appelle résidence la ville où le prince avec sa cour fait sa demeure.
There are besides, sea port towns, with a harbour commercial towns, and mountain towns.	5 Außerdem giebt es Seestädte mit einem Seehafen, Handelsstädte, Bergstädte.	Outre celles-là il y a des villes maritimes avec des ports de mer, des villes de commerce, des villes à mines.
Within the walls is the pomarium, without, the dikes.	6 Innerhalb der Mauer ist der Zwinger, außerhalb der Stadtgraben.	Le rempart, entre les murailles et les maisons,. se trouve dans l'intérieur; les fossés sont en dehors.
On the walls are the bulwarks and towers.	7 Auf der Mauer sind die Bollwerke und die Thürme.	Le long des murs, il y a les bastions et les grosses tours.
The way into the town from the suburbs, is thro' the door over the bridge.	8 In die Stadt geht man aus der Vorstadt durch das Thor über die Brücke.	Du fauxbourg l'on entre dans la ville par la porte, au-delà du pont.
The door has a portcullis, a drawbridge, wing doors, locks, and bolts, also bars.	9 Das Thor hat Fallgatter, eine Zugbrücke, Flügel, Schlösser und Riegel, wie auch die Schlagbäume.	La porte a ses herses, le pont-levis, ses battants, ses serrures, ses verroux, comme aussi des barrières.
The watch towers are placed on raised places.	10 Die Warten stehen an erhabenen Orten.	Les guérites sont situées, dans les lieux élevés.
There are many towns of the present day not surrounded with a wall.	11 Heut zu Tage giebt es viele Städte, die nicht mit Mauern umgeben sind.	Aujourd'hui il y a beaucoup de villes qui ne sont pas ceintes de murailles.

Urbs.

1 Urbs locus est, cui et multae domus superstructae sunt, et qui moenibus, fossis, vallis ac portis defenditur.

2 Incolunt eam tum cives, tum inquilini, hospites, advĕnae, qui peculiari magistratu reguntur et juribus quibusdam gaudent.

145.

146.

[3]Negotia, quibus vacant oppidani, artificum officinae et opificum fabricae, mercatura, artes liberales et literae sunto; verum plures, inprimis minorum gentium urbes seu oppida rem quoque pecuariam, agri vinearumque culturam exercent.

[4]Metropŏlin seu caput provinciae dicimus principem illius urbem; sedem principis, ubi et ipse et aulici vitam degunt.

[5]Praeterea sunt urbes maritimae cum portu, emporia, et urbes fodīnis metallicis celebres.

[6]Infra muros est pomoerium, extra fossa.

[7]In moenibus sunt propugnacula et turres.

[8]In urbem ingressus fit ex suburbio per portam super pontem.

[9]Porta habet cataractas, pontem versatilem, valvas, claustra et repagula, ut et vectes.

[10]Speculae exstant in editioribus locis.

[11]Hodie multae urbes inveniuntur, moenibus minime cinctae.

146.

Das Innere der Stadt.

Interior of a Town.

L'intérieur de la ville.

There are paved streets in a town, and market places where the necessaries of life and other things are sold.

The public buildings in the middle of the city, are the church, the school, town house, and merchants house.

The arsenals, granaries, and magazines for provisions, are built nearer to the rampart and gates.

There are hotels or Inns, public houses,

[1]In einer Stadt sind gepflasterte Straßen und Märkte, wo Lebensmittel und andere Dinge verkauft werden.

[2]Oeffentliche Gebäude mitten in der Stadt sind: die Kirche, die Schule, das Rathhaus, das Kaufhaus.

[3]Zeughäuser, Korn- und Provianthäuser werden nahe an dem Walle und an den Thoren angelegt.

[4]In allen Städten findet man Gasthöfe

Dans une ville, il y a des rues pavées de pierres et des marchés, où se vendent des vivres et d'autres choses.

Les bâtiments publics sont au milieu de la ville, tels que l'église, l'école, la maison de ville, la douane.

On bâtit les arsenaux, les magasins près des remparts et des portes.

Dans toutes les villes, on trouve des au-

and cook-shops in every town.

There are Orphan Asylums erected for children whose parents are dead, where the care of clothing, feeding, and education is attended to; for the poor the aged and the sick hospitals and lazarettos.

Larger towns possess a theatre.

The sewers and prison are built in retired places.

The highest tower is intended for the clock and the abode of the watchmen.

Draw-wells and fountains are seen in the open places and larger streets.

The abode of the prince is in the middle of the town, but the citadel is built on the highest part of the city.

The cemetery is out of the town.

oder Wirthshäuser, Schenken, Garküchen.

[5] Für Kinder, deren Aeltern gestorben sind, hat man Waisenhäuser errichtet, wo für ihre Kleidung, Ernährung und Erziehung Sorge getragen wird, und für arme, betagte oder kranke Personen Spitäler und Lazarethe.

[6] Größere Städte haben auch ein Schauspielhaus.

[7] Die Cloake und das Gefängniß sind an abgelegenen Orten.

[8] Der höchste Thurm ist für die Uhr und zum Aufenthalt des Wächters bestimmt.

[9] Auf den Plätzen und größeren Straßen sieht man Schöpf- und Röhrbrunnen.

[10] Die Wohnung des Fürsten ist in der Mitte der Stadt, die Citadelle aber ist am höchsten Orte angebracht.

[11] Der Kirchhof ist außerhalb der Stadt.

bergès, des cabarets et des gargotes.

Pour les enfants dont le père et la mère sont morts, on a établi des maisons d'orphelins, où l'on pourvoit à leur habillement, à leur nourriture et à leur éducation; on a aussi élevé des hôpitaux et de lazerets pour les personnes pauvres qui sont âgées ou malades.

Les grandes villes ont aussi un théâtre.

Les égouts de la ville et la prison sont dans des lieux écartés.

L'horloge est au clocher le plus élevé et c'est là que se tient le guet.

Dans les places et les grandes rues, on voit des puits et des fontaines.

Le château du prince est au centre de la ville, mais la forteresse est bâtie dans l'endroit le plus élevé.

Le cimetière se trouve hors de la ville.

Interiores urbis partes.

[1] Intra urbem sunt platēae lapidibus stratae et fora, in quibus cibaria aliaeque res venduntur.

[2] Publica aedificia media in urbe sunt: templum seu aedes sacra, schola, curia, domus mercatoria.

[3] Armamentaria, granaria et commeatus promptuaria circa vallum atque moenia conduntur.

[4] In omnibus urbibus inveniuntur deversoria, cauponae, nec non popīnae.

[5] In usum liberorum, qui pa-

rentibus orbati sunt, orphanotrophēa, in quibus de cultu, victu et educatione illis prospiciatur, sunt instituta, ut et xenodochīa et nosocomia, quibus pauperes homines recipiantur, aut aetate provecti, aut morbo laborantes.

[6] In majoribus urbibus theatrum quoque invenire licet.

[7] Cloacae et carcer (custodia) in recessu sunt.

[8] In turre primaria est horologium et habitatio vigilum.

[9] In foris et platēis putei et fontanae fistulosae cernuntur.

[10] Principis arx media in urbe, castellum vero in summo urbis exstructum est.

[11] Coemeterium extra urbem occurrit.

147.

Das Reich und die Landschaft.

The kingdom; and district.		*Le royaume et le pays.*
Many towns and villages compose a country, and kingdom.	[1] Viele Städte und Dörfer machen ein Land und ein Reich.	Plusieurs villes et plusieurs villages forment un pays et un royaume.
A king or Prince has his residence in the capital, the noblemen, barons, and counts in palaces built in the adjacent parts, the townsmen in small and large towns, and the countrymen in villages.	[2] Ein König oder Fürst hat seinen Sitz in der Hauptstadt; die Edelleute, Freiherren und Grafen wohnen auf den umliegenden Schlössern, die Bürger in größeren und kleineren Städten, und die Bauern auf den Dörfern.	Le roi ou le Prince a sa résidence dans la capitale; les gentilshommes, les barons, les comtes et les marquis habitent dans des châteaux aux environs: les bourgeois demeurent dans les villes, ou dans les bourgs; et les paysans, dans les villages.
On navigable rivers, and on the public roads, the Prince has his custom-house, where the excise is exacted from water and land-travellers.	[3] An schiffreichen Flüssen und Landstraßen hat ein Fürst seine Zollhäuser, wo von den Schiffenden und Reisenden die Mauth und der Zoll gefordert wird.	Aux bords des rivières et sur les routes, le Prince établit des bureaux de douane où l'on perçoit les droits des voyageurs.

Some countries are free states, in which the power of electing the officers of the public affairs is vested in the people themselves; but there are some states in which the highest command is entrusted to a single individual; this mode of government is called a monarchy.

The monarch is in fact in a higher degree what a father of a family is in a smaller, and to prevent his abusing his power, there are in some countries certain conditions laid down, by which his power is defined.

The right of the cityzen is also often ensured by constitutions, which the Prince has given by contract to the people.

A Prince of this kind can command nothing in the most weighty affairs without consulting the orders and deputies of the people.

[4] Mehrere Staaten sind Freistaaten, in welchen das Volk die Macht hat, die, welche die öffentlichen Angelegenheiten regieren, selbst zu wählen; aber es giebt noch mehrere, in denen der höchste Befehl von einer einzigen Person ertheilt wird, was man eine Monarchie nennt.

[5] Der Monarch ist eigentlich im Großen, was der Hausvater im Kleinen ist, und damit er nicht seine Gewalt mißbrauchen kann, sind ihm in gewissen Ländern Bedingungen vorgeschrieben, durch welche seine Macht eingeschränkt ist.

[6] Oft sind auch die Rechte der Bürger durch eine Verfassung gesichert, welche der Fürst durch Vertrag dem Volk selbst gegeben hat.

[7] Ein solcher Fürst wagt in den wichtigsten Angelegenheiten Nichts zu verordnen, ohne die Stände und die Abgeordneten des Volks zu befragen.

Plusieurs états sont des républiques libres. Les citoyens ont le droit de nommer aux emplois publiques; dans plusieurs états, un seul homme possède l'autorité suprème: ces états sont appelés monarchie.

A proprement parler, le monarque est en grand ce que le père de famille est en petit; et, afin qu'il ne puisse abuser de son autorité; son pouvoir, dans certains pays, est limité par des lois fondamentales.

Souvent aussi les droits des citoyens sont garantis par une constitution, contrat entre le peuple et le Souverain.

Le prince constitutionnel ne peut rien décider, dans les affaires importantes, sans le consentement des états ou des députés de la nation.

Regnum et regio.

[1] Multae urbes et pagi regionem et regnum efficiunt.

[2] Rex aut princeps sedet in metropŏli (capite regni, urbe primaria); nobiles, barones et comites in arcibus circa habitant, cives in urbibus et oppidis, et rustici in pagis.

[3] Juxta flumina navium patientia et vias regias princeps habet telonia sua, ubi a navigantibus et iter facientibus portorium et vectῑgal exigitur.

[4] Plures civitates liberae sunt respublicae, in quibus populus potestate gaudet, eos sua sponte eligendi, qui summae rerum publicarum praesunt; sed plures

147.

148.

etiam inveniuntur, in quibus summum imperium penes unum stat, quod monarchiam vocant.

5 Principis, penes quem unum summa rerum est, imperia, si licet parva componere magnis, quodammodo auctoritati patrisfamilias comparari posse videntur, cumque facile fieri posset, ut aliquis eorum potestate sibi concredita abuteretur, apud gentes quasdam factum est, ut imperium eorum certis limitibus definiatur.

6 Saepe quoque jura civium constituta quadam reipublicae forma, a principe ipso transactis firmis, conditionibus populo donata, tuta praestita sunt.

7 Princeps ejusmodi in rebus gravioribus nihil imperat, quin ordines regni, et quos populos misit, legatos, consulat.

148.

Der Hof.

The Court. — *La cour.*

The king sits on his throne in royal pomp, clothed in his robes, and adorned with his crown, holding a sceptre in his right hand, and surrounded by his courtiers.

The most remarkable of these are, the chancellor, with the ministers, privy counsellors, and secretaries of state, the marshal, the upper-steward, the cupbearer, the officer of the table, the treasurer, the groom of the bed chamber, the master of the horse, the upper master of the hunt, and the chamberlains.

1 Der König sitzt in königlicher Pracht auf dem Throne, bekleidet mit dem Königsmantel und geziert mit der Krone, in der Rechten ein Scepter haltend, und umgeben von dem Hofstaat.

2 Unter diesen sind die vornehmsten: der Canzler mit den Ministern, Geheimenräthen und Geheimschreibern, der Hofmarschall, der Oberhofmeister, der Mundschenk, der Truchseß, der Schatzmeister, der Obristkämmerer, der Stallmeister, der Oberjägermeister und die Kammerherren.

Entouré de toute la pompe royale, le Roi est assis sur le trône, couvert de son manteau, et couronné de son diadême, tenant le sceptre à la main droite, et environné de toute sa cour.

Voici les noms de ceux qui tiennent le premier rang: le grand chancelier avec les ministres et les conseillers intimes, le maréchal, le grand maître d'hôtel, l'échanson, le sénéchal, le grand trésorier, le grand chambellan, l'écuyer, le grand veneur, et les chambellans.

The gentlemen of the court, and pages come next after these.

Besides these are the yeomen of the guard, and the body guard; and the valets, footmen, and runners are ready to execute his commands.

He admits the ambassadors of other princes to a solemn audience.

The master of the ceremonies is employed in arranging the festivals given by the Court.

The king sends to other places, his Stadt-holders, stewards, receivers of the revenue, and ambassadors, to whom he often sends new commands by the postilion.

The titles of the other Monarchs of great note; are the Emperor, the first of all monarchs, the Elector, the Grand-Duke, the Arch-Duke, the Duke, the Prince, and Margrave.

[3] Auf diese folgen die Hofjunker und die Edelknaben.

[4] Außer diesen ist er von den Trabanten und der Leibwache umgeben, und die Kammerdiener, Lackeien und Läufer sind bereit, seine Befehle auszuführen.

[5] Den Gesandten anderer Fürsten ertheilt er feierlich Audienz.

[6] Der Ceremonienmeister hat das Geschäft, die Feste anzuordnen, welche bei Hofe gegeben werden.

[7] Anderswohin schickt der König seine Statthalter, Amtleute, Rentmeister und Gesandte, denen er oft durch die Postillone neue Befehle nachsendet.

[8] Andere monarchische Würden von der größten Auszeichnung sind: der Kaiser, welcher der erste unter allen Monarchen ist, der Churfürst, der Großherzog, der Erzherzog, der Herzog, der Fürst, der Markgraf.

Au second rang, sont les gentilshommes de la cour et les pages.

Il est en outre environné par les trabans et par la garde du corps; les valets de chambre, les laquais et les coureurs sont prêts à exécuter ses ordres.

Un Roi donne solennellement audience aux ambassadeurs des autres princes.

Le maître des cérémonies est chargé de l'arrangement des fêtes qu'on donne à la cour.

Le Roi envoie ses gouverneurs, ses administrateurs, ses financiers et ses ambassadeurs, qu'il charge, de temps en temps, de nouveaux ordres, par ses courriers.

Les dignités du pouvoir les plus élevées sont celle d'Empereur qui a le premier rang entre tous les monarques, d'Electeur, de Grand-Duc, d'Archiduc, de Duc, de Prince, de Margrave.

Aula.

[1] **Rex**, circumfusus splendore regio, in solio sedet magnifico habitu et pallio regio indutus, redimītus diademăte, dextra sceptrum tenens et stipatus aulicorum multitudine.

[2] **Primarii ex his sunt**: cancellarius regni cum administris, consiliariis intimis et secretorum scribis, primus officiorum magister, summus palatii comes, pincerna, dapifer, thesaurarius, ar-

chicubicularius, stabuli magister, rei venatoriae comes et clavigĕri cubicularii.

[3] Sequuntur hos nobiles aulici et pueri nobiles.

[4] Praeter illos circumstant eum satellites atque cohors praetoria, et cubicularii, servi a pedibus et cursores ad nutum ejus praesto sunt.

[5] Exterorum legatos solemniter admittit, quibus aures praebeat.

[6] Magistri ritus aulici est, convivia solemnia instituere, quae fieri solent in aulis.

[7] Aliorsum rex administratores suos, praefectos, quaestores et legatos mittit, quibus subinde per veredarios nova mittit mandata.

[8] Alii principum tituli majoris notae sunt: Imperator, (Caesar) qui summum omnium principum obtinet locum, Elector, Archidux, Dux, Princeps, Marchio.

149.

Der Soldat.

The Soldier.

The soldier is ready to fight, and indeed to die for his native country, in order to defend it against the foe.

He is obedient to the commands of his superior officer, and executes his duty on all occasions.

In time of peace the soldiers are exercised in the use of the arms, and when war is declared, they go to the field of battle.

The conscripts are clothed in an uniform, and learn the use of the arms.

They are taught to march, and are made

[1] Der Soldat ist bereit, für das Vaterland zu fechten und sogar zu sterben, um es gegen die Feinde zu vertheidigen.

[2] Er gehorcht den Befehlen seiner Vorgesetzten, und thut überall seine Schuldigkeit.

[3] Zur Friedenszeit werden die Soldaten in den Waffen geübt, und, wenn der Krieg erklärt ist, ziehen sie in das Feld.

[4] Die ausgehobenen Rekruten erhalten eine Uniform und lernen den Gebrauch der Waffen.

[5] Man läßt sie marschiren, und macht sie

Le soldat.

Le soldat est prêt à combattre pour la patrie et même à mourir, pour la défendre contre ses ennemis.

Il obéit aux ordres de ses officiers et fait partout son devoir.

Pendant la paix, on exerce les soldats à manier les armes, et en temps de guerre, ils entrent en campagne.

Les recrues reçoivent l'uniforme et apprennent à se servir des armes.

On les fait marcher et on les instruit au

acquainted with the manual exercise, performances, and all the military movements.

The army is divided into Infantry and Cavalry.

The arms of the Infantry are, the musket with the bayonet, and the sword; those of the Cavalry swords, pistoles, and carabines.

The Infantry consists of troops of the line, and light infantry, to which also the chasseurs and the sharp-shooters belong, who are furnished with light arms, and engage singly.

Their uniform is either grey or green, and the signal is given by cornets with the bugle instead of the beat of drum.

The light Infantry compose the van and rear-guard of the army.

The infantry is divided into regiments, which are again divided into battalions.

Four regiments make a division, and two divisions a brigade.

Each battalion has a grenadier-and several fusilier companies.

The Grenadiers are the choicest men, and

mit den Handgriffen, Verrichtungen und allen militärischen Bewegungen bekannt.

6 Die Armee wird in Fußvolk und Reiterei eingetheilt.

7 Die Waffen der Infanterie sind: die Flinte mit dem Bajonnet, und der Säbel; die der Reiterei sind: Schwerdter, Pistolen und Karabiner.

8 Das Fußvolk besteht aus den Linientruppen und aus der leichten Infanterie, wozu auch die Jäger und die Scharfschützen gehören, welche leicht bewaffnet sind und als Plänkler fechten.

9 Sie sind grau oder grün gekleidet und haben statt der Trommelschläger Hornisten, welche mit ihren Jagdhörnern das Zeichen geben.

10 Die leichte Infanterie macht den Vor- und Nachtrab aus.

11 Die Infanterie ist in Regimenter, und jedes von ihnen in Bataillone eingetheilt.

12 Vier Regimenter bilden eine Division, und zwei derselben eine Brigade.

13 Jedes Bataillon hat eine Grenadier- und mehrere Füsilier-Compagnien.

14 Die Grenadiere sind die auserlesensten

maniement des armes et à toutes les évolutions.

L'armée est divisée en infanterie et en cavalerie.

Les armes de l'infanterie sont le fusil avec la baïonette et le sabre; celles de la cavalerie sont le sabre, les pistolets et la carabine.

L'infanterie consiste en troupes de ligne, en infanterie légère à laquelle appartiennent les chasseurs et les arquebusiers, qui sont armés légèrement et qui combattent en tirailleurs.

Leur habillement est de couleur grise ou verte; et, au lieu de tambours, ils ont des corneurs qui donnent le signal avec leurs cors de chasse.

L'infanterie légère fait l'avant et l'arrière-garde.

L'infanterie est divisée en régiments, et chaque régiment en bataillons.

Quatre régiments forment une division, et deux divisions font une brigade.

Chaque bataillon a une compagnie de grenadiers, et plusieurs de fusiliers.

Les grenadiers sont les troupes d'élite, et

are distinguished by a cap made of bears skin.

The common soldier carries his knapsack, cloak, and cartridge box.

Leute und durch eine Bärenmütze ausgezeichnet.

15 Der gemeine Soldat trägt einen Tornister, Mantel und Patrontasche.

se distinguent par un bonnet de peau d'ours.

Le simple soldat porte un havre-sac, un manteau et une giberne.

Miles.

1 Miles non recusat, quo minus pro patria pugnet, quin adeo mortem obeat, ut ab hostibus eam defendat.

2 Morem gerit iis, qui ipsi praesunt, et quacunque ratione facit, quod suum esse scit.

3 Pacis tempore milites in armis exercentur, et indicto bello dimicatum exeunt.

4 Tirones conscripti cultu militari vestiuntur, et armis uti discunt.

5 Ad certos quosdam numeros incedĕre, nec non varios armorum tractandorum modos, munia omnesque decursus militares docentur.

6 Exercitus in peditatum et equitatum distribuitur.

7 Peditum arma sunt sclopetum cum veruto et acinăces, equitum vero gladii, tela ignivŏma manualia et sclopeti genus equestre.

8 Peditatus constat e militibus rectae aciei et e velitibus, quibus etiam pedites venatorio cultu ornati et pyrobolarii certi adnumerantur, leviori armatura utentes et singulatim dimicantes.

9 Vestis eorum cinereo aut viridi est colore, et pro tympanistis eis cornicines praeeunt, cornibus suis venatoriis signum dantes.

10 Pedites levioris armaturae et primum et extremum agmen efficiunt.

11 Peditatus in chiliădes, et quaevis chilias in cohortes dividitur.

12 Quatuor chiliades legionem et duae ergo dimidiam legionem efficiunt.

13 Singulae cohortes unam, quae primi ordinis est, centuriam, et plures pyrobolariorum centurias continent.

14 Pedites primi ordinis, delecta manus, galēro altiori pelliceo insignes sunt.

15 Miles gregarius peram gestat, pallium et thecam militarem.

150.

Der Soldat.

(Fortsetzung.)

The soldier. (Continuation.)	*Der Soldat.* (Fortsetzung.)	*Le soldat.* (Continuation.)
A cavalry regiment consists of several divisions, and these divisions of squadrons.	1 Ein Cavallerieregiment besteht aus mehreren Divisionen, und diese aus Eskadronen.	Un régiment de cavalerie est composé de plusieurs divisions, et celles-ci d'escadrons.
The cavalry has trompeters and standards, in a similar way the infantry has colours.	2 Die Reiterei hat Trompeten und Standarten; auf gleiche Weise hat auch die Infanterie ihre Fahnen.	La cavalerie a des trompettes et des étendards; l'infanterie, des drapeaux.
The Cuirassiers are heavy armed, and have cuirasses and helmets.	3 Die Cürassiere sind schwer bewaffnet und haben Harnische und Helme.	Les cuirassiers sont armés pesamment et ils ont des cuirasses et des casques.
The dragoons are instructed in the exercise of the cavalry as well as infantry, and engage sometimes on horseback sometimes on foot.	4 Die Dragoner lernen das Exercitium der Cavallerie und der Infanterie, und fechten bald zu Pferde, bald zu Fuß.	Les dragons apprennent non-seulement l'exercice de la cavalerie, mais aussi celle de l'infanterie: ils combattent tantôt à cheval, tantôt à pied.
The chevaux légers support the attacks of the infantry, and attack the artillery of the enemy.	5 Die Chevauxlegers unterstützen die Infanterieangriffe, und werfen sich auf die feindliche Artillerie.	Les chevaux-légers protègent les attaques de l'infanterie, et se jètent sur l'artillerie des ennemis.
The lancers have their uniform according to the Polish fashion, and are armed with lances on the top of which a small colour is suspended.	6 Die Uhlanen sind nach polnischer Art gekleidet und tragen Lanzen, an denen sich eine kleine Fahne befindet.	Les lanciers sont vêtus à la polonaise, et ils portent des lances garnies d'un petit drapeau.
The hussars, originally descended from Hungary, are furnished with a doliman	7 Die Husaren, welche von den Ungarn herrühren, haben einen	Les houssards, qui tirent leur origine des Hongrois, ont le doll-

149.

150.

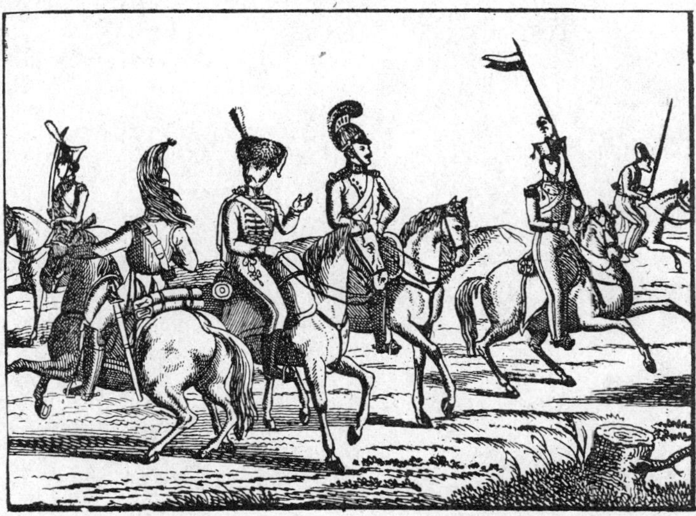

bordered with fur, and the sabre pouch.

The Russian Cosacks are furnished with a lance, and perform excellent service in the pursuit of the foe.

The artillery require men of learning possessing a correct judgement of the eye.

The field-marshal ranks the highest in the army.

The other ranks of Officers are; The Master-general of the ordinance, the General, Lieutenant-general, Major-general, Colonel, Lieutenant-colonel, Major, Captain of cavalry, Captain, First Lieutenant, Lieutenant, Ensign, Sergeant in the Cavalry, Sergeant, Corporal.

Each regiment has a quarter-master, Auditor, Surgeon, and band of music.

Dollman und Pelz, und eine Säbeltasche.

8 Die Kosaken der Russen haben eine Lanze, und thun bei dem Verfolgen der Feinde gute Dienste.

9 Die Artillerie erfordert gebildete Leute, die ein gutes Augenmaaß haben.

10 Den ersten Rang bei dem Heere nimmt der Feldmarschall ein.

11 Die andern Offiziersstellen sind: der Generalfeldzeugmeister, die Generale, der Generallieutenant, der Generalmajor, der Oberst, der Oberstlieutenant, der Major, der Rittmeister, der Hauptmann, der Oberlieutenant, der Lieutenant, der Fähndrich, der Wachtmeister, der Feldwebel oder Sergeant, der Korporal oder Unteroffizier, (Obermann, Rottenmeister.)

12 Jedes Regiment hat auch einen Quartiermeister, einen Auditor, einen Chirurgen und ein Musikkorps.

man avec le pourpoint, et la sabretache.

Les Cosaques de Russie portent une lance; ils sont d'une grande utilité quand on poursuit les ennemis.

Pour l'artillerie il faut des gens bien instruits, qui aient le coup d'oeil excellent.

Le maréchal de camp tient le premier rang dans l'armée.

Les autres charges d'officiers sont: le grand maître de l'artillerie, les généraux, le lieutenant général, le major-général, le colonel, le lieutenant-colonel, le major, le capitaine de cavalerie, et celui d'infanterie, le premier lieutenant, le lieutenant, l'enseigne, le sergent-major decavalerie, et celui de l'infanterie, le caporal.

Chaque régiment a aussi un maréchal de logis, un auditeur, un chirurgien, et ses musiciens.

Miles. (Continuatio.)

1 Equitum chilias e pluribus catervis, et hae quidem turmis constant.

2 Equitatus tubicines habet et vexilla; pariter et peditatui sua sunt signa.

3 Cataphractarii gravioris sunt armaturae, et thorāces atque galeas gerunt.

4 Dimăchi tum equitum, tum peditum decursiones et armorum usum discunt, et modo pedibus, modo ex equis pugnant.

5 Equites, qui proprie Celeres dicuntur, incursus peditum adjuvant, et tormenta hostilia adoriuntur.

6 Doryphŏri polonico more ve-

stiuntur atque lanceis utuntur, labăro ornatis.

[7] Equites Hungarico more culti veste utuntur pelle ornata et acinacis tegumento.

[8] Cosaci Russorum lanceas gerunt, et in hostibus persequendis magnus eorum est usus.

[9] Ad rem tormentariam viri requiruntur maxime eruditi, et qui recto oculorum judicio gaudent.

[10] Primum locum in exercitu obtinet polemarchus.

[11] Cetera praefectorum militarium munera haec fere sunt: summus rei tormentariae praefectus, duces, legatus, summus vigiliarum praefectus, tribunus militum, subtribunus, superior praefectus vigiliarum, praefectus turmae, centurio, subcenturio primus et secundus, signifer, excubitorum magister, centuriae instructor, decurio.

[12] Cuivis chiliădi quoque designator hospitiorum, judex castrensis, chirurgus militaris et musici adduntur.

151.

Die Schlacht.

The battle.

When a battle is to be fought, the army is placed in order of battle, and divided into the van, rear-guard, centre, and wings.

The place where a battle is fought is called a field of battle, and then not only the infantry but also the cavalry engage one against another, when the drum beats and the trumpets sound which encourages the soldiers.

In the beginning of the battle the muskets

[1] Wenn eine Schlacht geliefert werden soll, so wird das Heer in Schlachtordnung gestellt und in den Vortrab, den Nachtrab, das Mitteltreffen und die Flügel eingetheilt.

[2] Der Ort, wo ein Treffen geliefert wird, heißt das Schlachtfeld oder die Wahlstatt, und es streitet alsdann nicht nur das Fußvolk, sondern auch die Reiterei gegen einander, wenn die Trommeln gerührt werden und die Trompeten ertönen, welche die Soldaten muthig machen.

[3] Im Anfang werden die Flinten abgeschos-

La bataille.

Lorsqu'on veut livrer un combat, on range l'armée en ordre de bataille; on la dispose en avant-garde et en arrière-garde, et on forme le centre et les ailes.

Le lieu du combat se nomme le champ de bataille; dès que les tambours et les trompettes donnent le signal, non-seulement l'infanterie, mais encore la cavalerie, commencent le carnage.

D'abord on fait une décharge de fusils, et

are fired off, the cannons are also used; the batteries play and the cannonade often continues 10 hours.

sen und man bedient sich auch des groben Geschützes; die Batterien spielen, und oft dauert eine Canonade zehn Stunden.

l'on se sert aussi de canons; les batteries jouent, et la canonade dure souvent dix heures.

At last both parties engage hand in hand, and strike until the one party is completely conquered, and they fly.

[4] Endlich werden beide Partheien mit einander handgemein und hauen so lange auf einander ein, bis der eine Theil völlig besiegt ist und die Flucht ergreift.

Enfin les deux armées en viennent aux mains et se battent jusqu'à ce que l'une est défaite et prend la fuite.

The conquered are either slain or taken prisoners.

[5] Die, welche man überwunden hat, werden niedergehauen oder gefangen genommen.

Les vaincus sont massacrés ou faits prisonniers.

If the reserve troops break forth from ambush, they commit great damage on the foe, and not unfrequently restore the battle.

[6] Wenn die Reservetruppen aus dem Hinterhalt hervorbrechen, so fügen sie noch dem Feinde vielen Schaden zu, und können oft auch die Schlacht wiederherstellen.

Sortant d'une embuscade, le corps de reserve fait souvent beaucoup de dommage à l'ennemi, et réussit quelquefois à renouveller le combat.

When the General remarks that the battle is lost, he sounds a retreat.

[7] Wenn der Obergeneral merkt, daß die Schlacht verloren ist, so läßt er zum Rückzuge blasen.

Quand le général en chef s'apperçoit que la bataille est perdue, il fait sonner la retraite.

The field of battle is covered with dead and wounded and presents a shuddering aspect.

[8] Das Schlachtfeld ist von Todten und Verwundeten bedeckt und bietet einen schauererregenden Anblick dar.

Le champ de bataille jonché de morts et de blessés, présente un aspect horrible.

The officers and soldiers who have distinguished themselves in the field by bravery, are praised, or receive an order, or are promoted.

[9] Die Offiziere und Soldaten, welche sich in der Schlacht durch Tapferkeit ausgezeichnet haben, werden belobt, oder erhalten sie einen Orden, oder werden sie befördert.

Les officiers et les soldats qui se sont distingués par leur valeur, sont loués, ou decorés ou avancés en grade.

Proelium.

[1] Quando pugna committenda est, acies instruitur et dividitur in primum agmen, extremum agmen, in mediam aciem et alas.

[2] Cum proelium in loco opportuno fit, tum a peditatu, tum ab equitibus tympăna pulsantur et tubae sonant, quo milites magis excitentur.

[3] Initio glandes plumbeae sclopetis mittuntur, et tormentis quoque utuntur, quae ex aggere tormentario saepe per decem horas persŏnant.

[4] Tandem utraeque partes confligunt et tamdiu invicem se caedunt, donec altera pars victa fugam capiat.

[5] Victi aut caeduntur, aut capiuntur.

[6] Subsidia cum ex insidiis erumpunt, hosti multum damni afferunt, quin saepe aciem restituunt.

[7] Summus militum dux sentiens, exercitum suum proelio victum esse, receptui signum dat.

[8] Proelii locus mortuis ac vulneratis militibus tegitur et horrendum offert spectaculum.

[9] Qui in proelio excelluerunt, praefecti militares et milites collaudantur, aut insigni decorantur, aut ad superiorem gradum promoventur.

152.

Das Seetreffen.

The Sea-fight. *Le combat naval.*

The sea-fight is terrible, when the ships, like towers, advance on the ocean with their prows, or fire with cannons one against another, or when after being perforated with balls, they sink and are lost; or when they catch fire and by the igniting of the gun-powder either cast the men in the air, or are burnt in the middle of the Ocean, or when the men are drowned after having cast themselves in the sea in order to safe themselves.

[1] Eine Seeschlacht ist schrecklich, wenn die Schiffe, wie Festungen, auf dem Meere mit den Schnäbeln gegen einander anfahren, oder mit Stücken auf einander spielen, und wenn sie, nachdem sie durchlöchert sind, untersinken und zu Grunde gehen; oder wenn sie in Brand gerathen und durch Anzündung des Stückpulvers die Menschen entweder in die Luft gesprengt, oder mitten im Wasser verbrannt werden, oder wenn sie ertrinken, indem sie sich, um sich zu retten, in's Meer werfen.

Chose effrayante qu'un combat naval: les vaisseaux s'entrechoquent proue contre proue; ils se canonnent, se mitraillent; criblés de boules, vous les voyez couler à fond; ailleurs c'est une forteresse flottante devenue la proie des flammes; le magasin de poudre prend feu: tout saute en l'air; d'autrefois soldats, matelots brûlent au milieu des flots, ou se noient en voulant se sauver à la nage.

151.

152.

A ship when it takes to flight is overtaken and secured.

The sea-fight is made by fleets.

The ships like the land forces, are divided into two or three lines, and so much space is left between each ship as to enable it to turn itself right and left.

There are also fire ships which approach the hostile fleet in order to set fire to it.

The whole fleet is commanded by the Admiral, under whom stand the Vice-Admiral the Rear Admiral and the other officers.

One of the most renowned naval engagements was that at Salamis, when the Greeks engaged the Persians.

[2] Ein Schiff, das die Flucht nimmt, wird von den Verfolgenden eingeholt und genommen.

[3] Den Seekrieg liefert man mit Flotten.

[4] Die Schiffe werden, wie die Armeen auf dem Lande, in zwei oder drei Linien geordnet, und zwischen jedem Schiffe so viel Platz gelassen, daß es sich links und rechts wenden kann.

[5] Man hat auch Brander, welche sich der feindlichen Flotte nähern, um sie in Brand zu stecken.

[6] Die ganze Flotte wird von dem Admiral kommandirt, unter welchem der Vice-Admiral, der Contre-Admiral und andere Offiziere stehen.

[7] Eine der berühmtesten Seeschlachten war die bei Salamis, welche die Griechen den Persern lieferten.

Un vaisseau prend-il la fuite, il est atteint par l'ennemi et fait prisonnier.

On fait la guerre sur mer avec des flottes.

Comme les armées sur terre, on range les vaisseaux sur deux ou trois lignes; entre chaque vaisseau, on laisse assez d'espace pour qu'ils puissent se tourner a gauche et à droite.

On a aussi des brûlots qui s'approchent de la flotte ennemie pour l'embraser.

Toute la flotte est commandée par l'amiral: le vice-amiral, le contre-amiral et d'autres officiers sont sous ses ordres.

Le combat naval le plus célèbre est celui de Salamis entre les Grecs et les Perses.

Pugna navalis.

[1] Navale proelium terribile est, cum ingentes naves, veluti arces, rostris concurrunt, aut tormentis se invicem quassant, atque ita perforata perniciem suam imbibunt et submerguntur; aut cum igni corripiuntur, et vel ex incendio pulveris tormentarii homines in aërem ejiciuntur, vel in mediis aquis exuruntur, vel etiam servaturi se in mare desiliendo suffocantur.

[2] Navis fugitiva ab insequentibus intercipitur et praedae habetur.

[3] Bellum maritimum per classes fieri solet.

[4] Naves pariter ac copiae terrestres in duas aut tres lineas disponuntur, et inter naves singulas tantum loci datur, ut sinistrorsum et dextrorsum se convertere possint.

[5] Utuntur etiam navibus incen-

diariis, quae ad hostium naves proprius accedunt, ignem iis injecturae.

[6] Toti classi summus navium praefectus praeest, cui propraefectus et alii duces parent.

[7] Celeberrimis proeliis navalibus adnumeranda est pugna navalis a Graecis contra Persas ad Salamina facta.

153.

Der Trommelschläger und der Trompeter.

The Drummer and Trumpeter.

The drum is a very necessary instrument in military affairs.

It calls them together, gives them various signs, and encourages them during battle.

The soldiers should pay great attention when the drum beats.

The Drummer beats either the day-watch in order to rouse the soldiers, or the tattoo, when the soldiers should come home into quarter, or into the camp.

The drum is beaten to give the alarm, in order that they may quickly collect together, to sound a parley, in order to signify that the beseiged

[1] Die Trommel ist ein dem Militär wesentlich nothwendiges Instrument.

[2] Sie ruft die Soldaten zusammen, giebt ihnen verschiedene Zeichen und muntert sie während des Kampfs auf.

[3] Die Soldaten müssen wohl darauf Acht geben, wenn man die Trommel rührt.

[4] Der Tambour schlägt entweder die Tagwache, um die Soldaten aufzuwecken, oder den Zapfenstreich, wenn sie sich nach Hause, in die Quartiere oder in's Lager begeben sollen.

[5] Man schlägt Alarm, um sie plötzlich zu versammeln, die Chamade, um anzuzeigen, daß die Belagerten sich ergeben oder unterhandeln wollen,

Le tambour et le trompette.

Le tambour est un instrument très nécessaire dans l'art militaire.

Il rassemble les soldats, leur donne divers signaux, et les encourage pendant le combat.

Les soldats doivent faire attention quand on bat du tambour.

Le tambour bat ou la diane, pour éveiller les soldats; ou la retraite, pour qu'ils se rendent à la caserne, aux quartiers ou au camp.

On bat l'alarme, pour les rassembler de suite; la chamade, pour indiquer que les assiégés veulent se rendre ou parlementer; la marche, pour

surrender themselves or wish to make conditions, the march when they march off, and the charge when they will attack the enemy.

The Trumpet is of the same service to the cavalry as the drum to the Infantry.

When it is time to march off the trumpet is blown to signify the breaking up; and afterwards follows the blowing for mounting the horses.

When the squadrons put themselves in motion the march is blown, when it is time to attack the enemy, or begin the battle the charge, upon retreating, the retreat is sounded.

Beseiged towns or fortresses are required to surrender thro' the Trumpeter.

After the victory the flourish is sounded.

den Marsch, wenn man abmarschiren, und die Charge, wenn man den Feind angreifen will.

6 Was die Trommel bei dem Fußvolk thut, das thut die Trompete bei der Reiterei.

7 Wenn es Zeit zum Abmarschiren ist, so bläst der Trompeter zum Aufbruch, und nachher folgt das Blasen zum Aufsitzen.

8 Wenn die Schwadronen sich fortbewegen, so bläst er den Marsch, die Charge, wenn es Zeit ist, den Feind anzugreifen oder eine Schlacht zu liefern, zum Rückzug aber, wenn man sich zurückzieht.

9 Belagerte Städte oder Festungen werden durch den Trompeter zur Uebergabe aufgefordert.

10 Nach dem Sieg hört man die Fanfare (Tusch).

indiquer le départ; enfin la charge, quand on veut attaquer l'ennemi.

La trompette rend le même service dans la cavalerie, que la caisse dans l'infanterie.

L'heure du départ est-elle arrivée, le trompette donne le signal; puis il sonne le bouteselle.

Quand les escadrons s'ébranlent, il sonne la marche; lorsqu'on veut attaquer l'ennemi et livrer un combat, il sonne la charge; et la retraite, quand on se retire.

On somme, par le trompette, les villes et les forts assiégés de se rendre.

Après la victoire on entend la fanfare.

Tympanista et tubicen.

1 Tympăni usus in re militari maxime necessarius est.

2 Illud quidem milites convocat, varia iis signa dat, eosque in pugna excitat.

3 Militibus probe adtendendum est, si tympanum pulsatur.

4 Tympanista aut illucescente die signum dat, quo milites excitentur, aut vesperi insonat tympano, si aut domum, aut in hospitium, aut in castra iis eundum est.

5 Tympani sonitu convocantur milites, ut subito concurrant, obsessi ad colloquium evocantur tympani sono, quo se vel dedant, vel ad conditiones descendant; aut agminis profectio tympano canitur, aut, si tempus adest, in

hostem eruptionem faciendi, idem tympani crepitu indicatur.

[6] Quem tympanum apud pedites, eundem tuba in equitatu praebet usum.

[7] Si tempus est proficiscendi, tubicen de profectione admonet, quo facto ad ephippia canit, seu tessera datur ad equos.

[8] Equestri agmine iter ingrediente, signum dat profectionis, et si tempus adest, cum hoste confligendi, aut proelium committendi, classico ad conflictum concinit, receptui vero canit, si tempus est se recipiendi.

[9] Urbes aut castella oppugnata misso tubĭcine ad deditionem vocantur.

[10] Cum victoria reportata fuerit, clangentium tubarum sonitus auditur.

154.

Das Lager.

The camp.		*Le camp.*
When a compaign is undertaken a camp is often pitched.	[1] Wenn man einen Feldzug unternommen hat, so wird oft ein Lager geschlagen.	Quand on a entrepris une campagne, souvent on fait camper l'armée.
Tents are erected; that is; canvas is spread over pegs which have been driven into the ground.	[2] Man errichtet Zelte, das heißt: auf Pflöcken, die man in die Erde geschlagen hat, werden Tücher ausgespannt.	On dresse des tentes, c'est-à-dire, on tend des toiles sur des piquets fichés en terre.
For the sake of security it is often surrounded with entrenchments and dikes.	[3] Der Sicherheit wegen, umgiebt man es oft mit Schanzen und Gräben.	Pour se mettre en sûreté, souvent on entoure le camp de retranchements et de fossés.
Sentinels are placed out, and from time to time spies are sent forth.	[4] Man stellt auch Schildwachen aus und von Zeit zu Zeit werden Kundschafter ausgesendet.	On place aussi des sentinelles, et on envoie de tems en tems des éclaireurs.
In order to obtain forage and to seize booty, excursions are made, when skirmishes often occur with the foe.	[5] Um Futter zu holen und Beute zu machen, werden Streifzüge unternommen, wo dann auch öfters mit dem Feinde Scharmützel vorfallen.	Pour se procurer des fourrages et des provisions, les soldats vont à la petite guerre; alors souvent ont lieu des escarmouches.

153.

154.

The tent of the General is in the middle of the camp.

Laterly camps are less in use in order to diminish the baggage and to facilitate the movements of the army.

When the enemy is not far off, or when a great company of troops are together, the night is passed in the open air on the bare ground, which is called a bivouak.

If a corp remains longer in a country, the soldiers are quartered with the citizens.

In time of peace they reside in garrison, and barracks.

For victualling the army magazines are erected.

The sutler sells victuals of every sort.

6 Das Zelt des Generals ist mitten in dem Lager.

7 In neuerer Zeit sind die Zelte weniger im Gebrauch, um das Gepäck zu vermindern, und die schnelle Bewegung der Armee zu erleichtern.

8 Wenn man nicht weit vom Feinde ist, oder wenn eine große Truppenmasse bei einander ist, bringt man die Nacht unter freiem Himmel auf bloßer Erde zu, was man Bivouak nennt.

9 Wenn ein Corps länger in einer Gegend bleibt, so werden die Soldaten bei den Bürgern einquartirt.

10 Zur Friedenszeit sind sie in der Garnison und wohnen in den Kasernen.

11 Zur Verproviantirung der Armeen werden Magazine angelegt.

12 Die Marketender verkaufen Lebensmittel aller Art.

Le pavillon du général en chef est au milieu du camp.

De nos jours, les tentes ne sont pas fort en usage: on en agit ainsi pour diminuer le bagage, et pour faciliter la marche de l'armée.

Quand on ne se trouve pas fort éloigné de l'ennemi, ou que plusieurs troupes sont réunies; on passe la nuit à la belle étoile sur la terre nue; c'est ce qu'on appelle bivouaquer.

Lorsqu'un corps séjourne quelque temps dans un endroit, les soldats sont logés chez les bourgeois.

Pendant la paix ils sont en garnison, et logent dans les casernes.

On établit des magasins pour l'approvisionnement de l'armée.

Les vivandiers exposent en vente toutes sortes de vivres.

Castra.

1 Expeditione suscepta, castra locantur.

2 Tentoria ponunt, paxillos in terram figentes, quibus lintea intenduntur.

3 Securitatis causa saepe aggeribus et fossis ea circumdantur.

4 Constituuntur quoque excubiae, et subinde exploratores emittuntur.

5 Pabulationis et praedae causa fiunt excursiones, ubi saepe cum hoste velitando confligitur.

6 Tentorium ducis seu praetorium in mediis castris est.

7 Hodie tentoriis minus utuntur, quam antea, quo impedimenta diminuantur, et copiae facilius movēri possint.

8 Si hostes haud longe absunt, aut si magna militum copia una est, exercitus sub dio humi per-

noctat, quod commoratio sub dio vocatur.

[9] Si pars copiarum diutius in provincia aliqua permanet, milites in civium domibus collocantur.

[10] Pacis tempore in praesidio sunt et in domiciliis privis habitant.

[11] Ut victus copia suppetat, horrea ponuntur.

[12] Lixae cibaria varii generis vendunt.

155.

Der Soldat im Dienste.

The Soldier in Service.

Les fonctions du soldat.

After the soldier is well instructed in the use of the arms and also all military movements, which occur to the single soldier and to the whole troop, as well as the proper manner to close or to evolve the rank or line, he is placed as sentinel either in the camp, or at the city gates, or before the house in which the general or other people of rank reside.

[1] Nachdem der Soldat in der Behandlung der Waffen gut unterrichtet worden ist, und auch alle Bewegungen, die bei dem Einzelnen und bei den Truppen vorkommen, sowie auch die rechte Art, die Reihen oder Glieder zu schließen, oder zu entwickeln, gelernt hat, steht er Wache, entweder im Lager, oder unter dem Thor, oder vor dem Hause, in welchem der General oder andere Leute von Rang wohnen.

Lorsque le soldat fait manier les armes, lorsqu'il a appris toutes les évolutions, qu'il sait la manière de serrer ou d'étendre les rangs; il fait sentinelle au camp, aux portes de la ville, devant la maison qu'habite le général, ou d'autres gens de qualité.

When the weather is bad he betakes himself to his sentry box.

[2] Wenn es schlechtes Wetter ist, so begiebt er sich in das Schilderhaus.

Quand il fait mauvais temps, il entre dans la guérite.

He is not allowed to leave his post, before he has changed with another, to whom he entrusts his duty.

[3] Er darf seinen Posten nicht verlassen, ehe er durch einen Andern abgelöst wird, dem er seine Verrichtungen überträgt.

Il ne lui est pas permis de quitter son poste avant qu'il ne soit relevé par un autre, auquel il transmet les ordres qu'il avait reçus.

He must retain the parole or watchword, which he has received from the general, in order to be able to answer when the patrol goes his rounds and asks what the watchword is.

The forelorn sentinel is stationed in the most dangerous places.

A guard for the sake of security is given to those towns intended to be defended, in order that they may not be invaded, or soldiers quartered in them.

The pikemen defend themselves against the enemy with lances which are held against the cavalry; they accompany the colours and baggage.

The sentinel belonging to the cavalry is called videt.

[4] Er muß die Parole oder das Losungswort behalten, das er vom General erhalten hat, um antworten zu können, wenn die Streifwache die Runde macht und fragt, was die Losung sey.

[5] Die verlorne Schildwache ist an den gefährlichsten Orten aufgestellt.

[6] Den Städten, welche man beschützen will, daß sie nicht überfallen werden, oder daß sie keine Einquartierung bekommen, giebt man Sicherheitswachen.

[7] Die Pikenträger widerstehen dem Feind mit den Lanzen, die sie gegen die Reiterei halten; sie begleiten auch die Fahnen und das Gepäcke.

[8] Die Reitereiwache nennt man Vedette.

Il doit retenir le mot d'ordre qu'il a reçu du général, pour pouvoir répondre quand la patrouille fait la ronde et demande le mot du guet.

Le sentinelle perdu est posé dans les lieux les plus dangereux.

On donne une garde de sureté aux villes que l'on veut mettre à l'abri de l'invasion et exempter du logement des troupes.

Les piquiers résistent à l'ennemi par le moyen de lances qu'ils présentent à la cavallerie; ils escortent les drapeaux et le bagage.

On nomme vedette la sentinelle de la cavalerie.

Militis officia.

[1] Cum miles condocefactus est, arma scite tractare, et omnes motus ac conversiones tum singulorum militum, tum totius exercitus, probe cognovit, nec non ordines rite contrahere, aut diducere didicit, vigilias agit aut in castris, vel est portae, vel domus excubitor, in qua dux aut alii viri nobiles habitant.

[2] Tempestate turbulenta ad speculam succedit.

[3] A statione discedere ei non licet, donec alius ipsi succedat, cui munia sua tradat.

[4] Tesseram, a duce acceptam, probe teneat necesse est, quo eam reddere possit, si excubitores exploratorii custodias circumeuntes accedunt et tesseram poscunt.

[5] Agrariae stationes in locis periculosissimis collocantur.

[6] Urbibus, quas tueri placet, ne invadantur, aut hospitia ibi assignentur, securitatis causa custodiae permittuntur.

[7] Milites hastati hostium impetum frangunt, in equitatum sa-

rissas intentantes; signa quoque atque impedimenta tegunt.

[8] Et equites stationem agunt.

156.

Die Festung.

The Fortress. — *La place forte.*

The invention of the bomb has introduced a complete change in the art of fortification.

[1] Die Erfindung der Bomben hat in der ganzen Befestigungsweise eine Veränderung herbeigeführt.

L'invention des bombes a changé tout le système de fortification.

It is no longer of use, as formerly, to surround a town with walls guarded with towers.

[2] Es genügt nicht mehr, wie ehemals, eine Stadt mit Mauern zu umgeben, die durch Thürme gedeckt sind.

Il ne suffit plus, comme autrefois, d'entourer une ville de murs flanqués de tours.

Fortresses are erected in order to defend, against the attack of the enemy, cities or places where the arms or magazines are intended to be placed, as also to prevent the incursions in a country or in a port.

[3] Man legt Festungen an, um Städte oder die Oerter, wo man Zeughäuser und Magazine haben will, gegen den Angriff der Feinde zu vertheidigen, wie auch, um zu verhindern, daß sie nicht in ein Land oder in einen Seehafen eindringen.

On construit les fortifications, pour défendre les villes ou les lieux où l'on veut avoir des arsenaux et des magasins, comme aussi pour empêcher l'ennemi d'entrer dans un pays ou dans un port de mer.

When the enemy is on the march, they are stopt in their progress by it; they must dispose their troops in order to beseige and blockade it; and a routed army gains time to collect and strengthen itself by its means.

[4] Wenn die Feinde marschiren, so sind sie dadurch in ihren Fortschritten aufgehalten, sie müssen ihre Truppen vertheilen, um sie zu belagern oder zu blockiren, und eine geschlagene Armee gewinnt Zeit, sich zu sammeln und zu verstärken.

Par elles, les ennemis sont arrêtés dans leur marche; pour les assiéger ou les bloquer, ils sont obligés de diviser leurs troupes; ce qui donne à l'armée battue le temps de se rallier et de se renforcer.

155.

156.

It is necessary, as far as the situation of a fortress is concerned, that from no one place it can be commanded by the cannons.

The chief part of a fortress is the trench and rampart.

A rampart consists of bulwarks, and the centre wall and on the side of the bastion the embrasures are placed from whence the cannons are fired.

The mound is furnished with a breastwork, and palisade.

The outward works of a fortress are the counterscarp, the covered way with the esplanade and glacis, or the inclining breastwork, the crescent, tenail star fort, and redoubts.

A citadel is a fortress near a large town, from whence the soldiers defend themselves after the city has been taken.

[5] Was die gute Lage einer Festung betrifft, so ist es nöthig, daß sie von keinem Orte aus durch Kanonen beherrscht werden kann.

[6] Die Hauptsache bei einer Festung besteht in Gräben und Wällen.

[7] Ein Wall hat Bollwerke und den Mittelwall, und auf den Seiten der Bollwerke sind Schießscharten, von denen aus die Kanonen abgefeuert werden.

[8] Der Wall ist auch mit Brustwehren und Pallisaden (Pfahlwerk) versehen.

[9] Das Aeußere einer Festung besteht in dem Gegenwall, dem bedeckten Weg, mit dem Vorplatz und dem Glacis oder der ablaufenden Brustwehr, dem halben Mond, dem Zangenwerk, der Sternschanze und den Redouten.

[10] Eine Citadelle ist eine Festung neben einer großen Stadt, von wo aus man sich vertheidigt, wenn sich die Stadt ergeben hat.

Pour que la forteresse soit placée dans une position favorable, il faut qu'elle ne puisse être dominée d'aucun côté par des batteries de canons.

La chose principale dans une forteresse sont les fossés et les remparts.

Un rempart a des bastions et la courtine: dans les flancs des bastions se trouvent des meurtières, d'où l'on décharge les canons.

Le rempart est aussi muni de parapets et de palissades.

Les ouvrages avancés sont la contre-escarpe, le chemin couvert avec l'esplanade et le glacis, les ravelins ou la demilune, la tenaille, l'étoile et les redoutes.

Une citadelle est une forteresse auprès d'une grande ville, d'où l'on se défend, quand la ville s'est déjà rendue.

Castellum.

[1] Pyrobolorum inventio rationem locorum muniendorum prorsus immutavit.

[2] Hodie non, ut olim, sufficit, urbem moenibus circumdări, quae turres tutentur.

[3] Castella construuntur, quo urbes aut ea loca, in quibus armamentaria et horrea ponere placet, ab incursu hostium defendi possint, nec non impediatur, quo minus terram aliquam aut portum invadant.

[4] Hostes proficiscentes porro

tendere prohibentur suasque copias dispescere coguntur ad oppugnanda aut obsidenda ea, et cum exercitus fusus fuerit, copias cogendi augendique tempus ei datur.

5 Quod ad situm castelli opportunum attinet, necesse est, a nulla parte tormentis cohiberi possit.

6 In castello omnia fere ad fossas et vallum redeunt.

7 Vallum propugnaculis constat et plana muri fronte, et a quovis latere pinnae collocatae sunt, e quibus tormenta explodantur.

8 Agger peribŏlo quoque et vallis munitur.

9 Extrinsecus cernuntur extimus agger, via tecta cum area et declivi in imo muro, dimidiata luna, structum in forcipem munimentum, opus stellatum et munimenta remotiora.

10 Ex arce urbi imposita milites se defendunt, jam facta urbis deditione.

157.

Der Ingenieur.

The Engineer. — *L'ingénieur.*

The Engineer.	Der Ingenieur.	L'ingénieur.
The Engineer discovers, designs and directs the works which serve in attacking, defending and strengthening the fortification.	1 Der Ingenieur, erfindet, entwirft und leitet die Werke, welche zum Angreifen, Vertheidigen und Befestigen der Plätze dienen.	L'ingenieur est celui qui invente, qui dirige et conduit les travaux pour attaquer, défendre, ou fortifier les places.
There are three kinds of Engineers.	2 Es giebt drei Arten der Ingenieurs.	Il y a trois sortes d'ingénieurs.
The first is destined only for war, and ought to possess all that knowledge which relates to architecture, to the attacking and strengthening the fortification.	3 Die einen sind für den Krieg allein bestimmt und müssen alle jene Kenntnisse besitzen, welche die Bauart, den Angriff und die Vertheidigung der Plätze betreffen.	Les uns sont seulement pour la guerre et doivent avoir toutes les connaissances relatives à la construction, à l'attaque et à la défense des places.
The second belongs to naval affairs, and understands every thing which relates to war and the service at sea; the last is	4 Die zweiten gehören zum Seewesen und verstehen Alles, was sich auf den Krieg und Dienst zur See bezieht; die dritten sind	Les seconds sont destinés à la marine, et sont versés dans tout ce qui a rapport à la guerre et au service de mer; les

employed in the perfecting the public ways, in the building of bridges, and the conducting and improvement of canals.

The miners dig passages under the earth, called mines, fill them with powder, ignite it, and discharge the works of the fortification placed over it, in the air.

The Sappers dig trenches under the earth and construct ways by means of which the soldiers approach nearer the fortification.

The Pioniers work on the bulwarks, and prepare fascines which are used to fill up the trenches, and for gabions as defences against the enemy's fire.

The Pontoneers erect bridges of boats, in order to pass the army over a river.

mit der Vervollkommnung der großen Wege, mit dem Brückenbau und der Leitung und Verbesserung der Kanäle beschäftigt.

5 Die Mineurs graben unter der Erde Gänge, Minen genannt, füllen sie mit Pulver, zünden solches an, und sprengen die darüber befindlichen Festungswerke in die Luft.

6 Die Sappeurs graben durch die Erde Laufgräben und legen Wege an, vermittelst deren man sich den Festungswerken nähert.

7 Die Pionniers arbeiten an den Schanzen, und verfertigen Faschinen, die man zum Ausfüllen der Gräben und zu Schanzkörben, als Schutz gegen das feindliche Feuer, gebraucht.

8 Die Pontonniers schlagen Schiffbrücken, um die Armee überzusetzen.

troisièmes s'occupent des grandes routes, de la construction des ponts et de la réparation des canaux.

Les Mineurs, par des chemins sous terre, font des mines qu'ils remplissent de poudre; puis, y mettant le feu, ils font sauter les fortifications qui se trouvent au-dessus.

Les Sappeurs font des tranchées et des chemins par où l'on parvient aux ouvrages de fortification.

Les Pionniers travaillent aux redoutes; font des fascines pour combler les fosses et pour façonner des gabions qui mettent à l'abri du feu de l'ennemi.

Les Pontonniers font des ponts de bateaux pour faire passer les armées.

Bellicorum operum machinator.

1 Machinarius excogitat, describit et dirigit opera omnia ad civitates et arces obsidendas, defendendas et muniendas.

2 Tres sunt machinatorum species.

3 Alios, nonnisi ad bellum constitutos, omnia ea explorata habere oportet, quae ad constructionem, aggressionem et propugnationem castellorum spectant.

4 Alii ad res maritimas destinati omnia callent, quae ad classes et stipendium maritimum pertinent; alii denique perficiendis viis publicis, pontibus faciendis et meatibus aperiendis ac restaurandis occupati sunt.

5 Cunicularii cuniculos sub terra agunt iisque dolia pulvere pyrio plena imponunt, quibus fomite

nitrato accensis munimenta superstructa disjiciunt.

[6] Effossores fossas obsidionales aperiunt et vias quoque muniunt, quibus exercitus ad munimenta accedat.

[7] Munitores valla ducunt et sarmentorum fasces efficiunt, quibus ad explendas fossas et ad pluteos utuntur, qui hostium ignem arceant.

[8] Ponticularii crates junctas faciunt, quas exercitus transmittant.

158.

Der Konstabler oder Kanonier.

The Cannonier. — *Le canonnier.*

The artillery, which is placed in the arsenals, is used in war for attacking and defending a fortress, also in battle to drive off the foe.

Large iron balls with the assistance of powder are discharged from them, which destroy every thing coming in its way.

The cannons rest on carriages, and are directed and loaded by the cannonier.

He inserts the powder into the mouth of the cannon with the gun ladle.

He then rams the load tightly down, and upon this the ball is placed.

He sets fire to the

[1] Das grobe Geschütz, welches sich im Zeughause befindet, wird im Kriege zum Angreifen und Vertheidigen der Festungen, auch in Schlachten zur Abtreibung des Feindes gebraucht.

[2] Man schießt mit Hilfe des Pulvers große eiserne Kugeln daraus, welche Alles zerquetschen, was sie treffen.

[3] Die Kanone ruht auf den Laffeten und wird von dem Constabler gerichtet und geladen.

[4] Mit der Ladschaufel bringt er das Pulver durch die Mündung des Stücks in den Lauf desselben.

[5] Hierauf stampft er die Ladung fest und auf diese wird die Kugel gesetzt.

[6] Mit der Lunte

L'artillerie qui se trouve dans l'arsenal, sert, en temps de guerre, tant pour l'attaque que pour la défense; dans les batailles, on l'emploie aussi pour repousser l'ennemi.

Par le moyen de la poudre, on tire des boulets de fonte qui renversent tout ce qu'ils rencontrent.

Le canon repose sur l'affut; il est pointé et chargé par le canonnier.

Le chargeoire sert à introduire la poudre dans le canon par l'embouchure.

Alors le canonnier bourre la charge, puis il met le boulet.

Avec la mêche, il

157.

158.

piece at the touch hole with the match, and after having fired it, he cleans it with the spunge.

Not only large iron balls are fired from the cannon, but also cannister shot, or round boxes filled with pieces of lead, iron plates, small balls, chains, and other ironwork, but from the mortar, bombs filled with powder are discharged-this last mode is also used with the grenades.

The howitzer is between a cannon and a mortar, and is discharged with grenades which burst, like a bomb.

The largest piece is the carronade; the longer ones are called field serpents.

Cannons and mortars are placed on batteries and behind gabions.

To the artillery belong: the cannonier, the artillery driver, horses, carriage and munition waggon.

Pieces when conquered, which are not able to be carried away, are spiked.

The cannons when

brennt er das Stück am Zündloch los und reinigt es, nachdem es abgefeuert worden ist, wieder mit dem Wischkolben.

7 Aus den Kanonen werden nicht nur große eiserne Kugeln, sondern auch Kartätschen oder runde Büchsen, mit Bleistücken, Eisenblech, kleineren Kugeln, Ketten und anderem Eisenwerk angeangefüllt, abgeschossen, aus den Mörsern aber Bomben, welche mit Pulver angefüllt sind; letzteres findet auch bei den Granaten statt.

8 Die Haubitzen halten das Mittel zwischen Kanonen und Mörsern, und schießen Granaten, welche, wie die Bomben, zerplatzen.

9 Die größten Stücke sind die Karthaunen; die ganz langen werden Feldschlangen genannt.

10 Die Kanonen und Mörser werden auf Batterien und hinter Schanzkörbe gestellt.

11 Zu der Artillerie gehören die Kanoniere, die Stückknechte, Pferde, Karren und Munitionswagen.

12 Eroberte Stücke, welche man nicht fortbringen kann, werden vernagelt.

13 Schadhafte Stücke

allume l'amorce dans la lumière; et, quand on a tiré, il nettoie le canon avec l'écouvillon.

Non-seulement on lance avec le canon de grands boulets, mais encore on tire à mitraille; et alors on introduit dans le canon une boite remplie de morceaux de plomb, de ferrailles, de petites balles et de chaînes. Quant aux mortiers, ils servent à lancer des plombes remplies de poudre ainsi que des grenades.

Les obusiers tiennent le milieu entre le canon et le mortier; ils lancent les grenades qui éclatent comme les bombes.

Les plus grands canons sont ceux de rempart; les plus longs s'appellent couleuvrines.

Les canons et les mortiers doivent être sur des batteries couvertes par des gabions.

Pour le service de l'artillerie, il faut des canonniers, des valets, des chevaux, des charrettes et des chariots de munition.

On encloue les canons pris qu'on ne peut emmener.

On ôte de l'affut les

rendered unfit for service, are taken down from the carriage and repaired, or melted down.

werden von den Laffeten abgehoben und entweder ausgebessert, oder umgegossen.

canons endommagés pour les réparer ou pour les refondre.

Tormentorum explosor.

[1] Tormenta majora, quae in armamentario conservantur, partim oppugnandis locis munitis seu castellis, vel defendendis, partim in proeliis hostibus arcendis adhibentur.

[2] Pulveris nitrati ope globi ferrei graviores ex iis explodunter, obvia quaevis confringentes.

[3] Tormentum vehiculo impositum a tormentario globo ferreo ac pulvere oneratur et dirigitur.

[4] Pulverem pala orificio tormenti ingerit.

[5] Deinde oneri pulveris pyrii constipato globus superadditur.

[6] Ad foramen incendiarium fune igniario pulvis incenditur, et tormentum explosum verriculo denuo purgat.

[7] E tormentis bellicis non majores globi ferrei tantum, sed etiam cylindri plumbi segmentis, lamina ferrea, globulis, catenis aliisque ferramentis repleti emittuntur, e mortariis vero globi excavati et pulvere tormentario infarti; pyrobŏli seu pilae igniariae et ipsi pulvere pyrio repleti sunt.

[8] Ballistae curtiores medium tenent tormenta inter et mortaria et pyrobŏlos explodunt, qui dissiliunt aeque ac globi excavati.

[9] Maxima sunt tormenta muralia; longiora vocantur colubrīna.

[10] Tormenta in aggeribus et post crates vimineas collocantur.

[11] Ad tormenta pertinent: tormentarii, rei tormentariae servi seu calones, equi, carri, plaustra, quibus pulvis et plumbum vehitur.

[12] Tormenta in pugna adquisita, quae avehi non possunt, adactis clavis obstruuntur.

[13] Laesa tormenta e pedamento demittuntur et vel reparantur, vel de novo conflantur.

159.

Die Belagerung.

The siege. | *Le siège.*

If a fortress or town is intended to be beseiged, it is at first challenged by the Trumpeter, and summoned to surrender.

[1] Wenn man eine Festung oder Stadt belagern will, fordert man sie zuerst durch einen Trompeter auf, und ermahnt sie zur Uebergabe.

Lorsqu'on veut assiéger une place ou une ville, avant tout le trompette la somme de se rendre.

If it refuses to comply with this demand, the enemy begins the siege, after having approached nearer to it by the trench, and filled the dikes with facines, and storm it, by either scaling the walls with scaling-ladders, or breaking them down, as formerly with battering rams, or making breaches with cannon; that is an opening in the wall, in order that the soldiers may enter.

The gate is often burst open by a petard, or the cannoniers concealed behind the gabion cast bombs from the mortars into the town.

In the extremest case the General commands mines to be dug under the fortress in order to spring it into the air.

The besieged defend themselves as well as they can from the walls with bombs, and stones; and sometimes they also make eruptions.

The Commander frequently desires to capitulate before the storm; that is he delivers up the town

[2]Wenn sie sich weigert, dieses zu thun, so beginnen die Feinde die Belagerung, indem sie sich ihr in den Laufgräben nähern, und die Gräben mit Faschinen anfüllen, und stürmen sie, indem sie entweder die Mauern mit Sturmleitern ersteigen, oder, wie ehemals, sie mit Sturmböcken zerstören, oder indem sie mit Kanonen Bresche schießen, d. h. eine Oeffnung in die Mauer machen, damit die Soldaten eindringen können.

[3]Oft zersprengen sie die Thore mit einer Petarde, oder die Kanoniere werfen aus Mörsern Bomben in die Stadt, während sie sich hinter den Schanzkörben verstecken.

[4]Im äußersten Fall läßt der Befehlshaber die Festungswerke durch die Schanzgräber untergraben, um sie in die Luft zu sprengen.

[5]Die Belagerten vertheidigen sich von der Mauer aus, so gut sie können, mit Bomben, mit Steinen, und zuweilen machen sie auch einen Ausfall.

[6]Oft verlangt der Commandant vor dem Sturm zu capituliren, d. h. er übergiebt die Stadt gegen gewisse

Que si elle refuse de le faire, les ennemis commencent le siège. Alors ils approchent dans les tranchées, et comblent les fosses avec des fascines. Quand ils livrent assaut; iis escalandent les murailles avec des échelles; ils les battent en ruines avec des béliers, comme autrefois; ou bien ils font une brêche à coups de canon, afin que les soldats puissent entrer.

Souvent ils font sauter les portes avec des pétards, ou bien les canonniers protégés par des gabions, lancent des bombes dans la ville avec des mortiers.

A la dernière extrémité, on fait miner les remparts par les pionniers, pour les faire sauter en l'air.

Les assiégés du haut des remparts, font tous leurs efforts pour se défendre; ils lancent des bombes et des pierres, quelquefois ils font une sortie.

Souvent le commandant demande à capituler avant l'assaut, c'est-à-dire, il rend la ville à certaines con-

under certain conditions; and not unfrequently the besieged are suffered to depart with the beat of the drum.

If the fortress is taken by storm; it is often plundered, destroyed or rased to the ground, the besieged are put to the sword, or made prisoners.

One of the most famous sieges, was that of Troy in Asia Minor by the Greeks, which lasted 10 years; and in later times that of the citadel of Antwerp by the French.

Bedingungen, und nicht selten dürfen die Besatzungen mit klingendem Spiele abziehen.

[7] Wird die Festung mit Sturm erobert, so wird sie oft geplündert, zerstört, oder geschleift, die Besatzung muß über die Klinge springen, oder sie geräth in Gefangenschaft.

[8] Eine der berühmtesten Belagerungen war die von Troja in Kleinasien durch die Griechen, welche 10 Jahre lang andauerte, und in neuerer Zeit die der Citadelle von Antwerpen durch die Franzosen.

ditions, et souvent la garnison peut sortir tambour battant.

Lorsque la place est emportée d'assaut, souvent elle est livrée au pillage, détruite ou rasée; la garnison est passée au fil de l'épée ou faite prisonnière.

Un siège des plus célèbres est celui que les Grecs firent devant la ville de Troie, dans l'Asie Mineure; semblablement, de nos jours, celui d'Anvers par les Français.

Obsidio urbis.

[1] Castellum aut urbs obsidione claudenda primum per tubicinem provocatur et ad deditionem invitatur.

[2] Quod si facere negat, hostes eam oppugnare conantur, in viis obsidionalibus proprius accedentes, et fossas fasciis implentes, eamque vi adoriuntur, aut moenia scalis adscendentes, aut arietibus, ut olim, diruentes, aut tormentis urbem nudantes seu muros aperientes, quo milites irrumpere possint.

[3] Saepe portas machina quadam rumpunt tormentarii post pluteos latitantes, aut e mortariis globos tormentarios in urbem ejaculantur.

[4] Ubi ultima experiri libet, dux munimenta per fossores subrui jubet disjicienda.

[5] Obsessi de muris quacunque ratione se defendunt pyrobolis, lapidibus, interdum etiam eruptione facta.

[6] Saepe, qui praeest castello, ante impetum pacisci cupit, vel, latis quibusdam conditionibus, urbem tradit, et haud raro praesidio sonantibus tympanis discedere licet.

[7] Castellum vi expugnatum, saepe diripitur, exciditur, aut solo adaequatur, et praesidium aut gladio caeditur, aut capitur.

[8] Maxime celebris erat obsidio Trojae decem per annos a Graecis facta, et nostra aetate oppugnatio castelli Antuerpiae per Francogallos.

159.

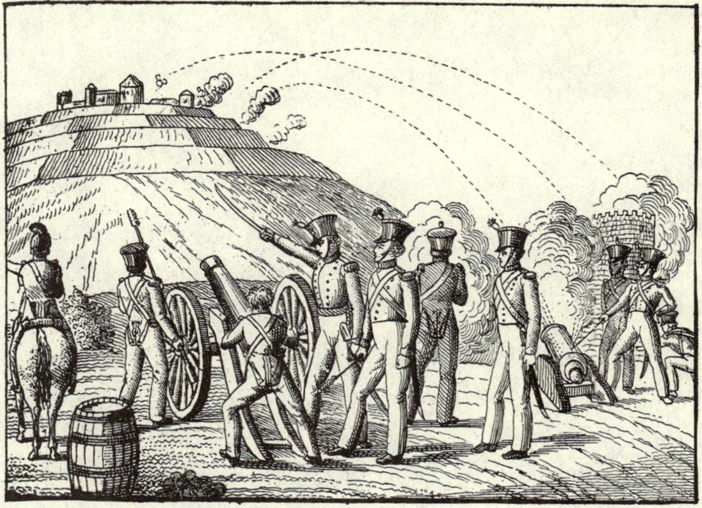

160.

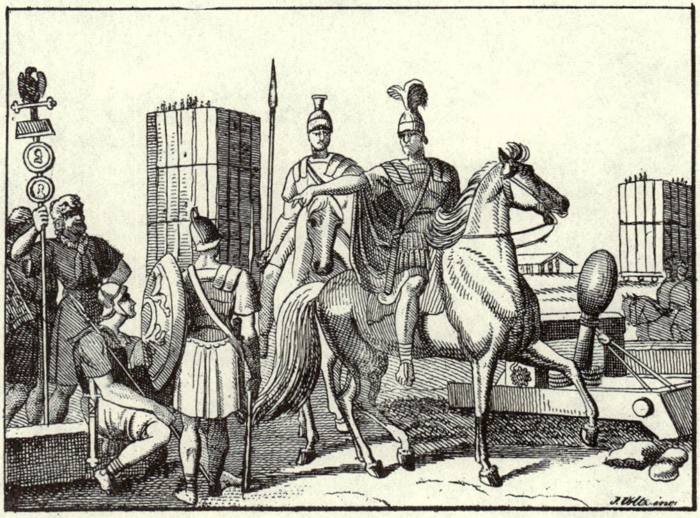

160.

Das Kriegswesen und ein Triumphzug der alten Römer.

The military system, and Triumph of the ancient Romans.		*La guerre et le triomphe chez les anciens Romains.*
The Roman infantry was divided into four classes.	1 Das römische Fußvolk wurde in vier Classen eingetheilt.	L'infanterie Romaine était divisée en quatre classes.
The first three were heavy armed, the fourth contained the light armed troops.	2 Die drei ersten waren schwer bewaffnet, die vierte enthielt die leichten Truppen.	Il n'y a que les trois premières qui fussent armées pesamment, et la quatrième contenait les troupes légères.
Their defensive arms consisted of a helmet, breast plate, and a large square or round shield.	3 Ihre Schutzwaffen bestanden in einem Helm, einem Harnisch und einem großen viereckigen oder runden Schild.	Les armes défensives consistaient en un casque, en une cuirasse et en un grand bouclier carré ou d'une figure ronde.
Their offensive were a sword and spear.	4 Die Angriffswaffen waren ein Degen und ein Speer.	Les armes offensives étaient l'épée et la lance.
Under the coat of mail a tunic was worn and over the whole a cloak.	5 Unter dem Panzer trug man ein Waffenhemd, und über das Ganze einen Kriegsmantel.	Ils portaient une cotte d'armes sous la cuirasse; et par dessus tout cela, un manteau de guerre.
The Roman soldiers carried on the march a weight of 70 pounds.	6 Auf dem Marsch trugen die römischen Soldaten eine Last von 70 Pfunden.	Le soldat romain portait en marche un fardeau de soixante-dix livres.
The cavalry wore only a short garment under the breast plate.	7 Die Ritter trugen nur ein kurzes Kleid unter dem Brustharnische.	Les cavaliers ne portaient qu'un habit court sous la cuirasse.
Their arms consisted of a small sword,	8 Ihre Waffen bestanden in einem kurzen Degen, einem oval-	Leurs armes consistaient dans une épée courte, un bouc-

an oval-formed shield, and a small javelin.

The ancients also approached the walls of a town by trenches and dikes formed under the earth, in order to undermine it.

For the sake of security, they used the testudo and vineae.

The battering ram was a large beam furnished at the end with an iron figure in the form of a rams head, which the soldiers struck against the wall with all their force.

The towers for offense are furnished with a bridge from whence the soldiers step on the enemy's walls.

Their engines for shooting consisted of catapults and ballistae.

A Triumph is often decreed to the general.

The conqueror is born on his entrance into the capital, on a charriot made of ivory, which is drawn by four milk white horses, on some occasions by lions, is clothed with a purple

runden Schild und einem kleinen Wurfspieß.

9 Auch die Alten näherten sich durch Gräben und ausgehöhlte Erdgänge den Mauern einer Stadt, um sie zu untergraben.

10 Um sicherer zu seyn, bedienten sie sich der Schilddächer und Annäherungshütten, und oft bildeten sie mit ihren Schilden eine Art Dach.

11 Die Mauerbrecher waren große Balken, vorn mit einem Widderkopf beschlagen, welche die Soldaten mit aller Macht gegen die Mauer stießen.

12 Die Belagerungsthürme hatten Fallbrücken, von welchen aus die Soldaten auf die feindlichen Mauern hinüberstiegen.

13 Ihr Geschütz bestand aus Katapulten und Ballisten.

14 Oft wurde einem Feldherrn der Triumph bewilligt.

15 Der Sieger fuhr bei seinem Einzuge in die Stadt auf einem elfenbeinernen Wagen, der von vier weißen Pferden, auch einigemal von Löwen gezogen wurde, trug einen mit Gold gestickten

lier de forme ovale et dans un petit javelot.

Pour saper les murs d'une ville, les anciens s'approchaient aussi par des fossés et des souterrains.

Pour être en sureté, ils construisaient des toits portatifs et des tortues; souvent aussi ils formaient une espèce de toit avec leurs boucliers.

Les passe-murs étaient de grosses poutres garnies, sur le devant, d'une tête de bélier de fer que les soldats poussaient avec force contre les murs.

Dans les tours construits pour les siéges, on pratiquait des ponts levis, par lesquels les soldats passaient sur les murs de la ville ennemie.

Leur artillerie consistait en catapultes et balistes.

On accordait souvent au général l'honneur du triomphe.

A son entrée dans la ville, le vainqueur, sur un char d'ivoire, était trainé par quatre chevaux blancs et quelquefois par des lions; il était revêtu de pourpre brodée d'or, et tenait une

cloak embroidered with gold, and a laurel branch in his right hand.

Before him proceeded the conquered commanders of the enemy, preceded by the spoil, and trophy and he himself is surrounded and accompanied by the soldiers according to their legions and ensigns.

All the temples are opened and handsomely adorned.

The triumphing General offers a sacrifice in a public place, and betakes himself to the capitol.

Purpurrock, und hielt einen Lorbeerzweig in der rechten Hand.

16 Vor ihm giengen die besiegten feindlichen Feldherren, die Beute und Siegeszeichen wurden vorangetragen, und er selbst war von den Soldaten nach ihren Legionen und Adlern umgeben und begleitet.

17 Alle Tempel waren geöffnet und prächtig geschmückt.

18 Der siegprangende Feldherr opferte auf einem öffentlichen Platze, und begab sich dann in das Capitol.

branche de laurier dans la main droite.

Les généraux vaincus marchaient devant lui; on portait en avant les trophées et les dépouilles de l'ennemi; le triomphateur était entouré et accompagné par des soldats selon l'ordre de leurs légions et de leurs aigles.

Tous les temples étaient ouverts et ornés avec pompe.

Le triomphateur faisait un sacrifice sur la place publique, et de là il se rendait au Capitole.

Res militaris et triumphus priscorum Romanorum.

1 Romanorum peditatus in quatuor classes dividebatur.

2 Tres earum milites gravis armaturae complectebatur, quarta levis armaturae erat.

3 Armis utebantur galea, thorāce et scuto aut clypeo.

4 Tela habebant gladium et lanceam.

5 Sub thorace tunica militaris gerebatur, et sagum cuncta tegebat.

6 In itinere milites Romani onus ferebant septuaginta librarum.

7 Equites sub lorīca breviore tantum veste tegebantur.

8 Arma eorum erant: gladius brevis, clypeus ovatus (parma) et jaculum parvum.

9 Etiam prisci fossis et factis cuniculis ad moenia urbium accedebant, ut eas subruerent.

10 Quo vero magis tutos se redderent, testudinibus utebantur ac vineis, et saepe quoque scutis testudinis formam efficiebant.

11 Arietes magnae trabes erant, ante ferro munitae, arietis caput, exhibente, quibus milites summa vi muros incutiebant.

12 Turres obsidionales pontibus versatilibus instructae erant, e quibus milites in hostium muros transcendebant.

13 Tormenta eorum catapultis constabant et ballistis.

14 Saepe imperatori triumphus decernebatur.

15 Victor, quo intrabat urbem, die, curru eburneo vehebatur, cui quatuor equi albi et aliquoties leones juncti fuerant, purpura auro picta indutus, et lauream dextra tenens.

16 Hostium duces praecedebant, exuviae et tropaea preferebantur,

et ipsum sequebantur et comitabantur milites secundum legiones et aquilas.

[17] Omnia fana patuere, magnificentissime exornata.

[18] Imperator triumphans in foro diis sacra fecit et in Capitolium se contulit.

161.

Die Obrigkeit.

The Government.

The Government takes care of the public affairs, and guards the safety of the cityzens.

It takes care of the preservation of order, collects the revenue, and prevents one man from being injured by another.

For this purpose there are country magistrates, burgomasters, mayors, bailiffs, taxgatherers, finance officers, counselors, and judges.

When two parties have a quarrel, there is nothing better than an equitable agreement, either among themselves, or by the interference of a third party.

If the affair is not settled in this manner it comes to the court of justice.

The court of justice was formerly held in

[1] Die Obrigkeit besorgt die öffentlichen Angelegenheiten und wacht für das Wohl der Bürger.

[2] Sie sorgt für Erhaltung der Ordnung, zieht die Abgaben ein, und verhütet, daß Niemand die Rechte Anderer verletze.

[3] Zu diesem Ende haben wir Landpfleger, Bürgermeister, Schulzen, Amtleute, Steuereinnehmer, Cameralbeamte, Räthe und Richter.

[4] Wenn zwei Partheien mit einander Streit haben, so giebt es nichts Besseres, als den gütlichen Vergleich, entweder unter sich, oder durch Einmischung eines Dritten.

[5] Wenn die Sache auf diesem Wege nicht geht, so kommt man vor Gericht.

[6] Vor Zeiten hielt man Gericht auf dem

La magistrature.

La magistrature gère les affaires publiques et surveille les intérêts des citoyens.

Elle maintient le bon ordre, perçoit les impots, veille à ce que personne ne viole les droits d'autrui.

A cet effet, on a établi des préfêts, des sous-préfêts, des maires, des receveurs, des financiers, des conseillers et des juges.

Lorsque deux parties ont à démêler un différent, le meilleur est qu'ils s'arrangent à l'amiable soit entre eux, soit par l'entremise d'un tiers.

Si la chose ne réussit point de cette manière, on va devant les tribunaux.

L'on rendait autrefois les jugemens sur

the market place or under the city gates, at the present time in the justice room.

The judge presides over it with the assessors, and the clerk of the court bring forward the protocol, and writes down the votes.

The complainant sues the accused, and produces witnesses against him.

The accused answers either in person, or thro' an advocate; the complainants Advocate contradicts him.

The judge then pronounces the sentence, absolves the innocent, and condemns the guilty according to the law.

The aldermen hold council in the town hall.

Markt, oder unter den Thoren, heutzutage in der Gerichtsstube.

[7] Der Richter steht demselben vor mit den Beisitzern, und der Gerichtsschreiber führt das Protokoll und schreibt die Stimmen auf.

[8] Der Kläger klagt den Beklagten an und bringt Zeugen gegen ihn vor.

[9] Der Beklagte verantwortet sich entweder selbst, oder durch den Anwalt (Rechts-Consulenten, Advokaten, gerichtlichen Beistand); diesem widerspricht des Klägers Anwalt.

[10] Alsdann spricht der Richter das Urtheil, indem er den Unschuldigen freispricht, und den Schuldigen nach den Gesetzen verurtheilt.

[11] Die Rathsherren halten auf dem Rathhause Sitzung.

la place publique, ou aux portes des villes; aujourd'hui on les rend à la maison de ville.

Le Juge préside au jugement avec ses assesseurs, et le greffier dresse le procès-verbal et recueille les voix.

Le demandeur accuse le défendeur, et produit des témoins contre lui.

Ou l'accusé se défend lui-même, ou bien il est défendu par l'avocat, auquel répond le procureur du demandeur.

Alors le juge porte la sentence: il absout l'innocent, il condamne le coupable selon la loi.

Le conseil tient ses séances à la maison de ville.

Magistratus.

[1] Magistratus curam gerit rerum publicarum et civium saluti invigilat.

[2] Id maxime spectat, ut disciplinae gravitas servetur, vectigalia exigit, et cavet, ne quis jura aliorum violet.

[3] Eum ad finem provinciarum praesides, praetores, tum urbium, tum pagorum, praefecti, quaestores urbium et principis, consiliarii et judices constituti sunt.

[4] Lite inter quosdam orta, non melius jus invenitur placida conventione, facta vel ab ipsis, inter quos lis est, vel ab arbitro.

[5] Hac via si non procedit res, ad judicium transfertur.

[6] Olim judicabant in foro, aut sub portis, hodie in praetorio.

[7] Judex praesidet ei cum assessoribus, et scriba praetorius acta consignat et vota calămo excipit.

[8] Actor accusat reum, et testes contra illum producit.

[9]Reus se aut ipse defendit, aut per advocatum excusatur, cui actoris procurator contradicit. [10]Tum judex sententiam pronunciat, absolvens insontem, et sontem ad legis praescriptum damnans.
[11]Senatorum consessus in curia fiunt.

162.

Die Leibesstrafen der Verbrecher.

Corporal punishment of the criminal.

Les supplices des criminels.

No state can exist without right and justice being executed, and care taken for its security.

On this account those, who are guilty of offences against the law, are punished either corporally, or fined; those guilty of murder, are condemned to death.

Those criminals condemned to death, are brought out by the tipstaff and carried or drawn to the place of execution.

The thief is hanged with a rope on the gallows by the executioner.

Murderers, highway

[1]Kein Staat kann bestehen, wenn nicht Recht und Gerechtigkeit gehandhabt und für die Sicherheit desselben gesorgt wird.

[2]Deßwegen werden die, welche sich gegen die Gesetze vergehen, zu einer körperlichen, oder einer Geldstrafe, oder sogar, besonders die, welche einen Mord begangen haben, zum Tode verurtheilt.

[3]Die zum Tode verurtheilten Verbrecher werden von den Gerichtsdienern aus dem Kerker abgeholt und auf den Richtplatz geführt oder geschleift.

[4]Die Diebe werden von dem Scharfrichter mit einem Strick an den Galgen gehängt.

[5]Mörder, Straßen-

Aucun Etat ne peut subsister, si les lois, ne sont maintenues dans toute leur rigueur, si l'on ne pourvoit à leur observation.

C'est pourquoi ceux qui manquent aux lois sont condamnés à une punition corporelle, ou à une amende, ou même, surtout ceux qui ont commis un meurtre, à la peine de mort.

Les criminels, condamnés à mort, sont tirés par les sergents hors de prison, et menés ou bien trainés au lieu du supplice.

Le bourreau pend les voleurs à la potence avec une corde.

Les meurtriers, les

161.

162

robbers, and pirates, are beheaded, or broken, and drawn on the wheel.	räuber und Seeräuber werden enthauptet, oder gerädert, und ihre Körper auf das Rad geflochten.	brigands et les pirates sont décapités ou roués.
Traitors of his country and those guilty of high treason are quartered, and the deserter shot.	6 Verräther des Vaterlandes und Majestätsverbrecher werden geviertheilt, und die Ausreißer bei dem Heere erschossen.	Les traîtres à la patrie et les coupables du crime de lèse-Majesté, sont écartelés, et les déserteurs d'une armée sont fusillés.
Others, before they are executed, have their tongues pulled out, or their hands chopt off on a block, or burnt with hot pincers.	7 Andern wird, ehe sie hingerichtet werden, die Zunge ausgerissen, oder auf einem Block die Hand abgehauen, oder werden sie mit glühenden Zangen gebrannt.	Aux uns, on arrache la langue avant de les exécuter, on coupe aux autres le poignet sur un billot, quelques-uns sont tenaillés.
Those, who are pardoned with life, are placed in the pillory, publicly whipt, branded, banished, condemned to the galleys or imprisonment for life.	8 Die, denen man das Leben schenkt, werden an den Pranger gestellt, ausgestäupt, gebrandmarkt, verwiesen, oder auf die Galeeren, oder zur ewigen Gefangenschaft verurtheilt.	Ceux à qui on laisse la vie, sont mis au carcan; on les fouette, on les marque au dos, on les bannit, on les envoie aux galères, ou bien on les condamne à une prison perpétuelle.
Formerly in consequence of the superstitions belief in witches and spectres being received, many innocent people were burnt alive at the stake as witches.	9 Ehemals, als der Aberglaube noch Hexen und Gespenster annahm, wurden viele unschuldige Menschen als Hexen auf dem Scheiterhaufen lebendig verbrannt.	Autrefois, alors que la superstition croyait encore aux sorciers, et aux revenans, nombre d'hommes innocens ont été brûlés vifs sur un bucher.
During the French Revolution the beheading was effected by the guillotine.	10 Seit der Revolution von 1789 geschehen in Frankreich die Hinrichtungen mit dem Fallbeil.	En France, depuis la révolution de -89, les exécutions se font avec la guillotine.
The rack is no longer used.	11 Die Folter wird heutzutage nicht mehr angewendet.	Aujourd'hui on ne met plus à la torture.

Supplicia maleficorum.

1 Respublica salva esse non potest, si juris justitiaeque administratio negligitur, et securitati ejus non consulitur.

[2]Idcirco ii, qui in leges delinquunt, poena, aut mulcta afficiuntur; quin adeo, praesertim facto homicidio, capitis damnantur.

[3]Malefĭci condemnati, a lictoribus e carcere producti, ad locum supplicii truduntur, vel equo raptantur.

[4]Fures a carnifice in patibulo suspenduntur.

[5]Homicīdae, latrones et pirătae capite plectuntur, rotaeve ope exanimantur, eorum vero cadavera in rota restibus firmantur.

[6]Patriae proditores, aut qui laesae majestatis crimen commiserunt, quadrīgis discerpuntur, et qui signa deserunt, glandibus plumbeis trajiciuntur.

[7]Quidam, antequam supplicio afficiantur, aut super cippum manu plectuntur, aut forcipibus candefactis uruntur.

[8]Vita donati ad palum destituuntur, virgis caeduntur, stigmate notantur, relegantur, vel ad triremes damnantur, vel ad carcerem perpetuum.

[9]Olim, quum sagas et spectra esse falso opinarentur, multorum insontium viva super rogo cremabantur corpora.

[10]In Francogallia, ex conversione ista anno 1789 facta, condemnatis securi pendula caput praeciditur.

[11]Quaestione per tormenta hodie non amplius utuntur.

163.

Maas und Gewichte.

Measure and Weight.

Des mesures et des poids.

Substances on a piece we measure by the yard, fluids with the measure, corn and other dry substances with the bushel or corn-measure.

The weight of a substance is determined by the weight and scales.

The common scales consist of two principal parts: these are the beam which is ge-

[1]Sachen an einem Stück messen wir mit der Elle, flüssige mit dem Maaß, das Getreide und andere trockene Dinge mit dem Scheffel oder Kornmaaß.

[2]Die Schwere der Körper prüfen wir mit der Wage und mit Gewichten.

[3]Die gemeine Wage besteht aus zwei Haupttheilen; diese sind der Balken, der gemeinig-

Nous mesurons les étoffes à l'aune; les choses liquides, au pot et à la pinte; les choses sèches, comme le blé, avec le boisseau.

Les poids et les balances nous donnent la pesanteur des choses.

La balance commune a deux parties principales: le fléau et les bassins. Le fléau,

nerally of iron or steel, and on which the balance and the tongue of the balance, are fixed, and the basin made of metal or wood.

There are no basins on the steel-yard, but only hooks affixed to it, on which that intended to be weighed is hung.

The opposite suspended weight indicates, whether an equipoise is on both sides.

The probe-scale is the finest and most susceptible of any; and with the fine golden scales gold coins are weighed.

A bushel of corn contains eight pecks, and one peck four quarts.

A yard has four quarters.

The cent contains 100 pound; the pound 32 half ounces or four quarters; the half ounce contains four drachms.

A load has six eimer, or ten awms; an eimer 16 Imi, an Imi ten maas, the maas 4 pints.

A rood has ten feet; a foot ten inches, and an inch ten lines.

A fathom is four feet long, six broad and six in height.

lich aus Eisen oder Stahl ist, und woran das Wagegewicht (die Scheere) und die Zunge befindlich sind, und die Schalen aus Metall oder Holz.

4 An der Schnellwage sind keine Schalen, sondern nur herunterhängende Haken, an welche das zu Wägende gehängt wird.

5 Das gegenüber hangende Gewicht zeigt an, ob auf beiden Seiten ein Gleichgewicht Statt finde.

6 Die Probirwage ist die zarteste und empfindlichste, und mit der feinen Goldwage werden goldene Münzen gewogen.

7 Ein Scheffel Getreide hält acht Simri, ein Simri vier Vierling.

8 Eine Elle hat vier Viertel.

9 Der Centner hält 100 Pfund, das Pfund hat 32 Loth oder vier Vierling, das Loth hält vier Quentchen.

10 Ein Fuder hat sechs Eimer, oder zehn Ohm, ein Eimer 16 Imi, ein Imi 10 Maas, die Maas 4 Schoppen.

11 Eine Ruthe hat 10 Schuh, ein Schuh 10 Zoll, ein Zoll 10 Linien.

12 Ein Klafter ist vier Schuh lang, sechs breit und eben so hoch.

ordinairement de fer ou d'acier, est suspendu à la châsse où tourne sa languette; les bassins sont de bois ou de métal.

La balance Romaine n'a point de bassin, mais seulement un crochet suspendu, auquel on attache ce qu'on veut peser.

Le contrepoids nous fait voir s'il y a équilibre des deux côtés.

La balance d'essai est la plus délicate et la plus sensible; avec le trébuchet, on pèse les espèces d'or.

Un boisseau de blé a huit simmers, un simmer a quatre quarts.

L'aune se divise en quatre quarts.

Le quintal est cent livres, la livre a trente deux demi-onces ou quatre quarterons, la demi-once a quatre gros.

Le foudre a six eimer ou dix muids; un eimer, seize imis; l'imi a dix pots; le pot, quatre chopines.

La verge a dix pieds, un pied a dix pouces; et le pouce dix lignes.

Une corde a quatre pieds de longueur, six pieds de largeur et autant de hauteur.

An acre contains two half acres, or 4 quarters.

A mile is a distance of two hours duration: by the ancient Romans a mile consisted of 5000 paces, and the pace 5 feet.

[13] Ein Morgen oder Jauchert hat zwei halbe Morgen oder vier Viertel.

[14] Eine Meile ist ein Weg von zwei Stunden; bei den alten Römern betrug eine Meile 5000 Schritte, ein solcher Doppelschritt aber fünf Fuß.

Un arpent de terre a deux demi-arpents ou quatre quartiers.

Un mille d'Allemagne a deux lieues de France: un mille des anciens Romains avait cinq mille pas doubles; et celui-ci, cinq pieds.

Mensurae et pondera.

[1] Res continuas ulna metīmur, liquidas congio, aridas, ut frumenta, medimno.

[2] Gravitatem rerum ponderibus experimur et libra.

[3] Libra vulgaris duabus praecipue partibus constat, jugo, plerumque ferreo aut chalybeo, cui trutĭna cum examine adjungitur, et lances e metallo vel ligno confectae.

[4] Statēra non habet lances, sed uncum dependentem, cui pondera adnecti solent.

[5] Pondus ex opposito indicat, utrum aequilibrium sit, nec ne.

[6] Libra exploratoria agilis valde et mollissima est, et libra auraria nummi aurei seu monetae aureae penduntur.

[7] Medimnus frumenti octo habet modios, modius autem quatuor quadrantes.

[8] Ulna quatuor quadrantibus constat.

[9] Centenarium pondus centum est librarum, libra autem triginta duarum semunciarum aut quatuor quadrantium, semuncia est quatuor drachmarum.

[10] Vehes vini est apud nos sex aut decem amphorarum majorum, amphora, apud Romanos, octo congiorum, congius sex sextariorum, aut duodecim heminarum.

[11] Pertica decem continet pedes, pes decem pollices, pollex decem lineas.

[12] Orgyia quatuor pedes longa, sex lata et totidem alta est.

[13] Jugerum agri duo semijugera complectitur seu quatuor quadrantes.

[14] Milliarium iter est duarum horarum; apud Romanos milliarium quinque millia passuum conficiebat, ejusmodi passus autem quinque pedes.

163.

164.

164.

Der Kaufmann.

The Merchant.		Le marchand.
The Merchants trade in cloths, stuffs, grocery, and other wares.	[1] Die Kaufleute treiben Handel mit Tüchern, mit Zeugen, mit Specereyen und mit andern Waaren.	Les Marchands font négoce de draps, d'étoffes, d'épiceries et d'autres marchandises.
Many of the wares, as the sugar and coffee are brought to us in ships from foreign countries.	[2] Viele derselben, wie der Zucker und der Kaffee, werden uns von fremden Ländern auf Schiffen zugeführt.	Plusieurs marchandises, comme le sucre et le café, nous sont apportés des pays étrangers.
In order to enliven the trade, and to connect one country with another in a more intimate union, great fairs are instituted, at which the wares are at one time sold for ready money, at another in exchange, or are sold upon credit or by a bill.	[3] Um den Handel zu beleben, und die verschiedenen Nationen unter sich in nähere Verbindung zu bringen, hat man auch Messen, wo die Waaren bald für baares Geld, bald im Tausch, oder auf Zeit und ausgestellte Wechsel verhandelt werden.	Pour encourager le commerce et resserrer les liens de peuples à peuples, on a établi des foires où les marchandises se vendent tantôt argent comptant, tantôt par des échanges, tantôt à jour fixe, tantôt par lettre de change.
The purchasers select here and there according to pleasure the necessary articles, and receive them either on payment of ready money, or on credit.	[4] Die Käufer lesen sich da und dort die nöthigen Waaren nach Gefallen aus und empfangen sie entweder gegen baare Bezahlung, oder auf Credit.	Les acheteurs choisissent les marchandises dont ils ont besoin, ils les prennent argent comptant ou à crédit.
Almost every merchant visits the fairs, in order to purchase in, commodities or to sell them, or to effect both at the same time.	[5] Fast jeder Kaufmann besucht die Messen, um daselbst Waaren einzukaufen oder zu verkaufen, oder um beides zugleich zu thun.	Presque tous les marchands se rendent aux foires, soit pour acheter, soit pour vendre, soit pour faire l'un et l'autre.
Many of them however remain at home, and receive their	[6] Doch bleiben auch Manche zu Hause, und lassen ihre Waaren von	Cependant plusieurs restent chez eux, et font venir leurs mar-

wares from Frankfurt, Hamburgh, and other places.

The commodities brought from other places, are changed for others in the warehouses, or exposed for sale in the shops, and sold for ready money, after having measured them with the yard, or weighed them in the scales.

The seller exposes his goods, and sets a price on them, the buyer bargains concerning it, and offers a price.

If one offers more than another, particularly at an auction, the goods are made over to the highest bidder.

The small shop keepers bring their wares from door to door.

Frankfurt, von Hamburg und andern Orten kommen.

7 Die Waaren, die man von andern Orten zuführt, werden entweder im Kaufhause gegen andere vertauscht, oder in den Kaufläden zum Verkauf ausgesetzt, und für baares Geld verkauft, indem man sie entweder mit der Elle mißt, oder auf der Wage abwägt.

8 Der Verkäufer legt seine Waare aus, und sagt den Preis, der Käufer handelt darum und macht ein Gebot.

9 Wenn, besonders bei einer Versteigerung, Einer mehr bietet, so wird die Waare dem Meistbietenden überlassen.

10 Die Krämer ernähren sich mit Hausiren.

chandises de Francfort, de Hambourg et d'autres places.

Les marchandises apportées d'autres endroits, se troquent contre d'autres dans les magazins, ou bien on les expose en vente dans les boutiques, et on les vend pour de l'argent comptant, on les mesure à l'aune, ou bien on les pèse à la balance.

Le vendeur étale sa marchandise, et en dit le prix; l'acheteur marchande et dit ce qu'il veut donner.

Mais si quelqu'un, surtout aux enchères, en offre davantage, la marchandise est au dernier enchérisant.

Les merciers gagnent leur vie à colporter.

Mercator.

1 Mercatores pannos densiores et tenŭiores, aromăta aliasque merces vendunt.

2 Multae earum, ut saccharum et fabae arabicae, e peregrinis terris navibus ad nos transferuntur.

3 Ad mercaturae florem in dies magis augendum, nec non ad jungendas sibi invicem gentes mercatus celebrantur, ubi merces nunc pecunia numerata, nunc permutatione, nunc ad diem certum, nunc ad syngrăpham divenduntur.

4 Emtores pro lubitu selectas hic illic merces accipiunt vel nummis praesentibus, vel fide sua.

5 Quisque fere mercator solemniores adit nundinas, ut ibi partim emat merces, partim divendat, partimque utroque negotio una vice fungatur.

6 Attamen haud pauci domi se tenent et merces aliunde arcessunt, velut Francofurto, Hamburgo aliisque locis.

7 Merces aliunde allatae vel in commerciorum domo commutantur, vel in tabernis venum expositae data pecunia venduntur, ubi

vel ulna metiendae, vel libra ponderandae sunt.

8 Venditor ostentat rem venalem et indicat pretium, quanti liceat, emtor licitatur et pretium offert.

9 Si quis, quod praesertim in auctione fit, contraliceatur, ei res addicitur, qui plurimum pollicetur.

10 Tabernarii ostiatim merces suas venum exponunt.

165.

Die Uhren.

The Watches.		*Les horloges.*
The first watch seen in Europe was that which Harun Al Raschid presented to Charlemagne.	1 Die erste Uhr, welche man in Europa zu Gesicht bekam, war die, welche Harun al Raschid Carl dem Großen schickte.	La première horloge qui parut en Europe, est celle que le calife Aaron Al-Raschid envoya à Charle-Magne.
Peter Hele in Nürnberg was the inventer of the watches.	2 Peter Hele in Nürnberg war der Erfinder der Taschenuhren.	Pierre Helé de Nuremberg a été l'inventeur des montres.
Afterwards the repeaters and Time-pieces were invented.	3 Nachher erfand man auch die Repetir- und die Seeuhren.	Plus tard on inventa aussi les montres à répétition et les montres marines.
Various methods were formerly used to ascertain the time.	4 Ehemals wendete man verschiedene Arten an, die Zeit zu messen.	Autrefois on mesurait le temps de différentes manières.
The water watch consisted of a vessel with a very narrow tube, thro' a small opening in which the water which was poured into it, passed drop by drop.	5 Die Wasseruhr war ein Gefäß mit einer engen Röhre, durch dessen kleine Oeffnung das Wasser, welches man hineingoß, tropfenweise herabfloß.	Le clepsydre était un vase avec un tuyau étroit, qui laissait échapper, goutte à goutte, l'eau qu'on y avait versée.
The hour-glass pointed out by the running thro' of the sand, every quarter of an hour.	6 Die Sanduhr zeigt durch den Ablauf des Sandes die Viertelstunden.	L'ampoulette marque les quarts d'heure par l'écoulement du sable.
The sun dial shews by the shadow of the	7 Die Sonnenuhr weist mit den Schat-	Le solaire indique l'heure par l'ombre de

hand what o' clock it is, either on the wall, or on the compass which is used by mariners.

The striking clock counts also the hours of the night by the turning round of the wheels, the greatest of which is turned round by the leaden weight which sets also the remaining ones in motion.

The hours are then signified either by the sound of the bell which is struck by a hammer, or on the outside by the circuit of the hands.

We will speak hereafter of the pendulum clock and the watches.

ten des Zeigers, wie viel Uhr es ist, und zwar entweder an der Wand, oder in dem Compaß, dessen sich die Seeleute bedienen.

[8] Die Schlaguhr zählt auch die Nachtstunden durch Umtreibung der Räder, von denen das größte durch das Bleigewicht gezogen wird, welches sodann auch die übrigen in Bewegung setzt.

[9] Alsdann zeigt entweder die Glocke, welche von dem Hammer angeschlagen wird, durch ihren Klang die Stunde an, oder außen der Zeiger durch seinen Umlauf.

[10] Von den Pendel- und Taschenuhren wollen wir später reden.

l'aiguille; il est placé soit sur une muraille, soit sur la boussole, dont se servent les navigateurs.

L'horloge sonnante compte aussi les heures durant la nuit; la grande roue, mue par le poids, met toutes les autres en mouvement.

Ou la cloche, frappée par le marteau, indique l'heure par son son, ou l'aiguille la marque en tournant sur le cadran.

Nous parlerons plus tard des pendules et des montres.

Horologia.

[1] Horologium, quod primum videbatur in Europa, ab Aarone Raschidio, qui e posteris fuit Muhamedis, Carolo Magno Imperatori missum fuit.

[2] Petrus Hele, Norimbergensis, horologiorum portatilium fuit inventor.

[3] Postea quoque horologia portatilia cum tintinnabulo et horologia maritima inventa sunt.

[4] Olim vario modo temporis cursum metiebantur.

[5] Clepsydra vase constabat tubulo angustiore instructo, per cujus parvum foramen aqua infusa guttis defluebat.

[6] Horologium arenarium horae quatuor partes ostendit defluxu arenae.

[7] Solarium umbra gnomŏnis ostendit, quota sit hora, sive in pariete, sive in pyxide nautica, qua nautae utuntur.

[8] Automăton seu horologium sonorum nocturnas quoque horas numerat rotarum circulatione, quarum maxima ponderis plombei ope trahitur, et caeteras nutu suo trahens.

[9] Tum vel campāna sonitu suo horam indicat, a malleolo percussa, vel in exteriori parte index circuitione sua.

[10] De horologiis cum perpendiculo et de horologiis portatilibus posthac dicemus.

165.

166.

166.

Der Uhrmacher.

The Clock Maker. *L'horloger.*

The watchmaker's science requires of those who give themselves up to it, the knowledge of the movement of the bodies, mathematics mechanics and natural philosophy.

It is therefore of consequence to distinguish those true artists in the trade who understand it according to its theory and practise, from those who work alone mechanically.

The large clock-maker prepares tower, and pendulum clocks; the small watch maker alone watches.

There are two sorts of pendulum clocks those with the weights, and those with springs.

The pendulum regulates by its vibration, the movement of the clock.

The wheels of the striking clock are of iron, and the frame is furnished by the carpenter.

The pendulum of the pendulum clock, which is suspended on a

1 Die Uhrmacherkunst setzt bei denen, die sich damit abgeben, die Kenntniß der Bewegung der Körper, der Mathematik, Mechanik und Physik voraus.

2 Es ist deßwegen von Wichtigkeit, die wirklichen Künstler in diesem Fache, welche ihre Kunst theoretisch und praktisch verstehen, von denen zu unterscheiden, welche nur das Verdienst der Ausführung haben.

3 Die Großuhrmacher machen die großen Uhren der Thürme, und Pendeluhren, die Kleinuhrmacher machen nur Taschenuhren.

4 Es giebt zwei Arten der Pendeluhren, mit Gewichten und mit Federn.

5 Der Perpendikel regelt durch seine Schwingungen die Bewegung einer Uhr.

6 Die Räder der Glockenuhren sind von Eisen, und das Gestell wird vom Tischler verfertigt.

7 Der Perpendikel der Pendeluhren, den man an einen Faden auf-

L'horlogerie exige, de ceux qui professent cet art, la connaissance des lois du mouvement, celle des mathématiques, de la mécanique et de la physique.

Il est donc important de distinguer les horlogers vraiment artistes qui possèdent la théorie et la pratique, d'avec ceux qui n'ont d'autre mérite que celui de l'exécution.

Il y a des horlogers qui font les grandes horloges des tours, et les pendules, d'autres ne font que des montres.

Il y a deux sortes de pendules: celles à poids, et celles à ressort.

Par ses vibrations, le pendule règle le mouvement d'une horloge.

Les roues des horloges des clochers sont de fer, et la cage est faite par le menuisier.

Le balancier du pendule, qui est suspendu à un fil, est

thread, serves for the regulation of the machine; the weights are intended to set it in motion and the wheels are its measurer.

Instead of the weights, the watches are furnished with steel, spiral-formed springs wound up together; and instead of the pendulum a balance.

The other parts of the watch are the chains, the fusee upon which the chain is wound, the minute wheel, the escapement wheel, the crown wheel, the balance wheel, the hour wheel, the dial, the hour hand, the minute hand, the watch case and glass.

hängt, ist zum Ordnen des Gangs der Maschine bestimmt; das Gewicht soll sie in Bewegung setzen, und das Rad ist der Messer derselben.

8 Statt der Gewichte haben die Taschenuhren stählerne, spiralförmig gewundene Federn, und statt des Perpendikels eine Unruhe.

9 Die übrigen Theile der Uhr sind: die Kette, die Spindel, auf welche sich die Kette windet, das Minutenrad, das Bodenrad, das Kronrad, das Steigrad, das Stundenrad, das Zifferblatt, der Stundenzeiger, der Minutenzeiger, das Uhrgehäuse und das Uhrglas.

destiné à régler toute la machine; le poids la met en mouvement, et la roue en est la mesure.

Les horloges portatives ont un ressort d'acier plié en spirale, en place du poids; et une verge au lieu de balancier.

Les autres parties de la montre sont: la chaîne, la fusée sur laquelle se roule la chaîne, la roue des minutes, la roue de fond, la roue de champ, la roue de rencontre, la roue de cadran, le cadran, l'aiguille aux heures, l'aiguille à minutes, la boîte et le verre.

Horologiorum artifex.

1 Eos, qui horologiis conficiendis operam dant, corporum motus, mathēsis, artis mechanicae et physicorum peritos esse oportet.

2 Plurimum itaque interest, eos, qui artem suam vere compertam habent, et qui non praecepta tantum illius noverunt, sed ea quoque ad usum vitae transferre sciunt, ab iis distingui, qui nonnisi fabricationis honorem sibi vindicare possunt.

3 Sunt, qui majora turrium horologia et genus illud perpendiculis instructum, sunt etiam, qui nonnisi horologia portatilia conficiant.

4 Duo sunt genera horologiorum cum perpendiculo; alterum ponderum ope, alterum spiris movetur.

5 Perpendiculus vibratione sua motum horologii temperat.

6 Rotae horologiorum in turribus structorum e ferro fiunt, et jugamentum a fabro tignario conficitur.

7 Perpendiculus horologiorum perpendiculo instructorum, a filo pendens, machinam temperat, pondera eam movent, et rota mensoris opere fungĭtur.

8 Ponderis vice horologia portatilia spiris chalybeis, et perpendiculi loco momento instructa sunt.

9 Ceterae horologii partes sunt:

catenula, cylindrus, (cochlea) circa quem catenula volvitur, rota sexagesimaria, rota inferior, rota coronaria, rota intentior, rota horaria, discus, horarum index, gnomon sexagesimarius, gnomonotheca et vitrum horologii.

167.

Der Maler.

The painter.		*Le peintre.*
The science of drawing, imitates by strokes of the pen, chalk, or brush, the forms of objects presented to us by Nature.	1 Die Zeichnungskunst ahmt durch Züge mit der Feder, der Kreide oder dem Pinsel die Gestalt der Gegenstände nach, die uns die Natur darbietet.	Le dessin est l'art d'imiter par des traits tracés à la plume, au crayon, ou au pinceau, la forme des objets, que la nature présente à nos regards.
This science is the soul of painting, sculpture and architecture.	2 Diese Kunst ist die Seele der Malerei, der Bildhauerkunst und der Baukunst.	Cet art est l'ame de la peinture, de la sculpture et de l'architecture.
Pictures delight the eyes and adorn the apartments.	3 Die Gemälde ergötzen die Augen und zieren die Gemächer.	Les tableaux sont aussi agréables à la vue qu' utiles à l'enjolivement des appartements.
The painter draws a likeness with the brush on the canvas resting on the easel, and holds in the left hand the pallet, on which the colours are placed, rubbed by the boy on the marble slab.	4 Der Maler malt mit dem Pinsel auf der Tafel, welche auf der Staffelei ruht, ein Bildniß, und hält in der linken die Palette, auf welcher die Farben liegen, welche von dem Jungen auf dem Marmorstein gerieben werden.	Le peintre, pour faire un portrait, place son cadre sur le chevalet, tient de la main gauche la palette sur laquelle sont placées les couleurs que le broyeur a préparées, et emploie les pinceaux.
He uses either water or oil colours, or he paints in fresco, when the water colours are transferred	5 Er bedient sich entweder der Wasserfarben, oder der Oelfarben, oder er malt al Fresko, wo die Was-	Il se sert ou de couleurs en détrempe, ou de couleurs à l'huile,

on the fresh plastered lime.

The crayon-painter uses dry pencils, called crayon.

The miniature painter describes very finely the picture with the top of the brush, and with dots.

The kinds of painting are; Portrait painting landscape drawing, and historical sea-painting, etc.

The customs of the people and rustic scenes are also represented.

Painting on china, fayence working in enamel, and on glass is also executed, by the help of the fire.

In the carricatures facts both ridiculous, and laughable in themselves are even yet more preposterously represented.

serfarben auf den frisch aufgeworfenen Kalk aufgetragen werden.

6 Die Pastellmalerei bedient sich trockener Stifte, der Pastelle.

7 Die Miniaturmalerei führt die Gemälde mit der Spitze des Pinsels und mit Tüpfeln ganz fein aus.

8 Gattungen der Malerei sind: die Portraitmalerei, die Landschaftmalerei, die historische Malerei, die Darstellung von Seestücken, die Genremalerei u. s. w.

9 Der Maler stellt auch die Sitten der Völker und ländliche Scenen dar.

10 Man malt auch auf Porcellan, auf Fayence, auf Schmelzarbeit und auf Glas, was mit Hilfe des Feuers geschieht.

11 In den Zerrbildgemälden werden häßliche und lächerliche Dinge noch mehr übertrieben dargestellt.

ou bien il peint à fresque.

La peinture au pastel emploie des crayons secs qu'on nomme euxmêmes des crayons de pastel.

La miniature se pointille avec le pinceau.

Les différents genres de peinture, sont le faire des portraits, le paysage, les tableaux historiques, les marines, les tableaux de genre etc.

Le peintre présente aussi les moeurs des peuples et des scènes champêtres.

On peint aussi sur la porcelaine, sur la fayence; on peint en émail et sur des vitreaux; mais ces sortes de peintures ne s'exécutent que par le secours du feu.

Dans les caricatures on outre la laideur et le ridicule des objets qu'on représente.

Pictor.

1 Ars graphica lineis calamo, creta vel penicillo ductis formas exprimit, quas natura nobis objicit.

2 Nituntur hac arte, velut basi, pictura, sculptura, architectura.

3 Picturae oblectant oculos et ornant conclavia.

4 Pictor penicillo in tabula pluteo imposita effigiem pingit, sinistra tenens orbem pictorium, in

167.

168.

quo pigmenta exstant, quae a puero in marmore teruntur.

[5] Pigmenta, quibus utitur, vel aqua diluuntur, vel oleo, vel pigmenta calci recenter muro injectae inferuntur.

[6] Pingunt etiam xerogrăphis seu siccis colorum stylis.

[7] Peculiaris est pingendi ratio, quae fere nonnisi apicibus penicillorum absolvitur, punctorumque subtilitate politissimas effingit imagines.

[8] Pictor aut imagines sibi depingendas sumit, aut regiones, aut historias, aut picturas marinas etc.

[9] Exprimit quoque mores gentium et scenas rusticas.

[10] Pinguntur etiam vasa murrhina et pseudomurrhina, 'encausta et vitrum, quod ignis ope fieri solet.

[11] Saepe' res deformes et ridiculae a pictoribus ultra fidem augentur.

168.

Der Bildhauer, der Bildschnitzer und der Kupferstecher.

The Statuary, Sculptor, and Engraver.

La sculpture et le gravure.

When the Statuary has a work of any size in marble in contemplation he executes at first a model from clay, to which he gives the proper proportions according to the rules of drawing.

Over this he spreads plaster of Paris, from which he forms a new model likewise from Plaster.

After this he transfers all the proportions to the marble,

[1] Wenn der Bildhauer ein großes Werk in Marmor ausführen will, so macht er sich zuerst ein Modell von Thonerde, dem er nach den Regeln der Zeichnung die richtigen Verhältnisse giebt.

[2] Ueber dieses Modell gießt er eine Gypsform, aus der er sich ein neues Modell, ebenfalls von Gyps, formt.

[3] Nach diesem trägt er alle Verhältnisse des Werks mit Hilfe des

Le sculpteur, avant d'exécuter un grand ouvrage en marbre, en fait un modèle de terre, auquel, selon les règles du dessin, il donne les formes exigées.

Il recouvre ce premier ouvrage de plâtre, et de ce dernier moule, il se forme un second modèle pareillement en plâtre.

Il transporte sur le bloc de marbre toutes les proportions de ce

with the help of the rule, the square the compasses, and plummet-line.

As soon as the marble is hewn in a rough state, it is worked with different kinds of pointed, flat and sharp iron tools, and rasps.

The sculptor at first draws his figures with chalk on wood; he then works in rough with the knife, and finishes it with the hollow chisel.

The science of engraving in copper is one of the finest inventions of the present time.

There are three ways of engraving in copper; the first is the proper engraving, which is effected with the graving tool, the second is the etching, and the third the Mezzotinto.

In order to etch on the copper, a warm plate covered with varnish is applied, and on this black surface the drawing is made.

This drawing is then applied to the copper with the etching needle, and the plate is then so long applied with aqua

Maßstabes, des Winkelmaßes, des Zirkels und der Bleischnur auf den Marmor über.

4 Ist der Marmor aus dem Groben gehauen, so bearbeitet man ihn mit verschiedenen spitzigen, flachen und schneidenden Eisen und Raspeln.

5 Der Bildschnitzer zeichnet zuerst seine Figur mit Kreide auf das Holz; alsdann arbeitet er sein Werk aus dem Groben mit Schnitzeisen und endigt es mit den Hohlmeiseln.

6 Die Kupferstecherkunst ist eine der schönsten Entdeckungen der neueren Zeiten.

7 Man arbeitet auf dreierlei Art in Kupfer: die erste ist das eigentliche Kupferstechen, welches mit dem Grabstichel geschieht, die zweite das Aetzen oder Radiren, und die dritte die Schwarzkunst oder das Schaben.

8 Um auf das Kupfer zu ätzen, wird eine warmgemachte Platte mit einem Firniß bedeckt, und auf diese schwarze Fläche die Zeichnung aufgetragen.

9 Diese Zeichnung wird sodann mit der Radirnadel auf das Kupfer gebracht, und darauf die Platte mit dem Aetzwasser (Schei-

modèle avec une échelle de proportion, un équerre, un compas et un àplomb.

Lorsque le marbre est dégrossi, on continue son travail avec des rapes et des fers différemment façonnés, en pointe, plats ou tranchants.

Le sculpteur en bois, commence par dessiner la figure qu'il veut faire sur un morceau de bois; il ébauche son ouvrage avec les fermoirs, et le finit avec diverses gouches.

L'art de graver sur cuivre est une de plus belles découvertes des modernes.

Il y a trois espèces de gravure: celle au burin, celle à l'eau forte, et celle à la manière noire.

Pour graver a l'eau forte, on échauffe la planche; on la couvre d'un vernis, et applique son dessin sur cette surface noire.

On travaille ensuite sur cette planche avec la pointe, on y verse l'eau forte pour ronger les endroits découverts du vernis,

fortis until it has sufficiently eaten into the traced lines.

The seal engraver belongs in this place; he engraves on stones and steel all sorts of figures.

bewasser) so lange begossen, bis es in die gemachten Striche gehörig eingefressen hat.

[10] Hieher gehören auch die Petschierstecher, welche in Stein und Stahl allerhand Figuren graben.

qui reste dessus, jusqu'à ce que les traits soient assez creusés.

Il y a aussi des graveurs de cachets, qui gravent diverses figures sur pierres, ou sur acier.

Statuarius, sculptor et chalcographus.

[1] Statuarius, e marmore figuram majorem sculpturus, primo formam ejus ex argilla fingit, cui secundum regulas graphicas omnes, quas rei natura poscit, proportiones dat.

[2] Effectae huic argillae gypsum circumfundit, unde novum e gypso fusum sibi exprĭmit exemplar.

[3] De hoc omnes operis proportiones ope scalae divisae, regulae, circini atque amussis in marmor transfert.

[4] Quodsi marmori forma figurae data est, opus varii generis cuneis absolvitur, acie partim acuta, partim plana ac secante, atque etiam scobīnis.

[5] Sculptor primum creta figuram exscalpendam in ligno delineat; tum opus scalpris exasciat, et caestris absolvit.

[6] Chalcographia seu ars figurarum aeri incidendarum jure in praestantiora recentiorum inventa refertur.

[7] Aeri vel inciduntur figurae, quod caelo fit, vel aqua forti eroduntur, vel abradendo conspicuae redduntur.

[8] Ut aqua fortis cupro possit applicari, tabula cuprea igne calefacta vernīce obducitur, et superficiei huic nigrae figura delineata imprimitur.

[9] Inciditur dein illa cupro ope acus cujusdam, operi huic aptae, quo facto tabula aqua forti eo usque perfunditur, dum apertos acu linearum ductus satis eroserit.

[10] Huc pertinent etiam sigillorum caelatores; qui in gemmis et chalybe varias figuras caelant.

169.

Die Glashütte.

The Glass-house. — *La verrerie.*

We are indebted to the science of chemistry for the preparation of glass.

[1] Wir verdanken die Kunst, das Glas zu bereiten, der Scheidekunst.

C'est à la chimie que nous devons l'art de faire le verre.

It provides us, not to think of the other advantages, with so many vessels, the use of which have become so general, that we cannot do without them.

The glass is transparent and frangible, and is made from quarz, and alcali, to which also other ingredients are added according to the colour or quality intended to be made.

After having lessened these essentials, and after it has been calcined in the calcine furnace, it is cast into the real smelting furnace.

When the mass is sufficiently melted together the workmen, furnished with an iron blow-pipe with a wooden mouth piece, dip the red hot end of it in the glass-mass, so that some part of it remains hanging to it, this is then rolled smooth on iron or copper plates; the workmen continue to blow into it, until it is formed into a bladder which receives the form intended for the vessel.

It is then again placed in the hot-furnace, in order that it

[2] Sie giebt uns eigenthümliche und bequeme Gefäße, deren Gebrauch so allgemein zur Gewohnheit geworden ist, daß wir sie nicht entbehren können, des übrigen Nutzens nicht zu gedenken.

[3] Das Glas ist durchsichtig und zerbrechlich, und wird aus Kieselerde und Laugensalzen bereitet, denen man nach der verschiedenen Farbe und der besondern Beschaffenheit noch andere Ingredienzen beifügt.

[4] Nachdem man diese Bestandtheile zerkleinert und in dem Calcinirofen calcinirt hat, wirft man sie in den wirklichen Schmelzofen.

[5] Ist die Masse gehörig geschmolzen, so nehmen die Arbeiter ein eisernes Blaserohr mit hölzernem Mundstück und tauchen das untere ganz roth glühende Ende in die Glasmasse, so daß etwas daran hängen bleibt, welches auf einer Eisen- oder Kupferplatte glatt gerollt wird, und in welches der Arbeiter nun hineinbläst, bis es sich in eine Blase ausdehnt, der man die Gestalt giebt, welche das Gefäß haben soll.

[6] Dann wird es wieder in die Ofenhitze gehalten, damit es weich

Cet art nous fournit des vases commodes dont l'usage, pour ne rien dire de plus, est devenu si fréquent, que nous ne pourrions nous en passer.

Le verre est fragile et transparent; on le fait avec du sable et des alkalis, auxquels on ajoute d'autres matières, selon la couleur et la qualité qu'on veut donner au verre.

Aprés qu'on a pulverisé et calciné toutes ces matières, on les jette dans le fourneau.

Lorsque le tout est fondu convenablement; les ouvriers, prenant une fèle qui a une embouchure en bois, mettent le bout tout ardent dans la fournaise; il s'y attache une certaine quantité de verre qu'on lisse en la roulant sur une plaque de fer ou de cuivre; alors un ouvrier la soufle jusqu'à ce qu'elle forme une boule à laquelle on donne la figure que doit avoir le verre.

Ensuite on la remet dans la fournaise,

may become soft, and fully finished.

It then comes to the cooling place and is polished on a kind of turning lath.

The looking and plate glass, as likewise also the crystal glass is prepared differently from the blow-glass.

An iron box suspended by a chain on the furnace, is filled with liquid glass and brought on a barrow to the casting-bank.

The bottom of the barrow is then lifted up, in order that the glass mass during the return of the barrow, may spread itself out, and rolled over by a workman.

The glass is polished by rubbing it with fine sand or powdered smalt.

wird und fertig gemacht werden kann.

7 Nun kommt es auf den Kühlofen und wird auf einer Art Drechselbank geschliffen.

8 Das Spiegel- und Tafelglas, so wie das Krystallglas wird anders zubereitet, als das Bouteillenglas.

9 Aus dem Ofen wird ein an einer Kette hängender eiserner Kasten, mit der flüssigen Glasmasse gefüllt, auf einen Karren und mit diesem auf den Gießtisch gebracht.

10 Hierauf wird der Boden des Karrens gelüftet, so daß sich die Glasmasse, während der Karren zurückgefahren wird, auf den Gießtisch ausbreitet und von einem Arbeiter überwalzt werden kann.

11 Man schleift das Glas, indem man es mit feinem Sand und gepulverter Smalte reibt.

pour la ramollir et pour l'achever.

Alors après l'avoir fait passer dans le four à recuire, on la polit sur une espèce de tour.

Le verre de miroir, le verre en tables, ainsi que les cristaux, se préparent tout différemment.

Au moyen d'un coffre de fer suspendu à une chaîne, on porte du four la matière liquefiée sur la table de fonderie.

On ouvre alors le fond du coffre; afin que, pendant qu'on le reconduit, le liquide puisse s'écouler sur la table et être applatie avec un cylindre par un ouvrier.

On polit le verre en le frottant avec du sable fin et du smalt pulvérisé.

Officina vitraria.

1 Artem vitri faciendi scientiae chemicae debemus.

2 Ea nobis vasa praebet peculiaria et commoda, quorum usus adeo in consuetudinem abiit, ut iis vix carere possimus, ne dicam de reliquo ejus usu.

3 Vitrum pellucidum est et fragile, et quidem ex terra silicĕa et salibus alcalīnis paratur, quibus pro diverso colore et conditione aliae quaedam materiae adduntur.

4 Haec elementa comminuta et in camino quodam tenuata atque siccata in fornacem liquatoriam conjiciuntur.

5 Hac massa satis soluta, operarii arrepto tubo ferreo, fistula lignea instructo, alteram ejus ex-

tremitatem ferventem ac candentem vitrariae massae immittunt, ut aliquid haereat, quod deinde in lamina ferrea aut cuprea volvendo laevigatur, et tamdiu ab operario inflatur, usque dum in bullam extendatur, cui, prout vas efficere libuerit, forma datur.

6 Tum denuo fornaci infertur, quo mollior fiat et absolvi possit.

7 Jam clibăno refrigeratorio ingeritur et in jugo quodam toreutico politur.

8 Longe aliter vitrum speculare v. tessellatum et v. crystallinum conficiuntur.

9 E fornace cista ferrea, catena suspensa et liquida vitri massa repleta in carrum, et cum hoc in mensam fusoriam infertur.

10 Laxato carri fundo, massa vitraria, dum currus removetur, in mensam fusoriam effunditur et ab operario cylindro aequatur.

11 Vitrum poliunt, subtīli arena et smalto in pulverem redacto illud terentes.

170.

Der Glaser und der Glashändler.

The Glazier, and dealer in glass.

The glass used by the glazier consists of common and plate glass, from which the windows are made, which are generally fastened in with lead; but often also with puttey.

French and english windows, as well as looking glass-frames are also made by them.

The most useful implements of the glazier are, the instrument by means of which the lead is drawn into long strokes; and the diamond,

1 Das Glas, dessen sich die Glaser bedienen, besteht in Tafel- u. Spiegelglas, woraus sie Fenster machen, welche sie gemeiniglich mit Blei einfassen, oft auch einkitten.

2 Sie machen auch französische und englische Fenster, und Spiegelrahmen.

3 Die nöthigsten Werkzeuge der Glaser sind der Bleizug, vermöge dessen das Blei zu langen Streifen gezogen wird, und der Diamant, dessen sie sich

Le vitrier et le marchand de verres.

Les verres dont les vitriers font usage sont les vitres et les glaces; ils s'en servent pour faire des fenêtres, et ils les enchâssent tantôt avec le plomb, tantôt avec le mastic.

Ils font aussi des fenêtres à la Française et à l'Anglaise, et les cadres de miroirs.

Les principaux outils des vitriers sont le tire-plomb, à l'aide duquel ils mettent le plomb en longues verges; ensuite le diamant dont ils se

169.

170.

which is used in order to cut the glass into various shapes.

The shapes are square or round; and the frames to the windows are made in many places by the joiner; in others however by the glazier himself.

The glazier makes also lanterns, both hand, and other sorts.

The science of painting on glass is according to the opinion of some entirely lost, but in our time, several have appropriated to themselves the fame of having re-discovered it.

The dealer in glass sells all sorts of drinking vases, such as bottles, trimblers, glasses, beer glasses, covered glasses, Rummers, and champaigne glasses.

bedienen, um das Glas zu allerhand Scheiben zu zerschneiden.

4 Die Scheiben sind entweder viereckig, oder rund, und die Rahmen zu den Fenstern werden an vielen Orten von den Tischlern gemacht, an andern aber von den Glasern selbst.

5 Der Glaser macht auch Laternen, und zwar Hand- und Stock-laternen.

6 Die Kunst, auf Glas zu malen, ist nach der Meinung Vieler verloren gegangen; indessen haben sich unter den Neueren Mehrere den Ruhm zugeeignet, daß diese Kunst wieder von ihnen entdeckt worden sey.

7 Der Glashändler verkauft allerhand Trinkgefässe: Bouteillen, Gläser, Kelche, Biergläser, Deckelgläser, Römer, Champagner-Kelche.

servent pour couper le verre en carreaux.

Les carreaux sont carrés ou ronds, et les châssis de bois sont travaillés en plusieurs endroits par le menuisier, souvent aussi par les vitriers mêmes.

Le vitrier fait aussi des lanternes et des falôts.

Plusieurs pensent que l'art de peindre sur verre s'est perdu; cependant plusieurs modernes se sont arrogé la gloire d'avoir retrouvé cet art.

Le marchand de verre vend toutes sortes de verrerie: des bouteilles, des verres, des calices, des verres à bière, des bocaux à couvercles, des verres d'un gros ventre, de petits verres à Champagne.

Fenestrarius et negotiator vitrarius.

1 Vitrorum genera, quibus vitrarii uti solent, quadrata sunt et specularia, e quibus fenestrae conficiuntur, quas aut plumbo firmant, aut caemento.

2 Neque minus elabōrant fenestras Gallorum Anglorumque more, et speculorum jugamenta.

3 Instrumenta fenestrariorum praecipua habentur machina quaedam ductĭlis, cujus ope plumbum in tenuiores strias diducitur, et adămas, cujus beneficio vitrum in varia specularium genera finditur.

4 Fenestrae vero aut tesseras habent, aut orbes, et jugamenta earum pluribus locis a scriniariis elaborantur, saepissime etiam ab ipsis fenestrariis.

5 Iidem etiam laternas faciunt,

tum manubriis instructas, tum pedamento impositas.

[6]Ars vitra pingendi, encausticen vocant, nonnullorum opinione dudum est deperdita; ceterum constat, nostra aetate multos vindicasse sibi gloriam artis hujus iterum detectae.

[7]Institor vitrarius varia vasa potatoria vendit, v. c. lagenas, scyphos, calĭces, pocula cerevisiaria, cyăthos operculo instructos, scyphos sinuatos, calĭces elatiores.

171.

Die Pulvermühle.

The powder-mill. *Le moulin à poudre.*

The powder, used at the present time for guns, but at first alone for the springing of rocks, is a mixture of saltpetre, brimstone, and char coal formed into small grains, capable of easily igniting, and by virtue of its elasticity of expanding with wonderful force.

The discovery of this powder is ascribed to a German Monk named Berthold Schwarz.

In order to prepare the powder with good effect, and with just proportions, care must be particularly taken that the saltpetre is of the best and finest quality, and cleared of all foreign particles, particularly sea-salt.

[1]Das Pulver, dessen man sich heut zu Tage für die Schießgewehre bedient, im Anfange aber nur, um Felsen damit zu sprengen, ist ein Gemisch von Salpeter, Schwefel und Kohlen, zu kleinen Körnchen geformt, die sehr leicht Feuer fangen, und sich vermöge ihrer Federkraft mit unglaublicher Gewalt ausdehnen.

[2]Die Erfindung dieses Pulvers wird einem deutschen Mönch, Berthold Schwarz, zugeschrieben.

[3]Um das Pulver mit guter Wirkung und in gehöriger Art zu verfertigen, muß vorzüglich dafür gesorgt werden, daß der Salpeter aus schönen, großen Stängchen bestehe, und von allem fremden, besonders vom Meersalz rein sey.

La poudre dont on se sert aujourd'hui pour les armes à feu, mais dont on ne se servait, au commencement, que pour faire sauter les rochers, est un mélange de nitre, de soufre et de charbon, le tout réduit en petits morceaux qui s'allument facilement et qui par leur élasticité, développent une force incroyable.

L'invention de cette poudre est attribuée à un moine allemand, nommé Berthold Schwarz.

Pour faire de bonne poudre, il faut surtout avoir soin que le nitre soit en beaux grains cylindriques, et purifié de tout sel étranger, principalement du sel marin.

The same attention must be paid to the brimstone, it is chosen in clear, perfectly yellow, and large pieces; it must also not be hard and thick, but hollow.

With regard to the char coal, large clear, and completely burned pieces, and such as may be easily split, must be chosen; the powder makers prefer that from the beach, willow, and lime trees.

After the proper proportions are determined the salt-petre and brimstone is ground under a mill-stone.

The mass is then poured into pits, and stamped with the instrument for that purpose, or it is pressed between cylinders, and during the operation often moistened with water.

After the powder is thus prepared it is granulated; the powder is formed into grains by being pressed thro' the holes of a leathern sieve with a wooden frame.

After it is granulated, it is dried on plates by means of warm ovens covered with linen cloth.

4 Eine gleiche Aufmerksamkeit muß man dem Schwefel widmen: man wählt ihn klar, vollkommen gelb und in großen Stücken; auch muß er nicht hart und dicht, sondern locker seyn.

5 Was die Kohlen betrifft, so muß man große, klare, gut durchgebrannte, und solche, die sich gut spalten, wählen; die Pulvermacher ziehen die Birken-, Weiden- und Lindenkohlen vor.

6 Nachdem das Verhältniß der Theile bestimmt ist, pflegt man den Salpeter und den Schwefel unter einem Mühlstein zu mahlen.

7 Hierauf werden die Materien in Gruben geschüttet, und durch die Stampfer gestampft, oder sie werden durch Walzen gedrückt, und während dieser Arbeit oft mit Wasser befeuchtet.

8 Nachdem das Pulver gestoßen ist, wird es gekörnt; man drückt in einem ledernen Sieb mit einer hölzernen Scheibe das Pulver in Körnern durch die Löcher des Siebes.

9 Nachdem es gekörnt ist, trocknet man es durch die Ofenwärme auf Tafeln, die mit Leinwand bedeckt sind.

Il faut prendre les mêmes précautions pour le soufre: on choisit celui qui est parfaitement jaune et en gros morceaux; il faut aussi qu'il ne soit ni dur ni dense, mais poreux.

Quant au charbon, il faut le choisir grand, clair, bien brûlé et cassant; les poudriers préfèrent le charbon de bouleau, d'osier et de tilleul.

La proportion des élémens de la poudre étant déterminée, on a coutume de broyer le salpêtre et le soufre sous une meule.

Ensuite on met les matières dans un creux pour les piler avec un pilon; ou bien on les écrase avec des cylindres, en arrosant de temps en temps.

De cette poudre, on forme des grains en la faisant passer à travers un crible de peau par le moyen d'un disque de bois.

La poudre étant formée en grains, on la met sur des tables couvertes de toile et on la fait sécher par la chaleur du poêle.

Pulveris pyrii officina.

[1]Pulvis pyrius seu nitratus, quo hodie ad explodendos pyrobŏlos utuntur, primo autem ad saxa tantum disrumpenda, e nitro, sulphure et carbone componitur, in minuta grana redactis, quae facillime ignem concipiunt, et, qua sunt virtute elastica, incredibili vi sese dilātant.

[2]Inventio hujus pulveris nitrati Bertholdo Schwarzio, monacho germanico, adscribitur.

[3]Ut prospero cum successu et justo modo elaboretur, id primum prospiciendum est, ut sal nitri ex elegantibus altisque cylindris constet, nec non ab omni extraneo, maxime vero marino sale purum sit.

[4]Par impendenda est cura sulphuri; deligatur mundum, plane flavum et e majoribus portionibus; ne sit durum densumque, sed porosum.

[5]Quod attinet ad carbōnes, mágni, clari, probe perusti, quique commode diffindantur, eligendi sunt; pulveris confectores betularum, salĭcum et tiliarum carbones praeferunt.

[6]Constituta partium proportione, et nitrum et sulphur molae plerumque conterenda mandantur.

[7]Deinde disposita rerum massa in scrobes conjecta pistillis contunditur, aut cylindris conteritur, et inter ipsum hoc opus saepe aqua humectatur.

[8]Tritus pulvis nitratus in granula effingitur; disci scilicet lignei ope in cribro coriaceo in granula formandus per cribri foramina transmittitur.

[9]Ubi efformatus est in granula, fornacis calore super tabulis siccatur, linteo saepe contectis.

172.

Die Ziegelhütte.

The tile-kiln. — *La tuilerie et la briquerie.*

In countries where the building of houses from stone seldom occurs, bricks made from clay, are used for this purpose.	[1]In den Ländern, wo die Steine zum Häuserbauen selten sind, werden diese aus Backsteinen aufgeführt, welche man aus Lehm verfertigt.	Dans les pays où les pierres de bâtisse sont rares, on construit les maisons avec des briques qu'on fait avec de l'argile.
After the stones have been separated	[2]Nachdem man die damit gemischten Stein-	D'abord on sépare les pierres mêlées avec

171.

172.

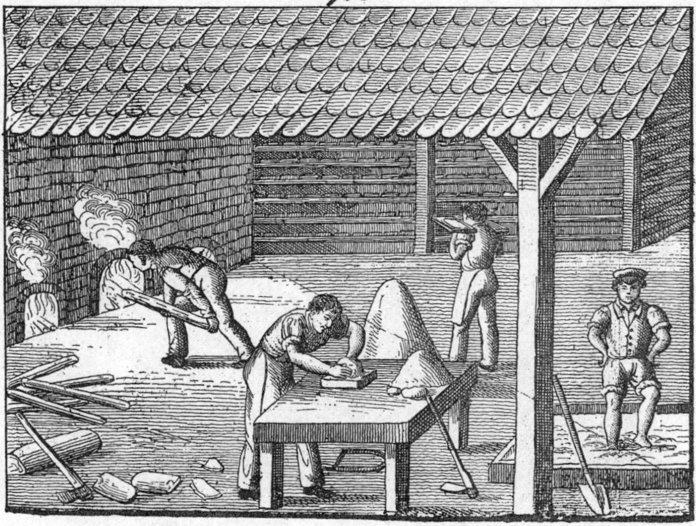

and the clay moistened with water, has been kneaded with the foot, and with sticks, in order to give it softer; it is then made into forms.

This form is an iron frame, which is placed on a board covered with sand.

The workman takes a piece of the prepared clay, puts it in the form and cuts away the superfluous part with the blade of a knife.

The bricks and tiles formed in this manner are carried away by boys on small pieces of wood and exposed several days to the sun, in order to dry it.

When they think that they are sufficiently dry, and it is time to burn them, the brick-kiln is prepared, which consists of four brick-walls with room in the middle in which the bricks and tiles intended to be burnt, are placed.

It continues some days, before the burning is finished.

When they think, that the work is finished, the fire is al-

chen getrennt und den Lehm, indem man Wasser zugießt, mit den Füßen und mit Pritschen geknetet hat, um ihn geschmeidiger zu machen, wird er in die Form gebracht.

3 Diese Form ist ein eiserner Rahmen, den man auf einen mit Sand bestreuten Tisch legt.

4 Der Arbeiter nimmt nun ein Stück der zubereiteten Lehmerde, legt es in die Form, und schneidet das, was zu viel ist, mit einer kleinen Messerklinge weg.

5 Die so zubereiteten Backsteine und Ziegel werden von den Jungen auf Brettchen hinweggetragen und einige Tage der Sonne ausgesetzt, damit sie trocken werden.

6 Wenn man glaubt, sie seyen genug trocken und es sey Zeit, sie zu brennen, macht man den Ziegelofen zurecht, welcher aus vier Backsteinmauern besteht, indem man in der Mitte einen viereckigen Raum läßt, in welchen man die Ziegel und Backsteine, die gebrannt werden sollen, hineinsetzt.

7 Bis ein Brand fertig ist, dauert es mehrere Tage.

8 Wenn man glaubt, daß das Geschäft beendigt sey, läßt man

la terre grasse, puis on la pétrit avec les pieds ou avec la batte, pour lui donner de la souplesse, et ensuite on la moule.

Le moule est un cadre en fer qu'on place sur une table saupoudrée de sable.

L'ouvrier prend un morceau d'argile préparée, le met dans le moule, et enlève l'excédant de terre avec une petite lame de fer.

Les briques et les tuiles ainsi préparées, sont emportées par le garçon sur des planchettes, et exposées plusieurs jours à l'action du soleil, afin qu'elles se sèchent.

Lorsqu'on croit qu'elles sont assez sèches et qu'il est temps de les cuire, on construit le fourneau en élevant quatre murs de briques et en laissant au milieu un espace carré où l'on met les tuiles et les briques qui doivent être cuites.

La cuisson d'une fournée dure plusieurs jours.

Quand on juge que l'opération est terminée, on cesse le feu

lowed to go out, and the kiln by degrees cools, and the bricks and tiles are taken out.

The brick maker prepares also hollow tiles.

das Feuer ausgehen und den Ofen nach und nach kalt werden, und nimmt nun die Ziegel und Backsteine heraus.

[9] Der Ziegler macht auch Hohlziegel.

on laisse refroidir lentement le fourneau, et après, l'on en tire les tuiles et les briques.

Le tuilier fait aussi des tuiles creuses.

Officina lateraria.

[1] In iis terris, in quibus non est copia lapidum ad domus aedificandas, lateres coctĭles exstruendis iis inserviunt, e luto confecti.

[2] Remotis, qui ei insunt, lapillis, lutum, aqua affusa, pedibus et fustibus subactum, quo mollius fiat, in modulum ingeritur.

[3] Modulus hic margo est ferreus, qui mensae arena conspersae imponitur.

[4] Operarius jam glebam luti praeparati arreptam modulo infert, et quod nimium est, parvo cultello resĕcat.

[5] Lateres et tegulae hoc modo confectae a pueris in asserculis deportantur et per aliquot dies soli exponuntur, quo siccentur.

[6] Si satis siccatae esse et tempus, coquendi eas, instare censetur, fornax lateraria apparatur, e quatuor muris lateritiis constans, relicto in medio spatio quadrato, in quod tegulae et latĕres coctĭles ingeruntur.

[7] Plures requiruntur dies, quibus tegulae una ingestae coquantur.

[8] Quum opus absolutum esse putatur, id providetur, ut ignis porro non alatur, et fornax paulatim refrigescat, quo facto tegulae et lateres coctiles eximuntur.

[9] Tegularius imbrĭces quoque conficit.

173.

Der Tischler.

The joiner.

Le menuisier.

The joiner or carpenter planes the planks and boards with the plane on the bench, smooths it with the smoothing plane, bores with the gimlet,

[1] Der Tischler oder Schreiner hobelt die Bohlen und Bretter mit dem Scharfhobel auf der Hobelbank, glättet sie mit dem Schlichthobel, bohrt

Le menuisier rabotte, sur son établi, les madriers et les planches avec le rabot; il les polit avec la varlope, les perce avec le perçoir, les

cuts with the chisel, joins them together with glue and borders and forms all sorts of house utensils, such as tables, dressing tables, chairs, seats, bedsteads; also doors, fastening for windows, shutters, floors, wainscots, ballustrades, cases, foot-stools, different kinds of frames, and coffins.

There are various kinds of planes, the names of which are not easy to retain.

Those carpenters who give themselves entirely to works of art, are called cabinet makers.

They prepare handsome pieces of furniture as chairs, couches, sofa's, writing tables, chests, presses, cupboards, backgammon boards, desks, and other things.

They often veneer their work, that is they join an inferiour with a fine wood, as with the wood from the nut tree, which has very fine veins, with ebony wood, mahogany, also with ivory and mother of pearl.

Besides the plane, the carpenter uses the saw, chisel, sough chisel, hammer, pin-

mit dem Bohrer, schnitzt mit dem Schnitzer, fügt sie mit Leim und Leisten zusammen und macht allerlei Hausgeräthe, als Tische, Nachttische, Stühle, Sessel, Bettstellen, auch Thüren, Fenstereinfassungen, Läden, Fußböden, Getäfel, Geländer, Verkleidungen, Schemel, verschiedene Arten von Rahmen und Särge.

2 Es giebt allerhand Arten von Höbeln, deren Namen nicht leicht zu behalten sind.

3 Diejenigen Tischler, welche sich bloß mit künstlicher Arbeit abgeben, heißen Ebenisten oder Kunstschreiner.

4 Diese machen feine Möbel, als: Sessel, Canapees, Sophas, Commoden, Sekretärs, Armoirs, Schränke, Brettspiele, Schreibpulte und andere Dinge.

5 Oft furniren sie ihre Arbeiten, d. h. sie bekleiden geringeres Holz mit feinen Holzarten, wie mit Nußbaumholz, welches schöne Masern hat, mit Ebenholz, Mahagoniholz, auch mit Elfenbein und Perlmutter.

6 Außer dem Hobel braucht der Tischler auch Sägen, Meisel, Stemmeisen, den Ham-

découpe avec le ciseau, les enchâsse avec de la colle et des listeaux, et fait des meubles, telsque tables, toilettes, selles, chaises, bois de lit, comme aussi des portes, des châssis de fenêtres, des contrevents, des planchers, des tablettes, des chambranles, des escabeaux, diverses sortes de cadres, et des cercueils.

Il y a plusieurs sortes de rabots, dont il est difficile de retenir les noms.

Les menuisiers, qui ne font que des ouvrages artistement faits, se nomment ébénistes.

Ils font des meubles fins, comme, chaises, canapés, sophas, commodes, secretaires, armoires, damiers, pupitres et d'autres choses.

Souvent ils travaillent en marqueterie, c'est à dire, ils revêtent le bois le plus grossier d'un bois plus fin, comme de noyer, qui a une belle madrure, d'ébène, d'acajou, aussi d'ivoire et de nacre.

Outre le rabot, le menuisier a besoin de scies, de ciseaux, de fermoirs, de marteaux,

cers, file, rasp, hatchet, compasses, vice, glue-pot, the rule, the square, and for smoothing his work, the scraper and pummice stone, shavegrass, and fish skin.

mer, die Zange, Feilen, Raspeln, das Beil, den Zirkel, Leim- und Schraubenzwingen, einen Leimtiegel, den Winkelhaken, das Winkelmaß, und zum Glätten seiner Arbeiten: die Ziehklinge, den Bimsstein, den Schachtelhalm und die Fischhaut.

de tenailles, de limes, de rapes, de haches, de compas, d'étreignoirs et de sergents de poële à colle, d'équerre, de règles et pour applanir ses ouvrages, de la lame à polir, de la pierre ponce, de la prêle et du chagrin.

Scriniarius.

[1] Scriniarius asseres cujuscunque generis runcīna super equuleo dolatorio dedŏlat, et planula laevigat, terebra perfŏrat, scalpro scalpit, glutine et asserculis eos jungit et variam conficit supellectilem, ut mensas, abăcos, sellas, sellas elegantiores, spondas, etiam januas, fenestrarum indumenta, valvas, tabulata, parietum tabulationes, lorīcas, integumenta, scabella et varia jugamentorum genera, tandem loculos.

[2] Varia sunt runcinarum genera, quarum nomina haud facile memoria tenere licet.

[3] Iis scriniariis, qui nonnisi operi arte faciendo operam dant, ab ebĕno nomen dari solet.

[4] Ii supellectilem elegantiorem conficiunt, ut sellas subtiliores, lectulos, grabātos, arcas commodiores, arcas scriptorias, arcas elegantiores, arcas communes, aleas, alveŏlos, pluteos et alia.

[5] Saepe opera sua tessellis variant, sive lignum minoris notae ligno nitidiori muniunt, v. c. materia nucea, egregie variata, ebĕno, Switenia Mahagony, ebŏre et margaritarum matrīce.

[6] Præter dolabras scriniario etiam serris opus est, caelis, caestris, malleo, forcipe, limis, radulis, securi, circino, cochleis ligneis, sartagine glutini condendo, norma, et ad polienda sua opera, lamella tractoria, pumice, equisēto et piscium pelle.

174.

Der Drechsler.

The Turner. | *Le tourneur.*

The art of turning has always found more lovers than any other art both on account

[1] Die Drechslerkunst hat wegen der Reinlichkeit, die diesem Geschäfte eigen ist, und wegen

L'art de tourner a, de tout temps, trouvé plus d'amateurs que les autres arts, à cause

173.

174.

of the cleanliness peculiar to this business and the wholesome motion attending it; and not unfrequently it is pursued by princes and rich men.

der gesunden Bewegung immer mehr Liebhaber gefunden, als alle andere Künste, und nicht selten widerfährt ihr noch jetzt die Ehre, von Fürsten und großen Herren getrieben zu werden.

de sa propreté et des mouvements que l'on se donne, si favorables à la santé. Il a encore aujourd'hui très-souvent l'honneur de faire l'occupation des princes et des grands seigneurs.

There are two sorts of turners, the turner in wood, and in ivory.

2 Es giebt zwei Arten der Drechsler, Holz- und Kunstdrechsler.

Il y a deux sortes de torneurs, les tourneurs en bois, et en corne.

After the turner has set in motion with his foot a wheel and spindle round which a string or rope turns, and after having supported the chisel on the supporter, he turns different articles (as boxes, cases, spinning wheels, distaffs, tops for sticks, tobacco pipes with the bowl, the tube, the mouth piece, and the juice cup, cones, balls, billiard balls, dolls, needle cases) at the lathe from wood which is fastened by two pins between the pillars, and bound to the spindle.

3 Indem der Holzdrechsler mit dem Fußtritt ein Rad und eine Spindel, um welche eine Schnur oder eine Saite geht, in Bewegung setzt, und das Dreheisen oder den Drehstahl auf die Auflage stützt, dreht er an der Drehbank aus einem Holz, das durch zwei Stifte zwischen den Docken oder Reitstöcken befestigt und mit der Spindel verbunden ist, verschiedene Dinge, als: Dosen, Büchsen, Spinnräder, Spinnrocken, Stockknöpfe, Tabakspfeifen mit dem Kopf, der Pfeifenröhre, der Mundspitze und dem Wassersack, Kegel, Kugeln, Billard-Kugeln, Puppen, Nadelbüchschen.

Le tourneur en corne met en mouvement, au moyen du marche-pied, une roue et un fuseau, autour desquels circule une corde. Posant le biseau sur un appui en bois, un peu élevé, il façonne diverses choses d'un bois affermi entre les mandrins par deux pointes de fer et attaché au fuseau: des tabatières, des boîtes, des rouets, des quenouilles, des pommeaux de bâtons, des pipes à fumer avec la tête, le tuyau, l'embouchure et le reservoire; des quilles, des boules, des billes, des poupées, des étuis à aiguilles.

The turner in wood uses the balance with an elastic stick, instead of the lathe and wheel.

4 Die Holzdreher bedienen sich statt der Drehbänke mit dem Rade der Wippe, welches eine elastische Stange ist.

Au lieu du tour avec le rouet, les tourneurs en bois se servent de l'archet, qui est une perche élastique.

Before the wood is brought to the lathe,

5 Ehe das Holz auf die Drehbank gebracht

Avant de mettre le bois sur le tour, il

it must be rounded at the chipping-block.

The tools of the turner besides the chisel, are, the saw-chisel, plane, knife, gimlet, compasses, rasp, file, and fish skin.

The master piece in many places is a set of chess men, the figures of which are turned in part from ebony, and part from ivory.

wird, muß es auf dem Haublock rund zugehauen werden.

[6] Die Werkzeuge des Drechslers sind außer dem Dreheisen Sägen, Meisel, Höbel, Schnitzer, Bohrer, Zirkel, Raspeln, Feilen und Fischhaut.

[7] Das Meisterstück ist an vielen Orten ein Schachspiel, dessen Puppen halb von Ebenholz und halb von Elfenbein gedrechselt sind.

faut l'arrondir sur le tronchet.

Outre le biseau, les instrumens du tourneur sont la scie, le ciseau, le rabot, la plane, le forêt, le cercle, la rape, la lime et la peau de chien marin.

L'ouvrage le plus loué, en beaucoup de lieux, c'est le jeu d'échecs dont les pièces sont tournées moitié en bois d'ébène, moitié en ivoire.

Tornator.

[1] Ars tornandi omni tempore tum ob singularem ejus munditiem, tum ob motum saluberrimum plures cultores reperit, quam omnes ceterae artes, et haud raro etiamnunc honor ei contingit, ut principes ipsi et magnates eam exerceant.

[2] Duplex genus est tornatorum, lignarii scilicet et cornuarii.

[3] Tornator cornuarius, scabelli ope rotam et cylindrum movens, circa quae funiculus aut chorda volvitur, et tornum ligno cuidam imponens, super jugo toreutico e ligno per duas cuspides inter columellas immisso et cylindro, de quo diximus, adjuncto, varias res conficit, ut capsulas pedo servando, pyxides, rhombos, colos, baculorum apices, fistulas fumarias seu fumo ducendo, cum capite earum, fistula ipsa, orificio et hydrotheca, conos, globos tudicularios, pupas, pyxides servandis acubus.

[4] Tornator lignarius pro jugo toreutico rota instructo pertĭca quadam elastica utitur.

[5] Lignum, antequam in tornum transferatur, rotundari solet super trunco.

[6] Instrumenta tornatoris praeter tornum serrae sunt, caestrum, runcīna, scalprum, terebra, circĭnus, radulae, limae et piscium majorum pellis.

[7] Artis opus summum multis in locis latrunculi sunt partim ex ebĕno tornati.

175.

Der Böttcher (Büttner, Faſsbinder oder Küfer) und der Kübler.

The Cooper, and tub maker.

The cooper clothed in his leathern apron, makes barrels and pipes from staves which he binds together with a hoop, to prevent them from falling together.

His small hatchet or addice which terminates in a pointed hook, serves to cut the hoops, to seize them with the hook, and to draw them over the staves.

The mallet is a sort of wooden hammer which he places on the hoops and strikes with the back of the addice.

The chopping-bench is a bench with four feet, upon which the cooper sits, and prepares and smoothes the hoops with the adze having two handles.

The hoops are split from young oak, birch and nuttrees, and are left in a rough state

[1] Der Böttcher, mit dem Schurzfelle angethan, macht Fäſſer und Tonnen aus Dauben, welche er durch Reife befeſtigt, damit ſie nicht zuſammenfallen.

[2] Sein kurzes Handbeil oder das Bindemeſſer, welches ſich unten in einen ſpitzigen Haken endigt, dient dazu, die Reifen zu behauen, ſie mit dem Haken zu ergreifen und über die Stäbe herabzuziehen.

[3] Der Schlägel iſt gleichſam ein hölzerner Hammer, den man mit dem Rücken des Beils auf die Reifen ſchlägt.

[4] Die Schneidebank iſt eine Bank mit vier Füßen, auf welcher der Böttcher ſitzt, und die Reifen mit dem Schnitzmeſſer, das zwei Hefte hat, zurichtet und glatt ſchält.

[5] Die Reifen ſind von jungen Eichen, Birken oder Haſelſtauden geſpalten, und werden

Le tonnelier et le faiseur de baquets.

Le tonnelier, son tablier devant lui, fait les tonneaux et les barils avec les douves qu'il entoure de cercles pour les tenir jointes.

La hachette ou le doloire qui se termine vers le bas en un crochet pointu, sert à couper les cercles, à les prendre avec le crochet et à les faire glisser sur les douves.

La batte ou le maillet est une espèce de marteau de bois, que l'on applique sur les cercles, et qu'on frappe avec la tête du doloire.

Le banc d'âne est posant sur quatre pieds, sur lequel le tonnelier s'asseoit pour préparer et racler les cerceaux avec le couteau à deux manches.

Les cercles sont faits avec de jeunes chênes, des bouleaux ou des coudriers fendus

on their outward convex side; on account of their durability.

After the cooper has prepared the bottom and the staves, he binds them together, places the hoops on, and fastens them by striking with the mallet and driver.

The tub maker prepares vats and tubs, small tubs pails, and buckets.

In small towns this trade is joined with the cooper.

der Dauer wegen an ihrer äußeren, erhabenen Rindenfläche rauh gelassen.

[6]Nachdem der Küfer die Bodenhölzer und die Dauben zugerüstet hat, bindet er sie, legt die Reifen an, und schlägt sie mit dem Schlägel und Triebel an.

[7]Der Kübler macht Bütten oder Kufen, Zuber, Gelten, Kübel, Eimer.

[8]In kleinen Städten ist dieses Handwerk mit dem des Küfers vereinigt.

en deux, et on leur laisse l'écorce pour qu'ils soient plus durables.

Après avoir préparé les fonds et les douves, le tonnelier les joint et leur met les cercles, qu'avec le chassoir il fait descendre à coups de maillet.

Le baquetier fait des cuves, des cuveaux, des baquets et des seaux.

Dans les petites villes, ce métier est joint à celui du tonnelier.

Vietor et lacuum confector.

[1]Viētor seu doliarius, amictus praecinctorio, dolia et cupas conficit ex assulis (costis), quas circulis munit, ne collabantur.

[2]Secūris ejus brevior, falx vietoria, inferne in acutum uncum excurrens, inservit poliendis circulis, unco figendis et supra costas inducendis.

[3]Tudes est species mallei lignei, qui supina securi circulis incutitur.

[4]Sellae incisoriae quaternis pedibus fultae viētor insidet et circulos scalpro, binis instructo manubriis, praepărat et glubit.

[5]Circulos praebent bifariam fissae quercus juniores, betulae et coryli: ii, quo durent longius, in convexo remănent impolīti.

[6]Praeparatis binis fundis et costis, jungit eas, circulos applicans, quos tudite et tudicula aptat.

[7]Lacuum confector, cuparius, facit lacus, labra, alveolos, sina, sitŭlas.

[8]In minoribus oppidis viētor id ipsum cum suo exercet opificium.

175.

176.

176.

Der Töpfer.

The Potter. — *Le potier.*

The potter is doubtless to be reckoned among those trades who labour for the greater part of mankind, as they furnish not only vessels for the kitchen but also for the table.

The vessels are made of clay, a kind of earth, and which must previously be purified and prepared before earthen vessels can be made of it.

The most important tool of the Potter is the potters-wheel, before which he sits and turns it round with the feet.

The clay when prepared is lain on the upper disk, and the necessary form is given to it by means of the skilful use of the hand; the water pot is used to give the clay a consistency.

The colouring and other ornaments is then given to the vessels, which consist of dishes, plates, pots, jars, tripods and other utensils: the potter then cuts them away from

1 Die Töpfer sind ohne Zweifel zu denjenigen Handwerkern zu rechnen, welche für den größten Theil der Menschen arbeiten, weil sie das Geschirr sowohl für die Küche, als auch für den Tisch verfertigen.

2 Dieses Geschirr ist aus Thon gemacht, welches eine Erdart ist, und welche man vorher reinigen und zubereiten muß, ehe man irdene Gefässe daraus machen kann.

3 Das wichtigste Werkzeug des Töpfers ist eine Drehscheibe, vor welcher er sitzt und die er mit den Füßen umdreht.

4 Den zubereiteten Thon legt er auf die obere Scheibe, und giebt ihm durch den künstlichen Gebrauch der Hände die beliebige Gestalt; den Netztopf braucht er, um den Thon anzufeuchten.

5 Hierauf werden den Gefässen, die in Schüsseln, Tellern, Töpfen, Krügen, Dreifüßen und anderem Geschirre bestehen, die Farben und andere Verzierungen gegeben, und nun schnei-

Il faut compter les potiers parmi les artisans qui travaillent pour le plus de personnes, puisqu'ils fabriquent la vaisselle, tant celle de cuisine que celle de table.

La poterie est faite d'argile, sorte de terre qu'il faut purifier et préparer avant qu'on puisse en faire de la poterie.

Le principal instrument du potier est une roue, devant laquelle il est assis, et qu'il fait tourner avec les pieds.

Il met l'argile préparée sur le disque supérieur et lui donne la forme voulue avec les mains; le pot à l'eau lui sert pour la mouiller.

Le potier colore ensuite la vaisselle, puis il la sépare du disque avec un fil d'archal et la laisse sécher. Cette vaisselle consiste en plats, en assiettes, en pots, en cruches,

the disk with a brass wire, and allows them to dry.

The vessels are very often wholly prepared with the hand; all of them however must be hardened in the oven with the requisite heat, by which means they are finer and more durable.

Most of the utensils are glazed, which is effected by burning them in the oven with great care.

The potter must also erect furnaces smear them with clay and clean or colour them.

det sie der Töpfer mit einem messingenen Draht von der Scheibe ab und läßt sie trocken werden.

[6]Die Gefässe werden aber oft auch ganz oder zum Theil aus freier Hand gemacht; alle aber müssen durch die erforderliche Hitze im Brennofen gehärtet werden, wodurch sie schöner und dauerhafter werden.

[7]Die meiste Töpferarbeit bekommt die Glasur, die mit vieler Vorsicht dem Geschirr im Brennofen eingebrannt wird.

[8]Die Töpfer müssen auch Oefen aufsetzen, sie mit Lehm bestreichen und putzen, oder färben.

en trépieds, et plusieurs autres vases.

On façonne aussi des vases entiers ou du moins quelques unes de leurs parties, seulement avec la main; mais il faut que tous soient durcis par le feu; ce qui les rend plus beaux et plus durables.

La plus grande partie de la poterie est enduite d'un vernis qui s'y adapte dans le four, préparation qui demande beaucoup de soins.

Ce sont aussi les potiers qui dressent les poêles; il les mastiquent avec de l'argile et les colorent.

Figulus.

[1]Dubium non est, quin figulus iis opificibus adscribendus sit, quorum operibus perpauci sane homines carere possunt, cum vasa ab eo elaborentur, tum in culina, tum ad coenam necessaria.

[2]Conficiuntur autem ejusmodi vasa fictilia ex argilla, quae genus est quoddam terrae, quod purgandum et praeparandum ante est, quam operi figlino adhibeatur.

[3]Instrumentum, quo omnis paene figulina ars absolvitur, est rota figularis, cui assĭdet, et quam pedum ministerio circumăgit.

[4]Ex argilla praeparata, superiori disco imposita, manuum ope, prout visum est, vasa scite format; olla vero aqua repleta praesto est humectandae argillae.

[5]Postea vasa testacea, quae patinarum, catinorum, ollarum, urceorum, tripŏdum aliorumque titulo nota sunt, pinguntur et varie ornantur; eadem denique fili ferrei ope rescinduntur a disco figulari, liberoque exposita coelo indurantur.

[6]Quaedam vasa aut integra, aut quasdam saltem eorum partes figulus sola manuum dexteritate ducit, ad unum vero omnia fornaci ingeruntur figulinae, ubi calōre, quo eis opus est, indurata majorem elegantiae speciem accipiunt eoque modo adaptata diutius servari possunt.

[7]Universum fere opus figulinum encausto pingitur, quod maxima cura in clibăno ei inuritur.

[8]Figuli quoque est, exstruere fornaces, luto oblinĕre, et chroma iis inducĕre.

177.

Der Huf- und Waffenschmied, der Nagelschmied und der Sensenschmied.

The farrier, and armourer, the nail-maker, and sithe-smith.

Le maréchal ferrant, le forgeron, le cloutier, et le faiseur de faulx.

No trade is so indispensable in human life as the farrier.

With the help of the coal, which is made red hot by the journey-man blowing with the bellows into the forge, the iron and steel is made pliant, upon which the Smith seizes hold of it with tongs, and forges from it by beating it with a sledge hammer on the anvil field implements, iron for carriages and other rough utensils.

The Smith receives the iron either from the iron monger, or from the forge in the foundery in long bars, which are of different lengths, breadth and thickness.

His usual tools, are various kinds of hammers, several of which are 40 pounds weight,

1 Kein Professionist ist beinahe im menschlichen Leben unentbehrlicher, als der Hufschmied.

2 Mit Hilfe der Kohlen, welche der Lehrjunge durch Ziehung des Blasebalges in der Esse glühend machen muß, wird das Eisen und der Stahl geschmeidig, worauf der Schmied es mit der Zange ergreift, und aus demselben alsdann mit dem Hammer auf dem Ambos Ackergeräthe, Wagenbeschläge und andere grobe Werkzeuge schmiedet.

3 Das Eisen bekommt der Schmied entweder von dem Eisenhändler, oder vom Hammerschmied aus dem Eisenhammer in langen Stangen, die verschiedene Länge, Breite und Dicke haben.

4 Seine gewöhnlichsten Werkzeuge sind allerhand Hämmer, wovon einige bei vierzig

Aucune profession n'est plus nécessaire à la société que le maréchal ferrant.

C'est à l'aide du charbon que l'apprenti enflamme avec le soufflet, que le fer et l'acier deviennent malléables. Alors le maréchal le saisit avec les tenailles; puis avec le marteau il en fait, sur l'enclume, des instruments aratoires, des ferrements de voitures et d'autres ouvrages grossiers.

Le maréchal reçoit le fer ou du marchand de fer, ou du maître de forges; alors il est en barres différentes en longueur, en largeur et en épaisseur.

Les instruments dont se sert le plus le maréchal ferrant, sont différents marteaux dont quelques-uns pè-

pincers, files, rasps, and piercers.

Pfund wiegen, Zangen, Feilen, Raspeln, Meisel.

sent jusqu'à 40 livres; des tenailles, des limes, des rapes, des ciseaux.

He uses all these tools in the manufacturing of anchors, cramping irons, plough-coulters, and mattocks, hatchets, axes, horse-shoes, hammers, shovels, chains, the tire of the wheel, dung-forks and other things.

5 Alle diese Werkzeuge braucht er, um Anker, Klammern, Pflugschaaren und Kärste (Hauen), Beile, Aexte, Hufeisen, Hämmer, Schaufeln, Ketten, Radschienen, Mistgabeln und andere Dinge zu verfertigen.

Il se sert de tous ces instruments pour faire des ancres, des crochets, des socs, des hoyaux, des haches, des cognées, des fers à cheval, des marteaux, des pelles, des chaînes, des bandes de roues, des fourches et d'autres choses.

He understands also the shoeing of horses and furnishes the iron-work to large wagons, carts, carriages, and chaises and the like.

6 Auch versteht er die Pferde zu beschlagen, und beschlägt auch Lastwagen, Bauerwagen, Kutschen, Chaisen und dergleichen mehr.

Il sait aussi ferrer les chevaux, les voitures, les chariots, les carrosses, les calèches etc.

In the deseases of horses the armourer is consulted, when there is no veterinary surgeon at hand, as he is bound to know how the deseases of horses arise, and how to blood them.

7 In Krankheiten der Pferde wird der Waffenschmied um Rath gefragt, wenn kein Thierarzt da ist, weil er wissen muß, wie man den Krankheiten der Pferde zuvorkommen und diesen zu Ader lassen muß.

Quand les chevaux sont malades, on consulte souvent le maréchal, s'il n'y a pas de vétérinaire; il doit savoir prévenir leurs maladies et leur tirer du sang.

In time of war there are farriers.

8 Im Felde giebt es Fahnenschmiede.

En temps de guerre, des maréchaux ferrants accompagnent les armées.

The nail-maker prepares large and small nails from thin pieces of iron; as last-nails, plank-nails, board-nails, lock-nails, shoe-nails and other kinds.

9 Der Nagelschmied verfertigt aus dünnen Eisenstäben größere und kleinere Nägel, als: Leistnägel, Lattnägel, Bretternägel, Schloßnägel, Schuhnägel und andere Sorten von Nägeln.

Le cloutier fait, avec de minces barres de fer, des clous de diverse grosseur, savoir: des clous à poutres, des clous à lattes, des clous à parquets, des clous à serrures, des clous à souliers et d'autres.

The sithe-smith

10 Der Sensenschmied

Le faiseur de faulx

177.

178.

prepares sithes, and sickles for the peasant.	liefert dem Landmann Sensen und Sicheln.	fournit au laboureur des faulx et des faucilles.

Faber ferrarius, clavarius et falcarius.

[1] Nullus fere opifex in vita communi magis est necessarius fabro ferrario.

[2] Carbonum ope, quos tiro attracto folle in ustrīna candefacere tenetur, et ferrum et chalybs tractabilia redduntur, quo facto opifex ferrarius illa forcipe arripit et inde in incūde mallei beneficio instrumenta fabricat, quae ad agriculturam spectant, et ad munienda vehicula faciunt, cum pluribus aliis.

[3] Ferrum faber ferrarius accipit a ferramentario, aut ex officina ferraria, ejusque massae differunt tum longitudine, tum amplitudine.

[4] Instrumenta, quibus potissimum utitur, varia sunt malleorum genera, quorum nonnulla quadraginta librarum pondo sunt, diversae forcipes, limae, radulae, caestra.

[5] Universa haec instrumenta adhibet, ut ancoras, retinacula, vomeres, ligones, secūres, ascias, soleas ferreas, malleos, palas, catēnas, canthos, tridentes stercorarios et id genus alia elaborare possit.

[6] Artem quoque callet equorum calces soleis ferreis commode induendi, et plaustra, currus carpenta atque rhedas aliaque vehicula scite vestiendi.

[7] In morbis, quibus nonnunquam equi laborant, saepe consulitur ferrarius, si veterinarius non praesto est, cum nosse eum oporteat, quibus modis obviam sit eundum equorum morbis, venăque secanda.

[8] Belli temporibus et ferrarii castrenses stipendia mereri solent.

[9] Clavarius e massis tenuioribus majores aut minores clavos, ut clavos trabibus, assibus, asseribus serisque figendis, clavos caligarios aliaque clavorum genera conficit.

[10] Falcarius rustico et falces foeno secando et falces messorias suppeditat.

178.

Der Messerschmied.

The cutler.		*Le coutelier.*
The cutler prepares various kinds of knives from iron and steel; as table, kitchen, pocket, carving, and penknives, forks,	[1] Der Messerschmied verfertigt aus Eisen und Stahl allerlei Arten von Messern: Tischmesser, Küchenmesser, Taschenmesser, Vor-	Le coutelier fait, avec du fer et de l'acier, toutes sortes de couteaux: des couteaux de table, de cuisine, de poche, des cou-

scissors, watch chains steels and other articles.

schneidemesser, Federmesser, Gabeln, Scheeren, Uhrketten, Feuerstähle und andere Dinge.

teaux à découper, des canifs, des fourchettes, des ciseaux, des chaines de montre, des briquets et d'autres choses.

Every knife consists of blade and handle, which is either of wood, horn or ivory; and often adorned with mother of pearl, gold, silver, pewter or brass.

2 Jedes Messer besteht aus der Klinge und dem Heft, welches entweder aus Holz, oder Horn, oder Elfenbein besteht, und oft mit Perlmutter, Gold, Silber, Zinn oder Messing verziert ist.

Chaque couteau a une lame et un manche qui est, de bois, de corne, ou d'ivoire, et qui souvent est damasquiné en nacre, en or, en argent, en étain ou cuivre jaune.

The cutlers finish and furbish the side-arms, gild the clasps of the sword-belts, as also the handles of the hunting knives, and daggers.

3 Die Messerschmiede bessern und fegen auch Seitengewehre, und vergolden die Schlösser zu Wehrgehängen, so wie die Griffe der Jagdmesser und Degen.

Les couteliers réparent et polissent aussi les armes blanches; ils dorent les agraffes de baudriers, ainsi que les manches des couteaux de chasse et les poignées des épées.

They likewise prepare the finer knives and scissors used by the surgeons and anatomists, and known under the name of the anatomical instruments.

4 Eben diese verfertigen auch die feineren Messer und Scheeren, deren sich die Wundärzte und Zergliederer bedienen, und die unter dem Namen anatomische Werkzeuge bekannt sind.

Ces mêmes couteliers font aussi les couteaux et les ciseaux les plus fins, dont se servent les chirurgiens et les anatomistes, et qui sont connus sous le nom d'instruments anatomiques.

He, whose business it is to sharpen scissors and knives, is called knife-grinder.

5 Der, dessen Geschäft es ist, Scheeren und Messer zu schleifen, heißt Scheerenschleifer.

Celui dont le métier est d'aiguiser les ciseaux et les couteaux, s'appelle remouleur.

In order to sharpen the pen knives, which have a finer edge than the other knives, they are rubbed on the stone.

6 Um die Federmesser, welche feinere Klingen haben, als die andern Messer, scharf zu machen, zieht man sie auf dem Steine ab.

Pour aiguiser les canifs dont les lames sont plus fines que celles des couteaux, on passe celles-ci sur la pierre.

Every knife has a sharp edge, and a back.

7 Jedes Messer hat eine Schneide und einen Rücken.

Chaque couteau a un tranchant et un dos.

Faber cultrarius.

[1] Faber cultrarius e ferro et chalybe varia cultrorum genera conficit, ut cultros coenatorios, culinarios et reductiles, cultros majores, cultros pennarios, fuscinulas, forfices, horologiorum catellas, chalybes igni eliciendo aliasque res.

[2] Quivis culter et lamina et manubrio constat, quod aut ligneum est, aut corneum, aut eburneum, et saepe matrīce margaritae, auro, argento, stanno aut orichalco variatur.

[3] Fabri cultrarii etiam gladios seu tela lateralia reficiunt ac poliunt, et seras balteorum, nec non manubria cultrorum venatoriorum et gladiorum auro inducunt.

[4] Opifices hujus generis etiam elegantiores illos cultellos et forfices conficiunt, quibus chirurgi et dissectores utuntur, instrumentorum anatomicorum nomine notos.

[5] Cotiarii est, forfices et cultros acuĕre.

[6] Cultri pennarii, tenuioribus, quam cetera cultrorum genera, laminis instructi, ita acuuntur, ut acies eorum molliter super lapide tenuetur.

[7] In quovis cultro acies discernitur et aversa pars.

179.

Der Kupferschmied.

The Coppersmith.		Le chaudronnier.
The Copper-smith uses principally copper. This metal is previously melted at the copper forge, and worked in rough, and bought in plates and tables by the coppersmith, from which he makes all his wares.	[1] Der Kupferschmied braucht am meisten das Kupfer; dieses Metall wird vorher auf Kupferhämmern geschmolzen und aus dem Groben gearbeitet und als Blech und in Tafeln von dem Kupferschmied angeschafft, worauf er aus demselben alle seine Waaren verfertigt.	C'est du cuivre que le chaudronnier fait le plus d'usage. Ce métal est d'abord fondu dans les forges, travaillé en gros et préparé en tables pour les chaudronniers qui en font tous leurs ustensiles.
He uses the brass in order to adorn his work, also tin and iron serves him for different uses.	[2] Das Messing gebraucht er zur Verschönerung seiner Arbeiten, und auch das Zinn und Eisen dient ihm zu verschiedenem Gebrauch.	Il emploie le cuivre jaune pour embellir ses ouvrages; l'étain et le fer lui servent aussi à différens usages.

He is furnished with a forge, of a well known structure, anvils in great numbers and of different sizes, different kinds of hammers, under which the polterhammer is the most useful, stay, chisel, files, rasps, and piercer.

With the help of these instruments he makes kettles, kans, strainers, brandy stills, pots, pans, candle sticks, brewing pans, plates for the engraver, gutters and the like.

Houses are also often covered with copper.

On account of the verdigrease easily settling on the copper when wet, or moist, the kitchen utensils, in which victuals are cooked, are lined with tin.

The copper smith has need of iron wire, in order to give a stability to his wares.

This trade is one in which the journeymen receive money by travelling.

3 Er hat eine Esse, die von bekannter Einrichtung ist, Ambosse in großer Anzahl von verschiedener Größe, verschiedene Hämmer, worunter der Polterhammer der vorzüglichste ist, einen Rohrstock, Meiseln, Feilen, Raspeln, Bohrer.

4 Mit Hilfe dieser Werkzeuge macht er Kessel, Kannen, Seiher, Branntweinblasen, Töpfe, Pfannen, Leuchter, Braupfannen, Platten für die Kupferstecher, Dachrinnen und dergl.

5 Oft werden auch die Häuser mit Kupfer bedeckt.

6 Weil das Kupfer, wenn es feucht oder naß wird, gerne Grünspan ansetzt, so werden Küchengeräthe, in welchen man Speisen kocht, verzinnt.

7 Eisendraht hat der Kupferschmied nöthig, um gewissen Waaren und Geschirren größere Haltbarkeit zu geben.

8 Dieses Handwerk ist ein geschenktes.

Les outils qui se trouvent dans sa forge sont assez connus: on y voit des enclumes de différente grandeur, plusieurs marteaux dont le principal est celui qui sert à battre le cuivre, enfin des crampons, des tourets, des tarières, des limes, des ratissoires, des forets.

C'est à l'aide de ces instruments que le chaudronnier fait des chaudrons, des pintes, des passoires, des alambiques, différents pots à cuire, des poêles, des chandeliers, des cuves à brasser, des plaques pour les graveurs, des gouttières etc.

Souvent aussi les maisons sont couvertes de cuivre.

Comme le cuivre s'oxyde aisément, quand il est mouillé, on étame les ustensiles de cuisine dans lesquels on cuit les alimens.

Le chaudronnier se sert de fil d'archal pour joindre solidement certains vases.

Les garçons voyageurs de ce métier reçoivent des viatiques.

Faber aerarius.

1 Aerario in officina sua inprimis opus est cupro, quod metallorum genus in officinis aerariis antea liquefactum et exasciatum, formamque bractearum ac tabularum referens, sibi comparat, indeque postea conficit omnia opera sua.

179.

180.

[2] Ad ornanda ea utitur orichalco, et stannum quoque ac cuprum multiplicem ei praestant usum.
[3] Ustrīna, qua utitur, notissimae est structurae; incūdum variae magnitudinis copia gaudet, ut et malleorum, quorum praecipui sunt, qui inter cudendum majorem strepitum edunt, retinaculo, caestris, limis, radulis, terebris.
[4] Horum instrumentorum ope elabōrat ahenarius ahēna, canthăros, cola, alembica destillatoria, ollas, sartagines, candelābra, ahena cerevisiae coquendae, tabulas aeneas in chalcographorum usum, tectorum canales aliaque.
[5] Saepe tecta quoque cupro obducuntur.
[6] Cuprum madefactum quod aeruginem facile contrăhit, vasa culinaria, in quibus cibos coquere solemus, stanno obducuntur.
[7] Filo ferreo opera et vasa quaedam arctius firmiusque conjungit.
[8] Hoc opificium xeniis gaudet.

180.

Der Schlosser.

The Locksmith.

The Locksmith makes use, like the blacksmith, of the anvil and hammer, in order to forge the iron and steel made red hot in the furnace.

The articles manufactured by him, are made with great art, and he gives to the iron and steel a fine appearance by means of the hammer, mallet file and many other tools.

Copper and brass he uses for soldering, and he makes the plates of the locks from strong brass; and he covers also the iron plates frequently with thin brass.

[1] Der Schlosser bedient sich, wie der Grobschmied, des Amboßes und Hammers, um das Eisen und den Stahl, der in der Esse glühend gemacht worden ist, zu schmieden.
[2] Die Arbeiten aber, die er verfertigt, fallen viel künstlicher aus, und er giebt dem Stahl sowohl, als dem Eisen, durch Hammer, Meisel, Feilen und viele andere Werkzeuge ein feines Aussehen.
[3] Kupfer und Messing braucht er zum Löthen, und aus starkem Messingblech macht er die Schilder an den Schlössern; mit dünnerem überzieht er zuweilen eiserne Beschläge.

Le serrurier.

Le serrurier se sert, ainsi que le maréchal ferrant, de l'enclume et du marteau, pour forger le fer et l'acier rougis au feu.

Mais les ouvrages qu'il fait plaisent beaucoup plus à l'oeil; avec le marteau, le touret, la lime et d'autres outils, il donne au fer et à l'acier une bien plus belle apparence.

Il emploie le cuivre rouge et jaune pour souder; il fait avec le cuivre jaune les garnitures des serrures et, quelquefois, recouvre de plaques minces de ce métal des garnitures en fer.

In finer work-shops several vices are erected, with the help of which he finishes most of his wares.

His general work is the lock; some of them are called German, others French; these last are prefered before the former.

Some are pad locks, others secret locks; all however are opened with a key.

The principal parts of a key are the ward, tube and handle.

He uses the pick lock in order to open doors and boxes from which the key has been lost, or mislaid.

He furnishes also iron plates, irons, lattice and bolts, and he is expected to fasten fastenings on doors, windows, boxes, and chests.

[4] In seiner Werkstätte sind etliche Schraubstöcke befestigt, mit deren Hilfe er seine meisten Arbeiten zu Stande bringt.

[5] Seine gewöhnlichsten Arbeiten sind die Schlösser; einige werden deutsche, andere französische genannt, und diese werden jenen vorgezogen.

[6] Einige sind Vorlegschlösser, andere verdeckte, und alle werden mit Schlüsseln aufgeschlossen.

[7] Die Hauptstücke an einem Schlüssel sind der Bart, das Rohr und der Griff.

[8] Die Dietriche braucht er, um verschlossene Thüren und Kästen, von denen man die Schlüssel verloren oder verlegt hat, zu öffnen.

[9] Er verfertigt auch eiserne Platten, Bügeleisen, Fenstergitter, Riegel, und man verlangt von ihm Beschläge an Thüren, Fenster, Kisten und Kästen.

On trouve dans sa boutique plusieurs étaux dont il se sert dans la plupart de ses travaux.

Ses ouvrages les plus ordinaires sont les serrures qui se font, tantôt à l'allemande, tantôt à la française. On prefère les dernières.

Les unes sont les cadenas; et les autres, des serrures à secret; mais toutes s'ouvrent avec des clefs.

Les parties principales de la clef sont, le panneton, la canelure et le manche.

Il se sert de la fausse-clef pour ouvrir les portes, les coffres et les armoires dont on a perdu la clef.

Il fait aussi des plaques de fer, des fers à repasser, des grillages de fenêtres, des targettes, des garnitures de porte, de fenêtres, de coffres et d'armoires.

Serarius.

[1] Faber serarius aeque ac ferrarius incūde et malleo utitur ad cudendum ferrum et chalybem in ustrina candefactum.

[2] Quae vero opera tractat, majori cum cura et arte elaborantur, gaudetque dexteritate, sic ornandi chalybem malleorum, caestrorum, limarum ceterorumque instrumentorum ope, ut oculi eorum adspectu pascantur.

[3] Cupro et orichalco ei opus est ad ferruminandum, et lamina orichalcea, eaque crassiori, obducit claustra; subtiliori vestit nonnunquam seras ferreas.

[4] In officina ejus sunt aliquot

retinacula, quorum beneficio plurima efficit opera.

[5] Solet vero potissimum elaborare claustra seu seras; aliae vocantur germanicae, aliae francogallicae, quae quidem illis longe praeferuntur.

[6] Aliae sunt appendulae, aliae crypticae, omnesque clavibus recluduntur.

[7] Praecipuas clavis partes dixeris projecturam, canaliculum et manubrium.

[8] Claves adulterinae a serario adhibentur ad januas cistasque, quarum claves aut amissae, aut saltem non praesto sunt, reserandas.

[9] Conficit etiam tabulas ferreas, ferramenta laevigatoria, clathros, pessulos; idem fenestras, januas, riscos et arcas ferro munire jubetur.

181.

Der Zirkelschmied, der Zeugschmied und der Sporer.

The Mathematical Instrument maker; the tool-smith, and spurrier.

Le faiseur de compas, le taillandier et l'éperonnier.

In the workshop of the mathematical Instrument maker, is seen besides the compasses, various kinds of iron and steel instruments, particularly those for the working in wood, and further almost every kind of kitchen implements, and various household furniture.

In many places also he furnishes surgical and mathematical instruments, bone-saws,

[1] In der Werkstätte des Zirkelschmieds sieht man außer den Zirkeln auch verschiedene eiserne und verstählte Werkzeuge, besonders für Holzarbeiter, und überdieß fast alle Gattungen von Küchengeschirren und allerhand Hausrath.

[2] An vielen Orten verfertigt er auch chirurgische und mathematische Instrumente, als

Outre le compas, on voit dans l'atelier du faiseur de compas, différens instruments de fer ou d'aciér surtout à l'usage de ceux qui travaillent en bois; on y voit aussi toutes sortes d'ustensiles de cuisine et de ménage.

Dans beaucoup de lieux, il confectionne aussi des instruments pour les mathématiciens

bullet drawers, trepan, terebra, tooth drawer, cauterising instrument, catheter, spathae; also quadrants and air pumps, astrolabe.

Knochensägen, Kugelauszieher, Schädelbohrer, Bodenzieher, Zahnbrecher, Aetzeisen, Sunden, Spateln; ferner Astrolabien, Quadranten und Luftpumpen.

et les chirurgiens comme des scies à couper les os, des tire-balles, des trépans, des tire-dents, des pélicans, des sondes, des spatules; de même des astrolabes, des quarts de cercles et des machines pneumatiques.

The tool-smith makes from iron and steel all instruments used by the other trades, and artists, and almost every kind of kitchen utensil.

3 Der Zeugschmied macht aus Eisen und Stahl allerlei Werkzeuge zum Behufe anderer Handwerker und Künste, und fast jede Art des eisernen Küchengeräthes.

Le taillandier fabrique, avec du fer et de l'acier, divers instruments à l'usage des ouvriers et des artisans, et presque toute espèce de batterie de cuisine.

He is provided with saws, hammers, compasses, planes, wimbles, strainers, pincers, tripods, pans, candle sticks, snuffers, coffee mills and other things.

4 Man findet bei ihm Sägen, Hämmer, Zirkel, Hobeleisen, Stemmeisen, Durchschläge, Zangen, Dreifüße, Pfannen, Leuchter mit Lichtputzen, Kaffeemühlen und andere Dinge.

On trouve chez lui des scies, des marteaux, des compas, des mêches, des fermoirs, des passoires, des tenailles, des trépieds, des poëles, des chandeliers avec les mouchettes, des moulins à café et d'autres choses.

When the ancients mounted on horseback they required the help of a certain person to lift them on the horse.

5 Wenn die Alten zu Pferde steigen wollten, so bedienten sie sich gewisser Personen, welche sie auf das Pferd hoben.

Quand les Anciens voulaient monter à cheval, ils se servaient de certaines personnes qui les soulevaient.

For this reason the stirrups were invented, which is furnished by the spurrier, besides the spurs, various kinds of bits, and curbs.

6 Daher sind die Steigbügel erfunden worden, welche außer den Sporen und allerhand Gebissen und Stangen der Sporer verfertigt.

C'est pour le même usage qu'on a inventé les étriers qui sont confectionnés par l'éperonnier, ainsi que les mors et les bridons.

There are also silver and plated spurs.

7 Es giebt auch silberne und silberplattirte Sporen.

Il y a des éperons d'argent ou argentés.

The points of the spurs are used to spur the horse in order that he may go faster.

8 Die Spitzen des Spornrädchens dienen dazu, das Pferd zu spornen, damit es schneller gehe.

Les pointes de la molette servent à piquer le cheval, afin qu'il aille plus vite.

181.

182.

Circinorum faber, ferramentarius et calcarius.

[1] In officina circinorum fabri praeter circĭnos etiam varia instrumenta ferrea et stanno inducta inprimis in usum eorum opificum, qui lignum operibus suis adhibent, et praeterea quodvis vasorum culinariorum genus variaque supellex invenitur.

[2] Multis in locis etiam instrumenta chirurgica et mathematica conficit, ut serras chirurgicas, cyăthos, modiŏlos seu terebras chirurgicas, pelicanos, cauteria, cathetēres, spathas; deinde astrolobia, dioptras et antlias pneumaticas.

[3] Ferramentarius e ferro et chalybe varia instrumenta conficit in usum aliorum opificum et artificum, et quodvis fere genus supellectilis culinariae.

[4] Inveniuntur apud eum serrae, mallei, circini, runcinarum ferra, caestra, cola, forcipes, tripŏdes, sartagĭnes, candelābra, cum forcipibus candelariis, machinae conterendis fabis Arabicis aliaque.

[5] Prisci, equum conscensuri, certis quibusdam hominibus utebantur, statoribus scilicet, qui equites in equos tollebant.

[6] Idcirco stapĕdes inventi sunt, quos praeter calcaria et varia frena ac lupata calcarius conficit.

[7] Sunt etiam calcaria argentea, aut argento obducta.

[8] Apicibus rotulae equus concitatur, quo citius currat.

182.

Der Klempner, Spengler oder Flaschner.

The Tin-man.

The Tin-man works in tinned plates of iron or brass, and prepares various kinds of lanterns, as dark lanterns, scientific lanterns, wooden and magick lanterns, speaking trumpets, lamps, candle sticks, funnels, siphons, tinder-boxes, strainers, graters, flasks, stove tubes, gutters, pails, moulds for baking, boxes, spoons, perspective-tubes, weather

[1] Der Klempner verarbeitet verzinntes Eisenblech oder auch Messingblech und verfertigt verschiedene Arten von Laternen, wie Blendlaternen, Kunstlaternen, Holzlaternen, Zauberlaternen, Sprachröhren, Lampen, Leuchter, Trichter, Heber, Feuerzeuge, Seiher oder Durchschläge, Reibeisen, Flaschen, Ofenröhren, Rinnen, Handeimer, Formen zu Backwerk, Büchsen,

Le ferblantier.

Le Ferblantier travaille la tôle étamée ou le laiton en feuilles; il fait différentes sortes de lanternes: des lanternes sourdes, des lanternes artistement faites, des lanternes de corne, des lanternes magiques, des porte-voix, des lampes, des chandeliers, des entonnoirs, des siphons, des briquets, des passoires, des rapes, des flacons, des tuyaux de

cocks, and their round balls.

Löffel, Perspektivröhren, Wetterfahnen und Knöpfe auf den Häusern.

poële, des gouttières de fer-blanc, des petits sceaux, des moules de pâtisserie, des boîtes, de cuillers, des tuyaux de lunettes, des girouettes et leurs pommes.

He covers also roofs, towers, and summer houses with white plates.

[2] Auch bedeckt er Dächer, Thürme und Gartenhäuser mit weißem Blech.

Il couvre aussi en fer blanc les toits, les tours et les pavillons.

He uses the same instruments and tools as the copper smith.

[3] Er hat die nämlichen Werkzeuge und Griffe, wie der Kupferschmied.

Il se sert des mêmes instrumens que le chaudronnier et les manie de même.

He solders copper and brass, and tins also plates of brass.

[4] Er löthet Kupfer und Messing, und verzinnt oft auch das Messingblech.

Il soude le cuivre et le laiton et, souvent aussi, il étame le laiton en lame.

Small boxes, candle sticks, lamps, baskets, trays, tea and coffee pots, inkstands and pen cases, are also frequently lackered.

[5] Dosen, Leuchter, Lampen, Körbchen, Auftragbleche, Kaffee- und Theegeschirre, Schreibzeuge, Federrohre werden auch häufig lakirt.

Les tabatières, les lampes, les corbeilles, les plateaux, les services à café et à thé, les écritoires, les étuis à plumes sont souvent aussi enduits d'un vernis.

A particular kind of utensil made of thin plate is the utensil for health; these are only beaten together with the hammer and cleanly tinned.

[6] Eine besondere Art von Blechgeschirren sind die Gesundheitsgeschirre; diese sind bloß mit dem Hammer zusammengefügt und rein verzinnt.

Les ustensils de santé sont une espèce particulière de vaisseaux de fer blanc; ils ne sont joints que par le marteau, et ensuite nettement étamés.

The counters are made particularly in Norimberg.

[7] Die Rechenpfennige werden besonders in Nürnberg geschlagen.

On fabrique les jetons, surtout, à Nuremberg.

Faber laminarius.

[1] Bractearius ad opus suum laminis ferreis aut orichalceis utitur stanno obductis, et conficit varia lucernarum genera, ut lucernas furtivas, lucernas affabre factas, luc. corneas, luc. magicas, tubos causticos, lampădes, candelābra, infundibula, siphones, ignitabula, cola, radulas, lagenas, fornacum tubos, tectorum canales, situlas, cupediarum formas, pyxides, cochlearia, telescopiorum tubos, vexilla meteorologica et coronides.

[2] Tecta quoque, turres et diaetas laminis ferreis tegit.

[3] Iisdem instrumentis eademque arte opus facit, quibus faber aerarius.

[4] Cuprum et orichalcum ferruminat, et saepe quoque laminas orichalceas stanno obducit.

[5] Thecae pedo servando, candelābra, lampădes, sportulae, laminae appositoriae, vasa ad theam caldamque arabicam necessaria, arculae scriptoriae, thecae pennariae crebro quoque vernīce quadam seu cera pictoria illinuntur.

[6] Singulare genus vasorum e laminis factorum sunt vasa, quae vocant innoxia, malleo tantum juncta et puro stanno illĭta.

[7] Calculi lusorii inprimis Norimbergae cuduntur.

183.

Der Zinngiesser.

The pewterer. *Le potier d'étain.*

The pewterer prepares various kinds of utensils from tin and lead.

He melts the tin and pours it into brass moulds.

Circular utensils receive from him a pleasant appearance on the lath, on which a wheel is fixed; oval or flat ones are polished by the scraper and pummice stone.

The English is the best of all tins.

No tin is entirely pure, but is always worked up with certain additions.

To the tools of the pewterer belong: the air stove, on one of the sides of which a bank is affixed, near

[1] Der Zinn- oder Kannengießer verfertigt aus Zinn und Blei allerhand Gefäße.

[2] Das Zinn schmelzt er und gießt es in messingenen Formen.

[3] Zirkelrunde Gefäße bekommen von ihm auf der Drehlade, woran ein Rad ist, ein gefälliges Ansehen; ovale oder platte Geschirre aber durch das Schaben und die Polirsteine.

[4] Das englische Zinn ist unter allen das vorzüglichste.

[5] Alles Zinn wird nie ganz rein, sondern immer mit einem gewissen Zusatze bearbeitet.

[6] Zu den Werkzeugen des Zinngießers gehört der Windofen, an dessen einer Seite eine Bank befestigt ist, neben wel-

Le potier d'étain, fait divers vases avec l'étain et le plomb.

Il fond l'étain et le coule dans des formes de cuivre jaune.

Des vases se tournent par lui au tour d'une manière gracieuse. Ce sont les vases arrondis. Il polit avec le racloir et le brunissoir ceux qui sont en ovale ou à fond plat.

Le meilleur étain est celui d'Angleterre.

L'étain ne se met jamais en oeuvre sans alliage.

Parmi les outils du potier d'étain, est un fourneau à vent. A l'un des côtés est attaché un banc auprès

which a copper vessel is placed filled with cold water.

Other tools are: the melting ladle, the smelting copper, rasps, files, chisel, compasses, pincers, vice, lath, the stick on which the tin vessels are fastened, various turning chisels, pummice stone, various moulds, hammers, mallet, anvils, graving tools etc.

The most known wares prepared by him, are, dishes, plates, tea and coffee pots, wash hand basins, candle sticks, flasks, warming pans, salt boxes, cups, oil flasks.

cher ein kupfernes Gefäß steht, das mit dem Kühlwasser angefüllt ist.

[7] Andere Werkzeuge sind: die Gießlöffel, Schmelzkessel, Raspeln und Feilen, Meisel und Zirkel, Zangen, der Schraubstock, das Drehrad, der Stock, an welchem das zinnerne Geschirr befestigt wird, verschiedene Dreheisen, Polirsteine, allerhand Formen, Hämmer und Schlägel, Amboße, Grabstichel u. s. w.

[8] Die bekanntesten Waaren, die er verfertigt, sind: Schüsseln, Teller, Kaffee- und Theekannen, Waschbecken, Leuchter, Flaschen, Bettpfannen, Salzfäßer, Becher, Oelflaschen.

duquel est un vase de cuivre qui est rempli d'eau froide.

Les autres instruments sont les cuillers à fondre et à couler, des racloirs, des limes, des tourets, des compas, des tenailles, l'étau, le tour, la barre où se mettent les vases d'étain, différens instruments à graver, des pierres à aiguiser, des moules de cuivre ou d'autre matière, des marteaux, des enclumes, des burins etc.

Les marchandises les plus connues qu'il fabrique sont des assiettes, des vases à thé et à café, des lavoirs, des chandeliers, des flacons, des bassinoires, des salières, des bocaux, des vases à mettre de l'huile.

Stannarius.

[1] Faber stannarius e stanno et plumbo varia conficit vasa.

[2] Liquefăcit autem stannum, efformans id postea in modulis orichalceis.

[3] Vasa ad circuli similitudinem elaborata jucunda adspectu reddit in arca tornatoria, in qua rota cernitur; ovata, plana et angulata radendo et cotibus perpoliuntur.

[4] Quod ex Anglia accipimus stannum, primas omnium sibi vindicat partes.

[5] Ceterum unumquodque stanni genus nunquam purum, sed mixtum semper efficiendis operibus adhibetur.

[6] In instrumentorum stannarii numero habetur focus, ad cujus alterum latus firmatum est scamnum, juxta quod habetur vas cupreum, aqua refrigeratoria repletum.

[7] Cetera instrumenta sunt: cochlearia fusoria, ahenum fusorium, radulae ac limae, caestra et circini, forcipes, retinaculum, peritrŏchus, truncus, quo vasa continentur, varia instrumenta toreutica, cotes vasis poliendis, varia proplasmata, mallei et tudites, incūdes, caela etc.

[8] E stannarii officina prodeunt: patĭnae, orbes, canthări, pelves, candelābra, lagenae, batilli cubicularii, salīna, pocula, ampullae cleariae.

183.

184.

184.

Der Rothgiesser.

The Brazier. | *Le fondeur en cuivre.*

The Brazier forges and turns various articles from copper, bronze, brass, bell-metal, and pinchbeck; as, candle sticks, crosses, irons, mortars, small bells, bells, buckles, fastenings to chests, fire engines.

His work is related to that of the belt maker.

There are also braziers renowned by the beauty of their work, and who forge ensigns, and statues of the highest perfection.

If the sand used for their fusion, is well pounded, the moulds are made by placing lead or brass models on the board models, from which the impression is intended to be taken, and the tubes are brought to the required place in order to forge the metal equal.

When the metal has

[1] Der Roth- und Gelbgießer gießt und dreht aus Kupfer, Bronze, Messing, Glockengut, Tombak mancherlei Waaren, z. B. Leuchter, Kreuze, Bügeleisen, Mörser, kleine Glocken, Schellen, Schnallen, Beschläge zu Commoden, Feuerspritzen.

[2] Seine Arbeit ist mit der des Gürtlers verwandt.

[3] Es giebt auch Rothgießer, welche sich durch die Vortrefflichkeit ihrer Werke auszeichnen, und Adler und Bildsäulen von der größten Vollkommenheit gießen.

[4] Ist der Sand, dessen sie sich zu ihrem Guß bedienen, gut zerstoßen, so werden die Formen bereitet, indem man auf eine Tafel die bleiernen oder messingenen Modelle stellt, wovon der Sand den Abdruck annehmen soll, und die Röhren werden an den gehörigen Stellen angebracht, um das Metall gleich zu gießen.

[5] Wenn das Metall in

Avec du cuivre, du laiton, du bronse, du tombac, le fondeur en cuivre fond et fabrique différentes marchandises, comme des chandeliers, des croix, des carreaux, des mortiers, des petites cloches, des sonnettes, des boucles, des garnitures pour les commodes, des pompes à feu.

Son travail ressemble fort à celui du ceinturier.

Il y a aussi des fondeurs en cuivre qui se distinguent par la beauté de leurs ouvrages, et qui fondent des aigles et des statues de la plus grande perfection.

Lorsque le sable dont ils se servent pour fondre, est assez pétri, on apprête les moules, en plaçant sur une table les modèles en plomb ou en laiton, dont le sable doit recevoir l'empreinte; alors on met les tuyaux à leur place pour que le métal coule partout en égale quantité.

Lorsque le métal

attained the required degree of fluidity in the air stove, the founder brings the red hot crucible with an iron pincer to the models, and the metal flows thro' the opening of the tube into the moulds.

The particles adhering to the outside of the forged articles, are then cut away, and the forms are then further finished with the file, and at the lath.

dem Windofen den nöthigen Grad des Flusses erreicht hat, so bringt der Gießer den ganz feurigen Schmelztiegel mit einer eisernen Zange zu den Modellen, und das Metall fließt durch die Oeffnung der Röhren in die Formen.

6 Hierauf werden die hervorragenden Theile der gegossenen Dinge hinweggenommen, und mit der Feile und in der Drehbank die Waaren weiter ausgebildet.

a atteint un degré de fusion suffisant, le fondeur, avec des pincettes de fer, prend le creuset tout ardent et verse le métal par l'ouverture des tuyaux de chaque moule.

Cela fait, on emporte les parties saillantes des objets mis en fusion et, au moyen de la lime et du tour, on donne le dernier poli aux marchandises.

Fusor aerarius.

1 Fusor aerarius fundit et tornat e cupro, aere Corinthio, orichalco, aere campanario, metallo tombacīno varias merces, v. c. candelābra, cruces, ferramenta vestiaria, mortaria, campanas minores, tintinnabula, munimenta orichalcea arcarum nitidiorum, siphōnes.

2 Opus ejus operi zonariorum haud multum absimile est.

3 Sunt quoque fusores aerarii, qui singularia artis suae specimina praebeant, et aquilas statuasque exhibeant summa elegantia effectas.

4 Ubi sabulum, quo ad fusionem utuntur, rite contritum est, formae apparantur; collocantur supra mensa typi plumbei aut orichalcei, quibus appressum sabulum eorundem refert figuram, et tubi, suis locis aptati, constituuntur, ut metallum quaquaversum aequaliter fundi possit.

5 Quando metallum in fornace breviori jam eo redactum est, ut fundatur, fusor caliculum quam maxime ardentem ferreae forcipis ope ad typos affert, et metallum per aperta tuborum ostiola in singulas se insinuat formas.

6 Dein partes rerum, quae prodierunt, eminentes demuntur, et limae ope ac super jugo toreutico merces perpoliuntur.

185.

Der Glockengiesser und die Stückgiesserei.

The bell and Cannon founder. | *La fonte de cloches et de canons.*

The bell-founder, forges in moulds large and small bells from the bell metal, the most perfect composition of which consists three parts copper, and one of fine tin.

The principal part of the bell is the crown, on which the clapper strikes.

When all is prepared, the founder digs a pit of sufficient depth in order to take the form of the bell formed from loam, and tow or calf's hair.

The mould consists of two parts, the crown, which gives the outward form of the bell, and the kernel which makes the hollow of it.

Between both is sufficient space filled with the metal intended for the bell.

The metal is poured into this thro' the hole, and tube, from whence it spreads itself thro' the whole empty space.

1 Der Glockengießer gießt in Formen große und kleine Glocken aus Glockenspeise, wovon die vollkommenste Zusammensetzung aus drei Theilen Kupfer und einem Theil feinen Zinns besteht.

2 Der Hauptheil der Glocke ist der Kranz, an welchen der Klöppel schlägt.

3 Wenn Alles gehörig zugerichtet ist, gräbt der Gießer eine Grube von hinlänglicher Tiefe, um die Form der Glocke, die aus Lehm und Werg oder Kälberhaaren verfertigt ist, fassen zu können.

4 Die Form besteht aus dem Mantel, welcher der Glocke die äußere Gestalt, und aus dem Kern, welcher ihr die Höhlung giebt.

5 Zwischen beiden ist der Zwischenraum, der von dem Metall ausgefüllt wird, das die Glocke bilden soll.

6 Das Metall wird in diesen durch das Gießloch und die Gießrinne geleitet, von wo es sich in dem ganz leeren Raum verbreitet.

Le fondeur de cloches fond, dans des moules, de grandes et de petites cloches d'airain. La meilleure composition est de trois parties de cuivre rouge, et d'une partie d'étain fin.

La partie principale de la cloche est la panse, qui est frappée par le battant.

Après les préparations convenables, le fondeur creuse une fosse assez profonde pour contenir le moule de la cloche, qui est fait d'argile et d'étoupe, ou bien de poils de veau.

Le moule consiste dans la chape, qui donne à la cloche la forme exterieure, et dans le noyau, qui lui donne la concavité.

Entre ces deux parties est l'intervalle qui se remplit du métal, dont la cloche doit être formée.

Le métal y est conduit par le godet et le tuyau, d'où il se répand dans tout le vide.

It is then allowed to cool, and when almost so, the crown is taken off, and the bell drawn from the pit.

The cannon founderies furnish mortars, cannons, howitzers, and formerly also field serpents.

The metal is smelted in a high furnace, and allowed to flow into the moulds.

The mouth of the piece is made by a machine which is set in motion by water, or a horse, or by a steam engine.

7 Nun läßt man es abkühlen, und wenn es beinahe völlig kalt ist, wird der Mantel abgeschlagen und die Glocke aus der Grube herausgewunden.

8 Die Stückgießereien liefern Mörser, Kanonen und Haubitzen, ehemals auch Feldschlangen.

9 Man schmilzt das Metall in einem hohen Ofen und läßt es in die Form laufen.

10 Das Bohren der Seele oder der Höhlung geschieht mit einer Maschine, welche vom Wasser, oder von Pferden, oder von einer Dampfmaschine in Bewegung gesetzt wird.

On le laisse refroidir et quand il est à-peu-près froid, on brise la chape et on enlève la cloche de la fosse.

Les fonderies de canons fournissent des mortiers, des canons, des obusiers. Autrefois elles fournissaient aussi des coulevrines.

On fond le métal dans un haut fourneau, et on le conduit dans le moule.

L'âme du canon se perfore au moyen d'une machine mue par l'eau, par des chevaux ou par la vapeur.

Campanarum fusor et tormentorum fusio.

1 Campanarum fusor in formis campanas majores et minores ex aere campanario fundit, cujus perfectissima compositio ea est, quae duabus partibus cupri, et una stanni optimi constat.

2 Pars primaria campanae est corona, quam pistillum pulsat.

3 Omnibus rite paratis, fusor humi fossam effōdit, quae valeat capere campanae formam, e luto et stupa aut e pilis vitulinis factam.

4 Forma duabus constat partibus, capsa scilicet, quae externam campanae speciem fingit, et ex interiori parte, quae cavitatem ei addit.

5 Quod inter hanc et illam interjectum est spatium, metallo impletur campanam editurо.

6 Metallum in illud per foramen ac tubum deducitur, unde per vacuum diffunditur.

7 Jam refrigerationi datur, et quum satis frigefactum est, capsa revellitur, et campana e fossa trahitur.

8 Officinae tormentariae mortaria pyrobŏla, tormenta bellica majora et tormenta curta suppeditant, olim etiam colubrīnas.

9 Metallum in camino altiori liquefit et in formam deducitur.

10 Perforatur seu cavitas ejus efficitur machina quadam, quae aut aqua, aut ab equis, aut machina vaporaria agitari solet.

185.

186.

186.

Die Münze.

The Mint.		*La monnaie.*
The mint is the place where gold, silver and copper coins are struck.	[1] Die Münze ist der Ort, in welchem goldene, silberne und kupferne Münzen verfertigt werden.	L'hôtel de la monnaie est le lieu où l'on fait toute espèce de monnaie d'or, d'argent et de cuivre.
The gold is mixed either with silver or copper, or with both at once, the silver with copper, in order that the coins may be more durable, and their value lessened.	[2] Das Gold wird entweder mit Silber, oder Kupfer, oder mit beiden zugleich, das Silber mit Kupfer versetzt, damit die Münzen haltbarer werden und ihr Preis verringert wird.	On allie l'or avec l'argent ou avec le cuivre ou avec les deux ensembles, et l'argent avec le cuivre; cela, pour rendre les pièces plus compactes et en diminuer la valeur.
The melting and mixing of the metal is effected in a crucible by means of fire in an air-furnace.	[3] Das Schmelzen und Vermischen der Metalle geschieht in Tiegeln durch das Feuer eines Windofens.	La fusion et le mélange des métaux se fait dans des creusets, au moyen du feu d'un fourneau à vent.
It is then forged into bars placed between two cylinders, and the plates cut into round pieces by a machine furnished with a lever.	[4] Hierauf werden sie zu Stangen gegossen, zwischen Walzen gestreckt, und die Platten mit einer Maschine, welche mit einem Hebel versehen ist, in runde Stücke zerschnitten.	Ensuite, on les fond en barres, on les étend entre des cylindres et on coupe les lames en pièces rondes, au moyen d'une machine munie d'un levier.
After these pieces are accurately weighed they are marked on the outside with letters, in order to prevent the misuse of clipping.	[5] Nachdem diese Stücke genau gewogen worden sind, werden sie am Rande mit Buchstaben bezeichnet, um den Mißbrauch des Beschneidens zu verhindern.	Aprés avoir pesé exactement ces pièces, on frappe des lettres sur leur grenetis, pour empêcher qu'on ne les rogne.
They now come into the coining press on the one side the likeness of the Prince, on the other his arms, are stamped.	[6] Nun kommen sie in die Münzpresse; auf die eine Seite wird das Bildniß des Fürsten, auf die andere das Wappen desselben aufgedrückt.	Aprés, on les pose sous le balancier; on imprime sur l'un des côtés le portrait du prince, et sur le revers ses armoiries.

There are ducats, dubloons, guineas, Luis d'ors, sequins, crown pieces, rubels, piasters, reals, francks, florins, and very many other coins.

[7]Es giebt Dukaten, Dublonen, Guineen, Louisd'ors, Zechinen, Kronenthaler, Rubel, Piaster, Realen, Franken, Guldenstücke und gar viele andere Münzen.

Il y a des ducats, des doublons, des louis, des guinées, des sequins, des couronnes, des roubles, des piastres, des réaux, des francs, des florins et beaucoup d'autres monnaies.

The German rixdollar, and the English pound sterling are imaginary coins.

[8]Der Reichsthaler der Deutschen und das Pfund Sterling der Engländer sind eingebildete Münzen.

La risdale des Allemands et la livre sterling des Anglais sont des monnaies imaginaires.

Monetaria.

[1]Officina monetaria locus est, in quo monetae aureae, argenteae et cupreae cuduntur.

[2]Auro aut argentum, aut cuprum, aut utrumque, argento autem cuprum additur, quo monetae solidiores fiant et pretium earum diminuatur.

[3]Metalla in catĭnis igne camini angustioris conflari et miscēri solent.

[4]Deinde in massas funduntur, inter cylindros extenduntur, et laminae numariae machinae ope, vecte instructae, in segmenta scinduntur.

[5]Quae quum rite expensa sunt, ora eorum literis signatur, ut caveatur, ne circumcisione monetae minuantur.

[6]Jam prelo monetario subjiciuntur, atque ita nummorum adversae parti imago principis, aversae autem insignia ejus imprimuntur.

[7]Sunt aurei, aurei majores, aurei Anglici, aurei Ludoviciani, aurei Venĕti, thalēri coronati, unciales Russici, unciales Hispanici, regii argentei, trientes Francogallici, floreni et quam plurimae aliae monetae.

[8]Imperialis Germanorum et Sterlinorum libra Anglorum monetae sunt imaginariae.

187.

Der Schwertfeger und der Büchsenmacher.

The sword Cutler, and gun-maker.

Le fourbisseur et l'arquebusier.

The sword Cutler prepares swords, sa-

[1]Der Schwertfeger verfertigt Degen, Sä-

Le fourbisseur fait des épées, des sabres,

bles, hangers, rapiers, foils, broad swords, daggers and bayonets.

The blade is adorned with the sword-hilt, and pommel, and is furnished with a scabbard.

The best blades are the Damask, which are prepared in a particular, and not very well known way.

The gun-maker prepares rifles, guns, muskets, carabines, pistols, and pocket pistols.

The parts of the gun; are the stock, barrel, the bult end, the lock, the ram rod, the pan, the touch hole, the cover, the cock which strikes on the pan with a flint, and the screw.

The hunter carries a double barrelled guns which he loads either with ball or shot.

There are particular gun manufactories, in which all kinds of arms are furnished by the armourer.

The cultivated people of the present day

bel, Hirschfänger, Rappiere, Stoßdegen, Haudegen, Dolche, Bajonette.

2 Die Klingen ziert er mit dem Degengefäß und dem Degenknopfe, und versieht sie mit der Scheide.

3 Die vorzüglichsten Klingen sind die Dascenerklingen, die auf eine besondere, nicht ganz bekannte Weise verfertigt werden.

4 Der Büchsenmacher verfertigt Büchsen, Flinten, Musketen, Karabiner, Pistolen, Terzerole.

5 Theile des Gewehres sind: der Schaft, der Lauf oder das Rohr, der Kolben, das Schloß, der Ladestock, die Zündpfanne, das Zündloch, der Pfanndeckel oder die Batterie, der Hahn, der mit einem Feuerstein an den Pfanndeckel anschlägt, die Schrauben.

6 Die Jäger führen Flinten mit doppeltem Lauf, welche sie mit Kugeln oder Schrot laden.

7 Es giebt eigene Gewehrfabriken, in welchen alle Gattungen von Waffen durch die Waffenschmiede verfertigt werden.

8 Noch heutzutage bedienen sich weniger ge-

des couteaux de chasse, des fleurets, des espadons et des estocs; des poignards, des bayonettes.

Il monte les epées d'une garde et de son pommeau, et les munit d'un fourreau.

Les meilleures lames sont celles de Damas, que l'on fabrique d'une manière peu connue.

L'arquebusier fabrique des arquebuses, des fusils, des mousquets, des carabines, des pistolets d'arçon et des pistolets de poche.

Les parties du fusil sont le fût, le canon, la crosse, la batterie, la baguette, le bassinet, la lumière, le couvre bassinet, le chien qui frappe le couvre bassinet, la platine, la contreplatine, le ressort, la culasse, les vis, etc.

Les chasseurs ont ordinairement des fusils à deux coups qu'ils chargent de balles ou de dragée.

Il y a des fabriques où chaque sorte d'armes est faite par les armuriers.

Aujourd'hui encore, il y a des peuples

seldom make use of the gross bow, or bow, from which they fire bolts and arrows, which are preserved in the quiver.

Mischievous boys shoot with the shooting key.

bildete Völker der Armbrüste und Bogen, mit denen sie Bolzen und Pfeile abschießen, welche in dem Köcher verwahrt werden.

[9] Muthwillige Knaben schießen mit Schlüsselbüchsen.

moins civilisés qui se servent d'arbalètes et d'arcs, avec lesquels ils lancent des flèches et des traits qu'ils portent dans un carquois.

Des garçons folâtres tirent avec des clefs percées en forme de pistolets.

Faber gladiarius et sclopetarius.

[1] Faber gladiarius gladios conficit, enses seu acinăces, clunacula seu cultros venatorios, gladios praepilatos, gladios ad caesim percutiendum, gladios ad punctim feriendum, pugiones seu sicas, verūta.

[2] Laminas capulo ornat et pila gladii, easque vagīna munit.

[3] Celeberrimae sunt laminae orientales, quae ratione haud satis cognita fabricantur.

[4] Faber sclopetarius bombardas conficit, sclopēta, sclopeta majora, sclopeta leviora equestria, sclopeta manualia, pyrobola minimi moduli.

[5] Partes teli igniarii sunt: lignum, fistula, umbo, sera, virga stipatoria seu radius, trulla incendiaria, foramen incendiarium, tegmen trullae incendiariae, momentum, pyritis ope tegmen illud pulsans, cochleae.

[6] Venatores sclopetis utuntur duplici fistula instructis, quae aut glandibus plumbeis, aut granulis ferreis onerant.

[7] Peculiares exstant armorum fabricae, in quibus quodcunque armorum genus a fabris ferrariis conficitur.

[8] Etiamnunc gentes minus cultae arcubus majoribus et minoribus utuntur, e quibus sagittas ligneas obtusiores et tela mittunt, pharĕtra recondita.

[9] Pueri petulantes sclopis clavicularriis delectantur.

188.

Der Gürtler und der Nadler.

The belt maker, and pin-maker.

Le ceinturier et l'aiguillier.

The belt maker prepares principally metal

[1] Der Gürtler verfertigt hauptsächlich

Le Ceinturier fait principalement des

187.

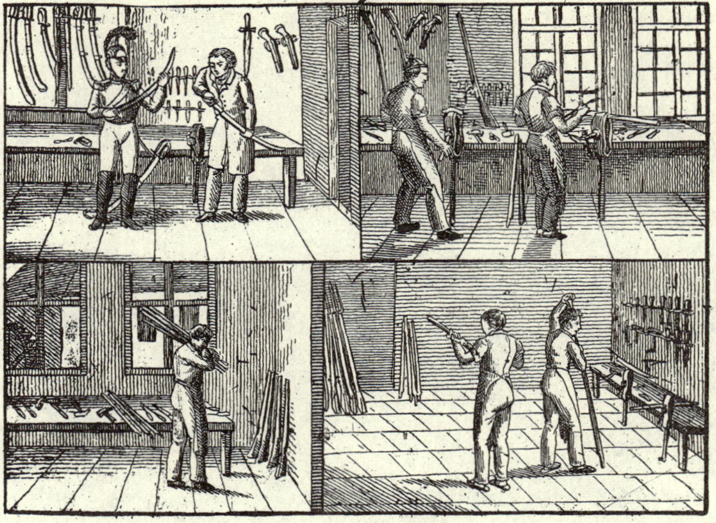

188.

belts, buckles, and other small articles of this kind.

In many places he employs himself in the business of the brazier.

He not only makes buckles, buttons, belts, but also plates for the cap and cartridge box, ornaments on the carriages, chains, collars, studs, and the heads for nails, with which the carriages, sedan chairs, and seats are ornamented, also the clasps of books.

He has the tools in common with the gold and silver smith, and his lath is almost like that of the tinman.

His work is either embossed or worked with the hand after a drawing which he has made.

The pin-maker works in brass-wire, which the wire-drawer has fully prepared, and which is divided into the polished pin-wire, and into the dark brass-wire.

The iron-wire is not used usually for pins,

metallene Gürtel, Schnallen und andere kleinere Waaren dieser Art.

[2]An manchen Orten giebt er sich auch mit den Arbeiten der Roth- und Gelbgießer ab.

[3]Er macht nicht nur Schnallen, Knöpfe, Gürtel, sondern auch Bleche an Mützen und Patrontaschen, Beschläge an Kutschen, Ketten, Halsbänder, Buckeln und die Nagelköpfe, womit die Kutschen, Sänften und Sessel beschlagen werden, auch die Clausuren der Bücher.

[4]Die Werkzeuge hat er mit dem Gold- und Silberarbeiter gemein, und sein Drehrad ist fast ganz wie das des Zinngießers eingerichtet.

[5]Seine Arbeiten werden entweder mit Stanzen getrieben, oder mit freier Hand nach einer Zeichnung, die er entworfen hat.

[6]Der Nadler verarbeitet Messingdraht, den der Drahtzieher bereits verfertigt hat, und welcher in den blanken Nadeldraht und in den schwarzen Messingdraht eingetheilt wird.

[7]Der Eisendraht wird nicht zu gewöhnlichen

ceintures de métal, des boucles, des agrafes et d'autres quincailleries en ce genre.

Dans plusieurs endroits, il s'occupe aussi des travaux du fondeurs de cuivre.

Il fait non seulement des boucles, des boutons et des ceintures; mais encore les plaques de métal qui enjolivent les bonnets des grenadiers et les gibernes des troupes; des garnitures de carrosses, des chaînes, des colliers, des boucles, des têtes de clou dont on garnit les voitures, les litières et les sièges; ainsi que les fermoirs de livres.

Le ceinturier se sert à-peu-près des mêmes instruments que l'orfèvre, et son tour est à peu près comme celui du potier d'étain.

Il fabrique tous ces ouvrages d'après des modèles ou d'après un dessin qu'il a tracé lui-même.

L'aiguillier emploie le fil d'archal que le tréfileur a confectionné. Il y en a qui est poli et qui sert à faire des aiguilles, et un autre qui est rude et brut.

Dans la fabrication des aiguilles, le fil de fer

on account of its too easily rusting.

The steel-wire is used for fishing hooks, and piercer, the silver wire however for small watch chains, and such like small articles.

He prepares every thing which can be made from the lath, hammer and pincers, with different kinds of tools; needles of all kinds, sewing needles, pins, hair pins, knitting needles, packing needles, larding pin, chains, hooks, bird cages, and lattices.

Nadeln gebraucht, weil er dem Roste zu sehr unterworfen ist.

[8] Der stählerne Draht wird zu Fischangeln und Pfriemen, der Silberdraht aber zu kleinen Uhrketten und dergleichen Kleinigkeiten angewendet.

[9] Mit verschiedenen Werkzeugen verfertigt er Alles, was aus Draht mit dem Hammer und der Zange gezwungen werden kann: Nähnadeln aller Art, Heftnadeln, Stecknadeln, Haarnadeln, Stricknadeln, Packnadeln, Spicknadeln, Ketten, Haaken, Vogelbauer oder Käfige und Fenstergitter.

n'est presque d'aucun usage, parcequ'il est trop sujet à la rouille.

Le fil d'acier sert à faire des hameçons et des alènes, et le fil d'argent à faire des chaînes de montre et d'autres bagatelles.

L'ouvrier a plusieurs outils pour faire tout ce qu'on peut confectionner avec le fil d'archal, à la pince et au marteau: des aiguilles de toutes façons, à coudre et à ravoder; des épingles des aiguilles à friser, à tricoter, à emballer, à larder, à broder; des agraffes, de cages et des grilles de fenêtres.

Zonarius et acicularius.

[1] Cingularius conficit potissimum cingula metallica, fibulas et quae sunt reliqua hujus generis opera minuta.

[2] Nonnullis quoque locis vacat operibus flatorum aeris.

[3] Operam navat non tantum fibulis, orbiculis et cingulis, sed conficit etiam bracteas, quibus mitrae ac thecae bombardariae militum ornantur, ornamenta carpentorum rhedarumque, catenulas, monilia, umbones librarios et clavorum capita, quibus rhedae, lectīcae et sellae muniuntur, uncīnos quoque, quibus libri clauduntur.

[4] Plurima instrumenta ei communia sunt cum aurifabro et argentifabro, et eodem fere, quo stannarius, utitur peritrŏcho.

[5] Universa ejus opera ad exemplaria quaedam vel typiculis, vel proprio Marte effinguntur.

[6] Acicularius filum richalceum adhibet operibus suis jam praeparatum, quod est duplicis generis, alterum nitidum et acubus conficiendis aptum, alterum autem impurum.

[7] Filum ferreum in efficiendis acubus vulgaribus nullius ferme usus est, quippe rubigini nimis obnoxium.

[8] Filum chalybeum adhibetur hamis ac subŭlis, argenteum vero catenulis horologia portatilia ornantibus aliisque rebus minutis.

[9] Variis instrumentis adjutus conficit ille, quidquid mallei forcipisque ope subĭgi potest; spectant huc acus netorne cujuscunque generis, acus chirurgicae,

acus capitatae, acus crinales, acus reticulariae, acus adstrictoriae, acus lardariae, catenulae, uncinulae, caveae, clathri.

189

Der Bortenwirker und der Knopfmacher.

The lace, and button maker.

Le passementier et le boutonnier.

The lace maker furnishes from his loom which is smaller than that of the linen weaver, gold and silver laces, ribbons, laces, points, fringes, sashes, tassels, galoons, loops.

[1] Der Bortenmacher oder Posamentirer macht auf seinem Weberstuhle, der schmäler ist, als die übrigen Zeugmacherstühle, Gold- und Silberborten, Bänder, Tressen, Schnürriemen, Franzen, Schärpen, Quasten, Galonen, Schleifen 2c.

Le métier du passementier est plus étroit que celui du tisserand. Il fait des bordures d'or et d'argent, des rubans, des tresses, des lacets, des franges, des écharpes, des houppes, des galons, etc.

There are also ribbon mills at which a great many ribbons are made at the same time.

[2] Es giebt auch Bandmühlen, auf denen viele Bänder auf einmal verfertigt werden können.

Il y a aussi des machines avec lesquelles on fait plusieurs rubans a la fois.

The whole machine is set in motion by the turning round of a hand cylinder, or by a water wheel.

[3] Die ganze Maschine wird durch Umdrehung einer Welle von der Hand des Menschen oder durch ein Wasserrad in Bewegung gesetzt.

Toute la machine est mise en mouvement par un cylindre que fait tourner ou la main des hommes ou un courant d'eau.

The button maker prepares the spun-buttons from wool, mohair yarn and silk.

[4] Der Knopfmacher macht aus Wolle, Kameelgarn und Seide die besponnenen Knöpfe.

Le boutonnier fait les boutons, tissus avec de la laine, de la soie et du poil de chameau.

The rough mohair yarn is rolled smooth between iron spindles, the yarn is then dou-

[5] Das rauhe Kameelgarn reibt er auf dem Kravieleisen zwischen eisernen Spindeln glatt, und dublirt und zwirnt

Comme le poil de chameau est très rude, il le frotte sur un instrument composé de plusieurs fuseaux de

bled and twisted together on the wheel.

Buttons are made according to the fashion with the needle, after a mould turned at the lath; they are often adorned with figures.

To cover them, the button maker makes choice of a thread exactly of the same colour as the cloth for which the button is intended, and finishes is according to the pattern-button which he has always before his eyes.

das Garn auf dem Drehrade.

[6] Die Knöpfe werden auf gedrehten Knopfformen nach der Mode mit der Nadel verfertigt, und oft mit Figuren verziert.

[7] Zur Bekleidung derselben wählt der Knopfmacher einen Faden aus, der mit der Farbe des Kleides, worauf die Knöpfe kommen sollen, vollkommen übereinstimmt, und verfertigt diese nach einem Musterknopf, den er immer vor Augen hat.

fer, après quoi il le double et le retord.

On recouvre les moules de boutons avec l'aiguille, et souvent on y fait des figures.

Les moules pour les boutons se recouvrent avec qui répondent le mieux à la couleur de l'habit et trace les figures, d'après un dessin placé devant lui.

Limbularius et orbiculorum textor.

[1] Limbularius seu fimbriarius super jugo suo textorio angustiori ceteris ejusmodi machinis taenias conficit serico textas, limbos ex textĭli auro et argento, lemniscos, fimbrias, fasciolas, lacinias, lemniscos militares, cirros, taeniŏlas, nodos etc.

[2] Existunt etiam machinae lemniscariae, quibus multi simul lemnisci fabricari possunt.

[3] Tota machina cylindri ope aut hominum manibus, aut tympăno circumacti movetur.

[4] Qui globulos conficit, eosdem vel texit e lana, vel e filis Galaticis et bombycinis.

[5] Fila Galatica plerumque hirsuta in instrumento quodam ferreo, fusis instructo, laevigat, eaque tum rhombi ope duplicat et super fusos deducit.

[6] Globuli super modulis tornatis pro seculi genio acu consuuntur et saepe figuris ornantur.

[7] Ad muniendos modulos orbiculorum confector ejusmodi filum seligit, quod vesti iis ornandae prorsus respondeat, eosque ad globuli cujusdam exemplar delectum et inter laborandum ob oculos positum conficit.

189.

190.

190.

Der Strumpfstricker und Strumpfweber.

The stocking-knitter, and Weaver.

Altho' the females are employed in the knitting of stockings, nevertheless the stocking knitter forms a separate business.

Their business is besides the different kinds of stockings, caps, gloves with and without fingers, socks, jackets and other pieces of dress.

The knitting, altho' very plain, must nevertheless be considered as a fine invention, which is ascribed to Scottland.

The stockings are knit with long and thin needles, which while crossing each other, entwine the threads one with another, and form the meshes, of which the stocking is composed.

There are linen, wool, cotton and silk stockings.

The stocking knitter uses two or more needles, which must be at least half a foot long.

1 Obgleich das weibliche Geschlecht sich mit dem Strumpfstricken abgiebt, so machen doch die Strumpfstricker eine eigene Profession aus.

2 Ihre Arbeiten sind, außer verschiedenen Gattungen von Strümpfen, Mützen, Handschuhe mit und ohne Finger, Socken, Wämser und andere Kleidungsstücke.

3 Das Stricken, ob es gleich ganz einfach ist, ist doch als eine schöne Erfindung zu betrachten, welche man den Schottländern zuschreibt.

4 Man strickt die Strümpfe mit langen, dünnen Nadeln, welche, indem sie sich durchkreuzen, die Fäden in einander schlingen und die Maschen bilden, woraus die Strümpfe zusammengesetzt sind.

5 Man hat leinene, wollene, baumwollene und seidene Strümpfe.

6 Der Strumpfstricker hat zwei oder mehrere Stricknadeln nöthig, welche wenigstens einen halben Schuh lang sind.

Le bonnetier au métier et à l'aiguille.

Quoique les personnes du sexe soient souvent occupées à tricoter, les bonnetiers forment une profession particulière.

Outre différentes sortes de bas, on tire de la boutique du bonnetier des bonnets, des gants, des mitaines, des brodequins, des tuniques et d'autres vêtements.

Le tricotage, quoique fort simple, est regardé comme une fort belle invention qu'on attribue aux Ecossais.

Les bas au tricot se font avec des aiguilles longues et menues qui, en se croisant les unes les autres, entrelacent les fils et forment les mailles dont les bas sont composés.

Il y a des bas de fil, des bas de laine, de coton et de soie.

Le tricoteur a besoin de deux ou plusieurs aiguilles, longues au moins d'un demi-pied.

On the top of the stocking is the border, which is sometimes plain, at another ornamented; behind, it is furnished with a seam as far as the foot.

At a certain distance from the border is the calf of the leg further down is the clock, and last of all the heel and foot.

In making a stocking the meshes must at one time be taken up at another let down.

The weaved stockings are prepared on a skillful machine, the parts of which are so various and complicated, that it is almost impossible to describe it; their numerous springs form at once several hundred meshes.

The nets are made after having wound over the pin a single thread, and formed a mesh which is furnished with knots.

7 Oben an dem Strumpf ist der Rand, der bald einfach, bald verziert ist; hinten bekommt er bis an den Fuß eine merkliche Naht.

8 In einer gewissen Entfernung von dem Rande ist die Wade, weiter unten der Zwickel, und zuletzt die Ferse und der Fuß.

9 Bei dem Verfertigen der Strümpfe muß man bald zu-, bald abnehmen.

10 Die gewirkten Strümpfe werden auf einer künstlichen Maschine verfertigt, deren Theile so verschieden und vielfach sind, daß man sie beinahe nicht beschreiben kann; ihre zahlreichen Federn bilden auf einmal mehrere Hunderte von Maschen.

11 Die Netze macht man, indem man einen einzigen Faden über Stifte schlingt und Maschen bildet, welche Knoten haben.

Le bord, tantôt simple, tantôt ouvragé, est à la partie supérieure du bas; derrière, il a une grande couture, qui va jusqu'au talon.

Le gras de la jambe est un peu éloigné du bord; et au-dessous, sont les coins et enfin le talon et le pied.

En faisant les bas, il faut tantôt élargir, et tantôt retrécir.

Les bas au métier se fabriquent avec une machine très-ingénieuse; la diversité et la multiplicité des parties en rendent la description presque impossible. Ses nombreux ressorts forment à la fois des centaines de mailles.

On fait les filets en entortillant un seul fil sur des pointes, et en formant des mailles qui ont des noeuds.

Tibialium textor acuarius et machinarius.

1 Licet sexus sequior tibialibus acu texendis occupetur, textores tamen acuarii singularem constituunt coetum.

2 Ex eorum officina praeter varia tibialium genera prodeunt capitum velamina, chirothecae et digitatae et digitis destitutae, socci, tunicae aliaque vestimenta.

3 Ars acu texendi, quamvis simplicissima, tamen egregium habendum est inventum, quod Scotis tribuitur.

4 Tibialia acubus texuntur longis ac tenuioribus, quibus interjectis fila innectuntur et nodi efficiuntur, e quibus tibialia composita esse scimus.

5 Ad conficienda tibialia aut filis lineis, aut laneis, aut xylinis, aut bombycinis utuntur.

6 Textori acuario duabus aut

pluribus etiam acubus textoriis opus est, saltem pedem dimidium longis.

7 In superiori tibialium parte ora conspicitur, modo simplex, modo intertexta; in posteriori offenditur sutura major eaque ad calcem usque continua.

8 Certo ab ora intervallo distat sura; paullo infra occurrit cuneus, calx denique et pes extremum occupant locum.

9 In opere ipso nodi modo dilatantur, modo coarctantur.

10 Saepissime etiam tibialia machinae ope artificiosissimae texuntur, cujus partes tam variae sunt ac multiplices, ut fere describi non possit; spirae ejus quam plurimae simul ducentos et plures nodos efficiunt.

11 Opus reticulatum fit filum unicum super stilos convolvendo et commissuras cum nodis efficiendo.

191.

Der Seifensieder und der Lichterzieher.

The soap-boiler, and tallow Chandler.

The service of water in washing, great as it is, nevertheless in many cases it is scarcely able to bring away the dirt, unless assisted by art; this is effected by the soap, which is prepared by the Soap-boiler.

The soap consists of a mixture of alcali and tallow or grease, to which a little lime and salt is added, and boiled in a copper.

1 So herrliche Dienste auch das Wasser an sich schon zum Waschen leistet, so wenig reicht es doch in vielen Fällen zu, die Unreinigkeiten wegzubringen, wenn man nicht durch Kunst zu Hilfe kommt: dieses geschieht durch die Seife, welche der Seifensieder verfertigt.

2 Die Seife entsteht aus der Vermischung des Laugensalzes mit Talg oder Unschlitt, dem noch etwas Kalk und Salz beigemischt wird, und wird in einem Kessel gesotten.

Le savonnier et le fabricant de chandelles.

De quelque secours que soit l'eau pour laver, elle ne suffit pas toujours pour enlever toutes les taches, lorsque l'art ne vient pas à son secours; c'est ce qui arrive par le moyen du savon qui est fait par le savonnier.

Le savon est un composé de potasse, de suif, mêlé d'un peu de chaux et de sel, composition qu'on cuit dans une chaudière.

The lie is prepared from ashes upon which soft water is poured.

When it is ready the soap-boiler throws the tallow into it, and lights the fire under the copper.

As soon as the tallow and lie begin to boil; salt dissolved in warm water, is poured into it.

When the mass has been twice boiled, the soap is allowed to cool, and the superfluous lie to drain from it.

It is then cut with the assistance of a brass wire into square cakes, in order to allow it to dry.

The tallow from which candles are made, is generally of ox or sheep fat.

The wicks are made of linen or woollen threads.

When the tallow-trough has been filled with hot grease, the soap boiler takes several sticks, called light-sticks, on which the wicks, the same distance from one another, are suspended, and dips them in the tallow.

When the grease has sufficiently adhered to the wicks, they are taken out, and

3 Die Lauge bereitet man aus Asche, auf welche weiches Wasser gegossen wird.

4 Ist die Lauge fertig, so wirft der Seifensieder das Talg darein, und zündet das Feuer unter dem Kessel an.

5 Sobald das Talg und die Lauge zu sieden anfangen, gießt er Salz hinzu, das in warmem Wasser aufgelöst worden ist.

6 Ist die Masse zweimal gesotten, so läßt man die Seife abkühlen und die überflüssige Lauge abfließen.

7 Nachher zerschneidet man die Seife mittelst eines Messingdrahts in viereckige Stücke, um sie trocknen zu lassen.

8 Das Talg, aus dem man Lichter macht, besteht gemeiniglich aus Rinds- und Hammelfett.

9 Die Dochte macht man aus leinenen oder baumwollenen Fäden.

10 Wenn der Talgtrog mit heißem Unschlitt angefüllt ist, so nimmt der Seifensieder mehrere Stäbe, die man Lichtspieße nennt und an welchen die Dochte gleich weit von einander geordnet sind, und taucht sie in das Talg.

11 Wenn das Unschlitt genug in die Dochte eingedrungen ist, nimmt man sie heraus, und

La lessive se prépare avec des cendres, sur lesquelles on verse de l'eau douce.

La lessive faite, le savonnier y jette le suif, et allume le feu sous la chaudière.

Lorsque tout commence à bouillir, il y met le sel, dissous dans de l'eau chaude.

Lorsque le savon a été cuit deux fois, on le laisse refroidir et on le dégage de la lessive superflue.

Après cela on le découpe avec un fil de laiton en morceaux quarrés; puis on le laisse sécher.

Le suif dont on fait les chandelles n'est ordinairement que de graisse de boeuf et de mouton.

On fait les mèches de fils de lin ou de coton.

Lorsque la cuve est pleine de suif bouillant, le fabricant de chandelles prend plusieurs broches sur lesquelles sont tendues les mèches en distances égales, et il les plonge dans le suif.

Lorsque les mèches sont suffissamment imbibées de suif, on les retire et on les place

placed on a stand, in order to allow them to distil and dry; this treatment is repeated several times, until the candles are ready.

These candles are called drop-candles.

The mould candles are prepared thro' a mould.

After the tallow has been poured into the moulds they are allowed to cool, and they come out ready made.

The moulds are either of tin or glass.

Wax and spermaceti lights are also made.

bringt sie auf ein Gestell, um sie abtröpfeln und trocknen zu lassen, und dieses Verfahren wiederholt man mehremal, bis die Lichter fertig sind.

[12]Diese Lichter nennt man gezogene Lichter.

[13]Die gegossenen Lichter werden durch einen Guß fertig.

[14]Nachdem man das Talg in die Formen gegossen hat, läßt man es kalt werden, und so kommen die Lichter fertig heraus.

[15]Die Formen sind entweder aus Zinn oder aus Glas.

[16]Man verfertigt auch Wachs- und Wallrathlichter.

sur l'établi, pour les laisser dégoutter et sècher; on réitère plusieurs fois cette opération jusqu'à ce que les chandelles soient achevées.

Ces chandelles s'appellent chandelles plongées.

Les chandelles moulées se fabriquent en un seul jet de moule.

Après avoir versé le suif dans des moules, on le laisse refroidir et on en retire les chandelles toutes faites.

Les moules sont ou en étain ou en verre.

On fabrique aussi des bougies avec de la cire et du blanc de baleine.

Saponarius et candelarum ductor.

[1]Egregium utut aqua in lotione usum praestet, tamen vix semper sufficit, ut ejus opera omnes abluantur sordes, nisi ars in subsidium illius fuerit vocata, quod sapone fieri solet, quem saponarius conficit.

[2]Sapo e mixta sebo lixivia paratur, adjecta aliqua calcis et salis parte, et in lebēte quodam coquitur.

[3]Lixivia e cineribus fit, quibus aqua mollior affunditur.

[4]Lixiviae jam paratae saponarius sebum addit lebetique ignem subdit.

[5]Simul atque sebum cum lixivia bullire coeperit, sal affunditur in aqua calida resolutum.

[6]Quando sapo bis coctus fuerit, refrigerandus exponitur, lixiviaque superflua eximitur.

[7]Dein sapo fili metallici ope in frustra quadrata dissecatur et siccatur.

[8]Sebum, quo ad candelas parandas utimur, plerumque ex boum et ovium pinguedine constat.

[9]Ellychnia e filis lineis aut erioxylinis fiunt.

[10]Quum primum vas, ubi calefactum sebum asservatur, ferme plenum est, saponarius perticas plures, ex quibus certis intervallis pendent ellychnia, manu apprehendit, eaque sebo immergit.

[11]Sebo hac ratione imbuta ellychnia extrăhit et loco editiore stillando et siccando tradit, quod

idem aliquoties repetitur, donec candelae paratae sint.

[12] Hae candelae ductiles vocantur.

[13] Candelae fusiles unica infusione conficiuntur.

[14] Nam sebum in modulos infusum quum frigefactum fuerit, candelae facili negotio extrahuntur.

[15] Moduli aut stannei, aut vitrei sunt.

[16] Parantur quoque candelae, e cera et ceti, quod vocant, spermăte.

192.

Der Färber.

The Dyer. — *Le teinturier.*

Linen and cloth is brought to the dyer to be coloured.

He gives a certain mark to those persons who entrust any thing with him to be coloured, in order that there may be no error in changing.

The Dyers are divided into black, red, and silk dyers.

The dyer in black gives himself entirely to the colouring inferior woollen and linen cloths, and polishes the coloured stuffs on a large roller driven round by a horse with his eyes bound.

Finer cloths and stuffs are handed over to the dyer in red;

[1] Dem Färber werden Leinwand und Tücher in das Farbehaus gebracht, um sie zu färben.

[2] Er giebt aber denen, welche ihm Etwas zum Färben anvertrauen, ein gewisses Zeichen, damit die Waaren nicht aus Irrthum verwechselt werden.

[3] Die Färber theilen sich in Schwarzfärber, Roth- oder Schönfärber und Seidenfärber ein.

[4] Die Schwarzfärber geben sich bloß mit Färbung geringer Zeuge von Wolle und Leinwand ab, und glätten die gefärbten Zeuge auf einer großen Rolle, die von einem Pferde mit verbundenen Augen herumgetrieben wird.

[5] Feinere Tücher und Zeuge werden dem Schönfärber eingehän-

On porte dans la boutique du teinturier des toiles et des draps pour les faire teindre.

Il donne une marque à ceux qui lui confient leurs marchandises afin qu'on ne les change pas.

Il y a des teinturiers en noir, en écarlate et en soie.

Les premiers ne teignent que les étoffes et les toiles les plus communes; ensuite ils les lissent sous un gros rouleau que fait tourner un cheval, les yeux bandés.

Les draps et les étoffes les plus fines se portent au teintu-

191.

192.

and the silk dyer is employed in the colouring of silks and velvets.

Cloths, stuffs, wool, thread, linen, velvet, and silk are dipt in the colouring copper, and dyed according to pleasure.

The dyer uses besides the different colours, alum, vitriol, vinegar, and lie.

The blue colour is dyed with Indigo and woad; the red with cochineal, madder and log wood; the yellow, with betony, safflow, saffron, and dyers weed; the green, with a mixture of yellow and blue; the brown with the shell of the wallnut, and other substances; the black, with gall-nuts, vitriol, or copperas.

Scarled is dyed with the cochineal, and purple with a mixture of cochineal and indigo.

The violet colour is also composed of blue and red.

The dyer in black prepares also pressed linen, and polishes, and mangles white and coloured cloths.

digt, und mit dem Färben von Seide und Sammt beschäftigt sich der Seidenfärber.

6 Tücher, Zeuge, Wolle, Faden, Leinwand, Sammt und Seide werden in den Farbkessel getaucht und nach Belieben gefärbt.

7 Außer verschiedenen Farben wendet der Färber auch Alaun, Vitriol, Essig und Lauge an.

8 Blau färbt er mit Indigo und Waid; roth mit Cochenille, Krapp und Fernambuck oder Brasilienholz; gelb mit der Scharte, Safflor, Safran und Wau; grün mit einer Mischung der gelben und blauen Farbe; braun mit wälschen Nußschalen und andern Materialien; schwarz mit Galläpfeln und Vitriol oder Kupferwasser.

9 Scharlach wird mit Cochenille, und der Purpur mit einer Mischung von Cochenille und Indigo gefärbt.

10 Auch die violette Farbe ist aus blau und roth zusammengesetzt.

11 Die Schwarzfärber machen auch gedruckte Leinwand und glätten und mangeln weiße und gefärbte Leinwand.

rier en cramoisi; le teinturier en soie ne teint que la soie et le velours.

On plonge les draps, les étoffes, la laine, les fils, la toile, le velours et la soie dans une chaudière, et on leur donne la couleur voulue.

Outre plusieurs couleurs, le teinturier emploie l'alun, le vitriol, le vinaigre et la lessive.

Il teint en bleu avec l'indigo et la guède; en rouge, avec la garence, la cochenille et le bois de Brésil; en jaune, avec la serrette, le safflor, le safran et la gaude; en verd, avec un melange de jaune et de bleu; en brun avec le brou de noix et d'autres matieres; en noir, avec les noix de galle et le vitriol.

On teint l'écarlate avec la cochenille, et le pourpre, avec un mélange de cochenille et d'indigo.

Le violet est composé de bleu et de rouge.

Les teinturiers en noir font aussi des toiles imprimées; ils lissent et chalandent des toiles blanches ou teintes.

Infector.

[1] Ad tinctorem in tincturae officinam lintea et panni feruntur, quae tingat.

[2] Iis vero, qui ipsi aliquid tingendum committunt, signum quoddam porrigit, ne merces per errorem mutentur.

[3] Distinguuntur vero infectores in denigratores, purpurarios sericariosque.

[4] Denigratores nonnisi laneis et linteis vilioribus operam navant laevigantque tum lintea infecta super trochlea majori, quae ab equo, cujus oculi velati sunt, circumagitur.

[5] Cultiores panni ac lintea purpurario adferuntur tingenda, et serico atque holoserico inficiendo sericarius occupatur.

[6] Panni, et densiores et tenuiores, lana, fila linea, lintea, sericum et holosericum cortinae tinctoriae immittuntur, colorque, qui desideratur, iis inducitur.

[7] Praeter varios colores infector etiam alumine, chalcantho, aceto et lixivio utitur.

[8] Color caeruleus (hellblau), vel cyaneus (dunkelblau) tingitur Indigofĕra tinctoria et Isāti tinctoria; rufus coccinello, rubia tinctorum et Caesalpinia seu ligno Brasiliensi; flavus serratula, carthămo, croco, genista et reseda luteŏla; viridis permixto inter se invĭcem colore flavo caeruleoque, fuscus juglandium putaminibus, aliĭsque materiis, niger gallarum ope et chalcantho.

[9] Coccum coccinella, purpŭra coccinella, colore Indico mixta, tingitur.

[10] Violaceus quoque color ex caeruleo et rubro componitur.

[11] Denigratores etiam typis adhibitis pingunt lintea et laevigant ac poliunt lintea alba et infecta.

193.

Der Rothgerber.

The Tanner. — *Le tanneur.*

The Tanner prepares leather from the hide of oxen, cows, horses, as also from the skins of calves, rams, sheep, and goats.

The oxen hide, destined for the sole of boots and shoes,

[1] Der Rothgerber bereitet Leder aus den Häuten der Ochsen, Kühe und Pferde, sowie aus den Fellen der Kälber, Hämmel, Schafe und Ziegen.

[2] Die Ochsenhäute, die zu den Sohlen der Schuhe und Stiefel

Le Tanneur fait du cuir de peaux de boeuf, de vache, de cheval, de veau, de mouton, de brebis et de chèvre.

Les peaux de boeufs qui sont pour les semelles des souliers et

requires more stability than the other hides, and it is called sole-leather.

The hide is thrown into a running stream, after having cut off the horns, ears and tail.

It is then scraped on the bank with the scraping iron, in order to take off the water and dirt.

It is then stript of the hair.

In order to provide better for this operation, the thick hides must be salted, and allowed to sweat; the thin skins are placed in a pit lined with wood and filled with water, and wherein dead lime is allowed to run, in order to bring the hair away with less trouble.

The skins are again laid on the scraping bank, in order to take away the hair with a round knife.

They are then brought into the pit, which is walled round and filled with a liquid, consisting of tan and other substances, in order to swell and

bestimmt sind, müssen mehr Festigkeit erlangen, als die andern Häute, und dieses Leder nennt man Pfund- oder Sohlleder.

[3] Man wirft die Häute in ein fließendes Wasser, nachdem man vorher die Hörner, die Ohren und den Schwanz weggenommen hat.

[4] Alsdann streicht man sie auf dem Schabebaum mit dem Schabeisen, um das Wasser und die Unreinigkeiten wegzubringen.

[5] Nachher werden sie enthaart.

[6] Um dieses besser vornehmen zu können, muß man die dicken Häute einsalzen und zum Schwitzen bringen; die dünnen Häute bringt man in eine mit Holz ausgelegte Grube, die mit Wasser angefüllt ist, und worin man ausgelöschten Kalk hat zergehen lassen, damit die Haare mit geringer Mühe wegzubringen sind.

[7] Nun werden die Häute wieder auf den Schabebaum gelegt, um mit einem runden Messer die Haare wegzunehmen.

[8] Hierauf bringt man sie in den Treibkasten, welcher eingemauert und mit der Schwellfarbe angefüllt ist, die aus Lohbrühe und andern Materien besteht,

des bottes, doivent acquérir plus de consistance que les autres peaux; et ce cuir, on le nomme cuir fort.

On jette les peaux dans une eau courante, après en avor ôté les cornes, les oreilles et la queue.

Alors, pour emporter l'eau et les ordures, on les racle sur le chevalet avec le drayoire.

Ensuite on dépile les peaux.

Pour cela, il faut les saler et les faire ressuer; on met les peaux déliées dans une fosse revêtue de bois, remplie d'eau, et dans laquelle on a délayé de la chaux vive pour disposer le poil à tomber au moindre effort.

Puis on place de nouveau les peaux sur le chevalet, pour en arracher le poil avec un couteau rond.

Alors on les met dans une cuve murée et remplie de jus de tan, mêlé avec d'autres matières, pour les faire enfler et tremper; et enfin on les

macerate them; they are at last lain in the tan-pit.

The tan, possessed with such an astringent power, and which gives the leather a consistency, is the bark of a young oak, which is ground quite fine in the tan-mill.

The tan pits are holes made in the ground and furnished with wood or a wall.

The business of laying the hides in the pits, must be often repeated.

um sie aufzuschwellen und zu beizen, und endlich werden sie in die Lohgrube gelegt.

[9] Die Lohe, welche, da sie eine zusammenziehende Kraft hat, dem Leder Festigkeit giebt, ist die Rinde der jungen Eiche, welche in der Lohmühle ganz klein gemahlen wird.

[10] Die Lohgruben sind Löcher, die man in die Erde gemacht und mit Holz oder Mauerwerk bekleidet hat.

[11] Das Geschäft, die Häute in die Grube zu legen, muß man mehreremal wiederholen.

couche dans une fosse où l'on a mis du tan.

Comme le tan a une vertu contractive, il donne aux cuirs de la solidité; c'est l'écorce du jeune chêne réduite en poudre par le moyen du moulin à tan.

Les fosses sont des trous pratiqués en terre et entourés de bois ou de maçonnerie.

Il faut mettre plusieurs fois les cuirs dans la fosse.

Coriarius. (Cerdo.)

[1] Coriarius e pellibus boum, vaccarum et equorum, nec non vitulorum, vervēcum, ovium et caprarum corium fabricatur.

[2] Boum pelles, soleis calceorum et ocrearum conficiendis destinatae, densiores fieri oportet ceteris pellibus, idque corium librale vocant.

[3] Pelles quidem in aquam vivam injiciuntur, ablatis antea cornibus, auribus et cauda.

[4] Tum super vara scalpro rasorio eae perstringuntur, quo aqua et sordes demantur.

[5] Deinde pilis destituuntur.

[6] Quod ut facilius fieri possit, pelles crassiores sale consperguntur et sudationis causa in arca sudatoria tenentur, tenuiores vero in foveam ligno munitam et aqua repletam immittuntur, in qua calx viva soluta fuit, quo pili facilius abradi possint.

[7] Jam pelles iterum varae imponuntur, ut pili cultro quodam rotundo auferantur.

[8] Tum in cupam coriariam inferuntur muro septam et psilōthro repletam tumefaciendae et colore inducendae, et tandem in scrobem coriariam ingeruntur.

[9] Cortex coriarius, cujus vis adstringens corium solidum reddit, scobes sunt quercuum tenerarum in mola quadam in pulverem tritae.

[10] Scobes coriariae foramina sunt in terra facta et ligno aut opere latericio munita.

[11] Pellium in scrobem latericiam injectio aliquoties repetenda est.

103.

104.

194.

Der Rothgerber und die Weissgerberei.

(Fortsetzung.)

The Tanner, and dresser of white leather.

(Continuation.)

We proceed in the description of the tan-business.

When the tan-pits are sufficiently full, boards are laid over them, fastened with stones.

In order to excite the fermentation, water is poured in from time to time.

When the hides are taken from the pit, they are hung on poles to dry.

They are then covered with stones, or lain in the press, in order that they may be flat, and then beaten on a block with sticks.

They are then brought into a fresh place, in order to keep them dry; they are now fit for sale.

From the tan after this process, tan-cakes are made for burning.

1 Wir fahren in der Beschreibung des Gerberei-Geschäftes fort.

2 Wenn die Lohgrube gehörig angefüllt ist, legt man Bretter darauf, die man mit Steinen belastet.

3 Um die Gährung der Lohe zu erregen, wird von Zeit zu Zeit Wasser zugegossen.

4 Wenn die Häute aus der Grube kommen, werden sie auf Stangen gehängt, um sie trocknen zu lassen.

5 Hierauf bedeckt man sie mit Steinen oder legt sie in die Presse, damit sie gerade werden, und nachher klopft man sie auf einem Klotz mit Schlägeln.

6 Alsdann bringt man sie an einen frischen Ort, um sie trocken zu erhalten, und nun sind sie zum Verkauf fertig.

7 Aus der ausgebeizten Gerberlohe macht man Lohkuchen zum Brennen.

Le tanneur et le mégissier.

(Continuation.)

Nous allons continuer de décrire les travaux du tanneur.

Lorsque la fosse est suffissamment remplie, on la couvre de planches que l'on charge de pierres.

Pour exciter la fermentation du tan, on y verse, de temps à autre, de l'eau.

Au sortir de la fosse, les cuirs sont étendus sur des perches, pour les faire sècher.

Ensuite on les couvre de pierres ou on les met en presse pour en applanir les inégalités; puis on les bat avec des mailloches sur un billot de bois.

Après cela, on les met dans un lieu frais, afin qu'ils se conservent bien secs; alors enfin ils peuvent être vendus.

Avec la tannée, on fait des mottes pour être brulées.

The vamp as well as the leather from the calves is used for the quartering and the upper-leather of the shoes.

In order to make the vamp pliant, and smooth, it is soaked by the leather-dresser in train oil, repeatedly stretched out and expanded on pins.

It is then smoothed with the iron, and at last is spread out on a work-board, and crisped in all directions with the crisping iron.

The dresser of white and chamoy leather, works principally for the saddler, breeches-maker, and glover.

The one uses the alum and salt, the other works the skin with fat.

The Parchment dresser prepares parchment from the skins of several animals by the use of chalk.

The Spanish and Marocco leather is prepared from the skin of the goat.

8 Das Schmalleder, sowie das Kalbleder, dient zu den Quartieren und zu dem Oberleder der Schuhe.

9 Um das Schmalleder geschmeidig und glatt zu machen, wird es von dem Lederbereiter mit Thran eingetränkt, wiederholt gestrichen und gestollt.

10 Darauf schlichtet er es mit dem Schlichteisen, und endlich breitet er es auf dem Werktische aus und krispelt es nach allen Richtungen mit dem Krispeleisen.

11 Der Weißgerber und der Sämischgerber arbeiten hauptsächlich für den Sattler, Beutler und Handschuhmacher.

12 Jener bedient sich des Alauns und des Salzes, dieser bearbeitet die Häute mit Fett.

13 Der Pergamentgerber bereitet aus den Häuten verschiedener Thiere mit Anwendung des Kalks Pergament.

14 Der Corduan und der Saffian werden aus Ziegenfellen verfertigt.

La basane, ainsi que le cuir de veau, sert à faire les quartiers et les empeignes des souliers.

Pour assouplir et lisser la basane, le corroyeur l'imbibe d'huile de poisson, la refoule à plusieurs reprises et la passe sur le hard.

Alors il la frotte avec la quiosse, et enfin il l'étend sur un établi et il passe dessus, en tous les sens, avec la pommelle.

Le mégissier et le chamoiseur travaillent principalement pour le sellier, le boursier et le gantier.

Celui-là se sert de l'alun et du sel, celui-ci passe les peaux à l'huile.

Le parcheminier fait le parchemin et le velin avec les peaux de plusieurs animaux travaillées à la chaux.

Le cordouan et le maroquin se font avec des peaux de chèvre.

Coriarius (cerdo) et alutarius. (Continuatio.)

1 Jam cerdonis opus describere pergamus.

2 Scrobi coriariae satis impletae asses imponuntur, qui et ipsi saxis onerantur.

3 Ut fermentatio corticis excitetur, subinde aqua affunditur.

4 Pelles e fovea extractae de perticis suspenduntur siccandae.

5 Deinde saxis conteguntur, aut

prelo subjiciuntur, ut complanentur, quo facto super caudice tuditibus tunduntur.

[6] Tum coria in locum aëri pervium transferuntur, ut sicca serventur, et jam venum dantur.

[7] E scobibus exesis orbes fiunt comburendo utiles.

[8] Corium tenuius et vitulinum posteriori calceorum parti et corio superiori inservit.

[9] Coriarius, ut corium tenuius molle et laeve reddat, peruncium illud unguento cetaceo, saepius dispandit et super vara perstringit.

[10] Deinde ferro quodam illud complānat et tandem in mensa operaria extensum quaquaversum ligneo quodam instrumento dentato excŏlit.

[11] Cerdo alutarius et cerdo unguentarius inprimis ephippiario, marsupiario et chirothecario materiam praebent.

[12] Ille quidem ad corium parandum aluta et sale, hic adĭpe utitur.

[13] Membranae opifex e pellibus complurium bestiarum calce adhibita membranam conficit.

[14] Corium Cordubense et corium Turcicum e caprarum caprorumque pellibus parantur.

195.

Der Seiler, der Riemer und der Sattler.

The Rope maker, the Saddler, and Harness Maker.

Le cordier, le ceinturier et le sellier.

The Rope maker turns out of hemp or tow, which he binds round his body, with the assistance of the turning of a wheel: twine, string, cord, line, rope, towing lines, bell ropes, and washing lines.

He makes also carriage grease, pitch rings, torches and from the intestines of the animals he prepares musical instrument strings.

[1] Der Seiler dreht aus Hanf oder Werg, welches er um sich legt, mittelst Umdrehung des Rads: Bindfaden, Schnüre, Stricke, Stränge, Seile, Taue, Glocken- und Waschseile.

[2] Er macht auch Wagenschmiere, Pechkränze, Pechfackeln, und aus den Därmen der Thiere Saiten.

Au moyen du rouet, le cordier fait, avec du chanvre qu'il met autour de lui, de la ficelle, des cordons, des cordeaux, des cordes, des cables, des cordons de clochette et à sècher le linge.

Il fait aussi le vieux oing, des torches, des flambeaux, et avec des boyaux, des cordes d'instruments.

The Saddler prepares all sorts of straps, briddles halters, belly bands, sword-belts, ties, pouches portmanteaus, whips and other things.

The Harness maker has almost the same implements as the saddler, and prepares in places where this business fails all his work from leather which he buys of the leather seller, and cuts on a flat board made of lime wood with a knife.

The best work furnished by the saddler is the saddle and pommel.

The remaining articles are: bridles, halters, holsters, the furniture for the coach and travelling carriages, also of sledges, harness, cartridge and hunting pouches, letter bags.

He also covers truncks, fills sofás, chairs, and matrasses with horse hair, and covers billiard tables.

[3]Der Riemer macht allerlei Riemen, Zäume, Halfter, Gürtel, Wehrgehänge, Koppeln, Taschen, Felleisen, Peitschen und andere Dinge.

[4]Der Sattler hat beinahe die nämlichen Werkzeuge, wie der Riemer, und verfertigt da, wo diese Professionisten fehlen, alle ihre Arbeiten aus Leder, welches er von dem Lederhändler kauft, und das er auf einem platten Brett von Lindenholz mit dem Messer zuschneidet.

[5]Die vornehmste Arbeit, welche der Sattler liefert, ist der Sattel mit dem Sattelknopfe.

[6]Die übrigen Arbeiten sind: Zäume und Halfter, Pistolenholfter, die Bekleidung der Kutschen und Reisewagen, auch der Schlitten, Pferdegeschirre, Patrontaschen, Jagdtaschen, Brieftaschen.

[7]Auch beschlägt er Koffer, füllt Sophas, Sessel und Matrazen mit Pferdehaaren und überzieht Billards.

Le ceinturier fait toutes sortes de courroies, des brides, des licols, des ceintures, des gibecières, des valises, des fouets et d'autres choses.

Le sellier se sert à peu près des mêmes outils que le ceinturier; et dans les endroits où ne se trouve pas ce dernier ouvrier, il en fait presque tous les ouvrages avec du cuir qu'il achète chez le corroyeur et qu'il coupe sur un bloc de tilleul raboté.

La selle est le principal ouvrage que fait le sellier; en avant est le pommeau.

Ses autres ouvrages sont des brides et des licols, des fourreaux de pistolets, des attirails de voitures, de carrosses et de traineaux; des harnais de chevaux, des gibernes, des gibecières, des porte-feuilles.

Il garnit aussi des coffres, remplit, de crin de cheval, les sophas, les chaises et les matelas, et couvre les billards.

Restio, lorarius et ephippiarius.

[1]Restio facit ex cannăbi vel stupa, quam sibi circumdat, rotulae agitatione: funiculos tenuiores, funiculos, funes, laqueos, restes, rudentes, funes campanis ciendis linteisque siccandis.

[2]Idem etiam axungiam, malleolos ac faces piceas, et ex animalium intestinis chordas conficit.

[3]Lorarius varia lora facit, frena, capistra, cingula seu zo-

195.

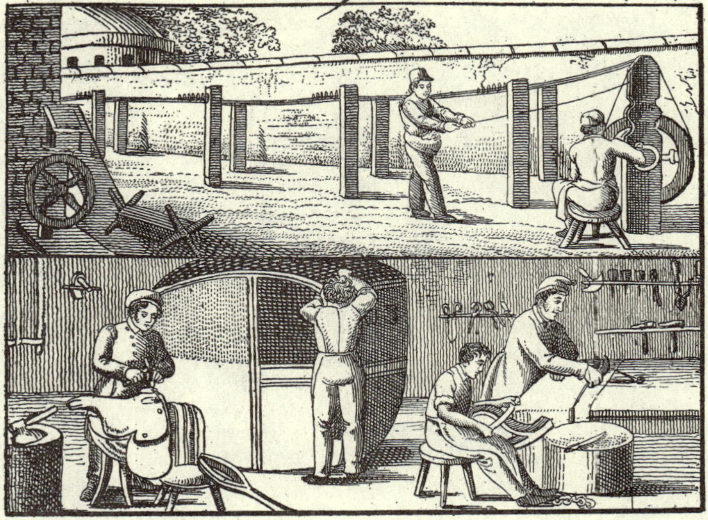

196.

nas, balteos, copulas, crumenas, hippopēras, flagella aliasque res.

4 Ephippiarius iisdem fere utitur instrumentis, quibus lorarius, et ubi illorum copia non datur, omnia horum opificum opera e corio conficit, quod a cerdone emit et in asse quodam e tilia parato efformat.

5 Ephippium, quod ex ejus officina prodit, jure dixeris opus ejus maxime consummatum, cujus pars est nodus seu apex.

6 Praeterea conficiuntur ab eo: frena et capistra, thecae sclopariae, cultus carpentorum rhedarumque, traharum quoque, equorum phalĕrae, mantĭcae, thecae bombardariae, perae venatoriae, pugillares literis asservandis.

7 Vestit quoque riscos; lectulos, sellas ac stragula setis equīnis implet et tabulas tudicularias panno obducit.

196.

Der Kürschner und der Säckler.

The furrier, and purse maker.

Le pelletier et le boursier.

The furrier prepares skins of every sort in such a manner, that the hair and wool remains entirely good on it; this is effected with salt and water.

After the skin has been macerated in a tub, washed, combed, dried, and cut, it is sewn together, and well beaten.

He then prepares furs from them, gloves, caps, muffs, boots, horse cloths, fur caps, tippets, furred cloaks,

1 Der Kürschner bereitet die Felle aller Art so zu, daß die Haare und Wolle ganz unversehrt bleiben, was mit Salz und Wasser geschieht.

2 Nachdem die Felle in einer Kufe gebeizt, gewaschen, geschabt, getrocknet und zugeschnitten worden sind, werden sie zusammengenäht und rein ausgeklopft.

3 Alsdann verfertigt der Kürschner daraus: Pelze, Handschuhe, Mützen, Muffe oder Schlupfer, Stiefel, Pferdedecken, Pelzkra-

Le pelletier prépare les peaux de toutes sortes d'animaux de telle sorte que le poil et la laine restent attachés à la peau, ce qui se fait avec l'eau et le sel.

Après qu'il a macéré, lavé, foulé, séché et taillé les peaux, il les coud ensemble et les bat pour les rendre propres.

Ensuite il en fait des pelisses, des gants, des bonnets, des manchons, des bottes fourrées, des housses, des collets de fourrure,

and others of the like kind.

The most costly furs are the sable which is brought to us from Siberia.

The animals are either caught in traps, or killed with blunt sticks.

The fur of the ermin has a snow white colour, and short very fine hair; the skin of the black fox is also very expensive.

From the skin of the wolf the fur mantles are made.

The skin of the fishotter also and wild cat is highly valued.

From the work shop of the purse maker, is furnished gloves often with borders, breeches, sword-belts, money belts, balls, tobacco and money bags, hunting pouches, and riding collars.

The breeches maker prepares chamois leather, the glover alone white leather.

Men from the Tirol and Italy frequently bring gloves to us, prepared from the skin of the wild goat.

gen, Palatine, Pelzüberröcke und Anderes der Art.

[4] Die kostbarsten Felle sind die Zobelfelle, welche aus Sibirien zu uns gebracht werden.

[5] Man fangt entweder diese Thiere in Fallen, oder man erlegt sie mit stumpfen Bolzen.

[6] Die Hermelinfelle haben eine schneeweiße Farbe und kurze, sehr feine Haare; auch die Pelze der schwarzen Füchse sind sehr theuer.

[7] Von den Wolfsfellen macht man die Wildschuren.

[8] Auch die Felle der Fischottern und der wilden Katzen sind sehr geschätzt.

[9] Aus der Werkstätte des Säcklers oder Beutlers bekommt man Handschuhe, oft mit Stülpen, Beinkleider, Degengehänge, Geldkazen, Bälle, Tabacks- und Geldbeutel, Jagdtaschen, Reiterkoller.

[10] Der Säckler verarbeitet sämischgares Leder, der Handschuhmacher lauter weißgares.

[11] Oft bringen Tiroler und Italiener Handschuhe zu uns, welche aus Gemsenleder verfertigt werden.

des palatines, des surtouts et d'autres objets.

Les peaux les plus précieuses sont les peaux de Zibeline qui nous viennent de Sibérie.

On prend ces animaux dans des pièges, ou on les tue avec des traits sans pointe.

Les peaux d'hermines sont d'une blancheur éclatante et ont les poils très-courts et très-fins; les peaux de renards noirs sont aussi très-chères.

Avec les peaux de loup on fait les Vildschours.

Les peaux de loutres et de chats sauvages sont aussi très estimées.

La boutique du boursier nous fournit toutes sortes de gants, souvent avec des rebords; des culottes, des baudriers, des poches de cuir, des balles, des ceintures à argent, des bourses, des bourses à tabac, des gibecières, des caparaçons.

Le boursier met en oeuvre la basane; et le gantier, des peaux passées en mégie.

Souvent des Tiroliens et des Italiens nous apportent des gants faits de peaux de chamois.

Pellio et marsupiarius.

[1] Pellio omnis generis pelles sic praepărat, ut earum pili integri serventur, quod salis et aquae ope efficitur.

[2] Pelles in labro maceratae, lotae, rasae, siccatae et ad modulos discissae consuuntur et baculis excutiuntur.

[3] Dein pellio ex iis conficit pellicea, chirothecas, cucullos, manĭcas, ocreas pelle instructas, gausăpa, collaria pellicea, torques pelliceas, vestes superiores pelle munitas, et id genus alia.

[4] Pellium pretiosissimae sunt martium scythicarum, e Sibiria ad nos allatae.

[5] Hae bestiae aut decipulis capiuntur, aut sagittis obtusis enecantur.

[6] Mustelarum erminearum pelles clarae sunt colore niveo et pilis brevioribus ac subtilioribus; etiam pelles nigrarum vulpium maximo pretio venduntur.

[7] E luporum pellibus conficiuntur penulae villosae.

[8] Lutrarum quoque et felium ferinarum pelles maximi aestimantur.

[9] E zonarii seu marsupiarii officina accipimus chirothecas, interdum margine latiori, femoralia, balteos, zonas nummis condendis, pilas, marsupia herbae Nicotianae ac pecuniae recipiendae, peras venatorias, equitum amicula.

[10] Marsupiarius in opera sua insumit alutam, unguento cetaceo imbūtam; chirothecarius vero nonnisi coria aluminata.

[11] Saepe quoque Tirolenses et Ităli quidam chirothecas nobis adferunt, e rupicaprarum pellibus confectas.

197.

Die Putzmacherin und der Federschmücker.

The Milliner, and plumassier.

La marchande de mode et le plumassier.

The milliner makes up dresses for women, as for instances, bonnets, chemisettes with collars, and folding capes, fans, veils, lace, manchettes, the border of which is often embroidered, or festooned.

[1] Die Putzmacherin verfertigt verschiedenen Putz für Frauenzimmer, als Hüte, Chemisetten mit Krägen und gefältelten Strichen, Fächer, Schleier, Spitzen, Manschetten, deren Rand oft festonirt oder ausgenäht wird.

La marchande de modes fait diverses parures pour les femmes, comme chapeaux, chemisettes avec des collets et des tours de gorge froncés; éventails, voiles, pointes, manchettes dont le bord est souvent brodé.

She adorns the fine straw bonnets with ribbon of different colours, and with artificial flowers which are prepared in a particular manufactory from crape and silk.

She is acquainted how to sew or embroider flowers and other figures from a drawing.

She prepares also very often complete suits of woman's clothes, always according to the latest fashions, for which purpose she reads a fashionable journal.

The costly shawls or larger neckhandkerchieves are prepared particularly in Persia.

The Plumassier prepares from the feather or a certain bird plumes of feathers for military men, and for the ornament of the women.

The feathers must be macerated, burnt with sulphur, bleached and often coloured, before they are fit for use.

2 Die feinen Strohhüte der Frauenzimmer ziert sie mit Bändern von verschiedener Farbe und mit künstlichen Blumen, welche in eigenen Fabriken aus Flor und Seide verfertigt werden.

3 Sie weiß auch Blumen und andere Figuren nach Zeichnungen auszunähen oder zu sticken.

4 Oft verfertigt sie auch ganze Frauenzimmerkleider, immer nach der neuesten Mode, zu welchem Zweck sie ein Mode-Journal liest.

5 Die so kostbaren Shawls oder größeren Halstücher werden besonders in Persien verfertigt.

6 Der Federschmücker macht aus den Federn gewisser Vögel Federbüsche für das Militär und zum Putz der Frauenzimmer.

7 Die Federn müssen, ehe sie zu diesem Gebrauch verwendet werden können, gebeizt, geschwefelt, gebleicht und oft auch gefärbt werden.

Elle orne les chapeaux de paille de rubans de diverse couleur et de fleurs artificielles, qu'on fait, dans des fabriques particulières, avec du crèpe et de la soie.

Elle sait aussi, d'après un dessin, broder des fleurs et d'autres figures.

Elle fait aussi des habits de femmes à la mode du jour; c'est pour cela qu'elle lit le journal des modes.

Les Schals ou fichus précieux sont, pour la plupart, fabriqués en Perse.

Le plumassier fait, avec les plumes de certains oiseaux, les panaches pour les militaires et pour la parure des dames.

Mais avant de pouvoir être employées à cet usage, il faut les faire tremper, les soufrer, les blanchir et, souvent aussi, les teindre.

Ornatrix vestium muliebrium et pennarum ornator.

1 Vestium ornatrix in usum matronarum nobilium varia conficit, quae ad cultum muliebrem pertinent, ut pileos, indusia minora cum limbis collaribus et patagiis plicas facientibus, flabella, ricas, limbos denticulatos, fimbrias crispatas, quorum ora saepe acu pingitur.

2 Pileos feminarum stramineos

197

J. Voltz, inv.

198.

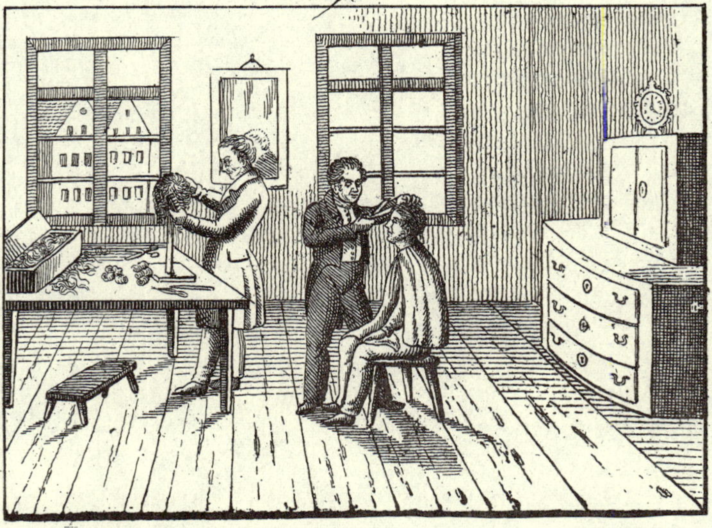

elegantiores lemniscis varii coloris et floribus ornat, in peculiaribus fabricis e panno tenuiore et serico bombycino arte factis.

[3] Flores quoque aliasque figuras secundum normam linearum scite acu pingit.

[4] Saepe integras quoque vestes femineas conficit, ad novissima semper cultus commenta, quem ad finem ephemerides vestiarias lectitat.

[5] Suppări illi pretiosi praesertim in Persia conficiuntur.

[6] Pennarum ornator e pennis quarundam avium fasciculos plumeos seu cristas facit tum ad ornandas militum galeas, tum ad augendum feminarum cultum.

[7] Pennae, antequam hunc in usum converti possint, macerandae, sulphure imbuendae, candore inducendae et saepe etiam tingendae sunt.

198.

Der Perückenmacher.

The wig-maker. — *Le perruquier.*

The wigs in common use, are a discovery of the last century, and have been always very much against the fashion.

Since fourty years is the business of the wig-maker particularly in low esteem, and now few make use of the wig or false hair as a covering for the head.

But the women give always a good employment, by wearing false curls and by curling their own hair either by turning it up, or by the curling irons.

[1] Die Perücken, welche wir kennen, sind eine Erfindung des letzten Jahrhunderts und waren immer der Mode sehr unterworfen.

[2] Seit vierzig Jahren besonders ist das Handwerk des Perückenmachers sehr heruntergekommen, und nur Wenige brauchen noch Perücken oder Haartouren zur Kopfbedeckung.

[3] Aber die Frauenzimmer geben ihm immer noch viel zu thun, indem sie Locken aus fremden Haaren tragen, und ihr eigenes Haar entweder durch Aufwickeln, oder mit Brenneisen kräuseln lassen.

Les perruques, telles que nous les connaissons, sont une invention du dernier siècle, et toujours elles ont changé avec la mode.

Depuis quarante années, surtout, le métier de perruquier est tombé en décrédit, et il n'y a plus que peu de personnes qui se servent de perruques ou de tours de cheveux.

Mais les femmes lui donnent encore beaucoup à faire, parce qu'elles portent des boucles de faux cheveux et qu'elles se font friser soit avec des papillottes, soit avec le fer.

He uses for his business generally human hair, he understands also the art of dying it.

All the hair intended for use, must be sorted washed and cleaned.

In order perfectly to curl them, they are put into a sort of pasty, and brought into a hot oven.

The hair is then combed, powdered, and prepared for dressing, which is effected on the barbers block.

Those who use their own hair, go to the hair dresser to have it cut when too long.

4 Er wendet zu seinem Geschäfte meistens Menschenhaare an, und versteht auch die Kunst, sie zu färben.

5 Alle Haare, die man verarbeiten will, müssen sortirt, gewaschen und gereinigt werden.

6 Um sie völlig zu kräuseln, werden sie in eine sogenannte Pastete gethan und in einen heissen Backofen gebracht.

7 Nun werden die Haare gekämmt, gepudert und zum Dressiren vorbereitet, was auf dem Montirungskopfe geschieht.

8 Die, welche sich ihrer eigenen Haare bedienen, gehen zum Perückenmacher, um sich dieselben schneiden zu lassen, wenn sie zu lang sind.

Le perruquier fait la plupart de ses perruques avec des cheveux, et il connait aussi l'art de les teindre.

Il faut qu'il assortisse, qu'il lave et nettoie tous les cheveux qu'il veut mettre en usage.

Pour les nettoyer, il les met en forme de pâte dans un four bien chaud.

Ensuite il les peigne, les poudre, et les tresse sur une tête de bois.

Ceux qui ne se servent que de leurs propres cheveux, vont les faire couper, chez le perruquier, quand ils sont devenus trop longs.

Capillamentorum concinnator.

1 Capillamenta, quae vulgo sunt notissima, superiori demum seculo inventa, seculique genio quam maxime obnoxia sunt.

2 Ex quadraginta annis de flore hujus opificii multum detractum est, et pauci tantum hodie capillamentis aut galericulis caput tegere solent.

3 Sed feminae illum etiamnunc satis occupatum tenent, cum circinis utantur ex alienis crinibus factis, et suos ipsius capillos vibrandos curent, aut in orbes colligendo, aut calamistri ope.

4 Ille ad opus suum plerumque crines conquirit de hominum capitibus abscissos, eosque etiam inficere callet.

5 Singuli, quos in opera sua convertere vult, capilli seligendi, lavandi et purgandi sunt.

6 Quo autem solidius crispentur, massae quaedam artocreăti simillimae furno calefacto ingeruntur.

7 Jam crines carminantur, candido pulvere consperguntur, et ita adornantur, ut super stipite cirri implicari possint.

8 Qui suis tantum capillis utuntur, adeunt comae concinnatorem, ut ipsis capillum, ubi nimis creverit, scite per pectinem demat.

199.

Der Leimsieder.

The Glue-boiler. — *Le fabricant de colle forte.*

Glue is made from bones, sinews, tendons, ears and feet of some animals, but particularly from the refuse of the leather.

The scraps of leather are thrown into a tub or vessel filled with lime water, in order to soften them.

It is then taken out and carefully washed thrown into a basket made heavy with stones, and the water prest out.

It is then thrown on a loft in order to allow it to dry in the open air.

It is then boiled in a large copper vessel; the fire however is by degrees slackened, and in the same way the bottom is covered with straw, in order that the scarps of leather may not burn.

After the glue is sufficiently boiled, the glue-boiler places a basket on a tub, the bottom of which is covered with straw

1 Der Leim wird aus den Knochen, Sehnen, Flechsen, Ohren und Füßen einiger Thiere, besonders aber aus den Lederabgängen bereitet.

2 Das Leimleder wird in eine Kufe oder in ein Faß geworfen, das mit Kalkwasser angefüllt ist, um es zu erweichen.

3 Hernach nimmt man es heraus und wascht es sorgfältig, wirft es in einen Korb, der mit Steinen beschwert wird, und preßt das Wasser aus.

4 Hierauf wirft man es auf einen Boden, um es in freier Luft trocknen zu lassen.

5 Nun siedet man es in einem großen kupfernen Kessel; allein das Feuer wird nach und nach gemindert, und auf gleiche Weise ist auch der Boden mit Stroh bedeckt, damit die Ledertheile nicht anbrennen.

6 Nachdem der Leim genug gesotten ist, setzt der Leimsieder einen Korb auf eine Kufe, bedeckt den Boden desselben mit Stroh und

On fait la colle forte avec des os, des cordes, des nerfs, des oreilles et des pieds de plusieurs animaux, mais surtout avec les restes du cuir.

On jette tout cela dans une cuve ou dans un tonneau rempli d'eau de chaux, et on les laisse tremper.

Après cela, on retire cette matière et on la lave avec soin; ensuite on la charge de pierres dans un panier, jusqu'à ce que l'eau en soit exprimée.

Alors on l'étend sur un plancher pour la laisser sècher en plein air.

Ensuite on la cuit dans un chaudron de cuivre; mais le feu doit toujours aller en diminuant; il faut en outre que le fond de la chaudière soit couvert de paille, afin que les morceaux de cuir ne brûlent point.

La colle étant assez cuite, le colleur remet dans une cuve son panier dont le fond est recouvert de paille; il y verse la

shakes the leather already become glue with its sauce into the basket, in order that it may run into the tub.

schüttet das schon zu Leim gewordene Leimleder mit seiner Brühe in den Korb, daß diese in die Kufe fließt.

colle qui s'est déjà formée ainsi que tout le liquide, de manière que ce dernier passe dans la cuve.

The clear size which has settled itself, is then drawn off, and poured into wooden moulds, where it remains until it has become thick.

7 Von da wird das klare Leimwasser, das sich setzt, abgezapft und darauf in hölzerne Formen oder Leimkasten gegossen, wo es stehen bleibt, bis es gerinnt.

Après cela, on fait couler dans une autre cuvette la colle claire qui est allée au fond; et ensuite, on la conserve dans des moules de bois, où elle s'épaissit.

He then takes them out piece by piece, lays each piece on a board, cuts it with a brass wire in long cakes, lays them on frames, between which thick string is lain, and drys them in the open air.

8 Nun sticht er ihn stückweise aus, legt jedes Stück auf ein Brett, zerschneidet es mit einem Messingdraht in längliche Scheiben, legt diese auf Rahmen (Leimgarne), zwischen welchen dicker Bindfaden ausgespannt ist, und trocknet sie in freier Luft.

On la tire de-là par des tranches que le colleur, à l'aide d'un fil d'archal, coupe en quarrés longs, et qu'il met sur des claies faites en guise de rets, et qu'il suspend de manière que l'air puisse y passer et repasser.

The best glue is yellow and clear.

9 Der beste Leim ist gelb und hell.

La meilleure sorte de colle est jaune et claire.

The Huso furnishes us with isinglass, for clarifying the wine and other drinks.

10 Der Hausen giebt uns einen Leim, die Hausenblase, welche zur Klarmachung der Weine und anderer Getränke gebraucht wird.

Une espèce d'éturgeons nous donne la colle de poisson, qui sert à éclaircir le vin et d'autres boissons.

Glutinis coctor.

1 Gluten ex ossibus, chordis, tendinibus, auribus et pedibus quarundam pecudum, praecipue vero e coriorum reliquiis paratur.

2 Bubulorum coriorum reliquiae in cupam aut dolium immittuntur, quae plena sunt aquae calce dilŭtae, quo molliantur.

3 Depromptae inde summa cura eluuntur, et in corbem conjectae tantisper saxis onerantur, dum aqua fuerit expressa.

4 Deinde tabulato injiciuntur, ubi libero coelo siccantur.

5 Jam in aheno majori cupreo coquuntur; ignis vero paulatim minuitur, pariterque etiam fundus aheni stramine contegitur, ne coriorum particulae comburantur.

6 Glutine satis cocto, qui illud

199.

200.

conficit, fiscum labro imponit, fundum stramento tegit, et coriorum reliquias, quae in gluten abierunt, una cum earum jure indit fisco, ut in labrum suppositum transmittatur.

[7] Gluten subsīdens idque clarum in cupam demittitur, indeque typis quibusdam ligneis inditum servatur, donec spissescat.

[8] Ex his frustratim illud eximit, singula vero frusta super assem imposita fili orichalcei ope in orbes oblongos dissĕcat, eaque cratibus, reticulatis funiculo, imposita, aëri libero exponit.

[9] Optimum glutinis genus luteum est ac pellucidum.

[10] Acipenser Huso gluten nobis praebet, ichthyocollam, quo ad liquandum vinum aliosque potus utuntur.

200.

Die Kalk- und Gypsbrennerei.

The lime and gypsum kiln.

Lime, such as is used in building a wall, is burnt from calcarious earth and chalk stone.

The lime kiln consists of four thick walls, and is arched at the top.

The stone is brought to the kiln in handbarrows, and when full it is fast brickt up with bricks.

Large pieces of wood are then thrown thro' the kiln'smouth into the passage, and set on fire.

When the stones are in a state of fermentation the doors

[1] Der Kalk, dessen man sich bei dem Mauern bedient, wird durch Kunst aus Kalkerde und Kalksteinen gebrannt.

[2] Der Kalkofen besteht aus vier dicken Wänden, und ist oben gewölbt.

[3] Die Steine werden auf Handkarren in den Ofen gebracht, und wenn er voll ist, wird der Ofen mit Ziegeln fest zugemauert.

[4] Hierauf werden durch die Ofenlöcher in die Gänge große Stücke Holz geworfen und angezündet.

[5] Wenn die Steine gahr sind, so wird die Thüre aufgemacht und

La cuite de la chaux et du gypse.

La chaux dont on se sert pour bâtir les murs, s'obtient en calcinant des pierres calcaires.

Le four à chaux a quatre murailles fermées par une voute.

On y transporte les pierres dans des brouettes; lorsque le four est rempli, on en mure la porte avec des briques.

On jette ensuite, par les bouches du four, dans les espaces vides, de grandes buches de bois que l'on allume.

Lorsque les pierres sont suffissamment calcinées, on ouvre la

are thrown open, and a free passage for the air admitted, in order that the stones may cool by degrees.

The burning is then finished and the lime is taken out for use.

The gypsum or vitreolic acid chalk is burnt almost in the same way.

From gypsum small statues, groops of figures, vases and such like figures are prepared in moulds.

The worker in stucco furnished with the knowledge of the science of drawing, prepares all kinds of raised ornaments for the walls and ceilings from gypsum which is compounded of a little sand and chalk.

In some parts there are particular stucco workers who are employed wholly in white washing the rooms.

Mortar is made from lime and sand; putty from lime and white of eggs.

der Luft ein freier Zutritt gestattet, daß sich die Steine nach und nach abkühlen.

6 Alsdann ist der Brand fertig und der Kalk wird zum Gebrauch herausgenommen.

7 Der Gyps oder schwefelsaure Kalk wird fast eben so gebrannt.

8 Aus Gyps werden in Formen kleine Statuen, Gruppen, Vasen und andere Gegenstände verfertigt.

9 Der Stukkaturarbeiter, mit Kenntnissen der Zeichnungskunst gut ausgerüstet, macht aus Gyps, den er mit ein wenig Sand und Kalk versetzt, allerlei erhabene Verzierungen an Decken und Wänden.

10 In einigen Gegenden giebt es besondere Gypser, welche sich mit dem Tünchen der Zimmer abgeben.

11 Den Mörtel macht man aus Kalk und Sand, aus Kalk und Eyweiß Kitt.

porte pour donner un libre passage à l'air, et laisser peu à peu refroidir les pierres.

Alors la cuite est terminée, et l'on retire les pierres pour les mettre en usage.

On calcine le gypse ou bien la chaux sulphurique presque de la même manière.

Avec le gypse, on fait, dans des moules, de petites statues, des groupes, des vases et d'autres objets.

Le stucateur qui doit à fond connaître le dessin, fait avec le gypse, en y mêlant un peu de sable et un peu de chaux, diverses décorations en relief sur les plafonds et les parois.

Dans quelques endroits, il y a des plâtriers particuliers pour plâtrer les chambres.

On fait le mortier avec un mélange de chaux et de sable; le ciment, avec de la chaux et du blanc d'œuf.

Calcis et gypsi coctura.

1 Calx, qua lapides compinguntur, arte e lapidibus calcariis, vel terra calcaria coquitur.

2 Fornax calcaria quatuor crassis parietibus concluditur, et superne concameratur.

3 Lapides pabone in fornacem deferuntur, cujus repletae introitus muro latericio obstruitur.

4 Postea igni segmenta majora per foramina in meatus projecta accenduntur.

5 Cum lapides satis cocti fuerint, porta fornacis aperta, aëri

liber transitus conceditur, ut lapides paulatim refrigerentur.

[6] Sic coctione absoluta, calx ad usum depromitur.

[7] Gypsus sive calx sulphuris acore imbuta eodem fere modo coquitur.

[8] E gypso in modulis statuae minores, imagines concinne junctae, vasa elegantiora aliaeque res conficiuntur.

[9] Anaglyptes, quem artis delineandi peritissimum esse oportet, laquearia et parietes anaglyphis ornat e gypso factis, cui paululum arenae et calcis addidit.

[10] In quibusdam regionibus peculiares sunt gypsarii, qui conclavibus gypso inducendis operam dant.

[11] Caementum e calce et arena, lithocolla e calce et albumine ovi fit.

201.

Der Bürstenbinder.

The Brush-maker. | *Le vergetier.*

No house can do without the articles furnished by this mechanic.

He makes a particular society with the comb and sieve maker and others, and prepares various kinds of brushes, brooms, and pencils.

Coarse brushes and pencils are made from boars bristles; but the finer ones from the hair of the horse, goat and badger; and also from the tail of the squirrel.

From the softer bristles he makes painting brushes, from the

[1] Die Waaren, welche dieser Handwerker liefert, kann keine Haushaltung entbehren.

[2] Er macht mit den Kammmachern, Siebmachern und andern eine besondere Zunft aus, und verfertigt mancherlei Bürsten, Kehrbesen und Pinsel.

[3] Grobe Bürsten und Pinsel macht er aus Schweinsborsten, feinere aber aus Roß-, Ziegen- und Dachshaaren, auch von dem Schweif der Eichhörnchen.

[4] Aus den weichen Borsten macht der Bürstenmacher Pinsel, aus

Aucun ménage ne peut se passer des articles que fait cet ouvrier.

Il forme une classe particulière avec les peigniers, les tamisiers et d'autres ouvriers, et il fait différentes sortes de brosses, de décrottoirs, de pinceaux.

Il fait les brosses grossières et les pinceaux avec des soies de cochon; mais pour les vergettes fines, il emploie le crin de cheval, le poil de blaireau et celui de la queue de l'écureuil.

Avec les soies les plus molles on fait des pinceaux; avec de

strong middling ones clothes brushes, and from the coarsest shoe brushes.

The hairs or bristles are combed out, cleaned from dirt, and bound together in bundles.

All the brushes used for cleaning the clothes or shoes require a certain wood in which the bundles of bristles are fastened.

These pieces of wood are prepared sometimes by the Turner, at another by the joiner; the inferior ones however from the brush maker himself.

For such work he uses the chisel, gimlet, vice, pulley, chipping block, string, lath, pitch, glue.

The outside of the finer brushes is often covered with leather, or also varnished.

The finer brushes as for instance the tooth brushes, and cleaaning brushes, require more care and ingenuity.

den mittelmäßig starken Kleiderbürsten, und aus den stärksten Schuhbürsten.

[5] Die Haare oder Borsten werden ausgekämmt, vom Schmutz gereinigt und büschelweise zusammengebunden.

[6] Alle Bürsten, die man zur Reinigung der Kleider und Schuhe nöthig hat, erfordern ein gewisses Holz, worin die Borstenbündel festgemacht werden.

[7] Diese Hölzer werden theils von den Drechslern, theils von den Tischlern, die geringeren von dem Bürstenmacher selbst verfertigt.

[8] Zu solcher Arbeit braucht er Meisel, Bohrer, Bohrstock, Winde, Haublock, Bindfaden, Draht, Pech, Leim.

[9] Die obere Seite der feineren Bürsten wird oft mit Leder überzogen, oder auch lackirt.

[10] Feinere Bürsten, wie die Zahnbürsten, Schnallenbürsten, erfordern mehr Fleiß und Geschicklichkeit.

moins molles des brosses pour les habits; avec les rudes, des décrottoirs de souliers.

On peigne d'abord les poils ou les soies, et après en avoir fait sortir la crasse, on les lie en faisceaux.

Pour faire les brosses à habits et à souliers, il faut une certaine pièce de bois dans laquelle on assujettit les faisceaux de soies.

Ces pièces de bois sont faites soit par le tourneur, soit par le menuisier; le vergetier fait lui-même les plus grossières.

Pour cela, il lui faut des ciseaux, des tarières, un étau, une vis, un bloc de bois, de la ficelle, du fil d'archal, de la poix, de la colle forte.

Souvent il revêt de cuir le dessus des vergettes ou bien il le vernit.

Les brosses fines, telles que les brosses à dents, les brosses à boucles, demandent plus de soin et plus d'adresse.

Scopularum setosarum opifex.

[1] Mercibus, quas hic opifex conficit, res domestica minime potest carere.

[2] Pari cum pectinariis, cibrariis aliisque passu ambulat coetuque continetur, et vitam conficiendis varii generis scopulis, scopis, penicillis sustentat.

[3] Scopulae rudiores et penicilli rigidiores componuntur e setis

201.

202.

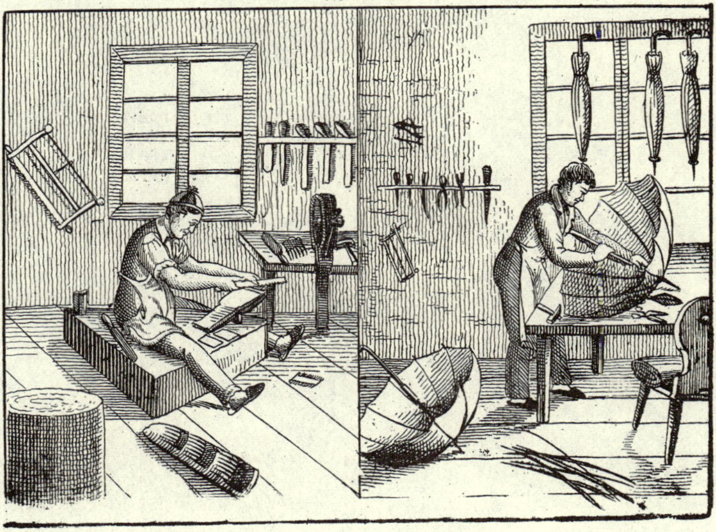

suillis, subtiliores autem e pilis equīnis, caprinis, melinis, sciurorumque cauda.

[4] E setis mollioribus penicilli fiunt, e validioribus scopulae vestiariae, e fortissimis vero scopulae calceariae.

[5] Pili vel setae pectuntur et sordibus detractis in fasces colliguntur.

[6] Requiritur autem ad omnes scopulas, quibus ad purgandas vestes calceosque indigemus, scapus quidam ligneus, cui affigantur setacei fasces.

[7] Hujusmodi scapos partim tornatores, partim scriniarii conficiunt; qui infimo loco ponuntur, ab ipso scopularum opifice elaborantur.

[8] Faciunt ad id operis scalpra, terĕbrae, retinaculum, helix, truncus, funiculus, filum metallicum, pix, gluten.

[9] Superior scopularum pars saepe quoque corio vestitur, aut etiam cera pictoria illinitur.

[10] Merces exquisitiores, velut scopulae purgandis dentibus ac fibulis, majorem desiderant curam dexteritatemque.

202.

Der Kamm- und der Schirmmacher.

The Comb and Umbrella maker.

Le peignier, le fabricant de parasols et de parapluies.

The materials, used by the comb-maker in his business, are horn, tortoise-shell, and ivory, from which he prepares the various sorts of combs, watchmen's and powder horns.

The commonest and cheapest combs are those from the hoofs and horns of cattle; under which the broad combs used for combing out the hair, are

[1] Die Materialien, welche der Kammmacher zu seinen Arbeiten nöthig hat, sind Horn, Schildkröten-Schalen oder Schildpad und Elfenbein, woraus er Kämme verschiedener Art, Nachtwächter- und Pulverhörner verfertigt.

[2] Die bekanntesten und wohlfeilsten Kämme sind die aus Klauen und Horn, unter denen besonders die weiten Kämme vorkommen, deren man sich zum Auskämmen der Haare

Les matières nécessaires au peignier sont la corne de bœuf et de buffle, l'écaille de tortue et l'ivoire; avec quoi il fait différentes sortes de peignes, des cornets pour les gardesnuit, des poires à poudre.

Les peignes les plus communs et les moins chers se font de corne; les plus clair-dentés servent à démêler les cheveux; les uns sont

placed, and are either crooked or straight.	bedient, und die entweder gerade oder krumm sind.	droits, les autres courbés.
The crooked are made pliant, and bent over a coal-fire.	3 Die krummen werden über einem Kohlfeuer erweicht und gekrümmt.	Ceux-ci se courbent par le moyen du feu.
The hair combs have on the one half small, on the other broad teeth.	4 Die Frisierkämme haben zur Hälfte enge, zur Hälfte weite Zähne.	Les peignes dont se servent les friseurs, sont à moitié à dents claires, à moitié à dents serrées.
The small tooth comb has on both sides narrow teeth, and are used for cleaning children.	5 Die engen Kämme haben auf beiden Seiten enge Zähne, und werden zur Reinigung der Kinder gebraucht.	Les peignes de propreté ont, des deux côtés, des dents fines et serrées, et l'on s'en sert pour nettoyer les enfants.
The comb maker uses for finishing his finer work, a hearth with a walled copper, pincers, and cutter, a press, a vice, knife, saws, hammer and files.	6 Zu seinen Arbeiten braucht der Kammmacher einen Herd mit einem eingemauerten Kessel, Zangen und Schnitzer, eine Presse, einen Schraubstock, Messer, Sägen, Hämmer und Feilen.	Le peignier, pour ses ouvrages, a besoin d'un foyer et d'une chaudière murée; il lui faut de plus des pincettes, des ciseaux, une presse, des crampons, des couteaux, des scies, des marteaux et des limes.
The Umbrella maker prepares parasol's and umbrella's,	7 Der Schirmmacher verfertigt zum Schutz gegen die Sonnenstrahlen und den Regen Sonn- und Regenschirme.	Le fabricant de parasols et de parapluies, fait les uns et les autres pour nous mettre à l'abri du soleil et de la pluie.
The stick which consists part of whalebone, part of wood, and part of reeds, is covered with a linen cloth, or silk, or woollen cloth.	8 Das Gestell, welches theils aus Holz, theils aus Meerrohr besteht, überzieht er mit leinenem Tuch, oder mit Seide, oder mit Baumwollenzeug.	Il fait la monture avec du bois, de la baleine et des joncs; puis il la couvre avec de la toile, de la soie ou de la cotonnade.
The parasols are covered either with silk, or batiste.	9 Die Sonnenschirme sind mit Seide oder mit Batist überzogen.	Les parasols sont revêtus ou de soie, ou de batiste.

Pectinum opifex et pluvialium atque umbraculorum effector.

1 Quibus ad opera sua indiget materiis pectinarius, sunt cornua boum bubalorumque, testudinum chelonia et ebur, unde pectines, cornua excubitorum, pyxidesque pulvere pyrio condendo destinatas conficit.

2 Qui vulgo notissimi sunt miniminique constant pectines, elaborantur ex ungulis et cornibus; agmen inter eos ducunt rari, quorum opera utimur in depectendis pilis, et qui aut recti sunt, aut curvi.

3 Hi quidem super foculis ardentibus subacti incurvantur.

4 Pectines comendis capillis apti partim raris, partim densis radiis distincti sunt.

5 Densi, quos vocant, pectines utrimque gaudent tenuioribus dentibus, iisque ad purgandos puerorum capillos utimur.

6 Ad pectinarii opera faciunt: focus et ahenum ferreum muro firmatum, forcipes, scalpră, prelum, retinaculum, cultri, serrae, mallei ac limae.

7 Pluvialium fabricator tum umbellas conficit, quibus solis radios arceamus, partim pluvialia.

8 Compāgem, partim ex osse, quod vocant, cetaceo, partim e ligno, partim ex arundine constantem, linteo obducit, aut serico, aut tela xylina.

9 Umbellae serico aut linteo tenuissimo obduci solent.

203.

Der Steinschneider und der Feuersteinbereiter.

The Lapidary, and the preparer of the flint.

The fine and very hard stones, e. g. the Achate, the crystal, and all gems are cut with the wheel.

The Lapidary sits at the table under which a heavy vibratory wheel with a crooked handle and turned by the foot is affixed.

1 Feine und sehr harte Steine, z. B. der Achat, der Crystall und alle Edelsteine werden mit dem Rade geschnitten.

2 Der Steinschneider sitzt an dem Tisch, unter welchem ein schweres Schwungrad mit einer Kurbel ist, das mit dem Fuß getreten werden kann.

Le lapidaire et le coupeur de pierres à fusil.

Les pierres fines et très-dures, comme l'agate, les cristaux et toutes les pierres précieuses, se taillent à l'aide d'une roue.

Le lapidaire est assis devant une table, sous laquelle est une roue pesante, munie d'une manivelle et que l'on fait tourner avec le pied.

The string of this wheel goes thro' the table, round a small wheel, or iron disk, and turns in the mandreil on a steel cylinder.

On this cylinder the spindle is affixed, on which is a copper cutting wheel.

The stone is then held to this wheel smeared with a wet powder.

By the quick rotatory motion of this wheel, it rubs itself on the stone, and makes an incision in it.

In the same way impressions, heads, and whole figures are cut on gems.

The stones in which the figures are cut in, are called incised stones, those in which the figures are raised, cameo's.

The flint is split into small pieces with a chisel on the anvil, and struck with a peculiar hammer and small steel cylinder.

So much of the stone as should spring, is made wet.

3 Die Schnur dieses Rades geht durch den Tisch herauf um ein kleines Rad oder eine eiserne Scheibe herum, welche in der Docke an einer stählernen Welle läuft.

4 In diese Welle wird die Spindel, an welcher ein kupfernes Schneiderad ist, eingesteckt.

5 Alsdann wird der Stein an das Schneiderad gehalten, das mit einem naßgemachten Pulver besprengt wird.

6 Indem dieses Rad schnell herumläuft, reibt es sich an dem Stein und schneidet in denselben ein.

7 Auf ähnliche Weise werden auch in Edelsteine Petschaften, Köpfe und ganze Figuren geschnitten.

8 Die Steine, in welchen die Figuren vertieft sind, werden eingeschnittene Steine genannt; sind aber die Figuren erhaben, so nennt man sie Cameen.

9 Der Feuerstein wird auf dem Amboß mit einem Meisel in kleine Stücke gespalten und mit eigenen Hämmern und kleinen stählernen Walzen beklopft.

10 Der Stein wird, so weit er springen soll, naß gemacht.

La corde de cette roue passe, à travers la table, sur une petite roue de fer qui roule dans la poupée, sur un pivot d'acier.

A son axe, on ajuste le fuseau où est la roue qui taille la pierre.

Alors on tient la pierre contre la roue, sur laquelle on jette de la poudre fine et mouillée.

Le mouvement précipité de la roue use la pierre et la taille.

C'est de la même manière que l'on grave sur les pierres précieuses, des cachets, des têtes et des figures.

Si la figure est gravée en relief, on dit que la pierre est taillée; si elle est gravée en creux, on l'appelle camée.

A l'aide de ciseaux, on brise en petits morceaux les pierres à feu sur l'enclume; puis on les taille avec un marteau particulier et avec des petits cylindres d'acier.

On humecte la pierre jusqu'à l'endroit où elle doit sauter.

203.

204.

Scalptor gemmarum et pyritarum fabricator.

[1] Lapides pretiosi et duriores, v. c. achates, crystallus et omnes gemmae ope rotae cujusdam scalpuntur.

[2] Gemmarum scalptor assidet mensae, cui subjecta est rota vibratoria gravis cum curvo manubrio, quae pede calcari potest.

[3] Funis hujus rotae transit per mensam et volvitur circa rotulam vel trochleam ferream, quae in columella circa axem chalybeum vertitur.

[4] Huic axi immittitur fusus, cui orbis cupreus est adjunctus.

[5] Deinde gemma orbi illi admovetur, cui pulvis quidam madefactus adspergitur.

[6] Dum orbis hic celeriter circumagitur, gemmam terit et cavat.

[7] Pari modo in gemmis sigilla, capita et figurae scalpuntur.

[8] Gemmae, in quibus figurae depressae sunt, vocantur incisae; illae vero, in quibus figurae apparent elevatae, audiunt Cameae.

[9] Pyrites super incūde caestris in minora segmenta diffinditur, et peculiaribus quibusdam malleis parvisque cylindris chalybeis tunditur.

[10] Lapis, quousque eum findere libet, madefit.

204.

Der Sieb= und Schachtelmacher.

The sieve and band-box maker.

Le fabricant de cribles et de boîtes.

The sieve maker is furnished with a kind of loom, upon which he stretches the bottoms of the sieves, they can be made either of wire or of splinters.

The best kinds of sieves are either made of wire, wood or hair.

The bottoms of the

[1] Der Siebmacher hat eine Art Weberstuhl, auf welchem er die Siebböden, sie mögen nun von Draht oder Schienen gemacht werden, aufspannt.

[2] Die vornehmsten Arten der Siebe sind entweder von Draht, oder von Holz, oder von Haaren.

[3] Die Böden der

Le fabricant de cribles a un métier à peu près comme celui du tisserand; il ourdit le crible sur ce métier, soit qu'il veuille le faire avec du fil d'archal, ou avec des éclisses de bois.

Les meilleures espèces de cribles sont ceux qui sont faits avec du fil de fer, avec des éclisses de bois, ou avec du crin.

Les fonds des cri-

wire sieves are sometimes woven, at another knitted.

With regard to the wooden sieve, their bottoms are made from wooden splints.

For the splints of the wooden sieve, beech and sallow-willow staves can be used; but the wood of the nut tree is better and more durable.

All the kinds of wood used by him are bought of a requisite thickness, and turned while green into splints, which is effected sometimes with the chopper or knife, at another with the teeth of the mouth; the fine work is done by the plane.

He also makes winnowing baskets.

The hair sieves are seldom made by our workmen; the hair bottoms are generally bought of a merchant, and made into sieves.

In many places the sieve maker undertakes the business of the band-box-maker.

The boxes are either round or oval.

Drahtsiebe werden theils gewirkt, theils gestrickt.

4 Was die Holzsiebe betrifft, so wirkt er die Böden derselben aus hölzernen Schienen.

5 Zu den Schienen der Holzsiebe kann er zwar Stäbe von Buchen und Sahlweiden gebrauchen; allein das Holz der Haselnußstaude ist besser dazu und dauerhafter.

6 Alle Arten des Holzes, die er gebraucht, werden von ihm in gehöriger Dicke gekauft und noch grün in Schienen verwandelt, welches theils durch Schnitzer oder Messer, theils mit den Zähnen des Mundes geschieht; die feinere Bearbeitung erfolgt sodann durch den Hobel.

7 Er macht auch Wannen.

8 Die Haarsiebe werden selten von unsern Siebmachern gemacht; sie kaufen meistentheils die Haarböden von Kaufleuten, und richten sie zu Sieben ein.

9 An manchen Orten übernimmt der Siebmacher auch das Geschäft des Schachtelmachers.

10 Die Schachteln sind entweder rund, oder länglichrund.

bles de fer sont tissus, ou tricotés.

Quant aux cribles de bois, leur fond est fait avec des bandes de bois.

Ces éclisses peuvent être faites avec du hêtre ou avec du saule, mais le coudrier vaut mieux et dure plus longtemps.

L'ouvrier achète ces sortes de bois dans une grosseur convenable, et il fait les éclisses lorsque les bois sont encore verts; ce qui se pratique avec un couteau et avec les dents; il donne la dernière main avec le rabot.

Il fait aussi des vans.

Les cribles à crin sont rarement faits par nos ouvriers; ils achètent ordinairement les tissus de crin chez les marchands et ensuite il les convertissent en cribles.

Dans plusieurs endroits, le fabricant de cribles fait aussi l'ouvrage du faiseur de boites.

Les boites sont ou rondes, ou ovales.

Cribrarius et opifex capsarius.

1 Cribrorum textor jugo quodam textorio utitur, cujus ope cribrorum fundos, sive e filo ferreo conficiantur, sive ex assulis flexibilibus, distendit.

2 Praecipua cribrorum genera texuntur vel e filo ferreo, vel e lignorum assulis, vel e pilis.

3 Cribrorum, quorum ima e metallicis componuntur, ea est ratio, ut partim texantur, partim reticulatim componantur.

4 Cribra lignea quod attinet, eorum fundos cribrarius texit ex assulis flexibilibus.

5 Cribris ligneis texendis quidem adhibere potest assulas faginas ac salignas, colurnae vero et aptiores sunt et diutius duraturae.

6 Quaevis lignorum, quae in opera consumit, genera comparantur a cribrario cum sat spissa, tum humida, eo facilius convertere ut ista possint in assulas, sive hoc fiat scalprorum, sive dentium ministerio; expoliuntur deinde dolābra.

7 Facit quoque vannos.

8 Cribra e pilis texta raro a cribrariis nostratibus ab integro conficiuntur, quippe qui fundis plerumque a mercatoribus comparatis induunt cribrorum formas.

9 Multis in locis cribrarius capsarii quoque opera suscipit.

10 Cistulae aut rotundae sunt, aut ovatae.

205.

Der Korbmacher, der Peitschenflechter und die Strohhutfabrik.

The basket, and the whip maker, and the straw hat manufactory.

Le vannier, le faiseur de fouets, le fabricant de chapeaux de paille.

The basket maker weaves all kinds of baskets from the twigs of the willow, particularly from those of the basket, and sallow-willow.

He interweaves also

1 Der Korbmacher flicht aus Weidenruthen, namentlich aus denen der Korbweide und der Sahlweide, allerlei Arten von Körben.

2 Auch überflicht er Stühle und ähnliche

Avec les verges de saule, surtout avec celles de marseau et d'osier, le vannier tresse toutes sortes de corbeilles.

Il clisse aussi des sièges et d'autres meu-

chairs and such furniture with split reeds.

After having cut off the twigs with a curved knife, he peels them while green, and dry's them in the sun.

But previous to being used, they must be again softened, and cut into splints.

He then begins the twisting, which is effected round thin sticks.

Another workman prepares the reeds for the weaver by splitting planing and cutting.

The whip-maker furnishes whips for the peasants, made with wooden handles twisted together.

They are split with a peculiar knife into twenty stripes to the handle, they are then twisted together.

From straw, and bass hats are plaited for men and women, likewise also mats.

The straw used for the fine hats is bleached and smoked with sulphur.

Möbel mit gespaltenem Rohr.

3 Nachdem er die Ruthen mit gekrümmten Messern abgeschnitten hat, schält er sie mit einer Zange grün ab und trocknet sie in der Sonne.

4 Ehe er sie aber gebrauchen kann, muß er sie wieder einweichen und zu Schienen spalten.

5 Hierauf nimmt er das Flechten vor, welches um dünne Ständer oder Stöcke geschieht.

6 Der Blattmacher verfertigt durch Spalten, Hobeln und Schneiden des Rohrs die Rietblätter für die Weber.

7 Die Peitschenmacher verfertigen für die Bauern Peitschen, welche geflochtene hölzerne Stiele haben.

8 Sie spalten sie mit einem gewissen Messer in zwanzig Streifen bis auf den Griff und flechten diese zusammen.

9 Aus Stroh und Bast werden Hüte für Herren und Damen, so wie auch Matten geflochten.

10 Das Stroh zu den feinen Hüten wird gebleicht und geschwefelt.

bles semblables, avec des roseaux fendus.

Après avoir coupé les verges avec une serpette, il les pêle avec une pince pendant qu'elles sont encore vertes, et il les sèche au soleil.

Mais avant qu'il en puisse faire usage, il faut qu'il les trempe dans l'eau, pour les ramener à leur flexibilité naturelle, et pouvoir les fendre en éclisses.

Ensuite il commence à tresser; ce qui se fait sur des poteaux menus ou sur des formes.

Un certain ouvrier fait les rots pour les tisserands, en fendant, rabotant et coupant le roseau.

D'autres font, a l'usage des paysans, des fouets qui ont un manche de bois tressé.

Avec un couteau, ils fendent le manche en vingt bandes jusqu'à la poignée; puis ils les tressent.

Avec de la paille et avec la seconde écorce des arbres, on fait des chapeaux d'hommes et de femmes, ainsi que des nattes.

La paille dont on fait les chapeaux fins, est blanchie et soufrée.

205.

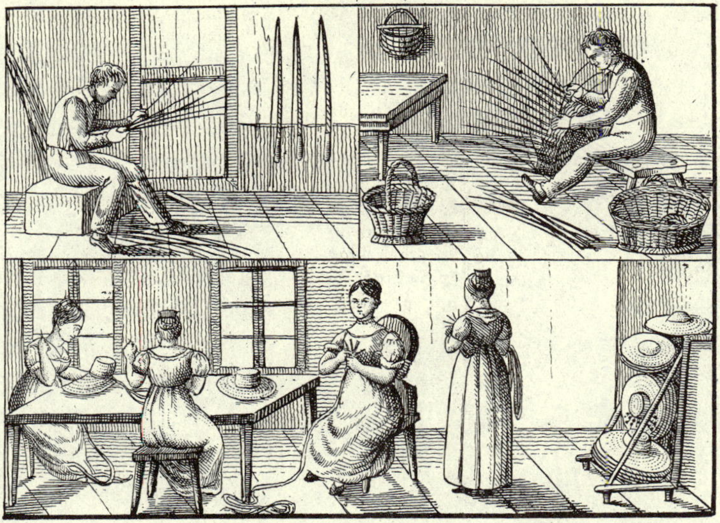

206.

It is then split, and the stripes plaited together.

The finest and best hats are furnished in Italy.

[11] Hierauf wird es gespalten und die Streifen zusammengeflochten.

[12] Italien liefert die feinsten und schönsten Strohhüte.

Ensuite on la fend et on tresse les éclisses.

C'est l'Italie qui fournit les plus beaux et les plus fins chapeaux de paille.

Corbium opifex, flagellorum textor et pileorum stramineorum fabricatio.

[1] Sportularius e viminibus salignis, praesertim salicis capreae et viminalis, varia corbium genera conficit.

[2] Sellas quoque et aliam ejusmodi supellectilem fissa arundine vestit.

[3] Virgas curvis cultris desectas, recentes adhuc, forcipe quadam cortice nudat easque in sole siccat.

[4] Antequam vero iis uti possit, aqua eas mollit et in laminas findit.

[5] Deinde plectere incipit, quod circa ligna quaedam fieri solet.

[6] Alius quidam opifex findendo, dedolando et secando arundinem pectines in textorum usum conficit.

[7] Flagellorum confectores in rusticorum usum flagella faciunt, manubriis e ligno plexis instructa.

[8] Cultro quodam in viginti virgas ad ansam usque ea findunt illasque implicant.

[9] E stramine et libro pilei tum in virorum, tum matronarum usum, ut et stragulae plectuntur.

[10] Stramen, quo utuntur ad pileos elegantiores, insolatur et sulphuratur.

[11] Tum findere illud et virgulas contexere solent.

[12] Italia pileos stramineos suppeditat elegantissimos omniumque pulcherrimos.

206.

Der Schieferspalter, der Dachdecker und der Pflasterer.

The slate splitter, the Slater, and plasterer.

Le fendeur d'ardoise, le couvreur et le paveur.

The slate splitter splits the slate with

[1] Der Schieferspalter spaltet durch Meisel den

Le fendeur d'ardoise fend l'ardoise

the chisel into thin plates.

Thonschiefer in dünne Tafeln.

en tablettes avec des ciseaux.

From the finer slate writing tables are prepared, set in a wooden frame.

²Aus dem feineren Schiefer werden Rechentafeln verfertigt, welche in hölzerne Rahmen eingefaßt sind.

Avec l'ardoise la plus fine, on fait des tablettes à calculer, que l'on encadre avec dubois.

For cutting these, as well as also the slate pencil a saw is used.

³Zum Schneiden derselben, wie auch zum Schneiden der Griffel oder Schieferstifte, gebraucht man eine Säge.

Pour les couper, ainsi que pour faire les crayons d'ardoise, on se sert d'une scie.

The slater covers roofs of castles, churches, towers and other public buildings with slate, often also with tinned iron plate, copper and lead.

⁴Der Dachdecker deckt Schlösser, Kirchen, Thürme und andere öffentliche Gebäude mit Schiefer, oft auch mit verzinntem Eisenblech, Kupfer und Blei.

Le couvreur couvre les palais, les temples, les tours et d'autres édifices publics avec de l'ardoise souvent aussi avec de la tôle, du cuivre et du plomb.

When the carpenter has covered the roof with lathes, the slater begins from the lower part, and covers higher up while sitting on a moveable seat fastened by a line.

⁵Wenn der Zimmermann das Dach mit Latten bekleidet hat, so fängt der Dachdecker seine Arbeit von unten an, und deckt nun höher hinauf, indem er auf einem beweglichen Sitze sitzt, der mit einem Strick befestigt ist.

Lorsque le charpentier a cloué les lattes sur les poutres du toît, le couvreur commence son ouvrage par le bas, et le continue en montant, assis sur une escabelle mobile, attachée à une corde.

In the town all the houses are covered with slate, or tiles; in villages often with straw, shingles, and boards.

⁶In der Stadt werden alle Häuser mit Ziegeln und Hohlziegeln, auf den Dörfern oft mit Stroh, Schindeln und Brettern gedeckt.

Dans les villes, on couvre les maisons avec des tuiles plattes et avec des faitières; à la campagne, avec du chaume, des bardeaux et des planches.

The stone mason, or plasterer measures the place with the help of the rods, which he sets in a direct line with the level, or directs them in such a manner to the disk, that they answer one to the other.

⁷Der Steinsetzer oder Pflasterer mißt zuerst den Raum mit Hilfe der Stäbe, die er mit der Setzwage gerade wiegt oder so gegen die Scheibe richtet, daß sie einander decken.

Avant tout, le paveur mesure le terrain avec des piquets qu'il ajuste avec le niveau, ou qu'il place de manière qu'en les regardant, l'un couvre l'autre.

He hews the stones with the hammer, in order that they may fit together, and joins them in the sand or underlayer of clay, according to a line fastened with iron nails.

The space between he fills up with sand, and makes the pavement uniform, he strikes the stones with the rammer, in order to keep them tight.

[8] Er haut die Steine mit dem Hammer zu, daß sie neben einander passen, und fügt sie in die Sand- und Thon-Unterlage nach einer Schnur, die mit eisernen Nägeln befestigt ist.

[9] Die Zwischenräume füllt er mit Sand aus, macht das Pflaster gleichförmig, und stößt die Steine mit der Ramme, damit sie fest bleiben.

Avec le marteau, il dégrossit les pierres pour qu'elles puissent se rapprocher; puis il les place dans des lits de sable et d'argile, d'après un cordeau fixé avec des clous.

Il remplit de sable, les intervalles, il applanit le pavé, et il bat les pierres avec la demoiselle pour les enfoncer.

Schisti fissor, strator tectorum et strator viarum.

[1] Schisti fissor argillam schistum caestris in tabulas tenues findit.

[2] E schisto melioris notae tabulae arithmeticae conficiuntur, jugis ligneis comprehensae.

[3] Ad secandas eas, nec minus ad stylos e schisto secandos serra utuntur.

[4] Tectorum strator arces, templa, turres et cetera publica aedificia schisto, saepe quoque laminis ferreis stanno obductis, vel cupreis, vel plumbeis sternit.

[5] Cum faber lignarius tectum asseribus vestivit, strator opus suum ita facit, ut ab ima ejus parte ad fastigium usque progrediatur, insidens scabello cuidam mobili, rudente firmato.

[6] In urbibus domus lateribus et imbricibus, in pagis saepe stramento, scindulis et assibus sterni solent.

[7] Strator viarum, antequam opus incipiat, longitudinem spatii paxillis metītur, quos libella ad perpendiculum disponit, vel ad orbem ita dirigit, ut invicem sibi respondeant.

[8] Lapides malleo ita subigit, ut congrui sibi sint, eosque inter arenam argillamque subjectam adplicat secundum funiculum clavis ferreis firmatum.

[9] Commissuras arena replet, stratum complānat, lapidesque pavicula tundit, quo stabiles maneant.

207.

Der Formschneider und der Schriftgiesser.

The mould maker, and letter-founder.

Le graveur sur bois et le fondeur en caractères.

The easiest way to multiply figures is this, to cut it out in wood, or print it: This is the business of the mould maker.

He uses the wood of the pear tree; but the box wood is the most convenient.

After he has prepared and given it the necessary thickness, and breadth, he smears the side on which he intends to cut, with sweet oil, in order to make the wood softer, he draws his figures on this, or sketches them on the bare wood with the pencil.

He then cuts round the figures and punches the space, or the wood outside the figure with the chisel and gonge.

He cuts the figure itself fine with the finest small knife, and gives it according to the difference of the

1 Die leichteste Art, eine Zeichnung zu vervielfältigen, ist diese, daß dieselbe in Holz geschnitten oder abgedruckt wird; jenes ist das Geschäft des Formschneiders.

2 Zu seiner Arbeit ist das Birnbaum-, besonders aber das Buchsbaumholz am bequemsten.

3 Nachdem er es zubereitet und ihm die gehörige Breite und Dicke gegeben hat, so bestreicht er die Seite, in welche er schneiden will, mit Baumöl, um das Holz geschmeidiger zu machen, und zeichnet darauf seine Figur, oder er entwirft sie auch aus bloßem Holz mit der Bleifeder.

4 Nun umschneidet er die Figur und stößt die Spatien, oder das Holz, das außer der Figur ist, mit Meisel und Rundeisen aus.

5 Die Figur selbst schneidet er mit den feinsten Messerchen in's Feine, und giebt ihr nach Verschiedenheit der

La manière la plus facile pour multiplier un dessin, c'est de le graver sur bois et de l'imprimer; ce qui est l'ouvrage du graveur sur bois.

Le bois le plus propre à cet usage est le poirier, et surtout le buis.

Après qu'il l'a préparé et qu'il lui a donné l'épaisseur et la largeur convenables, le graveur, pour rendre le bois plus tendre, frotte, avec de l'huile d'olive, le côté qui doit recevoir la gravure; ensuite il dessine sa figure; ou bien il la trace simplement au crayon.

Alors, avec le fermoir et la gouge, il taille les contours, où ce qui se trouve en dehors de la figure.

Il taille la figure elle-même à petits coups et avec de petits couteaux; il ménage les ombres en

strength or fineness of the strokes, its proportionate shaddow and light.

The letter founder furnishes the letters used by the printer.

He at first cuts the letters out in steel, he then stamps the letters with the die on copper or brass, by which means a deepening is effected called the matrice.

He places these in his founding instrument, consisting of two halves, and pours into the moulds with a ladle from the iron pan of the founding oven a mass of lead, antimony, iron, and brass and copper prepared in the smelting oven.

stärkeren oder feineren Schnitte ihren gehörigen Schatten und Licht.

[6] Der Schriftgießer verfertigt die Schriften oder Lettern, womit die Buchdrucker drucken.

[7] Zuerst schneidet er den Buchstaben in Stahl und schlägt dann mit der Patrize (dem geschnittenen Stempel) den Buchstaben oder das Zeichen in Kupfer oder Messing ein, woraus eine Vertiefung, die Matrize, wird.

[8] Diese setzt er in sein Gießinstrument, das aus zwei gleichen Hälften besteht, und gießt mit einem Löffel aus der eisernen Pfanne des Gießofens eine Masse aus Blei, Spießglas, Eisen und etwas Messing und Kupfer, die im Schmelzofen zugerichtet wurde, in die Form hinein.

taillant plus ou moins profondément.

Le fondeur en caractères fait les lettres avec lesquelles l'imprimeur imprime.

D'abord il grave les caractères sur l'acier, ce qui donne les poinçons; ensuite il les imprime, à coups de marteaux, sur le cuivre ou sur le laiton, et alors on a ce qu'on appelle la matrice.

Après cela, il place la matrice dans le moule composé de deux parties égales; puis, avec une cuillier, il verse, de la chaudière de fer dans le jet du moule, une composition de plomb, d'antimoine, de fer, avec quelque partie de cuivre et de laiton. Cette composition a été préparée dans le fourneau à fondre.

Schematum sculptor et typorum fusor.

[1] Figurae facillimo modo multiplicantur, si quis eas ligno insculptas exprīmit, quod prius a sculptore fieri solet.

[2] Lignum piri vel buxi ad hoc opus maxime est idoneum.

[3] Postquam ligno justam latitudinem et crassitiem dedit, alterum ejus latus, cui insculpturus est figuram, olivarum oleo illīnit, quo mollius fiat, figurasque in eo delineat, vel in ligno ipso stilo plumbeo eas designat.

[4] Quo facto figuram circumcīdit, eamque ope caeli ligno extra figuram sito purgat.

[5] Figuram ipsam subtilissimis scalpellis exsĕcat, eique graviori vel leviori incisione umbras et lumen, prout necesse est, impertit.

[6] Fusor typorum aeneorum ty-

pos conficit sive literas, quibus typographi utuntur.

[7] Primum typus chalybi inciditur, isque est archetypus, qui malleo in cuprum aut orichalcum adactus matricem producit.

[8] Matricem imponit instrumento fusorio, quod e duabus partibus invicem sibi congruentibus componitur, et cochleari ex sartagine ferrea fornacis aerariae massam ex plumbo, antimonio, ferro, orichalco et cupro conflatam, formae infundit.

208.

Die Spiegelfabrik.

The looking glass manufactory.

The larger and smaller looking glasses are prepared in peculiar manufactories from that glass which gives a fine, transparent crystal glass.

Either blown, or plate looking glasses are made.

After the composition has been well melted and purified in the roomy melting furnace, a large thick mass of glass is blown out by several workmen to a very large bladder which is brought as near as possible to a cylindrical form by means of rolling and moving backwards and forwards, it is then cut, and brought to the stretching oven, which serves at the same

[1] Größere und kleinere Spiegel werden in besonderen Fabriken aus derjenigen Glasmasse verfertigt, welche ein feines, sehr durchsichtiges Crystallglas giebt.

[2] Man macht entweder geblasene oder gegossene Spiegel.

[3] Nachdem die Materialien in dem geräumigen Schmelzofen gut geschmolzen und gereinigt worden sind, so wird ein dicker Klumpen Glas von mehreren Arbeitern zu einer sehr großen Glasblase aufgeblasen, die man durch Rollen und Schwenken der cylindrischen Gestalt so nahe als möglich bringt, dann aufschneidet und in den Streckofen, der zugleich der Kühlofen ist, bringt,

Fabrique des miroirs.

On fait, dans des fabriques particulières, de grands et de petits miroirs avec la masse qui constitue le cristal le plus transparent.

Les miroirs sont où soufflés ou coulés.

Après avoir fondu et purgé la matière dans un fourneau, plusieurs ouvriers soufflent à la fois une masse de verre; ils en font une grande bulle qu'ils agitent et roulent continuellement pour lui donner, autant que possible, la forme cylindrique; ensuite ils l'ouvrent par une coupure, la mettent dans un autre fourneau,

207.

208.

time for the cooling oven, where it is made even and cooled.

With the other kind of looking glass, the mass is poured on a large copper plate, on which the size of the glass is enclosed in a space by a brass border.

The frame of the table rests on rollers or small wheels in order that it may be easily brought to the melting furnace, and cooling oven.

As soon as the founding is accomplished, an iron roller is passed over the burning glass.

The plate when founded is then allowed to cool, and afterwards polished.

It is then lain over with leaf-tin, or very thin plates of lead, upon which the quicksilver is poured, and the looking glass is ready to be framed.

wo man sie ebnet und abkühlt.

4 Bei der andern Art von Spiegeln wird die Glasmasse auf eine sehr große kupferne Tafel ausgegossen, auf welcher der die Größe des Spiegels bezeichnende Raum von messingenen Leisten eingeschlossen ist.

5 Das Gestell der Tafel ruht auf Rollen oder kleinen Rädern, damit sie leicht zum Schmelz- oder Kühlofen gebracht werden kann.

6 Sowie der Guß geschehen ist, führt man eine eiserne Walze über die glühende Glasmasse hin.

7 Nun wird die Gießtafel abgekühlt und nachher polirt.

8 Endlich wird sie mit Stanniol oder ganz dünnem Zinnblech belegt, auf welches man Quecksilber gießt, und nun ist der Spiegel fertig, daß er eingefaßt werden kann.

pour l'étendre et pour la réfroidir.

Quant aux miroirs coulés, on verse la matière sur une grande table de cuivre, où la grandeur du miroir est renfermée entre des liteaux de laiton.

Le piedestal de la table pose sur des rouleaux ou sur de petites roues, afin qu'on puisse facilement l'approcher du fourneau.

Aussitôt que la fusion est faite, on passe un cylindre de fer par-dessus la masse ardente de verre.

Ensuite on laisse refroidir, puis on polit.

Enfin on couvre la glace de tain sur lequel on verse le mercure; alors le miroir est fait, et on peut l'enchasser.

Speculorum officina.

1 Specula majora et minora in peculiaribus fabricis ex ea vitri massa conficiuntur, quae vitrum crystallinum elegantius praebet, maximeque pellucidum.

2 Specula vero aut flari, aut fundi solent.

3 Postquam materiae in clibăno atis liquefactae et purgatae sunt, crassa admodum vitri massa a pluribus operariis in bullam majorem inflatur, quae volvendo et agitando ad cylindri formam quam maxime redigitur, et dein dissecta in furnum quendam ingeritur, complananda et refrigeranda.

4 In altero speculorum genere vitri massa in tabulam cupream

majorem effunditur, in qua spatium speculi amplitudinem definiens limbis orichalceis cohibetur.

[5] Jugamentum tabulae palangis aut rotis minoribus imponitur, quo facilius in fornacem fusoriam aut refrigeratoriam transferri possit.

[6] Facta fusione cylindrus ferreus super candentem vitri massam volvitur.

[7] Jam tabula fusa refrigeratur et deinde politur.

[8] Tandem laminis stanneis tenuissimis obducitur, quibus argentum vivum infunditur, et jam speculum perfectum est, ut jugo possit comprehendi.

209.

Die Porcellanfabrik.

The China Manufactory.

The most beautiful of all earthen-ware, is the china, which was brought to us 120 years ago from China and Japan, until a Saxon found out the way to prepare a china not inferior to that from the above named places.

The best china has a fine, hard, and thick grain, and is half-transparent, without being in the least degree like glass.

The outward qualities consist of a shining white, pleasing to the eyes, of a pure and shining gloss, of lively, fresh, and well arranged colours, ele-

[1] Die allerschönste irdene Waare ist das Porcellan, welches noch vor 120 Jahren aus China und Japan zu uns gebracht wurde, bis es einem Sachsen gelang, Porcellan zu verfertigen, das dem chinesischen nicht nachsteht.

[2] Das beste Porcellan hat ein feines, festes und dichtes Korn, und ist halb durchsichtig, ohne deßwegen dem Glas ähnlich zu seyn.

[3] Die äußeren Eigenschaften bestehen in einer glänzenden, den Augen angenehmen Weiße, in einer reinen und glänzenden Glasur, in lebhaften, frischen

La fabrique de vaisselles de porcelaine.

La plus belle vaisselle de terre est la porcelaine qu'on nous apportait encore, il y a cent vingt ans, de la Chine et du Japon; mais enfin un Saxon réussit à faire de la porcelaine qui ne cède pas à celle de la Chine.

La meilleure porcelaine est celle qui a le grain fin, étroit et cohérent, et qui est demi-transparente; sans que pourtant elle ressemble à du verre.

Les qualités extérieures consistent en une blancheur resplendissante et agréable à l'œil, en un émail net et brillant, en des couleurs vives, fraî-

gantly proportioned forms, and of handsome gildings and other ornaments.

Good china must be able to bear the greatest coldness of water nearly freezing, and the heat of boiling water, coffee, broth, and milk.

Porcelain clay is mixed with flint earth, and is made liquid by the composition of other materials.

After the composition has been mixed by water to the consistency of thin fermenty, ground, kneaded, cut up and again kneaded, the articles are formed on plates by pressing and modelling in moulds, and afterwards finished at the lath.

The articles when finished are burnt, in an oven, and glazed.

Painting on porcelain is difficult, on account of the colours used changing their shades after enamelling.

When the porcelain wares are painted they are brought into a peculiar oven, in order to fix in the colours.

und gut vertheilten Farben, in zierlich veränderten Formen, und in schönen Vergoldungen und andern Verzierungen.

[4] Das gute Porcellan muß die größte Kälte des dem Gefrieren nahen Wassers, und die Hitze des siedenden Wassers, des Kaffees, der Brühe und der Milch aushalten.

[5] Die Porcellanerde wird mit Kieselerde vermischt, und durch Beimischung einiger anderer Materien zum Fluß gebracht.

[6] Nachdem die durch Wasser in einen dünnen Brei verwandelten Materialien gemengt und gemahlen, geknetet, zerschnitten und wieder geknetet worden sind, werden die Waaren auf Scheiben, in Formen, durch Pressen und durch Poussiren gebildet, und nachher auf der Drehbank ausgearbeitet.

[7] Die fertigen Waaren werden in dem Ofen gebrannt und glasirt.

[8] Das Malen auf Porcellan ist schwer, weil die Farben, die man anwendet, nach dem Schmelzen die Schattirungen ändern.

[9] Denn wenn die Porcellan-Arbeiten bemalt sind, so bringt man sie in einen eigenen Ofen, um die Farben aufzuschmelzen.

ches et bien fondues, en des formes élégamment proportionnées, enfin en belles dorures et autres ornements.

La bonne porcelaine doit soutenir, sans se fêler, le froid de l'eau sur le point de se geler, et le plus haut degré de chaleur de l'eau, du café, du bouillon et du lait.

La terre de porcelaine est mêlée avec de la silice, et mise en fusion par quelques autres matières.

Après avoir, avec de l'eau, fait de cette matière une espèce de bouillie; qu'on moule, qu'on pétrit, qu'on coupe à plusieurs reprises; on façonne la vaisselle sur un disque par la manipulation, et enfin on achève sur le tour.

Les objets façonnés sont cuits dans le fourneau, et enduits d'un vernis.

La peinture sur la porcelaine est accompagnée de beaucoup de difficultés, parceque les couleurs changent de nuances après la fonte.

Car après avoir peint la porcelaine, on la met dans un fourneau particulier pour faire pénétrer les couleurs profondément.

The mock-porcelain, and earthenware, which is prepared almost in the same way is well known.

[10] Bekannt ist auch die Fayence oder das Halbporcellan und das Steingut, welche man fast eben so verfertigt.

On connait la faïence et la gresserie, que l'on fabrique presque de la même manière.

Fabrica vasorum e terra porcellana.

[1] Merx fictilis omnium pulcherrima porcellanum est, quod adhuc centum et viginti annis abhinc e Sina et Japonia ad nos transferebatur, donec Saxŏni cuidam contigit, ut porcellanum conficeret pulchritudine ac praestantia Sinensi nihilo inferius.

[2] Porcellanum, quod plurimi fit, granum exhibet teres, cohaerens ac densum, et semipellucidum est, nec tamen vitri speciem prae se fert.

[3] Qualitates externas constituunt albedo resplendens oculisque placens, encaustum purum et emĭcans, colores vividi, recentes ac bene dispositi, imagines elegantes, venustae et varietate distinctae, elegantes denique auri inductiones aliaque hujus generis ornamenta.

[4] Porcellanum, si praestans sit, frigus aquae gelu proximae, caloremque aquae ferventis, caldae arabicae, jusculi et lactis bullientis sustinere oportet.

[5] Terrae porcellanae terra silicea additur, et admixtis aliis quibusdam materiis fusio ejus efficitur.

[6] Postquam materiae aqua affusa in pultem tenuem conversae, probe permixtae et mollītae, subactae, dissectae et iterum subactae sunt, merces super discis, in formis, premendo et agitando formantur et dein super jugo toreutico perficiuntur.

[7] Merces confectae in furno coquuntur et encausto inducuntur.

[8] Porcellanum difficile est pictu, quod colores, quibus uti solent, facto encausto umbras variant.

[9] Cum enim opera porcellana coloribus distincta sunt, in peculiarem furnum ingeruntur, ut colores fusione arctius inducantur.

[10] Nota sunt etiam porcellanum italicum et vasa saxea anglica, quae eodem fere modo parantur.

210.

Die Pfeifenbereitung.

The Tobacco pipe manufactory.

La fabrication des pipes à fumer.

The pipes, vulgarly called Cologne-pipes,

[1] Die unter dem Namen kölnische Pfeifen

Les pipes connues sous le nom de' pipes

209.

210.

are best prepared in Holland from a chalky earth free from iron, which becomes white in the fire.

After this clay has been washed clean, it is prepared for the forming of pipes by kneading, cutting in pieces, grinding, rubbing, and by repeatedly working together.

At first a thin cylinder is formed, furnished at one end with a thick part intended for the bowl.

When these are dry they are pierced thro' with a thin wire.

Each clay tube is then brought into a brass mould consisting of two halves exactly fitted together.

The openings are previously smeared with linseed oil, in order that the clay may not adhere together.

After the mould has been screwed between two boards, it is taken out.

They are then cleared of the superfluous

bekannten Tabakspfeifen werden am besten in Holland aus einem kalk- und eisenfreien Thon verfertigt, welcher sich im Feuer weiß brennt.

[2] Nachdem dieser Thon durch Schlämmen gereinigt worden ist, wird er durch Kneten, Zerschneiden, Zermahlen, Reiben und abermaliges Durcheinanderarbeiten zur Bildung der Pfeifen vorbereitet.

[3] Zuerst werden dünne Walzen gebildet, die an dem einen Ende mit einem dicken Theil, der den Kopf geben soll, versehen sind.

[4] Sind diese getrocknet, so werden sie mit einem dünnen Draht durchbohrt.

[5] Nun wird jede Thonwalze in eine messingene Form gebracht, welche aus zwei genau auf einander passenden Hälften besteht.

[6] Die Höhlungen werden vorher mit Leinöl bestrichen, daß der Thon nicht anklebe.

[7] Nachdem die Formen zwischen zwei Brettern zusammengeschraubt worden sind, werden sie herausgenommen.

[8] Hierauf werden sie von den Auswürfen

de Cologne, se fabriquent le mieux dans la Hollande. On emploie une argile exempte de matières calcaires et ferrugineuses, et qui devient blanche quand on la cuit.

Après avoir lavé cette argile, on la pétrit, on la coupe, on la bat, on la frotte, on la moule à plusieurs reprises, et elle est préparée pour recevoir le moule.

D'abord, on fait de petits cylindres, aplatis par un bout, pour former la tête.

Lorsqu'ils sont séchés, on les perfore avec un fil de fer effilé.

Ensuite on met chaque cylindre dans un moule de laiton, qui est formé de deux moitiés ajustées l'une sur l'autre.

On enduit la cavité avec de l'huile de lin, pour empêcher que l'argile ne s'y attache.

On presse le moule entre deux planches au moyen de vis; puis on les ôte.

Après cela on débarasse les pipes des parties superflues, on les polit, puis on les

parts, smoothed and burnt in a furnace.

There are also bowls of porcelain, wood, and Meerschaum, which last is a kind of earth.

befreit, geglättet und in dem Ofen gebrannt.

[9] Es giebt auch Pfeifenköpfe von Porcellan, von Holz und von Meerschaum, welches eine Art Erde ist.

cuit dans le fourneau.

Il y a aussi des têtes de pipes de porcelaine, de bois et d'écume de mer qui est une sorte de terre.

Fistularum fumo ducendo fabricatio.

[1] Fistulae illae fumo ducendo, quae Colonienses vulgo vocantur, in Batavia optime conficiuntur ex argilla calcis et ferri partibus minime intermixta, quae igni album induit colorem.

[2] Quae argilla si aqua affusa satis expurgata est, depsendo, dissecando, conterendo, cernendo et iterum subigendo ad formandas fistulas praeparatur.

[3] Primum cylindri tenues formantur, ab altera parte vero densiores, quo caput, quod dicunt, fingi possit.

[4] Qui quum siccati fuerint, filo metallico tenuiori perforantur.

[5] Jam quivis argillae cylindrus in formam orichalceam infertur, quae duabus partibus constat, prorsus congruis.

[6] Cavum utriusque oleo linteo ante illinitur, ne argilla haereat.

[7] Formis torquendo inter duos asses coactis, illae eximuntur.

[8] Quo facto supervacuae partes demuntur, et fistulae polītae in fornace coctioni dantur.

[9] Fiunt etiam fistulae e terra porcellana, ligno et halosachne, quae species quaedam terrae est.

211.

Der Kohlenbrenner.

The Charcoal-burner.

Most of the fireworkmen are not able to use the wood before it is turned into charcoal by burning.

This is effected in the charcoal kiln in a conic formed heap.

Der Kohlenbrenner.

[1] Die meisten Feuerwerker können das Holz erst dann brauchen, wenn es durch Erhitzung in Kohlen verwandelt worden ist.

[2] Dieses geschieht in einem kegelförmigen Haufen, dem Meiler.

Le charbonnier.

La plupart des ouvriers qui emploient le feu ne peuvent se servir du bois que quand il est changé en charbons.

Pour cela, on fait une pile de bois conique qu'on nomme fourneau.

A wooden stake is fixed in the earth near a wood, around which terpentine chips and straw are laid.

The longest pieces of wood destined for the charcoal are placed round about this stake, and this is repeated until the heap has the form of a common village oven.

The heap is then surrounded on all sides with the exception of the fire hole, with turf.

Upon this the middle part is ignited, and the hole is closed up; but several air holes are made in the top to allow the draught of the fire to continue.

By degrees the upper holes are shut, and further down new ones opened.

If the fire is on the point of breaking thro' it is slackened by throwing earth on it.

At last the heap is entirely covered.

After some time pieces of the charcoal are taken out, and if it is found to be ready, the heap is opened.

3 Man schlägt in der Nähe des Waldes einen Baumpfahl in die Erde, um welchen man harzige Späne und Stroh legt.

4 An diese Stange werden ringsherum die längsten Stücke von dem zu Kohlen bestimmten Holze angelehnt und so wird fortgefahren, bis der Holzstoß die Gestalt eines auf den Dörfern gewöhnlichen Backofens hat.

5 Nun wird der Meiler von allen Seiten, bis auf ein Zündloch, mit Rasen bedeckt.

6 Hierauf zündet man den mittleren Theil an, und verschließt das Zündloch, läßt aber oben einige Luftlöcher frei, damit der Zug des Feuers unterhalten wird.

7 Allmählig werden die obern Oeffnungen verschlossen und weiter unten neue gemacht.

8 Will das Feuer durchbrechen, so dämpft man es durch darauf geschüttete Erde.

9 Endlich wird der Meiler ganz zugedeckt.

10 Nach einiger Zeit nimmt man etliche Kohlen heraus, und wenn sie gar gefunden werden, so öffnet man den Meiler.

On plante en terre, au bord de la forêt, un gros poteau qu'on entoure ensuite de bois résineux et de paille.

On appuie, autour de ce poteau, les plus grosses buches destinées à faire du charbon; puis on continue jusqu'à ce que la pile ait la forme d'un four de paysan.

On couvre alors de gazon toute la pile, laissant seulement une ouverture pour mettre le feu.

Alors on allume le milieu; puis on ferme la grande ouverture, mais on laisse en haut quelques petits trous pour donner de l'air et entretenir la flamme.

Peu à peu on couvre ces ouvertures et on en fait de nouvelles plus bas.

Si le feu veut s'échapper au dehors, on l'éteint en jetant de la terre sur le fourneau.

Enfin on couvre entièrement le fourneau.

Quelque temps après, on tire quelques échantillons et, si on les trouve assez carbonnés, on ouvre le fourneau.

Most of the charcoal is burnt from pine and beech wood.

The charcoal will not burn unless blown upon.

The human heart resembles it, we must pray to God that it may burn by being blown upon by the Divine love.

11 Die meisten Kohlen werden aus Fichten= und Buchenholz gebrannt.

12 Die Kohle brennt nicht, wenn sie nicht angeblasen wird.

13 Das menschliche Herz ist ihr ähnlich: wir müssen beten, daß es durch Anwehung der göttlichen Liebe brenne!

On fait la plus grande partie des charbons avec du bois de pin et de hêtre.

Le charbon ne brûle que quand il est soufflé.

Le cœur humain lui ressemble: prions, qu'il brûle par l'inspiration de l'amour de Dieu!

Carbonarius.

1 Plurimi opifices, qui ignem operi suo adhibent, ligno tum demum uti possunt, cum candefactum atque in carbones mutatum est.

2 Hoc fieri solet in acervo cuneato, quem metam vocant.

3 Palo in vicinia silvae defixo, taedae cum stramento circumponuntur.

4 Tum longiora arboris segmenta ad carbones destinata circum collocantur, atque ita pergitur, donec strues furni formam adquirat, quo rustici in villis uti solent.

5 Jam meta undique, excepto foramine incendiario, cespite tegitur.

6 Deinde in medio incenditur, et clauso foramine incendiario supra spiracula aliquot dantur, quo aëre penetrante ignis alatur.

7 Paulatim superiora foramina clauduntur et paulo infra nova fiunt.

8 Si ignis erumpere vult, humo ingesta coërcetur.

9 Tandem tota meta tegitur.

10 Aliquanto post carbones aliquot eximuntur, et si perfecti esse judicantur, meta aperītur.

11 Plurimi carbones e ligno pineo et fagĭno conficiuntur.

12 Carbo non ardet, nisi suffletur.

13 Cor humanum ei simile est: precandum est, ut divini amoris afflatu inflammescat!

211.

212.

212.

Harz=, Pech=, Theer= und Kienrußbereitung.

The preparation of resin, pitch, tar, and pine-soot.

The resin-scrapers furnished with a knife, and ladder, or pole with notches, are employed in cutting holes in the fir-trees.

They cling round the tree with their legs and one arm, and with the other they cut the branches.

They cut also fissures in the stem, and pits under the tree, in order that the resinous sap may flow into them.

They then scrape off the resin, and place a basket under in order to collect it together.

The resin is then boiled in coppers.

If pure resin is intended to be made water is mixt with the sap.

Tar is procured by burning pine wood in a well closed oven.

1 Die Harzscharrer, versehen mit einem Harzmesser und mit einer Leiter oder mit einer Stange, welche Kerben hat, sind damit beschäftigt, Einschnitte in die Tannenbäume zu machen.

2 Mit den Beinen und einem Arm umschlingen sie den Baum, und mit dem andern Arm schneiden sie in die Aeste.

3 Sie machen auch Risse in den Stamm, und unter dem Baum Gruben, daß die harzigen Säfte dahin fließen.

4 Darauf scharren sie das Harz ab und setzen unten einen Korb hin, um es darein zu sammeln.

5 Nun siedet man das Harz in Kesseln.

6 Wenn man reines Harz haben will, so mischt man den Saft mit Wasser.

7 Theer bekommt man, wenn man Fichtenholz in gut geschlossenen Oefen brennt.

La résine, la poix, le goudron, et le noir de fumée.

Ceux qui recueillent la résine, sont munis d'une hachette et d'une échelle ou d'une perche qui a des entailles, pour faire des entaillures dans les pins.

Ils s'attachent à l'arbre avec les deux jambes et un bras; et avec l'autre main, ils font des incisions dans les branches.

Ils font aussi des fentes dans la tige et creusent des fosses sous l'arbre, afin que le suc résineux y découle.

Ensuite ils font descendre la résine, et mettent un panier audessous pour la recevoir.

Puis, on cuit la résine dans des chaudières.

Si on veut avoir de la résine pure, on mêle le suc avec de l'eau.

On obtient du goudron en brûlant du bois de pin dans des fourneaux bien fermés.

A black substance (which is tar) flows from the wood while in the act of turning into charcoal.

8 Während das Holz in Kohle verwandelt wird, fließt eine schwarze Substanz ab, welches der Theer ist.

Le bois, en se carbonissant, laisse découler une substance noire qui est le goudron.

By boiling the black tar, coblers wax is produced.

9 Wenn man den schwarzen Theer einkocht, so bekommt man das Schusterpech.

En cuisant le goudron, on obtient la poix noire dont se servent les cordonniers.

The ship-tar with which the ships are calked is a kind of pitch, but less black.

10 Der Schiffstheer, womit man die Schiffe kalfatert, ist eine Art von Pech, das weniger schwarz ist.

Le brai dont on calfate les vaisseaux, est une espèce de goudron moins noir.

From resin terpentine is made by passing it thro' a still.

11 Aus Harz macht man auch den Terpentin, indem man ihn durch eine Blase abzieht.

On fait aussi la térébenthine avec la résine, en la distillant.

The resinous mass found on the ground is called colophony.

12 Die auf dem Boden sich findende harzige Masse heißt Geigenharz.

La masse résineuse qui se trouve au fond, se nomme colophane.

The pine-soot is obtained from the residue of the pitch, and the chips of the pine-wood, in particular kilns.

13 Der Kienruß wird in besonderen Hütten von den Resten des Pechs und den Abschnitzeln des Fichtenholzes gewonnen.

Le noir de fumée est préparé dans des huttes particulières avec les restes de la poix et les retailles du bois de pin.

Resinae, picis, olei resinosi et fuliginis pineae collectio.

1 Ii, qui resīnae colligendae operam dant, cultro ad id apto et scala aut pertica, quae crenas habet, instructi, id sibi negotii faciunt, ut pinus secent.

2 Pedibus atque altero brachio arborem amplectentes, altero brachio ramos incīdunt.

3 Truncum quoque leviter scindunt, et sub arbore foveas efficiunt, in quas succi resinosi defluant.

4 Resinam deinde cultris deradunt eamque sportulis infra positis excipiunt.

5 Jam resina in ahēnis coquitur.

6 Si pura desideratur resīna, succus aqua miscetur.

7 Pix liquida elicitur, si lignum pineum in fornacibus probe clausis comburitur.

8 Dum lignum in carbonem convertitur, substantia quaedam nigra defluit, quae pix liquida vocatur.

9 Quae si decoquitur, picem sutoriam praebet.

10 Pix navalis, qua naves firmari solent, minus nigra est.

11 E resina quoque destillando oleum terebinthinum accipimus.

[12] Quae in fundo consīdit massa resinosa, colophonium vocatur.
[13] Nigredo in casis peculiaribus e residuo seu capite mortuo resinae ac taedis pineis conficitur.

213.

Die Branntweinbrennerei.

Brandy distillery.

La préparation de l'eau-de-vie.

The brandy, a favourite drink of the inhabitants of the north, is prepared from some kinds of corn, from plums, cherries, potatoes, and from the lees of wine after the fermentation has passed off.

The principal implement used by the brandy distiller in his business, is the still, or a copper vessel, the upper part of which is covered with a lid in the form of a hat or helmet.

This still, which is well tinned, is filled with the material after the fermentation has proceeded, and warmed with fire.

Upon this the spirituous part is drawn toward the hat, from whence it goes to the cooling tube which

[1] Der Branntwein, der besonders für die Völker des Nordens ein Lieblingsgetränk ist, wird aus einigen Getreidearten, aus Zwetschgen, Kirschen, Kartoffeln und aus den Weintrestern bereitet, indem man diese der Gährung überläßt.

[2] Das vornehmste Werkzeug, dessen sich der Branntweinbrenner zu seinen Arbeiten bedient, ist die Blase oder ein kupferner Kessel (Brennhafen), dessen oberster Theil mit einem Hut oder Helm bedeckt ist.

[3] Diese Blase, die gut verzinnt ist, füllt er mit der in Gährung übergegangenen Materie, und erwärmt sie durch Feuer.

[4] Darauf ziehen sich die geistigen Dämpfe nach dem Hut, von wo sie in die Kühlröhre gehen, welche durch ein mit kaltem Wasser an=

L'eau-de-vie qui est surtout la boisson favorite des habitants du nord est extraite de plusieurs sortes de froment, de prunes, de cerises, de pommes de terre et du marc de raisins. On laisse fermenter ces matières.

Le principal instrument dont le distillateur a besoin, c'est l'alembic qui est une cucurbite de cuivre recouverte d'un chapiteau conique.

Après avoir rempli de matières fermentées cet alembic qui doit être bien étamé, le distillateur le met sur le feu.

Les vapeurs spiritueuses qui s'en exhalent s'élèvent vers le chapiteau, d'où elles se répandent dans un tuyau rafraîchissant, qui

passes thro' a vessel filled with cold water.

At the end of the tube a small vessel is placed in which the liquid drops.

It is again brought to the still, and is allowed once more to drop.

The liquid which flows first out is called the first running.

By distilling brandy over spices various liqueurs are prepared.

The brandy from Rice, called arrack is particularly strong; as also rum prepared from sugar.

The brandy several times distilled is called spirits of wine, and when it has very little water, alcohol.

gefülltes Faß geleitet wird.

[5] An dem Ende dieser Röhre ist ein kleineres Faß untergestellt, worein die Flüssigkeit abtropft.

[6] Nun bringt man dieselbe wieder in die Blase, und läßt sie noch einmal abtropfen.

[7] Das zuerst Herausfließende heißt Vorlauf.

[8] Wenn man den Branntwein über Gewürze abzieht, so erhält man allerlei Arten von Liqueuren.

[9] Besonders stark ist der Branntwein aus Reis, Arak genannt, und der Rum, der aus Zucker bereitet wird.

[10] Der mehrmals destillirte Branntwein heißt Weingeist, und wenn er nur wenig Wasser bei sich hat, Alkohol.

traverse un tonneau rempli d'eau froide.

Sous l'extrémité de ce tuyau est placé un baril, dans lequel l'eau-de-vie tombe goutte à goutte.

Alors on remet la liqueur dans l'alembic, et on la distille une seconde fois.

Le liquide qui passe au commencement de la distillation, est nommé le premier esprit.

En faisant passer l'eau-de-vie sur des aromates, on obtient diverses espèces de liqueurs.

L'eau-de-vie qu'on tire du riz, nommé arack, et le rum qui provient du sucre, ont surtout beaucoup de force.

L'eau-de-vie qu'on a fait distiller plusieurs fois, se nomme esprit de vin; et quand elle contient peu d'eau, on la nomme alcohol.

Vini adusti decoctio.

[1] Vinum adustum seu sicĕra, quo potu praesertim gentes septentrionem versus habitantes maxime delectantur, ĕ quibusdam frugum generibus, ĕ prunis, cerasis, ex fructibus solani tuberosi et ĕ vinaceis paratur, quae fermentationi dantur.

[2] Princeps, quò ad opera sua indiget sicerae decoctor, instrumentum est phiăla seu lebes quidam aheneus, in summo operculo quodam tectus, galeae formam praebente.

[3] Hanc phialam stanno probe obductam materia, quae fermentationem subiit, replet et igni subjecto calefăcit.

[4] Quo facto vapores spirituosi ad galeam tendunt, unde in canalem refrigeratoriam deferuntur, dolium aqua frigida repletum transeuntem.

[5] Ad hujus canalis finem dolium quoddam exiguum subjicitur, in quod sicera destillet.

[6] Jam denuo phialae ingeritur iterumque destillationi exponitur.

213.

214.

[7] Quod primum effluit, protropum vocatur.

[8] Si vinum adustum super aromăta deliquatur, varia liquorum fortium genera accipimus.

[9] Fortissimum sicerae genus est vinum adustum ex oryza coctum, et sicera nautica e saccharo parata.

[10] Sicera aliquoties tenuata spiritus vini, et si quam minimum aquae ei admixtum est, liquor vini tenuissimus vocatur.

214.

Bereitung des Ciders und des Essigs.

The preparation of cider and vinegar.

La préparation du cidre et du vinaigre.

The cider is pressed from apples and pears.

The ripe fruit is plucked off, or shaken down, and squashed either with a pestle, or with a roller, or with a stone driven backwards and forwards in a trough in the form of a bow.

From the substance thus prepared, the sap is prest out in a wine press, and runs into a vessel, from whence it is poured into the barrels, in order that the fermentation may take place during several weeks.

The perry is sweeter, the cider harder, but more capable of being kept.

[1] Der Cider (Obstwein) wird aus Aepfeln oder Birnen gepreßt.

[2] Das reife Obst wird abgepflückt oder heruntergeschüttelt, und entweder mit Stößeln oder mit Walzen, oder durch Läufersteine, welche in einem bogenförmigen Trog hin- und hergetrieben werden, zerquetscht.

[3] Aus dem so erhaltenen Brei wird der Saft mit einer Kelter (Mosttrotte) ausgepreßt, und lauft in ein Gefäß, von wo aus man ihn in die Fässer schöpft, um ihn einige Wochen gähren zu lassen.

[4] Der Birnmost ist süßer, der Aepfelmost härter, aber haltbarer.

On fait le cidre avec des pommes ou avec des poires.

Après avoir cueilli ou abattu les pommes mûres, on les brise avec des pilons, ou avec des cylindres, ou bien avec des meules courantes qu'on fait tourner dans une grande auge faite en demicercle.

Par ce procédé, on obtient une bouillie qu'on met sous le pressoir; le jus coule dans un vaisseau, d'où on le transporte dans les tonneaux, pour l'y laisser fermenter quelques semaines.

Le cidre de poires est plus doux; celui de pommes est plus âpre, mais il se conserve plus longtemps.

Every spirituous liquor when the entrance of the warm air cannot be prevented, may pass into the sour fermentation and become vinegar, the fermentation is hastened by means of zest.

[5] Jede geistige Flüssigkeit kann, wenn der Zutritt der warmen Luft nicht verhindert wird, in die saure Gährung übergehen und Essig werden; die Gährung wird indessen durch Hefe beschleunigt.

Tous les fluides spiritueux, en les laissant exposés à l'air frais, peuvent devenir acides et vinaigre par la fermentation; cependant on accélère la fermentation au moyen de la levure.

Every vinegar maker builds himself a particular room, which is heated in winter or cold weather.

[6] Alle Essigsieder lassen sich eine besondere Stube zu ihrem Geschäft einrichten, die sie im Winter und bei kühler Witterung heizen.

Tous ceux qui s'appliquent à préparer le vinaigre, destinent à cela une chambre exprès, qu'ils ont soin de faire chauffer pendant l'hiver et quand il fait frais.

The boiled vinegar is poured into barrels, and carefully preserved in cool places.

[7] Der gesottene Essig wird in Fässer gethan, und an kühlen Orten wohl aufgehoben.

Le vinaigre étant fait, on le renferme dans des tonneaux, et on le conserve dans des endroits frais.

Every mistress of a family will have sour vinegar whether it be prepared from wine or beer, which is preserved in the vinegar cruet.

[8] Jede Hausfrau will scharfen Essig haben, es sey Wein- oder Bieressig, der in dem Essigkrug aufbewahrt wird.

Nos ménagères veulent avoir de bon vinaigre de vin ou de bière qu'on conserve dans une cruche.

Vinegar is used in the dying manufactory, in the apothecary, for the steeping of the meat, and as an addition to the victuals.

[9] Der Essig wird in der Färberei, in der Apotheke, zu den Speisen und zum Einbeizen des Fleisches gebraucht.

On emploie le vinaigre dans la teinture, dans la médicine, dans la préparation des mêts et pour mariner la viande.

Cidri et aceti praeparatio.

[1] Cidrus e malis, aut piris exprimitur.

[2] Poma matura decerpuntur, aut decutiuntur, ac deinde aut pistillis, aut cylindris, aut meta in alveo arcuato subacta conteruntur.

[3] E pulte inde facta succus preli ope expressus in vas suppositum defluit, unde in dolia transfunditur, in quibus per hebdomădes aliquot fermentationem subeat.

[4] Vinum e piris dulcius, vinum e malis asperius, sed firmius est.

[5] Quivis liquor spirituosus, si aër calidior ab eo non prohibetur, in fermentationem acidam subire et acetum fieri potest, quae fermentatio ceterum faece maturari solet.

[6] Quicunque acetum conficiunt, peculiarem sibi cameram curant accommodandam operibus suis, hieme et tempestate frigida calefaciendam.

[7] Acetum coctum doliis conditur, locisque frigidioribus diligenter asservatur.

[8] Quaevis materfamilias acetum acrius praeoptat, sive e vino, sive e cerevisia facta sit, quod in ampulla acetaria servatur.

[9] Aceti tum in pannis tingendis, tum in medicina, tum in cibis parandis, tum in carne maceranda magnus est usus.

215.

Der Lebküchler.

The ginger-bread maker.		*Le pâtissier.*
The ginger-bread maker understands how to make the well known and favourite ginger-bread from flour, syrup and honey.	[1] Der Lebzeltner oder Lebküchler versteht die Kunst, aus Mehl, Syrup und Honig die allgemein bekannten und beliebten Pfefferkuchen zu machen.	On nomme pâtissier celui qui, avec de la farine, du sirop et du miel, fait ces pains d'épices si délicieux.
In order to render it savoury, he mixes various kinds of spices with the dough of the ginger-bread.	[2] Um sie recht schmackhaft zu machen, mischt er unter den Teig der Pfefferkuchen allerhand Gewürze.	Pour leur donner plus de goût, il y mêle certains aromates.
The syrup as well as honey is boiled in a pot, and the froth is skimmed off with a laddle.	[3] Den Syrup sowohl, als den Honig siedet er in einem Kessel, und schäumt mit einem Löffel die Unreinigkeiten ab.	Quant au sirop et au miel, il les fait cuire dans un chaudron, et il les écume avec une cuiller.
When it has sufficiently boiled, it is allowed to flow into a baking trough and become cool.	[4] Wenn sie genug gekocht sind, so läßt er sie in einen Backtrog fließen und abkühlen.	Quand ils sont assez cuits, il les fait couler dans la huche et les laisse refroidir.
He then adds the flower to it, and stirs it up together with the syrup and honey with a wooden spoon,	[5] Hierauf thut er das Mehl hinzu, und rührt es mit einem hölzernen Rührscheit in den Syrup und den Honig	Ensuite il y jette de la farine, et prenant une spatule de bois, il mêle cette farine avec le sirop et le miel, pétrit

well kneads the dough with the hand, and takes it out piece by piece.

He then rolls each piece with the hand on a board, cuts it up with a knife, and enlarges it with the roller according to his pleasure.

At last the dough is prest into wooden moulds, and the gingerbread placed in the oven.

The most famous gingerbread is prepared in Norimberg, and is sometimes white, at another black.

ein, knetet den Teig mit den Händen fleißig durch, und sticht ihn stückweise heraus.

[6]Alsdann rollt er jedes Stück auf einem Tisch mit der Hand, zerschneidet es mit dem Messer, und dehnt es durch das Rollholz nach Gefallen aus.

[7]Endlich wird der Teig in die hölzernen Formen gedrückt, und die Pfefferkuchen darauf in den Backofen geschoben.

[8]Die berühmtesten Pfefferkuchen werden in Nürnberg verfertigt, und sind theils weiß, theils braun.

soigneusement la masse avec les mains, et la romp par morceaux.

Il roule ensuite, avec la main, chaque morceau sur une table, il les découpe avec un couteau, et les étend à volonté avec un rouleau de bois.

Enfin, il imprime ses figures sur des modèles de bois, et met ensuite les pains d'épices au four.

Les meilleurs pains d'épices se font à Nuremberg; il y en a de blancs et de bruns.

Pistor dulciarius.

[1]Dulciarius pistor seu libarius coquendorum e farīna, syrŭpo ac melle panum dulciariorum, qui notissimi sunt et in deliciis habentur, artem callet.

[2]Istos ut sapidissimos reddat, massae, unde conficit placentas mellītas, immiscet aromăta quaedam.

[3]Ad syrŭpum et mel quod attinet, dulciarius ista decŏquit in aheno quodam, et sordes spumae instar effervescentes cochlearis ope despūmat.

[4]Ubi satis cocta fuerint, in mactram ea derīvat, ubi frigefiant.

[5]Tum farinam addit eamque spatha lignea in syrupum et mel probe intĕrit, massam manibus sedulo subigit ac frustratim eam dissectam eximit.

[6]Singula deinde frustra in mensa, ubi opus facere consuevit, convolvit, eaque iterum cultro dissecta, prout ei videtur, cylindri opera explānat.

[7]Tandem massa modulis ligneis imprimitur, et placentae mellītae in furnum ingeruntur.

[8]Lautissima liba mellita conficiuntur a Norimbergensibus, candida partim, partim fusca.

215.

216.

216.

Getränkebereitung.

The preparation of different drinks.

La préparation de diverses boissons.

The coffee is a drink, which has almost every where become a custom.

Altho' the immoderate use of this drink is injurious, yet very many physicians have agreed that when taken in moderation it is very wholesome.

They assure us that it assists the digestion strengthens the stomach, restores the appetit and refreshes the powers of the mind.

But those, who have a particularly weak stomach, or have become weak by desease, should refrain from it.

Green tea is prepared from milk and the dried leaves of the tea plant, which is brought to us in tin chests.

It is said not only to drive away pains in the limbs, but also those in the head and breast, and is very good for weak stomaches.

[1]Der Kaffee ist ein Getränk, das fast überall zur Gewohnheit geworden ist.

[2]Obgleich der unmäßige Genuß dieses Getränks schädlich ist, so kommen doch viele Aerzte darin überein, daß er, wenn er mäßig genossen werde, sehr gesund sey.

[3]Sie versichern, er befördere die Verdauung, stärke den Magen, bringe die Eßlust wieder, und erfrische die Geisteskräfte.

[4]Die übrigens, welche einen allzu schwachen Magen haben, oder durch eine Krankheit sehr geschwächt worden sind, sollen sich desselben enthalten.

[5]Der grüne Thee wird aus Milch und den getrockneten Blättern des Theestrauchs bereitet, welche in zinnernen Gefässen zu uns gebracht werden.

[6]Er soll nicht nur Glieder-, sondern auch Kopf- und Brustschmerzen vertreiben, und ist für schwache Mägen gut.

Le café est une boisson, qui est devenue d'un usage presque général.

Quoique l'usage immodéré de cette boisson soit nuisible à la santé, beaucoup de médecins conviennent que le café, pris modérément, est d'une grande salubrité.

Ils assurent qu'il facilite la digestion, fortifie l'estomac, rappelle l'appétit, et ranime les esprits animaux.

Cependant les estomacs trop faibles de leur nature, ou beaucoup affaiblis par quelque infirmité, doivent s'interdire cette boisson.

Le thé vert est préparé avec du lait et les feuilles séchées d'un certain arbrisseau, lesquelles on transporte chez nous dans des vases d'étain.

Il guérit, dit-on, les maladies articulaires, les maux de tête et de poitrine; et il est bon pour des estomacs faibles.

Chocolade is prepared from the cocoa berries.

These are pounded in a mortar, and often mixed with vanilla and other things.

A dough is afterwards made of it, and formed into small cakes.

The drink is made with water or milk, and is suffered to boil.

Punch is made from sugar, lemons, water, arrack or rum; Bishop is made from strong red wine, oranges, sugar, cinnamon, and cloves.

Warm beer, and hot wine is also prepared.

[7] Die Chokolade wird aus Kakaobohnen bereitet.

[8] Diese werden in einem Mörser zerstoßen und oft Vanille und andere Dinge beigemischt.

[9] Nachher macht man einen Teig daraus, der zu Täfelchen gebildet wird.

[10] Das Getränk wird mit Wasser oder Milch zubereitet, die man sieden läßt.

[11] Den Punsch macht man aus Zucker, Citronen, Wasser und Arrak oder Rum, den Bischoff aus starkem rothen Wein, Pomeranzen, Zucker, Zimmt und Gewürznelken.

[12] Man bereitet auch warmes Bier und Glühwein.

Le chocolat se fait avec les fèves du cacao.

On les met dans un mortier et on les pile, en y mêlant de la vanille et d'autres choses.

Ensuite on en fait une pâte que l'on met en tablettes.

La boisson est préparée avec de l'eau et du lait, que l'on fait bouillir.

On prépare le punsch avec du sucre, du citron, de l'eau et de l'arac ou du rum; le vin chaud, avec du vin rouge bien fort, avec des écorces d'orange, du sucre, de la cannelle et des clous de girofle.

On fait aussi de la bière chaude et du vin enflammé.

Varia potus decocti genera.

[1] Caldae arabicae usus fere ubique locorum in consuetudinem abiit.

[2] Etsi hic potus, si modus non servatur in usu ejus, plurimum nocet, multi tamen medici concedunt, moderatum ejus usum saluberrimum esse.

[3] Dicunt enim, eam digestionem ciborum adjuvare, stomachum corroborare, appetitum incitare, et animae alacritatem quandam addere.

[4] Ceterum homines stomachi natura sua nimium debiles, aut infirmitate quacunque debilitati, sibi hac potione interdictum putent.

[5] Thea viridis e foliis arefactis fruticis cujusdam paratur, quae in vasis stanneis ad nos transportantur.

[6] Virtus hujus potus non tantum se exsĕrit in membris corroborandis, sed et in pellendis variis tum capitis, tum pectoris infirmitatibus; denique utilissima est iis, qui stomacho sunt infirmo.

[7] Chocolata e fabis Cacao paratur.

[8] Hae in mortario contundun-

tur, iisque vanilla aliaeque res admiscentur.

[9]Quo facto pasta inde fit, quae in tessellas formatur.

[10]Potui ipsi aqua aut lac addi solet, quibus ebulliendi causa ignis subjicitur.

[11]Decocta anglica e saccharo, citreis, aqua et sicĕra, aut ex oryza, aut e saccharo facta, episcopalis autem dicta potio e vino rubro fortiori, malis aurantiis, saccharo, cinnamomo et caryophyllis aromaticis paratur.

[12]Cerevisiam quoque calidam et vinum fervidum parari, notum est.

217.

Der Koch.

The Cook.

Le cuisinier.

The kitchen of the common man is limited to this, that the victuals may be simply dressed in order to satisfy the necessities of life.

Milk, honey, fruits of the earth, vegetables seasoned with salt, bread baked in the ashes, was the sustenance of the first inhabitants of the earth, and their bodies were stronger, and less subject to desease.

But this temperance did not long continue, the custom of eating continually the same food prepared almost in a similar way produced disgust; and in this manner, it happened, that art was added to the most sim-

[1]Die Küche des gemeinen Mannes beschränkt sich darauf, daß die Speisen einfach bereitet werden, um dem Bedürfniß der Erhaltung zu genügen.

[2]Milch, Honig, Erdfrüchte, Gemüße, mit Salz gewürzt, Brod, in der Asche gebraten, war die Nahrung der ersten Völker der Welt, und ihre Körper waren stärker und den Krankheiten weniger ausgesetzt.

[3]Aber diese Mäßigkeit dauerte nicht lange; die Gewohnheit, immer eben dieselben, fast auf gleiche Art zubereiteten Dinge zu essen, führte Ueberdruß herbei, und auf diese Art kam man dazu, aus dem einfachsten

La cuisine du peuple se réduit à préparer les mets d'une manière simple, uniquement pour pourvoir à sa conservation.

Le lait, le miel, les fruits de la terre, les légumes assaisonnés de sel, les pains cuits sous la cendre furent la nourriture des premiers peuples; ils n'en étaient que plus forts, plus robustes et moins exposés aux maladies.

Mais cette sobriété ne dura pas longtemps; l'habitude de manger toujours les mêmes choses, apprêtées à peu près de la même façon, amena le dégoût; et de cette manière on parvint à faire un art de la

ple and natural employments.

The delicacies of the table passed from Asia into Europe.

The Romans after they had become rich and powerful, cast off the temperate manner of life which their ancient laws imposed on them, and brought fineness and luxury of the table to the highest pitch; Their cooks were people of consequence.

The kitchens in Vienna are at the present time the best.

The cook shews his ingenuity at one time in strong soups, pickles, and marmelade, at another in preserves and mortifying meat, or in boiled, roasted, or backed fish, at another in the cooking of venison, and birds, at another in the preparation of cakes, tarts and pasty.

und natürlichsten Geschäft eine Kunst zu machen.

[4] Die reichste Besetzung der Tafeln gieng von Asien zu den Völkern Europa's über.

[5] Die Römer, nachdem sie reich und mächtig geworden waren, verließen die mäßige Lebensart, die ihnen ihre alten Gesetze auflegten und brachten die Feinheit und den Aufwand der Gastmähler auf's Höchste; ihre Köche waren bedeutende Leute.

[6] Heutzutage ist die Wiener-Küche eine der besten.

[7] Der Koch zeigt seine Geschicklichkeit bald in kräftigen Suppen, Sulzen und Mußen, bald in eingemachtem, gebeiztem oder gebratenem Fleisch, bald in gesottenen, gebratenen und gebackenen Fischen, bald in Zurichtung des Wildprets und Geflügels, bald in der Bereitung von Kuchen, Torten und Pasteten.

chose la plus simple et la plus naturelle.

La délicatesse de la table passa de l'Asie chez les peuples de l'Europe.

Les Romains, devenus riches et puissants, se lassèrent de la vie frugale que leur imposait le joug de leurs anciennes lois; et bientôt ils poussèrent au dernier point le raffinement et la dépense des repas; leurs cuisiniers étaient des gens importants.

Aujourd'hui la cuisine de Vienne est une des meilleures.

Assaisonner différentes soupes et des ragoûts, apprêter des gelées et des crêmes; bouillir, mariner, rôtir les viandes; bouillir, frire, étuver les poissons; accommoder le gibier et la volaille; faire des gâteaux, des pâtisseries; voilà en quoi le cuisinier donne des preuves de son habilité.

Coquus.

[1] Homo de plebe nil amplius desiderat, quam cibos simplici modo parari, ut vitam sustentare possit.

[2] Lacte, melle, terrae frugibus, leguminibus et oleribus, sale conditis, pane in favilla tosto victus constabat antiquissimarum orbis terrarum gentium et corpora eorum valentiora et morbis minus obnoxia erant.

[3] Haec vero temperantia non diu mansit; consuetudo, eosdem semper cibos similique modo paratos edendi, fastidium genuit, unde eo perventum est, ut opus antea simplicissimum et naturae

217.

218.

maxime conveniens in artem permutaretur.

[4] Opulentia mensae ex Asia ad Europae gentes translata est.

[5] Romani, divites ac potentes facti, abjecta frugalitate, quam antiquae leges iis imposuerunt, elegantiam et sumptus conviviorum ad summum fastigium evehebant, et coqui eorum homines erant haud negligendi.

[6] Hodie Viennensium in Austria ciborum coquendorum ratio longe exquisitissima est.

[7] Coquus artis suae et dexteritatis specimina edit modo in jusculis admodum firmis, in gelatis ac pultibus, modo in carnibus elixis, aceto maceratis vel assis, modo in piscibus elixis, frixis assisque, modo in ferīna et avibus, modo in placentis, clibanītis artocreatibusque parandis.

218.

Der Koch.

(Fortsetzung.)

The Cook. (Continuation.)

Le cuisinier. (Continuation.)

Altho' almost every woman knows how to prepare the victuals, and it is a particular obligation on every mistress of a family, to take care of the kitchen, yet the cook passes almost his whole life in pampering the palate of others.

The cook is furnished with a clean apron, and his most useful implement is the knife with which he cleans and cuts the victuals.

For assistance he has the kitchen boy, whose business it is together with the

[1] Obgleich beinahe jedes Frauenzimmer ein Essen zuzubereiten weiß, und es besonders jeder Hausmutter obliegt, die Küche zu besorgen, so bringen doch besonders der Koch und die Köchin ihre ganze Lebenszeit damit zu, den Gaumen Anderer zu kitzeln.

[2] Der Koch ist mit einer sauberen Schürze bekleidet und sein vorzüglichstes Werkzeug ist das Messer, womit er die Speisen reinigt und zerschneidet.

[3] Zum Gehülfen hat er den Küchenjungen, dessen Geschäft es ist, nebst der Magd die

Quoique les femmes sachent presque toutes faire la cuisine, et que chaque mère de famille soit chargée de cette besogne; les cuisiniers et les cuisinières passent leur vie à flatter le palais des autres.

Le cuisinier se ceint d'une serviette blanche; et son premier instrument est le couteau avec lequel il nettoie et découpe les viandes.

Un marmiton et une servante l'assistent dans son travail; ils lavent les plats et les

maid, to clean and rince out the vessels, to bring wood, to make and to keep up the fire on the hearth, and to turn the spit.

On account of so many sorts of victuals being required in large feasts, he uses therefore many sorts of kitchen utensils.

But since the number of the victuals exceeds belief, he takes the cooking book, and the bill to assist him.

For sick people he prepares, wine, beer and egg soup, chicken broth, pickles or jellies, almond marmelade.

He who has desire for meat, can have fillet, roast meat, pickled veal, roast veal, beef steak, boeuf à la mode, roast kidneys, leg of mutton, or veal, stuffed breast, cutlet, old and young fowls, capon, a fat roast goose, a wing, or the portions cut from it, a stuffed goose, or turkey, or duck, black game in pickle or in gravy, a haunch of venison, a spitted hare, a saddle of venison, snipes, field-fares, wild ducks, partridges all kinds of

Gefässe zu reinigen und zu spülen, Holz herbeizutragen, das Feuer auf dem Herd zu machen und zu unterhalten, den Bratspieß zu drehen.

4 Weil bei den großen Gastereien viele Gerichte erfordert werden, so braucht er auch vieles Küchengeräthe.

5 Da aber die Menge der Gerichte unglaublich ist, so nimmt er das Kochbuch und den Küchenzettel zu Hilfe.

6 Für Kranke bereitet er Weinsuppe, Biersuppe, Eiersuppe, Hühnersuppe, Sulze oder Gallerte, Mandelmuß.

7 Wer Lust zu Fleisch hat, bekommt einen Lembraten oder Schlachtbraten, einen Rostbraten, eingemachtes Kalbfleisch, Kalbsbraten, Beafsteak, Boeuf a la Mode, Nierenbraten, einen Hammelsschlägel oder Kalbsschlägel, eine gefüllte Brust, Cotelette, alte und junge Hühner, Kapaunen, eine fette gebratene Gans, einen Flügel oder die Pfaffenschnitte davon, eine gefüllte Gans, oder einen wälschen Hahn, oder eine Ente, Schwarz-Wildpret in Sulz oder in einer Sauce, einen Rehbraten, einen ge-

marmites, apportent le bois, font et attisent le feu et tournent la broche.

Comme les grandes tables exigent une grande quantité de mets, il faut aussi une grande batterie de cuisine.

Mais comme le nombre des mets est très-grand, il consulte le livre du cuisinier et la carte de cuisine.

Il prépare pour les malades de la soupe au vin, à la bière, aux oeufs et au bouillon de poule, de la gelée, de la bouillie d'amandes.

Qui désire manger de la viande, reçoit un filet, une grillade, du veau mariné, du veau rôti, du beaftheac, du boeuf à la mode, des rognons de veau, un gigot de mouton ou de veau, une poitrine de veau farcie, des côtelettes, de vieux et de jeunes poulets, des chapons, une oie grasse rôtie, une aile ou une tranche d'oie, une oie farcie ou un dindon, un canard, du gibier en gelée ou en sauce, un rôti de chevreuil, un cimier de cerf, des bécasses, des grives,

fishes, oysters and crabs.

spickten Hasen, einen Hirschziemer, Schnepfen, Krammetsvögel, wildeEnten, Rebhühner, allerlei Arten von Fischen, Austern und Krebse.

des canards sauvages, des perdrix, diverses sortes de poissons, des huîtres et des écrevisses.

Coquus. (Continuatio.)

[1] Cibum parare licet quaevis fere femina calleat et cujuslibet matrisfamilias sit, culinam curare, tamen inprimis coquus et coqua omne fere vitae tempus pascendo aliorum palatum insumunt.

[2] Coquus mundo praecinctorio instructus est et praecipuum ejus instrumentum cultrum dixeris, cujus ope cibos purgat et dissĕcat.

[3] Operam ei commŏdat famulus, cujus est, una cum ancilla vasa purgare et eluere, ligna apportare, in foco ignem excitare et alere, veru versare.

[4] Cum in epulis lautioribus plurimi cibi desiderentur, multa quoque ei opus est supellectili coquinaria.

[5] Cum verò omnem fere numerum ac fidem excedat copia ciborum fercularumque, libris de re coquinaria typis expressis utitur et coquendorum ciborum formulam consŭlit.

[6] In aegrotorum usum conficit jusculum vinarium, jusculum zythīnum, crocatum, jusculum gallinaceum, juscula gelu in patīna coacta, leucophăgum.

[7] Quem caro delectat, pulpam accipit, carnem tostam, carnem vitulīnam embammate addito, assum vitulīnum, assum bubulum more anglico frixum, bubulam francogallico more paratam, lumbum vitulinum, coxas seu clunes vervecīnas, aut vitulinas, pectus vituli farctum, costas frixas, gallinas veteranas et pullastras, capones, saginatum anserem assatum, aut armum ex eo, aut segmenta procĕrum; anserem Trojanum, gallum indicum, anătem, carnem aprugnam, aut gelato, aut embammate addito, carnem capreae assam, lepŏrem lardo trajectum, clunes cervinas, scolopaces (rusticulas), turdos, anates feras, perdīces, varia piscium genera, ostrĕas et cancros.

219.

Der Garkoch.

The Cook Victualler.

Le gargotier.

The victuallers are useful and convenient

[1] Die Garköche sind nützliche und bequeme

Les gargotiers sont des gens utiles et

people, at whose shop ready drest meats are sold.

From the pig which the victualler slaughters he makes various kinds of sausages among the rest the dried sausage.

Not only peasants but also gentlemen are partial to sour kraut on which a large piece of half smoaked pork or blood sausage is placed.

He often adds also a salad with hard boiled eggs to such victuals.

He makes also sometimes to please the guests soft boiled, baked or beat up eggs, egg cakes, and pan cakes.

He who has desire can satisfy his hunger with beans, lentils, peas, mashed peas, spinage, white cabbage, choped turnip, winter cale, tripe, pickled kidneys, pudding dumpling, vermicelli, bunn, rice fermenty, all kinds of soups, meat, water, and milk soup.

Leute, bei welchen Jeder zubereitete Speisen kaufen kann.

[2] Von den Schweinen, die der Garkoch schlachtet, macht er verschiedene Arten von Würsten, und unter andern auch Knackwürste.

[3] Dem sauern Kraut, worauf ein Stück ganz oder halb geräuchertes Schweinefleisch, und oft auch Blutwurst liegt, sind nicht nur die Bauern, sondern auch die großen Herren hold.

[4] Oft fügt er den Speisen einen Salat mit harten Eiern bei.

[5] Bisweilen macht er auch, den Gästen zu gefallen, weich gesottene, gebackene oder auch eingeschlagene Eier, Eierkuchen, Pfannkuchen.

[6] Wer Lust hat, kann seinen Hunger stillen mit Bohnen, Linsen, Erbsen, durchtriebenen Erbsen, grünem Kraut oder Spinat, weißem Kraut, zerschnittenen Rüben, Winterkohl, Kuttelflecken, sauren Nieren, Klößen, Nudeln, Fladen, gefüllten Nudeln, Reißbrei, allerlei Arten von Suppen, Fleischsuppe, Wassersuppe, Milchsuppe.

commodes, dont on peut acheter des mets préparés.

Le gargotier fait avec la chair des cochons qu'il tue, diverses sortes de boudins, entre autre des saucissons fumés.

Non seulement les paysans, mais aussi les grands Seigneurs aiment la choucroute sur laquelle se trouve de la viande de cochon entièrement ou à demi fumée, et souvent aussi des boudins.

Souvent il ajoute aux mets, de la salade avec des oeufs à la coque.

Quelquefois il prépare aussi, pour plaire à ses hôtes, des oeufs mollets en friture ou presque frits, et des omelettes de différente espèce.

Quiconque en a envie, peut assouvir sa faim avec des fèves, des lentilles, des pois; avec de la purée de pois, des épinards, des choux blancs, des raves coupées par petits morceaux, des choux verts, des tripes, des rognons au vinaigre, des boulettes, des vermicelles, des flans, des pâtes farcies, de la bouillie au riz (riz au lait), diverses sortes de soupe, du potage à la viande, à l'eau, au lait.

219.

220.

In Italy the people are very fond of maccaroni.

7 In Italien sind die Maccaroni oder Fadennudeln sehr beliebt.

Les maccaronis sont bien récherchés en Italie.

Popinarius.

1 Popinarii homines sunt utiles et commodi, abs quibus quilibet data pecunia cibos praeparatos emere potest.

2 De suibus, quas popinarius jugulat, varia farciminum genera, et praeter alia etiam hillas conficit.

3 Brassĭcae condītae, cui frustrum carnis suillae, aut penitus, aut leviter tantum assae, et saepe etiam apexabo additur, non solum rustici, sed etiam magnātes favent.

4 Saepe cibis acetarium cum ovis duratis adjungit.

5 Interdum facit quoque, in hospitum gratiam, mollia ova sorbilia, ova frixa, aut leviter frixa, placentas ex ovis coctis (coliphia), lagăna.

6 Cui placet, famem explere potest fabis, lentibus, pisis, pulmento piseo, spinacia oleracea, brassica capitata, rapis minute concisis, renibus acido jusculo condītis, offellis (f), turundis (f), libis (n), pulte ex oryza facta, variis jusculorum generibus, jusculo carneo, jusculo aquario, jusculo lacteo.

7 In Italia maccaronibus inprimis delectantur.

220.

Zucker und anderes Backwerk.

Sugar, and other pastry.

Des sucreries et d'autrespâtisseries.

The sugar-baker, or confectioner prepares confectionary from sugar, or from flour and sugar; he covers also seeds and fruits with sugar, as almonds, cinnamon, anise; or he preserves them, and adorns the tables of the rich with various ornaments.

He uses, besides

1 Der Zuckerbäcker oder Conditor macht aus Zucker, oder aus Mehl mit Zucker Confekt; er überzieht auch Saamen und Früchte, als Mandeln, Zimmt, Anis, mit Zucker, oder er macht sie damit ein und schmückt die Tafeln der Großen mit allerhand Aufsätzen.

2 Außer dem Zucker

Le confiseur fait des bonbons avec du sucre, ou avec du sucre et de la farine. Il recouvre aussi de sucre les grains et les fruits, comme les amandes, la canelle, l'anis; ou bien il les confit. Il orne la table des grands seigneurs de divers fruits en pyramides.

Outre le sucre il a

sugar, eggs, almonds, cream, spices, and tragacanth.

His utensils are pots, baking plates, baking oven, moulds, spoons, boxes, and sieves.

He prepares also sugar-cakes, sugar peas, sugar plums, biscuits, almond tart, bread-tart, olicampain, wafer cake, maccarons, star cakes, various figures of men, beasts and fruits, which he paints with lively colours, peppermint, ornamented cakes and ices.

He sells also sugar candy and barley sugar.

In the south of Germany the confectioner deals also in grocery.

In many places likewise the business of the ginger bread baker, and confectioner are united.

The pasty baker makes a dough from flour butter, and eggs, cuts it with the knife, chops meat on the chopping block with the chopper, fills the dough with veal, and places it in a small oven in which all

braucht er Eier, Mandeln, Rahm, Gewürze, Traganth.

3 Seine Geräthe sind: Kessel, Backbleche, Backöfen, Formen oder Mödel, Löffel, Büchsen, Durchschläge.

4 Er verfertigt auch Zuckerbrödchen, Zuckererbsen, Kraftküchlein, Biscuittorten, Mandeltorten, Brodtorten, Marcipan, Hippen, Makronen, Zimmtsterne, allerlei Figuren von Menschen, Thieren und Früchten, die er mit lebhaften Farben bemalt, Pfeffernüsse, garnirtes Confekt und Gefrornes.

5 Auch verkauft er Kandelzucker und gewundenen Zucker.

6 In Süddeutschland handelt der Zuckerbäcker auch mit Spezereiwaaren.

7 Eben so ist an vielen Orten das Geschäft des Lebküchlers mit dem des Zuckerbäckers verbunden.

8 Der Pastetenbäcker macht einen Teig aus Mehl, Butter und Eiern, zerschneidet ihn mit dem Tortenrädlein, hackt Fleisch auf der Hackbank mit dem Hackmesser, füllt den Teig mit Kalbfleisch, und thut es in einen klei-

besoin d'oeufs, d'amandes, de crême, d'épices, d'adragant.

Ses ustensiles sont des chaudrons, des lames, des fourneaux, des moules, des cuillers, des boîtes, des passoires.

Il fait aussi des sucreries, de la dragée, des tablettes rafraîchissantes, des tourtes de biscuit, d'amandes et de pain; du massepain, des oublies, des maccaronis, toutes sortes de figures d'hommes, d'animaux et de fruits qu'il peint de couleurs vives; des petits pains d'épices en forme de noisettes, des confitures garnies, et des glaces.

Il vend aussi du sucre candi et du sucre d'orge.

Dans l'Allemagne méridionale, le confiseur vend aussi des épiceries.

Pareillement dans beaucoup de lieux, le confiseur fait aussi les ouvrages du fabricant de pains d'épices.

Le pâtissier fait une pâte avec du lait, du beurre et des oeufs; il la coupe en morceaux, au moyen d'une videlle; il hache de la viande sur le hachoire avec la hachette, farcit la pâte de chair de veau, et les met au

kinds of pasty are placed.

Besides these, are baked thin cakes, yest cake, cheese-cake, apple-tart, cherry-tart, plum-cake, cream-cake, fritters, snow balls, dumplings, apple fritters, golden cake, pan and egg cake, steam dumpling and other pastry.

nen Backofen, woraus alle Arten von Pasteten kommen.

[9] Außerdem backt man Waffeln, Hefenkuchen, Käskuchen, Apfelkuchen, Kirschkuchen, Zwetschgen-Kuchen, Rahmkuchen, Sträublein, Schneeballen, Faßnachts-Küchlein, Aepfelküchlein, goldene Schnitten, Pfann- und Eierkuchen, Dampfnudeln und anderes Backwerk.

four; d'où vient chaque sorte de pâtés.

Outre cela, on cuit des gaufres, des gâteaux de levure et au fromage, des gâteaux aux pommes, aux cerises, aux prunes, à la crême; des nattes, des beugnets, des petits gâteaux de carnaval, des beugnets de pommes, des tranches d'or, des omelettes, et d'autres pâtisseries.

Cupediae et placentae.

[1] Cupediarius e saccharo, aut e farina cum saccharo opus facit dulciarium; semina quoque et fructus, ut amygdăla, cinnamonum, anīsum, calămum aromaticum, cortices malorum citreorum et aurantiorum saccharo inducit, aut ea ista condit, et mensam procĕrum variis ornamentis instruit.

[2] Praeter saccharum ovis, amygdălis, flore lactis, aromatibus, tragacantho utitur.

[3] Utensilia ejus sunt: ahēna, laminae, furni, moduli, cochlearia, pyxides, cola.

[4] Conficit etiam panes dulciarios, grana saccharea, pastillos refrigeratorios, clibanītas amygdalīnos, clibanitas panarios, Martios panes, obelias, macarones, stellas cinnamomo condītas, varias figuras hominum, animalium et florum, quas ardentibus coloribus illustrat, pastillos sacchareos piperatos, opus dulciarium sparsum et gelu coactum.

[5] Vendit etiam saccharum crystallīnum et saccharum penidium.

[6] In Germania australi cupediarius quoque saccharum, fabas arabicas et aromăta vendit.

[7] Multis quoque in locis cupediarius dulciarii opera facit.

[8] Artocreătum pistor massam facit e farina, butyro et ovis, dissecatque rotella incisoria, carnem in alveo concisorio concīdit cultro incisorio, complet subactam et formatam massam carne vitulina, et deinde opus pistorium seu artocrĕas clibano immittit, unde varia artocreătum genera prodeunt.

[9] Praeterea in furno pinsuntur: liba tessellata, placentae casearia, placentae malorum segmentis, cerasis, prunis et flore lactis tectae, scriblītae, placentae spirales, seu tractae pomis repletae, tractae bacchanales cavae, poma frixa, panes crocati, placentae frixae, coliphia, liba vapore temperata etc.

221.

Der Gasthof.

The Hotel. — *L'hôtellerie, l'auberge ou l'hôtel.*

It often happens that man from various circumstances is obliged to travel to a strange place, without being able to go there and return the same day.

Hotels are on this account erected in town and in the country in order to receive passengers either on foot, on horseback or in a travelling carriage, and to keep their baggage until their departure.

Every Hotel is furnished with many large and small chambers and the necessary out houses.

A sign hung on the outside distinguishes it from a private house.

Persons of rank when arrived at an hotel are politely received by the master or servant, and shewn into a spacious room where they find the necessary furniture, tables and beds prepared for them, and furnished at command with eating and drin-

1 Oft geschieht es, daß man aus irgend einer Veranlassung an fremde Oerter reisen muß, ohne an einem Tage hin- und herkommen zu können.

2 Deßwegen hat man in den Städten und auf dem Lande Wirthshäuser angelegt, um die Reisenden, sie mögen nun zu Fuß, oder zu Pferd, oder in der Kutsche reisen, aufzunehmen und ihr Gepäcke bis zu ihrer Abreise zu verwahren.

3 Jeder Gasthof ist mit vielen größeren und kleineren Zimmern und mit den nöthigen Stallungen versehen.

4 Ein ausgehängter Schild zeichnet ihn vor denen der Privatleute aus.

5 Vornehme Herrschaften, die an einen Gasthof angefahren kommen, werden von dem Wirthe oder Kellner höflich empfangen und ihnen geräumige Zimmer angewiesen, wo sie allen nöthigen Hausrath, einige Tische und Betten vorräthig finden, und auch nach Be-

Il arrive souvent qu'on est obligé de voyager dans des endroits étrangers, et qu'on ne peut aller et revenir en un jour.

A cause de cela, on a établi diverses hôtelleries, soit dans les villes, soit à la campagne, pour recevoir les voyageurs à pied, à cheval ou en voiture, et garder leurs effets jusqu'à leur départ.

Tous les hôtels ont divers appartements plus ou moins grands, et des écuries convenables.

Une enseigne distingue ces maisons de celles du particulier.

Lorsque les personnes de rang arrivent en voiture, l'hôte ou le sommelier les reçoit avec politesse, les conduit dans les plus grands appartements, et leur fournit les meubles nécessaires, ainsi que des tables et des lits; et enfin il les traite splendide-

king in a costly manner.

The Hotel keeper is obliged to signify to the magistrates every day the strangers who arrive at his house.

Every guest before his departure ought to have the bill made out and paid, and also the accostomed drink money to those who have attended on him.

fehl mit Speisen und Getränken aufs reichlichste versehen werden.

[6] Der Wirth ist verpflichtet, alle Tage der Obrigkeit ein Verzeichniß der Fremden zu geben, welche bei ihm ankommen.

[7] Jeder Gast muß sich vor seiner Abreise die Rechnung machen lassen und bezahlen, auch die eingeführten Trankgelder an die Personen entrichten, die ihn bedient haben.

ment et à leur volonté.

L'aubergiste est obligé de donner chaque jour, au magistrat la note des étrangers qui arrivent chez lui.

Les passagers, avant leur départ, doivent payer les dépenses qu'ils ont faites, et donner le pour-boire aux gens qui les ont servis.

Deversorium.

[1] Saepe accidit in rebus humanis, ut variis de causis perĕgre nobis abeundum sit, nec tamen unius diei intervallo hujusmodi iter absolvi possit.

[2] Idcirco in urbibus et pagis deversoria constituta sunt, in quibus peregrinantes, sive sint pedites, sive equites, sive curru advecti, hospitio excipiantur, eorumque supellex itineraria tantisper, dum perĕgre rursus abeant, asservetur.

[3] Quodvis deversorium pluribus conclavibus tum amplioribus, tum arctioribus, stabulisque, quibus opus est, instructum est.

[4] Insigni suspenso a reliquis privatorum aedibus distinguitur.

[5] Cum viri aut feminae nobiliores ad deversorium advehuntur, hospes vel cellarius humanissime eos excipit deductosque in cubicula spatiosiora supellectile necessaria instruit; quid, quod mensarum lectorumque usu iis suppeditato, adferuntur quoque, cum jusserint, cibus ac potus largissimus?

[6] Cujusvis hospitis est, quotidie magistratui indicem hospitum exhibere.

[7] Omnes hospites antĕ abitum acceptis rationibus solvere oportet, famulisque, quorum opera usi sunt in deverserio, munusculum seu corollarium suppeditare.

222.

Die Wein- und Bierschenke.

Wine and beer Tavern.

The Tavern keeper gives particular attention to the wine in his cellar.

Very much depends on his drawing off his wine at the proper time, for if this is negligently or superficially done, the wine is palled or turned sour.

He then employs himself in the art of restoring the wine without effecting the health.

The servant rinces the glasses and places the wine in a bottle before the guest.

He makes a trial of it whether it is strong or light, neat or mixt, old or young, one or two years old, mild or hard, flat or pleasantly sour.

The table hanging on the door shews what wine is in the cellar.

France produces Burgundy, champaigne and Bordeaux wines.

The old Romans pre-

1 Der Weinschenk hat auf den Wein in seinem Keller sorgfältig Acht.

2 Es ist ihm besonders sehr viel daran gelegen, daß er den Wein zu rechter Zeit abläßt; denn wenn dieses nachläßig oder nur obenhin geschieht, so steht er ab, oder wird er sauer.

3 Daher befleißigt er sich der Künste, den Wein wieder gut zu machen, ohne daß er der Gesundheit schadet.

4 Der Kellner schwenkt die Gläser und stellt den Gästen den Wein in einer Flasche hin.

5 Diese versuchen ihn, um zu erfahren, ob er stark, oder leicht, lauter, oder gemischt, alt, oder neu, einjährig, oder zweijährig, mild, oder hart, matt, oder angenehm scharf sey.

6 Die vor der Thüre aufgehängte Tafel zeigt an, was sich für Wein im Keller befinde.

7 Frankreich liefert uns Burgunder, Champagner und Bordeaux-Wein.

8 Die alten Römer

La vente du vin et de la bière.

Le cabaretier prend grand soin du vin qu'il a dans sa cave.

Il lui importe surtout de le soutirer au temps convenable; car si cela se fait négligemment ou superficiellement, le vin commence a tourner et à s'aigrir.

C'est pour cela que le cabaretier s'applique aux moyens de rétablir le vin, sans qu'il soit nuisible à la santé.

Le sommellier rince les verres et présente le vin aux hôtes dans une bouteille.

Ceux-ci goûtent s'il est fort ou léger, pur ou mêlé, vieux ou nouveau, d'une ou de deux années, doux ou âpre, faible ou agréablement piquant.

Le petit tableau suspendu à la porte désigne quel vin se trouve dans la cave.

La France nous envoie les vins de Bourgogne, de Champagne, et de Bordeaux.

Les anciens Romains préféraient le

221.

222.

fered the Falernian wine to all other.

In Germany the Rhine wine is produced called by one of their poets „the glory of the table.“

The Tapster sells beer, on which occasion when he taps a barrel, he draws the bung out places the tube with the cock in, and opens the hole.

He takes care that his beer is clear and rich, and contains much hops; for the thin, sour, or dull beer, would drive away the customers.

zogen den Falerner allen Weinen vor.

9 In Deutschland wächst der Rheinwein, den ein deutscher Dichter den Ruhm des Tisches nennt.

10 Der Bierwirth schenkt Bier aus, wobei er, wenn er das Faß ansticht, den Zapfen herauszieht, die Röhre mit dem Hahn hineinsteckt und den Spund öffnet.

11 Er sorgt dafür, daß sein Bier hell und fett sey und viel Hopfen habe; denn dünnes, saures und trübes Bier würde die Gäste vertreiben.

Falerne à tous les autres vins.

L'Allemagne produit le vin du Rhin qui est nommé, par un poète Allemand, la gloire de la table.

Le cabaretier qui vend de la bière, après avoir percé le tonneau, tire la broche, enfonce le tuyau avec le robinet, et ouvre le bondon.

Il a soin que sa bière soit claire et grasse, et qu'elle ait beaucoup de houblon; car la bière légère, aigre et trouble éloignerait les hôtes.

Taberna vinaria et cerevisiaria.

1 Oenopōla diligenter curat vinum suum in cella vinaria repositum.

2 Imprimis multum ejus interest, ut vinum in tempore de fece demat; quod si obiter tantum fit, in vappam abit, aut acescit.

3 Inde operam dat artibus, quibus vinum corruptum ita in integrum restitui potest, ut valetudini nil damni offeratur.

4 Cellarius perluit pocula vitrea, et hospitibus vinum apponit in lagēna.

5 Hi illud degustant, ut explōrent, utrum forte sit, an exiguum, merum, an mixtum, vetus, an novum, hornum, an bimum, suave, an asperum, languidum, an dulcis acrimoniae.

6 In tabula prae foribus appensa cernere licet, quale vinum in cella sit.

7 Francogallia nobis vinum Burgundicum, Campanicum et Burdigalense mittit.

8 Prisci Romani vinum Falernum ceteris longe praeferebant.

9 In Germania vinum Rhenense nascitur, quod a poëta quodam decus et gloria mensae dicitur.

10 Cerevisiarius cerevisiam promit, qua data occasione dolium relinens embŏlum dolio extrahit, epistomium cum verticillo indit et operculum apĕrit.

11 Curat vero, ut semper cerevisiam habeat primariam, quae clara, densa et lupulosa sit; cerevisia enim tenuis, acida et faeculenta hospites e deversorio detruderet.

223.

Der Mechanikus.

The Mechanician. | *Le mécanicien.*

The Mechanician employs himself in the preparing mathematical and physical instruments.

Here belongs the case of instruments, in which are different compasses, drawing pens, protractor, rulers, triangles, the instrument for adjusting angles, measuring rule.

He furnishes also astrolabes, air pumps, electrifying machines, proof scales, and on account of his being generally at the same time optician, barometers, thermometers, spectacles, perspective glasses, microscopes, and telescopes.

He makes last of all the mariners compass, fastened on a brass plate with four screws, and in which the magnet needle is observed, which points the way to the sailors.

The metals worked by the mechanician are brass, steel and iron.

[1] Der Mechanikus giebt sich mit Verfertigung mathematischer und physikalischer Instrumente ab.

[2] Dahin gehört der Reißzeug, in welchem verschiedene Zirkel, Reißfedern, Transporteurs, Lineale, Triangel, Winkelhaken, Maßstäbe ꝛc. vorkommen.

[3] Ferner verfertigt er Astrolabien, Luftpumpen, Elektrisirmaschinen, Probirwagen, und da er gewöhnlich auch Optikus ist, Barometer, Thermometer, Brillen, Ferngläschen, Vergrößerungsgläser, Fernröhren.

[4] Endlich macht er auch Compasse, die auf einer messingenen Platte mit vier Schrauben befestigt sind, und in denen die Magnetnadel bemerkt wird, welche den Schiffen den Weg zeigt.

[5] Die Metalle, welche der Mechaniker verarbeitet, sind Messing, Stahl und Eisen.

Le mécanicien s'occupe à confectionner des instruments pour les mathématiciens et les physiciens.

Ces instruments se composent de l'étui de mathématiques dans lequel se trouvent différentes sortes de compas, des crayons, des demicercles, des règles, des triangles, d'équerres, des modules etc.

Il fait aussi les astrolabes, les machines pneumatiques et électriques, les balances d'essai, et comme il connaît ordinairement les lois de l'optique, il confectionne aussi des baromètres, des thermomètres, des lunettes, des lorgnettes, des microscopes, des télescopes.

Enfin, il fabrique aussi les boussoles qu'on assujettit, par le moyen de quatre vis, dans un cercle de laiton. On y voit l'aiguille aimantée qui dirige les navigateurs.

Les métaux que le mécanicien emploie, sont le laiton, l'acier et le fer.

223.

224.

[illegible] fec

It is expected from him that he prepares every thing furnished by the metal worker, and that he makes every instrument from wood, glass, or other materials, used by the learned.

There are mechanicians who are employed wholly in glass grinding.

[6] Man fordert auch Alles von ihm, was ein jeder Metallarbeiter verfertigt, und daß er jedes Instrument von Holz, Glas oder andern Materien zum Gebrauch der Gelehrten verfertigen könne.

[7] Es giebt Mechaniker, die sich bloß mit dem Glasschleifen abgeben.

On exige de lui qu'il sache faire tout ce qu'un ouvrier en métaux peut confectionner et qu'avec du bois, du verre, ou avec une autre matière il façonne tous les instruments à l'usage des savans.

Il y a des mécaniciens qui ne s'occupent qu'à tailler et à polir les verres.

Mechanicus.

[1] Mechanici nomine venit, qui operam dat efficiendis instrumentis mathēsin et physicen juvantibus.

[2] Eo pertinet circinotheca complectens varii generis circĭnos, graphĭdes, semicirculos, regulas, amusses, modulos etc.

[3] Conficit etiam astrolabia, antlias pneumaticas, machinas electricas, trutinas exploratorias, et cum plerumque etiam leges opticas noverit, baromĕtra, thermomĕtra, vitra ocularia, conspicilla, microscopia, telescopia seu tubos opticos.

[4] Denique etiam pyxides nauticas ab eo confici scimus, in orbe orichalceo quatuor cochlearum ope firmatas; cernere licet in eis acum magneticam, nautis iter monstrantem.

[5] Mechanicus operibus suis orichalcum, chalybem et ferrum adhibet.

[6] Requiritur etiam ab eo, ut, quidquid ullus opifex metallicus elaborare potest, praestet, et ligna, vitra reliquamque materiam in eruditorum usum effingere possit.

[7] Sunt quoque, qui nonnisi vitro expoliendo operam dent.

224.

Der Gold- und Silberarbeiter.

The gold and silver smith.

L'orfèvre et le bijoutier.

The gold-smith prepares various ornaments from gold mix-

[1] Der Goldarbeiter macht aus Gold, welches mit Kupfer ver-

Avec de l'or allié au cuivre, l'orfèvre fait toutes sortes de

ed or allayed with copper, as for instance rings often set with gems, pins, watch chains, seals, necklaces, bracelets, ear rings, boxes often set with brillants, and gold crosses.

The silver-smith employs himself also in the business of the gold-smith, and prepares silver dishes, plates, spoons, jugs, salt boxes, boxes, candle sticks, spurs and pipe ornaments.

The gold melted in an air oven is founded to bars in an iron mould, and then wrapt in lead between two rollers.

The plate is embossed with the help of steel moulds, and punches, cut out and pressed with sharp stamps, and printing machines, and then ornamented with different figures.

Many of the articles are turned at the lath, and the soldering is effected with a composition of gold and copper.

setzt oder legirt ist, allerlei Schmuckwaare, wie Ringe, in welche oft Edelsteine gefaßt werden, Vorstecknadeln, Uhrketten und Petschafte, Halsketten, Armbänder, Ohrengehänge, Dosen, welche zuweilen mit Brillanten besetzt sind, und goldene Kreuze.

[2] Der Silberarbeiter, welcher an vielen Orten auch das Geschäft des Goldarbeiters verrichtet, macht aus Silber Schüsseln, Teller, Löffel, Kannen, Salzfässer, Dosen, Leuchter, Sporen, Pfeifenbeschläge.

[3] Das in einem Windofen geschmolzene Gold wird in eisernen Formen zu Stangen gegossen, und dann zwischen Walzen in Blech verwandelt.

[4] Das Blech wird mit stählernen Stanzen und Punzen ausgetrieben, mit scharfen Stempeln und Prägemaschinen ausgeschnitten und geprägt, und darauf mit verschiedenen Figuren versehen.

[5] Manche Arbeiten werden auf der Drehbank gedreht, und das Löthen geschieht mit einem aus Gold und Kupfer zusammengesetzten Schlagloth.

bijoux: des anneaux dans lesquels on enchâsse souvent des pierres précieuses, des épingles, des chaînes de montre et des cachets, des colliers, des bracelets, des boucles d'oreille, des tabatières quelquefois garnies de brillants, des croix d'or.

L'ouvrier en argenterie qui, dans beaucoup de lieux, fait aussi les ouvrages de l'orfèvre, confectionne avec de l'argent, des plats, des assiettes, des cuillers, des vases, des salières, des tabatières, des chandeliers, des éperons, des garnitures de pipes.

L'or fondu dans un creuset est jeté dans des moules pour donner des barres, et après, on le convertit en lames entre des cylindres.

Ces lames d'or sont bosselées au moyen d'estampilles et d'emboutissoirs; on les découpe et on les cisèle avec des poinçons, puis on les embellit de diverses figures.

Beaucoup d'ouvrages sont faits au tour. On soude, au moyen du paillon de soudure qui est composée d'or et de cuivre, les ouvrages qui demandent ce travail.

For finishing it a file is used.

The silver founded in bars is worked out with hammer, chisel, file, punch and moulds.

The embossed work requires much skill.

The gilding is effected either in the fire, or dry.

A mark of fine silver contains 16 half ounces, a pound of gold 24 carats.

The Jeweller understands how to enchase the gems in gold and silver, and proves the stand of this metal on the touch stone with the touch-needle.

He also trades in those articles produced from the hand of the gold-smith.

Diamonds are either table-diamonds, rose-diamonds, or brilliants.

Small things for ornament, are called fashionable ornament, which are sold on the market place in booths.

The gold beater, beats and draws the gold and silver to thin plates, and the wire

6 Zum Ausbilden derselben wendet man Feilen an.

7 Das zu Stangen gegossene Silber wird mit Hammer, Meisel, Feilen, Punzen und Stanzen bearbeitet.

8 Die getriebene Arbeit erfordert viele Geschicklichkeit.

9 Das Vergolden geschieht entweder im Feuer, oder trocken.

10 Ein Mark feines Silber hält bei uns 16 Loth, ein Mark Gold 24 Karat.

11 Der Juwelier versteht sich auf das Einfassen der Edelsteine in Gold und Silber, und prüft den Gehalt dieser Metalle auf dem Probierstein mit der Probiernadel.

12 Er treibt auch einen Handel mit dem, was aus der Hand des Goldarbeiters hervorgeht.

13 Die Diamanten sind entweder Tafelsteine, oder Rosetten, oder Brillanten.

14 Kleinere Dinge zum Schmuck nennt man auch Galanteriewaaren, welche auf den Messen in den Buden verkauft werden.

15 Der Goldschläger schlägt und zieht das Gold und Silber zu dünnen Blättchen, und

Pour leur donner la dernière perfection, on se sert de limes.

Après avoir fondu l'argent en barres, on le travaille à l'aide du marteau, de ciseaux, de limes, d'estampes et d'emboutissoirs.

Le bosselage demande beaucoup d'habileté.

On dore au feu ou à sec.

Un marc d'argent fin contient chez nous huit onces; un marc d'or, vingt quatre carats.

Le bijoutier sait enchâsser les pierres précieuses dans l'or et l'argent, et il éprouve la finesse de ces métaux avec l'aiguille d'essai sur la pierre d'essai.

Il met aussi en vente tout ce que nous fournit la main de l'orfèvre.

Les diamants sont taillés en table ou en rosettes, ou en brillans.

Les petits articles de mode qu'on appelle aussi marchandises de galanterie, se vendent au marché public dans les boutiques.

Le batteur d'or bat ce métal, et le tire ainsi que l'argent, en feuilles menues, et le tré-

drawer draws these metals to a wire. | der Drahtzieher zieht diese Metalle zu Draht. | fileur tire ces métaux en fils.

Aurifex et argentifaber.

[1] Aurifex ex auro, cui cuprum admiscuit, varia ornamenta conficit, v. c. annulos, quibus saepe gemmae includuntur, acus elegantiores pectori praefigendas, horologiorum portatilium catellas et sigilla, torques, armillas, inaures, thecas peto servando, multifariam adamantibus ornatas, et crucis imagines aureas.

[2] Argenti faber, multis locis etiam aurificis opera subiens, ex argento patĭnas conficit, orbes, cochlearia, canthăros, salīna, thecas, candelābra, calcaria, fistularum ornamenta.

[3] Aurum, quum in furno minori liquefactum est, modulis ferreis injectum in massas funditur, et deinde inter cylindros in lamĭnas convertitur.

[4] Laminae tudiculis et caestris caelantur, chalybeis caelis acutioribus et machinis excusoriis sculpuntur et excuduntur, et deinde variis ornantur figuris.

[5] Multa opera super jugo toreutico tornantur, et ferruminatio materia quadam fit ex auro et cupro composita.

[6] Ad expolienda ea limis utuntur.

[7] Argentum in massas fusum malleo, caelis, limis, tudiculis et caestris subigitur.

[8] Ad opus sculptĭle efficiendum multum solertiae desideratur.

[9] Auri inductio aut per ignem, aut sine igne fieri solet.

[10] Libra argenti puri apud nos sedecim, libra auri vero viginti quatuor est semunciarum.

[11] Gemmarius artem callet, gemmas auro argentove scite inducendi, et indice super lapide Lydio virtutem horum metallorum explōrat.

[12] Idem vendit etiam ea, quae e manibus aurifabri prodierunt.

[13] Adamantes aut plani sunt, aut inferne angulati, aut denique et infra et supra angulati.

[14] Minores res ornamento inservientes mercatus tempore in tabernis venduntur.

[15] Bractearius aurum et argentum cudendo et ducendo in laminas tenuissimas extendit, et liciarius haec metalla in fila ducit.

225.

Der Instrumentenmacher.

The musical instrument maker.

Musick requires in part human voices, in part certain instruments which are furnished by traders and artists.

The one makes alone string, the other wind instruments.

The largest and most skillful instrument is an organ.

It is required of an organ maker, that he not only understands the joiners work, but also the working in iron, and is no stranger to the science of musick.

The harpsichords are constructed from brass and iron wire, and have different names according to the different build: the piano forte is generally table or winged formed.

The lute maker furnished from his workshop such musical in-

Der Instrumentenmacher.

[1] Die Muſik erfordert theils menſchliche Stimmen, theils gewiſſe Inſtrumente, welche von eigenen Arbeitern oder Künſtlern geliefert werden.

[2] Die einen dieſer Arbeiter machen nur Saiten-, die andern nur Blasinſtrumente.

[3] Das größte und künſtlichſte muſikaliſche Inſtrument iſt eine Orgel.

[4] Man fordert daher von einem Orgelmacher, daß er nicht nur die Tiſchlerarbeit verſtehe, ſondern auch das Metall zu bearbeiten wiſſe, und auch in der Tonkunſt kein Fremdling ſey.

[5] Die Claviere ſind mit Meſſing und Eiſendraht bezogen, und haben nach dem verſchiedenen Bau auch verſchiedene Namen: die meiſten Forte-Piano's ſind tafelförmig, oder flügelförmig.

[6] Der Lautenmacher liefert aus ſeiner Werkſtätte ſolche muſikali-

Le facteur d'instruments de musique.

La musique exige la voix humaine et certains instruments qui sont faits par des ouvriers ou des artistes particuliers.

Parmi ces ouvriers, les uns font seulement des instruments à corde; les autres seulement, des instruments à vent.

L'orgue est le premier et le plus grand des instruments de musique.

Aussi faut il que le facteur d'orgues connaisse l'ébenisterie, qu'il sache manier les métaux et qu'il n'ignore pas les premiers éléments de la musique.

Sur les clavecins sont tendues des cordes de laiton et de fil d'archal, et ils tirent différents noms de leur différente construction: la plupart ont la forme d'une table, ou d'une aile.

Le luthier fait les instruments que l'on revêtit de cordes à

struments, as are furnished with strings, and played upon sometimes with a bow, at another with the finger.

To this class is reckoned the violin, the second violin, the violincello, the bass-viol, the guitar, harp, lute, lyre, and Italian guitar.

From the flute maker, who prepares wind instruments from wood, is obtained the cornet, the clarinet, flute, haut-boy, and bassoon.

From metal is prepared, the large and small trumpets, bugle horn, post horn, and kettle drum.

sche Instrumente, die mit Darmsaiten bezogen, und theils mit einem Bogen gestrichen, theils mit den Fingern geschlagen werden.

7 Dazu rechnet man die Geige oder Violine, die Altgeige, das Violonzell, die Baßgeige, die Cither, die Mandoline, die Harfe, die Laute, die Leyer und die Guitarre.

8 Von dem Flötenmacher, der aus Holz Blas-Instrumente verfertigt, bekommt man den Zinken, das Clarinett, die Flöte, die Hoboe, das Fagott.

9 Aus Metall werden verfertigt: die Posaune, die Trompete, das Waldhorn, das Posthorn, die Pauke.

boyaux et qu'on joue avec l'archet et avec les doigts.

Au nombre de ces instruments sont le violon, la viole, le violoncelle, la basse, la guitarre ancienne, la mandoline, la harpe, le lut, la lyre ou la vielle, et la guitarre.

Le facteur d'instruments à vent, qui travaille sur bois, nous fournit le cornet à bouquin, la clarinette, la flûte, le hautbois, le basson.

On fait avec du métal la trompe, la trompette, le cor de chasse, le cornet de postillon, les tymbales.

Organorum musicorum artifex.

1 Nemo non ignorat, musicen cum voces humanas, tum instrumenta quaedam desiderare, quae ab artificibus quibusdam confici solent.

2 Alii ejusmodi instrumenta conficiunt, quae fidibus vestiuntur, alii ea tantum, quae inflantur.

3 Agmen ducit inter instrumenta musica organum pneumaticum.

4 Peritum igitur organorum artificem et opera scriniarii callere, et modum metallorum tractandorum scire, nec non musices haud ignarum esse oportet.

5 Clavichordium chordis aeneis vestitur et pro diversa structura varie cognominatur: plurima vero clavichordia tabulae, aut alae formam prae se ferunt.

6 Pandurarum artifex ex officina sua nobiscum communicat ejusmodi instrumenta, quae, nervis ornata, plectro partim, partim digitis pulsantur.

7 Hoc loco censentur tetrachordum, tetrachordum mediae vocis, tetr. grave modi minimi et maximi, cithăra, cithara sinuata, nablium, barbiton, lyra et cithăra italica.

8 Tibiarum opifex, doctus e ligno tornare instrumenta musica, quae inflantur, suppeditat nobis lituum, tubam sonantiorem, tibiam, fistulam gallicam, lituum graviorem.

9 Ex aere conficiuntur buccina, tuba, cornu venatorium, cornu vehiculare, tympănum.

225.

226.

226.

Das Papier.

Paper.

The ancients used for writing, tablets covered with wax, or leaves; the bass of trees, particularly the papyrus, until parchment was invented, which is again superseded in use by the paper.

Paper is prepared by the paper maker in the mill from old rags.

That made from white and fine linen is prefered before all others, that from wool and silk serves only for packing or blotting paper.

After the rags are dry they are sorted according to their fineness and colour, and cleaned, in order to make the different sorts of paper.

They are then allowed to rot and torn into small pieces with the rag knife.

These are placed into small wooden tubs, in order to throw

[1] Die Alten brauchten zum Schreiben mit Wachs überzogene Tafeln, oder Blätter, wie auch den Bast der Bäume, besonders der Papierstaude, bis man das Pergament erfand, das aber auch wieder von dem Papier, das jetzt im Gebrauche ist, verdrängt wurde.

[2] Das Papier wird von dem Papiermacher in der Papiermühle aus alten Lumpen verfertigt.

[3] Die von weißer und feiner Leinwand werden allen übrigen vorgezogen; die von Wolle und Seide taugen nur zu Pack- und Fließpapier.

[4] Nachdem man die Lumpen getrocknet hat, werden sie nach ihrer Farbe und Feinheit ausgesucht und gereinigt, um die verschiedenen Sorten Papier daraus zu machen.

[5] Hierauf werden sie der Fäulniß überlassen, und mit dem Lumpenschneider in kleine Stücke zerhackt.

[6] Diese werden in kleine hölzerne Bütten gethan, um sie in einen steiner-

Le papier.

Les anciens écrivaient sur des tablettes enduites de cire, sur des feuilles et des écorces d'arbres, mais surtout sur l'écorce du Papirus; plus tard on inventa le parchemin, et enfin le papier dont on se sert aujourd'hui.

Le papier se fait à la papeterie avec de vieux chiffons.

On prefère, à tous les autres ceux qui proviennent de toile blanche et fine; car les chiffons de laine et de soie ne sont propres qu'à faire du papier gris.

Après avoir séché les chiffons, on les trie d'après leur couleur et leur finesse, pour faire différentes sortes de papier.

Ensuite on les laisse pourrir; puis on les porte au dérompoir pour les couper en petits morceaux.

Alors on les met dans de petites cuves de bois, puis on les

them into a stone trough in which fresh water runs.

They are then carefully stirred up and mixed.

They are afterwards brought into the forge, where they are stampt to a pulp or a mass like fermenty.

When the pulp is sufficiently stamped, it is brought into the trough.

At the present time the rags are only worked to half pulp in the forge, they are then finished in the Dutch machine.

nen Trog zu schütten, in welchen frisches Wasser läuft.

[7] Hier werden sie sorgfältig umgerührt und gemischt.

[8] Nun bringt man sie in das Geschirr oder Hammerwerk, wo sie zu Zeug oder einer Masse wie Brei zerstampft werden.

[9] Ist der Zeug genug gestampft, so bringt man ihn in den Zeugkasten.

[10] In neuerer Zeit aber werden die Lumpen in dem Geschirr nur zu Halbzeug verarbeitet, zu Ganzzeug aber in dem Holländer oder der Zerfaserungsmaschine.

porte au lavoir dans lequel coule une eau claire.

Là, on les mêle et on les remue.

Après cela, on les porte sous les pilons pour les réduire en pâte ou en bouillie.

Lorsque la pâte a été suffissament broyée, on la porte dans les caisses de dépot.

Aujourd'hui les chiffons sont seulement à demi préparés sous les pilons; on termine l'opération dans des moulins à cylindres.

Charta.

[1] Veteres ad scribendum utebantur tabulis ceratis, aut foliis, ut et libris arborum, praesertim arbusculae cujusdam Aegyptiacae, cui nomen erat papyrus; membrana vero inventa, cui aliquamdiu inscribebatur, ad chartam transĭtum est, qua nunc uti solent.

[2] Charta in mola papyracea a chartopoeo ex linteorum ac pannorum laciniis conficitur.

[3] Praeferuntur reliquis lintea ex lino vel cannăbi confecta; quae ex lana ac serico confecta sunt, nonnisi chartam bibulam et emporeticam exhĭbent.

[4] Postquam veteramenta siccata sunt, primum pro ratione coloris et majoris minorisve subtilitatis separantur et mundantur, quo diversae inde chartarum species fiunt.

[5] Quo facto collecta putredini exponuntur, et ope cultri cujusdam huic operi adaptati in particulas dissecantur.

[6] Eae in minora vasa lignea ingeruntur, inque alveum saxeum immittuntur, in quem aqua pura defluit.

[7] Hic multum commoventur et miscentur.

[8] Hoc modo praeparata officinae contusoriae ope contunduntur, atque in massam liquidam conficiuntur.

[9] Massa satis contusa in alveum lintearium ingeritur.

[10] Recentiori aetate vero laciniae in officina contusoria pro dimidia tantum parte contundi solent, penitus autem confici machinae Batavicae, quam vocant, auxilio.

227.

Das Papier.

(Fortsetzung.)

Paper.

(Continuation.)

Le papier.

(Continuation.)

This machine is so contrived that a cylinder set with a quantity of nails in the form of a knife, is very quickly turned round in a trough on an axis, and the rags inserted in it, is driven between the spikes, and ground to a very fine substance.

When at last the substance is intended to be used, it is brought from the pulp-trough in a tube and the water always kept in a certain temperature.

The substance is then turned about with a rake, and well mixt with the water.

The workman who intends to make the sheet, takes the form which consists of a wooden frame surrounded with wire, pours the pulp from tub upon it, and takes care that the pulp over the whole frame, and thus furnishes a sheet of the size of the form.

[1] Der Holländer ist so beschaffen, daß eine mit vielen messerartigen Schienen besetzte Walze an einer Welle der Mühle sehr schnell in einem Troge umgetrieben, und die eingebrachte Lumpenmasse zwischen die Schienen hineingezogen und zu einem ganz feinen Brei zermalmt wird.

[2] Will man endlich den Zeug brauchen, so wird er aus dem Zeugkasten in eine Bütte gebracht, und das Wasser immer in einer gewissen Wärme erhalten.

[3] Hier wird der Zeug mit einem Rechen umgerührt, um ihn wohl mit dem Wasser zu vermischen.

[4] Hierauf nimmt der, welcher die Bogen macht, die Büttwelle, eine Form, die aus einem hölzernen, mit Draht bezogenen Rahmen besteht, schöpft damit den Zeug aus der Bütte, macht, daß sich die Masse ganz auf derselben herumgießt, und so erhält er einen Bogen in der Größe der Form.

Le moulin Hollandais ou à cylindres, est construit de manière qu'un cylindre garni grand nombre de lames tranchantes, tourne rapidement dans une auge, et que les chiffons tirés au travers des lames sont reduits en bouillie.

Lorsqu'on veut employer la pâte, on la met dans une cuve remplie d'eau que l'on tiènt toujours à un certain degré de chaleur.

On remue cette pâte avec une fourche, pour la bien mêler avec l'eau.

Celui qui fait les feuilles, prend une forme qui n'est autre chose qu'un chassis sur lequel sont tendus des fils d'archal. Il puise dans la cuve la pâte qu'il fait circuler d'une manière partout sur sa forme, de sorte que la feuille de papier se trouve être exactement de la grandeur du moule dont il s'est servi.

This sheet is then lain on felt by another workman, and when a sufficient quantity of them is ready they are brought to the press, and the water prest out.

The sheets are then lain on strings in the air to dry.

Twenty four, or five sheets make a quire, twenty quires make a ream, and ten reams a bale.

The vellum, and endless paper is well known.

[5]Dieser Bogen wird von dem Gautscher auf einen Filz gelegt, und wenn man eine gehörige Anzahl davon hat, werden sie in die Presse gebracht, um das Wasser auszupressen.

[6]Dann werden die Bogen auf Seilen in die Luft gehängt, um sie zu trocknen.

[7]Vier und zwanzig oder fünf und zwanzig Bogen machen ein Buch, zwanzig Buch ein Rieß, und zehn Rieß einen Ballen aus.

[8]Bekannt ist das Velin und das Papier ohne Ende.

Le coucheur place ensuite cette feuille sur un feutre, et, lorsqu'on en a une quantité suffisante, on les presse pour faire égoutter l'eau.

Alors on les met à l'air sur des cordes, pour les sécher.

Vingt quatre ou vingt cinq feuilles font une main de papier, vingt mains font une rame et dix rames, une balle.

Le papier vélin et le papier sans fin sont connus.

Charta. (Continuatio.)

[1]Machinae Batavicae ea est ratio, ut cylindrus, multis laminis cultrorum instar instructus, ad cylindrum molae in alveo circumagatur, et ingesta linteorum massa per laminas trahatur et in pultem tenuissimam conteratur.

[2]Ut denique charta possit confici, lintea contrita e cista majori in cadum aqua repletum injiciuntur, quae continuo certo caloris gradu afficitur.

[3]Hic quidem linteorum massa ita contusa instrumento quodam rastri nomen gerente circumagitur atque commovetur, ut probe permisceatur aqua.

[4]Qui formandarum plagularum negotium suscepit, formam, sive marginem ligneum quadratum, filis aeneis instructum, massa liquida implet eamque ex aequo per illum circumfundit, atque ita plagulam formae magnitudini congruam obtinet.

[5]Excipit hanc plagulam alter, et panno coactili imponit; quae plagulae si ad certum numerum creverint, prelo subjiciuntur, quo aqua exprimatur.

[6]Tum per funes suspenduntur et aëri exponuntur, ut siccentur.

[7]Harum viginti quatuor aut quinque faciunt scapum, viginti scapi volumen minus, horum vero decem volumen majus.

[8]Notissima est charta elegantior, quam Velīnum vocant, et charta extensior.

227.

228.

228.

Die Schreibekunst und die Rechnungskunst.

The art of writing and arithmetic.

L'art d'écrire et l'arithmétique.

The ancients wrote on wax tablets with a brass pencil, with the pointed end of which the letters were drawn, but with the broad end rubed out.

They afterwards drew characters with a fine reed.

We use the gooses feather, the quill of which is cut with a pen knife.

We then dip the slit in the inkstand, and when we have finished we place the pen in the case.

The writing is dried on the blotting paper, or with sand from the sand box.

We write from left to right, the Jews from right to left, the Chines and Indians from the top downwards.

The chief thing in learning the art of writing consists in being accustomed to a good position of the

[1]Die Alten schrieben auf wächserne Tafeln mit einem ehernen Griffel, mit dessen spitzigem Theil die Buchstaben gezogen, mit dem breiten aber wieder ausgelöscht wurden.

[2]Darnach malten sie die Buchstaben mit einem zarten Rohr.

[3]Wir gebrauchen die Gänsefeder, deren Kiel wir mit dem Federmesser schneiden.

[4]Hierauf tauchen wir den Spalt in das Dintenfaß ein, und wenn wir fertig sind, stecken wir die Feder in das Federrohr.

[5]Die Schrift trocknen wir mit dem Löschblatt, oder mit Streusand aus der Sandbüchse.

[6]Wir schreiben von der linken gegen die rechte Hand, die Juden von der Rechten gegen die Linke, die Chinesen und die Indianer von oben herunter.

[7]Die Hauptsache bei Erlernung der Schreibekunst besteht darin, daß man sich an eine gute Haltung des Kör-

Les anciens écrivaient avec un poinçon de métal, sur des tablettes cirées; ils se servaient de la pointe pour tracer les lettres; et de la partie large, pour les effacer.

Dans la suite ils les peignirent avec un roseau très-fin.

Pour nous, nous nous servons d'une plume d'oie, dont nous taillons le tuyau avec le canif.

Après cela, nous trempons le bec dans l'encrier; et, quand nous avons fini, nous mettons la plume dans l'étui à plumes.

On sèche l'écriture avec du papier brouillard ou bien avec du sable, qui se trouve dans le poudrier.

Nous écrivons de gauche à droite; les Juifs écrivaient de droite à gauche; les Chinois les Indiens écrivent de haut en bas.

La chose principale pour apprendre à écrire consiste à s'accoûtumer à une bonne position, à tenir la plume

body, in holding the pen correctly, and having a fixed hand, and being possessed with good writing materials.

pers, an ein richtiges Halten der Feder und an eine bestimmte Hand gewöhnt, und gute Schreibmaterialien hat.

d'une main assurée, et que les choses dont on se sert pour écrire soient bien choisies.

Lead pencils, ruler, paper knife, and sealing wax ought not to fail.

[8] Bleistifte, ein Lineal, Papierscheere und Siegellack dürfen nicht fehlen.

Il faut des crayons, une règle, des ciseaux pour couper le papier; de la cire d'Espagne.

There is no science after that of writing so useful in society, and common life, and in trade, as the arithmetic.

[9] Nach der Schreibekunst ist uns in der Gesellschaft, im gemeinen Leben und im Handel keine Kunst nützlicher, als die Rechnungskunst.

Après l'écriture, il n'y a aucun art qui nous soit plus utile dans la société, dans l'usage ordinaire de la vie et dans le commerce, que l'art de calculer.

It teaches us to find an unknown from a known quantity, by addition, subtraction multiplication and division, which are the four rules of arithmetic.

[10] Sie lehrt uns aus bekannten Größen eine unbekannte finden, durch das Zusammenzählen, Abziehen, Vervielfachen und Theilen, welches die vier Rechnungsarten sind.

Il nous apprend à trouver par des quantités connues une quantité inconnue; ce qui se fait en additionant, en soustrayant, en multipliant et en divisant les nombres. On appelle cela les quatre règles de l'arithmétique.

We use in reckoning the arabian ciphers, another sort is the Roman.

[11] Wir bedienen uns bei dem Rechnen der arabischen Zahlzeichen oder Ziffern; eine andere Art sind die römischen.

Nous nous servons des chiffres arabes; une autre espèce de chiffres sont ceux des Romains.

The retaining the multiplication table in the memory is indispensable to beginners.

[12] Für Anfänger ist das Auswendiglernen des Einmaleins unentbehrlich.

Il est nécessaire pour les commençants d'apprendre par coeur la table de Pythagore.

We reckon in known and unknown numbers and fractions, further in relation proportion, and progression.

[13] Wir rechnen in benannten, in unbenannten Zahlen und in Brüchen, ferner in Verhältnissen, Proportionen, Progressionen.

On calcule des nombres dénommés ou non dénommés, des nombres entiers ou des fractions, des proportions et des progressions.

The rule of three and double rule of

[14] Bekannt ist die Regel de Tri und Quin-

On connait la règle de trois et de cinq,

three, fellowship, and the interest, is well known.

In Algebra letters are alone used in reckoning.

que, die Gesellschaftsrechnung, die Zinsrechnung.

[15] In der Algebra rechnet man mit bloßen Buchstaben.

dè compagnie et d'intérêts.

Dans l'algèbre, on calcule avec des lettres.

Ars scriptoria et numerorum tractandorum scientia.

[1] Veteres scribebant in tabellis ceratis aeneo stilo, cujus cuspidata parte literae arabantur, plana vero parte rursus delebantur.

[2] Deinde literas pingebant subtīli calămo.

[3] Nos utimur penna anserīna, cujus caulem scalpello (cultro pennario) aptamus.

[4] Tum crenam in atramentarium immittimus, et quum absolvĭmus, pennam thecae pennariae ingerimus.

[5] Scripturam siccamus charta bibula, vel arena scriptoria e theca pulveraria.

[6] Et nos quidem scribimus a sinistra dextrorsum, Ebraei a dextra sinistrorsum, Sinenses et Indi a summo deorsum.

[7] In addiscenda vero scribendi arte summa rei eo redit, ut mature recto corporis situi, commodae calami rectioni, et chirogrăpho sibi semper constanti adsuescamus, et bonae notae materia, qua utimur ad scribendum, nobis suppetat.

[8] Styli cerussati, amussis (regula), forfex praecidendae chartae et cera signatoria ne desint.

[9] Excepta scribendi arte in vitae consuetudine, nec non in omni vita ac commercio nulla ars utilior est arithmetica.

[10] Ea nos docet, qua ratione e cognitis quantitatibus incognitas exploremus, quod fit addendo, subtrahendo, multiplicando et dividendo, quae sunt quatuor arithmeticae species.

[11] Cum numeros computamus, signis uti solemus, quae vocant arabica; aliud genus sunt romana.

[12] Qui arithmeticam a limine salutant, abăcum Pythagoricum non possunt memoriae non mandare.

[13] Numeri, quos tractamus, aut ex aequo nominati sunt, aut impariter nominati, aut fracti; porro numeros computamus rationibus, proportionibus et progressionibus.

[14] Celebratae sunt regulae trium et quinque terminorum, societatis, foenŏris.

[15] Quin et solis literis computant; Algebram vocant.

229.

Die Buchdruckerei.

Printing. | *L'imprimerie.*

The printer prints books.

In order to be able to print a manuscript, brass letters must previously be set, which are divided into many divisions in the letter case.

From these cases the printer takes one letter after the other, and forms words, which are divided by a space, in the composing-stick, according to the writing which stands before him in the visorium.

From this he places the row in the galley, until he has formed a column.

When he has as many columns as the size of the book requires, he surrounds it with a wooden furniture, encloses them in the frame, and screws them tight.

The printer lifts the screwed form into the press, lays it on its foundation, and colours it with two balls or a roller.

In the mean while another fastens a moist-

1 Der Buchdrucker druckt Bücher.

2 Um aber ein Manuscript drucken zu können, muß es vorher aus ehernen Buchstaben gesetzt seyn, welche in den Schriftkästen in viele Fächer vertheilt sind.

3 Aus diesem nimmt der Setzer einen Buchstaben nach dem andern heraus und setzt nach der Handschrift, welche vor ihm auf dem Tenakel steckt, Wörter, die er durch Spatien trennt, in den Winkelhaken.

4 Aus diesem hebt er die Zeilen in das Schiff, bis er eine Columne hat.

5 Hat er so viele Seiten, als sein Format erfordert, so umgiebt er sie mit hölzernen Stegen, schließt sie in den Rahmen ein und schraubt sie fest.

6 Diese geschlossene Form hebt der Drucker in die Presse, legt sie auf ihr Fundament und trägt darauf die Farbe mit zwei Ballen oder einer Walze auf.

7 Indessen befestigt ein Anderer einen an-

L'imprimeur imprime des livres.

Pour imprimer un manuscrit, il faut des caractères que l'on place dans des casses partagées en plusieurs cassetins.

Le compositeur prend les lettres les unes après les autres, et en les plaçant d'après le manuscrit qui est fixé sur le visorium, il compose sur le composteur des mots qu'il sépare par des espaces.

Il met les lignes sur la galée, jusqu'à ce qu'il ait une colonne.

Quand il a autant de pages que son format le demande, il met autour plusieurs petits morceaux de bois, et il enferme le tout dans un châssis au moyen de vis.

La forme étant bien serrée, l'imprimeur la met dans la presse, puis il la place sur le marbre, et enfin il l'enduit d'encre, en passant dessus deux balles ou un cylindre.

Pendant ce temps là, son compagnon at-

ened sheet of paper on the tympan with two points, and lays a frame upon it in order to keep the parts which are not intended to be printed, white.

He then pushes the carriage with the assistance of the handle under the brass platten and spindle and, draws the lever with all his force towards him, and thus prints off the black letters.

After the revisor has remarked the faults on the proof sheet, the compositor corrects them with the bodkin, by placing the faulty letters correctly in.

The art of printing was invented by an inhabitant of Mayence named Guttenberg, in the year 1436.

Continual and immoveable letters are called stereotype.

gefeuchteten Bogen Papier auf dem Deckel mit zwei Punkturen, und schlägt ein Rähmchen darüber, um die Theile weiß zu erhalten, die nicht bedruckt werden sollen.

8 Sodann schiebt er den Karren vermöge der Kurbel unter den messingenen Tiegel und die Spindel, zieht die Preßstange mit aller Gewalt an sich, und druckt so die geschwärzten Lettern ab.

9 Nachdem der Correktor in dem Probebogen die Fehler bemerkt hat, verbessert sie der Setzer mit der Ahle, indem die fehlerhaften Buchstaben richtiger eingesetzt werden.

10 Die Buchdruckerkunst ist von Guttenberg, einem Maynzer, im Jahr 1436 erfunden worden.

11 Zusammenhängende und stehend bleibende Lettern heißen Stereotypen.

tache une feuille de papier mouillée sur le tympan avec deux pointures; et pour garantir la partie de la feuille qui doit rester blanche, il rabaisse la frisquette.

Ensuite, avec une manivelle, il pousse le coffre sous la platine de cuivre, il tire la barre de toutes ses forces, et les lettres s'impriment en déchargeant leur encre sur le papier.

Cela fait, il faut que le correcteur revoie l'épreuve et marque les fautes qui sont échappées; alors le compositeur retire, avec la pointe, les lettres fautives, et met celles qu'il faut à la place.

L'art de l'imprimerie a été inventée, en 1436, par Guttenberg de Mayence.

Les lettres solides qui forment une planche sont nommées stéréotypes.

Officina typographica.

1 Typogrăphus libros exprĭmit.

2 Ut vero manuscriptum excudi possit, typis aeneis componendum est, in arca condendis iis per loculamenta distributis.

3 Ex his typotheta aliam literam post aliam exĭmit et secundum exemplar in retinaculo fixum in gnomŏne verba componit, quae spatiis distendit.

4 Ex gnomone lineas formae immittit, donec colŭmna fiat.

5 Si tot habet paginas, quot forma requīrit, hanc bacillis ligneis circumdat, et margini ferreo includit cochleisque firmat.

6 Formam conclusam impressor prelo indit et basi impōnit, illinitque colore ope duarum pilarum aut cylindri.

[7] Interea alius plagulam madefactam operculo in duobus punctis affigit, et ut partes non imprimendae mundae maneant, jugamentum superimponit.

[8] Deinde assem trusatilem curvi manubrii ope tigillo orichalceo et trochleae subjicit, sŭculam magna vi ad se trahit et hac ratione typos atramento illĭtos exprĭmit.

[9] Postquam corrector in plagula, quae speciminis instar est, mendas notavit, typotheta eas corrigit subŭlae beneficio, qua vitiosi typi extrahuntur rectique inseruntur.

[10] Ars typographica a Guttenbergio Mogōno anno 1436 inventa est.

[11] Literae continuae et immotae stereotypi vocantur.

230.

Der Kupferdrucker und der Lithograph.

The copper plate, and lithograph printer.

When the engraver has engraved or etched a plate, it is given over to the printer in order that the impression may be struck off.

After this has been made warm, he lays the colours out, and spreads them with the ball.

He then rubs the plate again clean with a rag or the palm of the hand, in order that the colour may remain alone in the deepened lines.

He then brings the plate to the moveable printing board, and spreads over it a sheet of soft paper.

[1] Wenn der Kupferstecher eine Platte gestochen oder geätzt hat, so wird sie dem Kupferdrucker übergeben, um die Abdrücke davon zu machen.

[2] Nachdem dieser sie warm gemacht hat, trägt er die Farbe auf und breitet sie mit dem Druckerballen aus.

[3] Hernach wischt er mit einem Lappen und mit dem Ballen der Hand die Platte wieder rein ab, so daß nur in den vertieften Strichen Farbe bleibt.

[4] Nun bringt er die Platte auf das bewegliche Druckbrett und breitet ein Blatt eingeweichtes Papier darüber.

L'imprimeur en taille douce et le lithographe.

Lorsque le graveur à terminé une planche au burin ou à l'eau forte, elle passe à l'imprimeur qui en tire les épreuves.

Celui-ci, après l'avoir fait chauffer, lui donne le noir et étend la couleur avec la balle.

Ensuite, il l'essuie avec un linge et avec la paume de la main; de cette manière les traits gravés restent seuls imbibés d'encre.

Il porte alors la planche sur la presse mobile et y applique une feuille de papier rendue humide.

229.

230.

He then presses the so named star of the press towards himself, so that the upper cylinder is turned round, and by this means the printing board which is placed on the lower cylinder, is so hard prest that it is pushed away between both.

When the plate comes between the rollers, the paper is prest so hard upon it that it penetrates into the deepened lines and receives the finest strokes.

The lithographic printing or the science of drawing on stone, by which means thousands of impressions are struck off from this one plate, is a fine invention and for which we are indebted to the talent of a citizen of Munich, named Senefelder.

With the assistance of this art the copy of a drawing or a writing can be multiplied at pleasure, so that the most perfect resemblance between the original and copy is perceived.

Lithographic printing has already spread itself over the whole of Europe.

In France particularly in Paris where

5 Hierauf druckt er den sogenannten Stern der Presse gegen sich, so daß die obere Walze herumgetrieben wird, welcher auf das Druckbrett, das auf der unteren Walze liegt, so stark drückt, daß es sich zwischen beiden wegschiebt.

6 Wenn nun die Platte zwischen die Walzen kommt, so wird das Papier so stark auf dieselbe gedrückt, daß es in die Vertiefung eindringt und die feinsten Striche annimmt.

7 Der Steindruck oder die Kunst, auf Stein zu zeichnen, und tausend Abdrücke von diesen Zeichnungen abzuziehen, ist eine schöne Erfindung, welche wir dem Talent eines Münchner Bürgers, Senefelder, verdanken.

8 Man kann mittelst dieser Kunst die Nachbildungen einer Zeichnung oder einer Handschrift nach Belieben dergestalt vermehren, daß die vollkommenste Aehnlichkeit zwischen dem Originale und der Copie Statt findet.

9 Die Lithographie hat sich schon in ganz Europa verbreitet.

10 In Frankreich, besonders in Paris, ist

L'imprimeur saisit la manivelle de la presse, et la tirant à lui, fait rouler le cylindre supérieur qui, pressant avec force sur la planche, et celle-ci sur le cylindre inférieur, la fait glisser entre les deux.

Quand la planche passe par les cylindres, le papier est empreint avec tant de force, qu'il pénètre jusqu'à l'enfoncement et prend les traits les plus déliés de la gravure.

La lithographie ou l'art de dessiner sur la pierre et de tirer des milliers d'épreuves de ces dessins, est une belle invention que nous devons au génie d'un habitant de Munich, nommé Senefelder.

Au moyen de cet art, on peut multiplier à volonté les copies d'un dessin ou d'une écriture originale, de manière à conserver la plus parfaite ressemblence entre le modèle et les copies.

La lithographie s'est déjà répandue dans toute l'Europe.

En France, surtout à Paris, cet art a été

a great number of artists are settled, this science as well as also in several towns in Germany, is brought to the highest degree of perfection.

diese Kunst durch eine große Zahl von Künstlern, die sich da vereint findet, so wie auch in mehreren Städten Deutschlands sehr vervollkommnet worden.

très-perfectionné par un grand nombre d'habiles artistes qui s'y trouvent réunis. Il a de même fait des progrès dans beaucoup de villes d'Allemagne.

Chalcotheta et lithographus.

1 Chalcogrăphus tabulam aeneam vel caelo, vel acriori humore incisam chalcothetae tradit ad imagines exprimendas.

2 Postquam hic eam calefecit, colorem hinc inde injectum pila extendit.

3 Quo facto panniculo et manu tabulam diligenter detergit, ut color in lineis tantum excavatis remaneat.

4 Deinde illam in tabulam preli mobilem imponit, superque eam chartae madefactae plagulam expandit.

5 Tum stellam, quam vocant, preli versus se torquet, quo fit, ut cylindrus superior circumagatur, qui tabulam impressoriam cylindro inferiori incumbentem tam fortiter premit, ut inter utrumque transmoveatur.

6 Quando tabula ad cylindros pervĕnit, charta tam vehementer illi imprimitur, ut in lineas excavatas penetret coloremque prorsus assumat.

7 Lithographia, seu ars, figuras super lapide depingendi et quam plurimas imagines inde exprimendi, egregium sane est inventum, quod ingenio Senefelderi, civis Monacensis, debemus.

8 Hujus artis ope picturae linearis aut chirogrăphi, prout libet, quam plurima exemplaria reddi possunt, ut maxima appareat similitudo inter archetypum et figuram imitatione effectam.

9 Jam haec ars per universam Europam innotuit.

10 In Francogallia, Lutetiae Parisiorum praesertim, a multitudine illa artificum, qui una ibi versantur, ut et in pluribus Germaniae civitatibus, maxima opera ea exculta est.

231.

Der Buchhändler und der Bibliothekar.

The Bookseller and Librarian.

Le libraire et le bibliothécaire.

The bookseller sells the books in his shop,

1 Der Buchhändler verkauft in dem Buch-

Le libraire débite dans son magasin des

of which he has a catalogue.

He belongs under the class of merchants, for he carries on a trade with the books, which he either himself publishes, partly in his own partly in a foreign printing office, or receives from another.

Most of the books are found unbound in the shop and are sent out in a roll.

The most renowned mart for books in Germany is in Leipzig.

Here the most considerable booksellers meet together, where they carry on an exchange of their goods, or sell their own books for ready money.

The learned men receive a moderate compensation from them for their works.

The Booksellers seek for a privilege in order to secure their trade, they are also under an obligation to subject their books to the inspection of the Censor.

The bookseller receives the greatest loss from the after printers, who carry on their illicit trade in public.

laden die Bücher, von denen er ein Verzeichniß hält.

2 Er gehört unter die Klasse der Kaufleute; denn er treibt einen Handel mit den Büchern, die er entweder selbst verlegt, und theils in eigenen, theils in fremden Druckereien drucken läßt, oder die er auch von Andern ersteht.

3 Die meisten Bücher findet man in dem Buchladen ungebunden, und so werden sie in Ballen versendet.

4 Die berühmteste Buchhändler-Messe für Deutschland ist in Leipzig.

5 Hier kommen die ansehnlichsten Buchhändler zusammen, wo sie theils einen Tausch ihrer Waaren treffen, theils ihre Verlagsartikel für baares Geld sich bezahlen lassen.

6 Die Gelehrten erhalten von ihnen für ihre Arbeiten eine billige Belohnung.

7 Die Buchhändler lassen sich privilegiren, um bei ihrer Handlung gesichert zu seyn; auch sind sie gehalten, ihre Bücher der Censur zu unterwerfen.

8 Den größten Nachtheil bringen dem Buchhändler die Nachdrucker, welche ihr unerlaubtes Gewerbe öffentlich treiben.

livres, dont il tient un catalogue.

Il est mis au rang des marchands, puisqu'il fait le commerce des livres, soit qu'il les ait publiés lui même ou fait publier, soit qu'il les ait reçus d'un autre libraire.

La plupart des livres dans la librairie ne sont pas reliés, et on les envoie en ballots.

La plus célèbre foire pour les libraires allemands est celle de Leipsic.

Les libraires les plus renommés s'y rendent de toute part, soit pour troquer leurs livres, soit pour vendre, argent comptant, les articles de leur magasin.

Les savans reçoivent des libraires un juste honoraire pour leurs travaux.

Les libraires se font donner des privilèges pour assurer leur commerce; ils sont aussi obligés de soumettre leurs ouvrages à la censure.

Les contrefacteurs portent un grand dommage à la librairie; un semblable commerce est illicite.

A large collection of printed and written books is called a library or book-room on account of the books being preserved and arranged in different rooms and chambers.

The large libraries are collected for all sciences, according to the order of which the books are arranged by the librarian, who at least must have an historical knowledge of the sciences, and understand several languages.

The antiquarian sells old books.

[9] Eine große Sammlung gedruckter und geschriebener Bücher nennt man Bibliothek oder Büchersaal, weil sie in verschiedenen Sälen und Zimmern aufbewahrt und aufgestellt werden.

[10] Große Bibliotheken sammelt man für alle Wissenschaften, nach deren Ordnung die Bücher von dem Bibliothekar aufgestellt werden, der wenigstens eine historische Kenntniß aller Wissenschaften haben und viele Sprachen verstehen muß.

[11] Der Antiquar verkauft alte Bücher.

On appelle bibliothèque une grande collection de manuscripts et de livres imprimés; on les garde ordinairement dans différentes salles et différentes chambres.

On forme de grandes bibliothèques pour toutes les sciences; on dispose ensuite les livres selon leur ordre; ceci est l'ouvrage du bibliothécaire qui doit au moins avoir une connaissance historique de toutes les sciences, et savoir plusieurs langues.

Le bouquiniste vend les vieux livres.

Bibliopola et bibliothecae curator.

[1] Bibliopōla in officina libraria libros vendit, quorum catalŏgum conscribit.

[2] Censetur inter mercatores; vendit enim libros vel suis sumptibus evulgatos, vel aliunde comparatos, illosque nunc suis typis, nunc alienis impressos.

[3] Major librorum pars nondum compacta offenditur in tabernis librariis, atque ita molibus majoribus comprehensi transmittuntur.

[4] Rei librariae nundinae solemniores Lipsiae celebrantur..

[5] Huc confluunt bibliopolae insigniores, ut partim libros libris permūtent, partim, quos suis sumtibus impresserunt, parata pecunia aliis vendant.

[6] Docti ipsi pro conscriptis operibus honorarium accipiunt non spernendum.

[7] Bibliopōlae magistratuum privilegiis se muniunt, ne quid detrimenti capiat officina sua; tenentur quoque, libros typis exscribendos censorum judicio subjicere.

[8] Maximum damnum afferunt bibliopolis typogrăphi isti, qui libros alibi editos repĕtunt et furtivam suam mercaturam palam exercent.

[9] Magna librorum congeries sive manu scriptorum, sive typis expressorum bibliotheca vocatur, et in pluribus cameris et conclavibus asservari et collocari solet.

[10] Majores bibliothecae ex omni studiorum genere conquiruntur, eorumque ex ordine libri a bibliothecario seu bibliothecae custode disponuntur, quem historicam saltem omnium literarum scientiam tenere et multarum linguarum peritum esse oportet.

[11] Scrutarius libros tritos vendit.

231.

232.

232.

Der Buchbinder.

The book-binder. | *Le relieur.*

Formerly one sheet of paper was glued to the other, at the present time, the books are bound.

The books are at first sized or drawn thro' glue water, and dried.

The sheets are then cut open and beaten on the guard with a hammer on a stone or an iron plate, placed on a block.

The sheets when beaten are then folded with the help of the smoothing bone, according to the size of the book, and the folded sheets are then placed one upon another according to their order, by which arrangement the guard disposed by the printer at the bottom, and the signature greatly assist the work.

When the sheets are folded and laid together they are once more beaten on the stone, and then sewn with string at the sewing board.

The book is then

1 Ehemals leimte man ein Papier an das andere; heut zu Tage werden sie gebunden.

2 Die Bücher werden zuerst planirt oder durch ein Leimwasser gezogen und getrocknet.

3 Darnach werden die Bogen aufgemacht und hierauf mit einem Hammer auf einem Stein oder einer eisernen Platte, die auf einem Klotze liegt, aus dem Falz geschlagen.

4 Alsdann werden die geschlagenen Bogen nach dem Format mit Hilfe des Falzbeins gefalzt, und darauf die gefalzten Bogen heftweise der Ordnung nach auf einander gelegt, wobei der von dem Drucker unten angebrachte Custos und die Signatur die Arbeit sehr erleichtern.

5 Sind die Bogen gefalzt und gelegt, so werden sie noch einmal auf dem Steine geschlagen, und alsdann auf der Heftlade an Schnüre angeheftet.

6 Alsdann wird das

Autrefois on collait les feuilles les unes avec les autres; aujourd'hui on les relie.

Les livres sont d'abord applanis ou passés à l'eau de colle, puis sèchés.

Ensuite les feuilles sont ouvertes, et battues avec un marteau sur une pierre ou une plaque de fer posée sur un billot.

Alors le relieur les plie suivant leur format avec le ploir, puis il les dispose les unes sur les autres selon leur ordre; cet arrangement est facilité par les reclames et les chiffres que les imprimeurs mettent au bas des pages.

Les feuilles étant pliées et rangées, on les bat encore une fois sur la pierre; ensuite on attache les nerfs à l'aide du cousoir.

Après cela on colle

sized and brought to the cutting machine, which is furnished with two screws, and upon this cut with the paring knife.

The cover is then made fast on both sides with string, after a back has previously been glued on.

The book thus receives a cover, either of calf's skin or parchment, spanish leather or often also with different coloured paper.

It is at last brought between two boards in order to make it tight, and held some time in the press.

The margin has previously been coloured or gilt according to fancy.

Clasps are also often fastened on.

Buch geleimt und dann in die Schneidepresse gebracht, welche zwei Schrauben hat, worauf es mit dem Schnitthobel beschnitten wird.

[7] Hierauf wird auf jeder Seite der Deckel mit Hilfe der Schnüre festgemacht, nachdem oft vorher ein Rücken angeleimt worden ist.

[8] So bekommt das Buch eine Decke, welche entweder von Kalbleder, oder Schafleder, oder Pergament, oder von Corduan ist, oder auch mit verschieden gefärbtem Papier überzogen wird.

[9] Endlich wird es noch zwischen zwei Bretter gebracht, um es noch fester zu machen, und einige Zeit lang in der Presse gehalten.

[10] Der Schnitt wird schon vorher beliebig gefärbt oder vergoldet.

[11] Oft schlägt man auch Clausuren an.

le livre et puis il passe dans la presse à rogner qui a deux vis; c'est alors qu'on fait la tranche par le moyen d'un couteau à rogner.

Pour lors on attache, avec de la ficelle, un carton à chaque côté du livre; souvent on a déjà collé le dos.

C'est ainsi que le livre reçoit la couverture. On le relie en veau, en basane, en parchemin, ou en papier de diverses couleurs.

Après cela on met encore le livre entre deux ais pour le serrer plus fortement, et on le laisse dans la presse pendant un certain temps.

La tranche se peint ou se dore auparavant.

Souvent on met aussi des fermoirs.

Bibliopegus.

[1] Olim chartam chartae agglutinabant easque in unum volumen convolvebant; hodie vero compinguntur.

[2] Chartae primum aqua glutinosa macerantur et siccantur.

[3] Deinde aperiuntur et jam super lapide aut lamina ferrea caudici imposita mallei ope prima vice contunduntur.

[4] Jam plagulae contusae, prout forma libri est, ossiculi latioris ope complicantur et plagulae plicatae altera alteri certo ordine imponuntur, in quo multum juvant custos ac signatura a typographo infra posita.

[5] Plagulae plicatae et ordinatae denuo super lapide malleo contunduntur, et deinde funiculis super asserculis ad consuendos libros dispositis assuuntur.

[6] Tum liber conglutinatur et in machina sectoria, duabus cochleis

instructa, rotundi cultri ope demarginatur.

[7] Jam utrimque charta densior chordarum auxilio affigitur, dorso saepe ante agglutinato.

[8] Sic tegumento liber induitur seu liber vestitur aut corio vitulino, aut ovillo, aut membrana, aut corio Cordubensi, aut etiam charta varie picta obducitur.

[9] Tandem iterum inter duos asses comprimitur, quo arctius jungatur, et aliquamdiu prelo continetur.

[10] Margo jam antea colorem placitum accipit, aut etiam auro inducitur.

[11] Interdum quoque uncinuli affiguntur.

233.

Der Arzt und der Apotheker.

The Physician and Apothecary.		*Le médecin et l'apothicaire.*
He who is not well, sends for the physician.	[1] Wer sich nicht wohl befindet, schickt nach dem Arzte.	Lorsqu'on ne se porte pas bien, on envoie quérir le médecin.
When he comes to the patient he feels his pulse, enquires after the causes of the desease and looks often at the urine.	[2] Wenn dieser zu dem Kranken kommt, so befühlt er ihm den Puls, erkundigt sich nach den Ursachen der Krankheit, und besieht auch oft den Harn.	Celui-ci, arrivé chez le malade, lui tâte le pouls, s'informe des causes de la maladie et souvent il fait l'inspection de l'urine.
He then prescribes the medecine on a slip of paper, which is carried to the apothecary where the different medecines are made up.	[3] Alsdann schreibt er die Arznei auf ein Zettelchen vor, welches man in die Apotheke trägt, wo die verschiedenen Arzneimittel bereitet werden.	Là-dessus, il lui donne une ordonnance qu'on porte à la pharmacie, lieu où l'on prépare les remèdes.
The principal deseases are head, tooth, and neck aches, colds, sickness, pleurisy, inflamation of the neck, and lungs, pulmonary consumption, consumption, phthisis, all kinds	[4] Die hauptsächlichsten Krankheiten sind: Kopfweh, Zahnweh, Halsweh, Schnuppen, Erbrechen, Seitenstechen, Halsentzündung, Lungenentzündung, Lungensucht, Auszehrung,	Les principales maladies sont: les maux de tête, de dents, de gorge; le rhume, le vomissement, la pleurésie, l'inflammation du cou ou du poumon; la pulmonie, la consomption,

of fevers, dysentery, military fever, erysipela, jaundice, dropsy, epilepsy, gout, apoplexy, cataract, the pock, the itch, influenza, melancholy, and hypochondryasy.

Schwindsucht, alle Arten der Fieber, Ruhr, Friesel, Rose, Gelbsucht, Wassersucht, die Fallsucht, Podagra, Schlagfluß, der Staar, die Blattern, die Krätze, die Grippe oder Influenza, die Melancholie, die Hypochondrie.

la phthisie, toutes les espèces de fièvre, la dysenterie, le pourpre, l'érisypèle, l'hydropisie, l'épilepsie, la goutte, l'apoplexie, le cataracte, la petite vérole, la gale, la grippe, la mélancolie et l'hypocondrie.

The Plague and cholera morbus commit frightful ravages.

5 Schrecklich wüthen die Pest und die Cholera Morbus.

La peste et le choléra-morbus font de terribles ravages.

It is required of a physician that he perfectly understands the nature and the parts of the human frame, he must therefore diligently pursue the physiology, and the anatomy.

6 Von einem Arzt verlangt man, daß er die Natur des menschlichen Körpers und seine Theile vollkommen kenne, weßwegen er die Physiologie und die Zergliederungskunst fleißig studiren muß.

Le médecin doit parfaitement connaître le corps humain, sa nature et sa constitution; pour cela, il faut qu'il étudie soigneusement la physiologie et l'anatomie.

He must also accurately be acquainted with the medecines, in order that he may choose a proper remedy for the restoration and preservation of the health.

7 Auch die natürlichen Heilungsmittel muß er genau wissen, damit er für Erhaltung und Herstellung der Gesundheit eine richtige Auswahl treffe.

Il doit aussi exactement connaître les remèdes, afin qu'il puisse choisir les plus propres à la conservation et au rétablissement de la santé.

The regimen enforces the temperance rest and exercise of the men.

8 Die Diätetik schärft dem Menschen Mäßigkeit, Ruhe und Bewegung ein.

La diététique recommande à l'homme la tempérance, le repos et le mouvement.

Pathology treats of the various deseases which the human body is subject to.

9 Die Pathologie ist die Lehre von den mancherlei Krankheiten, denen der menschliche Körper unterworfen ist.

On appelle pathologie la partie de la médecine qui traite des maladies auxquelles le corps humain est sujet.

Foolish people entrust themselves to charlatans, or quacks.

10 Einfältige Leute vertrauen ihren Körper Marktschreiern oder Quacksalbern an.

Les gens simples confient leur corps aux charlatans.

The apothecary must be well conversant with physics, chymistry and botany.

11 Der Apotheker muß in der Naturlehre, Scheidekunst und in der Kräuterkunde wohl erfahren seyn.

Un apothicaire doit être versé dans la physique, la chimie et la botanique.

From the apothecary is obtained, potions, powders, pills, juice, syrup, plaster, distilled and spirituous waters, oil, and poison.

12 Man holt aus der Apotheke Tränke, Pulver, Pillen, Säfte, Syrupe, Pflaster, abgezogene und geistige Wasser, Oele, Gifte.

On va chercher à la pharmacie des breuvages, des poudres, des pillules, des électuaires, des sirops, des emplâtres, toutes sortes d'eaux distillées et spiritueuses, des huiles, des poisons.

Medecines are preserved in glasses, pots, boxes and bottles.

13 Die Arzneien werden in Gläsern, Kapseln, Büchsen und Flaschen verwahrt.

Les médicaments se gardent dans des verres, des capsules, des boîtes et des fioles.

A tax is prescribed on the apothecary; he must also previously to his being allowed to pursue the science, be examined by a college of medical men.

14 Dem Apotheker ist eine Taxe vorgeschrieben; auch muß er, ehe er Arzneiwissenschaft treiben darf, von einem ärztlichen Collegium geprüft seyn.

L'apothicaire est, pour le prix de ses médicaments, obligé de se soumettre à la taxe qui lui est fixée. De même on ne lui permet de vendre des remèdes, que lorsque le collège des médecins a examiné sa capacité.

His chemical operations are performed in his laboratory.

15 Seine chemischen Operationen nimmt er im Laboratorium vor.

Il fait ses opérations chimiques dans un laboratoire.

Medicus et pharmacopola.

1 Qui minus valet, accersit medicum.

2 Qui si ad aegrotum venit, tangit ejus arteriam, causas inquirit morbi et saepe quoque urīnam inspĭcit.

3 Tum medicamentum in schedula praescrībit, in pharmocopolium ferendam, ubi diversa medicamenta parantur.

4 Praecipui morbi sunt: capitis, dentium et faucium dolor, catarrhus, vomitus, pleurītis, faucium et pulmonum inflammatio, peripneumonia, tabes, phtisis, omnia febrium genera, dysenteria, purpŭra, erisypĕlas, ictĕrus, hydrops, epilepsia, podagra, apoplexia, cataracta, variŏlae, psora, morbus catarrhalis intentior, melancholia et malum hypochondriacum.

5 Pestis et Cholera morbus terribilem in modum saeviunt.

6 Requiritur a medico, ut naturam corporis humani ejusque structuram probe teneat, quare eum physiologiae et arti anatomicae inprimis operam dare oportet.

7 Ea quoque, quae natura offert, remedia eorumque vim medicam satis noverit, necesse est, ut ad conservandam aut restituendam bonam valetudinem justum selectum possit instituere.

8 Ars diaetetica hominibus temperantiam in omnibus rebus, quietem modumque suadet.

9 Pathologia varios tractat morbos, quibus corpus nostrum obnoxium est.

10 Homines dementes corpus circumforaneis credunt.

[11] Pharmacopaeum physices, atque artis chemicae et botanices peritissimum esse oportet.

[12] Promuntur vero ex pharmacopolio potiones, pulveres, pillulae, electuaria, syrŭpi, emplastra, aquae destillatae atque spiritus, olea toxica.

[13] Medicamenta in vasis vitreis, capsulis, pyxidibus et lagenis adservantur.

[14] Pharmacopolae a magistratu medicaminum pretium praescribitur, neque ea vendere ei licet, nisi examen medicorum subierit.

[15] Operationibus chemicis in laboratorio perfungitur.

234.

Der Wundarzt und der Barbier.

The surgeon and barber.

Le chirurgien et le barbier.

The surgeons are it is true used for several purposes, yet their business principally consists in healing the outward wounds of the human frame.

The head is at one time wounded by a knock at another by a blow, shot, or thrust, by swelling and ulcers.

At one time the arm at another the leg is broken or dislocated; not to mention the other wounds and ruptures.

To cure these ills, the surgeon uses at one time soothing means, in order to bring to a head cer-

[1] Der Wundarzt wird zwar zu verschiedenen Verrichtungen gebraucht; doch bestehen diese hauptsächlich in der Heilung äußerlicher Wunden am menschlichen Leibe.

[2] Der Kopf wird bald durch Stoßen, bald durch Schlagen, Schießen oder Stechen, durch Geschwüre und Beulen verletzt.

[3] Bald werden Arme, bald Beine gebrochen, oder verrenkt, ohne anderer Wunden und der Brüche zu erwähnen.

[4] Zur Hebung dieser Uebel bedient sich der Wundarzt bald erweichender Mittel, um gewisse Verhärtungen

Le chirurgien est employé à différentes occupations, mais elles consistent surtout dans la guérison des plaies extérieures.

Ou la tête reçoit des blessures provenues de cognures, ou de coups, ou portées par les armes à feu ou le fer; ou il vient des ulcères et des tumeurs.

Ou l'on se brise, ou demet les bras et les jambes sans parler des autres plaies et des hernies.

Pour guérir ces maux, le chirurgien se sert tantôt de remédes amollissants pour amener certaines tumeurs

233.

234.

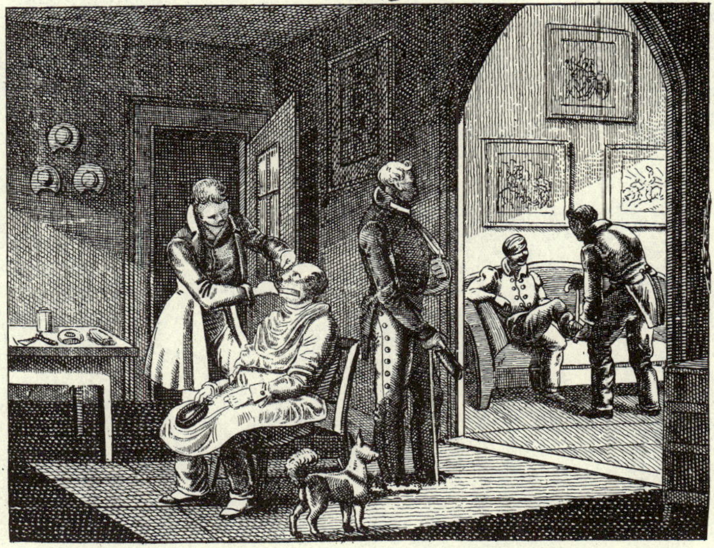

tain tumors and swellings, at another caustick and other spirituous waters in order to prevent mortification, and to bring the wound together; at another plasters, in order to preserve it from the air and to accelerate the cure.

Often the cure does not successfully proceed, unless one or the other member is amputated, which is effected by the help of the surgical instruments.

The surgeon frequently understands midwifery.

The barber after having lathered the face with soap, shaves off the beard with the razor, which he has taken from the case.

He cuts the hair also after having combed it, and bleeds with the lancet by which means the blood flows out.

He places also, when deemed necessary, leeches on a person, lays a blister on, administers clysters, puts on a seton, and exercises also surgery.

und Geschwüre zu zeitigen, bald ätzender und anderer geistiger Wasser, um die Fäulniß zu verhindern und die Wunden zusammenzuziehen, bald der Pflaster, um die freie Luft abzuhalten und die Heilung zu beschleunigen.

[5] Oft kann aber die Heilung nicht glücklich von Statten gehen, wenn nicht ein oder ein anderes Glied abgenommen wird, was mit Hilfe chirurgischer Instrumente geschieht.

[6] Oft versteht der Chirurg auch die Geburtshilfe.

[7] Der Barbier nimmt, nachdem er das Gesicht eingeseift hat, den Bart mit dem Scheermesser ab, welches er aus dem Futteral hervorlangt.

[8] Er schneidet auch die Haare, welche er mit dem Kamme kämmt, und läßt zu Ader mit dem Laßeisen oder der Lanzette, wo dann das Blut herausfließt.

[9] Er setzt auch, wo man es für dienlich hält, Blutigel an, legt spanische Fliegen auf, giebt Klystiere, setzt Fontanelle und übt oft auch die Chirurgie.

ou ulcères à maturité, tantôt il emploie de l'eau forte ou caustique pour empêcher la gangrène et pour refermer les plaies ou blessures qui sont ouvertes. Parfois il met des emplâtres pour empêcher le contact de l'air et pour accélérer la guérison.

Mais souvent on ne peut opérer la guérison sans faire l'amputation du membre malade, ce qui se fait à l'aide des instruments de chirurgie.

Souvent le chirurgien remplace la sage-femme.

Après avoir savonné le visage, le barbier coupe la barbe avec un rasoir, qu'il tire de son étui.

Il coupe aussi les cheveux, et il les ajuste avec le peigne; avec la lancette, il fait jaillir le sang de la veine.

Il applique aussi des sang-sucs, ainsi que des vésicatoires, sur les parties du corps où l'on croit qu'elles seront utiles; il donne des lavements, fait des cautères et exerce souvent aussi la chirurgie.

Chirurgus et tonsor.

[1] Varia sunt quidem, quibus adhiberi solet chirurgus, negotia; summae tamen partes sanandis in corpore humano vulneribus absolvuntur.

[2] Capiti ictibus, telis, ulceribus tuberibusque varii generis vulnera infliguntur.

[3] Modo brachia, modo crura franguntur luxanturve, de aliis vulneribus herniisque nihil ut commemorem.

[4] Ab humano corpore ut haec aliaque mala amoveantur, chirurgus nunc ad emollientia confŭgit medicamenta, quibus callos et apostĕmata maturare conatur; nunc erodentia et spirituosa eligit, quae putredini obviam eant vulneraque contrăhant, nunc emplastrorum ope ab aëris intemperie vulnera defendere eorumque sanationem accelerare allabōrat.

[5] Fieri autem persaepe non potest, ut vulnerum curatio prospere succedat, nisi unum alterumve corporis membrum amputetur, quod instrumentorum chirurgicorum ope effici solet.

[6] Saepe chirurgus quoque partus juvandi peritus est.

[7] Tonsor facie sapone peruncta barbam radit novacula, quam e theca deprōmit.

[8] Praecīdit quoque capillos et venam secat scalpello, ubi sanguis propullulat.

[9] Iis quoque, quibus opus est, corporis partibus hirudines adhibet, cantharīdes adplĭcat, clystēres immittit, humoribus corruptis viam apĕrit et saepe quoque chirurgiam exercet.

235.

Der Rechtsgelehrte.

The Jurist. — *Le jurisconsulte.*

The knowledge of the laws is called jurisprudence, and he who is accurately acquainted with those laws according to which in common life the right of every citizen is vindicated, and differences settled, is called lawyer.

[1] Die Kenntniß der Gesetze heißt Rechtsgelehrsamkeit, und der, welcher diejenigen Gesetze genau kennt, nach welchen im gemeinen Leben die Rechte eines jeden Bürgers gehandhabt und vorfallende Streitigkeiten entschieden werden, wird Rechtsgelehrter genannt.

On nomme jurisprudence la science des lois, et jurisconsulte celui qui connaît à fond les lois selon lesquelles on a coûtume de maintenir les droits de chaque citoyen, et de décider les différends qui surviennent.

The civil right decides the every day occurrences in common life.

The ecclesiastical right embraces the ordinances, to which the clergy with their possessions are subject.

The feudal right decides the rights of the feudal barons and the vassal.

The provincial right is in vogue alone according to the usage of certain provinces and countries.

In addition to these is the public law, and the law of nations, which is held sacred by all civilized countries, the criminal law according to which crimes are punished, and the universal German law.

On account of most of the laws in force in Germany not being domestic but having come to us from the Romans, the Lawyer has principally to study the History and law books of the old Roman law.

In different countries the old Roman law is done away with, and others are instituted according to the wants of our times, as for instance

[2] Das bürgerliche Recht entscheidet über Vorfallenheiten im gemeinen Leben.

[3] Das Kirchenrecht begreift die Verordnungen, denen die Geistlichkeit mit ihren Gütern unterworfen ist.

[4] Das Lehenrecht bestimmt die Rechte der Lehensherren und der Vasallen.

[5] Das Landrecht gilt nach dem Herkommen nur in gewissen Provinzen und Ländern.

[6] Außerdem hat man noch das Staatsrecht, ferner das Völkerrecht, welches bei allen gebildeten Völkern heilig gehalten wird, das peinliche Recht, nach welchem grobe Verbrechen bestraft werden, und das allgemeine deutsche Recht.

[7] Weil die wenigsten Rechte, die in Deutschland gelten, einheimisch, sondern von den Römern zu uns gekommen sind, so hat sich ein Rechtsgelehrter hauptsächlich um die Geschichte und Erlernung des alten römischen Rechts zu bemühen.

[8] In verschiedenen Ländern hat man das alte römische Recht abgeschafft und nach den Bedürfnissen unserer Zeit ein anderes eingeführt, wie in Frank-

On juge d'après le droit civil les causes qui surviennent dans la vie ordinaire.

Le droit canon ou ecclésiastique comprend les ordonnances auxquelles le clergé et ses biens sont soumis.

Le droit féodal détermine les droits des seigneurs et des vassaux.

Le droit provincial n'est en vigueur que dans telle province et dans tel pays.

Il y a encore le droit public, puis le droit des gens, qui est reçu parmi toutes les nations civilisées; le droit criminel qui punit les grands crimes, et enfin le droit général de l'Allemagne.

Comme la plupart des lois en vigueur en Allemagne, sont prises du droit romain, un jurisconsulte doit s'appliquer, principalement, à l'étude de l'histoire et de l'ancien droit Romain.

Dans plusieurs pays on a aboli le droit romain, et on a établi d'autres lois selon les

in France according to the Code of Napoleon.

A good lawyer should possess a grounded knowledge of philosophy and history, a good memory and a wise power of discernment, and should moreover be an honest man.

reich den Code Napoleon.

[9] Ein guter Jurist muß eine gründliche Kenntniß der Philosophie und Geschichte, ein gutes Gedächtniß und eine weise Beurtheilungskraft besitzen, und ein rechtschaffener Mann seyn.

besoins de notre époque.

Un bon juriste doit avoir une connaissance approfondie de l'histoire et de la philosophie; il doit avoir une bonne mémoire et être un honnête homme.

Jurisconsultus.

[1] Legum scientia plerumque jurisprudentia vocatur; qui vero solida legum, quibus in vita communi cujusque civis jura vindicantur litesque inter eos intercedentes deciduntur, cognitione imbutus est, jurisconsultus vocatur.

[2] Jus civile causas quotidie obvias dijudicat.

[3] Jus canonicum circa clerum ejusque bona versatur.

[4] Jus feudale dominos inter et clientes decernit.

[5] Jus provinciale ex usu ac consuetudine in quibusdam tantum provinciis ac terris valet.

[6] His adduntur praeterea jus publicum, porro jus gentium, quod inter omnes gentes cultiores sancte colitur, jus criminale, poenas delictis debitas expĕtens, et jus universale germanicum.

[7] Quod plerăque jura, in Germania civitate quasi donata, non domestica sunt, sed a Romanis priscis ad nos translata, juri qui operam dat, id potissimum curare debet, ut eorum historiam ac cognitionem perdiscat.

[8] Compluribus in terris jure Romano abrogato aliud seculi nostri genio magis accommodatum sancitum est, velut in Francogallia Codex Napoleonis.

[9] Qui lauream juris scientiae deferre cupit, eum philosophiae ac historiae scientia, nec non felici memoria et acerrimo mentis judicio instructum et hominem frugi esse oportet.

236.

Der Prediger.

The Preacher. | *Le prédicateur.*

Every sunday we go to church in order to hear the sermon

[1] Alle Sonntage gehen wir in die Kirche, um die Predigt zu hören,

Tous les dimanches nous allons à l'église pour entendre le ser-

235.

236.

delivered by the clergyman from the pulpit.

This is instituted to teach the people religion; Its science is called theology.

The divine must draw the necessary knowledge principally from the bible as the main-spring of the knowledge of revealed religion.

It relates either to the doctrines of faith or the duties of life, from whence two sciences spring up the dogmatique and the moral.

At one time he lays down the doctrines from the bible in a solemn sermon to his congregation; at another he explains it to the youth by questions and answers.

It is his duty also to guard with the most sacned care the spiritual welfare of his flock.

It is his duty to christen the young children, to administer the sacrement to his parishioners, to visit the sick, and to hold a sermon over the dead.

In the Roman catholic church, are Cardinals, Arch-bishops, Bishops, abbots, pre-

welche der Pfarrer von der Kanzel herab hält.

2 Dieser ist dazu bestellt, das Volk die Religion zu lehren, und seine Wissenschaft nennt man Gottesgelehrtheit.

3 Der Gottesgelehrte muß die ihm nöthigen Kenntnisse vorzüglich aus der Bibel, als der Hauptquelle der Erkenntniß der geoffenbarten Religion, schöpfen.

4 Sie betreffen entweder Glaubenslehren, oder die Lebenspflichten, woraus zwei Wissenschaften entstanden sind, die Dogmatik und die Moral.

5 Bald trägt er die biblischen Lehren in feierlichen Reden seiner Gemeinde vor, bald legt er sie der Jugend durch Fragen und Antworten aus.

6 Er hat auch mit der treuesten Sorgfalt für das geistige Wohl seiner Zuhörer zu wachen.

7 Es ist seine Sache, die kleinen Kinder zu taufen, seinen Beichtkindern das Nachtmahl zu reichen, die Kranken zu besuchen, und den Todten die Leichenrede zu halten.

8 In der katholischen Kirche sind Kardinäle, Erzbischöfe, Bischöfe, Aebte, Prälaten, Dom-

mon que fait le ministre (pasteur, curé), du haut de la chaire.

Il est chargé d'enseigner la religion au peuple; on nomme sa doctrine théologie.

Le théologien doit puiser les connaissances qui lui sont nécessaires dans la bible ou dans la sainte écriture, comme étant la source principale des notions de la religion révélée.

Ces connaissances concernent la doctrine de la foi ou les devoirs de l'homme; de là deux sciences: la théologie dogmatique et la morale.

Tantôt, dans les sermons, il enseigne au peuple la doctrine de la bible; tantôt dans les questions qu'il pose à la jeunesse, et les reponses qu'il en éxige, il la lui explique.

Il est aussi chargé de veiller au bien spirituel de ses ouailles.

Il est obligé de baptiser les enfants, de communier ceux qui vont chez lui à confesse, de visiter les malades et de faire les oraisons funèbres.

Dans l'église catholique, il y a des cardinaux, des archevêques, des évêques,

lates, canons, Priests, parsons, over all however stands the pope, whose seat is in Rome.

The Protestants acknowledge no common head in spiritual affairs, and the clergy as Prelates, superintendants, Deans, Deacons and Rectors are under the care of the consistorium.

herren, welche alle unter dem Pabst stehen, der zu Rom seinen Sitz hat.

[9] Die Evangelischen kennen kein gemeinschaftliches Oberhaupt in geistlichen Dingen an, und die Geistlichen, als Prälaten, Superintendenten, Dekane, Diakone oder Helfer und die Pfarrer stehen unter dem Consistorium.

des abbés, des prélats, des chanoines, des prêtres, des curés; tous doivent soumission au Pape qui réside à Rome.

Les protestants ne reconnaissent aucun chef universel dans les affaires ecclésiastiques; les prélats, les superintendants, les doyens, les diacres et les ministres sont soumis au consistoire.

Concinnator.

[1] Quavis die dominica in templum itamus, ut orationem sacram audiamus, quae a concionatore de suggestu habetur.

[2] Hic jussus est populum religionem docere, ejusque scientia theologia vocatur.

[3] Theolŏgum doctrinas, quibus instructus esse debet, e sacro codice, tanquam praecipuo addiscendae religionis divinĭtus revelatae fonte, haurire oportet.

[4] Spectant autem vel ad fidem, vel ad mores, unde duplex exorta est doctrina, theologia dogmatica et theologia moralis.

[5] Modo solemnioribus, quas ad populum e suggestu habet, orationibus, modo adolescentium causa methŏdo catechetica sive socratica sanctissimam fidem tradit.

[6] Praeterea sacrorum curatori animorum saluti auditorum invigilandum est.

[7] Est illius, parvulos sacris christianis initiare (baptizare), cum iis, quorum confessionem accipere solet, coenam sacram communicare, aegrotos visĕre, et in funere mortuorum dicere.

[8] In ecclesia catholica salutantur: Archiepiscŏpi, episcŏpi, abbātes, praelati, canonici, sacerdotes, parŏchi, qui omnes vitam coelibem agunt, et quibus pontifex maximus (papa) praeest, Romae sedem habens.

[9] Evangelici in rebus sacris rejiciunt communem omnium praesidem, et clericorum ordo, ut praelati (antistites, praesules), superintendentes, decani, diacŏni et pastores consistorio subsunt.

237.

Die Schule.

The school.		*L'école.*
The whole welfare of individuals yea of whole states depends on the first education of youth.	[1] Das ganze Wohl des einzelnen Menschen, ja ganzer Staaten beruht auf dem ersten Unterricht der Jugend.	Le bonheur de l'homme et même la prospérité des états, dépend de la première éducation qu'on donne à la jeunesse.
For this reason public schools have been founded, where the young minds are instructed in all things and trained up to virtue.	[2] Daher sind öffentliche Schulen gestiftet worden, wo die jungen Gemüther in allen Dingen unterrichtet und zur Tugend angeleitet werden.	Aussi a-t-on fondé des écoles où l'on instruit l'enfance et où on la forme à la vertu.
The school is divided into classes.	[3] Die Schule wird in Classen abgetheilt.	L'école est partagée en classes.
The master is seated at the desk, the scholars on forms, the one teaches, the other learns.	[4] Der Lehrer sitzt auf dem Lehrstuhl, die Schüler auf Bänken; jener lehrt, diese lernen.	L'instituteur est assis dans la chaire; les écoliers sont assis sur des bancs; celui-là enseigne, et ceux-ci apprennent.
Some subject is given to them written as a pattern on the board with the pencil.	[5] Einiges wird ihnen als Aufgabe oder als Muster mit Kreide auf der Tafel vorgeschrieben.	Avec de la craie, il leur écrit sur le tableau des thêmes et des exemples.
Some of them are seated at tables and write or cast up, and the master corrects their faults, others stand up and repeat what they have learned.	[6] Etliche sitzen am Tische und schreiben, oder rechnen, und der Lehrer verbessert ihre Fehler; andere stehen und sagen her, was sie gelernt haben.	Quelques-uns sont assis à la table et écrivent ou calculent; le précepteur corrige les fautes de chacun d'eux; d'autres sont debout et récitent ce qu'ils ont appris.
There are also some who invariably chatter, and shew themselves as naughty and idle, on this account they are often reproved, or punished.	[7] Es giebt aber auch solche, welche beständig plaudern und sich muthwillig und unfleissig zeigen, weßwegen sie oft einen Verweis oder eine Strafe erhalten.	Il y en a aussi qui ne font que causer, qui sont dissipés et paresseux; à ceux là on fait des réprimandes et on les punit.

In the schools, where not only languages but also arts and sciences are taught, the following subjects occur; arithmetic, geometry, fine and correct writing, the mother language.geography, history, both natural and universal, technology,physics,and the french language.

Those boys and scholars, who intend to pursue their studies, attend the latin school, and they receive instruction not only in the latin, but also in the Greek and Hebrew languages.

In the common schools the scholars are instructed in the elements of Christianity, the rules of their mother tongue, arithmetic,orthography, as likewise the most important events in History natural and universal, and geography.

[8] In den Realschulen kommen folgende Fächer vor: Rechnen, Geometrie, Schön- und Rechtschreiben, deutsche Sprache, Erdkunde, Geschichte, Naturgeschichte und Technologie, Naturlehre und die französische Sprache.

[9] Die lateinischen Schulen besuchen besonders Knaben und Jünglinge, welche sich den Studien widmen wollen, und sie bekommen darin außer der lateinischen auch in der griechischen und hebräischen Sprache Unterricht.

[10] In den gewöhnlichen Schulen lernen die Knaben das Nöthigste im Christenthume, die Regeln ihrer Muttersprache, in der Rechenkunst und im Schön- und Rechtschreiben, wie auch das Wichtigste aus der Geschichte, Naturgeschichte und Erdbeschreibung.

Voici ce que l'on enseigne dans les écoles qu'on nomme écoles réales: l'arithmétique, la géométrie, la calligraphie et l'orthographe, la langue allemande, la géographie, l'histoire universelle, l'histoire naturelle et la technologie, la physique et la langue française.

Les écoles latines sont fréquentées par les jeunes gens qui veulent faire les hautes études; outre la langue latine, on leur enseigne le Grec et l'Hébreux.

C'est dans les écoles ordinaires que les enfants apprennent le catéchisme, les règles de la langue maternelle, l'arithmétique, l'art d'écrire, les points les plus essentiels de l'histoire universelle, de l'histoire naturelle, et de la géographie.

Schola.

[1] Quotusquisque est, qui ignoret, omnem hominis et universarum gentium salutem prima juvenilis aetatis institutione niti?

[2] Conditae sunt igitur scholae publicae, in quibus teneri animi permultas res docentur et ad virtutem erudiuntur.

[3] Schola in classes dividitur.

[4] Praeceptor sedet in cathĕdra, discipuli in subselliis; ille docet, hi discunt.

[5] Quaedam iis thematis aut normae loco creta in tabula praescribuntur.

[6] Quidam eorum ad mensam sedent et scribunt, aut tractant numeros, et praeceptor corrigit mendas eorum; alii stant et recitant, quod memoriae mandaverunt.

237.

238.

[7] At nonnullos quoque inveneris, qui garriant et petulantes aut ignavos se praebeant, quare saepe reprehenduntur, aut baculo castigantur.

[8] In iis scholis, in quibus ea potissimum docentur, quae ad vitae usum pertinent, quas vocant reales, haec fere pensa docentur: arithmetica, geometria, calligraphiae et orthographiae praecepta, lingua vernacula, geographia, historia universalis, scientia naturalis et technologia, physica et lingua francogallica.

[9] Scholas latinas inprimis ii pueri et adolescentes frequentant, qui studiis se addicere volunt, et quidem praeter latinam etiam graecam linguam, nec non hebraicam in iis docentur.

[10] In scholis vulgaribus pueri elementa fidei Christianae discunt, linguae vernaculae, arithmeticae et calligraphiae praecepta, quemadmodum etiam prima historiae universalis et historiae naturalis atque geographiae capita.

238.

Die Universität.

The University — *L'université.*

The universities have a very ancient origin, and are in fact the seat of learning, and the liberal arts.

If a person intends to pursue the studies, and has laid a good foundation in the languages and some sciences at the lower schools, lyceum and gymnasium, he goes to the university, in order to become a scholar, and thoroughly to be acquainted with one of the sciences.

Each one of these higher schools has se-

[1] Die Universitäten haben einen sehr alten Ursprung und sind eigentlich der Sitz der Gelehrsamkeit und der freien Künste.

[2] Wenn sich Jemand dem Studiren widmet und in den niederen Classen sowohl, als in Lyceen und auf Gymnasien einen guten Grund in den Sprachen und einigen Wissenschaften gelegt hat, so bezieht er eine Universität, um ein Gelehrter zu werden und irgend eine Wissenschaft gründlich zu erlernen.

[3] Jede hohe Schule hat einige Fakultäten;

Les Universités remontent à des temps très-anciens; elles sont, à proprement parler, le siège de la science et des arts libéraux.

Lorsque quelqu'un veut faire ses études, et qu'il a appris les langues et les lettres dans une école inférieure ou dans un lycée, il va à l'université pour étudier à fond telle ou telle science.

Chaque université a plusieurs facultés.

veral of the faculties, the most important are the theological, legal, medicinal and philosophical.

The members of these faculties are the ordinary public teachers for students, and hold their lectures in the lecture room of the University.

Besides these there are extraordinary professors, who must have a particular permission, to pursue their lectures.

In order to obtain this they must previously pass an examination, and must go thro' a public trial of their capability by polemical writings.

The students must discharge a certain sum for their lectures.

Immediately on their arrival they must announce themselves to the Rector by the Beadle and write their names in the Register.

An academy is called a society of learned men.

die vorzüglichsten sind die theologische, die juristische, die medicinische, die philosophische.

[4]Die Mitglieder dieser Fakultäten sind die öffentlichen ordentlichen Lehrer für Studirende, und halten in dem Hörsaale des Universitätsgebäudes ihre Vorlesungen.

[5]Außer diesen giebt es noch außerordentliche Professoren, welche eine besondere Erlaubniß haben müssen, ihre Fächer vorzutragen.

[6]Um diese zu erlangen, müssen sie vorher eine Prüfung erstehen, und durch gelehrte Streitschriften eine öffentliche Probe ihrer Geschicklichkeit ablegen.

[7]Die Studirenden haben für ihre Collegien einen gewissen Betrag zu entrichten.

[8]Gleich bei ihrer Ankunft müssen sie sich durch den Pedell bei dem Rektor der Universität anmelden und ihren Namen in die Matrikel aufschreiben.

[9]Akademie nennt man auch eine Gesellschaft von Gelehrten.

Les principales sont celle de théologie, celle de droit, celle de médecine et celle de philosophie.

Les membres de ces facultés sont les professeurs publics ordinaires; ils donnent leurs leçons dans la salle de l'Université.

Il y a encore des professeurs extraordinaires qui doivent obtenir la permission d'enseigner telle ou telle science.

A cet effet, ils doivent subir des examens, et publier des thèses pour donner des preuves de leur capacité.

Les étudiants doivent payer un certain honoraire pour les cours.

Aussitôt après leur arrivée, les étudians doivent se faire annoncer, par le bédeau, au recteur de l'université et inscrire leur nom sur la matricule.

On nomme académie une société de savants.

Academia.

[1]Academiarum, quas recte vocaveris doctrinae et artium liberalium sedes, perantiqua est origo.

[2]Si quis studiis se addicit et in scholis, quas vocant triviales, nec non in lyceis et gymnasiis satis profecit in linguis ac literis quibusdam, academiam adit, ut vir doctus evadere possit et unam

alteramve scientiam penitus addiscat.

[3] Singulis hinc academiis societates quaedam sunt, quas vocant facultates, theologica praesertim, juridica, medica, philosophica.

[4] Dictarum facultatum membra sunt doctores, quorum est, juvenes literarum studiosos publice docēre, quod in auditorio domus academicae fieri solet.

[5] Ab his, qui vocantur professores ordinarii, differunt extraordinarii, quos scholarum habendarum veniam petere oportet.

[6] Quae ut obtineatur, examen rite est subeundum, disputationibusque, quid humeri valeant, in publico professorum consessu monstrandum.

[7] Pro collegiis, quibus intersunt, literarum studiosi minerval quoddam pendĕre tenentur.

[8] Ut primum advenerunt in academiam, per apparitorem academicum nomen suum profitentur rectori magnifico; quo facto albo academico inscribuntur.

[9] Academia etiam corpus eruditorum significat.

239.

Sprach- und Redekünste.

Grammar, and oratory.

La grammaire et l'art oratoire.

Grammar is employed with letters, from which it composes syllables and words, and teaches how to pronounce, to write, to compose, and to distinguish them by points.

The knowledge of the dead languages is called philology.

Rhetoric paints as it were the first and rude sketch of a discourse with rhetorical colours, and brings forward figures, and tropes, elegancies of

[1] Die Sprachlehre ist mit Buchstaben beschäftigt, aus welchen sie Sylben und Wörter zusammensetzt, und die sie recht aussprechen, schreiben, zusammenfügen und durch die Unterscheidungszeichen unterscheiden lehrt.

[2] Die Kenntniß der alten Sprachen nennt man Philologie.

[3] Die Redekunst malt gleichsam den ersten und groben Abriß der Rede mit rednerischen Farben, und bringt Figuren, bildliche Ausdrücke, zierliche Re-

La grammaire traite des lettres dont elle forme des syllabes et des mots; elle enseigne à les prononcer comme il faut, à les construire et à les séparer par des signes.

On nomme philologie la connaissance des langues anciennes.

La Rhétorique revêt la charpente d'un discours de différens ornemens; elle emploie les figures, les tropes, les tournures, les élégances, les proverbes,

language, proverbs, apophthegms with sayings similies, fables etc.

densarten, Sprichwörter, sinnreiche Reden, Kernsprüche, Gleichnisse, Fabeln 2c. vor.

les apophtègmes, les termes énergiques, les paraboles, les fables etc.

Parts of oratory, are the invention, disposition, composition, and action.

4 Ihre Theile sind die Erfindung, die Anordnung, die Ausarbeitung und die Haltung einer Rede.

Ses parties sont l'invention, la disposition, la composition et l'action.

Its exercises are, variations, periods, letters, panegerics, and other subjects, and inscriptions.

5 Ihre Uebungen sind besonders: Veränderungen, Perioden, Briefe, Lobreden und andere Vorträge, Inschriften 2c.

Ses exercices sont des périphrases, des périodes, des lettres, des panégyriques et d'autres discours, des inscriptions etc.

Poetry collects these rhetorical blossoms, and binds them as it were together in a chaplet, by making a set-speech from the prose, on this account poets are often crowned with the laurel branch.

6 Die Dichtkunst sammelt diese rednerischen Blumen und bindet sie gleichsam in einen Kranz zusammen, indem sie aus der Prosa eine gebundene Rede macht, weßwegen ihre Verehrer oft mit dem Lorbeerkranz gekrönt wurden.

La Poésie recueille ces fleurs et en fait comme des couronnes, en employant la prose à faire des verses; et voilà pourquoi les poètes ont souvent été couronnés de laurier.

There are four kinds of poets, the epic, which embraces the pastoral and heroic poetry, dramatic which employs itself in exhibition of plays, the lyric, which is particularly accomodated to singing, and is an expression of the feeling by words, and to which the odes and hymns belong, and the didactic poetry.

7 Es giebt vier Dichtungsarten: die erzählende, welche besonders das Schäfergedicht und das Heldengedicht in sich begreift, die dramatische Poesie, welche sich mit den Schauspielen beschäftigt, die lyrische Poesie, welche besonders zum Singen geeignet und ein Ausdruck der Empfindungen durch Worte ist, und wohin die Ode und Hymne gehört, und das Lehrgedicht oder die didaktische Poesie.

Il y a quatre sortes de poésies: l'épique, qui comprend les idylles et les chants héroïques; la dramatique qui a pour objet les poésies tragiques et comiques; la lyrique, plus propre au chant et qui, par la parole, donne une expression au sentiment on distingue ses chants en odes et en hymnes; enfin la poésie didactique.

Music composes the melody in notes, and disposes the words under them.

8 Die Tonkunst setzt die Singweisen in Noten und legt den Text unter.

Dans la composition musicale, le chant se marque par des notes, au dessous desquelles se place le texte.

239.

240.

The music is either instrumental or vocal.

In concerts are heard symphonies, airs, and Chorus.

[9] Die Musik ist entweder Instrumental- oder Vokalmusik.

[10] In den Concerten hört man Symphonien, Arien und Chöre.

La musique est ou instrumentale ou vocale.

Dans les concerts, on entend des symphonies, des airs et des choeurs.

Partes sermonis atque orationis.

[1] Grammatica circa literas versatur, e quibus syllăbas atque voces componit, easque docet recte elŏqui, scribere, construere et interpunctionibus distinguere.

[2] Priscarum linguarum scientia philologia vocatur.

[3] Rhetorica pingit quasi rudem formam sermonis pigmentis oratoriis, et figuras, tropos, elegantias, adagia, apophthegmata, sententias, similia, fabulas etc. profert.

[4] Illius partes sunt inventio, dispositio, elaboratio et actio.

[5] Potiora ejus exercitia sunt: variationes, periŏdi, epistolae, panegyrici sermones aliaeque orationes, inscriptiones etc.

[6] Poësis colligit hos orationis flores, et nectit quasi corollam, e soluta ligatam orationem faciens, quare cultores ejus saepe laureis coronis coronabantur.

[7] Quadruplex est artis poëticae genus, epica poësis nimirum, idyllia potissimum et carmen heroicum complectens, dramatica, quae circa spectacula occupatur, lyrica, numeris cumprimum musicis accommodata, et animi sensus oratione ligata designans, cui oda atque hymnus adnumerantur, et poësis didactica.

[8] Musica melodias notis componit, quibus verba aptat.

[9] Musica est aut instrumentorum organicorum, aut vocum concentus.

[10] Si concentus fit, symphonias, cantica et choros audimus.

240.

Die Studierstube.

The study. — *Le cabinet d'étude.*

The study is that place, where the student is alone, separated from the noise and bustle, in order to apply himself undisturbed to the sciences.

[1] Die Studierstube ist der Ort, wo der Studirende, abgesondert von Geräusch und Zerstreuung, allein ist, um sich ungehindert auf die Wissenschaft zu legen.

Le cabinet d'étude est le lieu où celui qui étudie, se retire éloigné du bruit et du tumulte pour se livrer à l'étude.

While reading the books which are placed on a desk near him, he marks the best passages in his note-book, or he marks in the books themselves the most important by underlining them, or makes a cross or asterick on the margin.

If he intends to study by night, he places in the candle stick a candle which he snuffs with the snuffers, and places a shade of a green colour before the candle, in order that the light may not hurt his eyes.

The rich use wax lights, on account of the tallow having an unpleasant smell, and besides which creates a smoke.

He often writes letters and notes, and when they are finished, he folds them up, directs, and seals them.

If he goes out by night, he uses a lantern or torch.

The students remain some years at the university in order to prepare themselves for the reception of places and offices of the state; and when they leave it, those who

2 Wenn er die Bücher liest, welche er auf dem Pult neben sich hat, zeichnet er die besten Stellen in sein Handbuch auf, oder er bemerkt in den Büchern selbst das Wichtigste, indem er die Worte unterstreicht, oder am Rande ein Kreuz oder Sternchen macht.

3 Will er bei Nacht studiren, so steckt er ein Licht auf den Leuchter, welches mit der Lichtscheere geputzt wird, und vor das Licht stellt er den Lichtschirm, welcher grün ist, damit das Licht seine Augen nicht schwächt.

4 Die Reicheren gebrauchen Wachskerzen, weil die Talglichter einen unangenehmen Geruch haben und außerdem auch rauchen.

5 Oft schreibt er Briefe und Billete, und wenn er damit fertig ist, legt er sie zusammen, überschreibt und versiegelt sie.

6 Wenn er bei Nacht ausgeht, gebraucht er eine Laterne oder eine Fackel.

7 Die Studirenden halten sich einige Jahre auf den Universitäten auf, um sich zur Uebernahme von Stellen und Aemtern im Staate vorzubereiten, und wenn sie sie verlassen, be-

Lorsqu'il lit les livres qu'il a devant lui sur son pupitre, il note les meilleurs endroits dans son journal, ou bien il marque, dans le livre même, ce qu'il y a de plus remarquable; pour cela, il souligne les mots, ou il fait une croix ou une petite étoile sur la marge.

Lorsqu'il veut étudier de nuit, il met sur le chandelier une chandelle allumée, qu'il mouche avec les mouchettes; il met un garde-vue devant la lumière, de peur qu'elle n'affoiblisse ses yeux.

Ceux qui ont les moyens de le faire se servent de bougies; car, outre que les chandelles font de la fumée, elles ont une odeur désagréable.

Souvent il écrit des lettres et des billets; et, lorsqu'il les a finis, il les plie, y met l'adresse et les cachette.

Lorsque l'étudiant sort de nuit, il se sert d'une lanterne ou d'un flambeau.

Les étudiants restent quelques années à l'université, afin de se rendre capables de remplir différentes places dans l'état. Quand ils la quittent, ceux qui se sont bien com-

have conducted themselves well receive a testimony from the professors of their progress in the studies and good conduct.

The Museums are destined for recreation and entertainment; social societies meet there, and journals, reviews, and papers are principally read in them.

kommen die, welche sich gut betragen haben, von ihren Professoren Zeugnisse ihrer Fortschritte in den Studien und ihres Wohlverhaltens.

8 Die Museen sind zur Erholung und Unterhaltung bestimmt; es finden dort gesellschaftliche Zusammenkünfte Statt, und es werden besonders Journale, Literaturblätter und Zeitungen daselbst gelesen.

portés, recoivent un témoignage de leurs progrès et de leur bonne conduite.

Les cassinos sont destinés à la récreation et à la conversation; on s'y rassemble, et on y lit des journaux, des gazettes et des critiques littéraires.

Museum.

1 Musēum est locus, ubi artium et literarum studiosus, remotus ab hominum turba, solus sedet, literarum studiis vacans.

2 Libros legens, quos prope super pluteo expōnit, optima quaeque (miscellanea) in manuale excerpit, aut in libro ipso, quidquid ei videtur, litura, vel in margine cruce aut asterisco signat.

3 Lucubraturus candelam in candelābro elĕvat, quae emungĭtur emunctorio, et ante candelam umbraculum collŏcat, quod viridi est colore, ne oculorum aciem hebĕtet.

4 Opulentiores cereis utuntur; nam candelae sebaceae male olent et fumĭgant.

5 Interdum scribit epistŏlam, aut schedulam; quae cum expedita est, complicatur, inscribitur et obsignatur.

6 Noctu prodiens, laterna utitur, vel face.

7 Literarum studiosi aliquot in academiis versantur annos, ut idonei fiant obeundis in republica muneribus, et quum academiae valedīcunt, iis, qui bene se gesserunt, testimonium redditur a professoribus, quo progressus, quos fecerunt in literis, et mores probati commendantur.

8 Musea publica ad animum recolligendum et utiliter oblectandum instituuntur; conveniunt eo ad coetus celebrandos leguntque praesertim libellos periodicos, commentarios censorios et ephemerīdes publicas.

241.

Die Weltweisheit.

Philosophy: *La philosophie.*

There is doubtless no science more honourable for reasonable man, than that which teaches him the requisite knowledge and practice under all circumstances, in order to further his happiness.

This science which can alone be attained by the use of right reason, is called philosophy

Philosophy is divided generally into the theoretical, which teaches us the notions of things, and in the practical, which teaches us the good use of the same.

Under the theoretical, belong, logic, which draws our reason to the knowledge of the truth, metaphysic which propounds the universal ideas, and embraces the knowledge of the human mind; and physic which enquires into the construction of material substances

[1] Ohne Zweifel ist keine Wissenschaft für einen vernünftigen Menschen rühmlicher, als diejenige, die ihn unterrichtet, was er unter allen Umständen wissen und thun müsse, um seine Glückseligkeit zu befördern.

[2] Diese Wissenschaft nun, welche bloß durch den Gebrauch der gesunden Vernunft erlangt wird, heißt die Philosophie oder Weltweisheit.

[3] Man theilt die Philosophie überhaupt in die theoretische ein, welche uns die Begriffe der Dinge lehrt, und in die praktische, welche uns den guten Gebrauch der Dinge zeigt.

[4] Zu der theoretischen Philosophie gehört die Logik oder Vernunftlehre, welche unsern Verstand zur Erkenntniß der Wahrheit leitet, die Metaphysik oder Grundlehre, welche die allgemeinen Begriffe vorträgt, und die Erkenntniß der menschlichen Seele in sich begreift, ferner die Naturlehre, welche die Beschaffenheit der Kör-

Il n'y a sans doute aucune science qui fasse plus d'honneur à l'homme raisonnable, que celle qui lui enseigne ce qu'il doit savoir et ce qu'il doit faire pour parvenir au bonheur.

Cette science qui ne s'acquiert que par l'usage de la saine raison, s'appelle philosophie.

La philosophie en général, se partage en philosophie spéculative qui nous donne les notions des choses, et en philosophie pratique qui montre le bon usage des choses.

A la philosophie spéculative appartient premièrement, la logique qui dirige l'entendement dans la recherche de la vérité; ensuite la métaphysique qui s'occupe des idées générales et qui comprend la connaissance de l'ame; enfin la physique qui éxamine les propriétés des corps

and expounds their effects.

But as we learn not for the school, but for daily life, all philosophy must be continually practised, if it will be held in any respect.

Practical philosophy treats of the manners actions, and causes of man, and consists of ethics, general and particular natural rights, political art and economy.

per untersucht, und ihre Wirkungen zu erklären bemüht ist.

5 Da man aber nicht für die Schule, sondern für das Leben lernt, so muß alle Philosophie, wenn sie Achtung verdienen soll, ausgeübt werden.

6 Die praktische Philosophie behandelt die Sitten und das Thun und Lassen der Menschen, und besteht aus der allgemeinen und besondern Sittenlehre, aus dem Naturrecht, aus der Staatskunde und der Haushaltungskunst.

et cherche á expliquer leurs effets.

Mais comme on n'apprend pas pour la théorie, mais pour la pratique, toute philosophie, si elle veut mériter l'estime, doit être mise en usage.

La philosophie pratique traite des moeurs et des actions et se divise en morale particulière, en droit naturel, en droit politique et en économie.

Philosophia.

1 Hominem, qui ratione pollet, nulla sane doctrina magis ornat, quam quae eundem docet, quid ipsum in quacunque conditione, augendae felicitatis ergo, scire et facere oporteat.

2 Doctrina illa, quae solo sanae mentis lumine contingit, philosophia solet adpellari.

3 Duae sunt, in quas philosophia dividitur, partes, theoretica nimirum, quae rerum pandit notitiam, et practica, quae prudentem rerum usum docet.

4 E theoreticae philosophiae provincia sunt logica, mentem ad veri cognitionem perducens, metaphysica, universales notiones tradens, et psychologiam seu animae humanae scientiam complectens, porro physica, quae corporum naturam pervestīgat, et effectus eorum explicare studet.

5 At quum non scholae, sed vitae sit discendum, dubium non est, quin universa philosophia, si quod pretium statuere illi volumus, usu exercenda sit quotidie.

6 Philosophia, quam practicam vocant, de moribus hominum eorumque liberis actionibus agit, et e philosophia practica universali seu ethica, jure naturae, ex arte politica et oeconomica consistit.

242.

Die Mathematik.

Mathematic.		*Les mathématiques.*
Mathematic is divided into pure and mixed.	[1] Die Mathematik oder Größenlehre wird überhaupt in die reine und angewandte Mathematik eingetheilt.	Les mathématiques ou la science des nombres, sont généralement divisées en mathématiques pures, et en mathématiques appliquées.
In the pure mathematic arithmetic is first of all reckoned, which teaches how to write and compute the numbers by means of ciphers.	[2] Bei der reinen Mathematik kommt zuerst die Arithmetik oder Rechenkunst vor, welche die Zahlen mit Ziffern schreiben und behandeln lehrt.	Dans les mathématiques pures viennent d'abord l'arithmétique qui enseigne à écrire les nombres avec des chiffres et qui apprend à les traiter.
Next follows geometry which teaches how to acquire and to measure the extent, taken up by corporeal bodies according to their whole space.	[3] Dann folgt die Geometrie, Erd- oder Feldmeßkunst, welche den Raum, den die körperlichen Dinge einnehmen, nach ihrer ganzen Ausdehnung erkennen und ausmessen lehrt.	Vient ensuite la géométrie qui est l'art de mesurer la terre ou les champs; elle apprend à connaître et à mesurer la longueur, la largeur et la profondeur des corps.
The geometer measures the height of a tower or the distance of a place either with the quadrant, or metewand.	[4] Der Geometer mißt die Höhe eines Thurms oder die Entfernung der Oerter entweder mit dem Quadranten, oder mit dem Meßstab.	Le géométre mesure la hauteur d'une tour, ou la distance qu'il y a d'un lieu à l'autre, soit avec le cadran, soit avec la chaîne.
He designs the figures with lines, angles and compasses, according to the rule, compass or circle.	[5] Die Abrisse der Dinge zeichnet er mit Linien, Winkeln und Kreisen nach dem Lineal, Winkelmaß und Zirkel.	Avec la règle, l'équerre et le compas, il dessine les figures des corps en traçant des lignes, des angles et des cercles.
Frome these arise the roller, triangle, square rhomb and other figures.	[6] Aus diesen entstehen die Walze, das Dreieck, das Viereck, die Raute oder das verschobene Viereck und andere Figuren.	De là résulte le cylindre, le triangle, le carré, le rhombe et plusieurs autres figures géométriques.

241.

J. Finckh lit.

242.

The plane and spherical Trigonometry measures the angles and sides of triangles.

The first division of the mixed mathematic to be considered, is the mechanic which gives instruction how to move heavier bodies with less strength, and in as short a time as possible.

The optics declares the laws by which all visible objects which fall in the eye without artificial means, may be seen.

The perspective delivers the rules, how such things may be represented, which are at a certain height or distance.

Astronomy expounds the system of the worlds, and considers the motions of the stars.

Astrology invented by superstition treats of the influence of the stars on the occurrences of life.

Architecture is divided into civil, military and naval.

[7] Die ebene und die sphärische Trigonometrie mißt die Winkel und Seiten der Dreiecke aus.

[8] Bei der angewandten Mathematik kommt zuerst die Mechanik in Betrachtung, welche die Anweisung giebt, wie mit geringerer Kraft und in kürzerer Zeit, als gewöhnlich, schwere Körper bewegt werden.

[9] Die Optik erklärt die Gesetze, nach welchen alle sichtbaren Dinge, die ohne künstliche Werkzeuge in die Augen fallen, gesehen werden können.

[10] Die Perspektive giebt die Regeln an die Hand, wie solche Dinge abgebildet werden müssen, die sich in einer gewissen Weite oder Höhe zeigen.

[11] Die Sternkunde ertheilt vom Weltgebäude Unterricht und betrachtet die Bewegungen der Gestirne.

[12] Die Sterndeuterei, welche der Aberglaube erfunden hat, handelt von dem Einfluß der Gestirne auf das Schicksal der Menschen.

[13] Die Baukunst wird in die bürgerliche, in die Kriegs- und in die Schiffsbaukunst eingetheilt.

La trigonométrie mesure les angles et les côtés des triangles plains et la sphériques.

Les mathématiques appliquées comprennent: premièrement la mécanique qui enseigne comment on peut mouvoir, avec moins de force et en moins de temps que d'ordinaire, un corps pesant.

Ensuite l'optique qui explique les lois selon lesquelles on peut voir, sans instruments, toutes les choses qui se présentent à nos yeux.

La perspective apprend comment on doit peindre les choses qui se montrent à une certaine distance ou à une certaine hauteur.

L'astronomie traite du système du monde et considère les mouvements des astres.

L'astrologie qui a été inventée par la superstition traite de l'influence des astres sur les déstinées de l'homme.

L'architecture est divisée en architecture civile et militaire, et dans l'art de construire des vaisseaux.

Mathematica.

[1] Mathēsis in puram generatim et adplicatam seu mixtam dividitur.

[2] Matheseos purae caput est arithmetica, quae numeros scribere et secundum leges quasdam computare docet.

[3] Excipit eam geometria, quae est scientia dijudicandi et mensurandi corporum spatium eorumque extensionem.

[4] Geomĕtra metītur altitudinem turris, aut distantiam locorum, sive quadrante, sive radio.

[5] Figuram rerum designat lineis, angulis et circulis, ad regulam, normam et circīnum.

[6] Ex his oriuntur cylindrus, trigōnum, tetragōnum, rhombus aliaeque figurae.

[7] Trigonometria artem, triangula plana et sphaerica resolvendi, docet.

[8] Adplicatae matheseos primam doctrinam vocamus mechanicam, quae cum viriumque temporisque compendio corpora gravia movere docet.

[9] Optices est, leges exponere, secundum quas omnia, quae visus sensu percipiuntur, oculorum acie, artis instrumentis haud adjuti, lustrare possumus.

[10] Scenographia regulas tradit, res certo intervallo distantes aut in alto positas delineandi.

[11] Astronomia de universo exponit et motus astrorum considerat.

[12] Astrologia, quam superstitio invēnit, nos docet, quam vim astra in hominum sortem exsĕrant.

[13] Architectura est vel civilis, vel militaris, vel navalis.

243.

Die Himmelskugel.

The celestial globe. — *La sphère céleste.*

The artificial celestial globe is constructed to give us an idea of the motion of the stars.

The celestial globe appears to move itself on its axis round the earth within 24 hours; the fact is the earth moves itself round its own axis.

[1] Die künstliche Himmelskugel ist erfunden worden, um uns einen Begriff von dem Laufe der Gestirne zu geben.

[2] Die Himmelskugel scheint sich an der Axe innerhalb 24 Stunden um die Erdkugel zu drehen; in der That aber bewegt sich die Erde um die Sonne.

La Sphère artificielle n'a été construite, que pour nous donner une idée du cours des astres.

Le globe céleste paraît tourner, autour de la terre, dans l'espace de vingt quatre heures, mais dans la réalité c'est la terre qui tourne autour du soleil.

The two points on which the axis or line, passing thro' the middle of the world, ends, are the two poles, the one is called north, the other the south pole.

The Zenith is the point hanging perpendicularly over our head, the opposite point is called Nadir.

There are six great circles in the sphere, viz. the meridian, aequator, zodiac, horizon, and two equinoxes, making the equality of day and night, the vernal occurring when the sun enters the sign of the ram, and the autumnal occurring when it enters the sign of the scales.

The circle which passes thro' the two world poles, the zenith, and Nadir, is called the Meridian.

The large circle equi-distant from the poles, dividing the sphere into equal parts, and passing thro' the Meridian at right angles is called the aequator.

The four small circles of the sphere, are the two tropics and the two poles.

[3] Die zwei Punkte, an denen sich die Axe oder die Linie, die durch den Mittelpunkt der Welt geht, endigt, sind die beiden Pole; der eine heißt Nord-, der andere Südpol.

[4] Zenith ist der Punkt, der senkrecht über unserem Haupte schwebt, und Nadir ist der diesem entgegengesetzte Punkt.

[5] Es giebt sechs große Kreise in der Sphäre, den Mittagskreis, den Gleicherkreis, den Thierkreis, den Horizont oder Gesichtskreis und die zwei Coluren, von denen der eine die Tag- und Nachtgleiche macht, im Frühling, wenn die Sonne in den Widder, und im Herbst, wenn sie in die Wage tritt.

[6] Der Kreis, der durch die beiden Weltpole, und durch den Zenith und Nadir geht, heißt Mittagskreis.

[7] Der große von den Polen gleichweit entfernte Kreis, der die Sphäre in gleiche Theile theilt, und den Mittagskreis in geraden Winkeln durchschneidet, heißt Aequator oder Gleicher.

[8] Die vier kleinen Kreise der Sphäre sind die zwei Sonnenwenden und die zwei Polarkreise.

Les deux points auxquels l'axe ou la ligne qui traverse le centre du monde finit, sont les deux pôles, dont l'un s'appelle pôle arctique; et l'autre, pôle antarctique.

Le Zénith est le point du ciel qui est au dessus de nos têtes; le Nadir est le point qui est opposé au premier.

Il y a dans la sphère six grands cercles, le méridien, l'équateur, le zodiaque, l'horizon, et les deux colures, dont l'un fait l'équinoxe du printemps, lorsque le soleil entre dans le bélier; et l'autre, celui de l'automne, quand il entre dans la balance.

Le cercle qui passe par les pôles du monde en traversant le Zénith et le Nadir, s'appelle le méridien.

Le grand cercle qui passe à une égale distance des deux pôles, et qui, formant un angle droit avec le méridien, partage la terre en deux parties égales, se nomme l'équateur.

Les quatre petits cercles de la sphère sont les deux tropiques, et les deux cercles polaires.

The stars with which the heaven is adorned are fixed stars, planets, and comets.

[9]Die Sterne, womit der Himmel geziert ist, sind Fixsterne, Planeten und Cometen.

Les étoiles dont le ciel est parsemé sont les étoiles fixes, les planètes et les comètes.

Globus coelestis.

[1]Ut cursus astrorum systema quoddam nobis proponeretur, sphaera artificialis constructa est.

[2]Coeli globus viginti quatuor horarum spatio circa terrae globum super axem volvi videtur, re vera autem ipsa terra circa solem movetur.

[3]Bina coeli puncta, in quae axis sive linea, mundi centrum transmittens, exit, duo mundi cardines seu poli sunt, alter polus arcticus, alter antarcticus.

[4]Quod capiti nostro ad perpendiculum impendet coeli punctum, Zenith vocatur, huic autem adversum punctum Nadir nobis est.

[5]Sex in sphaera maximi sunt circuli, meridianus, aequator, zodiacus, horīzon ac duo colūri, quorum alter aequinoctium efficit; id quidem vere fit, quando sol arietem, autumnali vero tempore quando libram ingreditur.

[6]Qui ad utrumque terrae polum pertingit circulus ipsumque pervadit Zenith et Nadir, meridianus audit.

[7]Circulus maximus a terrae cardinibus aequaliter distans, qui sphaeram duas in partes aequales dividit, secatque meridianum ad rectos angulos, aequator nuncupatur.

[8]Minores quatuor sphaerae circuli sunt duo tropici, ac duo polares.

[9]Stellae, quibus coelum ornatur, stellae fixae sunt, planetae et cometae.

244.

Die Firsterne.

The fixed Stars. — *Les étoiles fixes.*

No person has at any time contemplated the starry firmament without his mind feeling a joyful emotion at the multitude of the stars.

The number of the fixed stars, under which

[1]Niemand wird jemals den gestirnten Himmel betrachtet haben, ohne durch die Menge der Gestirne in eine freudige Rührung versetzt worden zu seyn.

[2]Die Zahl der Firsterne, wohin auch die

Qui a jamais considéré le ciel avec ses myriades d'étoiles, sans être ravi à la vue de cette multitude d'astres qui se meuvent paisiblement les uns à côté des autres?

Les étoiles fixes, parmi lesquelles on

243.

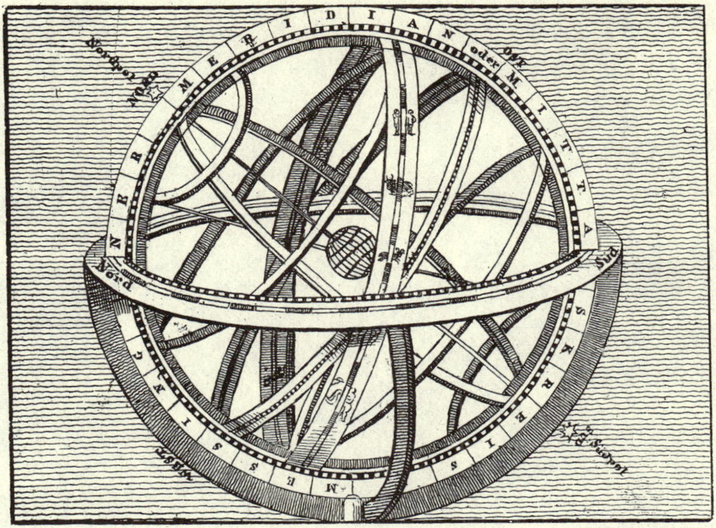

244.

the sun is reckoned, and which remain always at the same distance is almost incredible.

When the sun appears to us larger and brighter than the other stars, it is because it is nearer to us.

The constellations are figures which may be represented by the situation of many stars near one another, and their significations are received either from remarkable animals or from renowned persons of the ancients; viz the Pleïades, or the seven stars, the bear, Orion, the small and great Dog, with the Sirius.

All the constellations are distributed either in the zodiac, and to this is reckoned all the constellations viewed in the ecliptic, or in the northern and Southern constellation.

The 12 signs of the zodiac, are Aries, Taurus, the gemini, the cancer, Leo, Virgo, Libra, scorpius, sagittarius, Capricornus, Aquarius, pisces.

Sonne gehört, und die immer die gleiche Lage und Entfernung behalten, ist beinahe unglaublich.

3 Wenn die Sonne uns größer und glänzender erscheint, als die übrigen Sterne, so kommt dieses daher, daß sie uns viel näher ist.

4 Die Sternbilder sind Figuren, die man sich nach der Lage mehrerer Sterne neben einander vorstellen kann, und die ihre Benennungen theils von merkwürdigen Thieren, theils von berühmten Personen des Alterthums erhalten haben, z. B. die Plejaden, oder das Siebengestirn, der Bär, der Orion, der kleine und der große Hund mit dem Sirius.

5 Alle Sternbilder theilt man in den Thierkreis ein, und rechnet zu diesem alle Sternbilder, welche in der Sonnenbahn erblickt werden, sowie in die nördlichen und südlichen Sternbilder.

6 Die zwölf Zeichen des Thierkreises sind: der Widder, der Stier, die Zwillinge, der Krebs, der Löwe, die Jungfrau, die Wage, der Scorpion, der Schütze, der Steinbock, der Wassermann, die Fische.

place le soleil, restent toujours à la même place et à la même distance, et leur nombre est presque incroyable.

Si le soleil nous paraît plus grand, plus brillant que le reste des étoiles, c'est qu'il est beaucoup plus proche de nous.

Les constellations sont des groupes d'étoiles qui réprésentent certaines figures; on a donné à ces figures des noms d'animaux et de personnages célèbres dans l'antiquité; ainsi, par exemple, les Pléiades ou les sept étoiles, la grande ourse, l'Orion, le petit et le grand chien avec Syrius.

Parmi les constellations, on distingue le zodiaque qui renferme toutes les étoiles que l'on voit dans l'écliptique; ensuite les constellations boréales et les australes.

Les douze signes du zodiaque sont: le Bélier, le Taureau, les Gémeaux, le Cancer, le Lion, la Vierge, la Balance, le Scorpion, le Sagittaire, le Capricorne, le Verseau, les Poissons.

The sun brings us the summer when it enters the sign of the crab; the winter when it enters the sign of the capricorn, which are called solstices.

The two tropics that of capricorn and cancer, are as it were the boundary and limit of the suns orbit.

The number of the stars is not easily determined on account of new ones being continually discovered with the assistance of the telescope more than with the naked eye.

The milky way may be compared to a long streak passing thro' the whole firmament.

[7]Die Sonne führt uns den Sommer herbei, wenn sie in das Zeichen des Krebses, den Winter aber, wenn sie in das Zeichen des Steinbocks tritt, was man Sonnenwende nennt.

[8]Die beiden Nebenkreise, der des Steinbocks und des Krebses, sind die Gränzen und gleichsam die Marksteine des Sonnenlaufes.

[9]Die Zahl der Sterne läßt sich nicht genau bestimmen, weil man mittelst der Seheröhren, mehr als mit bloßem Auge, immer wieder neue entdeckt.

[10]Die Milchstraße kann man mit einem langen Streifen vergleichen, der durch den ganzen Himmel geht.

Le Soleil nous amène l'été, quand il entre dans le cancer; et l'hiver, quand il entre dans le capricorne; ce qu'on nomme le solstice.

Les deux tropiques, celui du cancer et celui du capricorne, sont les limites et comme les bornes du cours du soleil.

On ne peut déterminer le nombre des étoiles, puisque tous les jours on en découvre de nouvelles par le moyen du télescope.

On peut comparer la voie lactée à une bande qui ceindrait tout le ciel.

Stellae fixae.

[1]Stellati coeli nemo unquam fuerit spectator, quin animus ejus, astrorum multitudine summa perfusus sit voluptate.

[2]Stellarum fixarum, quibus sol quoque adnumerandus est, et quae eundem perpetuo locum et distantiam obtinent, paene incredibilis est numerus.

[3]Sol vero idcirco major fulgentiorque ceteris stellis fixis esse videtur, quod illis multo propior nobis est.

[4]Asterismos figuras dixeris, quarum imaginem e situ, qui pluribus stellis fixis proprius est, animo concipere licet, quasque cum a bestiis memoratu dignioribus, tum ab hominibus antiqui aevi celeberrimis cognominatas novimus, v. c. Plejades, Ursa major, Orīon, Canis minor majorque cum Sirio.

[5]Ad unum omnes asterismi solent distingui in zodiăcum, quo omnes stellae pertinent, quas in ecliptica cernere licet, tum in asterismos boreales et australes.

[6]Duodecim zodiaci signa sunt: Aries, Taurus, Gemini, Cancer, Leo, Virgo, Libra, Scorpius, Sagittarius, Capricornus, Aquarius, Pisces.

[7]Sol nobis aestatem redūcit, quando cancrum, hiemem vero,

quando capricornum ingreditur, quod solstitium vocatur.

[8] Duo tropici, tropicus cancri et tropicus capricorni, fines quasi et termini sunt cursus solaris.

[9] Stellarum numerus certo definiri nequit, cum telescopiorum ope multo magis, quam solo oculorum lumine, subinde novae degantur.

[10] Viam lacteam haud inepte comparaveris fasciae cuidam totum coelum ambienti.

245.

Die Planeten und Cometen.

The Planets, and Comets.

The planets called also planet in the Greek language have a peculiar motion round the sun.

They are of two kinds, the chief and secondary planets.

At the present day we are acquainted with eleven chief-planets which are the following, viz the earth, Mercury, Venus, Mars, Jupiter, Saturn, Uranus, Ceres, Pallas, Juno, and Vesta.

The secondary planets move themselves round the chief ones, and together with them at the same time round the sun.

In our planetary system, the following are discovered; the

[1] Die Irrsterne, welche mit einem griechischen Namen auch Planeten heißen, haben eine eigene Bewegung um die Sonne.

[2] Sie sind gedoppelter Art, nämlich entweder Hauptplaneten oder Nebenplaneten.

[3] Heutzutage kennen wir eilf Hauptplaneten: nämlich die Erde, den Merkur, die Venus, den Mars, den Jupiter, den Saturn, den Uranus, die Ceres, die Pallas, die Juno, die Vesta.

[4] Die Nebenplaneten bewegen sich um einen Hauptplaneten und mit demselben zugleich um die Sonne.

[5] In unserm Planetensysteme hat man davon folgende entdeckt:

Les planètes et les comètes.

Les étoiles errantes qu'on appelle aussi planètes, font leur révolution autour du soleil.

On connaît deux sortes de planètes: les principales et les secondaires.

Aujourd'hui, nous en connaissons onze de la première espèce, qui sont la terre, Mercure, Vénus, Mars, Jupiter, Saturne, Uranus, Cérès, Pallas, Junon et Vesta.

Celles du second rang se meuvent autour d'une planète principale et avec elle autour du soleil.

Voici celles qu'on a découvertes dans notre système plané-

moon given to our earth to illumine the nights, the four satellites of Jupiter, the seven satellites of Saturn, and at last the six satellites of Uranus.

Mercury finishes his course round the sun in almost a quarter of a year, Venus uses almost nine months, the earth a whole year, Mars almost two years, Jupiter almost twelve, and Saturn almost thirty.

The moon passes thro' the Zodiac every month.

Every planet receives light and warmth from the sun, and are most probably inhabited by reasonable creatures.

Comets, from whom it was formerly thought that they portended some evil, are also planets and move themselves round the sun, but they describe oblong orbits, and are only visible to us, when they describe that part of their orbit where they are nearest to us and the earth.

They exhale then much vapour, which is called their tail.

den Mond, welcher unserer Erde beigegeben ist, um die Nächte zu erleuchten, vier Trabanten des Jupiter, die sieben Trabanten des Saturn und endlich sechs um den Uranus.

6 Merkur vollendet beinahe in einem Vierteljahre seinen Lauf um die Sonne; die Venus braucht dazu fast neun Monate, die Erde ein ganzes Jahr, Mars beinahe zwei Jahre, Jupiter beinahe zwölf, und Saturn ungefähr dreißig Jahre.

7 Der Mond durchläuft den Thierkreis alle Monate.

8 Alle Planeten empfangen Licht und Wärme von der Sonne, und sind wahrscheinlich auch von vernünftigen Wesen bewohnt.

9 Die Cometen, von denen man ehemals glaubte, daß sie nichts Gutes bedeuten, sind auch Planeten, welche sich um die Sonne bewegen; aber sie beschreiben länglichte Bahnen, und sind uns nur dann sichtbar, wenn sie den Theil ihrer Bahn erreichen, wo sie uns und der Erde am nächsten sind.

10 Sie ergießen alsdann eine Menge Dünste, welche man ihren Schweif nennt.

taire: la lune qui a été donnée à notre terre, pour en éclairer les nuits; les quatre satellites de Jupiter, les sept satellites de Saturne, et enfin les six satellites d'Uranus.

Mercure achève sa révolution autour du soleil dans l'espace d'environ trois mois; Vénus en neuf mois; la Terre en un an; Mars en deux ans; Jupiter en douze ans; Saturne en trente ans environ.

La lune parcourt le zodiaque tous les mois.

Toutes les planètes empruntent leur lumière et leur chaleur du soleil; et selon toute apparence, elles sont habitées par des créatures raisonnables.

Les Comètes qu'on croyait autrefois de mauvais présage, sont aussi des planètes qui se meuvent autour du soleil; mais qui décrivent des cercles alongés, et ne sont visibles pour nous que quand elles sont arrivées à leur plus grande proximité de la terre.

Elles trainent à leur suite de grands tourbillons de vapeur; c'est ce qu'on appelle leur queue.

245.

246.

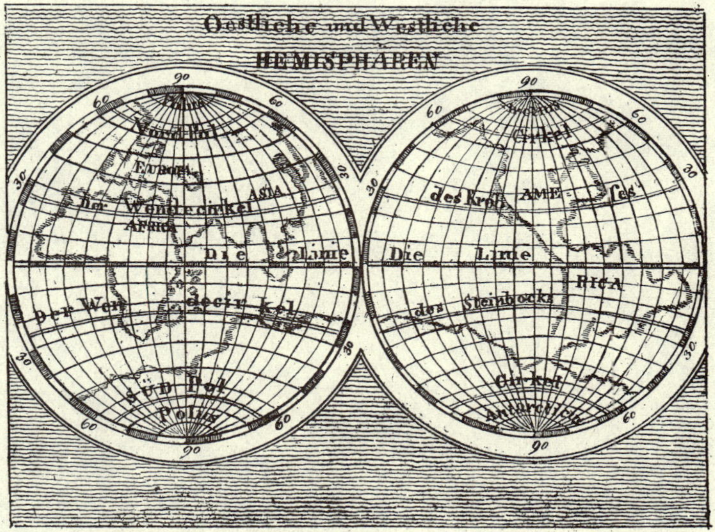
Oestliche und Westliche
HEMISPHAREN
EUROPA
ASIA
AFRICA
Die Linie
SUD Pol
Cirkel
des Kreb
AME
Die Linie
RICA
des Steinbocks
Cirkel

Planetae et cometae.

[1] Quae graeco nomine planetae quoque vocantur, stellae erraticae, suum sibi circa solem vindicant motum.

[2] Duplex autem planetarum innotuit genus, alterum videlicet, quod primariorum audit, et alterum item, secundariorum nomine insigne.

[3] Hodie nobis undecim planetae primarii noti sunt, scilicet Terra, Mercurius, Venus, Mars, Jupiter, Saturnus, Uranus, Ceres, Pallas, Juno, Vesta.

[4] Planetae secundi ordinis moventur circa planetam quendam primarium, simulque cum isto circa solem.

[5] In nostro systemăte planetario eorum adhuc detectorum copia haec fere est: luna cum terra eum ad finem conjuncta, ut noctibus hujus lumen aliquod praebeat, quatuor Jovis satellites, septem Saturni, et sex denique Urani.

[6] Mercurius intra trimestre fere spatium circa solem volvitur; Venus circa eundem movetur intra novem paene menses, terra intra annum integrum; Mars fere per biennium, Jupiter intra duodecim propemŏdum annos, et Saturnus intra tricennium circiter suum circa solem emetītur cursum.

[7] Luna zodiăcum singulis mensibus percurrit.

[8] Omnes planetae lucem caloremque a sole accipiunt, et quod verosimile est, et ipsi animantibus ratione praeditis gaudent.

[9] Cometae, qui olim calamitates protendere putabantur, et ipsi planetae sunt, qui circa solem volvuntur, sed oblongas percurrunt orbitas, et tum tantum in nostrum conspectum veniunt, si eam orbitae suae partem assequuntur, ubi et terrae et nobis proximi sunt.

[10] Multos tunc exhālant vapores, qui cauda ejus vocantur.

246.

Der Planiglob.

The Planiglobe. / *La mappe-monde.*

In order to acquire well the description of the earth which is a very necessary and useful science, and without which universal history cannot be studied with success, an artificial globe

[1] Um die Erdbeschreibung, welche eine sehr nöthige und nützliche Wissenschaft ist, und ohne welche man die allgemeine Weltgeschichte nicht mit Erfolg studiren kann, gut zu erlernen, hat man

Pour bien apprendre la géographie, qui est une science utile et sans laquelle on ne pourrait étudier avec succès l'histoire universelle, on a besoin d'un globe artificiel et de cartes géographi-

of the earth, and maps are uecessary; a collection of such maps is called an Atlas.

On account of the earth being round, it must be formed of two hemispheres.

At first the meridian is described, which is drawn from North to South, and it is so called on account of the sun's entrance into the meridian, making the midday.

The axis of the earth is an imagined straight line, drawn thro' middle of the earth; the two ends of which are called poles.

The Aequator called also the line, divides the earth into two equal parts, north and south.

Circles parallel with the aequator are the tropic of cancer and capricorn.

The circumference of the earth is 360 degrees, each one of which contains 15 german miles, or in all 5400, and the diameter 1720 miles.

It is surrounded by the ocean; into which the other sea's and rivers flow.

eine künstliche Erdkugel und Landkarten nöthig, von denen man eine ganze Sammlung Atlas nennt.

2 Weil die Erde rund ist, so muß sie auf zwei Halbkugeln abgebildet werden.

3 Zuerst kommen die Mittagslinien vor, welche von Nord gegen Süden gezogen sind und deßwegen so heißen, weil die Sonne bei ihrem Eintritt in dieselben Mittag macht.

4 Die Erdachse ist eine eingebildete gerade Linie, die man durch den Mittelpunkt der Erde zieht, und die beiden Enden heißen Pole.

5 Der Aequator, der auch schlechthin die Linie heißt, theilt die Erde in zwei gleiche Theile, in den nördlichen und südlichen.

6 Gleichlaufend mit dem Aequator sind der Wendekreis des Krebses und der Wendekreis des Steinbocks.

7 Der Umfang der Erde beträgt 360 Grade, von denen jeder 15 deutsche Meilen enthält, oder im Ganzen 5400, und der Durchmesser 1720 Meilen.

8 Sie ist vom Weltmeer umgeben, in das sich die andern Meere und die Flüsse ergießen.

ques dont une collection entière est appellée atlas.

Comme la terre est ronde, on a coutume de la représenter par deux hémisphères.

D'abord viennent les méridiens qui s'avancent du nord au midi et qui sont ainsi appelés, parceque le soseil, en entrant, dans ces cercles, donne le midi.

L'axe de la terre est la ligne droite qu'on suppose passer par le centre de la terre, et dont les deux bouts s'appellent les pôles.

L'équateur, qu'on appelle aussi simplement la ligne, partage la terre en deux parties égales, la partie septentrionale et la partie méridionale.

Les cercles parallèles à l'équateur sont le tropique de l'écrevisse et celui du capricorne.

La circonférence de la terre est de 360 dégrés, dont chacun est de quinze lieues d'Allemagne; en sorte qu'elle a en tout 5,400 milles de tour, et 1720 de diamètre.

Elle est environnée de l'Océan, dans lequel se déchargent les autres mers et les fleuves.

It is divided into five zones, viz the two frigid the two temperate, and the torrid.

The known parts of the earth are Europe, Asia, Africa, America, and Australia.

The inhabitants of the North have six months day and six months night.

[9]Man theilt sie in fünf Zonen ein, nämlich in zwei kalte, zwei gemäßigte und eine heiße.

[10]Die bekannten Länder sind die fünf Erdtheile: Europa, Asien, Afrika, Amerika und Südindien.

[11]Die Menschen, welche unter dem Nordpol wohnen, haben je ein halb Jahr lang Tag und Nacht.

Elle est partagée en cinq zônes, les zônes glaciales, les zônes temperées, et la zône torride.

Les terres connues sont les cinq parties du monde; l'Europe, l'Asie, l'Afrique, l'Amérique et l'Austrasie.

Ceux qui demeurent sous le pôle arctique ont six mois de nuit et six mois de jour.

Planiglobium terrestre.

[1]Quo geographia, scientia maxime necessaria et utilissima, sine qua historiam universalem nequaquam cum successu addiscere possumus, probe cognoscatur, globo terrestri arte facto et mappis geographicis opus est, quarum collectionem integram Altantem vocamus.

[2]Cum terra rotunda sit, in duobus hemisphaeriis repraesentari solet.

[3]Occurrunt autem primum meridiani, a septentrione meridiem versus ducti, et sic vocati, quod sol, simul atque illos ingreditur, meridiem efficit.

[4]Terrae axis est linea recta, quam per terrae centrum animo ducimus, et duo puncta ejus extrema poli vocantur.

[5]Aequator seu linea aequinoctialis est circulus, terrae globum in binas partes aequales, borealem scilicet et australem, distinguens.

[6]Aequatoris circuli paralleli sunt tropicus cancri et tropicus capricorni.

[7]Ambitus terrae est trecentorum sexaginta graduum, quorum quisque quindecim milliaria germanica facit, seu omnino quinque millia et quadringenta milliaria; amplitudo diamĕtri vero mille et septingenta viginti milliaria complectitur.

[8]Eam ambit oceanus, in quem multa alia maria et flumina effunduntur.

[9]In quinque distribuitur zonas, quarum duae frigidae sunt, duae temperatae et una torrida.

[10]Terrae cognitae sunt quinque terrarum partes: Europa, Asia, Africa, America et India australis.

[11]Qui sub arcto habitant, semestrales habent noctes diesque.

247.

Europa.

Europe. | *L'Europe.*

Europe is in truth the smallest, but the most civilized portion of the earth; the Europeans surpass all other nations in the arts and sciences, as also in power.

Europe is bounded on the North by the frozen Ocean, on the East by Asia, on the south by the Mediterranean, and the West by the Atlantic Ocean.

It possesses three empires, seventeen kingdoms, several free states, and a number of Dukedoms, and principalities, and the number of inhabitants is valued at 180 million, almost all of which acknowledge the Christian religion.

The countries of Europe are Portugal, Spain, France, Switzerland, Italy, Great-Britain (embracing England and Scottland, and Ireland), Germany, the Netherlands and Holland, Denmark, Sweden, Norway, Russia, Poland, Prussia, Hun-

1 Europa ist zwar der kleinste, aber der gebildetste Erdtheil; die Europäer übertreffen alle übrigen Völker der Erde an Künsten und Wissenschaften, sowie an Macht.

2 Europa gränzt gegen Nord an das Eismeer, gegen Ost an Asien, gegen Süd an das mittelländische, und gegen West an das atlantische Meer.

3 Es hat drei Kaiserthümer, siebzehn Königreiche, mehrere Freistaaten, und eine Menge Herzogthümer und Fürstenthümer, und die Zahl der Einwohner schätzt man auf 180 Millionen, welche sich fast alle zur christlichen Religion bekennen.

4 Die Länder, aus denen Europa besteht, sind: Portugal, Spanien, Frankreich, die Schweiz, Italien, Großbritannien, welches England u. Schottland begreift, und Irland, Deutschland, die Niederlande und Holland, Dänemark, Schweden und Norwegen, Ruß-

L'Europe est à la vérité la plus petite partie du monde; mais ses habitants surpassent les autres peuples dans les sciences et dans les arts.

Les frontières de l'Europe sont, au septentrion, la mer du Nord; à l'Orient, l'Asie; au midi, la mer méditerranée; au couchant, la mer Atlantique.

On compte en Europe trois empires, dix sept royaumes, plusieurs républiques, et un grand nombre de duchés et de principautés; l'on estime le nombre de ses habitants à 180 millions, qui professent pour la plupart la religion chrétienne.

Les pays qui composent l'Europe sont le Portugal, l'Espagne, la France, la Suisse, l'Italie, la grande Bretagne, qui comprend l'Angleterre l'Ecosse, et l'Irlande; l'Allemagne, les Pays-bas et la Hollande, le Danemarc, la Suède et la Norwège, la Russie, la Pologne, la

gary, Turkey and Greece.

To Russia is reckoned Finland, Courland, Livonia, and Lithuania.

The capital of France is Paris, of England London, of Prussia Berlin, of Austria Vienna, of Italy Rome and Naples, of Turkey Constantinople, of Russia St. Petersburg, of Spain Madrid, and of Portugal Lisbon.

The most remarkable countries of the other parts, are Tartary, Asia Minor, Syria, Arabia, Persia, East India, China, and Japan in Asia, Aegypt, Abyssinia, Nubia, Aethiopia in Africa, the united states, Mexico, Brasils, Columbia, Peru in America.

land, Polen, Preußen, Ungarn, die Türkei und Griechenland.

[5] In Rußland sind auch Finnland, Curland, Liefland und Litthauen.

[6] Die Hauptstadt von Frankreich ist Paris, von England London, von Preußen Berlin, von Oestreich Wien, von Italien Rom und Neapel, von der Türkei Constantinopel, von Rußland Petersburg, von Spanien Madrid, von Portugal Lissabon.

[7] Die vorzüglichsten Länder der andern Erdtheile sind: die Tartarei, Natolien, Syrien, Arabien, Persien, Ostindien, China und Japan in Asien; Aegypten, Abyssinien, Nubien, Aethiopien in Afrika, und die vereinigten Staaten, Mexiko, Westindien, Brasilien, Columbia und Peru in Amerika.

Prusse, la Hongrie, la Turquie et la Grèce.

En Russie se trouvent aussi la Finnie, la Courlande, la Livonie et la Lithuanie.

La ville capitale de la France est Paris; celle de l'Angleterre, Londres; celle de la Prusse, Berlin; celle de l'Autriche, Vienne; celles de l'Italie, Rome et Naples; celle de la Turquie, Constantinople; celle de la Russie, Petersbourg; celle de l'Espagne, Madrid; celle du Portugal, Lisbonne.

Les principaux pays des autres parties du monde sont en Asie: la Tatarie, la Natolie, la Syrie, l'Arabie, la Perse, les Indes Orientales, la Chine et le Japon; en Afrique: l'Egypte, l'Abissinie, la Nubie et l'Ethiopie; en Amérique: les Etats-Unis, le Mexique, le Brésil, la Colombie et le Pérou.

Europa.

[1] Europa, utut minima inter ceteras terrae nostrae partes, tamen maxime culta est; Europaei quoque omnibus ceteris terrae gentibus antecellunt artibus, literis atque opibus.

[2] Europa septentrionem versus mari boreali terminatur, orientem spectat Asiam, meridiem mare mediterraneum, occidentem denique mare Atlanticum.

[3] Numerantur in ea tria imperia, septendecim regna, plures respublicae et quam plurimi ducatus ac principatus, eamque incolere dicuntur centum et octoginta millena hominum millia, qui

fere omnes religionem Christianam profitentur.

[4]Terrae, quas complectitur Europa, hae fere sunt: Lusitania, Hispania, Francogallia, Helvetia, Italia, Britannia, quae Angliam et Scotiam continet, et Hibernia; Germania, Belgium et Batavia, Dania, Suecia et Norvegia, Russia, Polonia, Borussia, Hungaria, Turcia et Graecia.

[5]Russiae partes sunt etiam Finnia, Curlandia, Livonia et Lituania.

[6]Urbs primaria Francogalliae est Lutetia Parisiorum, Angliae Londīnum, Borussiae Berolinum, Austriae Vienna, Italiae Roma et Neapolis, Turciae Constantinopolis, Russiae Petropolis, Hispaniae Madrīdum, Lusitaniae Lisbona.

[7]Potiores ceterarum terrae partium provinciae sunt: Tartaria, Asia minor, Syria, Arabia, Persia, India orientalis, Sina et Japonia in Asia; Aegyptus, Abessinia, Nubia, Aethiopia in Africa, et civitates foederatae, regnum Mexicanum, India occidentalis, Brasilia, Columbia et terra Peruviana in America.

248.

Deutschland.

Germany. | *L'Allemagne.*

Germany is bounded on the East by Hungary, Poland and Prussia, on the south by Switzerland, Italy, and the Adriatic, on the West by France, and the Netherlands, and on the North, by the German Ocean, by Denmark, and the Baltic.

It has many lakes, (under which the lake of Constance is the most renowned) and navigable rivers, viz the Danube, the Rhine, the Elb, the Oder, the Weser, also the Ne-

[1]Deutschland gränzt gegen Osten an Ungarn, Polen und Preußen, gegen Süden an die Schweiz, an Italien und an das adriatische Meer, gegen Westen an Frankreich und an die Niederlande, und gegen Norden an die Nordsee, an Dänemark und an die Ostsee.

[2]Es hat viele Seen, worunter der Bodensee der vorzüglichste ist, und schiffbare Flüsse, wie die Donau, den Rhein, die Elbe, die Oder, die Weser; auch den Neckar und den

L'Allemagne est bornée à l'Orient par la Hongrie, la Pologne et la Prusse; au midi par la Suisse, l'Italie et la mer Adriatique; à l'occident, par la France et par les Pays-bas; au septentrion, par la mer du nord, par le Danemarc et par la mer Baltique.

L'Allemagne a beaucoup de lacs, dont le plus grand est celui de Constance; elle a aussi des rivières navigables, comme le Danube, le Rhin, l'Elbe, l'Oder, le Wé-

247.

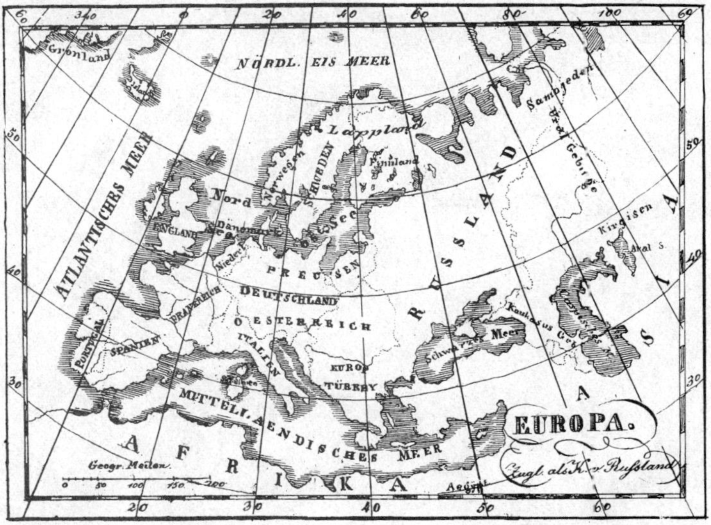
Grönland
NÖRDL. EIS MEER
Lappland
Samojeden
Ural Gebirge
Norwegen
SCHWEDEN
Finnland
RUSSLAND
ATLANTISCHES MEER
Nord See
Dänemark
Ost See
ENGLAND
Kirgisen
Aral S.
ASIA
PREUSSEN
DEUTSCHLAND
FRANKREICH
OESTERREICH
Kaukasus Geb.
Schwarzes Meer
PORTUGAL
SPANIEN
ITALIEN
EUROP. TÜRKEY
MITTELLAENDISCHES MEER
AFRIKA
EUROPA.
Zugl. als K. v. Rußland
Geogr. Meilen
Aegypt.

248.

NORD SEE
OST SEE
Holst.
Pommern
Oldenburg
Mecklenb.
HANNOVER
Brandenb.
NIEDERLANDE
Warschau
POLEN
Berlin
Oder
Schlesien
Krakau
Kr. SACHSEN
Paris
Luxemburg
Nürnberg
Dresden
Mähren
BAYERN
Prag
Baden
Stuttgart
WÜRTEM. BERG.
Böhmen
Wien
München
FRANKREICH
Oestreich
UNGARN
Tyrol
Steyerm.
DEUTSCHLAND.
Krain
Lombardey
Venedig
Croatien
Geogr. Meilen

cker and the Main discharging themselves into the Rhine.

It is divided into many countries, the most remarkable of which are. Bavaria, Saxony, Hessia, Franconia, Swabia with Wurtemberg and Baden, Bohemia, Moravia, Hanover, Arch Dukedom Austria with Tyrolle, Silesia, and the remaining Prussian provinces.

The most famous towns are: Vienna where the Emperor of Austria resides, Berlin the residence of the king of Prussia, Dresden, Leipzic, Munich, Augsburg, Norimberg, Stuttgart, Mayence, Frank-fort, Trieste, Hamburg, Cologn, Prague, Breslaw etc.

Germany is very thickly inhabited, and built, and reckons above 30 million of inhabitants.

The most famous mountains are the Hercynian forest, the Gean mountain, Erzgebirg, the Bohemian forest, Fichtelberg, Thuringian forest, the black forest, and the tirolese Alps.

On the whole Germany possesses every thing conducive to the wants and comforts of life.

Main, welche sich in den Rhein ergießen.

[3]Es ist in viele Länder getheilt; die vorzüglichsten sind: Baiern, Sachsen, Hessen, Franken, Schwaben mit Würtemberg u. Baden, Böhmen, Mähren, Hannover, das Erzherzogthum Oestreich mit Tirol, Schlesien und die übrigen preußischen Provinzen.

[4]Die vorzüglichsten Städte sind: Wien, wo der Kaiser von Oestreich residirt, Berlin, die Residenz des Königs von Preußen, Dresden, Leipzig, München, Augsburg, Nürnberg, Stuttgart, Mainz, Frankfurt, Triest, Hamburg, Cöln, Prag, Breslau u. s. w.

[5]Deutschland ist sehr stark bewohnt und angebaut, und hat über 30 Millionen Einwohner.

[6]Die berühmtesten Gebirge sind: der Harz, das Riesengebirge, das Erzgebirge, der Böhmerwald, das Fichtelgebirge, der Thüringerwald, der Schwarzwald und die Tiroler-Alpen.

[7]Im Ganzen besitzt Deutschland Alles, was zur Nothdurft und Bequemlichkeit des Lebens gehört.

ser; de même le Necker et le Main, qui se jètent dans le Rhin.

Elle est divisée en plusieurs pays, dont les principaux sont: la Bavière, la Saxe, la Hesse, la Franconie, la Souabe avec le Würtemberg et le pays de Bade; la Bohème, la Moravie, le Hannovre, l'archiduché d'Autriche avec le Tirol; la Silésie, et d'autres provinces appartenantes à la Prusse.

Les villes principales sont Vienne, résidence de l'Empereur d'Autriche; Berlin, résidence du Roi de Prusse; Dresde, Leipsic, Munich, Augsbourg, Nuremberg, Stuttgart, Mayence, Francfort, Trieste, Hambourg, Cologne, Prague, Breslau etc.

L'Allemagne est très peuplée et bien cultivée; elle a plus de trente millions d'habitants.

Les montagnes les plus renommées de l'Allemagne sont le Hartz, la montagne des Géans, l'Erzgebirg, la forêt Bohêmienne, le Fichtelberg, la forêt de Thuringue, la forêt noire et les Alpes Tiroliennes.

En général, l'Allemagne possède tout ce qui est nécessaire à la vie et tout ce qui peut la rendre agréable.

Knowledge and the arts are pursued with great diligence, and daily rise as well as commerce to greater increase.

[8] Gelehrsamkeit und Künste werden stark betrieben und kommen, sowie die Handlung, täglich in größere Aufnahme.

On s'applique beaucoup aux sciences et aux arts, dans l'Allemagne. Ils font chaque jour de nouveaux progrès, ainsi que le commerce.

Germania.

[1] Germania orientem versus Hungăros; Polōnos, Borussos, meridiem versus Helvetios, Itălos, mare Adriaticum, occidentem versus Francogallos et Belgas, septentrionem versus mare Germanicum, Danos et mare Balticum spectat.

[2] Germania abundat lacubus, quos inter Bodamicus princeps est, neque desunt amnes navigiis vehendis aptissimi, velut Danubius, Rhenus, Albis, Viădrus, Visurgis, nec non Nicer ac Moenus, qui in Rhenum effunduntur.

[3] Ea in multas provincias dividitur, quarum potiores hae fere sunt: Bavaria, Saxonia, Hassia, Franconia, Suevia cum Würtembergia et Badena, Bohemia et Moravia, Hannovēra, Archiducatus Austriae cum Comitatu Tirolensi, Silesia et ceterae provinciae Borussicae.

[4] Potiores ŭrbes sunt: Vienna, ubi Austriae imperatŏr sedem habet, Berolinum, ubi Borussiae rex degit, Dresda, Lipsia, Monachium, Augusta Vindelicorum, Norimberga, Stuttgardia, Moguntia, Francofurtum, Tergeste, Hamburgum, Colonia Agrippina, Praga, Vratislavia etc.

[5] Germania cultissimis revēra terris est adnumeranda et tricies millena millia amplius incolarum complectitur.

[6] Montes Germaniae nobilissimae sunt: silvą Hercynia, Sudetes seu Gigantēi montes, montes Saxoniae metallifĕri, silva Bohemica, mons pinĭfer, silva Thuringica, silva nigra, Alpes Tirolenses.

[7] Germania, ut paucis absolvam, omnibus, quae ad bene beateque vivendum necessaria sunt, ornata est.

[8] Literis et artibus magnum a Germanis pretium statuitur, unde majora illas in dies cum mercatura incrementa capĕre videmus.

249.

Der Organist.

The Organist. — *L'Organiste.*

The taste of the Germans for music has rendered them parti-

[1] Der Geschmack der Deutschen für die Musik hat sie für Verfertigung

Le goût des Allemands pour la musique les a rendus ha-

cularly apt in the forming of musical instruments.

For the invention of the piano forte, the tones of which can be rendered at pleasure either lighter or stronger, we are indebted to the Germans.

They also are the first who formed an organ that most perfect and astonishing of all instruments.

Its high and solemn tones agree very well with sacred music, and it rises from the deepness of thunder to the softest Harmony.

All instruments must yield to a mechanical construction, which supplies the place of a complete orchestra.

It is in fact a numerous union of wind instruments in the form of tin, leaden, and wooden tubes or pipes which emit a tone by the hand or foot at the will of the Organist and which receive air by means of the bellows.

The touch board, the pedal, the pipes, the bellows, the air conductor, and the register are parts of the organ.

musikalischer Instrumente besonders geschickt gemacht.

2 Die Erfindung der Pianofortes, d. h. der Claviere, deren Ton man nach Belieben schwächen und verstärken kann, verdankt man den Deutschen.

3 Sie sind es auch, die die Orgel, das vollkommenste und erstaunenswürdigste aller musikalischen Instrumente, zuerst verfertigt haben.

4 Ihre erhabenen und ergreifenden Töne vereinigen sich vortrefflich mit dem Kirchengesang, und sie steigt von dem Getöse des Donners bis zur sanftesten Harmonie herab.

5 Alle Instrumente haben einer künstlichen Einrichtung weichen müssen, welche die Stelle eines ganzen Orchesters ausfüllte.

6 Es ist in der That eine zahlreiche Vereinigung von Blasewerkzeugen in Gestalt zinnerner, bleierner und hölzerner Röhren oder Pfeifen, welche die Hand oder der Fuß des Organisten nach Belieben ertönen läßt, und welche durch die Windzüge Luft erhalten.

7 Das Manual, das Pedal, die Pfeifen, die Blasebälge, die Windlade und die Register sind Theile der Orgel.

biles dans la confection des instruments de musique.

L'invention des forté-pianos, c'est-à-dire des clavecins dont on peut à volonté baisser ou renforcer les sons, est dûe aux Allemands.

Ce sont encore eux qui, les premiers ont fait l'orgue, le plus complet et le plus étonnant de tous les instruments de musique.

Ses sons majestueux et imposants s'allient parfaitement au chant d'église, et il peut descendre, du fracas du tonnerre, à la plus douce harmonie.

Tous les instrumens ont été obligés de céder la place à un mécanisme qui tient lieu d'un orchestre entier.

L'orgue est une réunion d'instrumens à vent, faits avec de l'étain, du plomb et du bois, en forme de tuyaux; l'organiste les fait résonner à volonté avec la main et le pied, et ils reçoivent le vent par des conduits d'air.

Les touches, les pédales, les tuyaux, les soufflets, le sommier et les registres sont des parties de l'orgue.

We are acquainted with the hand organs, upon which a man upon the most simple construction can give us at pleasure, any favourite air.

There are also pendulum clocks which are constructed like an organ.

8 Wir kennen die Tragorgeln, auf welchen ein Mann durch eine ganz einfache Vorrichtung uns unsere beliebten Singstücke hören läßt.

9 Es giebt auch Pendeluhren, die wie eine Orgel eingerichtet sind.

Nous avons des orgues portatives sur lesquelles un homme du peuple, par un mécanisme très-simple, peut nous faire entendre des airs favoris.

Il y a aussi des pendules qui renferment de petits jeux d'orgue.

Organista.

1 Studium singulare musices, quo Germani tenentur, conficiendis instrumentis musicis eos maxime idoneos reddidit.

2 Inventionem polychordi amplioris seu clavichordii illius, cujus sonus, prout libet, lenior aut acrior efficitur, Germanis debemus.

3 Ii ipsi quoque orgănum pneumaticum, instrumentum musicum, quo perfectius et mirabilius non novimus, primi fabricati sunt.

4 Soni ejus excelsi, et graves cantui sacro egregie congruunt, et, tonitru fragorem imitatum, ad lenissimam descendit harmoniam.

5 Omnia instrumenta musica structurae illi artificiosae cedere oportebat, quae vices concentus, qualis in odeo fit, explebat.

6 Sane quam plurima instrumenta pneumatica, formam cicutarum seu fistularum e stanno, plumbo et ligno factarum referentia, inter se junguntur, quae manus aut pes organistae pro lubitu ciet, follibus ventum eis immittentibus.

7 Canon ad manus, canon pedalis, cicūtae, folles, arca et pinnae partes sunt orgăni.

8 Novimus etiam organa pneumatica portatilia, in quibus vir e plebe apparatus simplicissimi ope cantica, quae maxime placent, audienda nobis praebet.

9 Sunt quoque horologia cum momento pendulo organi pneumatici instar constructa.

250.

Der Cantor und der Küster.

The Singer, and Sacristan.

Le chantre et le sacristain.

The singers are ordained to lead the

1 Die Cantoren oder Vorsänger sind ange=

La fonction des chantres est de chanter des

249.

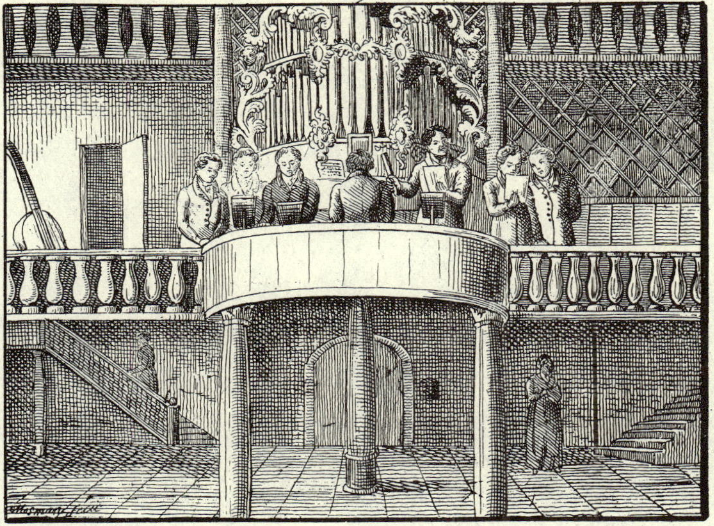

250.

psalm and its verses for the congregation, and to instruct the young in singing, who must first learn what a whole or half note is, a crotchet, quaver, and semiquaver.

He choses boys and young people who have a good taste for music, and an excellent voice, and gives them instruction in soprano, second tenor, tenor, and bass.

In singing the leader beats the time, and they who keep the measure, make good pauses, and when it is necessary, higher or deepen their voices are praised by him.

The male and female singers sing airs, duets, trio's and quartets.

The sacristan who is entrusted with the church key must open and shut the church at the proper time.

It is his duty to ring the matins, for the sermon, and choir, and Vesper, as likewise for the dead when they are to be interred.

He takes care of the lights on the altar and the setting out

ordnet, daß sie die Gesänge und ihre Absätze der Gemeine vorsingen und die Jugend im Singen unterweisen, welche zuerst lernen muß, was eine ganze oder halbe Note, ein Viertel, Achtel oder Sechszehntel sey.

2 Der Cantor wählt Knaben u. junge Leute, welche gute Anlagen zur Musik und ein vortreffliches Organ haben, und unterrichtet sie im Discant, Alt, Tenor und Baß.

3 Bei dem Singen giebt er den Takt, und die werden gelobt, welche bei der Mensur bleiben, gut pausiren und die Stimme, wenn es nöthig ist, verstärken oder schwächen.

4 Die Sänger und Sängerinnen singen Arien, Duette, Terzette und vierstimmige Chöre.

5 Der Meßner oder Küster, welchem man die Kirchenschlüssel anvertraut, muß die Kirche zu rechter Zeit öffnen und schließen.

6 Ihm liegt es ob, zur Frühmesse und zur Predigt, zum Chor und zur Vesper zu läuten, wie auch den Todten, wenn sie beerdigt werden.

7 Er besorgt die Lichter auf den Altar und die Aufstellung der hei-

hymnes et des cantiques dans les assemblées religieuses, et d'apprendre le chant à la jeunesse, à laquelle ils montrent d'abord ce que c'est qu'une ronde, une blanche, une noire, une croche ou une double croche.

Le chantre choisit des enfans et de jeunes gens qui ont de la voix et des dispositions pour la musique; il leur apprend les dessus, la hautecontre, la haute taille et la basse.

Il bat la mesure pendant l'exécution; il loue ceux qui la marquent bien, qui s'arrêtent bien aux pauses, qui affaiblissent et renforcent la voix à propos.

Les chanteurs et les chanteuses chantent des airs, des duo, des trio et des morceaux à quatre voix.

Le sacristain, auquel on confie les clefs de l'église, est obligé de l'ouvrir et de la fermer.

C'est lui qui doit sonner la première messe, le sermon, le choeur, les vêpres et les enterremens.

Il a soin des cierges et des vases qu'il place sur l'autel; il

the holy vessels, and collects the money for the poor in the money bag.

For the manifestation of public rejoicing all the bells are pealed.

The whole town is affrighted if the bell sounds to announce a fire having broken out in some place.

ligen Gefässe, und sammelt für die Dürftigen Geld mit dem Klingelbeutel.

[8] Zum Zeichen allgemeiner Freude läutet man mit allen Glocken.

[9] Die ganze Stadt wird in Schrecken gesetzt, wenn man die Glocke schlägt, um anzuzeigen, daß irgendwo Feuer ausgebrochen sey.

rassemble dans la bourse l'argent pour les pauvres.

Dans les fêtes publiques, on sonne de toutes les cloches.

Toute la ville est saisie d'effroi quand on sonne le beffroi (tocsin) pour annoncer une incendie.

Cantor et aedituus.

[1] Cantores instituti sunt, ut hymnos eorumque strophas coetui praecĭnant et juventutem musica expoliant, cui primum discendum est, quid sit nota alba integra, vel caudata, nigra caudata, adunca vel adunca duplex.

[2] Cantor eligit pueros et adolescentes, qui ingenio ad musicam egregie composito et singulari vocis modulatione gaudent, eosque acutam vocem, alterum ab acuto sonum, sonum subgravem et gravem cantare docet.

[3] In concentu numeros moderatur, et illi laudantur, qui ad modos numerosque vocem accommodant, eam bene tenentet, prout necesse est, clariores aut leniores sonos edunt.

[4] Cantores et cantatrices aut arias, quas vocant, proferunt, aut duarum vel trium vocum cantus, aut choros quatuor vocibus descriptos.

[5] Aedituum, cui claves templi concreduntur, aedem sacram constituto tempore aperire et claudere oportet.

[6] Est illius, ad preces matutinas et concionem, ad horarium pensum et vesperas dato campanae signo vocare, defunctos etiam in pompa funebri campanarum sonitu prosĕqui.

[7] Ille curat candelas et vasa sacra altari imponendas, et in egenorum usum nummos colligit pera tinnula.

[8] Festo publicae gratulationis numerosis canunt campanis.

[9] Toti civitati terror incutitur, si campanae pulsantur, quo indicetur, flammam alicubi erupisse.

251.

Der Gottesdienst.

Divine service. — *Le culte divin.*

All nations who are alone in a certain degree civilized acknowledge a divine Being who is infinitely raised above all created subjects.

We draw this knowledge of God in part from the book of Nature for the work praises the Master, and partly from the Holy Scriptures.

This supreme God governs every thing he has made with the greatest Wisdom and goodness and attends to the constant preservation of all his works.

For this reason the man endowed with reason must avoid committing any thing not strictly moral, and honour God with the worship due to him.

The worship is held in the Church where the Choir stands, and altar, the vestry room, pulpit, pews, the gallery, and the baptismal font.

After a psalm has been sung, the cler-

[1] Alle Völker, welche nur einigermaßen gebildet sind, erkennen ein göttliches Wesen, das unendlich über alle Geschöpfe erhaben ist.

[2] Diese Erkenntniß Gottes schöpfen wir theils aus dem Buche der Natur, denn das Werk lobt den Meister, theils aus der heiligen Schrift.

[3] Dieser erhabene Gott regiert Alles, was er erschaffen hat, mit der größten Weisheit und Güte, und sorgt für die beständige Dauer aller seiner Werke.

[4] Für dieses Alles müssen die mit Vernunft begabten Menschen das vermeiden, was nicht moralisch gut ist, und Gott auf die gehörige Art verehren.

[5] Der Gottesdienst wird in der Kirche verrichtet, in welcher der Chor ist mit dem Altar, die Sacristei, die Kanzel, die Kirchenstühle, die Emporkirchen und der Taufstein.

[6] Nachdem ein Lied gesungen worden ist, be-

Tous les peuples qui ont quelque civilisation, reconnaissent un être divin, infiniment élevé au-dessus de toutes les créatures.

Nous puisons cette connaissance dans le livre de la nature: car l'oeuvre loue le maître. Nous la puisons aussi en partie dans les livres sacrés.

Ce Dieu suprême gouverne, avec la plus grande sagesse et la plus grande bonté, tout ce qu'il a créé; il veille continuellement à la conservation de tous ses ouvrages.

Pour tous ces bienfaits, les hommes raisonnables sont obligés d'éviter tout ce qui est moralement mauvais, et de lui rendre le culte qui lui est dû.

Le service divin se fait à l'église, où sont le choeur avec l'autel; la sacristie, la chaire, les chaises, la tribune et les fonts de baptême.

Après un cantique religieux, le pasteur

gyman ascends the pulpit, and preaches over a prescribed text.

He catechises also very often, in which the boys and girls are instructed in the principles of religion.

Mass is read by the Roman Catholics.

tritt der Pfarrer die Kanzel und hält über einen vorgeschriebenen Text eine Predigt.

7 Oft hält er auch Kinderlehre, in welcher die Knaben und Mädchen in den Grundsätzen der Religion unterrichtet werden.

8 Bei den Katholiken wird auch Messe gelesen.

monte en chaire et fait un sermon d'après un texte prescrit.

Souvent aussi il fait le catéchisme, où les garçons et les filles sont instruits sur les principes de la religion.

Chez les Catholiques on dit aussi la messe.

Dei cultus.

1 Omnes ad unam gentes, quas ulla humanitatis sensu imbūtas esse scimus, cognoscunt numen divinum, quod, quidquid generatum est et in coelo et in terris, longe superat.

2 Eam quidem Dei cognitionem partim e magno quasi naturae libro haurimus, opus enim artificem commendat, partim e scriptura sacra.

3 Deus hic maxime excelsus, quaecunque creavit, sapientissime atque optime gubernat, conservandisque in perpetuum operibus prospicit.

4 Pro his rebus omnibus homines ratione praĕditi tenentur, ea vitare, quae moribus bonis repugnant, debitoque cultu Deum prosĕqui.

5 Divina officia (sacra) in templo fiunt, in quo est penetrale cum altari, sacrarium, suggestus, subsellia, ambones et baptisterium.

6 Cantato hymno sacro parŏchus in suggestum prodit et de verbis praescriptis concionatur.

7 Saepe etiam pueros ac puellas principiis religionis more Socratico imbuit, quod catechēsin vocant.

8 Apud Pontificios etiam liturgīa administratur.

252.

Die natürliche Religion.

Natural Religion.

La religion naturelle.

Every man who has contemplated the various changes in the

1 Ein jeder Mensch, der über die Veränderungen in der Welt nach-

Tout homme capable de s'élever à la contemplation de l'univers,

251.

252.

world must come to the conclusion from the wise arrangement of all things, that there exists a Being from whom all things are created and governed.

This Being the creator and preserver of all things is called God, who is infinitely raised above all things.

The principal doctrines of natural religion are these; That there is only one God who created all things after his free will.

This Supreme God governs all things with the greatest goodness and wisdom, and looks to the continual preservation of his works.

He rewards the good and punishes the bad.

Man must therefore study him rightly, and worship him in a becoming manner.

They should make it their duty to avoid all immorality, and try to imitate as much as lays in their power, the author of nature.

denken gelernt hat, wird aus der weisen Einrichtung aller Dinge schließen, daß ein Wesen vorhanden sey, von dem Alles herrühre und regiert werde.

[2] Dieses Wesen nun, das alle Dinge erschaffen hat und noch immer erhält, nennen wir Gott, der über Alles weit erhaben ist.

[3] Die vorzüglichsten Lehrsätze der natürlichen Religion sind diese: Es ist ein einziger Gott, der Alles nach freiem Willen hervorgebracht hat.

[4] Dieser erhabene Gott von unbeschränkter Macht regiert Alles mit der größten Güte und Weisheit, und sorgt für die beständige Fortdauer seiner Werke.

[5] Er belohnt das Gute und bestraft das Böse.

[6] Die Menschen müssen ihn daher recht kennen lernen und ihn auf gehörige Art verehren.

[7] Sie sollen es sich zur Pflicht machen, Alles zu fliehen, was moralisch schlecht ist, und dem Urheber der Natur, so sehr als möglich, ähnlich zu werden suchen.

sera convaincu qu'il existe un être qui dispose et gouverne toutes choses.

Or cet être qui a créé le monde et qui le conserve, nous l'appelons Dieu, est celui qui est infiniment élevé au-dessus de tout.

Tels sont les dogmes principaux de la religion naturelle: Il y a un seul Dieu qui a tout créé selon sa libre volonté.

Ce Dieu suprême d'une puissance infinie gouverne tout avec la plus grande bonté et la plus grande sagesse; il veille continuellement à la conservation de ses ouvrages.

Il récompense le bien et punit le mal.

Les hommes doivent donc apprendre à le connaître et à lui rendre le culte qui lui est dû.

Ils doivent fuir tout ce qui est mauvais, et s'efforcer de devenir semblables à l'auteur de la nature.

Theologia naturalis.

[1] Quicunque mutationes in rerum universitate obvias diligentiori contemplatione scrutatur, cogitando facile eo deveniet, ut fir-

missime sibi persuadeat, numen esse quoddam, abs quo cuncta creata sint et regantur.

[2] Numen illud, quod omnium rerum creator est et conservator, Deus audit, ab omnibus immensum quantum differens.

[3] Praecipua, quae in theologia naturali habentur, dogmata, haec fere sunt: Unus est Deus, qui omnia libere produxit.

[4] Hic Deus augustissimus, cujus potentia nullis circumscribitur limitibus, omnia maxima cum sapientia et benignitate regit, conservandisque in perpetuum operibus suis prospicit.

[5] Bonum remuneratur, in malum vero graviter animadvertit.

[6] Est igitur hominum, rite eum cognoscere, debitoque cultu eum prosequi.

[7] Quidquid abhorret a morum honestate, quam maxime fugiant, et id agant, ut naturae auctori, quantum licet, similes fiant.

253.

Das Heidenthum.

Heathenism.

Those nations are called Heathen who are ignorant of the true God, and worship idols.

Sensual man feels the influence of the sun and moon, and stars, on this account he ascribes to them divine honours.

Men honour the memory of Hero's, lawgivers, and inventors, by erecting to them statues, and at last placed them in the number of the Gods, as Hercules.

The Heathens erect temples for their Gods,

[1] Heiden nennt man diejenigen Völker, welche den wahren Gott nicht kennen, sondern erdichtete Götzenbilder göttlich verehren.

[2] Der sinnliche Mensch fühlte den Einfluß der Sonne, des Monds und der Sterne; deßwegen erwies er zuerst diesen göttliche Ehre.

[3] Man ehrte das Andenken der Helden, Gesetzgeber und Erfinder, indem man ihnen Bildsäulen errichtete, und endlich versetzte man sie unter die Götter, wie Herkules.

[4] Die Heiden bauen ihren Götzen Tempel,

Le paganisme.

On appelle généralement païens les peuples qui ignorent le vrai Dieu et adorent les idoles.

L'homme sensuel sentit l'influence du soleil, de la lune et des étoiles; et voilà pourquoi il rendit d'abord un culte à ces astres.

On honora aussi la mémoire des héros, des legislateurs et des inventeurs des arts; on leur érigea des statues, et enfin on les mit au nombre des Dieux, comme Hercule.

Les païens bâtissent des temples à leurs

offer sacrifice and make supplications, festivals, and solemn rights to them and ordain priests and priestesses.

The missionaries labour with good effect for the conversion of the Heathen.

The most famous Gods of the ancients were: Jupiter or Jove the God of Heaven and earth, Neptune the God of the sea, Pluto the God of Hell, Mars the God of war, Saturn the God of time, Apollo the God of the arts, Mercury the God of eloquence and merchandize, and the messenger of the Gods, Vulcan the God of fire and Smiths trade Bacchus the God of wine, and Aeolus the God of the wind.

They had also Goddesses, as Venus the Goddess of love with the three Graces, and her son Cupid, Minerva or Pallas the Goddess of war and the sciences, with the nine muses who were the presiders of the liberal arts, Ceres the Goddess of corn, Diana the Goddess of hunting, Vesta the Goddess of Chastity, Juno the Goddess of riches, of marriage, and the

opfern ihnen, stellen ihnen zu Ehren Gebete, Feste und Feierlichkeiten an, und haben Priester und Priesterinnen.

[5] An der Bekehrung der jetzigen Heiden arbeiten die Missionäre mit gutem Erfolge.

[6] Die vorzüglichsten Götter der Alten waren: Jupiter oder Zeus, der Gott des Himmels und der Erde, Neptun, der Gott des Meers, Pluto, der Gott der Unterwelt, Mars, der Gott des Kriegs, Saturn, der Gott der Zeit, Apollo, der Gott der Künste, Merkur, der Gott der Beredsamkeit und der Kaufleute, und der Bote der Götter, Vulkan, der Gott des Feuers und der Schmiede, Bacchus, der Gott des Weins, und Aeolus, der Gott der Winde.

[7] Sie hatten auch Göttinnen, als: Venus, die Göttin der Liebe mit den drei Grazien und ihrem Sohn Amor oder Cupido, Minerva oder Pallas, die Göttin des Kriegs und der Wissenschaften, mit den neun Musen, welche die Vorsteherinnen der freien Künste waren, Ceres, die Göttin des Getreides, Diana, die Göttin der Jagd, Vesta, die Göttin der Keuschheit, Juno, die Göttin

idoles; ils instituent en leur honneur des prières, des fêtes et des solemnités; ils ont des prêtres et des prêtresses.

Les missionaires travaillent avec succès à la conversion des idolatres.

Voici les principaux dieux des anciens: Jupiter, Dieu du ciel et de la terre; Neptune, Dieu de la mer; Pluton, Dieu de l'enfer; Mars, Dieu de la guerre; Saturne, Dieu du temps; Apollon, Dieu des arts; Mercure, Dieu de l'éloquence et des marchands, et le messager des dieux; Vulcain, Dieu du feu et des forgerons; Bacchus, Dieu du vin; Eole, Dieu des vents.

Ils avaient aussi des Déesses, telles que Vénus, Déesse des amours avec les trois grâces et son fils Cupidon; Minerve ou Pallas, Déesse de la guerre et des sciences, avec les neuf Muses qui présidaient aux arts libéraux; Cérès, Déesse des moissons; Diane, Déesse de la chasse; Vesta, Déesse de la chasteté; Junon, Déesse des richesses, des noces, et la Déesse tu-

patron of women, the Furies the Goddesses of anger, the Fates the fatal Goddesses, the changing Fortune, and the Nymphs.

des Reichthums, der Hochzeiten und die Schutzgöttin der Frauen, die Furien, die Göttinnen der Wuth, die Parcen, die Göttinnen des Schicksals, Fortuna oder die wankende Glücksgöttin und die Nymphen.

télaire des femmes; les Furies, les Parques, la Fortune, et les Nymphes.

Error paganus.

[1] In ethnicorum (paganorum, gentilium) numero eae vulgo referuntur gentes, quae a salutari unīus Dei cognitione alienae ficta idōla colunt.

[2] Homo, qui sensuum imperio subest, solis, lunae siderumque vim expertus, splendida haec Dei munera numinum loco habuit.

[3] Viri fortes, legislatores et rerum utilium inventores colebantur, statuae in eorum memoriam ponebantur, et tandem inter coélites ipsos referebantur, ut Hercules.

[4] Pagani, quae colunt, idōlis templa, sacrificia, supplicationes, dies festos solemnitatesque dedĭcant, suntque iis sacerdōtes.

[5] Nostra aetate viri ablegantur, qui paganos ad fidem christianam invītent, et conatus eorum non irritos esse, satis constat.

[6] Praecipua priscorum numina erant: Jupiter, deus coeli ac terrae, Neptūnus, deus marium, Pluto, deus inferorum seu orci, Mars, deus belli, Saturnus, deus temporis, Apollo, deus artium, Mercurius, deus eloquentiae et mercatorum, et nuntius deorum, Vulcanus, deus ignis et fabrorum, Bacchus, deus vini, et Aeolus, deus ventorum.

[7] Deae quoque iis fuēre: Venus, dea amoris et voluptatis cum tribus Gratiis et filiolo Cupīdine, Minerva seu Pallas, dea belli et literarum, et novem Musae, praesĭdes artium liberalium, Ceres, dea frugum, Diana, dea venationis, Vesta, dea pudicitiae et castitatis, Juno, dea divitiarum, nuptiarum et patrōna feminarum, Furiae, deae furoris, Parcae, deae fatales, Fortuna, varia semper atque mutabilis, et Nymphae.

253.

254.

254.

Das Judenthum.

Judaism. | *Le judaïsme.*

God chose for himself the posterity of Abraham, who were instructed immediately from him in the knowledge of the true religion.

This Patriarch by means of circumcision founded a peculiar people and Church.

Afterwards God gave to this people thro' Moses on mount Sinai the holy commandments, written on tables of stone.

He further ordained the institution of the passover, incense, and the sacrifices on the altar by the priests.

The jewish people were also instructed in the exercise of justice, humanity and love towards man.

Moses at the command of God prepared the tabernacles and ark of the covenant, and ordained certain festivals.

The Jews believe in the one God, but they reject the Divi-

[1] Gott wählte sich die Nachkommen des Abraham zu seinem Volke aus, welche von ihm unmittelbar mit der wahren Gottesverehrung bekannt gemacht wurden.

[2] Dieser Erzvater hat mittelst der Beschneidung ein eigenes Volk und eine besondere Kirche gestiftet.

[3] Nachher hat Gott diesem Volk durch Moses auf dem Berge Sinai sein heiliges Gesetz gegeben, geschrieben auf steinerne Tafeln.

[4] Ferner verordnete er das Essen des Osterlamms, das Rauchwerk und die auf dem Altar durch die Priester darzubringenden Opfer.

[5] Auch wurde das jüdische Volk von der Ausübung der Gerechtigkeit, Billigkeit und Menschenliebe belehrt.

[6] Moses ließ auf Gottes Befehl die Stiftshütte und die Bundeslade verfertigen und ordnete gewisse Feste an.

[7] Die Juden glauben einen einzigen Gott, aber sie verwerfen die

Dieu se choisit pour son peuple les descendants d'Abraham, auxquels il révéla immédiatement la vraie religion.

Ce patriarche a établi par la cérémonie de la circoncision un peuple particulier et une église particulière.

Plus tard, par le ministère de Moïse, Dieu donna à ce peuple, sur le mont Sinaï, sa sainte loi écrite sur des tables de pierre.

Il ordonna de manger l'agneau pascal, et de lui offrir des parfums et des sacrifices, par les mains des prêtres.

Il instruisit aussi le peuple d'Israël des lois de la justice, de l'équité et de l'humanité.

D'après l'ordre de Dieu, Moïse fit faire l'arche d'alliance, et il institua des fêtes.

Les Juifs croient à un seul Dieu; mais ils rejettent la divinité

nity of Christ, and expect the future Messiah.

The Jews are at present scattered over the whole world, what Jesus fortold and have no state of their own.

In many countries their condition hitherto pitiable, is much improved, and they frequently enjoy the same rights as other citizens.

The doctrines of the Jews are contained in the old Testament and Talmud.

Göttlichkeit Jesu und erwarten noch den künftigen Messias.

[8] Gegenwärtig sind die Juden in alle Theile der Welt zerstreut, was ihnen Jesus vorhergesagt hatte, und haben keine bürgerliche Verfassung mehr.

[9] In mehreren Staaten ist ihr Zustand, der bisher bedauernswerth war, bedeutend verbessert worden, und häufig genießen sie die nämlichen Rechte, wie die anderen Bürger.

[10] Die Lehren der Juden sind im alten Testament und im Talmud enthalten.

de Jésus-Christ, et attendent encore le Messie.

A présent les Juifs sont dispersés dans toutes les parties du monde, comme avait prédit Jésus-Christ; et ils n'ont plus de constitution politique.

Jusqu'ici ils avaient eu une bien triste condition, mais elle a été ameliorée dans plusieurs pays, et souvent ils jouissent des mêmes droits, que les autres citoyens.

La doctrine des Juifs est contenue dans les livres de l'ancien testament et dans le Talmud.

Sacra judaica.

[1] Deus sibi Abrahami postĕros gentem suam elēgit, quibus vera religio per ipsum innotuit.

[2] Hic patriarcha circumcisionis ritu singularem populum et ecclesiam Dei constituit.

[3] Huic genti postea Deus per Mosen in Sina monte sanctam suam legem dedit, in tabulis lapĭdeis scriptam.

[4] Porro instituit agni paschalis manducationem, suffītus et sacrificia in altari per sacerdotes offerenda.

[5] Judaeorum quoque gens de justitiae, aequitatis atque humanitatis studiis edocebatur.

[6] Moses Dei jussu tabernaculum cum arca foederis cónfici jussit et dierum quorundam festorum auctor fuit.

[7] Judaei unum tantum Deum esse credunt, sed divinam Jesu originem negant, et venturi Messiae adventum adhuc exspectant.

[8] Nostra aetate Judaei in omnes terrarum partes dispersi vivunt, quod Jesus iis praedixerat, nec communi civium republica junguntur.

[9] In compluribus civitatibus conditio eorum, hucusque admodum miseranda, valde sublevata est, et saepe iisdem juribus gaudent, quibus ceteri cives.

[10] Doctrina Judaeorum in vetere testamento et in Talmudi libris continetur.

255.

Die Muhammedanische Religion.

The Mahometan Religion.

Mahomed born in Arabia towards the end of the sixth century, pursued at first the trade of a Merchant in his native country.

But since in this his great mind found no peace, he formed the plan of founding a new religion, and making himself the head of it.

This religion he composed from the Heathen, Jewish and Christian religions.

He feigned to have spoken with the Arch angel Gabriel, and the Holy Ghost thro' a pigeon, which he had taught for this purpose.

His followers restrain from wine, and like the Jews from pork, and allow polygamy.

From the small towers of their mosques, which are called minarets, they are not called to worship by bells, but by the call of the priests.

[1] Muhammed, gegen Ende des 6ten Jahrhunderts in Arabien geboren, trieb anfangs in seinem Vaterlande die Kaufmannschaft.

[2] Da aber sein großer Geist hierin keine Befriedigung fand, so faßte er den Plan, eine neue Religion zu stiften und sich zum Haupt davon zu machen.

[3] Diese Religion setzte er aus der heidnischen, jüdischen und christlichen zusammen.

[4] Er gab vor, der Erzengel Gabriel und der heilige Geist reden mit ihm durch eine Taube, die er dazu abrichtete.

[5] Seine Anhänger enthalten sich des Weins, und, wie die Juden, des Schweinefleisches, und heirathen mehrere Frauen.

[6] Von den kleinen Thürmen ihrer Moscheen, welche man Minarets nennt, werden sie nicht durch die Glocken, sondern durch den Ruf des Priesters zum Gottesdienste versammelt.

Le mahométisme.

Mahomet naquit en Arabie sur la fin du sixième siècle, et d'abord il s'adonna au commerce dans sa patrie.

Mais son grand génie n'étant point satisfait, il forma le projet de fonder une nouvelle religion et de s'en faire le chef.

Il composa cette religion avec la païenne, la judaïque et la chrétienne.

Il assurait que l'archange Gabriel et le Saint-Esprit lui parlaient sous la forme d'un pigeon qu'il avait dressé à cet effet.

Ses sectateurs ne boivent point de vin; comme les Juifs, ne mangent point de chair de porc, et épousent plusieurs femmes.

Du haut des petites tours de leurs mosquées qu'on nomme minarets, la voix des prêtres, et non le son des cloches, les appelle au service divin.

They wash themselves frequently, are benificent towards the poor, pray diligently, fast much, and make a pilgrimage to Mecca and to the Tomb of Mahomed in Medina.

They honour Christ not as the son of God, but as a Prophet, inferior however to Mahomed.

Their laws are called the Alcoran.

Mahomed spread his doctrines by the force of arms.

His flight from Mecca to Medina is on this account memorable, because the Turks reckon their years from this epoch.

7 Sie waschen sich oft, sind wohlthätig gegen die Armen, beten fleißig, fasten streng, und wallfahrten nach Mekka und zu dem Grabe des Muhammed, welches zu Medina ist.

8 Sie ehren Jesus nicht als einen Sohn Gottes, sondern als einen Propheten, der jedoch kleiner sey, als Muhammed.

9 Ihr Gesetz nennen sie Alkoran.

10 Muhammed breitete seine Lehre durch die Gewalt der Waffen aus.

11 Seine Flucht (Hedschira) von Mekka nach Medina ist deßwegen merkwürdig, weil die Türken von derselben an ihre Jahre zählen.

Ils se lavent souvent, sont bienfaisants envers les pauvres; ils font de fréquentes prières; ils observent un jeûne rigoureux; ils font des pélérinages à la Mecque et au tombeau de Mahomet qui est à Médine.

Ils honorent Jésus-Christ non comme fils de Dieu, mais ils le regardent comme un prophète plus petit que Mahomet.

Ils appellent leur loi Alcoran.

Mahomet étendit sa doctrine par la force des armes.

Sa fuite de la Mecque à Médine est remarquable, parceque les Turcs commencent à compter leurs années de cette époque. Cette ère se nomme Egire.

Doctrina Muhammedis.

1 Muhammedes elābente sexto post Christum natum seculo in Arabia natus, primum mercaturam ibi exercuit.

2 In qua cum summum, quo gaudebat, ingenium non satis habēret, consilium cepit novae religionis condendae, cujus ipse antesignanus esset.

3 Quam quidem religionem e pagana, judaica et christiana composuit.

4 Simulabat, Gabrielem archangelum et Spiritum sanctum cum ipso colloqui, columbae specie indūtos, ad id condocefactae.

5 Assecłae ejus abstinent vino, et quemadmodum Judaei, carne suilla, et plures uxores ducunt.

6 E minoribus sacellorum turribus non campanarum sonitu, sed a sacerdōte ad sacra vocantur.

7 Saepe corpus lavant, benefĭcos se exhibent erga pauperes, crebras preces ad Deum fundunt, sevēre jejūnant, et peregrinantur Meccam et ad Muhammedis, quod Medīnae est, sepulchrum.

8 Christum colunt, non ut filium Dei, sed ut *prophētam*, *minorem* tamen Muhammede.

9 Legum suarum codicem Alcoranum vocant.

255.

256.

10 Muhammedes doctrinam suam vi armorum propāgavit.

11 Fuga ejus Mecca Medīnam facta ideo memorabilis est, quod Turcae ab illa aeram suam orsi sunt.

256.

Die christliche Religion.

The Christian Religion.

La religion chrétienne.

The Christian religion which is in our time particularly acknowledged in Europe, is of Divine origin, and instituted by Jesus of Nazareth, the son of God; from whose birth we reckon our aera.

1 Die christliche Religion, zu welcher sich in unserer Zeit besonders Europa bekennt, ist göttlichen Ursprungs, und von Jesus von Nazareth, dem Sohne Gottes, gestiftet worden, von dessen Geburt an wir unsere Jahre zählen.

La religion chrétienne, principalement professée en Europe, est d'institution divine; elle a été fondée par Jésus de Nazareth, fils de Dieu; c'est de sa naissance que nous comptons nos années.

Those who acknowledge the doctrines of Jesus as they are contained in the canonical books of the New Testament, are called Christians, of whom there are four confessions, the Roman Catholic, Protestant, Reformed, and Greek churches.

2 Die nun, welche die Lehre Jesu, wie sie in den kirchlich anerkannten Büchern des neuen Bundes enthalten ist, bekennen, heißen Christen, von denen es vier Confessionen giebt: die Katholiken, die Protestanten, die Reformirten und die Griechische Kirche.

Ceux qui professent la doctrine de Jésus-Christ, telle quelle est renfermée dans les livres canoniques du nouveau testament, s'appellent Chrétiens. Les Chrétiens se divisent en quatre confessions: les Catholiques, les Luthériens, les Calvinistes et l'église grecque.

The principal doctrine of the Christian is that there is one God the creator and preserver of all things, whose Being consists of three persons, the

3 Die Hauptlehre der Christen ist: Es ist nur Ein Gott, der Schöpfer und Erhalter aller Dinge, dessen Wesen aus drei Personen besteht, dem Vater, dem

Voici le dogme principal de la religion chrétienne: Il n'y a qu'un seul Dieu, créateur et conservateur de toutes choses; son essence consiste en

Father, son, and Holy Ghost.

Sohn und dem heiligen Geist.

trois personnes, le Père, le Fils et le Saint-Esprit.

Jesus, born of the Virgin Mary, was seized by the Jews, who would not acknowledge him as the true person, and brought before the tribunal of Pilate, accused condemned to death, and crucified.

4 Jesus, der Sohn der heiligen Jungfrau Maria, wurde von den Juden, welche ihn nicht für den erkannten, der er wirklich war, gefangen und vor den Richterstuhl des Landpflegers Pilatus geführt; nun wurde er angeklagt, zum Tode verurtheilt und gekreuzigt.

Jésus-Christ, le fils de la sainte vièrge Marie, ne fut pas reconnu par les Juifs; ils le prirent et le conduisirent devant le tribunal de Pilate; ils l'accusèrent, le condamnèrent à mort et le crucifièrent.

He died on the cross a sacrifice for the sins of the world.

5 Er starb am Altar des Kreuzes, ein Opfer für die Sünden der Menschen.

Il mourut sur la croix, expiateur des péchés du monde.

But he arose again on the third day, and shall again descend from Heaven to awake and to judge the dead.

6 Aber am dritten Tage ist er wieder von den Todten auferstanden, und wird dereinst wieder vom Himmel kommen, um die Todten wieder aufzuwecken und zu richten.

Mais le troisième jour il ressuscita, et il reviendra pour ressusciter et pour juger les morts.

Ten days after his ascension he sent the Holy Ghost to his Apostles, whom he sent into all the world to preach his doctrines.

7 Zehn Tage nach der Himmelfahrt schickte er vom Himmel den heiligen Geist auf seine Apostel, welche er in alle Welt aussandte, um seine Lehre zu predigen.

Dix jours après son ascension, il fit descendre le Saint-Esprit sur les apôtres, et envoya ces derniers prêcher sa doctrine par toute la terre.

The protestants have only two sacraments, baptism and the Lord's supper; the Roman Catholics seven.

8 Die Protestanten haben zwei Sakramente, die heilige Taufe und das heilige Abendmahl, die Katholiken sieben.

Les protestants ont deux sacrements, le baptême et la sainte cène; les Catholiques en ont sept.

Religio christiana.

1 Quam Europa, inprimis nostra aetate, profitetur, religio christiana, divinitus nobis data, a Jesu Nazareno, eodem Dei ipsius filio, instituta fuit; ab hoc enim nato seculorum quoque nostrorum recensetur ordo.

2 Qui Jesu doctrinam ita amplectuntur, ut canonici novi foederis libri eam tradunt, Christiani

audiunt, quorum praecipue quatuor sunt ecclesiae: Pontificii, Evangelici, Reformati et Graecus coetus.

[3] Doctrina primaria, qua fides christiana nititur, haec est: Unus tantum est Deus, qui cuncta creavit et conservat; numen hoc divinum tribus constat personis: Patre scilicet, Filio et Spiritu Sancto.

[4] Jesus, filius sanctae Mariae, a Judaeis, qui eum talem non habuerunt, qualis vere fuit, captus et ad tribunal Pilati, Caesaris praefecti, raptus est; jam accusatus, capitis damnatus et cruci affixus est.

[5] Mortem subiit in crucis ara, immolatus pro universi humani generis peccatis.

[6] Tertio vero die resuscitatus est, et aliquando de coelo redibit, mortuos in vitam revocaturus et judicium de iis acturus.

[7] Decima, postquam in coelos erat sublatus, die Spiritum Sanctum in apostolos de coelo misit, quibus mandavit, ut doctrinam suam in universo terrarum orbe praedicarent.

[8] Evangelicis duo sunt sacramenta, sacer baptismus et coena sacra, Pontificiis vero septem.

257.

Die Sittenlehre.

Ethiks. — *La morale.*

This life is a pilgrimage, or a cross way, whose left hand path is broad, and the right hand narrow, the former is the road to vice, the latter to virtue.

Pay attention, Youth, imitate Hercules, leave the left hand, and abhor vice: it is indeed a beautiful entrance, but a shameful and steep exit.

Turn to the right

[1] Dieses Leben ist eine Wanderschaft, oder ein Scheideweg, dessen linker Fußsteig breit, der rechte schmal ist; jener ist der des Lasters, dieser der Tugend.

[2] Merke auf, Jüngling! ahme dem Herkules nach! verlaß den zur Linken und verabscheue das Laster! Es ist zwar ein schöner Eingang, aber ein schändlicher und jäher Ausgang.

[3] Wandle zur Rech-

La vie présente est un pélérinage; disons plutôt qu'elle a deux routes: celle à gauche est large, et c'est celle du vice; celle à droite est étroite, et c'est celle de la vertu.

Prenez y garde, jeune homme! imitez Hercule! Ne prenez point à gauche, et ayez le vice en horreur! Ce chemin, il est vrai, a une belle entrée, mais l'issue en est honteuse et esearpée.

Marchez dans le

hand, altho' the way be thorny, no way is too difficult for virtue.

Follow then where virtue guides you, thro' the narrow way to glory, and the palace of honour.

Hold the golden middle, and the straight way, for in this way you will proceed the surest.

Take care that you do not go wide from the right way, and bridle and restrain your passions and affections, that ungovernable steed, in order that you may not stumble.

Beware of verging to the left but press constantly forwards, and strive to the end and thus you will be crowned.

ten, sey der Weg auch dornig: kein Weg ist für die Tugend zu schwer.

4 Folge, wohin dich die Tugend führt, durch die Enge zum Gepränge, zu dem Schlosse der Ehren.

5 Halte die Mittelstraße und den geraden Steig, so wirst du am sichersten gehen.

6 Siehe zu, daß du dich nicht von der Rechten entfernest, und zähme und zäume deine Leidenschaften und Gemüthsbewegungen, dieses unbändige Pferd, damit du nicht stürzest.

7 Hüte dich, daß du nicht zur Linken abtretest, sondern rücke beharrlich fort und strebe dem Ende entgegen, so wirst du gekrönt werden.

chemin droit, quelque épineux qu'il soit: aucune route n'est trop difficile pour la vertu.

Marchez sur les traces de la vertu, à travers les sentiers étroits, vers le temple de l'honneur!

Demeurez au milieu et dans le droit chemin: c'est la route la plus sûre.

Gardez-vous bien de vous égarer de la droite et si vous ne voulez pas vous précipiter, refrénez vos passions, comme un cheval fougueux.

Ne vous détournez pas à gauche; mais avancez constamment et vous serez couronné.

Ethica.

1 Haec vita est peregrinatio sive bivium, cujus sinister trames latus est, dexter autem angustus; ille ad vitium, hic ad virtutem ducens.

2 Adverte, adolescens! Herculem imitare! linque sinistrum et aversare vitium turpe! Aditus quidem speciosus, sed exitus foedus est ac praeceps.

3 Ingredĕre dextra, quamquam spinosa: nulla via virtuti invia est et ardua.

4 Sequĕre, quo virtus te ducit, per angusta ad augusta, per aspera ad astra, ad arcem honoris ac gloriae.

5 Medium tene et rectum tramitem; sic tutissimus ibis.

6 Cave, excēdas a dextra, et compesce freno cupiditates tuas et affectus, equum istum ferocem, ne praeceps ruas.

7 Cave, deficias ad sinistram, sed progredĕre constanter et tende ad finem, sic corona tibi porrigetur.

257.

258.

258.

Die Klugheit.

Prudence.

Prudence looks around at all things like a snake and does, speaks or thinks nothing in vain.

It looks back on the past as in a looking glass, and views as thro' a perspective on the future and to the end; In this manner it knows what it has done, and what it has to do.

Its actions are fixed in an honourable, useful, and if possible, a pleasant boundary.

After it has chosen it plan it draws to the middle which leads to the end; it elects certain and easy means, and rather few than many, that there may be no hinderances.

It pays attention, to, and seizes on, the occasion with a bald head, and furnished with wings, by means of which it easily passes away.

It journeys on it

1 Die Klugheit sieht nach allen Dingen umher, wie eine Schlange, und thut, redet oder denkt Nichts vergebens.

2 Sie sieht, wie in einem Spiegel, auf das Vergangene zurück, und schaut, wie durch ein Perspektiv, vor sich hin auf das Künftige und auf das Ende; auf diese Art erkennt sie, was sie gethan habe, und was noch zu thun sey.

3 Ihren Verrichtungen steckt sie ein ehrbares, nützliches, und wenn es seyn kann, angenehmes Ziel.

4 Nachdem sie die Absicht gewählt hat, sieht sie sich nach den Mitteln um, die zum Ziele führen; sie erwählt aber gewisse und leichte, und lieber wenige, als viele, damit sich kein Hinderniß zeige.

5 Auf die Gelegenheit, welche einen kahlen Scheitel hat und beflügelt ist, und daher leicht entwischt, giebt sie wohl Achtung und greift schnell darnach.

6 Auf ihrem Wege

La prudence.

La prudence fait attention à tout, comme le serpent; elle n'agit, ne parle ni ne pense jamais en vain.

Elle voit dans le passé comme dans un miroir; elle regarde dans l'avenir comme à travers un télescope: c'est ainsi qu'elle voit ce qu'elle a fait, et ce qui lui reste à faire.

En toutes ses actions, elle se propose un but honnête, utile et même agréable, quand cela est possible.

Après s'être proposé la fin, elle cherche les moyens d'y parvenir; elle choisit les plus sûrs, les plus faciles et ceux qui sont en petit nombre, afin de ne rencontrer aucun obstacle.

L'occasion qui a la tête chauve et des ailes, s'échappe en un moment; c'est pourquoi la prudence la saisit à propos.

Elle va son chemin

way with care, in order that it may not give occasion of offence, or err.

It is far removed from superstition, on account of its searching the bottom of things, and rejects the belief of Ghosts and spectres.

geht sie vorsichtig weiter, damit sie nicht anstoße oder irre gehe.

7 Sie ist weit entfernt vom Aberglauben, weil sie den Grund der Dinge erforscht, und verwirft den Glauben an Hexen und Gespenster.

avec circonspection, de peur de se heurter ou de s'égarer.

Elle est bien éloignée de la superstition, parce qu'elle recherche les causes de toutes choses, et ne croit plus aux sorcières ni aux revenans.

Prudentia.

1 Prudentia omnia circumspectat, serpentis instar, nec quidquam frustra agit, loquitur vel cogitat.

2 Respicit, tanquam in speculo, praeterita, et, tanquam telescopio, futura prospicit seu finem, atque ita perspicit, quid egerit et quid porro agendum sit.

3 Rebus, quas agit, seu actionibus suis scopum praefīgit honestum, utilem, et, si quidem fieri potest, jucundum quoque.

4 Inīto consilio rationem seu viam dispicit, quae ad finem ducat; sed eligit certa consilia ac facilia, et pauciora potius, quam plura, ne quid impediat.

5 Occasioni, quae in vertice calva et insuper alata est, ideoque facile elabitur, diligenter attendit eamque captat.

6 In via caute pergit, ne pedem offendat, aut aberret.

7 A superstitione multum abest, quod causas rerum inquirit, et pernĕgat, sagas esse et spectra.

259.

Die Emsigkeit.

Industry. / *L'application.*

Industry loves work and hates idleness.

She is always busy, like an ant, and collects like it, a sufficient quantity of all things.

She does not always

1 Die Emsigkeit liebt die Arbeit und haßt die Faulheit.

2 Sie ist immer beschäftigt, wie die Ameisen, und trägt, wie diese, einen guten Vorrath aller Dinge zusammen.

3 Sie schläft nicht

L'application aime le travail et hait la paresse.

Elle est toujours occupée et fait une bonne provision comme la fourmi.

Elle ne dort pas

sleep, or walk slowly, as the lazy, and the locust, who at last suffer want and poverty.

What she has begun she pursues cheerfully to the end; she throws nothing to the morrow, and sings not the song of the crow: cras, cras, to morrow, to morrow.

She rests when she has finished her work: but as soon as she has rested, she turns again to her labour, in order that she may not become idle.

A diligent scholar is like a bee who collects honey from the various flowers in her trunk.

The idle are at last beggars.

immer, oder geht müßig, wie der Träge und die Heuschrecke, welche endlich der Mangel und die Armuth drückt.

4 Was sie angefangen hat, setzt sie munter fort bis zum Ende; sie schiebt Nichts auf den morgenden Tag auf, und singt nicht den Gesang des Raben, welcher immer ruft: Cras, cras, morgen, morgen!

5 Nach vollendeter Arbeit ruht sie aus: sobald sie aber ausgeruht hat, kehrt sie wieder zu den Geschäften zurück, damit sie sich nicht an den Müßiggang gewöhne.

6 Ein fleißiger Schüler ist den Bienen gleich, welche aus vielen Blumen Honig in ihren Stock einsammeln.

7 Die Faulen werden endlich Bettler.

toujours; elle n'est point oisive comme le paresseux et la cigale qui tombent bientôt dans la pauvreté.

Elle continue avec diligence et jusqu'à la fin ce qu'elle a une fois commencé; elle ne remet rien au lendemain, et ne chante point la chanson du corbeau, qui crie toujours: cras, cras! demain, demain!

Quand elle a fini son ouvrage, elle se repose; mais aussitôt qu'elle s'est reposée, elle reprend ses occupations, pour ne pas s'habituer à l'oisiveté.

Un écolier appliqué ressemble aux abeilles, qui, d'une infinité de fleurs, recueillent le miel dans leurs ruches.

Les paresseux deviennent à la fin mendiants.

Sedulitas.

1 Sedulitas labore gaudet et fugit ignaviam.

2 Semper est in opere, ut formica, sibique, ad illius exemplum, sufficientem omnium rerum copiam comportat.

3 Non semper dormit aut ferias agit, ut ignavus et cicāda, quos tandem inopia premit.

4 Incepta alacriter urget usque ad finem, nihil in crastinum diem differt, nec corvi imitatur cantum, seu cantilenam corvi cantat, qui ingeminat: cras, cras!

5 Post exantlatos labores fessa quiescit; at quiete recreata ad opera redit, ne otio adsuescat.

6 Discipulus diligens apum similis est, quae e variis floribus in alveare mel congĕrunt.

7 Pigri tandem mendīci erunt.

260.

Die Mäßigkeit.

Temperance. *La tempérance.*

Temperance prescribes a certain measure in eating and drinking and restrains the passions with a bridle.

In this manner, she sets a boundary to all, in order that in no case too much may be done.

The Drunkards drink to excess, reel about, vomit, and commence quarrels and strifes.

From intemperance arises lasciviousness, and a debauched life with revellers, and prostitutes.

A drunkard is like a wild man, and because he has no power over himself, he kills other men.

Did not king Alexander in a drunken fit kill his friend who had previously saved his life?

Salomon therefore says, Wine makes men lascivious, and strong drink, wild.

1 Die Mäßigkeit schreibt ein gewisses Maaß im Essen und Trinken vor und hält die Begierde zurück, wie mit einem Zaum.

2 Auf diese Art setzt sie Allem ein Ziel, damit in keiner Sache zu viel geschehe.

3 Die Säufer betrinken sich, taumeln, müssen sich übergeben und fangen Händel und Schlägereien an.

4 Aus der Berauschung entsteht Geilheit und ein unzüchtiges Leben unter Schwelgern und liederlichen Personen.

5 Ein Betrunkener gleicht einem wilden Menschen, und weil er seiner selbst nicht mächtig ist, so schlägt er wohl auch Andere todt.

6 Hat nicht König Alexander in der Trunkenheit seinen Freund ermordet, der ihm früher das Leben gerettet hatte?

7 Daher sagt Salomo: Der Wein macht lose Leute und starkes Getränke macht wild.

La tempérance prescrit une certaine modération dans le boire et le manger, et met un frein aux appétits déréglés.

C'est ainsi qu'elle se préscrit une limite en toutes choses, de peur de tomber dans des excès.

Les ivrognes s'enivrent, chancèlent, vomissent et cherchent querelle.

De l'ivrognerie viennent la luxure et la mauvaise vie que mènent les impudiques et les personnes débauchées.

Un homme ivre est semblable à un homme sauvage, et parce qu'il n'est point maitre de lui-même, rien ne l'empêche de tuer un autre.

Alexandre n'a-t-il pas dans l'ivresse assassiné son ami, qui lui avait sauvé la vie?

C'est à cause de cela que Salomon dit: le vin rend les hommes méchants et les boissons fortes les rendent farouches.

259.

260.

Love therefore cleanliness, for she recommends young people; but uncleanliness brings contempt.

[8]Liebet auch die Reinlichkeit; denn sie empfiehlt junge Leute, die Unreinlichkeit aber bringt sie in Verachtung.

Aimez aussi la propreté, car elle parle en faveur des jeunes gens, mais la malpropreté les fait mépriser.

Temperantia.

[1]Temperantia modum praescribit cibi ac potus, et cupidinem retĭnet ceu freno.

[2]Sic moderatur omnia, ne quid nimis fiat.

[3]Potatores inebriantur, titŭbant, vomunt et rixantur.

[4]E crapula lascivia oritur, ex hac vero vita libidinosa inter helluones et scorta.

[5]Ebrius fero homini similis est, et quod sui non compos est, forte etiam alios occīdit.

[6]Nonne Alexander rex ebrius amicum interfecit, qui quondam vitam ipsius servaverat?

[7]Itaque Salomo dicit: Vinum homines lascivos reddit, et potus fortior feros facit eos.

[8]Munditiei quoque studiosi estote; commendat enim adolescentes; at immunditia contemtum parit.

261.

Der Heldenmuth oder die Tapferkeit.

Heroism or bravery. *La vaillance.*

A brave mind, is like a lion fearless and confident, in adversity, but also not rash in prosperity.

[1]Eine heldenmüthige Seele ist im Ungemach unerschrocken, wie ein Löwe, und getrost; aber auch im Wohlstand nicht trotzig.

Une ame courageuse est intrépide dans l'adversité; mais elle n'est pas hautaine dans la prospérité.

It supports itself on its firmness, and is prepared for prosperity and adversity.

[2]Sie stützt sich auf ihre Standhaftigkeit und ist auf Glück und Unglück gefaßt.

Elle s'appuie sur sa persévérance; elle est préparée au bonheur et au malheur.

He who is truly brave, bears prosperity or adversity with equanimity.

[3]Wer wahrhaft heldenmüthig ist, wird Glück und Unglück mit Gleichmuth ertragen.

Qui est vraiment courageux, supporte la bonne et la mauvaise fortune avec une égale constance.

With the shield of

[4]Mit dem Schild der

Il reçoit les coups

patience he receives the strokes of fortune, and with the sword of bravery he guards off the foes to tranquillity, viz the passions and violent affections of the mind.

We extol the heroes who return as conquerors from the fight, and take possession of great kingdoms, but he is much more to be praised, who learns to conquer himself his passions, and affections.

Geduld fängt er die Streiche des Schicksals auf, und mit dem Schwert der Tapferkeit treibt er die Feinde der Gemüthsruhe, nämlich die Begierden und heftigen Gemüthsbewegungen, ab.

[5] Wir erheben die Helden, welche aus Schlachten als Sieger weggehen und sich großer Reiche bemächtigen; aber der ist noch weit mehr zu loben, welcher sich selbst besiegen lernt und seine Leidenschaften, Triebe und Neigungen bändigt.

de la fortune sur le bouclier de l'espérance; il repousse, avec l'épée du courage, les ennemis de la paix du coeur; c'est-à-dire, les passions et les mouvemens emportés de l'ame.

Nous élevons les héros qui ont gagné des batailles et conquis des empires; mais beaucoup plus digne de louanges est celui qui apprend à se vaincre soi-même et qui sait brider ses passions, ses penchants et ses inclinations.

Animi fortitudo.

[1] Animus fortis impavidus est in adversis, ut leo, et confīdens; at non tumidus in secundis.

[2] Innititur constantiae suae et in utramque fortunam est paratus.

[3] Qui vero forti est animo, et secundas et adversas res animo aequo feret.

[4] Clypeo patientiae ictus fortunae excipit et virtutis gladio propellit hostes, animi tranquillitate eum privaturos, cupiditates scilicet et nimios affectus.

[5] Nos quidem viros fortes laudibus efferimus, qui victores e proeliis discedunt et regnis ingentibus potiuntur; sed ille magis etiam laudandus est, qui se ipsum vincere studet et cupiditates, impetus atque affectus coërcet.

262.

Die Geduld.

Patience.

La patience.

Patience bears with humbleness as a gentle lamb the burdens and

[1] Die Geduld erträgt die Leiden und das Unrecht in Demuth, wie

Humble et douce comme un agneau, la patience endure les

261.

262.

misfortunes, by receiving them suppliantly and with claspt hands from the hand of God as a fatherly rod of correction with which he scourges his children.

In the interim she supports herself on the anchor of hope, like a ship tossed to and fro on the Ocean.

She prays to God with tears in her eyes, and awaits with devotion till the sun and good weather shall break thro' the cloudy mist, and burning teardrops.

She refers every thing to God, and commits her affairs to his Holy will; she bears adversity, and hopes for better.

The impatient on the contrary deplores and laments; he raves against himself, and gnashes with his teeth like a furious dog, altho' he wins nothing by it.

He revenges in his fury by every means in his power the injustice inflicted on him, and as the proverb says returns like for like.

At last he despairs, and becomes a suicide.

ein sanftes Lamm, indem sie dieselben auf den Knieen und mit gefalteten Händen von der Hand Gottes aufnimmt, als eine väterliche Zuchtruthe, womit er seine Kinder züchtigt.

2 Indessen stützt sie sich auf den Anker der Hoffnung, wie ein Schiff, das auf dem Meere hin und her wogt.

3 Sie fleht zu Gott mit Thränen in den Augen, und erwartet mit Ergebung, daß auf die neblichte Witterung und den heißen Thränenregen Sonnenschein und gutes Wetter kommen werde.

4 Sie bezieht Alles auf Gott und überläßt ihre Sachen seinem heiligen Willen; sie erträgt das Widrige und hofft das Bessere.

5 Der Ungeduldige dagegen heult und wehklagt; er tobt gegen sich selbst, und knirscht mit den Zähnen, wie ein wüthender Hund, ob er gleich Nichts damit gewinnt.

6 Er rächt in der Wuth um jeden Preis das ihm zugefügte Unrecht, und vergilt, wie man sagt, Gleiches mit Gleichem.

7 Endlich verzweifelt er und wird am Ende ein Selbstmörder.

maux et les injures; elle les reçoit avec résignation de la main de Dieu, comme un châtiment salutaire qu'il inflige à ses enfans.

Cependant elle s'appuie sur l'ancre de l'espérance, comme le vaisseau flottant ça et là sur la mer.

Elle élève vers l'Eternel ses yeux mouillés de larmes, espérant qu'après l'orage Dieu lui enverra son soleil consolateur.

Elle rapporte tout à Dieu et se soumet entièrement à sa volonté; elle supporte l'adversité dans l'espérance de jours plus heureux.

L'impatient, au contraire se récrie et se lamente; il s'emporte contre lui-même, il grince les dents de rage, quoique tout cela ne lui serve de rien.

Dans l'excès de sa colère, il veut se venger à tout prix; comme on dit, il rend le mal pour le mal.

Enfin il désespère et s'arrache la vie.

A patient man is better than a strong one, and the man who governs his temper is better, than he who conquers cities.

8 Ein geduldiger Mann ist besser, denn ein Starker, und der seines Muthes Herr ist, ist besser, denn der Städte gewinnet.

L'homme patient est meilleur que l'homme vaillant; car l'homme maître de ses passions est plus courageux que celui qui prend les villes.

Patientia.

1 Patientia res adversas (mala, calamitates) et injurias clementissima mente tolerat, supplex et junctis manibus a Deo benignissimo eas accipiens tanquam ferulam, qua paterno animo liberos castīgat.

2 Interim innititur spei anchŏrae, navis instar in mari fluctuantis.

3 Oculos suffusa lacrymis preces ad Deum mittit, et patienti animo sperat, fore, ut post nubĭla et largas ac ardentes lacrymas Phoebus et serena tempestas adsit.

4 Omnia refert ad Deum et res suas sanctae ejus voluntati permittit; fert adversa et exspectat meliora.

5 Impatiens contra plorat et lamentatur; debacchatur in se ipsum et frendit dentibus canis instar rabiosi, nec tamen quidquam proficit.

6 Injurias ipsi illatas iratus quocunque modo vindicare studet, et, quod in proverbio est, par pari refert.

7 Tandem despērat et ipse sibi violentas infert manus.

8 Melior est patiens viro forti, et qui sibi ipsi imperat, fortior est eo, qui urbes vincit.

263.

Die Leutseligkeit und Aufrichtigkeit.

Humanity and Sincerity.

L'humanité et la sincérité.

Man is formed mutually to help one anothers wants, they should therefore be benevolent.

Be of a sweet and pleasant countenance, courteous and condescending in thy manner and morals.

1 Die Menschen sind geschaffen, um ihren Bedürfnissen gegenseitig abzuhelfen; deßwegen sollen sie leutselig seyn.

2 Sey angenehm und holdselig von Gesicht, höflich und anständig in deinen Manieren und Sitten.

Les hommes sont faits pour s'aider les uns les autres dans leurs besoins; c'est donc pour eux un devoir d'être humains.

Ayez des manières agréables et une figure prévenante; soyez honnête et poli dans vos moeurs.

Be affable and true in words, sincere and of a candid mind.

Love and you will in turn be loved and a mutual friendship will arise, like the turtle-doves, who love so tenderly, a friendship unanimous soft, and benevolent.

Achilles and Patroclus, Damon and Pythias, Pylades and Orestes, Aeneas and Achates, David and Jonathan have afforded us a famous example of friendship.

Morose people are of a hostile temper and disliked by every one; they are envious, unaffable, cruel, and irreconcileable, and are more like wolves, and lions than reasonable creatures.

They are disunited among themselves, and it often occurs that they quarrel, contend with one another, and duel.

The envious covets the good qualities, and goods of another and consumes himself.

[3] Sey gesprächig und wahrhaftig in Worten, aufrichtig und redlich von Herzen.

[4] Liebe, so wirst du hinwieder geliebt werden, und es wird eine wechselseitige Freundschaft entstehen, wie bei den Turteltauben, die sich so zärtlich lieben, eine Freundschaft, welche einträchtig, sanftmüthig und wohlwollend ist.

[5] Achilles und Patroklus, Damon und Pythias, Pylades und Orestes, Aeneas und Achates, David und Jonathan haben uns vortreffliche Beispiele der Freundschaft gegeben.

[6] Unfreundliche Leute sind feindselig und bei Jedermann verhaßt; sie sind neidisch, unhöflich, grausam und unversöhnlich, und eher Wölfen und Löwen ähnlich, als vernünftigen Menschen.

[7] Sie sind uneinig unter sich, und oft ist es der Fall, daß sie Händel mit einander haben, sich mit einander raufen oder sich duelliren.

[8] Der Neidische mißgönnt einem andern seine Vorzüge und Güter und verzehrt sich selbst.

Soyez affable et vrai dans vos paroles, franc et loyal dans votre coeur.

Aimez, si vous voulez être aimé; alors il en resultera une amitié réciproque, tendre, affectueuse et bienveillante; c'est ainsi que les tourterelles s'aiment tendrement.

Achille et Patrocle, Damon et Pythias, Pylade et Oreste, Enée et Achate, David et Jonathan nous ont donné des exemples d'une vraie amitié.

Les misanthropes sont haîneux et haïs de tout le monde; ils sont envieux, grossiers, querelleurs, colériques, cruels et implacables, et plutôt des loups et des lions que des hommes raisonnables.

Ils sont divisés entre eux; souvent ils ont des démelés, et en viennent jusqu'à se battre et à se demander en duel.

L'envie est jalouse des bonnes qualités et du bien d'autrui, et se ronge elle-même.

Humanitas et sinceritas.

[1] Homines facti sunt ad mutua commoda, quare eos vere humanos esse oportet.

[2] Suavis esto et amabilis vultu, comis et urbanus gestu ac moribus.

[3] Affabilis et verax sis ore, sincērus et candidus animo (pectŏre).

[4] Ama, et vicissim amaberis, et mutua inde enascetur amicitia, qualis inter turtures esse solet, qui blandissimo se invĭcem amplectuntur amore, eaque amicitia concors, placida et utrimque benevŏla.

[5] Achilles et Patroclus, Damon et Pythias, Pylădes et Orestes, Aenēas et Achates, Davīdes et Jonathan egregia nobis ediderunt amicitiae exempla.

[6] Morosi homines infenso animo et omnibus odiosi sunt; sunt invidi, illepidi, contentiosi, iracundi, crudeles et implacabiles, et magis lupis ac leonibus similes, quam hominibus ratione praeditis.

[7] Discordes sunt inter se et saepe accidit, ut rixentur ac luctentur, aut duello conflīgant.

[8] Invĭdus alteri virtutes et bona invĭdet, seque ipse conficit.

264.

Die Gerechtigkeit und Ehrlichkeit.

Justice and Honesty.

Justice is represented sitting on a square stone for she should be immoveable, with bound eyes, in order that she may not look on the person, with the left ear closed, to reserve it for the other side of the question, a sword and a bridle in the right hand to punish the bad, and to preserve order.

Besides which she holds a pair of scales, in the right scale the services, in the left the rewards are pla-

[1] Die Gerechtigkeit wird auf einem viereckigen Steine sitzend abgebildet, denn sie soll unbeweglich seyn; mit verbundenen Augen, um die Person nicht anzusehen; das linke Ohr zuhaltend, um es dem andern Theil vorzubehalten; ein Schwert und einen Zaum in der Rechten, um die Bösen zu bestrafen und in der Ordnung zu erhalten.

[2] Außerdem hält sie eine Wage, in deren rechte Schale die Verdienste, in die linke die Belohnungen ge-

La justice et l'honnêteté.

On peint la Justice assise sur une pierre carrée, car elle doit être inébranlable; les yeux bandés, car elle ne doit faire attention à personne; se bouchant l'oreille gauche avec une main, car elle doit entendre la partie adverse; enfin tenant une épée à la main droite, car elle doit punir les méchans et leur faire respecter les droits d'autrui.

Elle tient aussi une balance; dans le bassin droit elle met le mérite et dans le bassin gauche, les ré-

263.

264.

ced, in order to compare the one with the other.

The good are thus excited and driven to commission of virtue as with a spur.

In the contracts which a person makes, he must deal uprightly, and preserve the promisses and agreements, render back that which is intrusted to him to take, charge of that which he has borrowed, and pay his debts.

No one should detract from, or cause an injury to his neighbour, but on the contrary render to every man his due; this is the law of righteousness.

This is commanded to us in the seventh commandment, and they who transgress it are with justice punished.

legt werden, um die Sachen gegen einander auszugleichen.

[3] So werden die Rechtschaffenen ermuthigt und zur Tugend angetrieben, wie mit Sporen.

[4] In den Vergleichen, die man schließt, muß man aufrichtig handeln, und die Verträge und Zusagen halten, das zur Aufsicht Anvertraute und das Geliehene wieder zurückgeben, und seine Schulden bezahlen.

[5] Keiner soll dem Nächsten etwas entwenden oder Schaden verursachen, sondern Jedem soll man geben, was sein ist: das sind die Gesetze der Gerechtigkeit.

[6] Dieses wird uns im siebenten Gebot verboten, und mit Recht werden die Uebertreter deßwegen bestraft.

compenses pour rendre à chacun selon ses oeuvres.

C'est ainsi que les gens de bien sont encouragés et poussés à la vertu, comme avec des éperons.

Il faut agir sincèrement dans les contrats qu'on fait, il faut tenir les conventions et sa parole, rendre ce qui nous a été confié ou prêté, enfin on doit payer ses dettes.

Que personne ne dérobe, et ne cause du dommage à son prochain; que l'on rende à chacun ce qui lui appartient: voilà les lois de la justice.

C'est ce que Dieu nous défend dans le septième commandement, et c'est avec justice qu'on punit celui qui les viole.

Justitia et honestas.

[1] Justitia pingitur in lapide quadrato sedens, quod immobilis esse debet; obvelatis oculis, ne quid tribuat hominis dignitati, sinistram aurem manu opprimens, quo alteri reservetur parti; dextra tenens gladium et fraenum, quibus mali puniantur et coërceantur.

[2] Praeterea libram gerit, cujus dextrae lanci merita, sinistrae praemia imposita invicem sibi exaequantur.

[3] Atque ita probi ad virtutem incitantur et impelluntur, velut subdĭtis calcaribus.

[4] In contractibus, qui fiunt, candide agatur; pactis et promissis stetur; depositum et commodatum ac mutuo datum reddantur, et aes aliēnum solvatur.

[5] Nemo alteri quidquam subtrăhat, aut ullo modo eum laedat, sed suum cuique tribuatur: haec sunt justitiae praecepta.

[6] Talia nos facere vetat septimum decalŏgi praeceptum, et merito, qui in hoc delinquunt, puniuntur.

265.

Die Freigebigkeit und Sparsamkeit.

Liberality and parsimony.

Liberality observes a certain moderation in regard to riches which she has honestly acquired in order that she may have to give to the necessitous.

She clothes, sustains, and supports these with a joyful mien and winged hand.

She subjects to herself the riches, but not herself to the riches, like the miser who has riches, and will continue to encrease them, who is not the possessor but the guarder of them, and while he is insatiable labours day and night to add to them.

Yet she spares and preserves her riches by locking them up that they may be at hand when she uses them.

The prodigal however runs thro' that which another has gai-

[1] Die Freigebigkeit beobachtet ein gewisses Maaß in Betreff der Reichthümer, welche sie auf eine ehrliche Art erwirbt, damit sie habe, zu geben den Dürftigen.

[2] Diese kleidet, nährt und unterhält sie mit fröhlicher Miene und mit geflügelter Hand.

[3] Die Güter unterwirft sie sich, nicht aber sich den Gütern, wie der Geizige, welcher Güter hat, und immer noch mehr haben will; welcher nicht der Besitzer, sondern nur der Hüter davon ist, und da er unersättlich ist, Tag und Nacht noch mehr zusammenscharrt.

[4] Doch sie spart auch und verwahrt ihre Sachen, indem sie sie einschließt, damit sie ihr zur Hand sind, wenn sie dieselben braucht.

[5] Der Verschwender aber bringt das durch, was anderwärts auf

La libéralité et l'épargne.

La libéralité garde une certaine mesure dans les richesses qu'elle acquiert par des moyens honnêtes, afin d'avoir de quoi donner aux pauvres.

Elle les habille, les nourrit et les entretient avec une mine joyeuse et une main prompte et libérale.

Elle se soumet les richesses, mais ce n'est pas elle qui se soumet aux richesses, au contraire l'avare qui a des biens, mais qui en veut toujours davantage; qui n'en est point le maître, mais seulement le gardien, qui est insatiable et amasse jour et nuit.

Cependant elle épargne aussi et conserve son bien; elle l'enferme, afin qu'elle puisse l'avoir quand elle en a besoin.

Mais le prodigue gaspille ce qui d'ailleurs a été acquis par

265.

266.

ned by honest means; at the last he is in want, and sees himself reduced to the necessity of seeking his bread at anothers door.

Suffer the poor not to suffer want, and be not hard towards the needy.

Despise not the hungry and grieve not the needy in his poverty.

eine gute Art gewonnen worden ist; endlich muß er darben und sieht sich in die Nothwendigkeit versetzt, sein Brod vor Anderer Thüren zu suchen.

6 Laß den Armen nicht Noth leiden, und sey nicht hart gegen den Dürftigen.

7 Verachte den Hungrigen nicht, und betrübe den Dürftigen nicht in seiner Armuth.

des moyens légitimes; bientôt il se voit réduit à la misère et dans la nécessité de mendier son pain devant les portes.

Ne laissez pas le pauvre dans la nécessité, et ne soyez pas dur envers les indigens.

Ne méprisez point ceux qui ont faim, et n'affligez point le pauvre dans son indigence.

Liberalitas et parsimonia.

1 Liberalitas modum quendam servat circa divitias, quas honeste sibi acquirit, ut habeat, quod largiatur egēnis.

2 Hos quidem vestit, nutrit et sustentat hilărī vultu et alata quasi manu.

3 Opes sibi subjicit, nec vero se bonis, ut avarus, qui habet, ut habeat, nec bonorum suorum possessor est, sed custos tantum, et, insatiabilis semper, plura quoque corradit.

4 Sed parcit etiam et asservat res suas occludendo, ut praesto sint, cum opus est.

5 Prodĭgus vero bona aliunde bene parta male disperdit; tandem eget et eo redigitur, ut ante aliorum fores stips ei petenda sit.

6 Eleemosyna pauperes ne defraudes, neque oculos transvertas ab egeno.

7 Animam esurientem ne despexeris, et cave, inopia laborantem moerore afficias.

266.

Oeffentliche Wohlthätigkeits-Anstalten.

Public benevolent institutions.

Etablissemens publics de bienfaisance.

The benevolence of private people is not

1 Bei der großen Menge solcher armer

La bienfaisance des particuliers ne suffit

sufficient in amply providing for the great number of poor children who have lost their parents.

There are for this purpose orphan asylums erected in which the fatherless, and motherless children are received, they are clothed, fed, and instructed until they are able to gain their own livelihood.

Among all civilized nations certain houses or hospitals are founded, in which the poor the sick, and wounded are brought.

They receive there the necessary services, and are taken care of by sick nurses, who administer to them their food and medicines.

Invalides who have received dangerous wounds in battle against the foe, or who have lost an arm or foot by a cannon shot, so that they must go on crutches, are received into a particular house, which receives its name from them.

In large towns there are houses erected for new born infants, who have been deserted by their parents where

Kinder, deren Aeltern gestorben sind, reicht die Wohlthätigkeit der Privatleute nicht zu, daß sie gehörig versorgt werden.

2 Es sind daher Waisenhäuser errichtet worden, in welche man die vater- und mutterlosen Waisen aufnimmt, sie kleidet, ernährt und erzieht, bis sie selbst ihr Brod verdienen können.

3 Bei allen gebildeten Nationen findet man gewisse Häuser oder Spitäler, wohin man arme Leute, die krank oder verwundet sind, bringt.

4 Sie erhalten dort die nöthige Pflege, und werden durch Krankenwärter bedient, welche ihnen die Kost und Arzneimittel reichen.

5 Invalide Soldaten, welche im Kampfe gegen die Feinde schwere Wunden erhalten oder Arme und Füße durch Kanonenschüsse verloren haben, so daß sie an Krücken gehen müssen, werden in ein besonderes Haus aufgenommen, das von ihnen den Namen hat.

6 In großen Städten finden sich Häuser, in welchen neugeborne Kinder, die von den Ihrigen ausgesetzt wor-

pas aux besoins de tant de pauvres enfans dont les parens sont morts.

C'est pour cela qu'on a établi des maisons où l'on habille, nourrit et élève les orphelins, jusqu'à ce qu'ils puissent gagner leur vie.

Chez toutes les nations civilisées, on trouve certaines maisons, ou hôpitaux, où l'on porte les pauvres gens malades ou blessés.

Ils y reçoivent les soins nécessaires, et ils sont servis par les garde-malades, qui leur présentent la nourriture et les médicaments.

Les invalides qui ont été grièvement blessés en combattant contre l'ennemi, ou à qui un boulet de canon a emporté un bras ou une jambe, en sorte qu'ils ne peuvent plus aller qu'avec des béquilles, sont reçus dans une maison particulière à laquelle on a donné leur nom.

Dans les grandes villes on trouve des établissemens où les enfans nouveau-nés qui ont été exposés par

they are brought up at the public expense.

Some princes have erected workhouses for the poor, where they can earn their bread; Begging is however strongly forbid in many places.

There are also compters, and mad houses.

den sind, aufgenommen und auf öffentliche Kosten erzogen werden.

[7] Mehrere Fürsten haben für arme Leute Arbeitshäuser errichten lassen, wo sie sich ihr Brod erwerben können; das Betteln aber ist an vielen Orten ganz verboten.

[8] Es giebt auch Zucht- oder Strafarbeitshäuser und Irrenhäuser.

leurs parens, sont élevés aux frais de l'Etat.

Plusieurs princes ont fait construire des maisons de travail pour les pauvres afin qu'ils puissent y gagner leur vie; et dans beaucoup de lieux il est défendu de mendier.

Il y a aussi des maisons de correction et d'autres où l'on renferme les fous.

Publica instituta benefica.

[1] Cum numerus liberorum pauperum, qui parentibus orbati sunt, maximus sit, fieri non potest, ut privatorum benignitas satis iis prospicere queat.

[2] Eum ad finem orphanotrophēa instituta sunt, quibus recipiantur orphăni, vestiendi, alendi atque educandi, donec victum ipsi sibi parare possint.

[3] Apud omnes gentes cultiores domus quaedam inveniuntur, seu nosocomia, ubi pauperes homines, vel morbo correpti, vel vulnerati recipiantur.

[4] In iis cura, qua opus est, foventur, et praesto sunt aegrotantium curatores, qui iis et alimenta, et medicamenta ministrent.

[5] Milites in pugna cum hoste graviter saucii, vel tormentorum explosione alterius brachii aut pedis jacturam passi, ita ut nonnisi fulcris nitentes incedere possint, peculiari quadam domo recipiuntur, quae nomen ab ipsis illis invalidis militibus sortita est.

[6] In majoribus urbibus domus inveniuntur, quibus infantes recens nati, a suis expositi, publico sumtu recipiuntur et educantur.

[7] Plures principes in pauperum usum domus operarias exstruendas curaverunt, ubi honeste victum sibi parare possint; mendicatione autem multis in locis prorsus interdictum est.

[8] Sunt etiam ergastula et prytanēa recipiendis mente captis.

267.

Der Ehestand.

Marriage.

Among all the societies which have arisen in the world, there is no one older or more honourable, than that of marriage.

It forms the happiness of civil society, yea the greatest happiness attainable on earth by man.

Marriage is instituted by God himself for the propagation and education of children, and for mutual assistance.

Those however who intend to marry, should previously well consider this momentous step.

A young man intending to marry should either possess a handsome fortune, or understand some art or science, or have some employment whereby he can rear a family in a creditable way.

He then chooses a virgin or widow whom he loves, in which

1 Unter allen Gesellschaften, welche in der Welt entstanden sind, ist keine älter und ehrwürdiger, als die eheliche.

2 Sie macht das Glück der bürgerlichen Gesellschaft aus, ja sie macht des größten Glückes fähig, das der Mensch auf Erden erreichen kann.

3 Die Ehe ist von Gott selbst eingesetzt worden zur Erzeugung und Erziehung der Kinder und zu gegenseitiger Hilfeleistung.

4 Diejenigen aber, welche heirathen wollen, müssen vorher diesen wichtigen Schritt wohl überlegen.

5 Ein junger Mann, welcher eine Frau nehmen will, muß entweder ein schönes Vermögen besitzen, oder er muß eine Kunst, oder ein Gewerbe verstehen, oder er muß eine Anstellung haben, um auf eine rechtschaffene Art eine Familie ernähren zu können.

6 Darnach wählt er sich eine Jungfrau, oder eine Wittwe aus,

Le mariage.

De toutes les alliances qui se sont formées dans le monde, il n'y en a point de plus ancienne et de plus respectable que le mariage.

Il fait le bonheur des citoyens; il est le fondement du plus grand bonheur dont l'homme puisse jouir sur la terre.

Le mariage a été institué par Dieu même pour la propagation du genre humain et l'éducation des enfants.

Mais ceux qui veulent se marier, doivent réfléchir sérieusement à cette importante action.

Un jeune homme qui veut se marier, doit avoir de la fortune, ou il faut qu'il ait une profession ou une place, afin qu'il puisse honorablement entretenir sa famille.

Ensuite il choisit une fille ou une veuve qu'il aime; mais il

choice he should look more to virtue and integrity than to beauty or dowry.

He then solicits her as wooer from her parents, guardians, and relations.

When she has consented to be his, he is called bridegroom, and she bride; the act of betrothing is accomplished, and the marriage settlements written.

They are then publicly asked in the church, and at last the marriage, when they are joined together by the clergyman, and give one another the hand and wedding ring.

A dejeuné is then given to the invited guests.

From this time they are called man and wife.

If the man dies before the wife, she becomes a widow; on the contrary if she dies first, he becomes a widower.

A marriage is often dissolved for certain causes; this is called a divorce.

die er liebt, wobei er aber mehr auf Tugend und Rechtschaffenheit, als auf Schönheit und Mitgift sehen muß.

7 Alsdann bewirbt er sich um sie als Freier bei ihren Aeltern, oder bei den Vormündern und Verwandten.

8 Wenn sie ihm zugesagt ist, wird er Bräutigam und sie Braut; es wird Verlöbniß gehalten und der Heirathsbrief geschrieben.

9 Hierauf werden sie gemeiniglich in der Kirche ausgeboten und endlich ist die Hochzeit, wo sie dann von dem Pfarrer getraut werden und einander die Hände und Trauringe geben.

10 Hernach wird mit den eingeladenen Zeugen eine Mahlzeit gehalten.

11 Von da an nennt man sie Mann und Weib, oder Gatte und Gattin.

12 Stirbt der Mann vor der Frau, so wird sie eine Wittwe, umgekehrt aber der Mann ein Wittwer.

13 Oft wird aus gegründeten Ursachen eine Ehe getrennt, welches man eine Ehescheidung nennt.

doit plus regarder à la vertu qu'à la beauté et aux richesses.

Ensuite il la demande en mariage à son père et à sa mère, ou à son tuteur et à ses parens.

Si on la lui accorde, elle devient sa future; alors on fait les fiançailles et le contrat de mariage.

Ensuite on publie les bans dans l'église, puis on célèbre le mariage; ils se donnent mutuellement la main devant le curé et se transmettent l'anneau nuptial.

Après cela on tient repas de noces avec les témoins.

Dès lors ils sont nommés mari et femme, ou époux et épouse.

Si l'homme meurt avant la femme, elle devient veuve, et dans le cas contraire l'homme devient veuf.

Souvent le mariage est dissous par des raisons fondées, c'est ce qu'on appelle divorce.

Conjugium.

[1] Omnium societatum, quae unquam in terris exstiterunt, connubialis antiquissima est et maxime venerabilis.

[2] Matrimonium universam civium felicitatem efficit; quid, quod summum, quod in rebus humanis exoptari potest bonum, eo nititur?

[3] Matrimonium a Deo ipso institutum est ad propagationem generis humani, ad educationem liberorum et ad mutuum adjutorium.

[4] Omnes vero, qui matrimonium inire volunt, admodum monendi sunt, ut probe repŭtent, quanti momenti sit id, quod facturi sunt.

[5] Juvenis, conjugium initurus, aut instructus sit opibus, aut arte et scientia, aut munere, unde habeat, quo familiam honeste sustentet.

[6] Deinde eligit sibi virginem nubilem, aut viduam, quam adămat, qua in re tamen vīrtus et honestas magis spectanda, quam forma, aut dos.

[7] Posthac ambit eam, ut procus, apud patrem et matrem, vel apud tutores et cognatos.

[8] Ea sibi desponsa, ipse fit sponsus, et illa sponsa; sponsalia fiunt et instrumentum dotale scribitur.

[9] Solemnis tum plerumque in templis fit proclamatio, et tandem nuptiae aguntur, ubi copulantur a parŏcho, dantes ultro citroque manus et annulos nuptiales.

[10] Deinde epulantur cum invitatis testibus.

[11] Ab eo tempore marītus et uxor dicuntur.

[12] Defuncto ante uxorem marīto, haec vidua audit; at mutata vice ille viduus.

[13] Inter vivos saepe ob praegnantes causas conjugium dissolvitur; divortium vocant.

268.

Der Aelternstand.

The state of Parents.		*L'état du père et de la mère.*
The married receive children by the blessing of God and become parents.	[1] Die Eheleute bekommen durch Gottes Segen Kinder und werden Aeltern.	Par la bénédiction de Dieu, les époux reçoivent des enfans et ils deviennent père et mère.
As soon as man is born into the world, he must receive atten-	[2] Sobald ein Mensch zur Welt geboren ist, müssen Andere für ihn	Dès qu'un homme est venu au monde, d'autres doivent avoir

268.

269.

tion from others, while he alone of all the creation requires in the beginning the greatest assistance.

The child is wrapt in swaddling clothes by the mother, placed in the cradle, and nourished with milk and other light paps.

By degrees it learns to use its hands, and to walk in the go cart; it plays with play things and begins to speak.

At the proper time it is sent into the school, where it can learn every thing useful for this and the future life.

It is admonished in the fear of God, and accostomed to labour, and when it is not obedient, it is whipt.

The boys at the time of leaving school, are instructed in mechanics, oeconomy, and in other business in order that the powers of the mind, and the dexterity of the body may be exercised.

Girls are instructed in the employments suited to their sex, viz, spinning, needle work, knitting, washing, ironing, cooking, and in

Sorge tragen, weil er unter allen Geschöpfen dasjenige ist, das im Anfange der Hilfe Anderer am meisten bedarf.

3 Das kleine Kind wird von der Mutter in Windeln gewickelt, in die Wiege gelegt und mit Milch und andern leichten Speisen ernährt.

4 Nach und nach lernt es seine Hände gebrauchen und in dem Gängelwagen gehen; es spielt mit Spielzeug und fängt an zu reden.

5 Bei zunehmendem Alter schickt man es in die Schule, wo es Alles lernen kann, was es für dieses und das künftige Leben zu wissen braucht.

6 Man hält es zur Gottesfurcht und Arbeit an, und wenn es nicht folgen will, wird es gezüchtigt.

7 Die Knaben werden nach geendigten Lernstunden zu mechanischen Arbeiten, zur Landwirthschaft und andern Geschäften angewiesen, damit mit den Kräften der Seele auch die körperliche Geschicklichkeit geübt wird.

8 Die Mädchen werden in den Beschäftigungen unterrichtet, welche für ihr Geschlecht taugen, als im Spinnen, Nähen, Stricken,

soin de sa conservation, puisque c'est alors qu'il a le plus besoin de leur secours.

La mère met l'enfant dans le maillot, le couche dans le berceau, le nourrit avec son lait et d'autres alimens légers.

Il apprend peu à peu à faire usage de ses mains et à marcher dans la roulette; il s'amuse avec des hochets, et commence à parler.

Plus tard on l'envoie à l'école où il peut apprendre tout ce qu'il a besoin de savoir pour cette vie et pour l'autre.

On lui apprend à craindre Dieu et à travailler; et quand il est désobéissant, on le punit.

Après les heures d'étude, on applique les garçons à des travaux mécaniques, à la culture et à d'autres occupations; afin qu'ils exercent leur corps en même temps que leur esprit.

On instruit les filles dans les choses qui conviennent à leur sexe: à filer, à coudre, à tricoter, à laver, à faire la cui-

the art of well oeconomizing.

The father provides for the children by labour.

The children ought to honour their parents.

Waschen, Bügeln, Kochen, und in der Kunst, gut zu wirthschaften.

9 Der Vater ernährt die Kinder durch Arbeiten.

10 Die Kinder sind den Aeltern Ehrerbietung schuldig.

sine et à tenir le ménage.

Le père nourrit ses enfans par son travail.

Les enfants sont obligés d'honorer leurs parents.

Societas parentalis.

1 Conjuges gratia Dei sobŏlem suscipiunt et fiunt parentes.

2 Ut primum homo natus est, alii curam ejus agere debent, cum ille initio inter omnes res creatas aliorum auxilio maxime egeat.

3 Infans a matre fasciis involvitur, in cunis reponitur, et lacte aliisque cibis tenuioribus nutritur.

4 Sensim manibus uti et incedere discit; ludit crepundiis et fari incipit.

5 Crescente aetate scholae traditur, in qua ei discere licet, quidquid ad felicem et in hac et in altera vita sortem pertinet.

6 Pietati adsuefit et labori, sique non morigĕrum se praebet, castigatur.

7 Finito, quod scholae datur, tempore, pueri mechanicis artibus, rei rusticae aliisque operibus assuefiunt, ut cum animi viribus corporis quoque dexteritas exerceatur.

8 Puellae eas res doceri solent, quae sexum sequiorem maxime decent, ut nere, suere, acu texere, lintea lavare et polire, cibos coquere et artem familiae regendae.

9 Pater liberos sustentat laborando.

10 Liberi parentibus observantiam debent.

269.

Die Herrschaft.

The Master. — *La domination.*

Divine Providence has unequally divided the good fortune among men, to this difference is ascribed the state of master and servant.

1 Die göttliche Fürsehung hat die Glücksgüter ungleich unter die Menschen vertheilt; diesem Unterschied hat man den Stand der Herrschaft und des Gesindes zuzuschreiben.

La providence a distribué les biens parmi les hommes d'une manière inégale; de là les rapports du maître et du serviteur.

A kind of agreement takes place between the two parties, by means of which the Master, be it the Master or Mistress of a family, is bound by contract to give cost and pay to the servant for a stated time for their services; the servant on the contrary agrees to obey, and to execute the commands of his master in all things.

The servant then expects commands from his master to the various business of his calling whether it be in the house or field; in the same way the maid servant subjects herself to all the rules of her mistress, in order to discharge the meaner occupations of the house.

Among the ancients men and women servants were slaves, and the master exercised the right of life and death; with us they are hired, and receive cost and wages.

Domestick servants have different names according to their occupations; under the women, the house maid, nurse, chamber maid, kitchen maid, maid servant attending the cattle; under the

[2] Zwischen beiden findet eine Art des Vertrags Statt, vermöge dessen die Herrschaft, es sey nun ein Hausvater, oder eine Hausmutter, sich anheischig macht, dem Gesinde auf eine gewisse Zeit für ihren Dienst Kost und Lohn zu geben; dieses dagegen verspricht, in Allem seiner Herrschaft zu gehorchen und ihre Befehle auszurichten.

[3] So erwartet der Knecht Befehle von seinem Herrn zu den mancherlei Verrichtungen seines Berufs, sey es zu Hause, oder im Felde; eben so unterwirft sich die Magd allen Vorschriften ihrer Frau, um sich den geringeren Arbeiten des Hauswesens zu unterziehen.

[4] Bei den ältesten Völkern waren Knechte und Mägde leibeigen, oder Sklaven und Sklavinnen, und die Herren übten das Recht über Leben und Tod aus; bei uns werden sie gedungen und erhalten Kost und Lohn.

[5] Die Dienstboten haben nach ihren Verrichtungen verschiedene Namen; unter den Mägden: die Hausmagd, die Kindsmagd, das Kammermädchen, die Küchenmagd, die Viehmagd; unter den Die-

Il y a entre eux une sorte de contrat, en vertu duquel le maître, s'il est père, ou maîtresse, comme mère de famille, s'oblige à donner au serviteur la nourriture et un gage pour les services qu'il doit lui rendre pendant un certain temps; de son côté celui-ci s'oblige à obéir à son maître et à exécuter ses ordres.

Ainsi le serviteur attend les ordres de son maître pour exécuter les services qui sont de son ressort, soit à la campagne soit à la maison; la servante de son côté se conforme aux ordres de sa maîtresse dans les occupations du ménage.

Chez les peuples anciens les valets et les servantes étaient esclaves et le maître avait sur eux droit de vie et de mort; à présent ils se mettent de leur bon gré en condition et reçoivent un salaire et la nourriture.

Les domestiques prennent différents noms selon leurs différentes fonctions; ainsi parmi les servantes, il y a la servante du logis, la bonne, la fille de chambre, la cuisinière, la fille d'é-

men: are: the house servant, the coachman, footman and valet de chambre.

nern: der Hausknecht, der Kutscher, der Bediente, der Kammerdiener.

curie; parmi les valets, le portier, le cocher, le laquais, le valet de chambre.

Societas herilis.

[1] Inter omnes constat, fortunae bona a providentia divina inaequaliter in rebus humanis distributas esse, unde potissimum dignitas herilis et famulitium originem duxit.

[2] Utrique intercedunt pacta quaedam, quorum ratione habita heri, sive sit paterfamilias, sive materfamilias, familiae pro faciundis ad certum tempus operibus victum spondent mercedemque; servi ac servae contra, in omnibus ab herorum nutu pendentes, pollicentur, manuum opera, quaecumque subire jussi fuerint, se suscepturos.

[3] Servus igitur jussa heri exspectat ad obeunda vitae generis, quod sequitur, opera, sive illa ruri fiant, sive domi; eundem in finem serva ingenium suum accommŏdat singulis herae praescriptis, ut defungatur rei domesticae laboribus.

[4] Apud antiquiores gentes servi ac servae mancipiorum loco habebantur in eosque jus vitae necisque exercebatur; apud nos vero conducti certam mercedem alimentaque accipiunt.

[5] De variis, quibus vacat, operibus, varia sunt familiae nomina, v. c. ancilla, puerorum custos, famula ornatrix, famula ad culīnam, ad pecŭdes; servus atriensis, rhedarius, famulus (pedissĕquus), cubicularius.

270.

Kinderspiele.

The Child's play. — *Les jeux d'enfans.*

As soon as the human soul begins to reflect, it begins to employ itself.

This propensity developes itself in small children, and encreases every day.

But nothing pleases boys and girls so much, as such a game or

[1] Sobald die menschliche Seele anfängt, sich ihrer bewußt zu seyn, begehrt sie auch, sich zu beschäftigen.

[2] Dieser Trieb zeigt sich schon bei kleinen Kindern, und vermehrt sich von Tag zu Tag.

[3] Nichts macht aber Knaben und Mädchen mehr Vergnügen, als

Dès que l'homme commence à jouir de la raison, il veut s'occuper à quelque chose.

Cette inclination se montre déjà chez les enfans, et s'augmente de jour en jour.

Rien ne leur plaît plus que les jeux et les amusements auxquels

269.

270.

employment which is suited particularly for childhood, but recital of which would be useless.

The boys have an inclination to play different from the girls, who imitate their mother in the domestick concerns of the house.

At one time the boy rides on his horse-stick, at another on his rocking horse, after he has turned it at pleasure either to the right or left; another seizes the drum or trumpet and warlike weapons.

He often plays at marbles, or throws the ball at the nine-pins, or drives the hoop with the stick, or shoots with blow-pipe, or cross-bow, or walks on stilts, or moves on the see-saw, or plays at ball.

We know from experience that grown up persons divert themselves with certain games for their relaxation and dissipation.

Parents and guardians, if they will accommodate themselves to the children, may institute much good, and obviate much evil in their games.

solche Spiele und Beschäftigungen, die für das kindliche Alter besonders geeignet sind, deren völlige Aufzählung aber unnütz wäre.

4 Die Knaben haben eine Neigung zu andern Spielen, als die Mädchen, welche die häuslichen Geschäfte der Mutter nachahmen.

5 Bald reitet der Knabe auf seinem Steckenpferde; bald tummelt er sich auf dem Wiegenpferde herum, indem er es mit dem Zaum nach Belieben bald rechts, bald links wendet; ein anderer greift zur Trommel, oder zur Trompete, und zu kriegerischen Waffen.

6 Oft spielt er mit Schussern, oder er schiebt die Kugel nach den Kegeln, oder er treibt mit einem Stecken den Reif, oder er schießt mit dem Blasrohr und der Armbrust, oder er geht auf Stelzen, oder er bewegt sich auf der Schaukel, oder er spielt mit dem Balle.

7 Wir wissen aus Erfahrung, daß auch erwachsene Menschen zu ihrer Erholung sich einigen Spielen und Zerstreuungen überlassen.

8 Aeltern und Aufseher können, wenn sie sich zu den Kindern herablassen wollen, bei ihren Spielen viel Gutes stiften und vielem Uebel vorbauen.

leur âge semble avoir un droit particulier, mais dont le détail serait fort inutile.

Les garçons veulent d'autres jeux que les filles qui se plaisent à imiter les travaux domestiques de leurs mères.

Tantôt l'enfant mâle va à cheval sur un long bâton; tantôt il monte et tient par la bride un cheval de bois mobile qu'il tourne et de droite et de gauche; d'autres fois il bat le tambour, sonne de la trompette et s'habille en soldat.

Il joue aux chiques, il lance la boule contre les quilles, il fait rouler un cercle avec un bâton, il tire avec la sarbacane ou avec l'arbalète, il va sur des échasses, il se balance sur l'escarpolette, il joue à la paume.

Nous savons par expérience que les grandes personnes aiment aussi à se récréer par des jeux et des divertissements.

Les parents et les gouverneurs qui se prêtent au caractère des enfants, peuvent faire du bien à leurs élèves dans ces jeux et prévenir beaucoup de mal.

Girls have the greatest pleasure in the dressing of their dolls, in the small kitchen with its necessary table and kitchen utensils.

[9] Die Mädchen haben an dem Anziehen ihrer Puppen und an kleinen Küchen mit dem nöthigen Tisch- und Küchengeräthe die größte Freude.

Les filles s'amusent principalement avec des poupées, avec de la petite vaisselle et de petits meubles de cuisine.

Ludi pueriles.

[1] Hominis animus ut primum sibi conscius esse coepit, negotiis quibusdam vacare amat.

[2] Haec, faciendi aliquid, cupiditas vel in infantibus sese exsĕrit, et in dies augetur.

[3] Nil vero magis juvat et pueros et puellas, quam ludi, quos aetas puerilis jure sibi vindicare posse videtur, quorum vero genera percensēre, operae pretium non est.

[4] Alios ludos sectantur pueri, alios puellae, quae quidem matrum opera domestica imitari praeoptant.

[5] En tibi puerum equitantem in arundine longa, item alium equum ligneum mobilem antrorsum et retrorsum, prout libet, freno circumagentem; alius delectatur tympăno, tuba universāque militum armatura.

[6] Porro pueri ludere solent vel globulis lapideis, vel globos ad conos mittentes, vel circulum baculo versantes, vel sclopo et arcu jaculantes, vel grallis incedentes, vel super petaurum se agitantes, vel pilam mittentes et excipientes.

[7] Compertum habemus, adultos quoque homines animi corporisque reficiendi causa ludis quibusdam et oblectationibus se dare.

[8] Parentes et paedagŏgi, qui puerorum captui et ingenio se accommŏdant, in ludis eorum multum boni efficere pluribusque malis obviam ire possunt.

[9] Puellae puparum amictu et parvis culinis cum necessario vasorum apparatu maxime gaudent.

271.

Gesellschaftliche Spiele.

Social games. — *Jeux de société.*

For the refreshment of the body, and the recreation of the mind, and also for passing away time, several sorts of games have been invented.

[1] Zur Erholung des Körpers, zur Zerstreuung des Geistes und zum Zeitvertreib hat man verschiedene Spiele erfunden.

On a inventé différents jeux pour rétablir le corps, pour distraire l'esprit et pour passer le temps.

We play with the dice, either to see who has obtained the greatest number of pips, or we throw them thro' the box on a board marked with figures; this is a hazard-game.

[2] Mit den Würfeln spielen wir, entweder um zu sehen, wer die meisten Augen bekomme, oder wir werfen sie durch den Trichter auf ein Brett, das mit Zahlen bezeichnet ist, und dieses ist ein reines Glücksspiel.

Nous jouons aux dés, ou pour voir celui qui fera le plus de points, ou nous les jetons à travers un entonnoir, sur une tablette marquée de chiffres; ce qui est un jeu de hasard.

With the help of fortune and art the game with stones on the playing board and with cards is played.

[3] Mit Glück und Kunst spielt man mit den Steinen im Spielbrett und mit Karten.

Le hazard et l'adresse sont ce qui guide dans le jeux de dames et de cartes.

The game at marriage is well known, also, loo, l'hombre whist and Tarok.

[4] Bekannt sind das Ehespiel, das Labeth, das L'hombre, das Whist, das Tarok.

Le jeu de mariage, celui de rentrée, le jeu de l'hombre, le whist, et celui de tarocs sont bien connus.

When we play at cards we pay attention what colour trumps are, and endeavour to take the other cards.

[5] Wenn wir Karte spielen, so geben wir Acht, welche Farbe Trumpf ist, und suchen die andern Karten zu stechen.

Quand nous jouons aux cartes, nous faisons attention, de quelle couleur est l'à-tout, et nous tâchons de couper.

Among all amusements and games serving for dissipation and driving away time, billiards is placed in the first rank.

[6] Unter allen Zerstreuungen und Spielen, die zur Erholung und zum Zeitvertreib ausgedacht worden sind, verdient das Billiardspiel einen vorzüglichen Rang.

Le billard tient le premier rang parmi les divertissements et les jeux, qui ont été inventés pour récréer l'esprit et pour tuer le temps.

On a square table covered with fine cloth ivory balls are driven against one another with the kew into the pockets, made of a netted bag.

[7] Auf einer viereckigen, mit feinem Tuch überzogenen Tafel werden elfenbeinerne Kugeln mit Hilfe von Stäben gegen einander gestoßen und in die Löcher getrieben, die mit einem gestrickten Beutel versehen sind.

Sur une table oblongue recouverte d'un drap fin, sont des billes d'ivoire, qu'on fait, au moyen de queues, rouler l'une vers l'autre et qui sont repoussées dans des trous munis d'une blouse en filet.

The most ingenious game is check in which as it were two generals approach one another.

[8] Das sinnreichste Spiel ist das Schachspiel, in welchem gleichsam zwei Kriegsheere gegen einander ziehen.

Le plus ingénieux de tous les jeux est celui d'échecs, où l'on se bataille comme le font deux armées.

Formerly balls were hit in the guard-house by the one party, and driven by the other with the racket; this was a particular diversion for Nobleman.

[9]Sonst schlug man auch auf dem Ballhause den Ball, welchen der Eine fortschlug, der Andere aber mit dem Raket zurückschlug; dieses war besonders eine Spielübung der Adeligen.

L'on jouait autrefois à la paume. L'un envoyait la balle et l'autre la rejetait au moyen de raquettes; c'était un jeu auquel la noblesse s'adonnait principalement.

Ludi sociales.

[1] Ad corpus reficiendum, ad relaxandam mentem, nec non ad terendum tempus varii ludi inventi sunt.

[2] Tesseris seu talis ludimus, vel ut experiamur, cui plurima contingant puncta, vel immittimus eas per fritillum in tabellam, numeris notatam, isque ludus est sortilegii.

[3] Sorte et arte luditur calculis in alveo aleatorio et chartis lusoriis.

[4] Noti sunt lusus conjugialis, lusus emtorius, lusus, quem vocant, hominum, lusus silentiosus et lusus tarochorum.

[5] Chartulis lusoriis ludentes attendimus, quis sit color praecipuus, et id spectamus, ut ceteras chartulas vincamus.

[6] Inter delectamenta et ludos, quos imaginandi vis excogitavit animi reficiendi fallendique temporis causa, lusus tudicularis palmam ceteris facile praeripit.

[7] In mensa quadrata panno melioris notae vestita sphaerae eburneae clavis lusoriis adversus se invicem impelluntur et in foramina immittuntur, crumenis textis instructa.

[8] Ingeniosissimus lusus est lusus latrunculorum, in quo veluti duo exercitus praelio inter se confligunt.

[9] Olim quoque in sphaeristerio pila ludebatur, quam alter mittebat, alter vero reticulo remittebat, isque nobilium praecipue lusus erat.

272.

Volksspiele.

Publick games. — *Les jeux populaires.*

As the boys exercise themselves in running, after assigning a goal, to which he who wishes to win must

[1]Wie sich die Knaben im Laufen üben, indem sie ein Ziel bestimmen, welches der, welcher gewinnen will,

Ainsi que les garçons s'exercent a courir, en désignant un but, auquel celui qui veut gagner le jeu doit

271.

272.

attain, but not pass by it, thus formerly the races were contended in the boundary towards the goal, and he who first attained it received the prize from the Judge.

This occurred particularly at the Olympic games, in Greece, and at the celebrated games in the Circus at Rome.

The Olympic games were celebrated every four years near the town Olympia, from which they derived their name, and the Greeks reckoned their years from this celebration.

The allotted exercises were wresthling, boxing, races, charriot races, and quoils.

The prize at each contest was a crown of olive branches, the name was publickly pronounced by the Herald, and the conqueror made his entrance into his paternal city in a charriot drawn by four horses.

A great similarity is found between the games of the ancient Romans and the old equestrian tournaments of the Germans, where the knights opposed

erreichen muß, über das er aber nicht hinauslaufen darf, so ließen vor Zeiten die Wettläufer in den Schranken nach dem Ziel, und wer es zuerst erreichte, der bekam den Preis von dem Preisrichter.

[2]Dieß geschah besonders bei den Olympischen Spielen in Griechenland, und in den großen Spielen auf dem Cirkus zu Rom.

[3]Die Olympischen Spiele wurden alle vier Jahre in der Nähe der Stadt Olympia gefeiert, wovon sie den Namen hatten, und die Griechen zählten ihre Jahre von dieser Feier.

[4]Die dabei angestellten Uebungen bestanden im Ringen, Faustkampf, Wettlaufen, Wagenrennen und Scheibenwerfen.

[5]Der Preis war bei jedem Wettstreite eine Krone von Oelzweigen, der Herold machte öffentlich den Namen des Siegers bekannt, und auf einem vierspännigen Wagen hielt er in seiner Vaterstadt seinen Einzug.

[6]Man findet zwischen den Spielen der alten Römer und den nachmaligen Turnieren der Deutschen, wo die Ritter mit Lanzen gegen

aussitôt qu'il y est arrivé, s'arrêter tout court; de même, des coureurs courraient autrefois dans la carrière, et le premier qui arrivait au but recevait le prix du héraut chargé de proclamer le vainqueur.

Cela se faisait surtout dans les jeux Olympiques en Grèce, et dans les grands jeux du Cirque, à Rome.

On célébrait les jeux Olympiques tous les quatre ans auprès de la ville d'Olympie dont ces jeux portaient le nom; les Grecs comptaient leurs années d'après leur célébration.

Les joutes qui y avaient lieu étaient, la lutte, le ceste, la course, les quadriges et le disque.

Le prix de chaque sorte de combat était une couronne d'olivier; le héraut proclamait publiquement le nom du vainqueur, qui faisait son entrée dans sa ville natale, monté sur un char à quatre chevaux.

On trouve une grande ressemblance entre les jeux des anciens Romains et les tournois qui ont eu lieu plus tard chez les Allemands, où les chevaliers

one another with the lance.

At the present day instead of the Tournaments, which are out of use the running at the ring is celebrated which they do with a lance.

In England and several other states horse races are instituted.

einander kämpften, eine große Aehnlichkeit.

[7] Heut zu Tage werden statt der Turniere, welche abgekommen sind, Ringelrennen gehalten, wo man mit einer Lanze nach dem Ring rennt.

[8] In England und mehreren andern Staaten ist das Pferderennen eingeführt.

combattaient l'un contre l'autre avec des lances.

Au lieu des tournois qui sont maintenant hors d'usage, on a aujourd'hui des carrousels, jeux, où courant avec une lance on la fait passer à travers une bague suspendue.

En Angleterre et dans plusieurs autres pays, on a introduit la course des chevaux.

Solemnia publica.

[1] Ut pueri cursu se exercent, metam designantes, quam, qui vincere cupit, attingere, at non ultra procurrere debet, sic olim cursores inter cancellos ad metam decurrebant, et qui primus eam contingebat, brabēum accipiebat a brabeuta.

[2] Hoc praecipue in ludis Olympicis et ludis Circensibus Romae celebratis fieri solebat.

[3] Ludi Olympici quarto quoque anno prope Olympiam oppidum habebantur, unde nomen quoque acceperunt, et Graecorum quidem aera secundum eos difinita est.

[4] Certamina ibi obvia erant lucta, pugillatus, cursus, aurigatio, discus.

[5] Praemium in quovis certamine corona erat oleaginea, et praeco nomen victoris publice citabat, qui triumphans quadrīgis per urbem patriam invehebatur.

[6] Magna ludis priscorum Romanorum cum ludis equestribus, posthac apud Germanos celebratis, in quibus equites lanceis concurrebant, similitudo intercedit.

[7] Hodie equiriorum loco, quae in desuetudinem abierunt, hastiludia habentur, ubi lancea circulus petitur.

[8] In Anglia et pluribus aliis civitatibus cursus equester institutus est.

273.

Schauspiele.

Theatrical performance. — *Spectacles.*

In the theatre which is covered with cloth and furnished with scenes, plays, both comedies and tragedies are performed, by actors and actresses, in which remarkable events are recorded, such as for instance the return of the prodigal son to his father, who received him with open arms; the History of Joseph in Egypt, and such subjects.

[1] Auf dem Schauplatze, welcher mit Teppichen bekleidet und mit Vorhängen versehen ist, werden Schauspiele, Lustspiele und Trauerspiele von Schauspielern und Schauspielerinnen aufgeführt, in welchen denkwürdige Dinge vorgestellt werden, wie die Geschichte von dem ungerathenen Sohne und seinem Vater, der ihn mit offenen Armen aufnimmt, als er nach Hause zurückkehrt, die Geschichte Josephs in Aegypten und ähnliche Begebenheiten.

Sur un théâtre garni de rideaux et de décorations, des acteurs et des actrices représentent des comédies, des drames, des tragédies. Là se jouent des scènes dignes d'être rappelées, comme l'histoire de l'enfant prodigue, que son père reçoit à bras ouvert en le voyant revenir sous le toit paternel; celle de Joseph en Egypte et d'autres sujets semblables.

There are also opera's in which the song and musick is the principal subject, and which is opened by an overture.

[2] Man giebt auch Opern, in welchen der Gesang und die Musik die Hauptsache ist, und die mit einer Ouverture eröffnet werden.

On donne aussi des opéras, dont le principal est le chant et la musique, et qui, par une ouverture, s'annonce au public.

The manager and director of the theatre take great care that the decorations and costumes are well chosen, and that the change of the scenes by means of machines is well executed.

[3] Der Theater-Aufseher und der Verwalter sorgen sehr dafür, daß die Dekorationen und das Costume gut gewählt sind, und daß die Verwandlungen durch die Maschinisten mit Geschwindigkeit gemacht werden.

Le directeur du théâtre et le décorateur ont soin que les décorations et les costumes soient bien choisis et que les changements de théâtre soient faits avec vitesse par le machiniste.

The orchestra where the musick is played, is near the stage, and

[4] Das Orchester, wo die Musiker sind, ist in der Nähe der Bühne,

L'orchestre, où se trouvent les musiciens, est auprès de la scène.

the chandelier, and the small lamps give the necessary light.	und die Kronleuchter und viele Lampen geben die nöthige Helle.	Le lustre et beaucoup de lampes éclairent suffissamment le théâtre.
The spectators sit in the pit, gallery or boxes.	[5] Die Zuschauer sitzen im Parterre, oder auf den Gallerien, oder in den ersten Logen.	Les spectateurs sont assis au parquet, ou aux galeries, ou dans les loges.
Each piece has several acts and scenes.	[6] Jedes Stück hat mehrere Akte und Auftritte.	Chaque pièce a plusieurs actes et scènes.
When any thing particularly occurs applause is given.	[7] Wenn etwas besonders gefällt, so wird Beifall geklatscht.	S'il y a quelque passage qui plaise, on applaudit.

Spectacula seu ludi scenici.

[1] In theatro, quod tapetibus vestitur et aulaeis ornatur, spectacula, comoediae et tragoediae ab actoribus aguntur, quibus res memorabiles repraesentantur, ut v. c. historia filii prodīgi et patris, a quo domum redux benignissime excipitur, historia Josephi, cum in Aegypto versaretur, et id genus aliae res.

[2] Aguntur quoque dramata melica, in quibus cardo circa choros cantorum et concentus organicos vertitur, quorumque initium per symphoniam diligentius perductam fieri solet.

[3] Praeses et administrator theatri id maxime curant, ut ornamenta et vestimenta scite eligantur, et ut mutationes locorum per machinarum rectores quam celerrime fiant.

[4] Odēum, ubi musici versantur, prope scenam est, et lychnuchus pensĭlis magnăque lampădum copia plurimum luminis afferunt.

[5] Spectatores in orchestra sedent, aut in porticibus, aut in caveis.

[6] Quaevis fabula pluribus actibus et scenis constat.

[7] Si quid apprīme arrīdet, plauditur.

273.

J. Voltz, inv.

274.

J. Finckh lit.

274.

Der Seiltänzer, die Kunstreiter und der Taschenspieler.

The rope dancer, rider, and Conjuror.

The rope dancer effects various turnings, and positions by means of the suppleness, and activity of his body.

At one time he walks on his hands at another jumps thro' the hoop, at another dances with the mask.

He walks and dances nimbly on a stretched rope, by holding in the hand a balancing pole, or he hangs by the hand or foot, or indeed by the hair.

The english riders are furnished with well trained horses and delight the spectators in the most pleasing way.

At one time they ride standing up on a horse running round a circus at another they dance on it according to the time of

[1] Der Gaukler oder der Seiltänzer macht durch die Gelenksamkeit und Schnelligkeit seines Körpers allerh. und Wendungen und nimmt verschiedene Stellungen an.

[2] Bald geht er auf den Händen, bald springt er durch den Reif, bald tanzt er verlarvt.

[3] Er geht und tanzt auch kühn auf einem ausgespannten Seil, indem er in der Hand eine Balancierstange hält, oder er hängt sich an eine Hand, oder an einen Fuß, oder gar an die Haare.

[4] Die englischen Reiter haben wohleingeübte Pferde und belustigen die Zuschauer auf die angenehmste Weise.

[5] Bald reiten sie stehend auf einem durch den Kreis rennenden Pferde, bald tanzen sie darauf nach dem Takt der Musik, bald stehen

Le danseur de corde, les voltigeurs anglais et le bateleur.

Le danseur de corde, vû son extrême agilité et la souplesse de son corps, fait divers tours de force, ou il prend diverses positions.

Tantôt il marche sur les mains, tantôt il saute à travers un cercle, quelquefois aussi, il danse, une masque sur le visage.

Il marche et danse hardiment sur une corde tendue, tenant dans les mains un balancier; ou bien il se laisse pendre par la main, par le pied ou par les cheveux.

Les voltigeurs anglais ont des chevaux bien dressés, et ils divertissent les spectateurs de la manière la plus agréable.

Tantôt, debout sur leurs chevaux, ils les excitent autour du cirque, tantôt ils dansent sur leur dos en suivant la mesure des

the musick, at another they stand on one foot, at another they hang down on the earth and pick up several things.

They often represent the running at the ring, or imitate the exercise of the mameluks.

The clown amuses the great multitude with witty sayings and buffooneries.

The conjuror deceives the spectators by playing with dexterity in the pigglers pocket.

sie auf einem Fuße, bald hängen sie sich auf die Erde herab und fassen mehrere Sachen auf.

[6] Oft stellen sie Ringelrennen vor, oder sie ahmen das Exercitium der Mamelucken nach.

[7] Der Hanswurst ergötzt den großen Haufen mit witzigen Reden und Narrenpossen.

[8] Der Taschenspieler blendet den Zuschauern die Augen, indem er mit Fertigkeit aus der Gaukeltasche spielt.

instruments, ou bien ils se tiennent sur un seul pied, ou se penchent vers la terre et y ramassent diverses choses.

Souvent ils représentent un carroussel où l'on court la bague avec la lance, ou bien ils font toutes les évolutions des Mamelucs.

L'arlequin fait rire la populace par des saillies et des bouffoneries.

Le bateleur étonne les yeux des spectateurs en faisant mille tours de gobelet.

Funambulus, desultores anglici et praestigiator.

[1] Funambulus, qua est agilitate et volubilitate, multifariam corpus convertendo et componendo varia nobis offert spectacula.

[2] Nunc manibus deambulat, nunc per circulum salit, nunc personatus tripudiat.

[3] Idem audacter gradĭtur et saltat super funem extensum, manu haltērem, seu pertĭcam libratoriam tenens, aut manu se suspendit, vel pede, vel crinibus ipsis.

[4] Desultores anglici equos habent probe exercitatos, et spectatores quam jucundissime oblectant.

[5] Modo stantes equo vehuntur per stadium currente, modo ad modos tibiarum super eodem saltant, modo altero pede stant, modo in terram se demittunt, varias res manu excipientes.

[6] Saepe quoque decursiones instituunt, ubi lanceis annulum petunt, aut decursus equitum Turcicorum imitantur.

[7] Morio multitudinem facetiis atque nugis oblectat.

[8] Praestigiator praestigias facit e marsupio, eoque spectatoribus aciem praestringit.

275.

Der Fechtmeister.

The fencing master.

Among the exercises serving to encrease the perfect growth of the body, the art of fencing holds a preeminent situation; for it makes a person not only nimbler but also healthier.

This art is taught in the fencing school by the ma-ter, and the principal thing is to use the sword to advantage either to inflict a thrust on the adversary, or to defend one's self dexterously against his thrusts.

The Fencing master must first of all accustom his scholars to a good position, previously to their proceeding to the thrust or stroke.

At this exercise the foil is used, but when in earnest and the affair proceeds to a duel, alas' in derision of the best of laws, the sword

[1] Unter den Uebungen, wodurch man den Körper vollkommener zu machen sucht, verdient die Fechtkunst eine vorzügliche Stelle; denn sie macht ihn sowohl gelenker, als auch gesünder.

[2] Diese Kunst lernt man auf der Fechtschule oder dem Fechtboden bei dem Fechtmeister, und die Hauptsache besteht darin, daß man sich des Degens oder Schwertes mit Vortheil bedienen lernt, um entweder seinem Gegner einen Streich beizubringen, oder sich gegen denselben bei seinen Anfällen geschickt zu vertheidigen.

[3] Der Fechtmeister muß daher seine Scholaren vor allen Dingen an eine gute Stellung gewöhnen, ehe sie sich entweder auf den Stoß, oder den Hieb einlassen.

[4] Bei diesen Uebungen bedient man sich des Rappiers; wenn die Sache aber ernst wird, bei einem Duell oder Zweikampf, der, leider! zur Verhöhnung der besten Gesetze immer noch vorkommt,

Le maître d'armes.

Parmi les exercices qui perfectionnent le corps, l'escrime tient un des premiers rangs, parcequ'il contribue tout à la fois à son agilité, et à sa santé.

Cet art s'enseigne par un maître d'armes dans une salle d'armes. Il consiste principalement à faire connaître le maniement de l'épée ou du sabre, à porter des coups à son adversaire, et à éviter les siens.

Avant de leur apprendre à tirer, le maître d'armes accoutume d'abord ses élèves à prendre une belle position.

Dans ces exercices on se sert du fleuret, mais s'il y va du sérieux, si c'est un duel, comme, hélas! à la honte des loix les plus sages, cela n'arrive que trop souvent, alors on prend une longue

or broad sword, or dagger is used.

The most important is to place oneself in a position which shall hinder the adversary from thrusting at the body; feints must therefore be distinguished from real thrusts or strokes, and the one as well as the other must be parried with effect.

The gladiators of the ancient Romans are well known.

wird der Raufdegen oder Schläger, oder der Hieber, oder ein Dolch gebraucht.

[5] Das Wichtigste ist, sich in eine Stellung zu setzen, die den Gegner hindert, uns auf den Leib zu kommen; man muß aber dabei die Finten von den rechten Streichen und Stößen unterscheiden, und die einen, wie die andern, gut pariren.

[6] Bekannt sind die Gladiatoren der alten Römer.

épée, un sabre, ou un poignard.

La position du corps doit être telle qu'elle empêche l'adversaire de presser son rival. Il faut surtout bien distinguer les feintes et les coups droits, et bien parer les uns et les autres.

Les gladiateurs des anciens Romains sont assez connus.

Digladiandi magister.

[1] Exercitiorum, quorum beneficio perfectius reddere allaboramus corpus, primum fere locum obtinet armorum usus, non agilitatem ejus modo, sed sanitatem quoque promŏvens.

[2] Addiscimus artem hanc in palaestra a digladiandi magistro, summăque ejus huc redit, ut ad artis praescripta prudenter utamur ense vel gladio, ad ictum adversariis inferendum, vel ad tuendum nos, arte adjutos, ab eorundem impetu.

[3] Armorum tractandorum artifex ergo tirones gladiatorios adsuefaciat ante omnia decōro corporis statui, antequam certamen, quod vel punctim, vel caesim fit, ineant.

[4] Utuntur in hoc exercitiorum genere gladio praepilato; in re seria vero, cum certamen singulare suscipitur, quod, proh dolor! in ludibrium aequissimarum legum et etiamnunc fieri videmus, gladius adhibetur praelongus, vel ensis latus, vel sica seu pugio.

[5] Juvabit, corpus ita componere, ut adversarium, quo minus nos aggrediatur, impediamus; sed necesse est, falsos ictus ac percussiones a veris distinguamus, eosque ad unum omnes arte declinatos avertamus.

[6] Satis noti sunt gladiatores priscorum Romanorum.

275

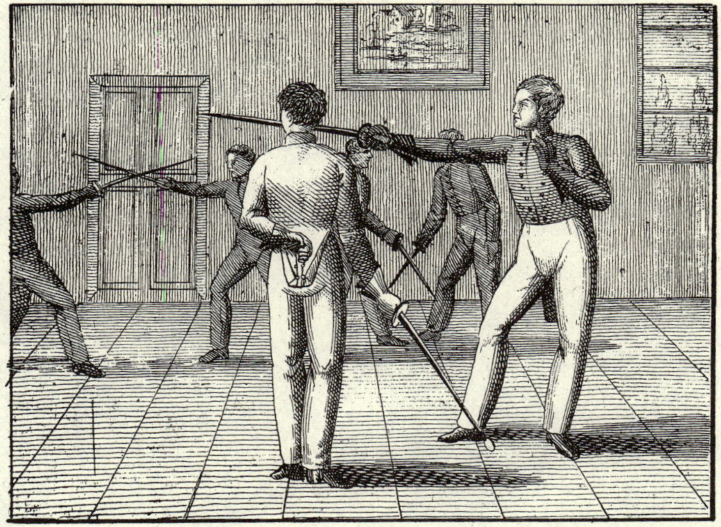

276.

276.

Der Tanzmeister.

The Dancing Master.		*Le maître de danse.*
The dancing master teaches his scholars all the various modes in the art of dancing; viz the stand in a good position, to make the various steps, to walk nimbly, to bend with grace, to cut capers, and to move the hands with ease.	1 Der Tanzmeister lehrt seine Schüler alle Manieren der Tanzkunst, nämlich eine schöne Stellung anzunehmen, die verschiedenen Schritte zu machen, zierlich zu gehen, sich geschickt zu wenden, Capriolen zu schneiden, und die Hände ungezwungen zu drehen.	Le maître de danse apprend à ses écoliers tout ce qui tient à la danse; les postures élégantes, les différens pas, une marche agréable, les sauts agiles, les entre-chats, les gestes avec les mains.
The principal dances are: the german walz', the scotch reel, the english dance, the country dance, the minuet, and the galopade.	2 Die vorzüglichsten Tänze sind: der deutsche Tanz, der schottische Tanz, der englische Tanz, der Contretanz, der Menuet und die Galopade.	Les danses principales sont l'allemande, l'écossaise, l'anglaise, la contre-danse, le menuet et la galopade.
The figures of the country dance are up and down, across, sideways, right and left, backwards and forwards, balancez the hand to the partner and the English chain.	3 Die Wendungen des Contretanzes sind: vor- und rückwärts, quer über, seitwärts, rechts und links, auf die Stellen, schwenkt, eine Hand den Dämen und die englische Kette.	Les figures de la contre-danse sont: en avant et en arrière, traversez, chassez à droite et à gauche, à vos places, balancez, présentez la main à vos dames et la chaîne anglaise.
Formerly the minuet was much in vogue, but it is too difficult, requires too much grace and is moreover too grave; these are probably the reasons why it is discontinued.	4 Ehemals war der Menuet sehr gebräuchlich; aber er ist zu schwer, fordert sehr viel Anstand und ist auch zu ernsthaft; dieß ist wahrscheinlich die Ursache, warum man ihn nicht mehr tanzt.	Autrefois le menuet était fort en usage; mais il est trop difficile, il demande beaucoup de grace, et il est aussi trop sérieux: voilà probablement la raison pour laquelle on ne le danse plus.
We cannot deny	5 Man kann nicht	On ne peut nier

that the winter balls are very dangerous.

The dance requires a light dress: when we depart from the dancing room, we may take as much care as possible to be well wrapt up, and go home in a close carriage, yet we cannot prevent after being unusually heated the cold air from coming on us, which penetrates to the lungs, causes inflammation, and lays the foundation to consumption.

läugnen, daß die Winterbälle sehr gefährlich sind.

[6] Der Tanz erfordert eine leichte Kleidung: wenn man nun aus dem Tanzsaale herauskommt, man mag sich auch auf alle Art bedecken und in einem Wagen nach Hause fahren, so kann man doch nicht verhindern, daß man, nachdem man sich ungemein erhitzt hat, die kalte Luft einathmet, welche, da sie in die Lunge dringt, oft eine Entzündung erzeugt, und den Grund zur Lungensucht legt.

que les bals d'hiver ne soient fort dangereux.

Pour danser, il faut être habillé légèrement: alors quand on sort de la salle de danse, on a beau s'envelopper et se jeter dans un carrosse, on ne saurait s'empêcher, après être échauffé excessivement, de respirer l'air froid, qui, pénétrant dans les poumons et y causant une inflammation, devient le germe d'une pulmonie.

Saltandi magister.

[1] Magister saltatorius discipulos varios saltationum modos docet, v. c. elegantem statum, diversa graduum genera, decorum gressum, concinnas versationes, agiles saltus, et aptam manuum motionem.

[2] Praecipui saltationis modi sunt: chorēa Germanica, ch. Scotica, ch. Anglica, ch. amoebaea, ch. Gallica lentior et ch. Gallica citatior.

[3] Si chorea amoebaea fit, saltatores ita versare jubentur: prorsum et retrorsum, per transversum, ad dextrorsum aut sinistrorsum vertere, ad loca se recipere, fluctuare, porrigere alteram manum saltatricibus, et denique catenam anglicam efficere.

[4] Olim chorea lentior valde in usu fuit; sed cum difficilior sit et multum decōris requirat, factum est forsitan, ut eam ipsam ob causam in desuetudinem abiret.

[5] Negari non potest, saltationes, quae hieme institui solent, periculosissimas esse.

[6] Ad saltandum leviore amictu opus est: si quis igitur orchestra excesserit, etiamsi quacunque ratione corpus tegat et curru domum vehatur, impedire tamen non potest, quo minus, cum prius motu incaluerit, frigidiorem aērem imbībat, qui, cum ad pulmones penĕtret, saepe inflammationem gignens, principium phtisis exsistit.

277.

Der Luftballon.

Air Balloons.

Even in former times, the attempt was made, to raise oneself from the earth by means of artificial wings fastened to the arms and feet; yet all these endeavours were too small, and ended unfortunately.

The two Montgolfiers, brothers, were the inventors of the air balloon.

They prepared a large hollow machine made of taffeta in the form of a ball, rarefied the air with burnt paper, and straw, and thus the ball rose in the air of its own accord.

This kind of balloon raised in the air thro' heated air was called Montgolfier, after its inventor.

The second kind or aerostatic was invented by Mr. Charles professor of Natural Philosophy in Paris.

He filled a taffeta-ball with inflammable gas which was conducted into the balloon by means of a large tube.

Der Luftballon.

[1] Schon im frühesten Alterthume machte man Versuche, durch künstliche Flügel, die man an Armen und Füßen befestigte, sich von der Erde zu erheben; doch alle diese Versuche waren zu klein und fielen unglücklich aus.

[2] Die Gebrüder Montgolfiers waren es, welche den Luftballon erfanden.

[3] Sie nahmen eine große hohle Maschine von Taffent in Gestalt einer Kugel, verdünnten durch angebranntes Papier und Stroh die Luft, und so stieg die Kugel wirklich von selbst in die Höhe.

[4] Diese Art von Ballons, durch erhitzte Luft gehoben, nannte man Montgolfiere, nach ihrem Erfinder.

[5] Die zweite Art, oder den Aërostat, erfand Charles, Professor der Physik in Paris.

[6] Er füllte eine Taffentkugel mit brennbarer leichter Luft, welche durch eine große Röhre in den Ballon geleitet wurde.

Le ballon aërostatique.

Déjà dans les temps les plus reculés on a fait différents essais pour s'élever dans l'air au moyen d'ailes factices, attachées aux bras et aux pieds; mais tous ces efforts étaient trop faibles et ils eurent une suite malheureuse.

Ce furent les frères Montgolfier, qui inventèrent le ballon aërostatique.

Ils firent avec du taffetas une grande machine creuse en forme de globe; en brûlant du papier et de la paille, ils raréfièrent l'air, et la machine se leva d'elle même.

Cette sorte de ballons gonflés d'air échauffé furent nommés Montgolfières d'après leur inventeur.

La seconde espèce ou l'aërostat a été inventé par Mr. Charles, professeur de physique à Paris.

Il remplit un globe de taffetas avec de l'hydrogène, conduit dans le ballon par un gros tuyau.

A small boat was fastened to this with silk cords, and the inventor rose fortunately in the air with it.

If he wished to descend he opened a valve on the side, and allowed the heavy atmospheric air to enter; By the Montgolfiere the same effect was produced by allowing the fire gradually to go out.

If the balloon met with a misfortune in the air, the aeronaut was saved by the parachute invented by the celebrated aeronaut Blanchard.

7 Ein Schiffchen wurde mit seidenen Schnüren daran befestigt, und so stieg der Erfinder glücklich damit in die Höhe.

8 Soll der Ballon sich senken, so öffnet man auf der Seite eine Klappe, und läßt nach und nach die schwere atmosphärische Luft hereindringen; bei der Montgolfiere bewirkt man es dadurch, daß man das Feuer langsam abgehen läßt.

9 Sollte der Ballon in der Luft verunglücken, so kann sich der Luftschiffer durch den Fallschirm retten, den Blanchard, ein berühmter Luftsegler, erfand.

Il y attacha une nacelle avec des cordons de soie, et s'éleva ainsi heureusement dans les airs.

Pour faire descendre le ballon, on ouvre une soupape pratiquée à un côté; et on laisse peu à peu entrer l'air atmosphérique qui est plus pesant. Dans la montgolfière, on laisse s'éteindre le feu.

En cas d'accident, l'aëronaute peut se sauver à l'aide du parachute, inventé par le célèbre Blanchard.

Machina aërobatica.

1 Jam antiquissimis abhinc temporibus alis arte factis, ad brachia et pedes firmiter affixis, quidam supra terram se attollere conabantur, quae conata tamen, quippe exigua, male cesserunt.

2 Utrique Montgolfiero fratribus contigit, ut machinam aërobaticam invenirent.

3 In machina cava, e panno serico tenuiori in globi formam effecta, accensa charta et stramine aërem rariorem reddebant, atque ita globus ultro in altum ferebatur.

4 Quod genus machinarum aërobaticarum, quae aëre calefacto in altum tolluntur, ab inventore machina Montgolfieria appellatum est.

5 Alterum genus, machinam aërostaticam, Carŏlus, professor quidam physices, invenit Lutetiae Parisiorum.

6 Is globum e serico tenuiori factum aëre leviore implevit inflammabili, qui canale majori in machinam ducebatur.

7 Navicula sericis funiculis ei annexa, inventor feliciter in sublime ferebatur.

8 Si machinam demittere placet, a latere valvulae aperiuntur, in quas aër inferior et gravior penetret; quod idem in altero genere a Montgolfiero invento eo efficitur, quod ignem sensim deficere sinunt.

9 Si machina in aëre infortunium habeat, aëronautes petauro se servare potest, quod Blanchardius, aëronautes et ipse celeberrimus, invēnit.

277

278

278.

Der Feuerwerker.

The fire-work maker.

The fire work maker prepares not only bombs and Granades, but also artificial fire works, viz rockets which are bound to a stick and when ignited rise quickly in the air, but after a little while burst with report into sparks.

He makes moreover, fire balls and wheels, which turn round very swiftly; rockets which fly about and clear the way very quickly.

The Roman candles spring high in the air with a pleasant report.

Characters and ensigns are often burnt with agreeable colours.

Sometimes also on solemn occasions, whole houses and towns are illuminated, and various transparencies, figures, letters and inscriptions are lighted.

1 Der Feuerwerker verfertigt nicht allein Bomben und Granaten, sondern auch künstliches Feuerwerk, z. B. Raketen, welche an Stecken gebunden werden, und, wenn man sie anzündet, schnell in die Höhe fahren, aber bald wieder mit Knallen in Funken herabfallen.

2 Ferner macht er Feuerkugeln, Feuerräder, welche lustig herumlaufen, Schwärmer, welche hier und dahin fliegen und schnell Platz machen.

3 Die Romanischen Lichter zerspringen hoch in der Luft mit angenehmem Prasseln.

4 Oft brennen auch Namenszüge und Wappen in angenehmen Farben.

5 Zuweilen werden auch bei festlichen Gelegenheiten einzelne Häuser und ganze Städte illuminirt und allerhand Transparente, aus Bildern, einzelnen Buchstaben und Inschriften angebracht.

L'artificier.

L'artificier ne fait pas seulement des bombes et des grenades, mais il fait aussi des feux d'artifice; par exemple des fusées volantes, que l'on attache à des baguettes, et qui s'élèvent rapidement, quand on les allume; mais bientôt elles retombent en jetant des étincelles et en faisant beaucoup de bruit.

Il fait aussi des gerbes, des roues de feu, qui tournent d'une manière agréable, des serpentaux qui voltigent par-ci par-là, et font se retirer la foule.

Les chandelles romaines éclatent dans l'air, à une grande hauteur, avec un fracas agréable.

Souvent aussi des chiffres et des armoiries brûlent en jetant toutes sortes de couleur.

Quelquefois, dans les fêtes solennelles, on illumine les maisons et toute la ville; on voit des transparents formant des figures, des lettres et des inscriptions.

A new discovery is the illuminating with gas.

By burning coal in the fire, a gas is extracted which is conducted thro' pipes, and ignited.

It burns like the clearest fire.

[6]Eine neue Erfindung ist die Gas-Beleuchtung.

[7]Indem man Kohlen durch das Feuer verzehren läßt, werden daraus Dämpfe oder das Gas gezogen, welches man durch Röhren leitet und anzündet.

[8]Es brennt wie das glänzendste Licht.

L'illumination avec le gaze est une nouvelle invention.

On laisse consumer du charbon par le feu, et on en extrait des vapeurs ou le gaze, qu'on conduit par des tuyaux.

Il répand une vive lumière.

Pyrotechnus seu artifex igniarius.

[1]Pyrotechnus non solum pyrobŏlos conficit et glandes igniarias, sed etiam ignes artificiosos, ut radios pyrios, qui paxillis affixi admoto igniario funiculo repente in sublime feruntur, mox vero sonoro cum bombo per scintillas decĭdunt.

[2]Porro struit sphaeras ignivŏmas, orbes igneos, qui celerrime circumaguntur, malleŏlos huc illuc volitantes et turbam citissime removentes.

[3]Lumina, quae Romana dicunt, supremo in aëre gratissimo cum strepitu dissiliunt.

[4]Saepe quoque hominum charactēres et insignia diversis effulgent coloribus.

[5]Interdum festis occasionibus oblatis tum singulae domus, tum integrae urbes laetis luminibus collustrantur, et imagines, charactēres atque inscriptiones pellucida specie resplendent.

[6]Novum hujus aetatis inventum est illustratio domuum vaporum ope.

[7]E carbonibus igni consumendi datis vapores extrahuntur, qui per canales ducuntur et accenduntur.

[8]Ii luminis clarissimi instar ardent.

279.

Der Schiffer und das Schifferstechen.

The sailor and the naval sham-fight.

Le navigateur et la joute sur l'eau.

The sailor receives the freight according to the size of the ship, and directs his passage

[1]Der Schiffer nimmt nach der Größe des Schiffs die Ladung ein, und richtet seinen Lauf

Le navigateur charge son vaisseau d'après sa grandeur, et il dirige sa course vers

where the goods are intended to be carried.

For this end it is required that he understands astronomy, is acquainted with the shoals of the sea, does not neglect the charts, attentively observes the compass and time-piece, and sails with care according to the wind.

The eight cardinal winds are East, West, South, and North Wind; the South East, North East, South West, and North West winds.

Passengers trust themselves to the skill of the captain, why do we not confide in the Wisdom of God who bears us safely thro' the ebbs and floods into the desired Harbour?

It is an agreeable sight, when by a mock fight a public spectacle, so many ships appear on the water.

At the prow of a ship stands one man with his blunt lance prepared to thrust another in the water who is approaching him with the sound of the drum and trumpets, to excite laughter, or to gain the prize, which

dahin, wohin die Waaren geführt werden sollen.

2 Zu diesem Ende wird erfordert, daß er den Himmelslauf wohl verstehe, die gefährlichen Oerter der See kenne, die Seekarten nicht hintansetze, den Compaß und die Seeuhren fleißig beobachte, und sich vorsichtig nach dem Winde richte.

3 Die acht Hauptwinde sind: der Ostwind, der Westwind, der Südwind, der Nordwind, der Südostwind, der Nordostwind, der Südwestwind, der Nordwestwind.

4 Reisende verlassen sich auf des Schiffers Wissenschaft; warum trauen wir nicht auf Gottes Weisheit, welche uns durch Ebbe und Fluth zu dem erwünschten Hafen führt?

5 Es ist ein fröhlicher Anblick, wenn bei einem Schiffer- oder Fischerstechen, das eine Volksbelustigung ist, so viele Schiffe auf dem Wasser erscheinen.

6 Vorn steht ein Schiffer mit seiner stumpfen Lanze bereit da, um einen andern, der ihm entgegenkommt, unter dem Schall der Trommeln und Pfeifen, in's Wasser zu stoßen, und ein Gelächter zu erregen, oder den Preis zu

l'endroit où les marchandises doivent être transportées.

Pour cela, il est nécessaire qu'il connaisse le cours des astres et les endroits périlleux de la mer; qu'il examine avec attention la carte, la boussole et les montres marines; il faut aussi qu'il se dirige d'après le vent.

Les huit vents principaux sont: le vent d'est, d'ouest, du midi, du nord, du sud-est, du nord-est, du sud-ouest, du nord-ouest.

Les voyageurs se confient à la science du navigateur; pourquoi ne nous confions nous pas à la sagesse de Dieu, qui nous mène au port que nous désirons par la basse et la haute marée?

Il est très-agréable de voir une joute sur l'eau, quand plusieurs bateaux apparaissent sur l'eau; c'est une grande jouissance pour le peuple.

Sur la proue est un navigateur prêt à repousser son adversaire avec une lance émoussée; cependant on éntend le bruit des tambours et des fanfares; le jouteur cherche à faire rire ou à gagner le prix

is given to the conqueror who does not fall.

bekommen, der dem Sieger, der nicht fällt, ertheilt wird.

que doit recevoir le vainqueur.

Nauta et navale certamen ludicrum.

[1] Nauta pro navis magnitudine eam onerat, cursumque eo dirigit, quo merces devehendae sunt.

[2] Eum in finem requiritur, ut siderum motum teneat, periculosa in mari loca noverit, chartas nauticas non negligat, pyxidem nauticam et horologium maritimum probe observet, et vento prudenter utatur.

[3] Octo venti cardinales sunt: Eurus, zephyrus, notus, boreas, euronotus, euroaquilo, africus, caurus.

[4] Viatores nautae scientia confīdunt; cur non fidimus potius Dei sapientia, quae per fluxus et refluxus ad portum exoptatum nos perducit?

[5] Jucundum est spectatu, si in navali certamine ludicro, quod publicae oblectationis causa fit, magna navium copia in flumine appāret.

[6] In prora nauta, lanceam retusam gerens, paratus stat, ut alterum, obviam navigantem, sónantibus tympănis et tibiis, in aquam detrūdat, atque cachinnum excitet, aut praemium accipiat, quod victori, non labanti, datur.

280.

Die Rennbahn der alten Römer.

The Circus of the Ancient Romans.

Le cirque des anciens Romains.

[1] The ancients did not celebrate their games in the open air but in the middle of a large public building which enclosed the wide open place of the race course admirably adapted to such games and called circus.

[1] Die Alten hielten ihre Wettrennen nicht im freien Felde, sondern im Bezirke großer öffentlicher Prachtgebäude, welche den weiten offenen Platz der Rennbahn einschlossen, ganz zu solchen öffentlichen Spielen eingerichtet waren und Circus hießen.

Chez les anciens, les courses n'avaient pas lieu en plein air, mais dans une enceinte autour de superbes édifices; les jeux publics se célébraient dans cette enceinte et on l'appelait cirque.

The circus of the Romans was of an

[2] Der Circus der alten Römer war ein

Le Cirque des anciens Romains était un

279.

280.

oblong form, on one of its small sides, a semicircular building was erected which was furnished on the inside with stone benches or seats for the spectators, and surrounding an open place destined for the charriot and horse races, gladiators, wrestling, and fights with beasts, and other such public games.

The outside was entirely furnished with Halls, galleries, and porticus, and in the middle of the open space lengthways a wall was constructed, upon which small temples, altars, obelisks, pyramids, towers and statues were erected.

The runner was generally a knight, or other young noble Roman, they were carried standing in the low charriot open at the hinder part, which was harnessed with two, three, or four horses a breast.

He who had finished the course seven times round in one breath, the quickest and arrived first at the goal which consisted of a pedestal with stone balls, leapt on the

länglicht viereckigtes, an der einen schmalen Seite halbrundes Gebäude, welches innerhalb mit steinernen Bänken oder Sitzen für die Zuschauer versehen war und einen großen freien Platz einschloß, der zu den Wagen- und Pferderennen, Fechter- und Ringerspielen, Thierkämpfen und andern dergleichen öffentlichen Spielen bestimmt war.

3 Von außen waren lauter Hallen, Eingänge und Gallerieen, und mitten auf dem Platze war der Länge nach eine Mauer, auf welcher kleine Tempel, Altäre, Obelisken, Pyramiden, Thürmchen und Bildsäulen standen.

4 Die Wettrenner waren meistens Ritter, oder andere junge vornehme Römer; sie fuhren stehend in dem niedrigen, hinten offenen Rennwagen, der mit zwei, drei oder vier Pferden neben einander bespannt war.

5 Wer den siebenfachen Umlauf um jene Erhöhung am schnellsten beendigte, und zuerst bei der Meta, dem Ziel, welches aus steinernen Kegeln bestand, ankam, sprang auf die

vaste édifice oblong formant un demi-cercle à une des extrémités; l'intérieur était entouré de bancs de pierre ou de sièges pour les spectateurs; au milieu il y avait une grande place découverte, où avaient lieu les courses à cheval et celles des chars, les combats des gladiateurs et des athlètes, les combats des bêtes et autres spectacles publics.

En dehors il y avait des halles ou arcades des portes et des galeries; au milieu de la place, se trouvait un mur sur lequel étaient érigés de petits temples, des autels, des obélisques, des pyramides, de petites tours et des statues.

Les coureurs étaient pour la plupart des chevaliers ou d'autres jeunes Romains de qualité; ils se tenaient debout dans des chars peu élevés, ouverts par derrière, et auxquels étaient atelés deux, trois ou quatre chevaux à côté les uns des autres.

Celui qui faisait le tour sept fois avec le plus de célérité, et arrivait au but le premier; sautait sur la borne, et obtenait comme vainqueur une branche de palmier,

goal and received as conqueror a palm branch, coronet, or crown.

Meta, und erhielt als Sieger einen Palmzweig, einen Kranz oder eine Krone.

une guirlande de fleurs ou bien une couronne.

Circus maximus Romanorum priscorum.

[1] Prisci certamina sua cursus non in campo instituebant, sed media inter aedificia publica magnifica, quibus stadii spatium latum et apertum continebatur; haec aedificia, ad publicos ejusmodi ludos compōsita, Circi nomine veniebant.

[2] Circus Maximus priscorum Romanorum aedificium erat oblongum, ab altero latĕre angustiori semirotundum, intus scamnis seu sedilibus ligneis in spectatorum usum instructum, quo spatium amplum et apertum continebatur, ad curruum et equorum cursus, ad ludos gladiatorios et luctatorios, ad bestiarum venationes aliaque ejusmodi ludicra destinatum.

[3] Extrinsecus quam plurimae porticus, aditus et xysta cernebantur, et medio in curriculo per longitudinem murus exstructus erat, in quo templorum simulacra, arae, obelisci, pyramīdes, turriculae et statuae posita erant.

[4] Cursores maximam partem equites erant, aut alii juvenes Romani nobiles; stantes vehebantur curru leviori, humili et a posteriori parte aperto, cui duo, tres aut quatuor equi juxta juncti erant.

[5] Qui decursum circa murum illum septies citissime repetiverat et primus ad metam, sex conis lapideis constantem, adveniebat, in metam transiliebat, et victor palmam, sertum aut coronam accipiebat.

281.

Stiergefechte der Spanier.

The Spanish bull baits.

Combats de taureaux en Espagne.

The bull baits, alas! remain even yet as the publick games of the spaniards, at which thousands of spectators press to the spectacle to see a poor

[1] Das Stiergefecht gehört, leider, noch immer zu den Volkslustbarkeiten der Spanier, und Tausende von Zuschauern weiden sich an dem Schauspiele,

Les combats de taureaux font encore, malheureusement, les délices des Espagnols, et des milliers de spectateurs se réjouissent avoir tourmenté une

bull martyred in the most merciless manner.

The bull baits in Madrid and in the other towns of Spain are celebrated in oblong circus'.

In a circle round this place a wall is constructed as an enclosure, and behind this the raised seat for the spectators.

The beasts intended for the bait are kept in strong stalls under the spectators seats, and a little while before the bait they are furiously excited by pikes.

The irritated bull is then let out on the course, the pikemen on horseback await him.

Full of rage the bull runs at them; but they escape from him with great agility on their small horses, and wound him with their long lances.

The Picadors now advance engaging on foot, and throwing their javelin at the bull, and avoiding the attacks of the furious animal by their agility.

At last the Matadors appear; they hold a red cloth before the bull quite blind from

einen armen Stier auf das Erbärmlichste zu Tode martern zu sehen.

2 Die Stiergefechte werden in Madrid und in andern Städten Spaniens auf länglichrunden Schauplätzen gehalten.

3 Rings herum lauft eine Wand als Einfassung, und dahinter sind die erhöhten Sitze für die Zuschauer.

4 Die Kampfthiere werden in festen Behältnissen unter den Sitzen der Zuschauer aufbewahrt und kurz vor dem Kampfe durch Pickenstiche wüthend gemacht.

5 Nun wird der gereizte Stier auf den Kampfplatz gelassen; die Pikeniere zu Pferde erwarten ihn.

6 Voller Wuth rennt der Stier auf sie an; doch mit großer Behendigkeit weichen sie ihm aus, und verwunden ihn mit ihren langen Piken.

7 Nun treten die Bandilleros, welche zu Fuß kämpfen, auf, welche die Stiere mit einer Art Wurfspieß werfen und den Angriffen des wüthenden Thiers durch ihre Schnelligkeit entgehen.

8 Endlich tritt der Matador (Todtstecher) auf; dieser hält dem Stier, der von Wuth

pauvre bête jusqu'à la faire périr.

A Madrid et dans d'autres villes d'Espagne, les combats de taureaux ont lieu dans des cirques oblongs.

Ces cirques sont entourés d'une enceinte de gros arbres, derrière laquelle s'élèvent les sièges des spectateurs.

Les animaux destinés au combat sont enchaînés sous les sièges des spectateurs; et peu avant le combat, on leur donne des coups de lances pour les irriter.

Alors on lâche le taureau irrité dans l'arène, où l'attendent les Picadores à cheval.

Le taureau fond sur eux avec fureur; mais ils savent éviter ses attaques par l'agilité de leurs chevaux, et le blessent avec leurs longues lances.

Ensuite s'avancent les Bandilleros qui combattent à pied; ils enfoncent dans la chair de l'animal une espèce de javelot, et évitent ses attaques par leur agilité.

Enfin paroit le Matador (tueur), qui présente un drap rouge au taureau. L'animal

rage; in despair the unhappy animal casts himself upon this, and at the same moment the Matador gives him a deadly cut with a small sword on the neck.

ganz geblendet ist, ein rothes Tuch vor; verzweifelnd stürzt das unglückliche Thier darauf zu, und in demselben Augenblicke giebt ihm der Matador mit einem kurzen Schwert einen tödtlichen Stoß in den Nacken.

aveuglé par la fureur, se précipite sur ce drap; en même temps le Matador lui enfonce une courte épée dans la nuque.

Venatio taurina Hispanorum.

[1] Venatio taurina, proh dolor! etiamnunc publicis Hispanorum oblectationibus adnumeranda est, et innumera hominum multitudo spectaculo pascitur, quod taurus miserrimus praebet indignum in modum ad mortem usque cruciatus.

[2] Ea certamina Madridi et in aliis Hispaniae urbibus in scenis oblongis habentur.

[3] Is locus macerie lignea circum clauditur, post quam sedilia spectatorum edita collocata sunt.

[4] Bestiae in certamen destinatae in zothēcis arctis sub spectatorum sedilibus asservantur et brevi ante certamen lancearum ictibus ad furorem incitantur.

[5] Jam taurus irritatus in certaminis locum admittitur; lancearii equo insidentes eum exspectant.

[6] Furibundus taurus in eos incurrit; at, qua equi eorum velocitate sunt, facile eum eludunt lanceisque suis longioribus eum vulnerant.

[7] Jam alii quidam procedunt, pedibus pugnantes, qui in tauros jaculorum quoddam genus jaciunt, et impetus bestiae ferocis quam celerrime effugiunt.

[8] Tandem gladiator princeps prodit; is oculis tauri, prae rabie nil cernentis, pannum rubrum objicit et, summa desperatione acta, bestia miseranda in eum irruit, quo facto gladiator eodem fere momento cervici ejus ense breviori ictum letifĕrum infligit.

282.

Das Wettrennen in England.

The Horse racing in England.

Courses de chevaux en Angleterre.

Horse racing is an amusement of which

[1] Das Wettrennen zu Pferde ist ein Vergnü-

La course de chevaux est un amuse-

281.

282.

the English are passionately fond.

In thirty different places thro' the whole of England races are held in the summer on a ground carefully preserved soft and somewhat sandy.

On the place where the horses start, a building is erected in which the directors of the whole race remain.

The horses are here entered, and the bets which are often very high, laid.

The race course is generally of a round or oblong construction, and the horses return to the place from whence they started.

The horse who first springs past the appointed goal is winner of the first heat.

They are then unsaddled, and wished down, and after an hour again brought out.

The second heat begins, and if the winner of the first wins this also he receives the prize and the race is finished.

The riders of the horses are called Jockey's, and must be of a light stature.

gen, das die Engländer leidenschaftlich lieben.

2 Durch ganz England werden im Sommer an dreißig verschiedenen Orten Wettrennen auf sorgfältig unterhaltenen, weichen und etwas sandigen Plätzen angestellt.

3 An dem Orte, wo die Pferde auslaufen, steht ein Gebäude, wo sich die Directoren des ganzen Rennens befinden.

4 Hier werden die Pferde eingeschrieben, und die Wetten, welche oft sehr hoch sind, niedergelegt.

5 Die Rennbahnen gehen meistens in einer runden oder länglichen Figur herum, und die Pferde kommen auf den Ort zurück, von wo sie ausliefen.

6 Das Pferd, welches zuerst das bestimmte Ziel überspringt, ist Sieger des ersten Laufs.

7 Jetzt werden die Pferde abgesattelt und gereinigt; nach einer Stunde aber wieder vorgeführt.

8 Der zweite Lauf beginnt, und gewinnt das erste Siegerpferd auch diesen zweiten Lauf, so trägt es den Preis davon, und das Rennen ist geendigt.

9 Die Reiter der Pferde heißen Jockeys, und müssen leicht von Figur seyn.

ment que les Anglais aiment passionnément.

Par toute l'Angleterre se font, en été, en trente lieux différents, des courses aux chevaux sur des places soigneusement entretenues, d'un fond un peu mou et sablonneux.

Au point de départ, d'où les coursiers s'élancent dans l'arène, se trouve un édifice où sont des inspecteurs de la course.

C'est là qu'on inscrit les chevaux, et qu'on dépose les paris souvent très-considérables.

Les hippodromes s'étendent ordinairement en un long détour arrondi ou ovale, et les chevaux, en le parcourant, reviennent à l'endroit d'où ils sont partis.

Le coursier, qui le premier dépasse le but marqué, est vainqueur dans la première course.

Alors on déselle et nettoie les chevaux, et au bout d'une heure on les ramène.

La seconde course commence; et si le cheval qui a été vainqueur la première fois, l'est encore la seconde, il remporte le prix, et la course est finie.

Les cavaliers s'appellent Jockeys, et sont aussi légers de corps que possible.

The races last two or three days, and frequently 40, or 50,000 spectators are present.

[10] Das Pferderennen dauert zwei bis drei Tage, und oft sind 40,000 bis 50,000 Zuschauer gegenwärtig.

Les courses durent deux ou trois jours, et souvent il y a jusqu'à quarante à cinquante mille spectateurs.

Equorum cursus in Anglia.

[1] Equorum cursus certaminis causa instituti Angli quam maximo studio tenentur.

[2] Per totam Angliam aestate triginta diversis locis equorum cursus instituitur in campo diligenter conservato, molli et paululum arenoso.

[3] Eo, unde equi excurrunt, loco aedificium est, in quo ii se continent, qui toti certamini praesunt.

[4] Hic equi inscribuntur et certaminis pignora, saepe permagna, deponuntur.

[5] Curricula plerumque figuram orbiculatam aut ovatam efficiunt, et equi ad locum illum redeunt, unde excurrerunt.

[6] Equus, qùi primus metam descriptam transilit, primi cursus victor habetur.

[7] Jam equi ephippiis liberantur et purgantur; hora autem elapsa iterum producuntur.

[8] Secundus fit cursus, et si prior, qui vicit, equus ex hoc quoque certamine victor abit, palma ei datur et cursui finis imponitur.

[9] Qui equis his vèhuntur, singulari nomine veniunt, eosque tenuiori corporis structura esse oportet.

[10] Equorum cursus per duos vel tres dies fieri solet, et saepe quadraginta vel quinquaginta millia hominum spectaculo intersunt.

283.

Die Feuersbrunst und die Ueberschwemmung.

Fire and Inundation.

L'incendie et l'inondation.

The fire is a dreadful element laying often houses, villages and towns in ashes.

A fire occurs when any one is careless with a light, when a house is struck with

[1] Das Feuer ist ein fürchterliches Element, welches Häuser, Dörfer und Städte in die Asche legt.

[2] Eine Feuersbrunst entsteht, wenn man mit Lichtern unvorsichtig umgeht, wenn der Blitz

Le feu est un élément terrible, qui réduit en cendres des maisons, des villages et des villes entières.

Un incendie arrive, quand on ne prend pas de précaution avec les lumières, quand la

lightening, when war adds her flames, or when wicked men set fire to a house.

When the flames have broken out in a house, the fire bell is rung, and every person flocks to the place, to help the unfortunate, and to extinguish the fire.

The buckets go from hand to hand, single persons are engaged in directing the pipes, the fire ladders are raised to save the property of the family.

If the house cannot be saved it is rased to the ground with fire hooks.

By an inundation lakes and rivers burst over the banks, and commit very great damage.

Houses and mills are often destroyed, dams broken up, bridges broken down and carried away and the fields terribly devastated.

Such an inundation occured in the year 1824.

in einem Hause zündet, wenn der Krieg seine Flammen austheilt, oder wenn boshafte Menschen Feuer einlegen.

3 Wenn die Flamme in einem Hause ausgebrochen ist, so ertönt die Feuerglocke und Alles strömt zusammen, um den Unglücklichen zu Hilfe zu kommen und das Feuer zu löschen.

4 Die Feuereimer gehen von Hand zu Hand; Einzelne sind mit der Leitung der Spritzen beschäftigt, und die Feuerleitern werden angelegt, um die Habseligkeiten der Familien zu retten.

5 Wenn das Haus nicht gerettet werden kann, so wird es mit Feuerhaken eingerissen.

6 Bei einer Ueberschwemmung treten Seen und Flüsse über die Ufer und richten außerordentlichen Schaden an.

7 Häuser und Mühlen werden oft zerstört, Dämme durchbrochen, Brücken zerrissen und fortgeführt, und die Felder schrecklich verwüstet.

8 Eine solche Ueberschwemmung war im Jahr 1824.

foudre tombe sur une maison, quand la guerre répand ses flammes, oú que des hommes méchans mettent le feu à une maison.

Quand le feu a pris à une maison, on sonne le tocsin, et tout le monde accourt pour porter secours aux malheureux, et pour éteindre le feu.

Les seaux à feu passent de main en main; des hommes sont occupés à diriger les pompes; d'autres dressent les échelles pour sauver les biens des incendiés.

Quand on ne peut pas sauver une maison, on la renverse avec des crocs de fer.

Dans une inondation les lacs et les fleuves franchissent leurs rivages, et font le plus grand dommage.

Souvent l'inondation renverse des maisons et des moulins; elle brise des digues, entraîne les ponts et ravage les campagnes.

Une pareille inondation arriva en 1824.

Incendium et diluvium.

1 Ignis elementum est terribile, domus, pagos et urbes integras in cinerem vertens.

2 Incendium oritur, si quis candelis incaute utitur, si fulmen domum tangit, si bellum omnia

flammis miscet, aut si homines improbi ignem domui injiciunt.

[3] Cum flamma in domo aliqua erupit, campana incendii orti index pulsatur, et omnes undique confluunt, ut miseris succurrant et ignem extinguant.

[4] Situlae incendiariae per manus traduntur; pars siphonibus regendis occupati sunt, et scalae incendiariae adplicantur, quo res familiarum serventur.

[5] Si domus nequaquam servari potest, harpagonibus everti solet.

[6] Cum diluvium fit, lacus et fluvii ripas transcendunt, et quam maxima damna afferunt.

[7] Domus et molae saepe disjiciuntur, aggeres aperiuntur, pontes rumpuntur et abripiuntur, et agri horrendum in modum devastantur.

[8] Ejusmodi diluvium anno millesimo octingentesimo vicesimo quarto accidit.

284.

Das Gewitter und das Erdbeben.

The thunder storm, and Earth quake.

L'orage et le tremblement de terre.

Our earth contains great quantities of sulphur, and saltpetre particles which rise in the air, are formed into clouds, and when they meet one another produce the lightening thro' the electric power which is in them, and which is accompanied with the thunder arising from the strong concussion of the air.

In order to prevent the damage arising from a stroke of lightening, conductors with the necessary apparatus are erected on the

[1] Unsere Erde enthält sehr viele Schwefel- und Salpetertheile, welche in die Luft steigen, endlich zu Wolken werden, und wenn sie sich an einander reiben, durch die elektrische Kraft, welche in ihnen ist, den Blitz erzeugen, welcher vom Donner begleitet ist, der durch die heftige Erschütterung der Luft entsteht.

[2] Um die Gefahr des Einschlagens zu verhüten, hat man an vielen Orten mit gutem Erfolge angefangen, Gewitterstangen mit den

La terre contient beaucoup de particules de soufre et de nitre, qui montent dans l'air et se concentrent dans les nuages; alors le frottement dégage l'électricité et fait jaillir l'éclair qui est accompagné du tonnerre, effet d'un violent ébranlement dans l'air.

Pour empêcher que la foudre ne tombât sur les maisons, on a commencé, en différents endroits, à ériger des conducteurs qui

283.

284.

houses in many places with good effect, by which means the electric matter is conducted into the earth or into the water.

A Tempest is dangerous when the lightening and thunder follow at the same time.

The focked lightening must be destinguished from the sheet, by which means a whole tract of space is in a moment enlightened, and which arises either from the friction of the sulphureous particles, or is only a reflection of a far distant flash.

The earth-quake is one of the most wonderful and most terrible appearances in Nature.

An universal noise previously is heard under the earth, after which the earth trembles and houses are shook or indeed thrown down.

Sometimes the earth gapes open, vapours ascend in the air, and whole mountains and places are over thrown.

The earth-quakes doubtless occur thro' the air and water contained in the earth, and thro' inflammable vapours.

nöthigen Ableitern aufzurichten, wodurch die Materie des Blitzes in die Erde oder in das Wasser geleitet wird.

[3] Ein Gewitter ist gefährlich, wenn Blitz und Knall zu gleicher Zeit erfolgen.

[4] Von dem Blitze ist das Wetterleuchten zu unterscheiden, wodurch auf einmal die ganze Gegend erhellt wird, und welches entweder durch das Reiben von Schwefeltheilchen entsteht, oder der Widerschein eines weit entfernten Blitzes ist.

[5] Das Erdbeben ist eine der größten und furchtbarsten Erscheinungen in der Natur.

[6] Gemeiniglich geht ein unterirdisches Getöse vorher, worauf die Erde erzittert und Häuser erschüttert oder gar umgestürzt werden.

[7] Bisweilen öffnet sich die Erde, Dämpfe steigen in die Höhe, und ganze Berge und Oerter werden verschlungen.

[8] Unstreitig werden die Erdbeben durch die in der Erde enthaltene Luft, durch das darin befindliche Wasser und durch brennbare Dünste erzeugt.

conduisent la matière electrique dans la terre ou dans l'eau.

Il y a danger pendant l'orage, lorsque l'éclair parait et que le tonnerre se fait entendre dans le même instant.

Il faut distinguer la foudre des éclairs qui paraissent subitement dans toute une région: ces éclairs sont produits ou par des exhalaisons sulphureuses qui se frottent, ou bien ils sont la réverberation d'un éclair fort éloigné.

Le tremblement de terre est un des plus grands et des plus terribles phénomènes de la nature.

Il est ordinairement précédé d'un bruit souterrain; ensuite la terre tremble, et les maisons sont ébranlées, et quelquefois même renversées.

Quelquefois aussi la terre s'entrouvre, des vapeurs montent dans les airs, et des montagnes et des endroits entiers sont engloutis.

Les tremblements de terre sont certainement produits par l'air, par l'eau et par les matières inflammables qui se trouvent dans la terre.

Tempestas et terrae motus.

[1]In tellure nostra complures sulphuris et nitri particulae repe-riuntur, quae in aërem adscendentes tandem in nubes abeunt, et frictionem passae, vi, quae iis inest, electrica fulmen producunt, quod tonitru sequitur, vehementiori aëris concussione ortum.

[2]Quo caveretur, ne fulminis ictus domus tangeret, multis in locis conti ferrei erigi coepti sunt filis fulmini avertendo aptis instructi, quibus fulminis materia humum vel in aquam derivatur.

[3]Tempestas periculo plena est, quum fulmen una cum tonitru percipitur.

[4]Diversa est a fulmine fulguratio, quae totam subinde regionem illustrat, et aut e particulis sulphureis oritur a se invicem attritis, aut lumen repercussum est fulminis remotissimi a nobis.

[5]Terrae motus rebus adnumerandus est, quae maxime memorabiles et terribilissimae in natura appārent.

[6]Est vero haec ejus indoles, ut plerumque subterraneus fragor praecedat, quo facto terra contremiscit et domus concutiuntur, imo evertuntur.

[7]Accidit interdum, ut terra hiscat, ut vapores adscendant et integri montes ac loca obruantur.

[8]Haud dubie terrae motus aëre in ea incluso, aqua ibi obvia, nec non vaporibus flammam facile concipientibus excitatur.

285.

Der Schornsteinfeger.

The Chimney sweeper. | *Le ramoneur.*

There belongs a chimney lead above thro' the roof (in order that the smoke may be conducted out of the house by it) to every fire place in a building.

By the passing of the smoke thro' the chimney, soot is collected, which encreases by degrees, and finally, if not cleared

[1]Zu jeder Feuerstelle in einem Gebäude gehört ein Schornstein, der oben zum Dache hinausgeht, damit der Rauch dadurch aus dem Hause weggeführt wird.

[2]Indem der Rauch durch den Schornstein geht, setzt er den Ruß daselbst an, der sich nach und nach immer mehr ansammelt, und

Chaque foyer dans les maisons a une cheminée qui s'élève au-dessus du toit et conduit la fumée hors des appartements.

En passant par la cheminée, la fumée y dépose de la suie qui s'accumule de plus en plus; et, lorsque la cheminée n'est pas net-

away, catches fire, and the house placed in danger.

In order to prevent this the chimney sweeper must clean the tubes from soot from time to time.

He climbs by means of a small ladder up the chimney until the tube is so narrow that he cannot only hold fast by applying his back and knees, but go up and down.

If he has arrived to the top of the chimney, he begins to sweep the soot away with the besom, and proceeds with his work from the top downwards.

If the soot has become hard, it is scraped away with the iron.

The chimney sweeper is clothed in leather, and his head covered with a large leather cap.

endlich, wenn er nicht abgefegt wird, Feuer fangt, und das Haus in Feuersgefahr setzt.

[3] Um dieses zu verhüten, muß der Schornsteinfeger von Zeit zu Zeit die Röhre vom Ruß reinigen.

[4] Er steigt vermittelst einer kleinen Leiter in den Schornstein hinauf, bis dahin, wo die Röhre so eng wird, daß er durch Anstemmung der Kniee und des Rückens sich nicht nur darin festhalten, sondern auch hinauf- und herunterfahren kann.

[5] Ist er bis zum Ausgang des Kamins gekommen, so fängt er an, mit dem Besen den Ruß abzufegen, und fährt mit dieser Arbeit von oben herunter fort.

[6] Wenn der Ruß hart ist, wird er mit dem Eisen abgekratzt.

[7] Der Schornsteinfeger trägt bei seiner Verrichtung Kleider aus Leder, und sein Kopf ist mit einer großen ledernen Mütze bedeckt.

toyée, cette suie s'allume et peut mettre le feu à la maison.

Pour prévenir ces accidents, il faut de temps en temps ramoner la cheminée.

Le ramoneur grimpe avec une petite échelle, jusqu'à l'endroit où le tuyau est assez étroit pour qu'il puisse, en s'appuyant des genoux et du dos, s'y soutenir, monter jusqu'en haut et redescendre.

Lorsqu'il est arrivé au haut de la cheminée, il commence à ramoner avec le balai, et il continue ainsi jusqu'au bas.

Lorsque la suie est dure, il la décrasse avec un racloir en fer.

Dans son travail, le ramoneur est habillé de cuir et il a sur la tête un gros bonnet également de cuir.

Purgator caminorum.

[1] Cuilibet foco in aedificiis additur caminus, qui per tectum transit, ut fumus e domo exire possit.

[2] Dum fumus per camīnum transit, fulīgo ibi adhaerescit, quae sensim accumulata ignem tandem concipit et aedificium ipsum incendii periculo exponit, nisi abradatur.

[3] Quod ut praecaveatur, fumarium identidem caminum fuligine purgare oportet.

[4] Scalae minoris ope in caminum eo usque adscendit, donec canalis sit arctior, ita ut appli-

catione genuum et dorsi non tantum firmiter se tenere, sed etiam adscendere et descendere possit.

[5] Quando ad exitum camini pervĕnit, fuliginem scopis deverrit, idque in descensu facere pergit.

[6] Si fulīgo indurata est, radula abraditur.

[7] Fumarius, opus faciens, vestibus e corio factis utitur et caput ejus cucullo majori coriaceo tegitur.

286.

Das Baden und Schwimmen.

The Bath and swimming.

Le bain et la nage.

There is nothing pleasanter in the summer than to bathe the body in fresh water.

When the boys bathe in the river, they exercise themselves in swimming, at first with blown out oxen bladders, or corks, afterwards free, by the motion of the hands and feet, and sometimes also laying on the back; others dive under the water like fishes.

There are also publick baths either warm mineral, or sulphurated, whose water is either warm, or cold.

Hot water is mixed with the two last named.

[1] In der heißen Jahreszeit ist Nichts angenehmer, als den Körper in frischem Wasser zu baden.

[2] Wenn die Knaben im Flusse baden, so üben sie sich im Schwimmen, zuerst auf aufgetriebenen Ochsenblasen, oder Korkrinde, hernach auch frei durch die Bewegung der Hände und Füße, indem sie zuweilen sogar auf dem Rücken liegen; andere schwimmen wie Fische unter dem Wasser.

[3] Es giebt auch öffentliche Bäder, welches entweder warme Bäder, oder Mineral-, oder Schwefelbäder sind, deren Wasser entweder warm oder kalt ist.

[4] Oft wird mit dem Wasser kalter Bäder heißes Wasser gemischt.

Ìl n'y a rien de plus agréable dans les grandes chaleurs de l'été, que de se baigner dans l'eau fraiche.

Quand les garçons se baignent dans la rivière, ils s'exercent à nager d'abórd avec des vessies de boeufs remplies d'air ou avec du liège, ensuite sans aucun soutien, et seulement avec les pieds et les mains; quelquesuns même se tournent sur leur dos; d'autres nagent sous l'eau comme des poissons.

Il y a aussi des bains publics, où sont rassemblées des eaux naturellement chaudes, des eaux minérales ou des eaux sulfureuses qui sont ou chaudes, ou froides.

Souvent avec les eaux froides on mêle de l'eau chaude.

285

286.

Warm water is conducted from the spring into the tub or boiler by means of pipes.

We sit in the bathing tub in the bathing room.

The bathing woman bears water in the bucket, which she has drawn from the water trough, or copper, into which it has run thro' pipes.

There are also sweating and shower baths.

The cupper scarifies the skin with the scarificator, and by applying the cupping class he draws the blood out, which is between the skin and flesh, and wipes it away with the sponge.

[5] Die warmen Wasser werden aus den Quellen durch Röhren in die Wannen oder in Kessel geleitet.

[6] In der Badstube sitzen wir in der Badwanne.

[7] Die Bademagd trägt Wasser mit dem Badegeschirr, welches sie aus dem Wassertrog oder Kessel schöpft, worein es durch die Röhren fließt.

[8] Es giebt auch Schwitzbäder und Tropfbäder.

[9] Der Bader schröpft mit dem Schröpfeisen, und indem er die Laßköpfe ansetzt, zieht er das Blut heraus, das sich zwischen der Haut und dem Fleisch befindet, und das er mit dem Schwamm abwischt.

Les eaux thermales sont conduites par des tuyaux dans des cuveaux ou dans des chaudières.

Dans le cabinet à bain nous nous asseyons dans la cuve.

La servante du bain porte dans un seau de l'eau qu'elle prend à l'auge ou à la chaudière, ou bien l'eau coule par des canaux jusqu'à la cuve.

Il y a aussi des étuves et des bains à douche.

Le baigneur scarifie la peau du patient avec sa flammette, et y applique des ventouses, pour entirer le sang qui est entre peau et chair, ensuite il l'essuie avec une éponge.

Lavatio et natatus.

[1] Ferventi anni tempestate nihil jucundius est, quam corpus aqua frigidiori lavare.

[2] Si pueri in fluvio lavant, aquas tranare student, primum super inflatis boum vecīcis, vel subere, deinde quoque libera jactatione manuum ac pedum, nonnunquam adeo in tergo cubantes; alii piscium instar sub aquis natant.

[3] Sunt etiam balneae publicae, eaeque aut thermae, aut aquae minerales, aut aquae sulphuratae, vel calidae, vel frigidae.

[4] Saepe aquis frigidis calefacta admiscetur aqua.

[5] Thermae e fontibus per canales in vannos aut ahena deducuntur.

[6] In balneario sedemus in labro.

[7] Balneatrix aquam ministrat situla, quam haurit ex alveo aut aheno, in quae defluit e canalibus.

[8] Sunt etiam balneae sudatoriae et destillatoriae.

[9] Balneator scarificat scalpro, et applicando cucurbitulas extrăhit sanguinem subcutaneum, quem abstergit spongia.

287.

Das Dampfschiff.

The steam boat.

Machines have been long invented in which, by means of the working of the steam upon a simple principle the machinery is set in motion.

The first attempt to emply the steam machinery in a voyage took place by an American named Fulton in Paris, who brought his discovery afterwards to perfection in his native country and built several steam boats.

The steam boats are set in motion by means of two wheels with ladles, resembling the undershot of a mill, placed on the side of the vessel, and driven round, by the steam engines.

Thro' the steam engine, by means of a pistil driven upwards and downwards by steam in an iron cylinder, a mechanical contrivance is effected which by the assistance of handles, cog-wheels, and machinery turns

[1] Maschinen, wo durch die Wirkung der Dämpfe auf einfache Weise Pumpenwerke in Bewegung gesetzt werden, hat man schon seit geraumer Zeit.

[2] Die ersten Versuche, Dampfmaschinen auf die Schifffahrt anzuwenden, stellte im Jahr 1802 der Amerikaner Fulton zu Paris an, der nachher in seinem Vaterlande seine Erfindung vervollkommnete, und mehrere Dampfboote baute.

[3] Das Dampfschiff wird durch zwei Räder mit Schaufeln, den unterschlächtigen Mühlrädern ähnlich, welche an den Seiten des Schiffes angebracht sind und durch die Dampfmaschine herumgetrieben werden, in Bewegung gesetzt.

[4] Durch die Dampfmaschine wird vermöge eines vom Wasserdampfe in einem eisernen Cylinder auf- und abgetriebenen Stempels ein Mechanismus zu Stande gebracht, welcher mittelst Kurbel, Sternräder und Ge-

Le bateau à vapeur.

Il y a déjà longtemps qu'on a des machines où la vapeur met en mouvement, par un mécanisme très-simple, des ouvrages hydrauliques ou à pompe.

Les premiers essais pour appliquer la vapeur à la navigation, furent faits à Paris, en 1802 par un Américain, nommé Fulton, qui perfectionna plus tard son invention dans sa patrie, et construisit plusieurs bateaux à vapeur.

Le bateau à vapeur a deux roues garnies de volets comme la roue d'un moulin; ces deux roues mises en mouvement par la vapeur, font avancer le bateau.

La vapeur fait monter et descendre un piston dans un cylindre de fer; à ce piston est une manivelle qui fait rouler les roues d'engrenage; celles-ci communiquent le mouvement aux roues à volets qui font voguer

287.

288.

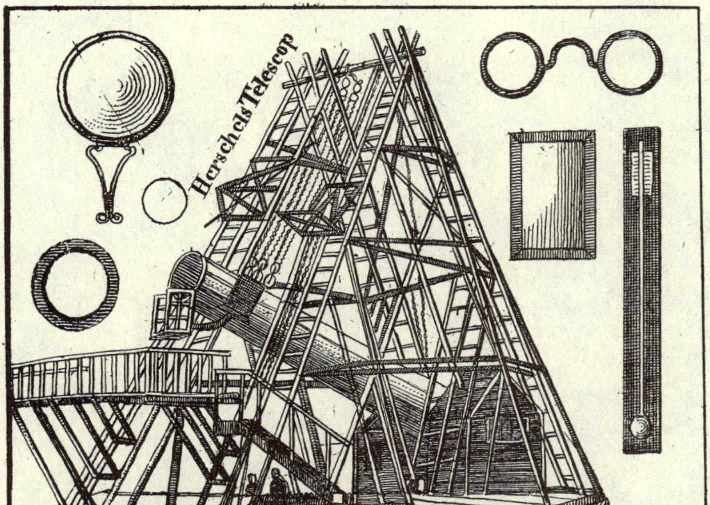

the paddles round, so that these operate like oars on the water, and propels the ship forward.

The fire must in order to produce this power, be continually kept up under the steam boiler.

triebe die Schaufelräder herumtreibt, so daß diese nun ruderartig auf das Wasser wirken und das Schiff forttreiben.

[5] Das Feuer muß, um diese Kraft hervorzubringen, beständig unter dem Dampfkessel erhalten werden.

le bateau comme à force de rames.

Pour développer cette force, il faut toujours entretenir le feu sous la chaudière.

Navis vaporaria.

[1] Machinas, quibus vaporum auxilio simplici modo opera antliis instructa agitantur, ex longiori jam tempore novimus.

[2] Machinas autem vaporias ad rem nauticam transferre, anno millesimo octingentesimo secundo Fultonius Americanus Lutetiae Parisiorum primus conatus est, qui deinde in patria sua inventum hoc magis perfectum reddidit et plura navigia vaporaria construxit.

[3] Navis vaporaria duabus rotis antliis instructis et rotis molarum inferne impulsarum similibus, agitatur, quae ab utroque navis latere collocata sunt, et machina vaporaria circumaguntur.

[4] Machinā vaporariā ope pistilli cujusdam in cylindro ferreo vaporibus aqueis sursum deorsum acti vis quaedam mechanica efficitur, quae manubrii, rotarum stellatarum et obicum auxilio rotas palis instructas circumăgit, ut eae jam remorum instar vim suam in aquam exsĕrant et navem promŏveant.

[5] Quae vis ut efficiatur, ignis sub aheno vaporario perpetuo alendus est.

288.

Spiegel=, Augen= und andere Gläser.

Looking glasses, spectacles, and other glasses.

Les miroirs, les lunettes et les autres verres d'optique.

Looking glasses were invented, that people might see themselves.

When the rays of the sun are compres-

[1] Die Spiegel sind erfunden worden, daß der Mensch sich selbst anschauen könne.

[2] Wenn die Strahlen der Sonne eng zusam=

Les miroirs ont été inventés, afin que l'homme puisse se voir lui-même.

Quand les rayons du soleil sont concentrés,

sed into a narrow compass, it burns like fire, which is effected by means of the burning glasses.

The space in which the rays fall, is called the focus.

Both sides of the glass are convex.

When it is placed towards the sun, the rays of the sun passing thro' are broken, and collect themselves behind the glass into a focus.

Archimedes of Syrakuse prepared glasses, by means of which he burnt the ships of the Romans in the Harbour.

There are also concave glasses.

In order to see far and near things more clearly, we employ telescopes, and glasses, long and short sighted spectacles.

Herschel prepared a glass by which the stars might be observed by day.

By means of microscopes objects appear much greater than they really are.

The Barometer is a

mengetrieben werden, so brennen sie wie ein Feuer, welches mit Hilfe des Brennspiegels und Brennglases geschehen kann.

3 Der Raum, in welchen die Strahlen fallen, heißt Brennpunkt.

4 Beide Seiten des Brennglases sind erhaben.

5 Wenn es nach der Sonne gerichtet wird, so werden die durchfallenden Sonnenstrahlen gebrochen und sammeln sich hinter dem Glas in einen Brennpunkt.

6 Archimedes in Syrakus hat Brennspiegel verfertigt, womit er die Schiffe der Römer im Hafen anzündete.

7 Es giebt auch Hohlspiegel.

8 Um in der Nähe und Ferne die Dinge deutlicher zu sehen, gebrauchen wir Ferngläser und Augengläser, nämlich Nähebrillen und Fernbrillen.

9 Herschel hat Seheröhren verfertigt, durch welche die Sterne bei Tage beobachtet werden können.

10 Durch die Vergrößerungsgläser erscheinen die Gegenstände weit größer, als sie wirklich sind.

11 Das Wetterglas oder der Barometer ist eine gläserne Röhre,

ils deviennent ardents comme le feu; or cela peut se pratiquer avec des miroirs et des verres ardents.

L'espace, dans lequel tombent les rayons, s'appelle le foyer.

Les deux surfaces du verre ardent sont convexes.

Lorsqu'on le tourne vers le soleil, les rayons qui y tombent, se refractent et se rassemblent dans le foyer, derrière le verre.

A Syracuse, Archimède confectionna des miroirs ardens, avec lesquels il brûla dans le port les vaisseaux des Romains.

Il y a aussi des miroirs concaves.

Pour voir plus distinctement les choses proches et éloignées, nous nous servons de télescopes, de lunettes et de lorgnettes.

Herschel a fait des tubes, avec lesquels on peut observer les étoiles pendant le jour.

Avec les télescopes, les objets paraissent plus grands qu'ils ne sont en effet.

Le baromètre consiste en un tube de

glass tube filled with quicksilver.

If this rises we may expect good weather, if on the contrary it falls, rain follows.

The thermometer shows the changes and degrees of heat and cold.

It is a very narrow glass tube with a globe filled with quicksilver.

If the atmosphere is warmer, the quicksilver expands and rises in the tube; if colder, it proceeds again into the ball.

welche mit Quecksilber angefüllt ist.

12 Wenn dieses steigt, so erwarten wir gutes Wetter, fällt es aber, so pflegt Regen zu folgen.

13 Der Wärmemesser oder der Thermometer zeigt die Veränderungen und die Grade der Wärme und Kälte an.

14 Es ist eine gläserne, sehr enge Röhre mit einer mit Quecksilber angefüllten Kugel.

15 Wenn die Luft wärmer wird, so dehnt sie das Quecksilber aus und es steigt in die Röhre; wird sie kälter, so geht es wieder in die Kugel zurück.

verre, rempli de mercure.

Quand le mercure monte, nous attendons le beau temps; et il pleut ordinairement lorsqu'il descend.

Le thermomètre indique les changemens de température, les degrés de la chaleur et du froid.

Cet instrument est un tube de verre très-mince avec une globule remplie de mercure.

Lorsque l'air s'échauffe, le mercure se dilate et monte dans le tube, mais il descend au contraire, quand la température s'abaisse.

Specula, vitra ocularia aliaque.

1 Specula inventa sunt, ut homo se ipse adspicere posset.

2 Si radii solis in angustum coguntur, ignis instar ardent, quod speculi et vitri caustici ope fieri potest.

3 Spatium, in quod radii incĭdunt, focus dicitur.

4 Utrăque superficies vitri caustici convexa est.

5 Quodsi soli opponitur, solis radii per illud transeuntes franguntur et post vitrum in foco colliguntur.

6 Archimēdes Syracusis specula caustica paravit, quibus Romanorum naves in portu accendebat.

7 Sunt etiam specula concăva.

8 Ut comĭnus et emĭnus res distinctius videamus, telescopiis et vitris ocularibus ac conspicillis utimur.

9 Herschelius tubos opticos paravit, quibus stellae interdiu observari possunt.

10 Per microscopia res longe majores appārent, quam vere sunt.

11 Barometrum est tubus vitreus, argento vivo repletus.

12 Quodsi adscendit, serenam tempestatem exspectamus, sin descendit, pluvia sequi solet.

13 Thermomĕtrum mutationes caloris ac frigoris et gradus frigoris indicat.

14 Is tubulus est vitreus, perangustus cum globulo, qui argento vivo repletur.

15 Cum aër incalescit, argentum vivum extenuat, atque ita in tubulum adscendit; si refrigescit, in globulum recedit.

289.

Wasserfälle.

Cataracts. — *Cataractes.*

Among the natural phenomena which fill the rudest heart with involuntary awe and admiration, belong the cataracts which is a considerable mass of water falling from a certain height.

Among the most remarkable of these falls, that of Niagara and the Rhine is placed.

The interior of North America abounds with large lakes.

Two of these lakes are joined with the river Niagara, which, encreased by large rivers and restrained by rocky banks, flows rapidly to the fall, where a river of almost 4000 feet broad is precipitated down perpendicular height of 150 feet.

Its roar is heard in calm weather four miles off, and the thick vapours are seen at a great distance.

The fall of the Rhine takes place at Schaff-

[1] Unter die Naturschauspiele, welche selbst das roheste Herz mit unwillkührlicher Ehrfurcht und Bewunderung ergreifen, gehören die Wasserfälle, wo sich nämlich eine beträchtliche Wassermasse von einer ziemlichen Höhe herabstürzt.

[2] Unter die merkwürdigsten gehören die Fälle des Niagara und der des Rheins.

[3] Das innere Nordamerika ist voll beträchtlicher Seen.

[4] Zwei jener Seen sind durch den Niagarastrom verbunden, der, durch große Flüsse verstärkt und zwischen Felsufer eingeengt, dem merkwürdigen Falle zueilt, wo ein Strom von fast 4000 Fuß breit, in eine Tiefe von 150 Fuß senkrecht hinabstürzt.

[5] Bei stillem Wetter hört man sein Toben drei bis vier Meilen weit, und der dichte Wasserdampf wird in der größten Entfernung erblickt.

[6] Der Rheinfall findet bei Schaffhausen

Parmi les phénomènes de la nature qui remplissent le coeur le plus froid de respect et d'admiration, il faut ranger les cataractes qui sont formées par une masse d'eau se précipitant d'une assez grande hauteur.

Parmi les cataractes les plus remarquables, on place celle du Niagara et celle du Rhin.

L'intérieur de l'Amérique septentrionale est rempli de grands lacs.

Deux de ces lacs sont joints par le Niagara, qui, renforcé par de grandes rivières et resserré entre des rochers, se précipite vers sa chute: là un torrent d'à peu près 4000 pieds de largeur, tombe perpendiculairement d'une hauteur de 150 pieds.

Pendant un temps calme, on entend le bruit à trois ou quatre milles de la chute; et des vapeurs épaisses se répandent à une très-grande distance.

La chute du Rhin est près de Schaff-

hausen on the boundary between Germany and Switzerland.

Several rocks which are part in the fall itself, part on the side of the river, divide it into five falls: the highest and most powerful is that by the castle of Laufen, its height is from 50 to 60 feet, when the river is high, 80 feet.

The roar of the fall is then so great that the voice of the men is inaudible, and is heard by calm weather two hours off.

auf der Gränze zwischen Deutschland und der Schweiz Statt.

[7] Mehrere Felsen, die sich theils im Falle, theils am Rande des Flusses erheben, theilen ihn in fünf Fälle: der höchste und mächtigste ist unter dem Schlosse Laufen; seine Höhe ist 50 bis 60, bei hohem Wasser aber 80 Fuß.

[8] Dann ist das Donnern des Falls so fürchterlich, daß die Stimme des Menschen verhallt, und daß man bei sehr stillem Wetter den Fall auf zwei Stunden weit hört.

house, sur les limites de l'Allemagne et de la Suisse.

Plusieurs rochers qui s'élèvent au milieu de la chute et sur les bords du fleuve, forment cinq chutes différentes: la plus grande est celle qui a lieu au-dessous du château de Lauffen; sa hauteur est de 50 à 60 pieds, et même de 80 pieds, quand les eaux sont fortes.

Alors le fracas de la chute est si terrible, que l'homme ne peut plus se faire entendre, et que pendant un temps calme, le bruit se prolonge à deux lieues.

Cataractae.

[1] Spectaculis, quae animos hominum vel maxime incultorum commövent et haud voluntarios verecundia et admiratione implent, cataractae adnumerandae sunt, ubi magna aquarum moles altissime devolvitur.

[2] In iis, quae maxime memorabiles habentur, Niagarae et Rheni sunt cataractae.

[3] Interior America septentrionalis abundat lacubus non mediocribus.

[4] Ex iis duo lacus Niagara flumine junguntur, quae aliis majoribus fluviis aucta et inter ripas saxosas coarctata, ad lapsum suum memorabilem properat, ubi flumen hoc fere quatuor millia pedum latum centum et quinquaginta pedes ad perpendiculum in profundum fertur.

[5] Tempestate quieta fremitus ejus ex trium vel quatuor milliariorum distantia auditur, et vaporum aqueorum densitas quam longissime conspicitur.

[6] Rheni cataracta prope Scaphusium cernitur, ubi Germania et Helvetia confines sunt.

[7] Plures rupes, quae partim in medio, partim ad oras fluminis sese attollunt, in quinque eam dividunt cataractas; quarum altissima et vehementissima infra arcem illam Laufen sese offert; altitudo ejus est quinquaginta vel sexaginta, flumine vero magis aucto, octoginta pedum.

[8] Tum vero fremitus cataractae tam terribilis est, ut vox hominis eo prorsus reprimatur, et tempestate admodum tranquilla aquarum lapsus e duarum horarum distantia audiatur.

290.

Gletscher und Lauwinen.

Glaciers, and Avalanches.

The Swiss-Alps present to us on account of their remarkable position the most beautiful scenes in Nature, and the most remarkable objects of curiosity.

They contain mountains whose tops rise above the clouds, and are covered with eternal snow; between these are lakes, immense precipices, valleys full of ice, inumerable springs and brooks bounding over large masses of rocks, fruitful pastures, and other wonders of nature.

Immense masses of ice completely filling a valley are called glaciers.

One of the most remarkable glaciers, is the so named ice-ocean on the mountain Montanvert, which is a long valley entirely filled with ice.

Another valley, the Chamony, seven hours long is the most beau-

[1] Die Schweizer-Alpen bieten uns wegen ihrer ausgezeichneten Lage die höchsten Naturschönheiten und die merkwürdigsten Gegenstände dar.

[2] Sie enthalten Berge, deren Gipfel über die Wolken steigen und mit ewigem Schnee bedeckt sind; zwischen diesen Bergen sind Seen, ungeheure Felsenabgründe, Thäler voll Eis, unzählige Quellen, Bäche, welche sich über Felsenwände herabstürzen, fruchtbare Viehweiden und andere Wunder der Natur.

[3] Gletscher nennt man die mit ungeheuren Eismassen ganz angefüllten Alpenthäler.

[4] Einer der größten und merkwürdigsten Gletscher ist das sogenannte Eismeer am Berge Montanvert, welches ein langes, ganz mit Eis angefülltes Thal ist.

[5] Ein anderes Thal, das Thal von Chamouny, sieben Stunden lang,

Les glaciers et les avalanches.

Les Alpes de la Suisse, par leur position remarquable, présentent aux regards ce que la nature peut offrir de plus grandiose et de plus beau.

Elles renferment des monts dont la cime s'élève au-dessus des nues et est couverte d'une neige éternelle; entre ces montagnes sont des lacs, des abimes, des vallées de glaces, des sources nombreuses, des ruisseaux qui se précipitent du haut des rochers; de gras paturages et d'autres objets de la nature dignes d'admiration.

On nomme glaciers les vallées des Alpes qui sont couvertes de grandes masses de glace.

L'un des plus grands et des plus remarquables de ces glaciers est la mer de Glace au pied du Montanvert, qui est une longue vallée toute remplie de glace.

Une autre vallée, celle de Chamouny qui a près de sept lieues

289.

290.

tiful not only in Switzerland but perhaps in the whole world.

ist das schönste nicht allein in den Schweizer-Alpen, sondern vielleicht in der ganzen Welt.

de longueur, est non seulement la vallée la plus belle des Alpes helvétiques, mais peut-être encore de tout le monde.

It contains so many large and high wonders of nature, the roughest and wildest joined with the finest and most charming scenes, that at the first view one can scarcely collect oneself from astonishment.

6 Es enthält so viele große und hohe Wunder der Natur, die rauhesten und wildesten Scenen sind mit den schönsten und reizendsten so gemischt, daß man sich bei dem ersten Anblick von seinem Erstaunen kaum erholen kann.

Elle renferme tant d'étonnantes merveilles de la nature, et les scènes les plus sauvages s'y trouvent si bien mêlées aux plus belles et aux plus délicieuses, qu'à son premier aspect l'on a peine à revenir de son étonnement.

On both sides it is enclosed by heaven-crowned mountains, whose narrow valleys are filled with glaciers, whose sharp tops and groups present a beautiful landscape, and above which Mont-Blanc raises himself.

7 Zu beiden Seiten ist es von himmelhohen Bergspitzen eingeschlossen, deren enge Zwischenthäler mit Eisgletschern angefüllt sind, deren scharfe Spitzen und Gruppen ein malerisches Ansehen geben, und über denen sich der Montblanc erhebt.

Elle se trouve enclavée entre de hautes montagnes, dont les vallons étroits sont remplis de glaciers. Les pointes aiguës et les groupes de ces glaciers ont un aspect pittoresque. Au-dessus d'eux s'élève le Mont-Blanc.

The avalanches are immense masses of snow, falling down from the high mountain into the nearest valley, and while they encrease by degrees often cover whole villages and commit great damages on the fields.

8 Die Lauwinen (Lawinen) sind große Schneemassen, welche von den hohen Bergen in die nächsten Thäler herabrollen, und da sie sich nach und nach sehr vergrößern, oft ganze Dörfer bedecken und auf den Feldern große Verwüstungen anrichten.

Les avalanches sont de grandes masses de neige qui roulent des hautes montagnes dans les vallées voisines, et comme elles vont se grossissant de plus en plus, elles couvrent souvent des villages entiers, et font de grands ravages dans les campagnes.

Montes glaciales et nives de montibus revulsae.

1 Alpes Helvetiae nobis situ suo eximio jucundissimum naturae spectaculum et res maxime memorabiles offerunt.

2 Montes eae continent, quorum vertices nubes superascendunt et perenni nive teguntur; hos inter montes lacus, immensa praecipitia, valles glacie plenas, fontes innumeros, rivos super rupium

parietes ruentes, pascua fertilia aliaque naturae miracula offendimus.

[3]Montes glaciales vocantur valles illae Alpium immensa glaciei mole repletae.

[4]Montibus glacialibus, qui maximi et memoratu dignissimi habentur, Mare quod vocant, Glaciale juxta Montem Viridem adnumerandum est, quod valle constat glacie prorsus repleta.

[5]Alia, vallis Chamuniana, pulcherrima dici potest, non in Helvetiae tantum Alpibus, sed forsitan in universo terrarum orbe.

[6]Ea tot magna et alta naturae miracula continet, asperrima et horridissima quaeque visu pulcherrimis et amoenissimis ita miscentur, ut primo intuens prae stupore vix mentem colligere possit.

[7]Utrimque montium apicibus ad coelum paene surgentibus clauditur, quorum valles angustae lacubus glacie invicta rigentibus repletae sunt, qui in apices acutos exeuntes et varie juncti speciem praebent maxime vigentem, et super quos Mons Blancus emĭnet.

[8]Saepe de altis montibus magnae nivium moles in proximas valles revolvuntur, et sensim multum auctae saepe integros pagos obtĕgunt agrosque admŏdum devastant.

291.

Der Vesuv.

Mount Vesuvius. — *Le Vésuve.*

Among the volcanic mountains still burning in Europe, Vesuvius near Naples is the most terrible and dangerous for the surrounding country.

He has buried not only during the time of the ancient Romans several considerable cities under his burning ashes, and among the rest the two towns, Herculaneum and Pompeii, but also at the

[1]Unter den noch jetzt brennenden feuerspeienden Bergen in Europa ist der Vesuv in Neapel der wüthendste und gefährlichste für das umliegende Land.

[2]Er vergrub nicht nur schon zu den Zeiten der alten Römer mehrere Örter, und unter andern die beiden Städte, Herkulanum und Pompeji, unter seiner glühenden Asche, sondern er verwüstet auch noch

Parmi les volcans qui vomissent encore des flammes, en Europe celui de Naples est le plus violent et le plus terrible pour les contrées environnantes.

Non-seulement, du temps des anciens Romains, il ensevelit sous ses cendres ardentes plusieurs endroits, entre autres les deux villes d'Herculanum et de Pompeji; mais encore de nos jours il ravage,

present time it lays waste the beautiful surrounding country by the eruption of its ashes, fire and lava.

It has two summits, viz the Vesuvius upon whose highest top the present crater, or the burning mouth of the volcano is placed, and the somma separated from Vesuvius by a small valley, and at present has no burning crater.

The lava is a mixture of stone, earth, sulphur, and iron ore, which is melted by the internal heat of the mountain, breaks thro' any opening of it, flows down slowly in a broad stream and devastates every thing coming in its way.

Instead of lava Vesuvius frequently ejects immense quantities of volcanic ashes, which spreads itself for many miles and completely covers the country.

jetzt oft durch seine Feuer-, Aschen- und Lava-Ausbrüche die ganze schöne Gegend um sich her.

[3] Er hat zwei Gipfel, nämlich den eigentlichen Vesuv, auf dessen oberstem Kegel der jetzige Crater, oder die brennende Mündung des Vulkans ist, und zweitens die Somma, welche durch ein kleines Thal vom Vesuv geschieden ist, und jetzt keine brennende Mündung hat.

[4] Die Lava ist eine Mischung von Steinen, Erdarten, Schwefelkiesen u. Eisenerzen, welche, durch die innere Glut des Berges geschmolzen, durch irgend eine Oeffnung des Berges ausbricht, sich in einem breiten Strome langsam fortwälzt, und Alles, was sie auf ihrem Wege antrifft, schrecklich verheert.

[5] Oft wirft der Vesuv auch statt der Lava eine ungeheure Menge vulkanischer Asche aus, welche sich viele Meilen weit verbreitet und das ganze Land bedeckt.

par ses éruptions, par les cendres et les laves qu'il vomit, les beaux coteaux qui l'environnent.

Il a deux sommets. L'un est le Vésuve proprement dit, sur le haut duquel se trouve le cratère ou la bouche enflammée du volcan; l'autre est la Somma qui est separée du Vésuve par une petite vallée, et qui à present ne jette plus de flammes.

La lave est un composé de pierres, de terre, de soufre, de fer fondu, mêlés ensemble par le feu du volcan; elle sort par les ouvertures, coule lentement sur les coteaux de la montagne et ravage tout ce qu'elle rencontre sur son passage.

Au lieu de laves, le Vésuve jette souvent une grande quantité de cendres qui se repandent à plusieurs milles et couvrent toute la campagne.

Vesuvius.

[1] Montium ignivomorum Europae etiamnunc flagrantium Vesuvius ad Neapolin saevissimus est et terrae circumjacenti maximum objicit periculum.

[2] Is non tantum jam priscorum Romanorum aetate plura loca, in quibus praeter alia duas illas urbes, Herculanum et Pompejos, ponere licet, cineribus suis candentibus obruit, sed hodie adhuc

ignis, cineris et lavae eruptione totam circa regionem devastat.

[3]Duo habet culmina, scilicet verum, quem vocant, Vesuvium, in cujus summo cono hodiernus crater seu ardens Vulcani ostium cernitur, et Somma, quae valle parva a Vesuvio sejungitur et nunc ostio flagranti caret.

[4]Lava materia est e lapidibus, terrae quibusdam generibus, glarĕa sulphŭre perfusa, et ferri stricturis mixta, quae interiori montis ardore liquefacta per rimam aliquam montis erumpit, latius fluens lente provolvitur, et quidquid ei occurrit, terribilem in modum devastat.

[5]Saepe quoque Vesuvius pro lava quam maximam copiam cineris Vulcanis proprii ejĭcit, qui per multorum milliariorum spatium diffunditur et totam regionem obtĕgit.

292.

Das Nordlicht.

The Northern light, or Aurora borealis.

L'aurore boréale.

The Northern light is one of the most useful phenomenons of Nature for the inhabitants lying towards the North pole.

By its means the unusually long nights are enlightened, and are less mournful for the inhabitants of that part.

The Northern light is nothing else than an electrical appearance in the air.

In the countries of the North pole where the ground is almost always covered with snow and ice, the electricity can neither discharge itself by

[1]Das Nordlicht ist eine der wohlthätigsten Natur-Erscheinungen für die nach dem Nordpole zu liegenden Länder.

[2]Hiedurch werden die ungewöhnlichen langen Winternächte erhellt, und für die Bewohner jener Gegenden weniger traurig.

[3]Das Nordlicht ist nichts Anderes, als eine elektrische Lufterscheinung.

[4]In den Polarländern des Nordens, wo Schnee und Eis die Erde fast immer bedeckt, kann sich die Elektricität weder durch Gewitter, noch durch

L'aurore boréale est un des phénomènes les plus bienfaisants des pays situés vers le pôle arctique.

C'est elle qui éclaire les longues nuits d'hiver, et les rend moins tristes aux habitants de ces contrées.

L'aurore boréale n'est autre chose qu'un phénomène électrique.

Sous le pôle septentrional, où la terre est presque toujours couverte de glace et de neige, l'électricité ne peut se communiquer à la terre ni par

291.

292.

storms nor yet enter the earth in imperceptible currents.

It accumulates therefore to an astonishing degree breaks at last upwards, and forms a large fiery ray of light in the heaven, whereby the night is so clear, that every object is discernible.

When the Aurora borealis is raised 150 to 200 miles above the earth's surface, it is visible also in our part.

Towards the pole there is a place where on the longest day the sun does not set.

The ignes fatui or Jack's lantern are visible in marshy grounds.

unmerkliche Strömungen in die Erde entladen.

[5]Sie häuft sich daher ungewöhnlich an, bricht endlich nach oben zu aus, und bildet am Himmel große feurige Lichtstrahlen, wodurch die Nacht so hell wird, daß man jeden Gegenstand genau unterscheiden kann.

[6]Wenn sich das Nordlicht bis zur Höhe von 150 bis 200 Meilen über die Oberfläche der Erde erhebt, so sehen wir es auch in unsern Gegenden.

[7]Gegen die Pole zu kommt man an einen Ort, wo die Sonne am längsten Tage nicht untergeht.

[8]Die Irrlichter lassen sich an sumpfigen Orten sehen.

les orages ni par des émanations imperceptibles.

Pour cette raison, elle s'accumule en grande quantité, et bientôt elle fait éruption vers les régions supérieures; alors elle jette une vive lumière, au point que pendant la nuit on peut distinguer tous les objets.

Quand l'aurore boréale s'élève à une hauteur de 150 à 200 milles au-dessus de la surfaee de la terre, elle est aussi visible dans nos contrées.

On arrive à un endroit vers les pôles, où pendant les longs jours le soleil ne se couche plus.

Le feu follet paraît en des lieux marécageux.

Aurora borealis.

[1]Inter ea, quae natura terris ad septentrionem vergentibus offert phaenomena, aurora borealis verum est beneficium habenda.

[2]Scilicet noctes hiemis solito multo longiores ea illustrantur, et incolis regionum illarum minus tristes se exhibent.

[3]Aurora borealis nil aliud est habendum, quam meteōron electricum.

[4]In terris polum versus sitis, quae nive et glacie continuo fere teguntur, materia electrica nec tempestatibus, nec humum sensim emanando sese exonerare potest.

[5]Itaque insolito modo augetur, ad superiorem versus partem erumpit, et in coelo majores luminis radios ignis instar efficit, quibus nox ita illustratur, ut, quidquid sub oculos cadit, prorsus discerni possit.

[6]Aurora borealis quum centum et quinquaginta vel ducenta milliaria supra terrae superficiem adscendit, in nostris quoque regionibus cernitur.

[7]Polos versus ad locum pervenire licet, ubi sol longissimi diei tempore plane non occidit.

[8]Ignes fatui locis palustribus emicant.

293.

Ansicht der Engelsburg und der Engelsbrücke.

Prospect of the bridge and castle of St. Angelo.

The celebrated castle of St. Angelo may be truly called the citadel of Rome, on account of its fortifications.

It is a round building resembling a tower, built on a square foundation.

The Emperor Hadrian constructed it for his sepulchre, and adorned it on the outside with the most costly pillars and statues.

At the fall of the Roman empire this monument was plundered of its outward ornaments, and several Popes have constructed it into a small fortress.

On the top of it a large angel of bronze is placed from whence its name, castello di Angelo.

In the fore-ground are behold the far famed Tiber, and the bridge of St. Angelo thrown across it.

In the distance ri-

[1] Die berühmte Engelsburg oder das Castello di S. Angelo kann man wegen ihrer Befestigung die Citadelle von Rom nennen.

[2] Es ist ein rundes, thurmähnliches Gebäude, welches auf einer viereckigen Basis steht.

[3] Kaiser Hadrian ließ es als sein Grabmal aufführen, und äußerlich auf das kostbarste mit Säulen und Statuen verzieren.

[4] Bei dem Verfalle des Römischen Reichs wurde auch dieses Monument seiner äußeren Zierden beraubt, und mehrere Päbste machten daraus eine kleine Festung.

[5] Auf der Spitze steht ein großer Engel von Bronze, woher der Name Engelsburg kommt.

[6] In dem Vordergrunde erblicken wir den weltberühmten Tiberstrom und die über ihn führende Engelsbrücke.

[7] In der Ferne er-

Vûe du château et du pont St. Ange.

Le célèbre château St. Ange (il Castello di S. Angelo) peut être appelé, à cause de ses fortifications, la citadelle de Rome.

C'est un édifice rond en forme de tour, qui repose sur une base carrée.

Il a été construit par l'Empereur Adrien qui le destinait à lui servir de tombeau; de belles colonnes et des statues magnifiques en décoraient l'extérieur.

Lors de la chute de l'empire Romain, ce monument fut dépouillé de ses ornements, et plusieurs papes en firent une petite forteresse.

Sur le sommet est placé un ange colossal en bronze; ce qui lui a donné le nom de château St. Ange.

En face on apperçoit le Tibre célèbre, et le pont de l'ange qui le traverse.

Dans le lointain, s'élève le dôme maje-

ses the lofty dome of St. Peters.

On the festival of the Apostle St. Peter, the Italians enjoy the spectacle of the most splendid illumination.

All the outward parts of the cathedral are illuminated on this evening with thousands of lamps.

About ten o' clock a beautiful fire-work is displayed on the tower of St. Angelo, which is finished with the Girandola, when 5000 rockets are fired off at the same moment, and appear to spread themselves like a lake of fire.

hebt sich der erhabene Dom der Peterskirche.

8 Am Feste des Apostels Petrus haben die Römer das Schauspiel der herrlichsten Erleuchtung.

9 Alle äußeren Umrisse der Peterskirche werden an diesem Abende durch Tausende von Lampen erleuchtet.

10 Gegen 10 Uhr wird dann auf der Engelsburg ein prachtvolles Feuerwerk abgebrannt, welches mit der Girandola oder dem Pfauenschwanz endigt, wo 5000 Raketen zusammen in einem Augenblick in die Luft fliegen, und gleich einem Vulkan ein Feuermeer auszuwerfen scheinen.

stueux de l'église St. Pierre.

A la fête de St. Pierre, les Romains ont le spectacle d'une illumination magnifique.

Ce soir là, tous les contours extérieurs de l'église de St. Pierre sont illuminés avec des milliers de lampions.

Vers les dix heures du soir on tire, sur le château St. Ange, un magnifique feu d'artifice, qui se termine par la Girandole, où 5000 fusées, lancées à la fois, semblent former une mer de feu.

Prospectus castelli et pontis St. Angeli.

1 Castellum St. Angeli, quum munitissimum sit, arcem Romae vocare licet.

2 Aedificium hoc est rotundum, turri simile, et fundamento quadrato superimpositum.

3 Adrianus Imperator monumenti loco illud exstrui, et extrinsecus columnis ac statuis quam pretiosissime ornari jussit.

4 Quum imperium romanum sensim collaberetur, hoc quoque monumentum externa, qua florebat, specie privatum est, pluresque papae castellum inde effecerunt.

5 In culmine ejus angelus aereus positus est, unde nomen arx Angeli ducitur.

6 In parte ejus antīca Tiberim fluvium conspicimus per orbem notum et pontem, cui ab Angelo nomen datum est.

7 E longinquo culmen excelsum templi Sancto Petro dicati surgit.

8 Eo, quod in memoriam St. Petri apostoli celebratur, festo Romanis spectaculum illuminationis splendidissimae praebetur.

9 Omnes partes externae templi illius hoc vespere multis millibus lampădum illustrantur.

10 Decimam versus horam in Angeli arce splendidissimi ignis artificio spectaculum editur, quod girandōla, quam vocant, finitur; quae quum fit, quinque millia missilium pyriorum simul in aërem feruntur et vulcani instar mare igneum ejicere videntur.

294.

Die Peterskirche in Rom.

The St. Peters Church at Rome.

No other Christian church can be compared to the St. Peters in Rome (built in the Italian style) in elegance and splendor of its building in richness of its ornaments and sublimity of its style.

Twenty eight of the most famous artists of Europe are reckoned, (among whom the immortal painters Raphael and Michael Angelo shine), who finished this building in a period of 155 years.

The expense of this building is estimated at 80 million of dollars.

On the right of St. Peters the immense palace of the Vatican with 11000 chambers is raised, in which the cardinals assemble when the papal chair is vacant to elect a new Pope; and which is also famous for its library.

In the middle of the

[1] Keine andere christliche Kirche kommt an Pracht, geschmackvoller Bauart, Reichthum der Verzierungen und Erhabenheit des Stils, der in Italienischer Art aufgeführten St. Peterskirche in Rom nahe.

[2] Man zählt 28 der berühmtesten Künstler aus Europa, unter denen die unsterblichen Maler Raphael und Michael Angelo glänzen, welche in dem Zeitraume von 155 Jahren diesen Bau vollendeten.

[3] Die Kosten des Baues betrugen über 80 Millionen Thaler.

[4] Rechts von der Peterskirche steht der ungeheure Palast des Vatikans mit 11,000 Zimmern, in welchem sich die Cardinäle bei Erledigung des päpstlichen Stuhles zur Erwählung eines neuen Pabstes versammeln, und der auch durch seine Bibliothek berühmt ist.

[5] Auf der Mitte des

La basilique de Saint Pierre à Rome.

Aucune église chrétienne n'approche de celle de St. Pierre à Rome, pour la magnificence, pour le goût, pour la richesse, pour les ornemens et pour le style qui est d'après l'architecture italienne.

28 artistes des plus célèbres en Europe, parmi lesquels on compte l'immortel Raphaël et le grand Michel-Ange, travaillèrent, pendant 155 ans, à l'embellissement de cet édifice.

Cette église a coûté plus de 80 millions d'écus.

A droite, se trouve l'immense palais du Vatican, qui a 11,000 chambres ou appartements, et dans lequel, pendant la vacation du siége apostolique, se rassemblent les cardinaux, pour choisir un nouveau Pape; sa bibliothèque est également célèbre.

On aperçoit au mi-

293.

294.

square is the obelisk of the Emperor Caligula brought from Heliopolis in Aegypt, and constructed a new by Pope Sextus the fifth.

The cathedral, with its majestick cupola, has porticoes, which proceed at first in a straight line right and left, and then in an arched form.

Two fountains adorn the beautiful square on either side of the obelisk.

Platzes erblickt man den unter Kaiser Caligula aus Heliopolis in Aegypten hieher geführten und vom Papst Sixtus V. von Neuem errichteten Obelisk.

6 Die Kathedrale, deren Kuppel majestätisch ist, hat Säulengänge, welche links und rechts zuerst in gerader, dann in bogenförmiger Richtung fortlaufen.

7 Zwei Springbrunnen zieren den prächtigen Platz auf beiden Seiten des Obelisken.

lieu de la place l'obélisque qui, sous l'empereur Caligula, fut transportée à Rome d'Heliopolis en Egypte, et redressée par le pape Sixte Quint.

La cathédrale, dont la coupole est majestueux, a des allées de colonnes qui s'avancent d'abord à droite et à gauche en ligne directe, et ont ensuite la forme de voutes.

Deux fontaines jaillissantes, placées aux deux côtés de l'obélisque, embellissent cette place magnifique.

Aedes St. Petri, quae Romae est.

1 Nulla alia aedes sacra splendore, eleganti aedificandi ratione, ornamentorum copia et stili sublimitate ad templum sancto Petro dicatum accedit, quod Romae ad Italorum modum exstructum est.

2 Duodetriginta numerantur artifices Europae celeberrimi, inter quos et Raphaëlis ac Michaelis Angeli nomina splendent, qui centum viginti quinque annorum spatio molem illam perfecerunt.

3 Sumtus aedis illius octingenties centena millia imperialium amplius effecerunt.

4 Ad dextram ejusdem templi immensum illud Vaticani palatium exstat cum undecim millibus conclavium, in quo patres purpurati, mortuo Pontifice maximo, ad creandum successorem congregantur, et cui bibliotheca quoque egregia gloriam addidit.

5 In media area obeliscus occurrit, Caligula regnante Heliopŏli Aegypti huc delatus, et a Sixto V. Papa denuo exstructus.

6 Aedes cathedralis, cujus culmen augustissima est specie, porticus habet, quae et sinistrorsum et dextrorsum primum recta linea, deinde arcuatae portenduntur.

7 Duo fontes salientes ab utraque obelisci parte aream splendidam ornant.

295.

Das Münster in Strassburg.

The Minster in Strassburg.

La cathédrale de Strasbourg.

The Minster in Strassburg is one of the most wonderful and remarkable buildings in the earth, as well on account of its beautiful gothic architecture as the commanding height of its tower, whose summit is raised 574 feet above the earth.

The nave of the church is an immense arch the roof is covered with copper.

The tower consists of two parts; the under part is a longish square mass built of large free stone, and adorned with the most various ornaments.

It makes exactly the half of the whole, and ends in a large plat-form, furnished all round with a balcony.

On the one side of this plat-form the other part of the tower is constructed in a py-

[1]Das Münster in Straßburg ist eines der sonderbarsten und merkwürdigsten Gebäude der Erde, sowohl wegen seiner schönen gothischen Bauart, als auch wegen der beträchtlichen Höhe seines Thurms, dessen Spitze 574 Fuß vom Boden an beträgt.

[2]Das Schiff der Kirche ist ein ungemein hohes Gewölbe; das Dach ist mit Kupfer gedeckt.

[3]Der Thurm besteht aus zwei Theilen; der untere ist eine länglich viereckige Masse, von großen Quadersteinen gebaut und mit den mannigfaltigsten Verzierungen bekleidet.

[4]Er macht gerade die Hälfte der Höhe des Ganzen aus, und endigt sich in eine große Plateforme oder Altane, die rings umher mit einem Brustgeländer versehen ist.

[5]Auf der einen Seite dieser Altane erhebt sich der obere Theil des Thurms in Pyramiden-

La cathédrale de Strasbourg est un des plus originaux et des plus remarquables édifices de toute la terre, tant à cause de sa belle architecture gothique qu'à cause de la grande élévation de la flèche de son clocher dont la pointe a 574 pieds de hauteur.

La nef est une voute extrêmement élevée; l'église est couverte de cuivre.

Le clocher est composé de deux parties; l'inférieure est un carré oblong, bâti de grandes pierres de taille, et recouvert de toutes sortes d'ornemens.

Cette partie fait précisément la moitié de la hauteur de l'édifice; elle se termine par une vaste plateforme entourée d'une balustrade.

Sur un coin de cette plateforme, s'élève la partie supérieure de la tour en forme pyra-

ramidical form, and finished in the most skilful way.

A beautiful prospect over the town, the Rhine, the greater part of the Alsace and the black Forest is enjoyed from the plat-form.

The architect of this skilful tower was Erwin von Steinbach who lived in 13 century, and 160 years passed away before it was finished.

form und auf das künstlichste gearbeitet.

[6] Von der Altane herab genießt man die herrlichste Aussicht über die Stadt Straßburg, über den Rhein, einen großen Theil des Elsaßes und des Schwarzwaldes.

[7] Der Erbauer des kunstvollen Thurms war Erwin von Steinbach im 13ten Jahrhundert, und man brachte 160 Jahre bis zur Vollendung damit zu.

midale; elle est bâtie avec beaucoup d'art.

De cette plateforme on a une vue superbe sur la ville de Strasbourg, sur le Rhin, sur une grande partie de l'Alsace et de la fôret noire.

Cette superbe tour fut bâtie par Erwin de Steinbach au 13me siècle; il fallut 160 ans pour la finir.

Aedes cathedralis Argentorati.

[1] Aedes cathedralis, quae Argentorati est, inter maxime singularia et memorabilia orbis terrarum aedificia referenda est, tum ob egregiam aedificandi rationem a Gothis sumtam, tum ob eximiam turris altitudinem, quae ab imo ad culmen quingentorum et septuaginta quatuor pedum est.

[2] Intus aedes in immensam altitudinem concamerata est; tectum cupro tegitur.

[3] Turris duabus constat partibus; inferior moles est oblonga, e majoribus saxis quadratis exstructa et diversissimis ornamentis vestita.

[4] Ea ipsam dimidiam altitudinis partem efficit totius aedis, et sub finem in amplius abit subdiale, pluteo circa instructum.

[5] Ab altero hujus subdialis latere superior turris pars pyramidis instar surgit artificiosissime elaborata.

[6] E subdiali prospicientes maxima jucunditate fruuntur, cum Argentoratum urbs, Rhenus et major Alsatiae, nec non Silvae Nigrae pars oculis objiciantur.

[7] Turris haec tanta arte effecta Erwinum a Steinbach, decimo tertio seculo viventem, auctorem habuit, et ad absolvendam universae aedis exstructionem centum et sexaginta annis opus fuit.

296.

Eisenbahnen und Dampfwagen.

Rail roads, and Steam carriages.

Routes de fer et voitures à vapeur.

The rail roads, made use of in England, consist of two iron ruts made of flat pieces of iron the sides of which rise up in order to prevent the wheels from running out, or these ruts are composed of convex pieces of iron, and the wheel is furnished with furrows, by means of which, they are kept or driven on the road.

[1] Die Eisenbahnen, von denen man in England Gebrauch macht, bestehen aus zwei eisernen, von flachen Eisenstücken gemachten Geleisen, deren Ränder hervorstehen, damit die Räder nicht abgleiten können, oder diese Geleise sind aus converen Eisenstücken zusammengesetzt, wo dann die Räder Ränder oder Furchen haben, durch welche sie auf der Bahn gehalten oder geleitet werden.

Les routes de fer dont on se sert en Angleterre, consistent en deux rainures faites avec des morceaux de fer afin que les roues ne puissent dévier; on fait aussi des voies convexes, et alors les roues ont des sillons qui les retiennent dans la voie.

These pieces of iron are two or three feet long and at the point where they are joined together they rest on iron, wood or stone-blocks.

[2] Diese Eisenstücke sind zwei bis drei Fuß lang, und da, wo sie mit einander vereinigt sind, auf hölzerne, eiserne oder steinerne Blöcke befestigt.

Ces pièces de fer ont deux ou trois pieds de longueur; et, à leur jointure, elles sont assises sur des blocs de fer, de pierre ou de bois.

In order to hinder too great burdens from coming on these roads, th ey are generally distributed in several wagons drawn by horses or set in motion by a steam engine.

[3] Um nicht zu große Lasten auf diese Bahnen zu bringen, werden sie gewöhnlich auf mehrere durch Pferde oder Dampfmaschinen in Bewegung gesetzte Wagen vertheilt.

Pour ne pas trop charger ces routes, on transporte les fardeaux sur plusieurs voitures trainées par des chevaux ou mises en mouvement par la vapeur.

The steam wagons are simple carriages set in motion by steam engines.

[4] Die Dampfwagen sind einfache, durch Dampfmaschinen getriebene Wagen.

Les voitures à vapeur sont de simples chariots mis en mouvement par une machine à vapeur.

The steam formed

[5] Der in dem Dampf-

La vapeur qui se

295.

296.

in the boiler drives alternately postils up and down in the cylinder, which sets the poles in motion.

By means of the last the wheels are turned round and these wheels drive the cog-wheel, which again sets the spring-wheel in motion; the teeth of this last fit into those of the rut furnished with teeth fastened on the rail road; and because these do not give way, the spring-wheel is propelled forwards, by continually seizing in other teeth, and in this manner the wagon is set in motion.

kessel gebildete Dampf treibt nämlich abwechselnd in den Cylindern Stämpel in die Höhe, welche das Gestänge in Bewegung setzen.

6 Durch letztere werden die Räder in Drehung gebracht, und diese treiben in das Kammrad ein, welches das Treibrad bewegt; die Zähne dieses letztern greifen in die Zähne einer an der gewöhnlichen Eisenbahn noch angebrachten Kammbahn ein, und da diese nicht weicht, so geht das Treibrad vorwärts, indem es immer in andere Zähne eingreift und so den Wagen vorwärts treibt.

forme dans la chaudière, élève alternativement, dans les cylindres, des pistons, qui mettent les branches en mouvement.

Ces dernières font tourner les roues, qui s'engrènent dans la roue à dents, laquelle fait mouvoir la roue maîtresse, dont les dents s'engrènent dans celles d'une voie de fer à dents, qui est pratiquée dans la voie ordinaire; et comme cette voie à dents ne cède nullement, la roue maîtresse se porte en avant, s'engrenant continuellement dans d'autres dents, elle fait ainsi avancer la voiture.

Curricula ferrata et currus vapore agitati.

1 Curricula ferrata, quibus in Anglia utuntur, duabus orbitis ferreis constant, e plana ferri massa factis, quarum orae prominent, ne rotae declinare possint, aut orbitae illae e convexis ferri massis compositae et rotae oris vel sulcis instructae sunt, quibus in curriculo continentur aut diriguntur.

2 Hae ferri massae duo vel tres pedes longae, et ubi junguntur, majoribus ferri, ligni, aut saxorum massis firmiter impositae sunt.

3 Ne nimis magna onera in haec curricula ingerantur, per plures currus aut ab equis, aut machinis vaporariis agitatos distribuuntur.

4 Currus vaporarii simplices currus sunt machinis vaporariis pulsi.

5 Vapor scilicet in aheno effectus in cylindris pistilla per vices attollit, perticas ferreas exagitantia.

6 His rotae circumvolvuntur, quae in tympănum se insinuant, rotam primariam movens, cujus dentes dentibus curriculi dentati in curriculo ferrato facti inseruntur; quod quum minime cedat, rota impulsoria porro agitur, et cum in alios identidem dentes se insinuet, currus promovetur.

297.

Die Taucherglocke.

The Diving bell.

Use is made of this important discovery in springing up rocks under the sea, in bringing up rich materials which have been lost by shipwrecks near the shore, and in finding pearls.

The bell consists of one piece of cast iron, and light is admitted in it by means of eight or ten holes furnished with thick glass.

By means of a leather pipe placed above, fresh air can be admitted into the bell as soon as it is let down into the water.

This is effected by an air pump which accompanies the bell on a raft.

In the inside banks and tools for the workmen are placed besides an iron basket in which the things are laid intended to be brought above.

[1] Von dieser wichtigen Erfindung wird Gebrauch gemacht, um Felsen unter dem Meere zu sprengen, um kostbare Dinge, die bei Schiffbrüchen in der Nähe der Küste verloren giengen, vom Grund des Meeres heraufzuholen, und um die Perlen zu bekommen.

[2] Die Glocke besteht aus einem einzigen Stück Gußeisen, und das Licht fällt in dieselbe durch acht bis zehn mit dicken Gläsern versehene Löcher.

[3] Vermittelst eines oben angebrachten Schlauches kann, sobald die Glocke unter das Wasser gebracht worden ist, frische Luft hineingelassen werden.

[4] Dieß geschieht durch eine Luftpumpe, welche auf einer Flöße der Glocke nachgeführt wird.

[5] Im Innern derselben befinden sich Bänke und Werkzeuge für die Arbeiter, nebst einem eisernen Korbe, in welchen die Dinge gelegt werden, die man über das Wasser schaffen will.

La cloche du plongeur.

On fait usage de cette invention importante, pour faire sauter un rocher dans la mer, pour enlever du fond des eaux des choses précieuses qu'on a perdues auprès du rivage, et pour obtènir les perles.

Cette cloche est en une seule pièce de fonte, et la lumière y pénètre par huit ou dix ouvertures munies de verres épais.

Quand on a fait descendre la cloche sous l'eau, on y peut introduire de l'air frais au moyen d'un tuyau qu'on a appliqué en haut.

Cela se fait au moyen d'une machine pneumatique, placée sur un radeau qui suit la cloche.

En dedans se trouvent des bancs et des instruments pour les ouvriers, avec un panier de fer où l'on met les choses que l'on veut élever au-dessus de l'eau.

297.

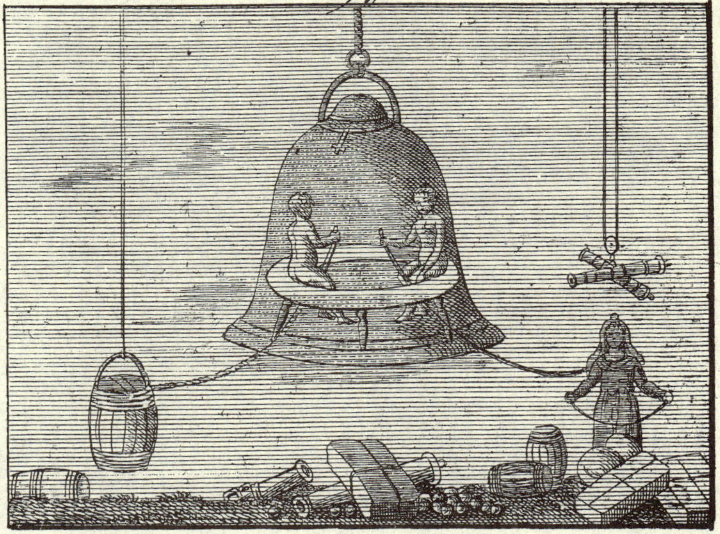

298.

The bell is let down from the vessel by strong ropes, and the people work as easily in one as in the open air.

The workmen are generally healthy and particularly hearty eaters and drinkers.

[6]Die Glocke wird vom Schiffe aus an starken Tauen herabgelassen und die Leute arbeiten darin so leicht, als ob dieß in freier Luft geschähe.

[7]Die Arbeiter sind in der Regel gesund und vorzüglich starke Esser und Trinker.

On fait descendre la clòche attachée au vaisseau par de forts cables, et les ouvriers y travaillent aussi facilement qu'en plein air.

Ordinairement ces ouvriers se portent bien, et sont de gros mangeurs et de bons buveurs.

Campana urinatoria.

[1]Inventum hoc, quod maximi est momenti, praesertim inservit rupibus sub mari disrumpendis, rebus pretiosis, quae facto naufragio prope oras perierunt, ex imo mari petendis, et margaritis ad lucem proferendis.

[2]Campana integra ferri fusi massa constat, et lumen in eam per octo vel decem foramina densiori vitro instructa admittitur.

[3]Utris ope supra collocati, ut primum campana sub undas demissa fuerit, recens aër immitti potest.

[4]Id antlia pneumatica efficitur, quae rate vecta campanam sequitur.

[5]Intus scamna sunt et instrumenta in operariorum usum, cum corbe ferrea, in quam res supra aquam transferendae ingeruntur.

[6]Campana e navi firmis rudentibus demittitur, et homines in ea tam facili negotio laborant, quasi sub aëre libero fiat.

[7]Operarii plerumque optima valetudine fruuntur, et cibi potusque capacissimi sunt.

298.

Die Häringsfischerei.

The Herring fishery.

The Herrings, living at the bottom of the sea towards the North, come at a particular time of the year to the coasts, to spawn, or to lay their eggs;

[1]Die Häringe, welche auf dem Grund des Meeres gegen Norden wohnen, kommen zu einer bestimmten Zeit des Jahres an die Küsten, um dort zu laichen oder

La pêche aux harengs.

Les harengs qui habitent au fond de la mer vers le nord, viennent sur les côtes à une époque fixe de l'année pour y frayer ou pour y déposer leurs

the number of which is almost inconceivable.

This is particularly seen in this fishery in the old herrings which are called full herrings.

According to a law in Holland the fishermen are allowed to throw their nets only between the 25. June and 15. July, and in order to excite them, the fisherman who goesout and returns first receives a prize.

When the ships are at sea they seek the herring bank.

When they are certain to have found it, large nets are thrown into the sea with stones fastened at the bottom.

In consternation occasioned by these nets, the herrings endeavour to break thro' the meshes but they remain hanging to it.

The nets are generally cast out in the evening and in order to entice the herrings the better lanterns are fastened to it, while the fish delight to approach the light.

When it is time to draw the nets up,

ihre Eier zu legen, deren Zahl unglaublich ist.

2 Besonders auf die alten Häringe, welche man Vollhäringe nennt, ist es bei dieser Fischerei abgesehen.

3 Nach einem holländischen Gesetze können die Fischer ihre Netze nur zwischen dem 25sten Junius bis zum 15ten Julius auswerfen, und um sie zu ermuthigen, bekommt die erste Buyse (so nennen sie das Schiffersahrzeug, welches auslauft und zurückkehrt) eine Belohnung.

4 Wenn die Schiffe im Meere sind, so suchen sie die Häringsbänke auf.

5 Wenn man gewiß ist, sie gefunden zu haben, so wirft man große Netze in's Meer, an deren Ende Steine geknüpft sind.

6 In Verwirrung gebracht durch diese Netze, suchen die Häringe durch die Maschen zu entkommen, aber sie bleiben daran hängen.

7 Man wirft die Netze gewöhnlich des Abends aus, und um die Häringe mehr anzulocken, befestigt man Laternen daran, weil sich die Fische gern dem Licht nähern.

8 Wenn man so weit ist, um die Netze herauszuziehen, so hat man sogleich auf die Erhal-

oeufs en un nombre incroyable.

C'est particulièrement contre les vieux harengs, appelés harengs pleins, que se dirige la pêche.

Par une loi hollandaise, les pêcheurs ne peuvent jeter les filets que depuis le 25 Juin jusqu'au 15 Juillet; et, pour encourager la pêche, on paie une prime à la première buse (c'est le nom du bateau de pêche) qui sort et qui rentre.

Quand les vaisseaux sont sur la mer, ils cherchent à découvrir les bancs des harengs.

Quand on est sûr de les avoir trouvés, on jette en mer de gros filets au bout desquels sont attachées des pierres.

Troublés par ces filets, les harengs cherchent à s'échapper par les mailles, mais ils y restent suspendus.

On jette ordinairement les filets le soir; et, pour attirer davantage les harengs, on y attache des lanternes; car les poissons s'approchent volontiers de la lumière.

Quand on est parvenu à retirer les filets, il faut songer

care must be taken to preserve the fish.

On this account they hasten to take them out and lay them in brine, or salt them, on the next day they are packed in layers in tons.

After returning into harbour they are fresh lain in salt, and in this manner sent away.

Great quantities of them are fastened by the gill on a stick and smoked in the chimney with a thick smoke.

The barrels are of oak; the Poles prefer the resing flavour of the pine tree.

tung der Häringe zu denken.

[9] Deßwegen beeilt man sich, sie auszunehmen und in die Salzlake zu legen oder einzupöckeln, und den andern Tag werden sie schichtenweise in Tonnen gepackt.

[10] Nachdem man in den Hafen zurückgekommen ist, legt man sie von Neuem mit Salz in andere Tonnen, und so werden sie verschickt.

[11] Eine große Anzahl wird mit dem Kiemen an Stecken befestigt und in Kaminen mit einem dicken Rauch geräuchert.

[12] Die Tonnen sind von Eichenholz; die Polen ziehen den Harzgeschmack des Fichtenholzes vor.

aussitôt à la conservation des harengs.

On se hâte de les vider, et de les mettre dans la saumure; et le lendemain on les en retire, et on les pose par couches dans des tonneaux.

Arrivés au port, on les met dans d'autres tonneaux avec du sel; c'est ainsi qu'on les expédie pour les divers pays.

On en attache une quantité par les branchies à des bâtons pour les saurer, en les exposant dans des cheminées à une épaisse fumée.

Les tonneaux sont de bois de chêne; les Polonais préfèrent le goût de résine du pin.

Halecum piscatio.

[1] Haleces, in maris fundo septentrionem versus habitantes, certo quodam anni tempore ad oras penĕtrant, ova ibi edituri, quorum numerus sane incredibilis est.

[2] Quum haec piscatio fit, ii inprimis haleces petuntur, qui aetate magis provecti sunt, ideoque peculiari nomine veniunt.

[3] Secundum legem Batavicam piscatoribus nonnisi a vicesimo quinto Junio ad quintum decimum Julium retia jacĕre licet, et quo magis ad piscaturam excitentur, ei, quod primum exit ac redit, navigio, praemium datur.

[4] Quum naves exierunt, loca, ubi haleces degere solent, investīgant.

[5] Quae cum inventa esse certo creduntur, retia majora in mare jacĕre placet, quibus extremis lapides alligantur.

[6] Conturbati retibus his haleces per nodorum spatium evadere conantur, quibus vero adhaerescunt.

[7] Retia vespere jaci solent, et quo haleces magis allicîantur, lucernae iis affiguntur, quod pisces ad lucem accedere amant.

[8] Quum in eo est, ut retia extrahantur, id statim spectandum erit, ut haleces conserventur.

[9] Idcirco quam celerrime viscera

eximuntur, pisces sale condiuntur et postridie per strata in dolia reconduntur.

[10] Postquam in portum reditum est, denuo cum sale in alias cupas ingeruntur atque ita transmittuntur.

[11] Magnus eorum numerus branchiis ad baculos affixi in caminis fumo densiori durantur.

[12] Cupae quernae esse solent; Polōni lignum pineum resīnam redōlens praeferunt.

299.

Die Sonnen- und Mondfinsterniſs.

The Eclipse of the sun and moon.

L'esclipe de soleil et de lune.

When the moon comes between the sun and earth in such a manner that it covers the sun, an eclipse of the sun takes place, which is either total or partial.

Those inhabitants of our earth towards the west experience the beginning of all eclipses of the sun sooner than those towards the East and on account of the moon being too small to cover the whole earth with its shadow, an eclipse of the sun can never be seen thro' the whole of our hemisphere.

When the moon enters the ecliptic with its full light, it is

[1] Wenn der Mond zwischen die Sonne und die Erde so zu stehen kommt, daß er die Sonne bedeckt, so entsteht eine Sonnenfinsterniß, welche entweder total, oder partial ist.

[2] Bei allen Sonnenfinsternissen werden diejenigen Einwohner unserer Erde, welche mehr gegen Westen wohnen, den Anfang derselben früher gewahr, als die, welche gegen Morgen wohnen, und weil der Mond zu klein ist, als daß er mit seinem Schatten die ganze Erde bedecken könnte, so kann auch eine Sonnenfinsterniß nie auf der ganzen Halbkugel unserer Erde gesehen werden.

[3] Wenn der Mond in die Sonnenbahn mit vollem Lichte kommt, so

Quand la lune se trouve entre le soleil et la terre, de manière qu'elle couvre le soleil, il se fait une éclipse de soleil qui est ou totale, ou partielle.

Ceux qui habitent les régions occidentales voient le commencement de toutes les éclipses plutôt que ceux qui habitent vers l'Orient; et comme la lune est trop petite pour couvrir toute la terre de son ombre, une éclipse de soleil n'est jamais assez grande, pour qu'on la voie sur toute la surface de notre hémisphère.

Lorsque la lune entre dans l'orbite du soleil, pendant sa plénitude,

darkened by the shadow of the earth; this is called an eclipse of the moon.

It appears then as if a black veil was before the moon.

The moon for instance which is an opaque body and receives its light from the sun, is placed at the time of its eclipse in the earth's shadow, which is in a direct line between the sun and moon.

On account of our earth being greater than the moon, the moon's eclipse is therefore more general and can be seen by all inhabitants of the earth who experience night at this time, and have the moon in view.

wird er von dem Schatten der Erde verfinstert, was man eine Mondsfinsterniß nennt.

[4] Es scheint alsdann, als ob eine runde schwarze Scheibe vor den Mond zu stehen komme.

[5] Der Mond nämlich, der ein dunkler Körper ist und sein Licht von der Sonne bekommt, befindet sich zur Zeit seiner Verfinsterung in dem Schatten der Erde, die in gerader Linie zwischen der Sonne und dem Monde ist.

[6] Weil unsere Erde viel größer ist, als der Mond, so sind auch die Mondsfinsternisse allgemeiner, und können von allen Einwohnern der Erde, die zu dieser Zeit Nacht und den Mond in ihrem Gesichtskreise haben, gleich gesehen werden.

l'ombre de la terre obscurcit la lune; ce qu'on appelle une éclipse de lune.

On dirait alors qu'il y a un disque noir devant la lune.

En effet la lune, qui est un corps opaque et, qui reçoit sa lumière du soleil, se trouve pendant son éclipse dans l'ombre de la terre, qui est en ligne droite entre le soleil et la lune.

Comme la terre est beaucoup plus grande que la lune, les éclipses de la lune sont aussi plus générales, et peuvent être vues d'une même manière par tous les habitants de la terre qui ont la nuit et la lune sur leur horizon dans le même temps.

Solis et lunae defectio.

[1] Quando luna inter solem ac terram ita interponitur, ut solem obtĕgat, eclipsis solis oritur, ita ut aut totus, aut aliqua tantum parte obscuretur.

[2] Qui magis occidentem habitant terrae nostrae incolae, cujusque solis defectionis initium prius possunt intueri, quam illi, qui plagas habitant ad orientem magis vergentes, lunaque quum multo sit minor, quam quae umbra sua universum terrarum orbem obscurrare queat, solis defectus nunquam accidit tam universalis, ut per totum telluris nostrae hemiphaerium cerni possit.

[3] Pleno orbe quum luna ecliptícam intrat, terrae umbra obscuratur, quod dicitur eclipsis lunae.

[4] Quod dum fit, niger quidam discus ante lunam constitutus esse videtur.

[5] Luna scilicet, corpus opacum et solis luce collustratum, defectionis tempore umbram terrae subit, quae ad rectam lineam soli ac lunae opposita est.

[6] Terra nostra quum longe major sit luna, defectus quoque lu-

nae multo magis universales sunt, pariterque ab omnibus terrae accolis, quorum in conspectum tum nocturno tempore luna venit, lustrari possunt.

300.

Der Sklavenhandel.

The slave trade.

The greatest injustice which man can be guilty of, is to make slaves of his fellow creatures, and to carry on trade with him like a beast.

There are two kinds of slaves, Christian, and Negros.

The former are principally met with in Barbary in Africa, where they are seized by the Pirates from the ships of the Christian, and plunged into slavery; from this time they are given over to the highest bidder like merchandize.

The Negro slaves are brought from Africa and carried to America, in order to employ them in the colonies and mines.

The Europeans sell

[1] Das größte Unrecht, welches der Mensch begehen kann, ist, seinen Mitmenschen zum Sklaven zu machen, und, gleich einem Thiere, Handel damit zu treiben.

[2] Es giebt zwei Arten von Sklaven, Christen-Sklaven und Neger.

[3] Jene trifft man vorzüglich in der Berberei in Afrika, wo sie von den Seeräubern mit den christlichen Schiffen weggenommen und in die Sklaverei geschleppt werden; von der Zeit an werden sie an den Meistbietenden wie eine Waare überlassen.

[4] Die Negersklaven werden aus Afrika geholt und nach Amerika gebracht, um sie in den Kolonien und Bergwerken zu gebrauchen.

[5] Die Europäer kau-

La traite des Nègres.

La plus grande injustice que l'homme puisse commettre, c'est de réduire son semblable à la condition d'esclave, et d'en faire un article de commerce comme d'un animal.

Il y a deux sortes d'esclaves: les esclaves chrétiens et les Nègres.

On trouve les premiers surtout dans la Barbarie en Afrique, où les pirates, qui les ont pris sur des vaisseaux chrétiens, les mènent en esclavage; dès ce moment on les regarde comme une marchandise qu'on vend au plus offrant.

On va chercher les Nègres en Afrique et on les conduit en Amérique, pour s'en servir dans les colonies et dans les mines.

Les Européens les

299.

300.

them like cattle on the market place, and bring them on board the ships, where they lay pressed together in such a narrow compass, that they are scarcely able to move.

They are seldom brought on deck, and many of them die from despair and hunger; but most of them are taken off by contagious deseases.

If the vessel touches at a place or station, the captain publickly announces his arrival, and sells his slaves to the planters.

In many countries the slave trade is abolished.

fen sie wie das Vieh auf den Märkten und bringen sie auf die Schiffe, wo sie zusammengefesselt so enge neben einander liegen, daß sie sich nicht rühren können.

[6]Nur selten werden sie auf das Verdeck geführt, und Viele sterben aus Verzweiflung Hungers; die meisten aber werden durch ansteckende Krankheiten dahingerafft.

[7]Kommt das Sklavenschiff an Ort und Stelle, so macht der Capitain öffentlich seine Ankunft bekannt, und verkauft seine Sklaven an die Pflanzer.

[8]In mehreren Ländern ist der Sklavenhandel abgeschafft worden.

achètent comme des animaux sur les places publiques; puis ils les entassent et les enchaînent sur des vaisseaux tellement qu'ils ne peuvent se remuer.

On ne les conduit que rarement sur le pont; plusieurs, par désespoir, se laissent mourir de faim; mais la plupart sont enlevés par des maladies contagieuses.

Sitôt que le vaisseau arrive à sa destination, le capitaine fait annoncer publiquement son arrivée, et vend ses esclaves aux propriétaires des plantations.

La traite des Nègres a été abolie dans plusieurs pays.

Mangonium.

[1]Summam sane injustitiam ille admittit, qui alterum servum facere, et veluti animal vendere audet.

[2]Duo sunt servorum genera, christianorum scilicet et Nigritanorum.

[3]Illi a barbăris Africae incolis, qui piraticam exercent, capti cum Christianorum navibus in servitutem abiguntur; inde ab hoc tempore mercium loco habiti plus offerenti adjudicantur.

[4]Nigritanorum servi ex Africa in Americam deferuntur, operique faciundo in coloniis atque fodīnis metallicis adhibentur.

[5]Europaei eos pecŭdum instar in foro emunt eosque in naves conjiciunt, in quibus vincti tam stipati jacent, ut corpus non possint movere.

[6]Raro tantum in tabulatum educuntur, et multi desperatione adducti fame pereunt, plurimi vero morbis contagiosis abripiuntur.

[7]Quum navis servis onerata eo, quo tendit, pervĕnit, navis praefectus eam advenisse indicat servosque colōnis vendit.

[8]Pluribus in terris mangonium abolĭtum est.

301.

Pyramiden und Obelisken.

Pyramids and Obelisks.

The Pyramids were sepulchres of the ancient aegyptian kings and their families.

They are situated round about Cairo and the Nile on a sloping country which the Aegyptians probably selected as their place of burial, on account of many mummies being found in subterraneous buildings or catacombs.

The most famous one is the so named great Pyramid, whose height is 440 English feet, built of very soft lime stone, or of the same stone on which it stands, it was said formerly to have been covered on the outside with marble.

From the top to the bottom is 208 steps.

A way leads to two sepulchral chambers, the upper one of which contains a sarcophagus four yards long, constructed of yellow marble.

[1] Die Pyramiden waren Grabmäler der ältesten Aegyptischen Könige und ihrer Familien.

[2] Sie liegen unweit Cairo und des Nils, auf einer hügelichten Gegend, welche die alten Aegypter wahrscheinlich zu ihren Begräbnißfeldern gewählt hatten, weil man ebendaselbst auch in unterirdischen Gebäuden oder Katakomben die Mumien findet.

[3] Die berühmteste, die sogenannte große Pyramide, ist 440 englische Fuß hoch, von sehr weichem Kalkstein oder von demselben Felsen, worauf sie steht, gebaut, und soll vor Zeiten von außen mit Marmor bekleidet gewesen seyn.

[4] Sie hat von unten bis zur Spitze 208 Stufen.

[5] Ein Gang führt zu zwei Grabzimmern, wovon das obere einen vier Ellen langen Sarg von gelbem Marmor enthält.

Pyramides et obélisques.

Les pyramides étaient les tombeaux des anciens rois d'Egypte et de leurs familles.

Elles sont situées dans le voisinage du Caire, près du Nil, dans une contrée couverte de collines. Les anciens Egyptiens avaient probablement choisi ce lieu pour leur sépulture, puisqu'on y trouve encore des Momies dans des bâtimens souterrains ou Catacombes.

La plus célèbre, celle qui est appelée la grande pyramide a 440 pieds anglais de haut; elle est construite de pierre calcaire fort tendre, ou bien de la pierre du roc sur lequel elle est bâtie. Autrefois, dit-on, elle était recouverte de marbre à l'extérieur.

Elle a, du pied jusqu'au sommet, 208 marches.

Une galerie conduit à deux chambres sépulcrales, dont la supérieure renferme un sarcophage de marbre jaune et de la longueur de quatre aunes.

The Obelisks like the Pyramids and Catacombs, are remarkable monuments of the noble Aegyptian style of building.

The word Obelisk means a square pillar terminating in a pointed summit.

There are a great number of these Obelisks in Aegypt which the kings erected in the temples, before the palace, or on publick places.

They were for the most part very high, from 50 to 150 feet, and notwithstanding this, almost all of them were hewn from a single piece of red granit; few of them were of marble.

On most of them, hieroglyphics, or various kinds of figures of utensils and animals were engraved.

Several of them may be seen in Rome.

6 Die Obelisken oder Spitzsäulen sind, wie die Pyramiden und Katakomben, merkwürdige Denkmäler der kühnen Bauart der alten Aegypter.

7 Das Wort Obelisk bedeutet eine viereckige, nach oben schmäler zulaufende Säule.

8 In Aegypten gab es eine große Zahl dieser Obelisken, welche die Könige an den Tempeln, vor den Palästen oder auf öffentlichen Plätzen aufrichten ließen.

9 Sie waren meistentheils sehr hoch, von 50 bis 150 Fuß, und dessenungeachtet fast alle nur aus einem einzigen Stück röthlichen Granits gehauen; wenige waren von Marmor.

10 Auf den meisten sind Hieroglyphen oder allerhand Zeichen von Geräthschaften, Thieren u. s. w. eingehauen.

11 Mehrere kann man in Rom sehen.

Les obélisques sont, ainsi que les pyramides et les catacombes, des monuments remarquables de l'architecture hardie des Egyptiens.

Le mot obélisque désigne une espèce de pyramide effilée, quadrilatérale, qui se termine en pointe.

Il y avait en Egypte un grand nombre de ces obélisques, que les rois firent ériger devant les temples et les palais, ou sur les places publiques.

Ces monumens étaient pour la plupart très-hauts; il y en avait de 50 jusqu'à 150 pieds; et pourtant presque tous n'étaient que d'une seule pièce de granit rougeâtre; il y en avait peu de marbre.

Ils sont pour la plupart couverts d'hiéroglyphes ou de figures d'animaux, d'ustensiles etc.

On en peut voir plusieurs à Rome.

Pyramides et obelisci.

1 Pyramĭdes monumenta erant antiquissimorum Aegypti regum eorumque familiarum.

2 Eae haud multum a Cairo et Nilo absunt, in loco clivoso, quem, ut puto, prisci Aegyptii ad sepulturam sibi elegerant, quod ibidem etiam in aedificiis subterraneis seu catacombis mumiae inveniuntur.

3 Celeberrima earum est major, quam vocant, pyrămis, quadringentos et quadraginta pedes anglicos alta, e mollissimo lapide calcario aut eodem saxo exstructa, cui supererecta cernitur, et olim marmŏre inducta fuisse dicitur.

4 Ea ab ima ad supremam partem ducentos et octo gradus habet.

[5] Via quaedam ad duo sepulchri conclavia ducit, quorum superius loculum quatuor ulnas longum complectitur, e flavo marmŏre factum.

[6] Obelisci, ut pyramides et catacombae, monumenta sunt memorabilia architecturae audacis priscorum Aegyptiorum.

[7] Obeliscus columnam significat quadratam supra arctius coëuntem.

[8] In Aegypto magnus erat numerus earum columnarum, quas reges ante templa, palatia aut in areis publicis erigendas curaverunt.

[9] Maximam partem eae altissimae erant, et a quinquaginta ad centum et quinquaginta pedum altitudinem adsurgebant, ac plerumque è rubro granīte continuo caesae erant; paucae tantum marmoreae.

[10] Plurimis earum hieroglyphae seu varia signa utensilium, animalium etc. insculptae erant.

[11] Plures etiam Romae videre licet.

302.

Berühmte Höhlen.

Celebrated Caverns.		*Des cavernes célèbres.*
Fingals cave on the island of Staffa near Scotland, is one of the most remarkable phenomena of Nature.	[1] Die Fingals-Höhle, welche sich auf der Insel Staffa bei Schottland befindet, ist eine der merkwürdigsten Erscheinungen in der Natur.	La grotte de Fingal qui se trouve dans l'isle de Staffa non loin de l'Ecosse est une des plus remarquables merveilles de la nature.
It is 371 feet long, 117 feet high, and 53 broad.	[2] Sie ist 371 Schuh lang, 117 Fuß hoch, und 53 Fuß breit.	Sa longueur est de 371 pieds, sa largeur de 53, et sa hauteur enfin de 117.
On account of its being covered in the inside entirely with pillars of basalt for the walls, and the roof consisting of broken pillars of the same kind of stone, hanging down abruptly it forms one	[3] Da sie innerhalb lauter Basaltsäulen zu ihren Wänden, und dergleichen abgebrochene, kühn herabhängende zur Decke hat, so gewährt dieß den prächtigsten und größten Anblick,	L'interieur de la caverne, n'ayant d'autres murs que des colonnes de basalte, ni d'autre toit que de pareilles colonnes brisées et suspendues d'une manière hardie, offre le plus beau et le plus grand

301.

302.

ef the most beautiful and imposing sights which can possibly be imagined.

den man sich nur denken kann.

coup d'œil qu'on puisse imaginer.

It receives its light from its immense Portal, so that, on account of the floor lying under the water, a boat may approach to the furthest extremity, and broken pillars entirely of basalt may be seen under the clear water.

4 Sie empfängt ihr Licht von außen durch ihr ungeheures Portal, so daß man, weil ihr Fußboden ganz unter dem Wasser liegt, bis an ihr tiefstes Ende mit einem Boot hineinfahren, und unter dem klaren Wasser lauter abgebrochene Basaltsäulen stehen sehen kann.

Elle reçoit le jour du dehors par son immense portail, et comme le fond est entièrement couvert d'eau, on va jusqu'à l'extrémité de la grotte sur une barque; y étant l'eau très-limpide, on voit encore, à travers, des colonnes brisées.

The roof above the cave forms a small mountain, and consists of large tophus, from which complete layers of short oblique basalt pillars appear above.

5 Die Decke über der Höhle bildet einen kleinen Berg und besteht aus einem großen Tufstein, aus welchem ganze Schichten von kurzen, schräg liegenden Basaltsäulen hervorragen.

La partie supérieure forme une petite montagne, et est un gros rocher de tuf qui laisse descendre des couches entières de colonnes de basalte.

When brooks and springs flow over lime mountains and then penetrate into caves, they deposit the calcareous particles on the sides, and form different figures, as tubes, grapes, cones; this is called stalactites.

6 Wenn Bäche und Quellen über Kalkgebirge herströmen, und nachher auf Felsenhöhlen treffen, so setzen sie die Kalktheile an den Wänden an, und bilden verschiedene Gestalten, als Röhren, Trauben, Zapfen, was man Tropfstein nennt.

Lorsque des ruisseaux et des sources traversent des montagnes de pierres calcaires, pénètrent ensuite dans des cavernes; ils déposent leurs parties calcaires aux parois et prennent différentes formes, semblables à des tuyaux, à des grappes de raisins, à des quilles: c'est ce qu'on appelle stalactites.

The stalactites cave near Slains in Scotland takes the first place among these caverns.

7 Unter diesen Höhlen nimmt die Tropfsteinhöhle bei Slains, in Schottland, einen vorzüglichen Platz ein.

Parmi ces cavernes de stalactites, celle près de Slain dans l'Ecosse tient un des premier rangs.

A dangerous steep descent leads to the interior of this cave

8 Ein gefährlicher, steiler Abhang führt in das Innere der Höhle, wo

Une pente rapide et dangereuse conduit dans l'intérieur de la

where an innumerable quantity of Stalactites meet the eye, which frequently form whole pillars.

man eine zahllose Menge von Tropfsteinen antrifft, welche oft ganze Säulen bilden.

caverne où l'on trouve un nombre infini de stalactites qui forment souvent des colonnes entières.

Cavernae memorabiles.

[1] Caverna illa, quae in Staffa insula prope Scotiam occurrit et nomen ducit a Fingalio, fortissimo, quem fama fert, herōe, portentis adnumeranda est, quae natura offert maxime memorabilia.

[2] Ea in longitudinem trecentos septuaginta et unum, in altitudinem centum et septendecim, in latitudinem quinquaginta tres pedes patet.

[3] Cum intus parietes meris basaltae columnis efficiantur, pariterque fractae ejusmodi columnae minitantes de laqueari dependeant, magnificentissimus oculis et summus adspectus praebetur, qui mente quidem concipi potest.

[4] Lumen accipit externe propylaeo immenso, ita ut, cum solum ejus aqua prorsus oppleatur, ad extremum ejus scapha facile invehi et sub aqua limpida quam plurimas fractas basaltae columnas cernere liceat.

[5] Tegŭmen cavernae minorem efficit montem et topha constat rudi, e qua integra strata brevium basaltae columnarum ex transverso positarum promĭnent.

[6] Rivis et fontibus super montana calcaria fluentibus et dein cavernas petris factas offendentibus, partes eorum calcariae parietibus adhaerescunt variasque efficiunt figuras, ut tubos, uvas, conos, qui stalactītae vocantur.

[7] Inter eas caverna, quae ad Slanium in Scotia est, primum fere obtĭnet locum.

[8] Via declivis admodum praeceps et periculosissima in interiorem ducit cavernam, ubi innumera stalactitarum multitudo reperitur, qui saepe integras columnas efficiunt.

303.

Telegraphen.

Telegraphs.

Télégraphes.

The telegraph is a machine employed in transmitting information, particularly on military subjects, very

[1] Der Telegraph ist eine Maschine, deren man sich bedient, um gewisse, besonders militärische Nachrichten, äußerst schnell in große

Le télégraphe est une machine dont on se sert pour communiquer, en peu de temps et à une grande distance, certaines nou-

quickly from a distance.

This art, called the telegraphic, is indeed very old, but the discovery of the machine at present in use, is ascribed to the French who employed it to great advantage in the war of the last revolution.

Thro' the roof of a small chamber whose walls consist entirely of windows, a strong pole is passed, on the top of which the machine itself is placed, and moved in various positions.

The telegraph itself consists of a board 9 — 12 feet long, and 14 inches broad, on the two ends of which a board of the same breadth, but only half as long is fastened with joints, so that it can be moved with ropes from the observation room, and placed into various angles and directions, each of which indicates a letter or word.

On the roof an officier is placed who remarks the other telegraph thro' a good telescope, and dictates

Entfernungen zu bringen.

2 Diese Kunst, welche die Fernschreibekunst heißt, ist zwar schon sehr alt, allein die Erfindung der gegenwärtigen Maschine dazu neu, und gehört den Franzosen zu, welche sich derselben während des letzten Revolutionskrieges mit größtem Nutzen bedienten.

3 Durch die Decke eines kleinen Zimmers, dessen Wände lauter Fenster sind, geht eine starke Stange, auf deren Spitze die Maschine selbst steht und sich durch Züge bewegt.

4 Der Telegraph selbst besteht aus einem Brette oder Rahmen, 9 — 12 Fuß lang, und 14 Zoll breit, an dessen beiden Enden wieder eben so breite, aber nur halb so lange Bretter, mit Gelenken befestigt sind, so daß dieselben aus dem Observationszimmer durch Schnüre gezogen und in allerhand Winkelstellungen und Richtungen gebracht werden können, deren jede die Bedeutung eines Buchstabens, oder eines Wortes hat.

5 Auf dem Dache steht ein Offiziant, welcher durch ein gutes Telescop den nächsten Telegraphen beobachtet und

velles et surtout celles qui concernent la guerre.

L'art de la télégraphie est sans doute fort ancien; mais la machine télégraphique employée aujourd'hui en France, est une invention faite par les Français qui s'en servirent avec grand avantage dans la dernière guerre de la révolution.

Par le toit d'une petite chambre dont toutes les parois sont des vitres, passe une forte barre de fer qui supporte la machine laquelle est mise en mouvement avec des cordes.

Le télégraphe même consiste en une planche ou rame de la longueur de 9 à 12 pieds et large de 14 pouces; à ses deux bouts sont fixés d'autres ais d'égale largeur mais de moitié moins longs; depuis la chambre on les peut mouvoir avec des cordons et leur faire former toutes sortes d'angles et de figures qui déterminent autant de lettres de l'alphabet ou de mots,

Sur le toit est un employé qui observe, avec un bon télescope, le télégraphe voisin; il dicte à un sécre-

to a secretary the remarks made, upon which he tells to the director of the telegraph every form and movement which he should make in the machine.

einem Sekretär Alles, was er beobachtet, diktirt, worauf dann dieser dem Maschinisten jede Form und Bewegung sagt, die er mit dem Telegraphen machen soll.

taire tout ce qu'il a observé; celui-ci dit au machiniste toutes les formes et tous les mouvemens qu'il doit faire avec le télégraphe.

Machinae telegraphicae.

[1] Machina telegraphica utuntur, si nuntius gravior, praesertim de re militari, quam potest celerrime, ad loca longinquiora afferendus est.

[2] Haec ars, quam telegraphicam vocant, est quidem perantiqua, sed inventio ejus, qua nunc uti solent, machinae nova est et Francogallis debetur, qui ea in bello e facta illa rerum conversione orto maxima cum utilitate utebantur.

[3] Per tegumentum conclavis minoris, cujus parietes nonnisi fenestris constant, pertica crassior ducitur, cujus apici machina ipsa imposita est, quae tractu varie movetur.

[4] Machina telegraphica ipsa asse constat, novem vel duodecim pedes longo et quatuordecim pollices lato, cujus utrique parti extremae iterum duo asses aeque lati, at dimidio breviores, cum articulis affixi sunt, ita ut in conclavi speculatorio funiculorum ope moveri, ad varios angulos compōni et quaquaversum dirigi possint, atque ita quivis situs ac conversio aut literam, aut integras voces indicat.

[5] Super tecto stat quidam, qui telescopio subtiliori proximam machinam observat, et scribae, quidquid ei conspicere licet, dictare solet, quo facto hic machinae rectori quamvis figuram et motum praescribit machina efficiendum.

304.

Das Turnier.

The Tilt. | *Les tournois.*

The Tilt was a brilliant festival given by the Prince and nobleman, either on occasion of a prosperous

[1] Die Turniere waren glänzende Feste, welche Fürsten und große Herren gaben, entweder bei Gelegenheit eines glücklichen und feierlichen Ereig-

Les tournois étaient des fêtes brillantes que donnaient les princes et les grands seigneurs, soit à l'occasion d'un événement heureux et solemnel, soit pour

303.

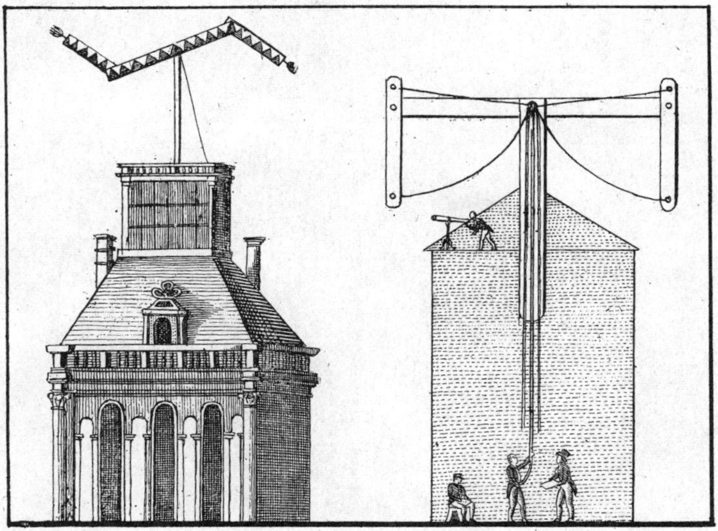

304.

or solemn event or to show their liberality.

A short time before the festival a herald passed thro' the Provinces, and invited the knights to take a part in the feast.

When they arrived at the place of destination, they exposed their ensigns, in order that the judge might examine and determine whether there was not ground for excluding them from the combat.

When public opinion reproached them with a crime or pusillanimity, or when they were in bad repute with the ladies, they were not allowed to come into the Tilt yard.

On the day of the festival the Judge examined the arms of the knights himself, to see if they were not tainted.

Besides the Judges a chief herald who presided over the fight, and other heralds were present who gave the sign when they should begin and end.

Before the Tilt they went into the church to hear solemn mass, and afterwards they

nisses, oder um ihre Freigebigkeit zu zeigen.

2 Einige Zeit vor dem Feste durchreisten Herolde die Provinzen und luden die Ritter ein, an dem Feste Theil zu nehmen.

3 Wenn sie an dem Orte der Bestimmung angelangt waren, hiengen sie ihre Wappenschilde auf, damit die Richter sie untersuchen und darüber urtheilen könnten, ob man nicht Ursache habe, sie von der Ehre des Kampfes auszuschließen.

4 Wenn die öffentliche Meinung ihnen ein Verbrechen oder Feigheit vorwarf, oder wenn sie von den Damen übel gesprochen hatten, so wurden sie nicht auf den Kampfplatz gelassen.

5 Am Tage des Festes selbst untersuchten die Richter die Waffen der Ritter, um zu sehen, ob sie nicht mörderisch seyen.

6 Außer den Richtern war ein Waffenkönig da, welcher bei dem Kampfe den Vorsitz hatte, und Herolde, welche das Zeichen gaben, wenn angefangen und geendigt werden mußte.

7 Vor dem Turniere begab man sich in die Kirche, um dort eine feierliche Messe zu hören, und darauf verfügte man sich in die

signaler leur munificence.

Quelque temps avant la fête, des hérauts parcouraient les provinces et invitaient les chevaliers à prendre part à la solemnité.

Lorsque ceux-ci étaient arrivés au lieu indiqué, ils suspendaient l'écu portant leurs armoires, afin que les juges pussent les examiner, et juger s'il n'y avait pas lieu à les exclure de l'honneur de combattre.

Si l'opinion publique leur reprochait un crime ou un acte de lâcheté; ou s'ils avaient mal parlé des dames, ils n'étaient pas admis dans la lice.

Le jour même de la fête, les juges examinaient les armes des chevaliers, pour voir si elles n'étaient pas meurtrières.

Outre les juges, il y avait un roi d'armes qui présidait au combat, et des hérauts qui donnaient le signal pour le commencer et pour le terminer.

Avant le combat, on se rendait à l'église pour y entendre une messe solemnelle, puis on se transportait à

betook themselves to the place of combat.

This was a large and open space surrounded with a barrier, before which the knights intended for the combat were placed.

The ladies and other Nobles were seated on richly adorned balconies.

Upon a given signal, the barrier was opened, and the knights well armed and caparisoned entered two and two with their visors down, into the tilt yard, in order to break a lance.

The presence of so many spectators encreased the ardour of combat in the knights.

A splendid feast followed the tilting during which the name of the knight who had evinced the greatest bravery was publickly announced.

The conqueror received the prize from the hand of the ladies.

Gegend, wo das Feſt gehalten werden ſollte.

8 Dieſes war ein freier und großer Platz, von Schranken umgeben, vor denen ſich die Ritter, welche kämpfen wollten, befanden.

9 Die Damen und Perſonen von Stand waren auf reich verzierten Balkonen.

10 Auf ein gegebenes Zeichen öffnete man die Schranken, und die Ritter, wohl geharniſcht und bewaffnet, traten, je zwei und zwei, mit geſchloſſenem Viſier auf den Kampfplatz, um eine Lanze zu brechen.

11 Die Gegenwart ſo vieler Zuſchauer vermehrte bei den Streitern die Hitze des Kampfes.

12 Auf das Turnier folgte ein prächtiges Gaſtmahl, während deſſen man die Namen derer öffentlich nannte, welche die größten Proben der Tapferkeit gegeben hatten.

13 Die Sieger erhielten die Preiſe aus den Händen der Damen.

l'endroit où devait se donner la fête.

C'était une vaste place non couverte et entourée de barrières, devant lesquelles se tenaient les chevaliers qui voulaient combattre.

Les dames et les personnes de qualité étaient sur des balcons richement décorés.

A un certain signal, on ouvrait les barrières, et les chevaliers, bien cuirassés et armés, s'avançaient deux à deux, la visière baissée, dans le lieu du combat pour briser une lance.

La présence de tant de spectateurs augmentait dans les champions la chaleur du combat.

Au tournoi succédait un magnifique banquet, pendant lequel on proclamit les noms de ceux qui avaient donné les plus grandes preuves de valeur.

Les vainqueurs recevaient les prix des mains des dames.

Decursiones equestres.

1 Decursiones illae equestres solemnia erant splendidissima, quae a principibus et magnatibus instituebantur, aut si quid prospere cesserat, aut occasione festa data, aut ut liberaliores se exhiberent.

2 Paulo ante diem festum caduceatores provincias peragrantes equites invitabant, ut festo adessent.

3 Ubi in locum constitutum convenerant, insignia suspendebant sua, quae judices inquirerent et

judicarent, annon esset, quod certaminis honore ipsis interdiceretur.

⁴Quum ex omnium sententia crimen aut ignavia iis vitio vertebatur, aut si de matronis male locuti erant, non admittebantur in pugnae locum.

⁵Festo die ipso brabeutae arma disquirebant, quo cernerent, annon letifĕra essent.

⁶Praeter brabeutas praeco heraldicus aderat, qui pugnae praesidebat, et caduceatores, qui signum dabant committendi et pugna desistendi.

⁷Antequam certamen iniretur, omnes in templum se conferebant, quo liturgiae solemni interessent, quo facto in locum ibatur, ubi festum fieri placebat.

⁸Locus is apertus et amplus erat, carceribusque cingebatur, ante quos equites erant pugnam inituri.

⁹Matronae et alii nobiles in exhĕdris versabantur large ornatis.

¹⁰Signo dato carceres aperiebantur, et equites probe aere muniti et armati clausa buccula bini in arenam ad concertandum prodibant.

¹¹Ad certaminis ardorem in equitum animis augendum multum fecit summa spectatorum frequentia.

¹²Decursionem equestrem convivium splendidissimum excepit, inter quod eorum nomina proclamari solebant, qui maxima virtutis specimina ediderant.

¹³Victores praemia e matronarum manibus accipiebant.

305.

Die Elektrisirmaschine.

The Electrical Machine.

Electricity consists in a rubbed body attracting and repelling lighter ones, and emitting a light.

Some bodies contain electrical power from Nature, others again receive this power by being brought in contact with electrical bodies.

¹Die Elektricität besteht darin, daß geriebene Körper andere leichtere Körper anziehen und zurückstoßen, und ein Licht von sich geben.

²Einige Körper sind von Natur schon elektrisch, andere nehmen diese Kraft erst dann an, wenn ihnen elektrische Körper nahe gebracht werden.

La machine électrique.

L'électricité est la propriété par laquelle un corps frotté attire et repousse les autres petits corps, et jette du feu.

Certains corps sont électriques de leur nature; d'autres ne le deviennent que quand on les approche de corps électriques.

In order more easily to observe the effects of electricity the electrifying machine was invented.

Attached to a spindle of a small lathe is a small glass ball constructed to turn round very quickly, during which operation it rubs against a silk chest stuffed with horse hair and covered at the top with leather; by this means the ball is electrified.

The conductor, a leaden cylinder, then receives the electricity with the help of a small tube called the collector, and conducts it further, by which means every body may be electrified.

Electricity is greatly encreased by artificial means, viz by electrifying a wire which is suspended in a vessel filled with water, quicksilver or iron filings.

If a person seizes hold of this vessel with one hand, and touches the wire not only a very strong spark is seen, but also a strong shock is felt in the whole body.

[3] Um aber die Wirkungen der Elektricität leichter und genauer beobachten zu können, hat man die Elektrisirmaschine erfunden.

[4] An der Spindel einer kleinen Drechselbank wird eine kleine Glaskugel befestigt, welche schnell umgedreht werden kann, während sie sich an einem seidenen, mit Pferdehaaren ausgestopften und oben mit einem Leder überzogenen Kissen reibt, durch welches Geschäft die Kugel elektrisirt wird.

[5] Hierauf nimmt der Conductor oder Leiter, ein blecherner Cylinder, mit Hilfe des Collectors oder Zuleiters, einer kleineren Röhre, die Elektricität auf und leitet sie weiter, auf welche Art jeder Körper elektrisirt werden kann.

[6] Die Elektricität wird durch die Kunst sehr verstärkt, wenn man einen Drath elektrisirt, der in einer mit Wasser, Quecksilber oder Eisenfeilspänen gefüllten Flasche hängt.

[7] Hält man diese Flasche mit der einen Hand und greift nach dem Drathe, so sieht man nicht nur einen sehr starken Funken, sondern man empfindet auch eine starke Erschütterung in seinem ganzen Körper.

Mais pour pouvoir plus facilement et mieux observer les effets de l'électricité, on a inventé la machine électrique.

On fixe sur un axe un petit globe de verre qui peut être tourné rapidement; pendant ce mouvement, le verre frotte sur un coussin de soie rembourré de crin et recouvert de cuivre; par quoi le globe s'électrise.

Le conducteur, cylindre de fer blanc, reçoit l'électricité au moyen du collecteur, autre tube plus petit, et il la conduit plus loin: de cette manière tous les corps peuvent être électrisés.

L'électricité est beaucoup augmentée, quand on électrise un fil d'archal qui entre dans une bouteille remplie d'eau, de mercure ou de limaille de fer.

Lorsqu'on prend cette bouteille d'une main et qu'on touche le fil d'archal, non seulement on voit une forte étincelle, mais on ressent aussi une violente commotion dans tout le corps.

Thunder storms have also the same cause as electricity.

The hair of a cat, and some fishes have als oa strong electrical power.

Upon electricity rests also magnetism which is used in the cure of some deaseses.

The electrical body of the machine has frequently the form of a disc or cylinder.

[8]Das Donnerwetter hat mit der Elektricität einerlei Ursache.

[9]Die Haare der Katze und einige Fische haben eine starke elektrische Kraft.

[10]Auf der Elektricität beruht auch der Magnetismus, der zu Heilung einiger Krankheiten angewendet wird.

[11]Oft hat der elektrische Körper jener Maschine auch die Form einer Scheibe oder eines Cylinders.

Le tonnerre et l'électricité n'ont qu'une même cause.

Les poils du chat et de quelques poissons sont très-électriques.

L'électricité est aussi la cause du magnétisme qu'on emploie pour guérir certaines maladies.

Souvent le corps électrisé de la machine a aussi la forme d'un disque ou bien d'un cylindre.

Machina electrica.

[1] Vis electrica ejusmodi est, quod corpora quaedam fricta alia leviora attrăhunt et repellunt, ignemque emittunt.

[2] Alia corpora sua ipsorum natura sunt electrica, alia vim illam tum demum induunt, cum alia corpora electrica iis admoventur.

[3] Quo autem eventus vim electricam sequens facilius et accuratius inspĭci posset, machina electrica inventa est.

[4] In scamni tornatorii fuso globus minor vitreus collocatur, qui celerrime circum axem agitur, dum ad pulvinum sericum, setis equinis fartum et superne corio vestitum, fricatur, quo opere vis globi electrica suscitatur.

[5] Tum conductor, quem vocant, cylindrus lamineus, ope alius minoris tubi, qui collector dicitur, materiam electricam excĭpit, et longius ducit, qua ratione quodvis corpus vi electrica impleri potest.

[6] Vis electrica tum valde augetur, cum filum ferreum, quocum vis electrica communicata fuit, lagenae vitreae, aqua, argento vivo aut scobibus ferreis impletae immittitur.

[7] Quam lagenam si quis altera manu tenet, altera vero filum metallicum prehendit, non scintillam tantum cernit maxime fulgentem, sed totum quoque corpus ejus graviorem patitur concussionem.

[8] Tempestas tonitru et fulmine gravis eandem cum vi electrica habet causam.

[9] Felium pilis et piscibus nonnullis summa vis inest electrica.

[10] Vi electrica magnetismus quoque seu vis magnetica nititur, qua ad sanandos quosdam morbos utuntur.

[11] Saepe corpus electricum machinae illius etiam formam disci aut cylindri refert.

306.

Die Luftpumpe.

The Air pump.

The air pumps, useful machines, were invented in the 17th century by Otho von Guerike in Magdebourg.

With the assistance of this machine the air can either be rendered denser or rarer, or extracted altogether from a vessel.

The parts of the machine consist of a strong metal cylinder, called a sucker.

In this vessel the pistil is firmly inserted so that no air can enter, and the pistil is moved up and down by an iron bar furnished with a handle.

A small pipe with a cock having a double opening passes from the bottom of the cylinder.

When this is opened the air passes from the cylinder into the small pipe; but when it is shut it can pass from the greater to the cylinder.

1 Die Luftpumpe, diese nützliche Maschine, ist im siebzehnten Jahrhunderte von Otto von Guerike in Magdeburg erfunden worden.

2 Mit ihrer Hilfe kann die Luft in einem Gefäße entweder verdickt, oder verdünnt, oder ganz herausgezogen werden.

3 Die Theile, aus welchen sie besteht, sind ein starker metallener Cylinder, welcher Stiefel heißt.

4 In diesen ist der Stößel oder Stempel so fest eingepaßt, daß keine Luft durchgehen kann, und durch eine mit einem Handgriff versehene eiserne Stange wird der Stempel auf- und abgetrieben.

5 Aus dem Boden des Stiefels geht eine kleinere Röhre mit einem Hahne, der eine doppelte Oeffnung hat.

6 Wird nun dieser geöffnet, so geht die Luft aus dem Stiefel in die kleinere Röhre; ist er aber zu, so kann sie aus der größeren oder dem Stiefel herausfahren.

La machine pneumatique.

La machine pneumatique, cet instrument si utile, a été inventé au dix-septième siècle à Magdebourg par Otto de Guerike.

Par le moyen de cette machine, on peut condenser ou rarifier l'air dans une bouteille, ou l'en extraire entièrement.

Elle consiste en un fort cylindre de métal qu'on appelle la pompe.

Dans ce cylindre entre un piston qui joint si bien qu'il ne laisse aucun passage à l'air; on fait monter et descendre ce piston avec une barre de fer garnie d'un manche.

Dans le bas du cylindre, sort un petit tuyau qui a un robinet ou une double ouverture.

Quand on ouvre ce robinet, l'air sort du cylindre dans le petit tuyau; quand il est fermé, l'air peut sortir du grand tuyau.

305

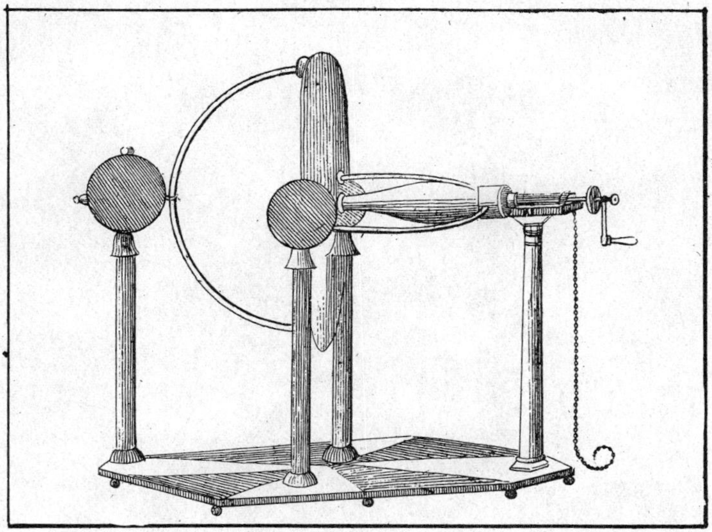

306.

On the small pipe a brass plate is affixed furnished in the middle with a screw thro' which an opening into the small pipe is effected.

Upon this plate a glass bell is placed, or a glass ball furnished with a cock is screwed upon it.

When the peg is taken out of the bottom of the large pipe, and the cock opened, the air spreads itself from the bell thro' the smaller into the greater pipe by means of its electricity.

The cock is then turned off, and by turning the peg round again, the air passes out of the greater through the cock.

By repeating this several times the air is at last entirely pumped out.

When the glass ball is screwed on instead of the bell, and the peg driven from the upper to the under part, a greater quantity of air is pumped in.

7 An der kleinen Röhre ist ein messingener Teller, der in der Mitte eine Schraube hat, durch welche eine Oeffnung in die kleine Röhre geht.

8 Auf diesen Teller wird eine gläserne Glocke gesetzt, oder wird eine gläserne Kugel, mit einem Hahn versehen, darauf geschraubt.

9 Wenn der Stößel aus dem Boden der größern Röhre herausgewunden und der Hahn aufgemacht wird, so breitet sich die Luft aus der Glocke durch die kleinere Röhre in die größere vermöge ihrer Elektricität aus.

10 Alsdann wird der Hahn zugedreht, und indem der Stößel wieder herunter getrieben wird, fährt sie aus der größeren Röhre durch den Hahn heraus.

11 So kann durch öftere Wiederholung die Luft am Ende ganz ausgepumpt werden.

12 Wird die gläserne Kugel statt der Glocke aufgeschraubt, und der Stöpsel von oben nach unten getrieben, so wird mehr Luft in die Kugel gepumpt.

Sur le petit tuyau est une platine de laiton au milieu de laquelle il y a une vis qui communique avec ce tuyau par une ouverture.

On pose sur cette platine une cloche de verre, ou l'on y visse un globe de verre muni d'un robinet.

Lorsqu'on tire le piston et que le robinet est ouvert; l'air, par son élasticité, se répand dans le cylindre, par le petit tuyau.

Alors on tourne le robinet, et en faisant ainsi descendre le piston, l'air sort du cylindre par le robinet.

En répétant cette opération, on peut entièrement pomper l'air.

Quand au lieu de la cloche on visse un globe de verre et qu'on fait descendre le piston, l'air est concentrée dans le globe.

Antlia pneumatica.

1 Antlia pneumatica quam utilissima septimo decimo seculo a celeberrimo Ottone Guerike equestri ordine Magdeburgi inventa est.

2 Ope ejus in occluso vase aër aut rarior, aut densior redditur, aut denique omnino ex illo extrahitur.

3 Prima, qua machina illa con-

stat, pars cylindrus est crassus ex metallo confectus.

[4] Huic embŏlus tam arcte inseritur, ut aër nequaquam transire possit, et regula ferrea manubrio instructa embolus sursum deorsum truditur.

[5] E majoris tubi fundo alius quidam minor exit epistomio instructus utrimque perforato.

[6] Quod si aperītur, aër ex tubo majori in minorem transit; sin clauditur, e majori tubo egreditur.

[7] Minori tubo discus adjunctus est orichalceus, cujus medium cochlea tenet, per quam aditus in minorem tubam patet.

[8] Huic patinae crassior campana vitrea imponitur, aut globus vitreus, epistomio instructus, cochleae ope adjungĭtur.

[9] Quum embŏlus e majoris tubi fundo torquetur et epistomium recluditur, aër, qua est vi elastica, per minorem in majorem tubum se extendit.

[10] Quo facto epistomium clauditur, et, embolo iterum detruso, ex tubo majori per epistomium expellitur.

[11] Hac ratione aër tandem penitus exhauriri potest.

[12] Si campanae loco globus vitreus cochlea in patina firmatur, et embolus versus tubi fundum propellitur, majore aëris quantitate globus repletur.

307.

Der Compass.

The Mariners Compass. — *La boussole.*

The compass is very useful — by its help the ocean is navigated, — while the ancients could not trust themselves far from the shore.

The compass contains a windrose upon a very fine pin enclosed in a box either of wood or copper; this disk represents the horizon, and is divided according to the 32 winds, together

[1] Der Compaß ist sehr nützlich, weil man mit dessen Hilfe den Ocean beschiffen kann, während die Alten sich nicht weit von den Küsten entfernen durften.

[2] Der Compaß enthält in einer Kapsel von Holz oder Kupfer auf einem feinen Stifte die Windrose, eine Scheibe, welche den Horizont vorstellt und nach den 32 Winden eingetheilt ist, nebst ei-

La boussole est très-utile; parce qu'avec cet instrument, on peut naviguer sur l'ocean, tandis que les anciens ne pouvaient pas beaucoup s'éloigner des côtes.

La boussole contient dans une boite de bois ou de cuivre la rose des vents placée sur un pivot bien sensible. La rose des vents est un disque qui représente l'horizon et qui est partagée d'après

with a magnetic needle covered with glass, moving freely, and preserving the compass always in a horizontal position.

While the magnetic needle always points towards the north, the sailors can direct their passage in what direction they please, and they have nothing to fear from erring from the right way.

The magnet turns repeatedly towards the North, however the ship may move her course, and the forenamed circle shews the cardinal point of the world.

If the sailor wishes to sail towards the south, he has only to pursue the opposite direction from the point of the needle.

ner mit Glas bedeckten Magnetnadel, welche frei schwebt, und den Compaß immer in einer wagrechten Lage erhält.

3 Da nun die Magnetnadel sich beständig nach Norden richtet, so können die Schiffer, wohin sie auch wollen, beständig ihren Lauf richten, und sie haben nicht zu befürchten, sie möchten von der rechten Bahn abirren.

4 Der Magnet nämlich kehrt immer wieder nach Norden zurück, wie auch die Lage des Schiffes verändert wird, und jener Kreis zeigt die Weltgegenden an.

5 Will nun der Schiffer gegen Süden fahren, so darf er nur die entgegengesetzte Richtung von der verfolgen, welche die Nadel anzeigt.

les 32 vents. De plus la boussole a une aiguille aimantée qui se meut librement et maintient la boussole dans une position horizontale.

Comme l'aiguille se tourne toujours vers le nord, elle dirige les navigateurs, quelque direction qu'ils veuillent suivre et sans avoir à craindre de s'égarer.

En effet l'aiguille se retourne toujours vèrs le nord, quelques soient les changemens de position du vaisseau, et le disque dont nous avons parlé marque le gissement des différens pays.

Quand le navigateur veut se diriger vers le sud il n'a qu'à prendre le chemin opposé à celui qui est indiqué par l'aiguille.

Pyxis nautica.

1 Pyxis nautica utilissima est, quod ope ejus oceănus navibus adiri potest, cum priscis haud liceret longius ab oris terrarum discedere.

2 Pyxis nautica in capsula lignea aut cuprea super stilo subtiliori rosam nauticam, ventorum indicem, continet, circulum scilicet horizontem prodens et secundum duos et triginta ventos descriptum, cum acu magnetica vitro tecta, quae libere fertur et pyxidem nauticàm semper horizonti congruam servat.

3 Cum igitur acus magnetica semper septentrionem versus spectet, nautae, quocunque iis libuerit, cursum dirigere possunt, neque iis timendum est, ne a via proposita aberrent.

4 Scilicet magnes semper septentrionem respicit, etiamsi navis aliorsum dirigatur, et orbis ille coeli plagas indicat.

[5] Quodsi igitur nauta meridiem versus navigaturus est, oppositum modo iter sequatur necesse est ejus, quod acu indicatur.

308.

Die Windmühle.

The Wind Mill. — Le moulin à vent.

The Wind Mill met with particularly in the Netherlands and the North of Germany, is built of wood, and can be turned to all sides by means of the pivot.

On the great axis which passes perpendicularly in the head of the mill, four wings are fastened on the outside, which are either covered with sail-cloth, or laid over with thin wood splints.

By the action of the wind on these, they are turned round themselves, and also turn the axis round.

In the middle of the axis the great crown-wheel is fastened, which seizes hold of the upper trundle of the erect axis with its teeth, and turns it round.

By the under trundle

[1] Die Windmühle, welche man besonders in den Niederlanden und Norddeutschland antrifft, wird von Holz gebaut und kann mittelst des Schwanzes gegen alle Winde gedreht werden.

[2] An der großen Welle, welche schief in das Haupt der Mühle hineingeht, sind von außen vier Flügel befestigt, die entweder mit Segeltuch bespannt, oder mit dünnen Holzschindeln belegt werden.

[3] Indem der Wind auf diese stößt, drehen sie sich und treiben auch die Welle um.

[4] Mitten an der Welle ist das große Kammrad angebracht, welches mit seinem Kamm in den oberen Trilling der geradestehenden Welle eingreift, und diese umdreht.

[5] Durch den untern

Le moulin à vent que l'on trouve principalement dans les Pays-bas et dans le Nord de l'Allemagne, est bâti en bois. Par le moyen de son pivot il peut être tourné dans toutes les directions du vent.

Au grand axe qui entre obliquement dans la partie supérieure du moulin, sont attachées quatre ailes tendues de grosses toiles ou couvertes de bardeaux fort minces.

Quand le vent vient se heurter sur ces voiles, il les fait tourner, et celles-ci mettent l'axe en mouvement.

Au milieu de l'axe, est le grand rouet dont les dents engrènent dans la lanterne supérieure de l'arbre vertical et le font tourner.

La lanterne infé-

307.

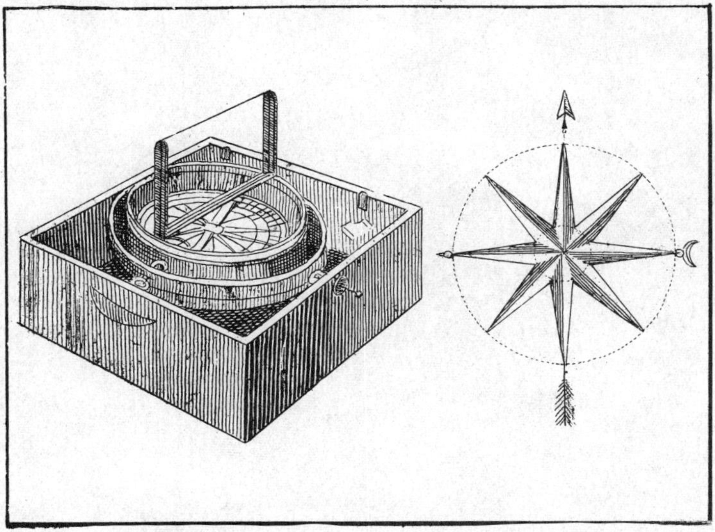

308.

of this axis the small axis also is turned round with the help of the cog-wheel of the smaller axis.

The under cog-wheels of this axis seize into two machine works, which turn round the iron, and the mill stone affixed to it on the under stone, by which means the corn shaken out, and falling between the stones thro' the mill box, is ground, and made into flour.

The Dutch Wind mill is a building of brick, and the upper part or head can alone be turned to the Wind.

The German mill is built on the ground, and the whole of it turned to the wind.

The first is preferable, while it is stronger built and has more room.

Trilling dieser Welle werden vermittelst der Stirnräder der kleineren Wellen auch diese umgedreht.

6 Die unteren Sternräder dieser Wellen greifen in zwei Getriebe ein, welche das Mühleisen und den daran befestigten oberen Mühlstein auf dem unteren umtreiben, wodurch das aufgeschüttete und durch den hölzernen Kasten zwischen die Steine fallende Getreide zermalmt und zu Mehl gemahlen wird.

7 Die holländische Windmühle wird auf ein gemauertes Gebäude gesetzt und der oberste Theil allein oder das Haupt kann gegen den Wind gedreht werden.

8 Die deutsche Mühle oder Bockmühle wird auf die Erde gesetzt und ganz nach dem Winde gedreht.

9 Die erstere wird vorgezogen, da sie fester steht und mehr Raum hat.

rieure de cet arbre met aussi en mouvement les arbres de moindre grandeur par le moyen des roues dentées.

Les roues inférieures de ces derniers arbres s'engrènent chacune dans deux lanternes qui font mouvoir le fer à moulin et, avec lui, la meule courante sur la meule gissante. Le grain qui tombe de la trémie, pénètre entre les deux meules est écrasé et réduit en farine.

Le moulin à la Hollandaise repose sur un édifice muré, et il n'y a que le toit qui puisse être tourné d'après la direction du vent.

Le moulin à l'Allemande repose immédiatement sur la terre et tourne tout d'une pièce.

On préfère le premier parcequ'il est plus solide et qu'il a plus d'espace.

Mola pneumatica.

1 Mola pneumatica sive alata, quae inprimis in Batavia et Belgio, nec non in Germania septentrionali reperītur, e ligno construitur et caudae ope ad omnes ventos verti potest.

2 Axi majori, oblique capiti molae immisso, ab exteriori parte quatuor aptantur alae, quae aut linteo crassiori vestiuntur, aut scandulis tenuissimis teguntur.

3 Quas dum ventus impellit, torquentur eae et axem quoque circumagunt.

4 Medio axi rota pectinata major affixa est, quae, cum pecten ejus in rotam radiatam superiorem axis recti se insinuet, axem ipsum versat.

5 Rotā radiatā inferiori hujus axis ope quidem rotarum stella-

tarum minorum axium hi quoque circumagitantur.

[6] Rotae stellatae inferiores axium illorum duo versant curricula, quae et ipsa virgam ferream metamque ei adjunctam super catīno circumăgunt, quo fit, ut frumentum ingestum per cistam ligneam inter lapides decĭdens comminuatur et in farīnam convertatur.

[7] Mola pneumatica batavica aedificio imponitur latericio et sola pars superior seu caput molae ad ventum dirigi potest.

[8] Mola pneumatica germanica in solo collocatur et tota ventum versus versatur.

[9] Prior praeferri solet, cum firmior sit atque amplior.

309.

Der Einsiedler.

The Hermit. | *L'ermite.*

The bloody persecutions, which were executed against the Christians in the third century, have principally given rise to the Christians seeking retirement in order to ensure their lives, to serve God in secret, and to separate themselves from mankind thro' the severity of their morals.

To this manner of life, not only men but also women retired, who frequently lived singly in a retired place, also often in a holy society which gave occasion to the founding of monks and nun's cloisters.

Two hermits gene-

[1] Die blutigen Verfolgungen, welche über die Christen im dritten Jahrhunderte verhängt wurden, haben das Meiste dazu beigetragen, daß Christen, um ihr Leben zu sichern, sich in Einöden begaben, in der Stille Gott dienten, und durch Strenge der Sitten sich von andern Menschen unterschieden.

[2] Zu dieser Lebensart entschloßen sich sowohl Manns- als Frauenspersonen, welche oft einzeln in abgelegenen Orten wohnten, oft aber auch in eine heilige Gesellschaft zusammentraten, und dadurch zur Stiftung der Manns- und Frauenklöster Gelegenheit gaben.

[3] Gemeiniglich leben

Les sanglantes persécutions qu'eurent à souffrir les Chrétiens pendant le troisième siècle, engagèrent plusieurs disciples du Christ à se retirer dans les déserts; là, ils adorèrent Dieu dans le silence, et se distinguaient des autres hommes par la sevérité de leurs moeurs.

Des personnes des deux sexes embrassèrent cette manière de vivre; elles vécurent souvent seules dans des endroits retirés; quelquefois aussi elles formèrent une société sainte; et c'est alors que les couvents d'hommes et de femmes prirent leur origine.

Ordinairement deux

309.

310.

rally live together, receive their subsistance from their own labour, and from the benefactions of benevolent people.

They are bound by night and by day to pray to God at certain periods, they are also often called into sick houses to administer to the sick.

They form no clerical order, but they live in celibacy.

zwei Eremiten beisammen, nähren sich von ihrer Arbeit und leben von den Wohlthaten guter Leute.

4 Sie sind gehalten, zu gewissen Stunden bei Tag und bei Nacht zu beten, und werden oft auch in Krankenhäuser berufen, um die Kranken zu verpflegen.

5 Sie machen keinen geistlichen Orden aus, leben aber außer der Ehe.

ermites vivent ensemble; le travail de leurs mains joint aux aumônes, pourvoit à leur subsistance.

Ils sont obligés de prier Dieu à certaines heures de jour et de nuit; souvent aussi on les appelle dans les hôpitaux pour soigner les malades.

Ils ne forment point un ordre ecclésiastique, mais ils vivent dans le célibat.

Eremus.

1 Cum tertio nostrae aerae seculo acerbissime animadverteretur in Christianos, inde effectum est, ut multi Christi cultores vitae conservandae causa deserta peterent loca, cultum Deo clam praestarent, et vitam amplecterentur morum severitate a ceteris discrepantem.

2 Hoc vitae genus tum feminae, tum viri eligebant, qui aut soli in locis desertis habitabant, aut in sanctam quandam societatem coibant, eaque re ipsa coenobiis, in quibus et mares et feminae Deo se dicabant, ansam praebebant.

3 Plerumque bini eremitae vitam secum in solitudine agunt, vitam operibus faciundis sustentant, aliorumque benefacta exspectant.

4 Statis noctu interdiuque horis preces fundere ex praescripto tenentur, inque nosocomia, ubi aegrotorum curam agant, saepe avocantur.

5 Isti homines ecclesiasticorum ordinum numero haud censentur, at conjugio abstinent.

310.

Die Klöster.

The Convent. — *Les couvents.*

After the Christian Doctrines had taken root in many countries,

1 Nachdem die christliche Lehre in vielen Ländern Wurzel gefaßt

Après que la religion chrétienne eut pris racine dans beaucoup

the conventents were instituted in the fourth century, in which several men and women separating themselves from the pleasures of social life, dedicated their life to the service of God, passed their time in prayers and hymns; and were called monks or nuns.

Charlemagne rendered these institutions very useful by converting them into seminaries for learning and civilization.

The monks have indeed rendered great service in the cultivation of waste lands, and in the preservation of the sciences, particularly in the middle age when universal ignorance prevailed.

As the convents fell into decay, many of them were abolished.

There are many orders of Monks, viz Franciscan, Carmelites, Augustin, Dominican, Bernhardin, Benedictine who have most of all distinguished themselves by learning, and the Jesuits to whom reproach is made that they mix themselves up in political matters.

hatte, entstanden im vierten Jahrhundert die Klöster, in welchen mehrere Frauen und Männer, von den Vergnügungen der menschlichen Gesellschaft getrennt, ihr Leben Gott weihten, mit Beten und Singen die Zeit hinbrachten und Mönche und Nonnen genannt wurden.

[2] Karl der Große machte diese Anstalten sehr nützlich, indem er sie zu Pflanzorten der Gelehrsamkeit und Bildung umschuf.

[3] Wirklich haben auch die Mönche um den Anbau unfruchtbarer Gegenden und um die Erhaltung der Wissenschaften große Verdienste, da besonders im Mittelalter allgemeine Unwissenheit herrschte.

[4] Als die Klöster in Zerfall gerathen waren, wurden viele aufgehoben.

[5] Es giebt viele Orden der Mönche: z. B. die Franziskaner, die Carmeliter, die Augustiner, die Dominikaner, die Bernhardiner, die Benedictiner, welche sich immer durch Gelehrsamkeit am meisten auszeichneten, und die Jesuiten, denen man es zum Vorwurf macht, daß sie sich in weltliche Angelegenheiten mengen.

de pays, des couvents furent fondés où des femmes et des hommes, séparés des plaisirs du monde, consacraient leur vie au service de Dieu, passaient leurs jours à prier et à louer le Seigneur: on les appela moines et religieuses.

Charlemagne rendit utiles ces instituts, en les transformant en séminaires pour répandre les sciences et la civilisation.

On ne peut nier que les moines n'aient rendu de grands services à l'humanité; ils ont défriché des endroits incultes, répandu les lumières, et cela dans le moyen âge, alors que le monde était dans la plus grande ignorance.

Les couvents étant tombés en décadence, beaucoup furent supprimés.

Il y a plusieurs ordres religieux, par exemple, les Cordeliers, les Carmes, les Augustins, les Dominicains, les Bernardins, les Bénédictins qui se distinguèrent en tout temps par leurs sciences; les Jésuites auxquels on fait le reproche de se mêler dans les affaires politiques.

The clerical orders of knights were: The order of Templars, knights of Malta, the Teutonic and order of St. Johns, which were founded at the time of the Crusade, to defend the religion against the infidels.

[6] Geistliche Ritterorden waren: der Tempelherrnorden, der Maltheserorden, der deutsche Orden und der Johanniterorden, welche zur Zeit der Kreuzzüge gestiftet wurden, um die Religion gegen die Ungläubigen zu beschützen.

Les ordres des chevaliers ecclésiastiques étaiént l'ordre des templiers, des chevaliers de Malthe, des chevaliers Teutoniques, et de ceux de St. Jean. Ces ordres furent fondés pendant les croisades, pour défendre la religion contre les infidèles.

Coenobia.

[1] Postquam religio christiana multis in terris radices egerat, quarto seculo coenobia orta sunt, in quibus complures feminae ac viri, sejuncti a societatis humanae voluptatibus, vitam Deo dicabant, tempus preces faciundo et canticis Deum celebrando transigebant, et monachorum ac monacharum nomine veniebant.

[2] Carolus Magnus haec instituta utilissima reddidit, in seminaria quasi doctrinae ac culturae ea convertens.

[3] Revera etiam monăchi de cultura regionum sterilium et de literis conservandis optime meruerunt, quum praesertim medio aevo summa inscitia omnium fere animos teneret.

[4] Depravata coenobiorum conditione, multorum abolitio secuta est.

[5] Multi sunt monachorum ordines, ut Franciscani, Carmelitae, Augustini, Dominicani, Bernhardini, Benedictini, qui omni tempore maxime omnium excelluerunt doctrina, et Jesuitae, quorum nimiam rerum civilium curam maxime accusant.

[6] Ordines ecclesiastici equestres erant: Templarii, equestris Melitensium ordo, ordo Teutonicus et Joannei, omnes inter expeditiones cruciatas conditi, ut religionem christianam a Turcis defenderent.

311.

Das Maifest.

The May feast. | *La fête de mai.*

In the former times the people living in all the simplicity of Na-

[1] In den frühesten Zeiten beobachteten die Völker, welche in aller

Comme dans les temps anciens, les peuples vivaient dans la

ture, and giving themselves up wholly and entirely to the cultivation of the field, and the care of their flocks, regularly observed the course of the sun and the repeated returns of the seasons.

The beginning of spring was a particular festival, since they observed the happy changes which this time brought on the earth, and celebrated his return with pleasures in unison with their simple manners.

At the present day the first of May is an occasion in the country of great festivity.

At this time the earth is in all her beauty; such a sight deserves well to be celebrated by those who will now daily admire the beauty of the earth.

In many parts the custom is to set birch twigs on the first of May in the streets and before the houses, as emblems of love and estimation.

In other parts the scholars attended by their master and parents withdraw them-

Einfachheit der Natur lebten und sich einzig und allein dem Ackerbau und der Sorge für ihre Heerden hingaben, den beständigen Lauf der Sonne, und die immer wieder auf's Neue erfolgende Rückkehr der Jahreszeiten.

[2] Besonders war der Anfang des Frühlings ein großes Fest für sie, weil sie die glücklichen Veränderungen sahen, welche diese Epoche auf der Erde hervorbrachte, und wirklich feierten sie seine Rückkehr durch Vergnügungen, die mit ihren einfachen Sitten im Einklange standen.

[3] Heutzutage ist der erste Mai eben so auf dem Lande eine Gelegenheit zur festlichen Feier.

[4] Zu dieser Zeit ist die Erde in ihrem schönsten Schmucke; ein solches Schauspiel verdient wohl, von denen gefeiert zu seyn, welche sie nun alle Tage bewundern werden.

[5] In mehreren Gegenden findet die Gewohnheit Statt, daß abgehauene Birken am ersten Mai in den Straßen und vor den Häusern aufgepflanzt werden, als Zeichen der Liebe und Hochachtung.

[6] In andern Gegenden ziehen die Schüler, begleitet von ihren Lehrern und Aeltern, in

simplicité de la nature et s'adonnaient uniquement à l'agriculture et au soin de leurs troupeaux, ils observèrent le cours du soleil et le retour des saisons.

Surtout le commencement du printemps était une grande fête pour eux à cause des heureux changements qu'ils voyaient s'opérer dans la nature; ils célébraient le retour de cette saison par des réjouissances en harmonie avec la simplicité de leurs moeurs.

Aujourd'hui le premier Mai est également un jour de fête dans les campagnes.

C'est alors que la terre est dans sa plus belle parure; un pareil spectacle mérite bien d'être fêté par ceux qui l'admirent tous les jours.

Dans plusieurs endroits on a coutume de couper des bouleaux le premier jour de Mai, et de les planter dans les rues et devant les maisons, comme témoignage d'estime et d'amitié.

En d'autres lieux les enfants, accompagnés de leurs précepteurs et de leurs pa-

311

312

selves in a long row to the fields where refreshments and games await them, and fine musick encreases the festivity.

The boys bear flags, and the girls are adorned with crowns and flowers.

langen Reihen auf das Feld, wo Erfrischungen und Spiele sie erwarten, und eine schöne Musik die Feierlichkeit erhöht.

7 Die Knaben tragen Fahnen, und die Mädchen sind mit Kränzen und Blumen geschmückt.

rents, s'en vont en procession dans la campagne où les attendent des rafraîchissements et des jeux, et une belle musique qui augmente encore la joie.

Les garçons portent des drapeaux, et les filles sont parées de couronnes et de fleurs.

Festum majale.

1 Principio rerum gentes, quae naturae simplicitatem sequebantur et soli agriculturae ac curae gregum se dabant, perpetuum solis cursum observabant, et reditum anni temporum usque reiteratum.

2 Inprimis veris initium maxime festum apud eos habebatur, cum felices immutationes cognovissent hac epocha in terris factas, et revera reditum ejus oblectationibus celebrabant, morum suorum simplicitati maxime congruis.

3 Hodie primus Maji dies ruri pariter festae celebrationis causam praebet.

4 Eo quidem tempore terra summo splendore ornatam se nobis offert; quod spectaculum sane dignissimum est, quod ab iis celebretur, qui eam jam quotidie admiraturi sunt.

5 Pluribus in locis mos est, ut betulae dejectae primo Maji die in viis et ante domus ponantur, amoris et observantiae exhibendae gratia.

6 In aliis locis discipuli, a magistris ac parentibus comitati, longa serie in campum exeunt, ubi bellaria et ludi eos manent, et laeti musicorum chori publicam laetitiam augent.

7 Pueri signa gerunt, et puellae sertis ac floribus ornatae sunt.

312.

Das Weihnacht- und das Osterfest.

The Christmas and Easter festivals.

La fête de Noël et de Pâques.

The Christmas festival falls the latter end of December.

The Romans cele-

1 Das Weihnachtfest fällt in das Ende des December.

2 In dieser Jahrszeit

La fête de Noël tombe à la fin de Décembre.

C'était dans cette

brated the Saturnalia at this season of the year.

The Christian Church considered that they could not better replace these rites, than in the celebration of the birth of our Lord.

In the first centuries of Christianity, most of the customs were retained in this festival in which the Heathens celebrated the time of the reappearance of the sun, and they only added that which had reference to the remarkable occurence, the remembrance of which the Church recalled.

While the understanding of the first Christians was not so cultivated, it was necessary to make the truths of the religion more sensual.

The manger in which our Saviour was born was displayed in the Church at Christmas, before which hymns, were sung.

In some countries the children receive a christmas-garden as a christmas box, the trees of which are brilliantly lighted up and adorned with fruits, sweatmeats, confectionery and other dainties.

feierten die Römer die Saturnalien.

3 Die christliche Kirche hat geglaubt, diese heidnischen Feste nicht besser ersetzen zu können, als indem sie die Feier der Geburt unsers Herrn dahin verlegte.

4 In den ersten Jahrhunderten der Christenheit behielt man bei diesem Feste die meisten Gebräuche bei, durch welche die Heiden die Zeit der wieder erscheinenden Sonne feierten, und man fügte nur neue hinzu, welche Bezug auf das merkwürdige Ereigniß hatten, dessen Andenken die Kirche zurückrufen wollte.

5 Da der Verstand der ersten Christen noch nicht so ausgebildet war, so war es nöthig, ihnen die Wahrheiten der Religion mehr sinnlich zu machen.

6 Man stellte an den Weihnachten in den Kirchen die Krippe unsers Herrn dar, vor welcher man Lieder sang.

7 In einigen Ländern bekommen die Kinder einen Weihnachtsgarten zum Christgeschenk, dessen Bäume mit Früchten, Zuckerwaaren, Backwerk und andern Naschereien verziert und glänzend erleuchtet sind.

saison que les Romains célébraient les Saturnales.

L'église chrétienne a cru ne pouvoir mieux remplacer ces fêtes payennes, qu'en y substituant celle de la naissance de Notre Seigneur.

Dans les premiers siècles, l'Eglise conserva la plupart des cérémonies par lesquelles les payens célébraient alors le retour du soleil; elle en institua de nouvelles qui avaient rapport à l'évènement remarquable, dont elle voulait rappeler la mémoire.

Les premiers chrétiens, ayant l'esprit peu cultivé, avaient besoin qu'on leur rendit sensibles les vérités de la religion.

On plaçait dans les églises, la crèche de Notre Seigneur, devant laquelle on chantait des cantiques.

Dans quelques endroits, on donne aux enfans des jardins de Noël dont les arbres sont ornés de fruits, de sucreries, de confitures et d'autres friandises, et illuminés d'une manière brillante.

The Easter festival which was in the time of the ancients the spring festival, and even now is in Rússia, reminds us of the resurrection of our Saviour; presents are given to children consisting of eggs coloured in various ways.

[8] Das Osterfest, welches im Alterthum das Frühlingsfest war, und dieses auch noch in Rußland ist, erinnert uns an die Auferstehung Jesu Christi, und wie an Weihnachten, giebt man an demselben den Kindern Geschenke, nämlich Eier, die auf verschiedene Art gefärbt sind.

La fête de Pâques qui, dans l'antiquité, était la fête du printemps et qui l'est encore en Russie, nous rappelle la resurrection de Jesus Christ; alors, de même qu'à Noël, on donne des cadeaux aux enfans, des oeufs diversement coloriés.

Christi nati solemnia et festum paschale.

[1] Festum Christi nati in finem Decembris incidit.

[2] Hoc anni tempore Romani Saturnalia celebrabant.

[3] Ecclesia christiana haec festa paganalia haud melius compensare posse sibi videbatur, quam festum Christi nati substituens.

[4] Primis coetus christiani seculis plurimae hujus festi caerimoniae servabantur, quibus pagani tempus solis redeuntis celebrabant, et novae tantum adjectae sunt, quae rem illam memorabilem spectarent, cujus memoriam ecclesia revocare volebat.

[5] Ingenio primorum Christianorum haud satis exculto, necesse erat, formulas et praecepta ita eis tradi, ut ex parte sensibus quoque percipi possent.

[6] Die Christi natalitio in aedibus sacris praesepe Servatoris nostri effingebatur, ante quod carmina decantabantur.

[7] In quibusdam provinciis mos est, ut pueris ac puellis hortus arte factus strenae loco detur, cujus arbores fructibus, opere dulciario et condīto aliisque cupediis ornatae, et maximo luminum splendore illustratae sunt.

[8] Paschătis festum, quod olim veris redeuntis festum erat, qua ratione etiamnunc a Rússis celebratur, nos admonet de resurrectione Jesu Christi, et illo, aeque ac festo Christi nati, pueris ac puellis dona dari solent, ova scilicet, varie picta.

313.

Die Meßkunst und die Baukunst.

Geometry, and Architecture.

La géometrie et l'architecture.

Geometry or the science of measuring every space, is the foundation of the whole Mathematik.

The implements of the geometer are: the circle, rule, angles, the scale, the demicircle, the board, and the small scale.

While at one time the longitude, at another the surface, at another solid bodies come into consideration, this science is divided into three parts, each bearing its particular name, viz longimetry, planimetry, and stereometry.

The principal lines are the straight, which is again either perpendicular, horizontal, or oblique; the crooked, the circular, the spiral and the parallel lines.

Besides the lines, the angles ought to be observed of which there are three sorts, the right angle which contains ninety de-

1 Die Meßkunst oder die Wissenschaft, jeden Raum abzumessen, ist der Grund der ganzen Mathematik.

2 Die Werkzeuge des Geometers sind: der Zirkel, das Lineal, der Winkelhaken, der Maaßstab, der Transporteur, das Meßtischlein und der verjüngte Maaßstab.

3 Weil bald die Linien, bald die Fläche, bald das körperliche Maaß in Betracht kommt, so giebt es eine dreifache Eintheilung dieser Wissenschaft, die ihre besonderen Namen führen, nämlich die Längenmessung, die Flächenmessung, und die Körpermessung.

4 Die vornehmsten Linien sind die gerade, welche wieder entweder senkrecht, oder wagerecht, oder schief ist, und die krumme Linie, die Zirkellinie, die Schneckenlinie, die Parallel-Linie.

5 Außer den Linien muß man die Winkel erwägen, wovon es drei Gattungen giebt, der rechte, welcher neunzig

La géometrie, ou l'art de mesurer un espace quelconque, est la base de toutes les mathématiques.

Voici les instrumens dont se sert le géomètre: le compas, l'équerre, la règle, la mesure, le demi cercle, une petite table, l'échelle de réduction.

Comme il y a trois sortes de dimensions dans les corps, savoir la ligne, la surface et la profondeur, on divise cette science en trois parties: la longimétrie, la planimétrie et la stéréométrie.

Les principales lignes sont, la droite qui est ou perpendiculaire, ou horizontale, ou oblique; la courbe, la circulaire, la spirale, la parallèle.

On a aussi égard aux angles qui sont de trois sortes: l'angle droit qui renferme quatre-vingt-dix dé-

grees, the acute, and the obtuse.

From the angles, arise the triangle, square, and polygon.

The triangle is sometimes equilateral, sometimes is oceles, and at another scalene.

The most remarkable quadrangles are the square, the rectangle, the rhombus, and trapezium.

An architect who constructs the plan for churches, palaces, play houses, triumphal arches and houses of all kinds must be able to draw well, and be proficient in geometry and perspective.

There are five orders of pillars with which handsome buildings are adorned viz, the doric, the Jonic, the corinthian, the compound, and the tuscan.

A difference is made between the civil, military, hydraulic, and naval architecture.

Grade hält, der ſpitzige und der ſtumpfe.

7 Aus den Winkeln entſtehen Dreiecke, Vierecke und Vielecke.

8 Die Dreiecke ſind theils gleichſeitig, theils gleichſchenklich, theils ungleichſeitig.

9 Die vorzüglichſten Vierecke ſind das Quadrat, das längliche Viereck, die Raute oder das verſchobene Viereck und das ungleichſeitige Viereck.

10 Ein Baumeiſter, der die Riſſe zu Kirchen, Paläſten, Schauſpielhäuſern, Triumphbögen und Häuſern aller Art macht, muß gut zeichnen können und in der Meßkunſt und Perſpective wohl bewandert ſeyn.

11 Es giebt fünf Ordnungen der Säulen, womit man anſehnliche Gebäude ziert: die doriſche, die joniſche, die corinthiſche, die römiſche oder zuſammengeſetzte und die toscaniſche.

12 Man unterſcheidet die bürgerliche, die militäriſche und die Waſſer- und Schiffsbaukunſt.

grès, l'angle aigu et l'angle obtus.

Les triangles, les quadrilatéraux, les polygones sont formés par les angles.

Les triangles sont équilatères, ou isocèles ou scalènes.

Les principaux quadrilatères sont le carré, le rectangle, le rhombe et le trapèze.

L'architecte qui fait des plans d'églises, de palais, de théâtres, d'arcs de triomphes et de toutes sortes de maisons doit savoir bien dessiner et connaître la géometrie et la perspective.

Il y a cinq ordres de colonnes dans l'architecture: le Dorique, le Jonique, le Corinthien, le Romain ou le Composite, et celui de Toscane.

On distingue l'architecture civile, l'architecture militaire et l'hydraulique.

Geometria et architectura.

1 Geometria sive scientia metiendi spatium quodvis universa nititur mathēsis.

2 Quae huc spectant instrumenta, sunt ſere circinus, amussis, norma, virga geometrica, semicirculus, mensula et scala geometrica.

3 Quum singulae quantitates nunc lineis, nunc superficie, nunc soliditate mensurentur, hinc orta est triplex hujus scientiae divi-

sio, videlicet longimetria, planimetria et stereometria.

[4] Notissimae lineae sunt: recta, quae et ipsa aut perpendicularis, aut horizontalis, aut obliqua est, curva, circularis, spiralis, parallēla.

[5] Praeter lineas angulorum, quorum tria sunt genera, ratio est habenda, suntque rectus, nonaginta gradus complectens, acutus et obtusus.

[6] Angulis originem debent triangula, quadrata, polygōna.

[7] Triangula alia sunt aequilatěra, alia aequicrura, alia scalena.

[8] Quadratorum clarissima sunt: quadratum proprie sic dictum, oblongum sive rectangulum, rhombus et trapezium.

[9] Architectum, qui aedium sacrarum, palatiorum, theatrorum, arcuum triumphalium et omnis generis domuum descriptionem facit, delineandi artis, geometriae et scenographiae peritissimum esse oportet.

[10] Tria sunt genera columnarum, quibus ornantur et fulciuntur majoris notae aedificia: Ordo Doricus, Jonicus, Corinthius, Romanus sive compositus et Toscanus.

[11] Triplex potissimum est architectura: civilis, militaris et hydraulica atque navalis.

314.

Der Kalender.

The Calendar. — *Le calendrier.*

The calendar, or almanack is a division of the time into months, weeks and days for the use of daily life.

There is shewn in it, the festivals, the changes of the moon, the eclipses of the sun and moon, the time of the setting and rising of the sun, the changes of the weather, and other remarks observed by the Astronomer.

There is also found

[1] Der Kalender oder Almanach ist eine Eintheilung der Zeit für den Gebrauch des täglichen Lebens nach Monaten, Wochen und Tagen.

[2] Es sind darin die Festtage, Mondsveränderungen, Sonnen- und Mondsfinsternisse, die Zeit des Sonnen-Auf- und Untergangs, die Witterungs-Veränderung und Anderes angezeigt, was die Astronomen beobachtet haben.

[3] Man findet ferner

Le calendrier ou l'almanac est une division du temps, en mois, en semaines et en jours, à l'usage de la vie journalière.

Il annonce les phases et les éclipses du soleil et de la lune; le lever et le coucher du soleil, le changement de la température et d'autres choses observées par les astronomes.

On y trouve aussi

313.

314.

therein, small historical notices, dialogues, rules for peasantry and health, the departure and arrival of the posts, the publick markets and fairs.

There are three sorts of calendar, the Julian, the Gregorian, and the newly corrected one.

The Julian calendar according to which the Russians reckon, receives its name from Julius Caesar who first discovered the intercalary year; every fourth year therefore has 366 days.

According to the Gregorian calendar, which begins the year eleven days earlier than the Julian, every hundredth year three times following is a vulgar year; the fourth time it is an intercalary.

The time of the Easter celebration is determined in this calendar according to the moons circle; by which circumstance it differs from the new one in as much as the fall of Easter is determined according to Astronomical tables.

The moveable feasts are: the Easter, the ascension, whitsuntide, and the feast of Trinity, the immoveable

darin kleine Geschichten, Gespräche, Bauernregeln, Gesundheitsregeln, den Abgang und die Ankunft der Posten, die Jahrmärkte und Messen.

[4]Es giebt dreierlei Kalender: der Julianische, der Gregorianische und der neuverbesserte.

[5]Der Julianische Kalender, nach dem die Russen rechnen, hat den Namen von Julius Cäsar, der zuerst das Schaltjahr einführte; allemal das vierte Jahr hat nämlich 366 Tage.

[6]Nach dem Gregorianischen, welcher das Jahr um eilf Tage früher anfängt, als der Julianische, ist dreimal hinter einander das hundertste Jahr ein gemeines, das viertemal aber ein Schaltjahr.

[7]Die Zeit des Osterfestes wird darin nach dem Mondszirkel bestimmt, wodurch er sich von dem neuverbesserten unterscheidet, wo es nach astronomischen Tabellen berechnet wird.

[8]Bewegliche Feste sind: das Osterfest, das Himmelfahrtsfest, das Pfingstfest und das Dreifaltigkeitsfest; zu den

de petites histoires, des dialogues, des préceptes pour l'agriculture, des règles de santé, le départ et l'arrivée des postes, les marchés et les foires de l'année.

Il y a trois sortes de calendriers, celui de César, le calendrier grégorien et le calendrier nouvellement corrigé.

Celui de Jules d'après lequel les Russes calculent, a son nom de Jules César, qui introduisit le premier l'année bissextile; car toujours la quatrième année a 366 jours.

D'après le calendrier grégorien, qui commence l'année douze jours plutôt que celui de César, trois années de suite sont des années vulgaires, mais la quatrième est une année bissextile.

Il fixe le temps de Pâque d'après le cours de la lune, et c'est en cela qu'il diffère du calendrier nouvellement corrigé; car celui-ci détermine ce temps d'après des tables astronomiques.

Les fêtes mobiles sont: la fête de Pâques, l'ascension, la Pentecôte et la Trinité; au contraire le nouvel

are the new years feast, the epiphany, and Christmas.

At the time of the Advent the new ecclesiastical year begins.

The four quarters, are candlemas, St. George, St. James, and St. Martin.

The four strict fast days are also to be remarked.

A distinction is made between the full moon, new moon, first and last quarter of the same.

unbeweglichen gehören das Neujahr, das Fest der Erscheinung Christi und das Weihnachtfest.

[9] Mit der Adventszeit fängt das neue Kirchenjahr an.

[10] Die vier Quartale sind: Lichtmeß, Georgii, Jakobi und Martini.

[11] Zu bemerken sind auch die vier Quatember.

[12] Man unterscheidet Vollmond, Neumond, erstes Viertel und letztes Viertel.

an, l'épiphanie et Noël sont des fêtes immobiles.

L'année ecclésiastique commence avec l'avent.

Les quatre quartiers sont la chandeleur, la St. George, la St. Jacques et la St. Martin.

Les quatre temps sont aussi remarquables.

On distingue la pleine lune, la nouvelle lune, le premier et le dernier quartier.

Calendarium.

[1] Calendarium (fasti) est divisio quaedam temporis ad vitae quotidianae usum in menses, hebdomades et dies.

[2] Illo dies festi, lunae mutationes, solis lunaeque defectiones, tempus solis orientis et occidentis, tempestatis vices aliaque indicantur, quae ab astronŏmis observata sunt.

[3] Porro in eo historiolae occurrunt, dialŏgi, normae rusticae, praecepta diaetetica, discessus et adventus vehiculi publici, nundinae et mercatus.

[4] Tria sunt calendariorum genera: Julianum, Gregorianum et novissime emendatum.

[5] Calendarium Julianum, secundum quod Russi computant, nomen a Julio Caesare accepit, qui primus annum intercalarem introduxit; scilicet quartus quisque annus trecentorum et sexaginta sex dierum est.

[6] Secundum calendarium Gregorianum, quod annum undecim diebus ante incipere statuit, ter deinceps centesimus quisque annus vulgaris est annus, quarto autem annus intercalaris.

[7] Tempus festi paschalis in eo ad lunae cyclum describitur, quo ipso a calendario novissime emendato differt, ubi computatio ad tabulas astronomicas fit.

[8] Dies festi mobiles sunt: festum paschale, festum adscensionis, festum pentecostes et festum Trinitatis; immobilibus adnumerantur: novus annus, festum Epiphaniae et festum Christi nati.

[9] Tempore Christi adventui sacro novus ecclesiae annus incipit.

[10] Quatuor spatia trimestria sunt: festum purificationis Mariae, dies St. Georgii, St. Jacobi et St. Martini.

[11] Ne omittas quatuor spatia trimestria a certis Pontificiorum jejuniis ducta.

[12] Discernuntur plenilunium, novilunium, luna crescens et decrescens.

315.

Die Hammerwerke, das Eisengiessen und die Zubereitung des Stahls.

The forge, the foundery, and the preparation of steel.

La forge, la fonte du fer et la préparation de l'acier.

Iron, copper, and brass is made into plates, bars and tables in the forge.

Large hammers are raised in the air by water wheels and axis', so that they fall on large pieces of metal, which is brought red hot on the anvil.

Smelting furnaces are erected near all mines.

After the ore has been made liquid in a very large fire, it is poured by the workmen into moulds, and in this manner is produced oven plates, pans, coppers, lids, and all that comes under the hammer.

Steel which is remarkable for its hardness, and the quality of less liable to rust is prepared from iron by smelting and ham-

[1] Das Eisen, das Kupfer und das Messing werden in dem Hammerwerk zu Blechen, Stangen und Tafeln gestreckt.

[2] Große Hämmer werden durch Wasserräder und Wellen in die Höhe gehoben, daß sie auf große Stücke Metall niederfallen, welche man glühend auf den Amboß gebracht hat.

[3] Bei allen Eisenbergwerken sind Schmelzhütten angelegt.

[4] Nachdem das Eisen durch ein sehr heftiges Feuer flüssig gemacht worden ist, so wird das flüssige Metall von den Arbeitern in Formen gegossen, und so erhält man Ofenplatten, Pfannen, Kessel, Töpfe und alles das Eisen, das unter den Hammer kommt.

[5] Der Stahl, welcher sich durch seine Härte und dadurch auszeichnet, daß er dem Rost weniger ausgesetzt ist, wird aus Eisen durch Schmelzen und Häm-

Le fer, le cuivre et le laiton sont étendus en lames, en blocs et en tables, dans la forge.

Les roues à eau lèvent de gros marteaux et les laissent retomber sur de gros morceaux de métal, qu'on a portés, tout ardens, sur l'enclume.

Auprès de toutes les mines se trouvent des fonderies.

Après avoir fondu le fer à une haute temperature, les ouvriers le coulent dans des moules où il prend la forme de platines, de poëles, de chaudrons et de pots; c'est aussi de là que vient tout le fer qu'on travaille sur le marteau.

L'acier qui se distingue par sa dureté et en ce qu'il est moins sujet à s'imprégner de rouille, est fait avec

mering, or by the cementation.

The smelted and purified iron is stretched into bars, and several bars beaten together.

Artificial steel is prepared by piling several thin bars of iron together in a furnace, in which a mixture of coal, ashes, or broken glass is placed.

A strong fire is kept up, and after 5 or 6 days the iron is turned into steel.

After it is taken out and become cool, it is hammered.

The English and Damascene steel is well known.

mern, oder durch das Cämentiren bereitet.

[6] Das geschmolzene und gereinigte Eisen wird zu Stäben gestreckt und mehrere solcher Stäbe zusammengeschweißt.

[7] Man erhält den künstlichen Stahl, indem man viele dünne Stäbe in einem Ofen aufschichtet, in welchem sich eine Mischung von Kohlen und Asche oder zerstoßenem Glas befindet.

[8] Man unterhält ein starkes Feuer, und nach 5 bis 6 Tagen ist das Eisen in Stahl verwandelt.

[9] Wenn es herausgenommen und kalt geworden ist, wird es gehämmert.

[10] Bekannt ist der englische und der damascenische Stahl.

du fer refondu et travaillé sous le marteau.

Le fer étant fondu et purifié, on en fait des barres. On rassemble en faisceau plusieurs de ces dernières, pour en former des blocs.

On prépare l'acier artificiel, en rangeant par lits beaucoup de barres menues dans un fourneau rempli d'un mélange de charbon et de cendre ou de verre pilé.

On entretient un feu ardent, et au bout de 5 ou 6 jours le fer est converti en acier.

Quand il est retiré du fourneau et refroidi, on le bat avec le marteau.

L'acier d'Angleterre et celui de Damas sont bien connus.

Officina ferraria, ferri fusio et chalybis praeparatio.

[1] Ferrum, cuprum et orichalcum in peculiaribus officinis in laminas, massas et tabulas extenduntur.

[2] Mallei permagni tympanis et vectibus attolluntur, ut in magnam metalli molem decidant, quod candefactum incūdi impositum erat.

[3] Ubicunque ferri fodinae sunt, et ustrinae reperiuntur.

[4] Ferrum igne acriori liquefactum ab operariis formis infunditur, atque ita fornacum laminae, sartagĭnes, ahena, ŏllae et omne, quod malleo subigitur, ferrum prodit.

[5] Chalybs, duritie et eo potissimum excellens, quod rubigini minus obnoxius esse solet, tum conflando et malleis subigendo, tum caementatione paratur.

[6] Ferrum liquefactum ac purgatum in bacillos extenditur, quorum plures mallei ope junguntur.

[7] Chalybs etiam ita arte fit, ut multi bacilli tenues in fornace superimponantur, in qua carbones, cineres, aut vitrum contritum mixta fuerunt.

[8] Ignis acrior alitur et quinque aut sex dierum spatio ferrum in chalybem commutatum se offert.

[9] Exemtum inde et refrigefactum malleo subigitur.

[10] Chalybs anglicus et Damascenus notissimus est.

315.

316.

316.

Der Feilenhauer.

The file maker. *Le tailleur de limes.*

The business of the file maker is very useful, while so many business of tradesmen and artists depend on his work.

The substance from which files are made, is iron and steel, and according as the quality is chosen either good or bad, in the same degree his work turns out better or worse.

He has many tools in common with the iron workers viz the forge, smiths anvil, rasps, chisels, hand-anvils, hammers, pincers, a wooden mortar for breaking the glass, and burnt horn, which he uses for hardening his work, and a tub for cooling the hardened files.

The notches or cuts in the steel, which are at one time rough at another fine are made with different chisels.

At first they are worked smooth and

[1] Das Handwerk des Feilenhauers ist sehr nützlich, weil von seinen Arbeiten wieder viele Arbeiten anderer Handwerker und Künstler abhangen.

[2] Der Stoff, woraus er die Feilen macht, ist Eisen und Stahl, und je nachdem er mehr oder weniger guten Zeug wählt, fällt seine Arbeit gut oder schlecht aus.

[3] Viele Werkzeuge hat er mit andern Eisenarbeitern gemein, z. B. Feueresse, den Schmiedeamboß, Raspeln, Meißel, Handamboße, Hämmer, Zangen, einen hölzernen Mörser zur Zerstoßung des Glases und des gebrannten Horns, das er zum Härten seiner Arbeiten braucht, und eine Tonne zum Löschen der gehärteten Feilen.

[4] Die Einschnitte oder Hiebe in den Stahl, welche bald grob, bald fein sind, geschehen mit verschiedenen Meißeln.

[5] Sie werden zuerst glatt bearbeitet, und

Le métier du tailleur de limes est bien utile, puisque plusieurs autres métiers et plusieurs arts en dépendent.

La matière dont il fait les limes est le fer et l'acier, et ses ouvrages sont bons ou mauvais à raison des qualités de ces métaux.

Il se sert de plusieurs instruments des forgerons; par exemple, il lui faut une cheminée, une enclume, des rapes, des ciseaux, une petite enclume portative, des marteaux, des pinces, un mortier de bois pour piler le verre et de la corne brulée dont il se sert pour tremper ses ouvrages, et une auge pour le même effet et pour les refroidir.

Les incisions dans l'acier, lesquelles sont tantôt grossières, tantôt fines, se font avec différens burins.

D'abord il les applanit, puis il les taille

then the cuts are made according to the different rules of his business.

In order to harden the files and rasps in which operation his greatest ingenuity is placed, he uses a certain powder, which is kept as a secret.

He spreads the powder on the heated file, and repeats the operation until it is not able to be ignited by it.

He then places the top of the file in cold water, dips it in by degrees, and allows it at last wholly to drop into the water.

After a few minutes he takes it out again and examines it.

If it is hard enough, he smears it with sweet oil, and prevents it by this means from rusting.

If a file or rasp is rendered useless by its too much use, the file maker cuts it out again from new.

erhalten ſodann die Grund- und Kreuzhiebe nach beſondern Vortheilen.

[6] Um die Feilen und Raſpeln zu härten, worin ſeine größte Geſchicklichkeit beſteht, gebraucht er ein gewiſſes Pulver, das man für ein Geheimniß ausgiebt.

[7] Dieſes Pulver ſtreut er auf die heiße Feile und fährt damit ſo lange fort, bis es durch dieſelbe nicht mehr angezündet wird.

[8] Hierauf fährt er zuerſt mit der Spitze der Feile in kaltes Waſſer, taucht ſie allmählig ein, und läßt ſie endlich ganz in's Waſſer hineinfallen.

[9] Nach einigen Augenblicken nimmt er ſie dann heraus und unterſucht ſie.

[10] Iſt ſie hart genug, ſo beſtreicht er ſie mit Baumöl, und verhütet dadurch das Roſten.

[11] Iſt eine Feile oder Raſpel durch den ſtarken Gebrauch zu ſehr abgenützt, ſo haut ſie der Feilenhauer von Neuem auf.

en frappant obliquement selon les règles de l'art.

Mais c'est surtout dans la trempe des limes et des rapes, qu'il montre son adresse; à cet effet il emploie une sorte de poudre qui passe pour un secret.

Il continue de saupoudrer la lime rougie au feu; jusqu'à ce qu'elle ne puisse plus bruler.

Cela fait, il en met d'abord la pointe dans l'eau froide, l'enfonce peu-à-peu, et la laisse enfin tomber au fond de l'eau.

Au bout de quelques minutes il la retire et l'examine.

Quand elle est assez dure, il la frotte avec de l'huile d'olive, pour la préserver de la rouille.

Le faiseur de limes taille de nouveau les rapes émoussées par l'usage qu'on en fait.

Limarum incisor.

[1] Limarii opificium utilissimum est, quod ab ejus operibus multa aliorum opificum artificumque opera pendent.

[2] Quam limis adhibet materiam, ferrum est et chalybs, et prout illa exquisitior aut minoris notae est, opera ejus bonae aut malae notae sunt.

[3] Plurima instrumenta ei cum aliis opificibus, rem ferrariam exercentibus, communia sunt, v. c. ustrina minor, incus, radulae, caestra, incudes manu facile

tractandae, mallei, forcipes, mortarium ligneum, tundendo vitro et cornu exusto, quibus ad duranda opera utitur, accommodatum, atque dolium et ipsum durandis ac restinguendis iis destinatum.

4 Incisiones modo crassiores, modo subtiliores, chalybi illatae, caestrorum ope fiunt varii generis.

5 Primum ad unam omnes laevigantur et deinde ictus patiuntur decussatimque feriuntur ad artis normam.

6 Ad indurandas limas radulasque, ubi praecipue dexteritatem ejus spectare licet, pulvere quodam utitur, quod arcani loco habetur.

7 Pulvere hoc conspergit limam candefactam, idque tantisper continuat, dum flammam non amplius concipiat.

8 Quo facto limae apicem aquae frigidiori indit, sensim immergit et denique ad dolii fundum eam delabi sinit.

9 Interjectis aliquot momentis exemtam sub oculorum examen vocat.

10 Quae quum satis indurata fuerit, olivarum oleo eam illinit, eoque impĕdit, quo minus rubiginem contrăhat.

11 Lima vel radula continuo usu nimis detrita denuo a limario inciditur.

317.

Tapeten, Teppiche und die Seidenstickerei.

Tapestry, carpet, and embroidery on silk.

La tapisserie et la broderie en soie.

It is an ancient custom to cover the wall with tapestry.

The magnificent apartments of Princes and noblemen are covered with silk and velvet.

The rooms are often tapestried in such a manner, that the walls are covered with linen, and painted with landscapes and historical subjects.

Formerly tapestry of

1 Es ist eine alte Gewohnheit, die Wände mit Tapeten zu verzieren.

2 Die Prachtzimmer der Fürsten und großen Herren werden mit Seidenzeugen und Sammt ausgeschlagen.

3 Oft tapezirt man auch die Zimmer so, daß man die Wände mit Leinwand überzieht, und mit Landschaften und historischen Vorstellungen bemalt.

4 Ehedem waren auch

La coutume de tapisser les chambres est fort ancienne.

Les appartemens de luxe des princes se tapissent en étoffes de soie et en velours.

Souvent aussi on tapisse les murs en les couvrant de toiles, sur lesquelles on peint des paysages et des tableaux.

Les tapisseries de

printed linen was in vogue.

The paper hangings of which there is great variety, is a discovery of later times.

The oil cloth recommends itself on account of its durability.

The carpet manufacturer furnished with a working table, and colour box, prepares from wool, cotton, and linen threads, covers, curtains, tapestry, with which the apartments are hung, and all kinds of carpets.

The embroiderer accomplishes with the needle, sowing and stiching silk, the same as the painter with brush and colours.

He must therefore well understand light and shadow, the deepenings and the raisings in the picture.

They embroider fringed altar coverings, stoles, chancel robes, Roman catholic mass robes, royal robes, tents, horse trappings, standards colours, and the uniform for military and civil officers.

The artificial weaver adorns his cloth

Tapeten von gedruckter Leinwand gewöhnlich.

[5] Die Papiertapeten, wovon es eine große Mannigfaltigkeit giebt, sind eine Erfindung neuerer Zeiten.

[6] Die Wachstuchtapeten empfehlen sich durch ihre Dauerhaftigkeit.

[7] Der Teppichmacher, der mit einem Wirkstuhl und Farbkessel versehen ist, verfertigt aus wollenem, baumwollenem und leinenem Garn Decken, Umhänge, Tapeten, womit die Gemächer behängt werden, und alle Arten von Teppichen.

[8] Die Seidensticker verrichten mit der Nadel und Näh- und Steppseide, was die Maler mit Pinseln und Farben thun.

[9] Daher müssen sie Licht und Schatten, Vertiefung und Erhöhung in der Malerei wohl verstehen.

[10] Sie sticken gefranzte Altardecken, Stolen und Chormäntel, Meßgewänder, Königsmäntel, Gezelte, Pferdedecken, Standarten und Fahnen, und die Uniformen für Offiziere und Beamte.

[11] Die Kunstweber zieren ihr Gewebe mit

toiles peintes étaient autrefois en usage.

Les tapisseries de papier, qui sont de plusieurs sortes, ont été inventées de nos jours.

Les tapisseries de toile cirée se recommandent surtout par cela qu'elles durent long-temps.

Avec un métier où se trouve une chaudière remplie de couleurs, le tapissier fait, avec du fil de laine, de coton et de lin, des couvertures, des rideaux, des tapis dont on tend les appartemens.

Avec l'aiguille, du fil à coudre et à piquer, les brodeurs en soie exécutent ce que les peintres font avec les pinceaux et les couleurs.

C'est pourquoi ils doivent bien connaître la lumière et les ombres, l'enfoncement et l'élévation.

Ils brodent des parements d'autel, des stoles et des aubes, des chasubles, des manteaux pour les rois, des tentes, des caparaçons, des étendards et des drapeaux, et les uniformes pour les officiers civils et militaires.

Les tisserands artistes ornent leurs tis-

317.

318.

with various beautiful figures.

allerlei schönen Figuren.

sus de toutes sortes de belles figures.

Tapetes, aulaea et phrygium opus.

[1] Jam vetus est mos, ut parietas tapetibus et aulaeis ornentur.

[2] Magnifica principum et magnatum conclavia pannis sericis et holosericis vestiuntur.

[3] Saepe hoc modo exornantur, ut parietes linteo obducti a pictoribus regionibus atque historiis depingantur.

[4] In usu quondam fuerunt aulaea lintea eademque tincta.

[5] Tapetum chartaceorum, quorum maxima est varietas, inventio recentiori aetati debetur.

[6] Quae parari e linteo cerato solent aulaea, commendantur stabilitate.

[7] Aulaeorum artifex, scammno textorio et aheno tinctorio instructus, e filis laneis, xylĭnis et linteis stragulas, peristromata, tapetes, quibus conclavia vestiuntur, omniaque aulaeorum genera conficit.

[8] Phrygiones acu et filis sericis ac duplicatis idem conficiunt, quod pictores penicillis et coloribus praestant.

[9] Inde necesse est, lumen et umbram, recessum et eminentiam picturae probe calleant.

[10] Pingunt enim acu mappas altari insternendas, stolas et amicula sacerdotalia, vestes liturgicas, regum pallia, tentoria, dorsualia, labăra ac signa, et vestes praefectorum militarium atque civilium.

[11] Qui opera venustiora conficiunt textores, telas suas variis figuris elegantibus ornant.

318.

Der Fuhrmann, der Nachtwächter und der Feldhüter.

The coachman, Watchman, and the field guardian.

Le voiturier, le garde de nuit et le garde champêtre.

A heavy wagon is harnessed with four, six or eight horses.

The carman with his whip in his hand, and clothed in his smock frock, sits on the saddle horse.

[1] Ein Lastwagen ist mit vier, sechs oder acht Pferden bespannt.

[2] Der Fuhrmann, mit seiner Peitsche in der Hand und mit seinem Kittel angethan, sitzt auf dem Sattelpferde.

On attèle quatre, six ou huit chevaux à un chariot.

Le roulier, le fouet à la main et vêtu de sa blouse, monte le cheval de selle.

The carman receives a stipulated price according to the hundred weight from the merchant, and then he engages to deliver the goods at a stated time at the destined place.	3 Die Fuhrleute bekommen von den Kaufleuten nach dem Centner einen bestimmten Lohn, wogegen sie sich verbindlich machen, die Waaren in einer festgesetzten Zeit an Ort und Stelle zu bringen.	Les rouliers reçoivent un certain port des marchands d'après le quintal, en échange de quoi ils s'engagent, à transporter les marchandises en un certain temps au lieu destiné.
They must load their wagons well, cover them with straw, and spread a cloth over it, to prevent the rain water from penetrating into the boxes and chests.	4 Sie müssen ihren Wagen gut laden, ihn mit Stroh decken und Tücher darüber breiten, daß das Regenwasser nicht in die Kisten und Fässer eindringen kann.	Ils doivent bien charger leurs chariots, les couvrir de paille et y étendre des toiles, afin que la pluie ne puisse entrer dans les caisses et dans les tonneaux.
He must also drive securely, that the wagon be not overturned.	5 Auch muß ein Fuhrmann vollkommen sicher fahren, daß der Wagen nicht umstürzt.	Il doit aussi savoir bien conduire, afin que le chariot ne verse pas.
On the road which he passes he has his certain publick houses where he dines, and passes the night.	6 Auf der Straße, die er befährt, hat er seine bestimmten Gasthöfe, wo er Mittags füttert und Abends übernachtet.	Dans la route qu'il fréquente, il y a certaines auberges, où il s'arrête à midi et passe la nuit.
The watchmen wake when others sleep, and guard the houses from fire, thieves and other misfortunes.	7 Die Nachtwächter wachen, wenn Andere schlafen, und bewahren unsere Häuser vor Feuer, Diebstahl und anderem Unglück.	Les gardes de nuit veillent pendant que les autres dorment, et gardent nos maisons du feu, du vol et d'autre malheur.
They call out the hours, and raise a cry as soon as they remark a fire, a thief or any thing suspicious.	8 Sie rufen die Stunden aus, und machen Lärm, sobald sie Feuer, einen Dieb oder sonst etwas Verdächtiges bemerken.	Ils crient les heures et font du bruit, quand ils observent du feu, un voleur ou quelque autre chose suspecte.
The field watchmen are elected to prevent fruit and grapes from being taken away, or the field from suffering damage of any sort.	9 Der Feldhüter ist angestellt, um zu verhindern, daß nicht Obst, oder Trauben gestohlen werden, oder die Felder auf irgend eine Art Schaden leiden.	Le garde champêtre est placé pour empêcher que les fruits des arbres ou les raisins ne soient volés, que les champs ne soient endommagés d'aucune manière.
He passes the night in a hut.	10 Des Nachts hält er sich in einer Hütte auf.	Pendant la nuit, il se tient dans une hutte.

Auriga, vigil nocturnus et custos fructuum.

[1] Plaustro quatuor, sex aut octo equi junguntur.

[2] Auriga, flagellum manu tenens et veste leviori indūtus, equo sellari insidet.

[3] Aurīgae a mercatoribus habita centenarii ratione certum pretium accipiunt, cujus loco merces stato quodam tempore eo, quo constitutum est, vehere jubentur.

[4] Eos plaustra scite onerare, stramento tegere et lintea iis insternere oportet, ne aqua pluvia in cistas ac dolia penetrare possit.

[5] Porro necesse est, aurigam tuto vehere, ne currus subvertatur.

[6] In via, in qua vehitur, certa sunt hospitia, in quibus meridie equos pascit et vesperi pernoctatum devertit.

[7] Vigiles noctu vigilant, ceteris dormientibus, et domus nostras ab igne, furto aliisque malis tuentur.

[8] Horas pronuntiant et turbam cient, quando ignem, furem aut aliud quidquam suspecti animadvertunt.

[9] Ruris custos constitutus est, qui impediat, quo minus poma aut uvae furto auferantur, aut agri ullo modo detrimentum capiant.

[10] Noctu in casa se continet.

319.

Der Bote und die Post.

The Messenger and the Post.

The messenger carries from one place to another the things entrusted to him, as packets and letters, often with very bad weather, and great danger, while he must fear that the robbers will ease him of his load against his will.

By means of the post we can receive intelligence from all parts: It furthers the

[1] Der Bote trägt die ihm anvertrauten Sachen, als Briefe und Päcke, von einem Ort zum andern, oft bei sehr schlimmer Witterung und mit großer Gefahr, weil er oft befürchten muß, die Räuber möchten ihm gegen seinen Willen die Last abnehmen.

[2] Vermittelst der Posten können wir überall her Nachricht einziehen: sie befördern den Ge-

Le messager et la poste.

Le messager porte, d'un lieu à un autre, toutes les choses qu'on lui confie, comme des lettres et des paquets. Le mauvais temps, les dangers, les voleurs qui pourraient lui prendre son fardeau, rien ne l'arrête.

Par les postes, nous pouvons avoir des nouvelles de tous les pays; elles favorisent

commerce and makes a journey easy from one part to another.

The post is divided into the riding and travelling post.

By the latter, letters and small packets are taken charge of which are put into the portmanteau entrusted to the guard.

The portmanteau as well as the post itself arrives several times in the week so that a person can receive and deliver letters.

The packages arriving by the post are carried out by the letter carrier.

In urgent cases an extra post is sent out.

For the sake of security a man, called conductor is given to the diligence.

schäftsverkehr und erleichtern uns die Reisen von einer Gegend in die andere.

3 Die Post wird in die fahrende und reitende eingetheilt.

4 Durch letztere werden Briefe und kleine Pakete besorgt, welche in das Felleisen gethan werden, das dem Postknecht anvertraut wird.

5 Das Felleisen sowohl, als der Postwagen kommen in jeder Woche einigemal an, so daß man Briefe bekommt und abgehen lassen kann.

6 Die mit der Post angekommenen Sachen werden von dem Briefträger ausgetragen.

7 In dringenden Fällen geht eine Extrapost ab.

8 Der Sicherheit wegen wird der fahrenden Post ein Begleiter mitgegeben, welcher Conducteur genannt wird.

le commerce des nations les unes avec les autres, et elles facilitent le voyage d'un endroit à l'autre.

On distingue la poste qui va en voiture, et celle qui va à cheval.

Par la dernière, on expédie des lettres et des petits paquets qu'on empaquette dans la malle que l'on confie au postillon.

La malle et la diligence arrivent plusieurs fois par semaine, et de cette manière on peut recevoir et envoyer des lettres.

Les porteurs de lettres remettent ce qui est arrivé par la poste à ceux auxquels cela appartient.

Dans des cas pressants, on envoie des courriers extraordinaires.

Un conducteur accompagne la diligence pour plus de sureté.

Tabellarius et cursus publicus.

1 Tabellarius res sibi concreditas, ut epistolas et sarcinas, de alio loco in alium transfert, iniquissima saepe tempestate, saepe etiam magno cum periculô, quod ei timendum est, ne latrones ipsum invĭtum onere suo liberent.

2 Cursus publici beneficio nova undequaque nobiscum communicantur; mutuum eo firmatur commercium, et iter facientibus via quaquaversum aperitur.

3 Is in cursum vehicularem describitur, et in eum, qui equo velociter fertur.

4 Hic epistŏlas et minutos fasciculos transfert, quae hippopērae inferuntur, veredario seu cursori publico commissae.

5 Tum hippopera, tum vehicu-

319.

320.

lum publicum singulis hebdomadibus aliquoties adventant, ut epistolae accipi et reddi possint.

6 Quae res vehiculo publico allatae sunt, ad dominos perferuntur ab hominibus quibusdam eum ad finem constitutis.

7 Urgente necessitate vehicula aut cursores ablegantur extra ordinem.

8 Securitatis causa cura currus publici comiti demandatur, conductorem vocant.

320.

Der Tod und das Begräbniss.

The Death and burial.

La mort et l'enterrement.

As nothing is dearer to man than his life, most men fear death, but particularly those who know nothing of a better state after death, and the immortality of the soul.

1 Da dem Menschen Nichts theurer ist, als sein Leben, so verabscheuen auch die Meisten den Tod, besonders die, welche von einem besseren Zustande nach dem Tode und von der Unsterblichkeit der Seele Nichts wissen.

Comme les hommes n'ont rien de plus cher que la vie, la plus part abhorrent la mort, surtout ceux qui ne veulent point croire à un meilleur état après la mort, ni à l'immortalité de l'âme.

How fortunate are those men who are acquainted with perfect certainty of the true destination of man, and are convinced that the life on earth is the foundation of another and wide better and eternal one.

2 Wie glücklich sind die Christen, welche mit vollkommener Gewißheit die wahre Bestimmung des Menschen kennen, und überzeugt sind, daß das Leben auf der Erde die Anlage zu einem anderen, weit besseren und ewigen ist!

Combien sont heureux les Chrétiens, qui connaissent avec une certitude parfaite la vraie destination de l'homme, et qui sont convaincus que cette vie sur la terre est le commencement d'une autre qui est incomparablement meilleure et éternelle!

Formerly the dead were burnt, and the ashes preserved in an urn.

3 Ehemals wurden die Todten verbrannt und die Asche in einer Urne aufbewahrt.

Autrefois on brulait les morts, et on conservait leurs cendres dans une urne.

We deposit our dead in a coffin, bring them on the bier, and bear

4 Wir legen unsere Verstorbenen in einen Sarg, bringen sie auf

A présent, nous les mettons dans un cercueil, nous les por-

them with solemn pomp towards the church yard, where they are lain by the Sexton after an appropriate discourse, in the grave, and the earth thrown over them.

This place is often covered with a grave stone, and adorned with a monument and epitaph.

When the corps is born away, hymns are sung and the bell tolled.

On account of the cemetery being often too wide, the friends and relations drive to it in mourning coaches.

The ancient Greeks strewed the graves with flowers, held enlogies over the deceased, and ordained games and other ceremonies.

Among the Aegyptians the deceased if of noble extraction, is enbalmed, from which circumstance the mummies have their origin.

die Tragbahre, und lassen sie in feierlichem Zuge nach dem Kirchhofe tragen, wo sie nach gehaltener Leichenrede von den Todtengräbern in das Grab gelegt und eingescharrt werden.

5 Dieses wird oft mit einem Grabstein bedeckt und mit einem Grabmal und einer Grabschrift geziert.

6 Wenn die Leiche fortgetragen wird, werden Todtenlieder gesungen und die Glocken geläutet.

7 Da der Kirchhof oft zu entfernt ist, so fahren die Freunde und Verwandten in Kutschen dahin.

8 Die alten Griechen bestreuten die Gräber mit Blumen, hielten den Verstorbenen Lobreden, und stellten Spiele und andere Gebräuche an.

9 Bei den Aegyptiern wurden die vornehmen Verstorbenen einbalsamirt, woher die Mumien ihren Ursprung haben.

tons au cimetière sur un brancard, où ils sont enterrés par les fossoyeurs après qu'on a prononcé un discours funèbre.

Souvent le tombeau est couvert d'une pierre, et orné d'un monument et d'épitaphes.

Pendant qu'on porte en terre le mort, on chante des cantiques et on sonne les cloches.

Le cimetière étant souvent trop éloigné les amis et les parents y vont en carrosse.

Les anciens Grecs parsemaient les tombeaux de fleurs; ils y prononçaient des oraisons funèbres, et y célébraient des jeux et d'autres cérémonies.

Les Egyptiens enbaumaient ordinairement les personnes de distinction; c'est de là que viennent les momies.

Mors et sepultura.

1 Cum homo nil prius habeat et antiquius vita sua, plerique etiam mortem extimescunt, praesertim qui melioris post ultima fata conditionis animique immortalitatis ignari sunt.

2 Felicissimos hinc dixeris Christianos, de vera hominis conditione edoctos, quique persuasum habent, vitam in terris principium esse alterius longe melioris aeternaeque vitae!

3 Defuncti olim cremabantur, et cineres in urna recondebantur.

4 Nos mortuos loculo includimus, ferētro imponimus et efferri curamus cum pompa funēbri coemeterium versus, ubi finitis sacris funebribus a vespillonibus sepulchro inferuntur et humantur.

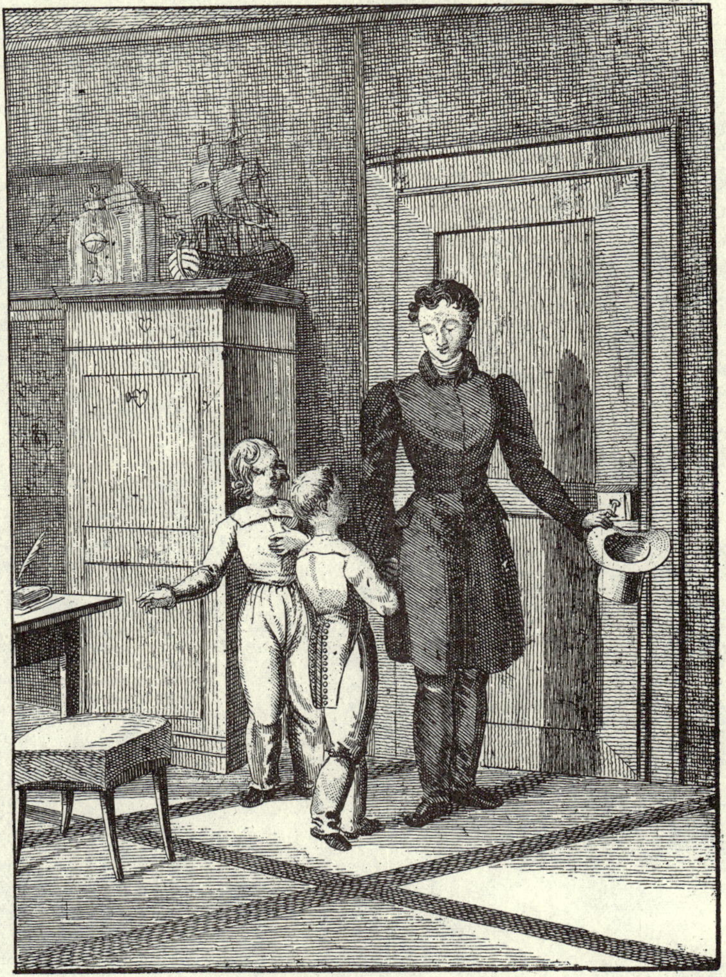

Liebe Kunst und Wissenschaft!
Nütz' die Zeit, sey' tugendhaft!
Dann siehst du mit frohem Blick
Auf die Jugend einst zurück.

[5] Saepe hoc cippo tegitur, et monumento atque epitaphio ornatur.
[6] Cum funus procedit, hymni cantantur, et campanae pulsantur.
[7] Cum coemeterium vero saepe remotius sit, amici ac propinqui rhedis eo vehuntur.
[8] Prisci Graeci tumulos floribus conspergere, orationes agere, et ludos funebres variasque caerimonias instituere solebant.
[9] Aegyptii mortuos principes ungere aromatibusque condire consueverant, unde mumiae, quas vocant, originem duxerunt.

Abschied des Lehrers.

The farewell of the teacher.

I have now imparted to you, my son, the rudiments of every thing that occurs in Nature, that one meets with in the workshops of the artists, and in mercantile, and military affairs, in the learned world, in political matters, in Church, and in the school, and in the whole social life, and have given to you many useful precepts.

It now only remains for you by reading good authors to perfect yourself more fully in that which I have only superficially and piece meal introduced.

I counsel you however to refer every thing to the fear of God, and to remember that passage in the holy Scriptures, the

[1] Ich habe dir nun, mein Sohn, die ersten Begriffe von Allem beigebracht, was in der Natur, in den Werkstätten der Künstler und im Handlungsfache, im Kriegswesen, in der gelehrten Welt, in der Staatseinrichtung, in Kirche und Schule und im ganzen gesellschaftlichen Leben vorkommt, und dir viele sehr nützliche Lehren gegeben.

[2] Es ist nun noch übrig, daß du das, was ich dir nur flüchtig und stückweise vorgetragen habe, durch das Lesen guter Schriftsteller gründlich erlernest.

[3] Ich rathe dir aber, Alles auf die Gottesfurcht zu beziehen und dich an die Stelle der heiligen Schrift zu erinnern: Christum lieb

Les adieux du maître.

Jusqu'ici, mon fils, je vous ai donné les premières idées de tout ce que nous offre la nature; les ateliers des artistes et des hommes de métier, le commerce, l'art militaire, la république des lettres, la constitution des Etats, l'église et l'école, en un met, toute la vie sociale; je vous ai enseigné beaucoup de choses bien utiles.

Il ne vous reste plus qu'à lire de bons auteurs, pour apprendre à fond ce que je ne vous ai enseigné qu'à la hâte et imparfaitement.

Avant tout, je vous conseille de tout rapporter à la crainte de Dieu, et de vous rappeler ce passage de l'écriture sainte: Ai-

love of Christ is better than of knowledge.

Spare the time and use every moment to advantage; shun vice and love virtue, for we must give an account of our life.

O happy they who have wisely cultivated their powers and faculties, have loved God, and have diligently enquired after true piety.

God will have mercy on them, and in eternity they will be quickened with manna and nectar.

Now farewell.

Praise and honour be unto Jehovah, the Lord of Sabaoth, and to the indivisible and blessed Trinity for ever and ever.

haben, ist besser, denn alles Wissen!

4 Spare die Zeit und wende jeden Augenblick gut an; fliehe das Laster und liebe die Tugend, da wir einst von unserm Leben Rechenschaft geben müssen.

5 O die Glücklichen, welche hier ihre Kräfte und Fähigkeiten weise ausgebildet, Gott geliebt und sich der Frömmigkeit wahrhaft befleißigt haben!

6 Gott wird ihnen gnädig seyn, und auf ewig werden sie mit Himmelsbrod und dem Göttertrank erquickt werden.

7 Nun, lebe wohl!

8 Dem Herrn der Heerschaaren, der untheilbaren und gebenedeiten Dreieinigkeit sey Lob und Ehre in alle Ewigkeit!

mer Jésus Christ vaut mieux que tout savoir.

Profitez du temps, employez bien chaque moment; fuyez le vice et aimez la vertu, parcequ'un jour il nous faudra rendre compte de notre conduite.

Heureux ceux qui ont cultivé ici-bas leurs facultés! dont tous les efforts n'ont tendu qu'à l'amour de Dieu et à la pratique de la vertu!

Dieu leur sera propice et ils jouiront dans le ciel d'une félicité éternelle.

A présent, adieu!

Loué et adoré soit à jamais le Dieu suprême, le Roi des rois, la très-sainte trinité!

Valedictio magistri.

1 Hucusque, mi fili, prima quasi rudimenta omnium rerum tibi tradidi, quae in natura, in officinis artificum et opificum, in commercio, in re militari, in reipublicae disciplina, in scholis et ecclesia, nec non in omni vita communi occurrunt, multaque praecepta tibi dedi utilissima.

2 Reliquum est, quae raptim tantum et carptim tibi proposui, legendis scriptoribus optimis penitus addiscas.

3 Suadeo tibi autem, ut omnia ad pietatem convertas et loci illius scripturae sacrae memineris: Christi amor omni scientia potior est.

4 Parce tempori et bene utere quovis momento; fuge vitium et ama virtutem, cum nobis aliquando vitae nobis datae ratio reddenda sit.

5 O beatos illos, qui in his terris vires suas et animi facultates sapienter excoluerunt, qui Deum dilexerunt et pietati vere studuerunt!

6 Deum propitium habebunt, et in aeternum ambrosia et nectare in coelis pascentur.

7 Jam vale!

8 Jehovae Zebaoth, Sanctae Trinitati individuae et benedictae laus sit et gloria in secula seculorum!

Alphabetisches Register.

Nachwort

Von Hubert Göbels

Bei Endter in Nürnberg

Anno Salutis 1658 erschien bei Michael Endter in Nürnberg ein von Format und Umfang her bescheidenes Buch, das den Titel „Orbis sensualium pictus“ oder „Die sichtbare Welt“ trug.[1] „Es ist / wie ihr sehet“, so heißt es im Vorwort, „ein kleines Büchlein: aber gleichwol ein kurzer Begriff der ganzen Welt und der ganzen Sprache / voller Figuren und Bildungen / Benahmungen und der Dinge Beschreibungen.“ Bündiger und zutreffender hätte der Verfasser Johann Amos Comenius (1592–1670) seinen „Orbis pictus“ nicht erklären können. Zwar nennt er ihn auch „ein neues Hülffmittel vor die Schulen“, jedoch ist damit nur eine Wirkungsrichtung angedeutet. Man muß nämlich jenes „aber gleichwol“ auch hier anfügen und feststellen: Dieses geniale Werk war von einer inneren Kraft, die über die Schule hinauswirkte; es war ein Buch von „der ganzen Welt“, ein Bildungsbuch in des Wortes voller Bedeutung für die junge Generation. Seine Lebensdauer hat es bestätigt. 1658, das war zehn Jahre nach Beendigung des Dreißigjährigen Krieges. Und dieser grausame europäische Krieg hatte den Autor des „Orbis pictus“ wahrhaftig nicht verschont! Zuerst aus seiner böhmischen Heimat vertrieben, irrte Comenius, immer wieder auf der Flucht, durch halb Europa.

Nach einem Studium an den reformierten Hochschulen im nassauischen Herborn und in Heidelberg (1611/14) war Comenius in Prerau Leiter der Lateinschule geworden. 1614 weihte man ihn zum Pfarrer der Unität der Böhmischen Brüdergemeinde. 1618 wurde er Pfarrer und Lehrer in Fulnek. Von dort mußte er 1621 vor den spanischen Truppen fliehen. 1628 wanderte Comenius mit den Böhmischen Brüdern nach Lissa/Polen aus. 1629/31 erschien als seine frühe Publikation die „Janua linguarum reserata“ oder die „Wiedereröffnete Sprachentür“. 1632 wählte man Comenius zum Senior der Unität. Er übernahm damit die Verantwortung für den theologischen Nachwuchs. 1641 reiste er nach London, wo er vom englischen Parlament empfangen wurde. 1642 besuchte er seinen Freund Ludwig de Geer in Holland. Im selben Jahr verhandelte Comenius mit dem schwedischen Kanzler Oxenstierna und übersiedelte nach Elbing. 1648 kehrte er nach

Lissa zurück. 1650 bereiste er als „Präses/Bischof“ der Unität Ungarn und Siebenbürgen. 1654 Rückkehr nach Lissa. 1656 wurde die Stadt zerstört. Comenius floh nach Amsterdam. 1657 erschienen seine „Opera Didactica Omnia“. – 1658 ist das Erscheinungsjahr des „Orbis pictus“.[2]

Zwischen diesen nüchternen Daten verbirgt sich ein Leben voller Schicksalsschläge: Bei der Flucht aus Fulnek (1621) mußte Comenius den größten Teil seines persönlichen Besitzes mitsamt seiner Bibliothek zurücklassen. Ein Jahr danach wurden seine Frau und seine beiden Kinder Opfer einer Epidemie, die in Mähren wütete. 1648 starb seine zweite Frau. Comenius, der nach 1630 zahlreiche Schriften veröffentlicht hatte, der ein von reformerischem Eifer erfüllter Theologe und Pädagoge war, verlor beim Brande Lissas (1656) abermals seine Habe und mit ihr zugleich wertvolle Manuskripte. Und trotz allem – dieser gehetzte und leidgeprüfte Mann brachte 1658 ein neues Werk heraus, das epochale Wirkung gewinnen sollte und das Andenken an den Europäer Comenius bis heute lebendig erhalten hat.

Der „Orbis pictus“ markiert den Beginn einer eigenständigen Jugendliteratur. Er verhalf einer besonderen Gattung des Jugendbuches auf den Weg. Schon die „Invitatio“ macht das in die „sichtbare Welt“ einführende didaktische Richtmaß des Buches kenntlich: „Ich will dich führen durch alle Dinge / ich will dir zeigen alles / ich will dir benennen alles.“ So antwortet der Lehrer dem fragenden Schüler, der eingeladen ist, „Weißheit“ zu lernen. Man beachte: Der beigegebene Holzschnitt zeigt Lehrer und Schüler nicht in der engen Schulstube, sondern unter freiem Himmel, mit Sonne und Wolken, vor einer lebensvollen Landschaft mit Bäumen und mit einer Stadt im Hintergrund. Überhaupt die Bilder. Sie besonders waren das didaktisch Neue, Erstmalige! Die „Bilderschul“, wie Comenius sein Buch nennt, sollte „einmal Einblick in die Sache selbst sowie in das Ordnungsgefüge der Welt vermitteln[3]“. Das aber geschieht nicht durch bloße Addition isolierter bildlicher Zeichen für die zu behandelnden Gegenstände, nein, Comenius löst aus der sichtbaren Welt einzelne dem jungen Menschen bekannte „Daseinsganzheiten“ heraus, läßt den Ausschnitten ihre Stimmigkeit und erläutert sie nicht etwa durch ein Vokabularium, sondern durch einen in sich geschlossenen Text. Dem noch nicht lesefähigen Kind aber soll der „Orbis pictus“ ein erstes Bilderbuch sein, ein Lesebuch besonderer Art, in dem es Sinnentnahme aus Bildzeichen als eine Vorschule des Lesens erfährt: „Dann / bekandt ist / daß die Knaben (straks von ihrer Jugend an) sich an Gemälden belüstigen / und die Augen gerne an solchen Schauwerken weiden.“

Seit Comenius ist das Bild neben der Sprache ein legitimes Mittel bei der Gestaltung von Büchern für junge Menschen. – „Die ‚Janua linguarum' hatte den Ruhm des (Comenius) zu seinen Lebzeiten begründet; der ‚Orbis pictus', die gemalte Welt, bewahrt sein Gedächtnis bis in unsere Tage. Goethe gedachte seiner in ‚Dichtung und Wahrheit'; bis zum Beginn unseres Jahrhunderts erschienen immer neue Auflagen und Bearbeitungen[4]."

... indem das Büchlein durchaus also übersetzt worden

Die Erstausgabe des von Comenius verfaßten „Orbis pictus" war zweisprachig: Das Buch war in Deutsch als der Sprache der „Mutterschule" und „Muttersprachschule" abgefaßt und hatte außerdem einen Text in Latein, der Sprache der Höheren und der Hohen Schule. Beide Sprachen korrespondieren so miteinander, „daß ein Wort dem andern / und eine Zeile der andern / gegeneinander über in allem gleichstimmet / und es also Ein Buch ist / aber von zwey Sprachen / gleich wie Ein Mensch mit zweygetheilter Kleidung". Im Laufe der Jahre sollten dem Buch noch andere Sprachgewänder, zwei- und mehrgeteilte, angepaßt werden, wie folgende Aufstellung[5] von späteren Ausgaben, Übersetzungen und evtl. auch Bearbeitungen des „Orbis pictus" mit Erscheinungsjahr und -ort sowie den verwendeten Sprachen verdeutlichen mag:

1659 – Nürnberg, Latein und Deutsch, 2. Auflage
1662 – Nürnberg, Latein und Deutsch, 3. Auflage
1659 – London, Latein und Englisch
1667 – Wratislawa, Latein, Französisch, Deutsch und Polnisch
1669 – Nürnberg, Latein, Deutsch und Ungarisch
1672 – Kopenhagen, Latein, Dänisch und Deutsch
1707 – Nürnberg, Latein, Deutsch, Italienisch und Französisch
1728 – Leutschau, Latein, Deutsch, Ungarisch und Slowakisch
1738 – Hermannstadt, Latein, Deutsch und Ungarisch
1755 – Nürnberg, Latein, Deutsch, Italienisch und Französisch
1768 – Moskau, Latein, Russisch, Deutsch, Italienisch und Französisch
1775 – Stockholm, Latein, Schwedisch und Französisch
1802 – Wien, Latein und Griechisch
1833 – Königgrätz, Latein, Deutsch, Böhmisch, Polnisch und Französisch.

Die Übersetzungen des „Orbis pictus" von Comenius, deren Zusammenstellung hier keineswegs vollständig ist, führen in ein buntes und

zahlreiches Sprachenangebot. Bereits eine in der Nürnberger-Ausgabe von 1746 mitgeteilte Rezension rühmt von Comenius und seinem schriftstellerischen Werk: „... ein Mann dessen Schriften begierig gesucht, häufig nachgedrucket und hoch geschätzet werden, wie dann sein Buch unter dem Titul: Janua Linguarum reserata, in XV. Europäische, dann aber auch in die Arabische, Türkische und Persische Sprachen übersetzet worden, seine meisten Bücher aber werden heutiges Tags in den Bibliothecquen den seltenen Schriften beygezehlet[6]". Das gilt im Doppelsinn bis in die Gegenwart.

Der Überblick über die jeweilige Mehrsprachigkeit der verschiedenen Ausgaben des „Orbis pictus" zeigt, bei Verbreitung des Buches vor allem in Mittel- und Osteuropa, bezeichnende Gemeinsamkeiten: Zur Sprache des Landes, zu der in mehrsprachigen Ländern eine zweite tritt, geht stets Latein voran, die Gelehrtensprache auch noch des 17. Jahrhunderts, aber etwa auch Verkehrssprache im polnischen und ungarischen Reichstag. Mit dem Beginn des 18. Jahrhunderts treten dann die modernen Verkehrssprachen von Diplomatie und Bildung, Französisch und Italienisch, hinzu. So ändert sich mit den Veränderungen in der europäischen Welt auch die Sprachwelt des „Orbis pictus".

Eine neue Variante dazu lieferte in den 30er Jahren des 19. Jahrhunderts ein „Neuer Orbis pictus für die Jugend", der viersprachig war, in Stuttgart bzw. Reutlingen herauskam und als besondere Attraktion auch Englisch, die „neue moderne" Sprache, berücksichtigte.

Von diesem „Orbis pictus" ist noch zu Beginn des 20. Jahrhunderts die Andeutung einer Spur zu entdecken, und zwar in den „Jugenderinnerungen" von Theodor Heuss (1884–1963). Der Politiker und erste Bundespräsident der zweiten deutschen Republik berichtet darin auch von der Lektüre seiner Kinderzeit: „Die üblichen Kinderbücher jener Zeit, vielleicht waren manche schon verstaubt, gingen auch durch unsere Stube. Wir erbauten uns an den frommen Erzählungen des Christoph von Schmid, hofften mit Robinson Crusoe und freuten uns über Till Eulenspiegel, traten in die antike Sagenwelt unter der Führung von Becker, in die germanische an der Hand des Ehepaares F. und Th. Dahn; ich habe in dankbarer Erinnerung naturkundliche Bände eines Schriftstellers Hermann Wagner, die ‚Haus und Garten', ‚Feld und Wald' oder so ähnlich hießen; ihre Lehrhaftigkeit war sehr anmutig. Aus dem väterlichen oder großväterlichen Besitz war ein dicker Wälzer in unsere Verfügung geraten, ein ‚Orbis pictus', der in altmodischen Stahlstichen alles Wissenswerte der Natur- und Völkerkunde, wie der gewerblichen Fertigkeiten und dergleichen darstellte, mit einem einfa-

chen, erklärenden Text in Deutsch, Englisch, Französisch und Latein. Das Buch genoß pietätvolle Achtung. Irgendwann trat die Knabenzeitschrift ‚Der gute Kamerad' in unser Leben; sein Einfluß war nicht gering. Wir gewöhnten uns an seine Sprachwelt, beteiligten uns an Preisausschreiben und Briefwechseln; durch ihn kamen wir zu Karl May, der eben begonnen hatte, der Halbgott der Jugend, und nicht bloß der Jugend, zu werden . . .[7]."

Der erwähnte „Orbis pictus" mit den „altmodischen Stahlstichen" und dem „einfachen, erklärenden Text in Deutsch, Englisch, Französisch und Latein" muß „der Gailer" aus Stuttgart, bzw. Reutlingen gewesen sein.

. . . nach der früheren Anlage des Comenius – von J. E. Gailer

1832 gab Jakob Eberhard Gailer (geb. 10. 1. 1792; gest. 14. 1. 1850) einen „Orbis pictus" heraus, der sich in der nunmehr fast zweihundertjährigen Geschichte dieses Buches durch den Titel-Hinweis auf Comenius auszeichnete. In der Vorrede zur ersten Auflage bekannte sich der Jünger ausdrücklich zu seinem Meister: „In dankbarer Erinnerung . . . an das viele Vergnügen, das mir in meiner Jugend dieses Buch verschaffte, und an den vielseitigen Nutzen, den ich daraus schöpfte, habe ich es unternommen, das ganze Buch aus dem Bedürfnis der jetzigen Zeit so umzuarbeiten, daß der größte Theil als etwas ganz Neues erscheint . . ." Also Anlehnung an Comenius und doch Abkehr von ihm?

Die erste Gailer-Ausgabe hat folgenden Titel: „Neuer Orbis pictus für die Jugend, oder Schauplatz der Natur, der Kunst und des Menschenlebens / in 316 lithographirten Abbildungen / mit genauer Erklärung in deutscher, lateinischer und französischer Sprache / nach der früheren Anlage des Comenius / bearbeitet und dem jetzigen Zeitbedürfnisse gemäß eingerichtet / von J. E. Gailer, Lehrer an dem Lyceum in Tübingen. / Stuttgart, Verlag von F. C. Löflund und Sohn. 1832."

Beim selben Verlag kam im selben Jahr eine Parallelausgabe heraus, in der das Französische die „tonangebende" Sprache war: „Nouveau Orbis Pictus à l'usage de la jeunesse, / ou spectacle de la nature, des arts et de la vie humaine / en 316 figures lithographiées et avec une description exacte en langue allemande, latine et française / d'après celui de Comène / et arrangé sur les besoins de nos temps / par J. E. Gailer, précepteur au lycée de Tubingue. / Stuttgart, chez F. C. Loeflund & fils. 1832."

1833 erlebte der „Neue Orbis pictus für die Jugend“ bereits eine zweite Auflage. Der Titel blieb unverändert. Als Verleger zeichnete jedoch: Joh. Conr. Mäcken junior, Reutlingen.

Schon 1835 brachte dieser Verlag die dritte Auflage heraus, und zwar mit beachtenswerten Neuerungen: Die Zahl der Abbildungen betrug 322; die Ausgabe war eine „mit völlig umgearbeiteter französischer Uebersetzung versehene und mit der Uebertragung in das Englische vermehrte Auflage“.

1838 folgte dann, ebenfalls bei Mäcken in Reutlingen, die „Vierte, mit der dritten wörtlich gleichlautende Ausgabe“.

Über J. E. Gailer, den Herausgeber dieser erfolgreichen Edition, ist wenig bekannt. Er wurde als Sohn eines Reutlinger Schreinermeisters geboren, war von 1822 an Präceptor am Lyceum in Tübingen, bis er 1841 wegen Trunkenheit suspendiert wurde. Danach zog er, gänzlich verarmt, mit seiner Familie nach Großbottwar, war bis 1842 wieder als Präceptor tätig und schrieb von da an vorwiegend für Zeitungen und Wochenblätter. Von 1844 an lebte er in Nagold, wo er bereits vor seiner Tübinger Zeit gewohnt hatte. An Jugendbüchern verfaßte Gailer 1836 ein „Neues Fabelbuch. Auswahl des Schönsten aus der Fabelwelt, in deutscher, lateinischer, französischer und englischer Sprache, für die Jugend bearbeitet mit 36 Kupfern“. 1839 erschien das „Wunderbuch für die reifere Jugend“ als eine „Gallerie der merkwürdigsten und interessantesten Werke der Natur und Kunst in Erzählungen und Bildern“.[8]

Schon Merget hat den „Orbis pictus“ Gailers gewürdigt. Doch läßt die Stellungnahme zugleich eine damals unklare Forschungslage in bezug auf diese Buchgattung erkennen. Merget bemerkt nämlich unter Hinweis auf die Umschreibung des Buchinhalts im Titel: „Wenn diese Erklärungen dem Buch eigentlich erst das Recht geben, in einer Geschichte der Jugendliteratur berücksichtigt zu werden, so wissen wir nicht zu sagen, wie früh dergleichen vorhanden waren, um dasselbe chronologisch richtig einzureihen; zur unterhaltenden Beschäftigung und Belehrung der Kinder hat es offenbar seit seinem Erscheinen gedient[9]“, was u. a. auch die Heuss-Erinnerungen bestätigen.

Gailers Rückbezug auf Comenius und seinen „Orbis pictus“ war werbepsychologisch sicherlich geschickt. Doch bestätigt bereits ein oberflächlicher Vergleich seines „Neuen Orbis pictus“ mit dem Vorbild die Bearbeitung gemäß dem „Bedürfnisse der jetzigen Zeit“. Da sind mancherlei Unterschiede, Veränderungen, Erweiterungen in Konzeption bzw. Inhalt. Beispielsweise enthält der „Orbis pictus“ des Comenius 150 Kapitel; im Werk Gailers sind es 320 (mit 365 Stichwörtern im alphabe-

tischen Register). An Stelle der naiv-klaren Holzschnitte von 1658 treten – die Druckgraphik hat sich fortentwickelt – die feinstrichigen Illustrationen der lithographischen Technik.

Comenius zeigt sich im Strukturplan seines „Orbis pictus“ noch ganz dem theozentrischen Weltverständnis verhaftet. Infolgedessen beginnt er sein Werk mit dem alle anderen Kapitel fundierenden Text über „Gott“, den er einleitend definiert als „aus sich selber / von Ewigkeit zu Ewigkeit“. Er ist: „Ein unbegreiffliches Liecht: und doch Alles in Allem“. Aus ihm ist darum auch der weitere Aufbau des „Orbis pictus“ zu begreifen; denn Gott ist: „Aller Dinge / die wir nennen die Welt / gleichwie ein Erschaffer / also ein Regirer und Erhalter“. Gailer hat das „Gott“-Kapitel ausgelassen; er beginnt in seinem Buche mit dem unmittelbaren Zugriff in das vorweisbar Reale: „Die Welt“. Sein einstimmender Hinweis auf „Gott“ steht in den Versen des dem Titel vorgeschalteten Bildes: „Lies oft im Buche der Natur! / Es zeige dir der Gottheit Spur, / Und was die Welt dir beut zur Schau, / Betrachte prüfend und genau!“

Die Unterschiede im Inhalt mag eine Synopse des Schulkapitels in den beiden Büchern verdeutlichen:

Die Schul Comenius	*Die Schule* Gailer
Die Schul ist eine Werkstat / in welcher die jungen Gemüter zur Tugend geformet werden; und wird abgetheilt in Classen.	1. Das ganze Wohl des einzelnen Menschen, ja ganzer Staaten beruht auf dem ersten Unterricht der Jugend.
Der Schulmeister / sitzt auf dem Lehrstuhl; die Schüler / auf Bänken: jener lehret / diese lernen.	2. Daher sind öffentliche Schulen gestiftet worden, wo die jungen Gemüther in allen Dingen unterrichtet und zur Tugend angeleitet werden.
Etliches wird ihnen vorgeschrieben	3. Die Schule wird in Classen abgetheilt.

mit der Kreide an der Tafel.	4. Der Lehrer sitzt auf dem Lehrstuhl, die Schüler auf Bänken; jener lehrt, diese lernen.
Etliche sitzen am Tische / und schreiben: Er / verbässert die Fehler.	5. Einiges wird ihnen als Aufgabe oder als Muster mit Kreide auf der Tafel vorgeschrieben.
Etliche stehen / und sagen her / was sie gelernet.	6. Etliche sitzen am Tische und schreiben, oder rechnen, und der Lehrer verbessert ihre Fehler; andere stehen und sagen her, was sie gelernt haben.
Etliche schwätzen und erzeigen sich muthwillig und unfleissig: die werden gezüchtigt mit dem Bakel und der Ruthe.	7. Es giebt aber auch solche, welche beständig plaudern und sich muthwillig und unfleissig zeigen, weßwegen sie oft einen Verweis oder eine Strafe erhalten.

Die anfängliche Übereinstimmung der Kapitel verliert sich bei Gailer am Schluß seiner Schul-Beschreibung, wo er ergänzt, daß die „Realschulen", die „lateinischen Schulen" und die „gewöhnlichen Schulen" Institute unterschiedlichen Charakters mit spezifischen Schullaufbahnen sind. – Eine Gegenüberstellung anderer Kapitel führt zu vergleichbaren Ergebnissen, war doch die Zeit von 1658 bis 1832/35 nicht stehengeblieben.

Für Gailer, den Gymnasiallehrer, war der „Neue Orbis pictus", wie seine „Vorreden" zu den verschiedenen Ausgaben erkennen lassen, primär ein Schulbuch. Es war in der Tat ein fortschrittliches Schulbuch mit seinem großartigen Angebot an Lese- und Lernstoffen, deren Illustrationen den Leseanreiz noch verstärkten. In mancherlei Hinsicht repräsentiert es die „neue Zeit" des 19. Jahrhunderts. So informiert das Gailer-Buch z. B. darüber, wie sehr die Berufswelt der Urberufe sich seit Comenius verändert und durchdifferenziert hatte in eine Vielzahl vor allem technischer Berufe. Überhaupt die Technik! Da ist „Das Last-

schiff", „Das Dampfschiff", „Eisenbahnen und Dampfwagen", „Die Taucherglocke", „Elektrisirmaschine". – Dann erzählt der Gailersche „Orbis pictus" von der exotischen Welt: „Der Sklavenhandel", „Pyramiden und Obelisken" etc. In der hier nur angedeuteten Weiträumigkeit sprengt der „Gailer" zugleich den Rahmen eines Schulbuches. Er ist geradezu darauf angelegt, auch Freizeitlektüre zu sein, die man nach wechselndem Informationsinteresse, mal hier mal da stöbernd und schmökernd, in sich aufnimmt.

Gailers Lehrabsicht drückt das Kapitel „Abschied des Lehrers" am Schluß des Buches aus: „1. Ich habe dir nun, / mein Sohn, / die ersten Begriffe von Allem beigebracht, / was in der Natur, / in den Werkstätten der Künstler und im Handlungsfache, / im Kriegswesen, / in der gelehrten Welt, / in der Staatseinrichtung, / in Kirche und Schule und im ganzen gesellschaftlichen Leben vorkommt, / und dir viele sehr nützliche Lehren gegeben." Ein zweiter Abschnitt ermuntert zu weiterführendem Lesen: „2. Es ist nun noch übrig, / daß du das, / was ich dir nur flüchtig und stückweise vorgetragen habe, / durch das Lesen guter Schriftsteller gründlich erlernest."

Der Gailersche „Neue Orbis pictus" in der Nachfolge des Comenius dokumentiert in Wort und Bild ein gewandeltes Menschen- und Weltverständnis; er ist ein illustriertes Sachbuch seiner Zeit, eine Enzyklopädie von eigenem Format.

Nachahmer

„Der ‚Orbis pictus' des Comenius und die Anschauungsbücher der Aufklärungszeit sind noch bemüht, die ganze Welt in sich zu fassen und darzustellen, und im Mittelpunkt dieser Welt steht der Mensch. Die späteren Anschauungsbücher, vor allem die des beginnenden 19. Jahrhunderts, werden immer stärker Realienbücher, also Bücher, die Natur und Technik im Bilde zeigen und hierbei besonderen Wert auf Kuriositäten und Neuigkeiten legen[10]."

Das 1658 bei Endter in Nürnberg verlegte Werk regte zahlreiche Nachahmer an, der Spur des Comenius zu folgen. Kurt Pilz konnte in seiner Bibliographie der „Ausgaben des Orbis Sensualium Pictus" für die Zeit zwischen 1658–1964 insgesamt 244 Ausgaben ermitteln.[11] In dieser Zahl sind allerdings die Bearbeitungen und Nachahmungen mit eingeschlossen. Bettina Hürlimann zu diesen letzteren: „Die bedeutendsten bleiben Basedows ‚Elementarwerk' und Bertuchs ‚Bilderbuch'. Im 18. Jahrhundert sehr verbreitet war Stoys ‚Bilder Akademie für die Jugend'

(1784). ‚Die Gemalte Welt oder der kleine Lateiner' (Nürnberg 1802), ‚Alexis Bilderreise durch alle fünf Erdteile' (Nürnberg 1835), ‚Neues ABC Buch in sechs Sprachen' (Prag 1820), ‚Neuer Orbis Pictus oder die Welt in Bildern für fromme Kinder' (Neuhaldensleben 1838), ‚Grünewalds Orbis Pictus' (1841), ‚Neuster Orbis Pictus von Becher und Schneemann' (Wien 1843), ‚Löhrs Erste Lehren und Bilder' (1823), ‚Lern in der Welt' (1830) sind nur einige Titel dieser Art[12]."

Neben dem ebenfalls bei Bettina Hürlimann erwähnten „Orbis Pictus" von C. F. Lauckhard (Leipzig um 1860) gibt es noch manche Nachahmer, die aufgeführt werden könnten, etwa: Spectaculum Naturae et Artium, in vier Sprachen, Deutsch, Lateinisch, Französisch und Italiänisch (Berlin 1761); Joseph Edler von Baumeister, Die Welt in Bildern vorzüglich zum Vergnügen und Unterricht der Jugend (Wien 1788 f.); Carl Bertuch, Bilderbuch für Kinder (Weimar 1805); H. Seidel, Neuer Orbis Pictus in sechs Sprachen oder unterhaltendes und belehrendes Bilderbuch für Kinder von jedem Alter. Vierte Auflage (Nürnberg 1809); Johann Heinrich Meynier, Neuer Orbis pictus in deutscher und französischer Sprache. Dritte Auflage (Nürnberg 1822); Neue Bildergallerie für die Jugend (Gotha 1828 f.); Der kleine Comenius oder die Welt und der Mensch in Bildern (Breslau 1835); Friedrich Güll, Bilderschule für das Jugendalter. (Nürnberg 1847–51); E. F. Kaufmann, Orbis pictus. Ein Volksbuch für Jung und Alt. Zwei Theile (Stuttgart 1841); Das Buch der Welt, ein Inbegriff des Wissenswürdigsten und Unterhaltendsten aus den Gebieten der Naturgeschichte, Naturlehre, Länder- und Völkerkunde, Weltgeschichte, Götterlehre etc. (Stuttgart 1842); P. C. Geissler, Neuester Orbis Pictus für die Jugend. Oder lehrreiche und unterhaltende Bilderschau von Gegenständen aus der Natur, der Kunst und dem Menschenleben. (Nürnberg 1844); A. B. Reichenbach, Neuester Orbis pictus oder die sichtbare Welt in Bildern, ein Universalbilderbuch (Leipzig 1845); Chr. G. Hottinger, Die Welt in Bildern (Orbis pictus) (Berlin und Straßburg 1881); Eduard Walther, Bilder zum ersten Anschauungsunterricht für die Jugend. Ein Bilderbuch enthaltend 30 Bildertafeln in Farbendruck (Eßlingen um 1889).[13]

Das letztgenannte Werk war die „Neueste Ausgabe der im Jahre 1838 bei J. F. Schreiber erstmals erschienenen bekannten ‚Eßlinger Bilder zum Anschauungs-Unterricht' ". Zwei grundverschiedene „Bilderschulen" erscheinen zur gleichen Zeit, sind außerdem Nachbarn von ihren Verlagsorten her. Doch Gailer hat in seinem „Orbis pictus" die von Comenius angelegte Konzeption mitbedacht. Wenn er ihr auch nicht im einzelnen folgte, er hatte sie aus den Erfahrungen der eigenen Kinder-

zeit und gewonnener pädagogischer Einsicht zumindest „im Blick". Das Bilderbuch „zum Anschauungsunterricht" bleibt der goldenen Regel der Anschauung, von Comenius in seiner Didactica magna formuliert, zwar verbunden, realisiert sie jedoch abseits von den Wegmarken des „Orbis pictus".

Klaus Schaller nennt den „Orbis pictus" des Johann Amos Comenius ein „breviarium totius mundi", eine große Welt-Schau. Das gilt auf seine Weise auch für den „Neuen Orbis pictus", er vermittelt eine *neue* Welt-Schau. Mit ihm verlieren sich die Spuren derer, die das Vorbild aus dem 17. Jahrhundert nachzuahmen suchten; doch der „gewissenhafteste von allen Nachahmern des Comenius scheint mir ein gewisser Magister Gailer aus Tübingen gewesen zu sein[14]".

Anmerkungen

1 Comenius, Johann Amos: *Orbis sensualium pictus.* Nachdruck, Dortmund 1978. Die bibliophilen Taschenbücher Nr. 30

2 Vgl. Comenius, Johann Amos: *Böhmische Didaktik.* Übersetzt und herausgegeben von Klaus Schaller. Paderborn 1970, S. 293 ff.

3 Michel, Gerhard/Schaller, Klaus: *Pädagogik und Politik.* Comenius-Colloquium Bochum 1970. Düsseldorf 1972, S. 82

4 Schaller, Klaus: *Die Pädagogik des Johann Amos Comenius und die Anfänge des pädagogischen Realismus im 17. Jahrhundert.* Heidelberg 1962, S. 322

5 Bei der nachfolgenden Auflistung leistete mir eine Fotodokumentation von Orbis-pictus-Titeln des Comenius, die mir Buchhändler i. R. Wilfried Bökenkamp, Bielefeld, vor einigen Jahren zum Geschenk machte, vortreffliche Dienste.

6 Comenius, Johann Amos: *Orbis sensualium pictus. Nürnberg 1755/60, S. (VIII)*

7 *Heuss, Theodor: Vorspiele des Lebens.* Jugenderinnerungen. Tübingen 1953, S. 155 f.

8 Vgl. Göbels, Hubert: *Gailer, Jacob Eberhard.* In: Doderer, Klaus (Hrsg.): Lexikon der Kinder- und Jugendliteratur. Band I. Weinheim 1975, S. 429 f.

9 Merget, A.: *Geschichte der deutschen Jugendliteratur.* Dritte Auflage. Berlin 1867, S. 6

10 Dyhrenfurth, Irene: *Geschichte des deutschen Jugendbuches.* Dritte Auflage. Zürich u. Freiburg 1967, S. 37

11 Vgl. Pilz, Kurt: *Die Ausgaben des Orbis Sensualium Pictus.* Eine Bibliographie. Nürnberg 1967, S. 5

12 Hürlimann, Bettina: *Europäische Kinderbücher in drei Jahrhunderten.* Zweite Auflage. Zürich und Freiburg 1963, S. 63

13 Vgl. u. a. *Alte deutsche Kinderbücher.* Sammlung Dr. Strobach. Katalog der Ausstellung in der Stadtbibliothek Paderborn, September/Oktober 1978

Deutsche Kinderbücher des 18. Jahrhunderts. Katalog der Ausstellung in der Herzog August Bibliothek Wolfenbüttel, November 1978/Januar 1979

Kinder- und Jugendliteratur 1698–1950. Katalog der Sammlung Th. Brüggemann. Ein bibliographischer Versuch. Köln 1975

14 Hürlimann, a. a. O., S. 63

Die bibliophilen Taschenbücher

Bisher sind erschienen:

Die Gutenberg-Bibel, Band 1
Nach der Ausgabe von 1450–1455
Die bibliophilen Taschenbücher Nr. 1
Mit Nachworten von Wieland Schmidt und Aloys Ruppel
320 Seiten,
14,80 DM

Lieder der Heimath
Nach der Ausgabe von 1868
Die bibliophilen Taschenbücher Nr. 2
140 S., 119 Abb.,
7,80 DM

Kladderadatsch
1. Jahrgang – 1848
Die bibliophilen Taschenbücher Nr. 3
140 S., 82 Abb.,
6,80 DM

Harriet Beecher Stowe
Onkel Tom's Hütte
Nach der Ausgabe von 1853
Die bibliophilen Taschenbücher Nr. 4
366 S., 40 Abb.,
12,80 DM

Ludwig Bechstein's Märchenbuch
Nach der Ausgabe von 1853
Die bibliophilen Taschenbücher Nr. 5
174 Holzschnitte von Ludwig Richter
280 Seiten,
9,80 DM

Franz Kugler/Adolph Menzel
Geschichte Friedrichs des Großen
Nach der Ausgabe von 1856
Die bibliophilen Taschenbücher Nr. 6
317 Illustrationen von Adolph Menzel
545 Seiten,
16,80 DM

Das Lob des Tugendsamen Weibes
Nach der Ausgabe von 1885
Die bibliophilen Taschenbücher Nr. 7
30 Illustrationen von L. von Kramer
60 Seiten,
6,80 DM

Pater Hilarion alias Joseph Richter
Bildergalerie weltlicher Misbräuche
Nach der Ausgabe von 1785
Die bibliophilen Taschenbücher Nr. 8
270 S., 20 Tafeln,
9,80 DM

Christoph Weigel
Abbild- und Beschreibung der Gemein-Nützlichen Haupt-Stände
Nach der Ausgabe von 1698
Die bibliophilen Taschenbücher Nr. 9
210 Tafeln, 434 Seiten,
14,80 DM

Theodore de Bry
Das vierdte Buch Von der neuwen Welt
Nach der Ausgabe von 1594
Die bibliophilen Taschenbücher Nr. 10
194 S., 26 Abb.,
9,80 DM

Zeitung für Pferdeliebhaber
Nach dem 1. Jahrgang 1825/26
Die bibliophilen Taschenbücher Nr. 11
414 S., 12 Tafeln,
14,80 DM

Praktische Konditoreikunst
Nach der Ausgabe von 1916
Die bibliophilen Taschenbücher Nr. 12
111 Farbtafeln, 242 S.,
16,80 DM

Ludwig Richter/A. E. Marschner
Alte und neue Studentenlieder
Nach der Ausgabe von 1844
Die bibliophilen Taschenbücher Nr. 13
66 Holzschnitte von Ludwig Richter
80 Seiten,
6,80 DM

Johann Elias Ridinger
Vorstellung und Beschreibung derer Schul und Campagne Pferden nach ihren Lectionen
Nach der Ausgabe von 1760
Die bibliophilen Taschenbücher Nr. 14
46 Tafeln, 118 Seiten,
9,80 DM

Hancarville
Bilder aus dem Privatleben der römischen Cäsaren
Nach der Ausgabe von 1906
Die bibliophilen Taschenbücher Nr. 15
Mit einem Nachwort von Henri Herbedé
51 Tafeln, 258 Seiten,
9,80 DM

Hans Dichand (Hrsg.)
Jugendstilpostkarten
Die bibliophilen Taschenbücher Nr. 16
Mit einem Nachwort von Hans Dichand und Künstlerbiographien von Michael Martischnig
69 Farbtafeln
164 Seiten,
16,80 DM

Lügen-Chronik oder Wunderbare Reisen zu Wasser und zu Lande und lustige Abenteuer des Freiherrn von Münchhausen
Nach der Ausgabe von 1839
Die bibliophilen Taschenbücher Nr. 17
504 Seiten, 117 Holzschnitte
14,80 DM

Johann Bernhard Fischer von Erlach
Entwurf einer historischen Architektur
Nach der Ausgabe von 1721
Die bibliophilen Taschenbücher Nr. 18
Mit einem Nachwort von Harald Keller
89 Kupfertafeln
289 Seiten,
16,80 DM

Grandville
Die Seele der Blumen – Les Fleurs Animées
Nach der Ausgabe von 1847
Die bibliophilen Taschenbücher Nr. 19
Mit einem Nachwort von Marianne Bernhard
51 Farbtafeln, 116 Seiten,
14,80 DM

Johann Wolfgang von Goethe
Die Leiden des jungen Werthers/
Friedrich Nicolai
Die Freuden des jungen Werthers
Nach den Ausgaben von 1774 und 1775
Die bibliophilen Taschenbücher Nr. 20
Mit einem Nachwort von Heiner Höfener
307 Seiten,
12,80 DM

Anmuth und Schönheit
Nach der Ausgabe von 1797
Die bibliophilen Taschenbücher Nr. 21
317 Seiten, 5 Abb.,
9,80 DM

Alte Bilderrätsel
Aus dem 19. Jahrhundert
Die bibliophilen Taschenbücher Nr. 22
Mit einem Nachwort von Ulrike Bessler
69 Tafeln, 151 Seiten,
6,80 DM

Hancarville
Denkmäler des Geheimkults der römischen Damen
Nach einem Privatdruck um 1910
Die bibliophilen Taschenbücher Nr. 23
49 Tafeln, 144 Seiten,
9,80 DM

Karl Friedrich Flögel
Geschichte des Grotesk-Komischen
Nach der Ausgabe von 1862
Die bibliophilen Taschenbücher Nr. 24
548 S., zahlreiche Farb- und Schwarzweiß-Abb. sowie alle Klapp- und Verwandlungseffekte
16,80 DM

Deutsches Balladenbuch
Nach der Ausgabe von 1861
Die bibliophilen Taschenbücher Nr. 25
122 Holzschnitte von L. Richter u. a.
360 Seiten,
12,80 DM

Herzensangelegenheiten.
Liebe aus der Gartenlaube
Aus dem 19. Jahrhundert
Die bibliophilen Taschenbücher Nr. 26
Mit einem Nachwort von Marianne Bernhard
102 Abb., 156 S.,
6,80 DM

August Johann Rösel von Rosenhof
Insecten-Belustigung
Nach der Ausgabe von 1746–61
Die bibliophilen Taschenbücher Nr. 27
Mit einem Nachwort von Wolfgang Dierl
175 Farbtafeln, 187 Seiten
19,80 DM

Wilhelm Hey
Funfzig Fabeln für Kinder
Nach der Ausgabe von 1833
Die bibliophilen Taschenbücher Nr. 28
50 Tafeln von Otto Speckter
Mit einem Nachwort von Walter Scherf
166 Seiten,
9,80 DM

Karl Bädeker
Rheinreise von Basel bis Düsseldorf
Nach der Ausgabe von 1849
Die bibliophilen Taschenbücher Nr. 29
Mit einem Nachwort von Peter Baumgarten
498 S., zahlreiche Ansichten,
Pläne und Karten,
14,80 DM

Johann Amos Comenius
Orbis sensualium pictus
Nach der Ausgabe von 1658
Die bibliophilen Taschenbücher Nr. 30
Mit einem Nachwort von Heiner Höfener
405 Seiten, zahlr. Abb.,
14,80 DM

Robert Reinick
ABC-Buch für kleine und große Kinder
Nach der Ausgabe von 1876
Die bibliophilen Taschenbücher Nr. 31
Mit einem Nachwort von Ulrike Bessler
27 Tafeln, 178 Seiten,
6,80 DM

J. W. Ludlow
Das Buch der Tauben
Nach der Ausgabe um 1870
Die bibliophilen Taschenbücher Nr. 32
Mit einem Nachwort von Joachim Schütte
50 Farbtafeln, 118 Seiten
9,80 DM

Kaiser-Wilhelm-Album
Die bibliophilen Taschenbücher Nr. 34
ca. 100 Abb., 180 Seiten
12,80 DM

Das Nibelungenlied
Übersetzt von Gotthard Oswald Marbach
Nach der Ausgabe von 1841
Die bibliophilen Taschenbücher Nr. 35
416 Seiten, 44 Holzschnitte
14,80 DM

Der Markusplatz zu Venedig
Nach der Ausgabe von 1831
Die bibliophilen Taschenbücher Nr. 36
Mit einer Einführung von Harald Keller
17 Farbtafeln, 61 Seiten
9,80 DM

12 000 Deutsche Sprichwörter
Nach der Ausgabe von 1846
Die bibliophilen Taschenbücher Nr. 37
Mit einem Nachwort von Hermann Bausinger
592 Seiten,
16,80 DM

Oliver Goldsmith
Der Landprediger von Wakefield
Übersetzt von Ernst Susemihl
Nach der Ausgabe von 1841
Die bibliophilen Taschenbücher Nr. 38
Mit einem Nachwort von Heiner Höfener
58 Holzschnitte von Ludwig Richter
288 Seiten,
7,80 DM

Ludwig Richter
Beschauliches und Erbauliches
Nach der Ausgabe von 1855
Die bibliophilen Taschenbücher Nr. 39
Mit einem Nachwort von Reinhard Bentmann
35 Holzschnitte, 68 Seiten
6,80 DM

F. J. Kiefer
Die Sagen des Rheinlandes
Nach der Ausgabe von 1845
Die bibliophilen Taschenbücher Nr. 40
344 Seiten, 20 Stahlstiche
12,80 DM

Julius Schnorr von Carolsfeld
Die Bibel in Bildern
Nach der Ausgabe von 1852–60
Die bibliophilen Taschenbücher Nr. 41
320 Seiten
12,80 DM

Johann Peter Hebel
Allemannische Gedichte für Freunde ländlicher Natur und Sitten
Nach der hochdeutschen Ausgabe von 1851
Die bibliophilen Taschenbücher Nr. 42
95 Holzschnitte von Ludwig Richter
273 Seiten,
7,80 DM

Hans Burgkmair d. J.
Turnier-Buch
Nach der Ausgabe von 1853
Die bibliophilen Taschenbücher Nr. 43
Mit einem Nachwort von R. Bentmann
27 Farbtafeln nach Hans Burgkmair
86 Seiten, 9,80 DM

Johann Gottfried von Herder
Der Cid
Nach der Ausgabe von 1859
Die bibliophilen Taschenbücher Nr. 44
Mit einem Nachwort von Heiner Höfener
73 Holzschnitte von Eugen Neureuther
260 Seiten, 9,80 DM

Theodor Storm
Immensee
Nach der Ausgabe von 1857
Die bibliophilen Taschenbücher Nr. 45
12 Abbildungen von Ludwig Pietsch
60 Seiten, 6,80 DM

Heinrich Zschokke
Die klassischen Stellen der Schweiz
Nach der Ausgabe von 1842
Die bibliophilen Taschenbücher Nr. 46
Mit einem Nachwort von Peter Baumgarten
84 Abbildungen von Gustav A. Müller
596 Seiten, 16,80 DM

Georg Scherer (Hrsg.)
Die schönsten deutschen Volkslieder
Nach der Ausgabe von 1875
Die bibliophilen Taschenbücher Nr. 47
Mit einem Nachwort von Rolf Wilh. Brednich
94 Abbildungen von Ramberg, Richter u. a.
280 Seiten, 9,80 DM

Angela und Andreas Hopf (Hrsg.)
Alte Exlibris
Die bibliophilen Taschenbücher Nr. 48
220 Abbildungen, davon 32 in Farbe
240 Seiten, 16,80 DM

Johann Wolfgang von Goethe
Reineke Fuchs
Nach der Ausgabe von 1867
Die bibliophilen Taschenbücher Nr. 49
Mit einem Nachwort von Walter Scherf
36 Stahlstiche von Wilhelm von Kaulbach
356 Seiten, 12,80 DM

Machiavel/Friedrich II.
Regierungskunst eines Fürsten/Anti-Machiavel
Nach der Ausgabe von 1745
Die bibliophilen Taschenbücher Nr. 50
Mit einem Nachwort von Heiner Höfener
556 Seiten, 16,80 DM

Abraham a Sancta Clara
Hundert Ausbündige Narren
Nach der Ausgabe von 1709
Die bibliophilen Taschenbücher Nr. 51
Mit einem Nachwort von Wilfried Deufert
101 Tafeln von Christoph Weigel
532 Seiten, 16,80 DM

Wilhelm Hey
Noch funfzig Fabeln
Nach der Ausgabe von 1837
Die bibliophilen Taschenbücher Nr. 52
Mit einem Nachwort von Walter Scherf
50 Farbtafeln von Otto Speckter
150 Seiten, 12,80 DM

Oscar Ludwig Bernhard Wolff
Naturgeschichte des Deutschen Studenten
Nach der Ausgabe von 1847
Die bibliophilen Taschenbücher Nr. 53
232 Seiten, 29 Abbildungen
9,80 DM

Friedrich Sternberg
Knasterkopfs Annehmlichkeiten und Freuden
Nach der Ausgabe von 1834
Die bibliophilen Taschenbücher Nr. 54
204 Seiten, 16 Abbildungen
9,80 DM

Johann Gottwerth Müller von Itzehoe
Siegfried von Lindenberg
Nach der Ausgabe von 1779
Die bibliophilen Taschenbücher Nr. 54a
Mit einem Anhang von Friedrich Priewe, Wolfgang Reschke und Alexander Ritter
12 Abbildungen von Chodowiecki
254 Seiten, 6,80 DM

Joachim Heinrich Campe
Robinson der Jüngere
Nach der Ausgabe von 1860
Die bibliophilen Taschenbücher Nr. 55
Mit einem Anhang von Reinhard Stach
46 Holzschnitte von Ludwig Richter
352 Seiten, 14,80 DM

Johann Rottenhöfer
Anweisung in der feinern Kochkunst
Nach einer reich illustrierten
Ausgabe von 1898
Die bibliophilen Taschenbücher Nr. 56
1056 Seiten, 19,80 DM

Robert Lebeck (Hrsg.)
Playgirls von damals
Die bibliophilen Taschenbücher Nr. 57
Mit einem Nachwort von Manfred Sack
77 Abbildungen, davon 16 farbig
166 Seiten, 14,80 DM

Moritz von Schwind
Album vom Rauchen und vom Trinken
Nach der Ausgabe von 1875
Die bibliophilen Taschenbücher Nr. 58
Mit einem Nachwort von Marianne Bernhard
42 Radierungen von Moritz von Schwind
112 Seiten, 6,80 DM

Frieder Mellinghoff (Hrsg.)
Kunst-Ereignisse
Die bibliophilen Taschenbücher Nr. 59
88 farbige Abbildungen
186 Seiten, 16,80 DM

Johann Wolfgang von Goethe
Das römische Carneval
Nach der Ausgabe von 1789
Die bibliophilen Taschenbücher Nr. 60
Mit einem Nachwort von Harald Keller
20 Farbtafeln nach Georg Schütz
129 Seiten, 12,80 DM

Drumm/Henseler/May (Hrsg.)
Heinrich von Kleist
Der zerbrochene Krug
Nach der Ausgabe von 1877
Die bibliophilen Taschenbücher Nr. 61
Mit einem Nachwort von Marianne Bernhard
34 Holzschnitte von Adolph von Menzel
108 Seiten, 6,80 DM

Alte Wertpapiere
Die bibliophilen Taschenbücher Nr. 62
Mit einem Nachwort von Ulrich Drumm,
Alfons W. Henseler u. Erich J. May
170 farbige Abbildungen
240 Seiten, 19,80 DM

Der curieus- und offenhertzige Weinartzt
Nach der Ausgabe von 1753
Die bibliophilen Taschenbücher Nr. 63
416 Seiten, 9,80 DM

Die Schedelsche Weltchronik
Nach der Ausgabe von 1493
Die bibliophilen Taschenbücher Nr. 64
Mit einem Nachwort von Rudolf Pörtner
Ca. 2000 Holzschnitte von M. Wolgemut
u. W. Pleydenwurff
614 Seiten, 16,80 DM

Georg Scherer (Hrsg.)
Alte und neue Kinderlieder
nach der Ausgabe von 1849
Die bibliophilen Taschenbücher Nr. 65
Mit einem Nachwort von Hubert Göbels
80 Abbildungen von W. v. Kaulbach,
Ludwig Richter u. a.
207 Seiten, 7,80 DM

John Cleland
Die Memoiren der Fanny Hill
Übersetzt von E. Feldhammer
Nach der Ausgabe von 1906
Die bibliophilen Taschenbücher Nr. 66
8 Abbildungen von Franz v. Bayros
422 Seiten, 14,80 DM

Ludwig Richter
Goethe-Album
Nach der Ausgabe von 1857
Die bibliophilen Taschenbücher Nr. 67
40 Holzschnitte von Ludwig Richter
82 Seiten, 6,80 DM

August F. Cranz
Charlatanerien
Nach der Ausgabe von 1781
Die bibliophilen Taschenbücher Nr. 68
Mit einem Nachwort von Horst Möller
410 Seiten, 12,80 DM

Robert Lebeck (Hrsg.)
Reklame-Postkarten
Die bibliophilen Taschenbücher Nr. 69
Mit einem Nachwort von Jürgen Kesting
80 meist farbige Abbildungen
176 Seiten, 16,80 DM

Elke Dröscher
Puppenwelt
Die bibliophilen Taschenbücher Nr. 70
80 farbige Abbildungen
172 Seiten, 16,80 DM

Friedrich Güll
Kinderheimath
Nach der Ausgabe von 1836
Die bibliophilen Taschenbücher Nr. 71
Mit einem Nachwort von Hubert Göbels
10 Radierungen von J. Nisle
212 Seiten, 8,80 DM

Alfred Richard Meyer
Des Herrn Munkepunke Cocktail- und Bowlenbuch
Nach der Ausgabe von 1929
Die bibliophilen Taschenbücher Nr. 72
Mit einem Nachwort von Herbert Günther
62 Abbildungen von Erika Plehn
137 Seiten, 6,80 DM

Homer
Ilias
übertragen von Johann Heinrich Voß
Nach der Ausgabe von 1882
Die bibliophilen Taschenbücher Nr. 73
Mit einem Nachwort von Gerhard Lohse
Zahlr. Abbildungen von Friedrich Preller d. J.
436 Seiten, 14,80 DM

Fliegende Blätter
1844–1854. Eine Auswahl
Die bibliophilen Taschenbücher Nr. 74
Herausgegeben und mit
Nachwort von Marianne Bernhard
zahlreiche Abbildungen
213 Seiten, 9,80 DM

Johann Wolfgang von Goethe
Zur Farbenlehre
Nach der Ausgabe von 1810
Die bibliophilen Taschenbücher Nr. 75
Mit einem Nachwort von Dennis L. Sepper
7 Farbtafeln
455 Seiten, 16,80 DM

Marquis de Sade
Die hundertzwanzig Tage von Sodom
Übersetzt von Karl von Haverland
Nach der Ausgabe von 1909
Die bibliophilen Taschenbücher Nr. 76
Mit einem Nachwort von Marion Luckow
51 Illustrationen von Karl M. Dietz
568 Seiten, 16,80 DM

Robert Lebeck (Hrsg.)
Der Kuß
Die bibliophilen Taschenbücher Nr. 77
Mit einem Nachwort von Jürgen Kesting
80 meist farb. Abbildungen
176 Seiten, 14,80 DM

Joachim Heinrich Campe
Abeze- und Lesebuch
Nach der Ausgabe von 1830
Die bibliophilen Taschenbücher Nr. 78
Mit einem Nachwort von Hubert Göbels
25 vierfarb. Abbildungen
273 Seiten, 12,80 DM

Homer
Odyssee
übertragen von Johann Heinrich Voß
Nach der Ausgabe von 1872
Die bibliophilen Taschenbücher Nr. 79
Mit einem Nachwort von Gerhard Lohse
40 Abbildungen von Friedrich Preller
366 Seiten, 14,80 DM

A. G. Eberhard
Hanchen und die Küchlein
Nach der Ausgabe von 1840
Die bibliophilen Taschenbücher Nr. 80
Mit einem Nachwort von Hubert Göbels
10 Abbildungen von Otto Speckter
236 Seiten, 9,80 DM

Hugo Gerhard Ströhl
Deutsche Staatswappen
Nach den Tafeln von 1897
Nachwort von Jürgen Arndt
Die bibliophilen Taschenbücher Nr. 81
45 Farbtafeln, 115 Seiten, 14,80 DM

Das malerische und romantische Deutschland
Die bibliophilen Taschenbücher Nr. 82
Mit einem Nachwort von Marianne Bernhard
390 Abbildungen
424 Seiten, 12,80 DM

Bilder-Gallerie
Nach der Ausgabe von 1825/27
Die bibliophilen Taschenbücher Nr. 83
Mit einem Nachwort von Heiner Höfener
226 Tafeln
540 Seiten, 14,80 DM

Die Goldene Bulle
Die bibliophilen Taschenbücher Nr. 84
Nach König Wenzels Prachthandschrift
Mit der deutschen Übersetzung von
Konrad Müller und einem Nachwort
von Ferdinand Seibt
158 Seiten, davon 92 farbig, 16,80 DM

Oscar Wilde
Salome
Die bibliophilen Taschenbücher Nr. 85
Mit einem Nachwort von Gabriele Sterner
14 Illustrationen von Aubrey Beardsley
8,80 DM

Pariser Mode vor hundert Jahren
Die bibliophilen Taschenbücher Nr. 86
Mit einem Nachwort von Ruth Bleckwenn
42 vierfarbige Abbildungen
127 Seiten, 12,80 DM

Johann Peter Hebel
Schwänke aus dem Rheinischen Hausfreund
Die bibliophilen Taschenbücher Nr. 87
Mit Illustrationen von Carl F. Schulz
120 Abbildungen
493 Seiten, 14,80 DM

Karl Joseph Simrock
Das deutsche Räthselbuch
Die bibliophilen Taschenbücher Nr. 88
156 Seiten, 7,80 DM

Hans Christian Andersen
Gesammelte Märchen
Die bibliophilen Taschenbücher Nr. 89
Mit Illustrationen von Vilhelm Pedersen
125 Abbildungen
518 Seiten, 14,80 DM

Ruth Malhotra (Hrsg.)
Manege frei.
Artisten- und Zirkusplakate
von Adolph Friedländer
Die bibliophilen Taschenbücher Nr. 91
128 farbige Abbildungen
296 Seiten, 19,80 DM

Das barocke Rom
Die bibliophilen Taschenbücher Nr. 92
Nach zeitgenössischen Veduten –
Eingeleitet von Harald Keller
110 Abbildungen
250 Seiten, 14,80 DM

Johann Willsberger
Alte Cameras
Die bibliophilen Taschenbücher Nr. 93
68 farbige Abbildungen
151 Seiten, 14,80 DM

Robert Lebeck (Hrsg.)
Herzlichen Glückwunsch
Die bibliophilen Taschenbücher Nr. 94
Mit einem Nachwort von Gerhard Kaufmann
80 alte Postkarten
80 farbige Abbildungen
175 Seiten, 16,80 DM

Albrecht Dürer
Die drei großen Bücher
Marienleben
Große Passion
Apokalypse
Nach den Ausgaben von 1511
Die bibliophilen Taschenbücher Nr. 95
Herausgegeben von Horst Appuhn
48 Holzschnitte
182 Seiten, 9,80 DM

F. E. von Rochow
Der Kinderfreund
Ein Lesebuch zum Gebrauch in Landschulen
Nach der Erstausgabe von 1776
Die bibliophilen Taschenbücher Nr. 96
Herausgegeben und mit einer illustrierten Bibliographie versehen von Hubert Göbels
55 Abbildungen
207 Seiten, 12,80 DM

Albert Robida
Luftschlösser der Belle Époque
100 utopische Zeichnungen 1880
Die bibliophilen Taschenbücher Nr. 97
Herausgegeben von Winfried Petri
100 Abbildungen, teilweise farbig
212 Seiten, 12,80 DM

Carl Ludwig Frommel
Baden-Baden und seine Umgebungen in malerischen Ansichten
Nach der Ausgabe von 1843
Die bibliophilen Taschenbücher Nr. 98
Text von Hofrat Schreiber
25 Tafeln und ein herausklappbares Panorama
152 Seiten, 12,80 DM

Kurt K. Doberer (Hrsg.)
Schöne Briefmarken
Die bibliophilen Taschenbücher Nr. 99
80 farbige Abbildungen
172 Seiten, 16,80 DM

Triumphzug Kaiser Maximilians I.
Nach der Ausgabe von 1526
Die bibliophilen Taschenbücher Nr. 100
Bilderfries aus 137 Holzschnitten
von Albrecht Altdorfer, Hans Burgkmair d. Ä., Albrecht Dürer u. a.
137 Abbildungen
208 Seiten, 9,80 DM

Friedrich Justin Bertuch
Bilderbuch für Kinder
Die bibliophilen Taschenbücher Nr. 101
Eine Auswahl
Herausgegeben von Hubert Göbels
80 Farbtafeln
189 Seiten, 16,80 DM

Lukian
Die Hetärengespräche
Nach der Ausgabe von 1967
Die bibliophilen Taschenbücher Nr. 102
Deutsch von Franz Blei
Mit 15 Bildern von Gustav Klimt
15 Abbildungen
81 Seiten, 6,80 DM

Elke Dröscher
Puppenleben
Die bibliophilen Taschenbücher Nr. 103
80 farbige Abbildungen
123 Seiten, 16,80 DM

Salomon Kleiner
Das florierende Wien
Nach Kupferstichfolgen der Jahre 1724/37
Die bibliophilen Taschenbücher Nr. 104
142 Veduten
142 Abbildungen
307 Seiten, 14,80 DM

Robert Lebeck (Hrsg.)
Bitte recht freundlich
80 alte Postkarten
Die bibliophilen Taschenbücher Nr. 105
Mit einem Nachwort von Manfred Sack
80 farbige Abbildungen
180 Seiten, 16,80 DM

Wilhelm Wolf
Fahrrad und Radfahrer
Nach der Ausgabe von 1890
Die bibliophilen Taschenbücher Nr. 106
Zahlreiche Abbildungen
270 Seiten, 9,80 DM

Christoph von Schmid
Zweiundfünfzig Bilder für die Jugend
Nach der Ausgabe um 1830
Die bibliophilen Taschenbücher Nr. 107
52 Tafeln
128 Seiten, 6,80 DM

Rebusbilder
Aus der Wiener allgemeinen Theaterzeitung
Die bibliophilen Taschenbücher Nr. 108
46 Farbtafeln
92 Seiten, 14,80 DM

Grandville
Verwandlungen von heute
Nach der Ausgabe von 1854
Die bibliophilen Taschenbücher Nr. 109
70 farbige Abbildungen
155 Seiten, 14,80 DM

Salomon Kleiner
Schönbornschlösser
45 Veduten.
Nach Kupferstichen der Jahre 1726/31
Die bibliophilen Taschenbücher Nr. 110
45 Abbildungen
ca. 110 Seiten, 6,80 DM

Johannes Andreas Christian Loehr
Erstes Bilder- und Lehrbuch
Nach der ersten Ausgabe um 1805
Die bibliophilen Taschenbücher Nr. 111
Illustrationen von
Johann Stephan Capieux u. a.
50 Farbtafeln
224 Seiten, 14,80 DM

Glücks-Rädlein oder Wahrsagungs-Büchlein
Nach der Ausgabe von 1676
Die bibliophilen Taschenbücher Nr. 112
100 Seiten, 6,80 DM

Honoré Daumier
Caricaturiana
Kleine Leute und Bürger
der Julimonarchie
Nach der Ausgabe von 1839
Die bibliophilen Taschenbücher Nr. 113
101 Lithographien
Bildlegenden von Charles Philipon
101 Abbildungen
220 Seiten, 9,80 DM

Der Liebe Lust
Erotische Bilderfolgen
aus dem Biedermeier
Die bibliophilen Taschenbücher Nr. 114
80 farbige Abbildungen
114 Seiten, 16,80 DM